COLLECTION Sirius

Term

BAC 2021

PHYSIQUE CHIMIE

ENSEIGNEMENT DE SPÉCIALITÉ

W0294227

Sous la direction de Lionel Bernard, Nicolas Coppens et Valéry Prévost

Par une équipe d'enseignants de Physique-Chimie et d'IA-IPR

Claire Ameline (académie de Nantes)
Florian Audouin (académie de Versailles)
Philippe Beckrich (académie de Strasbourg)
Lionel Bernard (académie de Nice)
Carole Bloquel (académie de Paris)
Claire Boggio (académie de Strasbourg)
Maud Chareyron (académie de Créteil)
Nicolas Coppens (académie de Strasbourg)
Sylvain Dardenne (académie de Reims)
Olivier Doerler (académie de Strasbourg)
Christelle Dosquet-Langrand (académie de Lille)
Emmanuel Duhoux (académie de Créteil)
Frédéric Grün (académie de Orléans-Tours)
Marc Gyr (académie de Amiens)
Angélique Johann (académie de Créteil)
Thomas Johann (académie de Créteil)
Philippe Martin (académie de Strasbourg)
Michel Montangerand (académie de Amiens)
Isabelle Pailloncy (en disponibilité)
Mélodie Pajon (académie de Versailles)
Valéry Prévost (académie de Nantes)
Hélène Simon (académie de Versailles)
Julien Volgringer (académie de Strasbourg)

Nathan

SOMMAIRE

 — ISBN : 978 209 172 925 1

THÈME 4

Ondes et signaux

MESURE ET INCERTITUDES

FICHES BAC

FICHES MÉTHODE

POINTS MATHS

POINTS NUMÉRIQUES

Retrouvez aussi dans votre manuel

POUR PRÉPARER LE BAC ET LE GRAND ORAL

GRAND ORAL

Des exercices de type Bac et ÉCE à la fin de tous les chapitres
Des exercices et des activités pour travailler l'oral régulièrement
Des pages dédiées à la préparation progressive du Grand oral

Retrouvez aussi les fiches Bac pp. 510 à 513

TRAVAILLER UNE MÉTHODE

En plus des fiches en fin de manuel, plusieurs méthodes sont travaillées sous forme d'exercices :

MÉTIERS ET ORIENTATION

RABATS DE LA COUVERTURE

RESSOURCES

Les ressources de votre manuel sont signalées au fil des pages par les pictogrammes suivants :

- Vidéo
- Podcast
- Animation
- Python
- Tableur
- Lien
- Fiche-guide
- Matériel
- Texte DYS
- Exercices supplémentaires
- QCM interactif
- Vidéo Corrigé de l'exercice

Fiches méthode accessibles en ligne sur sirius.nathan.fr

- Se repérer dans le laboratoire de chimie
- Étudier des couples acide-base et des pK_a ; étudier des couples d'oxydoréduction
- Utiliser un spectrophotomètre
- Effectuer une CCM
- Séparer ou extraire des espèces chimiques
- Distiller - Chauffer à reflux
- Utiliser un banc Kofler
- Utiliser un logiciel de traitement d'image (SalsaJ)
- Étudier qualitativement une fonction mathématique

TOUTES LES RESSOURCES, 3 POSSIBILITÉS D'ACCÈS AU CHOIX

Nathan Live | Site compagnon sirius.nathan.fr | Biblio Manuels

CAPACITÉS NUMÉRIQUES (*Bulletin officiel spécial* n° 8 du 25 juillet 2019)	Tableur	Python	Micro-contrôleur
Représenter l'histogramme associé à une série de mesures à l'aide d'un tableur ou d'un langage de programmation.	Chap. 12 et 16	Chap. 1, 2 et 16	
Simuler, à l'aide d'un langage de programmation, un processus aléatoire illustrant la détermination de la valeur d'une grandeur avec incertitudes-types composées.		Chap. 2, 13, 14, 18 et 20	
Représenter, à l'aide d'un langage de programmation, l'évolution des quantités de matière des espèces en fonction du volume de solution titrante versé.	Chap. 2	Chap. 2	
À l'aide d'un langage de programmation et à partir de données expérimentales, tracer l'évolution temporelle d'une concentration, d'une vitesse volumique d'apparition ou de disparition et tester une relation donnée entre la vitesse volumique de disparition et la concentration d'un réactif.	Chap. 3	Chap. 3	
Déterminer, à l'aide d'un langage de programmation, le taux d'avancement final d'une transformation, modélisée par la réaction d'un acide sur l'eau.		Chap. 7	
Tracer, à l'aide d'un langage de programmation, le diagramme de distribution des espèces d'un couple acide-base de pKA donné.	Chap. 7	Chap. 7	
Représenter, à l'aide d'un langage de programmation, des vecteurs accélération d'un point lors d'un mouvement.		Chap. 11	
Représenter, à partir de données expérimentales variées, l'évolution des grandeurs énergétiques d'un système en mouvement dans un champ uniforme à l'aide d'un langage de programmation ou d'un tableur.	Chap. 12	Chap. 12	
Exploiter, à l'aide d'un langage de programmation, des données astronomiques ou satellitaires pour tester les deuxième et troisième lois de Kepler.		Chap. 13	
Représenter, à l'aide d'un langage de programmation, la somme de deux signaux sinusoïdaux périodiques synchrones en faisant varier la phase à l'origine de l'un des deux.		Chap. 18	
Illustrer qualitativement, par exemple à l'aide d'un microcontrôleur, d'un multimètre ou d'une carte d'acquisition, l'effet de la géométrie d'un condensateur sur la valeur de sa capacité.			Chap. 21
Déterminer le temps caractéristique d'un dipôle *RC* à l'aide d'un microcontrôleur, d'une carte l'acquisition ou d'un oscilloscope.			Chap. 21

Démarche scientifique

1 Description des compétences

Les cinq compétences travaillées dans le cadre de la démarche scientifique en physique-chimie sont données ci-dessous, ainsi que quelques exemples de capacités associées pour chacune (*Bulletin officiel spécial*, n° 1 du 22 janvier 2019).

S'APPROPRIER
- Énoncer une problématique.
- Rechercher et organiser l'information en lien avec la problématique étudiée.
- Représenter la situation par un schéma.

ANALYSER-RAISONNER
- Formuler des hypothèses.
- Proposer une stratégie de résolution.
- Planifier des tâches.
- Évaluer des ordres de grandeur.
- Choisir un modèle ou des lois pertinentes.
- Choisir, élaborer, justifier un protocole.
- Faire des prévisions à l'aide d'un modèle.
- Procéder à des analogies.

RÉALISER
- Mettre en oeuvre les étapes d'une démarche.
- Utiliser un modèle.
- Effectuer des procédures courantes (calculs, représentations, collectes de données, etc.).
- Mettre en œuvre un protocole expérimental en respectant les règles de sécurité.

VALIDER
- Faire preuve d'esprit critique, procéder à des tests de vraisemblance.
- Identifier des sources d'erreur, estimer une incertitude, comparer à une valeur de référence.
- Confronter un modèle à des résultats expérimentaux.
- Proposer d'éventuelles améliorations de la démarche ou du modèle.

COMMUNIQUER

À l'écrit comme à l'oral.
- Présenter une démarche de manière argumentée, synthétique et cohérente.
- Utiliser un vocabulaire adapté et choisir des modes de représentation appropriés.
- Échanger entre pairs.

Une sixième compétence peut être travaillée et évaluée dans les exercices, les activités documentaires, etc.

CONNAÎTRE
- Restituer ses connaissances.
- Donner une définition, formuler une loi.

2 Évaluation par compétences

Une évaluation de chaque compétence suivant quatre niveaux de maîtrise A, B, C et D est possible.

SATISFAISANT	**NIVEAU A** L'ensemble de la tâche est **effectué de manière satisfaisante** (avec éventuellement une ou deux questions posées par le professeur lors d'une épreuve pratique).	**NIVEAU B** L'ensemble de la tâche est effectué de manière satisfaisante grâce à une aide apportée par le professeur lors d'une épreuve pratique ou avec **quelques erreurs ou oublis mineurs** lors d'une épreuve écrite.
NON SATISFAISANT	**NIVEAU C** La réalisation de la tâche nécessite **plusieurs** aides du professeur lors d'une épreuve pratique ou n'est pas effectuée de manière satisfaisante lors d'une épreuve écrite.	**NIVEAU D** La tâche **n'est pas menée à bien**, même avec les différentes aides apportées par le professeur lors d'une épreuve pratique.

Dans chaque chapitre, un exercice intitulé « S'autoévaluer » énumère les **critères de réussite** par compétence afin de s'évaluer de façon **autonome**.

3 Mesure et incertitudes → Fiche pp. 504-509

• La physique-chimie a pour but de **modéliser le réel** en mettant en œuvre des **mesures** qui conduisent à des résultats à partir desquels on peut ordonner, classer ou comparer les grandeurs étudiées afin d'**expliquer et de prévoir des phénomènes**.

• Lorsqu'une **même mesure** est réalisée indépendamment **plusieurs fois** dans les mêmes conditions, la mesure est affectée aléatoirement dans un sens ou dans un autre par rapport à une valeur moyenne : c'est la **variabilité de la mesure** d'une grandeur physique.

• Le résultat d'une mesure intègre **deux aspects de la mesure** qui ne peuvent pas être isolés l'un de l'autre au risque de perdre la signification du résultat obtenu.

Valeur mesurée
Valeur moyenne des mesures dans le cas d'une série de mesures indépendantes

Incertitude-type de la mesure
Estimation de l'**étendue des valeurs** que l'on peut raisonnablement attribuer à la grandeur physique mesurée, calculée à partir de l'**écart-type** dans le cas d'une série de mesures indépendantes

→ **Résultat de la mesure**

• Le résultat d'une mesure dépend à la fois des **instruments de mesure** utilisés et du **protocole** expérimental mis en œuvre. C'est pourquoi le résultat d'une mesure n'est pas une simple valeur mesurée, mais une **valeur mesurée associée à une incertitude-type**.

• En **analysant ces incertitudes**, les scientifiques sont parvenus, au fil des siècles, à **explorer, comprendre, modéliser et prévoir des phénomènes du monde réel** ayant des ordres de grandeurs de plus en plus grands ou de plus en plus petits.

Capacités liées à la mesure et aux incertitudes

Bulletin officiel spécial, n° 8 du 25 juillet 2019 (education.gouv.fr/pid285/le-bulletin-officiel.html)

Notions et contenus	Capacités exigibles
Variabilité de la mesure d'une grandeur physique.	Exploiter une série de mesures indépendantes d'une grandeur physique : histogramme, moyenne et écart-type. Discuter de l'influence de l'instrument de mesure et du protocole. Évaluer qualitativement la dispersion d'une série de mesures indépendantes. **Capacité numérique** : représenter l'histogramme associé à une série de mesures à l'aide d'un tableur ou d'un langage de programmation.
Incertitude-type.	Définir qualitativement une incertitude-type. Procéder à l'évaluation d'une incertitude-type par une approche statistique (évaluation de type A). Procéder à l'évaluation d'une incertitude-type par une autre approche que statistique (évaluation de type B).
Incertitudes-types composées.	Évaluer, à l'aide d'une formule fournie, l'incertitude-type d'une grandeur s'exprimant en fonction d'autres grandeurs dont les incertitudes-types associées sont connues. **Capacité numérique** : simuler, à l'aide d'un langage de programmation, un processus aléatoire illustrant la détermination de la valeur d'une grandeur avec incertitudes-types composées.
Écriture du résultat. Valeur de référence.	Écrire, avec un nombre adapté de chiffres significatifs, le résultat d'une mesure. Comparer, le cas échéant, le résultat d'une mesure m_{mes} à une valeur de référence m_{ref} en utilisant le quotient $\frac{\lvert m_{mes} - m_{ref} \rvert}{u(m)}$ où $u(m)$ est l'incertitude-type associée au résultat.

• Ces capacités, travaillées régulièrement tout au long de l'année, sont repérées dans le manuel par le pictogramme : √MESURE ET INCERTITUDES .

Les différentes **activités** et **exercices** permettant de **travailler les capacités exigibles** liées à la mesure et aux incertitudes sont recensées **p. 509**.

La modélisation au centre de l'activité des physiciens et des chimistes

« Le **modèle** se substitue au **réel trop complexe**, ou inaccessible à l'expérience, et permet de comprendre ce réel par un intermédiaire plus connu ou plus accessible à la connaissance, avec parfois pour fonction de faire des prévisions. »

D'après Anne-Marie Drouin, « Le modèle en question », *Aster*, n° 7, 1988.

« La construction, jamais achevée, de ce **modèle** suppose l'usage d'outils qui ne sont pas des pelles, des pioches ou des truelles, mais des **concepts**. »

Albert Jacquard, *L'équation du nénuphar*, Calmann-Lévy, 1998.

1 Modéliser pour interpréter et prévoir la combustion du méthane

2 Modéliser pour expliquer et prévoir la mise en mouvement d'une athlète

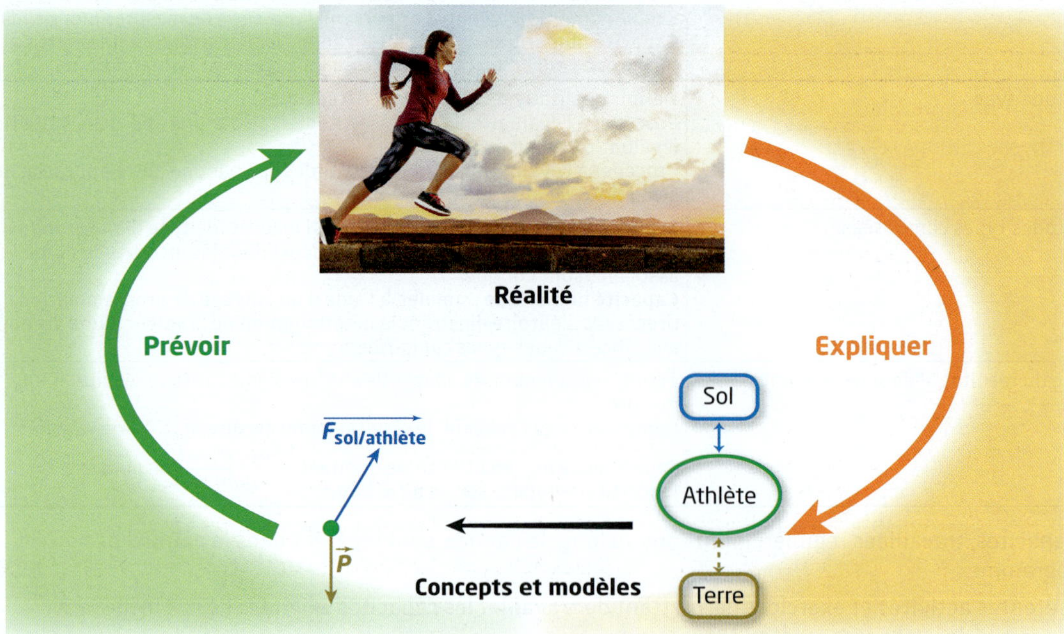

À LA DÉCOUVERTE DE VOTRE MANUEL

THÈME 1 — Constitution et transformations de la matière

THÈME 2 — Mouvement et interactions

THÈME 3 — Énergie : conversions et transferts

THÈME 4 — Ondes et signaux

Les quatre thèmes du programme

- Un logo est associé à chaque thème du programme.
- En début de chaque thème, un rappel des **acquis de Seconde** et de **Première** ainsi que la présentation de **métiers** en lien avec ce thème.

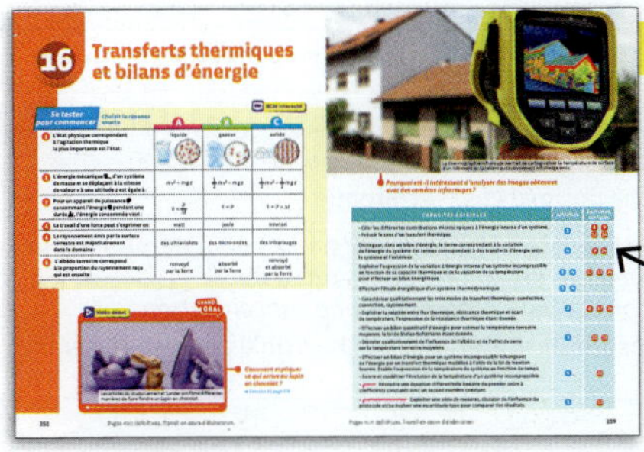

Les ouvertures de chapitre

- Un rappel des acquis sous forme de QCM.
- Une vidéo-débat à visionner sur le site **sirius.nathan.fr**

Les capacités exigibles du programme

Les activités

- Des activités **documentaires** et **expérimentales**.
- De nombreuses **démarches d'investigation** à mener avec l'aide du professeur.
- Des activités s'appuyant sur des **outils numériques**.

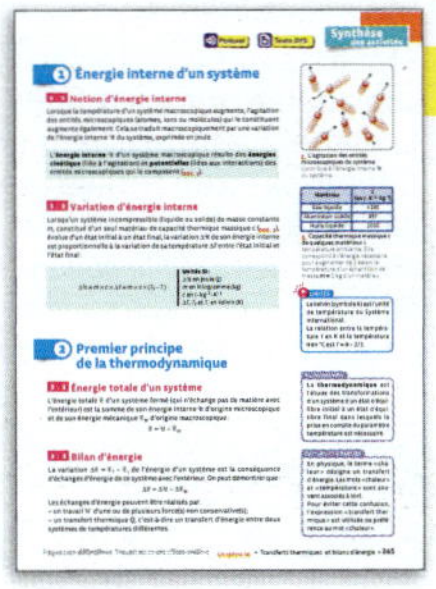

La synthèse

- Une **synthèse des activités** avec toutes les notions-clés.
- Une page **Retenir l'essentiel** pour faciliter l'apprentissage par l'image.

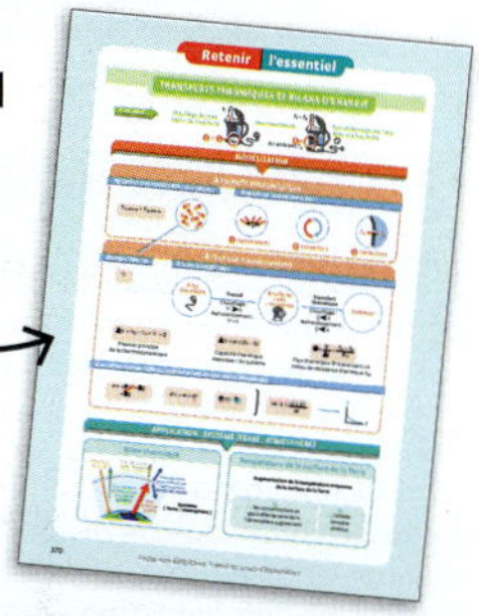

Les exercices

S'autoévaluer

- 5 minutes chrono : QCM sur la Synthèse des activités.
- Contrôle technique : des exercices résolus pour comprendre une méthode.

Appliquer – S'entraîner

- Des applications directes de la Synthèse des activités.
- Des exercices **résolus et commentés**, et leur **exercice d'application**.
- Un exercice **Apprendre à rédiger** pour décrypter les questions.
- Des exercices **S'autoévaluer**.
- Un exercice **In English please** pour s'habituer à lire des documents scientifiques en anglais.
- Des exercices « **Bac** » pour se préparer à l'épreuve.
- Un exercice **Carte mentale**.

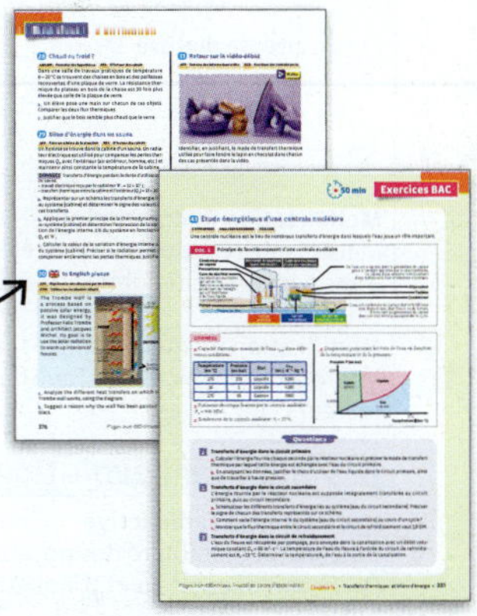

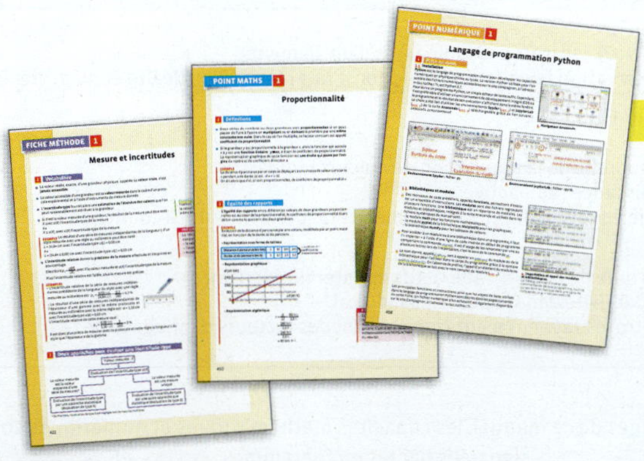

Les fiches

- Une fiche sur la mesure et les incertitudes.
- Des fiches pour se préparer aux épreuves du Bac.
- Des fiches méthodes pour maîtriser différentes techniques.
- Des points maths.
- Des points numériques.

PROGRAMME

Programme de l'enseignement de spécialité Physique-Chimie de la classe de Terminale générale

Constitution et transformations de la matière

1. Déterminer la composition d'un système par des méthodes physiques et chimiques

Notions et contenus	Capacités exigibles et *Activités expérimentales support de la formation*
A. Modéliser des transformations acide-base par des transferts d'ion hydrogène H+	
Transformation modélisée par des transferts d'ion hydrogène H^+ : acide et base de Brønsted, couple acide-base, réaction acide-base.	Identifier, à partir d'observations ou de données expérimentales, un transfert d'ion hydrogène, les couples acide-base mis en jeu et établir l'équation d'une réaction acide-base.
Couples acide-base de l'eau, de l'acide carbonique, d'acides carboxyliques, d'amines.	Représenter le schéma de Lewis et la formule semi-développée d'un acide carboxylique, d'un ion carboxylate, d'une amine et d'un ion ammonium.
Espèce amphotère.	Identifier le caractère amphotère d'une espèce chimique.
B. Analyser un système chimique par des méthodes physiques	
pH et relation $pH = -\log([H_3O^+]/c°)$ avec $c° = 1$ mol.L^{-1}, concentration standard.	Déterminer, à partir de la valeur de la concentration en ion oxonium H_3O^+, la valeur du pH de la solution et inversement. Mesurer le pH de solutions d'acide chlorhydrique (H_3O^+, Cl^-) obtenues par dilutions successives d'un facteur 10 pour tester la relation entre le pH et la concentration en ion oxonium H_3O^+ apporté. **Capacité mathématique*** : utiliser la fonction logarithme décimal et sa réciproque.
Absorbance ; loi de Beer-Lambert Conductance, conductivité ; loi de Kohlrausch	Exploiter la loi de Beer-Lambert, la loi de Kohlrausch ou l'équation d'état du gaz parfait pour déterminer une concentration ou une quantité de matière. Citer les domaines de validité de ces relations. *Mesurer une conductance et tracer une courbe d'étalonnage pour déterminer une concentration.*
Spectroscopie infrarouge et UV-visible. Identification de groupes caractéristiques et d'espèces chimiques.	Exploiter, à partir de données tabulées, un spectre d'absorption infrarouge ou UV-visible pour identifier un groupe caractéristique ou une espèce chimique.
C. Analyser un système par des méthodes chimiques	
Titre massigne et densité d'une solution Titrage avec suivi pH-métrique. Titrage avec suivi conductimétrique.	*Réaliser une solution de concentration donnée en soluté apporté à partir d'une solution de titre massique et de densité fournis.* Établir la composition du système après ajout d'un volume de solution titrante, la transformation étant considérée comme totale. Exploiter un titrage pour déterminer une quantité de matière, une concentration ou une masse. Dans le cas d'un titrage avec suivi conductimétrique, justifier qualitativement l'évolution de la pente de la courbe à l'aide de données sur les conductivités ioniques molaires. *Mettre en œuvre le suivi pH-métrique d'un titrage ayant pour support une réaction acide-base.* Mettre en œuvre le suivi conductimétrique d'un titrage. **Capacité numérique :** représenter, à l'aide d'un langage de programmation, l'évolution des quantités de matière des espèces en fonction du volume de solution titrante versé.

2. Modéliser l'évolution temporelle d'un système, siège d'une transformation

Notions et contenus	Capacités exigibles et *Activités expérimentales support de la formation*
A. Suivre et modéliser l'évolution temporelle d'un système siège d'une transformation chimique	
Suivi temporel et modélisation macroscopique Transformations lentes et rapides. Facteurs cinétiques : température, concentration des réactifs. Catalyse, catalyseur. Vitesse volumique de disparition d'un réactif et d'apparition d'un produit. Temps de demi-réaction.	Justifier le choix d'un capteur de suivi temporel de l'évolution d'un système. Identifier, à partir de données expérimentales, des facteurs cinétiques. Citer les propriétés d'un catalyseur et identifier un catalyseur à partir de données expérimentales. *Mettre en évidence des facteurs cinétiques et l'effet d'un catalyseur.* À partir de données expérimentales, déterminer une vitesse volumique de disparition d'un réactif, une vitesse volumique d'apparition d'un produit ou un temps de demi-réaction. *Mettre en œuvre une méthode physique pour suivre l'évolution d'une concentration et déterminer la vitesse volumique de formation d'un produit ou de disparition d'un réactif.*
Loi de vitesse d'ordre 1.	Identifier, à partir de données expérimentales, si l'évolution d'une concentration suit ou non une loi de vitesse d'ordre 1. **Capacité numérique :** à l'aide d'un langage de programmation et à partir de données expérimentales, tracer l'évolution temporelle d'une concentration, d'une vitesse volumique d'apparition ou de disparition et tester une relation donnée entre la vitesse volumique de disparition et la concentration d'un réactif.
Modélisation microscopique Mécanisme réactionnel : acte élémentaire, intermédiaire réactionnel, formalisme de la flèche courbe. Modification du mécanisme par ajout d'un catalyseur. Interprétation microscopique de l'influence des facteurs cinétiques.	À partir d'un mécanisme réactionnel fourni, identifier un intermédiaire réactionnel, un catalyseur et établir l'équation de la réaction qu'il modélise au niveau microscopique. Représenter les flèches courbes d'un acte élémentaire, en justifiant leur sens. Interpréter l'influence des concentrations et de la température sur la vitesse d'un acte élémentaire, en termes de fréquence et d'efficacité des chocs entre entités.
B. Modéliser l'évolution temporelle d'un système, siège d'une transformation nucléaire	
Décroissance radioactive Stabilité et instabilité des noyaux : diagramme (N ; Z), radioactivité α et β, équation d'une réaction nucléaire, lois de conservation. Radioactivité γ.	Déterminer, à partir d'un diagramme (N ; Z), les isotopes radioactifs d'un élément. Utiliser des données et les lois de conservation pour écrire l'équation d'une réaction nucléaire et identifier le type de radioactivité.
Évolution temporelle d'une population de noyaux radioactifs ; constante radioactive ; loi de décroissance radioactive ; temps de demi-vie ; activité.	Établir l'expression de l'évolution temporelle de la population de noyaux radioactifs. Exploiter la loi et une courbe de décroissance radioactive. **Capacité mathématique :** résoudre une équation différentielle linéaire du premier ordre à coefficients constants.
Radioactivité naturelle ; applications à la datation. Applications dans le domaine médical ; protection contre les rayonnements ionisants.	Expliquer le principe de la datation à l'aide de noyaux radioactifs et dater un événement. Citer quelques applications de la radioactivité dans le domaine médical. Citer des méthodes de protection contre les rayonnements ionisants et des facteurs d'influence de ces protections.

* Dans les pages de ce manuel, les capacités mathématiques et numériques sont signalées par les pictogrammes √MATHS et √NUMÉRIQUE .

3. Prévoir l'état final d'un système, siège d'une transformation chimique

A. Prévoir le sens de l'évolution spontanée d'un système chimique

État final d'un système siège d'une transformation non totale : état d'équilibre chimique. Modèle de l'équilibre dynamique.	Relier le caractère non total d'une transformation à la présence, à l'état final du système, de tous les réactifs et de tous les produits. *Mettre en évidence la présence de tous les réactifs dans l'état final d'un système siège d'une transformation non totale, par un nouvel ajout de réactifs.*
Quotient de réaction Q_r. Système à l'équilibre chimique : constante d'équilibre $K(T)$. Critère d'évolution spontanée d'un système hors équilibre chimique.	Déterminer le sens d'évolution spontanée d'un système. Déterminer un taux d'avancement final à partir de données sur la composition de l'état final et le relier au caractère total ou non total de la transformation. *Déterminer la valeur du quotient de réaction à l'état final d'un système, siège d'une transformation non totale, et montrer son indépendance vis-à-vis de la composition initiale du système à une température donnée.*
Transformation spontanée modélisée par une réaction d'oxydo-réduction. Pile, demi-piles, pont salin ou membrane, tension à vide. Fonctionnement d'une pile ; réactions électrochimiques aux électrodes. Usure d'une pile, capacité électrique d'une pile.	*Illustrer un transfert spontané d'électrons par contact entre réactifs et par l'intermédiaire d'un circuit extérieur.* Justifier la stratégie de séparation des réactifs dans deux demi-piles et l'utilisation d'un pont salin. Modéliser et schématiser, à partir de résultats expérimentaux, le fonctionnement d'une pile. Déterminer la capacité électrique d'une pile à partir de sa constitution initiale. *Réaliser une pile, déterminer sa tension à vide et la polarité des électrodes, identifier la transformation mise en jeu, illustrer le rôle du pont salin.*

B. Comparer la force des acides et des bases

Constante d'acidité K_a d'un couple acide-base, produit ionique de l'eau K_e.	Associer K_a et K_e aux équations de réactions correspondantes. *Estimer la valeur de la constante d'acidité d'un couple acide-base à l'aide d'une mesure de pH.*
Réaction d'un acide ou d'une base avec l'eau, cas limite des acides forts et des bases fortes dans l'eau.	Associer le caractère fort d'un acide (d'une base) à la transformation quasi-totale de cet acide (cette base) avec l'eau. Prévoir la composition finale d'une solution aqueuse de concentration donnée en acide fort ou faible apporté. Comparer la force de différents acides ou de différentes bases dans l'eau. *Mesurer le pH de solutions d'acide ou de base de concentration donnée pour en déduire le caractère fort ou faible de l'acide ou de la base.* **Capacité numérique :** déterminer, à l'aide d'un langage de programmation, le taux d'avancement final d'une transformation, modélisée par la réaction d'un acide sur l'eau. **Capacité mathématique :** résoudre une équation du second degré.
Solutions courantes d'acides et de bases.	Citer des solutions aqueuses d'acides et de bases courantes et les formules des espèces dissoutes associées : acide chlorhydrique (H_3O^+(aq), Cl^-(aq)), acide nitrique (H_3O^+(aq), NO_3^-(aq)), acide éthanoïque (CH_3COOH(aq)), soude ou hydroxyde de sodium (Na^+(aq), HO^-(aq)), ammoniac (NH_3(aq)).
Diagrammes de prédominance et de distribution d'un couple acide-base ; espèce prédominante, cas des indicateurs colorés et des acides alpha-aminés.	Représenter le diagramme de prédominance d'un couple acide-base. Exploiter un diagramme de prédominance ou de distribution. Justifier le choix d'un indicateur coloré lors d'un titrage. **Capacité numérique :** tracer, à l'aide d'un langage de programmation, le diagramme de distribution des espèces d'un couple acide-base de pK_A donné.
Solution tampon.	Citer les propriétés d'une solution tampon.

C. Forcer le sens d'évolution d'un système

Passage forcé d'un courant pour réaliser une transformation chimique. Constitution et fonctionnement d'un électrolyseur.	Modéliser et schématiser, à partir de résultats expérimentaux, les transferts d'électrons aux électrodes par des réactions électrochimiques. Déterminer les variations de quantité de matière à partir de la durée de l'électrolyse et de la valeur de l'intensité du courant. *Identifier les produits formés lors du passage forcé d'un courant dans un électrolyseur. Relier la durée, l'intensité du courant et les quantités de matière de produits formés.*
Stockage et conversion d'énergie chimique.	Citer des exemples de dispositifs mettant en jeu des conversions et stockages d'énergie chimique (piles, accumulateurs, organismes chlorophylliens) et les enjeux sociétaux associés.

4. Élaborer des stratégies en synthèse organique

A. Prévoir le sens de l'évolution spontanée d'un système chimique

Structure et propriétés Formule topologique. Familles fonctionnelles : esters, amines, amides et halogénoalcanes. Squelettes carbonés insaturés, cycliques. Isomérie de constitution.	Exploiter des règles de nomenclature fournies pour nommer une espèce chimique ou représenter l'entité associée. Représenter des formules topologiques d'isomères de constitution, à partir d'une formule brute ou semi-développée.
Polymères	Identifier le motif d'un polymère à partir de sa formule. Citer des polymères naturels et synthétiques et des utilisations courantes des polymères.
Optimisation d'une étape de synthèse Optimisation de la vitesse de formation d'un produit et du rendement d'une synthèse.	Identifier, dans un protocole, les opérations réalisées pour optimiser la vitesse de formation d'un produit. Justifier l'augmentation du rendement d'une synthèse par introduction d'un excès d'un réactif ou par élimination d'un produit du milieu réactionnel. *Mettre en œuvre un protocole de synthèse pour étudier l'influence de la modification des conditions expérimentales sur le rendement ou la vitesse.*
Stratégie de synthèse multi-étapes Modification de groupe caractéristique, modification de chaîne carbonée, polymérisation. Protection / déprotection.	Élaborer une séquence réactionnelle de synthèse d'une espèce à partir d'une banque de réactions. Identifier des réactions d'oxydo-réduction, acide-base, de substitution, d'addition, d'élimination. Identifier des étapes de protection / déprotection et justifier leur intérêt, à partir d'une banque de réactions. *Mettre en œuvre un protocole de synthèse conduisant à la modification d'un groupe caractéristique ou d'une chaîne carbonée.*
Synthèses écoresponsables	Discuter l'impact environnemental d'une synthèse et proposer des améliorations à l'aide de données fournies, par exemple en termes d'énergie, de formation et valorisation de sous-produits et de choix des réactifs et solvants.

Mouvement et interactions

1. Décrire un mouvement

Vecteurs position, vitesse et accélération d'un point.	Définir le vecteur vitesse comme la dérivée du vecteur position par rapport au temps et le vecteur accélération comme la dérivée du vecteur vitesse par rapport au temps. Établir les coordonnées cartésiennes des vecteurs vitesse et accélération à partir des coordonnées du vecteur position et/ou du vecteur vitesse.
Coordonnées des vecteurs vitesse et accélération dans le repère de Frenet pour un mouvement circulaire.	Citer et exploiter les expressions des coordonnées des vecteurs vitesse et accélération dans le repère de Frenet, dans le cas d'un mouvement circulaire.
Mouvement rectiligne uniformément accéléré. Mouvement circulaire uniforme.	Caractériser le vecteur accélération pour les mouvements suivants : rectiligne, rectiligne uniforme, rectiligne uniformément accéléré, circulaire, circulaire uniforme. *Réaliser et/ou exploiter une vidéo ou une chronophotographie pour déterminer les coordonnées du vecteur position en fonction du temps et en déduire les coordonnées approchées ou les représentations des vecteurs vitesse et accélération.* **Capacité numérique :** représenter, à l'aide d'un langage de programmation, des vecteurs accélération d'un point lors d'un mouvement. **Capacité mathématique :** dériver une fonction.

2. Relier les actions appliquées à un système à son mouvement

Deuxième loi de Newton Centre de masse d'un système.	Justifier qualitativement la position du centre de masse d'un système, cette position étant donnée.
Référentiel galiléen. Deuxième loi de Newton. Équilibre d'un système.	Discuter qualitativement du caractère galiléen d'un référentiel donné pour le mouvement étudié. Utiliser la deuxième loi de Newton dans des situations variées pour en déduire : – le vecteur accélération du centre de masse, les forces appliquées au système étant connues ; – la somme des forces appliquées au système, le mouvement du centre de masse étant connu.
Mouvement dans un champ uniforme Mouvement dans un champ de pesanteur uniforme. Champ électrique créé par un condensateur plan. Mouvement d'une particule chargée dans un champ électrique uniforme.	Montrer que le mouvement dans un champ uniforme est plan. Établir et exploiter les équations horaires du mouvement. Établir l'équation de la trajectoire. Discuter de l'influence des grandeurs physiques sur les caractéristiques du champ électrique créé par un condensateur plan, son expression étant donnée.
Principe de l'accélérateur linéaire de particules chargées.	Décrire le principe d'un accélérateur linéaire de particules chargées.
Aspects énergétiques.	Exploiter la conservation de l'énergie mécanique ou le théorème de l'énergie cinétique dans le cas du mouvement dans un champ uniforme. *Utiliser des capteurs ou une vidéo pour déterminer les équations horaires du mouvement du centre de masse d'un système dans un champ uniforme. Étudier l'évolution des énergies cinétique, potentielle et mécanique.* **Capacité numérique :** représenter, à partir de données expérimentales variées, l'évolution des grandeurs énergétiques d'un système en mouvement dans un champ uniforme à l'aide d'un langage de programmation ou d'un tableur. **Capacités mathématiques :** résoudre une équation différentielle, déterminer la primitive d'une fonction, utiliser la représentation paramétrique d'une courbe.
Mouvement dans un champ de gravitation Mouvement des satellites et des planètes. Orbite. Lois de Kepler. Période de révolution. Satellite géostationnaire.	Déterminer les caractéristiques des vecteurs vitesse et accélération du centre de masse d'un système en mouvement circulaire dans un champ de gravitation newtonien. Établir et exploiter la troisième loi de Kepler dans le cas du mouvement circulaire. **Capacité numérique :** exploiter, à l'aide d'un langage de programmation, des données astronomiques ou satellitaires pour tester les deuxième et troisième lois de Kepler.

3. Modéliser l'écoulement d'un fluide

Poussée d'Archimède.	Expliquer qualitativement l'origine de la poussée d'Archimède. Utiliser l'expression vectorielle de la poussée d'Archimède. *Mettre en œuvre un dispositif permettant de tester ou d'exploiter l'expression de la poussée d'Archimède.*
Écoulement d'un fluide en régime permanent.	Exploiter la conservation du débit volumique pour déterminer la vitesse d'un fluide incompressible.
Débit volumique d'un fluide incompressible. Relation de Bernoulli. Effet Venturi.	Exploiter la relation de Bernoulli, celle-ci étant fournie, pour étudier qualitativement puis quantitativement l'écoulement d'un fluide incompressible en régime permanent. *Mettre en œuvre un dispositif expérimental pour étudier l'écoulement permanent d'un fluide et pour tester la relation de Bernoulli.*

L'énergie : conversions et transferts

1. Décrire un système thermodynamique : exemple du modèle du gaz parfait

Modèle du gaz parfait. Masse volumique, température thermodynamique, pression.	Relier qualitativement les valeurs des grandeurs macroscopiques mesurées aux propriétés du système à l'échelle microscopique.
Équation d'état du gaz parfait.	Exploiter l'équation d'état du gaz parfait pour décrire le comportement d'un gaz. Identifier quelques limites du modèle du gaz parfait.

2. Effectuer des bilans d'énergie sur un système : le premier principe de la thermodynamique

Énergie interne d'un système. Aspects microscopiques.	Citer les différentes contributions microscopiques à l'énergie interne d'un système.
Premier principe de la thermodynamique. Transfert thermique, travail.	Prévoir le sens d'un transfert thermique. Distinguer, dans un bilan d'énergie, le terme correspondant à la variation de l'énergie du système des termes correspondant à des transferts d'énergie entre le système et l'extérieur.
Capacité thermique d'un système incompressible. Énergie interne d'un système incompressible.	Exploiter l'expression de la variation d'énergie interne d'un système incompressible en fonction de sa capacité thermique et de la variation de sa température pour effectuer un bilan énergétique. *Effectuer l'étude énergétique d'un système thermodynamique.*

Modes de transfert thermique. Flux thermique. Résistance thermique.	Caractériser qualitativement les trois modes de transfert thermique : conduction, convection, rayonnement. Exploiter la relation entre flux thermique, résistance thermique et écart de température, l'expression de la résistance thermique étant donnée.
Bilan thermique du système Terre-atmosphère. Effet de serre.	Effectuer un bilan quantitatif d'énergie pour estimer la température terrestre moyenne, la loi de Stefan-Boltzmann étant donnée. Discuter qualitativement de l'influence de l'albédo et de l'effet de serre sur la température terrestre moyenne.
Loi phénoménologique de Newton, modélisation de l'évolution de la température d'un système au contact d'un thermostat.	Effectuer un bilan d'énergie pour un système incompressible échangeant de l'énergie par un transfert thermique modélisé à l'aide de la loi de Newton fournie. Établir l'expression de la température du système en fonction du temps. *Suivre et modéliser l'évolution de la température d'un système incompressible.* **Capacité mathématique :** résoudre une équation différentielle linéaire du premier ordre à coefficients constants avec un second membre constant.

Ondes et signaux

1. Ondes mécaniques

Intensité sonore, intensité sonore de référence, niveau d'intensité sonore. Atténuation (en dB).	Exploiter l'expression donnant le niveau d'intensité sonore d'un signal. *Illustrer l'atténuation géométrique et l'atténuation par absorption.* **Capacité mathématique :** utiliser la fonction logarithme décimal et sa fonction réciproque.
Diffraction d'une onde par une ouverture : conditions d'observation et caractéristiques. Angle caractéristique de diffraction.	Caractériser le phénomène de diffraction dans des situations variées et en citer des conséquences concrètes. Exploiter la relation exprimant l'angle caractéristique de diffraction en fonction de la longueur d'onde et de la taille de l'ouverture. *Illustrer et caractériser qualitativement le phénomène de diffraction dans des situations variées.* *Exploiter la relation donnant l'angle caractéristique de diffraction dans le cas d'une onde lumineuse diffractée par une fente rectangulaire en utilisant éventuellement un logiciel de traitement d'image.*
Interférences de deux ondes, conditions d'observation. Interférences constructives. Interférences destructives.	Caractériser le phénomène d'interférences de deux ondes et en citer des conséquences concrètes. Établir les conditions d'interférences constructives et destructives de deux ondes issues de deux sources ponctuelles en phase dans le cas d'un milieu de propagation homogène. *Tester les conditions d'interférences constructives ou destructives à la surface de l'eau dans le cas de deux ondes issues de deux sources ponctuelles en phase.*
Interférences de deux ondes lumineuses, différence de chemin optique, conditions d'interférences constructives ou destructives.	Prévoir les lieux d'interférences constructives et les lieux d'interférences destructives dans le cas des trous d'Young, l'expression linéarisée de la différence de chemin optique étant donnée. Établir l'expression de l'interfrange. *Exploiter l'expression donnée de l'interfrange dans le cas des interférences de deux ondes lumineuses, en utilisant éventuellement un logiciel de traitement d'image.* **Capacité numérique :** représenter, à l'aide d'un langage de programmation, la somme de deux signaux sinusoïdaux périodiques synchrones en faisant varier la phase à l'origine de l'un des deux.
Effet Doppler. Décalage Doppler.	Décrire et interpréter qualitativement les observations correspondant à une manifestation de l'effet Doppler. Établir l'expression du décalage Doppler dans le cas d'un observateur fixe, d'un émetteur mobile et dans une configuration à une dimension. Exploiter l'expression du décalage Doppler dans des situations variées utilisant des ondes acoustiques ou des ondes électromagnétiques. *Exploiter l'expression du décalage Doppler en acoustique pour déterminer une vitesse.*

2. Former des images, décrire la lumière par un flux de photons

A. Former des images

Modèle optique d'une lunette astronomique avec objectif et oculaire convergents.	Représenter le schéma d'une lunette afocale modélisée par deux lentilles minces convergentes ; identifier l'objectif et l'oculaire.
Grossissement.	Représenter le faisceau émergent issu d'un point objet situé « à l'infini » et traversant une lunette afocale. Établir l'expression du grossissement d'une lunette afocale. Exploiter les données caractéristiques d'une lunette commerciale. *Réaliser une maquette de lunette astronomique ou utiliser une lunette commerciale pour en déterminer le grossissement.* *Vérifier la position de l'image intermédiaire en la visualisant sur un écran.*

B. Décrire la lumière par un flux de photons

Le photon : énergie, vitesse, masse. Effet photoélectrique. Travail d'extraction.	Décrire l'effet photoélectrique, ses caractéristiques et son importance historique. Interpréter qualitativement l'effet photoélectrique à l'aide du modèle particulaire de la lumière. Établir, par un bilan d'énergie, la relation entre l'énergie cinétique des électrons et la fréquence. Expliquer qualitativement le fonctionnement d'une cellule photoélectrique.
Absorption et émission de photons. Enjeux énergétiques : rendement d'une cellule photovoltaïque.	Citer quelques applications actuelles mettant en jeu l'interaction photon-matière (capteurs de lumière, cellules photovoltaïques, diodes électroluminescentes, spectroscopies UV-visible et IR, etc.). *Déterminer le rendement d'une cellule photovoltaïque.*

3. Étudier la dynamique d'un système électrique

Intensité d'un courant électrique en régime variable.	Relier l'intensité d'un courant électrique au débit de charges.
Comportement capacitif.	Identifier des situations variées où il y a accumulation de charges de signes opposés sur des surfaces en regard.
Modèle du condensateur. Relation entre charge et tension ; capacité d'un condensateur.	Citer des ordres de grandeur de valeurs de capacités usuelles. *Identifier et tester le comportement capacitif d'un dipôle.* *Illustrer qualitativement, par exemple à l'aide d'un microcontrôleur, d'un multimètre ou d'une carte d'acquisition, l'effet de la géométrie d'un condensateur sur la valeur de sa capacité.*
Modèle du circuit *RC* série : charge d'un condensateur par une source idéale de tension, décharge d'un condensateur, temps caractéristique.	Établir et résoudre l'équation différentielle vérifiée par la tension aux bornes d'un condensateur dans le cas de sa charge par une source idéale de tension et dans le cas de sa décharge.
Capteurs capacitifs.	Expliquer le principe de fonctionnement de quelques capteurs capacitifs. *Étudier la réponse d'un dispositif modélisé par un dipôle RC.* *Déterminer le temps caractéristique d'un dipôle RC à l'aide d'un microcontrôleur, d'une carte d'acquisition ou d'un oscilloscope.* **Capacité mathématique :** résoudre une équation différentielle linéaire du premier ordre à coefficients constants avec un second membre constant.

LA TERMINALE VERS LE BAC

Vos disciplines

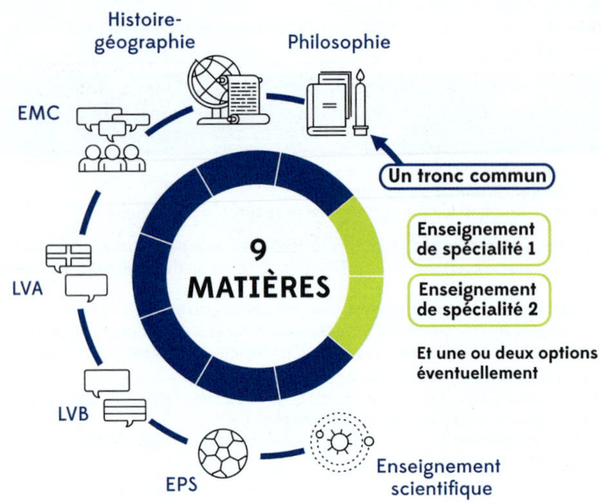

Votre calendrier*

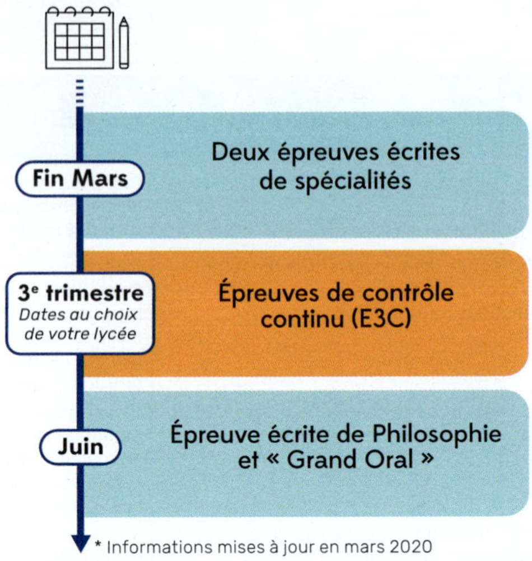

* Informations mises à jour en mars 2020

Toutes importantes, les disciplines seront évaluées et compteront dans votre note du Bac*

Le bulletin
10 % DE LA NOTE

Vos bulletins pour valoriser votre travail régulier de première et terminale — **Coefficient** 10

Les épreuves communes de contrôle continu (E3C)
30 % DE LA NOTE

Dont épreuve de spécialité arrêtée en première
Coefficient 5

Histoire-Géographie et Enseignement scientifique
Épreuves écrites
Coefficient 5
pour chaque matière
y compris E3C de première

LVA et LVB
Épreuves écrites et orales
Coefficient 5
pour chaque langue
y compris E3C de première

EPS
Évaluation tout au long de l'année
Coefficient 5

Les épreuves terminales
60 % DE LA NOTE

Dont notes des Épreuves anticipées de français passées en première
Coefficient 10

Une épreuve écrite de 3 ou 4 heures pour **vos deux enseignements de spécialité**

+ Numérique et Sciences Informatiques, Physique-Chimie Biologie et écologie et SVT
Une épreuve pratique de 1 heure

+ Arts, Langues littérature et cultures étrangères et régionales
Une épreuve orale

Coefficient 16
pour chaque enseignement de spécialité

Le « Grand Oral »
20 minutes de préparation
+ 20 minutes d'épreuve

› Sur une question adossée à l'une de vos spécialités
› Échange sur votre projet d'orientation

Coefficient 10

Philosophie
Épreuve écrite de 4 heures — **Coefficient** 8

Total des coefficients 100

* Informations mises à jour en mars 2020

... PUIS VERS LE SUPÉRIEUR

Les grands itinéraires de l'Enseignement supérieur

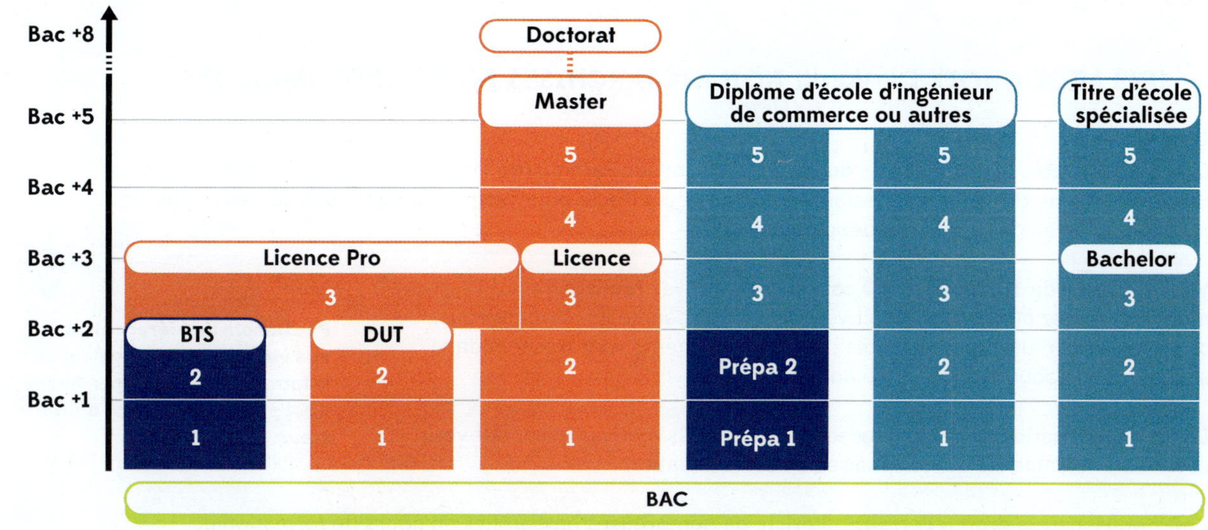

Ils témoignent de leur première année après le Bac

THÉO,
Première année de licence de Sciences de la Vie

« J'ai choisi l'Université car elle offre plusieurs parcours d'études et des matières nouvelles pour moi. Même si nous sommes plus encadrés que je ne l'imaginais, il faut travailler en autonomie et bien s'organiser entre les cours théoriques et les TP. J'espère partir en échange à l'étranger dès la L3. »

ZINEB
Première année de Prépa économique et commerciale

« Je voulais faire une école de commerce. Je craignais la prépa, j'en ai discuté avec des profs pendant les Portes ouvertes qui m'ont convaincue que je pouvais y arriver. Chaque semaine, 31 heures de cours, des colles orales, des devoirs sur table, et beaucoup de boulot à la maison pour assimiler des contenus volumineux très vite. Mais je ne regrette pas ! Il y a beaucoup de solidarité dans la classe. C'est stimulant. »

MAELLE,
IUT Info-Comm

« Grâce à mon dossier, j'ai pu entrer en IUT : un cursus court à l'Université, bien encadré avec la possibilité de poursuivre mes études. Je découvre des disciplines théoriques (marketing, droit...) et pratiques (graphisme, infographie...). C'est passionnant. J'ai hâte de débuter mon premier stage ! »

DIMITRI,
IFSI

« J'ai toujours voulu être infirmier en bloc opératoire. Mon dossier était un peu juste mais ma motivation et mes activités associatives m'ont permis de réussir l'entretien d'entrée. On alterne les cours théoriques et cliniques à la Fac ou dans l'IFSI et on a beaucoup de travail. J'ai effectué un premier stage et je suis encore plus motivé ! »

SARAH,
École d'ingénieur

« J'aimais les sciences et les TP au lycée, je voulais devenir ingénieure sans savoir dans quel domaine. J'ai réussi à intégrer une école généraliste qui me permettra de me spécialiser plus tard. Dans l'école, j'apprécie les projets en groupe, l'accès permanent à un matériel de pointe et la vie associative. »

Un lien ONISEP utile pour votre orientation

Ma première année en...

PARCOURSUP, QU'EST-CE QUE C'EST ?

C'est la plateforme nationale de préinscription à l'enseignement supérieur pour tous les élèves de terminale. En 2019, 97% des bacheliers généraux ont reçu au moins une proposition.

1 UN LARGE CHOIX DE VŒUX NON HIÉRARCHISÉS ET DES INFORMATIONS

Quasiment toutes les formations du supérieur sont sur Parcoursup (15.000 formations !) avec de très **nombreuses informations** et des possibilités de contacts directs pour **poser vos questions** sur les contenus, les critères d'examen des vœux, les débouchés.

Vous disposez de **10 vœux (et 20 sous-vœux)** : soyez **réaliste** et **ambitieux** (tentez des filières sélectives !). Tous les candidats, comme vous, déposent de nombreuses candidatures : les établissements vont très loin dans leurs classements pour proposer une admission

Les attendus nationaux et locaux sont là pour vous motiver (pas pour vous inquiéter), tout comme les questionnaires d'auto-évaluation.

Astuce

Pas besoin de hiérarchiser vos vœux et l'établissement de la formation que vous demandez n'est pas informé de vos autres vœux.

Enfin, vous avez **le droit à l'erreur** : il existe de nombreuses passerelles en cours de formation et un changement d'orientation est possible pour tous les Bac + 1 qui sont accueillis sur Parcoursup.

2 UNE PROCÉDURE AVEC UN CALENDRIER PRÉCIS ET DES OBLIGATIONS

Calendrier et check-list

Un calendrier
Ce calendrier vous laisse du temps de réflexion, coordonné avec le Bac et adapté à votre intégration dans le Supérieur.

À savoir

Le respect de la procédure par tous les élèves et les établissements est la condition de son bon fonctionnement.

Des modalités d'inscription

- Pour constituer votre dossier personnel à partir de votre INE, vous fournissez :
  - des informations sur votre état civil,
  - vos coordonnées, celles de vos représentants légaux (si vous êtes mineurs),
  - des informations sur votre scolarité passée en complément de celles fournies par votre lycée (bulletins de 1ère et Term, Fiche Avenir avec les appréciations de vos enseignants et l'avis du chef d'établissement).
  - Vous rédigez un **Projet de formation motivé** personnalisé adapté à chaque formation.
  - Vous remplissez soigneusement la rubrique « **Mes activités et centres d'intérêt** » qui peut renforcer vos candidatures.
- Vous envoyez les documents complémentaires que demandent parfois certaines formations.

3 DES ENSEIGNANTS QUI ÉTUDIENT VOTRE DOSSIER ET VOUS RÉPONDENT

Parcoursup n'est pas un robot ni un algorithme qui déciderait de votre orientation !
Toutes les formations vous répondront mais pas forcément en même temps : **surveillez les réponses** (sms, mail...) et votre compte Parcoursup.

N'oubliez pas de répondre à chaque proposition dans les délais indiqués. Si plusieurs propositions vous sont faites il vous faudra choisir puis valider votre choix final et **vous inscrire définitivement**.

VOUS INFORMER SUR LES FORMATIONS

UNE DÉMARCHE À ANTICIPER

Votre démarche d'orientation ne doit évidemment pas attendre l'ouverture de Parcoursup.

Vous ne savez pas encore vraiment ce que vous voulez faire mais vous aimez bien la physique ou la chimie ?

Vous avez déjà plusieurs idées, par exemple « *J'aimerais travailler dans le développement durable* » ou « *dans l'industrie automobile* » ?

Vous avez une idée assez nette de ce que vous voulez faire : « *Je veux devenir ingénieur(e) chimiste* » ou « *Je veux être responsable de production agro-alimentaire* » ?

S'INFORMER AVEC L'ONISEP

Dans tous les cas, **vous devrez vous informer sur les formations, leurs contenus, leurs modalités** (durée, sélective/non sélective, privée/publique, possibilité d'alternance ou de poursuite d'études, proximité...) et **leurs débouchés**.

L'ONISEP (**Office national d'information sur les enseignements et les professions**) vous fournit toute l'info sur les métiers et les formations :

- Le site onisep.fr, notamment la rubrique *Ma première année en...*
- monorientationenligne.fr vous met en contact avec un conseiller par téléphone, mail ou par tchat.
- Le site *Terminales* à retrouver sur orientation-lycees.fr
- Des revues, des guides, des Salons...
- Vous disposez de beaucoup de sources d'informations potentielles : contacts sur Parcoursup, Journées Portes Ouvertes, salons, forums, sites, Semaines de l'orientation et bien entendu vos enseignants, et les conseillers près de chez vous...

Notez bien que vos motivations pour une formation ou des débouchés ainsi que vos démarches d'orientation vous seront aussi utiles lors du Grand Oral.

FOCUS SUR... des formations et métiers en lien avec votre spécialité

DES ÉTUDES FACILITÉES PAR LA SPÉCIALITÉ PHYSIQUE CHIMIE

Site Horizons sur orientation-lycees.fr

- **Licences** Chimie, Physique, Mathématiques, Mécanique, Génie Civil, Sciences pour l'ingénieur, Sciences et technologies, Informatique, Électronique, Électrique, Automatique, Sciences de la vie, Sciences de la terre, Étude de santé...
- **Classes préparatoires** scientifiques ; **École d'ingénieurs** ; **Écoles d'Informatique**...
- **BTS** Aéronautique, Production, Conception de produits industriels, Fluides-énergies-domotique, Systèmes numériques, Gestion et maitrise de l'eau, Qualité dans les industries alimentaires, Environnement...
- **DUT** Chimie, Génie civil, Génie mécanique, Génie thermique et énergie, Mesures physiques, Science des matériaux, Électrotechnique, Génie électrique et informatique industrielle, Génie biologique...

onisep
Nathan

BAC

RÉUSSIR LE GRAND ORAL : PRENDRE LA PAROLE EN PUBLIC

ENTRAÎNEZ-VOUS !

Prendre la parole, ça s'apprend ! Votre préparation et vos entrainements vous permettront d'améliorer votre travail et de vous mettre en confiance. La réussite de votre Grand oral vient d'abord de votre maîtrise du contenu et d'un entraînement régulier à la prise de parole.

Entraînez-vous régulièrement :

- à la **réponse aux questions**, en vous chronométrant : il est fondamental d'en maîtriser la durée. Vous avez 5 minutes, pas plus, pas moins !
- **en classe avec vos professeurs, avec vos amis, votre famille**, devant un miroir, avec un smartphone, une montre... ;
- à **la discussion avec le jury** et à **présenter vos choix d'orientation**.

Conseil

Soyez bienveillants les uns envers les autres ! Utilisez la grille d'évaluation pour être objectifs.

Simulez comme au Grand oral : le « jury » s'assoit derrière une table, réglez le volume de votre voix et votre position dans la salle.

Grille d'évaluation

DÉDRAMATISEZ !

Le Grand oral n'est pas un concours d'éloquence, ni une performance.
Le jury sait la difficulté qu'il y a à passer un oral, vous pouvez compter sur sa bienveillance.

On entend fréquemment :

- « *J'ai le trac...* » : le trac est normal, il vous permet de vous concentrer et de bien démarrer. Il disparaîtra vite car vous maîtrisez votre contenu.
- « *Je ne suis pas à l'aise à l'oral...* » : votre entraînement vous apportera plus d'aisance.
- « *Je ne sais pas quoi faire de mes jambes et de mes mains* » : ne surestimez pas l'importance du « non verbal » ou des gestes parasites (ni même des tics verbaux). Concentrez-vous sur le contenu et le jury.
- « *Dois-je apprendre mes réponses par cœur ou les rédiger intégralement ?* » : ne changez pas vos habitudes mais vous ne devrez pas donner l'impression de réciter.

Conseil

Choisissez une tenue soignée (chaussures de ville), pas trop décontractée (pas de survêtement ni de T-shirt), tout en étant à l'aise.

ADOPTEZ UNE POSTURE SEREINE ET DES GESTES EXPRESSIFS

Faites simple : restez le plus naturel possible.

Une fois dans la salle, **placez-vous au centre de la pièce**, à environ **deux mètres du jury.**

- **Ancrez-vous dans le sol**, les pieds bien droits et légèrement écartés, la tête haute tournée vers le jury. Conservez cette posture, évitez de vous balancer et ne bougez pas trop.
- **Ce sont vos mains qui vont parler pour vous**. Assurez-vous qu'elles sont propres.
- **Soyez naturel** avec vos mains, vous n'êtes ni une personnalité politique en campagne ni un mime ! Évitez de croiser les bras, ne gardez pas vos mains jointes, utilisez-les plutôt **pour appuyer ce que vous dites.**

Conseil

Si, comme vous en avez la possibilité, vous choisissez de vous asseoir après votre réponse de cinq minutes, de même, sur la chaise, ancrez-vous au sol avec la tête et le dos droits.

Rendez-vous sur le site Nathan.fr/grand-oral

BAC

PRÊTEZ ATTENTION À VOTRE VOIX

La voix est le premier instrument de l'orateur. Ses différentes composantes sont mêlées mais vous pouvez en travailler les différents éléments.

Le volume
Entraînez-vous à parler de manière **suffisamment audible**, puis **variez les volumes** (plus bas / plus fort) et les distances.

Le débit (vitesse / rythme)
- Le rythme de votre prise de parole influera sur la qualité de sa réception.
- Vous attirerez et garderez l'attention en **variant votre débit** en fonction de vos propos. Par exemple, en parlant plus vite quand vous racontez une anecdote, moins vite quand vous arrivez en fin d'une sous-partie ou que vous voulez insister sur un point.
- Si vous avez l'habitude de parler vite, ce sera difficile à modifier. Dans ce cas, évitez les phrases trop longues et surtout, faites des pauses !

Conseil

Ne commencez pas à parler dès qu'on vous donne la parole. Silence, d'abord. Vous attirerez l'attention et vous en profiterez pour respirer un grand coup. Les pauses vous permettent de marquer le début ou la fin d'une sous-partie, de réfléchir avant de répondre, et d'attirer l'attention sur ce que vous allez dire ensuite.

L'intonation
C'est le ton que vous prendrez pour vous adresser au jury en accord avec le texte. Entraînez-vous à bien l'adapter à différents contenus et surtout à le varier pour **éviter la monotonie**.

SOIGNEZ VOTRE VOCABULAIRE

Même si vous n'en n'avez pas toujours conscience, il se peut que vous utilisiez un langage trop familier, trop quotidien. N'oubliez jamais que vous vous adressez à un jury.

Éliminez tous les termes qui vous paraissent **relever d'un langage trop familier**. Même si ce n'est pas toujours facile, essayez de bannir vos tics de langage (*ben*, *comment*, *euh*, *de base*, *trop*, *carrément*, *en mode*, *bof*.

Employez des termes précis : vous devez connaître les définitions de toutes
les notions que vous employez.

Vous pouvez nuancer votre réponse en utilisant des modalisateurs (« *il m'a semblé… / j'ai trouvé… / J'ai apprécié… En revanche…* »)

Conseil

Entraînez-vous à plusieurs : un élève présente son exposé, les autres relèvent les mots issus d'un langage trop familier. Cherchez ensemble des synonymes ou des expressions plus adaptés.

REGARDEZ ET SOURIEZ

Créez un lien visuel avec les membres du jury dès votre entrée.

Comme vous ne lirez pas vos notes, vous n'avez que les membres du jury à regarder ! **Regardez-les alternativement** et en fonction de leurs actions (regardez
le jury qui vous interroge : débutez votre réponse en le regardant…).

Souriez régulièrement, c'est un ingrédient important d'un oral réussi.

Conseil

Pensez à saluer le jury en arrivant et à le remercier
en partant.

INSPIREZ-VOUS !

Vous pouvez regarder des vidéos pour les analyser et y trouver de bonnes idées. Rendez-vous sur le site Nathan pour trouver des exemples de vidéos de présentation orale. Vous pouvez aussi visionner les conférences TED, « ma thèse en 180 s », des discours politiques, même en langue étrangère pour n'étudier que les postures et les gestes. **Mais attention** : les personnes que vous verrez sont bien plus âgées que vous et hyper entraînées. Ne vous dites pas « je ne pourrai jamais faire ça ! »

Nathan GRAND ORAL

THÈME 1

Constitution et transformations de la matière

Certains comprimés effervescents contiennent de l'acide citrique et l'ion hydrogénocarbonate. Lors de leur dissolution, il se forme du dioxyde de carbone gazeux.

Comment modéliser la transformation entre un acide et une base, puis expliquer la formation du dioxyde de carbone ?

En portant le sucre à une température trop élevée, le caramel devient amer. Les astucieux ajoutent quelques gouttes de citron : le caramel se forme plus vite et à une température moins élevée.

Quelle peut être la conséquence de l'ajout de jus de citron sur la réaction du sucre chaud ?

Cette piscine d'eau légèrement salée produit régulièrement le dichlore juste nécessaire à la désinfection de son eau.

Comment réaliser la transformation chimique de l'ion chlorure en dichlore par un apport d'énergie électrique ?

Les matériaux polymères (souvent communément appelés « matières plastiques ») sont partout autour de nous, jusque dans nos chaussures. Ils sont synthétisés lors d'une transformation chimique d'espèces organiques et sont constitués de très grandes molécules. Leurs propriétés physiques et chimiques très recherchées dépendent de la nature de ces molécules.

Sommaire

Déjà vu au lycée

Constitution de la matière

▶ Deux noyaux sont **isotopes** s'ils ont le même nombre de protons, mais n'ont pas le même nombre de neutrons. Ils appartiennent au **même élément chimique**, mais n'ont pas la même masse.

▶ Un **schéma de Lewis** représente l'ensemble des doublets d'électrons de valence d'une entité, répartis en **doublets liants** et **doublets non-liants**.

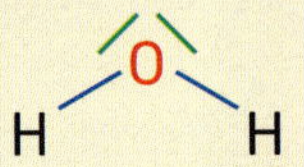

▶ Dans certains cas, le schéma est complété par des **charges formelles** et des **lacunes électroniques**.

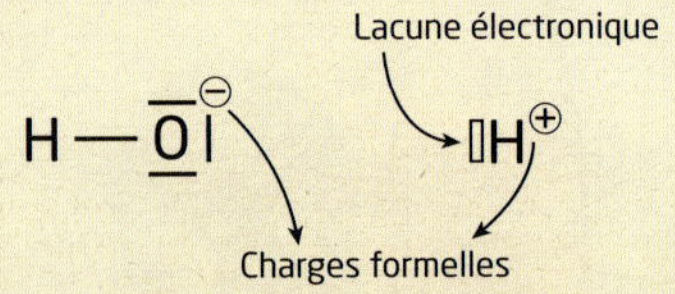

▶ Les espèces organiques peuvent être représentées par des **formules semi-développées** montrant leur squelette carboné ainsi que d'éventuels **groupes caractéristiques**. Elles appartiennent à des **familles fonctionnelles** et sont nommées en suivant des règles précises (➔ **Rabat V**).

▶ La présence de certaines liaisons dans une entité peut être caractérisée par un **spectre infra-rouge**.

Dénombrer la matière

▶ La **quantité de matière n** d'un échantillon de masse m constitué d'une seule espèce chimique de masse molaire M est $n = \frac{m}{M}$.

▶ La **concentration en masse c_m** et la **concentration en quantité de matière c** d'un soluté présent en quantité n et en masse m dans une solution de volume V sont :

$$c_m = \frac{m}{V} \quad \text{et} \quad c = \frac{n}{V}$$

▶ Pour une espèce colorant une solution, ces concentrations peuvent être déterminées par un **dosage par étalonnage** avec des mesures d'**absorbance** et/ou en exploitant le domaine linéaire de la **loi de Beer-Lambert** :

$$A_\lambda = \varepsilon_{\lambda,\text{espèce}} \times \ell \times c$$

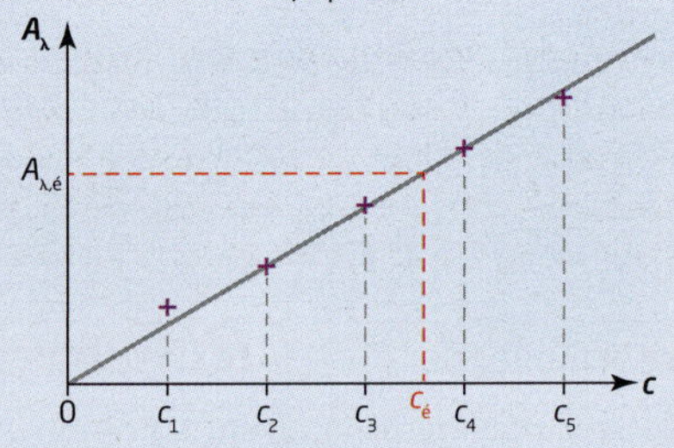

▶ Afin de déterminer la longueur d'onde optimale permettant de limiter les incertitudes de mesures, il est nécessaire de réaliser un **spectre d'absorption** UV-visible d'une solution de ce soluté.

Transformations de la matière

▶ Un **oxydant** est une entité capable de capter un ou plusieurs électron(s). Un **réducteur** est une entité capable de céder un ou plusieurs électron(s). Un oxydant et un réducteur qui peuvent se transformer l'un en l'autre par un **échange formel d'électron(s)** forment un **couple oxydant-réducteur** noté *Ox / Red*. Cet échange est modélisé par une **demi-équation électronique**.

Exemple : $MnO_4^-(aq) + 8\,H^+(aq) + 5\,e^- = Mn^{2+}(aq) + 4\,H_2O(\ell)$

▶ L'évolution d'un système chimique dont la transformation est modélisée par une réaction peut être caractérisée par son avancement x. À l'état final, cet avancement est noté x_f, et les informations peuvent être résumées dans un tableau d'avancement.

Exemple :

Équation de réaction		$1\,CH_4(g)$ +	$2\,O_2(g)$ →	$1\,CO_2(g)$ +	$2\,H_2O(\ell)$
État	Avancement	Quantités de matière			
initial	0	$n_{1,i}$	$n_{2,i}$	0	0
final	x_f	$n_{1,i} - 1x_f$	$n_{2,i} - 2x_f$	$0 + 1x_f$	$0 + 2x_f$

▶ L'avancement maximal x_{max} est calculé en annulant la quantité de matière du réactif limitant. Dans certains cas, l'avancement à l'état final est inférieur à l'avancement maximal.

▶ Une transformation nucléaire est modélisée par une équation de réaction nucléaire.

Exemple : ${}^{235}_{92}U + {}^{1}_{0}n \rightarrow {}^{140}_{55}Cs + {}^{93}_{37}Rb + 3\,{}^{1}_{0}n$

MÉTIERS ET ORIENTATION

GRAND ORAL

Chercheur-chercheuse en chimie

BAC +8

Le **chercheur** en chimie a des activités variées. Il consulte régulièrement les publications de recherche afin, d'une part, d'enrichir ses connaissances, et d'autre part, de vérifier que son travail n'a encore jamais été réalisé ailleurs. Cela lui permet de définir ses objectifs de recherche.

Au début de sa carrière, il passe beaucoup de temps en laboratoire afin de mener des expériences. Il encadre les jeunes étudiants post-bac qui réalisent des stages dans son laboratoire.

Lorsque ses recherches aboutissent à des résultats convaincants pour sa communauté scientifique, il rend compte de son travail par la rédaction d'articles de recherche ou lors de communications orales dans des symposiums à travers le monde.

En progressant dans sa carrière, il encadre les jeunes chercheurs qui réalisent les expériences de laboratoire. Il monte des projets de recherche, cherche des financements. Tout au long de sa carrière, la communauté scientifique peut le récompenser par de nombreux prix (prix de la Société française de chimie, médaille du CNRS, prix Nobel, etc.).

▶ Formations et diplômes
Doctorat suivi, par exemple, à l'université, dans une école d'ingénieur ou encore dans une École Normale Supérieure.

Technicien(ne) nucléaire

BAC +2 à BAC +4

Le **technicien nucléaire** surveille et contrôle en permanence l'ensemble du matériel d'une centrale nucléaire (tableaux électriques, circuits d'eau, etc.), pour détecter toute anomalie de fonctionnement.

Il manipule le combustible dans les conditions de sécurité qui conviennent. Ce métier à risques exige de respecter des consignes de sécurité draconiennes, de porter des tenues spéciales et de se soumettre à des contrôles fréquents.

De nombreuses centrales nucléaires devant être démantelées à partir de 2020 pour cause de vieillissement, le besoin en techniciens nucléaires est amené à augmenter.

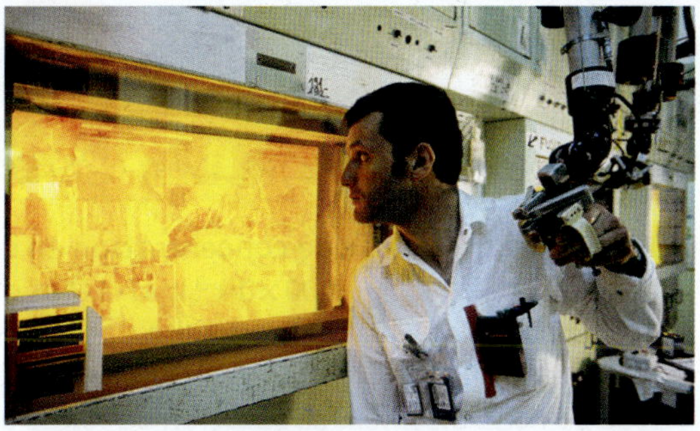

▶ Formations et diplômes
BTS Environnement nucléaire ; Licence pro Métiers de la radioprotection et de la sécurité nucléaire.

Diététicien(ne) nutritionniste

BAC +2

Le **diététicien**, spécialiste de la nutrition, réalise des suivis nutritionnels de personnes bien portantes ou malades, conseille et informe sur la diététique et l'hygiène alimentaire.

Le travail du diététicien varie en fonction du secteur dans lequel il exerce et du public concerné (sportifs, personnes âgées, etc.). La majorité des diététiciens travaillent pour des établissements de santé (établissement de soins, hôpitaux). Leur rôle est d'élaborer différents menus pour les patients en fonction du régime spécifique (ou non) de chacun.

En restauration collective, le diététicien conçoit et adapte des menus selon des impératifs budgétaires et la législation en matière d'alimentation. Il doit mettre en place des actions d'éducation nutritionnelle.

C'est une profession récente, qui s'ouvre à l'industrie agro-alimentaire et aux agences de communication.

▶ Formations et diplômes
BTS diététique ou DUT génie biologique, option diététique.
Médecin spécialisé en nutrition.

1 Transformation acide-base et pH

EXO QCM interactif

Se tester pour commencer

Choisir la réponse exacte.

	A	B	C
1 Une solution aqueuse dont le pH est égal à 3 est :	acide	neutre	basique
2 Une solution aqueuse a un pH égal à 9. Comparée à la concentration en quantité de l'ion hydroxyde $HO^-(aq)$ dans cette solution, celle de l'ion oxonium $H_3O^+(aq)$ est :	inférieure	égale	supérieure
3 Une solution aqueuse a un pH de 6. Lorsqu'une solution basique y est ajoutée, le pH du mélange obtenu est :	inférieur à 6	égal à 6	supérieur à 6
4 Une goutte de solution est déposée sur un morceau de papier pH ci-contre. Le pH de cette solution est : 	de 7	compris entre 9 et 10	supérieur à 12
5 Une solution aqueuse de concentration en quantité de saccharose $c_{mère} = 1{,}00 \times 10^{-2}$ mol · L^{-1} et de volume $V_{prélèvement} = 10{,}0$ mL est introduite dans une fiole jaugée de volume $V_{fille} = 1{,}00$ L. La fiole est complétée avec de l'eau distillée. La solution obtenue a pour concentration en quantité de saccharose :	$1{,}00 \times 10^{-4}$ mol · L^{-1}	$1{,}00 \times 10^{-2}$ mmol · mL^{-1}	1,00 mol · L^{-1}
6 Le schéma de Lewis de l'ion hydroxyde donné ci-contre présente : H—$\overline{\underline{O}}|^{\ominus}$	zéro doublet liant	un doublet liant	trois doublets liants

GRAND ORAL

Vidéo débat

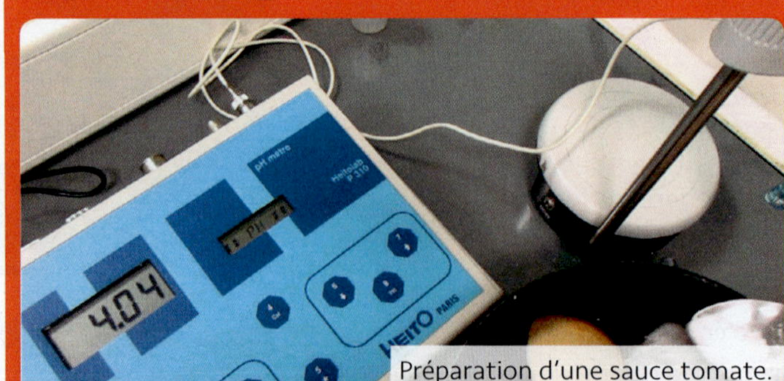

Préparation d'une sauce tomate.

Quelle propriété chimique du bicarbonate de soude permet de modifier l'acidité d'un aliment ?

Pour défendre leur nid, des fourmis aspergent leurs ennemis d'acide méthanoïque, de formule HCOOH, secrété par leur abdomen. La réaction entre cet acide et l'eau contenue dans les tissus organiques des ennemis provoque des brûlures.

Pourquoi l'acide méthanoïque est-il qualifié d'acide ?

→ Exercice 42 page 38

CAPACITÉS EXIGIBLES	Activités	Exercices corrigés
Identifier, à partir d'observations ou de données expérimentales, un transfert d'ion hydrogène, les couples acide-base mis en jeu et établir l'équation d'une réaction acide-base.	1	9 22 34
Représenter le schéma de Lewis et la formule semi-développée d'un acide carboxylique, d'un ion carboxylate, d'une amine et d'un ion ammonium.	1	17 43
Identifier le caractère amphotère d'une espèce chimique.	3	34 43
Déterminer, à partir de la valeur de la concentration en ion oxonium H_3O^+, la valeur du pH de la solution et inversement.	2	10 36 48
Mesurer le pH de solutions d'acide chlorhydrique (H_3O^+ (aq), Cl^- (aq)) obtenues par dilutions successives d'un facteur 10 pour tester la relation entre le pH et la concentration en ion oxonium H_3O^+ apporté.	2	
Citer les propriétés d'une solution tampon.	3	36
√MATHS Utiliser la fonction logarithme décimal et sa réciproque.	2	10 36 48

Activité expérimentale

1 Bicarbonate de soude et vinaigre font bon ménage

Notions
- Réaction acide-base
- Couple acide-base

▸ § 1 p. 29 et 2 p. 30

Depuis quelques années, le bicarbonate de soude et le vinaigre reviennent en force dans la panoplie des produits ménagers. Par exemple, pour nettoyer les canalisations d'un évier, il est recommandé d'introduire du bicarbonate de soude et d'y verser du vinaigre.

● **Comment modéliser la transformation chimique entre du vinaigre et du bicarbonate de soude ?**

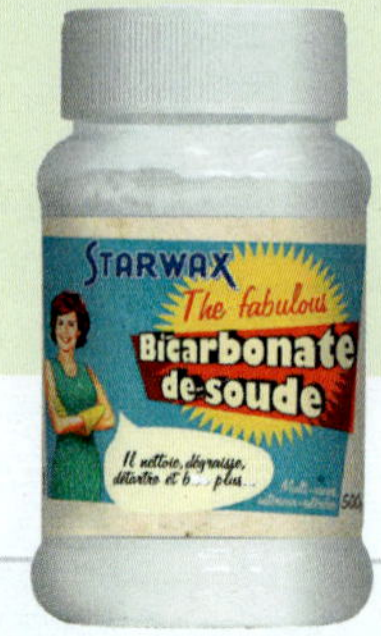

PROTOCOLE

■ Transformation chimique entre du vinaigre et du bicarbonate de soude

1. Placer environ un gramme de bicarbonate de soude solide dans un erlenmeyer.
2. Y verser quelques gouttes de vinaigre blanc à l'aide d'une pipette Pasteur.
3. Recueillir et identifier le gaz produit.

■ Tests d'identification :

Dioxyde de carbone : formation d'un solide blanc	**Ion éthanoate : formation d'un solide blanc**
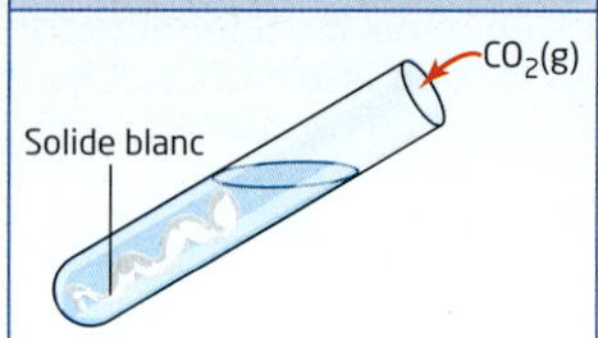	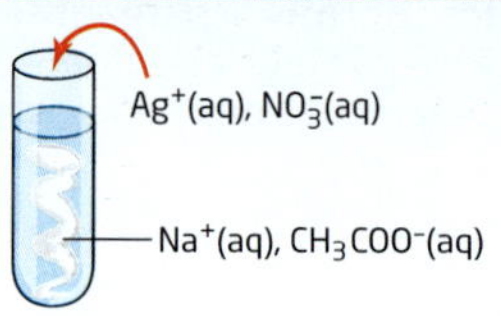

DONNÉES

■ Le vinaigre blanc est une solution aqueuse d'acide éthanoïque.

■ Le nom scientifique du bicarbonate de soude est : hydrogénocarbonate de sodium.

■ Une solution contenant une grande quantité d'acide carbonique forme du dioxyde de carbone CO_2(g) et de l'eau.

■ Noms et formules brutes d'acides et de bases :

	Nom	Formule
Acides	Acide éthanoïque	CH_3COOH
	Acide carbonique	H_2CO_3
Bases	Ion éthanoate	CH_3COO^-
	Ion hydrogénocarbonate	HCO_3^-

Questions

1 CONNAÎTRE

Citer la solution utilisée lors du test d'identification du dioxyde de carbone.

2 RÉALISER

a. Mettre en œuvre le **PROTOCOLE**.

b. Écrire l'équation de la réaction de la dissolution de l'hydrogénocarbonate de sodium dans l'eau.

3 ANALYSER-RAISONNER **DIFFÉRENCIATION**

a. Identifier les réactifs et les produits de la transformation chimique entre le vinaigre et le bicarbonate de soude.

b. En déduire l'équation de cette réaction acide-base.

c. Représenter puis comparer les schémas de Lewis de l'acide éthanoïque et de l'ion éthanoate.

d. Déterminer la formule de l'ion qui a été transféré entre les réactifs au cours de la réaction acide-base.

e. Par analogie avec les couples oxydant-réducteur, identifier les deux couples acide-base qui interviennent au cours de la réaction acide-base étudiée.

4 VALIDER

Critiquer le modèle faisant intervenir une réaction acide-base à l'aide des résultats expérimentaux.

5 COMMUNIQUER **GRAND ORAL**

Préparer une présentation orale expliquant le modèle de la réaction acide-base.
Formuler ensuite une réponse à la question posée en début d'activité en utilisant ce modèle ainsi que la réponse **2.b**.

Activité expérimentale

2 Contrôle qualité d'un déboucheur industriel

DÉMARCHE D'INVESTIGATION

Notions
- Fonction logarithme décimal
- pH et relation $pH = -\log\left(\frac{[H_3O^+]}{c°}\right)$

▸ § 2 p. 30

SITUATION DÉCLENCHANTE Avant de commercialiser un stock de flacons de déboucheur industriel puissant, un technicien doit s'assurer de la concentration en quantité d'ion oxonium de leur contenu. Il procède pour cela à la mesure du pH de cent échantillons.

● **Comment déterminer le pH d'une solution à partir de sa concentration en quantité d'ion oxonium $H_3O^+(aq)$ et *vice versa* ?**

DOCUMENT Matériel disponible

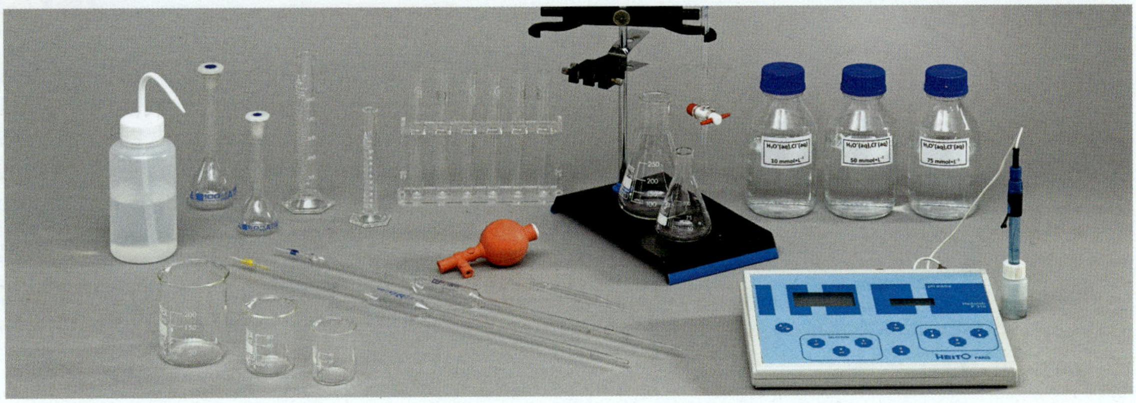

DONNÉES

■ **Fonction logarithme décimal et réciproque**

La fonction **logarithme décimal** : $x \mapsto \log x$ ($x \in]0 ; +\infty[$) a pour réciproque la fonction puissance de 10 :

$x \mapsto 10^x$ (x réel).

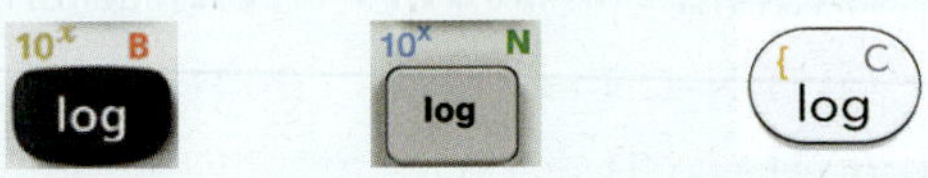

Exemples :
- $\log 1 = 0$. Or $1 = 10^0$, donc $\log(10^0) = 0$;
- $-\log(10^{-2}) = -(-2) = 2$.

■ « Diluer une solution mère **d'un facteur dix** » signifie que la solution fille est **dix fois moins concentrée** que la solution mère.

Pistes de travail

Fiches-guides

En cas de difficulté, demander de l'aide au professeur.

1 ANALYSER-RAISONNER

Proposer un protocole permettant de répondre à la question posée.

2 RÉALISER

Mettre en œuvre le protocole proposé après validation par le professeur. Présenter les résultats obtenus dans un tableau.

3 ANALYSER-RAISONNER

Proposer des relations mathématiques entre le pH d'une solution d'acide chlorhydrique et la concentration en quantité d'ion oxonium qu'elle contient.

4 VALIDER

Préparer une solution d'acide chlorhydrique de concentration en quantité d'ion H_3O^+ supérieure à 0,5 $mmol \cdot L^{-1}$, puis mesurer son pH afin de valider la relation proposée.

RESSOURCE
- Fiches-guides (fichiers texte et PDF)

3 La chimie au service de la biologie

Notions
- Espèce amphotère
- Solution tampon

▸ § 1 p. 29 et 3 p. 31

Le pH des solutions aqueuses présentes dans les êtres vivants doit être peu modifié par les produits des métabolismes cellulaires. Dans le cas contraire, les acides α-aminés qui constituent les protéines subissent des modifications de charge qui peuvent avoir de graves conséquences pour la santé.

● **Comment imposer la forme anionique, cationique ou globalement neutre à un acide α-aminé dans une solution aqueuse ?**

Un « blob », organisme unicellulaire ▶

PROTOCOLE

1. Dans un bécher, introduire un échantillon de volume $V = 50$ mL d'une solution tampon de pH donné.
2. Mesurer le pH de chaque solution.
3. Ajouter l'une des solutions citées dans le tableau ci-dessous selon le numéro de groupe, puis mesurer le pH du mélange obtenu.

Groupe	Solution	Concentration en quantité (en $mol \cdot L^{-1}$)	Volume
1	Hydroxyde de sodium	0,1	$V_1 = 1$ mL
2	Acide chlorhydrique	0,1	$V_2 = 1$ mL
3	Eau du robinet	–	$V_3 = 100$ mL

DOCUMENT Électrophorèse

Schéma

L'électrophorèse est une technique de séparation et d'identification d'espèces chimiques chargées ou neutres. Sous l'effet d'un champ électrique, les espèces chargées migrent vers l'une ou l'autre des électrodes, les espèces neutres (molécules) ne migrent pas.

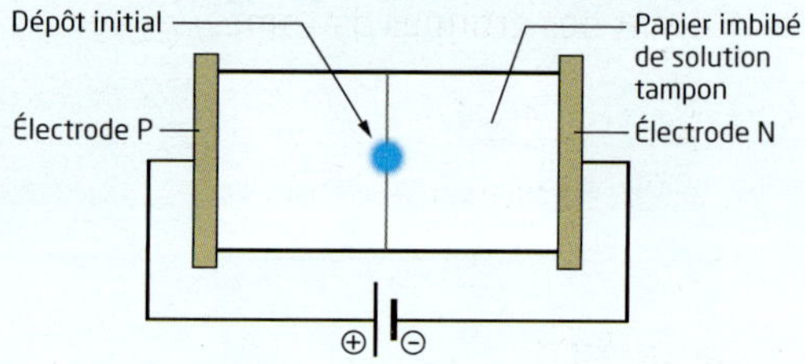

DONNÉES

■ Une espèce **amphotère** est à la fois l'acide d'un couple acide-base et la base d'un autre couple.

■ La glycine est un **acide α-aminé**.

Selon le pH de la solution dans laquelle elle se trouve, elle se présente sous trois espèces, de formules :

(a) $H_3\overset{+}{N}-CH_2-CO_2H$ **(b)** $H_2N-CH_2-CO_2^-$

(c) $H_3\overset{+}{N}-CH_2-CO_2^-$

Questions

1 CONNAÎTRE

Rappeler l'effet sur le pH de l'ajout d'un acide ou d'une base à une solution aqueuse.

2 RÉALISER

Mettre en œuvre le **PROTOCOLE** et regrouper les résultats de tous les groupes dans un tableau.

3 ANALYSER-RAISONNER

a. Déduire les propriétés d'une solution tampon à partir des résultats expérimentaux.

b. À l'aide du schéma fourni, faire correspondre chaque espèce représentant la glycine au pH de la solution tampon utilisée. Justifier.

c. En déduire les deux couples acide-base de la glycine et identifier la forme amphotère de la glycine.

4 COMMUNIQUER GRAND ORAL

Préparer une présentation orale, sans note, permettant de répondre à la question posée en début d'activité dans le cas de la glycine.

RESSOURCE
- Schéma du résultat de l'électrophorèse (document)

1 Couple acide-base

1.1 Acide et base

Un **acide** est une espèce chimique susceptible de céder un ion hydrogène H^+.
Une **base** est une espèce chimique susceptible de capter un ion hydrogène H^+.

Exemples Le vinaigre (**DOC. 1**) est une solution aqueuse contenant de l'acide éthanoïque CH_3CO_2H qui peut céder un ion H^+.
L'ion éthanoate $CH_3CO_2^-$ est une base car il peut capter un ion H^+.

Remarque Lorsque l'acide ou la base est une espèce ionique, l'ion est le plus souvent obtenu par dissolution d'un composé ionique.
Par exemple, l'acide ion ammonium $NH_4^+(aq)$ peut être issu du chlorure d'ammonium $NH_4Cl(s)$ et la base ion hydroxyde $HO^-(aq)$ peut l'être de l'hydroxyde de sodium NaOH(s); les équations de réaction de dissolution respectives s'écrivent :

$$NH_4Cl\,(s) \rightarrow NH_4^+(aq) + Cl^-(aq)$$

$$NaOH\,(s) \rightarrow Na^+(aq) + HO^-(aq).$$

Les formules semi-développées et les schémas de Lewis de deux acides particuliers et de deux bases particulières sont donnés dans le tableau ci-dessous (*R* et *R'* étant des groupes d'atomes).

Acide	Base
Acide carboxylique *R*–**COOH** 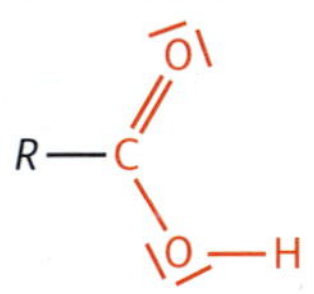	Ion carboxylate *R*–**COO**$^-$ 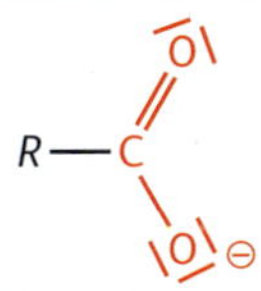
Ion ammonium *R'*–**NH**$_3^+$ 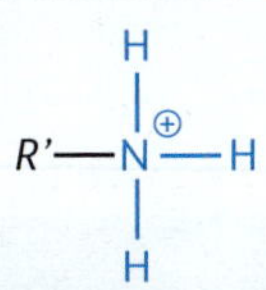	Amine *R'*–**NH**$_2$ 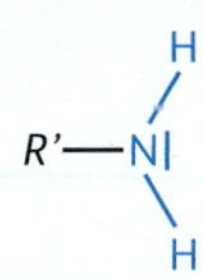

Remarque Les amines de formule générale R'–NH_2 sont des amines primaires. La famille des amines est plus vaste (→ **Chapitre 9**).

1.2 Couple acide-base

Un acide et une base pouvant se transformer l'un en l'autre par l'échange formel d'un ion hydrogène H^+ forment un **couple acide-base,** noté *acide / base*.

Exemples Le couple acide carboxylique-ion carboxylate (RCO_2H / RCO_2^-) et le couple ion ammonium-amine ($R'NH_3^+ / R'NH_2$) sont deux couples acide-base.

Remarque
Un acide et une base formant un couple acide-base sont dits **conjugués**.

HISTOIRE DES SCIENCES

En 1923, le Danois **Joannes Brønsted** (1879-1947 ; photo ci-contre) et l'Anglais Thomas Lowry (1874-1936) proposent une même définition des notions d'acide et de base. Les acides et les bases étudiés dans ce manuel sont appelés acides et bases de Brønsted.

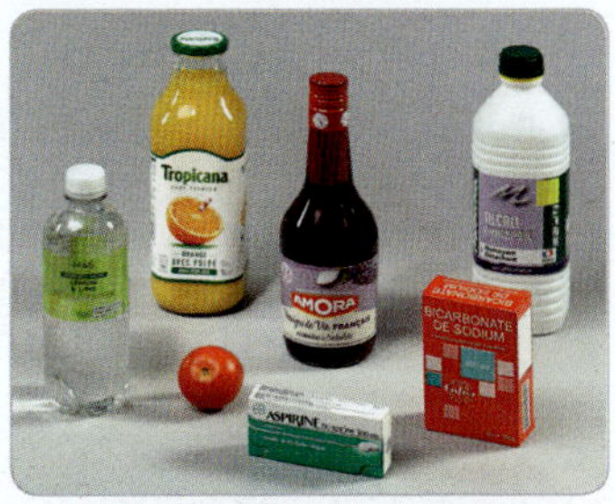

1. Produits d'usage courant contenant des acides ou des bases.

RAPPEL

Le **schéma de Lewis** d'une molécule ou d'un ion fait apparaître tous les **électrons de valence** (liants et non liants) de tous les atomes qui les constituent.

NOTATION

Plusieurs notations génériques sont utilisées pour les couples acide-base, par exemple AH / A^- ou HB^+ / B.

1.3 Indicateurs colorés de pH

Un **indicateur coloré de pH** est un couple acide-base dont l'espèce acide et l'espèce basique colorent différemment une solution aqueuse.
Un tel couple peut être noté $\mathit{In}\text{H}/\mathit{In}^-$.

Remarque Le papier pH est imbibé d'un mélange d'indicateurs colorés. La couleur prise par ce mélange dépend du pH de la solution déposée sur le papier (**DOC. 2**).

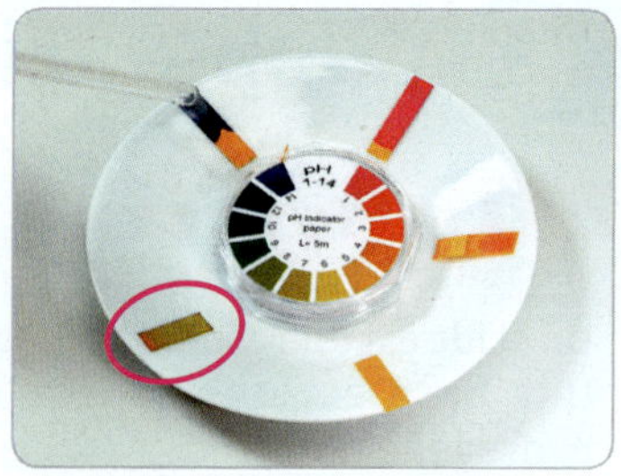

2. **Estimation du pH.** Par exemple, la teinte verte prise par le papier pH entouré permet d'estimer le pH de la solution testée : pH ≈ 8.

1.4 Espèce amphotère

Une espèce **amphotère** est à la fois l'acide d'un couple $\mathit{acide}_1/\mathit{base}_1$ et la base d'un autre couple $\mathit{acide}_2/\mathit{base}_2$.

Exemples
- L'eau est une espèce amphotère car elle appartient à deux couples acide-base : ion oxonium-eau (H_3O^+/H_2O) et eau-ion hydroxyde (H_2O/HO^-).
- L'ion hydrogénocarbonate appartient à deux couples acide-base : acide carbonique-ion hydrogénocarbonate H_2CO_3/HCO_3^- et ion hydrogénocarbonate-ion carbonate HCO_3^-/CO_3^{2-} ; il s'agit donc d'une espèce amphotère.

1.5 Acides α-aminés

Une espèce chimique de formule $H_3\overset{+}{N}\text{–CH}R\text{–}CO_2^-$ est un **acide α-aminé** (**DOC. 3**).
Il s'agit d'une espèce amphotère appartenant aux deux couples acide-base $H_3\overset{+}{N}\text{–CH}R\text{–}CO_2H/H_3\overset{+}{N}\text{–CH}R\text{–}CO_2^-$ et $H_3\overset{+}{N}\text{–CH}R\text{–}CO_2^-/H_2N\text{–CH}R\text{–}CO_2^-$.

Remarque Le nom « acide α-aminé » provient du fait que cette espèce chimique a des propriétés d'une amine (groupe $\text{–}NH_2$) et d'autres d'un acide carboxylique (groupe $\text{–}CO_2H$). La lettre grecque α (alpha) indique que ces deux groupes sont liés au même atome de carbone, appelé carbone α.

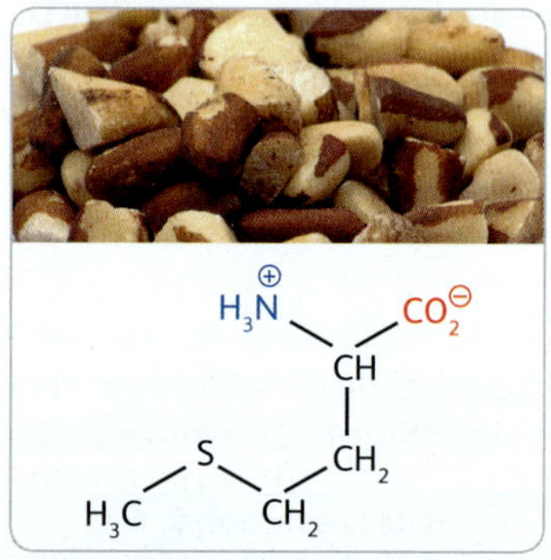

3. **La méthionine** fait partie des acides α-aminés essentiels, c'est-à-dire qu'elle ne peut pas être synthétisée par l'organisme. Elle doit être apportée par des aliments qui en contiennent, comme la noix du Brésil.

2 Réaction acide-base

Une **réaction acide-base** met en jeu deux couples acide-base.
Lors d'une telle réaction, il y a **transfert** d'un ion hydrogène H^+ de l'acide d'un couple $\mathit{acide}_1/\mathit{base}_1$ à la base d'un autre couple $\mathit{acide}_2/\mathit{base}_2$.
L'équation générale d'une réaction acide-base s'écrit :

$$\mathit{acide}_1 + \mathit{base}_2 \rightarrow \mathit{base}_1 + \mathit{acide}_2$$

Exemple L'acide citrique (couple $C_5H_7O_5\text{–}CO_2H/C_5H_7O_5\text{–}CO_2^-$) réagit avec l'ion hydrogénocarbonate (couple H_2CO_3/HCO_3^-) pour former de l'acide carbonique (H_2CO_3).
L'équation de cette réaction s'écrit :

$$C_5H_7O_5\text{–}CO_2H\,(aq) + HCO_3^-\,(aq) \rightarrow C_5H_7O_5\text{–}CO_2^-\,(aq) + H_2CO_3\,(aq)$$

L'effervescence observée (**DOC. 4**) est due à une transformation supplémentaire modélisée par la réaction d'équation : $H_2CO_3\,(aq) \rightarrow CO_2\,(g) + H_2O\,(\ell)$.

Remarque L'ion hydrogène H^+ n'existe pas en solution aqueuse ; il est directement transféré de l'acide_1 à la base_2. Dans le cadre de ce modèle de la réaction acide-base, on parle de transfert formel.

4. **Exemple de réaction acide-base.** Lorsqu'une rondelle de citron (contenant de l'acide citrique) est ajoutée dans une eau minérale riche en ion hydrogénocarbonate, une effervescence apparaît.

3 pH et concentration en ion oxonium

3.1 Définition et relations

La concentration en quantité de matière est la concentration la plus utilisée par les chimistes. Elle est plus simplement désignée par le mot concentration.

Par définition, le **pH** d'une solution aqueuse de concentration en quantité d'ion oxonium notée $[H_3O^+]$ est :

$$pH = -\log\left(\frac{[H_3O^+]}{c°}\right)$$

Unités :
pH sans unité
$c°$ et $[H_3O^+]$ dans la même unité

avec $c° = 1\ mol \cdot L^{-1}$, valeur exacte, appelée **concentration standard**.
log désigne la fonction logarithme décimal (→ **Point maths 3**, p. 531).

Remarques
- Lors d'un calcul, le pH est en général donné avec une décimale.
- Lorsque la concentration en ion oxonium est multipliée par dix, le pH diminue d'une unité. Lorsqu'elle est divisée par dix, le pH augmente d'une unité.

Exemples Les concentrations en quantité d'ion oxonium de deux solutions S_1 et S_2 d'acide chlorhydrique sont respectivement :

$$[H_3O^+]_1 = 1{,}0\ mmol \cdot L^{-1} \text{ et } [H_3O^+]_2 = 6{,}8 \times 10^{-12}\ mol \cdot L^{-1}.$$

Le pH de la solution S_1 est :

$$pH_1 = -\log\left(\frac{[H_3O^+]_1}{c°}\right) = -\log\left(\frac{1{,}0 \times 10^{-3}\ mol \cdot L^{-1}}{1\ mol \cdot L^{-1}}\right) = 3{,}0.$$

Le pH de la solution S_2 est :

$$pH_2 = -\log\left(\frac{[H_3O^+]_2}{c°}\right) = -\log\left(\frac{6{,}8 \times 10^{-12}\ mol \cdot L^{-1}}{1\ mol \cdot L^{-1}}\right) = 11{,}2.$$

Connaissant le pH d'une solution aqueuse, la concentration en quantité d'ion oxonium qu'elle contient est :

$$[H_3O^+] = 10^{-pH} \times c°$$

Unités :
$c°$ et $[H_3O^+]$ dans la même unité
pH sans unité

avec $c° = 1\ mol \cdot L^{-1}$, valeur exacte, la concentration standard.

Exemple Le pH d'une eau de table contenue dans une carafe est de 6,3. La concentration en quantité d'ion oxonium de cette solution est :

$$[H_3O^+] = 10^{-6{,}3} \times 1\ mol \cdot L^{-1} = 5{,}0 \times 10^{-7}\ mol \cdot L^{-1}.$$

VOCABULAIRE

Le quotient $\frac{[H_3O^+]}{c°}$ est appelé « activité de l'ion oxonium » (→ **Chap. 6**).

Il ne faut pas la confondre avec l'activité d'un échantillon radioactif (→ **Chap. 5**).

POINT MATHS

La réciproque de la fonction $x \mapsto \log x$ (x réel strictement positif) est la fonction $x \mapsto 10^x$ (x réel).

SCIENCE IN ENGLISH

Acid-base pair : couple acide-base
Litmus paper : papier pH
Amphiprotic species : espèce amphotère
Buffer solution : solution tampon

3.2 Solution tampon

En général, introduire un acide (respectivement une base) à une solution aqueuse entraîne la diminution (respectivement l'augmentation) du pH de cette solution.

Néanmoins, il existe des solutions particulières, appelées **solutions tampons**, pour lesquelles un ajout modéré d'acide ou de base modifie peu le pH. De même lorsque cette solution est diluée.

Exemple Les solutions étalons utilisées pour l'étalonnage des pH-mètres sont des solutions tampons (DOC. 5).

5. Solutions étalons pour étalonner les pH-mètres.

Retenir l'essentiel

Couples acide-base

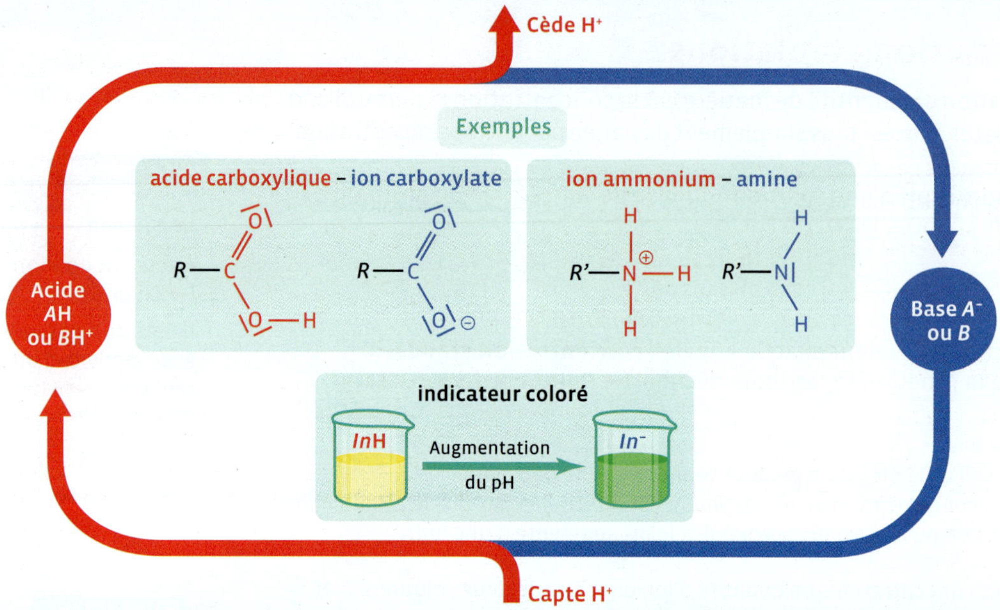

Espèces amphotères

Couples de l'eau : H_3O^+ / H_2O ; H_2O / HO^-

H_2CO_3 (Acide carbonique) / HCO_3^- ; HCO_3^- / CO_3^{2-}

Acide α-aminé : $H_3\overset{+}{N}-CHR-CO_2H$ / $H_3\overset{+}{N}-CHR-CO_2^-$; $H_3\overset{+}{N}-CHR-CO_2^-$ / $H_2N-CHR-CO_2^-$

Réaction acide-base

Transfert d'un ion H^+

$$R\text{-}COOH(aq) + R'\text{-}NH_2(aq) \longrightarrow R\text{-}COO^-(aq) + R'\text{-}\overset{+}{N}H_3\,(aq)$$

Couple 1 : $R\text{-}COOH$ / $R\text{-}COO^-$ — Couple 2 : $R'\text{-}NH_2$ / $R'\text{-}\overset{+}{N}H_3$

pH d'une solution aqueuse

$$pH = -\log\left(\frac{[H_3O^+]}{c°}\right) \Leftrightarrow [H_3O^+] = 10^{-pH} \times c°$$

$c° = 1\ mol \cdot L^{-1}$ exactement, concentration standard

Solution tampon

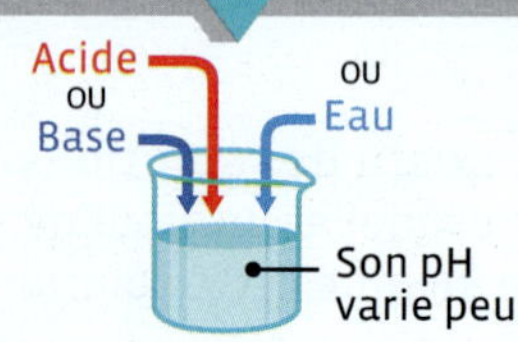

5 min chrono !

Si vous ne trouvez pas la bonne réponse, reportez-vous au § de la synthèse des activités correspondant pour vous aider.

Indiquer la réponse exacte. EXO QCM interactif

1 **Une base de Brønsted est une espèce chimique susceptible de :** ▶ §1

a. créer un ion hydrogène. b. céder un ion hydrogène.
c. capter un ion hydrogène.

2 **Le schéma de Lewis de l'acide éthanoïque est :** ▶ §1

a. 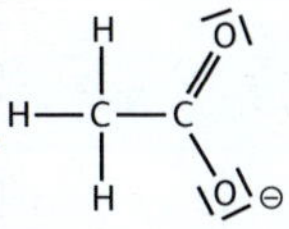
b. 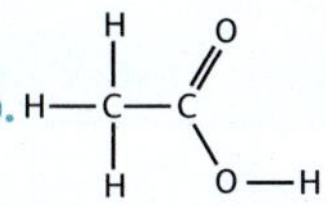
c. 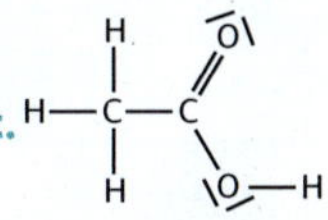

3 **Les espèces chimiques H_2O, H_3O^+ et HO^- forment les couples acide-base :** ▶ §1

a. H_3O^+/H_2O et H_2O/HO^-. b. H_2O/H_3O^+ et HO^-/H_2O.
c. H_3O^+/HO^- et H_2O/H_2O.

4 **L'espèce amphotère citée dans l'exercice 3 est :** ▶ §1

a. H_3O^+. b. H_2O. c. HO^-.

5 **Parmi les équations de réaction ci-dessous, celle qui correspond à une réaction acide-base est :** ▶ §2

a. $HCO_2H\,(aq) + NH_4^+(aq) \rightarrow HCO_2^-(aq) + NH_3\,(aq)$.
b. $HCO_2H\,(aq) + HCO_2^-(aq) \rightarrow HCO_2^-(aq) + HCO_2H(aq)$.
c. $HCO_2H\,(aq) + NH_3(aq) \rightarrow HCO_2^-(aq) + NH_4^+(aq)$.

6 **Une solution aqueuse a un pH de 8,0. La concentration en ion oxonium, $[H_3O^+]$, en $mol \cdot L^{-1}$ est égale à :** ▶ §3

a. $1{,}0 \times 10^{-8}$. b. $8{,}0 \times 10^{-1}$. c. $1{,}0 \times 10^{8}$.

7 **La concentration en ion oxonium d'une solution aqueuse est $[H_3O^+] = 1{,}0 \times 10^{-3}\ mol \cdot L^{-1}$. Son pH est :** ▶ §3

a. 1,0. b. 3,0. c. 4,0.

8 **Lorsqu'un acide est ajouté de façon modérée à une solution tampon, le pH de cette solution :** ▶ §3

a. augmente très peu. b. diminue très peu.
c. diminue beaucoup.

Corrigés p. 550

Contrôle technique !

9 Écrire une équation de réaction

EXERCICE RÉSOLU

Un excipient d'un comprimé effervescent de vitamine C (ou acide ascorbique *AH*) est le bicarbonate de sodium.
• Écrire l'équation de la réaction acide-base qui a lieu lorsqu'un comprimé est introduit dans de l'eau.

DONNÉES
• Le bicarbonate de sodium (ou hydrogénocarbonate de sodium) est un composé ionique de formule $NaHCO_3$.
• Couples acide-base : AH/A^- et H_2CO_3/HCO_3^-.

SOLUTION

L'ion hydrogénocarbonate $HCO_3^-(aq)$ provenant de la dissolution du bicarbonate de sodium est la base du couple H_2CO_3/HCO_3^-. La réaction acide-base a lieu entre HCO_3^- et l'acide *AH* du couple AH/A^-. Son équation est :

$$AH\,(aq) + HCO_3^-(aq) \rightarrow A^-(aq) + H_2CO_3\,(aq)$$

APPLICATION • Sur le modèle de l'exercice résolu

Lors d'un titrage d'un échantillon de vinaigre, une solution d'hydroxyde de sodium ($Na^+(aq)$, $HO^-(aq)$) est progressivement ajoutée.
• Écrire l'équation de la réaction acide-base qui a lieu.

DONNÉES
• Le vinaigre contient de l'acide éthanoïque de formule CH_3CO_2H.
• Couples acide-base : $CH_3CO_2H/CH_3CO_2^-$ et H_2O/HO^-.

10 Calculer pH et concentration $[H_3O^+]$

EXERCICE RÉSOLU

a. Dans l'intestin, la digestion des protéines est réalisée en présence d'ion oxonium à la concentration en quantité de matière $[H_3O^+] = 5{,}0 \times 10^{-9}\ mol \cdot L^{-1}$.
Calculer le pH de cette solution aqueuse.
b. Le pH moyen du suc gastrique est de 1,5.
Calculer la concentration en quantité d'ion oxonium $[H_3O^+]$ du suc gastrique.

SOLUTION

a. Le pH est défini par la relation : $pH = -\log\left(\dfrac{[H_3O^+]}{c°}\right)$

A.N. : $pH = -\log\left(\dfrac{5{,}0 \times 10^{-9}\ mol \cdot L^{-1}}{1\ mol \cdot L^{-1}}\right) = 8{,}3$.

b. Connaissant le pH d'une solution aqueuse, la concentration en ion oxonium qu'elle contient est : $[H_3O^+] = 10^{-pH} \times c°$.

A.N. : $[H_3O^+] = 10^{-1{,}5} \times 1\ mol \cdot L^{-1} = 3{,}2 \times 10^{-2}\ mol \cdot L^{-1}$.

APPLICATION • Sur le modèle de l'exercice résolu

a. La concentration en quantité d'ion oxonium d'un jus de citron est : $[H_3O^+] = 3{,}2 \times 10^{-3}\ mol \cdot L^{-1}$.
Calculer le pH de ce jus de citron.
b. Sur l'étiquette d'un produit ménager est indiqué : « Solution ammoniacale, pH = 11,5 ».
Calculer la concentration en quantité d'ion oxonium $[H_3O^+]$ correspondante.

Exercices APPLIQUER

Couple acide-base

▶ § 1 de la synthèse des activités

➜ EXERCICES RAPIDES

11 GRAND ORAL Présenter oralement à l'ensemble de la classe, en deux minutes maximum et sans note, les définitions d'un acide, d'une base et d'un couple acide-base. Illustrer chaque définition par un exemple de la vie courante.

12 Définir une espèce amphotère en prenant appui sur les couples acide-base de l'eau H_3O^+/H_2O et H_2O/HO^-.

13 Recopier et compléter le tableau ci-dessous avec les formules permettant de former des couples acide-base.

Acide	H_2CO_3		HCO_3^-	
Base		NH_3		NO_3^-

14 Rechercher des acides et des bases

L'alanine ($C_3H_7NO_2$) est un acide α-aminé. L'acide butanoïque ($C_4H_8O_2$) donne son odeur rance au beurre et la triméthylamine (C_3H_9N) son odeur au poisson peu frais.

DONNÉES Formules semi-développées $CH_3(CH_2)_2CO_2H$; $(CH_3)_3N$; $H_3\overset{+}{N}{-}CH(CH_3){-}CO_2^-$; $CH_3(CH_2)_2CO_2^-$; $(CH_3)_3NH^+$; $H_3\overset{+}{N}{-}CH(CH_3){-}CO_2H$; $H_2N{-}CH(CH_3){-}CO_2^-$.

• Parmi les formules semi-développées données ci-dessus et à l'aide des noms fournis, identifier celles qui correspondent à des acides ou/et à des bases. Justifier.

15 Former des couples acide-base

Reprendre les espèces chimiques de l'exercice 14. Former tous les couples acide-base possibles. Justifier.

16 Identifier une espèce amphotère

Identifier l'espèce amphotère parmi les espèces données dans l'exercice 14. Justifier.

17 Représenter des schémas de Lewis

Représenter les schémas de Lewis des trois premières espèces chimiques dont les formules semi-développées sont données dans l'exercice 14.

18 Définir un indicateur coloré

Les solutions d'hélianthine ont des couleurs différentes, comme indiqué sur la photographie ci-contre.

• Montrer que l'hélianthine est un indicateur coloré de pH.

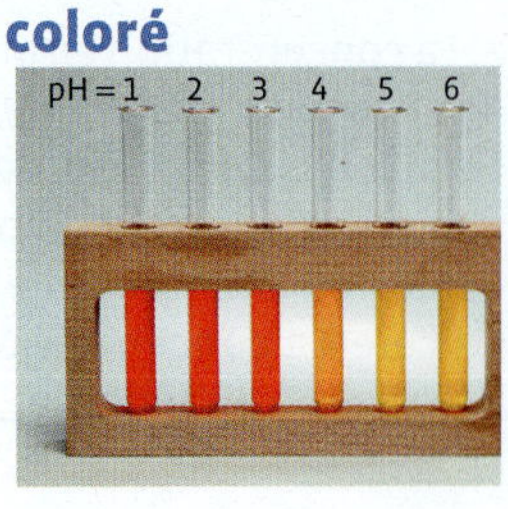

Réaction acide-base

▶ § 2 de la synthèse des activités

➜ EXERCICES RAPIDES

19 GRAND ORAL Réaliser un support visuel permettant de présenter oralement en une minute maximum à l'ensemble de la classe, comment écrire l'équation d'une réaction acide-base à l'aide d'un exemple précis.

20 Recopier et compléter le tableau ci-dessous, en indiquant par une croix les réactions qui ne peuvent pas se produire. Justifier.

	H_3O^+	H_2O	CH_3CO_2H	NH_4^+
H_2O				
HO^-				
$CH_3CO_2^-$				
NH_3				

21 Écrire au moins deux équations de réaction acide-base faisant intervenir des espèces chimiques listées dans le tableau de l'exercice 20.

S'AUTOÉVALUER

22 Expliquer une étape de protocole

L'acide gallique est un précurseur du gallate de propyle, un additif alimentaire utilisé pour ses propriétés anti-oxydantes. Il est extrait du tara, un arbuste du Pérou, en suivant trois étapes :

– étape 1 : dissolution de la matière première dans l'eau chaude puis filtration ;

– étape 2 : transformation de l'espèce contenue dans le filtrat pour obtenir l'ion gallate $C_6H_5O_3{-}CO_2^-$;

– étape 3 : précipitation de l'acide gallique par addition d'acide chlorhydrique (H_3O^+(aq), Cl^-(aq)).

a. Identifier la seule étape de ce protocole qui fait intervenir une réaction acide-base. Justifier.

b. Établir l'équation de réaction correspondante

INDICATEURS DE RÉUSSITE	NIVEAU A	B	C	D
ANALYSER-RAISONNER				
• L'étape faisant intervenir l'acide gallique et l'ion gallate est repérée. • Le second couple acide-base mis en jeu dans cette étape est identifié.				
COMMUNIQUER				
L'équation de la réaction acide-base est correctement écrite.				

23 Identifier un transfert d'ion hydrogène

Un excès d'acide chlorhydrique ($H_3O^+(aq)$, $Cl^-(aq)$) dans le suc gastrique entraîne des brûlures d'estomac. Pour les soulager, il est possible de boire des solutions contenant l'ion hydrogénocarbonate $HCO_3^-(aq)$. L'équation de la réaction ayant lieu dans l'estomac est :

$$H_3O^+(aq) + HCO_3^-(aq) \rightarrow H_2O(\ell) + H_2CO_3(aq)$$

• Identifier de quel réactif à quel réactif il y a transfert d'un ion hydrogène. Justifier.

24 Identifier une réaction acide-base

Parmi les équations de réaction ci-dessous, identifier celle qui est une réaction acide-base. Justifier.

a. $Mg(s) + 2\,H^+(aq) \rightarrow Mg^{2+}(aq) + H_2(g)$

b. $NH_4^+(aq) + HO^-(aq) \rightarrow NH_3(aq) + H_2O(\ell)$

25 Établir des équations de réaction

DONNÉE Couples acide-base : H_3O^+/H_2O et H_2O/HO^-.

a. Indiquer la nature des ions présents dans une solution d'acide chlorhydrique. De même dans une solution d'hydroxyde de sodium.

b. Écrire l'équation de la réaction acide-base qui a lieu lorsque ces deux solutions sont mélangées.

26 Reconnaître des couples acide-base

Le phosphate d'ammonium est un engrais couramment utilisé. L'équation de la réaction acide-base possible entre ses constituants s'écrit :

$$NH_4^+ + PO_4^{3-} \rightarrow NH_3 + HPO_4^{2-}$$

• Déterminer les couples acide-base qui interviennent lors de cette réaction.

pH et concentration en ion oxonium

► § 3 de la synthèse des activités

➜ EXERCICES RAPIDES

27 **GRAND ORAL** Présenter oralement à l'ensemble de la classe, en deux minutes maximum et sans note, comment calculer le pH d'une solution à partir de sa concentration en ion oxonium et réciproquement.

28 Recopier puis compléter le tableau ci-dessous.

$[H_3O^+]$ en $mol \cdot L^{-1}$	0,10		$3{,}7 \times 10^{-8}$	
pH		2,0		8,4

29 Recopier puis compléter le tableau ci-dessous sans utiliser de calculatrice.

$[H_3O^+]$ en $mol \cdot L^{-1}$	$1{,}0 \times 10^{-4}$		$7{,}9 \times 10^{-10}$	
pH		5,0		10,1

DONNÉE $10^{-10{,}1} = 7{,}9 \times 10^{-11}$.

30 In English please

A sample of lagoon water was analysed. It was found that $[H_3O^+] = 5.3 \times 10^{-9}$ mol dm^{-3}. This is due to the decomposition of jellyfish which release ammonia.

• Calculate the pH of this water and comment on its value.

31 Calculer un pH

L'addition de bromure d'hydrogène gazeux HBr(g) dans de l'eau conduit à la formation d'acide bromhydrique. L'équation de la réaction acide-base qui a lieu est :

$$HBr(g) + H_2O(\ell) \rightarrow Br^-(aq) + H_3O^+(aq).$$

Une solution aqueuse est préparée en faisant barboter du bromure d'hydrogène en quantité $n = 0{,}39$ mmol afin d'obtenir une solution de volume $V = 300$ mL.

Exprimer puis calculer le pH de la solution ainsi obtenue.

32 Apprendre à rédiger

Le salers est un fromage fabriqué dans le Cantal. Sa qualité dépend des variations de pH au cours de sa fabrication.

DONNÉES

• Le pH du lactosérum (ou petit lait) est compris entre 4,6 et 6,6.

• La concentration optimale en quantité d'ion oxonium du lactosérum pour le salers est : $[H_3O^+] = 6{,}3\ \mu mol \cdot L^{-1}$.

a. Déterminer l'intervalle de la concentration en quantité d'ion oxonium du lactosérum.

Aide méthodologique

► Écrire la relation entre $[H_3O^+]$ et le pH.

► Réaliser les applications numériques après les avoir complètement écrites, en veillant à ce que le nombre de chiffres significatifs soit adapté.

b. En déduire si le critère d'acidité est valable pour le lactosérum du fromage salers.

► Vérifier que la valeur de la concentration optimale en quantité d'ion oxonium est comprise dans l'intervalle déterminé précédemment.

33 Construire une carte mentale

a. Préparer une carte mentale au sujet des espèces amphotères à l'aide d'un exemple.

b. Associer à l'étiquette centrale, par le moyen de votre choix, d'autres étiquettes comprenant par exemple :

Couples acide-base : .../... et .../...
Base
Acide
Autre couple

EXO **Exercices supplémentaires**

Exercices APPLIQUER

EXERCICE RÉSOLU ET COMMENTÉ

34 Acides et bases en cuisine

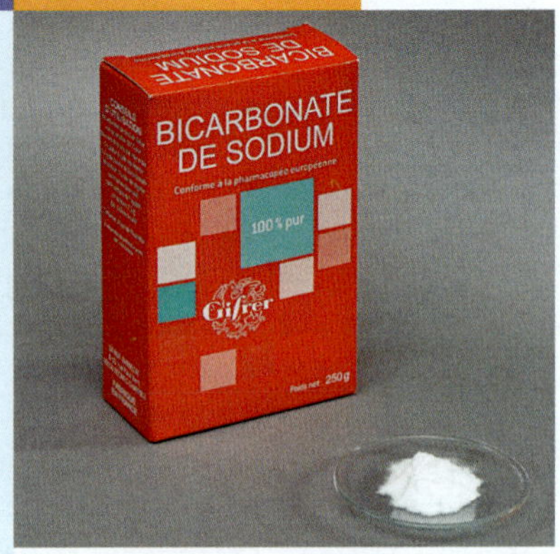

ÉNONCÉ

L'acide benzoïque et le benzoate de sodium sont utilisés comme conservateurs alimentaires. Le bicarbonate de soude (ou hydrogénocarbonate de sodium), de formule $NaHCO_3$, sert à réduire l'acidité de certaines sauces et comme poudre à lever en pâtisserie.

DONNÉES

- Couples acide-base : H_2CO_3 / HCO_3^- et HCO_3^- / CO_3^{2-}.
- L'acide benzoïque comporte un cycle de six atomes de carbone dont les liaisons simples et doubles sont alternées ; sa formule brute est : $C_7H_6O_2$.
- Schéma de Lewis de l'ion benzoate ci-contre.

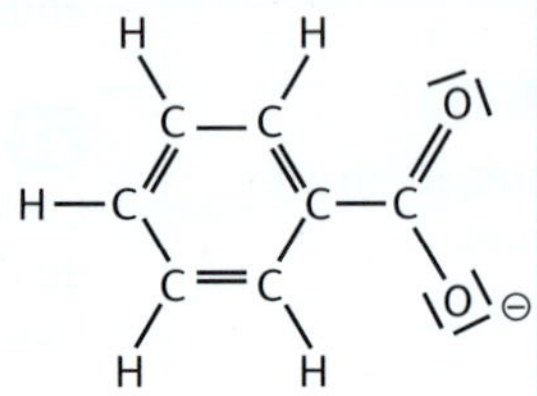

a. Montrer que le couple acide benzoïque/ion benzoate est un couple acide-base.

b. Écrire les trois équations des réactions acide-base qui peuvent avoir lieu entre les trois espèces chimiques dissoutes citées en introduction.

c. Identifier la propriété chimique particulière de l'ion hydrogénocarbonate ainsi mise en évidence.

UNE SOLUTION

a. La formule brute de l'ion benzoate est $C_7H_5O_2^-$ et diffère d'un ion hydrogène H^+ de celle de l'acide benzoïque. De plus, l'enchaînement des atomes de carbone de l'acide benzoïque et celui de l'ion benzoate sont identiques. On en déduit que le couple acide benzoïque/ion benzoate est un couple acide-base.

b. Lors de la dissolution du bicarbonate de sodium, il se forme l'ion hydrogénocarbonate $HCO_3^-(aq)$.
Lors d'une réaction acide-base, il y a transfert d'un ion hydrogène H^+ de l'acide d'un couple à la base d'un autre couple. Dans le cas présent, trois réactions acide-base peuvent avoir lieu :

- acide benzoïque et ion hydrogénocarbonate :

$$\textbf{(1)}\quad C_6H_5{-}CO_2H\,(aq) + HCO_3^-(aq) \rightarrow C_6H_5{-}CO_2^-(aq) + H_2CO_3\,(aq)$$

- ion hydrogénocarbonate et ion benzoate :

$$\textbf{(2)}\quad HCO_3^-(aq) + C_6H_5{-}CO_2^-(aq) \rightarrow CO_3^{2-}(aq) + C_6H_5{-}CO_2H\,(aq)$$

- ions hydrogénocarbonate :

$$\textbf{(3)}\quad 2\,HCO_3^-(aq) \rightarrow CO_3^{2-}(aq) + H_2CO_3(aq)$$

c. L'ion hydrogénocarbonate se comporte comme une base (équations **(1)** et **(3)**) ou comme un acide (équations **(2)** et **(3)**). Il s'agit donc d'une espèce amphotère.

ANALYSER-RAISONNER
Combiner les informations extraites de toutes les données.

CONNAÎTRE
Appliquer la définition d'un couple acide-base.

COMMUNIQUER
Rappeler la définition d'une réaction acide-base.

RÉALISER
Ne pas oublier de renseigner la phase de chaque espèce chimique dans l'écriture des équations de réaction.

ANALYSER-RAISONNER
Analyser les réponses précédentes afin de constater qu'une espèce répond à la définition d'une espèce amphotère.

APPLICATION Sur le modèle de l'exercice résolu

▲ Feuilles d'oseille

35 Produits ménagers

Les solutions aqueuses de « sel d'oseille » (acide oxalique) sont utilisées pour leurs propriétés détachantes. L'ammoniaque a des propriétés dégraissantes.

DONNÉES

- L'ammoniaque est une solution aqueuse d'ammoniac NH_3.
- Couples acide-base : $C_2HO_4^-$ / $C_2O_4^{2-}$; NH_4^+ / NH_3.
- Formule brute de l'acide oxalique : $C_2H_2O_4$.
- Schéma de Lewis de l'ion hydrogénoxalate ci-contre.

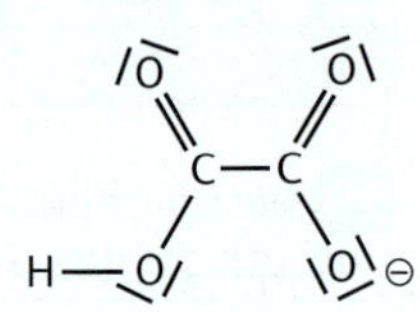

a. Montrer que le couple acide oxalique-ion hydrogénoxalate est un couple acide-base.

b. Écrire les six équations des réactions acide-base qui peuvent avoir lieu entre les cinq espèces chimiques dissoutes dont les formules sont données ci-dessus.

c. Identifier la propriété chimique particulière de l'ion hydrogénoxalate ainsi mise en évidence.

EXERCICE RÉSOLU ET COMMENTÉ

36 Propriétés acide-base du sang SVT

ÉNONCÉ

Le sang est une solution aqueuse complexe dont le pH est régulé grâce à la respiration et l'action des reins.

DONNÉES

- Le pH du sang artériel d'un être humain en bonne santé varie entre 7,35 et 7,45.
- Des cellules s'endommagent irréversiblement si la concentration en ion oxonium $H_3O^+(aq)$ est inférieure à $1{,}6 \times 10^{-8}$ mol·L^{-1} ou supérieure à $1{,}6 \times 10^{-7}$ mol·L^{-1}.

a. Déterminer l'intervalle de la concentration en quantité d'ion oxonium du sang artériel d'un être humain en bonne santé.

b. Calculer la valeur minimale de pH du sang artériel pour que les cellules ne soient pas irréversiblement endommagées.

c. En déduire la valeur maximale du pH pour que les cellules ne soient pas irréversiblement endommagées.

d. Expliquer pourquoi la respiration et l'action des reins sont qualifiées de *systèmes tampons*.

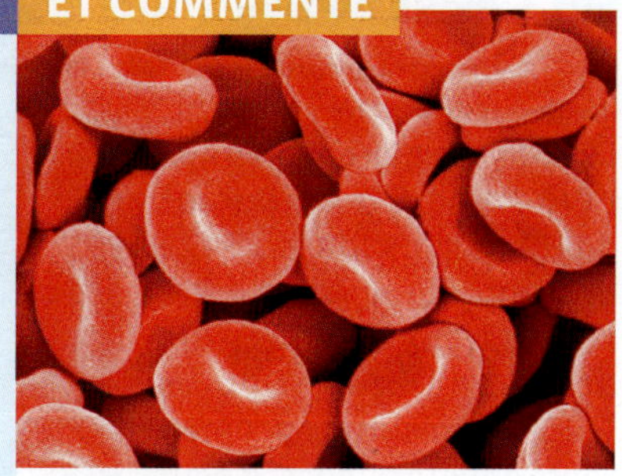

Globules rouges

UNE SOLUTION

a. La concentration en ion oxonium est calculée à partir du pH en appliquant la relation : $[H_3O^+] = 10^{-pH} \times c°$.

A.N. : $[H_3O^+]_{max} = 10^{-7{,}35} \times 1$ mol·L^{-1} $= 4{,}47 \times 10^{-8}$ mol·L^{-1} ;
$[H_3O^+]_{min} = 10^{-7{,}45} \times 1$ mol·L^{-1} $= 3{,}55 \times 10^{-8}$ mol·L^{-1}.

L'intervalle est donc : [$3{,}55 \times 10^{-8}$ mol·L^{-1} ; $4{,}47 \times 10^{-8}$ mol·L^{-1}].

b. Le pH est calculé à partir de la concentration en ion oxonium en appliquant la relation : $pH = -\log\left(\frac{[H_3O^+]}{c°}\right)$

A.N. : $pH_{min} = -\log\left(\frac{1{,}6 \times 10^{-7}\ \text{mol}\cdot\text{L}^{-1}}{1\ \text{mol}\cdot\text{L}^{-1}}\right) = 6{,}8$.

c. Lorsque la concentration $[H_3O^+]$ est divisée par dix, le pH augmente d'une unité. Or, les deux concentrations en ion oxonium données diffèrent d'un facteur dix. On en déduit : $pH_{max} = 7{,}8$.

d. Par analogie avec les propriétés d'une solution tampon (le pH varie peu après un ajout modéré d'un acide ou d'une base), les deux procédés métaboliques qui permettent de maintenir le pH sanguin à peu près constant sont qualifiés de systèmes tampons.

COMMUNIQUER
Écrire la formule littérale avant chaque application numérique.

RÉALISER
- Écrire les unités dans les étapes intermédiaires peut être utile, mais n'est pas obligatoire. L'unité est en revanche indispensable dans l'écriture finale du résultat.
- Donner le résultat avec le nombre de chiffres significatifs adapté.

ANALYSER-RAISONNER
Utiliser des propriétés de la fonction logarithme décimal.

CONNAÎTRE
Citer les propriétés d'une solution tampon.

VALIDER
Rapprocher les expressions « solution tampon » et « système tampon ».

APPLICATION Sur le modèle de l'exercice résolu

Dianema longibarbis.

37 pH et élevage de poissons SVT

Les aquariophiles doivent souvent contrôler et réguler la valeur du pH de l'eau de leur aquarium car le pH est un paramètre important pour le bon développement des poissons.

DONNÉES

- Le pH optimal pour l'élevage des poissons rouges est compris entre 7,0 et 8,0.
- *Dianema Longibarbis* ne supporte pas des concentrations en quantité d'ion oxonium $H_3O^+(aq)$ inférieures à $3{,}2 \times 10^{-8}$ mol·L^{-1} ou supérieures à 3,2 µmol·L^{-1}.

1. Déterminer l'intervalle de la concentration en quantité d'ion oxonium optimal pour l'élevage des poissons rouges.

2. Calculer la valeur maximale de pH de l'eau d'un aquarium dans laquelle nage *Dianema longibarbis*.

3. a. Indiquer comment la valeur du pH est modifiée lorsque la concentration en ion oxonium est multipliée par cent.
b. En déduire l'autre valeur limite de pH pour que *Dianema longibarbis* se développe normalement.

4. Expliquer pourquoi l'eau d'un aquarium doit avoir des propriétés de solution tampon.

38 L'acide méthanoïque

RCO Restituer ses connaissances **COM** Présenter une démarche de manière argumentée

Le dihydrogène est considéré comme le carburant du futur, mais son stockage est compliqué car il est à l'état gazeux à température atmosphérique. Depuis 2010, des résultats prometteurs ont été publiés : il peut être stocké sous la forme d'acide méthanoïque liquide.

• Écrire la formule semi-développée de l'acide méthanoïque, puis représenter son schéma de Lewis.

39 Un indicateur coloré

VAL Faire preuve d'esprit critique • Confronter un modèle à des résultats **ANA-RAI** Formuler une hypothèse • Élaborer un protocole

Un élève introduit quelques gouttes d'une solution d'un indicateur coloré, le bleu de bromothymol (ou BBT), dans des solutions de pH différents. Ses observations sont regroupées dans le tableau ci-contre.

pH	De 1 à 5	De 8 à 13
Couleur	Jaune	Bleu

Il conclut cette expérience en écrivant : « Un indicateur coloré de pH est une espèce chimique dont la couleur en milieu acide est différente de celle en milieu basique ».

a. Expliquer pourquoi cette conclusion est erronée.

b. Corriger la conclusion de l'élève.

c. Formuler une hypothèse sur la couleur d'une solution contenant du BBT et de pH compris entre 5 et 8.

d. Mettre en œuvre le protocole après validation par le professeur.

e. GRAND ORAL Présenter oralement et sans note la définition d'un indicateur coloré en prenant appui sur le BBT.

40 Retour sur la vidéo-débat

APP Extraire des informations **ANA-RAI** Organiser ses connaissances et l'information extraite **VAL** Discuter de la validité d'une information

Vidéo débat

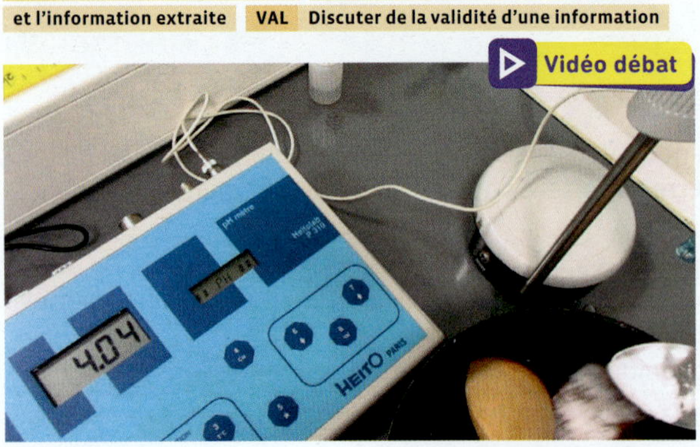

Pour rendre moins acide une sauce tomate, du sucre peut y être ajouté. Mais pour éviter de consommer trop de sucre, la recette peut être modifiée en ajoutant du bicarbonate de soude, c'est-à-dire de l'hydrogénocarbonate de sodium. La composition moyenne en masse d'une tomate est donnée ci-dessous.

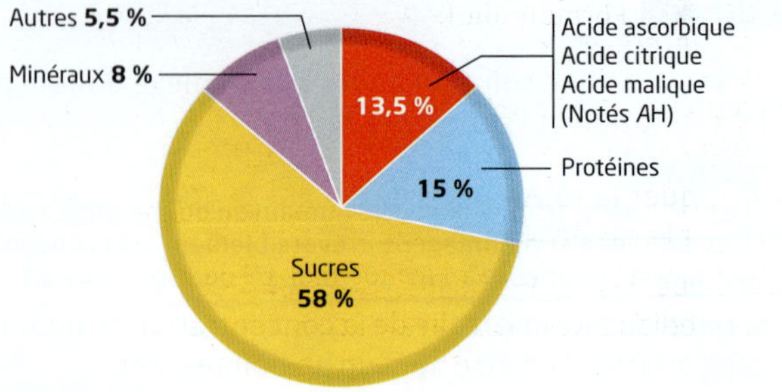

DONNÉES

Couples acide-base : AH/A^- ; H_2CO_3/HCO_3^- ; HCO_3^-/CO_3^{2-}.

• Évaluer la pertinence de ce changement dans la recette en écrivant une équation de réaction.

41 Solution tampon SVT

APP Extraire des informations **RCO** Restituer ses connaissances

Le pH d'un milieu de culture cellulaire animale *in vitro* doit rester égal à 7,4. L'un des constituants de ce milieu est le PBS (*Phosphate Buffered Saline*).

DONNÉE Des réactions acide-base sont impliquées dans les métabolismes cellulaires.

a. Expliquer le rôle du PBS en traduisant cet acronyme.

b. Citer l'autre propriété d'une solution tampon.

42 Retour sur la photo d'ouverture

APP Extraire des informations **COM** Présenter une démarche

Pour défendre leur nid, des fourmis aspergent d'acide méthanoïque leurs ennemis (essentiellement constitués d'eau).

DONNÉES Couples acide-base : HCO_2H/HCO_2^- ; H_3O^+/H_2O.

a. Établir l'équation de la réaction acide-base à l'origine des brûlures. Identifier le transfert d'ion hydrogène à l'aide de schémas de Lewis adaptés.

b. GRAND ORAL Préparer une communication orale sans note afin d'expliquer pourquoi un acide carboxylique est qualifié d'*acide*. La démonstration doit s'appuyer sur du vocabulaire approprié et l'utilisation raisonnée d'outils de représentation des espèces chimiques.

43 Formules d'un acide α-aminé SVT

ANA-RAI Organiser ses connaissances et l'information extraite **VAL** Faire preuve d'esprit critique

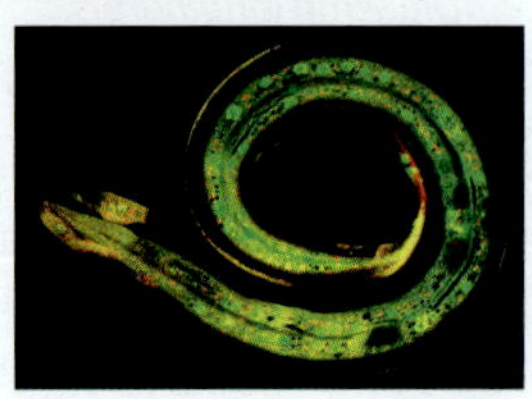

Les nématodes sont des tout petits vers qui vivent dans le sol. Un nématode adulte a été infecté par un champignon. Pour combattre ce parasite, il secrète des dérivés

d'un acide α-aminé, la tyrosine, qui apparaissent en vert sur la photographie. La littérature propose comme formule de la tyrosine : $HO-C_6H_4-CH_2-CH(NH_2)-COOH$.

DONNÉE Formule de l'espèce basique de la tyrosine : $H_2N-CHR-CO_2^-$, *R* représentant le groupe $HO-C_6H_4-CH_2$.

a. Représenter le schéma de Lewis de l'espèce acide de la tyrosine qui porte une charge globale positive.

b. Critiquer la formule donnée dans la littérature et la corriger le cas échéant.

c. Indiquer la propriété acide-base particulière de la forme intermédiaire de cet acide α-aminé.

44 Contrôle du pH de l'eau des piscines

ANA-RAI Justifier un protocole **VAL** Faire preuve d'esprit critique

Dans la plupart des piscines, les bactéries pathogènes présentes sont détruites grâce à l'ajout d'ion hypochlorite. Ce traitement est efficace si le pH de l'eau est compris entre 7,4 et 7,6. Pour contrôler le pH de l'eau de piscine, des kits de mesure sont disponibles dans le commerce, comme celui photographié et qui contient une solution aqueuse de rouge de phénol.

• Faire une hypothèse sur le rôle de l'une des espèces contenue dans le kit de mesure.

45 Solutions tampon et *in vitro* SVT

APP Rechercher l'information sur des supports variés
VAL Discuter de la validité d'une information

Les enzymes sont des molécules constituées d'un enchaînement particulier d'acides α-aminés. Leur rôle est de catalyser, c'est-à-dire d'accélérer, des transformations chimiques. Par exemple, la pepsine et la trypsine permettent la digestion des protéines, respectivement dans l'estomac et l'intestin.

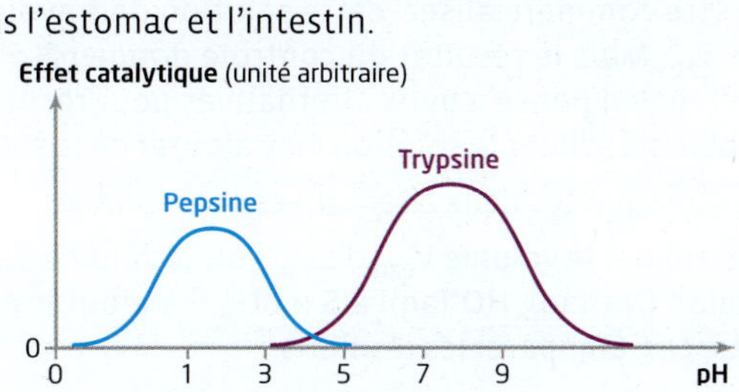

a. Pour étudier *in vitro* l'activité catalytique de la pepsine, trois solutions tampon sont disponibles (S_1, S_2 et S_3), de pH respectifs $pH_1 = 2$, $pH_2 = 4$ et $pH_3 = 7$.
Indiquer quelle solution tampon utiliser dans le cadre de l'étude menée. Justifier.

b. Justifier l'utilisation d'une solution tampon lors de l'étude menée sur la pepsine.

46 Correction de pH de l'eau des piscines

ANA-RAI Proposer une stratégie de résolution **RÉA** Utiliser un modèle

Le pH des piscines doit être compris entre 7,4 et 7,6. Pour le réguler, deux produits d'entretien sont disponibles :

- produit *A* : hydrogénosulfate de sodium $NaHSO_4(s)$;
- produit *B* : carbonate de calcium $CaCO_3(s)$.

DONNÉE Couples acide-base : HSO_4^-/SO_4^{2-} ; HCO_3^-/CO_3^{2-} ; H_3O^+/H_2O ; H_2O/HO^-.

• Attribuer à chaque produit son nom commercial « pH plus » ou « pH moins ». Justifier en établissant les équations de dissolution puis les équations de réaction acide-base qui ont lieu lors de l'ajout de chaque produit d'entretien dans l'eau d'une piscine.

47 ✱ Critiquer une animation

APP Extraire l'information utile **RCO** Donner des définitions
VAL Confronter un modèle à des résultats

Une solution contient l'ion dihydrogénophosphate $H_2PO_4^-(aq)$ et l'ion hydrogénophosphate $HPO_4^{2-}(aq)$. Ses réponses à des ajouts d'acide chlorhydrique ($H_3O^+(aq)$, $Cl^-(aq)$) et de soude ($Na^+(aq)$, $HO^-(aq)$) sont simulées.

Animation

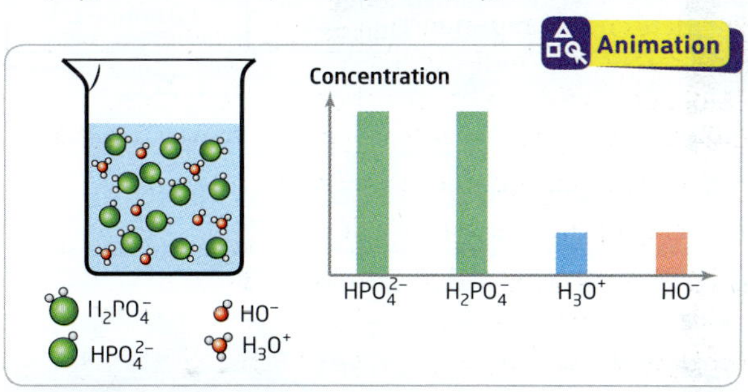

• Visionner l'animation, puis la critiquer.

48 Intérêt de l'échelle logarithmique √MATHS

RÉA Effectuer des procédures courantes **VAL** Confronter des modèles à des résultats **COM** Rédiger une synthèse

Le tableau ci-dessous donne le pH de quelques solutions.

Solution	Jus de citron	Evian®	Café	Destop®
pH	2,5	7,1	5,0	12,0
$[H_3O^+]$ (en $mol \cdot L^{-1}$)				

a. Ranger ces solutions selon un axe gradué en fonction du pH.

b. Recopier et compléter le tableau.

c. Comparer les ordres de grandeur des concentrations en quantité d'ion oxonium de ces solutions. Est-il possible de ranger ces solutions selon un axe gradué linéairement en fonction de la concentration en ion oxonium ?

d. En déduire l'intérêt d'introduire le pH lorsqu'il s'agit de ranger des solutions selon leur acidité.

49 Chimie et mathématiques

carte mentale √MATHS

VAL Discuter de la validité d'une information | COM Rédiger une carte mentale

a. Les relations entre pH et concentration en ion oxonium font apparaître la concentration standard $c°$.
En référence à une des propriétés de la fonction $x \mapsto \log x$, ainsi qu'à l'absence d'unité du pH, montrer pourquoi il est nécessaire de faire intervenir cette concentration dont on indiquera la valeur exacte.

b. GRAND ORAL Préparer une carte mentale au sujet des deux relations entre les grandeurs pH et concentration en ion oxonium. La présenter oralement.

50 Estimer des pH

ANA-RAI Formuler des hypothèses • Proposer une stratégie de résolution

Associer à chaque solution (**1** à **3**) son pH (**a**, **b** ou **c**), sans utiliser de calculatrice. Justifier.

N°	Solution	Concentration
1	Acide nitrique (H_3O^+(aq), NO_3^-(aq))	2,5 µmol · L^{-1}
2	Hydroxyde de sodium (Na^+(aq), HO^-(aq))	10 mmol · L^{-1}
3	Acide chlorhydrique (H_3O^+(aq), Cl^-(aq))	1,0 mmol · L^{-1}

a. 3,0. **b.** 4,5. **c.** 12,0.

DIFFÉRENCIATION

51 ✱ Efficacité d'une solution tampon

ANA-RAI Proposer une stratégie de résolution | RÉA Effectuer des calculs | VAL Confronter une hypothèse à des résultats

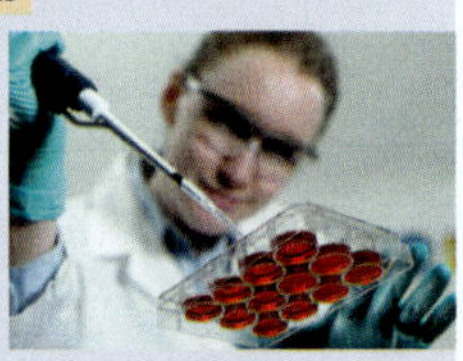

Les biochimistes utilisent fréquemment des solutions tampons pour préparer les milieux de culture cellulaire. Ils les caractérisent par leur pH et par leur « pouvoir tampon ». Cette grandeur, notée β, est une indication de l'efficacité d'une solution tampon.
Un biochimiste souhaite comparer l'efficacité de deux solutions tampon S_1 et S_2 de même pH, égal à 5,0. Une quantité n d'acide chlorhydrique est ajoutée à un échantillon de volume V de chaque solution ; le pH du mélange obtenu est mesuré. Les résultats de trois essais sont donnés dans le tableau ci-dessous.

Essai n°	V (en mL)	n (en mmol)	pH mesuré	
			1	2
1	500	5	4,8	4,6
2	100	5	4,0	3,0
3	100	2	4,6	4,2

DONNÉE $\beta = \dfrac{n}{V \times \Delta pH}$ avec ΔpH la variation de pH.

• Identifier la solution tampon la plus efficace.

■ *Aides à la fin du manuel.*

52 ✱ Valse chimique

GRAND ORAL

ANA-RAI Justifier un protocole
COM Présenter à l'oral une démarche • Utiliser un vocabulaire rigoureux

▷ Vidéo

DONNÉES
• Couples acide-base :
H_2CO_3/HCO_3^- ; HCO_3^-/CO_3^{2-} ; $CH_3CO_2H/CH_3CO_2^-$.
• Une solution contenant beaucoup d'acide carbonique dégage du dioxyde de carbone.
• Masses volumiques moyennes (en g · cm^{-3}) : huile 0,9 ; vinaigre 1,0.
• Le vinaigre balsamique est une solution aqueuse contenant de l'acide éthanoïque.
• Le vinaigre et l'huile ne sont pas miscibles.
• Le bicarbonate de sodium est soluble dans l'eau, mais pas dans l'huile.

a. Visionner la vidéo (transformation faisant intervenir du bicarbonate de soude et du vinaigre). Prendre les notes nécessaires pour interpréter cette expérience.

b. Analyser cette vidéo à l'oral en utilisant le vocabulaire scientifique adéquat.

53 ✱✱ Évolution du pH

RCO Donner des définitions | ANA-RAI Proposer une stratégie de résolution | VAL Faire preuve d'esprit critique

Un technicien est chargé de contrôler le pH de solutions acides juste avant leur conditionnement en bouteilles. Une cuve de volume V = 300 L est remplie au tiers par une solution d'acide chlorhydrique (H_3O^+(aq), Cl^-(aq)). Pour être commercialisée, cette solution doit avoir un pH de 2,2. Mais le résultat du contrôle donne pH = 1,8. Le technicien pense à deux alternatives pour résoudre ce problème : diluer la solution ou y ajouter de la soude.

a. Montrer que ces deux alternatives sont valables.

b. Déterminer le volume V_{eau} d'eau, puis le volume V_{soude} de soude (Na^+(aq), HO^-(aq)) à 5 mol · L^{-1} à ajouter dans chaque cas. Comparer les résultats.

54 ✱✱ Vitamine C

RCO Restituer ses connaissances | ANA-RAI Proposer une stratégie de résolution | VAL Confronter un modèle à un résultat expérimental

Le principe actif de la vitamine C est l'acide ascorbique. Un comprimé de vitamine C 500 est dissous dans un verre qui contient un volume V = 20 cL d'eau.

DONNÉES

- Couples acide-base : H_3O^+/H_2O et H_2O/HO^-.
- Masse d'acide ascorbique par comprimé : $m = 500$ mg.
- L'acide ascorbique a pour formule brute $C_6H_8O_6$.

a. Établir l'équation de la réaction entre l'acide ascorbique et l'eau. Justifier.

b. Déterminer la concentration en ion oxonium en considérant la transformation comme totale.

c. Calculer le pH de la solution.

d. Le pH de la solution obtenue est mesuré : pH = 3,4. Commenter.

e. Afin de réaliser le tirage de la solution, déterminer quelle solution titrante (soude ou acide chlorhydrique) il faut utiliser. Écrire alors l'équation de la réaction support du titrage.

DIFFÉRENCIATION

55 ✱✱ pH d'une eau de pluie

APP Rechercher l'information sur des supports variés
ANA-RAI Proposer une stratégie de résolution
RÉA Effectuer des procédures courantes

Des analyses montrent qu'une eau de pluie acide contient deux polluants majeurs, l'acide sulfurique H_2SO_4 et l'acide nitrique HNO_3. Des mesures des concentrations en quantité de ces deux polluants ont été réalisées pendant une année au Québec. Les résultats sont regroupés sur le graphique ci-dessous.

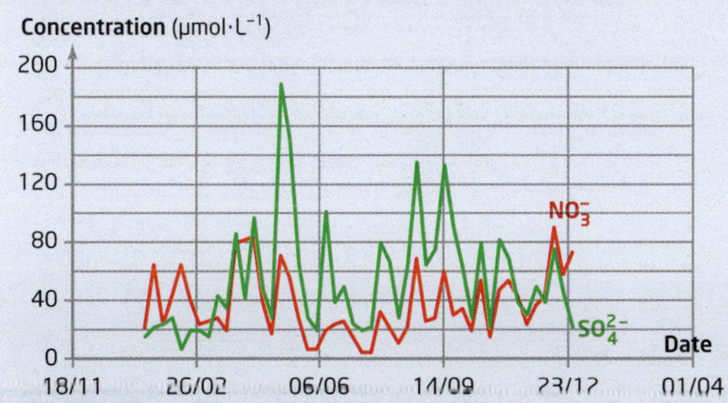

DONNÉES

- L'acide sulfurique, de formule H_2SO_4, est un diacide, c'est-à-dire qu'une molécule peut transférer deux ions hydrogène.
- Couple acide-base : HNO_3/NO_3^-.

• Évaluer le pH de l'échantillon d'eau de pluie collecté le 23 décembre.

■ *Aides à la fin du manuel.*

56 ✱✱ Du lait au yaourt

APP Rechercher l'information sur des supports variés
ANA-RAI Elaborer un protocole **COM** Présenter une démarche

▲ Micelles de caséine (en rose) et ferments lactiques (en jaune) dans un yaourt, observés au microscope.

Il n'y a rien de plus simple que de préparer ses yaourts à la maison. Pour cela, il faut ensemencer du lait avec des bactéries présentes dans un yaourt, bien remuer, remplir des pots de yaourt qui doivent rester à 40 °C. Au bout de 5 heures, le lait s'épaissit et devient alors du yaourt.

DOC. 1 Comparaison de la composition moyenne du lait et du yaourt

		Dans 1 kg de lait	Dans 1 kg de yaourt
Lipides		– glycéride – phospholipides – stérol	– glycéride – phospholipides – stérol
Protéines	Non enzymatiques	– caséine soluble : 31 à 34 g – albumine : 27 à 29 g – autres : 4 à 5 g	– caséine insoluble – albumine – autres
	Enzymatiques	– amylase – lipase – protéase	– amylase – lipase – protéase
Autres		– vitamines – sels minéraux	– vitamines – sels minéraux – acide lactique – bactéries

DOC. 2 Évolution du pH d'un lait ensemencé en fonction du temps

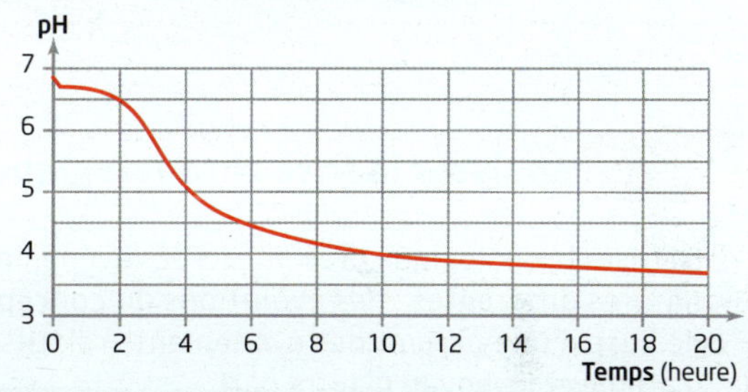

a. Identifier la protéine du lait dont la modification entraîne l'épaississement du lait lors de la fabrication du yaourt.

b. Identifier l'espèce chimique produite au cours de la fabrication et responsable de l'acidification du milieu.

c. Estimer la variation de la concentration en quantité d'ion oxonium lors de la transformation du lait en yaourt.

d. Proposer une expérience montrant que l'acidification du lait est responsable de son épaississement. Justifier le choix du réactif ajouté.

e. GRAND ORAL Présenter à l'oral la fabrication d'un yaourt, à l'aide des réponses précédentes. Le support visuel pourra inclure la vidéo de l'expérience.

EXO **Exercices supplémentaires**

GRAND ORAL

57 Analyser du vocabulaire scientifique

Un élève doit expliquer comment la définition des acides et des bases a évolué grâce à une meilleure compréhension de la structure de la matière.

ÉTAPE 1 S'approprier le sujet

« Un acide a un goût aigre, il corrode les métaux, colore la teinture de tournesol en rouge et devient moins acide lorsqu'il est mélangé à une base. Une base est visqueuse, colore la teinture de tournesol en bleu et devient moins basique lorsqu'elle est mélangée à un acide. »
R. Boyle

« Un acide est une substance susceptible de fournir des ions hydrogène H^+. Une base est une substance susceptible de fournir des ions hydroxyde HO^-. »
S. A. Arrhenius

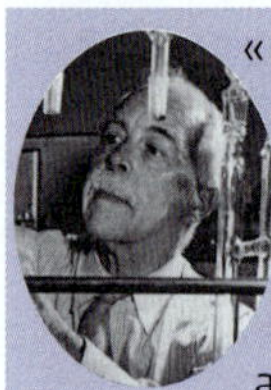

« Une entité basique partage un de ses doublets d'électrons pour se lier avec une entité acide. Une entité acide partage un doublet d'électrons d'une entité basique pour se lier à elle. »
G. N. Lewis

Découverte de l'électron par J. J. Thomson (prix Nobel de physique 1906).

J. Perrin (prix Nobel de physique 1926) propose un nouveau modèle de l'atome.

E. Rutherford (prix Nobel de chimie 1908) et ses équipes mettent en évidence le noyau atomique et le proton.

« Un acide est une espèce chimique susceptible de céder l'espèce chimique ion hydrogène H^+. Une base est une espèce chimique susceptible de capter l'espèce chimique ion hydrogène H^+. »
J. Brønsted et T. M. Lowry

ÉTAPE 2 Analyser la frise chronologique

La frise chronologique présente ici des événements de deux natures différentes : des évolutions du concept d'acide et de base d'une part, et des événements relatifs à la notion d'atome et de noyau d'autre part.

Le vocabulaire évolue le long de la frise : « substance », « espèce chimique » et « entité » sont successivement utilisés.

Questions

1. Préparer un plan de la présentation orale répondant à la question posée en début d'exercice.
2. Pour chacune des parties du plan, faire une liste de deux ou trois mots-clés qui devront être cités dans la présentation orale.

Astuces !

▶ Enrichir son vocabulaire

• Distinguer les mots scientifiques de ceux du langage courant : « substance » appartient au langage courant, tandis que « espèce chimique » et « entité » appartiennent au langage scientifique.
• Distinguer les mots qui modélisent un aspect microscopique (doublet) de ceux qui modélisent un aspect macroscopique (ion hydrogène).

▶ Pour s'exprimer oralement

Remplacer les mots « passe-partout » tels que « être », « avoir », « faire », etc. par des mots plus précis.

Exemple : « une espèce chimique susceptible de céder un ion hydrogène **est** un acide » par « une espèce chimique susceptible de céder un ion hydrogène **modélise** un acide ».

MÉTIERS ET ORIENTATION

Un(e) **restaurateur(trice) d'œuvre d'art** a de nombreuses compétences, tant historiques que chimiques et manuelles. Après avoir fait le diagnostic d'une œuvre endommagée, il utilise des procédés chimiques et physiques pour lui rendre son aspect originel.

Formation : Bac +2, diplôme des métiers d'art, habitat (option restauration de mobilier) ; **Bac +5**, diplôme de restaurateur du patrimoine (Institut national du patrimoine).

58 Réduire l'acidité d'un lac

RÉSOLUTION DE PROBLÈME

S'APPROPRIER ANALYSER-RAISONNER RÉALISER VALIDER

Plusieurs lacs acides sont répartis dans le monde entier. Cette acidité peut avoir des causes naturelles (comme les éruptions volcaniques) ou être due aux activités humaines. Pour lutter contre l'acidification d'un lac, deux méthodes sont possibles : diluer ou procéder à un chaulage (DOC. 1).

DOC. 1 Le chaulage

Le chaulage est une technique agricole utilisée pour augmenter le pH d'un sol en y épandant des espèces chimiques basiques, comme l'ion carbonate issu du carbonate de calcium solide.
Cette même technique est également utilisée pour corriger le pH de lacs trop acides, où les écosystèmes souffrent de l'excès d'acidité. Dans ce cas, de la chaux est larguée par hélicoptère.
« Chaulage » provient de « chaux » qui désigne l'oxyde de calcium de formule CaO. Le carbonate de calcium est préféré à la chaux, car plus soluble dans l'eau.

DOC. 2 Le lac Delage

Le lac Delage est situé au nord de la ville de Québec. Il alimente en eau une partie de la ville Lac-Delage. Sa profondeur moyenne est voisine de 10 m. Le pH du lac Delage est de 5,5, mais il faudrait le relever à 6,0.

DONNÉES

- **Carbonate de calcium**
  - Formule : $CaCO_3$, solide ionique
  - Masse molaire : $100\ g \cdot mol^{-1}$
  - Prix : 50 €/tonne
- **Couples acide-base :**
  H_3O^+/H_2O
  et
  HCO_3^-/CO_3^{2-}

Questions

Fiche d'évaluation

1 Questions préliminaires

a. Estimer le volume du lac Delage.

b. Déterminer le volume d'eau à apporter si la dilution est choisie pour réduire l'acidité du lac.

c. Déterminer le coût de la matière première à utiliser si le chaulage est envisagé.

2 Problème

Entre les deux méthodes possibles, déterminer laquelle est la plus réaliste.

■ *Aides à la fin du manuel.*

Exercices BAC **É.C.E.** 60 min

59 Contrôle qualité avant commercialisation

S'APPROPRIER · ANALYSER-RAISONNER · RÉALISER

Un industriel produit des boissons contenant des probiotiques vivants et appauvris en acides organiques. Avant de commercialiser les bouteilles, il doit en vérifier la qualité.

● **Comment la programmation aide-t-elle lors d'un contrôle de qualité ?**

DOC. 1 Propriétés d'un jus d'orange

	Jus d'orange lacté	Jus d'orange
Eau	Environ 70 %	80,2 %
Acide lactique	–	0,13%
Acide ascorbique	–	0,03 %
Souches	Ensemencé 0,1 %	
pH_{cible}	3,80	3,60

DONNÉE

Un jus d'orange est commercialisable sans modification si pour un lot de 100 bouteilles prélevées au hasard sur la chaîne de production $\frac{|\overline{pH} - pH_{cible}|}{u(\overline{pH})} \leqslant 2$, avec $\overline{pH}$ la valeur moyenne du pH du lot et $u(\overline{pH})$ son incertitude-type.

DOC. 2 Extrait du code Python : formule « jus d'orange lacté » Python

```
"""
Programme permettant de contrôler un lot numéro X de 100 bouteilles de
boissons contenant des probiotiques dont les mesures de pH sont
stockées dans le fichier pH_lot_X_txt.
"""
# ============ Extraction des données : NE PAS MODIFIER ==============

pH_lot=[] # Initialisation d'une liste vide pour les valeurs de pH
with open('pH_lot_1.txt') as fichier :
    line = fichier.readline()# Lecture de la première ligne du fichier
    while line :            # Instructions pour chaque ligne du fichier
        pH_lot.append(float(line))
        line=fichier.readline() # Lecture de la ligne suivante

# ============== Contrôle de qualité du lot ==========================

import numpy as np
N=len(pH_lot)
...A compléter... # Calcul de la valeur moyenne du pH du lot
...A compléter... # Calcul de l'incertitude-type

# Test de contrôle de qualité du lot
...A compléter...
```

DOC. 3 Résultats pour le lot 1 de « jus d'orange lacté »

```
La valeur moyenne du pH est = 3.8410999999999995
L'incertitude-type est u(pH) = 0.03826064122132125
```

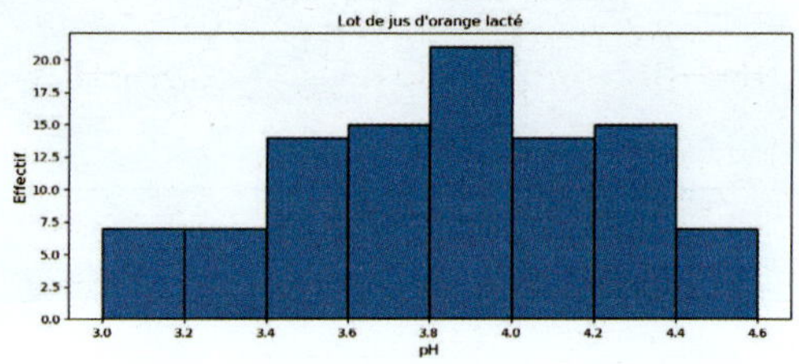

Questions

Fiches-guides

1 À l'aide du code Python fourni par le professeur, proposer un programme permettant d'afficher les résultats du **DOC. 3** pour un lot de jus d'orange lacté. Le programme devra de plus afficher si la boisson est commercialisable ou non.

APPEL N°1 *Appeler le professeur pour lui présenter le programme en cas de difficulté.*

2 Exécuter le programme sur les lots 1, 2 et 3 de jus d'orange lacté. Puis, pour chaque lot, préciser si la boisson est commercialisable ou non; écrire le résultat de la mesure du pH du lot avec le nombre adapté de chiffres significatifs et en précisant l'incertitude-type sur la mesure. Commenter les résultats obtenus.

3 **a.** Le lot 4 est un lot de jus d'orange. Modifier le programme de manière à ce que l'utilisateur puisse choisir la nature de la boisson pour en contrôler la qualité.

APPEL N°2 *Appeler le professeur pour lui présenter le programme ou en cas de difficulté.*

b. Déterminer si la boisson correspondant au lot 4 est commercialisable.

4 Identifier les avantages d'utiliser un langage de programmation au cours d'un contrôle qualité.

RESSOURCES

- Fichier Python (doc. 2)
- Fichier de données
- DIFFÉRENCIATION Fiches-guides (fichiers texte et PDF)

60 Polyacide et polybase

S'APPROPRIER ANALYSER-RAISONNER RÉALISER VALIDER

L'acide citrique, contenu notamment dans le citron, porte bien son nom : c'est un acide. Toutefois, les chimistes le qualifient de triacide. De la même manière, il existe des polybases.

DONNÉES

- Couple acide base : H_2O / HO^-.
- Une solution qui contient beaucoup d'acide carbonique forme du dioxyde de carbone gazeux.
- Un acide et une base sont dits conjugués s'ils forment un couple acide-base.
- Schémas de Lewis :

Acide citrique	Ion dihydrogénocitrate	Ion carbonate
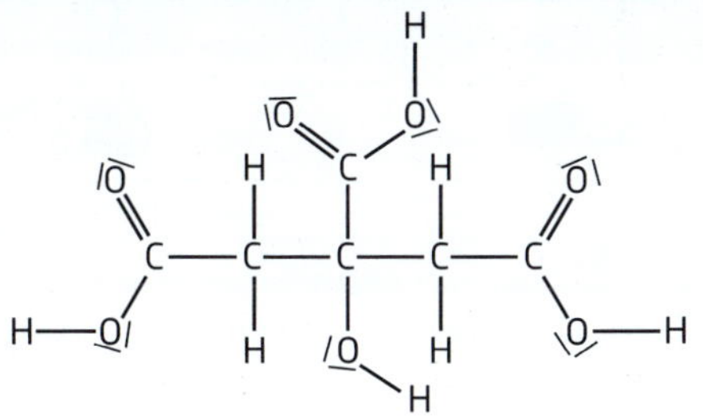	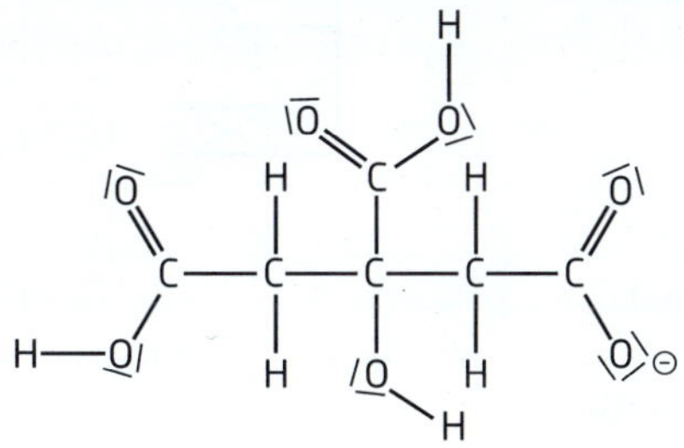	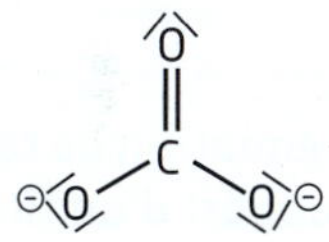

Questions

1 L'acide citrique

a. Déterminer la formule brute de l'acide citrique, puis calculer son nombre d'électrons de valence. Vérifier que ce nombre est bien cohérent avec le schéma de Lewis de l'acide citrique.

b. Montrer que l'ion dihydrogénocitrate est la base conjuguée de l'acide citrique.

c. Déterminer, par la méthode de votre choix, la formule brute de la base conjuguée de l'ion dihydrogénocitrate. Faire une hypothèse sur son nom.

d. L'ion citrate est la base conjuguée de l'ion déterminé à la question précédente. Déterminer sa formule brute, ainsi que son schéma de Lewis.

e. L'acide citrique réagit avec l'ion hydroxyde pour former l'ion citrate. Écrire l'équation de réaction correspondant à cette transformation. Expliquer pourquoi l'acide citrique est qualifié de « triacide ». Proposer un qualificatif pour l'ion citrate.

2 L'ion carbonate

a. Par analogie avec les réponses aux questions précédentes, déterminer le schéma de Lewis de l'ion hydrogénocarbonate et celui de l'acide carbonique.

b. Proposer un qualificatif adapté pour l'ion hydrogénocarbonate, ainsi que pour l'acide carbonique.

3 Réaction entre l'acide citrique et l'ion carbonate

Certains comprimés effervescents contiennent de l'acide citrique et du carbonate de sodium. Lors de leur introduction dans l'eau, il se forme du dioxyde de carbone gazeux.
Écrire les équations de réactions modélisant des transformations susceptibles de se produire et expliquant l'effervescence.

2 Analyse d'un système

EXO QCM interactif

Se tester pour commencer

Choisir la réponse exacte.

	A	B	C
1 **Lors d'un titrage, l'équivalence correspond à l'état du système pour lequel :**	toute la solution de la burette a été versée	les réactifs titrant et titré sont en quantités de matière égales dans le bécher	les réactifs titrant et titré ont été introduits en proportions stœchiométriques
2 **Le schéma correct pour représenter un dispositif de titrage est :**	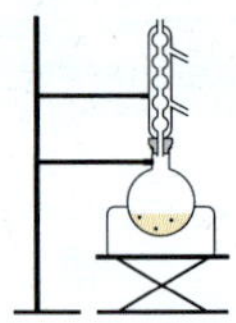		
3 **L'équation de réaction support d'un titrage est : $aA + bB \rightarrow$ produits. À l'équivalence, les quantités de matière vérifient :**	$a \times n_{A,\text{début}} = b \times n_{B,\text{éqv}}$	$\frac{n_{A,\text{début}}}{a} = \frac{n_{B,\text{éqv}}}{b}$	$n_{A,\text{début}} = n_{B,\text{éqv}}$
4 **Un spectre infra-rouge d'une espèce organique permet d'identifier :**	un type de liaison dans l'entité	la concentration de l'espèce	le nombre d'atomes de carbone de l'entité
5 **Pour une solution de concentration *c* d'une espèce absorbante, la loi de Beer-Lambert permet d'exprimer :**	*c* en fonction de la longueur d'onde de mesure	la longueur d'onde du maximum d'absorption en fonction de *c*	l'absorbance de la solution à une longueur d'onde fixée en fonction de *c*

Vidéo débat GRAND ORAL

Mesurer une odeur.

Comment nos sens peuvent-ils être utiles en analyse chimique ?

Soldats de terre cuite, représentant l'armée du premier empereur de Chine et enterrés à X'ian en 210 avant J.-C. Ils ont été retrouvés partiellement peints en 1974.

Comment identifier les pigments utilisés pour peindre ces statues ?

→ Exercice 12 page 60

CAPACITÉS EXIGIBLES	Activités	Exercices corrigés
Exploiter la loi de Beer-Lambert, la loi de Kohlrausch ou l'équation d'état du gaz parfait pour déterminer une concentration ou une quantité de matière. Citer les domaines de validité de ces relations.	2	17 18
Mesurer une conductance et tracer une courbe d'étalonnage pour déterminer une concentration.	2	
Exploiter, à partir de données tabulées, un spectre d'absorption infrarouge ou UV-visible pour identifier un groupe caractéristique ou une espèce chimique.	1	25 31
Réaliser une solution de concentration donnée en soluté apporté à partir d'une solution de titre massique et de densité fournis.	3	
Établir la composition du système après ajout d'un volume de solution titrante, la transformation étant considérée comme totale.	5	38
Exploiter un titrage pour déterminer une quantité de matière, une concentration ou une masse.	3 4	8 23 25 27 32
Dans le cas d'un titrage avec suivi conductimétrique, justifier qualitativement l'évolution de la pente de la courbe à l'aide de données sur les conductivités ioniques molaires.	4	27
Mettre en œuvre le suivi pH-métrique d'un titrage ayant pour support une réaction acide-base.	3	
Mettre en œuvre le suivi conductimétrique d'un titrage.	4	
NUMÉRIQUE Représenter, à l'aide d'un langage de programmation, l'évolution des quantités de matière des espèces en fonction du volume de solution titrante versé.	5	38

Activité documentaire

1 Un blue jean vieux de 6 000 ans

Notions
- Spectroscopies infra-rouge et ultra-violet
- Groupes caractéristiques

► § 1 p. 54

Jusqu'en 2016, les archéologues pensaient que les Égyptiens de la Ve dynastie, il y a 4 500 ans, étaient les premiers à avoir utilisé l'indigo, un pigment bleu qui colore aujourd'hui les blue jeans. Ils ont alors découvert, sous une colline de la côte Nord du Pérou, des fragments de tissus en coton âgé de 6 000 ans et les ont analysés à la recherche d'indigo.

● **Comment identifer les pigments utilisés pour teindre ces tissus péruviens ?**

DOC. 1 Indigo et indirubine

L'indigo et l'indirubine sont deux pigments généralement extraits à partir des mêmes plantes, comme l'indigotier en Amérique du Sud. Selon leurs proportions dans une même solution, des nuances de teintes variant du bleu au violet peuvent être obtenues.

Indigo	Indirubine
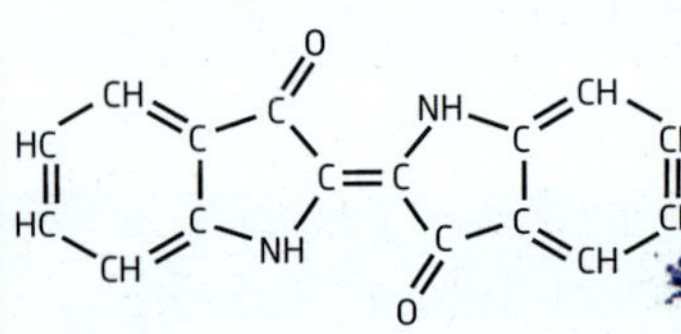 	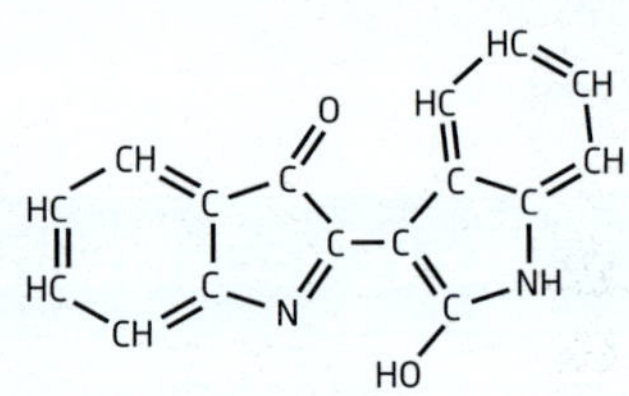 

DOC. 2 Spectre d'absorption UV-visible de l'indigo

Le spectre de référence ci-dessous a été réalisé à l'aide d'une solution d'indigo synthétique.

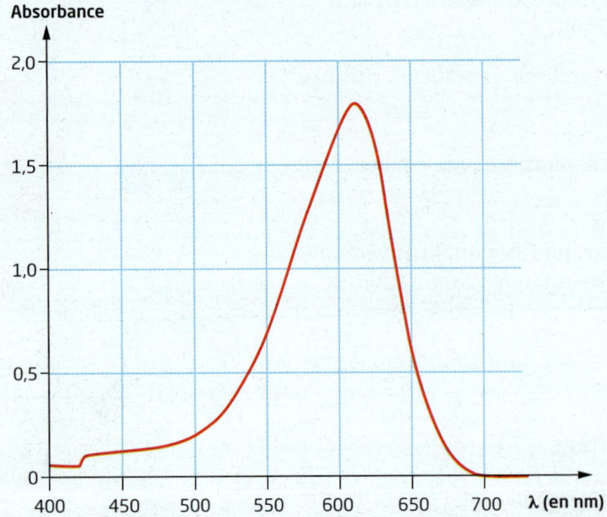

DONNÉES

Table IR

Type de liaison	Nombre d'onde (en cm^{-1})
O–H (alcool)	3 200-3 650 large et intense
N–H	3 100-3 300 large et intense
	1 560-1 640 fine et intense
O–H (acide carboxylique)	2 500-3 200 large et moyenne
C–H	2 900-3 100 variable
C=O	1 650-1 750 fine et intense
C=C	1 620-1 690 fine et moyenne

DOC. 3 **Résultats des analyses effectuées**

La couleur bleue était à peine visible sur les fragments de tissus. Après extraction, les deux espèces chimiques présentes dans l'étoffe ont pu être séparées par une technique spéciale de chromatographie. Les échantillons **A** et **B** de ces deux espèces chimiques différentes ont ensuite été analysés en vue d'identifier l'éventuelle présence, entre autres, des pigments indigo et indirubine.
Les résultats obtenus pour l'analyse par spectrophotométrie UV-visible et IR de ces deux échantillons sont présentés ci-dessous.

Spectrophotométrie UV-visible

Échantillon A

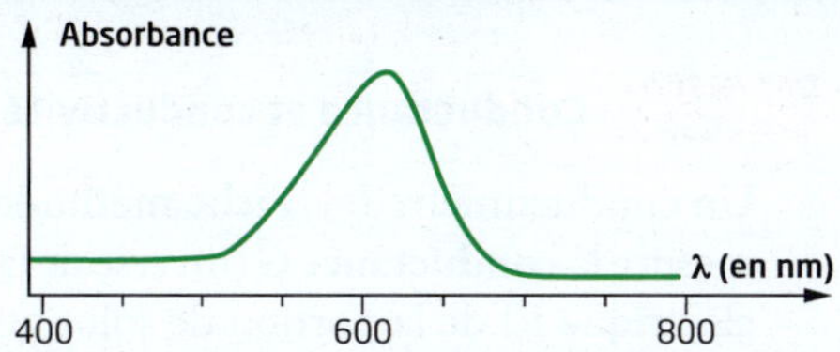

Échantillon B

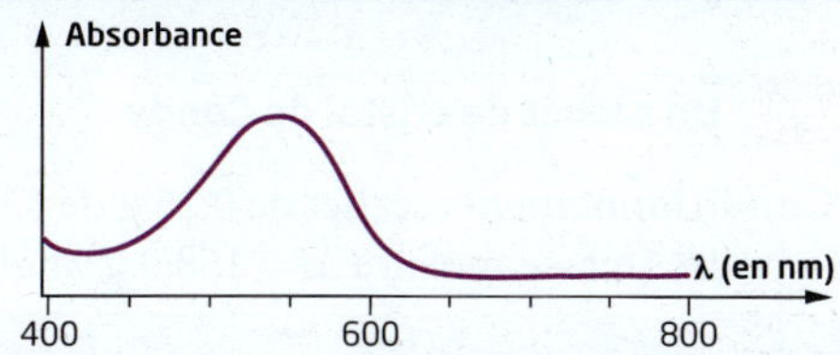

Spectrophotométrie IR

Échantillon A

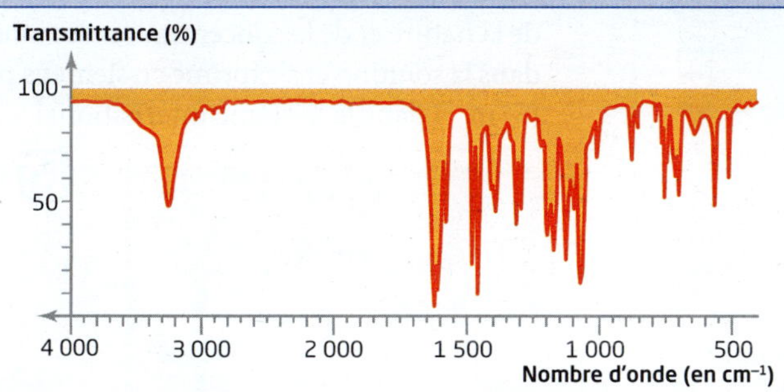

Échantillon B

Principales bandes caractéristiques identifiées :
- 1 620 cm^{-1}, fine et d'intensité forte ;
- 1 650 cm^{-1}, fine et d'intensité forte ;
- 3 250 cm^{-1}, large et d'intensité forte ;
- 3 500 cm^{-1}, large et d'intensité forte.

Questions

1 S'APPROPRIER

Comparer les groupes caractéristiques présents dans les espèces chimiques indigo et indirubine.

2 ANALYSER-RAISONNER

a. Expliquer si la comparaison des spectres UV-visible obtenus expérimentalement (**DOC. 3**), permet de faire l'hypothèse que l'un de ces échantillons est de l'indigo.

b. Indiquer la couleur de la solution obtenue avec l'autre échantillon. Préciser alors si l'on peut supposer qu'il s'agit d'indirubine.

3 VALIDER

a. Valider votre hypothèse d'identification à l'aide du spectre de référence d'une solution d'indigo synthétique (**DOC. 2**).

b. Expliquer en quoi l'analyse des spectres IR des échantillons permet de valider ou d'invalider ces hypothèses.

4 COMMUNIQUER GRAND ORAL

Présenter à l'oral, à l'aide d'un support visuel présentant les différents spectres, une réponse à la question posée en début d'activité en mettant en valeur la progressivité de la démarche d'identification des espèces chimiques.

RESSOURCE
- Version imprimable des différents spectres

Activité expérimentale

2 Quel usage pour une solution antiseptique

DÉMARCHE D'INVESTIGATION

Notions
- Dosage par étalonnage
- Absorbance
- Conductivité, conductance

▸ § 2 p. 55

SITUATION DÉCLENCHANTE Le permanganate de potassium, ou cristal de Condy, est un composé ionique de formule $KMnO_4$(s). Dissous dans l'eau, il forme une solution aqueuse violette d'ions K^+(aq) et MnO_4^-(aq) qui est utilisée, à des concentrations différentes, comme antiseptique cutané, désinfectant pour laver les légumes, ou pour le nettoyage des aquariums en aquariophilie.

● **Une solution a été préparée dans un flacon non étiqueté. Comment vérifier, à l'aide de deux stratégies d'analyses physiques différentes, pour quel usage cette solution a été préparée ?**

DOC. 1 Un sachet de cristal de Condy

■ **Conditionnement :** sachet de 0,25 g de $KMnO_4$ en poudre (masse molaire $M = 158{,}0\ g \cdot mol^{-1}$).

■ **Utilisations**

Dissoudre dans l'eau le contenu du sachet dans :
- 0,6 L pour désinfecter des fruits et légumes ;
- 1,0 L pour un usage antiseptique cutané ;
- 2,0 L pour éliminer les algues, bactéries et champignons sur les parois d'un aquarium ; ajouter ensuite 20 mL de la solution préparée par litre d'eau de l'aquarium.

DOC. 2 Conductance et conductivité

Un conductimètre (➜ **Fiche méthode 9**, p. 523) mesure la **conductance** G (inverse de la résistance électrique R) de la portion de solution comprise entre les plaques de mesure. Après étalonnage, cet appareil fournit la **conductivité σ** de la solution, proportionnelle à G, et d'autant plus grande que la solution conduit le courant électrique. σ dépend de la nature et de la concentration des ions dissous dans la solution et s'exprime en siemens par mètre ($S \cdot m^{-1}$) dans le Système international.

Matériel

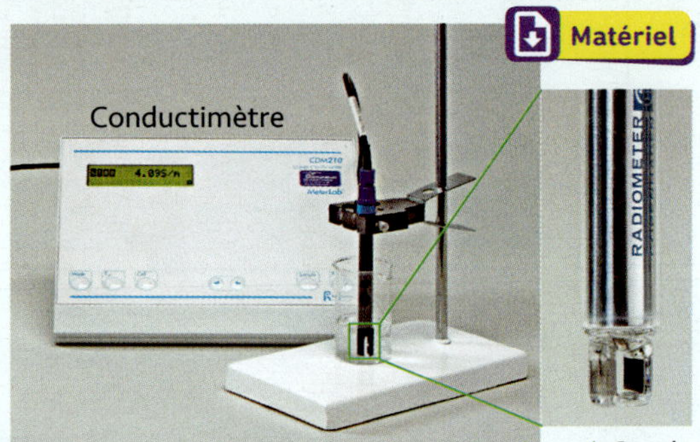

▲ Sonde de conductimétrie

Pistes de travail

Fiches-guides

1 S'APPROPRIER

Identifier deux méthodes physiques envisageables pour déterminer la concentration en quantité d'ion permanganate et d'ion potassium dans la solution inconnue.

2 ANALYSER-RAISONNER

La solution à étudier étant trop concentrée, elle sera diluée dix fois avant analyse.
Élaborer une démarche expérimentale détaillée permettant de répondre à la question posée.

3 RÉALISER

Mettre en œuvre la démarche proposée après validation par le professeur.

4 VALIDER COMMUNIQUER GRAND ORAL

Préparer une présentation orale permettant de répondre à la question posée et de comparer les deux méthodes expérimentales mises en œuvre.

RESSOURCES
- Liste du matériel
- Fiches-guides (fichiers texte et PDF)

Activité expérimentale

3 Nettoyage de cafetière

Notions
- Suivi pH-métrique
- Titre massique
- Densité d'une solution

▸ § 1 p. 54 et 3 p. 57

Le détartrage d'une cafetière peut être réalisé par utilisation d'une solution acide. L'étiquette d'un détartrant commercial indique qu'il contient de l'acide sulfamique.

● **Quelle est la concentration en quantité d'acide sulfamique dans le détartrant ?**

DONNÉES

■ Le **titre massique $w_{\text{soluté}}$** d'un soluté est le quotient de la masse de soluté apporté par la masse de la solution. C'est une grandeur sans unité, comprise entre 0 et 1 ; il est fréquemment exprimé en pourcentage en multipliant la valeur de $w_{\text{soluté}}$ par 100.

■ La **concentration en masse c_m** et le titre massique sont reliés par la relation :

$$c_m = w_{\text{soluté}} \times d_{\text{solution}} \times \rho_{\text{eau}}$$

Avec $d_{\text{solution}} = \frac{\rho_{\text{solution}}}{\rho_{\text{eau}}}$, ρ_{solution} et ρ_{eau} étant les masses volumiques respectivement de la solution considérée et de l'eau ($\rho_{\text{eau}} = 1{,}00 \times 10^3 \text{ kg} \cdot \text{m}^{-3}$).

■ Exemple de table utilisable au laboratoire pour des solutions d'hydroxyde de sodium.

Titre massique $w_{\text{soluté}}$ (en %)	1,000	2,000	3,000	4,000
Densité d_{solution}	1,0101	1,0207	1,0309	1,0428

■ L'équation de la réaction support de titrage est :

$$H_2NSO_3H(aq) + HO^-(aq) \rightarrow H_2NSO_3^-(aq) + H_2O(\ell)$$

■ Masses molaires : $M(NaOH) = 40{,}0 \text{ g} \cdot \text{mol}^{-1}$; $M(H_2NSO_3H) = 97{,}0 \text{ g} \cdot \text{mol}^{-1}$.

DOCUMENT Montage expérimental

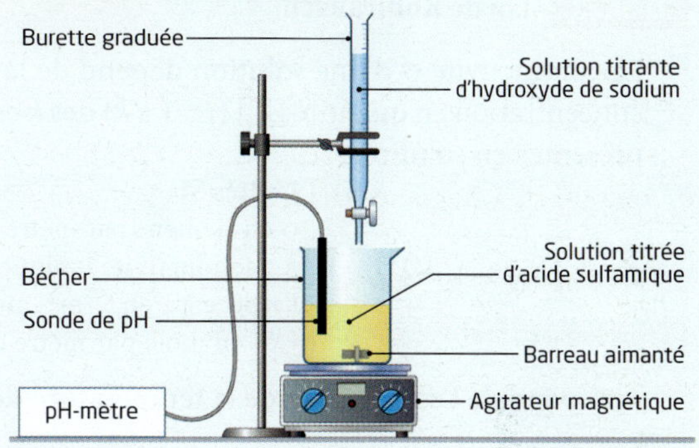

PROTOCOLE

Matériel

1. Étalonner le pH-mètre (➔ **Fiche méthode 8**, p. 522).
2. Prélever 10,0 mL d'une solution de détartrant diluée 10 fois et la placer dans un bécher.
3. Préparer le montage expérimental (DOCUMENT). Ajouter de l'eau distillée dans le bécher si nécessaire.
4. Ajouter, millilitre par millilitre, la solution titrante d'hydroxyde de sodium et relever la valeur de pH pour chaque ajout. Entre 13 et 17 mL de solution titrante ajoutée, réduire les ajouts à 0,2 mL.

Questions

1 ANALYSER-RAISONNER

Calculer le volume de la solution d'hydroxyde de sodium à prélever pour préparer 100 mL de solution titrante à 100 mmol · L⁻¹ à partir d'une solution de titre massique 2,0 %.

2 RÉALISER

a. Préparer cette solution titrante.

b. Mettre en œuvre le titrage pH-métrique.

c. Tracer le nuage de points expérimentaux en plaçant en abscisse le volume de solution d'hydroxyde de sodium ajouté et en ordonnée le pH mesuré.

3 ANALYSER-RAISONNER

Le volume de solution titrante ajoutée à l'équivalence $V_{\text{éqv}}$ est repérable par une brusque variation de pH. Déterminer $V_{\text{éqv}}$.

4 VALIDER

a. Déterminer la concentration en quantité d'acide sulfamique du détartrant commercial.

b. Donner une estimation simple de l'incertitude-type de $V_{\text{éqv}}$, due à sa seule détermination graphique.

RESSOURCE
- Liste du matériel

Activité expérimentale

4 Qualité de l'eau du robinet

Notions
- Suivi conductimétrique
- Conductivité ionique molaire
- Loi de Kohlrausch

▸ § 2 p. 55 et 3 p. 57

L'eau du robinet provient d'eau de surface et d'eau souterraine préalablement traitées. Elle doit respecter une soixantaine de critères établis par la loi pour être considérée comme potable.
Parmi ces critères, la concentration en masse d'ion chlorure doit être inférieure à 250 mg·L^{-1}.

● **Comment vérifier que la concentration en ion chlorure ne dépasse pas le seuil fixé par la loi ?**

DOC. 1 Loi de Kohlrausch

La conductivité σ d'une solution dépend de la nature et de la concentration en quantité $[X_j]$ ($j = 1$ à k) des k espèces ioniques présentes en solution :

$$\sigma = \lambda_1[X_1] + \ldots + \lambda_k[X_k]$$

Unités SI :
σ en siemens par mètre (S·m^{-1})
λ_j, conductivité ionique molaire de l'espèce X_j, en S·m^2·mol^{-1}
$[X_j]$ en mole par mètre cube (mol·m^{-3})

λ_j dépend de l'espèce X_j et de la température de la solution.

DOC. 2 Montage expérimental

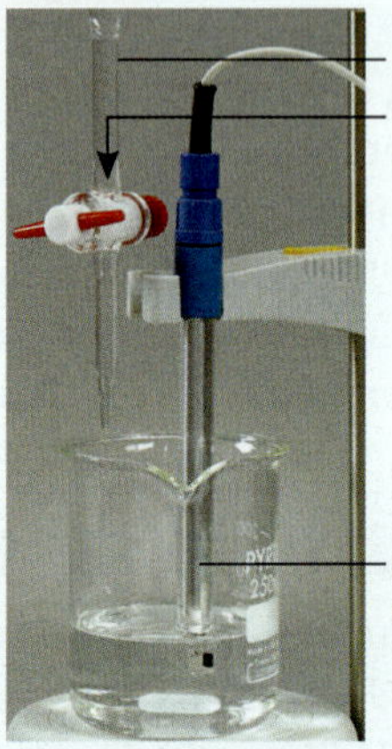

PROTOCOLE — Matériel

1. Étalonner le conductimètre (➜ **Fiche méthode 9**, p. 523).
2. À l'aide d'une éprouvette graduée, prélever un échantillon d'eau du robinet de volume V_1 = 200 mL. Le verser dans un bécher.
3. Préparer le montage de titrage.
4. Ajouter, millilitre par millilitre, la solution titrante de nitrate d'argent et relever la valeur de conductivité σ après chaque ajout.

DONNÉES

■ Exemples de conductivités ioniques molaires à 25 °C :

Ion	Cl^-	Na^+	Ag^+	NO_3^-
λ (en mS·m²·mol⁻¹)	7,6	5,0	6,2	7,1

■ L'équation de la réaction support de titrage s'écrit :
$$Ag^+(aq) + Cl^-(aq) \rightarrow AgCl(s)$$
■ Masse molaire du chlore : M(Cl) = 35,5 g·mol^{-1}.

Questions

1 RÉALISER

a. Mettre en œuvre le protocole.

b. Tracer le nuage de points expérimentaux en plaçant en abscisse le volume V de solution de nitrate d'argent versée et en ordonnée la conductivité σ mesurée.

c. Les points expérimentaux se répartissent au voisinage de deux droites sécantes. L'abscisse de leur point d'intersection est le volume à l'équivalence du titrage noté $V_{éqv}$.

2 ANALYSER-RAISONNER

a. Établir l'expression de la conductivité de la solution en tenant compte de toutes les espèces ioniques.

b. Tableur Établir un tableau donnant l'évolution qualitative des concentrations des espèces ioniques lors du titrage.

3 VALIDER

a. Vérifier alors l'adéquation entre le tracé expérimental et la réponse **2.b.**, et que la rupture de pente correspond bien à l'équivalence.

b. Déterminer la concentration en quantité d'ion chlorure c_1 dans l'eau étudiée. Conclure.

RESSOURCES
- Liste du matériel
- Tableau à compléter

Notions

- Suivi conductimétrique
- Conductivité ionique molaire
- Loi de Kohlrausch

▸ § 2 p. 55 et 3 p. 57

5 Modélisation d'un titrage

Le titrage présenté à l'Activité 4 (page précédente) peut être modélisé en utilisant un langage de programmation. L'eau du robinet est modélisée par une solution de chlorure de sodium ($Na^+(aq)$, $Cl^-(aq)$).

● **Comment les outils numériques permettent-ils de modéliser l'évolution des quantités de matière des espèces au cours d'un titrage et de tester l'accord entre modélisation et expérience ?**

DOCUMENT **Extrait de code Python**

Python

Les extraits de code Python ci-contre sont issus d'un programme permettant le suivi de la composition d'un système modèle en fonction du volume V de solution titrante B versée.

```
"""
Réaction support de titrage A+B->C
A : réactif titré    cA = ? , vA
B : réactif titrant cB , vEqv
En présence d'ions spectateurs :
SA: apportés par le réactif titré
SB: apportés par le réactif titrant
"""
```

```
# Fonction calculant la composition du
# système avant l'équivalence : v<vEqv
def Avant_Eqv(v):
    nA_v = ... A compléter ...
    nB_v = 0
    nC_v = (cB*v)
    nSA_v = coef_SA*cA*vA
    nSB_v = coef_SB*cB*v
    return nA_v,nB_v,nC_v,nSA_v,nSB_v
```

DONNÉE **Tableau d'évolution des quantités de matière au cours du titrage**

Espèces chimiques		$Cl^-(aq)$	$Ag^+(aq)$	AgCl(s)	$Na^+(aq)$	$NO_3^-(aq)$
		Titré	Titrant	Produit	Ions spectateurs	
Quantités des espèces mises en présence pour toutes les valeurs de V		$n_{début}$	n	0	$n_{début}$	n
		Avec : $n = n_{avant}$ avant l'équivalence, $n = n_{éqv}$ à l'équivalence et $n = n_{après}$ après l'équivalence				
Pour $V < V_{éqv}$	Réactif limitant : $Ag^+(aq)$	$n_{début} - n_{avant}$	0	n_{avant}	$n_{début}$	n_{avant}
Pour $V = V_{éqv}$	Réactifs limitants : $Ag^+(aq)$ et $Cl^-(aq)$	0	0	$n_{éqv}$	$n_{début}$	$n_{éqv}$
Pour $V > V_{éqv}$	Réactif limitant : $Cl^-(aq)$	0	$n_{après} - n_{éqv}$	$n_{éqv}$	$n_{début}$	$n_{après}$

Questions

1 ANALYSER-RAISONNER

a. Attribuer les espèces formelles utilisées dans le code source (A, B, C, SA et SB) aux espèces de la réaction modèle étudiée et déterminer les expressions de $n_{début}$, n_{avant}, $n_{éqv}$ et $n_{après}$ en fonction des notations de l'extrait de code Python.

b. Compléter l'expression de nA_v dans la fonction Avant_Eqv(v).

2 RÉALISER

a. Compléter le fichier fourni permettant de représenter l'évolution des quantités de matières du système en fonction du volume de solution titrante versée. Le code devra permettre à l'utilisateur de choisir les paramètres de composition du système.

b. Tableur Exécuter le code avec les paramètres de l'**Activité 4** afin de vérifier la valeur de la concentration en ion Cl^- déterminée par l'expérience. Vérifier l'accord entre les évolutions prévues qualitativement dans l'**Activité 4** pour les espèces de l'étude expérimentale et celles tracées par le code utilisé.

c. Le suivi des quantités de matière au cours du titrage permet d'obtenir par simulation la courbe de la conductivité en fonction du volume de solution titrante ajoutée. Exécuter la suite du programme afin d'obtenir ce tracé.

3 VALIDER

Comparer les courbes expérimentale et simulée. Commenter les accords et éventuelles différences observés.

RESSOURCES

- Fichiers Python (niveaux standard et confirmé) DIFFÉRENCIATION
- Tableau qualitatif de l'Activité 4

Synthèse des activités

Podcast   Texte DYS

1 Description d'un échantillon

1.1 Groupe caractéristique et spectroscopie IR

La spectroscopie infra-rouge (IR) permet de relier, à l'aide de tables de données, l'existence de certaines bandes d'absorption dans le spectre IR d'une espèce analysée à la présence de liaisons particulières au sein de l'entité.

Exemple Spectre IR de l'éthanamide

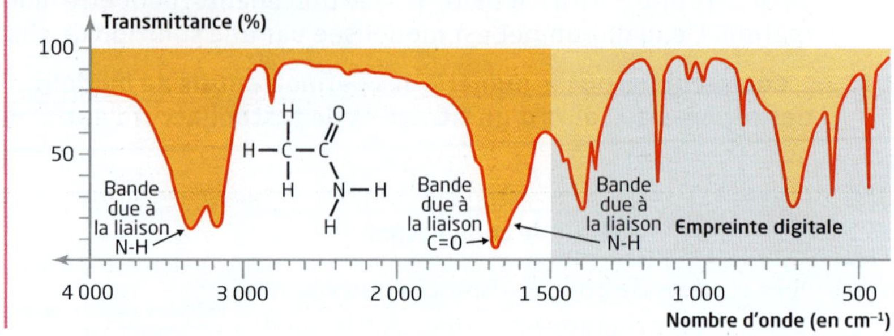

1.2 Identification d'une espèce chimique par spectroscopie UV-visible

Un spectre d'absorption UV-visible est caractéristique d'une espèce chimique absorbante dissoute à une concentration donnée. Lorsque deux solutions présentent le même spectre d'absorption, il est très probable qu'elles contiennent le même soluté, en même concentration.

Remarque Lorsque les deux solutions contiennent le même soluté à des concentrations différentes (**DOC. 1**), les spectres peuvent se superposer en changeant l'échelle en ordonnée d'un des deux spectres.

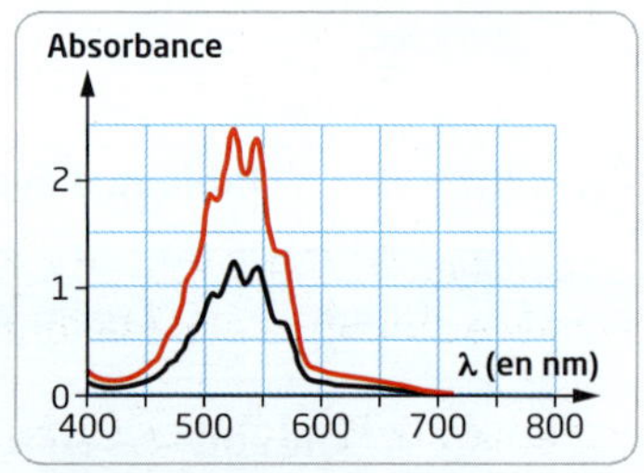

1. Spectres d'absorption d'une solution aqueuse de concentration en quantité de permanganate de potassium 1,0 mmol·L^{-1} (courbe noire) et 2,0 mmol·L^{-1} (courbe rouge).

1.3 Caractérisation d'une solution aqueuse

Une solution peut être caractérisée par sa densité d_{solution} (**DOC. 2**) et son titre massique $w_{\text{soluté}}$.

La **densité d_{solution}** d'une solution est définie par :

$$d_{\text{solution}} = \frac{\rho_{\text{solution}}}{\rho_{\text{eau}}}$$

Unités usuelles :
d_{solution} sans unité
ρ_{solution} et ρ_{eau} (masses volumiques respectives de la solution et de l'eau, à la même température) dans la même unité

Le **titre massique $w_{\text{soluté}}$** d'un soluté est le quotient de la masse de soluté apporté, $m_{\text{soluté}}$, par la masse de solution, m_{solution} :

$$w_{\text{soluté}} = \frac{m_{\text{soluté}}}{m_{\text{solution}}}$$

Unités usuelles :
$w_{\text{soluté}}$ sans unité
$m_{\text{soluté}}$ et m_{solution} dans la même unité

La connaissance du titre massique $w_{\text{soluté}}$ et de la densité d_{solution} permet de déterminer la concentration en masse c_m de la solution par la relation :

$$c_m = w_{\text{soluté}} \times d_{\text{solution}} \times \rho_{\text{eau}}.$$

Exemple La concentration en masse c_m d'acide phosphorique H_3PO_4 dans une solution de titre massique $w_{H_3PO_4} = 14\ \%$ et de densité $d_{\text{solution}} = 1{,}0764$ s'obtient par : $c_m = w_{H_3PO_4} \times d_{\text{solution}} \times \rho_{\text{eau}} = 0{,}14 \times 1{,}0764 \times 1{,}00\ \text{kg}\cdot\text{L}^{-1} = 0{,}15\ \text{kg}\cdot\text{L}^{-1}$.

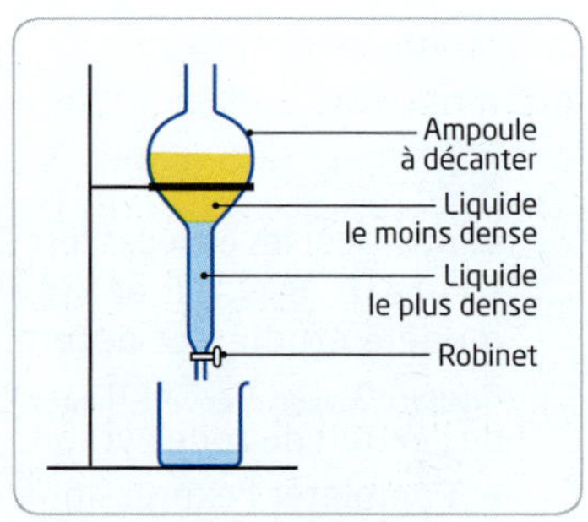

2. Extraction liquide-liquide dans une ampoule à décanter. Une espèce non miscible à l'eau constitue la phase supérieure si sa densité est inférieure à 1 ou la phase inférieure si sa densité est supérieure à 1.

Remarque

Le titre massique s'exprime couramment en pourcentage sous la forme $(100 \times w_{\text{soluté}})\ \%$.

2 Dosage par étalonnage

Au cours d'un **dosage par étalonnage**, une propriété physique d'un échantillon de la solution contenant l'espèce à doser est comparée à la même propriété physique pour une gamme de solutions étalons.

2.1 Dosage par étalonnage en spectrophotométrie

Si l'espèce étudiée absorbe dans l'UV ou dans le visible, la spectrophotométrie UV-visible peut être envisagée pour un dosage par étalonnage (DOC. 3).

D'après la **loi de Beer-Lambert**, l'absorbance A_λ à la longueur d'onde λ d'une solution est la somme de la contribution des k espèces $X_1, ..., X_j, ..., X_k$ absorbant en solution.

$$A_\lambda = \varepsilon_{\lambda,1} \times \ell \times [X_1] + ... + \varepsilon_{\lambda,k} \times \ell \times [X_k]$$

Unités usuelles :
A_λ sans unité
$\varepsilon_{\lambda,j}$ en $L \cdot mol^{-1} \cdot cm^{-1}$
ℓ en cm
$[X_j]$ en $mol \cdot L^{-1}$

Le coefficient d'absorption molaire $\varepsilon_{\lambda,j}$ de l'espèce X_j dépend de la nature de l'espèce chimique et de la longueur d'onde de la lumière incidente.

Validité : la loi de Beer-Lambert peut être exploitée pour des mesures à température constante tant que le coefficient d'absorption molaire ε_λ reste indépendant de la concentration, ce qui est le cas pour des concentrations faibles.

2.2 Conductance et conductivité d'une solution

Une **solution ionique** conduit le courant électrique généré par le déplacement des ions dans deux sens opposés (DOC. 4).

Une portion de solution ionique est caractérisée par sa **conductance** G, qui traduit sa capacité à conduire le courant électrique.
La conductance s'exprime en **siemens** (S) dans le Système international.

Expérimentalement, les mesures sont réalisées à l'aide d'un conductimètre (DOC. 5) relié à une **sonde conductimétrique**.

La conductance G dépend de la nature de la solution, de la température et de la sonde de mesure utilisée. L'étalonnage du conductimètre permet de s'affranchir de la sonde utilisée en mesurant la **conductivité** de la solution.

La **conductivité** σ d'une solution ionique est définie par :

$$\sigma = k \times G$$

Unités SI :
G en siemens (S)
k (constante de la sonde du conductimètre) en m^{-1}
σ en siemens par mètre ($S \cdot m^{-1}$)

Plus la conductivité d'une solution ionique est grande, plus cette solution conduit facilement le courant électrique.

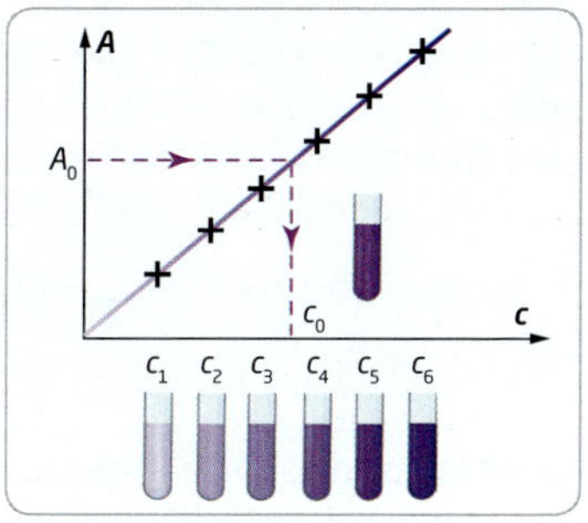

3. Exemple de dosage par étalonnage spectrophotométrique. La courbe d'étalonnage est obtenue à partir du nuage de points expérimentaux. La mesure expérimentale de l'absorbance A_0 de la solution de concentration inconnue permet de déterminer sa concentration c_0 grâce à la courbe d'étalonnage.

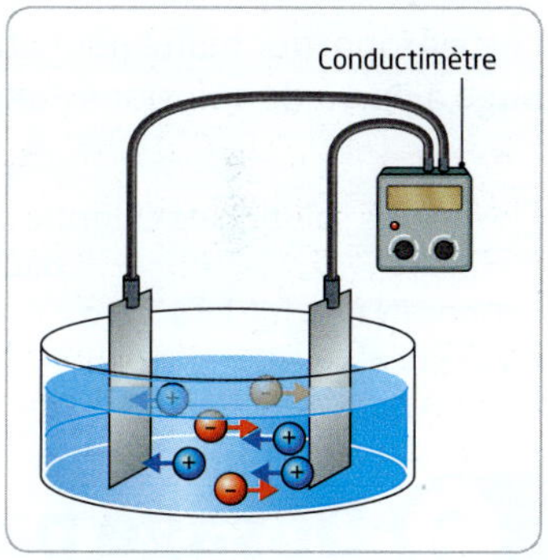

4. Principe de la conductimétrie. Le courant dans une solution est dû au déplacement des ions dans deux sens opposés.

LIEN AVEC LA PHYSIQUE
La conductance G est égale à l'inverse de la résistance R de la même portion de solution.

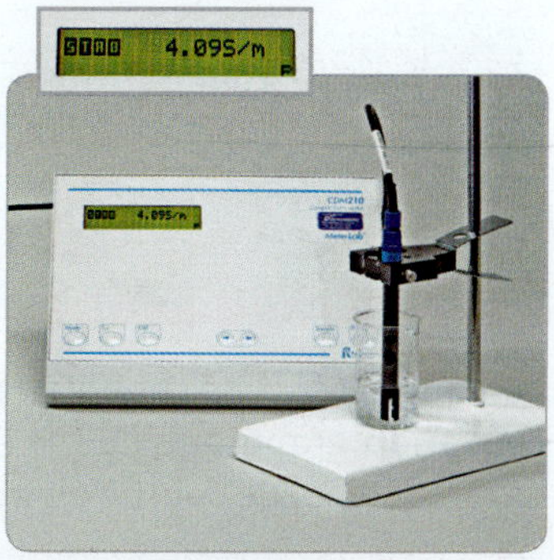

5. Mesure de la conductivité d'une solution ionique à l'aide d'un conductimètre.

Synthèse des activités Podcast Texte DYS

La conductivité σ d'une solution dépend de la nature et des concentrations en quantité de matière $[X_j]$ des k ions X_1, ..., X_j, ..., X_k présents dans cette solution selon la **loi de Kohlrausch** :

$$\sigma = \lambda_1 \times [X_1] + ... + \lambda_k \times [X_k]$$

Unités SI :
σ en siemens par mètre ($S \cdot m^{-1}$)
λ_j en $S \cdot m^2 \cdot mol^{-1}$
$[X_j]$ en mole par mètre cube ($mol \cdot m^{-3}$)

λ_j est la conductivité ionique molaire de l'ion X_j (DOC. 6).

Validité : la loi de Kohlrausch n'est valable que pour des solutions suffisamment diluées, c'est-à-dire pour lesquelles la concentration totale en ions est inférieure à environ 10 $mmol \cdot L^{-1}$.

Ion	λ ($mS \cdot m^2 \cdot mol^{-1}$)
H_3O^+	35,0
HO^-	19,9
Na^+	5,01
Cl^-	7,63
Ag^+	6,19
NO_3^-	7,14
CH_3COO^-	4,09

6. Conductivité ionique molaire de quelques ions à 25 °C.

UNITÉS

En chimie, les unités SI sont peu utilisées ; les concentrations sont usuellement exprimées en $mol \cdot L^{-1}$ et les conductivités molaires ioniques en $mS \cdot m^2 \cdot mol^{-1}$. La conductivité est alors obtenue en unité SI car les deux conversions d'unités se compensent.

$$\sigma = \lambda \times c$$

σ	λ	c
$S \cdot m^{-1}$	$S \cdot m^2 \cdot mol^{-1}$	$mol \cdot m^{-3}$
=	= 10^3	= 10^{-3}
$S \cdot m^{-1}$	$mS \cdot m^2 \cdot mol^{-1}$	$mol \cdot L^{-1}$

2 . 3 Dosage par étalonnage en conductimétrie

Comme observé pour les mesures d'absorbance, une relation de proportionnalité est fréquemment obtenue entre la conductivité de la solution et sa concentration en quantité d'ions.

Cette proportionnalité peut être exploitée pour obtenir une **droite d'étalonnage** à partir de solutions étalons (DOC. 7).

Exemple

Pour une solution de chlorure de sodium de concentration en soluté apporté c :

$$NaCl(s) \rightarrow Na^+(aq) + Cl^-(aq)$$

Donc $[Na^+] = [Cl^-] = c$ et $\sigma = c \times (\lambda_{Na^+} + \lambda_{Cl^-})$: c est proportionnelle à σ.

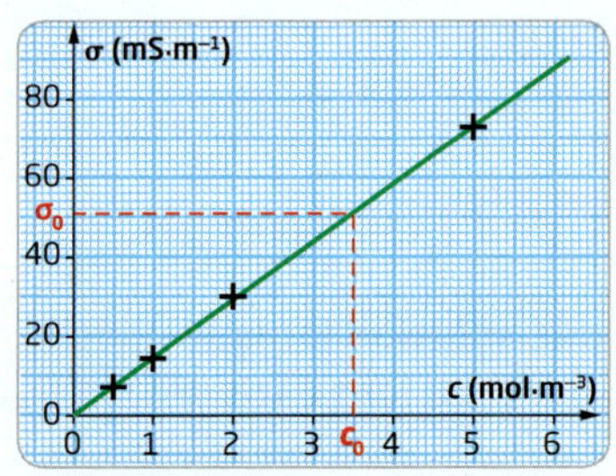

7. Exemple de dosage par étalonnage conductimétrique.
La conductivité σ_0 de la solution à doser est mesurée. La courbe d'étalonnage permet d'obtenir graphiquement la concentration c_0.

3 Dosage par titrage

Au cours d'un **dosage par titrage** (couramment appelé titrage ; DOC. 8), la quantité de matière de l'espèce chimique présente dans un échantillon de solution est déterminée en exploitant une transformation chimique considérée totale.

À **l'équivalence**, le réactif titré A et le réactif titrant B ont été introduits dans le bécher dans les **proportions stœchiométriques** de la réaction support de titrage d'équation $aA + bB \rightarrow produits$. Les quantités de matière vérifient la relation :

$$\frac{n_{A,début}}{a} = \frac{n_{B,éqv}}{b}$$

Avec : $n_{A,début}$ la quantité de réactif A initialement présent ; $n_{B,éqv}$ la quantité de réactif B ajouté à l'équivalence.

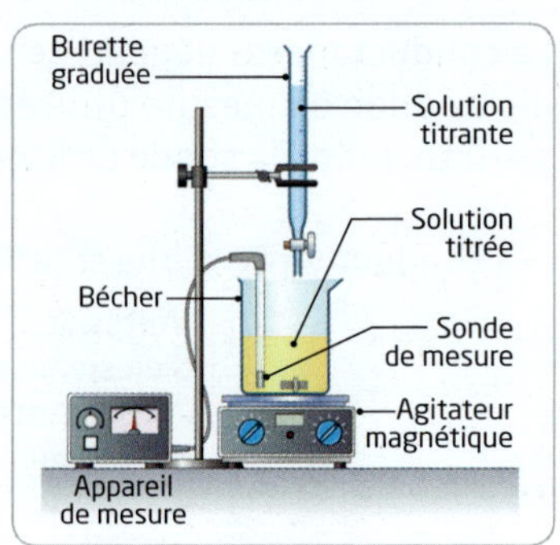

8. Schéma du montage expérimental d'un titrage.

3 . 1 Titrage avec suivi pH-métrique

Lorsque la réaction support de titrage est une **réaction acide-base**, la représentation graphique du pH en fonction du volume de solution titrante ajoutée s'appelle **courbe de titrage pH-métrique**.

Lors d'un titrage pH-métrique, il se produit une brusque variation du pH à l'équivalence, appelée **saut de pH**.

Exemple Une solution d'acide chlorhydrique ($H_3O^+(aq)$, $Cl^-(aq)$) est titrée par une solution d'hydroxyde de sodium ($Na^+(aq)$, $HO^-(aq)$).
L'équation de la réaction support du titrage s'écrit :

$$H_3O^+(aq) + HO^-(aq) \rightarrow 2\,H_2O(\ell).$$

Avant l'équivalence, HO^- est le réactif limitant. Après l'équivalence, H_3O^+ est le réactif limitant.
L'exploitation de cette représentation graphique par la méthode des tangentes parallèles permet de déterminer le volume à l'équivalence $V_{éqv} = 12{,}5$ mL.

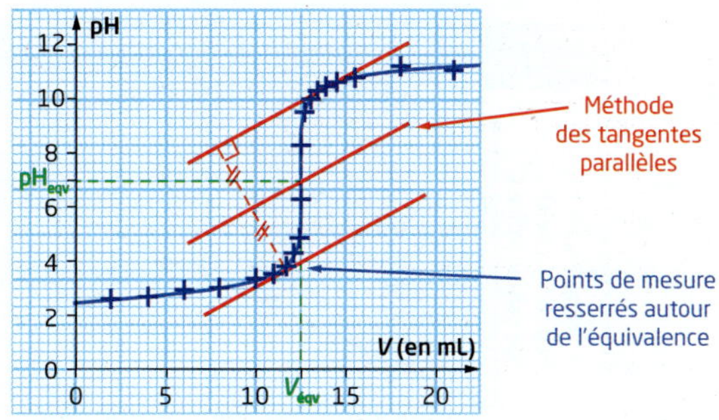

3 · 2 Titrage avec suivi conductimétrique

Lorsque la réaction support de titrage fait intervenir des ions, l'évolution de la conductivité de la solution au cours du titrage peut être suivie. La représentation graphique de la conductivité en fonction du volume de solution titrante ajouté s'appelle **courbe de titrage conductimétrique**.

Lors d'un titrage conductimétrique, l'équivalence est repérée par un **changement de pente** de la courbe de titrage conductimétrique.

L'évolution de la pente de la courbe de titrage peut être analysée **qualitativement** d'après l'évolution des quantités de matière des espèces ioniques.

Remarque
Un dosage par titrage conductimétrique ne se limite pas à des réactions acide-base comme support de titrage.

Remarque
Attention : toutes les espèces ioniques participent à la conductivité de la solution, y compris celles qui n'apparaissent pas dans l'équation de la réaction support de titrage, appelées ions spectateurs.

Exemples

Une solution de chlorure de sodium ($Na^+(aq)$, $Cl^-(aq)$) est titrée par une solution de nitrate d'argent ($Ag^+(aq)$, $NO_3^-(aq)$).
L'équation de la réaction support du titrage s'écrit :

$$Cl^-(aq) + Ag^+(aq) \rightarrow AgCl(s)$$

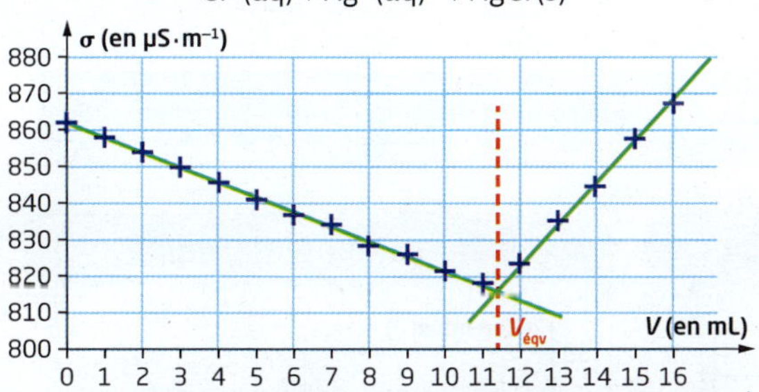

	Évolution des quantités				Estimation de la pente
	Cl^-	Ag^+	NO_3^-	Na^+	
$V < V_{éqv}$	↘	0	↗	→	$\lambda_{Cl^-} > \lambda_{NO_3^-}$ Pente négative
$V > V_{éqv}$	0	↗	↗	→	Pente positive

Une solution d'acide éthanoïque (CH_3CO_2H) est titrée par une solution d'hydroxyde de sodium ($Na^+(aq)$, $HO^-(aq)$).
L'équation de la réaction support de titrage s'écrit :

$$CH_3CO_2H(aq) + HO^-(aq) \rightarrow CH_3CO_2^-(aq) + H_2O(\ell)$$

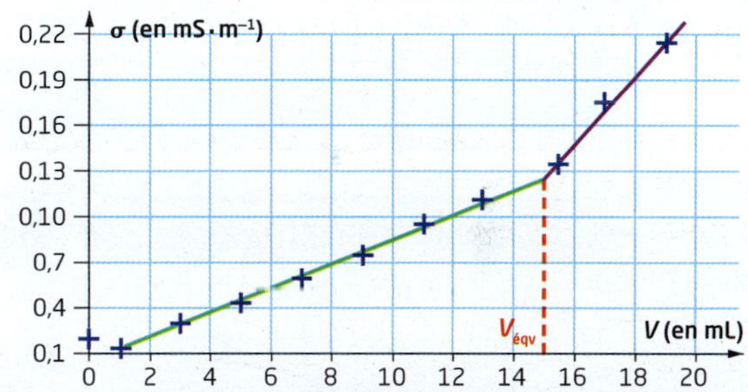

	Évolution des quantités			Estimation de la pente
	$CH_3CO_2^-$	HO^-	Na^+	
$V < V_{éqv}$	↗	0	↗	Pente positive
$V > V_{éqv}$	→	↗	↗	Pente positive

Comme $\lambda_{HO^-} > \lambda_{CH_3CO_2^-}$, la pente est plus élevée pour $V > V_{éqv}$ et la rupture de pente est exploitable.

Un tableau d'évolution de la composition du système pour chaque phase du titrage peut être réalisé afin de suivre **quantitativement** l'évolution des quantités de matière après chaque ajout d'un volume V de solution titrante (➜ **Activité 5**). Un code Python peut être utilisé afin d'obtenir la représentation graphique de ces évolutions.

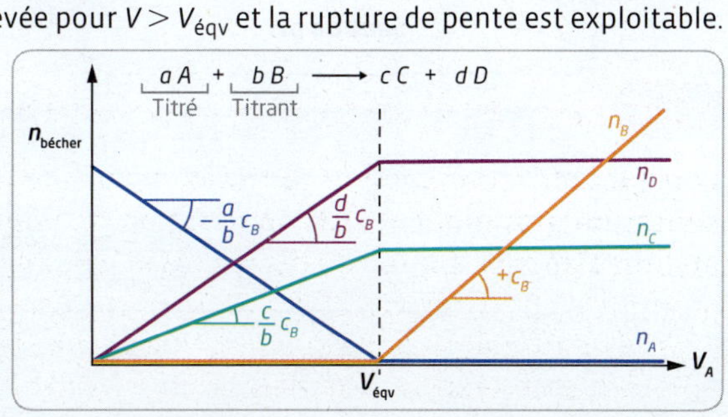

Retenir l'essentiel

Courbe d'étalonnage

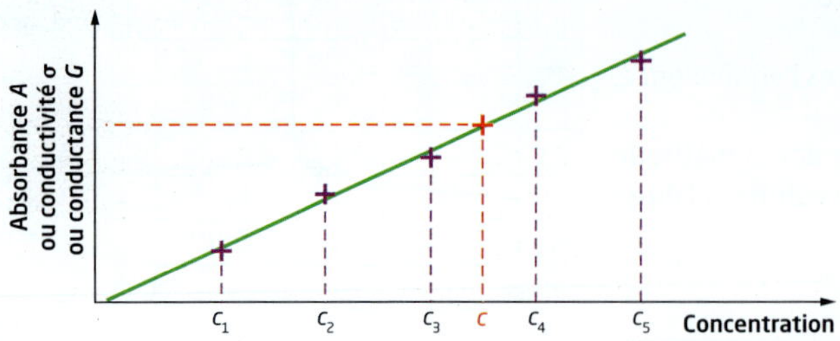

Lois de...

... Beer-Lambert

$$A = \sum_j \varepsilon_{\lambda,j} \times \ell \times c_j$$

... Kohlrausch

$$\sigma = \sum_j \lambda_j \times c_j$$

Dosage par étalonnage

QUOI ?

COMBIEN ?

Identification d'espèces chimiques

Par superposition de spectres UV-visible

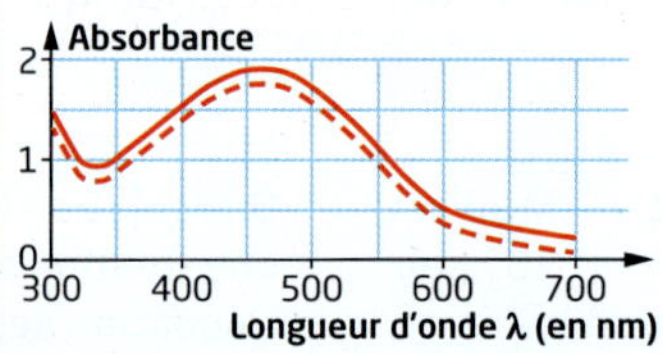

Par identification des liaisons en IR

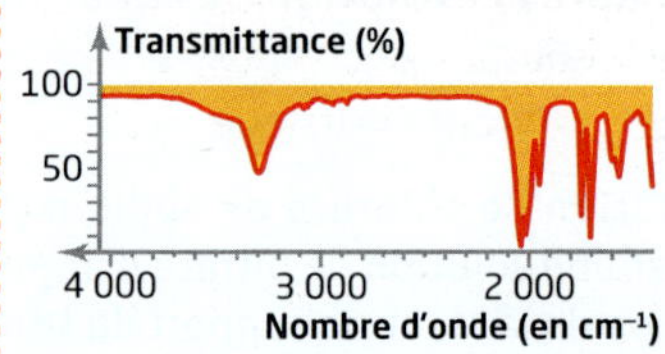

Dosage par titrage

Suivi pH-métrique

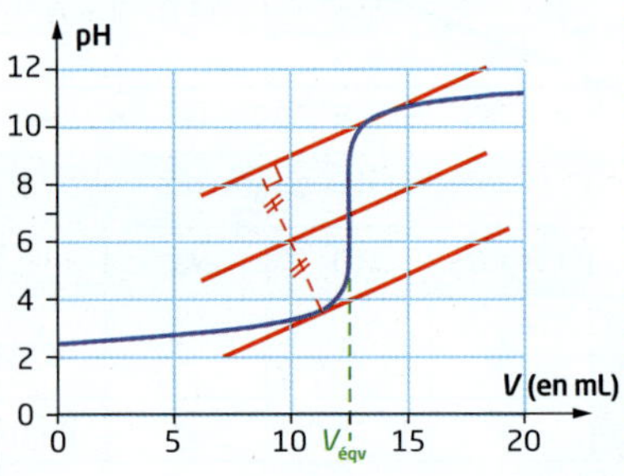

Saut de pH

Montage

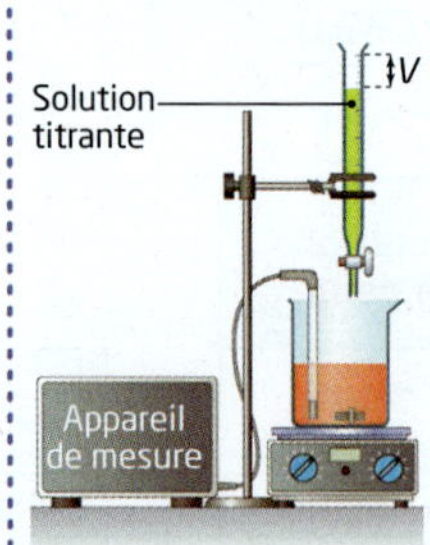

Suivi conductimétrique

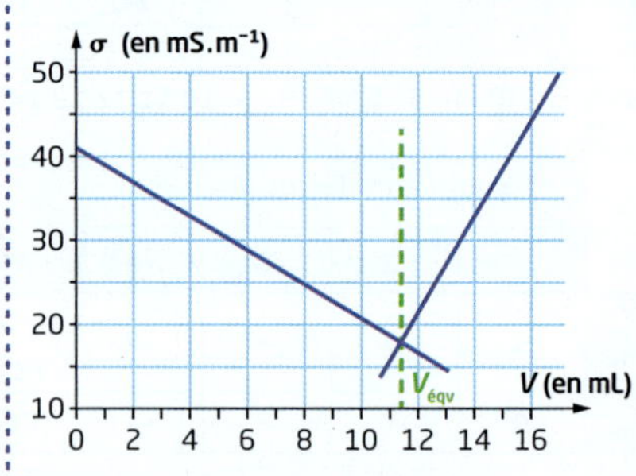

Changement de pente

Équation de la réaction support de titrage

$$a\,A + b\,B \longrightarrow \text{produits}$$

$$\frac{n_{A,\text{début}}}{a} = \frac{n_{B,\text{éqv}}}{b}$$

5 min chrono !

Si vous ne trouvez pas la bonne réponse, reportez-vous au § de la synthèse des activités correspondant pour vous aider.

Indiquer la réponse exacte. QCM interactif

1 L'unité usuelle de la densité est : ▶ §1

a. $kg \cdot m^{-3}$. b. $m^3 \cdot kg^{-1}$. c. sans unité.

2 Deux espèces en solution à la même concentration en quantité de matière sont probablement identiques si leurs spectres UV-visible : ▶ §1

a. sont superposables.

a. présentent le même maximum d'absorption.

c. ont la même valeur d'absorbance à λ_m.

3 L'exploitation d'un spectre IR permet : ▶ §1

a. de déterminer la formule brute d'une espèce chimique.

b. de déterminer la couleur d'une espèce chimique.

c. d'identifier des liaisons présentes dans une molécule.

4 La conductivité d'une solution est une grandeur représentant la capacité de la solution à : ▶ §2

a. s'opposer au courant électrique.

b. conduire le courant électrique.

c. produire du courant électrique.

5 Une droite d'étalonnage en conductimétrie peut être obtenue en mesurant la conductivité : ▶ §2

a. de solutions d'un même composé ionique, mais de concentrations différentes.

b. de différentes solutions ioniques de même concentration.

c. d'une même solution ionique à des températures différentes.

6 La droite d'étalonnage obtenue lors d'un dosage spectrophotométrique vérifie l'équation $A = 240 \times c$ (c en $mol \cdot L^{-1}$). Une solution de la même espèce dont la mesure d'absorbance donne $A = 1{,}20$ est à une concentration en quantité de matière égale à : ▶ §2

a. $5\ mmol \cdot L^{-1}$. b. $200\ mol \cdot L^{-1}$. c. $0{,}4\ mol \cdot L^{-1}$.

7 La courbe représentant le titrage pH-métrique de l'ammoniac par l'acide chlorhydrique est : ▶ §3

a. 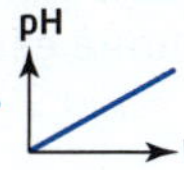

b. 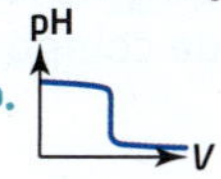

c. 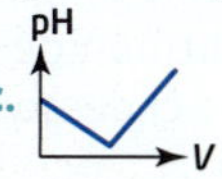

Corrigés p. 550

Contrôle technique !

8 Déterminer une quantité de matière

EXERCICE RÉSOLU

Une solution d'acide éthanoïque CH_3COOH est titrée par une solution d'hydroxyde de sodium ($Na^+(aq)$, $HO^-(aq)$) de concentration en quantité de matière $c = 10\ mmol \cdot L^{-1}$.

Le suivi pH-métrique conduit à la représentation graphique ci-dessous :

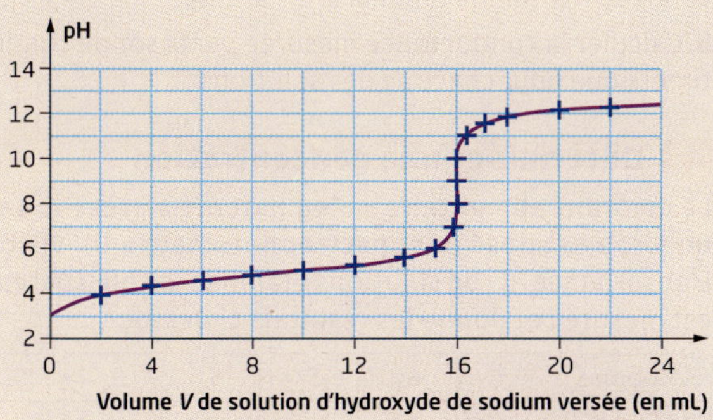

L'équation de la réaction support de titrage s'écrit :

$$CH_3COOH\,(aq) + HO^-\,(aq) \rightarrow CH_3COO^-\,(aq) + H_2O\,(\ell)$$

• Exprimer puis calculer la quantité de matière $n_{S,\text{début}}$ de réactif titré.

SOLUTION

Le saut de pH étant très marqué, son abscisse est déterminée directement par lecture graphique :

$V_{éqv} = 16{,}0\ mL$. À l'équivalence : $\dfrac{n_{S,\text{ début}}}{1} = \dfrac{n_{HO^-,\text{ éqv}}}{1}$

d'où : $n_{S,\text{début}} = c \times V_{éqv}$.

A.N. : $n_{S,\text{début}} = 10 \times 10^{-3}\ mol \cdot L^{-1} \times 16{,}0\ mL = 0{,}16\ mmol$.

APPLICATION • Sur le modèle de l'exercice résolu

Le titrage d'une solution d'acide nitrique ($H_3O^+(aq)$, $NO_3^-(aq)$) par une solution d'hydroxyde de sodium de concentration en quantité de matière $c = 25\ mmol \cdot L^{-1}$ est réalisé. L'équation de la réaction support de titrage s'écrit :

$$H_3O^+(aq) + HO^-(aq) \rightarrow 2\ H_2O\,(\ell).$$

La courbe de suivi conductimétrique obtenue est :

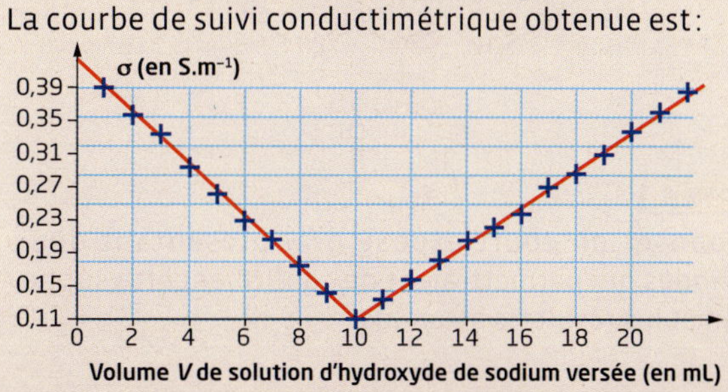

• Exprimer puis calculer la quantité de matière de réactif titré.

Description d'un échantillon

▶ § 1 de la synthèse des activités

➔ EXERCICES RAPIDES

9 GRAND ORAL Expliquer oralement, en utilisant le vocabulaire scientifique approprié, comment la spectroscopie IR permet de différencier facilement les espèces **A** et **B** ci-dessous.

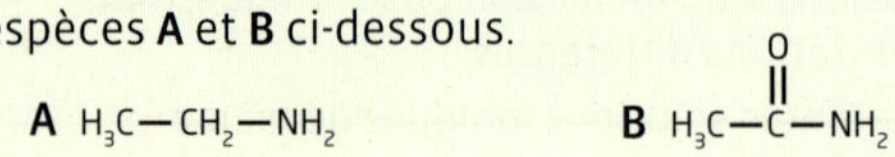

10 Une solution aqueuse d'hydroxyde de potassium (K^+(aq), HO^-(aq)) de titre massique 4 % est disponible en laboratoire.

• Rédiger une phrase pour expliquer l'information ainsi apportée.

11 Identifier une espèce

Le spectre UV-visible de référence de la vanilline en milieu basique montre une absorbance maximale $A_{max} = 1{,}30$ pour une longueur d'onde $\lambda_m = 346$ nm. Le spectre d'un échantillon de solution de composition inconnue est donné ci-dessous.

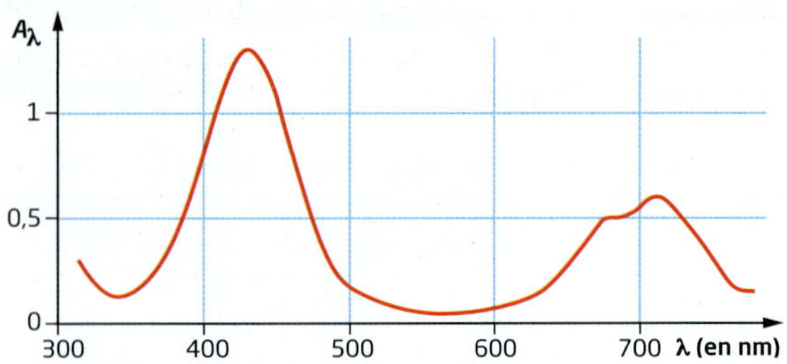

• Discuter de la présence ou non de vanilline dans cet échantillon.

12 Retour sur l'ouverture du chapitre (GRAND ORAL)

Le pigment vert visible sur la statue de la page d'ouverture est supposé être du vert de malachite dont la formule semi-développée est donnée ci-dessous.

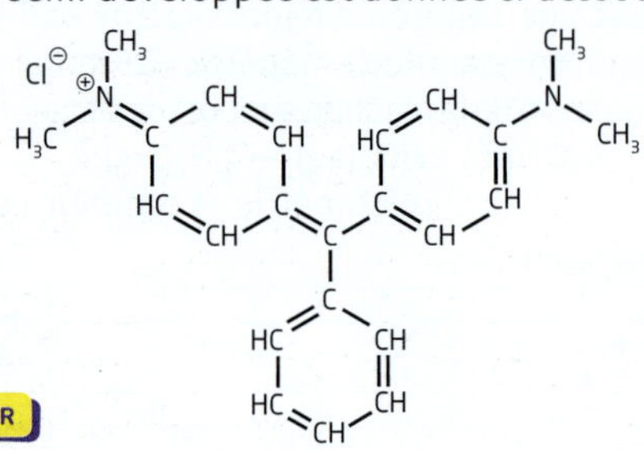

Table IR

• Proposer un court exposé oral présentant deux méthodes qui permettraient de confirmer cette supposition et les résultats attendus.

13 Calculer une concentration

Une solution d'acide nitrique (H_3O^+(aq), NO_3^-(aq)) de titre massique $w = 10$ % a une densité $d = 1{,}0543$.

DONNÉES

- Masse volumique de l'eau : $\rho_{eau} = 1{,}00$ kg·L^{-1}.
- Masse molaire de l'acide nitrique HNO_3 : $M = 63{,}0$ g·mol^{-1}.
- $c_m = w_{soluté} \times d \times \rho_{eau}$.

a. Calculer la concentration en masse c_m de l'acide nitrique dans la solution.

b. Déterminer sa concentration en quantité d'acide nitrique. En déduire la concentration en quantité d'ion oxonium H_3O^+.

Dosage par étalonnage

▶ § 2 de la synthèse des activités

➔ EXERCICES RAPIDES

14 GRAND ORAL Présenter oralement en deux minutes maximum et sans note, le principe d'un dosage conductimétrique par étalonnage.

15 Déterminer la concentration en quantité d'hydroxyde de sodium d'une solution de soude (Na^+(aq), HO^-(aq)) de conductivité $\sigma = 0{,}144$ S·m^{-1}.

DONNÉES Conductivités ioniques molaires (en mS·m²·mol^{-1}) : $\lambda_{Na^+} = 5{,}01$; $\lambda_{HO^-} = 19{,}9$.

16 Exploiter des données expérimentales

Le tableau ci-dessous fournit la conductivité de quelques solutions de même concentration en quantité de soluté apporté.

Solution	Espèces	Conductivité (en mS·m^{-1})
S_1	Cu^{2+}(aq), SO_4^{2-}(aq)	26,7
S_2	Cu^{2+}(aq), SeO_4^{2-}(aq)	25,9
S_3	Pb^{2+}(aq), SeO_4^{2-}(aq)	29,0

DONNÉE Constante de la sonde conductimétrique : $k = 1{,}08$ cm^{-1}.

a. Déterminer l'anion puis le cation qui ont la plus grande conductivité ionique molaire.

b. Calculer la conductance mesurée par la sonde conductimétrique pour chacune des solutions.

17 Déterminer une concentration

Le colorant alimentaire « bleu patenté » présent dans un sirop est dosé par spectrophotométrie UV-visible. L'absorbance $A_{\lambda,j}$ de solutions étalons S_j de bleu patenté est mesurée et donne les résultats ci-dessous.

Solution S_j	S_1	S_2	S_3	S_4	S_5
Concentration c_j (en µmol.L^{-1})	2,0	4,0	6,0	8,0	10,0
Absorbance $A_{\lambda,j}$	0,205	0,410	0,608	0,821	1,05

a. Tracer la droite d'étalonnage correspondante.

b. Une solution de concentration en quantité de bleu patenté c inconnue possède, dans les mêmes conditions de mesure, une absorbance égale à 0,530. Calculer c.

18 In English please

The calibration curve showed below is obtained by measuring the conductivity of six sodium chloride solutions of various concentrations and plotting the measurement results of the samples.

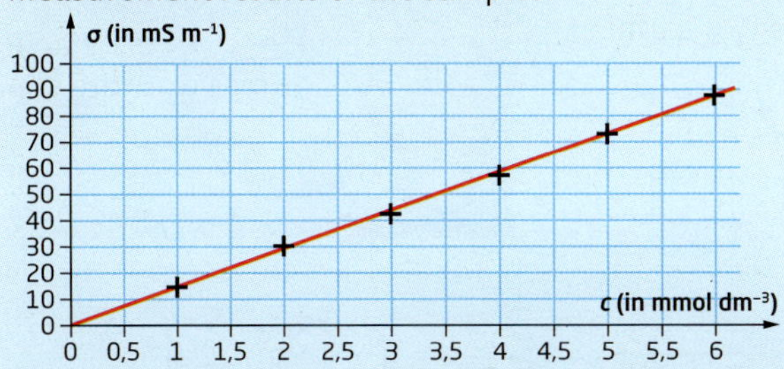

The conductivity measurement of a sodium chloride solution of unknown c concentration, made in the same experimental conditions, gives $\sigma = 54$ mS m^{-1}.

a. Determine the concentration c.

b. Determine the conductivity σ' of a 5,4 mmol dm^{-3} sodium chloride solution.

Dosage par titrage

► § 3 de la synthèse des activités

EXERCICES RAPIDES

19 GRAND ORAL Présenter à l'oral en deux minutes maximum à l'ensemble de la classe l'allure générale des courbes de titrages pH-métriques et la méthode de détermination du volume à l'équivalence.

20 L'équation de réaction support de titrage d'une solution de diiode I_2 par une solution d'ion thiosulfate $S_2O_3^{2-}$ s'écrit :

$$I_2(aq) + 2\,S_2O_3^{2-}(aq) \rightarrow 2\,I^-(aq) + S_4O_6^{2-}(aq)$$

• Écrire la relation entre la quantité de matière initiale de réactif titré et celle de réactif titrant versé à l'équivalence.

21 L'équation de réaction support de titrage d'une solution d'acide méthanoïque HCOOH par une solution de soude (Na^+(aq), HO^-(aq)) s'écrit :

$$HCOOH(aq) + HO^-(aq) \rightarrow HCOO^-(aq) + H_2O(\ell)$$

• Expliquer qualitativement pourquoi la conductivité de la solution augmente en cours de titrage, avant l'équivalence.

22 Exploiter un titrage conductimétrique

Le titrage d'une solution d'ammoniac NH_3 de volume $V_1 = 200$ mL par une solution d'acide chlorhydrique (H_3O^+(aq), Cl^-(aq)) de concentration en quantité de matière $c_2 = 20{,}0$ mmol·L^{-1} est suivi par conductimétrie. L'équation de la réaction support de titrage est :

$$NH_3(aq) + H_3O^+(aq) \rightarrow NH_4^+(aq) + H_2O(\ell).$$

Le nuage de points expérimentaux et les modélisations par des segments sont représentés ci-après.

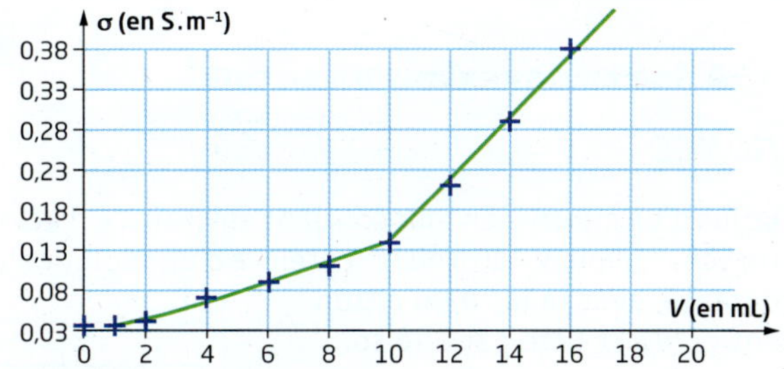

DONNÉES Conductivités ioniques molaires (en mS·m²·mol⁻¹) : $\lambda_{H_3O^+} = 35$; $\lambda_{Cl^-} = 7{,}6$; $\lambda_{NH_4^+} = 7{,}3$.

a. Déterminer le volume à l'équivalence $V_{éqv}$.

b. Exprimer puis calculer la concentration en quantité d'ammoniac c_1 de la solution.

c. Interpréter qualitativement le changement de pente à l'aide d'un tableau adapté.

23 Exploiter un titrage

Vidéo Corrigé de l'exercice

Le titrage pH-métrique d'une solution d'éthylamine ($C_2H_5NH_2$) de volume $V_S = 20{,}0$ mL, de concentration en quantité de matière c_S, est réalisé à l'aide d'une solution d'acide chlorhydrique (H_3O^+(aq), Cl^-(aq)) de concentration en quantité de matière $c = 1{,}0 \times 10^{-1}$ mol·L^{-1}. En suivant l'évolution du pH en fonction du volume d'acide chlorhydrique versé, la courbe de titrage représentée ci-dessous est obtenue.

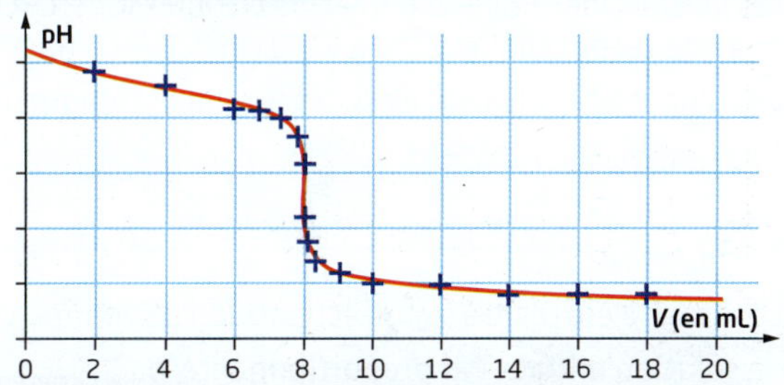

L'équation de la réaction support de titrage s'écrit :

$$C_2H_5NH_2(aq) + H_3O^+(aq) \rightarrow C_2H_5NH_3^+(aq) + H_2O(\ell)$$

a. Déterminer graphiquement le volume $V_{éqv}$ versé à l'équivalence.

b. Exprimer puis calculer c_S.

24 Exploiter une série de mesures

Huit groupes d'élèves ont réalisé un titrage lors d'une séance de TP et noté sur leur feuille de compte-rendu le volume $V_{éqv}$ de réactif titrant versé à l'équivalence.

Groupe	1	2	3	4	5	6	7	8
$V_{éqv}$ (en mL)	12,3	11,4	12,4	12,1	11,8	11,5	12,0	11,6

a. À l'aide d'une calculatrice ou d'un tableur, déterminer la valeur moyenne $\overline{V_{éqv}}$ et l'incertitude-type $u(\overline{V_{éqv}})$ du volume versé à l'équivalence.

b. Comparer le résultat obtenu à la valeur de référence $V_{réf} = 12{,}00$ mL attendue. Conclure.

EXO Exercices supplémentaires

EXERCICE RÉSOLU ET COMMENTÉ

25 Acide citrique dans un citron

ÉNONCÉ

Le jus d'un citron bien mûr contient environ 3 g d'acide citrique, noté H_3A. Un échantillon ($V = 10,0$ mL) est prélevé d'une solution de volume $V_0 = 200$ mL obtenue avec le jus d'un citron entier. Il est titré par une solution d'hydroxyde de sodium de concentration en quantité $c_B = 100$ mmol·L^{-1}. Les mesures de pH conduisent au nuage de points ci-contre. L'équation de la réaction support de titrage s'écrit :

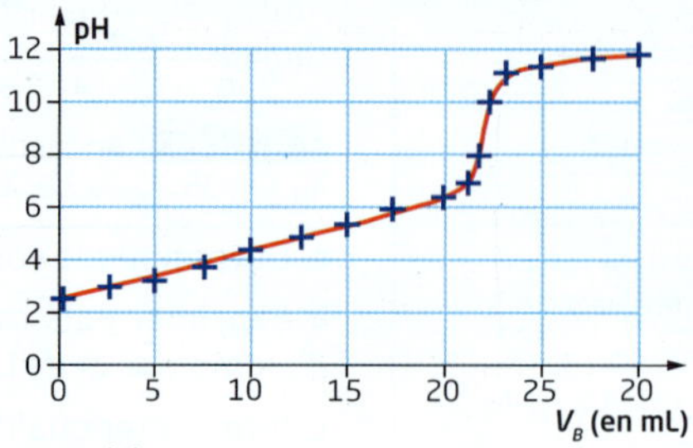

$$H_3A(aq) + 3\ HO^-(aq) \rightarrow A^{3-}(aq) + 3\ H_2O(\ell)$$

DONNÉES • Masse molaire de l'acide citrique : $M = 192$ g·mol^{-1}.
• Bandes caractéristiques en IR → **Données** p. 48.

a. Identifier les bandes en IR permettant de caractériser l'acide citrique.

b. Déterminer le volume $V_{B,éqv}$ de solution titrante ajoutée à l'équivalence.

c. Exprimer puis calculer la quantité de matière de H_3A dans l'échantillon titré.

d. En déduire la masse d'acide citrique présente dans le citron. Conclure.

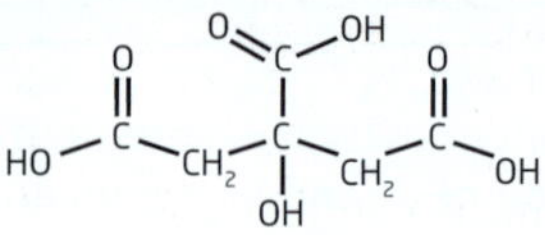

▲ Formule de l'acide citrique.

UNE SOLUTION

a. Les liaisons identifiées dans l'acide citrique sont : C=O : 1650 à 1750 cm^{-1} ; O–H d'un acide carboxylique : 2500 à 3200 cm^{-1} ; O–H d'un alcool : 3200 à 3650 cm^{-1}.

b. Le volume à l'équivalence est déterminé graphiquement : $V_{B,éqv} = 22$ mL.

c. À l'équivalence : $\dfrac{n_{H_3A,\text{début}}}{1} = \dfrac{n_{B,éqv}}{3}$, d'où : $n_{H_3A,\text{début}} = \dfrac{c_B \times V_{B,éqv}}{3}$.

A.N. : $n_{H_3A,\text{début}} = \dfrac{100 \text{ mmol}\cdot\text{L}^{-1} \times 22 \times 10^{-3} \text{ L}}{3} = 0,73$ mmol.

d. Le titrage a été réalisé sur un échantillon de volume $V = 10,0$ mL sur les 200 mL de la solution initiale. Par proportionnalité, $n_{H_3A,\text{citron entier}} = \left(\dfrac{200}{10}\right) \times n_{H_3A,\text{début}}$
Ce qui correspond à une masse $m = n_{H_3A,\text{ citron entier}} \times M$.

A.N. : $m = \left(\dfrac{200}{10}\right) \times 0,733 \times 10^{-3}$ mol $\times 192$ g·mol$^{-1} = 2,8$ g d'acide citrique dans un citron entier. L'ordre de grandeur obtenu est donc en accord avec l'information apportée par l'énoncé : environ 3 g par citron.

ANALYSER-RAISONNER
Identifier les groupes caractéristiques de la molécule et identifier les nombres d'ondes des bandes associées dans la table.

ANALYSER-RAISONNER
Ne pas oublier les nombres stœchiométriques dans la relation entre quantités de matière.

CONNAÎTRE
La notion d'échantillon est exploitée pour remonter à la quantité de matière dans le citron entier.

VALIDER
Une conclusion est donnée en faisant référence à la valeur indiquée dans l'énoncé.

APPLICATION Sur le modèle de l'exercice résolu

26 Filtre solaire

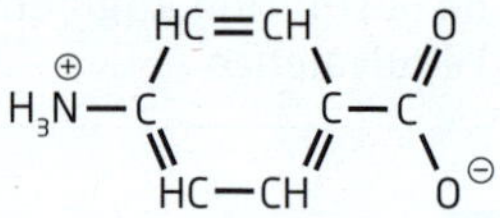

L'acide-4-aminobenzoïque (PABA ; $C_7H_7NO_2$) est utilisé comme filtre dans les crèmes solaires. Dans un échantillon, la molécule de PABA se trouve sous la forme ci-contre. Le spectre IR du PABA présente trois bandes caractéristiques vers 1500, 1700 et 3300 cm^{-1}. La pureté d'un échantillon de PABA est déterminée par titrage pH-métrique à partir d'un échantillon de masse $m = 144$ mg dissous dans l'eau, par une solution d'hydroxyde de sodium ($Na^+(aq)$, $HO^-(aq)$) de concentration en quantité $c_B = 0,100$ mol·L^{-1}. L'équation de la réaction support de titrage s'écrit : $C_7H_7NO_2(aq) + HO^-(aq) \rightarrow C_7H_6NO_2^-(aq) + H_2O(\ell)$. L'équivalence est obtenue pour un volume de solution titrante ajoutée $V_{B,éqv} = 10,0$ mL.

DONNÉE Masse molaire du PABA : $M = 137,1$ g·mol^{-1}. Table IR

a. Attribuer les bandes mises en évidence sur le spectre IR de la molécule de PABA.

b. Exprimer puis calculer la quantité de matière de PABA dans l'échantillon et conclure sur sa pureté.

EXERCICE RÉSOLU ET COMMENTÉ

27 Analyse d'un beurre

ÉNONCÉ

Un beurre est dit rance si sa teneur massique en acide butanoïque est supérieure ou égale à 4 %.

L'acide butanoïque contenu dans un échantillon de masse $m = 8{,}0$ g de beurre fondu dissous dans l'eau est titré par une solution d'hydroxyde de sodium de concentration en quantité $c_B = 4{,}0 \times 10^{-1}$ mol · L^{-1} ; le suivi réalisé par conductimétrie permet d'obtenir le nuage de points ci-contre. L'équation de la réaction support de titrage s'écrit :

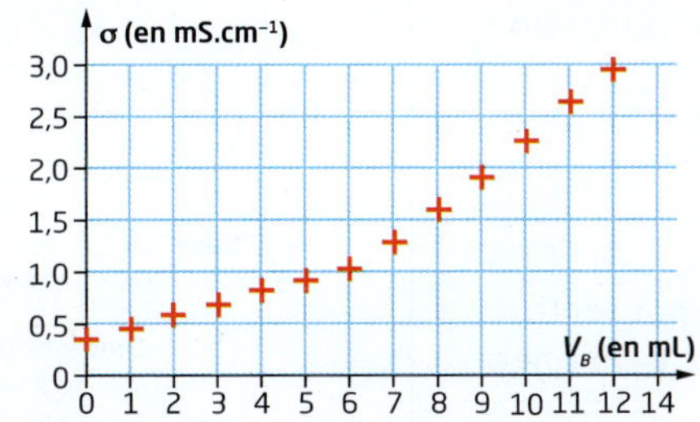

$$C_3H_7\text{–}COOH\,(aq) + HO^-\,(aq) \rightarrow C_3H_7\text{–}COO^-\,(aq) + H_2O\,(\ell)$$

DONNÉES • Masse molaire de l'acide butanoïque : $M = 88{,}0$ g · mol^{-1}.

• Conductivités ioniques molaires (en mS · m^2 · mol^{-1}) : $\lambda_{C_3H_7\text{–}COO^-} = 4{,}1$; $\lambda_{HO^-} = 20$.

a. Analyser qualitativement, à l'aide d'un tableau adapté, l'évolution de la pente de la courbe lors du titrage.

b. Calculer la quantité de matière d'acide butanoïque dans l'échantillon.

c. En déduire le pourcentage en masse d'acide butanoïque et conclure.

UNE SOLUTION

a.

	Quantités d'ions dans le bécher			Estimation de la pente
	$C_3H_7\text{–}COO^-$	HO^-	Na^+	
$V < V_{B,\text{éqv}}$	↗	0	↗	Pente positive
$V > V_{B,\text{éqv}}$	→	↗	↗	Pente positive et plus grande car $\lambda_{(C_3H_7\text{–}COO^-)} < \lambda_{(HO^-)}$

b. L'équivalence est repérée par un changement de pente : $V_{B,\text{éqv}} = 6{,}5$ mL.

À l'équivalence : $\dfrac{n_{A,\text{début}}}{1} = \dfrac{n_{B,\text{éqv}}}{1}$, d'où : $n_{A,\text{début}} = n_{B,\text{éqv}} = c_B \times V_{B,\text{éqv}}$.

A.N. : $n_{A,\text{début}} = 4{,}0 \times 10^{-1}$ mol · L^{-1} $\times 6{,}5 \times 10^{-3}$ L $= 2{,}6 \times 10^{-3}$ mol $= 2{,}6$ mmol

c. La masse d'acide butanoïque s'exprime par $m_A = n_{A,\text{début}} \times M$.

La teneur massique est $w_A = \dfrac{m_A}{m_{\text{échantillon}}} = \dfrac{n_{A,\text{début}} \times M}{m_{\text{échantillon}}} = 0{,}029$.

Le beurre étudié contient 2,9 % d'acide butanoïque, il n'est donc pas rance.

ANALYSER-RAISONNER

Toutes les espèces ioniques doivent être prises en compte pour étudier la conductivité de la solution ; ne pas oublier les ions spectateurs pour estimer le sens de variation de la conductivité.

RÉALISER

• Le point d'intersection de deux droites reliant les points alignés respectivement en début et en fin de titrage est recherché.

• La stœchiométrie est utilisée pour déterminer la relation entre les quantités de matière à l'équivalence.

VALIDER

• La valeur limite est une teneur massique, le résultat obtenu doit donc être converti.

• Le résultat obtenu est comparé à la valeur limite donnée.

APPLICATION Sur le modèle de l'exercice résolu

28 Sel régénérant

Sur un emballage de sel régénérant pour lave-vaisselle est indiqué « chlorure de sodium à 99,5 % ». Une solution aqueuse de volume $V_0 = 100$ mL est obtenue en dissolvant un échantillon de ce sel de masse $m = 1{,}00$ g. Le titrage conductimétrique d'un échantillon de volume $V = 10{,}0$ mL de cette solution par une solution de nitrate d'argent (Ag^+(aq), NO_3^-(aq)) de concentration en quantité $c = 200$ mmol · L^{-1} conduit à un volume à l'équivalence $V_{\text{éqv}} = 8{,}30$ mL.

L'équation de la réaction support de titrage s'écrit : $Ag^+\,(aq) + Cl^-\,(aq) \rightarrow AgCl\,(s)$

DONNÉES • Masse molaire de NaCl : $M = 58{,}4$ g · mol^{-1}.

• Conductivités ioniques molaires en mS · m^2 · mol^{-1} : $\lambda_{Ag^+} = 6{,}2$; $\lambda_{NO_3^-} = 7{,}1$; $\lambda_{Na^+} = 5{,}0$; $\lambda_{Cl^-} = 7{,}6$.

a. Analyser qualitativement l'évolution de la pente de la courbe lors du titrage.

b. Calculer la quantité de chlorure de sodium présent dans l'échantillon. Conclure.

DIFFÉRENCIATION

29 Optimiser un titrage

ANA-RAI Identifier des paramètres influençant un phénomène

Une solution d'acide éthanoïque CH_3COOH noté A de volume V_A à la concentration en quantité de matière $c_A \approx 0{,}05$ mol · L^{-1} est titrée par une solution d'hydroxyde de sodium (Na^+(aq), HO^-(aq)) noté B de concentration en quantité de matière c_B.

L'incertitude sur le titrage est optimisée si l'équivalence est obtenue pour un volume de solution titrante ajoutée $V_{B,\text{éqv}}$ compris entre 20 mL et 30 mL.

L'extrait de code Python suivant est issu d'un programme permettant de déterminer, par lecture graphique, un encadrement des valeurs de V_A permettant d'optimiser l'incertitude du titrage.

Python

```
16 cA=float(input('Concentration du réactif titré en mol/L : cA = '))
17 cB=float(input('Concentration du réactif titrant en mol/L : cB = '))
18
19 for vA in range(5,101,5):                  # vA en mL
20     vEqv=...A Compléter...                 # Calcul de vEqv (en mL)
21     v=[i*vEqv/10 for i in range(11)] # Domaine des abscisses (en mL)
22     nA=[cA*vA - cB*x for x in v]       # Domaine des ordonnées (en mol)
23     plt.plot(v,nA,label='$v_{A}$ ='+str(vA)+' mL')
```

a. Compléter la ligne 20 de l'extrait de code et expliquer brièvement ce que permet la boucle for.

b. Exécuter le programme pour une concentration en quantité de matière $c_B = 0{,}12$ mol · L^{-1}, puis expliquer comment exploiter le résultat affiché pour déterminer l'encadrement des valeurs de V_A intéressant.

c. Donner alors cet encadrement de valeurs de V_A, puis retrouver ces valeurs par le calcul.

■ *Aides à la fin du manuel.*

RESSOURCES

- Fichiers Python (niveaux standard et confirmé)

30 Identification d'un colorant

RÉA Utiliser un modèle **ANA-RAI** Procéder à des analogies

Un macaron de masse $m = 15$ g est lyophilisé puis réduit en poudre dans un mortier. Après solubilisation et filtration sur un entonnoir Büchner, un filtrat de volume $V = 25$ mL est obtenu. Il contient le colorant présent dans le macaron.

Ce colorant est analysé par spectrophotométrie UV-visible, la longueur de solution traversée par le faisceau lumineux étant la même dans les spectres de référence utilisés.

DOCUMENT Spectres d'absorption de colorants

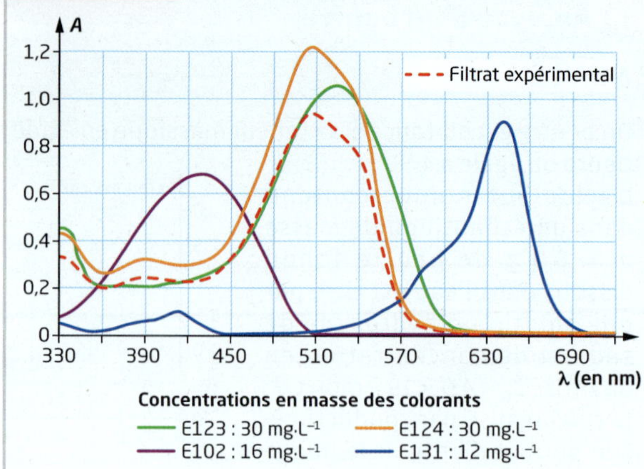

a. Identifier le colorant présent dans le macaron. Justifier.

b. Calculer sa concentration en masse dans le filtrat.

c. Expliquer pourquoi le tracé du quotient $\dfrac{A}{\ell \times c}$ en fonction de la longueur d'onde λ permettrait une identification d'espèce plus précise.

31 Caféine dans une boisson énergisante

APP Mobiliser ses connaissances **RÉA** Tracer un graphique

Pour doser la caféine (formule ci-contre) contenue dans une boisson énergisante, un échantillon de volume $V = 10{,}0$ mL de boisson est prélevé et placé dans une fiole jaugée de volume 250 mL complétée au trait de jauge avec de l'eau distillée.

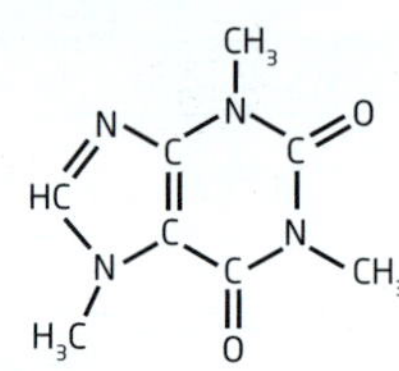

La mesure d'absorbance de cette solution à la longueur d'onde $\lambda = 272$ nm donne $A_{272} = 0{,}390$.

Le spectre IR de la caféine présente deux bandes caractéristiques à 1680 et 1645 cm^{-1}.

Une solution de référence de caféine est utilisée pour obtenir une droite d'étalonnage dans les mêmes conditions que la mesure effectuée pour la solution étudiée et fournit les mesures ci-dessous.

Concentration en masse $c_{m,j}$ (en mg · L^{-1})	8,0	14,0	18,0	24,0	30,0
Absorbance $A_{272,j}$	0,273	0,412	0,584	0,782	0,921

DONNÉES Bandes d'absorption IR → **Données** p. 48.

a. Attribuer les bandes caractéristiques du spectre IR de la solution analysée aux liaisons de la caféine.

b. Expliquer le choix de la longueur d'onde de travail et préciser dans quel domaine des ondes électromagnétiques elle se trouve.

c. Déterminer la concentration en masse de caféine dans la boisson énergisante.

S'AUTOÉVALUER

32 Acidité d'un vinaigre

Afin de déterminer la concentration en quantité d'acide éthanoïque CH_3COOH dans un vinaigre, le titrage pH-métrique d'un échantillon de volume $V_A = 20{,}0$ mL d'un vinaigre dilué au vingtième est effectué par une solution d'hydroxyde de sodium (Na^+(aq), HO^-(aq)) de concentration en quantité de matière $c_B = 0{,}100$ mol·L^{-1}. Le volume à l'équivalence obtenu est : $V_{B,\text{éqv}} = 10{,}7$ mL.

a. Déterminer la relation entre la quantité de matière $n_{A,\text{début}}$ de réactif titré initialement présent dans le bécher et la quantité de matière $n_{B,\text{éqv}}$ de réactif titrant introduit à l'équivalence.

b. Exprimer puis calculer la concentration en acide éthanoïque du vinaigre étudié.

INDICATEURS DE RÉUSSITE	NIVEAU A	B	C	D
S'APPROPRIER				
Les informations utiles sont repérées (dilution, volumes et concentrations).				
ANALYSER-RAISONNER				
Le réactif titrant et le réactif titré sont identifiés.				
RÉALISER				
• L'équation de la réaction support de titrage est écrite. • La relation entre les quantités de matière des réactifs à l'équivalence est établie. • L'exploitation de la dilution est correcte.				

33 Apprendre à rédiger

ANA-RAI Proposer un modèle **RÉA** Effectuer un calcul
COM Présenter une démarche de manière synthétique et cohérente

Une solution d'hydrogénocarbonate de sodium (Na^+(aq), HCO_3^-(aq)) peut être utilisée en perfusion pour lutter contre les acidoses (diminution du pH sanguin pouvant entraîner divers troubles). Un échantillon de volume $V_1 = 100$ mL d'une solution préparée pour une administration à un patient est titré par une solution d'acide chlorhydrique de concentration en quantité de matière $c_2 = 1{,}4$ mol·L^{-1} avec un suivi conductimétrique. Le volume équivalent obtenu est $V_{2,\text{éqv}} = 11{,}6$ mL.

L'équation de la réaction support de titrage s'écrit :

$$HCO_3^-(aq) + H_3O^+(aq) \rightarrow H_2CO_3(aq) + H_2O(\ell)$$

DONNÉES Conductivités ioniques molaires (en mS·m^2·mol^{-1}) : $\lambda_{HCO_3^-} = 4{,}5$; $\lambda_{Na^+} = 5{,}0$; $\lambda_{H_3O^+} = 35$; $\lambda_{Cl^-} = 7{,}6$

a. Identifier toutes les espèces contribuant à la conductivité de la solution au cours du titrage.

Aide méthodologique

- Identifier dans l'énoncé les espèces ioniques. Ne pas oublier les ions spectateurs.

b. Identifier, parmi les trois allures proposées sur le graphique ci-dessous, la courbe correspondant au titrage étudié.

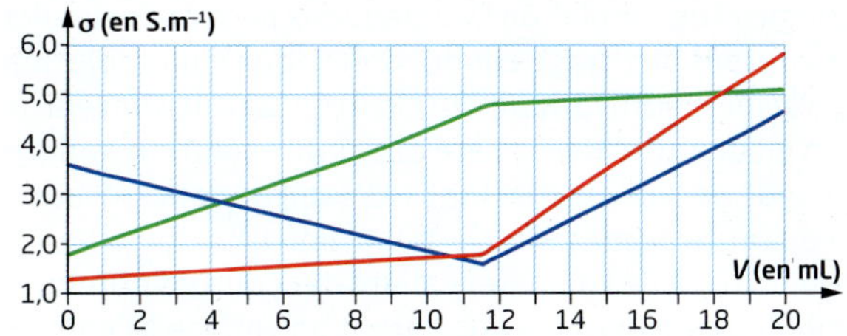

- Dresser un tableau indiquant qualitativement les variations des quantités de matière des espèces ioniques au cours du titrage.
- Exploiter ce tableau et les valeurs des conductivités ioniques molaires pour déterminer le sens de variation de la conductivité avant et après l'équivalence.

c. Déterminer la concentration en quantité d'hydrogénocarbonate de sodium c_1 de la solution.

- Exploiter la relation entre les quantités de matière de réactif titrant et titré à l'équivalence.

34 ✱ Taux d'acide d'une huile

RÉA Effectuer un calcul
VAL Estimer une incertitude, comparer à une valeur de référence

Une huile d'olive vierge de taux d'acidité de 1,55 % (valeur de référence), soit 1,55 g d'acide oléique noté RCOOH dans 100 g d'huile, est analysée par titrage pH-métrique. Un échantillon de volume $V_{\text{huile}} = 20{,}0$ mL d'huile d'olive en solution dans un solvant (mélange d'éthanol et d'éther éthylique) est titré par ajout progressif d'une solution S de potasse alcoolique ((K^+, HO^-) en solution dans l'éthanol) de concentration en quantité de matière $c_B = 100$ mmol·L^{-1}. Le saut de pH est observé pour un volume versé égal à $V_{B,\text{éqv}} = 10{,}4$ mL.

DONNÉES

- Masse molaire de l'acide oléique : $M = 282$ g·mol^{-1}.
- Masse volumique de l'huile : $\rho_{\text{huile}} = 0{,}92$ g·mL^{-1}.
- Incertitudes-types : $u(c_B) = 0{,}002$ mol·L^{-1} ; $u(V_{B,\text{éqv}}) = 0{,}2$ mL ; $u(V_{\text{huile}}) = 0{,}1$ mL.
- $\left(\dfrac{u(m_{A,\text{total}})}{m_{A,\text{total}}}\right)^2 = \left(\dfrac{u(V_{B,\text{éqv}})}{V_{B,\text{éqv}}}\right)^2 + \left(\dfrac{u(c_B)}{c_B}\right)^2 + \left(\dfrac{u(V_{\text{huile}})}{V_{\text{huile}}}\right)^2$.

a. Écrire l'équation de la réaction support de titrage.

b. Déterminer l'expression de la masse m_A d'acide oléique contenue dans le volume d'huile prélevé en fonction de c_B, $V_{B,\text{éqv}}$ et M.

c. Exprimer puis calculer la masse totale d'acide oléique $m_{A,\text{total}}$ dans un échantillon d'huile de masse $m = 100$ g.

d. Déterminer l'incertitude-type $u(m_{A,\text{total}})$ sur la masse totale d'acide oléique. Seules les incertitudes-type sur les grandeurs expérimentales (c_B, $V_{B,\text{éqv}}$, V_{huile}) seront considérées.

e. Conclure sur la validité de la mesure effectuée.

35 ✸ Dilution et allure de courbe Liens

RÉA Tracer un graphique | VAL Interpréter un résultat

Le logiciel de simulation Dozzzaqueux permet de simuler les courbes de titrage conductimétrique d'une solution S_A d'acide chlorhydrique (H_3O^+(aq),Cl^-(aq)) de concentration en quantité de matière c_A par une solution S_B d'hydroxyde de sodium (Na^+(aq), HO^-(aq)) de concentration en quantité de matière $c_B = 0{,}100$ mol·L^{-1}.
L'objectif est de comparer l'allure des courbes obtenues pour deux simulations présentant un volume à l'équivalence $V_{B,\text{éqv}} = 10{,}0$ mL, mais avec un volume de solution titrée différent : cas 1 : $V_{A1} = 100$ mL ; cas 2 : $V_{A2} = 10{,}0$ mL.

a. Vérifier que la quantité de matière d'espèce titrée est identique dans ces deux cas. Déterminer les concentrations des solutions d'acide chlorhydrique c_{A1} et c_{A2} dans les cas 1 et 2 respectivement.

b. Notice En s'aidant de la notice simplifiée, simuler les deux courbes de titrages et les superposer.

c. Identifier le cas permettant une détermination de l'équivalence la plus précise. Conclure sur la précaution à prendre avant d'effectuer un titrage conductimétrique.

RESSOURCES

- Logiciel de simulation accessible sur la page jeanmarie.biansan.free.fr/dozzzaqueux.html
- Notice simplifiée du logiciel

36 ✸ Produit déboucheur d'évier

ANA-RAI Utiliser une analyse dimensionnelle | RÉA Tracer un graphique

Sur l'étiquette d'un produit liquide déboucheur d'évier est inscrit : « solution d'hydroxyde de sodium à 10 % ». Cette indication donne le titre massique en hydroxyde de sodium de la solution.
Afin de vérifier cette indication, la conductivité de cinq solutions étalons d'hydroxyde de sodium (Na^+(aq), HO^-(aq)) est mesurée. Les valeurs obtenues sont données dans le tableau suivant.

Concentration c_j (en mmol·L^{-1})	1,0	3,0	5,0	7,0	9,0
Conductivté σ_j (en mS·m^{-1})	26,1	75,4	121,0	175,1	224,1

DONNÉES

- Densité de la solution S : $d = 1{,}2$.
- Masse volumique de l'eau : $\rho_{eau} = 1{,}0 \times 10^3$ g·L^{-1}.
- Masse molaire de l'hydroxyde de sodium : $M = 40{,}0$ g·mol^{-1}.

a. La solution de déboucheur liquide, notée S, trop concentrée pour un tel dosage, est diluée d'un facteur 500. La solution obtenue est notée S' et sa conductivité vaut : $\sigma' = 149$ mS·m^{-1}. Déterminer la concentration en quantité de matière c' de la solution S'.

b. En déduire la concentration en quantité de matière c de la solution S puis sa concentration en masse c_m.

c. Vérifier, à l'aide des définitions des grandeurs mises en jeu, la formule reliant la concentration massique c_m d'une solution au titre massique $w_{\text{soluté}}$: $c_m = w_{\text{soluté}} \times d \times \rho_{eau}$.

d. Calculer le titre massique en soluté de la solution S et comparer à celui indiqué sur l'étiquette.

DIFFÉRENCIATION

37 ✸ Formule d'une amine

ANA-RAI Construire les étapes d'une résolution | RÉA Effectuer un calcul

Un échantillon de masse $m = 0{,}146$ g d'une amine de formule $C_nH_{2n+1}NH_2$ (n entier non nul) est dissous dans 100 mL d'eau. Un titrage pH-métrique est réalisé par une solution d'acide chlorhydrique (H_3O^+(aq), Cl^-(aq)) de concentration en quantité $c_A = 0{,}25$ mol·L^{-1} afin de déterminer la valeur de n. La courbe de titrage suivante est obtenue.

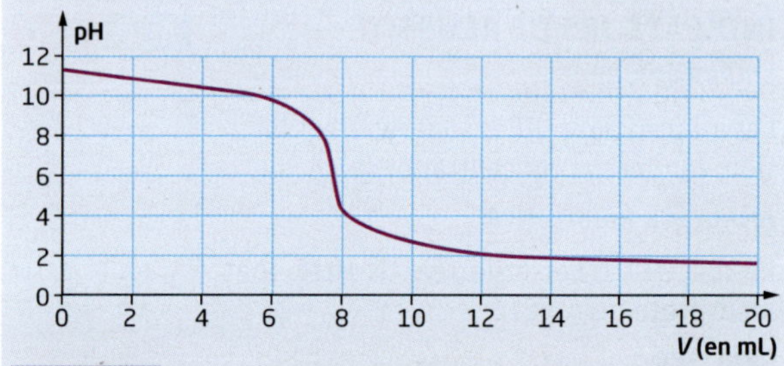

DONNÉES

- Couple acide-base : $C_nH_{2n+1}NH_3^+ / C_nH_{2n+1}NH_2$.
- Masses molaires atomiques (en g·mol^{-1}) : $M_H = 1{,}0$; $M_C = 12{,}0$; $M_N = 14{,}0$.

- Déterminer la formule brute de l'amine.

■ *Aides à la fin du manuel.*

38 ✸✸ La simulation comme outil prédictif

APP Extraire l'information utile | ANA-RAI Proposer un modèle | VAL Discuter de la validité d'un résultat

Le nigari est un sel marin de chlorure de magnésium $MgCl_2$ cristallisé non raffiné, traditionnellement utilisé au Japon pour la préparation du tofu.
Un langage de programmation est utilisé afin de simuler l'évolution des quantités de matière lors du titrage d'un échantillon obtenu par dissolution de 0,25 g de nigari supposé pur dans un volume $V_1 = 200$ mL d'eau, par une solution d'hydroxyde de sodium (Na^+(aq), HO^-(aq)) de concentration en quantité de matière $c_2 = 0{,}20$ mol·L^{-1}.
L'équation de la réaction support de titrage est :

$$Mg^{2+}(aq) + 2\,HO^-(aq) \rightarrow Mg(OH)_2(s)$$

DONNÉES

- Masse molaire du chlorure de magnésium : $M = 95{,}2$ g·mol^{-1}.
- Conductivités ioniques molaires (en mS·m^2·mol^{-1}) : $\lambda_{Mg^{2+}} = 10{,}6$; $\lambda_{Cl^-} = 7{,}6$; $\lambda_{Na^+} = 5{,}0$; $\lambda_{HO^-} = 19{,}9$.

Tableur Python

```
n0=............ # Quantité de matière de nigari introduite (en mmol)
cB=0.20         # Concentration en (Na+,OH-) (en mol/L)
vEqv=.......... # Calcul du volume équivalent (en mL)
v=[i*vEqv/10 for i in range(21)]  # Volume versé de 0 mL à 2*vEqv
nA,nB,nC,nS_A,nS_B=[],[],[],[],[] # Listes des quantités de matière
for x in v:
    if x<vEqv:
        nA.append(n0-cB*x/2)
        nB.append(0)
        nC.append(cB*x/2)
        nS_A.append(2*n0)  # Ions spectateurs
        nS_B.append(cB*x)  # Ions spectateurs
    else:
        nA.append(0)
        nB.append(cB*x - cB*vEqv)
        nC.append(cB*vEqv/2)
        nS_A.append(2*n0)  # Ions spectateurs
        nS_B.append(cB*x)  # Ions spectateurs
```

a. Attribuer les espèces génériques A, B, C et ions spectateurs à celles présentes dans le titrage étudié.

b. À l'aide du code fourni, compléter le tableau d'évolution de composition du système au cours du titrage proposé.

c. Compléter le code fourni pour obtenir le tracé de l'évolution des quantités de matières du système en fonction du volume V de solution titrante versée.

d. Prévoir l'allure de la courbe de titrage conductimétrique d'après les courbes précédentes.

e. Vérifier cette allure en complétant le code fourni. Conclure sur la possibilité d'utiliser ce titrage pour contrôler la pureté du nigari.

RESSOURCES

- Fichiers Python (niveaux standard et confirmé) DIFFÉRENCIATION
- Fichier tableur

39 ✱✱ Titrage spectrophotométrique

ANA-RAI Proposer un modèle | RÉA Effectuer un calcul

Le nickel est couramment utilisé en solution sous forme d'ions Ni^{2+} afin de recouvrir par électrolyse des pièces métalliques d'une couche de nickel métallique protectrice. Pour contrôler la qualité d'un bain d'électrolyse, le titrage d'un échantillon de volume $V_S = 50{,}0$ mL d'une solution de nitrate de nickel (Ni^{2+}(aq), 2 NO_3^-(aq)) diluée d'un facteur dix est réalisé à l'aide d'une solution d'EDTA disodique (2 Na^+(aq), H_2Y^{2-}(aq)) de concentration en quantité de matière $c = 1{,}00$ mol·L^{-1}.

L'équation de la réaction support du titrage est :

$$Ni^{2+}(aq) + H_2Y^{2-}(aq) \rightarrow [NiY]^{2-}(aq)$$

L'espèce $[NiY]^{2-}$ est la seule espèce dont une solution aqueuse est colorée. Après chaque ajout de solution titrante, l'absorbance de la solution à 570 nm est mesurée. Le nuage de points obtenu est donné ci-dessous.

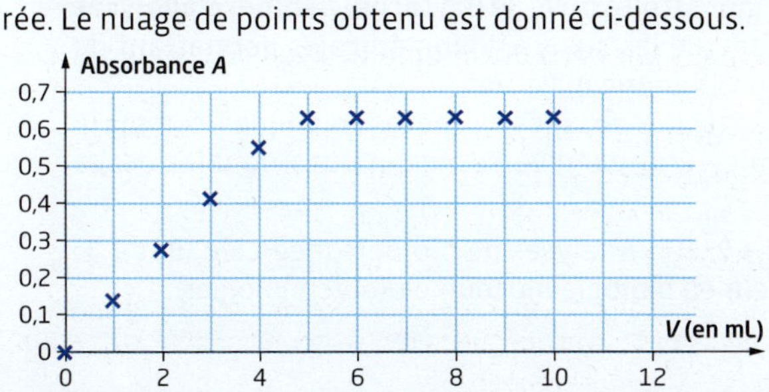

a. Donner l'expression de l'absorbance A de la solution en fonction de la concentration en quantité de $[NiY]^{2-}$.

b. Tableur Dresser un tableau de l'évolution des quantités de matière des espèces intervenant dans la réaction de titrage, avant et après l'équivalence.

c. En déduire une expression littérale de l'absorbance de la solution pour chaque partie du titrage.

d. Vérifier que le volume V de la solution d'EDTA ajoutée est négligeable devant V_S tout au long du titrage. Donner alors les expressions simplifiées de l'absorbance et vérifier leur cohérence avec le tracé expérimental.

e. Déterminer graphiquement le volume à l'équivalence.

f. En déduire la concentration en quantité c_S d'ion nickel.

40 ✱✱ Analyse d'une chaufferette

A NA-RAI Proposer un modèle | RÉA Effectuer un calcul

Une chaufferette chimique est constituée d'une enveloppe souple en plastique qui contient une solution d'éthanoate de sodium et d'eau. Par appui sur un disque de métal placé à l'intérieur, la solution se solidifie en libérant un transfert thermique permettant de se réchauffer les mains. La formule du solide constituant la chaufferette est : (CH_3COONa, xH_2O).

Afin de déterminer la valeur de x, un échantillon de masse $m_0 = 152{,}8$ mg du solide contenu dans la chaufferette est dissout dans de l'eau pour obtenir une solution de volume $V_0 = 100$ mL. Un titrage conductimétrique par une solution d'acide chlorhydrique (H_3O^+(aq), Cl^-(aq)) de concentration en quantité de matière $c_A = 0{,}108$ mol·L^{-1} est réalisé et conduit à un volume équivalent $V_{A,\text{éqv}} = 10{,}4$ mL.

Vidéo

DONNÉES

- L'éthanoate de sodium est entièrement soluble dans l'eau et sa dissolution forme CH_3COO^-(aq) et Na^+(aq).
- Conductivité ioniques molaires (en mS·m^2·mol^{-1}) : $\lambda_{H_3O^+} = 35{,}0$; $\lambda_{CH_3COO^-} = 4{,}1$; $\lambda_{Na^+} = 5{,}0$; $\lambda_{Cl^-} = 7{,}6$.
- Masses molaires atomiques (g·mol^{-1}) : $M_H = 1{,}0$; $M_C = 12{,}0$, $M_O = 16{,}0$; $M_{Na} = 23{,}0$.

a. Écrire l'équation de la réaction support du titrage.

b. Prévoir l'allure de la courbe de suivi du titrage conductimétrique.

c. Exprimer puis calculer la quantité de matière $n_{CH_3COO^-}$ d'éthanoate présent dans l'échantillon en fonction de $V_{A,\text{éqv}}$ et c_A.

d. En déduire l'expression de x, puis calculer sa valeur.

Exercices TRAVAILLER UNE MÉTHODE

41 Raisonner au brouillon avant de rédiger

La vanilline est la principale espèce organique présente dans les extraits naturels de vanille.
Elle peut aussi être obtenue par synthèse.
Un élève doit proposer un protocole expérimental permettant de vérifier par titrage pH-métrique la pureté d'un échantillon de vanilline synthétisée au laboratoire.

ÉTAPE 1 S'approprier les données et le matériel disponible

Une solution S de volume $V_S = 100$ mL est préparée par dissolution dans l'eau d'un échantillon de masse $m = 150$ mg de vanilline obtenue au laboratoire. Le titrage peut être réalisé par une solution d'hydroxyde de sodium afin de déterminer la masse de vanilline dans l'échantillon.

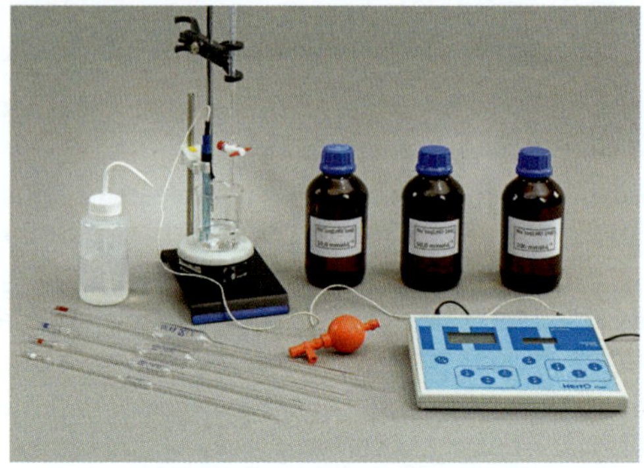

DONNÉES

- La vanilline est un acide de formule brute $C_8H_8O_3$.
- Couple acide-base : $C_8H_8O_3/C_8H_7O_3^-$.
- Masse molaire de la vanilline : $M = 152$ g·mol^{-1}.
- Pipettes jaugées disponibles : 5, 10, 25 et 50 mL.
- Solutions de soude (Na^+(aq), HO^-(aq)) disponibles : 10,0 ; 50,0 et 200 mmol·L^{-1}.
- Volume maximal délivré par la burette : 25 mL.

ÉTAPE 2 Analyser le brouillon d'un élève

$\underbrace{C_8H_8O_2}_{\text{Vanilline V}} + HO^- \longrightarrow C_8H_7O_3^- + H_2O$

À l'équivalence : $\dfrac{n_{V,\text{début}}}{1} = \dfrac{n_{HO^-,\text{éqV}}}{1}$

$\boxed{n_{V,\text{début}} = C_B \times V_{\text{éqV}}}$

$m_V = 150$ mg $\Rightarrow n_{V,\text{début}} = \dfrac{m_V}{M} \approx 1$ mmol et $V_{\text{éqV}} \approx 10$ mL

D'où : $C_B \approx 100$ mmol.L^{-1}

~~200 mmol.L^{-1} $V_{\text{éqV}} \approx 5$ mL~~

50 mmol.L^{-1} → $V_{\text{éqV}} \approx 20$ mL → ($n_{\text{titré}} \approx 0{,}5$ mmol) → $V_{\text{éqV}} \approx 10$ mL ok

$n = C \times V$

Donc $V_{\text{titré}} = \dfrac{V_S}{2} \Rightarrow$ (50 mL) On effectue le titrage sur un échantillon de volume 50 mL, avec la solution titrante de concentration $C_B = 50$ mmol.L^{-1}.

Questions

1. Expliquer pourquoi l'élève a écrit l'équation de la réaction support de titrage.
2. Expliquer pourquoi l'élève a posé $V_{\text{éqv}} = 10$ mL.
3. Justifier la démarche menant au choix de la concentration en solution titrante.
4. Expliquer alors le choix du volume de solution titrée à prélever.
5. Rédiger le protocole expérimental à réaliser à partir des conclusions établies au brouillon.

Conseils !

▶ Pour avoir un brouillon efficace

- Ne pas perdre de temps en rédaction.
- Écrire lisiblement.
- Utiliser les notations de l'énoncé et choisir les notations non proposées par l'énoncé.
- Encadrer ce qui fonctionne.
- Lister les contraintes : seules quelques pipettes jaugées et trois solutions titrantes sont disponibles.
- Identifier les grandeurs fixées et celles que vous devez choisir dans votre investigation.

MÉTIERS ET ORIENTATION

GRAND ORAL

À l'hôpital ou en laboratoire privé, **le (la) technicien(ne) d'analyses biomédicales** effectue les analyses biomédicales permettant de prévenir ou d'identifier une maladie.
Il est amené à réaliser des dosages d'espèces chimiques, comme le glucose ou le cholestérol, par diverses techniques, dont le dosage par titrage.

Formation : Bac + 2 : BTS Analyses de biologie médicale ; **Bac + 3 :** Assistant ingénieur en biologie-biochimie-biotechnologies.

42 Du calcium pour l'aquarium

RÉSOLUTION DE PROBLÈME

S'APPROPRIER ANALYSER-RAISONNER RÉALISER

Le calcium constitue une substance de construction fondamentale pour les squelettes calcaires de nombreux animaux marins (coraux durs ou mous, mollusques, etc.).
Une méthode classique d'apport de calcium dans l'eau d'un aquarium marin est l'ajout d'hydroxyde de calcium, un composé ionique faiblement soluble dans l'eau.

DOC. 1 Apport en calcium dans un aquarium

Le calcium nécessaire à l'eau d'un aquarium peut être apporté par la méthode du Kalkwasser : deux cuillères à soupe d'hydroxyde de calcium sont introduites dans 10 L d'eau distillée, puis le mélange est agité vigoureusement durant deux minutes.
Une heure plus tard, le liquide limpide surnageant une phase solide, de pH proche de 12, peut être utilisé pour l'aquarium marin.
Le pH de l'eau de l'aquarium ne doit pas dépasser 8,4 et la concentration en masse optimale en ion calcium Ca^{2+} est de 400 mg·L^{-1}.

DONNÉES

- La solubilité s d'un composé ionique est la concentration en masse maximale, exprimée en g·L^{-1}, de ce composé qui peut être dissous à température donnée dans un solvant. La solution ainsi préparée est dite saturée.
- Pour un composé ionique de formule C_xA_y, une solution aqueuse saturée de ce composé contient des ions C^{p+} et A^{q-} en solution aqueuse et le solide C_xA_y.
- Masse molaire de l'ion calcium :
$$M(Ca^{2+}) = 40{,}0 \text{ g·mol}^{-1}.$$

DOC. 2 Étude expérimentale de la solubilité de l'hydroxyde de calcium

Une solution S_1 de volume $V_1 = 500$ mL de chlorure de calcium à la concentration en quantité de matière $c_1 = 100$ mmol.L^{-1} est versée dans un grand bécher. Une solution d'hydroxyde de sodium à la concentration en quantité de matière $c_2 = 1{,}00$ mol·L^{-1} est ajoutée progressivement jusqu'à observer l'apparition de particules solides malgré une agitation modérée. La solution est alors notée S_2.
La solution S_2 est filtrée et recueillie dans un erlenmeyer (solution S_3).
Un échantillon de volume $V_3 = 20{,}0$ mL de la solution S_3, complété à 100 mL avec de l'eau distillée, est titré par une solution d'acide chlorhydrique de concentration en quantité de matière $c_A = 100$ mmol·L^{-1}. Le nuage de points expérimentaux ci-dessous est obtenu.

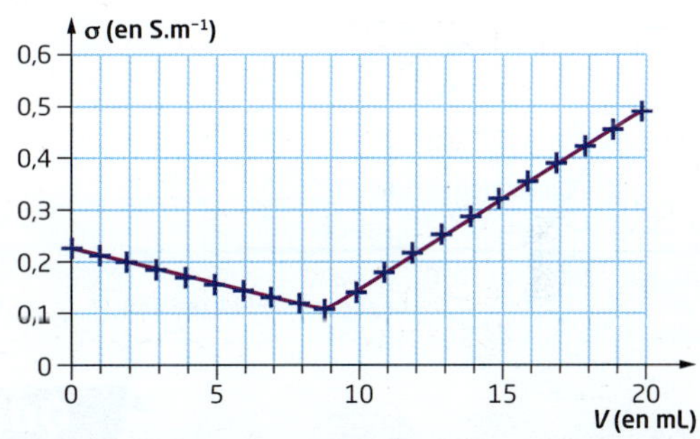

Questions

Fiche d'évaluation

1 Questions préliminaires

a. Déterminer si la solution S_2 est saturée.
b. Faire une liste des espèces présentes dans chacune des solutions S_2 et S_3.

2 Problème

Un aquariophile teste l'eau de son aquarium de 100 L à l'aide d'un test spécifique et constate que la concentration en masse d'ion Ca^{2+} n'est que de 360 mg·L^{-1}.
Déterminer le volume d'eau saturée en hydroxyde de calcium à ajouter à son aquarium pour retrouver le taux optimal.

Aides à la fin du manuel.

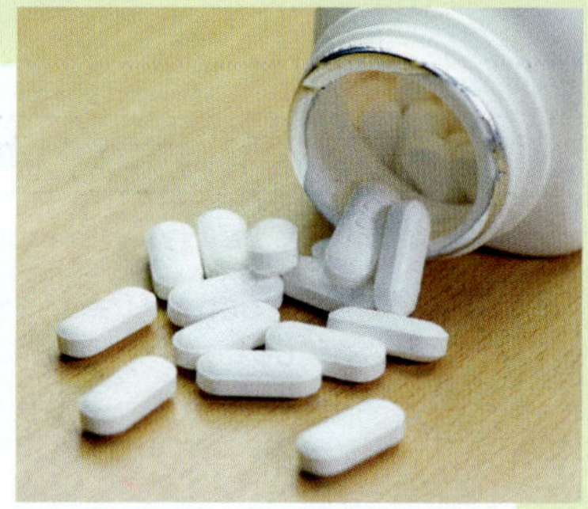

43 Quel mal de tête ?

ANALYSER-RAISONNER RÉALISER VALIDER

Une solution S de volume $V = 250$ mL a été préparée par dissolution d'un comprimé de médicament classique contre la fièvre et les douleurs... mais on ne sait plus lequel !

● **Comment identifier de quel médicament il s'agit et contrôler la masse de principe actif dans le comprimé utilisé ?**

DOC. 1 Médicaments possibles

P : paracétamol 500 mg $M(\text{P}) = 151{,}2\ \text{g}\cdot\text{mol}^{-1}$	*I* : ibuprofene 200 mg $M(\text{I}) = 206{,}3\ \text{g}\cdot\text{mol}^{-1}$	*A* : aspirine 500 mg $M(\text{A}) = 180{,}2\ \text{g}\cdot\text{mol}^{-1}$
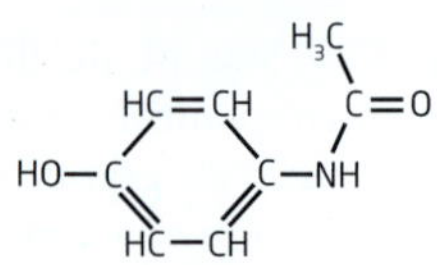	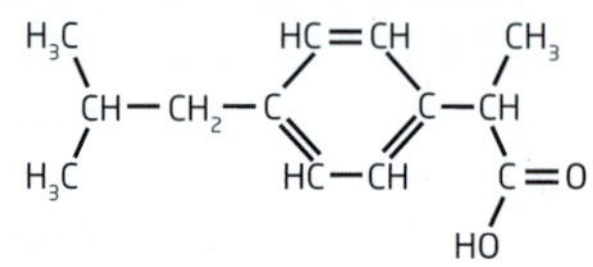	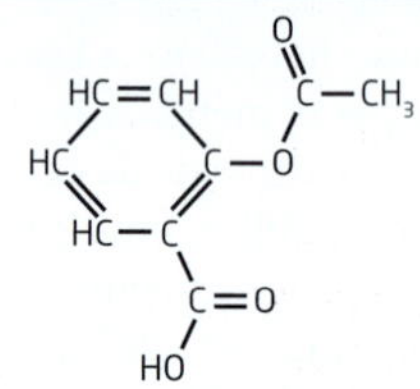

D'après les normes de la Pharmacopée européenne : un comprimé doit contenir entre 99 % et 101 % de la masse en principe actif indiquée sur la notice.

DOC. 2 Spectres UV-visible de référence

Les spectres UV-visible des principes actifs possibles sont donnés ci-dessous.

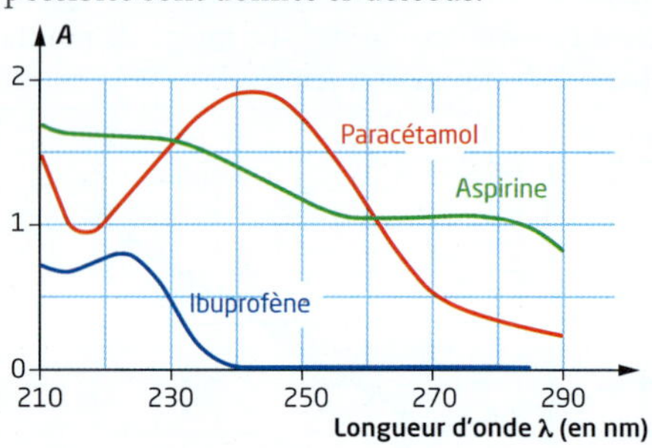

PROTOCOLE

Matériel

Le principe actif présent dans la solution S, noté XH, est titré par une solution d'hydroxyde de sodium (Na^+(aq), HO^-(aq)) de concentration en quantité de matière $c_B = 100\ \text{mmol}\cdot\text{L}^{-1}$ avec un suivi conductimétrique. L'équation de la réaction support du titrage est : $XH\text{(aq)} + HO^-\text{(aq)} \rightarrow X^-\text{(aq)} + H_2O(\ell)$

Les excipients du comprimé ne perturbent pas le dosage.

1. Placer un échantillon de volume V de la solution de médicament dans un bécher.
2. Réaliser le montage de titrage et procéder au titrage conductimétrique en notant V_B le volume de solution titrante ajoutée.
3. Tracer le nuage de points expérimentaux de coordonnées (V_B ; σ) à l'aide du logiciel fourni ou en utilisant du papier millimétré.

Questions

Fiches-guides

1 Spectres À l'aide du spectre UV-visible expérimental du comprimé étudié fourni par le professeur, faire une hypothèse sur la nature du médicament.

2 Confirmer ou infirmer cette hypothèse à l'aide du spectre IR du principe actif contenu dans le médicament fourni par le professeur.

APPEL N° 1 *Appeler le professeur pour lui présenter la conclusion ou en cas de difficulté.*

3 Déterminer le volume V de la solution S à titrer permettant d'obtenir un volume à l'équivalence compris entre 10 et 15 mL et qui puisse être prelevée avec le matériel disponible.

4 Mettre en œuvre le protocole.

APPEL N° 2 *Appeler le professeur pour lui présenter les résultats expérimentaux ou en cas de difficulté.*

5 Déterminer la quantité de principe actif dans l'échantillon étudié. Conclure.

RESSOURCES

- Spectres UV-Visible et IR de l'espèce inconnue
- Fiches-guides (fichiers texte et PDF)
- Liste du matériel

44 Méthode de Monte-Carlo

DIFFÉRENCIATION

S'APPROPRIER RÉALISER VALIDER

Une expérience a été réalisée au laboratoire pour contrôler la composition d'un comprimé de vitamine C 500. L'objectif est d'utiliser un langage de programmation exploitant la méthode de Monte-Carlo afin de déterminer la valeur de la masse m_A de vitamine C dans ce comprimé et son incertitude-type à partir des valeurs expérimentales obtenues lors du contrôle. Ce résultat peut être comparé à la valeur de référence.

DOC. 1 Protocole expérimental et résultats obtenus

- La solution titrante est obtenue par dissolution dans l'eau d'un échantillon d'hydroxyde de sodium de masse $m_B = 8{,}00$ g dans une fiole jaugée de volume $V_B = 1{,}00$ L.
- Le comprimé de vitamine C 500 est écrasé et la poudre obtenue est mise en solution dans un volume d'environ 50 mL d'eau, dans un bécher.

L'équation de la réaction support du titrage est :

$C_6H_8O_6(aq) + HO^-(aq) \rightarrow C_6H_7O_6^-(aq) + H_2O(\ell)$

Le volume à l'équivalence obtenu expérimentalement est $V_{éqv} = 14{,}0$ mL.

DOC. 2 Extrait de code Python

Python

```
 9 # Listes [Valeur,incertitude-type]
10 m_B=[... A compléter...]      # (en ... A compléter...)
11 V_B=[... A compléter...]      # (en ... A compléter...)
12 M_A=[... A compléter...]      # (en ... A compléter...)
13 M_B=[... A compléter...]      # (en ... A compléter...)
14 V_Eqv=[... A compléter...]    # (en ... A compléter...)
15
16 # Tirage aléatoire selon la loi normale
17 def Alea(L):
18     return np.random.normal(L[0],L[1])
19
20 # Simulation d'une distribution d pour m_A (en mg)
21 d=[]
22 Iteration=100000
23 for j in range(Iteration):
24     Alea_mA=1000*Alea(m_B)*Alea(V_Eqv)*Alea(M_A)/(Alea(M_B)*Alea(V_B))
25     d.append(Alea_mA)
26
27 m_A=... A compléter...     # m_A <- Valeur moyenne de d
28 u_mA=... A compléter...    # Incertitude-type de m_A
```

DONNÉES

- Masse molaire de l'acide ascorbique (ou vitamine C) : $M_A = 176{,}0\ g\cdot mol^{-1}$.
- Masse molaire de l'hydroxyde de sodium : $M_B = 40{,}0\ g\cdot mol^{-1}$.
- Incertitudes-types des différentes grandeurs utilisées au cours du protocole :

Grandeur	Masse m_B	Volume V_B	Masse molaire M_A	Masse molaire M_B	Volume à l'équivalence $V_{éqv}$
Incertitude-type	$u(m_B) = 0{,}01$ g	$u(V_B) = 0{,}5$ mL	$u(M_A) = 0{,}0005\ g\cdot mol^{-1}$	$u(M_B) = 0{,}0005\ g\cdot mol^{-1}$	$u(V_{éqv}) = 0{,}2$ mL

Questions

1 À l'aide du **Point numérique 1**, p. 539, expliquer brièvement ce que le code fourni permet d'extraire.

2 À l'aide de la relation à l'équivalence entre la quantité $n_{A,début}$ du réactif titré initialement introduit et la quantité $n_{B,éqv}$ du réactif titrant ajouté à l'équivalence, justifier les instructions de la ligne 24 permettant d'obtenir une valeur pour la masse m_A de vitamine C contenue dans un comprimé.

3 Compléter le code fourni afin d'afficher à l'exécution du programme la valeur de m_A, son incertitude-type $u(m_A)$, ainsi que l'histogramme de la distribution simulée pour les valeurs de m_A.

4 Faire varier le nombre d'itérations (10^1 ; 10^2 ; ... ; 10^6) et interpréter les modifications observées. Conclure sur la pertinence de la valeur proposée dans le DOC. 2.

5 Faire varier les incertitudes-types (par exemple $u(V_{éqv})$) et interpréter les modifications observées. Commenter l'importance des choix expérimentaux effectués.

6 Le comprimé de vitamine C 500 contient 500 mg de principe actif. Comparer la valeur moyenne simulée à la valeur de référence et conclure.

RESSOURCES

- Fichiers Python, niveaux standard et confirmé

3 Suivi temporel et modélisation macroscopique

EXO **QCM interactif**

Se tester pour commencer

Choisir la réponse exacte.

	A	B	C
1 **Dans la transformation modélisée par la réaction d'équation : $H_2O_2 + 2\,H^+ + 2\,I^- \rightarrow 2\,H_2O + I_2$**	H_2O_2 et I^- sont des oxydants	H_2O_2 et I_2 sont des oxydants	H_2O_2 et I^- sont des réducteurs
2 **Une équation de la réaction support de titrage du diiode s'écrit : $I_2 + 2\,S_2O_3^{2-} \rightarrow 2\,I^- + S_4O_6^{2-}$ Alors :**	$n_{I_2,\text{début}} = \dfrac{n_{S_2O_3^{2-},\text{éqv}}}{2}$	$n_{I_2,\text{début}} = n_{S_2O_3^{2-},\text{éqv}}$	$\dfrac{n_{I_2,\text{début}}}{2} = n_{S_2O_3^{2-},\text{éqv}}$
3 **Une solution aqueuse de chlorure de fer (III) de volume $V = 1{,}0$ L est préparée par dissolution d'une quantité $n = 0{,}10$ mol de chlorure de fer solide $FeCl_3(s)$. Alors :**	$[Fe^{3+}] = [Cl^-] = 0{,}10\ mol \cdot L^{-1}$	$[Fe^{3+}] = 3 \times [Cl^-] = 0{,}30\ mol \cdot L^{-1}$	$[Fe^{3+}] = \frac{1}{3} \times [Cl^-] = 0{,}10\ mol \cdot L^{-1}$
4 **La droite passant au plus près des points expérimentaux a pour pente :** 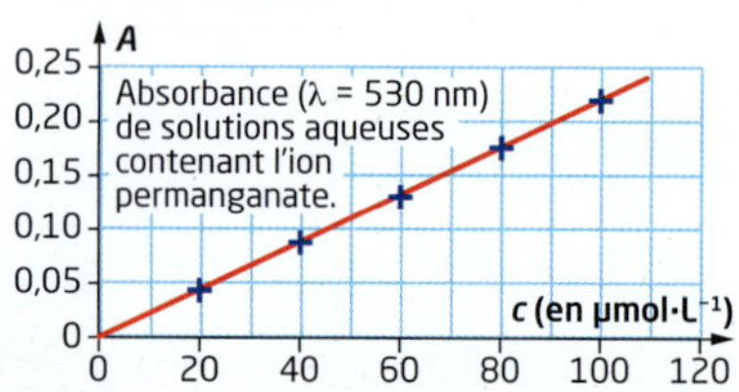	$2{,}2\ L \cdot mmol^{-1}$	$2{,}2\ mmol \cdot L^{-1}$	$4{,}5 \times 10^5\ L \cdot mmol^{-1}$

Vidéo débat — GRAND ORAL

Un dispositif qui pourrait servir d'horloge chimique.

Pourquoi la coloration apparaît-elle brutalement ?

→ Exercice 35 page 90

La décomposition de l'eau oxygénée produit de l'eau et du dioxygène, et peut être utilisée pour la propulsion spatiale (ici le lancement de Space X Falcon 9, mars 2016, Floride).

Comment contrôler le démarrage, puis la vitesse de décomposition de l'eau oxygénée ?

CAPACITÉS EXIGIBLES	Activités	Exercices corrigés
Justifier le choix d'un capteur de suivi temporel de l'évolution d'un système.	1	12
Identifier, à partir de données expérimentales, des facteurs cinétiques.	1	13 23 33
Citer les propriétés d'un catalyseur et identifier un catalyseur à partir de données expérimentales.	1	13
Mettre en évidence des facteurs cinétiques et l'effet d'un catalyseur.	1	13 23 33
À partir de données expérimentales, déterminer une vitesse volumique de disparition d'un réactif, une vitesse volumique d'apparition d'un produit ou un temps de demi-réaction.	2	8 20 25 27
Mettre en œuvre une méthode physique pour suivre l'évolution d'une concentration et déterminer la vitesse volumique de formation d'un produit ou de disparition d'un réactif.	2	
Identifier, à partir de données expérimentales, si l'évolution d'une concentration suit ou non une loi de vitesse d'ordre 1.	3	25
NUMÉRIQUE À l'aide d'un langage de programmation et à partir de données expérimentales, tracer l'évolution temporelle d'une concentration, d'une vitesse volumique d'apparition ou de disparition et tester une relation donnée entre la vitesse volumique de disparition et la concentration d'un réactif.	3	29

Activité expérimentale

1 Nettoyage des lentilles de contact

DÉMARCHE D'INVESTIGATION   DIFFÉRENCIATION

Notions
- Transformations lentes et rapides
- Facteurs cinétiques
- Catalyse
- Choix d'un capteur

▸ § 1 p. 78

SITUATION DÉCLENCHANTE Les produits contenant du peroxyde d'hydrogène (ou eau oxygénée H_2O_2) sont très efficaces pour nettoyer les lentilles de contact. Cette efficacité diminue si la quantité de peroxyde d'hydrogène qu'ils contiennent devient insuffisante, ce qui est le cas lorsque le peroxyde d'hydrogène se décompose dans la solution nettoyante selon la réaction d'équation : $2\ H_2O_2(aq) \rightarrow 2\ H_2O(\ell) + O_2(g)$.

● **Comment vérifier si la température du lieu de stockage, la pureté ou la concentration de la solution affichée par le fabricant modifient la durée de conservation d'une solution nettoyante ?**

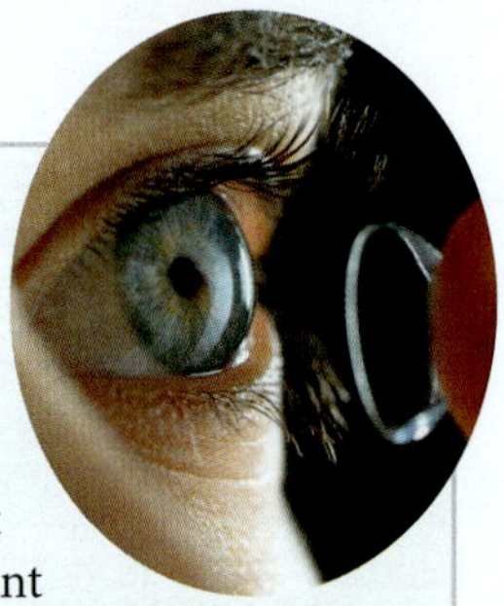

DONNÉES

■ La réaction de décomposition du peroxyde d'hydrogène est lente, mais la décomposition peut être accélérée en utilisant par exemple l'ion fer (III) $Fe^{3+}(aq)$, du platine solide ou de la catalase, enzyme se trouvant dans le navet.

■ Volume molaire d'un gaz sous la pression de 1 bar et à la température de 20 °C : $V_m = 24{,}4$ L.

■ Dans une enceinte fermée, la quantité de dioxygène formée (en mol) par la transformation chimique est $n_{O_2} = \dfrac{\Delta p \times V_{tot}}{R \times T}$ avec :
- $\Delta p = p - p_{initiale}$, surpression mesurée (en Pa) ;
- $R = 8{,}31\ J \cdot mol^{-1} \cdot K^{-1}$;
- T température (en K) ;
- V volume (en m³) de l'enceinte.

DOCUMENT Matériel disponible

Matériel

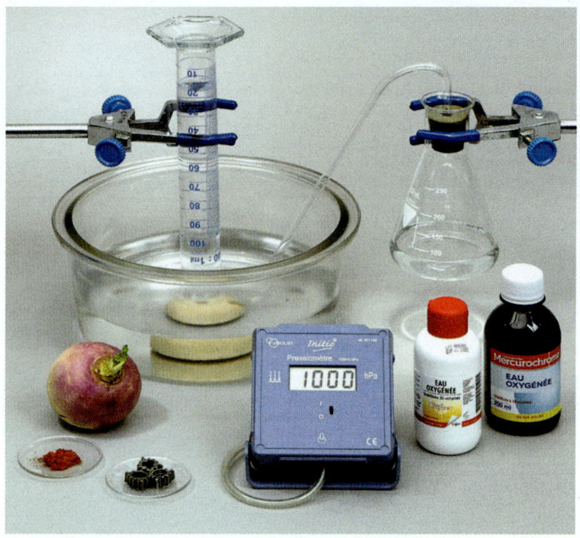

Pistes de travail

Fiches-guides

En cas de difficulté, demander de l'aide au professeur.

1 ANALYSER-RAISONNER

À l'aide des **DONNÉES**, envisager plusieurs protocoles afin de répondre à la question posée.

2 RÉALISER

Réaliser le protocole choisi en accord avec le professeur et répondre à la question posée.

3 VALIDER

Proposer et mettre en œuvre un protocole permettant de vérifier que le platine est un catalyseur, c'est-à-dire qu'il modifie l'évolution temporelle de la transformation sans être consommé.

RESSOURCES
- Fiches-guides (fichiers texte et PDF) DIFFÉRENCIATION
- Liste du matériel disponible

expérimentale **Activité**

Notions
- Vitesse volumique de consommation
- Temps de demi-réaction

► § 2 p. 79

2 Détection médicale de diiode

DIFFÉRENCIATION

La présence de diiode dans les urines est un signe de dysfonctionnement de la thyroïde. Le titrage du diiode dans un échantillon d'urine peut être réalisé en utilisant la ferroïne comme indicateur coloré. Il est cependant conseillé de réaliser le titrage « rapidement » car le milieu acide consomme la ferroïne.

● **Quel est l'ordre de grandeur du temps dont dispose un technicien médical pour réaliser un titrage utilisant la ferroïne en milieu acide ?**

a. En utilisant un tableur-grapheur. **b.** Sans utiliser de tableur-grapheur.

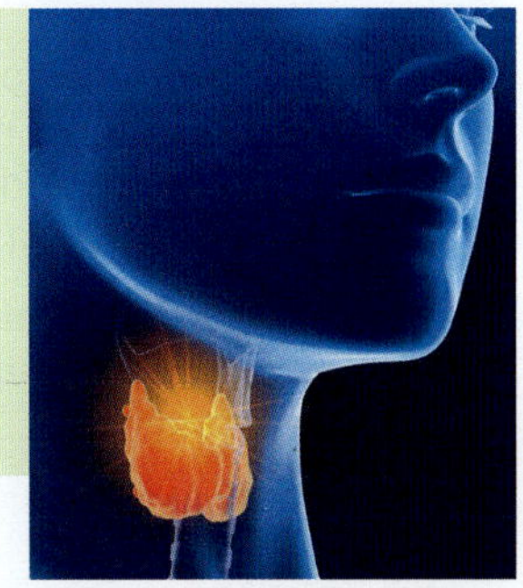

DONNÉES

■ Équation de réaction de la ferroïne avec l'ion oxonium :

$[Fe(ophen)_3]^{2+}(aq) + 3\ H^+(aq)$
$\rightarrow Fe^{2+}(aq) + 3\ ophenH^+(aq)$

La ferroïne $[Fe(ophen)_3]^{2+}$, notée F, est la seule espèce absorbant à 510 nm.

■ Coefficient d'absorption molaire de F à 510 nm :
$\varepsilon_{510} = 1{,}03 \times 10^4\ L \cdot mol^{-1} \cdot cm^{-1}$.

■ Solution d'acide chlorhydrique :

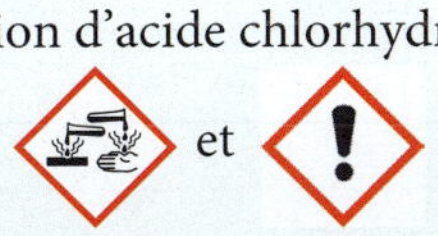

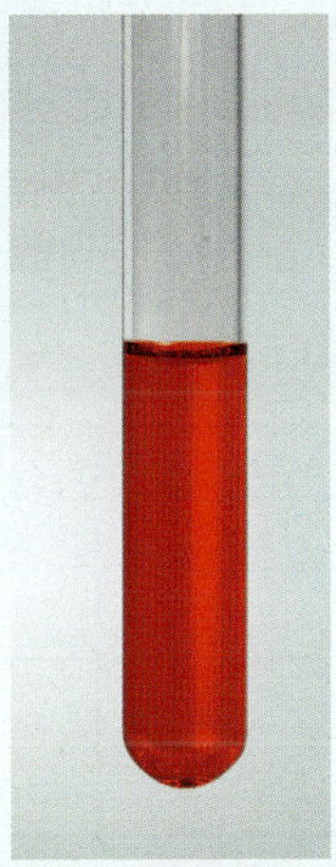

PROTOCOLE

Matériel

1. À l'aide d'une pipette jaugée, verser dans un erlenmeyer de 200 mL, placé sous agitation, un prélèvement de volume $V_f = 10{,}0$ mL d'une solution de ferroïne de concentration en quantité de matière $c_0 = 1{,}0\ mmol \cdot L^{-1}$.

2. Dans une éprouvette graduée, préparer une solution d'acide chlorhydrique de volume $V_a = 90$ mL de concentration en quantité de matière $c_a \approx 4\ mol \cdot L^{-1}$.

3. Verser le contenu de l'éprouvette dans l'erlenmeyer en déclenchant simultanément le chronomètre et l'acquisition des mesures d'absorbance. Remplir rapidement une cuve de spectrophotomètre du mélange et mesurer l'absorbance au cours du temps.

Questions

Fiches-guides

1 S'APPROPRIER

a. Calculer la valeur de l'avancement maximal x_{max}.

b. Exprimer la concentration en quantité de ferroïne $[F]$ puis l'avancement x en fonction de l'absorbance.

c. Justifier le choix de la spectrophotométrie pour réaliser le suivi temporel de cette transformation.

2 RÉALISER

a. Mettre en œuvre le protocole.

b. En admettant que la transformation est totale, déterminer le temps de demi-réaction, noté $t_{1/2}$ tel que $x(t_{1/2}) = \frac{x_f}{2}$ où x_f est l'avancement final de la transformation.

3 ANALYSER-RAISONNER

a. La vitesse volumique de consommation de la ferroïne s'exprime comme $v_{c,F}(t) = -\frac{d[F]}{dt}$.

Par analyse dimensionnelle, déterminer une unité de la vitesse volumique de consommation de la ferroïne.

b. Calculer la vitesse volumique de consommation de la ferroïne aux dates $t_0 = 60$ s et $t_1 = 1000$s.

RESSOURCES
- Liste du matériel
- Fiches-guides (avec ou sans tableur-grapheur) DIFFÉRENCIATION

Activité expérimentale

3 Biodégradabilité d'une paraffine

Notion
- Loi de vitesse d'ordre un
▸ § 2 p. 80

Les paraffines chlorées sont des espèces chimiques produites lors de la fabrication des matières plastiques. Elles sont considérées comme polluants de l'eau de mer. Afin d'établir des règlementations les concernant, il est nécessaire d'étudier leur vitesse de dégradation dans l'eau.

● **Existe-t-il une relation simple entre la vitesse volumique de consommation d'une espèce chimique et sa concentration ?**

Échouage de paraffine sur la côte d'Opale. ▶

DONNÉES 1

■ La dégradation des paraffines chlorées dans l'eau de mer est modélisée par la réaction du 2-chloro-2-méthylpropane (noté **B** par la suite) avec l'eau, d'équation :

$$C_4H_9Cl(aq) + 2\ H_2O(\ell) \rightarrow C_4H_9OH(aq) + H_3O^+(aq) + Cl^-(aq)$$

■ **Conductivités ioniques molaires** dans l'eau à 25 °C :

Ion	Cl^-	H_3O^+
λ (en $mS \cdot m^2 \cdot mol^{-1}$)	7,63	34,98

■ **Loi de Kohlrausch :** dans une solution issue de la réaction de **B** avec l'eau, la conductivité s'exprime par $\sigma(t) = L \times [H_3O^+](t)$ avec $L = \lambda_{H_3O^+} + \lambda_{Cl^-}$.

■ **Tableau d'avancement.** V est le volume de la solution.

	Équation	$C_4H_9Cl(aq)$	$+\ 2\ H_2O(\ell)$	$\rightarrow C_4H_9OH(aq)$	$+\ H_3O^+(aq)$	$+\ Cl^-(aq)$
État	**Avancement**	**Quantités de matière**				
initial	0	$n_0 = c_0 \times V$	–	0	0	0
à la date t	$x(t)$	$c_0 \times V - x(t)$	–	$x(t)$	$x(t)$	$x(t)$
final	x_f	0	–	x_f	x_f	x_f

DONNÉES 2 Vitesse volumique de consommation

■ La vitesse volumique de consommation de l'espèce **B** à une date t est l'opposé de la dérivée de la fonction concentration en quantité de **B**, notée [**B**], par rapport au temps : $v_{c,\mathbf{B}}(t) = -\dfrac{d[\mathbf{B}]}{dt}$.

À partir de points expérimentaux, il est possible d'approcher la valeur de la vitesse volumique de consommation à une date t_j donnée par :

$$v_{c,\mathbf{B}}\ (t_j) \approx -\frac{\Delta[\mathbf{B}]}{\Delta t} = -\frac{[\mathbf{B}](t_{j+1}) - [\mathbf{B}](t_j)}{t_{j+1} - t_j}$$

■ L'évolution de la concentration d'un réactif **B** suit une **loi de vitesse d'ordre un** lorsque la vitesse de consommation de **B** est proportionnelle à la concentration en quantité du réactif, c'est-à-dire lorsqu'elle est de la forme :

$$v_{c,\mathbf{B}}(t) = k \times [\mathbf{B}](t).$$

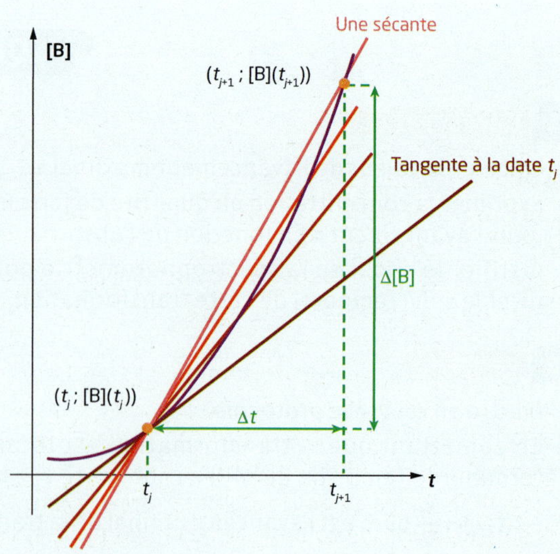

DOCUMENT Extraits du programme Python

DIFFÉRENCIATION Python Excel

Dans cet extrait, les variables t et sigma sont deux listes contenant des valeurs expérimentales obtenues en suivant le protocole ci-dessous.

```
c0=3.615e-2 # Concentration initiale du réactif (en mol/L)
N = len(t)  # Nombre de dates

# Calcul des concentrations cBi en réactif aux dates ti
cB=[c0] # Initialisation de la liste cB des concentrations en réactif par c0 à t=0s
for i in range(1,N,1) :
    cBi=c0*(1-sigma[i]/sigma[-1]) # Concentration cBi (en mol/L)
    cB.append(cBi)

# Représentation graphique de la concentration en réactif au cours du temps
plt.plot(t,cB,'+',label='$c_{B}=f(t)$',clip_on=False)
plt.xlabel("$t$ (en s)")
plt.ylabel("$c_{B}$ (en mol$\cdot$L$^{-1}$)")
plt.xlim(0,max(t))
plt.ylim(0,max(cB))
plt.show()
```

PROTOCOLE Matériel

1. À l'aide d'une éprouvette graduée, verser un échantillon de volume V_e = 50,0 mL d'eau distillée dans un erlenmeyer de 200 mL placé sous agitation magnétique.
2. Étalonner le conductimètre et paramétrer l'acquisition (durée totale : 40 min ; intervalle entre deux mesures : 10 s). Plonger la sonde de mesure dans la solution.
3. Verser un prélèvement de volume V_p = 0,2 mL dans l'erlenmeyer en déclenchant simultanément le chronomètre et l'acquisition des mesures de conductivité.

Questions

1 RÉALISER

a. Exprimer l'avancement $x(t)$ et l'avancement final x_f de la réaction en fonction de la conductivité σ de la solution et de grandeurs constantes.

b. Justifier précisément le calcul de cBi à la date ti dans l'extrait de code du **DOCUMENT**.

c. Suivant les indications de votre professeur, réaliser le protocole ou télécharger le fichier de résultats expérimentaux.

d. À l'aide d'un tableur-grapheur ou d'un langage de programmation, calculer la vitesse volumique de consommation de **B** à la date de chaque mesure expérimentale (sauf la dernière).

e. Tracer le nuage de points de [**B**] au cours du temps et celui de la vitesse volumique de consommation de **B** au cours du temps.

2 ANALYSER-RAISONNER

a. Comparer les représentations graphiques obtenues à la question précédente pour en déduire une relation simple entre [**B**](t) et $v_{c,\mathbf{B}}(t)$.

b. Tester cette relation, puis d'autres relations simples, afin de déterminer la plus pertinente.

3 VALIDER

a. Modéliser les résultats obtenus pour justifier votre choix.

b. Préciser si les vitesses de consommation suivent des lois de vitesse d'ordre 1 pour les transformations étudiées.

RESSOURCES

- Données brutes (fichiers texte, tableur, Latispro et Regressi)
- Fichiers Python (niveaux standard et confirmé)
- Liste du matériel

Synthèse des activités Podcast Texte DYS

1 Suivi temporel d'une transformation chimique

1.1 Transformations lentes et rapides

Le **suivi temporel** d'une transformation (DOC. 1) est l'étude au cours du temps de l'évolution des quantités de matière des réactifs et des produits.
Ce suivi temporel peut être réalisé :
- soit en dosant une de ces espèces à des dates connues ;
- soit en mesurant, à l'aide d'un capteur, une grandeur physique (pression, volume, conductivité, absorbance, etc.) qui varie de façon mesurable avec la quantité de matière.

Pour suivre l'évolution dans le temps d'une transformation chimique, le **capteur** choisi doit :
- avoir un **temps de réponse** très inférieur à la durée de la transformation ;
- mesurer une **grandeur physique** qui **dépend des quantités de matière** d'un réactif ou d'un produit.

Exemple

Lorsqu'une transformation chimique produit une espèce colorée, et que l'état final est atteint en quelques minutes, un spectrophotomètre est un capteur adapté pour réaliser le suivi temporel quantitatif de la transformation.

Une transformation dont la durée est très petite par rapport au temps de réponse du capteur ou au temps nécessaire aux manipulations est une **transformation rapide**.
Dans le cas contraire, la **transformation est lente**.

1.2 Modification de l'évolution temporelle

- Un **catalyseur** est une espèce chimique capable de **diminuer la durée** d'une transformation, sans être ni consommé ni produit par la réaction.
- Un catalyseur est **spécifique** d'une transformation.

Un catalyseur **ne modifie pas la composition à l'état final** ; il n'apparaît pas dans l'équation de la réaction qui modélise la transformation.

Remarque

Il existe plusieurs types de catalyse :
- **catalyse enzymatique** : les enzymes (DOC. 2) sont des protéines synthétisées par des cellules vivantes, qui diminuent la durée des transformations ;
- **catalyse hétérogène** : le catalyseur est dans une phase différente de celle des réactifs ; c'est le cas dans les pots catalytiques (catalyseur solide, réactifs gazeux) ;
- **catalyse homogène** : le catalyseur et les réactifs sont dans la même phase.

Souvent, un catalyseur est utilisé en quantité dite « catalytique », quantité beaucoup plus faible que celle des réactifs.

Un **facteur cinétique** est un paramètre capable de modifier l'évolution temporelle d'une transformation chimique.

Pression, température et concentration sont les trois principaux facteurs cinétiques. L'évolution temporelle des transformations chimiques peut dépendre d'un ou de plusieurs de ces facteurs.

1. La pâte à gâteau lève, sous l'effet de la transformation de l'ion hydrogénocarbonate de la levure en dioxyde de carbone qui reste emprisonné dans la pâte sous forme de bulles de gaz. Le suivi temporel de cette transformation peut être réalisé qualitativement à l'œil nu en observant la variation du volume de la pâte.

LOI DES GAZ PARFAITS

La pression p est en lien avec la quantité de matière d'espèce gazeuse occupant un volume V à la température T grâce à la loi des gaz parfaits étudiée au **Chapitre 14** :

$$pV = nRT$$

ÉVITER DES ERREURS

La notion de transformation lente ou rapide n'est pas une notion absolue. Elle est relative à un choix de capteur.

ÉCRITURE SYMBOLIQUE

Lorsqu'un catalyseur est utilisé, sa formule (ou son nom) est souvent écrite au-dessus de la flèche de l'équation de réaction :

$$\textbf{réactifs} \xrightarrow{\text{[catalyseur]}} \textbf{produits}$$

2. Les herbivores utilisent des enzymes produites par les cellules de la flore intestinale pour augmenter la vitesse de digestion de la cellulose des végétaux.

- Lorsqu'une transformation est réalisée en solution, les **concentrations des réactifs** peuvent être des **facteurs cinétiques** dont l'effet est propre à chaque transformation.
- Très souvent, plus la température du milieu réactionnel est élevée, plus la durée de la transformation diminue (DOC. 3) ; **la température est un facteur cinétique**.

Exemple

L'oxydation de l'ion iodure par l'eau oxygénée peut être modélisée par la réaction d'équation : $2\,H^+(aq) + H_2O_2(aq) + 2\,I^-(aq) \rightarrow 2\,H_2O(\ell) + I_2(aq)$.
Le suivi temporel de la transformation est réalisé à deux températures différentes : à 40 °C, la durée nécessaire pour atteindre $[I_2] = 15\ mmol \cdot L^{-1}$ est quatre fois plus faible qu'à 25 °C.

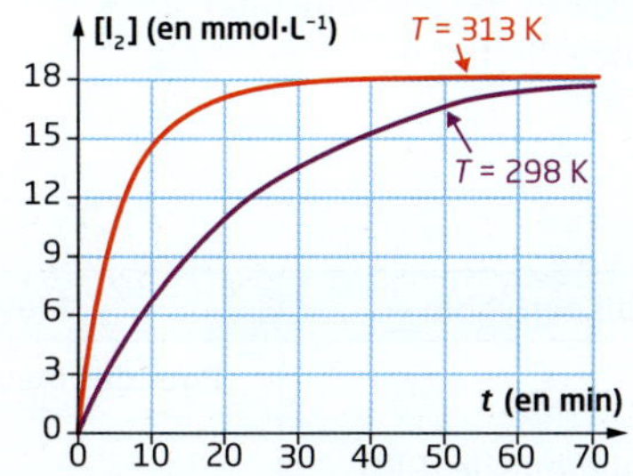

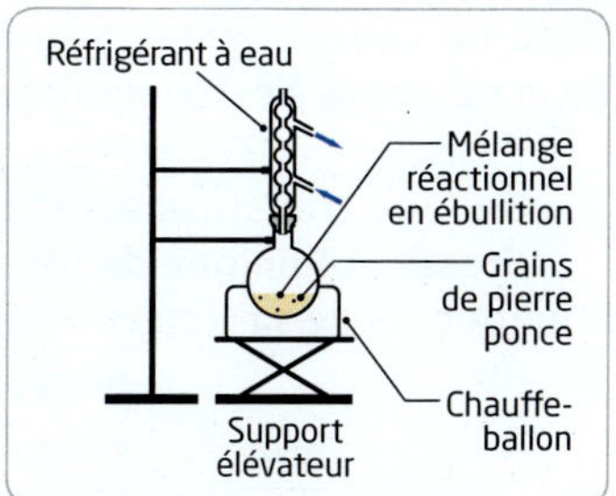

3. Le chauffage à reflux du milieu réactionnel permet de diminuer la durée d'une transformation.

VOCABULAIRE

La vitesse volumique de consommation est parfois appelée « vitesse volumique de disparition », mais ce terme ne peut être utilisé que si le réactif est entièrement consommé à l'état final (il a alors entièrement « disparu »).

2 Modélisation macroscopique

2.1 Vitesses volumiques

Lors d'une transformation chimique en solution de volume constant, la **vitesse volumique de consommation d'un réactif** *R* est égale à l'opposé de la dérivée temporelle de sa concentration en quantité de matière :

$$v_{c,R}(t) = -\frac{d[R]}{dt}$$

Unités usuelles
$v_{c,R}$ en mole par litre et par seconde ($mol \cdot L^{-1} \cdot s^{-1}$)
$[R]$ en mole par litre ($mol \cdot L^{-1}$)
t en seconde (s)

C'est une grandeur positive.

NOTATION MATHÉMATIQUE

- $[R] : \mathbb{R}^+ \rightarrow \mathbb{R}^+$
  $t \mapsto [R](t)$
- $v_{c,R} : \mathbb{R}^+ \rightarrow \mathbb{R}^+$
  $t \mapsto -[R]'(t)$
- $v_{c,R}(t_j) = -\lim\limits_{t \to t_j} \dfrac{[R](t) - [R](t_j)}{t - t_j}$
- $v_{c,R}(t) = -\lim\limits_{\Delta t \to 0} \dfrac{\Delta[R]}{\Delta t}$

Expérimentalement, la valeur de la vitesse volumique de consommation du réactif *R* à la date de mesure *t* est obtenue à partir de la courbe représentative de [*R*] en fonction du temps.

Évaluation à partir d'une modélisation dérivable	Mesure à partir de points expérimentaux
$v_{c,R}(t) = -p$ où *p* est la **pente** de la représentation graphique de [*R*](*t*) au point d'abscisse *t*	Pour des mesures suffisamment rapprochées dans le temps $v_{c,R}(t_j) \approx -\dfrac{[R](t_{j+1}) - [R](t_j)}{t_{j+1} - t_j}$ soit l'opposé du **taux d'accroissement** entre les instants t_j et t_{j+1}

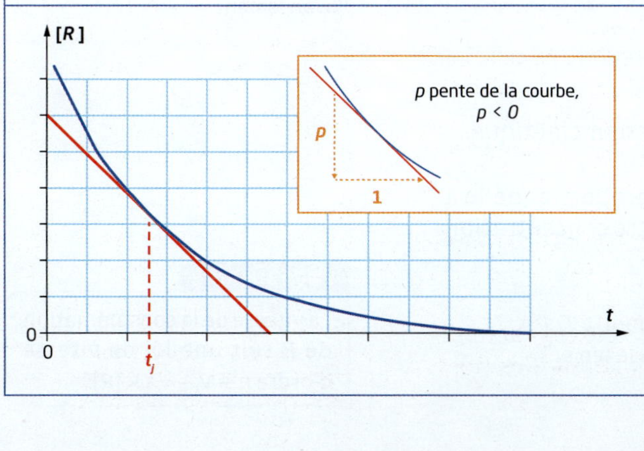

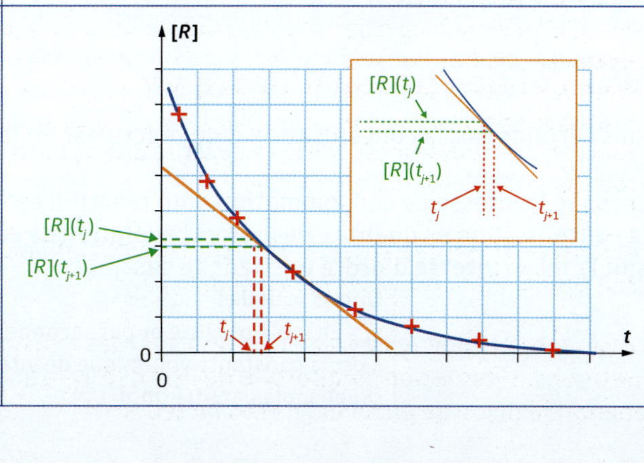

Synthèse des activités

Podcast | Texte DYS

La pente à une courbe en un point M désigne la valeur du coefficient directeur de la tangente à cette courbe au point M.

Lors d'une transformation chimique en solution de volume constant, la **vitesse volumique de formation d'un produit *P*** est égale à la dérivée temporelle de sa concentration en quantité de matière :

$$v_{f,P}(t) = +\frac{d[P]}{dt}$$

Unités usuelles
$v_{f,P}$ en mole par litre et par seconde ($mol \cdot L^{-1} \cdot s^{-1}$)
$[P]$ en mole par litre ($mol \cdot L^{-1}$)
t en seconde (s)

C'est une grandeur positive.

VOCABULAIRE
La vitesse volumique de formation est parfois appelée « vitesse volumique d'apparition ».

Évaluation à partir d'une modélisation dérivable	Mesure à partir de points expérimentaux
$v_{f,P}(t) = +p$ où p est la **pente** de la représentation graphique de $[P](t)$ au point d'abscisse t	Pour des mesures suffisamment rapprochées dans le temps $v_{f,P}(t_j) \approx + \frac{[P](t_{j+1}) - [P](t_j)}{(t_{j+1} - t_j)}$ soit le **taux d'accroissement** entre les instants t_j et t_{j+1}
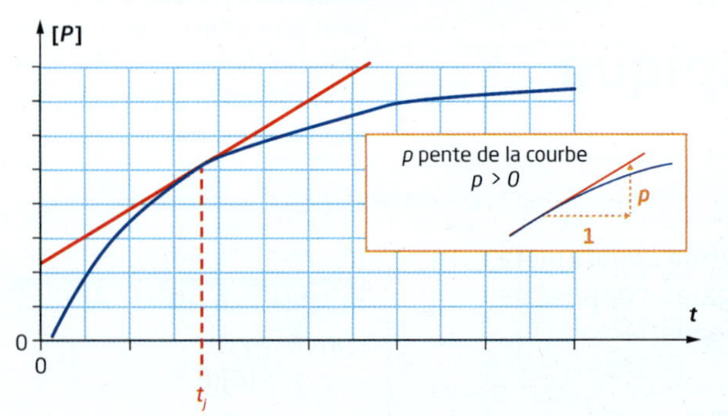	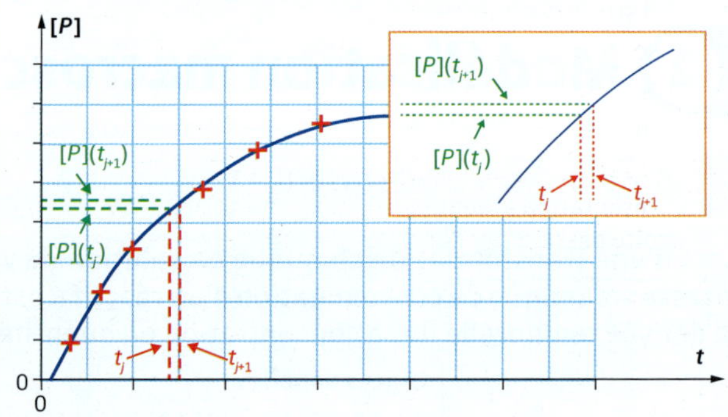

2.2 Temps de demi-réaction

Pour une transformation chimique modélisée par une réaction d'avancement $x(t)$ et d'avancement initial nul, le **temps de demi-réaction** (DOC. 4) noté $\mathbf{t_{1/2}}$ est la durée nécessaire pour que l'avancement atteigne la moitié de sa valeur finale x_f. $t_{1/2}$ est tel que : $x(t_{1/2}) = \frac{x_f}{2}$.

Remarque
Connaître un ordre de grandeur du temps de demi-réaction peut être utile pour **justifier le choix d'un capteur de suivi temporel** de la transformation.

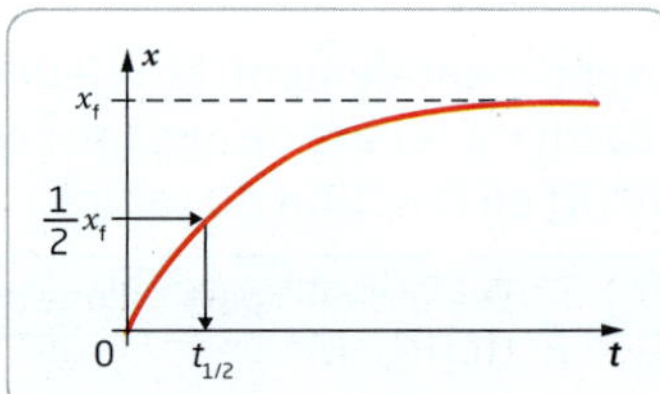

4. Le temps de demi-réaction peut être déterminé sur la courbe d'évolution temporelle de l'avancement.

2.3 Loi de vitesse d'ordre un

Dans certains cas, la concentration d'un réactif est un facteur cinétique.

Lorsque la vitesse de consommation d'un réactif *R* est proportionnelle à la concentration en quantité de *R*, alors l'évolution de cette concentration suit la **loi de vitesse d'ordre un**. Dans ce cas :

$$v_{c,R}(t) = k \times [R](t)$$

Unités usuelles
$v_{c,R}$ en mole par litre et par seconde ($mol \cdot L^{-1} \cdot s^{-1}$)
k est la constante volumique de vitesse (en s^{-1})
$[R]$ en mole par litre ($mol \cdot L^{-1}$)

VOCABULAIRE
La vitesse de la consommation de *R* suit une loi de vitesse d'ordre *n* si $v_{c,R} = k \times [R]^n$

Remarque

Le coefficient de proportionnalité k est positif.
Pour une réaction donnée, k dépend de la température.

Raisonnement à retenir

Si l'évolution de la concentration suit une loi de vitesse d'ordre un :

$$v_{c,R}(t) = k \times [R](t)$$

avec par définition de la vitesse volumique de consommation du réactif :

$$v_{c,R}(t) = -\frac{d[R]}{dt}$$

alors $-\frac{d[R]}{dt} = k \times [R](t)$, soit $\frac{d[R]}{dt} + k \times [R](t) = 0$.

$[R]$ est solution de l'équation différentielle linéaire du premier ordre à coefficient constant $y' + ay = 0$ avec $a = k$.
La solution de cette équation est $[R](t) = [R]_0 \times e^{-kt}$, avec $[R]_0$ la concentration en quantité de réactif R à la date $t = 0$.

POINT MATHS

En classe de Première Spécialité Mathématiques, la fonction exponentielle a été définie comme unique fonction dérivable sur $\mathbb{R}$ vérifiant $f' = f$ et $f(0) = 1$.
Ainsi pour $g : t \mapsto e^{-kt}$
alors $g' : t \mapsto -k \times e^{-kt}$

Ainsi, lorsqu'une réaction suit une loi de vitesse d'ordre un, il est possible de modéliser l'évolution de la concentration du réactif par une loi exponentielle décroissante en fonction du temps.
Expérimentalement, les propriétés suivantes sont alors vérifiées.

La représentation graphique de $v_{c,R}$ en fonction de $[R]$ est une droite passant par l'origine, de coefficient directeur k.	La représentation graphique de $\ln\left(\frac{[R]}{[R]_0}\right)$ en fonction du temps est une droite passant par l'origine de coefficient directeur $-k$.
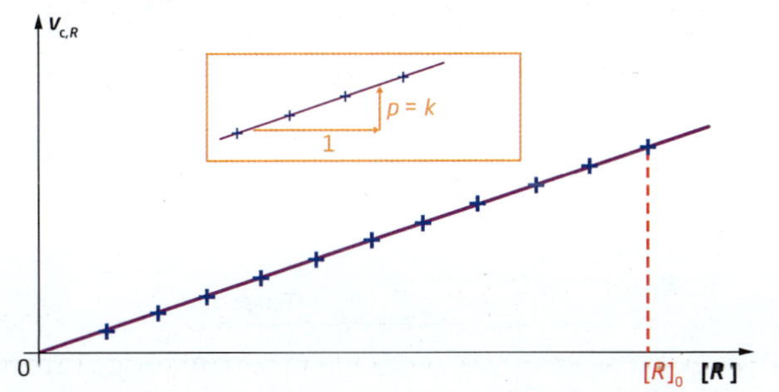	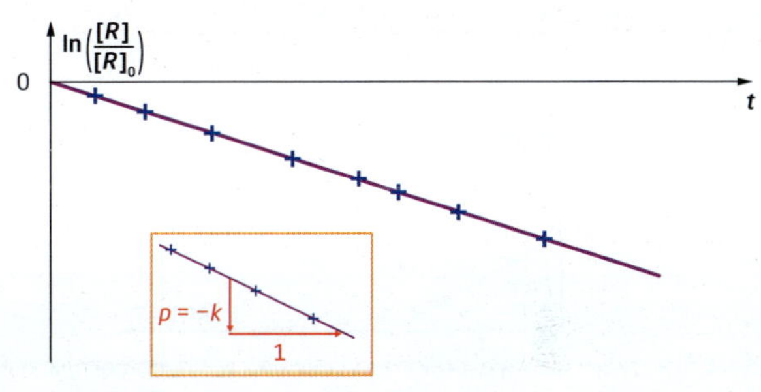

Le temps de demi-réaction est indépendant de la concentration en quantité de réactif $[R]_0$, $[R]_1$, etc. pour chaque date initiale t_0, t_1, etc. choisie.

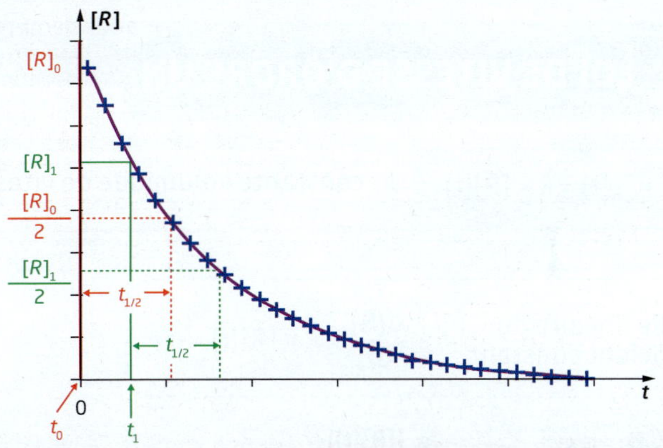

POINT MATHS

Si $[R](t) = [R]_0 \times e^{-kt}$,
alors $\ln\frac{[R](t)}{[R]_0} = -kt$:
la représentation graphique plaçant t en abscisse et $\ln\left(\frac{[R]}{[R]_0}\right)$ en ordonnée est une droite.

Retenir l'essentiel

SUIVI TEMPOREL D'UNE TRANSFORMATION CHIMIQUE

R ⟶ P d'avancement $x(t)$

Réactifs Produits

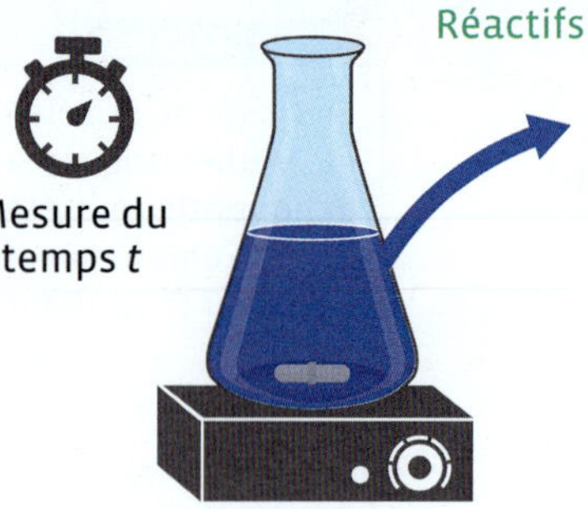

Mesure du temps t

Capteur

mesure de...

conductivité $\sigma(t)$ conductance $G(t)$	absorbance $A(t)$	pression $P(t)$ volume $V(t)$

Réaction lente : temps de réponse du capteur très inférieur à la durée de la transformation chimique.

Accès à $x(t)$ ou $[\mathbf{R}](t)$ ou $[\mathbf{P}](t)$

Modification de la durée de la transformation par :
- modification d'un facteur cinétique (température, concentration, etc.)
- ajout d'un catalyseur

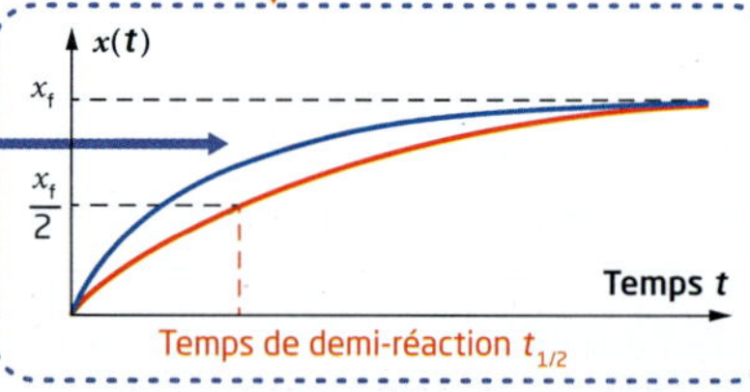

VITESSE VOLUMIQUE DE CONSOMMATION OU DE FORMATION

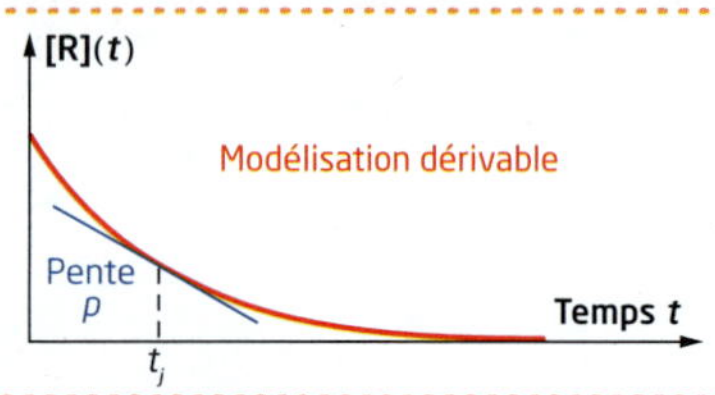

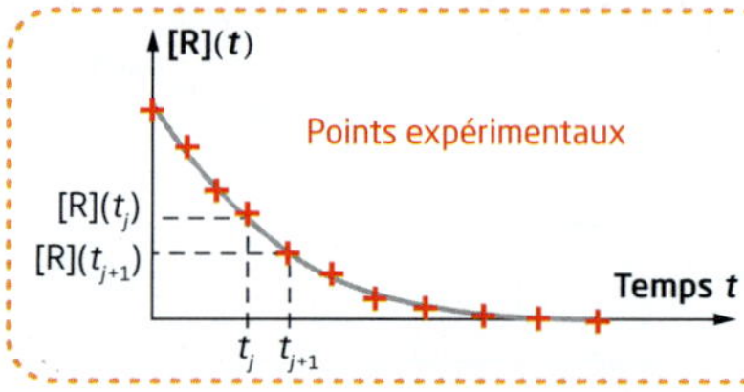

$$v_{c,R}(t) = -\frac{d[\mathbf{R}]}{dt} = -p$$

$$v_{f,P}(t) = +\frac{d[\mathbf{P}]}{dt}$$

$$v_{c,R}(t) \approx -\frac{[\mathbf{R}](t_{j+1}) - [\mathbf{R}](t_j)}{t_{j+1} - t_j}$$

CAS PARTICULIER : LOI DE VITESSE D'ORDRE UN

$$v_{c,R}(t) = k \times [\mathbf{R}](t)$$

k : constante volumique de vitesse

⇒ Équation différentielle linéaire du premier ordre à coefficient constant :

$$\frac{d[\mathbf{R}]}{dt} + k \times [\mathbf{R}](t) = 0$$

De solution $[\mathbf{R}](t) = [\mathbf{R}]_0 \times e^{-kt} \Leftrightarrow \ln\left(\frac{[\mathbf{R}](t)}{[\mathbf{R}]_0}\right) = -kt$

5 min chrono !

Si vous ne trouvez pas la bonne réponse, reportez-vous au § de la synthèse des activités correspondant pour vous aider.

Indiquer la réponse exacte. EXO QCM interactif

1 Un catalyseur est une espèce chimique qui : ▶ §1

a. modifie la composition finale du système.
b. modifie la durée d'évolution d'une transformation.
c. remplace le réactif limitant.

Les exercices 2 à 7 sont relatifs à l'étude de la transformation modélisée par la réaction d'équation :

$$H_2O_2(aq) + 2\ I^-(aq) + 2\ H^+(aq) \rightarrow I_2(aq) + 2\ H_2O(\ell).$$

2 Un facteur cinétique de cette réaction est un paramètre physique qui : ▶ §1

a. augmente la quantité de diiode formé à l'état final.
b. modifie l'évolution temporelle de la transformation.
c. augmente avec la température.

3 L'unité usuelle de la vitesse volumique de consommation d'un réactif est : ▶ §2

a. $mol \cdot L^{-1} \cdot s^{-1}$. b. $m \cdot s^{-1}$. c. $mol \cdot h^{-1}$.

4 Le temps de demi-réaction de cette transformation dans certaines conditions expérimentales est $t_{1/2} = 20$ min. Au bout de 40 minutes, dans les mêmes conditions : ▶ §2

a. la transformation est toujours terminée.
b. l'avancement x est toujours égal à x_{max}.
c. l'avancement vérifie $x > \frac{x_f}{2}$.

5 La concentration en quantité de diiode et la vitesse volumique de formation du diiode au cours du temps sont données ci-dessous : ▶ §2

t (s)	0	60	180	360	720
$[I_2]$ (en $mmol \cdot L^{-1}$)	0	5,0	10,0	14,5	21,5
v_{f,I_2} (en $mmol \cdot L^{-1} \cdot min^{-1}$)	6,5	3,9	2,3	1,5	0,7

a. v_{f,I_2} est proportionnelle à $[I_2]$.
b. v_{f,I_2} est proportionnelle au temps.
c. $[I_2]$ n'est pas proportionnelle au temps.

6 Une loi de vitesse est dite d'ordre un si : ▶ §2

a. la concentration en quantité de réactif est proportionnelle au temps.
b. la vitesse volumique de consommation d'un réactif est proportionnelle au temps.
c. la vitesse volumique de consommation d'un réactif est proportionnelle à sa concentration.

7 Si la transformation est réalisée à une température plus élevée, alors : ▶ §2

a. $[I_2](60\ s) < 5{,}0\ mmol \cdot L^{-1}$.
b. $[I_2](60\ s) > 5{,}0\ mmol \cdot L^{-1}$.
c. $[I_2](60\ s) = 5{,}0\ mmol \cdot L^{-1}$.

Corrigés p. 550

Contrôle technique !

8 Calculer une vitesse de formation

EXERCICE RÉSOLU

Une transformation est modélisée par la réaction d'équation :

$$H_2O_2(aq) + 2\ I^-(aq) + 2\ H^+(aq) \rightarrow I_2(aq) + 2\ H_2O(\ell)$$

L'évolution au cours du temps de la concentration en quantité de diiode formé est représentée ci-dessous.

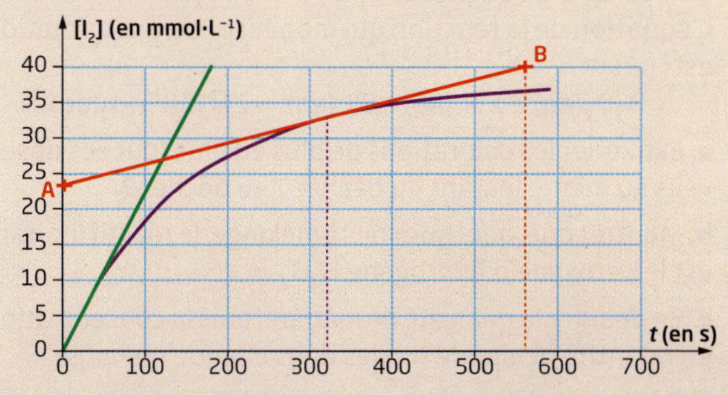

La tangente à la courbe au point d'abscisse $t_m = 320$ s est tracée en rouge.
Déterminer la vitesse volumique de formation du diiode v_{f,I_2} à la date $t_m = 320$ s.

SOLUTION

La vitesse volumique de formation du diiode à la date donnée $t_m = 320$ s est à la pente p de la tangente à la courbe à cette date.

$$p = \frac{y_B - y_A}{x_B - x_A} = \frac{40\ mmol \cdot L^{-1} - 23\ mmol \cdot L^{-1}}{560\ s - 0\ s}$$

$p = 3{,}0 \times 10^{-2}\ mmol \cdot L^{-1} \cdot s^{-1}$.
Ainsi $v_{f,I_2} = 30\ \mu mol \cdot L^{-1} \cdot s^{-1}$.

APPLICATION • Sur le modèle de l'exercice résolu

Sur le schéma précédent, la tangente à la courbe au point d'abscisse $t_m = 0$ s est tracée en vert.
• Déterminer la vitesse de formation du diiode à l'instant initial.

Sauf mention contraire, les transformations sont considérées comme totales.

Suivi temporel d'une transformation

▶ § 1 de la synthèse des activités

+ EXERCICES RAPIDES

9 GRAND ORAL Préparer une présentation orale, sans notes, de deux minutes maximum, détaillant les critères à prendre en compte pour choisir un capteur de suivi temporel de l'évolution d'un système.

10 Citer des illustrations dans la vie courante et au laboratoire de l'utilisation de la température en tant que facteur cinétique.

11 Citer deux caractéristiques d'un catalyseur et expliquer en quoi l'utilisation des catalyseurs peut être utile dans le cadre de la chimie écoresponsable.

12 Choisir un capteur

Pour chaque réaction (**a**, **b**, **c** ou **d**), proposer un ou plusieurs capteurs adaptés au suivi temporel de la transformation modélisée parmi les capteurs suivants : spectrophotomètre ; conductimètre ; pH-mètre ; manomètre ; thermomètre. Justifier.

a. $2\ I^-(aq) + S_2O_8^{2-}(aq) \rightarrow I_2(aq) + 2\ SO_4^{2-}(aq)$

b. $2\ H_2O_2(aq) \rightarrow 2\ H_2O(\ell) + O_2(g)$

c. $4\ PH_3(g) \rightarrow P_4(g) + 6\ H_2(g)$

d. $CaCO_3(s) + 2\ H^+(aq) \rightarrow Ca^{2+}(aq) + CO_2(g) + H_2O(\ell)$

DONNÉE Toutes les espèces chimiques évoquées conduisent à des solutions incolores, sauf le diiode.

13 Analyser une expérience

Visionner la vidéo proposée, puis donner les arguments permettant d'affirmer que l'ion cobalt catalyse la transformation.

Vidéo

RESSOURCE

- Vidéo sur l'oxydation de l'ion tartrate par le peroxyde d'hydrogène en présence d'ion cobalt $Co^{2+}(aq)$.

14 Prévoir l'évolution d'une grandeur

Le benzoate d'éthyle fait partie de l'arôme artificiel de cerise. Au cours de sa saponification à partir d'un mélange en mêmes quantités d'ester et de soude (Na^+, HO^-), des prélèvements de volume $V_p(t)$ du mélange réactionnel sont réalisés à diverses dates t et brutalement refroidis. L'ion hydroxyde présent dans ces prélèvements est alors titré par une solution d'acide chlorhydrique ($H_3O^+(aq)$, $Cl^-(aq)$).

DONNÉE La saponification peut être modélisée par la réaction d'équation :

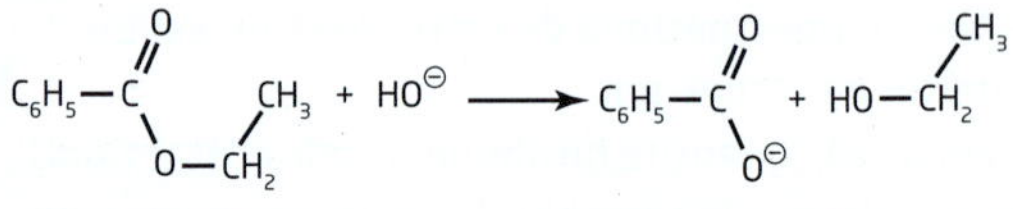

a. Expliquer pourquoi les prélèvements sont brutalement refroidis avant le titrage.

b. Prévoir l'allure du nuage de points expérimentaux qui est obtenu en plaçant la date t des prélèvements en abscisse et le volume à l'équivalence $V_{éqv}$ en ordonnée.

15 Identifier un facteur cinétique

Les mélanges ci-dessous sont réalisés à partir d'une solution de concentration en quantité d'iodure de potassium $c_1 = 0{,}20\ mol \cdot L^{-1}$ et d'une solution de concentration en quantité d'acide sulfurique $c_2 = 0{,}50\ mol \cdot L^{-1}$.

Mélange	n° 1	n° 2	n° 3
V_1 (en mL)	10	20	30
V_2 (en mL)	10	10	10
V_3 (en mL)	30	20	10

V_1 désigne le volume de solution d'iodure de potassium, V_2 le volume de solution d'acide sulfurique et V_3 le volume d'eau ajoutée.

Au même instant, dans chaque bécher est versée une solution de concentration en quantité de peroxyde d'hydrogène $c_4 = 10\ mmol \cdot L^{-1}$ et de volume $V_4 = 50$ mL.

Au bout de deux minutes, la coloration jaune (caractéristique de la présence de diiode) est de plus en plus foncée du bécher 1 au bécher 3.

L'équation de la réaction qui modélise la transformation est :

$$H_2O_2(aq) + 2\ H^+(aq) + 2\ I^-(aq) \rightarrow 2\ H_2O(\ell) + I_2(aq)$$

a. Expliquer les colorations de plus en plus foncées observées au même instant du bécher 1 au bécher 3.

b. Montrer que, quel que soit le mélange, le réactif limitant est le peroxyde d'hydrogène H_2O_2.

c. En déduire la quantité de matière, puis la concentration en quantité de diiode finales dans chaque mélange.

d. Déterminer alors s'il subsiste une différence d'intensité de coloration d'un bécher à un autre.

Modélisation macroscopique

▶ § 2 de la synthèse des activités

+ EXERCICES RAPIDES

16 GRAND ORAL Préparer une présentation orale sans notes de deux minutes maximum exposant les méthodes qui permettent de déterminer, à l'aide de représentations graphiques, si l'évolution d'une concentration suit ou non une loi de vitesse d'ordre un.

17 Déterminer la pente d'une droite passant par les points de coordonnées (24 s ; 14,5 mol · L^{-1}) et (29 s ; 12,7 mol · L^{-1}).

18 Proposer une argumentation permettant d'expliquer que la durée d'une transformation n'est pas toujours égale à deux fois $t_{1/2}$.

19 Apprendre à rédiger

La décomposition du peroxyde d'hydrogène est modélisée par la réaction d'équation :

$$2\,H_2O_2(aq) \rightarrow 2\,H_2O(\ell) + O_2(g).$$

La mesure du volume de dioxygène dégagé permet de déterminer l'évolution de la concentration en quantité de peroxyde d'hydrogène $[H_2O_2](t)$ au cours du temps. Le nuage de points expérimentaux obtenu en plaçant $\ln\left(\frac{[H_2O_2]}{[H_2O_2]_0}\right)$ en ordonnée et le temps en abscisse est donné ci-dessous (avec $[H_2O_2]_0 = [H_2O_2](0)$).

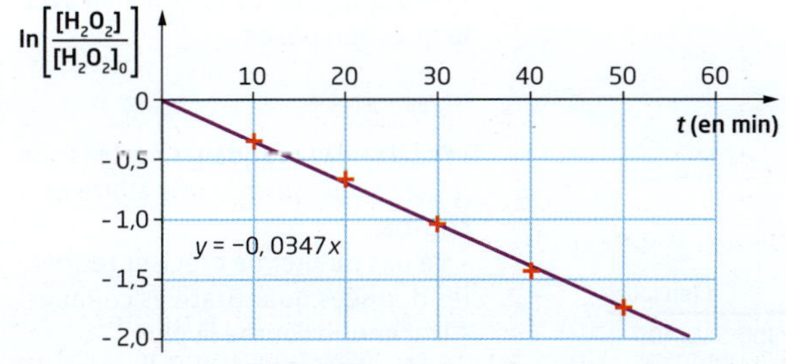

a. Déterminer si l'évolution de la concentration en peroxyde d'hydrogène suit une loi de vitesse d'ordre un.

Aide méthodologique

- Citer la partie de la Synthèse des activités faisant le lien entre la représentation graphique proposée et la loi de vitesse d'ordre un.
- Justifier en évoquant la proximité des points avec une droite, à l'œil nu, et le passage par l'origine.

b. Calculer la constante volumique de vitesse k en min^{-1}.

- Identifier précisément chaque terme de l'équation mathématique de la droite modèle avec les grandeurs physiques de l'énoncé.
- Ne pas oublier de déterminer son unité.

20 Déterminer un temps de demi-réaction

Vidéo Corrigé de l'exercice

La décomposition de l'azométhane est modélisée par la réaction d'équation :

$$CH_3\text{–}N\text{=}N\text{–}CH_3(g) \rightarrow CH_3CH_3(g) + N_2(g)$$

Son évolution au cours du temps est suivie par mesure de la pression totale, reliée à la quantité de matière en diazométhane notée n_{DAM}.

Le nuage de points expérimentaux obtenu en plaçant n_{DAM} en ordonnée et le temps en abscisse est donné ci-dessous.

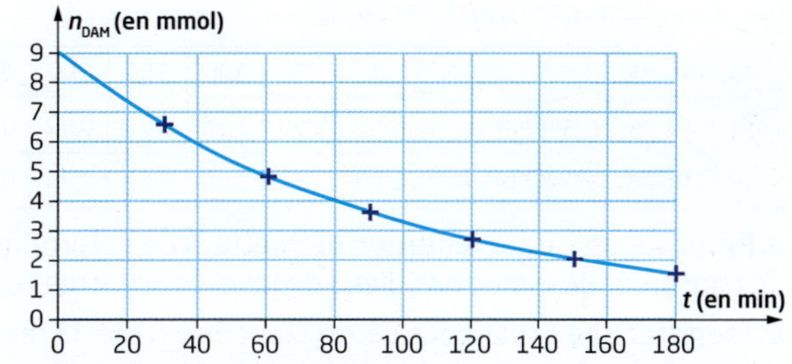

a. Déterminer l'avancement final x_f de cette transformation en admettant qu'elle est totale.

b. Déterminer le temps de demi-réaction dans les conditions de cette expérience.

21 Comparer des temps de demi-réaction

L'oxydation de l'ion iodure par l'ion peroxodisulfate est modélisée par la réaction d'équation :

$$S_2O_8^{2-}(aq) + 2\,I^-(aq) \rightarrow I_2(aq) + 2\,SO_4^{2-}(aq)$$

Le mélange initial étudié contient 3,6 mmol d'ion $S_2O_8^{2-}(aq)$ et 10 mmol d'ion $I^-(aq)$. À $t = 4$ min, l'avancement vaut $x(4) = 1{,}5$ mmol.

Pour la même transformation, à plus haute température : $n(I_2) = 1{,}8$ mmol à $t = 4$ min.

• Comparer les temps de demi-réaction dans chaque cas et commenter.

22 Construire une carte mentale GRAND ORAL

• L'étiquette centrale doit s'intituler :

Temps de demi-réaction

• Associer à l'étiquette centrale, par le moyen de votre choix, d'autres étiquettes comprenant au minimum les étiquettes suivantes :

Capteur | $\frac{x_f}{2}$ | $[R]_0$

• Présenter la carte mentale réalisée à l'ensemble de la classe en expliquant vos choix.

EXO **Exercices supplémentaires**

Exercices APPLIQUER

EXERCICE RÉSOLU ET COMMENTÉ

23 Stabilité de l'eau de Javel

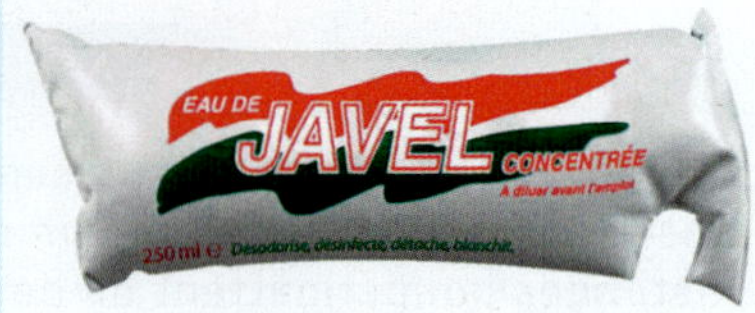

ÉNONCÉ

L'eau de Javel (solution d'hypochlorite de sodium (Na^+(aq), ClO^-(aq)), solution désinfectante, doit être conservée au frais, à l'abri de l'air et de la lumière. En effet, l'ion hypochlorite se transforme selon la réaction d'équation :

$$2\ ClO^-(aq) \rightarrow 2\ Cl^-(aq) + O_2(g)$$

La concentration en quantité d'ion hypochlorite d'un flacon d'eau de Javel est donnée ci-dessous à différentes dates pour deux solutions S_1 et S_2 différentes (à la température de 20 °C).

t (en jours)	0	50	100	150	200	250	300	350	400
Solution S_1, c_1 (en $mol \cdot L^{-1}$)	2,00	1,65	1,36	1,12	0,92	0,76	0,63	0,52	0,42
Solution S_2, c_2 (en $mol \cdot L^{-1}$)	1,60	1,32	1,09	0,89	0,74	0,61	0,50	0,41	0,34

a. Proposer une argumentation permettant de déterminer s'il est préférable de conserver des solutions d'eau de Javel concentrées ou diluées.

b. Proposer une expérience permettant de vérifier la recommandation faite par le fabricant de conserver l'eau de Javel au frais.
Dessiner l'allure des courbes attendues lors de cette expérience.

S'APPROPRIER
L'énoncé demande « l'allure » : il s'agit de proposer une représentation graphique sans soucis de précision sur les valeurs numériques.

UNE SOLUTION

a. Les nuages de points expérimentaux sont représentés ci-contre.

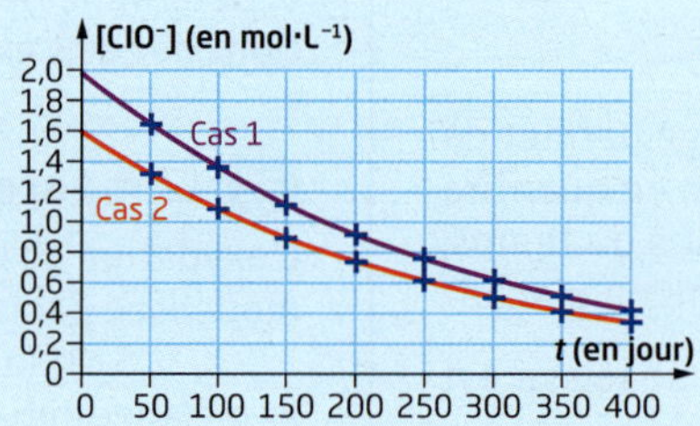

RÉALISER
Les axes doivent être légendés et leur origine précisée. Il est possible de relier les points expérimentaux par une courbe à main levée.

$[ClO^-]$ diminue plus rapidement dans la solution S_1, initialement plus concentrée : il faut 180 jours pour qu'elle diminue de 1,0 $mol \cdot L^{-1}$ alors qu'il faut 250 jours avec S_2. Mais, à chaque date, $[ClO^-]$ dans S_1 est supérieure à celle dans S_2 ; il est donc préférable de conserver l'eau de Javel en solution concentrée.

ANALYSER-RAISONNER
• Il faut comparer les courbes entre elles qualitativement, mais aussi, si possible, quantitativement.
• Ne pas oublier de faire le lien avec la question posée.

b. En suivant $[ClO^-]$ au cours du temps dans deux solutions de même concentration initiale $c_0 = 2{,}00\ mol \cdot L^{-1}$, placées dans des bains de températures différentes (par exemple 20 °C et 40 °C), on s'attend à obtenir les allures de courbe ci-contre.

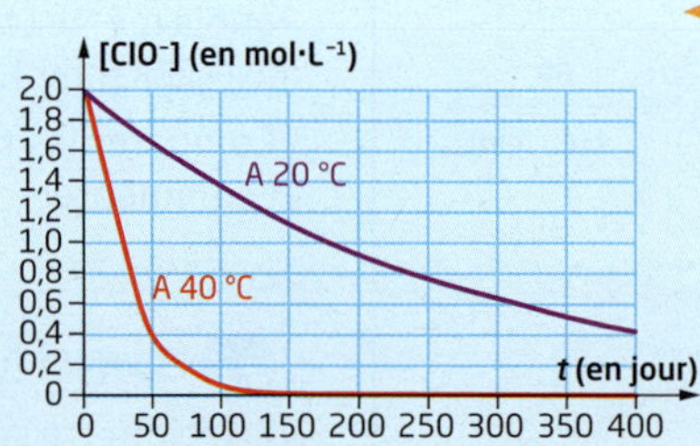

RÉALISER
• Préciser les grandeurs portées sur les axes, même pour une allure de courbe.
• Ne pas oublier de préciser toutes les données quantitatives connues.
• Tracer une courbe la plus régulière possible.

APPLICATION Sur le modèle de l'exercice résolu

24 Stabilité de l'iodométhane

Dans l'atmosphère terrestre, l'iodométhane est consommé selon la réaction d'équation :

$$2\ CH_3I(g) \rightarrow C_2H_6(g) + I_2(g)$$

Dans une enceinte fermée de volume égal à un litre, la quantité *n* d'iodométhane a été mesurée à différentes dates et pour deux températures différentes.
Les résultats sont regroupés dans tableau ci-contre.

Date (s)	0	10	20	30	40	50	60	70	80	90
n (en mmol) à 27 °C	500	430	370	319	274	236	203	175	151	130
n (en mmol) à 527 °C	500	225	101	45	20	9	4	2	1	0

a. Montrer que ces données mettent en évidence que la température est un facteur cinétique.

b. Préciser l'influence de la température sur l'évolution temporelle de la transformation.

EXERCICE RÉSOLU ET COMMENTÉ

25 Transformation des gaz

ÉNONCÉ

Le pentoxyde de diazote de formule N_2O_5 permet de réaliser des réactions chimiques de nitration pour l'obtention d'espèces explosives, comme le TNT. Le suivi temporel de sa décomposition à 343 K est effectué dans une enceinte fermée de volume constant par mesure de la pression P au cours du temps. Cette décomposition est modélisée par la réaction d'équation :

$$2\ N_2O_5(g) \rightarrow 4\ NO_2(g) + O_2(g)$$

Les résultats obtenus sont donnés ci-dessous.

***t* (en min)**	0	10	20	30	40	50	60	70	80	100
***P* (en bar)**	0,354	0,490	0,593	0,670	0,726	0,764	0,794	0,820	0,837	0,858

DONNÉES

• La concentration en quantité d'une espèce gazeuse est définie par : $[N_2O_5] = \frac{n_{N_2O_5}}{V}$ où V est le volume du gaz.

• Une analyse permet d'établir : $[N_2O_5] = \frac{5P_0 - 2P}{3RT}$ avec P_0 la pression initiale en Pa ($1\ bar = 1 \times 10^5$ Pa), $R = 8{,}31\ J \cdot mol^{-1} \cdot K^{-1}$, T la température en kelvin et $[N_2O_5]$ en $mol \cdot m^{-3}$.

a. Calculer la vitesse volumique de consommation de N_2O_5 à $t = 0$.

b. Vérifier que l'évolution de $[N_2O_5]$ suit une loi de vitesse d'ordre un.

UNE SOLUTION

a.

***t* (en min)**	0	10	20	30	40	50	60	80	100
$[N_2O_5]$ (en $mol \cdot m^{-3}$)	12,4	9,24	6,83	5,03	3,72	2,83	2,13	1,12	0,632

Le nuage de points expérimentaux obtenu en plaçant la date t en abscisse et la concentration $[N_2O_5]$ en ordonnée est représenté ci-contre.

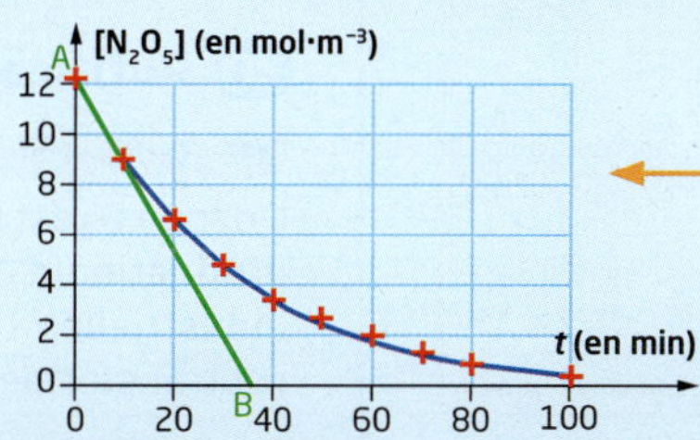

$v_{c,N_2O_5} = -p$ où p est la pente de la tangente. Les coordonnées des points A et B sont B(36 min ; 0 mol · m^{-3}) et A(0 min ; 12,3 mol · m^{-3}).

$$v_{c,N_2O_5}(0) = \frac{0\ mol \cdot m^{-3} - 12{,}4\ mol \cdot m^{-3}}{36\ min - 0\ min} = 0{,}34\ mol \cdot m^{-3} \cdot min^{-1}.$$

b. Si la loi de vitesse est d'ordre un pour $[N_2O_5]$, alors $\ln\left(\frac{[N_2O_5]}{[N_2O_5]_0}\right)$ est une fonction linéaire du temps. L'ajustement linéaire est effectué à l'aide d'une calculatrice. À l'œil, les points expérimentaux sont au voisinage d'une droite passant par l'origine. L'ajustement linéaire donne $y = ax + 98$ avec $a = -0{,}0299\ min^{-1}$ et de coefficient de détermination $r^2 = 0{,}9915$ jugé satisfaisant. Donc la loi de vitesse est d'ordre un.

S'APPROPRIER
Les données recueillies ne sont pas des concentrations en quantité de matière, mais des pressions.

ANALYSER-RAISONNER
La pente p de la tangente est négative. La vitesse de consommation d'un réactif est positive ; elle est donc bien égale à $-p$.

RÉALISER
• Écrire les unités dans les étapes intermédiaires peut être utile, mais n'est pas obligatoire. L'unité est en revanche indispensable dans l'écriture finale du résultat.
• La pente d'une tangente a l'unité de l'ordonnée divisée par l'unité de l'abscisse.

RÉALISER
L'ajustement linéaire d'un nuage de points est décrit dans le programme d'Enseignement scientifique de la classe de Terminale. Un coefficient de détermination très proche de la valeur 1 permet de dire que le modèle linéaire est adapté à la modélisation.

APPLICATION Sur le modèle de l'exercice résolu

26 Dismutation de l'éthanal

L'éthanal C_2H_4O est une espèce détectée lors des feux de forêt. À 518 °C, sa décomposition est modélisée par la réaction d'équation : $C_2H_4O(g) \rightarrow CH_4(g) + CO(g)$.

Le suivi temporel par mesure de pression dans une enceinte fermée de volume V conduit au tableau ci-contre.

***t* (en min)**	0	50,0	72,0	93,0	130
$[C_2H_4O]$ (en $mmol \cdot L^{-1}$)	86,0	48,5	40,7	35,3	28,6

a. Estimer la vitesse volumique initiale de consommation de l'éthanal.

b. Déterminer si l'évolution de la concentration en éthanal suit une loi de vitesse d'ordre un.

S'AUTOÉVALUER

27 Calculer une vitesse volumique

L'oxydation du magnésium par l'acide chlorhydrique est modélisée par la réaction d'équation :

$$2\,H^+(aq) + Mg(s) \rightarrow H_2(g) + Mg^{2+}(aq)$$

Son évolution au cours du temps est suivie par la mesure du volume de dihydrogène formé, relié à la quantité de matière de dihydrogène et d'ion magnésium. Le nuage de points expérimentaux obtenu en plaçant $[Mg^{2+}]$ en ordonnée et le temps en abscisse est donné ci-dessous.

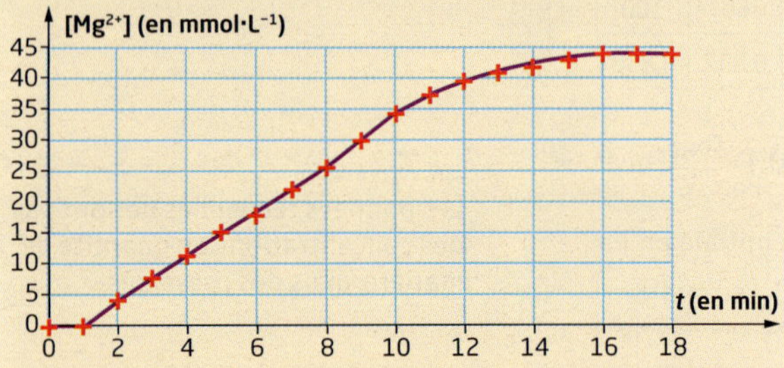

• Estimer la vitesse de formation de l'ion magnésium à la date $t = 10$ min.

INDICATEURS DE RÉUSSITE

	NIVEAU A	B	C	D
CONNAÎTRE				
• L'expression de la vitesse volumique de formation de l'ion magnésium est correctement écrite.				
ANALYSER-RAISONNER				
• Le lien entre pente de la courbe à la date demandée et vitesse volumique est établi. • L'unité du résultat est déterminée.				

28 Modéliser un nuage de points

RÉA Tracer un graphique | VAL Discuter de la validité d'un résultat

La décomposition de l'iodure d'hydrogène est modélisée par la réaction d'équation :

$$2\,HI(g) \rightarrow H_2(g) + I_2(g)$$

Le suivi temporel de cette transformation donne, à 580 K, les résultats suivants :

Temps (en s)	0	1000	2000	3000	4000
[HI] (en mol · L⁻¹)	1,000	0,110	0,061	0,041	0,031

La concentration en quantité de matière d'une espèce gazeuse est définie comme celle d'une espèce dissoute : $[HI] = \frac{n_{HI}}{V}$ où V est le volume du gaz et $[HI]_0 = [HI](0)$.

a. Calculer, pour chaque date ci-dessus, $\ln\frac{[HI](t)}{[HI]_0}$.

b. À l'aide d'une représentation graphique, déterminer si l'évolution de la concentration en iodure d'hydrogène suit une loi de vitesse d'ordre un.

29 Compléter un code

DIFFÉRENCIATION

APP Extraire l'informatin utile | RÉA Tracer un graphique

La décomposition du chlorure de sulfuryle est modélisée par une réaction d'équation :

$$SO_2Cl_2(aq) \rightarrow SO_2(g) + Cl_2(g)$$

Son évolution au cours du temps est suivie par une mesure du volume total de gaz formé, relié à la concentration en quantité de chlorure de sulfuryle. L'extrait de code suivant est issu d'un programme Python exploitant les données expérimentales obtenues.

Python

```
"""
Les données expérimentales sont stockées dans les variables :
  - t : liste des dates ti (en s)
  - V_gaz : liste du volume total de gaz formé aux dates ti (en m^3)
"""
n_0=0.01  # Quantité initiale de chlorure de sulfuryle (en mol)
V_0=0.1   # Volume du mélange réactionnel (en L)
p=float(input("Pression ambiante (en Pa) : p = "))
T=float(input("Température ambiante (en K) : T = "))
V_m=8.314*T/p  # Volume molaire (en m^3)

N=len(t)
# Liste de la concentration en réactif aux dates ti
c_r=[... A compléter... for i in range(N)]

# Liste de la vitesse de consommation du réactif aux dates ti
v_r=[... A compléter... for i in range(N-1)]

del t[-1]
plt.plot(... A compléter...) #  Représentation graphique v_r=f(t)
plt.xlabel(... A compléter...)
plt.ylabel(... A compléter...)
plt.show()
```

• Compléter le code source fourni afin de proposer un programme permettant de représenter l'évolution de la vitesse de consommation du chlorure de sulfuryle en fonction du temps.

30 Purification de l'eau

APP Extraire l'information utile | RÉA Lire un graphique

L'ozone O_3 est utilisé dans le traitement de l'eau, pour la production d'eau potable et pour l'épuration des eaux industrielles. Lors du processus de purification, l'ozone est transformé en dioxygène, transformation modélisée par la réaction d'équation : $O_3(aq) \rightarrow \frac{3}{2}O_2(aq)$.

L'évolution de la concentration en masse en ozone au cours du temps pour diverses concentrations en masse initiales en ozone dissous en présence de charbon actif est donnée ci-dessous (à la température de 20 °C).

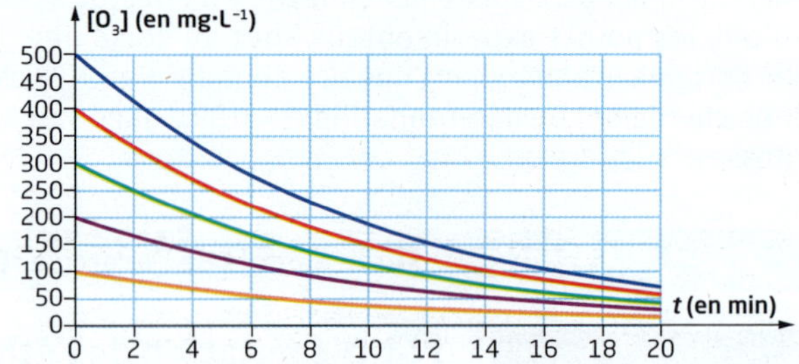

Par ailleurs, à la température de 20 °C en l'absence de charbon actif, le temps de demi-réaction vaut 13,1 min.

a. Déterminer, pour chaque concentration initiale, le temps de demi-réaction.

b. En déduire si l'évolution de la concentration en quantité d'ozone suit ou ne suit pas une loi de vitesse d'ordre un.

c. Indiquer quel est le rôle du charbon actif.

31 In English please

APP Extraire l'informatin utile **ANA-RAI** Identifier les idées essentielles et leurs articulations

Dry reforming of methane (DRM) is an attractive route to utilize CO_2 as a chemical feedstock with which to convert CH_4 into valuable syngas and simultaneously mitigate both greenhouse gases. Ni-based DRM catalysts are promising due to their high activity and low cost, but suffer from poor stability due to coke formation which has hindered their commercialization. Herein, atomically dispersed Ni single atoms, stabilized by interaction with Ce-doped hydroxyapatite, are highly active and coke-resistant catalytic sites for DRM. Experimental and computational studies reveal that isolated Ni atoms are intrinsically coke-resistant due to their unique ability to only activate the first C–H bond in CH_4, thus avoiding methane deep decomposition into carbon. This discovery offers new opportunities to develop large-scale DRM processes using earth abundant catalysts.

D'après *Nature Communications*, 15/11/2019

a. Identify the catalyst mentioned in the document.

b. Identify the reaction catalyzed by this catalyst.

c. Find some information in order to write the equation of the reaction.

d. Outline the interest of this reaction as mentioned in the document.

e. List the advantages and the disadvantages of using this catalyst.

32 Marcellin Berthelot HISTOIRE DES SCIENCES

APP Extraire l'information utile **RÉA** Lire un graphique

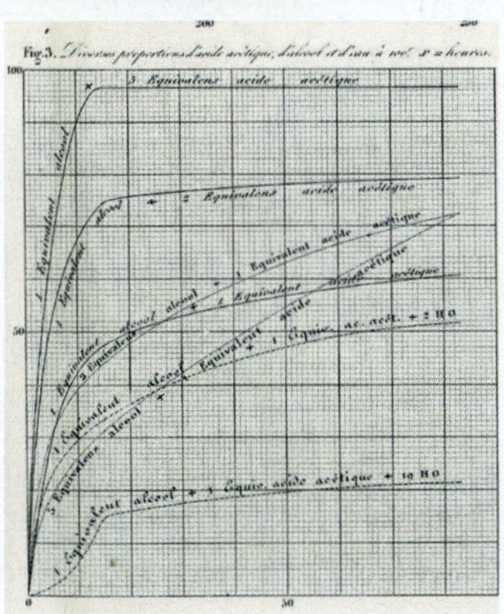

En septembre 1862, le scientifique français Marcellin Berthelot (1827-1907) publie le résultat de ses travaux d'étude de l'estérification. Sur un des documents historiques ci-contre figurent :
- en abscisse, le temps ;
- en ordonnée, le pourcentage d'acide estérifié.

De manière générale, l'équation de réaction d'une estérification peut s'écrire :

acide carboxylique + alcool → ester + eau

a. Identifier des facteurs cinétiques étudiés par Berthelot.

b. Décrire les modifications de la transformation induites par le changement de proportions entre alcool et acide.

c. Préciser si la nature du réactif limitant (l'alcool puis l'acide carboxylique) conduit au même effet.

RESSOURCE
- Courbes de Berthelot en PDF

33 Rechercher des conditions optimales

ANA-RAI Trier et organiser qualitativement différents éléments

L'oxydation de l'ion iodure I^- par l'ion peroxodisulfate $S_2O_8^{2-}$ est modélisée par la réaction d'équation :

$$2\,I^-(aq) + S_2O_8^{2-}(aq) \rightarrow I_2(aq) + 2\,SO_4^{2-}(aq)$$

Quatre expériences sont réalisées pour étudier les facteurs influant sur l'évolution temporelle de la transformation, en faisant varier les concentrations en quantité de matière initiales et la température.

Expérience	$[I^-]_0$ (en mmol·L^{-1})	$[S_2O_8^{2-}]_0$ (en mmol·L^{-1})	θ (en °C)
1	20	10	20
2	40	20	20
3	20	10	35
4	40	20	35

La concentration en quantité de diiode formé lors de chaque expérience à la même date $t = 20$ min est déterminée par titrage ; les résultats obtenus sont donnés dans le tableau ci-dessous.

Expérience	1	2	3	4
$[I_2]$ (en mmol·L^{-1})	1,0	3,5	2,2	8,0

a. Déterminer le facteur cinétique mis en évidence par les expériences 1 et 2, d'une part, et 3 et 4, d'autre part. Expliquer quel est son effet.

b. Déterminer le facteur cinétique mis en évidence par les expériences 1 et 3, d'une part, et 2 et 4, d'autre part. Expliquer quel est son effet.

c. Déterminer, en justifiant, l'expérience pour laquelle la transformation est la plus rapide.

34 ✱ La saponification HISTOIRE DES SCIENCES

APP Extraire l'information utile **RÉA** Lire un graphique

La saponification est une transformation chimique décrite par le chimiste français Michel-Eugène Chevreul (1786–1889) en 1823, par laquelle un ester est transformé en carboxylate de sodium et en alcool. Elle permet la fabrication de savon depuis le IIIe millénaire avant l'ère commune. Cette transformation lente et totale, appliquée au benzoate d'éthyle, est modélisée par la réaction d'équation :

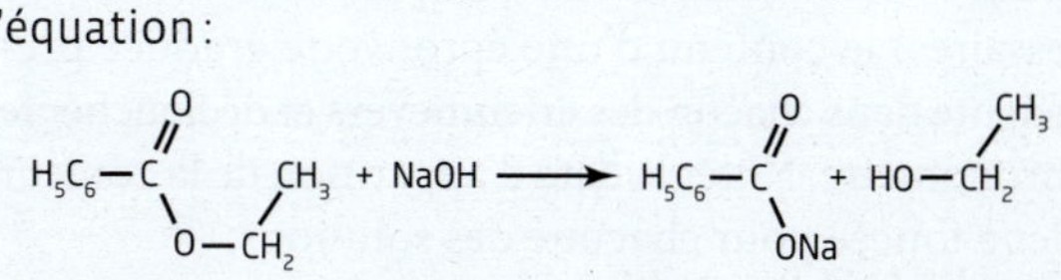

Le milieu réactionnel est composé d'un mélange en mêmes quantités de matière d'ester et d'hydroxyde de sodium. Il contient 200 mmol d'ester. À diverses dates, un échantillon du milieu réactionnel correspondant à un dixième du volume initial est prélevé et refroidi brutalement. L'échantillon est ensuite titré par une solution d'acide chlorhydrique (H_3O^+(aq), Cl^-(aq)) de concentration en quantité de matière $c_a = 1{,}00$ mol·L^{-1}, ce qui permet de déterminer la quantité d'ion hydroxyde restant dans le mélange.

t (en min)	3,00	4,00	5,00	6,00	7,00	8,00	9,00
$V_{éqv}$ (en mL)	14,5	13,3	12,2	11,3	10,6	9,8	9,6

a. Expliquer pourquoi l'échantillon est refroidi immédiatement après le prélèvement.

b. Écrire l'équation de la réaction support de titrage, ainsi que la relation entre quantités de matière que le volume à l'équivalence permet de déterminer.

c. Estimer le temps de demi-réaction.

d. Prévoir quelle est la valeur du volume équivalent lorsque la saponification est terminée.

35 ✱ Retour sur la vidéo-débat — Vidéo débat

ANA-RAI Proposer une modélisation

VAL Exploiter et interpréter des observations, des mesures

PROTOCOLE

1. Préparer cinq erlenmeyers numérotés de 1 à 5 et placés sous agitation magnétique en introduisant les solutions suivantes :
– solution d'iodure de potassium (K^+(aq), I^-(aq)), concentration en quantité de matière $c_I = 0{,}15$ mol·$^{-1}$, volume $V_I = 30$ mL ;
– empois d'amidon, volume $V_A = 1{,}0$ mL ;
– solution de thiosulfate de sodium (Na^+(aq), $S_2O_3^{2-}$(aq)), concentration en quantité de matière $c_T = 0{,}15$ mol·L^{-1}, volume V_T donné dans le tableau suivant ;
– eau distillée, V_E donné dans le tableau suivant.

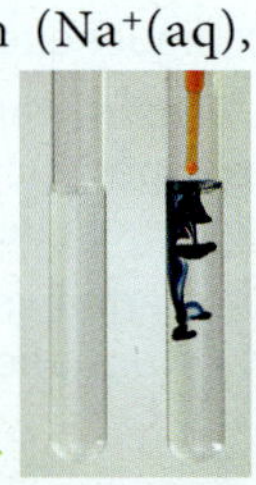

Coloration bleue du produit formé par l'empois d'amidon et le diiode. ▶

Erlenmeyer	1	2	3	4	5
V_T (en mL)	1,0	2,0	3,0	4,0	5,0
V_E (en mL)	5,0	4,0	3,0	2,0	1,0

2. Préparer cinq éprouvettes graduées contenant chacune une solution de peroxodisulfate de potassium (K^+(aq), $S_2O_8^{2-}$(aq)), concentration en quantité de matière $c_P = 0{,}15$ mol·L^{-1}, volume $V_P = 30$ mL.

3. Ajouter simultanément (cinq personnes sont nécessaires) le contenu d'une éprouvette graduée précédente dans chacun des erlenmeyers et déclencher le chronomètre. Noter la date d'apparition de la couleur bleue foncée pour chacune des solutions.

DONNÉES

• Couples oxydant-réducteur :
– diiode / ion iodure : I_2(aq) / I^-(aq)
– ion peroxodisulfate / ion sulfate : $S_2O_8^{2-}$(aq) / SO_4^{2-}(aq)
– ion tétrathionate / ion thiosulfate : $S_4O_6^{2-}$(aq) / $S_2O_3^{2-}$(aq)

• En présence d'empois d'amidon, les solutions de diiode se colorent en bleu.

• Dans chaque mélange réalisé, l'oxydation de l'ion iodure par l'ion peroxodisulfate produit facilement du diiode, tandis que la réduction du diiode par l'ion thiosulfate est très difficile.

a. Visionner la vidéo-débat (p. 72).

b. Écrire l'équation de la réaction modélisant l'oxydation de l'ion iodure par l'ion peroxodisulfate, notée (**R_{lente}**).

c. Dès que le diiode est formé, il est presque instantanément réduit par l'ion thiosulfate en ion iodure.
Écrire l'équation de réaction de cette seconde transformation, notée (**$R_{très\ rapide}$**).

d. Calculer les concentrations en quantité de matière initiales en ion iodure et en ion peroxodisulfate dans les divers mélanges.

e. Interpréter l'évolution de la durée d'apparition de la coloration bleue mesurée pour les différents mélanges.

36 ✱ Comparaison des vitesses

RÉA Lire un graphique **VAL** Discuter de la validité d'un résultat

La figure suivante représente l'évolution des quantités de matière dans une enceinte fermée de volume constant $V = 1{,}0$ L et à température constante ($T = 350$ K) lors de la décomposition du pentoxyde de diazote modélisée par la réaction d'équation :

$$N_2O_5(g) \rightarrow 2\ NO_2(g) + \frac{1}{2}\ O_2(g)$$

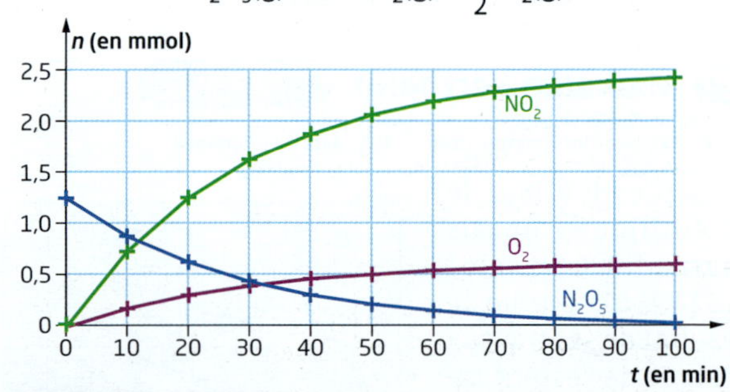

DONNÉES L'équation d'état des gaz parfait s'écrit $P \times V = n \times R \times T$ avec P pression totale en Pa ; V volume de l'enceinte en m^3 ; $R = 8{,}31$ J·mol^{-1}·K^{-1} ; T la température du milieu en K et n la quantité de maière totale d'espèces gazeuses en mol.

a. Justifier que l'évolution temporelle du système peut être suivie à l'aide d'un capteur de pression.

b. Déterminer si la transformation est totale ou non totale.

c. Mesurer la vitesse volumique initiale de formation du dioxygène et celle du dioxyde d'azote NO_2. Commenter.

d. Déterminer le temps de demi-réaction $t_{1/2}$ pour chacune des concentrations en quantité de matière initiales suivantes (en mmol·L^{-1}) : 1,24 ; 0,92 ; 0,68 et 0,50. Conclure.

e. Prévoir la valeur de la concentration en quantité de pentaoxyde de diazote $[N_2O_5]$ à la date $t = 6 \times t_{1/2}$.

37 ✱✱ Un initiateur de polymère

RÉA Effectuer un calcul, tracer un graphique,
VAL Discuter de la validité d'un résultat

Le peroxyde de di*tert*butyle noté **A** est un amorceur de nombreuses réactions de polymérisation formant des matières plastiques.
Cette espèce chimique ne peut pas être utilisée à une température trop élevée car elle se décompose spontanément. Cette décomposition est modélisée par la réaction d'équation :

$$(H_3C)_3COOC(CH_3)_3(g) \rightarrow 2\,CH_3COCH_3(g) + H_3CCH_3(g)$$

La mesure de la pression totale P du mélange constitué initialement de **A** en quantité de matière $n_0 = 10$ mmol, dans une enceinte fermée de volume V conduit aux résultats suivants :

Date t (en min)	2,00	6,00	14,0	22,0	30,0	38,0
Pression P (en kPa)	25,0	26,5	29,5	32,3	34,9	37,3

Au bout d'une durée très longue, la mesure de la pression conduit à une valeur constante $P_\infty = 71{,}8$ kPa.

DONNÉES

- La concentration en quantité d'une espèce gazeuse suit la même définition que celle d'une espèce dissoute : $[\mathbf{A}] = \dfrac{n_\mathbf{A}}{V}$ où $n_\mathbf{A}$ est la quantité de matière de **A** et V est le volume occupé par le gaz.
- Constante des gaz parfaits : $R = 8{,}31\ \text{J}\cdot\text{mol}^{-1}\cdot\text{K}^{-1}$.

1. Analyse des résultats expérimentaux

a. À l'aide d'un tableau d'avancement et en admettant que la transformation est totale, montrer que $P_0 = \dfrac{P_\infty}{3}$.

b. Exprimer à tout instant la concentration en quantité de **A**, notée $[\mathbf{A}](t)$, en fonction de $P(t)$, P_0, R et T.

c. Tracer le nuage de points expérimentaux en plaçant le temps en abscisse et $\ln\left(\dfrac{[\mathbf{A}]}{[\mathbf{A}]_0}\right)$ en ordonnée. Modéliser la courbe passant au plus près de ce nuage de points par une équation adéquate.

2. Utilisation du modèle des réactions d'ordre un

a. Dans l'hypothèse où l'évolution de $[\mathbf{A}](t)$ suit une loi de vitesse d'ordre un de constante de vitesse volumique k, établir l'équation différentielle liant $[\mathbf{A}](t)$ à la valeur de sa dérivée par rapport au temps.

b. Établir l'expression mathématique de $[\mathbf{A}](t)$.

c. Expliquer pourquoi les résultats expérimentaux sont en accord avec le modèle de la réaction d'ordre un, puis donner la valeur numérique de k.

38 ✱✱ Un bactéricide puissant

RÉA Effectuer un calcul, tracer un graphique,
VAL Comparer des résultats obtenus avec différentes approches

L'action bactéricide de l'eau de Javel résulte en partie du caractère oxydant de l'ion hypochlorite. Une étude de la vitesse de l'oxydation de l'ion iodure par l'ion hypochlorite est menée en solution aqueuse.
Une solution d'eau de Javel de volume $V_1 = 50{,}0$ mL et de concentration en quantité d'ion hypochlorite $[ClO^-]_0 = 560\ \text{mmol}\cdot\text{L}^{-1}$ est introduite dans un bécher. Une solution de volume $V_1 = 50{,}0$ mL et de concentration en quantité d'ion iodure $[I^-]_0 = 200\ \text{mmol}\cdot\text{L}^{-1}$ est ajoutée rapidement tout en déclenchant le chronomètre.
Aux dates figurant dans le tableau ci-dessous, un prélèvement de volume $V_2 = 10{,}0$ mL du mélange est versé dans un erlenmeyer contenant 100 mL d'eau glacée et placé sous agitation magnétique. Le contenu de l'erlenmeyer est alors titré par une solution de concentration en quantité d'ion thiosulfate $c = 40\ \text{mmol}\cdot\text{L}^{-1}$. Les volumes à l'équivalence obtenus sont donnés ci-dessous.

Date t (en min)	1,0	3,0	4,5	6,0	8,5	12,0	15,0	18,0	24,0
$V_{\text{éqv}}$ (en mL)	2,2	4,8	6,3	7,3	9	10,8	11,7	12,7	13,7

Python

```python
c_t=0.040     #conc. en quantité de la solution titrante (en mol/L)
c_1=0.20      #conc. en quantité de la solution d'ions iodure (en mol/L)
V_1=0.050     #volume de la solution d'ions iodure (en L)
V_tot=0.100 #volume total du mélange réactionnel (en L)
V_2=0.010     #volume du prélèvement (en L)

# ============================================================
# Saisie des données expérimentales
# ============================================================
t=[1.0,3.0,4.5,6.0,8.5,12.0,15.0,18.0,24.0]    # t (en min)
V_eq=[2.2,4.8,6.3,7.3,9,10.8,11.7,12.7,13.7]  # Véqv (en mL)
N=len(t)
# ============================================================
# Calcul de la quantité de diiode titrée aux dates ti
# ============================================================
n_I2=[]
for i in range(N) :
    n_I2i=...A compléter...
    n_I2.append(n_I2i)

# ============================================================
# Calcul de la concentration en quantité des ions iodure aux dates ti
# ============================================================
c_I=[]
for i in range(N) :
    c_Ii=...A compléter...
    c_I.append(c_Ii)
```

DONNÉES Couples oxydant-réducteur : $ClO^-(aq)/Cl^-(aq)$; $I_2(aq)/I^-(aq)$; $S_4O_6^{2-}(aq)/S_2O_3^{2-}(aq)$.

1. Écrire l'équation de l'oxydation de l'ion iodure par l'ion hypochlorite.

2. Compléter le code source Python fourni afin de répondre aux questions suivantes et de construire les représentations graphiques associées.

a. Calculer la quantité de diiode titré pour chacune des dates de prélèvement ci-dessus. En déduire la concentration en quantité d'ion iodure dans le mélange initial à ces mêmes dates.

b. Identifier si l'évolution de cette concentration suit une loi de vitesse d'ordre un.

RESSOURCE

- Fichiers Python (niveaux standard et confirmé)

39 Comprendre la notion de vitesse

La définition de la vitesse que donne le *Petit Robert* ne fait intervenir que la notion de distance : « le fait de parcourir un grand espace en peu de temps ».
Comment cette notion de vitesse peut-elle être étendue à d'autres champs d'étude ?

ÉTAPE 1 En physique

La figure ci-contre représente l'évolution de la position d'un point matériel A de masse m modélisant un parachutiste lors de sa chute. La durée entre deux positions successives est $\tau = 500$ ms. Le vecteur vitesse à la date t_2 correspondant au point A_2 est assimilable au vecteur vitesse moyenne entre les instants successifs t_2 et t_3 lorsque l'intervalle de temps $\Delta t = t_3 - t_2$ est « très petit ».

$\vec{v_2} = \frac{\overrightarrow{A_2A_3}}{\Delta t} = -\frac{A_2A_3\,\vec{k}}{\Delta t}$ (avec $\vec{k}$ le vecteur unitaire de l'axe vertical orienté vers le haut).

La coordonnée de ce vecteur suivant l'axe vertical ascendant est $v_z = -\frac{A_2A_3}{\Delta t} < 0$.

La norme de ce vecteur, appelée vitesse du parachutiste est $v = \frac{A_2A_3}{\Delta t} > 0$.

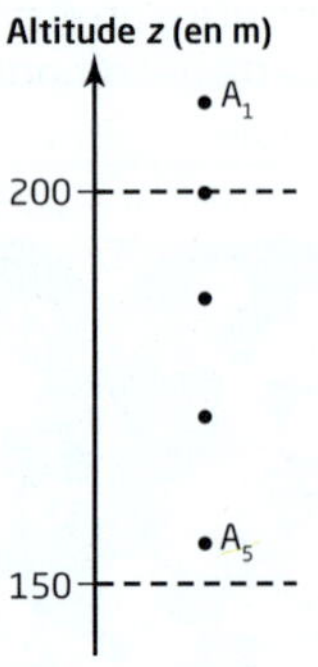

ÉTAPE 2 En chimie

La figure ci-contre représente l'évolution de la concentration d'un réactif **A**. La durée entre deux mesures de la concentration est $\tau = 100$ jours.
La vitesse volumique de formation v_2 du réactif a pour expression : $v_{f,A} = \frac{d[A]}{dt}$.

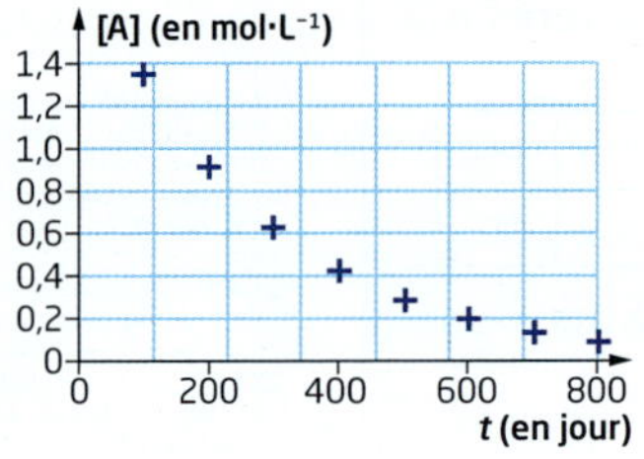

À la date $t_2 = 200$ jours, cette vitesse est assimilable à la vitesse moyenne entre les instants successifs t_2 et t_3 :

$v_{f,A} = \frac{\Delta[A]}{\Delta t} = \frac{[A]_3 - [A]_2}{\Delta t} < 0.$

	Grandeur *G* qui évolue	Unité de *G*	Intervalle de temps	Valeur de la vitesse	Unité
Vitesse d'un objet	Altitude, notée z	mètre (m)	$\Delta t = \tau$	$v = \frac{\lvert\Delta z\rvert}{\Delta t}$	$m \cdot s^{-1}$
Vitesse de formation					

Questions

1 Donner une signification au fait que la vitesse de formation de **A** est négative.

2 Recopier et compléter le tableau ci-contre.

3 Créer une ligne supplémentaire pour une autre utilisation de la notion de vitesse (en informatique, dans une industrie de fabrication de voitures, etc.).

Conseils!

- Lorsque l'unité SI d'une grandeur fait apparaître s^{-1}, alors il est très probable que cette grandeur soit une vitesse.
- Toujours prononcer le symbole « s^{-1} » avec les mots « par seconde », afin de donner plus de sens à une unité.
- La vitesse de production de voitures dans une usine peut être de 200 voitures par jour.

MÉTIERS ET ORIENTATION — GRAND ORAL

Depuis l'invention de la clepsydre, une horloge à eau datant de 1400 avant l'ère commune, la mesure du temps ne cesse de se perfectionner. À la fois objet d'art et instrument hautement technique, l'élaboration, l'entretien et la réparation d'horloges nécessite qu'un(e) **horloger(ère)** ait des qualifications très diversifiées.

Formation
Bac + 1 : formations complémentaires d'initiative locale : horloger spécialisation montres à complication.
Bac + 3 : diplôme national des métiers d'art et du design, mention instrument.

40 Suivi temporel par spectrophotométrie

ANALYSER-RAISONNER RÉALISER VALIDER

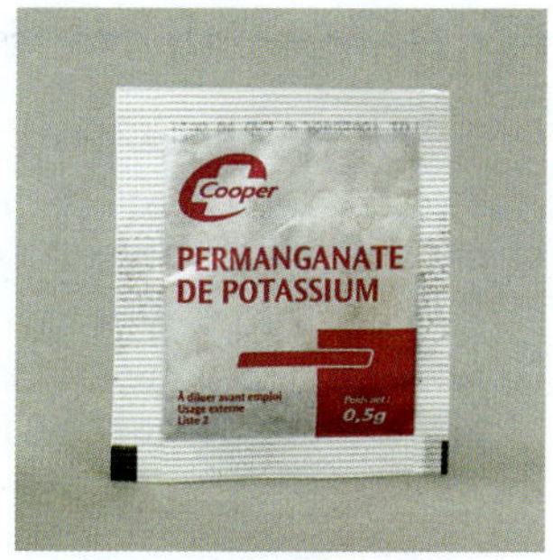

Une solution de permanganate de potassium est un traitement d'appoint des infections de la peau susceptibles de se surinfecter. Certaines espèces chimiques, comme l'acide oxalique, altèrent les solutions d'ion permanganate. Un suivi temporel des réactions permet de mieux contrôler le phénomène.

La transformation étudiée est modélisée par une réaction d'équation :

$$2\ MnO_4^-(aq) + 5\ H_2C_2O_4(aq) + 6\ H_3O^+(aq) \rightarrow 2\ Mn^{2+}(aq) + 10\ CO_2(g) + 14\ H_2O(\ell)$$

DOC. 1 Spectre d'absorption UV-visible de l'ion permanganate en solution aqueuse

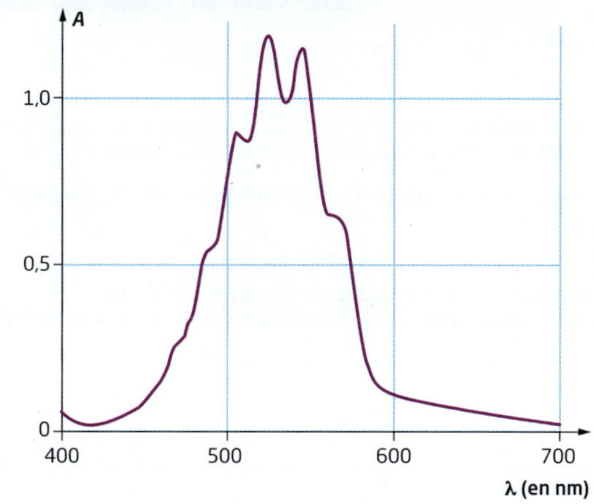

Matériel

Matériel et solutions disponibles

- Spectrophotomètre
- Cuve de spectrophotométrie
- Solution S_1 de concentration en quantité d'ion permanganate $c_1 = 1,0\ mmol \cdot L^{-1}$
- Solution S_2 de concentration en quantité d'acide sulfurique $c_2 = 1\ mol \cdot L^{-1}$
- Solution S_3 de concentration en quantité d'acide oxalique $c_3 = 100\ mmol \cdot L^{-1}$
- Fioles jaugées
- Pissette d'eau distillée
- Pipettes jaugées
- Échantillon n° 1 : 20,0 mL de solution S_3
- Échantillon n° 2 : 20,0 mL de solution S_1 et 10,0 mL de solution de S_2

Questions

Fiche d'évaluation

1 Proposer un protocole permettant de déterminer le temps de demi-réaction de la transformation entre l'ion permanganate et l'acide oxalique lors du mélange des échantillons n° 1 et 2.
APPEL N° 1 *Appeler le professeur pour lui présenter le protocole expérimental ou en cas de difficulté.*

2 Mettre en œuvre le protocole expérimental proposé.

3 Proposer la modification d'un facteur cinétique afin de diminuer le temps de demi-réaction sans modifier l'avancement final, avec le matériel mis à disposition. Justifier la réponse.
Ne pas s'intéresser aux détails du protocole à mettre en œuvre dans cette question.

4 À l'aide du matériel mis à disposition, proposer un protocole expérimental permettant de tester l'influence du facteur cinétique proposé à la question précédente.
Justifier le choix de la verrerie et l'ordre des opérations à effectuer.
APPEL N° 2 *Appeler le professeur pour lui présenter le protocole expérimental ou en cas de difficulté.*

5 Mettre en œuvre le protocole expérimental proposé.
APPEL N° 3 *Appeler le professeur pour lui présenter une mesure ou en cas de difficulté.*

6 Conclure sur l'influence du facteur cinétique choisi.

RESSOURCES
- Liste du matériel
- Fiches d'évaluation par compétences

Exercices BAC

60 min

41 Danger en spéléologie

S'APPROPRIER **ANALYSER-RAISONNER** **RÉALISER**

Lors de l'exploration d'une grotte, un spéléologue peut rencontrer des nappes de dioxyde de carbone CO_2. À teneur élevée, ce gaz entraîne des évanouissements et même la mort.

Le dioxyde de carbone est formé par action d'eaux de ruissellement acides sur le carbonate de calcium $CaCO_3$ présent dans les roches calcaires.

DONNÉES

- Température du laboratoire au moment de l'expérience : 25 °C.
- Pression atmosphérique : $P_{atm} = 1{,}013 \times 10^5$ Pa.
- Le dioxyde de carbone formé se comporte comme un gaz parfait et vérifie la loi des gaz parfaits : $PV_{CO_2} = n_{CO_2}RT$, avec P en Pa, V_{CO_2} en m³, n_{CO_2} en mol et T en K.
- Constante des gaz parfaits : $R = 8{,}31$ J·mol⁻¹·K⁻¹.

DOCUMENT **Expérience réalisée par un élève**

Un élève verse dans un ballon, une solution de volume $V_S = 100$ mL d'acide chlorhydrique de concentration en quantité d'ion oxonium 100 mmol·L⁻¹.

À la date $t = 0$ s, il introduit rapidement dans le ballon un échantillon de carbonate de calcium $CaCO_3$(s) de quantité de matière $n_0 = 20{,}0$ mmol et déclenche simultanément un chronomètre.

Puis il relève les valeurs du volume V_{CO_2} de dioxyde de carbone dégagé en fonction du temps.

Ces valeurs sont reportées dans le tableau ci-dessous. La pression du gaz est égale à la pression atmosphérique.

Date t (en s)	0	20	40	60	80	100	120	140	160	180	200	220
V_{CO_2} (en mL)	0	29	49	63	72	79	84	89	93	97	100	103

Date t (en s)	240	260	280	300	320	340	360	380	400	420	440
V_{CO_2} (en mL)	106	109	111	113	115	117	118	119	120	120	121

La transformation chimique étudiée est modélisée par la réaction d'équation :

$$CaCO_3(s) + 2\,H_3O^+(aq) \rightarrow Ca^{2+}(aq) + CO_2(g) + 3H_2O(\ell)$$

Questions

1 Construire le tableau d'avancement de la réaction et déterminer la valeur de l'avancement maximal noté x_{max}.

2 Exprimer l'avancement x de la réaction à une date t en fonction de V_{CO_2}, T, P_{atm} et R.

3 Calculer le volume maximal V_{max} de gaz susceptible d'être recueilli dans les conditions de l'expérience. Déterminer si la transformation est totale.

4 Représenter le nuage de points expérimentaux obtenu en plaçant la date t en abscisse et l'avancement x en ordonnée.

5 Décrire l'évolution de la vitesse volumique de formation de CO_2 au cours du temps.

6 Définir le temps de demi-réaction $t_{1/2}$. Déterminer graphiquement sa valeur.

7 La température d'une grotte est généralement inférieure à 25 °C. Préciser l'effet de cet abaissement de température sur la vitesse volumique initiale de formation de CO_2.

8 Compléter le graphique réalisé à la question **4**, en représentant l'allure de l'évolution de l'avancement en fonction du temps dans ce cas.

42 Un colorant pour traiter des infections

S'APPROPRIER | ANALYSER-RAISONNER | RÉALISER

Le vert de malachite est un composé ionique de formule $C_{23}H_{25}ClN_2$ utilisé comme colorant. En solution, il forme les ions chlorure Cl^- et carbénium $C_{23}H_{25}N_2^+$, noté M^+.

Toxique, le vert de malachite a pu aussi être utilisé pour traiter les infections fongiques et bactériennes.

En milieu basique, l'ion M^+ réagit avec l'ion hydroxyde HO^-, entraînant la décoloration de la solution suivant une transformation totale dont l'équation de réaction s'écrit : $M^+(aq) + HO^-(aq) \rightarrow MOH(aq)$.

La vitesse de consommation de l'ion M^+ peut s'écrire $v_{c,M^+} = k[HO^-]^{\alpha}[M^+]^{\beta}$, avec α et β des entiers.

Seule l'espèce M^+ absorbe dans le domaine du visible.

EXPÉRIENCE 1

Protocole

1) Une solution est préparée en introduisant :
- 20,0 mL d'une solution aqueuse de vert malachite de concentration en quantité d'ion carbénium $c_{M^+} = 75{,}0\ \mu mol \cdot L^{-1}$;
- 75,0 mL d'eau distillée.

2) En déclenchant simultanément le chronomètre, une solution de concentration en quantité d'ion hydroxyde $c_B = 100\ mmol \cdot L^{-1}$ et de volume $V = 5{,}00$ mL est ajoutée.

Résultats expérimentaux

Les concentrations en quantité initiales respectives des espèces M^+ et OH^- après le mélange sont notées $[M^+]_0$ et $[HO^-]_0$.
L'absorbance $A(t)$ à une longueur d'onde λ judicieusement choisie est mesurée à différentes dates.

t (en min)	0	2,00	4,00	6,00	8,00	10,0	12,0	14,0	16,0
A	0,858	0,801	0,749	0,698	0,652	0,612	0,571	0,532	0,498
$-\frac{dA}{dt}$ (en min^{-1})	0,0292	0,0273	0,0255	0,0238	0,0222	0,0208	0,0194	0,0181	0,0169

EXPÉRIENCE 2

Protocole

L'expérience précédente est renouvelée en modifiant la concentration c_B de la solution de soude. Les volumes de solutions utilisées et la concentration en quantité d'ion M^+ restent identiques. Une analyse des résultats permet de construire le tableau ci-dessous, fournissant la valeur de $k \times [HO^-]^{\alpha}$ pour les différentes valeurs de c_B.

Résultats expérimentaux

c_B (en mmol·L^{-1})	200	300	400
$k \times [HO^-]^{\alpha}$ (en min^{-1})	$6{,}70 \times 10^{-2}$	$10{,}3 \times 10^{-2}$	$13{,}6 \times 10^{-2}$

Questions

1 Étude de l'expérience 1

a. Calculer les concentrations en quantité initiales des espèces M^+ et HO^- après le mélange.

b. Montrer que la grandeur $k \times [HO^-]^{\alpha}$ est presque constante au cours de la transformation. Par la suite, elle est notée k_{app}.

c. Déterminer alors l'expression de la vitesse de consommation de M^+ en fonction de k_{app}, $[M^+]$ et β.

d. Exprimer $\ln\left(-\frac{dA}{dt}\right)$ en fonction de A, β, k_{app}, ainsi que du coefficient d'absorption molaire de M^+, noté ε, et de la longueur ℓ de solution traversée par le faisceau de lumière.

e. Déterminer la valeur de β par l'analyse des résultats expérimentaux.

2 Étude de l'expérience 2

À partir des résultats expérimentaux de l'expérience 2, déterminer les valeurs de α et de k.

4 Suivi temporel et modélisation microscopique

EXO QCM interactif

Se tester pour commencer

Choisir la réponse exacte.

	A	B	C
1 Sur le schéma de Lewis ci-contre, un tiret représente : 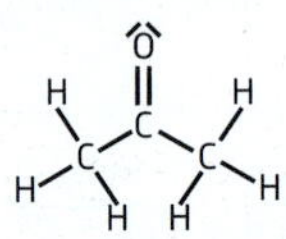	un électron	une charge négative	deux électrons
2 Le schéma de Lewis de l'ion oxonium H_3O^+ est :	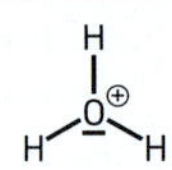	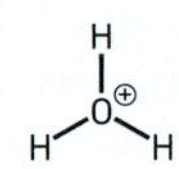	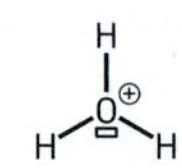
3 Lorsque la température d'un milieu réactionnel est augmentée, la vitesse volumique de formation des produits :	augmente	diminue	reste constante
4 Un catalyseur est introduit dans le milieu réactionnel pour augmenter :	le rendement de la transformation	la vitesse de formation d'un produit	la température
5 La représentation graphique ci-contre montre l'allure de l'évolution temporelle de la concentration en P, produit d'une réaction. Au cours du temps, la vitesse volumique de formation du produit P : 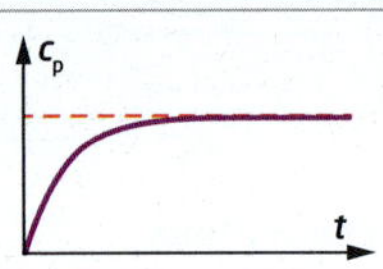	diminue	augmente	reste constante

GRAND ORAL

Vidéo débat

Observation de lait au microscope.

Cette vidéo montre-t-elle le mouvement de molécules ?

→ Exercice 20 p. 105

Lorsque deux autos-tamponneuses entrent en collision, cela provoque les rires des enfants et des plus grands.

Comment augmenter la probabilité de rencontre de deux autos-tamponneuses ?

CAPACITÉS EXIGIBLES*	Activités	Exercices corrigés
À partir d'un mécanisme réactionnel fourni, identifier un intermédiaire réactionnel, un catalyseur et établir l'équation de la réaction qu'il modélise au niveau microscopique.	1 2	7 14 15 24
Représenter les flèches courbes d'un acte élémentaire, en justifiant leur sens.	1	8 15 24
Interpréter l'influence des concentrations et de la température sur la vitesse d'un acte élémentaire, en termes de fréquence et d'efficacité des chocs entre entités.	2	19 24

* D'après le *B.O. spécial* n°2 du 13 février 2020, les capacités de ce chapitre sont uniquement exigibles pour le Grand oral.

Activité documentaire

Notions

- Mécanisme réactionnel, acte élémentaire, intermédiaire réactionnel, formalisme de la flèche courbe.
- Modification du mécanisme par ajout d'un catalyseur.

▸ § 1 p. 100

1 Plusieurs scénarios pour une transformation

Écrire l'équation d'une réaction serait comme ne connaître d'une pièce de théâtre que la scène d'ouverture et la scène finale : que s'est-il passé entre ces deux scènes ? Quels personnages se sont rencontrés ? séparés ? associés ?

● **Comment décrire le « scénario » de la transformation chimique conduisant des réactifs aux produits ?**

DONNÉES

■ Un **mécanisme réactionnel** est le scénario de la réaction étudiée. Il s'agit d'une modélisation de la transformation à l'échelle des entités.

■ La transformation est décomposée en une succession d'étapes appelées **actes élémentaires**.

■ Dans un mécanisme réactionnel, la redistribution des doublets d'électrons permettant de réaliser chacun des actes élémentaires est indiquée par des flèches courbes.

DOCUMENT Trois scénarios possibles pour une transformation chimique

■ Trois mécanismes sont envisagés pour la transformation modélisée par la réaction d'équation :

$$(H_3C)_2CH–Cl + HO^- \rightarrow (H_3C)_2CH–OH + Cl^-$$

Mécanisme ① : la réaction se déroule en deux actes élémentaires.

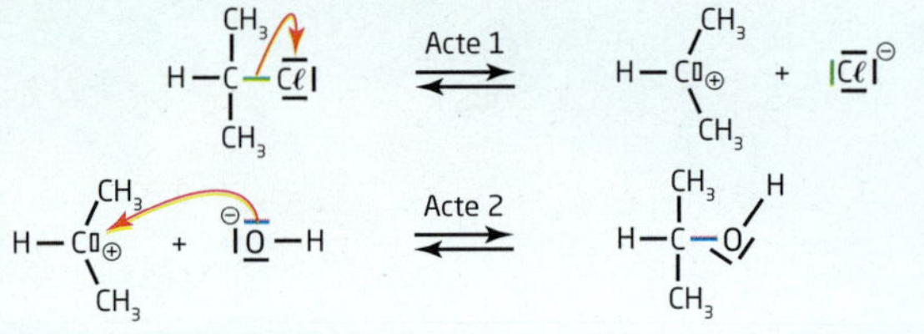

Mécanisme ② : la réaction se déroule en un seul acte élémentaire et l'équation de la réaction traduit aussi ce qui se passe à l'échelle des entités.

Mécanisme ③ : si de l'iodure de sodium (Na^+, I^-) est introduit dans le milieu réactionnel, la formation des produits est plus rapide. Le mécanisme proposé pour justifier cette observation est le suivant (les flèches courbes sont volontairement non représentées ici).

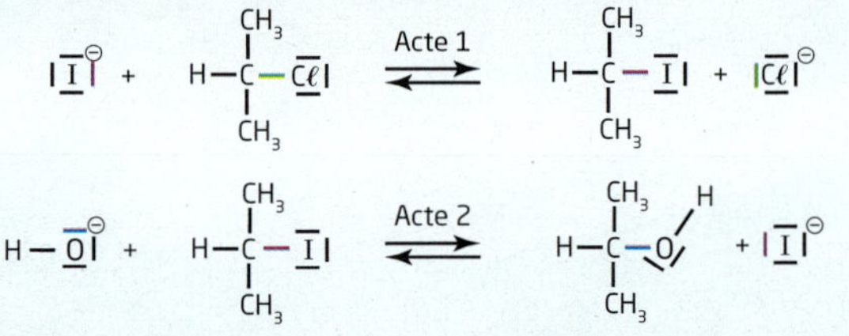

Questions

1 S'APPROPRIER

a. Commenter les deux actes élémentaires du mécanisme ① en termes de liaisons rompues ou formées.

b. Identifier le point commun entre les points de départ des deux flèches courbes représentées ici.

2 RÉALISER

a. Sur le modèle du mécanisme ①, représenter les mécanismes ② et ③ en y indiquant les flèches courbes modélisant la redistribution des doublets.

b. Montrer que l'équation de réaction est retrouvée pour chacun des mécanismes ① et ③ en faisant une combinaison des différents actes.

3 ANALYSER-RAISONNER

a. Identifier dans les mécanismes ① et ③ deux espèces qui ne figurent ni parmi les réactifs, ni parmi les produits de la transformation.

b. Parmi ces deux espèces, identifier celle qui joue le rôle de catalyseur, après avoir rappelé sa définition.

c. La seconde espèce est appelée « intermédiaire réactionnel ». Proposer une justification de ce terme.

4 VALIDER

Choisir l'un des mécanismes ① ou ③ et le commenter à l'aide du vocabulaire utilisé au théâtre : scène d'ouverture, scène finale, intrigue, personnages, didascalies.

2 Les oxydes d'azote, destructeurs d'ozone du XXIe siècle

Notions
- Interprétation microscopique de l'influence des facteurs cinétiques

▸ § 2 p. 101

La couche d'ozone est une partie de la stratosphère contenant une quantité relativement importante d'ozone. Elle absorbe une grande partie du rayonnement solaire ultraviolet protégeant ainsi les êtres vivants. Les oxydes d'azote (N_xO_y), émis dans l'atmosphère par les activités humaines, participent à la destruction de cette couche d'ozone, d'autant plus fortement si leur concentration augmente ou si la température est plus élevée.

● **Peut-on interpréter ces effets à l'échelle des entités chimiques ?**

DOC. 1 Transformation étudiée

■ La destruction de l'ozone O_3 par le monoxyde d'azote NO peut être modélisée par la réaction d'équation :

$$NO(g) + O_3(g) \rightarrow NO_2(g) + O_2(g)$$

■ Il a été montré qu'à l'échelle des entités, cette transformation s'effectue en un seul acte élémentaire.

■ Pour qu'elle se produise, la collision entre une molécule de monoxyde d'azote et une molécule d'ozone est une condition nécessaire.

DOC. 2 Effet de la température sur l'énergie cinétique des molécules

En phase gazeuse, il est possible, en utilisant le modèle des gaz parfaits, d'exprimer l'énergie cinétique moyenne $\overline{\mathscr{E}_c}$ des molécules en fonction de la température T. La relation obtenue est une relation de proportionnalité :

$$\overline{\mathscr{E}_c} = \frac{3}{2} k_B T$$

où k_B est une constante positive.

DOC. 3 Notion de collision efficace

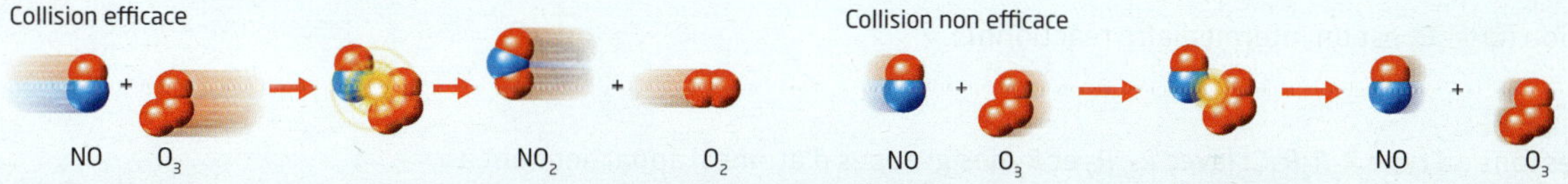

Questions

1 S'APPROPRIER

a. Rappeler la définition de l'énergie cinétique d'un système de masse m et de valeur de vitesse v.

b. Émettre des hypothèses sur les raisons pour lesquelles les énergies cinétiques de chaque entité d'un système chimique sont différentes.

c. La vitesse quadratique u d'un ensemble d'entités identiques est la racine carrée de la valeur moyenne du carré de la vitesse de chaque entité au carré. Exprimer u en fonction de $\overline{\mathscr{E}_c}$.

2 ANALYSER-RAISONNER

a. Indiquer l'effet d'une augmentation de température sur l'énergie cinétique moyenne, puis sur la vitesse quadratique.

b. Émettre une hypothèse sur l'effet d'une augmentation de température sur la fréquence des collisions entre entités dans un récipient de volume fixe qui contient des espèces gazeuses en quantité fixée.

c. Indiquer, dans les mêmes conditions, l'effet d'une augmentation de la quantité d'espèces gazeuses sur la fréquence des collisions lorsque la température est constante.

d. Expliquer comment le dessinateur a représenté sur le **DOC. 3** la différence entre collision efficace et collision non efficace. En déduire l'effet de la température sur l'efficacité des collisions.

3 VALIDER

Rédiger un court texte permettant de mettre en relation la modélisation microscopique et la modélisation macroscopique de l'évolution temporelle d'un système chimique, notamment pour les facteurs cinétiques température et concentration.

Podcast | Texte DYS

1 Mécanisme réactionnel

1.1 Succession d'actes élémentaires

Une transformation chimique est modélisée par une réaction. L'équation de cette réaction permet de réaliser des bilans de matière à l'échelle macroscopique. Toutefois, à l'échelle des entités, la transformation s'effectue en général en plusieurs étapes.

- Un **acte élémentaire** est une modélisation, à l'échelle des entités, d'une transformation qui s'effectue en une seule étape.
- Un **mécanisme réactionnel** est une succession d'actes élémentaires.
- Une espèce qui apparaît dans le mécanisme réactionnel en tant que produit d'un acte élémentaire et en tant que réactif d'un acte élémentaire qui le suit est un **intermédiaire réactionnel**. Il est formé puis consommé. Il ne figure pas dans l'équation de la réaction qui modélise la transformation.

Exemple

L'expérience a montré que la transformation chimique modélisée par la réaction d'équation :

$$(H_3C)_3C{-}C\ell + HO^- \longrightarrow (H_3C)_3C{-}OH + C\ell^-$$

est décrite à l'échelle microscopique par le mécanisme réactionnel à deux étapes :

$$(H_3C)_3C{-}C\ell \rightleftarrows (H_3C)_3C^+ + C\ell^-$$

$$(H_3C)_3C^+ + HO^- \rightleftarrows (H_3C)_3C{-}OH$$

L'ion $(CH_3)_3C^+$ est un intermédiaire réactionnel.

Remarque

Les ions du type $R_1R_2R_3C^+$ (avec R_1, R_2 et R_3 des groupes d'atomes) appartiennent à la famille fonctionnelle des ions carbénium, souvent appelés carbocations.

Un mécanisme réactionnel modélise une transformation à l'échelle microscopique.

L'équation de la réaction est obtenue en faisant la combinaison des équations des différents actes élémentaires.

La combinaison des équations des actes élémentaires permet d'obtenir l'équation de la réaction. L'intermédiaire réactionnel n'y figure pas.

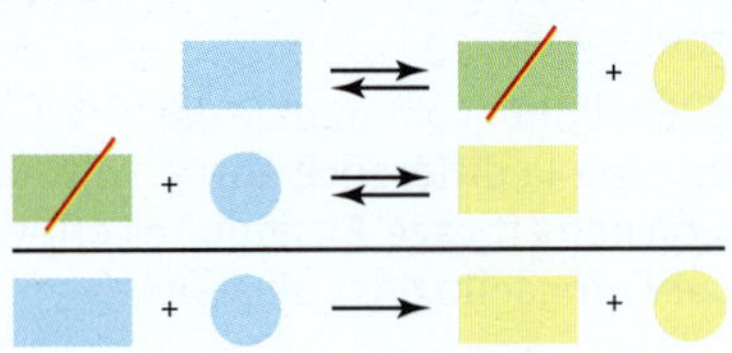

1.2 Flèches courbes de l'acte élémentaire

Lors d'un acte élémentaire, les atomes des entités se réorganisent. Cette modification résulte d'une redistribution de certains doublets d'électrons de valence, formalisée par des **flèches courbes**.

VOCABULAIRE

L'échelle des entités est aussi appelée **échelle microscopique** (par opposition à l'échelle macroscopique), bien que l'échelle des entités soit de l'ordre de la centaine de picomètres et non du micromètre.

ÉVITER LES ERREURS

L'équation de l'acte élémentaire utilise le symbole ⇆ :
- pour éviter la confusion avec le symbole → utilisé pour l'équation de réaction ;
- parce qu'à l'échelle des entités, les transformations peuvent s'effectuer dans les deux sens.

HISTOIRE DES SCIENCES

Ahmed Zewail (1946-2016), chercheur américano-égyptien, prix Nobel de chimie en 1999. Ses travaux sur « le mouvement des atomes des molécules au cours des actes élémentaires primordiaux des réactions chimiques » ont permis l'émergence d'un nouveau champ disciplinaire, la femtochimie. Ce nom fait référence à la femtoseconde (1 fs = 1×10^{-15} s), car l'analyse par laser des actes élémentaires qu'il a mise en place se déroule sur cette échelle de temps.

Pour représenter ces flèches, il est nécessaire de disposer des schémas de Lewis des entités.

Un acte élémentaire peut présenter autant de flèches courbes que nécessaire pour représenter la redistribution des doublets d'électrons (formation ou rupture de liaisons, par exemple).

Exemple

Pour les deux actes élémentaires du mécanisme réactionnel précédent :

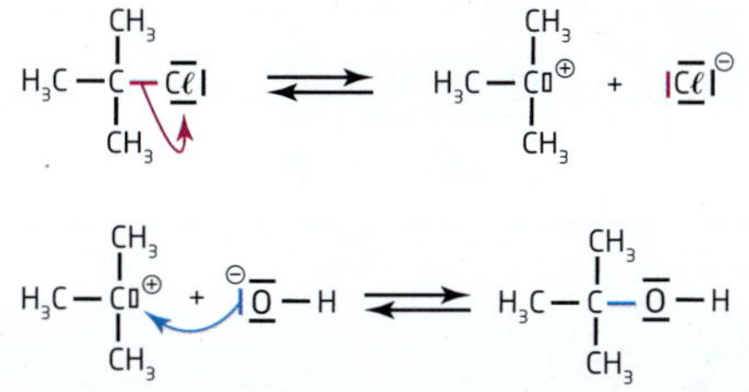

Remarque

Les doublets représentant les liaisons C–H des groupes méthyle ne sont ici pas représentés car ils n'apportent aucune information utile.

ÉVITER LES ERREURS

Les catalyseurs et les intermédiaires réactionnels figurent tous deux dans le mécanisme réactionnel, mais pas dans l'équation de réaction. Les intermédiaires réactionnels sont présents du côté des produits, puis des réactifs. Le catalyseur est présent du côté des réactifs puis des produits.

Dans le mécanisme de l'exemple ci-contre, I^- est un catalyseur et $H_3C{-}I$ un intermédiaire réactionnel.

1 · 3 Effet d'un catalyseur

En présence d'un **catalyseur**, le mécanisme réactionnel est modifié.

Exemple

La transformation chimique modélisée par la réaction d'équation :

$$H_3C{-}Cl + HO^- \rightarrow H_3C{-}OH + Cl^-$$

se déroule en un seul acte élémentaire.

En présence d'ion iodure I^-, catalyseur, le mécanisme est modifié :

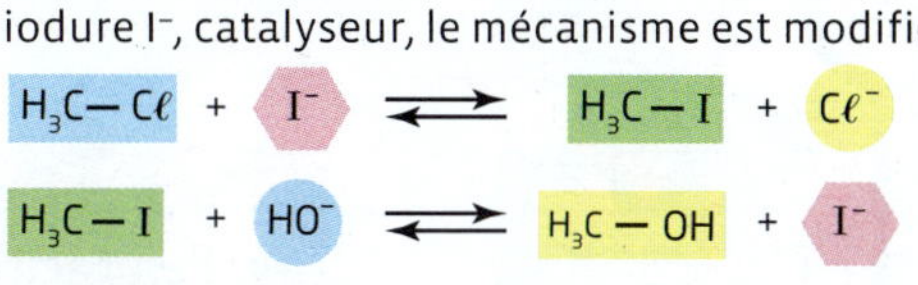

Le catalyseur figure en tant que réactif dans le premier acte élémentaire, puis en tant que produit dans le second. Il est momentanément transformé puis reformé. Il n'apparaît pas dans l'équation de la réaction.

2 Interprétation de l'influence des facteurs cinétiques

La réalisation d'un acte élémentaire tel que **A + B ⇆ C** nécessite la collision des entités **A** et **B**.

La vitesse de l'acte élémentaire est assimilée à la vitesse de formation de **C** par cet acte élémentaire.

Augmenter la concentration en **A** et/ou en **B** dans le mélange réactionnel augmente la **fréquence** des collisions et par conséquent la vitesse de l'acte élémentaire (DOC. 1).

Pour qu'une collision soit efficace, c'est-à-dire qu'elle conduise à la formation de **C**, il est nécessaire que les entités **A** et **B** aient une énergie cinétique suffisante lors de leur « rencontre ».

Augmenter la température du milieu réactionnel conduit à une augmentation de l'énergie cinétique moyenne des entités. Davantage de collisions deviennent **efficaces** et la vitesse de l'acte élémentaire augmente (DOC. 2).

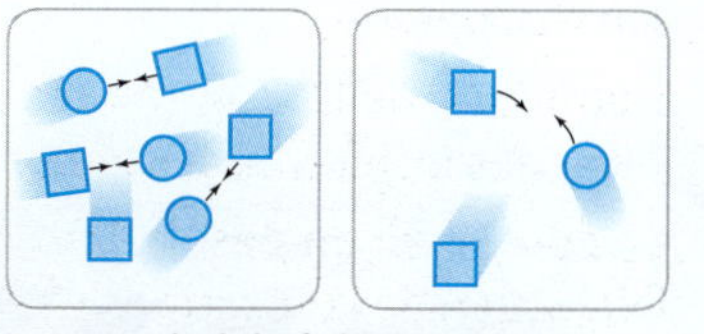

1. La probabilité de rencontre entre A et B est plus élevée lorsque les concentrations sont plus élevées.

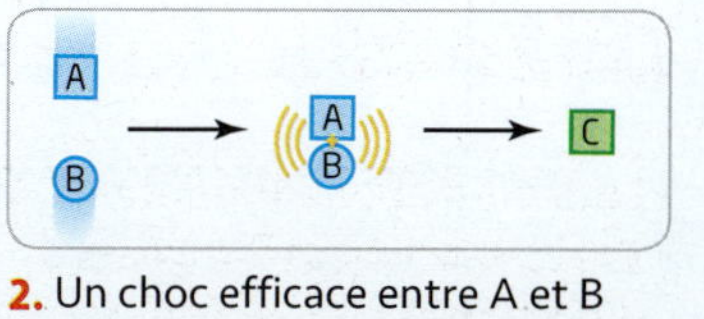

2. Un choc efficace entre A et B conduit à la formation de C.

Retenir l'essentiel

TRANSFORMATION CHIMIQUE À L'ÉCHELLE DES ENTITÉS

Équation de réaction : $\underset{\textbf{A}}{H_3C-C\ell} + \underset{\textbf{B}}{HO^-} \longrightarrow \underset{\textbf{C}}{H_3C-OH} + \underset{\textbf{D}}{C\ell^-}$

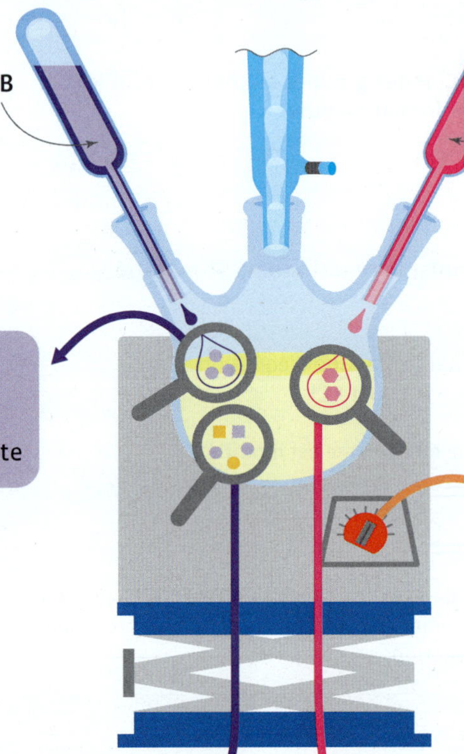

[B] augmente
⇒ la fréquence des chocs augmente
⇒ la vitesse augmente

***T* augmente**
⇒ l'efficacité des chocs augmente
⇒ la vitesse augmente

Mécanisme réactionnel sans catalyseur

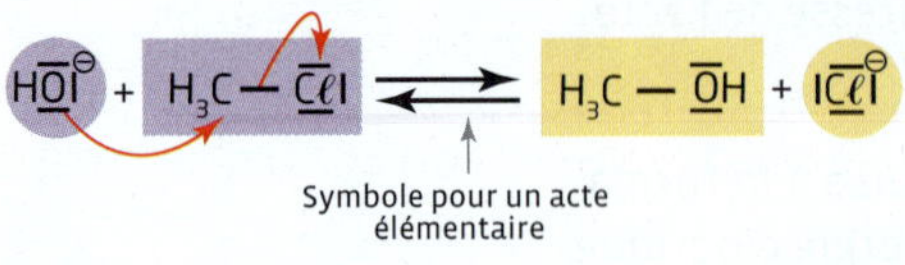

Mécanisme réactionnel avec catalyseur

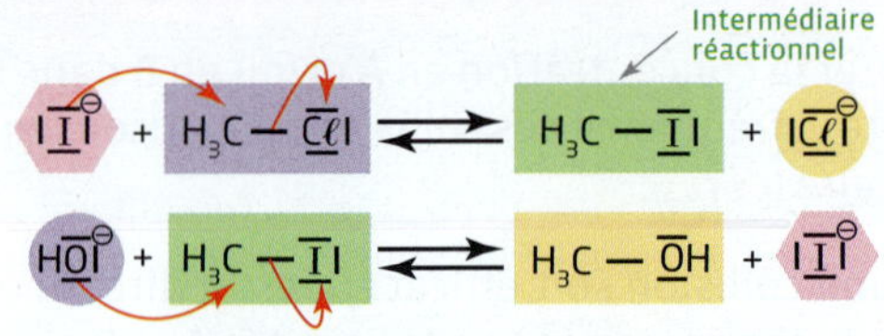

Le catalyseur modifie le mécanisme réactionnel

5 min chrono !

Si vous ne trouvez pas la bonne réponse, reportez-vous au § de la synthèse des activités correspondant pour vous aider.

Indiquer la réponse exacte.

EXO QCM interactif

1 **La transformation modélisée par la réaction d'équation $C_2H_4 + HBr \rightarrow C_2H_5Br$ est décrite par le mécanisme réactionnel :**

$$H_2C{=}CH_2 + HBr \rightleftarrows H_2\overset{\oplus}{C}-CH_3 + Br^{\ominus}$$

$$H_2\overset{\oplus}{C}-CH_3 + Br^{\ominus} \rightleftarrows Br-CH_2-CH_3$$

Pour cette transformation, l'espèce Br^- est : ▶ §1

a. un produit. b. un réactif.

c. un intermédiaire réactionnel.

2 **Une transformation est décrite par le mécanisme réactionnel :**

$$A + HO^- \rightleftarrows B^- + H_2O$$
$$B^- \rightleftarrows C + HO^-$$

L'équation de la réaction qui modélise cette transformation est : ▶ §1

a. $\mathbf{A} \rightarrow \mathbf{B}^- + H_2O$ b. $\mathbf{A} \rightarrow \mathbf{C} + H_2O$ c. $\mathbf{A} + HO^- \rightarrow \mathbf{B}^- + H_2O$

3 **Dans le mécanisme présenté dans l'exercice 2 figure un catalyseur. Il s'agit de :** ▶ §1

a. H_2O. b. B^-. c. HO^-.

4 **La représentation, à l'aide de flèches courbes, de l'acte élémentaire $C_2H_5^+ + Br^- \rightleftarrows C_2H_5Br$ est :** ▶ §1

a. 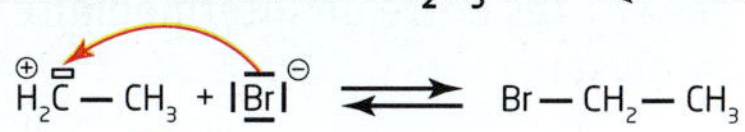

b. 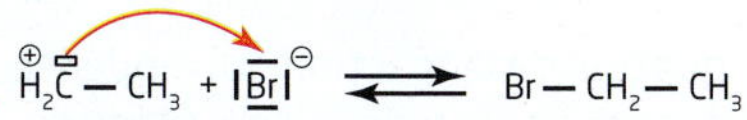

c. 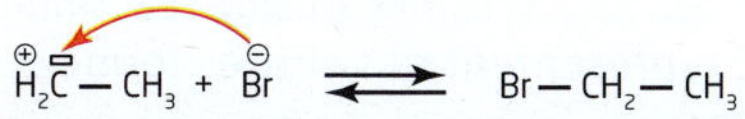

5 **Pour augmenter l'efficacité des chocs entre les entités de réactifs, il est possible d' :** ▶ §2

a. augmenter la concentration des réactifs.

b. ajouter un catalyseur.

c. augmenter la température du milieu réactionnel.

6 **Pour augmenter la fréquence des chocs entre les entités de réactifs, il est possible d' :** ▶ §2

a. augmenter la concentration des réactifs.

b. augmenter la température du milieu réactionnel.

c. ajouter un catalyseur.

Corrigés p. 550

Contrôle technique !

7 Analyser un mécanisme réactionnel

EXERCICE RÉSOLU

a. Donner l'équation de la réaction décrite par le mécanisme ci-contre.

b. Identifier les intermédiaires réactionnels et le catalyseur.

$$A + H^+ \rightleftarrows AH^+$$
$$AH^+ + B \rightleftarrows DH^+$$
$$DH^+ \rightleftarrows D + H^+$$

SOLUTION

L'équation de la réaction est obtenue en faisant la combinaison des différentes étapes. Les espèces H^+, AH^+ et DH^+ disparaissent lorsqu'on effectue la somme.

$$A + H^+ \leftrightarrows AH^+$$
$$AH^+ + B \leftrightarrows DH^+$$
$$DH^+ \leftrightarrows D + H^+$$
$$\overline{A + B \rightarrow D}$$

Elles ne figurent pas dans l'équation de la réaction. Dans le mécanisme, AH^+ et BH^+ sont formés puis consommés : ce sont des intermédiaires réactionnels, H^+ est consommé puis reformé : c'est un catalyseur.

APPLICATION • Sur le modèle de l'exercice résolu

Donner l'équation de la réaction décrite par le mécanisme ci-contre et identifier l'intermédiaire réactionnel et le catalyseur.

$$AH + HO^- \leftrightarrows A^- + H_2O$$
$$A^- \leftrightarrows B + HO^-$$

8 Représenter les flèches courbes d'un acte élémentaire

EXERCICE RÉSOLU

Reproduire et compléter l'acte élémentaire suivant avec des flèches courbes.

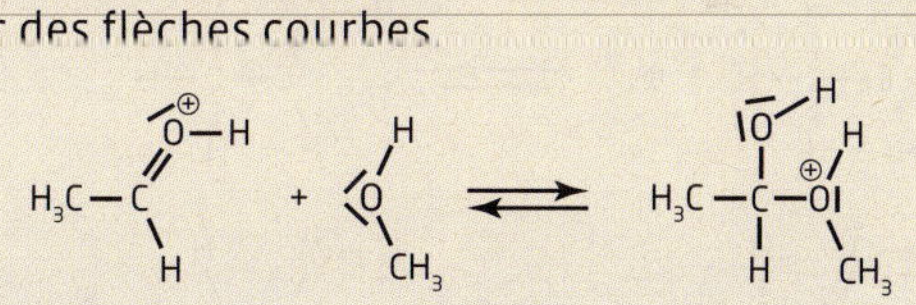

SOLUTION

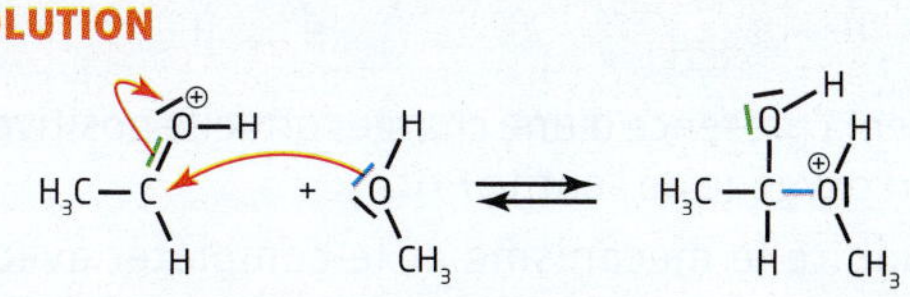

APPLICATION • Sur le modèle de l'exercice résolu

Reproduire et compléter l'acte élémentaire suivant avec des flèches courbes.

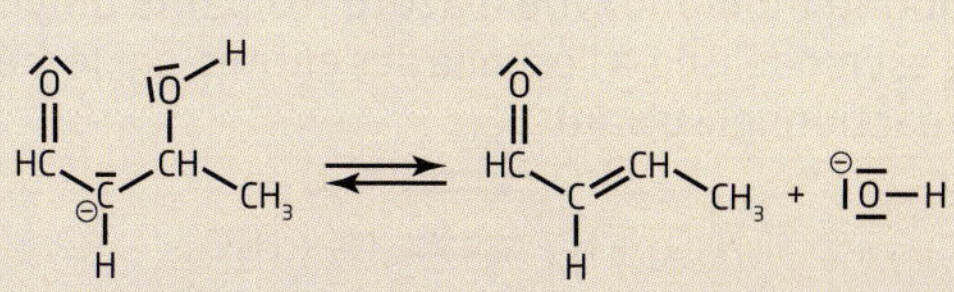

Exercices APPLIQUER

Mécanisme réactionnel

▶ § 1 de la synthèse des activités

➔ EXERCICES RAPIDES

9 GRAND ORAL Présenter à l'oral, sans note et en deux minutes maximum, les points communs et les différences à l'échelle des entités entre un intermédiaire réactionnel et un catalyseur.

10 Déterminer l'équation de la réaction qui modélise la transformation décrite par le mécanisme réactionnel suivant (*P* et *E* représentent des entités formées de plusieurs atomes).

$$P + H^+ \rightleftharpoons PH^+$$
$$PH^+ \rightleftharpoons E + H^+$$

11 Dans le mécanisme précédent, identifier le catalyseur et l'intermédiaire réactionnel.

12 Déterminer un produit

Recopier et compléter les actes élémentaires ci-dessous en indiquant le ou les produits formés.

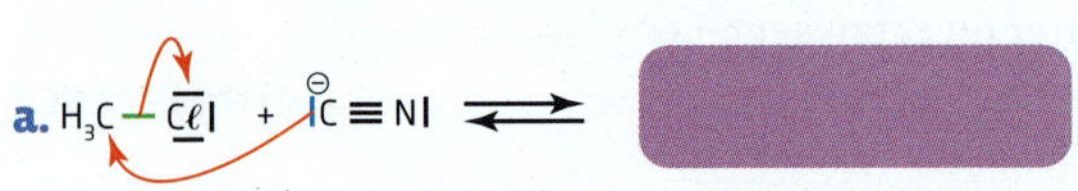

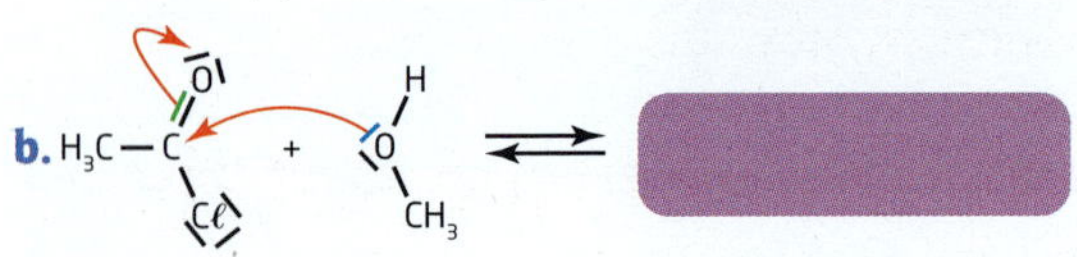

13 Représenter des flèches courbes

Le détail du mécanisme de l'exercice 10 est représenté ci-dessous.

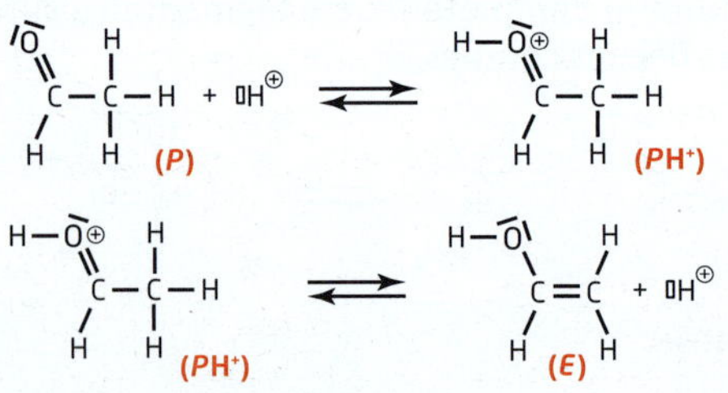

a. Justifier la présence d'une charge formelle positive sur l'atome d'oxygène de l'entité PH^+.

b. Reproduire le mécanisme et le compléter avec les flèches courbes qui conviennent.

14 Identifier un intermédiaire réactionnel

La réduction du monoxyde d'azote NO par le dihydrogène H_2 est modélisée, à l'échelle des entités, par le mécanisme réactionnel suivant :

$$2\,NO \rightleftharpoons N_2O_2$$
$$N_2O_2 + H_2 \rightleftharpoons N_2 + H_2O_2$$
$$H_2O_2 + H_2 \rightleftharpoons 2\,H_2O$$

a. En faisant la somme de tous les actes élémentaires, déterminer l'équation de la réaction qui modélise cette transformation à l'échelle macroscopique.

b. Identifier dans le mécanisme deux intermédiaires réactionnels.

15 Compléter un mécanisme

a. Compléter le mécanisme réactionnel ci-dessous en représentant l'espèce manquante dans le cadre violet et les flèches courbes du second acte élémentaire.

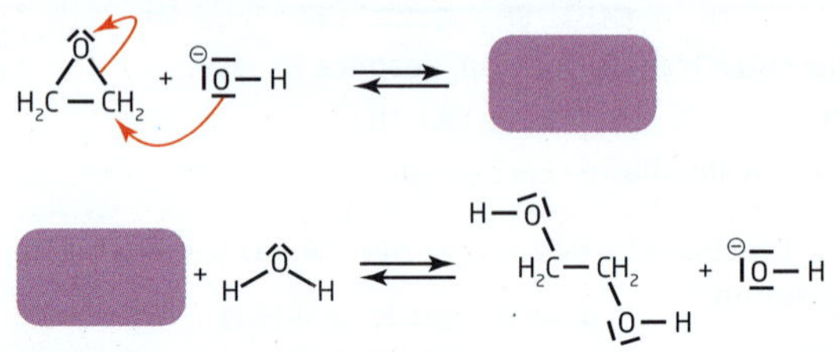

b. Déterminer l'équation de la réaction qui modélise cette transformation.

c. Identifier le rôle de l'ion hydroxyde HO^- dans le mécanisme.

16 Analyser un mécanisme

L'équation de la réaction modélisant une transformation ainsi que son mécanisme réactionnel sont représentés ci-dessous.

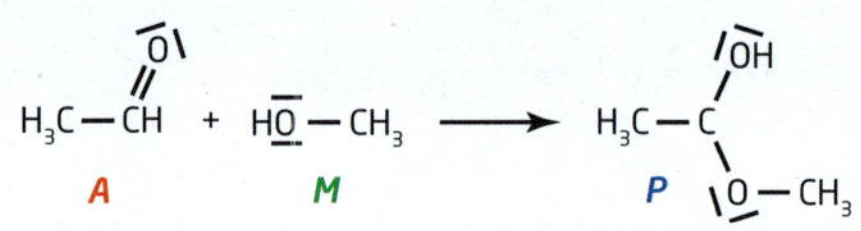

Mécanisme :

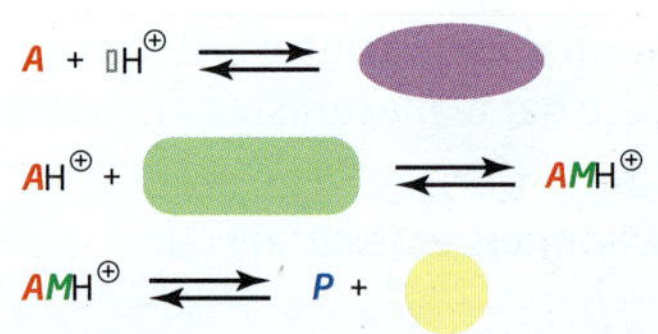

a. Reproduire et compléter le mécanisme en remplaçant les cases vides par une entité choisie parmi H^+, AH^+ et *M*.

b. Proposer un schéma de Lewis pour l'espèce formée lors du premier acte élémentaire.

c. Préciser le rôle de l'ion H^+.

17 Comparer des mécanismes

Le chloroéthane est utilisé comme anesthésiant local pour calmer la douleur à la suite de piqûre d'insecte.

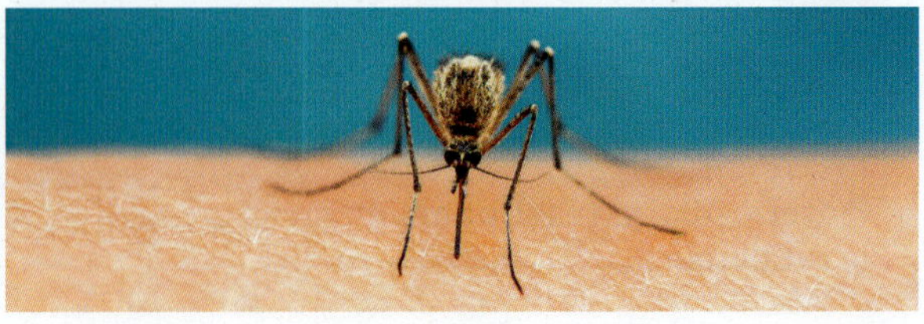

En présence de l'ion hydroxyde, le chloroéthane peut conduire à deux transformations différentes modélisées par les réactions d'équation :

$Cl{-}CH_2{-}CH_3 + HO^- \rightarrow HO{-}CH_2{-}CH_3 + Cl^-$ **(R₁)**

$Cl{-}CH_2{-}CH_3 + HO^- \rightarrow CH_2{=}CH_2 + H_2O + Cl^-$ **(R₂)**

Il a été montré expérimentalement que chacune de ces deux transformations se déroule, à l'échelle microscopique, en un unique acte élémentaire.

a. Identifier, pour chaque transformation, les liaisons rompues et formées.

b. Représenter les mécanismes en y faisant figurer les flèches courbes.

Interprétation de l'influence des facteurs cinétiques

► § 2 de la synthèse des activités

EXERCICES RAPIDES

18 GRAND ORAL La transformation, appelée iodation de la propanone peut être modélisée par la réaction d'équation :

$$CH_3{-}CO{-}CH_3 + I_2 \rightarrow CH_3{-}CO{-}CH_2I + HI$$

Elle est réalisée en solution aqueuse. L'ion H^+ catalyse cette transformation.

Présenter à l'oral, en deux minutes maximum et sans note, plusieurs méthodes pour ralentir la formation des produits et expliquer les choix à l'aide d'une interprétation microscopique.

19 Des chercheurs ont récemment réussi à suivre une transformation étape par étape grâce à un microscope à force atomique (voir exercice **30** p. 108) qui leur a permis de réaliser des observations à l'échelle des entités chimiques. Proposer une explication au fait que l'expérience ait été réalisée à une température de 5 K.

20 Retour sur l'ouverture du chapitre GRAND ORAL

Faire visionner à l'ensemble de la classe la vidéo de la page d'ouverture de ce chapitre (p. 96) et l'expliquer à l'aide d'une interprétation à l'échelle des entités.

21 Exploiter une animation GRAND ORAL

a. Animation Présenter l'animation proposée en ressource à l'ensemble de la classe.

b. Indiquer quel paramètre il est possible de modifier expérimentalement pour modifier l'efficacité des chocs.

RESSOURCE

- Animation téléchargeable : www.ostralo.net/3_animations/swf/reaction_chocs.swf

22 Analyser des résultats expérimentaux

Une transformation est modélisée par la réaction d'équation : $C_2H_5I + HO^- \rightarrow C_2H_5OH + I^-$

Expérimentalement, les deux réactifs sont introduits initialement à la même concentration en quantité de matière c_0. La transformation est réalisée à une température T contrôlée. Les graphiques ci-dessous représentent l'évolution au cours du temps de la vitesse volumique de formation de l'éthanol.

Graphique 1 : les deux expériences sont réalisées à la même température (320 K), mais avec des valeurs de concentration en quantité de matière initiale différentes (10 mmol · L⁻¹ et 20 mmol · L⁻¹).

Graphique 2 : les deux expériences sont réalisées avec la même valeur de concentration en quantité de matière initiale (10 mmol · L⁻¹), mais à des températures différentes de 320 K et 330 K.

Graphique 1

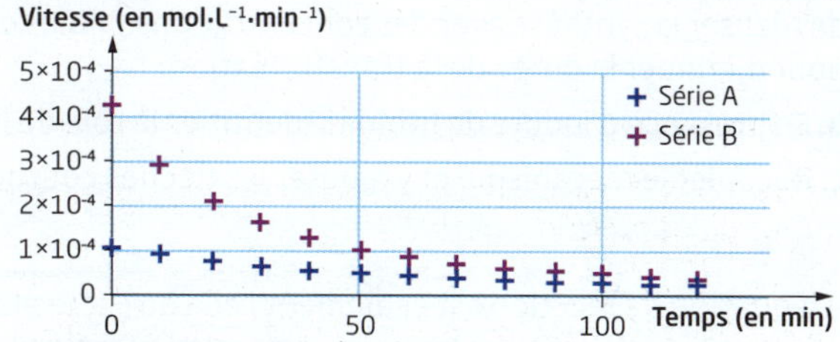

Graphique 2

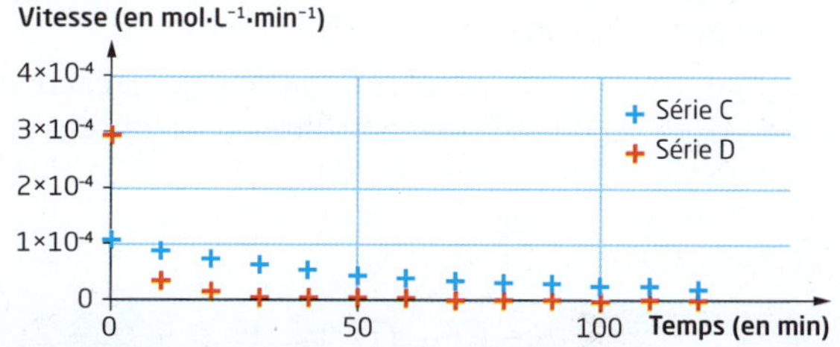

a. Identifier les facteurs cinétiques ainsi mis en évidence.

b. Pour les deux graphiques, indiquer les valeurs de c_0 et T utilisées pour chaque série de données. Justifier l'attribution en s'appuyant sur une interprétation microscopique.

23 Construire une carte mentale

- L'étiquette centrale doit s'intituler :

Mécanisme réactionnel

- Associer à l'étiquette centrale, par le moyen de votre choix, d'autres étiquettes comprenant par exemple :

Catalyseur

Acte élémentaire **Intermédiaire réactionnel**

EXO **Exercices supplémentaires**

Exercices APPLIQUER

EXERCICE RÉSOLU ET COMMENTÉ

24 Catalyser pour économiser

ÉNONCÉ

Un exemple de formation d'un ion phosphonium, utilisé dans la réaction de Wittig, est modélisé par la réaction d'équation :

$$Ph\text{–}CH_2\text{–}Br + P(Ph)_3 \rightarrow Ph\text{–}CH_2\text{–}P(Ph)_3^+ + Br^-$$

La notation « *Ph* » remplace le groupe phényle C_6H_5.

Le mécanisme réactionnel se déroule en un seul acte élémentaire.

La formation des produits est beaucoup plus rapide si l'espèce bromée est remplacée par l'espèce iodée $Ph\text{–}CH_2\text{–}I$, beaucoup plus chère. Une méthode économique consiste à introduire dans le milieu réactionnel un peu d'iodure de lithium (Li^+, I^-). Le mécanisme est, dans ces conditions :

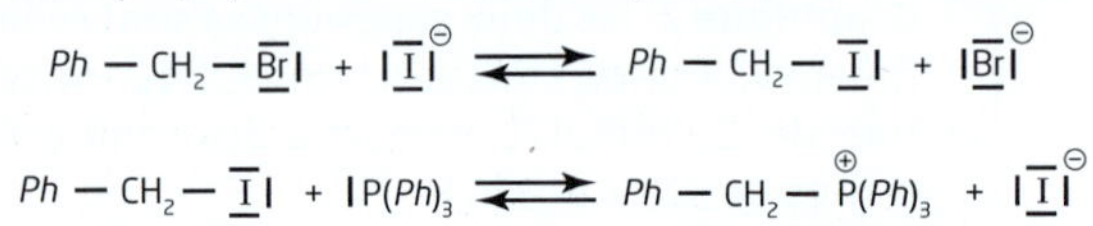

a. En l'absence d'iodure de lithium, déterminer, en justifiant, s'il est préférable de réaliser la synthèse avec des concentrations faibles ou élevées de réactifs pour diminuer la durée de la transformation.

b. En présence d'iodure de lithium, identifier le rôle de l'ion iodure. Justifier.

c. Recopier le mécanisme et y ajouter les flèches courbes qui conviennent.

▲ **Georg Wittig** (1897-1987), chimiste allemand. Lors de la conférence donnée à la remise de son prix Nobel en 1979, il a présenté la synthèse de la vitamine A comme utilisation de la réaction qui porte aujourd'hui son nom.

UNE SOLUTION

a. L'équation de réaction est également celle de l'acte élémentaire. Il est préférable d'utiliser des concentrations élevées en réactifs : les chocs entre entités sont alors plus fréquents qu'à faible concentration, ce qui augmente la vitesse de formation des produits.

b. L'ion iodure intervient dans le mécanisme de la réaction. Il est consommé puis régénéré. L'équation de la réaction obtenue en faisant la somme des équations des actes élémentaires ne le fait pas apparaître. De plus, il diminue la durée de la transformation. Il s'agit donc d'un catalyseur.

c.

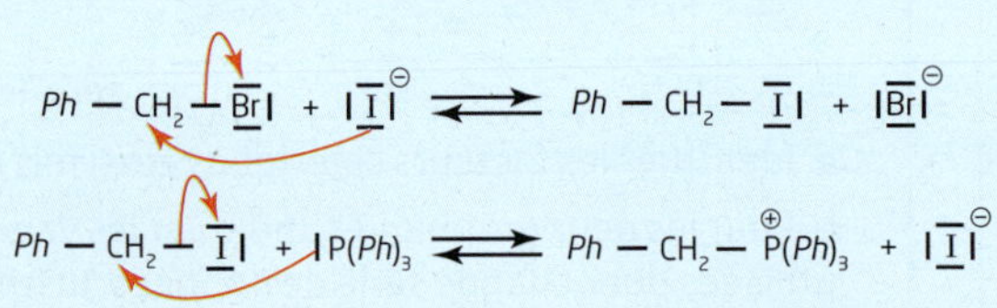

S'APPROPRIER
Remarquer que l'équation de la réaction est aussi celle de l'unique acte élémentaire.

ANALYSER-RAISONNER
Justifier la réponse en utilisant des arguments reposant sur une interprétation microscopique, comme demandé dans l'énoncé.

COMMUNIQUER
La réponse doit être justifiée comme cela est demandé dans l'énoncé. Les mots-clés doivent y apparaître, par exemple *acte élémentaire* et *choc*.

RÉALISER
Les flèches courbes partent toujours d'un doublet, liant ou non liant.

APPLICATION Sur le modèle de l'exercice résolu

▲ Un échantillon de monazite, minerai contenant du cérium.

25 Accélérer une réaction d'oxydoréduction

L'oxydation de l'ion thallium Tl^+ par l'ion Ce^{4+} est une transformation très lente. Elle se déroule en un seul acte élémentaire et conduit à la formation de l'ion Ce^{3+} et de l'ion Tl^{2+}. À 25 °C, la formation des produits est quatre fois plus rapide en présence d'ion argent Ag^+. Le mécanisme proposé pour expliquer cette observation est le suivant :

$$Ce^{4+} + Ag^+ \rightleftharpoons Ce^{3+} + Ag^{2+}$$

$$Ag^{2+} + Tl^+ \rightleftharpoons Ag^+ + Tl^{2+}$$

a. Écrire le mécanisme de la transformation en l'absence d'ion Ag^+.

b. Indiquer l'effet probable d'une augmentation de la température et de la concentration en ion Ce^{4+} sur la vitesse de formation des ions Ce^{3+} et Tl^{2+}, en l'absence d'ion Ag^+. Argumenter la réponse à l'aide d'une modélisation microscopique.

c. Identifier le rôle de l'ion Ag^+. Justifier.

26 Déshydratation des alcools

ANA-RAI Organiser et exploiter ses connaissances, les informations extraites
RÉA Utiliser un modèle théorique

En présence d'ion H^+, à condition de travailler à température suffisamment élevée, le 3-méthylbutan-2-ol subit une transformation appelée déshydratation pour former du 2-méthylbut-2-ène. À l'échelle des entités, cette transformation peut être modélisée par le mécanisme réactionnel suivant.

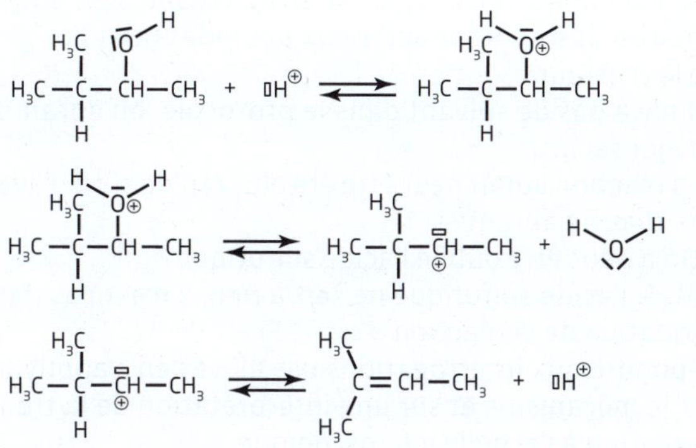

a. Déterminer l'équation de la réaction qui modélise la transformation.

b. Reproduire le mécanisme en faisant figurer les flèches courbes des actes élémentaires.

c. Identifier les deux intermédiaires réactionnels qui interviennent dans le mécanisme.

d. Préciser le rôle de l'ion H^+.

27 De la déshydratation à l'hydratation

RÉA Utiliser un modèle théorique **VAL** Interpréter les résultats

La transformation décrite dans l'exercice 26 peut s'effectuer en sens inverse, il s'agit alors de l'hydratation du 2-méthylbut-2-ène.
Pour obtenir le mécanisme de cette transformation il suffit « d'inverser » aussi le mécanisme précédent, c'est-à-dire de ranger les étapes dans l'ordre inverse et d'écrire chaque étape « à l'envers » (les réactifs deviennent produits et les produits deviennent réactifs).

a. Représenter le mécanisme de la l'hydratation du 2-méthylbut-2-ène.

b. Le compléter à l'aide des flèches courbes.

c. Identifier le rôle de l'ion H^+.

28 Décomposition rapide de l'urée

APP Extraire l'information utile sur des supports variés
VAL Interpréter les résultats

La décomposition de l'urée $NH_2-CO-NH_2$ dans l'eau est modélisée par la réaction d'équation :

$$NH_2-CO-NH_2 \rightarrow OCN^- + NH_4^+$$

Le suivi de l'évolution au cours du temps de la concentration en quantité d'urée a été réalisé à deux températures différentes : 61 °C et 71 °C. Les résultats sont rassemblés sur la représentation graphique suivante.

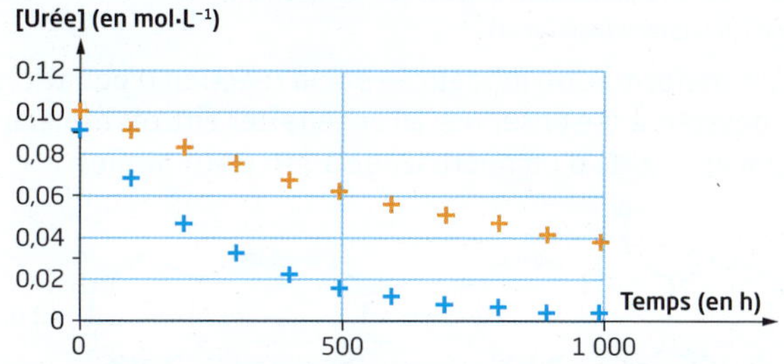

a. Indiquer à quelle température correspond chacune des courbes, en justifiant.

b. Préciser si, dans ce cas, le modèle de chocs efficaces entre entités de deux réactifs différents permet d'interpréter l'effet de la température sur la vitesse de la réaction.

c. En présence d'uréase, la vitesse de formation des produits est multipliée par plus de 10^4. Identifier le rôle de l'uréase.

d. Déterminer si, pour augmenter la vitesse de formation des produits, il est plus efficace d'augmenter la température ou d'ajouter de l'uréase.

DIFFÉRENCIATION

29 Du film au scénario GRAND ORAL

APP Extraire l'information utile sur des supports variés
RÉA Utiliser un modèle théorique
COM Utiliser comme support de présentation les outils numériques

Visionner les animations des deux transformations proposées. Les boules représentent les atomes de carbone, d'hydrogène, d'oxygène ou de brome.

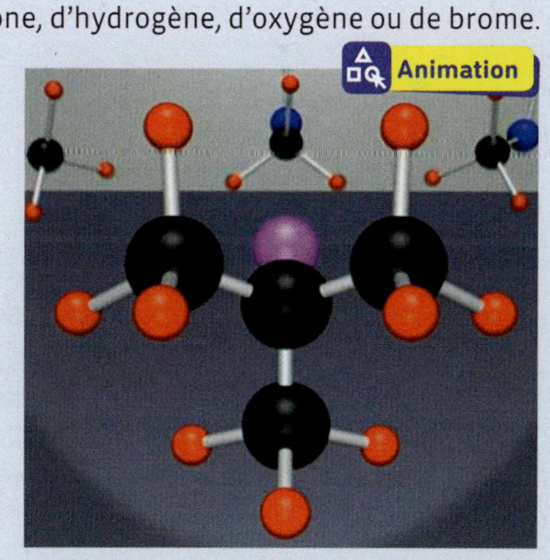

a. Écrire les mécanismes qui décrivent chacune des transformations et représenter les flèches courbes de chaque acte élémentaire. En déduire les équations des réactions qui modélisent chacune des transformations.

b. Réaliser un doublage de l'animation pour l'accompagner d'un commentaire expliquant les étapes du mécanisme.

■ *Aides à la fin du manuel.*

30 ✱ On a vu des intermédiaires réactionnels !

APP Extraire l'information utile sur des supports variés
VAL Interpréter les résultats

La transformation modélisée par la réaction d'équation ci-dessous a été observée, à l'échelle des entités moléculaire (!) à l'aide d'un microscope à force atomique.

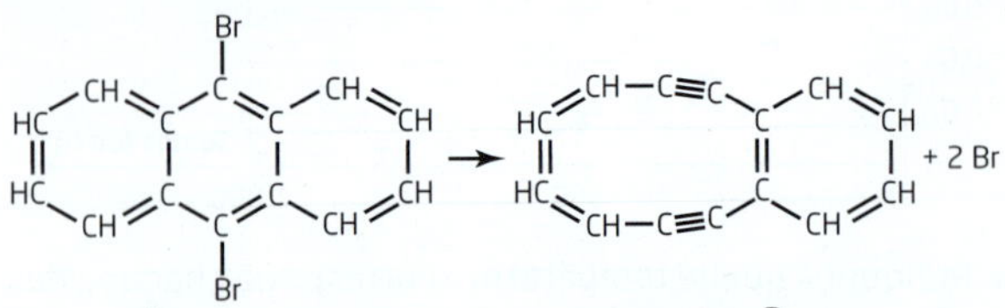

A **B**

Les clichés obtenus sont donnés ci-dessous.

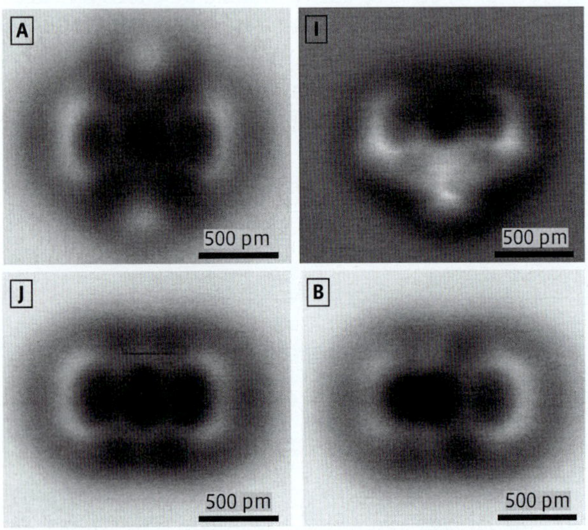

I et **J** sont les intermédiaires réactionnels observés successivement.

• Identifier les liaisons rompues et formées au cours des différentes étapes du mécanisme réactionnel.

31 ✱ Mais qu'a-t-on oublié ? Schéma

APP Extraire l'information utile sur des supports variés
RÉA Utiliser un modèle théorique **VAL** Faire preuve d'esprit critique

L'éthanoate d'éthyle CH_3–C(=O)–O–C_2H_5 est utilisé dans l'industrie agroalimentaire dans certains arômes fruités. La synthèse de l'éthanoate d'éthyle est facilement réalisable au laboratoire. Le début d'un protocole expérimental est décrit ci-dessous.

PROTOCOLE

1. Dans un ballon de 100 mL, introduire un mélange de 0,10 mol d'acide éthanoïque CH_3–COOH et 0,10 mol d'éthanol C_2H_5–OH. Ajouter 0,5 mL d'acide sulfurique pur (H_2SO_4) pour former des ions H^+ dans la solution, et trois grains de pierre ponce.
2. Porter le mélange à ébullition dans un dispositif de chauffage à reflux pendant 30 minutes.

Le mécanisme réactionnel qui décrit la transformation à l'échelle microscopique est disponible en ressource.

a. Écrire l'équation de la réaction qui modélise la transformation.

b. Compléter le mécanisme en représentant les flèches courbes.

c. Un binôme d'élèves a réalisé le protocole suggéré, puis procédé au traitement du milieu réactionnel et à l'isolement du produit. Grande est leur déception quand ils découvrent qu'ils n'ont pas obtenu d'éthanoate d'éthyle. Dépités, ils discutent entre eux pour identifier l'origine de leur erreur :
« Il n'y a pas de solvant dans le protocole, on aurait dû en ajouter un !
– La réaction aurait peut-être été plus rapide si on n'avait pas chauffé autant ?
– On a peut-être oublié l'acide sulfurique ?
– Mais l'acide sulfurique ne sert à rien, il n'est pas dans l'équation de la réaction. »
Répondre aux interrogations des élèves en s'appuyant sur le mécanisme et sur une interprétation de la transformation à l'échelle microscopique.

32 ✱✱ Rompre une liaison dans le bon sens

APP Mobiliser ses connaissances **ANA-RAI** Formuler une hypothèse
COM Rédiger une explication

La transformation chimique modélisée par la réaction d'équation suivante est décrite à l'échelle microscopique par un mécanisme nommé S_N1.

$$(CH_3)_3C\text{–}Cl + HO^- \rightleftharpoons (CH_3)_3C\text{–}OH + Cl^-$$

a. Identifier les liaisons rompues et formées lors de cette transformation.

b. Indiquer la polarité de la liaison rompue, sachant que l'atome de chlore est plus électronégatif que celui de carbone.

c. Justifier la formation d'un ion carbénium $(CH_3)_3C^+$ lors de la rupture de la liaison C–Cl.

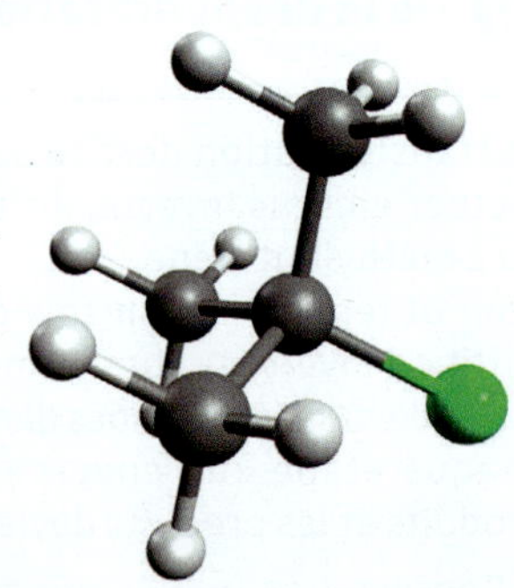

▲ 2-chloro-2-méthylpropane

d. Proposer un mécanisme en deux étapes et le compléter à l'aide de flèches courbes.

e. Le « S » de S_N1 signifie « substitution ». Justifier l'utilisation de ce terme pour le mécanisme étudié.

f. Le « 1 » de S_N1 signifie **mono**moléculaire, ce qui veut dire que l'acte élémentaire le plus difficile du mécanisme ne fait intervenir qu'un seul réactif. Identifier cet acte dans le mécanisme proposé précédemment.

g. Enfin le « N » de S_N1 signifie « nucléophile ». Faire une recherche sur la signification de ce mot et identifier l'espèce qui peut être qualifiée de « nucléophile » dans le mécanisme.

GRAND ORAL

TRAVAILLER UNE MÉTHODE

33 Préparer l'introduction d'une présentation orale

Un élève a choisi de présenter un projet sur le thème des enzymes, à l'interface de la chimie et des sciences de la vie.

ÉTAPE 1 Rédiger l'introduction

Le début d'une présentation orale est l'un des moments les plus importants car il faut « accrocher » l'auditoire et susciter l'intérêt. Voici un exemple d'introduction possible.

Dans notre organisme, en ce moment même, des milliers de transformations chimiques se déroulent et nous permettent de vivre : dégradation du glucose pour libérer de l'énergie, de peptides pour fournir des acides aminés essentiels, réplication de l'ADN ainsi que des milliers d'autres ! Savez-vous que ces réactions seraient très lentes sans l'intervention de ces catalyseurs spécifiques du vivant qu'on appelle les enzymes ? Ces catalyseurs sont d'une efficacité redoutable. La simple dismutation de l'eau oxygénée est par exemple 10^{12} fois plus rapide en présence de catalase qu'en présence d'un catalyseur chimique classique, l'ion iodure.

Je me suis demandé comment une enzyme réalise la catalyse d'une transformation chimique et s'il y a des points communs entre l'action de différentes enzymes. On estime en effet à plus de 5000 les réactions catalysées par des enzymes ! Je me suis appuyé sur des résultats expérimentaux déjà publiés que j'ai analysés afin de mettre en évidence en particulier le phénomène de saturation commun à toutes les enzymes.

J'ai ensuite étudié l'influence de paramètres importants, le pH et la température, et j'ai cherché à comprendre l'origine de leurs effets.

Je me propose de vous présenter mes recherches et leurs conclusions. Mais avant tout : qu'est-ce qu'une enzyme ?

ÉTAPE 2 Mémoriser l'introduction

Bien connaître l'introduction de sa présentation permet de commencer le Grand oral avec confiance et d'intéresser le jury.
Il n'est pas nécessaire de l'apprendre par cœur mais il faut bien en connaître :
- la structure ;
- les mots-clés qu'il faut utiliser rigoureusement ;
- les données numériques s'il y en a.

Questions

1. Identifier la structure de l'introduction et mettre en évidence les points communs et les différences avec l'introduction d'un travail écrit, comme une dissertation.
2. Repérer les mots-clés dans l'introduction proposée.
3. Faire une liste des notions et contenus des programmes de Première et de Terminale qui sont exploités dans ce sujet.

Conseils !

- Rédiger l'introduction de votre présentation.
- En mémoriser les points importants.
- Pour que la présentation soit fluide le jour J :
  - faire la présentation à des amis, de la famille, comme vous le feriez face au jury ;
  - se concentrer sur le contenu ;
  - ne pas craindre les hésitations et les répétitions qui font partie de ce qui rend un discours vivant.
- Faire une première bonne impression le jour J ! Dire un bonjour sonore et souriant, démarrer l'exposé avec énergie et regarder le jury dans les yeux.
Garder la même énergie durant tout le Grand oral.

MÉTIERS ET ORIENTATION

Distribution de médicaments, piqûres, pose de perfusions, prises de sang : autant de tâches à haute technicité qui engagent la responsabilité de l'**infirmier(ère)**. Il suit de près les effets du traitement et l'évolution de la maladie, renseignements indispensables consignés dans le cahier de soins. La communication est une part importante du travail de l'infirmier : dialogue avec le malade et sa famille, le médecin, l'aide-soignant, etc.
Formations : Bac+3 : diplôme d'état ; **Bac+5 :** diplôme d'état spécialisation (infirmier anesthésiste, de bloc opératoire, etc.).

Préparation du Grand oral

Exemples de questions

RAPPEL : les questions à préparer pour le Grand oral portent sur les deux enseignements de spécialité soit pris isolément, soit abordés de manière transversale. Ces deux questions mettent en lumière certains enjeux du ou des programmes de Première et de Terminale de ces enseignements (➜ **Fiche Bac 4**, p. 513).

RESSOURCE

- Exemple de support pour la question 2.

QUESTION 1 Comment modéliser l'effet catalytique d'une enzyme et sa spécificité sur certaines transformations chimiques ?

• Contexte expliquant l'intérêt de la question posée

Les enzymes sont des catalyseurs très efficaces. Elles permettent de diminuer la durée de certaines transformations chimiques, notamment celles se déroulant dans les organismes vivants.
L'industrie développe aussi de nombreux procédés en catalyse enzymatique afin de réduire les coûts de production de certains produits.

• Ressources utiles

➜ **Chapitres 1, 3, 4 et 10 de ce manuel :** notions d'acide α-aminé, de vitesse de formation, d'acte élémentaire, de chimie organique.

➜ **Chapitre *De la structure des entités à la cohésion et à la solubilité* du manuel de Première Spécialité Physique-Chimie.**

➜ **Chapitre *Les enzymes, des biomolécules aux propriétés catalytiques*, du manuel de Première Spécialité SVT** pour réviser la notion de spécificité de l'activité catalytique.

➜ **Sites Internet utilisant les mots-clés :** enzyme, protéine, acide α-aminé, modèle clé-serrure, modèle d'adaptation, etc.

• Expérience pour modéliser le phénomène étudié Protocole

Expérience d'hydrolyse du lactose par la lactase.

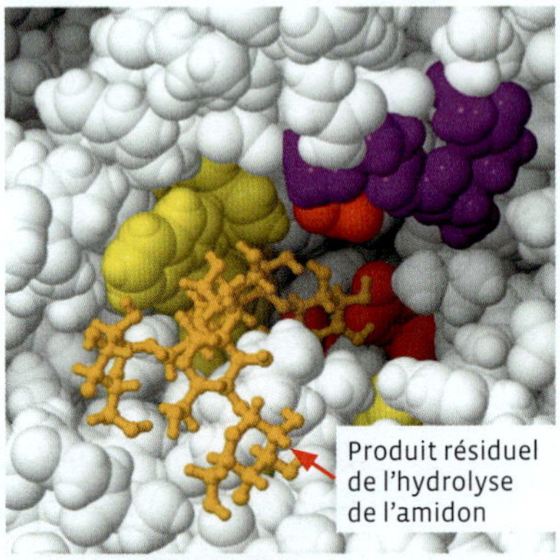

▲ **Modèle moléculaire de l'amylase, une enzyme.** Les parties de l'enzyme impliquées dans la catalyse sont représentées en couleurs.

POUR ALLER PLUS LOIN

- Informations à chercher sur le modèle de la catalyse enzymatique de Michaelis et Menten.

QUESTION 2 Comment prouver qu'un mécanisme réactionnel est « correct » dans le cas de la réaction de saponification ?

• Contexte expliquant l'intérêt de la question posée

Les techniques d'identification des mécanismes réactionnels à l'échelle des entités sont rares et très difficile à mettre en œuvre. Cette identification est le plus souvent faite à l'échelle macroscopique par l'intermédiaire des mesures de vitesses de formation de produits.

• Ressources utiles

➜ **Chapitres 2 et 3 de ce manuel :** conductimètre, mesure d'une vitesse de consommation d'un réactif.

➜ **Chapitres 5 de ce manuel :** noyau et notion d'isotope.

➜ **Chapitre *De la structure à la polarité d'une entité* du manuel de Première Spécialité Physique-Chimie :** schémas de Lewis.

➜ **Sites Internet utilisant les mots-clés :** loi de Van't Hoff, saponification, réaction d'ordre un ou d'ordre deux, etc.

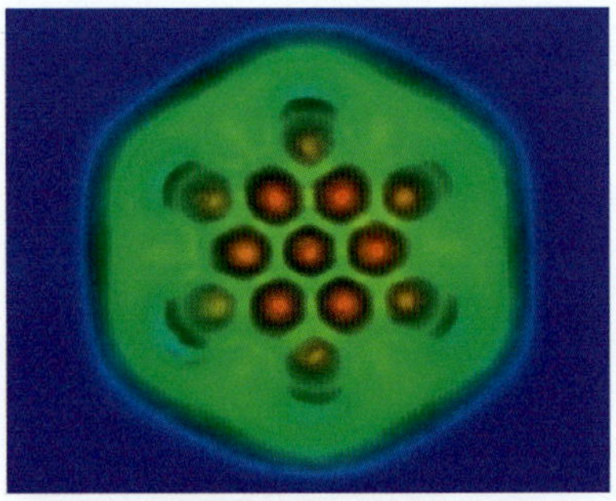

▲ **Une molécule de nanographène observée en microscopie à force atomique (AFM).** Cette technique permet d'observer des intermédiaires réactionnels.

POUR ALLER PLUS LOIN

- Informations à chercher sur la Loi de Van't Hoff.
- Information à chercher sur le « marquage isotopique » pour déterminer où se situe un atome d'oxygène dans une structure organique, avant et après transformation.

Exemple de support pour le Grand oral

QUESTION 1 **Comment modéliser l'effet catalytique d'une enzyme et sa spécificité sur certaines transformations chimiques ?**

RAPPEL : les deux questions préparées au cours de l'année de Terminale et éventuellement de Première durant les deux enseignements de Spécialité sont transmises au jury, qui choisit la question à présenter durant le Grand oral. Durant la préparation, un support, à remettre au jury au début de la présentation orale, peut être réalisé sur une feuille.

Être capable de dessiner de mémoire une structure organique complexe peut être valorisé par le jury.

Support

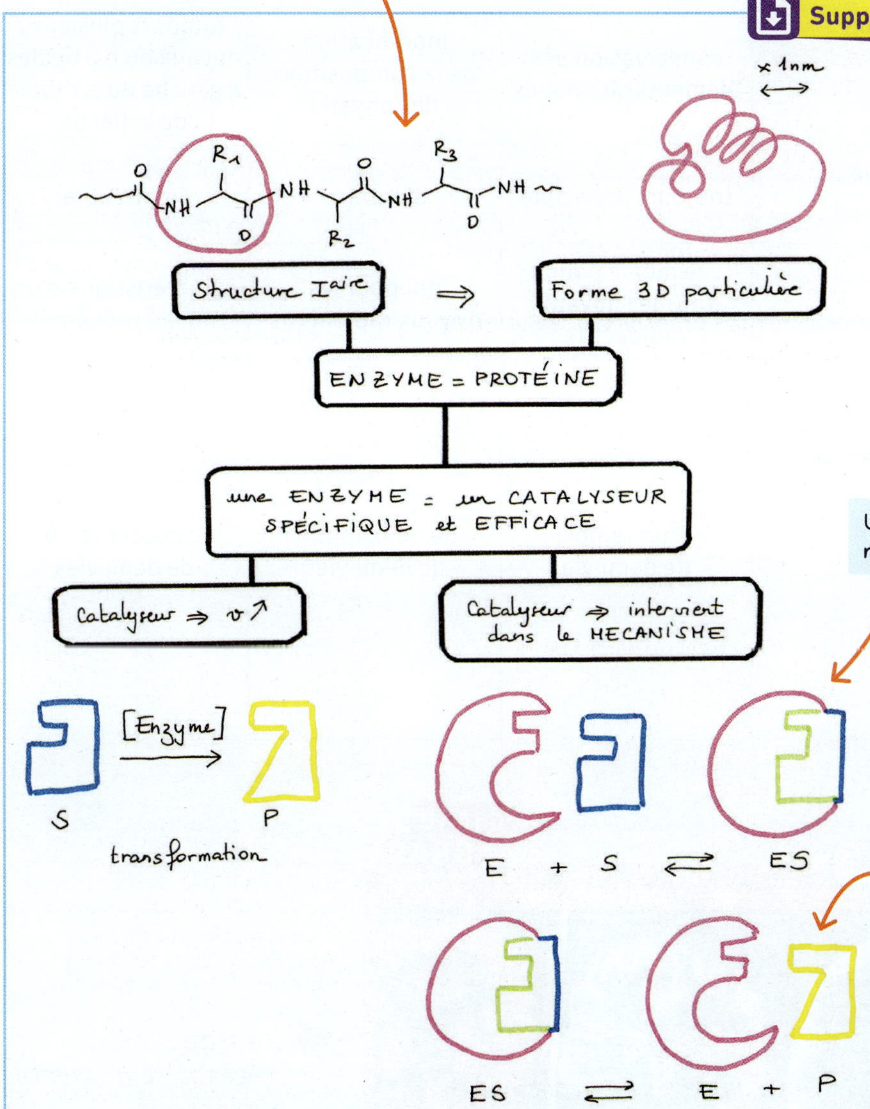

Utiliser des couleurs afin de mieux mettre en valeur votre schéma.

Le schéma peut comporter des sous-entendus, mais qui devront être précisés à l'oral. Ici, il est nécessaire d'expliquer que la forme dans l'espace est un élément clé de la compréhension de l'activité catalytique de l'enzyme.

En conséquence, plutôt que de représenter les formules des entités (ce qui serait trop complexe), celles-ci sont modélisées par des objets dont la forme est judicieusement choisie pour expliquer le phénomène d'adaptation de l'enzyme à son substrat.

5 Transformation nucléaire

EXO QCM interactif

Se tester pour commencer

Choisir la réponse exacte.

	A	B	C
1 Deux noyaux isotopes possèdent le même nombre :	de neutrons	d'électrons	de protons
2 Dans une équation de réaction nucléaire, il y a :	conservation des éléments chimiques	modification de la composition des noyaux	toujours plusieurs noyaux ou particules à gauche du symbole de la flèche
3 La désintégration individuelle d'un noyau radioactif est :	toujours prévisible	aléatoire	impossible
4 Le temps de demi-vie est :	le même pour tous les noyaux radioactifs	nul pour les noyaux radioactifs	caractéristique d'un noyau radioactif
5 D'après la représentation graphique ci-dessous, le nombre de noyaux restants dans l'échantillon est égal à $2{,}0 \times 10^{23}$ après une durée : 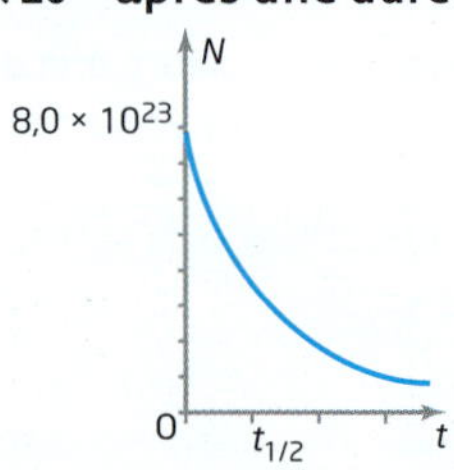	d'un temps de demi-vie	de deux temps de demi-vies	de quatre temps de demi-vies

Vidéo débat

GRAND ORAL

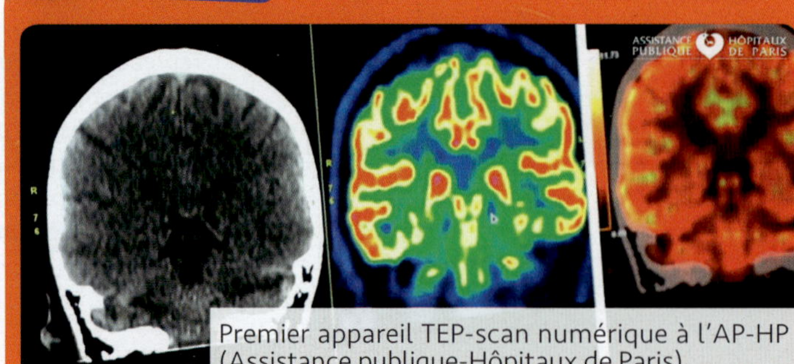

Premier appareil TEP-scan numérique à l'AP-HP (Assistance publique-Hôpitaux de Paris).

Pierre Richard et Fabienne Sicot

Pourquoi est-il nécessaire d'injecter un isotope radioactif à un patient lors de ce type d'examen ?

→ Exercice 24 p. 125

Engagée dans la société, Marie Curie intervient auprès des médecins proches du front pendant la Première Guerre mondiale afin de les former à l'utilisation des « petites curies », premiers appareils mobiles de radiographie.

Quels sont les risques et les bénéfices de la radioactivité ?

CAPACITÉS EXIGIBLES*	Activités	Exercices corrigés
Déterminer, à partir d'un diagramme (N ; Z), les isotopes radioactifs d'un élément.	1	30
Utiliser des données et les lois de conservation pour écrire l'équation d'une réaction nucléaire et identifier le type de radioactivité.	1	11 15
Établir l'expression de l'évolution temporelle de la population de noyaux radioactifs.	2	21
√MATHS Résoudre une équation différentielle linéaire du premier ordre à coefficients constants.	2	27
Exploiter la loi et une courbe de décroissance radioactive.	2 3	10 27
Expliquer le principe de la datation à l'aide de noyaux radioactifs et dater un événement.	1 3	23
Citer quelques applications de la radioactivité dans le domaine médical.	4	24
Citer des méthodes de protection contre les rayonnements ionisants et des facteurs d'influence de ces protections.	4	26

* D'après le *B.O. spécial* n° 2 du 13 février 2020, les capacités de ce chapitre sont uniquement exigibles pour le Grand oral.

Activité documentaire

Notions
- Stabilité et instabilité des noyaux
- Diagramme $(N ; Z)$
- Équation de réaction nucléaire

▸ § 1 p. 118

1 Plus de 1500 isotopes différents !

Alors que seulement 118 éléments chimiques, classés dans le tableau périodique, ont été identifiés sur Terre ou en laboratoire, plus de 1500 noyaux connus sont classés dans un diagramme $(N ; Z)$.

● **Comment extraire les informations sur la stabilité d'un noyau grâce au diagramme $(N ; Z)$?**

DOCUMENT **Diagramme $(N ; Z)$ ou diagramme de Segré**

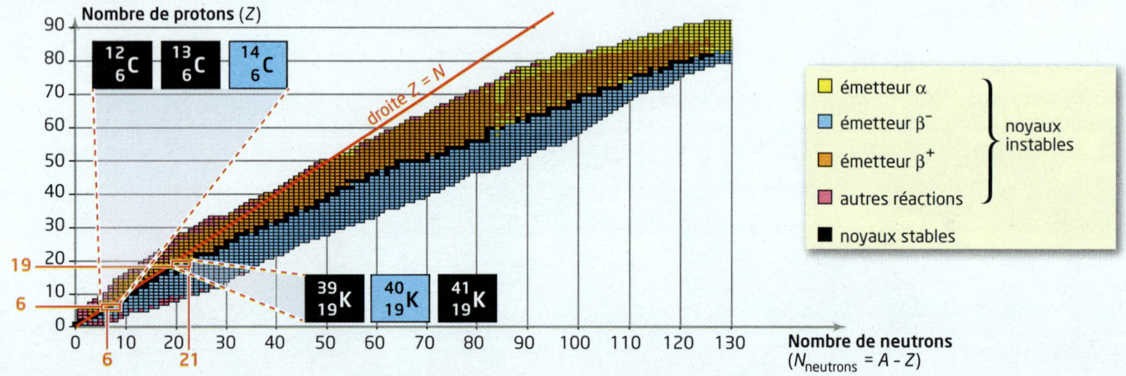

DONNÉES **Différents types de radioactivité**

Radio-activité	Le noyau radioactif se désintègre en un autre noyau et en émettant :
β^-	un électron $^{0}_{-1}e$ et un antineutrino $^{0}_{0}\overline{\nu}_e$.
β^+	un positon $^{0}_{1}e$ et un neutrino $^{0}_{0}\nu_e$.
α	un noyau d'hélium $^{4}_{2}He$

RAPPELS

■ Deux noyaux sont isotopes s'ils ont le même nombre de protons (Z) mais pas le même nombre de neutrons $(N_{neutron})$.

■ **Lois de conservation :** lors d'une réaction transformation nucléaire, il y a conservation de la charge électrique et du nombre de nucléons.

Questions

1 S'APPROPRIER

a. Repérer les noyaux suivants sur le diagramme : $^{12}_{6}C$, $^{13}_{6}C$, $^{14}_{6}C$, $^{39}_{19}K$, $^{40}_{19}K$, $^{41}_{19}K$. Indiquer pour chacun s'il est stable ou instable. Comment peut-on qualifier des noyaux situés sur une même ligne ?

b. Pour l'ensemble des noyaux du **DOCUMENT**, préciser si les noyaux les plus abondants du diagramme sont des noyaux stables ou instables.

2 ANALYSER-RAISONNER

a. Le phosphore-30 peut subir une transformation nucléaire, modélisée par la réaction d'équation $^{30}_{15}P \rightarrow ^{30}_{14}Si + ^{0}_{1}e + ^{0}_{0}\nu_e$.

Identifier le type de radioactivité associé à cette désintégration et montrer que l'équation de cette transformation nucléaire respecte les lois de conservation.

b. L'uranium-238 peut se désintégrer en thorium-234 suivant un processus de radioactivité α.

Écrire l'équation de la réaction nucléaire qui modélise cette transformation.

3 COMMUNIQUER GRAND ORAL

Préparer une communication orale, présentée sans note, permettant d'expliquer quelles informations peuvent être extraites du diagramme $(N ; Z)$.

documentaire **Activité**

Notions
- Évolution temporelle d'une population de noyaux
- Constante radioactive
- Loi de décroissance radioactive

▸ § 2 p. 119

2 Compter des désintégrations

La désintégration d'un noyau radioactif est inéluctable, imprévisible et aléatoire. On dit ainsi parfois qu'un noyau « meurt sans vieillir ».

● **Cette expression repose-t-elle sur une analyse scientifique ou n'est-elle que le fruit de l'imagination d'un poète ?**

Compteur Geiger pour microcontrôleur ▸

DOCUMENT **Décroissance radioactive du carbone-14**

Un noyau de carbone-14 est radioactif. Il se transforme par désintégration en noyau d'azote-14 suivant la réaction d'équation : ${}^{14}_{6}\text{C} \rightarrow {}^{14}_{7}\text{N} + {}^{0}_{-1}\text{e} + {}^{0}_{0}\overline{\nu}_{\text{e}}$.
La diminution du nombre de noyaux radioactifs de carbone-14 en fonction du temps est appelée **décroissance radioactive**. Elle est représentée graphiquement ci-contre.

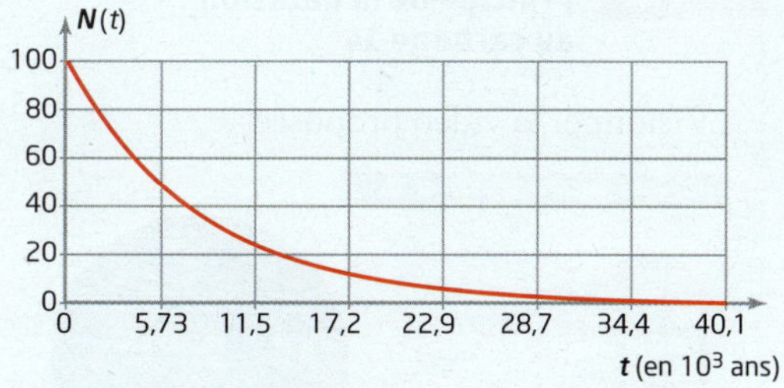

DONNÉES

■ La probabilité $p(t)$ à la date t pour qu'un noyau se désintègre pendant une durée Δt est égale au quotient du nombre de noyaux se désintégrant par le nombre total de noyaux à la date t.

■ La probabilité de désintégration d'un noyau donné par unité de temps est constante au cours du temps. Cette constante λ est nommée **constante radioactive** du noyau considéré.

■ La variation ΔN du nombre de noyaux d'un échantillon de population $N(t)$ pendant une durée Δt est en lien avec la dérivée de $N(t)$ par rapport au temps : $\lim\limits_{\Delta t \to 0}\left(\frac{\Delta N}{\Delta t}\right) = \frac{\mathrm{d}N}{\mathrm{d}t}$.

POINT MATHS

■ Une **équation différentielle** est une équation qui lie une fonction avec ses dérivées.

■ L'équation différentielle $y' + a \times y = 0$ est dite linéaire du premier ordre à coefficient a constant.

■ La solution de cette équation différentielle est la fonction f vérifiant $f(x) = f_0\mathrm{e}^{-ax}$ où $f_0 = f(0)$ est souvent désignée par l'expression « condition initiale ».

Questions

1 S'APPROPRIER ANALYSER-RAISONNER

a. Exprimer le nombre N_1 de noyaux se désintégrant pendant une durée Δt en fonction de la variation ΔN du nombre de noyaux d'un échantillon pendant cette même durée.

b. Déduire de la question **1. a.** et des **DONNÉES** l'expression de la probabilité de désintégration $p(t)$ en fonction de ΔN et de N.

c. Écrire la relation entre $p(t)$, la probabilité de désintégration, et Δt, la durée considérée.

2 RÉALISER

a. Montrer que $N(t)$ vérifie l'équation différentielle linéaire du premier ordre à coefficients constants dont le coefficient a est égal à λ.

b. En déduire l'expression de l'évolution temporelle de la population de noyaux radioactifs : $N(t) = N_0\mathrm{e}^{-\lambda t}$ avec $N_0 = N(0)$. Cette relation est appelée loi de décroissance radioactive.

3 VALIDER

En analysant le raisonnement effectué ici, expliquer la phrase « un noyau meurt sans vieillir ».

Activité documentaire

3 Dater des objets anciens, voire très anciens

Notions
- Radioactivité naturelle
- Application à la datation

▸ § 3 p. 121

La loi de décroissance radioactive permet de dater des échantillons en utilisant, selon les cas, des désintégrations différentes.

● **Comment procéder pour dater un échantillon en bois datant de l'époque égyptienne ou une roche ?**

Sarcophage en bois d'une momie égyptienne

DOC. 1 Principe de la datation au carbone-14 — Vidéo

Visionner la vidéo proposée.

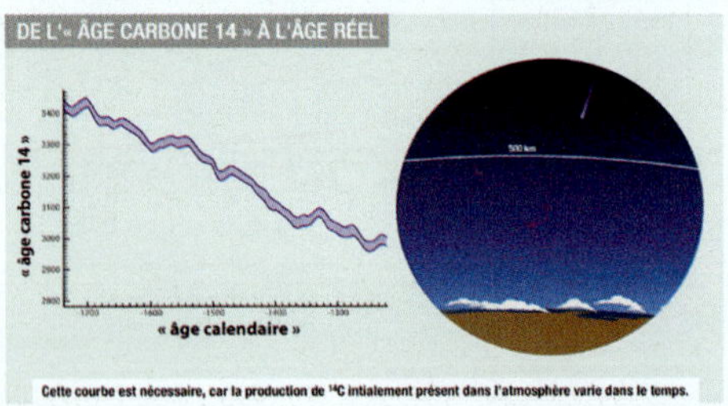

DOC. 2 Datation potassium-argon (méthode simplifiée)

Le potassium-40 peut se désintégrer en formant soit du calcium-40, soit de l'argon-40, dans des proportions fixes et connues, avec un temps de demi-vie global de $1{,}26 \times 10^9$ ans. La fusion ramène à zéro la quantité d'argon dans la roche. Après cristallisation des minéraux, l'argon se forme à nouveau par la désintégration du potassium. En théorie, la mesure de la concentration de l'argon dans la roche donne accès à l'âge de l'échantillon. Cependant, il peut y avoir des biais, car les isotopes de l'argon peuvent dans certains cas s'échapper d'une roche.

D'après www.archeologiesenchantier.ens.fr/spip.php?article10

DONNÉES

■ L'**activité $A(t)$** d'un échantillon radioactif est :

$$A(t) = -\frac{dN}{dt}$$

Cette grandeur représente le nombre moyen de désintégration par unité de temps.

■ La **constante radioactive λ** d'un noyau est liée au temps de demi-vie $t_{1/2}$ par la relation : $t_{1/2} = \frac{\ln(2)}{\lambda}$.

■ La constante radioactive du carbone-14 est : $\lambda = 3{,}84 \times 10^{-12}\ \text{s}^{-1}$.

■ **Datation au carbone-14.** L'analyse d'un échantillon de bois provenant d'une tombe égyptienne, après traitement spécifique, conduit au résultat :

$$\frac{A_{\text{échantillon}}}{A_0} = 0{,}54 \quad (A_0 \text{ est l'activité à la date } t = 0).$$

■ **Datation d'un échantillon de roche par la méthode potassium-argon.** L'analyse de l'échantillon de roche, après traitement spécifique, conduit au résultat :

$$\frac{A_{\text{échantillon}}}{A_0} = 0{,}43.$$

Questions

1 RÉALISER

a. Calculer le temps de demi-vie du carbone-14 puis le comparer au temps de demi-vie moyen du potassium-40. Expliquer alors pourquoi le carbone-14 est utilisé pour dater l'objet en bois, tandis que le potassium-40 est utilisé pour dater une roche.

b. Montrer, à partir de la loi de décroissance radioactive, que l'expression de l'âge t_1 estimé d'un échantillon à l'aide de noyaux radioactifs est :

$$t_1 = -\frac{1}{\lambda} \times \ln\left(\frac{A_{\text{échantillon}}}{A_0}\right)$$

c. Déduire de la question **b**, des documents et des données, l'âge de l'échantillon de bois et celui de l'échantillon de roche.

2 COMMUNIQUER — GRAND ORAL

Préparer une présentation orale sans notes afin d'expliquer le principe de la datation d'un échantillon de matière à l'aide de noyaux radioactifs.

RESSOURCE
- Vidéo : www.cea.fr/multimedia/Pages/videos/culture-scientifique/physique-chimie/datation-carbone-14.aspx

Activité documentaire

4 Se protéger des rayonnements ionisants

Notions
- Protection contre les rayonnements ionisants
▸ § 3 p. 121

Une gamma-caméra détecte le rayonnement γ issu de sources radioactives injectées à un patient, afin de fournir une image d'un organe. Cependant, ce type de rayonnement fait partie des rayonnements ionisants qui altèrent les cellules vivantes.

● **Comment un médecin travaillant à proximité de sources radioactives se protège-t-il ?**

DOC. 1 Imagerie médicale

Deux grandes familles d'imagerie médicale sont nées au début du XXe siècle : la radiologie et la médecine nucléaire.

Radiographie « classique »	Médecine nucléaire
Source de rayons X externe au patient.	Traceur biologique faiblement radioactif et participant au fonctionnement des cellules ou organes visés.
Renseigne sur la forme, la taille de l'organe.	Renseigne sur le fonctionnement de l'organe visé.

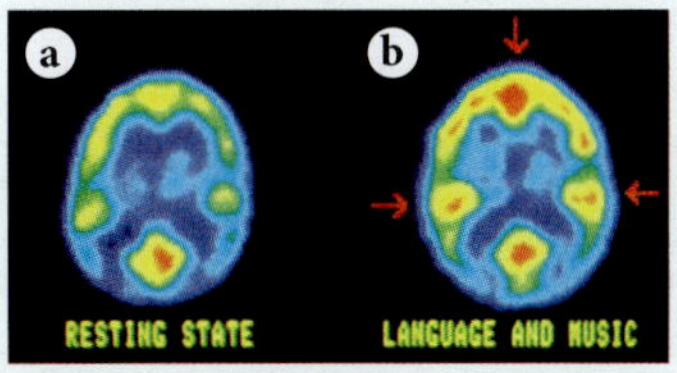

▲ **TEP du cerveau : (a)** au repos ; **(b)** écoute de mots et de musique.

DOC. 2 Radioprotection par un écran

■ Un **rayonnement ionisant** est une émission constituée directement ou indirectement de particules ou de photons de haute énergie pouvant former des ions par interaction avec la matière.

Sources de rayonnements	Conditions de travail des intervenants
Réduction de l'intensité de la source, utilisation d'écrans, enceintes de confinements, etc.	Éloignement maximum des sources de rayonnements, réduction du temps d'exposition, etc.

▲ Recommandations de l'Autorité de sureté nucléaire (ASN) afin de réduire le risque dû aux rayonnements.

■ Parcours des différentes particules de même énergie dans différents matériaux :

	α	β	γ
Air	10 mm	8 350 mm	121×10^3 mm
Eau	10 mm	9,6 mm	142 mm
Plomb	2 mm	1,4 mm	13,6 mm

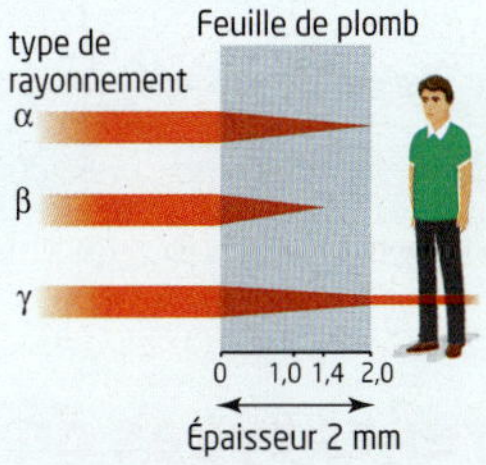

Questions

1 S'APPROPRIER

a. Citer deux méthodes de protection contre les rayonnements ionisants.

b. Pour des noyaux et particules émis avec la même énergie, ranger les matériaux par épaisseur croissante nécessaire pour arrêter les noyaux et particules émis par des désintégrations α, β et γ.

2 ANALYSER-RAISONNER

Pour chaque méthode citée dans la réponse **1.a.**, préciser le facteur dont dépend l'efficacité de la protection.

3 COMMUNIQUER GRAND ORAL

Préparer une présentation orale s'appuyant éventuellement sur un support visuel afin de présenter :
– quelques applications de la radioactivité dans le domaine médical ;
– des méthodes de protection contre les rayonnements ionisants et au moins deux facteurs d'influence de ces protections.

Synthèse des activités Podcast Texte DYS

1 Stabilité des noyaux

1.1 Diagramme (N ; Z)

L'ensemble des noyaux connus sont rangés dans un diagramme (N ; Z) (**DOC. 1**).

Deux **noyaux isotopes** ont le même nombre Z de protons, mais des nombres $N_{neutron}$ de neutrons différents (**DOC. 2**).

Exemple

Les noyaux ${}^{12}_{6}C$, ${}^{13}_{6}C$, ${}^{14}_{6}C$ sont les isotopes du carbone. Ils contiennent tous **six** protons, mais des neutrons en nombres $N_{neutron} = A - Z$ différents (resp. 6, 7 et 8).

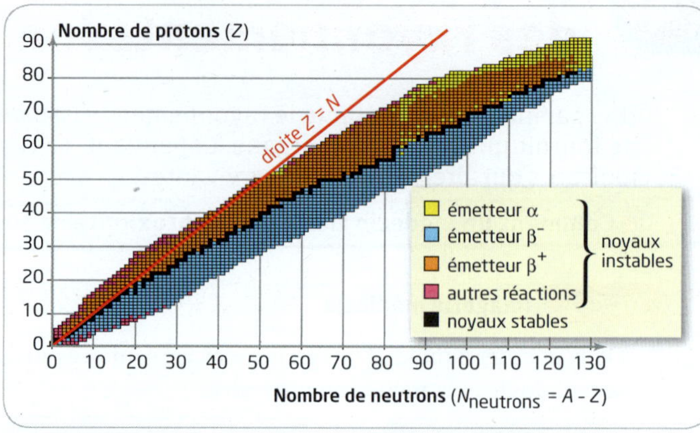

1. Diagramme (N ; Z).

Plusieurs zones sont présentes sur un diagramme (N ; Z), dont une centrale (en noir sur le **DOC. 1**) appelée **vallée de stabilité**, et qui correspond aux **noyaux stables**.
La plupart des noyaux (appelés noyaux radioactifs) **sont instables** et sont à l'origine de différents types de radioactivités : **α, β** et **γ** (**→ § 1.3**).

Représentation symbolique	${}^{235}_{92}U$	${}^{238}_{92}U$
A	235	238
Z	92	92
$N_{neutron} = A - Z$	143	146

2. Deux isotopes de l'uranium.

1.2 Équation d'une réaction nucléaire

Lors d'une transformation nucléaire, il y a **conservation de la charge électrique et du nombre de nucléons**. Cela est traduit par une équation de réaction du type :

$${}^{A_1}_{Z_1}X_1 + {}^{A_2}_{Z_2}X_2 \rightarrow {}^{A_3}_{Z_3}Y_1 + {}^{A_4}_{Z_4}Y_2 \quad \begin{cases} A_1 + A_2 = A_3 + A_4, \text{ conservation du nombre de nucléons} \\ Z_1 + Z_2 = Z_3 + Z_4, \text{ conservation de la charge électrique} \end{cases}$$

HISTOIRE DES SCIENCES

Les lois de conservation appliquées pour ajuster une équation d'une réaction nucléaire sont parfois nommées « lois de Soddy », en hommage au britanique **Frederick Soddy** (1877-1956), prix Nobel de chimie en 1921.

1.3 Différents types de radioactivité

La radioactivité correspond à la désintégration spontanée d'un noyau instable en un autre noyau, avec émission d'une ou de plusieurs particule(s).

La radioactivité naturelle concerne les noyaux instables qui existent dans la nature, la radioactivité artificielle concerne ceux créés en laboratoire.

Radioactivité α	Radioactivité β⁻	Radioactivité β⁺
Émission d'un noyau d'hélium, particule α : ${}^{4}_{2}He$	Émission d'un électron ${}^{0}_{-1}e$	Émission d'un positon ${}^{0}_{1}e$
	Émission d'un antineutrino ${}^{0}_{0}\overline{\nu_e}$	Émission d'un neutrino ${}^{0}_{0}\nu_e$
${}^{A}_{Z}X \rightarrow {}^{A-4}_{Z-2}Y_1 + {}^{4}_{2}He$	${}^{A}_{Z}X \rightarrow {}^{A}_{Z+1}Y_1 + {}^{0}_{-1}e + {}^{0}_{0}\overline{\nu_e}$	${}^{A}_{Z}X \rightarrow {}^{A}_{Z-1}Y_1 + {}^{0}_{1}e + {}^{0}_{0}\nu_e$
Exemple : polonium-210 ${}^{210}_{84}Po \rightarrow {}^{206}_{82}Pb + {}^{4}_{2}He$	Exemple : cobalt-60 ${}^{60}_{27}Co \rightarrow {}^{60}_{28}Ni + {}^{0}_{-1}e + {}^{0}_{0}\overline{\nu_e}$	Exemple : phosphore-30 ${}^{30}_{15}P \rightarrow {}^{30}_{14}Si + {}^{0}_{1}e + {}^{0}_{0}\nu_e$

HISTOIRE DES SCIENCES

La radioactivité artificielle est découverte par les physiciens français **Irène et Frédéric Joliot-Curie** en 1934 (production d'un noyau artificiel de phosphore-30).

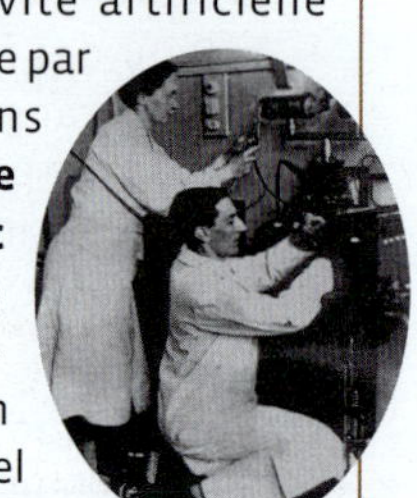

À la suite de ces désintégrations, le noyau formé est le plus souvent dans un état excité noté Y_1^*. Il devient stable en libérant l'excédent d'énergie qu'il possède sous forme d'un rayonnement électromagnétique de fréquence élevée, appelé rayonnement γ (**DOC. 3**).

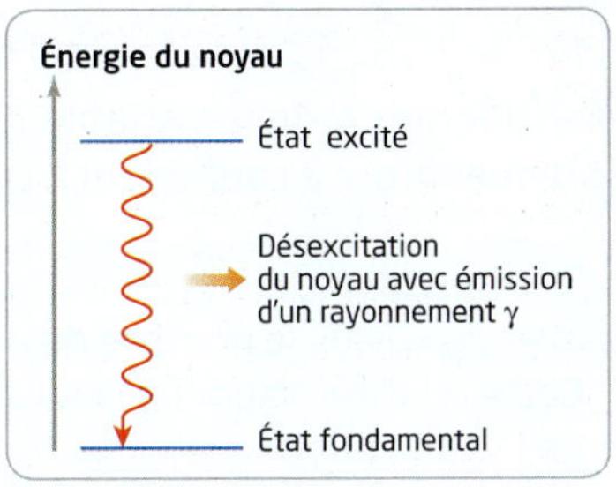

3. Désexcitation γ.

2 Loi de décroissance radioactive

2.1 Évolution temporelle d'une population de noyaux radioactifs

La désintégration d'un noyau radioactif isolé est un phénomène aléatoire.

Si un échantillon contient un grand nombre $N(t)$ de noyaux radioactifs identiques à une date t, il est possible de réaliser une étude statistique et d'en déduire l'évolution temporelle de la population de noyaux radioactifs.

La probabilité $p(t)$ pour qu'un noyau isolé se désintègre entre les dates t et $t + \Delta t$, donc pendant une durée Δt, est égale au quotient du nombre de noyaux se désintégrant pendant cette durée ($N(t) - N(t + \Delta t) = -\Delta N$, $\Delta N < 0$) par le nombre total de noyaux :

$$p(t) = \frac{N(t) - N(t+\Delta t)}{N(t)} = -\frac{\Delta N}{N(t)}$$

La probabilité de désintégration d'un noyau par unité de temps est une constante notée λ et nommée **constante radioactive** du noyau considéré :

$$\lambda = \frac{p(t)}{\Delta t}$$

Unités S.I. :
λ en s^{-1}
$p(t)$ sans unité
Δt en s

Remarque

Cette relation est vérifiée seulement pour des valeurs de Δt telles que : $\lambda \times \Delta t < 1$.

Raisonnement à retenir

En égalisant les deux expressions de cette probabilité :

$$p(t) = -\frac{\Delta N}{N(t)} = \lambda \times \Delta t, \text{ soit } \frac{\Delta N}{\Delta t} = -\lambda \times N(t).$$

$\frac{\Delta N}{\Delta t}$ ne dépend pas de la durée Δt, donc on peut prendre Δt très faible.

Pour une durée de comptage Δt tendant vers zéro : $\lim\limits_{\Delta t \to 0}\left(\frac{\Delta N}{\Delta t}\right) = \frac{dN}{dt}$ et donc :

$$\frac{dN}{dt} + \lambda \times N(t) = 0.$$

La fonction N est donc solution de l'**équation différentielle linéaire du premier ordre à coefficient constant $y' + ay = 0$ avec $a = \lambda$.**

Cette équation caractérise l'évolution temporelle de la population de noyaux radioactifs de l'échantillon.

VOCABULAIRE

- **Neutrino** et **antineutrino** sont des particules élémentaires notées respectivement $^0_0\nu_e$ et $^0_0\overline{\nu_e}$. Elles ne possèdent pas de charge électrique et leur masse est très faible. La présence de ces particules dans les équations de désintégration β est indispensable d'un point de vue énergétique.
- Le **positon** ^0_1e est l'antiparticule de l'électron. Il possède la même masse que l'électron et une charge électrique opposée.

POINT MATHS

Pour deux points A et M de la courbe $\mathscr{C}$ d'abscisses respectives a et $a + h$ avec $h \neq 0$, la pente de la droite (AM) est $\frac{f(a+h) - f(a)}{h}$. Si f est dérivable en a, alors cette pente a pour limite $f'(a)$ lorsque h tend vers 0.

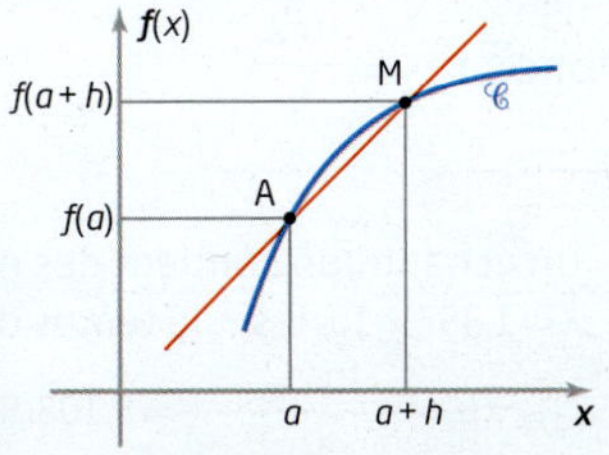

Synthèse des activités

Podcast | Texte DYS

2 . 2 Loi de décroissance radioactive

La fonction N de la variable t vérifie l'équation différentielle linéaire du premier ordre à coefficient λ constant. Sa solution est :

$$N(t) = N_0 e^{-\lambda t}$$

avec $N_0 = N(0)$, le nombre de noyaux de l'échantillon à la date $t = 0$.
Cette relation s'appelle la **loi de décroissance radioactive** de la population de l'échantillon.

L'**activité *A*** d'un échantillon radioactif est la grandeur :

$$A(t) = -\frac{dN}{dt}$$

Unités S.I. :
$A(t)$ en becquerel (Bq)
N le nombre de noyaux, sans unité
t en s

$A(t)$ représente le nombre moyen de désintégrations par unité de temps au sein de l'échantillon considéré.

Remarque

Une activité d'un becquerel correspond ainsi à une désintégration par seconde.

D'après la loi de décroissance radioactive :

$$A(t) = -\frac{dN}{dt}$$

$$A(t) = -\frac{d}{dt}(N_0 e^{-\lambda t}) = -(-\lambda)N_0 e^{-\lambda t} = \lambda N_0 e^{-\lambda t} = \lambda N(t).$$

L'activité est proportionnelle au nombre de noyaux radioactifs dans l'échantillon et vérifie la relation :

$$A(t) = A_0 e^{-\lambda t} \text{ avec } A_0 = \lambda N_0.$$

POINT MATHS

Une équation différentielle est une équation qui lie une fonction avec ses dérivées.
L'équation différentielle considérée ici est dite « du premier ordre » car la seule dérivée mise en jeu est la dérivée première de la fonction. Elle se note $y' + ay = 0$. Si la fonction f vérifie cette équation différentielle, alors $f(x) = f_0 e^{-ax}$ avec $f_0 = f(0)$.

POINT MATHS

Pour une fonction u dérivable, $(e^u)' = u'e^u$, donc :

$$\frac{d(e^{-\lambda t})}{dt} = -\lambda e^{-\lambda t}.$$

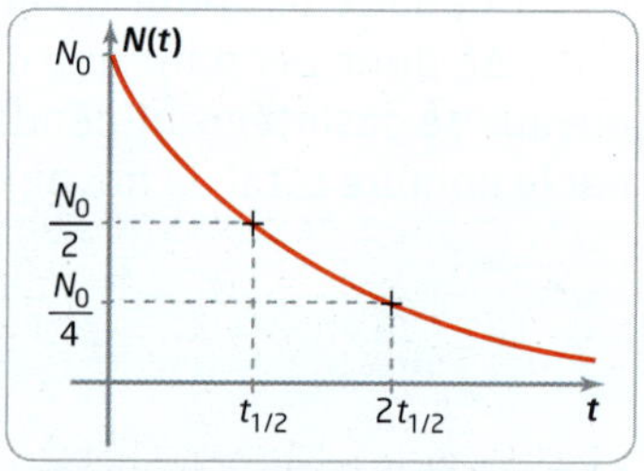

4. Décroissance radioactive du nombre de noyau radioactifs d'un échantillon. $t_{1/2}$ dépend uniquement de λ.

2 . 3 Temps de demi-vie

Le **temps de demi-vie $t_{1/2}$** est la durée nécessaire pour que la population de noyaux radioactifs identiques d'un échantillon soit divisée par deux (**DOC. 4** et **5**).

Par définition du temps de demi-vie : $N(t_{1/2}) = \frac{N_0}{2}$.

D'après la loi de décroissance radioactive $N(t_{1/2}) = N_0 e^{-\lambda t_{1/2}}$.

En réunissant ces deux relations :

$$\frac{N_0}{2} = N_0 e^{-\lambda t_{1/2}} \Leftrightarrow \frac{1}{2} = e^{-\lambda t_{1/2}}$$

$$\Leftrightarrow \ln\left(\frac{1}{2}\right) = \ln(e^{-\lambda t_{1/2}})$$

$$\Leftrightarrow -\ln 2 = -\lambda t_{1/2}.$$

Donc : $t_{1/2} = \frac{\ln 2}{\lambda}$.

Exemple

Un échantillon contient des noyaux de constante radioactive $\lambda = 1{,}357 \times 10^{-11}\ s^{-1}$, le temps de demi-vie des noyaux radioactifs a pour valeur :

$$t_{1/2} = \frac{\ln 2}{1{,}357 \times 10^{-11}\ s^{-1}} = 5{,}108 \times 10^{10}\ s = \frac{5{,}108 \times 10^{10}}{3\,600 \times 24 \times 365} = 1\,620 \text{ ans}.$$

Noyau radioactif	Temps de demi-vie $t_{1/2}$
Uranium-238	4,5 milliards d'années
Carbone-14	5 730 ans
Césium-137	30 ans
Iode-131	8,1 jours
Polonium-212	3×10^{-7} s

5. Temps de demi-vies de quelques noyaux radioactifs.

ÉVITER LES ERREURS

Lorsque la constante radioactive λ est calculée à partir du temps de demi-vie $t_{1/2}$, ce dernier doit-être exprimé en seconde pour obtenir directement λ en s^{-1}. Si le temps de demi-vie est exprimé en années (souvent notées « ans »), λ est alors exprimée en an^{-1}.

3 Applications de la radioactivité

3.1 Application à la datation

La loi de décroissance radioactive de certains isotopes radioactifs naturels est exploitée pour **dater** différents échantillons de matière.
L'isotope utilisé est notamment choisi en fonction de son temps de demi-vie par rapport à l'âge probable de l'échantillon à analyser (DOC. 6 et 7).

Le nombre de noyaux radioactifs N_1 restant dans un échantillon à la date t_1 vérifie la loi de décroissance radioactive :

$$N(t_1) = N_0 e^{-\lambda t_1} \text{ soit } \frac{N_1}{N_0} = e^{-\lambda t_1}.$$

L'âge t_1 estimé de l'échantillon est donc : $t_1 = -\frac{1}{\lambda}\ln\left(\frac{N_1}{N_0}\right) = -\frac{1}{\lambda}\ln\left(\frac{A_1}{A_0}\right)$.

En pratique, l'estimation repose sur la capacité à évaluer N_0 ou A_0.

6. La datation des roches lunaires est réalisée par la méthode du potassium-argon.

LIMITES DU MODÈLE

Le raisonnement peut être conduit avec le nombre de noyaux ou avec l'activité (grandeurs proportionnelles). L'étude est très simplifiée par rapport à la réalité : elle n'explicite notamment pas les opérations préliminaires à réaliser pour pouvoir exploiter l'échantillon.

3.2 Applications dans le domaine médical

Certaines techniques d'**imagerie médicale** utilisent des espèces radioactives, appelées traceurs radioactifs, qui permettent de suivre le fonctionnement des cellules et organes étudiés.

Les traceurs utilisés diffèrent suivant l'organe ciblé par l'imagerie (DOC. 8), mais possèdent tous des temps de demi-vie assez faibles. Ces techniques d'imagerie reposent sur la détection de rayonnement γ grâce à des détecteurs spécifiques nommés gamma-caméras.

Il existe différents types de **scintigraphie**, dont la scintigraphie thyroïdienne qui permet de suivre le fonctionnement de la glande thyroïde grâce à un isotope radioactif de l'iode, l'iode-123.

Les différentes techniques de **radiothérapie** utilisent des particules ou des rayonnements pour détruire des cellules cancéreuses.

7. La datation au carbone-14 nécessite de connaître la quantité de carbone-14 dans la biosphère à la date de la mort de l'échantillon de matière vivante analysé. Cette quantité est presque constante car le carbone-14 est constamment formé dans l'atmosphère. Pour améliorer la précision, l'élaboration de courbe d'étalonnage de N_0 en fonction du temps est nécessaire.

3.3 Protection contre les rayonnements ionisants

Un **rayonnement ionisant** est une émission constituée directement ou indirectement de particules ou de photons de haute énergie pouvant former des espèces chargées (ions) par interaction avec la matière vivante.

Pour se protéger des effets néfastes des rayonnements ionisants :
- augmenter la distance séparant les usagers des sources radioactives (si la distance est doublée, l'énergie reçue par l'usager est divisée par quatre) ;
- utiliser des écrans, des enceintes confinées ou des vêtements protecteurs (la protection dépend du type de rayonnement, de l'épaisseur de la protection et du matériau la constituant).

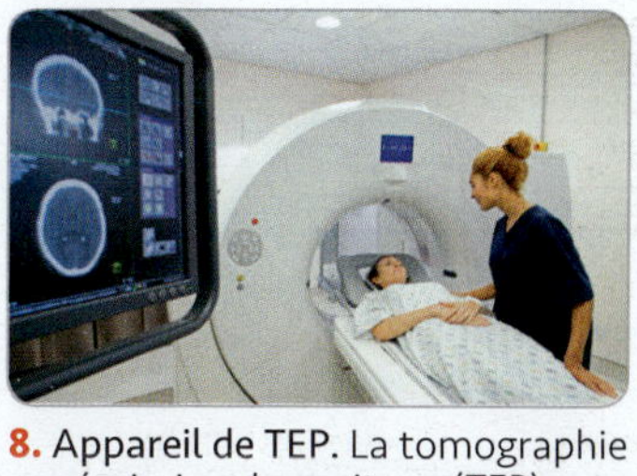

8. Appareil de TEP. La tomographie par émission de positons (TEP) est une technique d'imagerie cérébrale qui met en œuvre un isotope radioactif de l'oxygène, l'oxygène-15.

Retenir l'essentiel

Stabilité des noyaux

Diagramme (N ; Z)

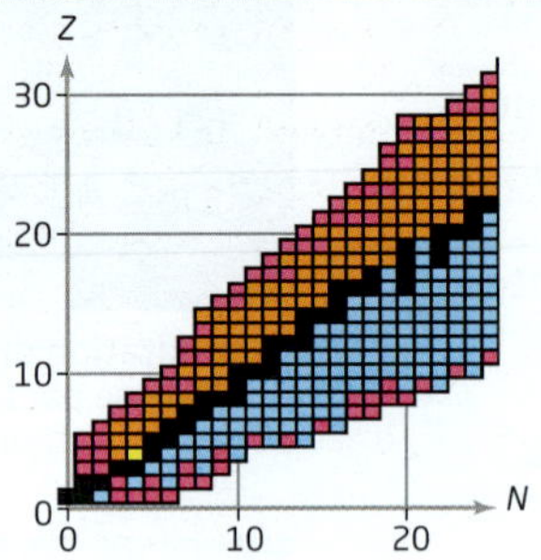

Équation de réaction nucléaire

$${}^{A_1}_{Z_1}X_1 + {}^{A_2}_{Z_2}X_2 \longrightarrow {}^{A_3}_{Z_3}Y_1 + {}^{A_4}_{Z_4}Y_2$$

- $A_1 + A_2 = A_3 + A_4$, conservation du nombre de nucléons
- $Z_1 + Z_2 = Z_3 + Z_4$, conservation de la charge électrique

Type de radioactivité	Particules formées	
α	Noyau d'hélium ${}^{4}_{2}\mathrm{He}$	
β^-	Électron ${}^{0}_{-1}\mathrm{e}$	Antineutrino ${}^{0}_{0}\overline{\nu}_{\mathrm{e}}$
β^+	Positon ${}^{0}_{1}\mathrm{e}$	Neutrino ${}^{0}_{0}\nu_{\mathrm{e}}$

$${}^{A}_{Z}X$$

Loi de décroissance radioactive

$$-\frac{\Delta N}{N(t)} = \lambda \times \Delta t$$

ΔN : variation du nombre N de noyaux pendant une durée Δt

λ : constante radioactive du noyau

Pour $\Delta t \longrightarrow 0$: $\frac{dN}{dt} + \lambda N(t) = 0$

Équation différentielle linéaire du premier ordre à coefficient constant $y' + ay = 0$ $(a = \lambda)$

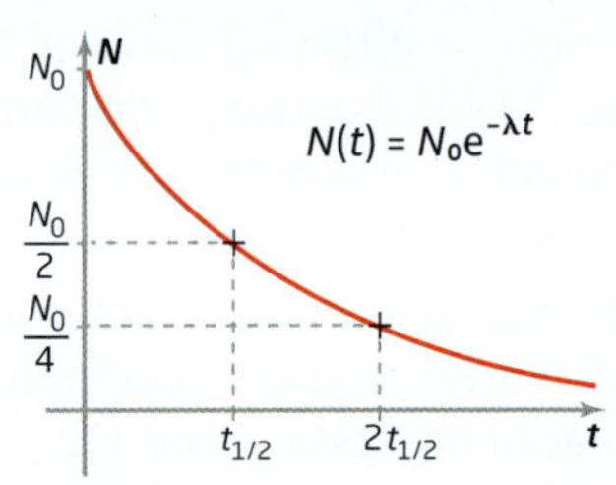

Temps de demi-vie : $t_{1/2}$

Activité d'un échantillon : $A(t) = -\frac{dN}{dt}$

Applications de la radioactivité

Datation

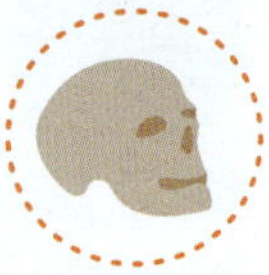

$t_{1/2}$ du noyau utilisé pour la datation est du même ordre de grandeur que l'âge estimé de l'échantillon

Médecine et protection

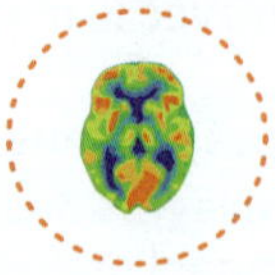

Imagerie

Soins

Écrans protecteurs

5 min chrono !

Si vous ne trouvez pas la bonne réponse, reportez-vous au § de la synthèse des activités correspondant pour vous aider.

Indiquer la réponse exacte. QCM interactif

1 **Des noyaux isotopes sont des noyaux qui possèdent le même nombre de :** ▶ §1

a. protons et de neutrons.

b. protons, mais des nombres de neutrons différents.

c. neutrons, mais des nombres de protons différents.

2 **Un isotope du noyau d'hélium $^{4}_{2}He$ est :** ▶ §1

a. $^{4}_{3}Li$. b. ^{3}He c. $^{8}_{4}Be$.

3 **Dans le diagramme (*N* ; *Z*), la « zone centrale » correspond aux noyaux :** ▶ §1

a. stables. b. instables. c. radioactifs.

4 **L'équation de réaction $^{137}_{55}Cs \rightarrow {}^{137}_{56}Ba + {}^{0}_{-1}e + {}^{0}_{0}\overline{\nu}_e$ est associée à une réaction de désintégration du type :** ▶ §1

a. α. b. β^-. c. β^+.

5 **La probabilité $p(t)$ pour qu'un noyau donné se désintègrent pendant une durée Δt est égale à :** ▶ §2

a. $\frac{\Delta t}{\lambda}$. b. $\frac{\lambda}{\Delta t}$. c. $\lambda \times \Delta t$.

6 **La loi de décroissance radioactive s'écrit :** ▶ §2

a. $N(t) = N(0)e^{\lambda t}$. b. $N(t) = N(0)e^{-\lambda t}$. c. $N(t) = -N(0)e^{\lambda t}$.

7 **Des écrans permettent de se protéger des rayonnements ionisants ; l'efficacité de cette protection :** ▶ §3

a. ne dépend pas du matériau constituant l'écran.

b. ne dépend pas de l'épaisseur de l'écran.

c. dépend de l'épaisseur de l'écran et de la nature du matériau qui le constitue.

8 **Pour une datation réalisée à partir d'un isotope radioactif, le temps de demi-vie de cet isotope doit être :** ▶ §3

a. beaucoup plus grand que l'âge estimé de l'échantillon.

b. beaucoup plus petit que l'âge estimé de l'échantillon.

c. du même ordre de grandeur que l'âge estimé de l'échantillon.

9 **L'examen médical mettant en jeu l'utilisation d'un traceur radioactif est :** ▶ §3

a. la scintigraphie. b. la radiographie.

c. l'échographie.

Corrigés p. 550

Contrôle technique !

10 Calculer un nombre de noyaux

EXERCICE RÉSOLU

Exprimer puis calculer le nombre $N(t_1)$ de noyaux radioactifs présents dans un échantillon après $t_1 = 6{,}0$ jours d'évolution.

DONNÉES

- Nombre de noyaux présents à la date $t = 0$: $N_0 = 6{,}0 \times 10^{23}$.
- Constante radioactive des noyaux considérés : $\lambda = 8{,}0 \times 10^{-7}\ s^{-1}$.

SOLUTION

La loi de décroissance radioactive s'écrit :

$$N(t) = N_0 e^{-\lambda t}.$$

A.N. : pour $t = t_1$,

$N(t_1) = 6{,}0 \times 10^{23} \times e^{-8{,}0 \times 10^{-7}\ s^{-1} \times 6{,}0 \times 24 \times 3600\ s}$

$= 4{,}0 \times 10^{23}$ noyaux.

APPLICATION • Sur le modèle de l'exercice résolu

Exprimer puis calculer le nombre $N(t_1)$ de noyaux radioactifs présents dans un échantillon après une durée de cinq temps de demi-vie.

DONNÉES

- Nombre de noyaux présents à la date $t = 0$: $N_0 = 6{,}0 \times 10^{23}$.
- Temps de demi-vie des noyaux considérés : $t_{1/2} = 17$ jours.

11 Écrire une équation de désintégration

EXERCICE RÉSOLU

Le francium-205 (^{205}Fr) peut subir une désintégration de type α.

- À l'aide du tableau périodique des éléments (➜ **Rabat VI**), écrire l'équation de la réaction modélisant cette désintégration.

SOLUTION

L'équation de réaction générale d'une désintégration α est :

$$^{205}_{87}Fr \rightarrow {}^{205-4}_{87-2}Y_1 + {}^{4}_{2}He$$

87 – 2 = 85 ; ce nombre correspond au numéro atomique de l'élément chimique astate (At).

La désintégration a donc pour équation de réaction :

$$^{205}_{87}Fr \rightarrow {}^{201}_{85}At + {}^{4}_{2}He$$

APPLICATION • Sur le modèle de l'exercice résolu

Écrire l'équation de la réaction modélisant la désintégration β^+ du soufre-30.

Exercices APPLIQUER

DONNÉES POUR TOUS LES EXERCICES
- Tableau périodique ➜ Rabat VI.
- Diagramme (N ; Z) ➜ Synthèse des activités p. 118.

Stabilité et instabilité des noyaux

▶ § 1 de la synthèse des activités

➜ EXERCICES RAPIDES

12 GRAND ORAL Réaliser un support visuel afin d'expliquer en deux minutes maximum à l'ensemble de la classe en quoi le diagramme (N ; Z) permet d'identifier les isotopes stables et instables, et les différents types de radioactivité associées.

13 Expliquer en quoi consiste la désexcitation γ d'un noyau d'astate-201 ($^{201}_{85}At$) obtenu à l'état excité après désintégration α d'un noyau de francium-205.

14 Associer chacune de ces trois équations de désintégrations à un type de radioactivité.

a. $^{28}_{13}Al \rightarrow {}^{28}_{14}Si + {}^{0}_{-1}e + {}^{0}_{0}\overline{\nu_e}$ **b.** $^{13}_{8}O \rightarrow {}^{13}_{7}N + {}^{0}_{1}e + {}^{0}_{0}\nu_e$

c. $^{210}_{84}Po \rightarrow {}^{206}_{82}Pb + {}^{4}_{2}He$

15 Écrire une équation de désintégration β^+

Une photo de la réaction du sodium métallique au contact de l'eau est donnée ci-contre.

DONNÉE Équation de la réaction modélisant la transformation entre le sodium métallique et l'eau :
$2\,Na(s) + 2\,H_2O(\ell) \rightarrow 2\,Na^+(aq) + 2\,HO^-(aq) + H_2(g)$

a. Préciser si la réaction entre le sodium métallique et l'eau est une transformation nucléaire. Justifier.

b. Écrire l'équation de désintégration β^+ du sodium-21.

16 In English please

Cesium-137 can undergo β^- decay to produce a nucleus in an excited energy state.

a. Formulate the equation for the decay of cesium-137, using the periodic table.

b. Outline what happens when the excited energy state decays.

17 Écrire une équation de réaction

Le carbone-14 se forme dans la haute atmosphère terrestre : sous l'effet du rayonnement cosmique, un noyau d'azote-14 capture un neutron et forme le carbone-14 et un autre noyau.
- Écrire l'équation de la réaction modélisant cette capture neutronique.

Loi de décroissance radioactive et applications de la radioactivité

▶ § 2 et § 3 de la synthèse des activités

➜ EXERCICES RAPIDES

18 GRAND ORAL Réaliser un support visuel permettant d'expliquer en deux minutes maximum à l'ensemble de la classe le principe de la datation d'un échantillon de matière à l'aide de noyaux radioactifs.

19 Reproduire soigneusement la courbe de décroissance radioactive donnée ci-contre, en plaçant avec précision le point d'abscisse $3t_{1/2}$.

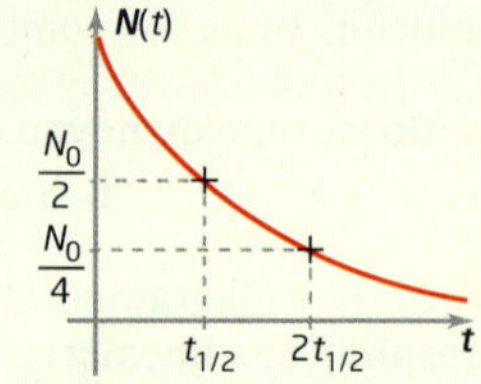

20 Le temps de demi-vie de l'iode-131 est de 8 jours. Un échantillon contient 1000 noyaux d'iode-131 à la date $t = 24$ jours.
- Calculer, sans calculatrice, son nombre de noyaux d'iode-131 à la date $t = 0$ jour.

21 Apprendre à rédiger

▲ Piscine de stockage de combustible nucléaire « usé ».

Les produits de transformations nucléaires dans les centrales électriques contiennent de nombreux noyaux instables.
- Établir une démonstration complète permettant de déterminer l'évolution temporelle de la population d'un échantillon de noyaux instables identiques.

Aide méthodologique

▶ Exprimer le nombre de noyaux se désintégrant pendant une durée Δt en fonction de la variation ΔN du nombre de ces noyaux.

▶ Écrire la relation entre la probabilité de désintégration $p(t)$ et la durée considérée Δt en notant λ la constante radioactive.

▶ Exploiter les deux expressions précédentes afin d'en déduire l'expression de $\frac{\Delta N}{\Delta t}$, puis de $\frac{dN}{dt}$.

▶ Identifier puis résoudre l'équation différentielle obtenue.

22 Calculer l'activité d'un échantillon

Le césium-137 est un isotope radioactif du césium, produit notamment lors de la fission de l'uranium ; son temps de demi-vie est $t_{1/2} = 30$ ans.
À la date $t = 0$, un échantillon de césium-137 a une activité $A_0 = 1{,}0 \times 10^7$ Bq.

DONNÉE
Le temps de demi-vie et la constante radioactive d'un noyau sont liées par l'expression $t_{1/2} = \dfrac{\ln(2)}{\lambda}$.

a. Calculer la constante radioactive du césium-137.

b. Exprimer puis calculer l'activité de l'échantillon radioactif après une durée de désintégration $\Delta t = 1{,}0$ an.

S'AUTOÉVALUER

23 Estimer l'âge d'un outil en bois

Un morceau de bois probablement issu d'un outil est mis au jour.
Pour valider l'estimation de l'âge de l'outil obtenue par comparaison avec d'autres objets appartenant à la même strate, les chercheurs utilisent la méthode de datation au carbone-14.
Un échantillon de cet outil de masse $m = 1{,}00$ g est analysé et un détecteur relève 5,5 désintégrations par minute.
Une courbe d'étalonnage permet d'établir qu'un échantillon de même masse de bois possédait une activité de 13,6 désintégrations par minute à l'époque de la fabrication de l'outil.

- Évaluer l'âge probable t_1 de cet outil.

DONNÉE Temps de demi-vie du carbone-14, $t_{1/2} = 5\,730$ ans.

INDICATEURS DE RÉUSSITE	NIVEAU A	B	C	D
ANALYSER-RAISONNER				
• Les activités A_0 et A_1 sont correctement identifiées. • La loi de décroissance radioactive est donnée.				
RÉALISER				
• L'expression de t en fonction de A_0, $A(t)$ et λ est déduite de la loi de décroissance radioactive. • Le calcul de t_1 est correctement réalisé avec des unités cohérentes entre elles.				

24 Retour sur l'ouverture du chapitre

Visionner la vidéo d'ouverture du chapitre montrant l'inauguration d'un nouvel appareil d'imagerie médical combinant un TEP et un scanner.

Vidéo

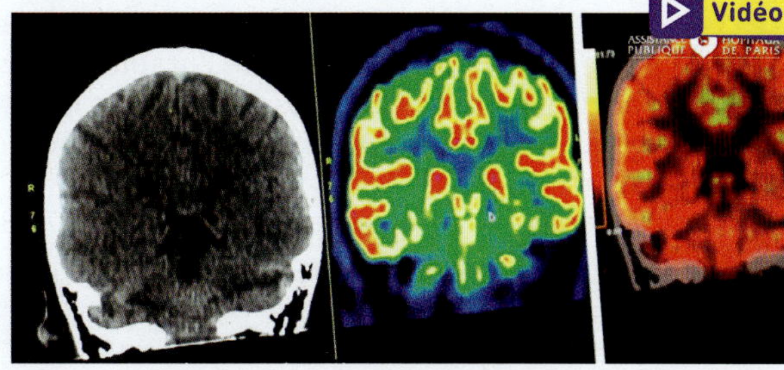

a. Expliquer le terme « traceur radioactif ».

b. Justifier la nécessité d'utiliser des traceurs radioactifs de temps de demi-vie ni trop courtes ni trop longues.

c. Expliquer, éventuellement à l'aide d'une recherche, la signification de l'abréviation « TEP ».

25 Se protéger des rayonnements

Dans les installations à risque radioactif, des affiches sont prévues à l'entrée des zones exposées aux rayonnements ionisants afin d'offrir un rappel supplémentaire de sécurité.

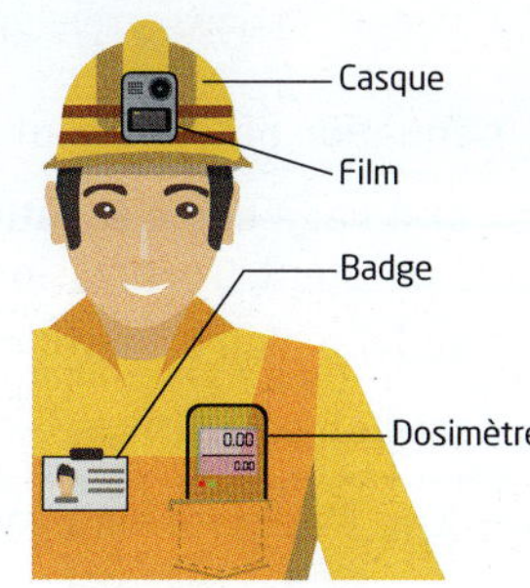

a. Relever le nom du dispositif qui mesure le niveau d'exposition aux rayonnements ionisants.

b. Expliquer pourquoi certaines installations mentionnent des durées maximales de séjour dans des zones spécifiées.

c. Déduire de la question **b.** une modalité de protection contre les rayonnements ionisants.

26 Analyser un schéma

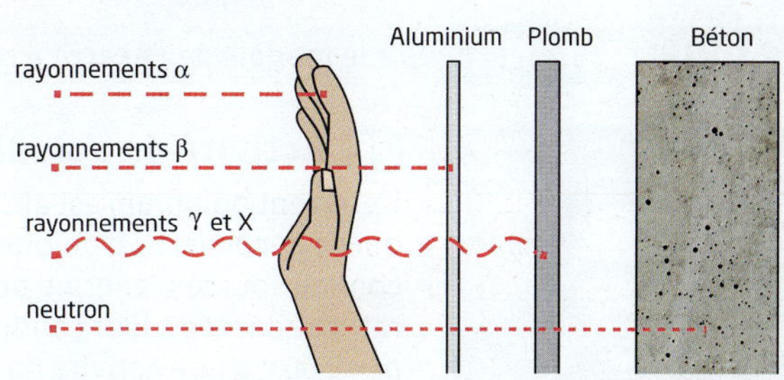

a. Analyser et interpréter l'illustration.

b. En déduire deux facteurs d'influence relatifs à l'utilisation d'écrans pour se protéger des rayonnements ionisants.

EXO **Exercices supplémentaires**

Exercices APPLIQUER

EXERCICE RÉSOLU ET COMMENTÉ

27 Activité d'une source de césium-137

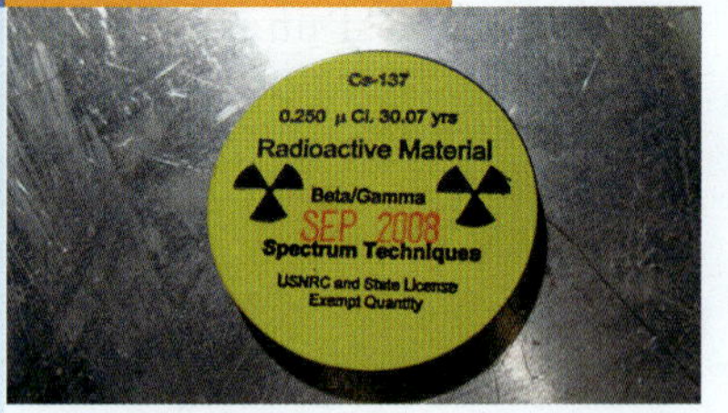

ÉNONCÉ

Le césium-137 n'existe pas à l'état naturel sur Terre. Il est principalement produit par les réactions de fission de l'uranium dans les réacteurs des centrales nucléaires, mais certaines applications industrielles, médicales, ou d'étude en laboratoire, reposent sur l'usage de sources radioactives de cet isotope.
Une source de césium-137 a une activité de $1{,}00 \times 10^{14}$ Bq à la date $t = 0$.

DONNÉES Activité moyenne d'un être humain : $A_h = 1{,}0 \times 10^4$ Bq. Temps de demi-vie du césium-137 : 30,1 ans ; $t_{1/2} = \frac{\ln(2)}{\lambda}$.

a. L'évolution temporelle de la population en noyaux de césium-137 de l'échantillon étudié est de la forme : $\frac{dN}{dt} = -\lambda N(t)$.
Présenter cette équation sous sa forme usuelle puis la nommer. En déduire l'expression de la fonction $N(t)$.

b. Exprimer puis calculer la durée Δt nécessaire pour que l'activité de la source de césium-137 soit du même ordre de grandeur que celle d'un être humain. Commenter ce résultat.

UNE SOLUTION

a. L'équation obtenue peut s'écrire $\frac{dN}{dt} + \lambda N(t) = 0$. Elle est de la forme $y' + ay = 0$ ($a = \lambda$). Il s'agit d'une équation différentielle linéaire du premier ordre à coefficient constant. L'expression de $N(t)$ est donc $N(t) = N_0 e^{-\lambda t}$ avec $N_0 = N(0)$.

b. L'activité d'un échantillon est liée au nombre de noyaux radioactifs de cet échantillon par : $A(t) = -\frac{dN}{dt} = -\frac{d}{dt}\left(N_0 e^{-\lambda t}\right) = -(-\lambda)N_0 e^{-\lambda t} = \lambda N_0 e^{-\lambda t} = A_0 e^{-\lambda t}$, avec $A_0 = \lambda N_0$. L'activité est égale à celle d'un être humain à la date $0 + \Delta t$. Ainsi $A_h = A_0 e^{-\lambda \Delta t}$. Soit $\frac{A_h}{A_0} = e^{-\lambda \Delta t}$. $\ln\left(\frac{A_h}{A_0}\right) = -\lambda \Delta t$ et donc $\Delta t = -\frac{1}{\lambda}\ln\left(\frac{A_h}{A_0}\right) = -\frac{t_{1/2}}{\ln(2)}\ln\left(\frac{A_h}{A_0}\right)$.

A.N. : $\Delta t = -\frac{30{,}1 \times 365 \times 24 \times 3600 \text{ s}}{\ln(2)} \times \ln\left(\frac{1{,}0 \times 10^4 \text{ Bq}}{1{,}00 \times 10^{14} \text{ Bq}}\right) = 3{,}2 \times 10^{10}$ s.

$\Delta t = \frac{3{,}2 \times 10^{10} \text{ s}}{365 \times 24 \times 3600 \text{ s} \cdot \text{an}^{-1}} = 1{,}0 \times 10^3$ ans, soit environ 1 000 ans. Ce déchet issu d'une centrale nucléaire est radioactif pendant une très longue durée.

ANALYSER-RAISONNER
Le coefficient de l'équation différentielle à coefficient constant vérifiée par $N(t)$ est λ.

ANALYSER-RAISONNER
La connaissance de $A(t)$ à n'importe quelle date t permet de déterminer la date à laquelle sa valeur est A_h.

COMMUNIQUER
Afin de commenter cette grande valeur commencer par la convertir en année afin de mieux l'appréhender.

APPLICATION Sur le modèle de l'exercice résolu

28 Activité du polonium-210

L'élément polonium est ainsi nommé en l'honneur de la nationalité d'origine de Marie Curie qui l'a découvert. Le polonium-210, isotope radioactif α du polonium, était autrefois utilisé comme source d'énergie pour maintenir les instruments des robots lunaires à une température adaptée à leur condition de fonctionnement. Une source de polonium-210, de masse $m = 1{,}00$ g a une activité de $1{,}7 \times 10^{14}$ Bq.

DONNÉES
- Activité moyenne d'un gramme de minerai d'uranium : $A_m = 1{,}0 \times 10^7$ Bq.
- Temps de demi-vie du polonium-210 : 138 jours ; $t_{1/2} = \frac{\ln(2)}{\lambda}$.

a. Écrire l'équation de réaction modélisant la désintégration du polonium-210.

b. L'évolution temporelle de la population en noyaux de polonium-210 de l'échantillon vérifie l'équation : $\frac{dN}{dt} = -\lambda N(t)$.
Présenter cette équation sous sa forme usuelle puis la nommer. En déduire l'expression de la fonction $N(t)$.

c. Déterminer la durée nécessaire pour que l'activité de cette source soit égale à celle d'un gramme de minerai d'uranium.

29 Les cernes du bois

RÉA Effectuer un calcul **VAL** Faire preuve d'esprit critique

Il est possible d'établir un étalonnage de la méthode de datation au carbone-14 à partir des cernes d'un arbre. Chaque cerne représente une durée d'une année. En prélevant un échantillon dans chaque cerne et en mesurant sa teneur en carbone-14, il est possible de comparer ces teneurs en carbone-14 mesurées aux valeurs calculées par la loi de décroissance radioactive du carbone-14. Cette comparaison constitue une première étape possible dans l'étalonnage de la méthode de datation au carbone-14.

DONNÉE
Temps de demi-vie du carbone-14, $t_{1/2} = 5\,730$ ans ; $t_{1/2} = \dfrac{\ln(2)}{\lambda}$.

a. Rappeler l'expression de l'activité $A(t)$ d'un échantillon contenant du carbone-14 en fonction de A_0, l'activité de cet échantillon à une date $t_0 = 0$ an.

b. Exprimer puis calculer le rapport $\dfrac{A(t_1)}{A_0}$ à la date $t_1 = 1{,}0$ an. Commenter le résultat obtenu.

c. Déterminer s'il est possible, à l'aide d'un tronc d'arbre d'âge $t_2 = 500$ ans, d'enregistrer une décroissance significative de l'activité du carbone-14.

30 Identifier des isotopes naturels

RÉA Effectuer un calcul **ANA-RAI** Émettre des hypothèses

La méthode de datation « au potassium-argon » permet de dater certaines roches.

DOC. 1 Isotopes du potassium

Le potassium ($Z = 19$) possède trois isotopes naturels dont les proportions en quantités de matière sont : ^{39}K (93,2581 %), ^{40}K (0,001167 %) et ^{41}K (6,7302 %).
Seul le potassium-40 est radioactif.
88 % des noyaux de potassium-40 se désintègrent en ^{40}Ca (calcium-40) selon la réaction d'équation :

$$^{40}_{19}K \rightarrow ^{40}_{20}Ca + ^{0}_{-1}e + ^{0}_{0}\overline{\nu}_e$$

La constante radioactive associée à cette désintégration est $\lambda_1 = 4{,}962 \times 10^{-10}$ an^{-1}, ce qui donne une période radioactive soit un temps de demi-vie $T_1 = 1{,}40$ Gan (milliard d'années).
12 % des noyaux de potassium-40 se désintègrent en ^{40}Ar (argon-40) par capture d'une partie des électrons ainsi produits (capture électronique) :

$$^{40}_{19}K + ^{0}_{-1}e \rightarrow ^{40}_{18}Ar + ^{0}_{0}\nu_e$$

La constante radioactive associée à cette transformation est $\lambda_2 = 0{,}581 \times 10^{-10}$ an^{-1} ce qui donne une période radioactive $T_2 = 11{,}9$ Gannées.

D'après ENS Lyon plateforme ACCES

DOC. 2 Extrait du diagramme (N ; Z)

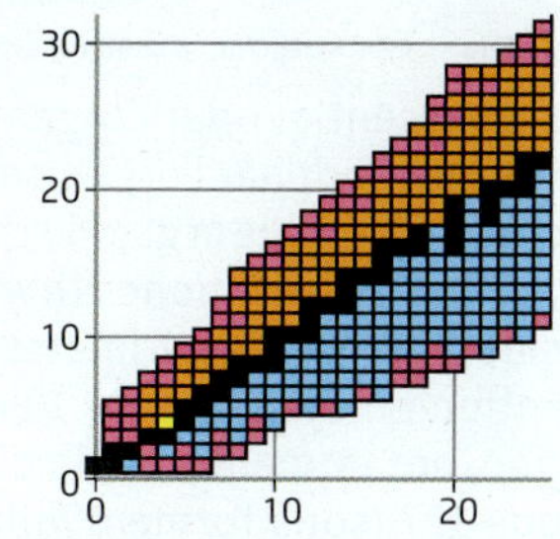

DONNÉE Le temps de demi-vie $t_{1/2}$ et la constante radioactive λ d'un noyau sont liées par l'expression $t_{1/2} = \dfrac{\ln(2)}{\lambda}$.

a. Expliquer en quoi l'équation de désintégration du potassium-40 en calcium-40 caractérise une radioactivité β^-.

b. Retrouver les valeurs du temps de demi-vie du potassium-40 associé aux deux voies de désintégration.

c. Comparer les valeurs calculées dans la question précédente aux deux « périodes » données dans le **DOC. 1**. Conclure sur la signification de « période radioactive ».

d. Identifier les trois isotopes naturels du potassium sur le **DOC. 2** et reproduire les trois cases correspondantes avec les couleurs adaptées.

e. Il existe un grand nombre d'autres isotopes du potassium. Expliquer pourquoi le **DOC. 1.** ne les mentionne pas.

31 Modélisation de l'évolution temporelle d'une population radioactive

Tableur

RCO Connaître un modèle **RÉA** Utiliser un tableur

L'oxygène-15 est utilisé dans la tomographie par émission de positrons, une technique d'imagerie médicale.
Une source de cet isotope radioactif β^+ de l'oxygène est placée dans un détecteur afin de mesurer l'évolution de son activité au cours du temps.
Les résultats sont regroupés dans un fichier téléchargeable sur **sirius.nathan.fr**.

DONNÉE Temps de demi-vie de l'oxygène-15 : $t_{1/2} = 122$ s.

a. Écrire l'équation de désintégration de l'oxygène-15.

b. Représenter à l'aide d'un tableur-grapheur la courbe d'évolution temporelle de l'activité de la source.

c. Modéliser cette courbe par une fonction adaptée.

d. Déduire de la modélisation effectuée la valeur initiale de l'activité de l'échantillon, ainsi que la valeur du temps de demi-vie de l'oxygène-15.

32 Un modèle multi-sciences

RCO Connaître un modèle **Val** Faire preuve d'esprit critique

a. Rappeler ce que signifie que l'évolution de la concentration d'une espèce chimique suit une loi d'ordre un.

b. Expliquer pourquoi il est possible d'affirmer que la vitesse de désintégration radioactive d'un noyau instable suit une loi de vitesse d'ordre un.

33 ✱ L'iode et la thyroïde SVT

RCO Connaître un modèle **RÉA** Utiliser un tableur, effectuer un calcul

L'apport d'iode est essentiel pour l'organisme humain. La captation de cet élément par l'organisme se fait sous forme d'ion iodure au niveau de la glande thyroïde. L'iode participe à la synthèse des hormones thyroïdiennes. En 2016, il a été décidé d'étendre le périmètre du plan particulier d'intervention en étendant de 10 km à 20 km la zone d'application, notamment avec la distribution de comprimés d'iode-127 (sous forme d'iodure de potassium KI) à prendre en cas de fuite radioactive d'iode-131.

DONNÉES

- $^{127}_{53}I$, seul isotope naturel de l'iode, noyau non radioactif.
- Iode-131 : isotope artificiel de l'iode, radioactif β^-, présent dans les rejets atmosphériques suite aux accidents nucléaires et dans de nombreux examens médicaux.
- Temps de demi-vie de l'iode-131 : $t_{1/2} = 8{,}1$ jours.
- Constante d'Avogadro, $N_A = 6{,}02 \times 10^{23}$ mol^{-1}.

a. Citer la zone du corps humain dans laquelle l'élément iode est capté.

b. Justifier la mesure consistant à prendre des pastilles d'iodure de potassium en cas d'incident nucléaire.

c. Écrire l'équation de la désintégration de l'iode-131.

d. Définir le temps de demi-vie de l'iode-131.

e. Exprimer puis calculer λ, la constante radioactive de l'iode-131.

f. Montrer que l'activité A d'un échantillon d'iode-131 de masse m est donnée par : $A = \lambda \dfrac{m}{M(\text{I})} N_A$, $M(\text{I})$ étant la masse molaire de l'iode-131.

g. Déduire de la réponse **f.** la masse m_1 d'iode-131 à injecter à un patient pour une scintigraphie thyroïdienne qui nécessite une activité $A_1 = 37$ MBq.

h. Construire, par une méthode de votre choix (tableur-grapheur, papier millimétré, etc.) la représentation graphique de la décroissance de l'activité du produit injecté au cours du temps, pour une durée comprise entre 0 et 50 jours.

i. Déduire de la réponse **g.**, par une méthode graphique, la date t_{10} pour laquelle l'activité du produit injecté est divisée par dix.

34 ✱ Âge d'une momie

RCO Connaître un modèle **RÉA** Effectuer un calcul

Des égyptologues découvrent une momie. La méthode de datation au carbone-14 est utilisée afin de valider l'âge estimé de la tombe par des considérations historiques. L'hypothèse est que la proportion de carbone-14 dans le dioxyde de carbone atmosphérique est restée stable au cours des derniers millénaires.

DONNÉES

- Le carbone-14 est radioactif β^- et son temps de demi-vie est $t_{1/2} = 5\,570$ ans.
- Quotient r de l'activité d'un échantillon de bois trouvé dans la tombe par l'activité d'un morceau de bois de même masse encore vivant : $r = 0{,}56$.

a. Rappeler en quoi consiste une désintégration β^- et écrire l'équation de désintégration du carbone-14.

b. Exprimer puis calculer la constante radioactive λ du carbone-14.

c. Exprimer puis calculer l'âge présumé de la tombe découverte.

35 ✱✱ Le granit de Trégor

ANA-RAI Proposer un modèle **RÉA** Effectuer un calcul **VAL** Faire preuve d'esprit critique

Trégor est une ville bretonne sur la côte de granit rose. Lors de la formation de ces roches, des noyaux $^{87}_{37}Rb$, $^{87}_{38}Sr$ et $^{86}_{38}Sr$ ont été piégés dans du magma granitique.

Le rubidium-87 est radioactif β^- et sa désintégration conduit au strontium-87. Si le système est isolé, la teneur isotopique en rubidium-87 diminue et celle en strontium-87 augmente, alors que celle en strontium-86 reste stable. Grâce à un spectromètre de masse, six échantillons de granit sont analysés afin d'obtenir des rapports isotopiques qui permettent de tracer la courbe isochrone, représentant le quotient $y = \dfrac{N_{^{87}Sr}(t)}{N_{^{86}Sr}(t)}$ en fonction du quotient $x = \dfrac{N_{^{87}Rb}(t)}{N_{^{86}Sr}(t)}$. Les résultats des mesures sont donnés dans le tableau suivant.

x	2,47	0,209	4,81	5,52	3,38	1,54
y	0,7167	0,7066	0,7278	0,7267	0,7229	0,7129

La datation des roches par la méthode rubidium-strontium repose sur l'exploitation de la représentation graphique de x en fonction de y, appelée courbe isochrone.

DONNÉE

Constante radioactive du rubidium-87 : $\lambda = 1{,}42 \times 10^{-11}$ an^{-1}.

a. Écrire l'équation de désintégration du rubidium-87.

b. Déduire de la loi de décroissance radioactive la relation entre $N_{^{87}Rb}(t)$, le nombre de noyaux de rubidium-87 lors de l'analyse, et $N_{0,^{87}Rb}$, le nombre initial de noyaux de rubidium-87.

c. Justifier que : $N_{^{87}Sr,\text{formés}} = N_{0,^{87}Rb} - N_{^{87}Rb}(t)$.

d. Déduire des réponses **b.** et **c.** la relation :

$$N_{^{87}Sr}(t) = N_{0,^{87}Sr} + N_{0,^{87}Rb} \times (1 - e^{-\lambda t}).$$

e. Démontrer la relation :

$$\frac{N_{^{87}Sr}(t)}{N_{^{86}Sr}(t)} = \frac{N_{0,^{87}Sr}}{N_{^{86}Sr}(t)} + \frac{N_{0,^{87}Rb}}{N_{^{86}Sr}(t)} \times a \quad \text{avec } a = 1 - e^{-\lambda t}.$$

f. Représenter la courbe isochrone par la méthode de votre choix.

g. Modéliser la courbe obtenue par une fonction affine et montrer que l'équation de cette fonction est :

$$y = 0{,}0047x + 0{,}705.$$

h. Vérifier que l'âge des granits étudiés est proche de 330 millions d'années.

i. Déterminer la valeur de la composition initiale $\dfrac{N_{0,^{87}Sr}}{N_{0,^{86}Sr}}$.

36 Expliquer à l'oral les aspects mathématiques de la loi de décroissance radioactive

L'iode-123, utilisé pour des examens de scintigraphie thyroïdienne, possède un temps de demi-vie de 13 heures environ. Cette durée est adaptée à l'examen envisagé : le traceur radioactif permet d'étudier le fonctionnement de la thyroïde tout en ne restant pas trop longtemps actif dans l'organisme du patient.

RESSOURCES
- Vidéo d'essai
- Vidéo définitive

ÉTAPE 1 S'approprier le sujet à l'écrit

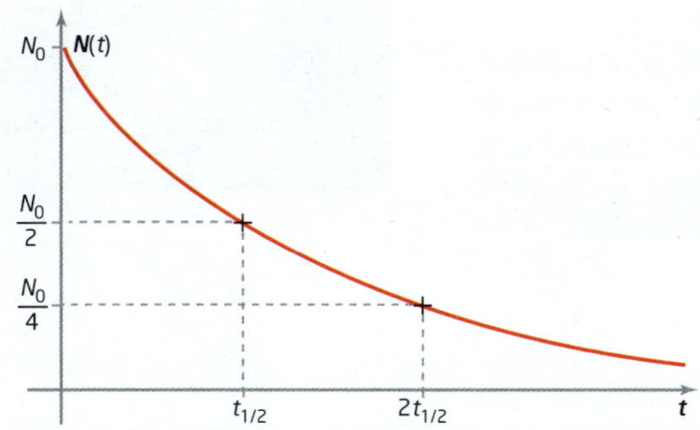

▲ Courbe d'évolution de la population d'un échantillon radioactif.

Le temps de demi-vie $t_{1/2}$ est la durée nécessaire pour que la moitié des noyaux de l'échantillon radioactif se désintègrent.

$^{123}_{53}\mathrm{I}$

- **Émetteur** γ (raie principale 159 keV)
- **Période physique** = 13,2 heures
- **Période effective** ≈ 13 heures (thyroïde)

- **Organe cible** : thyroïde
- **Surveillance du poste de travail** : mesure du débit de dose ambiant, des contaminations surfacique et atmosphérique
- **Surveillance individuelle externe et interne** : dosimétrie ; mesure directe de l'activité thyroïdienne

ÉTAPE 2 Présenter la démarche à l'oral

Dans la vidéo disponible, une lycéenne joue le rôle d'un médecin et détaille oralement l'évolution temporelle de la population d'un échantillon radioactif, avec le cahier des charges suivant.
Forme de la présentation orale :
- durée 1 minute ;
- sans note ni support visuel ;
- debout, face à la caméra.
La caméra joue le rôle du patient en attente d'explications.

▷ Vidéos

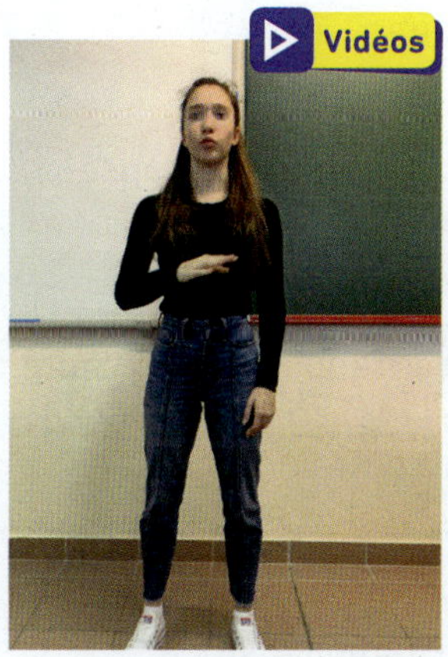

Questions

1. Un médecin désire expliquer pourquoi l'examen de scintigraphie thyroïdienne ne présente pas de danger pour son patient. Préparer les arguments qu'il compte lui présenter.
2. Regarder la vidéo que la lycéenne a réalisée pour s'entraîner une première fois.
3. Préparer une présentation orale d'une minute pour les élèves de la classe, sur le même sujet que la lycéenne, en tenant compte des conseils formulés.

MÉTIERS ET ORIENTATION

Le **médecin radiologiste** est un spécialiste de l'imagerie médicale. Il établit avec le patient une relation de confiance lors d'un examen qui peut parfois sembler impressionnant.
Dans certains cas, il est amené à travailler en présence d'éléments radioactifs et de rayonnements ionisants ; sa formation l'amène à connaître et mettre en œuvre les gestes de protection adéquats. Il interprète les images obtenues suivant différentes techniques, puis il établit un diagnostic et éventuellement une prescription médicale.

Formation : Bac + 9 minimum.

Préparation du Grand oral

Exemples de questions

RAPPEL : les questions à préparer pour le Grand oral portent sur les deux enseignements de spécialité soit pris isolément, soit abordés de manière transversale. Ces deux questions mettent en lumière certains enjeux du ou des programmes de Première et de Terminale de ces enseignements (→ **Fiche Bac 4**, p. 513).

RESSOURCES

- Exemple de support pour la question 2

QUESTION 1 Comment modéliser deux méthodes de protection contre les rayonnements ionisants ?

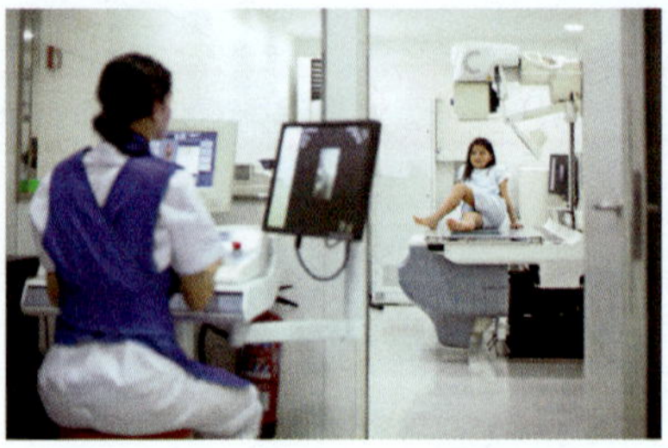

• Contexte expliquant l'intérêt de la question posée

Les rayons X lors d'un examen radiographique sont nocifs pour la santé. L'effet est cumulatif : pour un patient qui ne subit qu'occasionnellement ce type d'examen, les effets sont à peine perceptibles ; en revanche, le personnel médical est exposé aux rayons X plus souvent. Il est donc nécessaire d'organiser leur lieu de travail afin de s'en prémunir.

• Ressources utiles

→ **Chapitres 5 de ce manuel** : rayonnements ionisants.

→ **Chapitre *Un niveau d'organisation : les éléments*** de l'Enseignement scientifique de la classe de Première (radioactivité).

→ **Chapitres d'optique géométrique** des classes de Première spécialité et Terminale spécialité : réalisation de protocoles expérimentaux.

→ **Sites Internet utilisant les mots-clés :** rayons X, verre plombé.

• Expérience pour modéliser le phénomène étudié

Des expériences peuvent être réalisées en utilisant une lumière visible, qui est aussi un rayonnement électromagnétique.

POUR ALLER PLUS LOIN

Informations à rechercher sur l'utilisation d'un luxmètre ou d'un photocapteur, sur les différents types de sources de lumière visible disponibles dans l'établissement, sur la dosimétrie en radioactivité, sur les unités de mesure (sievert, par exemple).

QUESTION 2 Comment prévoir pendant combien de temps les conséquences de l'accident nucléaire de Fukushima se feront sentir ?

• Contexte expliquant l'intérêt de la question posée

Le 11 mars 2011, un séisme suivi d'un tsunami a frappé le Japon. Suite au défaut de refroidissement des réacteurs de la centrale nucléaire de Fukushima, une fusion partielle de trois cœurs a entraîné d'importants rejets radioactifs.

• Ressources utiles

→ **Chapitre 4** de ce manuel : loi de décroissance radioactive.

→ **Point numérique 1,** p. 539, afin d'écrire un code Python de simulation d'une population de noyaux radioactifs.

→ **Chapitre *Choix énergétiques et impacts sur les sociétés*** de l'Enseignement scientifique de Terminale : enjeux de l'utilisation du nucléaire.

→ **Sites Internet en utilisant les mots clés** : Fukushima, chronologie, accident, isotopes radioactifs.

• Programme pour modéliser le phénomène étudié Python Excel

Simuler l'évolution d'une population de noyaux radioactifs à l'aide d'un langage de programmation ou d'un tableur.

POUR ALLER PLUS LOIN

Comparaison avec l'accident de Tchernobyl en 1986, méthodes de mesures de la radioactivité d'une eau ou d'un sol, système de sécurité d'un réacteur nucléaire, autorités de régulation et de surveillance des installations nucléaires civiles en France et dans le monde.

Exemple de support pour le Grand oral

QUESTION 1 **Comment modéliser deux méthodes de protection contre les rayonnements ionisants : éloignement et écran de protection ?**

CONSEIL

Dans ce contexte de modélisation, il convient de poser correctement le problème en mettant en relation le système réel, sur lequel des expériences sont impossibles dans un lycée, et le système modèle qui permet de réaliser vraiment des expériences.

RAPPEL : les deux questions préparées au cours de l'année de Terminale et éventuellement de Première durant les deux enseignements de Spécialité sont transmises au jury, qui choisit la question à présenter durant le Grand oral. Durant la préparation, un support, à remettre au jury au début de la présentation orale, peut être réalisé sur une feuille.

Support

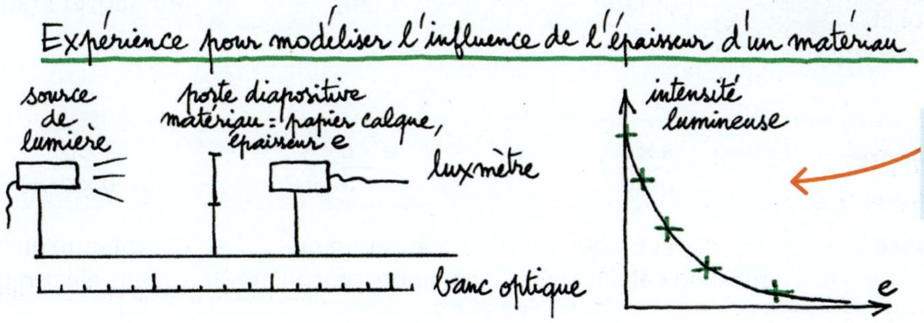

Les schémas doivent être clairs et pas trop chargés pour une meilleure lisibilité.

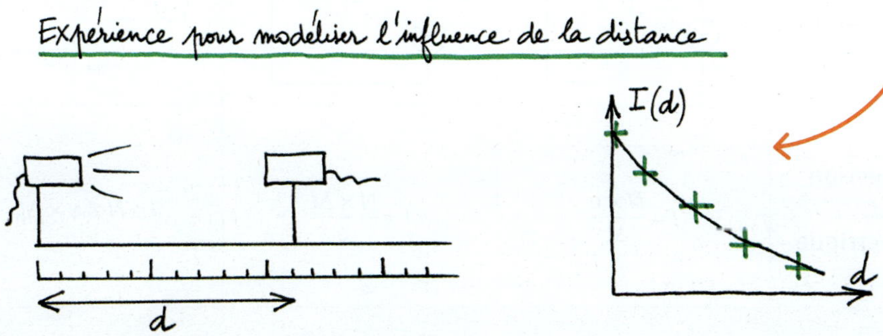

- Ne représenter que l'allure des courbes obtenues expérimentalement pendant l'année du cycle terminal.
- Ne pas oublier de préciser l'abscisse et l'ordonnée.

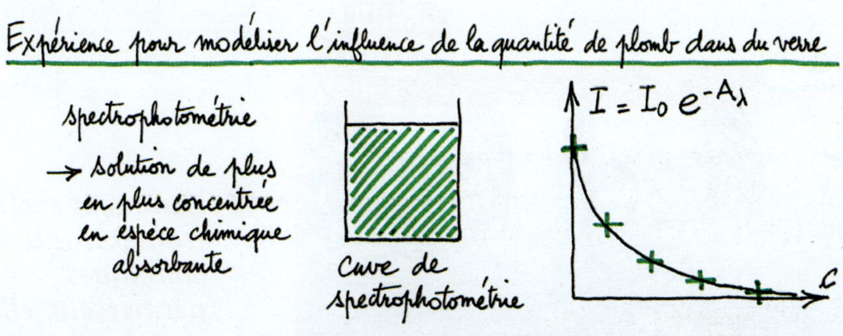

6 Évolution spontanée d'un système chimique

EXO QCM interactif

Se tester pour commencer

Choisir la réponse exacte.

	A	B	C
1 Soit la réaction d'équation : $Pb^{2+}(aq) + 2\,I^{-}(aq) \rightarrow PbI_2(s)$ Les quantités de matière à l'état initial sont $n_{Pb^{2+}} = 0{,}10$ mol et $n_{I^-} = 0{,}15$ mol. Le (ou les) réactif(s) limitant(s) est (sont) :	$Pb^{2+}(aq)$	$I^{-}(aq)$	$Pb^{2+}(aq)$ et $I^{-}(aq)$
2 L'expression $\frac{a/b}{c/d}$ peut s'écrire :	$\frac{a \times c}{b \times d}$	$\frac{a \times b}{c \times d}$	$\frac{a \times d}{b \times c}$
3 Un réducteur est une espèce chimique capable de :	céder un ou plusieurs électron(s)	capter un ou plusieurs proton(s)	capter un ou plusieurs électrons(s)
4 Le schéma correct correspondant à la mesure de la tension U positive aux bornes d'un générateur est :	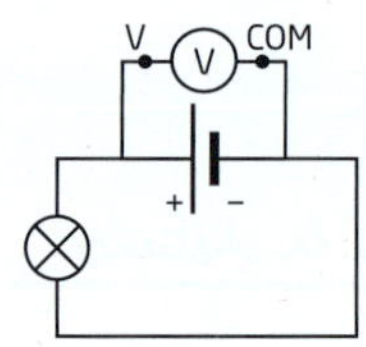	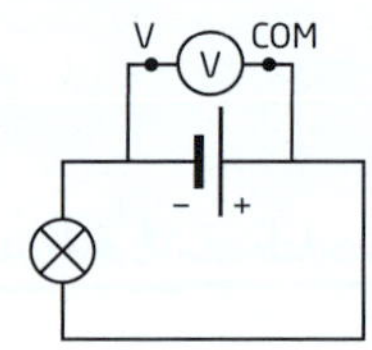	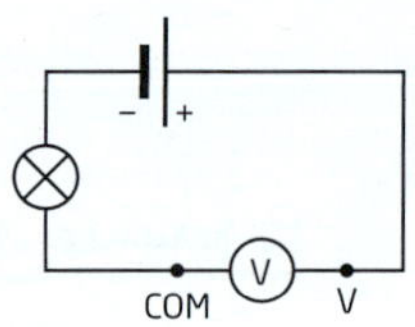
5 Connaissant le nombre N d'électrons traversant la section d'un fil pendant la durée Δt, l'intensité I du courant électrique continu vaut :	$I = \frac{N \times e}{\Delta t}$	$I = \frac{N \times \Delta t}{e}$	$I = N \times e \times \Delta t$

Vidéo débat — GRAND ORAL

Comment certaines transformations chimiques permettent-elles de faire circuler un courant électrique dans un circuit ?

→ Activité 5 p. 138

Un enfant retire du sable, mais le trou ne s'agrandit pas...

Pourquoi certaines transformations chimiques ne conduisent pas toujours à la consommation de la totalité du réactif limitant ?

CAPACITÉS EXIGIBLES	Activités	Exercices corrigés
• Relier le caractère non total d'une transformation à la présence, à l'état final du système, de tous les réactifs et de tous les produits. • *Mettre en évidence la présence de tous les réactifs dans l'état final d'un système siège d'une transformation non totale, par un nouvel ajout de réactifs.*	1	14
Déterminer le sens d'évolution spontanée d'un système.	3	32 42
• Déterminer un taux d'avancement final à partir de données sur la composition de l'état final et le relier au caractère total ou non total de la transformation. • *Déterminer la valeur du quotient de réaction à l'état final d'un système, siège d'une transformation non totale, et montrer son indépendance vis-à-vis de la composition initiale du système à une température donnée.*	2	8 14 19
• *Illustrer un transfert spontané d'électrons par contact entre réactifs et par l'intermédiaire d'un circuit extérieur.* • Justifier la stratégie de séparation des réactifs dans deux demi-piles et l'utilisation d'un pont salin. • Modéliser et schématiser, à partir de résultats expérimentaux, le fonctionnement d'une pile.	4	9 25 26 29 34
Déterminer la capacité électrique d'une pile à partir de sa constitution initiale.	5	30 34 40
Réaliser une pile, déterminer sa tension à vide et la polarité des électrodes, identifier la transformation mise en jeu, illustrer le rôle du pont salin.	4	
• Citer des oxydants et des réducteurs usuels : eau de Javel, dioxygène, dichlore, acide ascorbique, dihydrogène, métaux. • Justifier le caractère réducteur des métaux du bloc s.	5	23

Activité expérimentale

1 Totale ou non totale ?

Notions
- Transformation non totale
- Équilibre chimique

▸ § 1 p. 139

La présence d'ion thiocyanate SCN^- dans le sang et les urines révèle une intoxication à l'ion cyanure (provenant d'un incendie, d'une eau contaminée, etc.). Pour détecter la présence de l'ion thiocyanate dans un échantillon d'urine, un test simple consiste à y ajouter, après acidification, l'ion fer (III) Fe^{3+}. Le test est positif si l'échantillon prend une teinte rouge.

● **La transformation mise en jeu dans ce test est-elle totale ?**

PROTOCOLE

1. Préparation du système chimique

Préparer quatre tubes à essais, numérotés de 1 à 4, contenant chacun les trois solutions suivantes : S_1 (thiocyanate de potassium), S_2 (acide nitrique) et S_3 (nitrate de fer (III)).

Solution aqueuse	Concentration en quantité de matière	Volume (en mL)
S_1	5,0 mmol · L^{-1} en ion SCN^-	2,0
S_2	0,1 mol · L^{-1}	2,0
S_3	5,0 mmol · L^{-1} en ion Fe^{3+}	2,0

2. Modification du système chimique

Dans les tubes à essais 2, 3 et 4, ajouter la solution aqueuse indiquée dans le tableau ci-dessous.

Tube n°	Solution	Concentration en quantité de matière	Volume (en mL)
2	Eau	–	1,0
3	S'_1	50 mmol · L^{-1} en ion SCN^-	1,0
4	S'_3	50 mmol · L^{-1} en ion Fe^{3+}	1,0

DONNÉES

■ L'ion thiocyanate SCN^- réagit avec l'ion fer (III) Fe^{3+} pour former l'ion $Fe(SCN)^{2+}$, qui donne une coloration rouge sang à la solution.

■ En milieu acide aucune autre transformation n'est observée.

Questions

1 RÉALISER

a. Mettre en œuvre le **PROTOCOLE**.

b. Calculer les quantités de matière initiales $n_{Fe^{3+},i}$ et $n_{SCN^-,i}$ de chacun des deux réactifs mis en présence dans chacun des tubes à essais à l'issue de l'étape **1**.

2 ANALYSER-RAISONNER

a. Si la transformation étudiée est totale, indiquer la présence ou non des réactifs dans le milieu à l'issue de l'étape **1**.

b. Préciser l'espèce chimique mise en évidence par l'ajout de la solution S'_1 de thiocyanate de potassium dans le tube n° 3, lors de l'étape **2**.

c. Préciser l'espèce chimique mise en évidence par l'ajout de la solution S'_3 de nitrate de fer (III) dans le tube n° 4, lors de l'étape **2**.

3 VALIDER

Déterminer le caractère total ou non de la transformation qui a eu lieu à l'issue de l'étape **1**.

4 COMMUNIQUER GRAND ORAL

Préparer une présentation orale afin d'expliquer à l'ensemble de la classe comment identifier rapidement le caractère total ou non d'une transformation chimique.

Notions

- Quotient de réaction
- Constante d'équilibre

▸ § 2 p. 140

2 Une solution rouge-sang

L'ion thiocyanate SCN^- réagit avec l'ion fer (III) Fe^{3+} suivant une transformation non totale, caractérisée par la constante d'équilibre $K(T)$. L'espèce colorée formée, l'ion $Fe(SCN)^{2+}$, servait autrefois de « faux sang » dans les films.

● **La constante d'équilibre $K(T)$ dépend-elle des concentrations initiales des réactifs ?**

DONNÉES

■ Coefficient d'absorption molaire de l'ion $Fe(SCN)^{2+}$ à 475 nm : $\varepsilon_{475} = 9\,080\ L \cdot mol^{-1} \cdot cm^{-1}$.

■ Pour une transformation non totale, l'état final correspond à un état d'équilibre chimique.

■ Quotient de réaction à l'équilibre de la réaction de formation de l'ion $Fe(SCN)^{2+}$:

$$Q_{r,éqb} = \frac{[Fe(SCN)^{2+}]_f \times c°}{[Fe^{3+}]_f \times [SCN^-]_f}$$

$c°$ est la concentration standard : $c° = 1\ mol \cdot L^{-1}$.

PROTOCOLE

Tableur **Matériel**

1. Numéroter six tubes à essais de 1 à 6.
2. À l'aide de pipettes graduées, et selon les indications du tableau ci-contre, introduire dans chaque tube à essais :
   – une solution de volume V_1 et de concentration en quantité d'ion Fe^{3+} $c = 5{,}00\ mmol \cdot L^{-1}$;
   – une solution d'acide nitrique de volume 3 mL ;
   – un échantillon de volume V_2 d'eau ;
   – une solution de volume V_3 et de concentration en quantité d'ion SCN^- $c = 5{,}00\ mmol \cdot L^{-1}$.
3. Agiter le contenu des tubes à essais et attendre dix minutes que la réaction soit terminée.
4. Mesurer l'absorbance $A_{475,j}$ des mélanges contenus dans les tubes à essais n° 1 à 6 ($\lambda = 475$ nm).

Tube à essais	1	2	3	4	5	6
V_1 (en mL)	1	1	1	2	2	3
V_2 (en mL)	5	4	3	4	3	3
V_3 (en mL)	1	2	3	1	2	1

Questions

1 RÉALISER

a. Mettre en œuvre le PROTOCOLE.

b. Calculer les quantités de matière initiales $n_{1,i}$ et $n_{3,i}$ des deux réactifs dans chaque tube à essais.

2 ANALYSER-RAISONNER

a. Écrire l'équation de la réaction entre l'ion thiocyanate SCN^- et l'ion fer (III) Fe^{3+}.

b. Montrer, à l'aide de la loi de Beer-Lambert, que l'avancement final x_f est donné par la relation :

$$x_f = \frac{V \times A_{475}}{\varepsilon_{475} \times \ell}$$

Avec : $V = V_1 + V_2 + V_3$ et ℓ largeur de la solution traversée par le faisceau du spectrophotomètre.

3 RÉALISER

a. Pour chaque mélange, calculer :
– la valeur de x_f ;
– les concentrations en quantité d'ions Fe^{3+} et SCN^- à l'état final ;
– la valeur du quotient de réaction à l'équilibre $Q_{r,éqb}$.

b. Comparer les différentes valeurs de $Q_{r,éqb}$ obtenues.

4 VALIDER

Compte tenu des incertitudes de mesure, indiquer si $Q_{r,éqb}$ dépend de la composition initiale du système. Calculer sa valeur moyenne, notée $K(T)$, et appelée **constante d'équibre** de la réaction.

RESSOURCES

- Fichier tableur pour le protocole
- Liste du matériel

Activité documentaire

3 Hémoglobine et dioxygène : une histoire d'équilibre

Notions
- Critère d'évolution spontanée
- Équilibre dynamique

▸ § 1 p. 139 et 2 p. 140

L'hémoglobine intervient dans l'oxygénation de nos organes : elle capte le dioxygène ou le libère suivant les besoins. L'hémoglobine est donc au centre d'un équilibre chimique dynamique.

● **Comment prévoir le sens d'évolution d'un système chimique ?**

DOCUMENT **Rôle de l'hémoglobine**

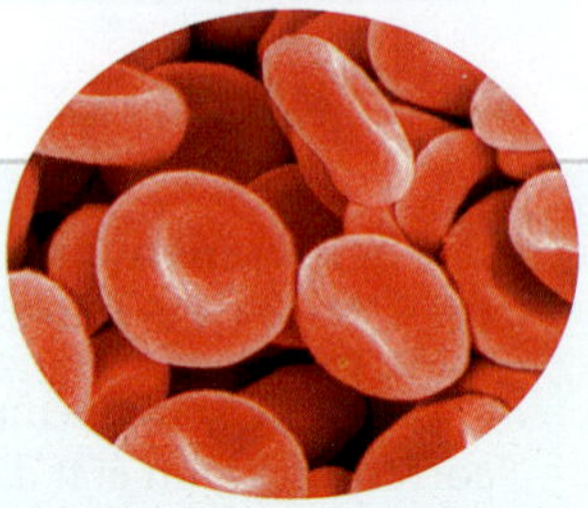

L'hémoglobine, notée *Hb*, est une métalloprotéine présente dans les globules rouges du sang et qui assure le transport du dioxygène des poumons aux organes. Le dioxygène gazeux circule peu dans l'organisme, mais une fois dissous dans le sang, il se fixe sur l'hémoglobine au niveau des poumons pour former de l'oxyhémoglobine HbO_2.
Au niveau des cellules, la molécule d'oxyhémoglobine se dissocie : le dioxygène nécessaire au bon fonctionnement des organes est alors libéré.

DONNÉES

■ La transformation de l'hémoglobine en oxyhémoglobine est modélisée par la réaction d'équation :

$$Hb(\text{aq}) + O_2(\text{aq}) \underset{②}{\overset{①}{\rightleftharpoons}} HbO_2(\text{aq})$$

■ La constante d'équilibre de cette réaction à 37 °C est $K(T) = Q_{r,\text{éqb}} = 3{,}1 \times 10^5$.

■ Son quotient de réaction est : $Q_r = \dfrac{[HbO_2] \times c°}{[Hb] \times [O_2]}$.

■ Le taux d'avancement final τ de cette transformation au niveau des poumons, c'est-à-dire le quotient de l'avancement final x_f par l'avancement maximal x_{max}, est de 0,97 (soit 97 %).

■ Modélisation de la circulation sanguine :

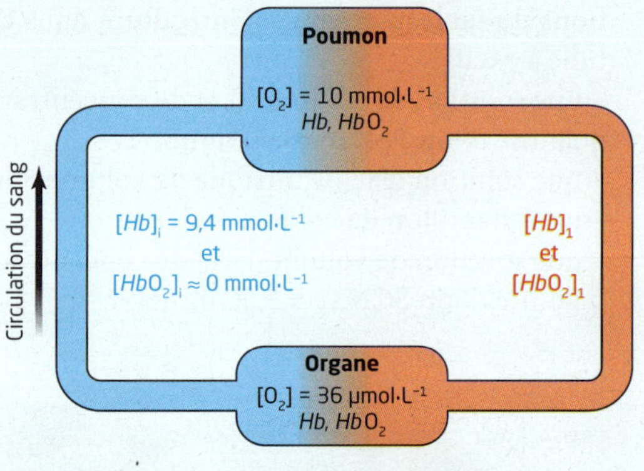

Questions

1 S'APPROPRIER
Indiquer dans quel sens ① ou ② évolue le système chimique $\{Hb\,;\,O_2\,;\,HbO_2\}$:
a. au niveau des poumons ;
b. au niveau des organes.

2 RÉALISER
a. Calculer la concentration en quantité d'oxyhémoglobine $[HbO_2]_1$ formée au niveau des poumons.
b. En déduire la valeur de la concentration en hémoglobine $[Hb]_1$ restante après fixation du dioxygène.
c. Calculer le quotient de réaction $Q_{r,i}$ à l'état initial :
– au niveau des poumons (avant la formation d'oxyhémoglobine) ;
– au niveau des organes (avant libération du dioxygène).
d. Comparer les valeurs de $Q_{r,i}$ à celle de $K(T)$.

3 VALIDER
Proposer un critère utilisant les valeurs de $Q_{r,i}$ et de $K(T)$ pour déterminer le sens d'évolution spontanée du système chimique $\{Hb\,;\,O_2\,;\,HbO_2\}$.

Activité expérimentale

4 Sur les pas d'Alessandro Volta

Notions
- Demi-pile, pont salin, pile
- Tension à vide

▸ § 4 p. 142

En 1800, le scientifique italien Alessandro Volta (1745-1827) explique comment il a fabriqué la première pile. Son fonctionnement met en jeu un empilement régulier de disques de deux métaux différents et de disques de carton imbibés de solution contenant des ions.

● **Quel est le principe de fonctionnement d'une pile ?**

PROTOCOLE — Vidéo d'expérience

1. Dans un bécher, mélanger deux solutions de sulfate de cuivre (Cu^{2+}(aq), SO_4^{2-}(aq)) et de sulfate de zinc (Zn^{2+}(aq), SO_4^{2-}(aq)) de même volume et de même concentration en quantité de matière $c = 50$ mmol·L^{-1}.
2. Plonger dans la solution obtenue une lame de cuivre et une lame de zinc.

DONNÉES

■ À 25 °C, la réaction d'équation :

$$Cu^{2+}(aq) + Zn(s) \rightarrow Cu(s) + Zn^{2+}(aq)$$

a une constante d'équilibre $K(T) = 2 \times 10^{37}$.

■ La **tension à vide** d'une pile est la valeur absolue de la différence de potentiel mesurée entre ses électrodes en circuit ouvert, quand aucun courant électrique ne la traverse.

DOCUMENT Matériel pour construire une pile — Matériel

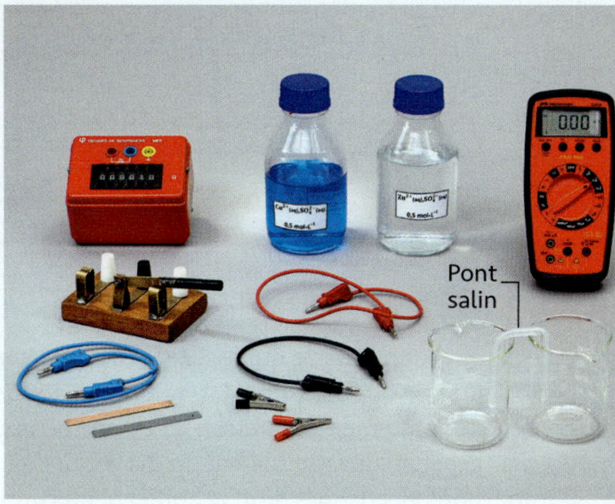

Le pont salin contient une solution d'ions conduisant le courant.

Questions

1 RÉALISER

a. Mettre en œuvre le **PROTOCOLE** et observer.

b. Exprimer puis calculer le quotient de réaction à l'état initial (**DONNÉES**).

2 ANALYSER-RAISONNER

a. Montrer que les observations sont en accord avec le critère d'évolution spontanée du système.

b. Indiquer de quelle espèce chimique à quelle autre les électrons ont été transférés.

c. Proposer un protocole utilisant le matériel disponible afin de réaliser la même transformation chimique, mais réalisant et mettant en évidence le transfert d'électrons au travers de fils électriques.

3 RÉALISER

a. Mettre en œuvre le protocole proposé après validation par le professeur.

b. Retirer le pont salin. Interpréter les observations.

c. Mesurer la tension à vide.

4 VALIDER

a. Montrer que le signe de l'intensité électrique lue sur l'ampèremètre est cohérent avec le sens d'évolution spontanée du système chimique.

b. Montrer que la polarité observée est cohérente avec le sens de circulation des électrons dans les fils.

c. Schéma Compléter le schéma fourni et le légender.

5 COMMUNIQUER GRAND ORAL

Préparer un exposé oral expliquant comment, à partir du signe de l'intensité mesurée, il est possible de trouver le sens d'évolution spontanée du système chimique.

RESSOURCES
- Vidéo d'expérience
- Schéma d'expérience à compléter (question 4.c.)
- Liste du matériel

Activité documentaire

5 Fonctionnement d'un stimulateur cardiaque

Notions
- Capacité électrique d'une pile
- Réactions électrochimiques aux électrodes

► § 4 p. 142

John B.Goodenough, M. Stanley Whittingham et Akira Yoshino ont reçu le prix Nobel de chimie 2019 pour leur rôle dans le développement des batteries utilisant notamment le lithium. Ces batteries sont présentes dans des téléphones portables, des véhicules électriques ou encore des stimulateurs cardiaques.

● **Quels sont les avantages de l'utilisation de l'élément lithium dans les batteries ?**

DONNÉES

Élément	Configuration électronique	Masse molaire (en $g \cdot mol^{-1}$)
Lithium Li	$(1s)^2\,(2s)^1$	6,94
Sodium Na	$(1s)^2\,(2s)^2\,(2p)^6\,(3s)^1$	22,99

■ La **capacité électrique q_{pile}** d'une pile est la charge électrique maximale qu'elle peut faire circuler dans un circuit extérieur. Il s'agit donc de la charge électrique totale, en valeur absolue, des électrons transférés du pôle ⊖ vers le pôle ⊕ entre l'état inital du système chimique de la pile (quand elle est neuve) et l'état de ce système où le réactif limitant de la pile est totalement consommé (pile usée).

DOC. 1 Cœur et stimulateur cardiaque

■ Le cœur est un muscle qui assure, par ses battements naturels et périodiques, la circulation du sang vers les tissus de l'organisme. Lorsque ces battements sont trop lents, un chirurgien peut implanter chez le patient un stimulateur cardiaque. Il s'agit d'un générateur d'impulsions électriques dont le boîtier renferme une pile à base de lithium, comme la pile lithium-iode.

■ Les demi-équations électroniques sont les suivantes :
- au pôle positif : $I_2 + 2\,e^- = 2\,I^-$
- au pôle négatif : $Li = Li^+ + e^-$

■ Le fonctionnement de la pile est modélisé par des réactifs introduits en proportions stœchiométriques, une transformation totale et un courant continu d'intensité $I = 70\ \mu A$.

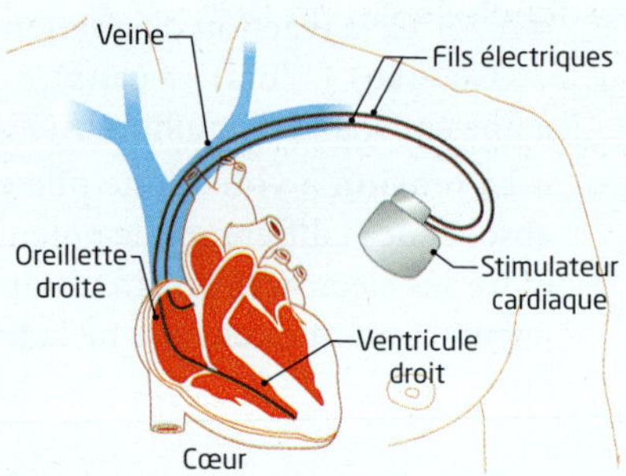

■ Masse initiale de lithium dans la pile : $m_{Li,i} = 1{,}4$ g.

Questions

1 S'APPROPRIER

À l'aide des **DONNÉES**, justifier le caractère réducteur du lithium.

2 RÉALISER

a. Déterminer l'équation de la réaction modélisant la transformation ayant lieu dans la pile lithium-iode.

b. Déterminer l'expression de la quantité de matière d'électrons échangés entre le diiode et le lithium en fonction de l'avancement à l'état final x_f.

c. Calculer la capacité électrique q_{pile} de la pile du stimulateur cardiaque.

3 VALIDER

a. Rappeler l'expression de l'intensité I du courant électrique, interprétée comme le débit de charges électriques traversant une section des fils électriques reliés au stimulateur cardiaque.

b. Exprimer puis calculer la durée de vie Δt de la pile de capacité électrique q_{pile} lorsqu'elle débite un courant électrique d'intensité I. Discuter du résultat obtenu.

c. Expliquer en quoi le lithium est plus intéressant que le sodium pour un stimulateur cardiaque.

1 Transformation non totale

1.1 Système chimique à l'état final

Pour un système chimique siège d'une transformation non totale, tous les réactifs et tous les produits de l'équation de la réaction modélisant la transformation sont présents en quantités non négligeables à l'état final. L'état final correspond à un état d'**équilibre chimique**.

Afin de mettre en évidence le caratère non total d'une transformation, il est possible de procéder à un nouvel ajout de n'importe lequel des réactifs dans le système à l'état final. Le réactif nouvellement ajouté réagit avec les réactifs non consommés : les quantités de produits augmentent.

VOCABULAIRE

À l'état final, lorsque les quantités des réactifs limitants sont très petites devant celles des autres réactifs, la transformation peut être qualifiée de **quasi-totale**.

1.2 Équation de réaction

Une transformation non totale est modélisée par deux réactions s'effectuant dans des sens opposés :
- les réactifs réagissent pour former les produits (réaction en **sens direct**) ;
- les produits réagissent pour former les réactifs (réaction en **sens indirect**).

L'équation de la réaction modélisant une telle transformation tient compte de cette double évolution. Le symbole $\rightarrow$ est donc remplacé par le symbole $\rightleftharpoons$.

Exemple

L'ozone $O_3(g)$ et le monoxyde d'azote NO(g) réagissent suivant une transformation non totale. L'équation de réaction modélisant cette transformation s'écrit :

$$O_3(g) + NO(g) \rightleftharpoons O_2(g) + NO_2(g)$$

REMARQUE

Par convention, les espèces chimiques notées **à gauche** de la double flèche sont appelés **réactifs** et les espèces **à droite** de la double flèche les **produits**.

1.3 Modèle de l'équilibre dynamique

Pour une transformation non totale, à l'état final :
- les quantités des espèces chimiques n'évoluent plus à l'échelle macroscopique ;
- à l'échelle des entités, des chocs efficaces (→ **Chap. 4**) ont toujours lieu ; les chocs efficaces conduisant aux produits compensent exactement les chocs efficaces conduisant aux réactifs.

Pour une transformation non totale, l'état final correspond à un état d'**équilibre chimique dynamique** (DOC. 1).

VOCABULAIRE

Le mot « équilibre » caractérise le système chimique d'un point de vue macroscopique.

L'adjectif « dynamique » traduit une propriété du système à l'échelle microscopique (échelle des entités).

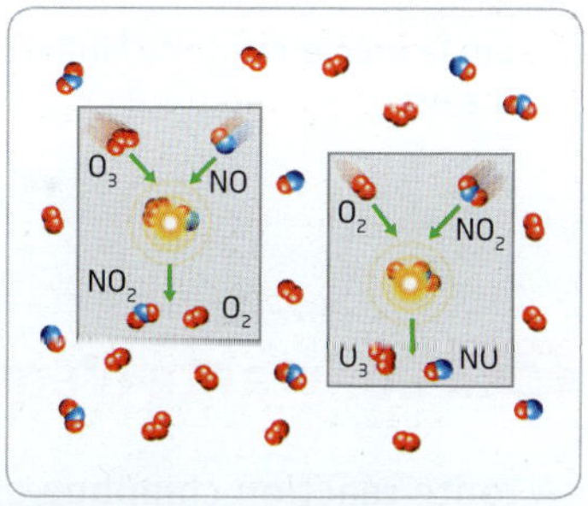

1. Équilibre dynamique.
À l'équilibre chimique, il y a transformation incessante des réactifs en produits et des produits en réactifs.

1.4 Taux d'avancement final

Le **taux d'avancement final** τ d'une transformation est le quotient de l'avancement final x_f par l'avancement maximal x_{max} :

$$\tau = \frac{x_f}{x_{max}}$$

Unités :
τ sans unité
x_f et x_{max} dans la même unité

Pour une transformation non totale : $\tau < 1$.
Pour une transformation totale : $\tau = 1$.

Le taux d'avancement final dépend de l'état initial du système.

REMARQUE

Le taux d'avancement final s'exprime le plus souvent en pourcentage.

RAPPEL DE PREMIÈRE

Pour une transformation non totale : $x_f < x_{max}$.

Synthèse des activités

Podcast | Texte DYS

2 Évolution spontanée

2.1 Quotient de réaction

Pour une transformation modélisée par la réaction d'équation :

$$b\,B + c\,C \rightleftharpoons d\,D + e\,E$$

le **quotient de réaction Q_r** a pour expression :

$$Q_r = \frac{a_D^d \times a_E^e}{a_B^b \times a_C^c}$$

Unités :
Q_r est adimensionné, donc sans unité
a_D, a_E, a_B et a_C sans unités

Pour une espèce X :

- $a_X = \frac{[X]}{c°}$ si l'espèce X est dissoute ($c° = 1\ \text{mol} \cdot \text{L}^{-1}$ exactement) ;
- $a_X = 1$ si l'espèce X est un solide pur ;
- $a_X = 1$ si l'espèce X est le solvant.

Exemple

La précipitation de l'iodate de baryum est modélisée par la réaction d'équation :

$$Ba^{2+}(aq) + 2\,IO_3^-(aq) \rightleftharpoons Ba(IO_3)_2(s)$$

Le quotient de réaction pour un état quelconque du système a pour expression :

$$Q_r = \frac{1}{\left(\frac{[Ba^{2+}]}{c°}\right) \times \left(\frac{[IO_3^-]}{c°}\right)^2} = \frac{(c°)^3}{[Ba^{2+}] \times [IO_3^-]^2}.$$

Lorsque le système est dans un état final d'équilibre, le quotient de réaction prend la valeur $Q_{r,\text{éqb}}$ appelé **quotient de réaction à l'équilibre**.

Exemple

Pour la précipitation de l'iodate de baryum, le quotient de réaction à l'état d'équilibre est :

$$Q_{r,\text{éqb}} = \frac{(c°)^3}{[Ba^{2+}]_f \times [IO_3^-]_f^2}.$$

2.2 Constante d'équilibre

À toute réaction chimique est associée une constante caractéristique sans unité ***K*(*T*)** appelée **constante d'équilibre**, qui ne dépend que de la température T.

Les valeurs de $K(T)$ sont répertoriées dans des tables de donnée (**DOC. 2**).

2.3 Critère d'évolution spontanée

Un système chimique **évolue spontanément** dans le sens qui modifie la valeur du quotient de réaction pour le rapprocher de la constante d'équilibre $K(T)$.

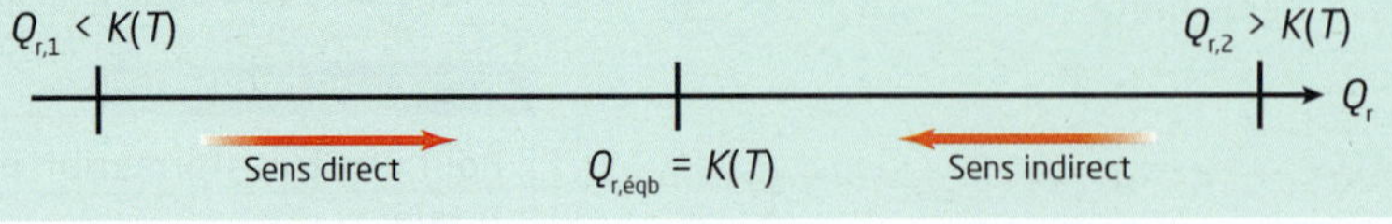

REMARQUES

- a_X s'appelle l'**activité** de l'espèce chimique X.
- $c°$ est la concentration standard (→ **Chap. 1**). $[X]$ et $c°$ doivent être exprimées dans la même unité.
- Si l'un des réactifs dissous est totalement consommé, alors Q_r tend vers l'infini.

ÉVITER LES ERREURS

La grandeur a_X caractérisant chaque espèce dépend de la phase (solide, liquide ou gazeuse) dans laquelle cette espèce se trouve. C'est l'une des raisons pour lesquelles il est important de **toujours écrire la phase** des espèces dans une équation de réaction.

POINT MATHS

Pour tout réel a, et tous réels b, c et d non nuls :

- $\frac{1}{\frac{d}{c}} = \frac{c}{d}$
- $\frac{\frac{a}{b}}{\frac{c}{d}} = \frac{a}{b} \times \frac{d}{c} = \frac{a \times d}{b \times c}$.

2. Table de données.
Le *Handbook* répertorie des milliers de constantes d'équilibre.

Le calcul du quotient de réaction dans l'état initial $Q_{r,i}$ permet de déterminer le sens d'évolution depuis l'état initial dans le sens direct (→) ou dans le sens indirect (←) du système chimique.

Pour une transformation non totale, l'état final est un état d'équilibre chimique qui peut être caractérisé par la loi de l'équilibre : $Q_{r,éqb} = K(T)$.

Si une transformation fait intervenir une espèce solide et que celle-ci est totalement consommée avant que Q_r n'atteigne $K(T)$, la transformation est totale.

Exemple

Une solution d'ion iodate $IO_3^-(aq)$ est mélangée à une solution d'ion baryum $Ba^{2+}(aq)$ de manière à ce que la concentration initiale de chaque ion soit $c_i = 10\ mmol \cdot L^{-1}$.
L'équation de la réaction susceptible de se produire, de constante d'équilibre $K(T) = 6{,}3 \times 10^8$ à 25 °C, s'écrit :

$$Ba^{2+}(aq) + 2\ IO_3^-(aq) \underset{②}{\overset{①}{\rightleftharpoons}} Ba(IO_3)_2(s).$$

Le quotient de réaction à l'état initial vaut $Q_{r,i} = \frac{(c°)^3}{(c_i)^3} = \frac{(1\ mol \cdot L^{-1})^3}{(1{,}0 \times 10^{-2}\ mol \cdot L^{-1})^3} = 1{,}0 \times 10^6$.

$Q_{r,i} < K(T)$; donc le système évolue dans le sens ① de formation du solide.

3 Évolution et oxydoréduction

3.1 Transfert d'électrons et modélisation

Lors d'une oxydoréduction, quand les réactifs sont en contact, le transfert d'électrons a lieu directement du réactif réducteur vers le réactif oxydant.

Pour la transformation modélisée par la réaction d'équation :

$$Cu^{2+}(aq) + Zn(s) \rightarrow Cu(s) + Zn^{2+}(aq)$$

le transfert d'électrons a lieu du réactif réducteur vers le réactif oxydant…

ÉVITER LES ERREURS

L'équation d'oxydoréduction ne fait pas apparaître d'électron, contrairement aux demi-équations électroniques ou aux équations de réaction électrochimiques.

… directement, quand les réactifs sont en contact.		… par l'intermédiaire de conducteurs électriques, quand les réactifs ne sont pas en contact.	
Lors du transfert d'électrons	**Après le transfert d'électrons**	**Lors du transfert d'électrons**	**Après le transfert d'électrons**
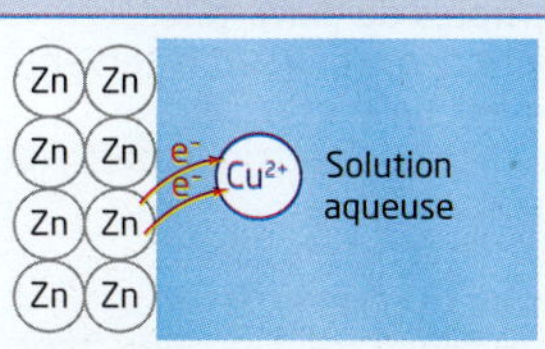	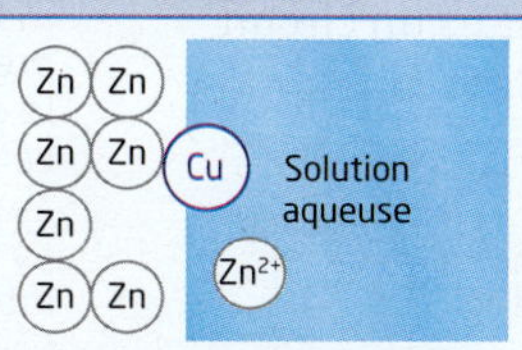	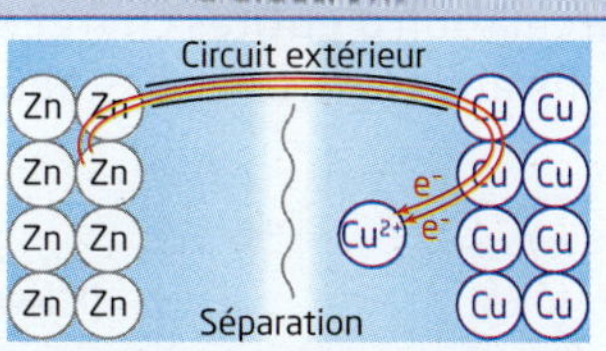	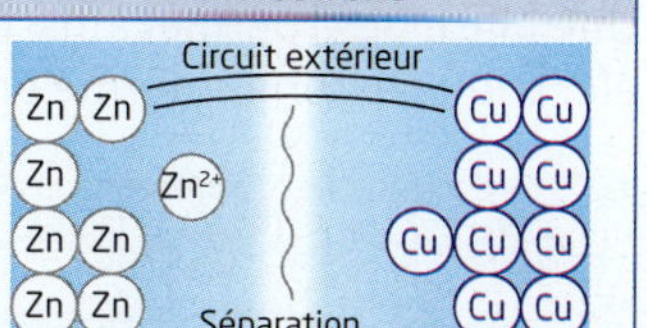
Un atome Zn d'une plaque de zinc solide transfère deux électrons à un ion Cu^{2+} en solution aqueuse…	… pour former un ion zinc Zn^{2+} en solution et un atome de cuivre Cu sur la plaque de zinc.	Un atome Zn d'une plaque de zinc transfert deux électrons à un ion Cu^{2+} en passant par les métaux des plaques et du fil électrique…	… pour former un ion zinc Zn^{2+} en solution d'un côté et un atome de cuivre Cu de l'autre côté
Les deux demi-équations électroniques traduisent la conservation des éléments et de la charge. Aucune phase n'est précisée pour les électrons qui n'existent pas en solution. Les demi-équations sont écrites avec le signe =. $Zn(s) = Zn^{2+}(aq) + 2\ e^-$; $Cu^{2+}(aq) + 2\ e^- = Cu(s)$		Les deux équations des deux **réactions électrochimiques aux électrodes** modélisent chacune une transformation. Les électrons qui circulent sont signalés par : (électrode). Les réactions électrochimiques sont écrites avec une flèche de réaction. $Zn(s) \rightarrow Zn^{2+}(aq) + 2\ e^-(électrode)$; $Cu^{2+}(aq) + 2\ e^-(électrode) \rightarrow Cu(s)$	

La combinaison des demi-équations électroniques ou des équations de réaction électrochimique aux électrodes permet de retrouver l'équation de la réaction d'oxydoréduction.

Podcast | Texte DYS

3.2 Oxydants et réducteurs usuels

Espèce chimique	À fort caractère	Exemples d'utilisation
Ion hypochlorite ClO^-	Oxydant	Contenu dans l'eau de Javel
Dioxygène O_2	Oxydant	Respiration, pile à combustible
Dichlore Cl_2	Oxydant	Production d'acide chlorhydrique
Acide ascorbique (vitamine C ; **DOC. 3**)	Réducteur	Anti-oxydant dans l'alimentation
Dihydrogène H_2	Réducteur	Pile à combustible
Lithium Li (métal)	Réducteur	Pile au lithium
Magnésium Mg (métal)	Réducteur	Batterie magnésium-soufre

Les métaux présents dans le bloc s du tableau périodique (lithium, sodium, magnésium, etc.), ont un caractère fortement réducteur dû à la présence d'un ou de deux électrons sur leur couche de valence qu'ils cèdent facilement (**DOC. 4**).

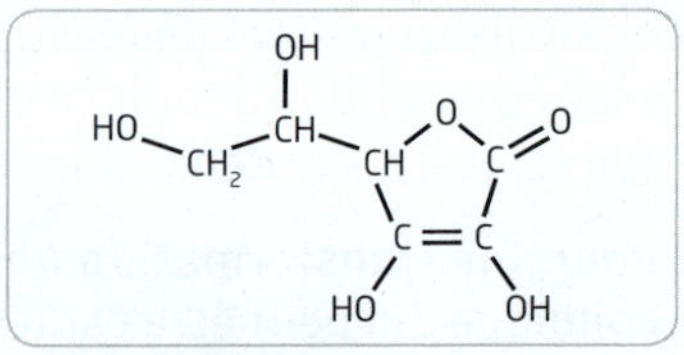

3. Formule semi-développée de l'acide ascorbique, plus connu sous le nom de vitamine C.

4. Expérience du « feu sur l'eau ». Le métal sodium (bloc s du tableau périodique) est capable de réduire l'eau ; la transformation est très exothermique.

4 Fonctionnement d'une pile

4.1 Demi-pile, pile et tension à vide

- Une **demi-pile** (**DOC. 5**) est constituée d'un solide conducteur de courant, appelé électrode, pouvant être relié à un circuit électrique, et plongeant dans un milieu contenant des ions.
Une demi-pile contient l'oxydant et le réducteur d'un même couple.

- Une **pile** est constituée de deux demi-piles reliées par un séparateur (pont salin rempli d'un gel imbibé d'ions ou membrane perméable à des ions), conducteur de courant. Ce séparateur empêche le contact direct entre les réactifs de chaque demi-pile et oblige un transfert indirect d'électrons.

Une pile (**DOC. 6**) permet ainsi la circulation d'entités chargées dans un circuit électrique extérieur fermé branché aux électrodes des deux demi-piles.

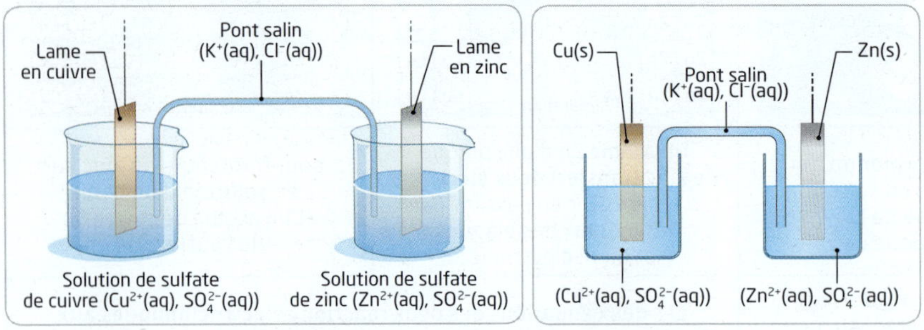

6. Exemple de pile schématisée en 3D (à gauche) et en 2D (à droite).

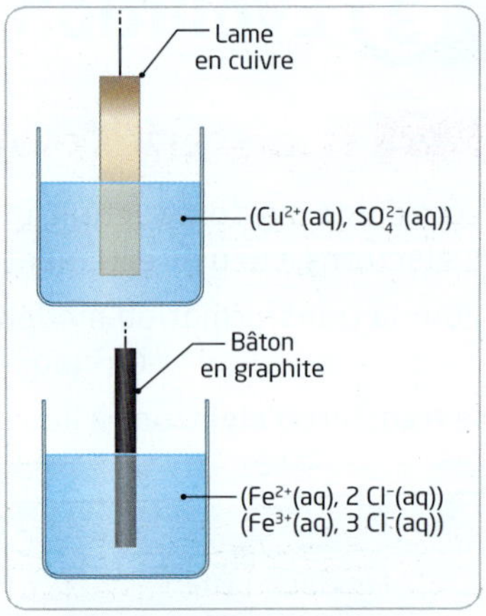

5. Exemples de demi-piles. La première demi-pile fait intervenir le couple Cu^{2+}(aq) / Cu(s).
Le conducteur électrique participe au couple.
La deuxième demi-pile fait intervenir le couple Fe^{3+}(aq) / Fe^{2+}(aq). Le conducteur électrique ne participe pas au couple.

La **tension à vide** d'une pile est la valeur absolue de la tension mesurée entre ses électrodes en circuit ouvert, c'est-à-dire quand aucun courant électrique ne la traverse.

Cette tension à vide est mesurée en branchant les électrodes aux bornes d'un voltmètre (**DOC. 8** page suivante).

REMARQUE

Dans les piles commerciales, le milieu contenant des ions est le plus souvent solide afin de faciliter leur utilisation.

4 · 2 Sens d'évolution spontanée et polarité

Une pile en fonctionnement renferme un système chimique hors équilibre qui suit le critère d'**évolution spontanée**.

Pour la pile du DOC. 7, la transformation est modélisée par la réaction d'équation :

$$3\,Cu^{2+}(aq) + 2\,Al(s) \rightleftharpoons 3\,Cu(s) + 2\,Al^{3+}(aq)$$

À 25 °C : $K(T) = 2 \times 10^{203}$.

À l'état initial, $[Cu^{2+}]_i = 5{,}0 \times 10^{-1}$ mol · L^{-1} et $[Al^{3+}]_i = 5{,}0 \times 10^{-1}$ mol · L^{-1}.

Le quotient de réaction à l'état initial est :

$$Q_{r,i} = \frac{[Al^{3+}]_i^2 \times c^\circ}{[Cu^{2+}]_i^3} = 2{,}0.$$

$Q_{r,i} < K(T)$, donc la réaction a lieu en sens direct et les deux réactions électrochimiques aux électrodes sont :

$$Cu^{2+}(aq) + 2\,e^-(\text{électrode}) \rightarrow Cu(s) \quad \text{et} \quad Al(s) \rightarrow Al^{3+}(aq) + 3\,e^-(\text{électrode})$$

À l'électrode de cuivre a lieu une réduction et à l'électrode d'aluminium, une oxydation. Il s'en déduit les sens de déplacement des électrons, du courant, des ions et la polarité des électrodes (DOC. 7 et 8).

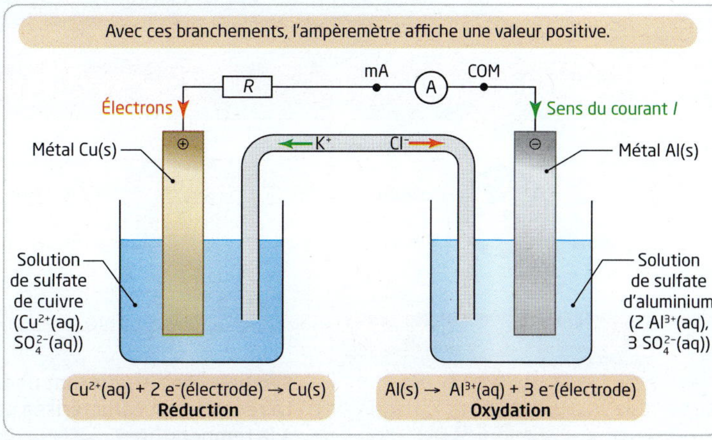

7. Pile cuivre-aluminium.

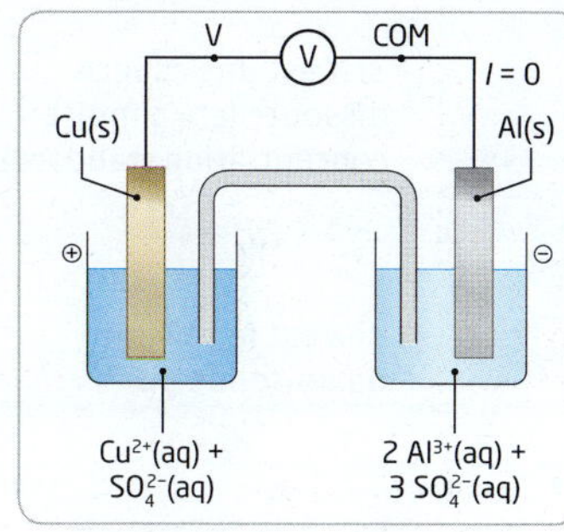

8. Polarité des électrodes d'une pile. Avec ce branchement, le voltmètre affiche une valeur positive : l'électrode de cuivre est le pôle positif et l'électrode d'aluminium est le pôle négatif.

4 · 3 Étude quantitative d'une pile

L'équation de fonctionnement de la pile est obtenue à partir des deux réactions électrochimiques aux électrodes. Sur l'exemple précédent :

Électrons cédés par Al(s) dans l'équation d'oxydation

$$2\times \quad Al(s) \longrightarrow Al^{3+}(aq) + 3\,e^-(\text{électrode})$$
$$3\times \quad Cu^{2+}(aq) + 2\,e^-(\text{électrode}) \longrightarrow Cu(s)$$

Électrons captés par Cu^{2+}(aq) dans l'équation de réduction

$$2\,Al(s) + 3\,Cu^{2+}(aq)\,(+3 \times 2\,e^-(\text{électrode})) \longrightarrow 2\,Al^{3+}(aq)\,(+2 \times 3\,e^-(\text{électrode})) + 3\,Cu(s)$$

Électrons échangés dans l'équation d'oxydoréduction

À l'avancement maximal x_{max} de la réaction correspond une quantité maximale d'électrons échangés $n_{e^-,\,\text{éch, max}} = 6\,x_{max}$.

La **capacité électrique q_{pile}** d'une pile est la charge électrique maximale que la pile est susceptible de faire circuler dans un circuit extérieur.

Il s'agit de la charge électrique totale (DOC. 9), en valeur absolue, des électrons transférés entre l'état inital du système chimique de la pile neuve et l'état de ce même système où le réactif limitant est totalement consommé.

La capacité électrique d'une pile peut être calculée par la relation

$$q_{pile} = n_{e^-,\,\text{éch, max}} \times N_A \times e = n_{e^-,\,\text{éch, max}} \times \mathcal{F}$$

Unités SI :
- q_{pile} en coulomb (C)
- $n_{e^-,\,\text{éch, max}}$: quantité maximale d'électrons échangés en mole (mol)
- N_A : constante d'Avogadro ($N_A \approx 6{,}02 \times 10^{23}$ mol^{-1})
- e : charge élémentaire ($e \approx 1{,}60 \times 10^{-19}$ C)
- $\mathcal{F}$: constante de Faraday ($\mathcal{F} \approx 96{,}5 \times 10^3$ C · mol^{-1})

9. Des piles commerciales de type AA. La capacité électrique d'une pile peut aussi s'exprimer en mA·h. Ces piles commerciales ont une capacité électrique de 2 800 mA·h.

REMARQUE

La pile peut ainsi débiter un courant d'intensité I constante pendant sa durée de vie notée Δt_{max} telle que $q_{pile} = I \times \Delta t_{max}$. Dans l'exemple considéré plus haut, $\Delta t_{max} = \dfrac{6\,x_{max} \times \mathcal{F}}{I}$.

Retenir l'essentiel

SYSTÈME CHIMIQUE : ÉVOLUTION ET ÉQUILIBRE

État final d'équilibre

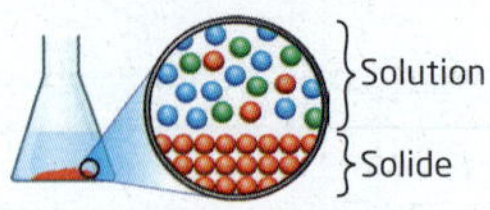

Quotient de réaction

$$Q_r = \frac{a_D^d \times a_E^e}{a_B^b \times a_C^c}$$

- si X est une espèce dissoute ($c° = 1$ mol·L^{-1}, concentration standard).

$$a_X = \frac{[X]}{c°}$$

- si X est le solvant ou un solide pur.

$$a_X = 1$$

Tableau d'avancement

Équation de réaction		bB	+ cC $\rightleftharpoons$	dD	+ eE
État	**Avancement**	**Quantité de matière**			
initial	0	$n_{i,B}$	$n_{i,C}$	$n_{i,D}$	$n_{i,E}$
final	x_f	$n_{i,B} - bx_f$	$n_{i,C} - cx_f$	$n_{i,D} + dx_f$	$n_{i,E} + ex_f$

- Symbole $\rightleftharpoons$ traduisant une transformation dans les deux sens.
- La réaction est caractérisée par une constante d'équilibre $K(T)$ à la température T.
- Taux d'avancement final : $\tau = \frac{x_f}{x_{max}}$.
- Transformation non totale : $\tau < 1$.

Critère d'évolution spontanée et d'équilibre

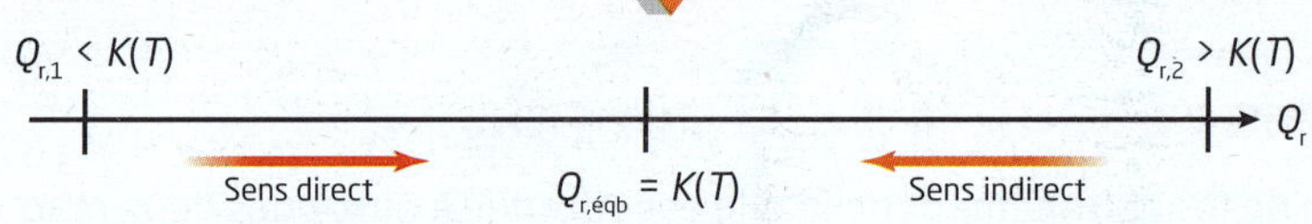

APPLICATION EN OXYDORÉDUCTION

Transfert direct

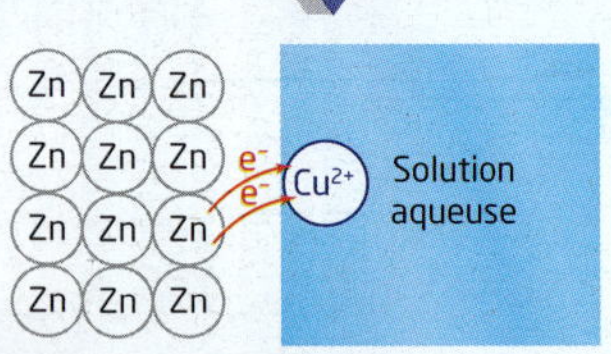

Caractéristiques d'une pile

- **Capacité électrique :**

$$q_{pile} = n_{e-,éch,max} \times \mathcal{F}$$

- **Tension à vide :** mesurée par un voltmètre branché dans le circuit à la place de la lampe.
- **Polarité :** déterminée par le signe de la tension mesurée par le voltmètre.

Transfert indirect : pile

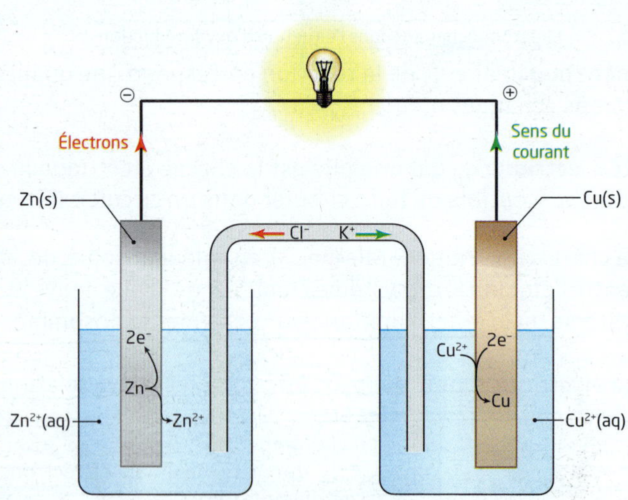

5 min chrono !

Si vous ne trouvez pas la bonne réponse, reportez-vous au § de la synthèse des activités correspondant pour vous aider.

Indiquer la réponse exacte. QCM interactif

1 **L'expression du taux d'avancement final τ est :** ▶ §1

a. $\tau = x_{max} - x_f$. b. $\tau = \dfrac{x_f}{x_{max}}$. c. $\tau = \dfrac{x_{max}}{x_f}$.

2 **Pour une transformation chimique non totale, le taux d'avancement final τ est :** ▶ §1

a. strictement inférieur à 1. b. égal à 1.

c. strictement supérieur à 1.

3 **Le quotient de réaction associé à l'équation de réaction $2\,I^-(aq) + 2\,Fe^{3+}(aq) \rightleftharpoons I_2(aq) + 2\,Fe^{2+}(aq)$ s'écrit :** ▶ §2

a. $Q_r = \dfrac{[I_2]\times[Fe^{2+}]}{[I^-]\times[Fe^{3+}]}$. b. $Q_r = \dfrac{[I_2]\times[Fe^{2+}]^2\times c°}{[I^-]^2\times[Fe^{3+}]^2}$.

c. $Q_r = \dfrac{[I^-]^2\times[Fe^{3+}]^2}{[I_2]\times[Fe^{2+}]^2\times c°}$.

4 **La constante d'équilibre $K(T)$ d'un système dépend de :** ▶ §2

a. la température du système.

b. la composition initiale du système.

c. la composition finale du système.

5 **Une transformation est modélisée par une réaction dont le quotient de réaction $Q_{r,i}$ à l'état initial est supérieur à sa constante d'équilibre $K(T)$. Le système subissant cette transformation :** ▶ §2

a. évolue dans le sens direct.

b. n'évolue pas.

c. évolue dans le sens indirect.

6 **Une transformation spontanée modélisée par une réaction d'oxydoréduction :** ▶ §3

a. ne suit pas le critère d'évolution spontanée lorsque le transfert d'électrons est direct.

b. suit le critère d'évolution spontanée uniquement lorsque le transfert d'électrons est direct.

c. suit le critère d'évolution spontanée lorsque le transfert d'électrons est direct ou indirect dans une pile.

7 **Dans une pile, l'électrode où a lieu la réduction est :** ▶ §4

a. le lieu où des électrons sont consommés.

b. le lieu d'où sortent les électrons quand la pile débite.

c. le pôle négatif de la pile.

Corrigés p. 550

Contrôle technique !

8 Calculer un taux d'avancement final

EXERCICE RÉSOLU

L'acide éthanoïque CH_3CO_2H réagit avec le méthanol CH_3OH. L'équation de réaction s'écrit :

$CH_3CO_2H(aq) + CH_3OH(aq) \rightleftharpoons CH_3CO_2CH_3(aq) + H_2O(\ell)$.

Cette transformation est réalisée à partir des quantités $n_{1,i} = 1{,}00$ mol d'acide éthanoïque et $n_{2,i} = 2{,}00$ mol de méthanol. À l'état final, il reste $n_{1,f} = 0{,}16$ mol d'acide éthanoïque.

• Calculer le taux d'avancement final τ.

SOLUTION

D'après l'équation de réaction, la quantité d'acide éthanoïque à l'état final est :

$n_{1,f} = n_{1,i} - x_f$, soit $x_f = n_{1,i} - n_{1,f}$.

D'autre part : $x_{max} = n_{1,i}$.

Donc : $\tau = \dfrac{x_f}{x_{max}} = \dfrac{n_{1,i} - n_{1,f}}{n_{1,i}}$.

A.N. : $\tau = \dfrac{1{,}00 \text{ mol} - 0{,}16 \text{ mol}}{1{,}00 \text{ mol}} = 0{,}84$, soit 84 %.

APPLICATION • Sur le modèle de l'exercice résolu

Une quantité $n_{1,i} = 1{,}00$ mol d'acide éthanoïque réagit avec une quantité $n_{2,i} = 5{,}00$ mol de méthanol. À l'état final, il reste $n_{2,f} = 4{,}06$ mol de méthanol.

• Calculer le taux d'avancement final τ.

9 Déterminer une réaction

EXERCICE RÉSOLU

Dans la pile zinc-argent (couples $Zn^{2+}(aq)/Zn(s)$ et $Ag^+(aq)/Ag(s)$), le pôle positif est l'électrode d'argent.

• Déterminer l'équation de la réaction électrochimique modélisant la transformation ayant lieu à l'électrode d'argent.

SOLUTION

L'électrode d'argent est le pôle positif, le lieu où arrivent les électrons et où ils sont consommés, donc le lieu de la réduction. L'équation électrochimique s'écrit :

$$Ag^+(aq) + e^-(\text{électrode}) \rightarrow Ag(s)$$

APPLICATION • Sur le modèle de l'exercice résolu

Une pile cuivre-or fait intervenir les espèces de formules $Cu(s)$, $Cu^{2+}(aq)$, $Au(s)$ et $Au^{3+}(aq)$. Sachant que l'électrode d'or est le lieu d'une réduction, déterminer l'équation de la réaction électrochimique modélisant la transformation ayant lieu à l'électrode de cuivre.

Exercices APPLIQUER

Transformation non totale

▶ § 1 de la synthèse des activités

EXERCICES RAPIDES

10 GRAND ORAL Présenter oralement en deux minutes maximum, sans note et à l'ensemble de la classe, la notion d'équilibre chimique dynamique.

11 La synthèse de l'ammoniac NH_3(g) à partir de diazote N_2(g) et de dihydrogène H_2(g) est une transformation non totale. Écrire l'équation de réaction modélisant cette transformation.

12 Calculer le taux d'avancement final τ d'une transformation pour laquelle $x_f = 0{,}15$ mol et $x_{max} = 1{,}0$ mol.

13 Identifier le caractère total ou non

L'ion plomb Pb^{2+}(aq) réagit avec l'ion chlorure Cl^-(aq) pour former du chlorure de plomb $PbCl_2$(s). Les ions plomb et chlorure sont introduits dans un bécher de telle sorte que le mélange des réactifs est stœchiométrique. L'ajout d'ion chlorure dans le bécher à l'état final forme à nouveau du chlorure de plomb.

• Déterminer le caractère total ou non de la transformation. Justifier.

14 Exploiter une valeur de pH

Le fluorure d'hydrogène HF réagit avec l'eau selon la réaction d'équation :

$$HF(aq) + H_2O(\ell) \rightleftharpoons F^-(aq) + H_3O^+(aq)$$

Une solution d'acide fluorhydrique est préparée en ajoutant du fluorure d'hydrogène (n = 10,0 mmol) dans un échantillon d'eau. Le volume de la solution obtenue est V = 1,00 L et son pH est de 2,65.

a. Calculer l'avancement final x_f de la transformation. En déduire le caractère total ou non total de la transformation.

b. En déduire le taux d'avancement final τ de cette transformation.

15 Exploiter un taux d'avancement final

L'ion plomb Pb^{2+}(aq) précipite avec l'ion iodure I^-(aq) pour former l'iodure de plomb PbI_2(s). Les quantités initiales des ions sont : $n_{Pb^{2+},i}$ = 4,00 mmol et $n_{I^-,i}$ = 8,00 mmol. Le taux d'avancement final est $\tau = 0{,}38$.

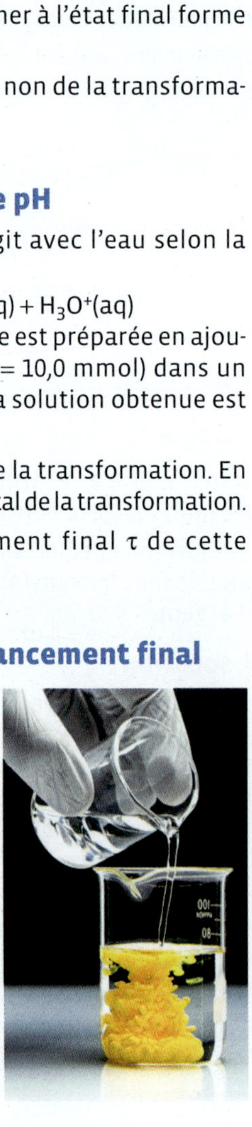

a. Calculer l'avancement final x_f de la transformation.

b. En déduire les quantités des réactifs à l'état final.

Évolution spontanée d'un système

▶ § 2 de la synthèse des activités

EXERCICES RAPIDES

16 GRAND ORAL Présenter oralement en deux minutes maximum, sans note et à l'ensemble de la classe, le critère d'évolution spontanée d'un système hors équilibre.

17 Écrire l'expression du quotient de réaction Q_r associé à la transformation modélisée par la réaction d'équation :

$$Cu^{2+}(aq) + Fe(s) \rightleftharpoons Cu(s) + Fe^{2+}(aq)$$

18 Pour la transformation modélisée par la réaction d'équation : $Fe^{2+}(aq) + Ag^+(aq) \rightleftharpoons Fe^{3+}(aq) + Ag(s)$, la constante d'équilibre à 25 °C est : $K(T) = 3{,}2$.

• Déterminer le sens d'évolution spontanée du système lorsque le quotient de réaction $Q_{r,i}$ à l'état initial vaut 5,0.

19 Calculer un quotient de réaction

L'ion cuivre (II) Cu^{2+}(aq) réagit avec l'ion hydroxyde HO^-(aq) pour former un solide bleu d'hydroxyde de cuivre $Cu(OH)_2$(s). À l'état initial, les concentrations en quantité d'ions Cu^{2+} et HO^- dans le mélange sont respectivement $c_{1,i} = 20\ mmol \cdot L^{-1}$ et $c_{2,i} = 40\ mmol \cdot L^{-1}$, et le système contient une quantité de $Cu(OH)_2$(s) $n_{3,i}$ = 10 mmol.

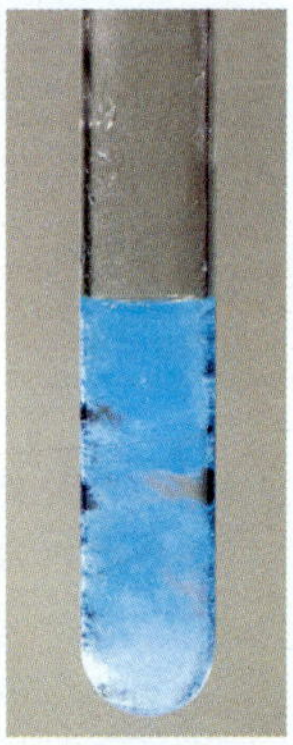

a. Écrire l'équation de la réaction modélisant cette transformation avec les nombre entiers les plus petits possibles. La constante d'équilibre de cette réaction vaut $K(T) = 1 \times 10^{20}$ à 25 °C.

b. Exprimer puis calculer le quotient de réaction $Q_{r,i}$ à l'état initial afin de confirmer le sens l'évolution du système.

20 Déterminer un sens d'évolution

L'équation de réaction entre l'ion étain (II) Sn^{2+}(aq) et le nickel Ni(s) s'écrit :

$$Sn^{2+}(aq) + Ni(s) \rightleftharpoons Sn(s) + Ni^{2+}(aq)$$

La constante d'équilibre à 25 °C de cette réaction vaut $K(T) = 1{,}0 \times 10^3$.

À l'état initial, le système contient les ions étain et nickel en quantités de matière $n_{Sn^{2+},i}$ = 0,10 mmol et $n_{Ni^{2+},i}$ = 0,40 mmol dans un échantillon d'eau de volume V = 500 mL. À ce mélange sont ajoutés du nickel ($n_{Ni,i}$ = 0,10 mmol) et de l'étain ($n_{Sn,i}$ = 20 mmol) métalliques. L'ajout de ces solides ne modifie pas le volume de solution.

a. Exprimer puis calculer le quotient de réaction $Q_{r,i}$ à l'état initial.

b. Déterminer le sens d'évolution du système étudié.

Oxydoréduction et pile

► § 3 et 4 de la synthèse des activités

→ EXERCICES RAPIDES

21 GRAND ORAL Réaliser un support visuel permettant de présenter oralement en deux minutes maximum, sans note et à l'ensemble de la classe les similitudes et les différences entre un transfert spontané direct d'électron(s) et un transfert spontané indirect d'électron(s) entre les mêmes oxydant et réducteur de deux couples au choix.

22 Citer une méthode pour mettre en évidence le transfert spontané indirect d'électron(s) entre le réducteur d'un couple et l'oxydant d'un autre couple.

23 Citer deux oxydants et deux réducteurs usuels.

24 Citer les constituants d'une pile faisant intervenir les couples oxydant-réducteur $Ag^+(aq)/Ag(s)$ et $Al^{3+}(aq)/Al(s)$.

25 Analyser un transfert indirect

Un transfert indirect d'électrons est réalisé entre les contenus d'un bécher contenant l'ion $Pb^{2+}(aq)$ en solution et une lame de plomb $Pb(s)$ et d'un bécher contenant l'ion $Ag^+(aq)$ en solution et un fil d'argent $Ag(s)$.
$Pb(s)$ est un des réactifs de la transformation. Les deux béchers sont reliés par un pont salin.

a. Indiquer de quel bécher vers quel bécher sont transférés les électrons.

b. Il se forme un métal. Donner sa nature et préciser le lieu où il se forme.

26 Schématiser une pile

Les couples $Zn^{2+}(aq)/Zn(s)$ et $Fe^{3+}(aq)/Fe^{2+}(aq)$ sont mis en jeu dans une pile zinc-fer. Des ions $Fe^{2+}(aq)$ et $Fe^{3+}(aq)$ sont présents dans une solution où est plongée une électrode de platine.

• Représenter schématiquement cette pile.

27 Construire une carte mentale

• L'étiquette centrale doit s'intituler :

Transformation spontanée

• Associer à l'étiquette centrale, par le moyen de votre choix, d'autres étiquettes comprenant au minimum les étiquettes suivantes :

Quotient de réaction à l'état initial $Q_{r,i}$

Stratégie de séparation des réactifs

28 Compléter un schéma

Le schéma suivant représente en 3D une pile fer-aluminium.

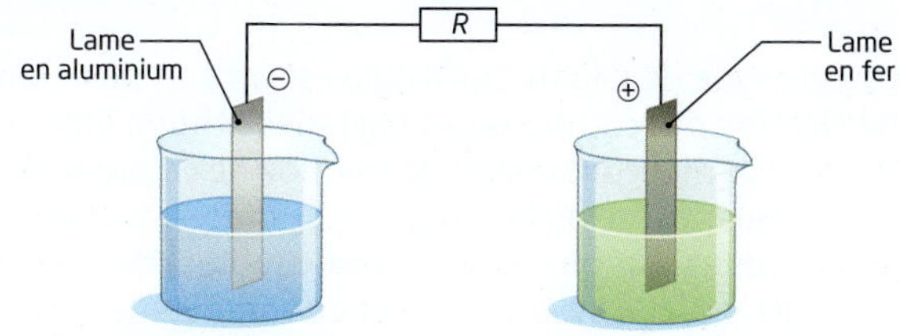

Solution de chlorure d'aluminium ($Al^{3+}(aq)$, $3\ Cl^-(aq)$)

Solution de sulfate de fer ($Fe^{2+}(aq)$, $SO_4^{2-}(aq)$)

a. Citer le composant manquant pour que la pile fonctionne.

b. Réaliser un schéma complet en coupe (2D) de cette pile.

29 In English please

A battery involves the following oxidant-reducing couples: $Al^{3+}(aq)/Al(s)$ and $Fe^{2+}(aq)/Fe(s)$.
It can be seen that when the battery is discharging, an iron deposit appears on the iron electrode.

a. Explaining each step of the reasoning, find the equation of the corresponding oxidation-reduction reaction when it's charging a current.

b. Specify the role of aluminium metal.

30 Déterminer une capacité électrique

L'équation de réaction modélisant la transformation dans une pile étain-cuivre s'écrit :

$$Sn(s) + Cu^{2+}(aq) \rightarrow Sn^{2+}(aq) + Cu(s)$$

Les quantités initiales en étain $Sn(s)$ et en ion $Cu^{2+}(aq)$ sont égales à $n_i = 20$ mmol. L'intensité électrique dans le circuit électrique extérieur à la pile est constante et vaut $I = 9{,}7$ mA pendant toute la durée de fonctionnement de la pile.

a. Déterminer la capacité électrique de la pile.

b. Calculer la durée de vie de la pile.

31 Déterminer des équations électrochimiques

Une pile étain-cuivre fait intervenir les couples $Sn^{2+}(aq)/Sn$ et $Cu^{2+}(aq)/Cu(s)$. Un pont salin au nitrate d'ammonium ($NH_4^+(aq)$, $NO_3^-(aq)$) est utilisé. Lorsque cette pile fonctionne, une consommation d'ion $Cu^{2+}(aq)$ est observée.

a. Déterminer les équations des réactions électrochimiques qui ont lieu à la surface des électrodes.

b. En déduire la polarité de la pile.

EXO **Exercices supplémentaires**

Exercices APPLIQUER

EXERCICE RÉSOLU ET COMMENTÉ

32 Identification de l'ion cobalt (II)

ÉNONCÉ

L'hydroxyde de cobalt $Co(OH)_2(s)$ est un composé ionique utilisé dans la fabrication des cathodes des batteries lithium-ion.
Dans un bécher contenant une solution de chlorure de cobalt de concentration en quantité d'ion $Co^{2+}(aq)$ $c_1 = 20\ mmol \cdot L^{-1}$ et de volume $V_1 = 50\ mL$, est ajoutée une solution d'hydroxyde de sodium de concentration en quantité d'ion $HO^-(aq)$ $c_2 = 40\ mmol \cdot L^{-1}$ et de volume $V_2 = 50\ mL$.
La constante d'équilibre de la réaction entre $Co^{2+}(aq)$ et $HO^-(aq)$ vaut $K(T) = 4{,}0 \times 10^{15}$ à 25 °C (lorsque l'équation de réaction est écrite avec les nombres entiers les plus petits possibles).

a. Écrire l'expression du quotient de réaction Q_r.

b. Calculer la valeur du quotient de réaction $Q_{r,i}$ à l'état initial.

c. Déterminer le sens d'évolution spontanée du système et préciser si cette transformation peut servir de test d'identification de l'ion cobalt $Co^{2+}(aq)$.

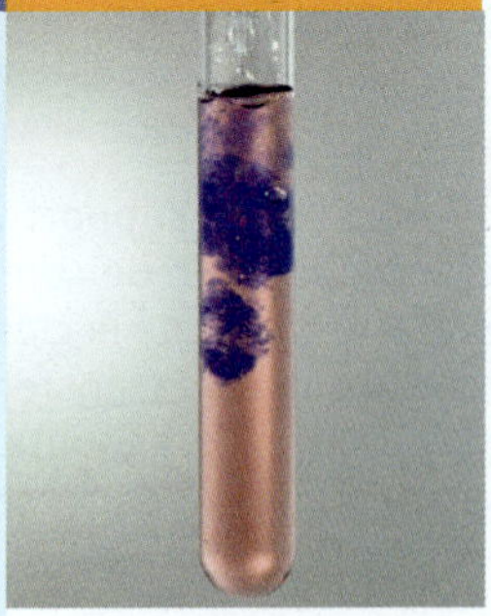

▲ Formation du solide bleu d'hydroxyde de cobalt.

S'APPROPRIER
Repérer les formules chimiques utiles à l'écriture de l'équation de réaction.

UNE SOLUTION

a. L'équation de la réaction entre les ions Co^{2+} et HO^- s'écrit :

$$Co^{2+}(aq) + 2\ HO^-(aq) \rightleftharpoons Co(OH)_2(s)$$

Le quotient de réaction est : $Q_r = \dfrac{1}{\dfrac{[Co^{2+}]}{c°} \times \dfrac{[HO^-]^2}{(c°)^2}} = \dfrac{(c°)^3}{[Co^{2+}] \times [HO^-]^2}$

RÉALISER
Vérifier au brouillon que Q_r est adimensionné : ici une concentration au cube au numérateur et une concentration au cube au dénominateur.

b. À l'état initial, les concentrations en quantité des ions Co^{2+} et HO^- sont :

$$[Co^{2+}]_i = \frac{c_1 \times V_1}{V_1 + V_2} = \frac{20\ mmol \cdot L^{-1} \times 50\ mL}{100\ mL} = 10\ mmol \cdot L^{-1} ;$$

$$[HO^-]_i = \frac{c_2 \times V_2}{V_1 + V_2} = \frac{40\ mmol \cdot L^{-1} \times 50\ mL}{100\ mL} = 20\ mmol \cdot L^{-1}.$$

À l'état initial, le quotient de réaction vaut :

$$Q_{r,i} = \frac{(1\ mol \cdot L^{-1})^3}{10 \times 10^{-3}\ mol \cdot L^{-1} \times (20 \times 10^{-3}\ mol \cdot L^{-1})^2} = 2{,}5 \times 10^5.$$

RÉALISER
Pour les valeurs des concentrations en quantité de matière à l'état initial, penser à la dilution qui a lieu lors du mélange des échantillons.

c. $Q_{r,i} < K(T)$: le système évolue spontanément dans le sens direct, c'est-à-dire dans le sens de formation de l'hydroxyde de cobalt.
Avec ces concentrations en quantité de matière initiales, l'ajout d'ion hydroxyde HO^- constitue un test caractéristique de présence de l'ion cobalt Co^{2+} : le test est positif si un précipité apparaît.

VALIDER
Répondre à la question par une phrase.

APPLICATION Sur le modèle de l'exercice résolu

33 Hydroxyde de chrome (III)

L'ion chrome (III) $Cr^{3+}(aq)$ réagit avec l'ion hydroxyde $HO^-(aq)$ pour former de l'hydroxyde de chrome (III) solide (photo ci-contre).
Dans un bécher contenant une solution de chlorure de chrome (III) de concentration en quantité d'ion $Cr^{3+}(aq)$ $c_1 = 30\ mmol \cdot L^{-1}$ et de volume $V_1 = 60\ mL$, est ajoutée une solution d'hydroxyde de sodium de concentration en quantité d'ion $HO^-(aq)$ $c_2 = 50\ mmol \cdot L^{-1}$ et de volume $V_2 = 60\ mL$.
La constante d'équilibre de la réaction entre $Cr^{3+}(aq)$ et $HO^-(aq)$ vaut $K(T) = 1{,}0 \times 10^{31}$ à 25 °C.

a. Calculer la valeur du quotient de réaction $Q_{r,i}$ à l'état initial.

b. Déterminer le sens d'évolution spontanée du système.

EXERCICE RÉSOLU ET COMMENTÉ

34 Étude d'une pile Leclanché

ÉNONCÉ

L'équation de la réaction modélisant la transformation ayant lieu lorsqu'une pile Leclanché débite du courant électrique s'écrit :

$$Zn(s) + 2\ MnO_2(s) + 2\ H^+(aq) \rightarrow Zn^{2+}(aq) + 2\ MnOOH(s)$$

Une pile Leclanché neuve contient 2,8 g de dioxyde de manganèse $MnO_2(s)$ qui est le réactif limitant.

DONNÉES • Couples oxydant-réducteur : $Zn^{2+}(aq)/Zn(s)$ et $MnO_2(s)/MnOOH(s)$.
• Masses molaires : (→ **Rabat VI**).
• Constante de Faraday $\mathcal{F} = N_A \times e = 96{,}5 \times 10^3\ C \cdot mol^{-1}$.

a. Déterminer l'équation de la réaction électrochimique ayant lieu à chaque électrode.

b. Exprimer puis calculer la capacité électrique q_{pile} de la pile en C puis en mA·h.

c. Un campeur utilise une pile Leclanché neuve dans sa lampe de poche pour alimenter une ampoule avec un courant d'intensité I constante égale à 70 mA. Il part 15 jours pendant lesquels il prévoit d'utiliser sa lampe durant 2 h quotidiennement. Préciser s'il doit prévoir des piles de rechange.

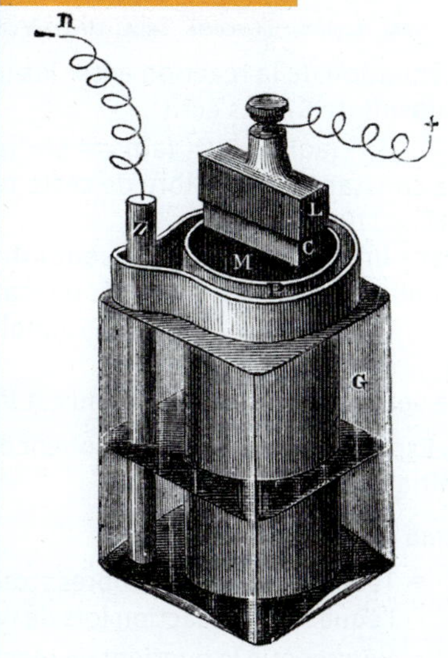

▲ Une batterie Leclanché, 1887.

UNE SOLUTION

a. Les demi-équations d'oxydoréduction faisant intervenir les deux couples sont $Zn^{2+}(aq) + 2\ e^- = Zn(s)$ et $MnO_2(s) + H^+(aq) + e^- = MnOOH(s)$. Les réactifs étant le zinc et le dioxyde de manganèse les équations de réaction électrochimiques aux électrodes s'écrivent :

$$Zn(s) \rightarrow Zn^{2+}(aq) + 2\ e^-(\text{électrode}) \quad \textbf{(1)}$$

$$MnO_2(s) + H^+(aq) + e^-(\text{électrode}) \rightarrow MnOOH(s) \quad \textbf{(2)}$$

b. L'équation de réaction s'obtient en effectuant la combinaison **(1)** + 2 × **(2)**.
Le nombre stœchiométrique des électrons est de 2 dans cette combinaison : pour un avancement x_{max}, une quantité de $2x_{max}$ d'électrons est échangée.

$MnO_2(s)$ étant réactif limitant, $x_{max} = \dfrac{n_{MnO_2,i}}{2} = \dfrac{m_{MnO_2,i}}{2 \times M(MnO_2)}$.

$q_{pile} = 2 \times x_{max} \times N_A \times e = \dfrac{m_{MnO_2,i}}{M(MnO_2)} \times \mathcal{F}$.

A.N. : $q_{pile} = \dfrac{2{,}8\ g}{(54{,}9 + 2 \times 16{,}0)\ g \cdot mol^{-1}} \times 96{,}5 \times 10^3\ C \cdot mol^{-1} = 3{,}1 \times 10^3\ C$.

Puis : $3{,}1 \times 10^3\ C = 3{,}1 \times 10^3\ A{\cdot}s = 3{,}1 \times 10^3 \times 10^3\ mA \times \dfrac{1}{3\,600}\ h = 8{,}6 \times 10^2\ mA \cdot h$.

c. Le campeur a besoin de 30 h (15 × 2 h) d'éclairage. La durée de vie de la pile Δt_{max} est telle que $I = \dfrac{q_{pile}}{\Delta t_{max}}$, soit $\Delta t_{max} = \dfrac{q_{pile}}{I} = \dfrac{8{,}6 \times 10^2\ mA \cdot h}{70\ mA} = 12\ h$.
Le campeur a donc besoin de deux piles de rechange, au minimum.

ANALYSER-RAISONNER
• Interpréter l'écriture de l'équation d'oxydoréduction en termes de quantité d'électrons échangés en fonction de l'avancement en analysant le nombre stœchiométrique des électrons avant leur simplification.
• La relation $Q = I \times \Delta t$ permet de se souvenir que 1 C = 1 A·s.

ANALYSER-RÉALISER
• Interpréter un courant électrique comme un débit de charge pour déterminer la relation entre capacité électrique, durée de vie d'une pile et intensité.
• Répondre à la question par une phrase.

APPLICATION Sur le modèle de l'exercice résolu

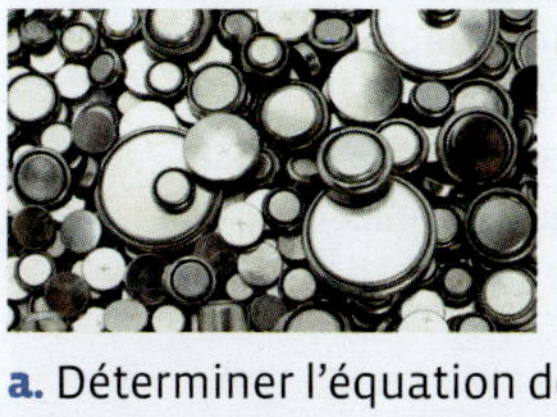

35 Étude d'une pile bouton

Dans une pile bouton zinc-oxyde d'argent, les deux couples oxydant-réducteur mis en jeu sont : $ZnO(s)/Zn(s)$ et $Ag_2O(s)/Ag(s)$. $Ag_2O(s)$ est le réactif limitant et sa masse initiale vaut 0,20 g.

DONNÉES • Masses molaires : $M(Ag) = 108\ g \cdot mol^{-1}$; $M(Zn) = 65{,}4\ g \cdot mol^{-1}$; $M(O) = 16{,}0\ g \cdot mol^{-1}$.
• Constante de Faraday $\mathcal{F} = N_A \times e = 96{,}5 \times 10^3\ C \cdot mol^{-1}$.

a. Déterminer l'équation de la réaction ayant lieu au sein de la pile.

b. Exprimer puis calculer la valeur de la quantité de matière d'électrons échangés pendant la durée de vie de la pile.

c. En déduire la capacité électrique de la pile bouton.

d. Déterminer la durée d'alimentation d'une calculatrice par cette pile débitant un courant d'intensité constante $I = 0{,}40$ mA.

36 Apprendre à rédiger

ANA-RAI Exploiter un modèle **RÉA** Effectuer un calcul littéral et numérique

L'équation de la réaction entre les ions étain (IV) Sn^{4+} et thiosulfate $S_2O_3^{2-}$ s'écrit :

$$Sn^{4+}(aq) + 2\,S_2O_3^{2-}(aq) \rightleftharpoons Sn^{2+}(aq) + S_4O_6^{2-}(aq).$$

La constante d'équilibre de cette réaction à 25 °C vaut $K(T) = 110$.

Dans un échantillon d'eau sont introduites les espèces chimiques avec les quantités de matière suivantes : $n_{Sn^{4+},i} = 25{,}0$ mmol ; $n_{Sn^{2+},i} = 12{,}5$ mmol ; $n_{S_2O_3^{2-},i} = 50{,}0$ mmol ; $n_{S_4O_6^{2-},i} = 75{,}0$ mmol.

Le volume du mélange obtenu est $V = 1{,}00$ L.

a. Exprimer puis calculer le quotient de réaction $Q_{r,i}$ à l'état initial.

Aide méthodologique

- Tenir compte des nombres stœchiométriques de l'équation de réaction lors de l'écriture de $Q_{r,i}$.
- Vérifier que le quotient de réaction est bien adimensionné.
- Calculer les concentrations en quantité de chaque espèce dans la même unité (par exemple en $mol \cdot L^{-1}$).

b. Déterminer le sens d'évolution spontanée du système chimique.

- Comparer la valeur de $Q_{r,i}$ à celle de $K(T)$.

37 Déterminer un sens de circulation

ANA-RAI Exploiter un modèle **RÉA** Faire un schéma

Une pile argent-plomb fait intervenir les couples oxydant-réducteur $Ag^+(aq) / Ag(s)$ et $Pb^{2+}(aq) / Pb(s)$. Sa tension à vide est positive lorsque l'électrode de plomb est connectée à la borne masse (COM) du voltmètre et l'électrode d'argent à la borne de mesure (V). Les deux demi-piles sont reliées par un pont salin contenant du nitrate de potassium gélifié ($K^+(aq)$, $NO_3^-(aq)$).

a. Déterminer l'équation de la réaction électrochimique ayant lieu à chaque électrode.

b. Déterminer le sens de circulation des porteurs de charge à l'intérieur et à l'extérieur de la pile lorsqu'elle fonctionne.

c. Résumer les réponses sur un schéma clair et annoté.

38 Réactif en agroalimentation

ANA-RAI Exploiter un modèle **RÉA** Effectuer un calcul numérique

L'hydroxyde de calcium, ou chaux éteinte, est un solide peu soluble dans l'eau. Il est utilisé, entre autres, dans l'industrie agroalimentaire pour purifier le jus de la betterave sucrière.

Une quantité initiale $n_i = 50$ mmol d'hydroxyde de calcium $Ca(OH)_2(s)$ se dissout dans l'eau pour former des ions calcium $Ca^{2+}(aq)$ et hydroxyde $HO^-(aq)$. À l'état final, la quantité d'ion hydroxyde est $n_{HO^-,f} = 60$ mmol.

- Calculer le taux d'avancement final τ de cette transformation.

39 Caractérisation de l'ion fer (III)

ANA-RAI Exploiter un modèle

RÉA Effectuer un calcul littéral et numérique

La présence d'ion thiocyanate $SCN^-(aq)$ dans la salive est une des conséquences d'une exposition au tabagisme, même passif.

Cet ion, dont une solution est incolore, peut être dosé par colorimétrie après avoir réagi avec l'ion fer (III) $Fe^{3+}(aq)$.

La réaction entre les ions Fe^{3+} et SCN^- produit une espèce colorée rouge, de formule $FeSCN^{2+}(aq)$.

Les ions Fe^{3+} et SCN^- sont introduits en même quantité initiale $n_i = 10{,}0$ mmol dans un bécher.

En fin de réaction, il reste une quantité $n_f = 5{,}4$ mmol de chaque réactif.

a. Écrire l'équation de la réaction modélisant la transformation étudiée.

b. Exprimer puis calculer le taux d'avancement final τ.

c. En déduire le caractère total ou non de cette transformation.

S'AUTOÉVALUER

40 Formation de zinc dans une pile

Lorsqu'une pile à base d'aluminium et d'une solution d'ion zinc (II) fonctionne, l'équation de la réaction modélisant la transformation chimique qui se déroule s'écrit :

$$2\,Al(s) + 3\,Zn^{2+}(aq) \rightarrow 2\,Al^{3+}(aq) + 3\,Zn(s)$$

L'intensité mesurée à l'ampèremètre vaut $I = 10{,}0$ mA.

La pile fonctionne pendant $\Delta t = 12$ h.

a. Exprimer puis calculer la quantité de matière $n_{e^-,éch}$ d'électrons échangés spontanément entre les deux électrodes de la pile pendant cette durée de fonctionnement.

b. Déterminer la quantité de matière de zinc n_{Zn} formé pendant cette durée.

INDICATEURS DE RÉUSSITE	NIVEAU A	B	C	D
CONNAÎTRE				
La relation entre intensité, durée de fonctionnement et quantité d'électrons échangés est rappelée.				
ANALYSER-RAISONNER				
• L'équation de réaction fournie est décomposée en équations de réaction électrochimiques aux électrodes afin de déterminer la quantité d'électrons échangés. • La quantité d'électrons échangés est reliée à la quantité de zinc formé en utilisant l'avancement de la réaction.				
RÉALISER				
Les applications numériques sont réalisées correctement en adaptant les unités.				

DIFFÉRENCIATION

41 ✱ Brassage de la bière

ANA-RAI Organiser et exploiter ses connaissances
RÉA Effectuer un calcul

Le sulfate de calcium est un additif utilisé en brasserie pour accentuer, entre autres, l'amertume de la bière. Il est recommandé de ne pas dépasser 0,5 g de sulfate de calcium par litre d'eau de brassage pour éviter toute formation de cristaux de $CaSO_4$(s).
Dans un bécher est introduite une solution limpide de concentration en quantité d'ion calcium Ca^{2+}(aq) $c_1 = 10\ mmol \cdot L^{-1}$ et de volume $V_1 = 100$ mL. À cette solution est progressivement ajoutée une solution de concentration en quantité d'ion sulfate SO_4^{2-}(aq) c_1 et de volume V_2. Le milieu est à 25° C.
Tant que le volume V_2 est faible, il ne se passe rien. Lorsque V_2 dépasse la valeur $V_{2,p} = 67$ mL, un solide blanc apparaît.

a. Exprimer le quotient de la réaction modélisant la formation du solide.

b. Calculer la valeur de la constante d'équilibre $K(T)$ de cette réaction à 25° C.

c. Déterminer si la recommandation faite pour la bière est cohérente.

■ *Aides à la fin du manuel.*

42 ✱ Sens d'évolution

ANA-RAI Organiser et exploiter ses connaissances
RÉA Effectuer un calcul numérique

Dans un bécher sont introduits quatre échantillons de solutions de même volume $V = 100$ mL.

Échantillon	Solution	Concentration en quantité de matière ($mol \cdot L^{-1}$)
1	K^+(aq), I^-(aq)	0,050
2	Fe^{3+}(aq), $3Cl^-$(aq)	0,050
3	I_2(aq)	0,10
4	Fe^{2+}(aq), SO_4^{2-}(aq)	1,00

DONNÉES
Couples oxydant-réducteur : I_2(aq) / I^-(aq) et Fe^{3+}(aq) / Fe^{2+}(aq).

a. Écrire l'équation de la réaction d'oxydation de l'ion iodure par l'ion fer (III), avec les nombres stœchiométriques entiers les plus petits possibles.
La constante d'équilibre de cette réaction d'oxydoréduction est $K(T) = 5,0 \times 10^5$ à 25 °C.

b. Exprimer puis calculer le quotient de réaction $Q_{r,i}$ à l'état initial.

c. Déterminer le sens d'évolution spontanée du système chimique étudié.

43 ✱ Protection du fourrage

ANA-RAI Exploiter un modèle
RÉA Effectuer un calcul littéral et numérique

L'acide propanoïque $C_2H_5CO_2H$ est utilsé en agriculture pour traiter le foin et empêcher le développement de moisissures. Avant d'être appliqué sur le fourrage, l'acide propanoïque doit être dilué dans de l'eau.
Or, il réagit avec l'eau, suivant une transformation non totale, pour donner les ions propanoate $C_2H_5CO_2^-$ et oxonium H_3O^+.
Trois mélanges sont réalisés en introduisant des quantités différentes d'acide propanoïque dans trois échantillons d'eau de même volume V.
La concentration en quantité d'acide propanoïque à l'état initial dans le mélange n° j est notée c_j. La conductivité $\sigma_{f,j}$ de chaque mélange est mesurée à l'état final.
Les résultats sont regroupés dans le tableau suivant.

	1	2	3
c_j ($mmol \cdot L^{-1}$)	10,0	5,00	1,00
$\sigma_{f,j}$ ($mS \cdot m^{-1}$)	13,9	9,76	4,23

DONNÉES
Conductivités ioniques molaires :
$\lambda(C_2H_5CO_2^-) = 3,58\ mS \cdot m^2 \cdot mol^{-1}$; $\lambda(H_3O^+) = 35,0\ mS \cdot m^2 \cdot mol^{-1}$.

a. Écrire l'équation de la réaction modélisant la transformation entre l'acide propanoïque et l'eau.

b. À l'aide de la loi de Kohlrausch, exprimer la conductivité σ_f à l'état final d'un mélange en fonction notamment des concentrations en quantité des ions $C_2H_5CO_2^-$ et H_3O^+.

c. Pour chaque mélange, calculer :
– la concentration en quantité de matière des différents ions à l'état final ;
– la concentration en quantité de matière d'acide propanoïque à l'état final.

d. Exprimer puis calculer le quotient de réaction $Q_{r,f}$ à l'état final pour chaque mélange.

e. Conclure sur l'influence de la concentration en quantité de soluté sur le quotient de réaction $Q_{r,f}$.

f. Calculer la valeur de la constante d'équilibre $K(T)$ de cette réaction.

44 ✱✱ Couronne dentaire

APP Extraire l'information de supports variés
ANA-RAI Exploiter un modèle **VAL** Interpréter des résultats

Les dentistes utilisent un amalgame dentaire pour remplir les cavités provoquées par les caries, modélisé par un mélange d'alliage argent-mercure Ag_2Hg_3 et d'alliage argent-étain Ag_3Sn.
Pour confectionner les couronnes, on utilise un alliage dont la composition en quantité de matière est la suivante : Au : 76 % ; Ag : 10 % ; Cu : 10 % ; Pd : 2 % ; Pt : 2 %.

DONNÉES
• Le pH de la salive est voisin de 5.
• Couples oxydant-réducteur : H^+(aq) / H_2(g) et Al^{3+}(aq) / Al(s)

Schéma

DOC. 1 Aluminium sur les dents

Une douleur est ressentie chez une personne mâchant par mégarde un morceau d'aluminium. Cette douleur est due à l'excitation des nerfs de la gencive lors d'un court-circuit de la pile aluminium-amalgame où l'aluminium Al(s) est oxydé.

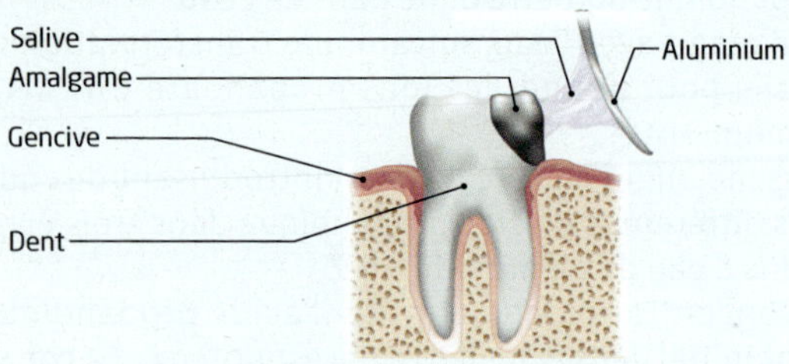

DOC. 2 Couronne en or

Lorsqu'une carie est au voisinage d'une couronne en or, il se produit un court-circuit de la pile amalgame-salive-or. L'étain de l'amalgame est oxydé selon la réaction électrochimique d'équation :

$$Ag_3Sn(s) \rightarrow Sn^{2+}(aq) + 3\ Ag(s) + 2\ e^-(\text{métal})$$

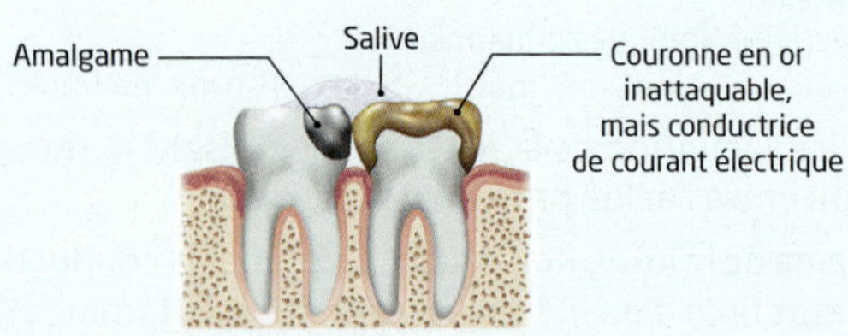

1. Dans le cas du contact de la gencive avec l'aluminium (**DOC. 1**), répondre aux questions suivantes.

a. Écrire l'équation de la réaction électrochimique dont Al(s) est le réactif. En déduire la nature du pôle constitué par l'aluminium et celle du pôle constitué par l'amalgame.

b. Au niveau de l'amalgame, en contact avec la salive, le couple $H^+(aq)/H_2(g)$ intervient. En déduire l'équation de la réaction modélisant la transformation spontanée de fonctionnement de la micropile ainsi constituée.

c. Préciser les rôles de l'amalgame et de la salive.

d. GRAND ORAL Expliquer, à l'oral, la douleur ressentie, en faisant figurer le déplacement des charges et notamment des électrons sur le schéma fourni à recopier.

2. Dans le cas de l'existence d'une carie soignée proche d'une couronne en or (**DOC. 2**), répondre aux questions suivantes.

a. Préciser la nature du pôle constitué par l'amalgame, puis celle du pôle constitué par l'or de la couronne.

b. À la surface de la couronne, à cause de l'or, seul le couple $H^+(aq)/H_2(g)$ intervient. En déduire l'équation de la réaction modélisant la transformation spontanée de fonctionnement de la pile ainsi constituée.

c. Préciser le rôle de la couronne et indiquer s'il s'agit ici d'un transfert direct ou indirect d'électrons.

d. Interpréter la sensation d'un goût métallique lors du court-circuit.

e. Expliquer la nécessité de refaire l'amalgame ou de le remplacer par une autre couronne en or.

45 ✱✱ Acide lactique et crampe

APP Extraire l'information de supports variés
ANA-RAI Exploiter un modèle **VAL** Interpréter des résultats

L'acide lactique $CH_3–CH(OH)–CO_2H$ présent dans l'organisme est issu de la dégradation du glucose en l'absence de dioxygène (dégradation anaérobie). La concentration en quantité d'acide lactique dans le sang est comprise entre 0,5 et 2,2 $mmol \cdot L^{-1}$. Le sang peut être assimilé à une solution aqueuse de pH constant et proche de 7,4. Le pH du sang est maintenu constant grâce à la présence d'acide carbonique H_2CO_3 issu de la solubilisation du dioxyde de carbone et de l'ion hydrogénocarbonate HCO_3^-.

À la suite d'un effort musculaire trop intense, des crampes apparaissent en raison d'une diminution locale du pH sanguin, conséquence d'une surproduction d'acide lactique.

Dans le sang, l'acide lactique, noté AH, réagit avec l'ion hydrogénocarbonate HCO_3^- suivant la réaction d'équation :

$$AH(aq) + HCO_3^-(aq) \rightarrow A^-(aq) + H_2CO_3(aq) \qquad \textbf{(1)}$$

Le dioxyde de carbone dissous formé réagit avec l'eau présente dans le sang suivant la réaction d'équation :

$$H_2CO_3(aq) + H_2O(\ell) \rightleftharpoons HCO_3^-(aq) + H_3O^+(aq) \qquad \textbf{(2)}$$

La constante d'équilibre à 25 °C de cette réaction vaut $K_2(T) = 4{,}0 \times 10^{-7}$.

Avant un effort soutenu, les concentrations en quantité d'acide carbonique et d'ion hydrogénocarbonate sont : $[H_2CO_3]_i = 2{,}0\ mmol \cdot L^{-1}$; $[HCO_3^-]_i = 20\ mmol \cdot L^{-1}$.

Juste après cet effort, la concentration en quantité d'acide lactique dans le sang atteint $[AH]_f = 3{,}0\ mmol \cdot L^{-1}$.

a. Calculer les concentrations en quantité $[H_2CO_3]_f$ et $[HCO_3^-]_f$ dans le sang après l'effort.

b. Dans le cas de la transformation **(2)**, exprimer puis calculer le quotient de réaction $Q_{r,i}$ à l'état initial après l'effort.

c. Déterminer le sens d'évolution du système étudié.

d. Calculer la valeur du pH du sang à l'état final d'équilibre. Commenter ce résultat.

46 ✱✱ Pile à combustible au méthanol

APP Extraire l'information de supports variés
ANA-RAI Exploiter un modèle VAL Interpréter des résultats

Dans de nombreux domaines (bus électriques, par exemple), il est avantageux de disposer d'une pile pouvant être continuellement alimentée en réactifs. Une telle pile est appelée « pile à combustible ».

1. Pile à dihydrogène
Dans une pile à combustible à hydrogène, le dihydrogène est oxydé en ion hydrogène $H^+(aq)$ et le dioxygène de l'air est réduit en eau.

a. Déterminer l'équation de la réaction modélisant la transformation qui a lieu dans une telle pile.

b. Préciser les espèces réagissant au pôle positif, puis celles réagissant au pôle négatif de cette pile.

c. À l'aide éventuellement d'une recherche, indiquer la raison pour laquelle le stockage du dihydrogène est complexe dans un véhicule.

2. Première pile au méthanol
La pile à combustible au méthanol CH_3OH propose une alternative intéressante. Le principe des premières piles au méthanol fabriquées est schématisé ci-dessous.

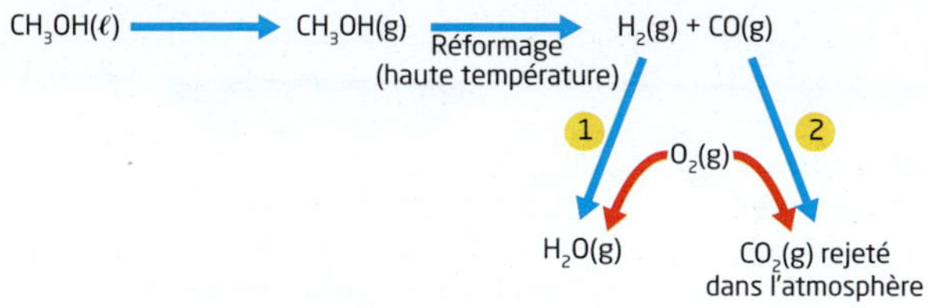

a. Déterminer les deux équations correspondant aux deux transformations chimiques ① et ② mises en jeu.

b. En déduire le bilan, sous forme d'équation de réaction, d'une telle pile à combustible au méthanol.

c. Déterminer l'inconvénient et l'avantage présentés par cette pile à combustible au méthanol par rapport à celle au dihydrogène.

3. Pile moderne au méthanol
Aujourd'hui, le méthanol liquide est directement oxydé dans la pile schématisée ci-dessous.

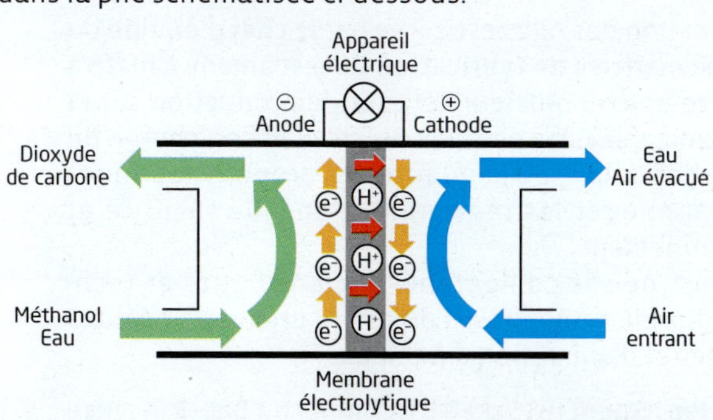

a. Montrer que le bilan de cette pile est identique à celui des anciennes piles à combustible au méthanol.

b. Expliquer quel est l'avantage des nouvelles piles à combustible au méthanol.

4. Utilisation dans un camping-car
Un camping-car utilise une pile à combustible au méthanol délivrant un courant électrique d'intensité $I = 8$ A pendant une durée $\Delta t = 10$ h par jour en moyenne pour le fonctionnement des équipements de l'espace de vie.

a. Déterminer la charge électrique utilisée par le camping-car pendant un mois.

b. En déduire le volume de méthanol liquide à acheter chaque mois, la densité de ce dernier étant de 0,79.

c. Citer les réducteurs usuels rencontrés dans cet exercice.

DIFFÉRENCIATION

47 ✱✱ Un engrais contenant du fer

ANA-RAI Exploiter un modèle RÉA Effectuer un calcul

De nombreux engrais pour gazon contiennent du sulfate de fer destiné à lutter contre la mousse et la chlorose des arbustes (carence en fer).

Pour vérifier le pourcentage de sulfate de fer mentionné sur les étiquettes de ces engrais, il est possible de réaliser un titrage colorimétrique de l'ion fer (II). L'ion fer (II) est oxydé par l'ion permanganate MnO_4^-.
À une solution de concentration en quantité d'ion Fe^{2+} $c_1 = 40{,}0\ \text{mmol}\cdot\text{L}^{-1}$ et de volume $V_1 = 10{,}0$ mL est ajoutée une solution acidifiée de concentration en quantité d'ion MnO_4^- $c_2 = 5{,}00\ \text{mmol}\cdot\text{L}^{-1}$ et de pH = 0 (solution tampon).
Le mélange prend une teinte rose pâle persistante quand un échantillon de volume $V_2 = 16{,}0$ mL de la solution d'ion MnO_4^- est ajouté.

DONNÉES
- Couples oxydant-réducteur : $MnO_4^-(aq)/Mn^{2+}(aq)$ et $Fe^{3+}(aq)/Fe^{2+}(aq)$.
- Constante d'équilibre de la réaction (**R**) à 25 °C : $K(T) = 10^{63}$.

a. Écrire l'équation de la réaction (**R**) modélisant la transformation entre les ions Fe^{2+} et MnO_4^-, avec le nombre stœchiométrique 1 pour l'ion MnO_4^-.

b. Montrer, à partir d'un calcul utilisant la constante d'équilibre de la réaction (**R**), que la valeur de l'avancement $x_f = 8{,}0 \times 10^{-5} \times (1 - 3{,}2 \times 10^{-11})$ mol correspond bien à l'avancement à l'état final.

c. Expliquer pourquoi la réaction (**R**) peut effectivement être considérée comme une réaction support de titrage.

■ *Aides à la fin du manuel.*

GRAND ORAL

48 Préparer des notes

Quelles sont les caractéristiques que doit posséder un document permettant de se remémorer un exposé juste avant le passage à l'oral et/ou d'être utilisé efficacement pendant un exposé oral afin d'être exhaustif et distant de ses notes ?

RESSOURCES
- Texte complet à analyser
- Schéma illustrant le texte

ÉTAPE 1 S'approprier le sujet

Texte complet et schéma

► Comment fonctionne la pile à hydrogène ?

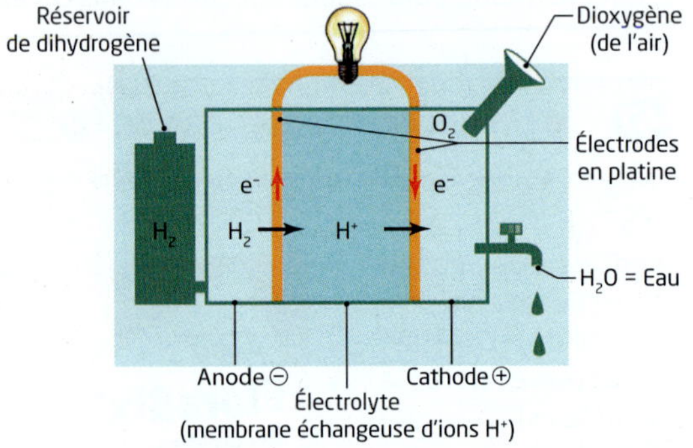

Le compartiment anodique est alimenté par l'hydrogène gazeux et il s'y réalise la réaction d'oxydation $H_2 \rightarrow 2\,H^+ + 2\,e^-$. Au compartiment cathodique alimenté par le dioxygène (ou l'air), il se produit la réaction de réduction $O_2 + 4\,H^+ + 4\,e^- \rightarrow 2\,H_2O$. La réaction globale qui s'effectue dans cette pile est donc : $2\,H_2 + O_2 \rightarrow 2\,H_2O$.
L'électrolyte est constitué d'une membrane poreuse qui laisse passer les ions H^+. Tout ceci se passe grâce à la présence d'une fine couche de platine déposée sur les électrodes qui joue le rôle de catalyseur.

ÉTAPE 2 Travailler en équipe

- Un premier élève, à l'aide seulement du texte complet, prépare pendant 20 minutes un exposé oral d'une durée de cinq minutes avec comme unique support de l'exposé un document élaboré par ses soins.
- Un deuxième élève fait de même avec le schéma seul.
- Le premier élève expose pendant cinq minutes à un troisième élève qui prend des notes et rédige une synthèse de ce qu'il a entendu.
- Le deuxième élève expose pendant cinq minutes à un quatrième élève qui prend des notes et rédige une synthèse de ce qu'il a entendu.
- Les quatre élèves mettent alors en commun les deux documents initiaux, les deux supports d'exposés et les deux synthèses.

Questions

1 Analyser les avantages et les inconvénients d'un document totalement écrit ou totalement schématisé.

2 Construire un mémo synthétique, mêlant schéma et texte, et permettant de réviser les notions juste avant de passer le Grand oral.

Conseils !

- Un document totalement écrit n'est pas évident à utiliser pour un exposé oral, car on s'en détache difficilement.
- Un document totalement schématisé donne un meilleur recul et structure l'ensemble des idées, mais est difficile à reformuler lors d'un exposé oral.
- Un document schématisé agrémenté de mots ou formules-clés mis en évidence pour fluidifier le discours est l'outil indispensable pour se remémorer un exposé oral avant de passer devant un jury. C'est aussi une aide efficace lors du passage à l'oral afin d'être succinct, complet, structuré et de se détacher de son support.

MÉTIERS ET ORIENTATION

La fabrication des piles est gérée par le **chef d'équipe** ou **agent de maîtrise de fabrication** qui est amené à mettre en œuvre une ou plusieurs étapes de production sur la base d'un cahier des charges précis. Il est en charge du respect des délais, de la qualité des produits fabriqués et fait appliquer les règles d'hygiène, de sécurité et d'environnement.
En dehors de ses compétences scientifiques et techniques pluridisciplinaires, il doit faire preuve de qualités humaines et d'animation d'équipes.

Formation : Bac+2 (BTS ou DUT Chimie) ou **Bac+3** (licence professionnelle Chimie) en formation initiale ou dans le cadre d'un contrat d'alternance en entreprise.

49 Recette de grand-mère

ANALYSER-RAISONNER | RÉALISER | VALIDER

L'argent s'oxyde à l'air en oxyde d'argent, ce qui ternit bijoux et couverts. L'utilisation d'aluminium permet de retrouver des objets brillants. On s'intéresse dans cet exercice aux différentes méthodes de nettoyage d'une argenterie oxydée.

DOC. 1 Recette de grand-mère pour nettoyer des objets en argent

1. Tapisser une bassine en plastique d'une feuille de papier aluminium.
2. La remplir avec de l'eau salée très chaude. Y plonger les objets en argent ternis et attendre quelques minutes.
3. Ressortir les objets et les rincer à l'eau claire.

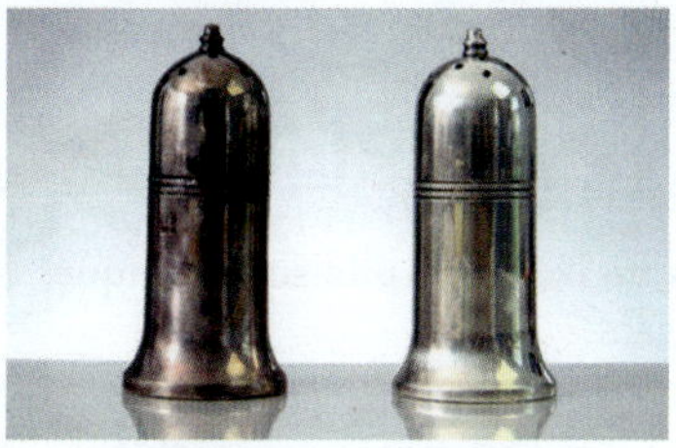

DOC. 2 Description d'une pile argent-aluminium

Une pile est composée de deux demi-piles reliées par un pont salin (papier filtre imbibé d'une solution de chlorure de potassium).

La première demi-pile est constituée d'une lame en aluminium de masse m_1 = 1,0 g plongeant dans une solution de sulfate d'aluminium de concentration en quantité d'ion aluminium $Al^{3+}(aq)$ $c = 0{,}50\ mol \cdot L^{-1}$ et de volume $V = 50$ mL.

La deuxième demi-pile est constituée d'un fil en argent de masse m_2 = 0,50 g plongeant dans une solution de nitrate d'argent de concentration en quantité d'ion argent $Ag^+(aq)$ $c = 0{,}50\ mol \cdot L^{-1}$ et de volume $V = 50$ mL.

Un conducteur ohmique et un ampèremètre sont branchés entre la lame en aluminium et le fil en argent. L'ampèremètre indique que le courant électrique circule du fil en argent vers la lame en aluminium.

DONNÉES

- L'oxyde d'argent $Ag_2O(s)$ est responsable de la couleur noire des objets en argent oxydés.
- Masses molaires : $M(Al) = 27{,}0\ g \cdot mol^{-1}$; $M(Ag) = 107{,}9\ g \cdot mol^{-1}$.
- Constante de Faraday $\mathcal{F} = 96{,}5 \times 10^3\ C \cdot mol^{-1}$.
- Couples oxydant-réducteur :
  – pour l'oxydation par l'air et le nettoyage des objets en argent : $Ag_2O(s) / Ag(s)$; $Al^{3+}(aq) / Al(s)$; $O_2(g) / H_2O(\ell)$;
  – dans la pile : $Ag^+(aq) / Ag(s)$; $Al^{3+}(aq) / Al(s)$; $O_2(g) / H_2O(\ell)$.

Questions

1 Oxydation et nettoyage des objets en argent

a. Citer l'oxydant responsable de l'oxydation des objets en argent au contact de l'air. En déduire l'équation de la réaction modélisant cette oxydation.
b. Indiquer une méthode permettant d'éviter une telle oxydation.
c. Déterminer l'équation de la réaction modélisant l'action de l'aluminium sur les couverts oxydés.
d. Expliquer l'utilisation d'une eau chaude et non froide.

2 Pile argent-aluminium

a. Réaliser un schéma légendé de la pile.
b. Compléter le schéma précédent en indiquant la polarité de la pile. Justifier.
c. Écrire les équations des réactions électrochimiques se produisant sur chaque électrode. En déduire que la réaction modélisant la transformation chimique au sein de la pile quand elle débite un courant électrique est :

$$3\ Ag^+(aq) + Al(s) \rightleftharpoons 3\ Ag(s) + Al^{3+}(aq).$$

La constante d'équilibre de cette réaction à la température de la pile est : $K(T) = 10^{125}$.
d. Exprimer puis calculer le quotient de réaction $Q_{r,i}$ à l'état initial.
e. Déterminer le sens d'évolution du système étudié et préciser si ce résultat est en accord avec l'indication de l'ampèremètre.
f. Déterminer la capacité électrique de la pile étudiée.

50 Tension à vide d'une pile au cours de sa vie

ANALYSER-RAISONNER   RÉALISER   VALIDER

Les piles vendues dans le commerce ont une certaine durée d'utilisation lorsqu'elles débitent du courant électrique. La valeur de la tension à vide d'une pile zinc-fer est étudiée en simulant plusieurs états successifs, de manière similaire à ce qu'on pourrait envisager sur les piles Leclanché, alcaline et bouton à oxyde d'argent, constituées toutes les trois de l'élément zinc au pôle négatif.

DONNÉES

- L'équation de la réaction modélisant la transformation ayant lieu dans la pile zinc-fer s'écrit :

$$Fe^{2+}(aq) + Zn(s) \rightarrow Fe(s) + Zn^{2+}(aq)$$

- La constante d'équilibre de cette réaction à 25 °C vaut $K(T) = 4 \times 10^{10}$.

DOC. 1 Schéma de la pile étudiée — Matériel

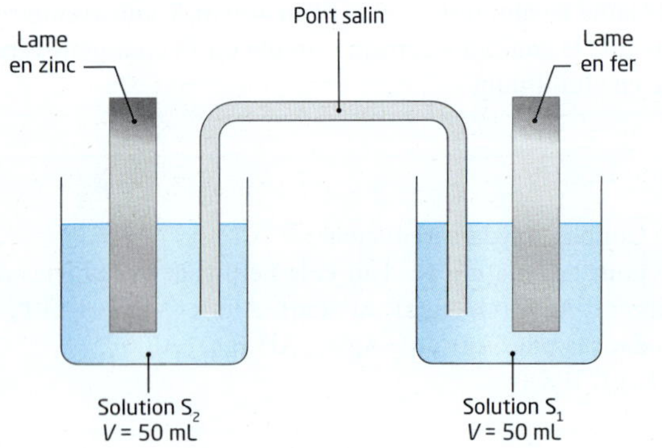

DOC. 2 États de la pile — Tableau à completer

Trois états de la même pile sont indiqués dans le tableau suivant.

	État A (état initial)	État B	État C
$[Zn^{2+}]$ (en $mmol \cdot L^{-1}$)	100	190	199
$[Fe^{2+}]$ (en $mmol \cdot L^{-1}$)	100	10	1,0
Quotient de réaction Q_r			
Tension à vide U			

Questions

Fiches-guides

1 Pile neuve

Préparer la pile Zn-Fe dans son état initial, puis mesurer sa tension à vide.

APPEL N° 1 *Appeler le professeur pour lui présenter les résultats ou en cas de difficulté.*

2 Pile au cours de sa vie

a. Déterminer la valeur du quotient de réaction dans chacun des trois états de la pile décrits dans le DOCUMENT et compléter la ligne correspondante du tableau fourni.

b. Indiquer la successsion d'états qui correspond au critère d'évolution spontanée.

c. Avec le matériel à disposition, proposer un protocole pour préparer une solution de concentration en quantité d'ion $Fe^{2+}(aq)$ $c_4 = 10\ mmol \cdot L^{-1}$.

APPEL N° 2 *Appeler le professeur pour lui présenter le protocole ou en cas de difficulté.*

d. Mettre en œuvre le protocole.

e. Préparer la pile Zn-Fe dans son état B, puis mesurer sa tension à vide.

f. De façon similaire, mesurer la tension à vide de la pile dans son état C.

3 Évolution de la tension à vide de la pile au cours de sa vie

Compléter la dernière ligne du tableau précédent. Conclure.

RESSOURCES

- Liste du matériel
- Tableau à compléter
- Fiches-guides (fichiers texte et PDF)

60 min

Exercices BAC

51 Protection contre la corrosion

RÉSOLUTION DE PROBLÈME

S'APPROPRIER · ANALYSER-RAISONNER · RÉALISER · VALIDER

Les bateaux dont la coque est en acier sont victimes de la corrosion et doivent en être protégés. Une méthode consiste à poser à la surface de leur coque des blocs de métal appelés « électrodes sacrificielles ».

L'objectif de l'exercice est d'évaluer la masse de l'électrode sacrificielle nécessaire à la protection d'un bateau.

DOC. 1 Potentiels standard

Tous les couples oxydant-réducteur sont caractérisés par une grandeur appelée potentiel standard. Pour prévoir les réactions d'oxydoréduction possibles entre différents oxydants et réducteurs à disposition, il est possible de s'appuyer en première approche sur l'échelle suivante, appelée échelle des potentiels standard.

Lorsque deux métaux sont en contact et peuvent être oxydés par le dioxygène, celui dont le couple a le potentiel standard le plus faible s'oxyde : il constitue l'anode et protège l'autre métal, qui ne réagira pas avec le dioxygène.

Échelle des potentiels standard (en V) de quelques couples à 20 °C ▶

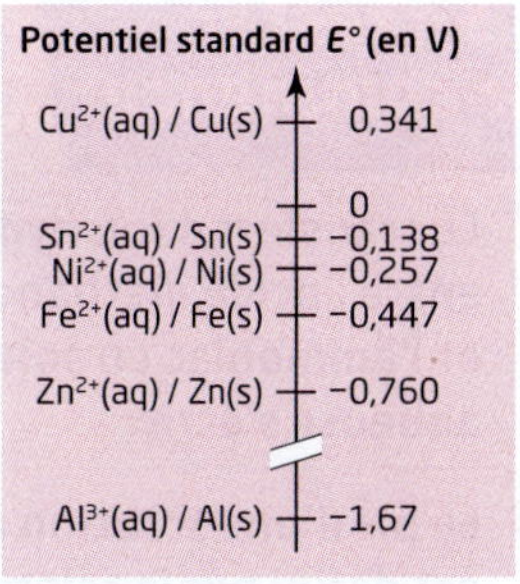

DOC. 2 Protection d'une coque en acier

L'oxydation de l'électrode sacrificielle est modélisée par une réaction d'équation électrochimique de type : $M \rightarrow M^{k+} + k\,e^-$ (électrode) où M est le métal de l'anode et k un entier positif.

Lors de cette oxydation, une circulation d'électrons se met en place et il s'établit un courant électrique de protection au niveau de la surface d'aire S de la coque immergée. Sa densité de courant électrique moyenne, intensité de courant par unité de surface, vaut : $j = 0{,}1\ \text{A} \cdot \text{m}^{-2}$.

DONNÉES

- La coque du bateau et donc sa carène sont entièrement en acier (essentiellement constitué de fer).
- Sa longueur est de 18 m, la largeur immergée moyenne de la carène est de 4,5 m et l'angle moyen de cette carène avec l'horizontale vaut 20°.
- Masses molaires (en $\text{g} \cdot \text{mol}^{-1}$) : $M(\text{Zn}) = 65{,}4$; $M(H_2O) = 18{,}0$.
- Constante de Faraday : $\mathcal{F} = N_A \times e = 9{,}65 \times 10^4\ \text{C} \cdot \text{mol}^{-1}$.

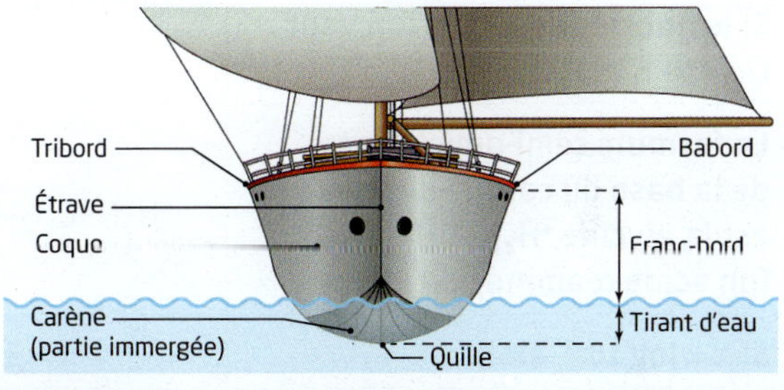

Questions

1 Questions préliminaires

a. Citer, en justifiant, les métaux du DOC. 1 susceptibles de protéger la coque en acier d'un bateau.

b. Évaluer l'aire de la surface de coque immergée.

2 Problème

L'objectif est de protéger la coque en acier du bateau par une électrode sacrificielle en zinc, à remplacer quand elle a perdu 50 % de sa masse. Déterminer la masse minimale de zinc à répartir sur la coque pour la protéger pendant un an.

Les qualités rédactionnelles, la clarté de l'expression et de la présentation des calculs, le regard critique des résultats rentreront dans l'appréciation et la notation du devoir écrit.

■ *Aides à la fin du manuel.*

7 Équilibre de la réaction acide-base

EXO QCM interactif

Se tester pour commencer

Choisir la réponse exacte.

	A	B	C
1 Le transfert d'ion hydrogène entre l'acide méthanoïque et l'ammoniac en solution aqueuse s'écrit :	$HCO_2H(aq) + NH_4^+(aq) \rightleftharpoons HCO_2^-(aq) + NH_3(aq)$	$HCO_2H(aq) + NH_3(aq) \rightleftharpoons HCO_2^-(aq) + NH_4^+(aq)$	$HCO_2^-(aq) + NH_4^+(aq) \rightleftharpoons HCO_2H(aq) + NH_4^+(aq)$
2 Le pH d'une solution aqueuse est défini par la relation :	$pH = -\log\left(\frac{[H_3O^+]}{c°}\right)$	$pH = \log\left(-\frac{[H_3O^+]}{c°}\right)$	$pH = 10^{-\frac{[H_3O^+]}{c°}}$
3 Pour une transformation modélisée par la réaction d'équation $Al^{3+}(aq) + 4\ HO^-(aq) \rightleftharpoons Al(OH)_4^-(aq)$, le quotient de réaction à l'équilibre, $Q_{r,éq}$, s'écrit :	$\frac{[Al(OH)_4^-]_f \times (c°)^4}{[Al^{3+}]_f \times [HO^-]_f^4}$	$\frac{[Al^{3+}]_f \times [HO^-]_f^4}{[Al(OH)_4^-]_f \times (c°)^4}$	$\frac{[Al(OH)_4^-]_f}{[Al^{3+}]_f \times [HO^-]_f}$
4 La réaction précédente est caractérisé par une constante d'équilibre $K(T) = 10^{33,4}$ à 25 °C. Si le quotient de réaction vaut $Q_r = 10^{30}$, alors :	le système est à l'équilibre chimique	le système évolue pour former $Al(OH)_4^-(aq)$	le système évolue pour consommer $Al(OH)_4^-(aq)$
5 La formule semi-développée de la base du couple dont l'acide est la glycine $^+H_3N{-}CH_2{-}COO^-$ (un acide α-aminé) est :	$^+H_3N{-}CH_2{-}COOH$	$H_2N{-}CH_2{-}COOH$	$H_2N{-}CH_2{-}COO^-$
6 Si $x = \log 10^{-3}$, alors :	$x = 3$	$x = -3$	$x = 0,001$

GRAND ORAL

Vidéo débat

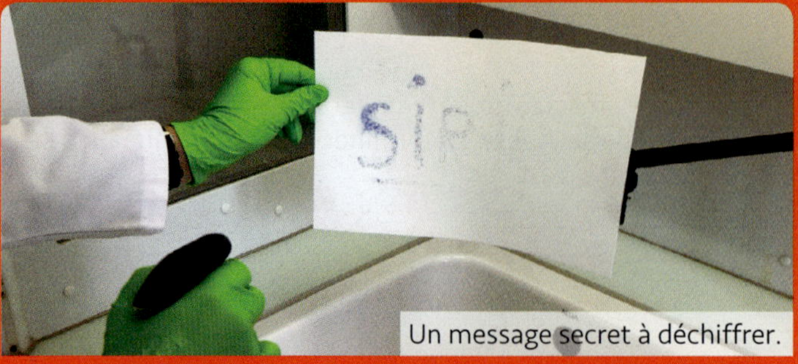

Un message secret à déchiffrer.

Comment la modification du pH d'un milieu permet de dévoiler ou de cacher un message codé ?

Largage de chaux dans un lac en Suède.

Pourquoi utiliser de la chaux plutôt que de la soude pour augmenter le pH d'un lac dont l'eau est acide ?

CAPACITÉS EXIGIBLES	Activités	Exercices corrigés
• Associer K_a et K_e aux équations de réaction correspondantes. • *Estimer la valeur de la constante d'acidité d'un couple acide-base à l'aide d'une mesure de pH.*	1	29 43
• Associer le caractère fort d'un acide (d'une base) à la transformation quasi-totale de cet acide (cette base) avec l'eau. • *Mesurer le pH de solutions d'acide ou de base de concentration donnée pour en déduire le caractère fort ou faible de l'acide ou de la base.*	2	7 11 43
Prévoir la composition finale d'une solution aqueuse de concentration donnée en acide fort ou faible apporté.	3	7 29
Comparer la force de différents acides ou de différentes bases dans l'eau.	2 3	40 43
• √NUMÉRIQUE Déterminer, à l'aide d'un langage de programmation, le taux d'avancement final d'une transformation, modélisée par la réaction d'un acide sur l'eau. • √MATHS Résoudre une équation du second degré.	3	29
Citer des solutions aqueuses d'acides et de bases courantes et les formules des espèces dissoutes associées : acide chlorhydrique ($H_3O^+(aq)$, $Cl^-(aq)$), acide nitrique ($H_3O^+(aq)$, $NO_3^-(aq)$), acide éthanoïque ($CH_3COOH(aq)$), soude ou hydroxyde de sodium ($Na^+(aq)$, $HO^-(aq)$), ammoniac ($NH_3(aq)$).	2 6	43
Représenter le diagramme de prédominance d'un couple acide-base.	4	8 31
√NUMÉRIQUE Tracer, à l'aide d'un langage de programmation, le diagramme de distribution des espèces d'un couple acide-base de pK_a donné.	5	25
Exploiter un diagramme de prédominance ou de distribution.	4 5	31 43
Justifier le choix d'un indicateur coloré lors d'un titrage.	6	33

Activité expérimentale

1 Un acide qui vous veut du bien

Notions
- Acide faible et base faible
- Constante d'acidité

▸ § 2 p. 166

L'aspirine, ou acide acétylsalicylique de formule $C_9H_8O_4$, est un principe actif de médicaments notamment utilisés pour lutter contre la douleur ou la fièvre. L'aspirine est l'acide d'un couple acide-base. Une constante d'équilibre est associée à la réaction de l'aspirine avec l'eau.

● **Comment estimer la valeur de la constante d'équilibre associée à la réaction de l'aspirine avec l'eau ?**

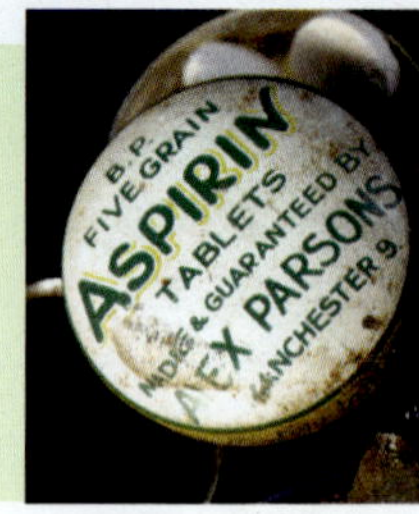

DONNÉES

■ La **constante d'acidité d'un couple acide-base** est la constante d'équilibre de la réaction de transfert d'un ion hydrogène de l'acide du couple à l'eau. Elle est notée K_a (plutôt que $K(T)$).

■ Masse molaire de l'aspirine : $M = 180{,}2\ g \cdot mol^{-1}$.

DOCUMENT **Une partie du matériel disponible** — Matériel

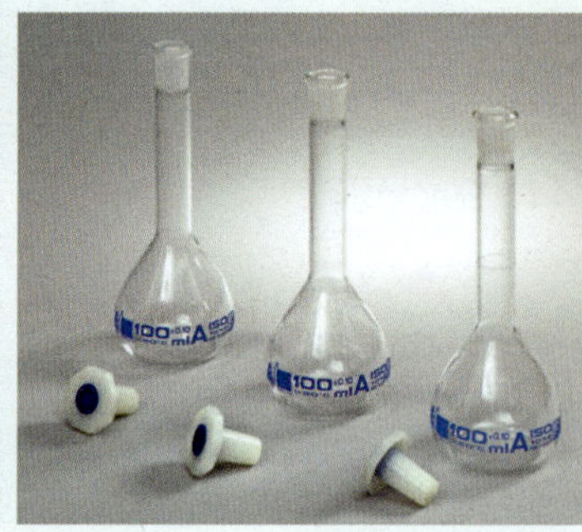

PROTOCOLE

Une solution S_0 d'aspirine a été préparée par dissolution totale d'un échantillon de masse $m_0 = 0{,}450$ g dans la quantité d'eau nécessaire pour obtenir une solution de volume $V_0 = 250$ mL.

1. Préparer une solution S_1 de volume $V_1 = 100$ mL, dix fois moins concentrée que S_0.
2. Préparer une solution S_2 de volume $V_2 = 100$ mL, cent fois moins concentrée que S_0.
3. Mesurer le pH de chacune des trois solutions S_0, S_1 et S_2.

Questions

1 RÉALISER

a. Écrire l'équation de la réaction **(R)** modélisant le transfert d'un ion hydrogène de l'aspirine à l'eau.

b. Construire le tableau d'avancement de la réaction **(R)** pour la solution S_0.

c. Mettre en œuvre le **PROTOCOLE**.

d. En exploitant les mesures, calculer le quotient de réaction à l'équilibre $Q_{r,éqb}$ pour chacune des trois solutions S_0, S_1 et S_2.

2 VALIDER

Excel Estimer la valeur de la constante d'équilibre $K(T)$ associée à **(R)**, en mettant en commun les résultats des différents groupes puis estimer l'incertitude-type $u(\overline{Q_{r,éqb}})$.

3 COMMUNIQUER

La constante $K_a = K(T)$ caractérise le couple acide-base $C_9H_8O_4 / C_9H_7O_4^-$ Rédiger un argumentaire permettant d'expliquer pourquoi cette constante d'équilibre est nommée « constante d'acidité du couple $C_9H_8O_4 / C_9H_7O_4^-$ ».

RESSOURCES
- Liste du matériel
- Fichier tableur pour automatiser les calculs

2 Des produits ménagers acides ou basiques

DÉMARCHE D'INVESTIGATION

Notions
- Acide fort et base forte
- Acide faible et base faible

▸ § 1 et 2 p. 166

SITUATION DÉCLENCHANTE L'utilisation de vinaigre (solution aqueuse d'acide éthanoïque à 1 mol · L^{-1}) ne nécessite pas de porter des gants de protection alors qu'il est conseillé d'en porter lors de la manipulation d'une solution d'acide chlorhydrique de même concentration.

● **Comment mettre en évidence la différence de comportement entre acides ou entre bases ?**

DONNÉES

■ Un acide, noté $Acide_1$, est dit **fort** si sa transformation avec l'eau, modélisée par la réaction d'équation $Acide_1 + H_2O(\ell) \rightarrow Base_1(aq) + H_3O^+(aq)$, est quasi-totale pour toutes conditions initiales.

■ Une base, notée $Base_2$, est dite **forte** si sa transformation avec l'eau, modélisée par la réaction d'équation $Base_2 + H_2O(\ell) \rightarrow Acide_2(aq) + HO^-(aq)$, est quasi-totale pour toutes conditions initiales.

■ Un acide (ou une base) qui n'est pas fort(e) est dit(e) **faible**.

■ Un acide faible est dit plus fort qu'un autre acide faible si, à même concentration en quantité d'acide apporté, sa réaction avec l'eau est plus avancée.

■ Le produit ionique de l'eau est la constante d'acidité du couple H_2O / HO^- à 25 °C :

$$K_e = \frac{[H_3O^+]_f \times [HO^-]_f}{(c°)^2} = 1{,}0 \times 10^{-14}.$$

DOCUMENT **Solutions et matériel à disposition**

Matériel

Solutions aqueuses de volume $V_0 = 1{,}0$ L obtenues par dissolution totale d'un réactif en quantité $n_0 = 10$ mmol.

Solution	Formule du réactif
S_1	$HCl(g)$
S_2	$HNO_3(\ell)$
S_3	$CH_3COOH(\ell)$
S_4	$NH_4Cl(s)$
S_5	$C_2H_5ONa(s)$
S_6	$NH_3(g)$

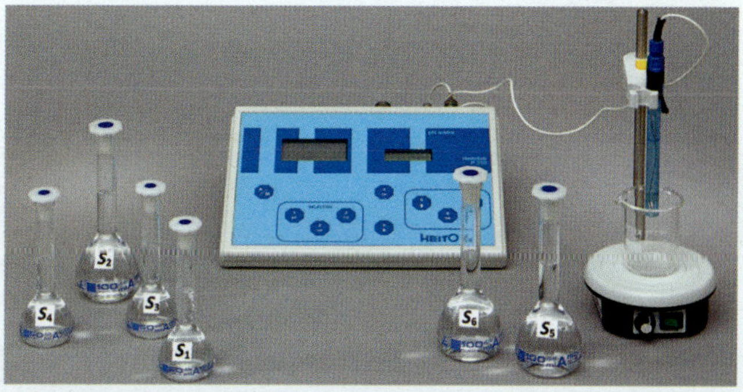

Pistes de travail

1 ANALYSER-RAISONNER Fiches-guides

Proposer un protocole permettant de répondre à la question posée en introduction.

2 RÉALISER

Mettre en œuvre le protocole proposé.

3 ANALYSER-RAISONNER

a. Classer les réactifs étudiés suivant leur catégorie : acide fort ; acide faible ; base forte ; base faible.

b. Comparer les forces des acides faibles.

4 COMMUNIQUER

Faire une recherche afin de nommer les solutions S_1, S_2, S_3 et S_6, puis de donner les formules des espèces dissoutes dans ces solutions.

RESSOURCES
- Fiches-guides (fichiers texte et PDF)
- Liste du matériel

Activité expérimentale

3 Force d'un acide

DIFFÉRENCIATION

Notions

- Acide faible et base faible
- Résolution d'une équation du second degré

▸ § 2 p. 166

Les kakis sont des fruits très riches en vitamine C, espèce chimique également appelée acide ascorbique. Il s'agit de l'acide faible d'un couple noté $AscH/Asc^-$.

● **Comment relier la force d'un acide faible à la valeur de la constante d'acidité K_a du couple ?**

DONNÉE 1 **Couples acide-base**

Couple	$AscH/Asc^-$	CH_3COOH/CH_3COO^-	NH_4^+/NH_3
Constante d'acidité K_a	$10^{-4,1}$	$10^{-4,8}$	$10^{-9,2}$
$pK_a = -\log K_a$	4,1	4,8	9,2

DOCUMENT **Extrait du code Python**

Excel / Python

```
# Boucle simulant l'avancement progressif
# de la transformation, tant que
# l'équilibre n'est pas atteint :

while diff>0:
    # Progression du taux d'avancement
    tau=tau+dtau
    # Calcul de la nouvelle différence
    diff=10**(-pKa)-c*tau**2/(1-tau)
```

DONNÉE 2 **Avancement**

Le tableau d'avancement de la transformation d'un acide avec l'eau, pour une quantité en acide apporté $n = c \times V$ (V est le volume de la solution et c la concentration en quantité d'acide apporté) est donné ci-dessous.

	Équation	*Acide*(aq) +	$H_2O(\ell)$ ⇌	*Base*(aq) +	H_3O^+(aq)
État	Avancement	Quantités de matière			
initial	0	n	–	0	0
final	x_f	$n - x_f$	–	x_f	x_f

Questions

1 S'APPROPRIER

Réécrire le tableau d'avancement en faisant intervenir à l'état final le taux d'avancement final $\tau = \frac{x_f}{x_{max}}$.

2 ANALYSER-RAISONNER

Établir la relation : $K_a = \frac{c\,\tau^2}{c° \times (1-\tau)}$

3 RÉALISER

a. Modifier le fichier fourni par le professeur afin de déterminer la valeur du taux d'avancement final τ pour des valeurs de paramètres c et pK_a choisis par l'utilisateur.

b. Exécuter le programme ou utiliser la feuille de calcul pour déterminer la valeur de τ pour chacun des trois acides faibles (DONNÉE 1), pour une même concentration en quantité de soluté apporté $c = 1\ mmol \cdot L^{-1}$.

4 ANALYSER-RAISONNER

Un acide est dit d'autant plus fort que la transformation modélisée par le transfert d'ion hydrogène avec l'eau est avancée. Répondre à la question posée en introduction à l'aide des résultats obtenus.

5 VALIDER

Résoudre l'équation du second degré d'inconnue τ établie à la question **2.** dans le cas de l'acide ascorbique et comparer les résultats obtenus par le calcul littéral et par l'outil numérique.

RESSOURCES

- Fichiers Python, niveaux standard et confirmé
- Fichiers tableur, niveaux standard et confirmé

expérimentale **Activité**

4 Changer la couleur d'une solution

DÉMARCHE D'INVESTIGATION

Notions
- Diagramme de prédominance
- Indicateur coloré

▸ § 3 p. 168

SITUATION DÉCLENCHANTE Le vert de bromocrésol est notamment utilisé pour doser l'albumine dans le sang. C'est un indicateur coloré : il confère à la solution dans laquelle il est introduit une couleur qui dépend du pH de cette solution.

● **Quel est le lien entre le pK_a d'un indicateur coloré, la couleur et le pH de la solution qui le contient ?**

DONNÉES

- La définition de la constante d'acidité d'un couple *Acide / Base* mène à la relation :

$$\mathrm{pH} = \mathrm{p}K_a + \log\left(\frac{[Base]_f}{[Acide]_f}\right).$$

- Le vert de bromocrésol est un couple acide-base de formule : $C_{21}H_{14}Br_4O_5S^- / C_{21}H_{13}Br_4O_5S^{2-}$.

DOC. 1 Solutions et matériel à disposition

Matériel

- Solution aqueuse de vert de bromocrésol (très peu concentrée).
- Solution aqueuse d'acide citrique à 10,0 mmol · L^{-1}.
- Solution de soude à 50,0 mmol · L^{-1}.
- pH-mètre ; burette graduée.

DOC. 3 Espèce acide du vert de bromocrésol

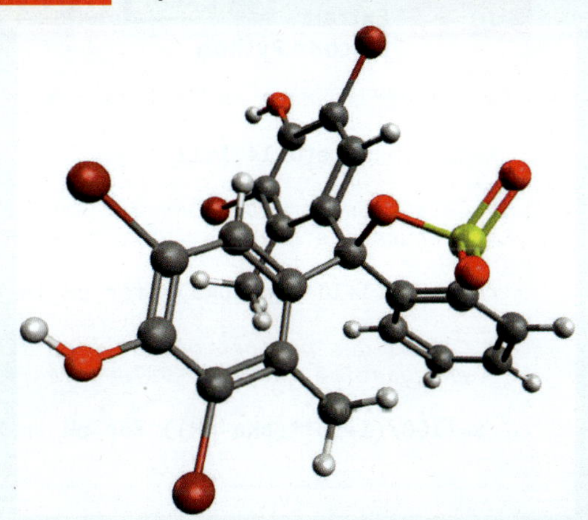

DOC. 2 Courbe de titrage simulée

La courbe ci-dessous est obtenue par simulation de la valeur du pH lorsqu'une solution de volume V_{soude} de soude à la concentration en quantité de matière de 50 mmol · L^{-1} est ajoutée à 25,0 mL d'une solution de concentration en quantité d'acide citrique de 10 mmol · L^{-1}.

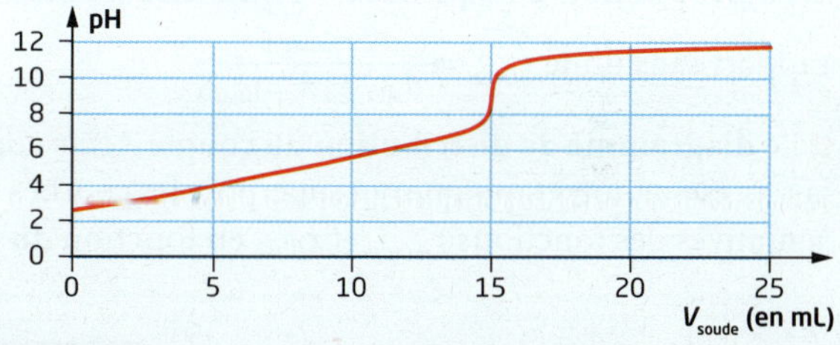

Pistes de travail

1 ANALYSER-RAISONNER

Fiches-guides À l'aide des données, proposer un protocole expérimental permettant de répondre à la question posée.

2 RÉALISER

Réaliser le protocole après validation par le professeur.

3 VALIDER

a. Démontrer la relation présentée dans les DONNÉES.

b. Proposer un intervalle de valeurs possibles du pK_a du vert de bromocrésol.

4 COMMUNIQUER

Construire un diagramme avec un axe de pH permettant de résumer la démarche scientifique suivie.

RESSOURCES
- Liste du matériel
- Fiches-guides (fichiers texte et PDF)

Activité expérimentale

5 Évolution de la couleur d'une fleur

DIFFÉRENCIATION

Notion
- Indicateur coloré
▸ § 3 p. 168

Une plante grimpante nommée « Heavenly Blue » (*Ipomoea tricolor*) produit une fleur dont la couleur des pétales évolue du mauve au bleu azur en cours de floraison.

● **Comment interpréter le changement de couleur de la fleur en cours de floraison ?**

DOC. 1 Évolution de la couleur de Heavenly Blue

Il a été prouvé qu'un unique pigment est responsable de ce changement de couleur, associé à une modification du pH vacuolaire (milieu aqueux cellulaire) de 6,6 à 7,7 durant l'ouverture de la fleur.

DÉFINITIONS

■ La **proportion à l'équilibre en quantité d'acide** est le rapport sans unité $r_{Acide} = \dfrac{n_{Acide,f}}{n_{Acide,f} + n_{Base,f}}$.

■ La **proportion à l'équilibre en quantité de base** est le rapport sans unité $r_{Base} = \dfrac{n_{Base,f}}{n_{Acide,f} + n_{Base,f}}$.

■ Le **diagramme de distribution** du couple *Acide / Base* est la représentation graphique qui superpose les courbes représentatives des fonctions r_{Acide} et r_{Base} en fonction du pH.

DONNÉES Cadre de l'étude et notations

■ Un couple acide faible-base faible, noté *Acide / Base* et caractérisé par une constante d'acidité notée $K_a = 10^{-pK_a}$, est présent dans un échantillon de solution aqueuse de pH donné.

■ La quantité d'acide présent dans l'échantillon à l'état d'équilibre final est notée $n_{Acide,f}$ et celle en base $n_{Base,f}$.

DOC. 2 Extrait du code Python Excel Python

```
# Echantillonnage de l'axe en pH :
X=np.linspace(0,14,141)

# Calcul des proportions à l'équilibre
# en quantité d'acide (valeurs en %) :
rA=[100/(1+10**(pH-pKa)) for pH in X]

# Calcul des proportions à l'équilibre
# en quantité de base (valeurs en %) :
rB=[100/(1+10**(pKa-pH)) for pH in X]
```

Questions

1 S'APPROPRIER

Établir la relation entre les grandeurs r_{Acide} et r_{Base}.

2 RÉALISER

a. À partir de l'écriture de la loi de l'équilibre associée à la réaction de l'acide sur l'eau, établir, les relations suivantes :

$$r_{Acide} = \frac{1}{1+10^{pH-pK_a}} \quad \text{et} \quad r_{Base} = \frac{1}{1+10^{pK_a-pH}}$$

b. Modifier le fichier numérique mis à disposition par le professeur dans le but de tracer le diagramme de distribution d'un couple *Acide / Base* caractérisé par une valeur de pK_a choisie par l'utilisateur.

3 VALIDER

Vérifier la pertinence du diagramme tracé avec le diagramme de prédominance établi dans l'**ACTIVITÉ 4** avec une valeur de pK_a adaptée.

4 COMMUNIQUER

Répondre à la question posée et donner une estimation du pK_a du couple acide-base du pigment contenu dans les pétales d'une fleur de Heavenly Blue.

RESSOURCES
- Fichiers Python, niveaux standard ou confirmé
- Fichiers tableur

6 Contrôle qualité d'un vinaigre

DÉMARCHE D'INVESTIGATION

Notions
- Titrage acide-base
- Indicateur coloré

▸ § 3 p. 168 et Chapitre 2 p. 57

SITUATION DÉCLENCHANTE Le vinaigre est une solution aqueuse d'acide éthanoïque de formule CH_3COOH. Le degré d'acidité d'un vinaigre est vérifié en réalisant son titrage par une solution de soude. L'équivalence peut être repérée par virage d'indicateur coloré, les solutions titrante et titrée étant toutes les deux incolores.

● **Quel indicateur coloré de pH choisir pour réaliser le titrage du vinaigre ?**

DOC. 1 Le vinaigre blanc — Matériel

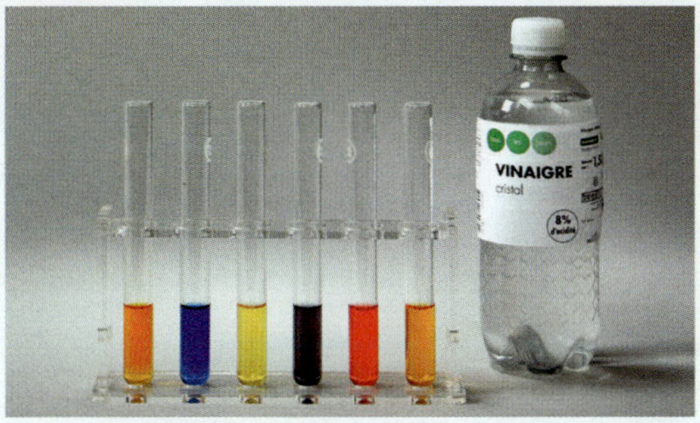

Le vinaigre blanc de degré d'acidité 8° est une solution aqueuse d'acide éthanoïque contenant 8 g d'acide éthanoïque CH_3COOH (masse molaire $M = 60{,}0\ g \cdot mol^{-1}$) pour 100 mL de solution.

DOC. 2 Simulation d'un titrage

Les courbes de titrage pH-métrique et conductimétrique d'un échantillon de volume $V = 25{,}0$ mL d'une solution diluée d'un facteur cent de vinaigre blanc à 8°, par une solution de soude à la concentration en quantité d'ion hydroxyde $c = 20{,}0\ mmol \cdot L^{-1}$ sont fournies ci-dessous.

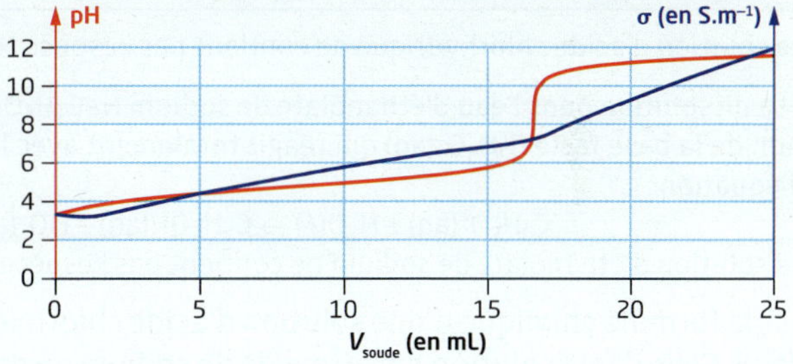

DOC. 3 Quelques indicateurs colorés couramment utilisés

Indicateur coloré	Couleur d'une solution de l'espèce acide	Couleur d'une solution de l'espèce basique	pK_a
Hélianthine	Rouge	Jaune	3,4
Vert de bromocrésol	Jaune	Bleu	4,8
Rouge de phénol	Jaune	Rouge	8,0
Jaune d'alizarine	Jaune	Rouge	11,0

Pistes de travail

1 ANALYSER-RAISONNER Fiches-guides

À l'aide de la fiche-guide fournie par le professeur, du matériel disponible au laboratoire et de la documentation fournie, proposer un protocole expérimental permettant de répondre à la question posée en introduction. En cas de difficulté, appeler le professeur qui pourra fournir une aide.

2 RÉALISER

Mettre en œuvre le protocole proposé après validation par le professeur.

3 VALIDER

Déterminer le degré d'acidité du vinaigre fourni.

4 COMMUNIQUER GRAND ORAL

Préparer un exposé oral permettant de justifier le choix d'un indicateur coloré pour repérer le volume à l'équivalence d'un titrage.

RESSOURCES
- Liste du matériel
- Fiches-guides (fichiers texte et PDF)

Synthèse des activités Podcast Texte DYS

1 Acides forts et bases fortes

Les **acides forts** et les **bases fortes** réagissent avec l'eau de manière totale ou quasi-totale pour toutes conditions initiales.

Le taux d'avancement final de la transformation de l'acide fort ou de la base forte avec l'eau, déterminé expérimentalement, vaut ou approche 1, soit 100 %, pour toute condition initiale (DOC. 1).

Exemples

• La dissolution dans l'eau d'un échantillon de quantité n_0 de chlorure d'hydrogène gazeux mène à une solution d'acide chlorhydrique qui ne contient plus que l'ion oxonium et l'ion chlorure. Le tableau d'avancement s'écrit :

	Équation	$HCl(g)$ +	$H_2O(\ell)$ →	$Cl^-(aq)$ +	$H_3O^+(aq)$
État	Avancement	Quantités de matière			
initial	0	n_0	–	0	0
final	$x_f = x_{max}$	$n_0 - x_{max} = 0$	–	$x_{max} = n_0$	$x_{max} = n_0$

La solution d'acide chlorhydrique ne contient pas l'espèce HCl.

• La dissolution dans l'eau d'éthanolate de sodium $NaC_2H_5O(s)$ conduit à la formation de la base forte $C_2H_5O^-(aq)$ qui réagit totalement avec l'eau selon la réaction d'équation :

$$C_2H_5O^-(aq) + H_2O(\ell) \rightarrow C_2H_5OH(aq) + HO^-(aq)$$

La solution d'éthanolate de sodium ne contient pas l'espèce $C_2H_5O^-$.

Ainsi, la formule chimique d'une solution d'acide chlorhydrique est ($H_3O^+(aq)$, $Cl^-(aq)$). Celle d'une solution d'hydroxyde de sodium ou de soude est ($Na^+(aq)$, $HO^-(aq)$).

Par convention :
- l'ion **oxonium H_3O^+** est considéré comme un **acide fort** ;
- l'ion **hydroxyde HO^-** est considéré comme une **base forte**.

1. Fusée Thor Able 1, un lanceur spatial datant d'avant 1990.
Son comburant était l'acide nitrique $HNO_3(\ell)$, un acide fort qui réagit totalement avec l'eau pour former une solution contenant l'ion oxonium H_3O^+ et l'ion nitrate NO_3^-.

Remarque

Lorsque l'eau joue à la fois le rôle de solvant et de réactif (ou de produit), sa quantité de matière n'est pas précisée dans le tableau d'avancement. Un solvant n'est jamais réactif limitant.

2 Acides faibles et bases faibles

Tout acide (ou base) qui ne réagit pas de manière totale ou quasi-totale avec l'eau pour toutes conditions initiales est appelé **acide (ou base) faible**.

2.1 Constante d'acidité K_a et pK_a

Pour un couple acide faible-base faible noté *Acide / Base*, la constante d'équilibre $K(T)$ de la réaction d'équation :

$$Acide(aq) + H_2O(\ell) \rightleftharpoons Base(aq) + H_3O^+(aq)$$

est appelée **constante d'acidité** du couple, notée $\mathbf{K_a(Acide / Base)}$.

L'échelle de valeurs de K_a prises pour les différents couples *Acide / Base* est particulièrement étendue (DOC. 2), d'où l'utilisation fréquente de la constante $\mathbf{pK_a = -\log K_a}$.

La loi de l'équilibre s'écrit :

$$K_a(Acide / Base) = Q_{r,éq} = \frac{[H_3O^+]_f \times [Base]_f}{[Acide]_f \times c°}$$

Couple		pK_a / K_a
H_3O^+ / H_2O		0
Ion oxonium	Eau	1,0
CH_3COOH / CH_3COO^-		4,8
Acide éthanoïque	Ion éthanoate	$1{,}6 \times 10^{-5}$
H_2CO_3 / HCO_3^-		6,4
Acide carbonique	Ion hydrogénocarbonate	$4{,}0 \times 10^{-7}$
NH_4^+ / NH_3		9,2
Ion ammonium	Ammoniac	$6{,}3 \times 10^{-10}$
HCO_3^- / CO_3^{2-}		10,3
Ion hydrogénocarbonate	Ion carbonate	$5{,}0 \times 10^{-11}$
H_2O / HO^-		14,0
Eau	Ion hydroxyde	$1{,}0 \times 10^{-14}$

2. Valeurs de pK_a et de K_a à 25 °C de quelques couples acide-base.

Exemple L'acide éthanoïque réagit avec l'eau suivant la réaction d'équation :
$CH_3COOH(aq) + H_2O(\ell) \rightleftharpoons CH_3COO^-(aq) + H_3O^+(aq) : K_a(CH_3COOH/CH_3COO^-) = 1{,}6 \times 10^{-5}$
À l'équilibre, la loi de l'équilibre s'écrit :

$$K_a(CH_3COOH/CH_3COO^-) = Q_{r,\text{éqb}} = \frac{[H_3O^+]_f \times [CH_3COO^-]_f}{[CH_3COOH]_f \times c°} = 1{,}6 \times 10^{-5}.$$

Le pK_a du couple vaut $pK_a(CH_3COOH/CH_3COO^-) = -\log(1{,}6 \times 10^{-5}) = 4{,}8$.

2.2 Produit ionique de l'eau K_e et pK_e

Le **produit ionique de l'eau** est défini comme la constante d'acidité du couple acide-base H_2O/HO^-. Il s'agit donc de la constante d'équilibre associée à la réaction d'**autoprotolyse de l'eau** d'équation :

$$\underset{\text{acide}}{H_2O(\ell)} + \underset{\text{base}}{H_2O(\ell)} \rightleftharpoons HO^-(aq) + H_3O^+(aq) : \; K_a(H_2O/HO^-) = K_e$$

À l'équilibre : $K_e = \dfrac{[H_3O^+]_f \times [HO^-]_f}{(c°)^2}$

Comme pour une constante d'acidité, il est courant d'utiliser $pK_e = -\log K_e$. Ainsi, à 25 °C : $pK_e = 14{,}0$ (**DOC. 3**).

Température (en °C)	K_e	pK_e
0	$1{,}1 \times 10^{-15}$	15,0
25	$1{,}0 \times 10^{-14}$	14,0
40	$3{,}0 \times 10^{-14}$	13,5
60	$1{,}0 \times 10^{-13}$	13,0
80	$2{,}5 \times 10^{-13}$	12,6
100	$5{,}5 \times 10^{-13}$	12,3

3. La valeur du produit ionique de l'eau K_e dépend de la **température**, comme presque toutes les constantes d'équilibre.

2.3 Force d'un acide faible

L'expérience montre qu'à concentration en quantité d'acide apporté identique, le taux d'avancement final de la transformation modélisée par la réaction d'équation $Acide(aq) + H_2O(\ell) \rightleftharpoons Base(aq) + H_3O^+(aq)$ dépend du couple acide–base : il augmente avec la valeur de la constante d'acidité K_a du couple acide-base (donc diminue avec la valeur du pK_a).

Exemple Pour une solution aqueuse de concentration en quantité d'acide faible apporté $c = 1{,}0$ mmol·L⁻¹ et de volume V :

	Équation	*Acide*(aq) +	$H_2O(\ell)$ →	*Base*(aq) +	$H_3O^+(aq)$
État	**Avancement**	**Quantités de matière**			
initial	0	$n = c \times V$	–	0	0
final	x_f	$n - x_f$	–	x_f	x_f

Les valeurs de taux d'avancement à l'équilibre expérimentalement déterminées pour deux solutions d'acides faibles différents sont :

Acide faible	Couple	pK_a	$\tau = \dfrac{x_f}{x_{max}} = \dfrac{x_f}{n}$
Acide éthanoïque	CH_3COOH/CH_3COO^-	4,8	0,12 soit 12 %
Ion ammonium	NH_4^+/NH_3	9,2	0,0079 soit 0,79 %

L'acide éthanoïque est dit plus fort que l'ion ammonium car, pour une même condition initiale de concentration en quantité, le taux d'avancement final est plus élevé.

Remarque Par analogie, la réaction de la base d'un couple acide-base avec l'eau est d'autant plus avancée que le pK_a du couple auquel elle appartient est élevé.

L'échelle de pK_a (**DOC. 4**) permet de ranger les acides et les bases en fonction de leur force relative.

Remarque Dans toute solution aqueuse, la réaction d'autoprotolyse de l'eau se produit et la relation entre K_e et les concentrations en quantité de matière $[H_3O^+]$ et $[HO^-]$ s'applique. Toute solution aqueuse contient des ions H_3O^+ et HO^-.

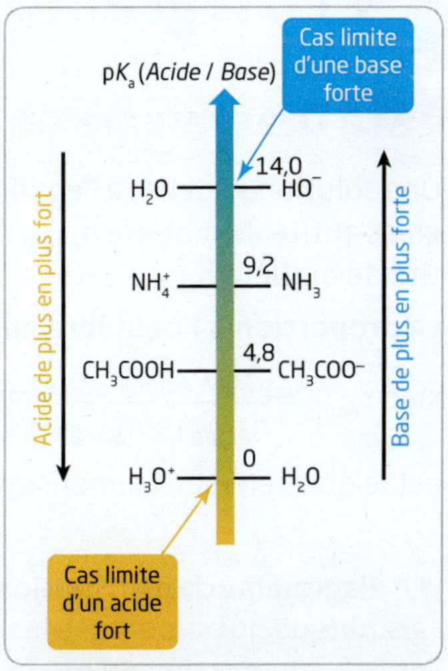

4. Échelle de pK_a plaçant quelques couples acides-bases.

Synthèse des activités

Podcast | Texte DYS

2 · 4 Composition finale d'une solution

La **composition finale** d'une solution aqueuse obtenue par l'introduction d'un acide faible dans l'eau se déduit de l'application de la loi de l'équilibre à la réaction modélisant le transfert d'ion hydrogène de l'acide faible à l'eau.

Remarque Le plus souvent, la composition finale est donnée en quantités de matière. Dans le cas des solutions aqueuses, elle peut aussi être donnée en concentrations en quantité de matière.

Exemple La dissolution d'acide éthanoïque en quantité n_0 dans l'eau conduit à une solution d'acide éthanoïque de volume V, qui contient à l'état final aussi bien l'acide éthanoïque que l'ion éthanoate :

	Équation	$CH_3COOH(aq)$ +	$H_2O(\ell)$ ⇌	$CH_3COO^-(aq)$ +	$H_3O^+(aq)$
État	Avancement	Quantités de matière			
initial	0	n_0	–	0	0
final	x_f	$n_0 - x_f$	–	x_f	x_f

Les quantités et les concentrations en quantité des différentes espèces à l'état final peuvent s'exprimer à l'aide des deux grandeurs :
- le taux d'avancement final : $\tau = \frac{x_f}{x_{max}}$ (d'où $x_f = \tau n_0$) ;
- la concentration en quantité d'acide apporté : $c_0 = \frac{n_0}{V}$.

Exemple En reprenant l'exemple précédent de l'acide éthanoïque :

$$[CH_3COOH]_f = \frac{n_0 - x_f}{V} = \frac{n_0(1-\tau)}{V} = c_0(1-\tau) \text{ et } [CH_3COO^-]_f = [H_3O^+]_f = \frac{x_f}{V} = \frac{n_0\tau}{V} = c_0\tau.$$

La loi de l'équilibre s'écrit alors : $K_a = Q_{r,éqb} = \frac{[CH_3COO^-]_f \times [H_3O^+]_f}{[CH_3COOH]_f \times c°} = \frac{c_0\tau^2}{(1-\tau)c°}$

Le taux d'avancement final τ s'obtient :
- soit en calculant analytiquement les racines du polynôme du second degré : $c_0\tau^2 + c°K_a\tau - c°K_a = 0$;
- soit, le plus souvent, grâce à un outil numérique (langage de programmation ou tableur-grapheur).

ÉVITER LES ERREURS

Il est important de vérifier l'**homogénéité** d'une expression après l'avoir établie. Dans cette expression, chacun des trois membres du polynôme est homogène à une concentration en quantité de matière car K_a et τ sont sans unité.

3 Diagrammes

3 · 1 Diagramme de distribution

Une solution aqueuse à l'équilibre contient l'espèce acide (faible) d'un couple en quantité de matière $n_{Acide,f}$ et l'espèce basique du même couple en quantité de matière $n_{Base,f}$.

La **proportion à l'équilibre en quantité d'acide** est le quotient sans dimension $r_{Acide} = \frac{n_{Acide,f}}{n_{Acide,f} + n_{Base,f}}$ et la **proportion à l'équilibre en quantité de base** est le quotient sans dimension $r_{Base} = \frac{n_{Base,f}}{n_{Acide,f} + n_{Base,f}}$.

Le **diagramme de distribution** d'un couple acide-base est la représentation graphique qui superpose les courbes représentatives des fonctions r_{Acide} et r_{Base} en fonction du pH de la solution (DOC. 5).
Il peut être établi grâce à un langage de programmation.

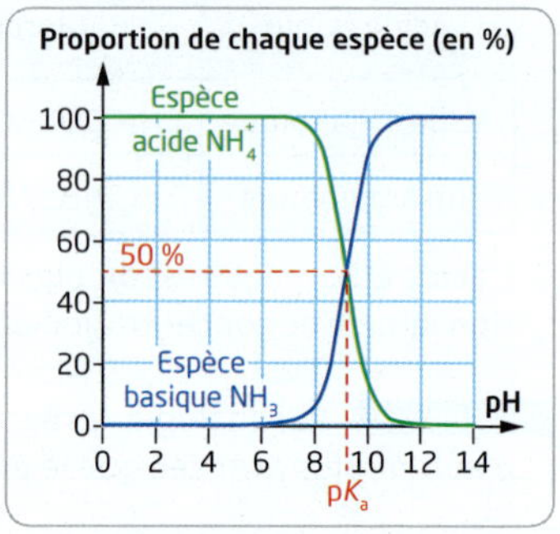

5. Diagramme de distribution du couple NH_4^+/NH_3.

3 · 2 Diagramme de prédominance

Le diagramme de distribution précédent peut être simplifié en un diagramme, appelé **diagramme de prédominance**, avec un seul axe en pH, qui permet de préciser la zone de pH dans laquelle chaque espèce prédomine, c'est-à-dire est présente en plus grande quantité de matière que l'autre dans la solution.

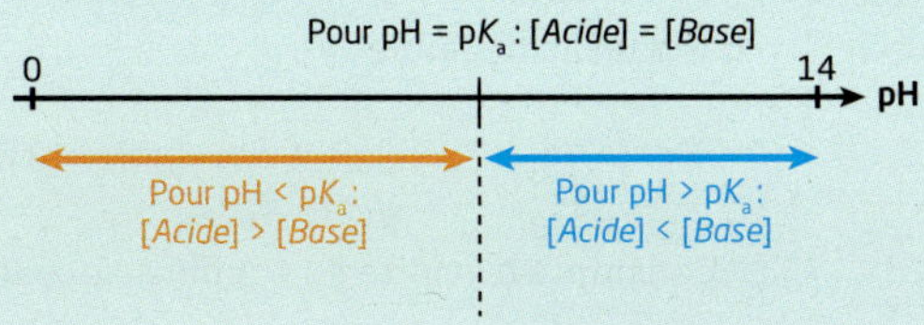

ÉVITER LES ERREURS

- Il ne faut pas confondre *milieu acide* et *domaine de prédominance de la forme acide*.
- Par exemple, dans une solution basique de pH = 8,0, c'est bien l'espèce acide du couple NH_4^+/NH_3 qui prédomine.

3 · 3 Cas particulier d'un indicateur coloré

Un indicateur coloré (DOC. 6) est un couple acide-base noté InH/In^- tel que :
– l'espèce basique In^- donne une couleur à la solution initialement incolore ;
– l'espèce acide InH donne une autre couleur à la solution ;
– la **zone de virage** de l'indicateur coloré est l'intervalle de pH pour lequel la couleur de la solution évolue progressivement de la couleur donnée par l'espèce acide à la couleur donnée par l'espèce basique, lorsque le pH augmente progressivement, en passant donc par différentes nuances.

L'intervalle de pH définissant la zone de virage d'un indicateur coloré contient la valeur du pK_a du couple InH/In^-.

Application L'équivalence d'un titrage ayant pour support une réaction acide-base peut être repérée par une brusque variation de la couleur de la solution titrée en introduisant un indicateur coloré dont la **zone de virage est intégralement comprise dans le saut de pH** associé au titrage (DOC. 7).

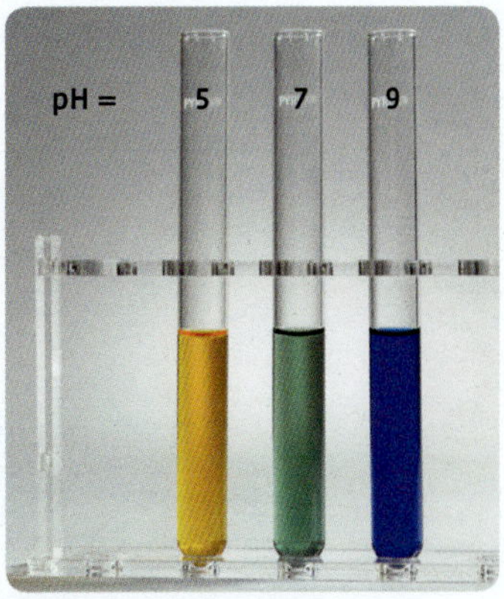

6. BBT en solution à différentes valeurs de pH. Le BBT est indicateur coloré de pK_a valant 7,1. Sa forme acide donne une couleur jaune à la solution, tandis que sa forme basique donne une couleur bleue à la solution. La zone de virage du BBT est [5,8 ; 7,6]. Pour un pH de 7, la couleur verte résulte de la synthèse additive des couleurs jaune et bleu.

3 · 4 Cas particulier d'un acide α-aminé

- Les **acides α-aminés** sont des **amphotères**, intervenant dans deux couples acide-base de type acide carboxylique (–COOH) /ion carboxylate (–COO^-) et ion ammonium (–NH_3^+)/amine (–NH_2) (seuls les groupes caractéristiques sont représentés).
- La glycine est le plus simple des acides α-aminés. Les valeurs de ses pK_a sont pK_{a1}[(–COOH)/(–COO^-)] = 2,4 et pK_{a2}[(–NH_3^+)/(–NH_2)] = 9,7.
- En superposant les deux domaines de prédominance correspondants à chacun des deux couples, il est possible d'établir le diagramme de prédominance des couples de la glycine, ce qui permet de mettre en évidence que la glycine fait apparaître deux charges formelles qui se compensent.

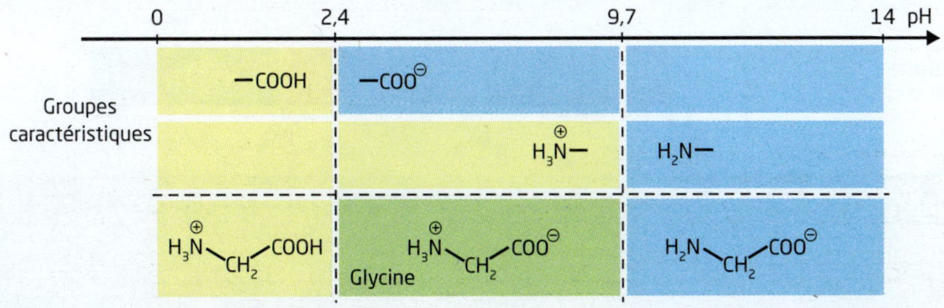

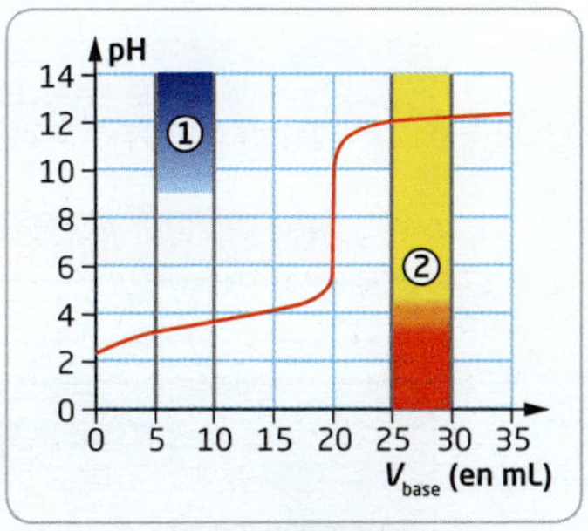

7. Courbe de titrage d'une solution d'acide méthanoïque. La thymolphtaléine ① est un indicateur coloré adapté à ce titrage, car le passage de la solution incolore à la solution bleue a lieu pour V_{base} = 20 mL. L'hélianthine ② ne l'est pas car le changement de couleur aurait lieu pour V_{base} < 20 mL.

Retenir l'essentiel

Acide fort, base forte

Réactions avec l'eau

Transformations totales

$$Acide(aq) + H_2O(\ell) \longrightarrow Base(aq) + H_3O^+(aq) \quad \mathbf{(R_a)}$$
$$Base(aq) + H_2O(\ell) \longrightarrow Acide(aq) + HO^-(aq) \quad \mathbf{(R_b)}$$

Exemples de solutions obtenues

- Solution d'acide chlorhydrique :

  $(H_3O^+(aq), Cl^-(aq))$

- Solution d'hydroxyde de sodium (ou de soude) :

  $(Na^+(aq), HO^-(aq))$

Autoprotolyse de l'eau

$$H_2O(\ell) + H_2O(\ell) \rightleftharpoons HO^-(aq) + H_3O^+(aq)$$

$$K(T) = K_a(H_2O / HO^-) = K_e = 10^{-14} \text{ (à 25 °C)}$$

$$pK_e = -\log K_e = 14 \text{ (à 25 °C)}$$

Acide faible, base faible

Réactions avec l'eau

- Les réactions **(R_a)** ou **(R_b)** avec l'eau ne modélisent **pas des transformations totales**
- Cas d'un acide faible :

$$Acide(aq) + H_2O(\ell) \rightleftharpoons Base(aq) + H_3O^+(aq)$$
$$\boldsymbol{K(T) = K_a}$$
Constante d'acidité du couple *Acide / Base*

$$\mathbf{p}K_\mathbf{a} = \mathbf{-\log} K_\mathbf{a}$$

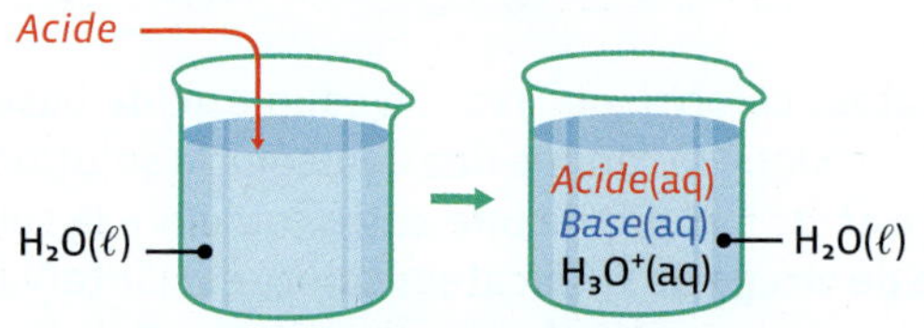

État final d'avancement x_f,
de taux d'avancement $\tau = \dfrac{x_f}{x_{max}}$
$0 < \tau < 1$

Loi de l'équilibre

$$K_a = Q_{r,éqb} = \frac{[Base]_f \times [H_3O^+]_f}{[Acide]_f \times c°}$$

→ Conduit à écrire puis résoudre une équation du second degré d'inconnue x_f (ou τ).

Diagrammes...

...de prédominance

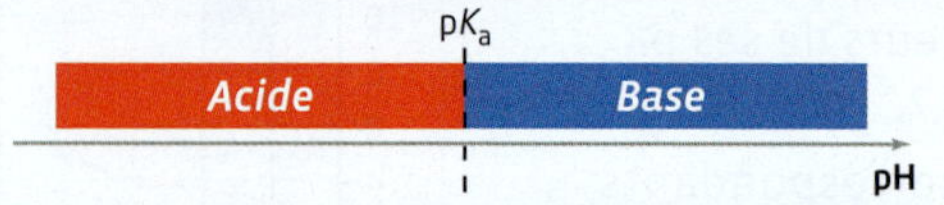

... de distribution

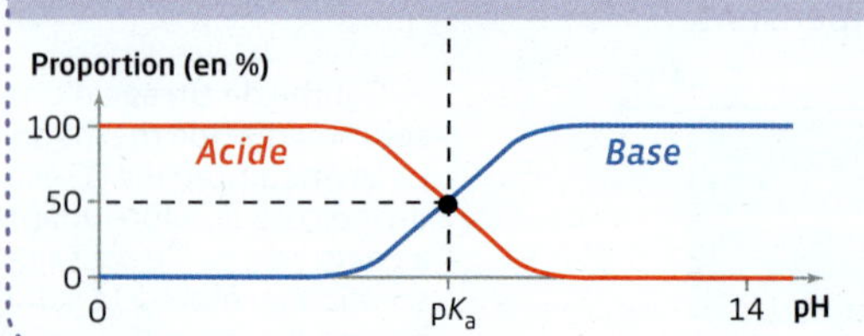

Cas particuliers...

...d'un indicateur coloré

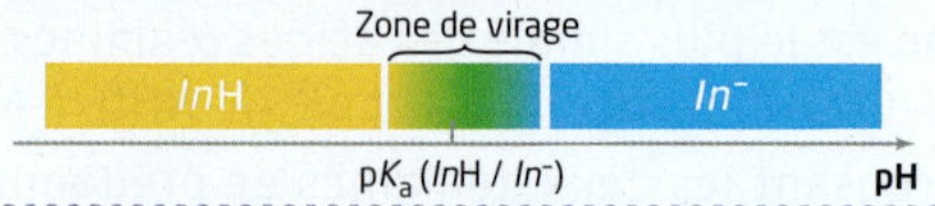

...d'un acide α-aminé : la glycine

5 min chrono !

Si vous ne trouvez pas la bonne réponse, reportez-vous au § de la synthèse des activités correspondant pour vous aider.

Indiquer la réponse exacte.

EXO QCM interactif

1 La dissolution dans l'eau de l'acide nitrique HNO_3 (acide fort), mène à une solution contenant principalement : ► §1

a. les ions nitrate NO_3^- et oxonium H_3O^+.

b. l'acide nitrique HNO_3.

c. l'acide nitrique, les ions nitrate et oxonium.

2 La dissolution dans l'eau d'une quantité n_0 d'ion éthanolate (base forte de formule $CH_3CH_2O^-$) mène à une solution contenant : ► §1

a. l'ion éthanolate en quantité n_0.

b. l'éthanol et l'ion oxonium, chacun en quantité n_0.

c. l'éthanol et l'ion hydroxyde, chacun en quantité n_0.

3 La constante d'acidité K_a du couple *Acide/Base* est la constante d'équilibre de la réaction d'équation : ► §2

a. $Base(aq) + H_2O(\ell) \rightleftharpoons Acide(aq) + HO^-(aq)$

b. $Acide(aq) + HO^-(aq) \rightleftharpoons Base(aq) + H_2O(\ell)$

c. $Acide(aq) + H_2O(\ell) \rightleftharpoons Base(aq) + H_3O^+(aq)$

4 À l'équilibre de la réaction de l'acide d'un couple noté *Acide/Base* avec l'eau, la loi de l'équilibre s'écrit : ► §2

a. $K_a = \dfrac{[Acide]_f \times c°}{[H_3O^+]_f \times [Base]_f}$.

b. $K_a = \dfrac{[H_3O^+]_f \times [Acide]_f}{[Base]_f \times c°}$.

c. $K_a = \dfrac{[H_3O^+]_f \times [Base]_f}{[Acide]_f \times c°}$.

5 L'acide méthanoïque HCOOH est un acide faible plus fort que l'acide éthanoïque CH_3COOH, car : ► §2

a. $pK_a(HCOOH/HCOO^-) < 7$.

b. $pK_a(HCOOH/HCOO^-) < pK_a(CH_3COOH/CH_3COO^-)$.

c. $pK_a(HCOOH/HCOO^-) > pK_a(CH_3COOH/CH_3COO^-)$.

6 L'espèce prédominante du couple NH_4^+/NH_3 ($pK_a = 9{,}2$) dans une solution de pH = 7,0 est : ► §3

a. NH_4^+.

b. NH_3.

c. impossible à déterminer.

Corrigés p. 550

Contrôle technique !

7 Déterminer une composition finale

EXERCICE RÉSOLU

Exprimer puis calculer les concentrations en quantité des principaux solutés présents dans une solution de volume $V = 100$ mL obtenue par dissolution de chlorure d'hydrogène HCl(g) en quantité $n = 1{,}0$ mmol.

DONNÉE Le chlorure d'hydrogène est un acide fort.

SOLUTION

Le chlorure d'hydrogène, un acide fort, réagit de manière quasi-totale avec l'eau.

	Équation	HCl(g)	+ $H_2O(\ell)$ →	$H_3O^+(aq)$	+ $Cl^-(aq)$
État	Av.	Quantités de matière			
initial	0	n	–	0	0
final	x_{max}	$n - x_{max} = 0$	–	$x_{max} = n$	$x_{max} = n$

Ainsi, à l'état final : $[H_3O^+]_f = [Cl^-]_f = \dfrac{n}{V}$

A. N. : $[H_3O^+]_f = [Cl^-]_f = \dfrac{1{,}0 \times 10^{-3}\ \text{mol}}{100 \times 10^{-3}\ \text{L}} = 1{,}0 \times 10^{-2}\ \text{mol} \cdot \text{L}^{-1}$

APPLICATION • Sur le modèle de l'exercice résolu

Exprimer puis calculer les concentrations en quantité des principaux solutés présents dans une solution de volume $V = 1{,}0$ cL obtenue par dissolution d'acide nitrique $HNO_3(\ell)$ en quantité $n = 10$ mmol.

DONNÉE L'acide nitrique est un acide fort.

8 Établir un diagramme de prédominance

EXERCICE RÉSOLU

Établir le diagramme de prédominance du couple dont l'acide benzoïque C_6H_5COOH est l'acide.

DONNÉE K_a(acide benzoïque / ion benzoate) $= 6{,}3 \times 10^{-5}$.

SOLUTION

Le couple étudié est $C_6H_5COOH/C_6H_5COO^-$, dont le pK_a vaut : $pK_a = -\log K_a = -\log(6{,}3 \times 10^{-5}) = 4{,}2$. D'où le diagramme de prédominance :

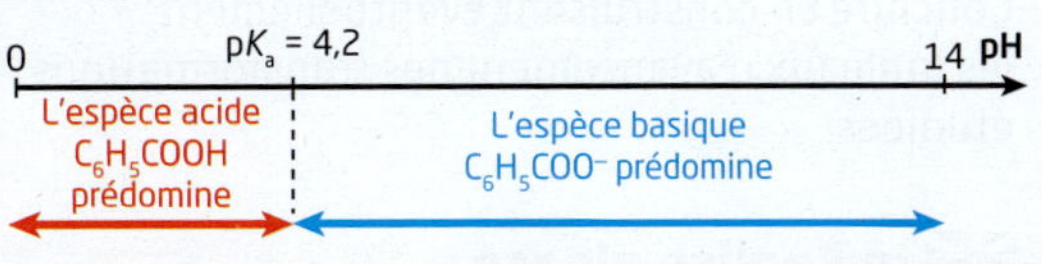

APPLICATION • Sur le modèle de l'exercice résolu

Établir le diagramme de prédominance du couple dont la méthylamine CH_3NH_2 est la base.

DONNÉE K_a(ion méthylammonium / méthylamine) $= 2{,}5 \times 10^{-11}$.

Exercices APPLIQUER

Acides forts et bases fortes

► § 1 de la synthèse des activités

➔ EXERCICES RAPIDES

9 Recopier et compléter les équations de réaction suivantes modélisant la transformation ayant lieu lors de l'introduction d'un acide fort ou d'une base forte dans l'eau :

a. $HNO_3(\ell) + H_2O(\ell) \rightarrow NO_3^-(aq) + ...$
b. $NH_2^-(aq) + H_2O(\ell) \rightarrow ... + HO^-(aq)$
c. $... + H_2O(\ell) ... H_3O^+(aq) + Br^-(aq)$

10 Recopier et compléter le tableau d'avancement ci-dessous associé à la dissolution dans l'eau du chlorure d'hydrogène, un acide fort.

Équation	$HCl(g)$ +	$H_2O(\ell)$ →	$Cl^-(aq)$ +	$H_3O^+(aq)$
État	Quantités de matière			
initial	n_0	–	0	0
final				

11 Estimer la force d'un acide

La dissolution d'un échantillon de quantité $n_0 = 10$ mmol d'acide *para*toluènesulfonique, noté *Ts*OH, dans une quantité d'eau suffisante pour former une solution de volume $V_0 = 1{,}0$ L mène à une solution de pH = 2,0.

• Déterminer si l'acide *para*toluènesulfonique est un acide fort.

12 Calculer une composition

L'hydrure de sodium NaH(s) est un composé ionique. Sa dissolution totale dans l'eau mène dans un premier temps à la formation de l'ion sodium $Na^+(aq)$ et l'anion formé est une base forte.

• Déterminer la composition de la solution obtenue par dissolution d'un échantillon d'hydrure de sodium de quantité $n_0 = 1{,}0$ mmol dans un grand volume d'eau.

Aide méthodologique

► Écrire l'équation de la réaction de dissolution de l'hydrure de sodium dans l'eau.
► Écrire l'équation de la réaction avec l'eau de l'anion formé en utilisant le symbole approprié $\rightarrow$ ou $\rightleftharpoons$ après avoir analysé l'énoncé.
► Conclure en construisant éventuellement, les tableaux d'avancement des transformations étudiées.

13 In English please

In order to make Slime®, 10 mmol of boric acid AH are dissolved in water to get a 1.0 L solution. The pH of this solution is equal to 5.6.

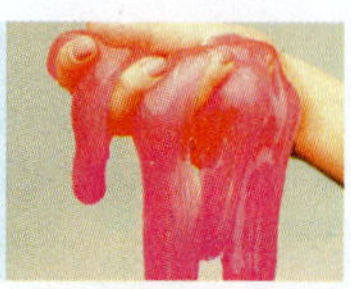

• Discuss wether boric acid is a strong acid or not.

Acides faibles et bases faibles

► § 2 de la synthèse des activités

➔ EXERCICES RAPIDES

14 GRAND ORAL Réaliser un support visuel permettant de présenter oralement en deux minutes maximum et sans note, à l'ensemble de la classe, à quelles réactions sont associées les constantes K_a et K_e.

15 Écrire, avec la flèche de réaction convenablement choisie, l'équation de la réaction associée :
a. au produit ionique de l'eau K_e.
b. à la constante d'acidité $K_a(HCOOH / HCOO^-)$.

16 Préciser le nom et la notation usuelle des constantes d'équilibre des réactions d'équation :
a. $2\,H_2O(\ell) \rightleftharpoons HO^-(aq) + H_3O^+(aq)$
b. $NH_4^+(aq) + H_2O(\ell) \rightleftharpoons NH_3(aq) + H_3O^+(aq)$

17 Compléter un tableau

• Recopier et compléter le tableau ci-dessous, puis ranger les acides par force relative croissante.

Acide du couple	Base du couple	K_a	pK_a
	$HCOO^-$		3,8
	CH_3NH_2	$2{,}5 \times 10^{-11}$	
	$C_2H_5O^-$	10^{-18}	
H_3O^+			0
C_2H_5COOH		$1{,}3 \times 10^{-5}$	
HI		10^{10}	

18 Utiliser le critère d'évolution spontanée

Une solution aqueuse est obtenue par dissolution d'un composé ionique, le chlorure d'ammonium $NH_4Cl(s)$.

a. Écrire la réaction de dissolution du chlorure d'ammonium dans l'eau.

b. L'ion ammonium est l'acide faible d'un couple de constante d'acidité $K_a = 6{,}3 \times 10^{-10}$. Déterminer la formule de la base associée à l'ion ammonium, notée *B*.

c. Prouver, par application du critère d'évolution, que l'ion ammonium réagit nécessairement avec l'eau pour former *B*.

19 Calculer une constante d'acidité

L'analyse quantitative d'une solution obtenue par introduction dans l'eau d'acide nitreux HNO_2 a permis de mesurer les concentrations en quantité de certaines espèces : $[HNO_2]_f = 1{,}9 \times 10^{-4}$ mol·L^{-1} et $[H_3O^+]_f = 3{,}1 \times 10^{-4}$ mol·L^{-1}.

a. Écrire l'équation de la réaction modélisant la transformation de l'acide nitreux avec l'eau.

b. En déduire la valeur de la concentration en quantité de la base formée à partir de l'acide nitreux.

c. Exprimer puis calculer la constante d'acidité du couple acide-base étudié.

20 Valider un taux d'avancement

La réaction de l'acide salicylique avec l'eau a pour équation : $AH(aq) + H_2O(\ell) \rightleftharpoons A^-(aq) + H_3O^+(aq)$.

• Sachant que le pK_a du couple AH/A^- vaut 3,0, vérifier que le taux d'avancement final pour une solution d'acide salicylique de concentration en quantité $c = 0{,}10\ mol \cdot L^{-1}$ vaut $\tau = 0{,}095$.

21 Utiliser la loi de l'équilibre

La méthylamine CH_3NH_2, est une base faible notée B. L'acide du couple dont la méthylamine est la base est noté BH^+. Une solution aqueuse de méthylamine contenant dix fois plus de l'espèce B que de l'espèce BH^+ possède un pH égal à 11,7.

• En déduire le pK_a du couple BH^+/B.

Diagrammes

▶ § 3 de la synthèse des activités

EXERCICES RAPIDES

22 GRAND ORAL Réaliser un support visuel permettant de présenter oralement en deux minutes maximum à l'ensemble de la classe la notion de diagramme de prédominance d'un couple acide-base.

23 Le couple acide nitreux HNO_2/ion nitrite NO_2^- est caractérisé par une constante d'acidité $K_a = 5{,}1 \times 10^{-4}$. Établir le diagramme de prédominance de ce couple.

24 Le diagramme de distribution du couple acide lactique/ion lactate est présenté ci-dessous.

• Compléter les légendes ①, ② et ③ manquantes, puis estimer la valeur du pK_a de ce couple.

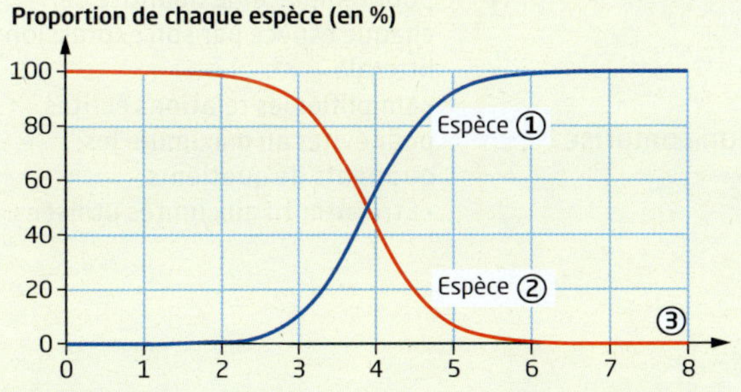

25 Utiliser un langage de programmation

Vidéo Corrigé de l'exercice

Python Compléter le code Python fourni pour tracer le diagramme de distribution des espèces du couple acide-base CH_3COOH/CH_3COO^-.

RESSOURCES

- Fichiers Python (niveaux standard et confirmé)
- Corrigé vidéo de l'exercice

26 Construire une carte mentale

• L'étiquette centrale doit s'intituler :

Prédominance d'une espèce acide ou basique

• Associer à l'étiquette centrale, par le moyen de votre choix, d'autres étiquettes comprenant au minimum les étiquettes suivantes :

pH | **couple acide-base** | **pK_a** | **forme acide** | **forme basique**

27 Étudier un indicateur coloré

L'image ci-contre présente le résultat de l'introduction de quelques gouttes de rouge de bromocrésol, un indicateur coloré, dans des tubes à essais contenant des solutions de pH différents.

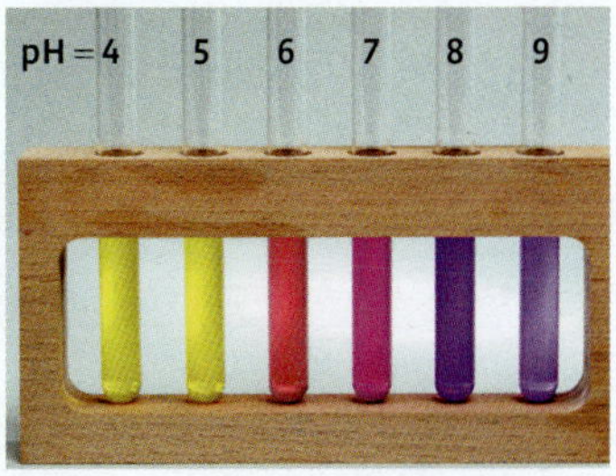

• Proposer un encadrement de la valeur du pK_a du rouge de bromocrésol.

28 Étudier un acide α-aminé

La valine est un acide α-aminé essentiel dont l'une des espèces acide-base est représentée ci-dessous.

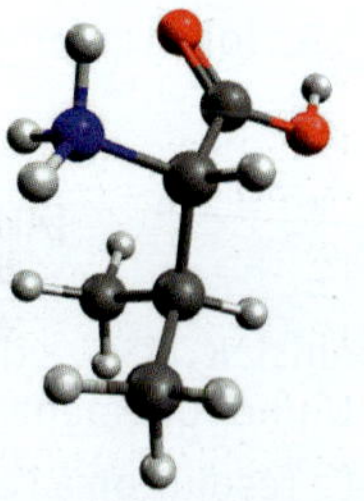

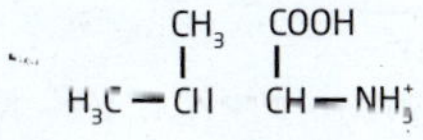

Deux couples acide-base sont associés à la valine. Le premier est caractérisé par une constante d'acidité $K_{a1} = 5{,}0 \times 10^{-3}$ et le second par une constante d'acidité $K_{a2} = 2{,}0 \times 10^{-10}$.

a. Recopier la formule de la valine et entourer les groupes caractéristiques qui possèdent des propriétés acide-base.

b. Associer chaque constante d'acidité au groupe caractéristique correspondant.

c. Représenter le diagramme de prédominance des espèces associées à la valine.

d. La valine est assimilée par l'être humain par l'action des sucs pancréatiques dans l'intestin, où le pH vaut 8,3. Préciser la forme sous laquelle la valine se trouve dans ces conditions.

EXO Exercices supplémentaires

Exercices APPLIQUER

EXERCICE RÉSOLU ET COMMENTÉ

29 Réaction de l'acide benzoïque avec l'eau

ÉNONCÉ

Une solution de volume $V = 100$ mL est obtenue par dissolution totale dans l'eau d'un échantillon d'acide benzoïque de quantité de matière $n_0 = 1{,}0$ mmol. L'acide benzoïque est un acide faible, noté AH, dont le pK_a du couple acide benzoïque/ion benzoate vaut 4,2.

a. Écrire l'équation de la réaction **(R)** associée à la constante d'acidité.

b. Établir le tableau d'avancement de la transformation modélisée par **(R)** en faisant intervenir le taux d'avancement final τ.

c. En exploitant la loi de l'équilibre pour la réaction **(R)**, écrire l'équation dont τ est solution sous la forme d'une équation du second degré. Résoudre numériquement cette équation à l'aide d'une calculatrice.

▲ Certains encens contiennent de l'acide benzoïque en grande quantité

UNE SOLUTION

a. La constante d'acidité du couple est associée à l'équation de réaction :

$$AH(aq) + H_2O(\ell) \rightleftharpoons A^-(aq) + H_3O^+(aq)$$

b.

	Équation	$AH(aq)$	+ $H_2O(\ell)$ $\rightleftharpoons$	$A^-(aq)$	+ $H_3O^+(aq)$
État	Avancement	Quantités de matière			
initial	0	n_0	–	0	0
final	x_f	$n_0 - x_f$	–	x_f	x_f

Par définition du taux d'avancement final : $\tau = \dfrac{x_f}{x_{max}} = \dfrac{x_f}{n_0}$ puisque le réactif limitant est l'acide benzoïque. L'état final peut donc s'écrire, avec $x_f = n_0\tau$:

final	x_f	$n_0(1-\tau)$	–	$n_0\tau$	$n_0\tau$

c. La loi de l'équilibre s'écrit :

$$K_a = Q_{r,éqb} = \frac{[A^-]_f \times [H_3O^+]_f}{[AH]_f \times c°} = \frac{\left(\frac{n_0\tau}{V}\right)^2}{\frac{n_0(1-\tau)}{V} \times c°} = \frac{n_0}{c° V} \times \frac{\tau^2}{1-\tau}.$$

Ainsi : $K_a c° V(1-\tau) = n_0\tau^2$ ou encore $n_0\tau^2 + K_a c° V\tau - K_a c° V = 0$.
Numériquement : $1{,}0 \times 10^{-3}\,\tau^2 + 6{,}3 \times 10^{-6}\,\tau - 6{,}3 \times 10^{-6} = 0$.

La résolution à l'aide d'une calculatrice conduit à une seule solution comprise entre 0 et 1 : $\tau = 0{,}076$ soit 7,6 %.

CONNAÎTRE
Associer la constante d'acidité d'un couple acide-base à l'équation de réaction qui convient.

RÉALISER
Établir le tableau d'avancement avec des expressions littérales.

ANALYSER-RAISONNER
Déterminer rapidement le réactif limitant lors d'une transformation impliquant le solvant comme réactif.

RÉALISER
- Utiliser le tableau d'avancement pour remplacer la quantité de chaque espèce par son expression littérale.
- Simplifier les relations écrites pour éviter au maximum les quotients de quotients.
- Être attentif aux unités utilisées.

APPLICATION Sur le modèle de l'exercice résolu

30 Réaction de l'acide malolactique avec l'eau

La fermentation malolactique permet une conservation naturelle du chou par production d'acide lactique, un acide faible de formule semi-développée $CH_3–CH_2OH–COOH$. Le pK_a associé au couple acide lactique/ion lactate vaut 3,9. Une solution de volume $V = 250$ mL est obtenue par dissolution totale dans l'eau d'acide lactique en quantité $n_0 = 10$ mmol.

a. Établir le tableau d'avancement de la transformation mise en jeu après dissolution de l'acide lactique en faisant intervenir le taux d'avancement final τ.

b. Calculer le taux d'avancement final à l'aide d'une calculatrice.

Exercices APPLIQUER

EXERCICE RÉSOLU ET COMMENTÉ

29 Réaction de l'acide benzoïque avec l'eau

▲ Certains encens contiennent de l'acide benzoïque en grande quantité

ÉNONCÉ

Une solution de volume $V = 100$ mL est obtenue par dissolution totale dans l'eau d'un échantillon d'acide benzoïque de quantité de matière $n_0 = 1{,}0$ mmol. L'acide benzoïque est un acide faible, noté AH, dont le pK_a du couple acide benzoïque/ion benzoate vaut 4,2.

a. Écrire l'équation de la réaction **(R)** associée à la constante d'acidité.

b. Établir le tableau d'avancement de la transformation modélisée par **(R)** en faisant intervenir le taux d'avancement final τ.

c. En exploitant la loi de l'équilibre pour la réaction **(R)**, écrire l'équation dont τ est solution sous la forme d'une équation du second degré. Résoudre numériquement cette équation à l'aide d'une calculatrice.

UNE SOLUTION

a. La constante d'acidité du couple est associée à l'équation de réaction :

$$AH(aq) + H_2O(\ell) \rightleftharpoons A^-(aq) + H_3O^+(aq)$$

CONNAÎTRE Associer la constante d'acidité d'un couple acide-base à l'équation de réaction qui convient.

b.

	Équation	$AH(aq)$ +	$H_2O(\ell)$ $\rightleftharpoons$	$A^-(aq)$ +	$H_3O^+(aq)$
État	Avancement	Quantités de matière			
initial	0	n_0	–	0	0
final	x_f	$n_0 - x_f$	–	x_f	x_f

RÉALISER Établir le tableau d'avancement avec des expressions littérales.

Par définition du taux d'avancement final : $\tau = \dfrac{x_f}{x_{max}} = \dfrac{x_f}{n_0}$ puisque le réactif limitant est l'acide benzoïque. L'état final peut donc s'écrire, avec $x_f = n_0\tau$:

final	x_f	$n_0(1-\tau)$	–	$n_0\tau$	$n_0\tau$

ANALYSER-RAISONNER Déterminer rapidement le réactif limitant lors d'une transformation impliquant le solvant comme réactif.

c. La loi de l'équilibre s'écrit :

$$K_a = Q_{r,éqb} = \frac{[A^-]_f \times [H_3O^+]_f}{[AH]_f \times c°} = \frac{\left(\dfrac{n_0\tau}{V}\right)^2}{\dfrac{n_0(1-\tau)}{V} \times c°} = \frac{n_0}{c°\,V} \times \frac{\tau^2}{1-\tau}.$$

Ainsi : $K_a c° V(1 - \tau) = n_0\tau^2$ ou encore $n_0\tau^2 + K_a c° V\tau - K_a c° V = 0$

Numériquement : $1{,}0 \times 10^{-3}\,\tau^2 + 6{,}3 \times 10^{-6}\,\tau - 6{,}3 \times 10^{-6} = 0$.

La résolution à l'aide d'une calculatrice conduit à une seule solution comprise entre 0 et 1 : $\tau = 0{,}076$ soit 7,6 %.

RÉALISER
- Utiliser le tableau d'avancement pour remplacer la quantité de chaque espèce par son expression littérale.
- Simplifier les relations écrites pour éviter au maximum les quotients de quotients.
- Être attentif aux unités utilisées.

APPLICATION Sur le modèle de l'exercice résolu

30 Réaction de l'acide malolactique avec l'eau

La fermentation malolactique permet une conservation naturelle du chou par production d'acide lactique, un acide faible de formule semi-développée $CH_3–CH_2OH–COOH$. Le pK_a associé au couple acide lactique/ion lactate vaut 3,9. Une solution de volume $V = 250$ mL est obtenue par dissolution totale dans l'eau d'acide lactique en quantité $n_0 = 10$ mmol.

a. Établir le tableau d'avancement de la transformation mise en jeu après dissolution de l'acide lactique en faisant intervenir le taux d'avancement final τ.

b. Calculer le taux d'avancement final à l'aide d'une calculatrice.

20 Valider un taux d'avancement

La réaction de l'acide salicylique avec l'eau a pour équation : $AH(aq) + H_2O(\ell) \rightleftharpoons A^-(aq) + H_3O^+(aq)$.

• Sachant que le pK_a du couple AH/A^- vaut 3,0, vérifier que le taux d'avancement final pour une solution d'acide salicylique de concentration en quantité $c = 0{,}10\ mol \cdot L^{-1}$ vaut $\tau = 0{,}095$.

21 Utiliser la loi de l'équilibre

La méthylamine CH_3NH_2, est une base faible notée B. L'acide du couple dont la méthylamine est la base est noté BH^+. Une solution aqueuse de méthylamine contenant dix fois plus de l'espèce B que de l'espèce BH^+ possède un pH égal à 11,7.

• En déduire le pK_a du couple BH^+/B.

Diagrammes

▶ § 3 de la synthèse des activités

➔ EXERCICES RAPIDES

22 GRAND ORAL Réaliser un support visuel permettant de présenter oralement en deux minutes maximum à l'ensemble de la classe la notion de diagramme de prédominance d'un couple acide-base.

23 Le couple acide nitreux HNO_2 / ion nitrite NO_2^- est caractérisé par une constante d'acidité $K_a = 5{,}1 \times 10^{-4}$. Établir le diagramme de prédominance de ce couple.

24 Le diagramme de distribution du couple acide lactique/ion lactate est présenté ci-dessous.

• Compléter les légendes ①, ② et ③ manquantes, puis estimer la valeur du pK_a de ce couple.

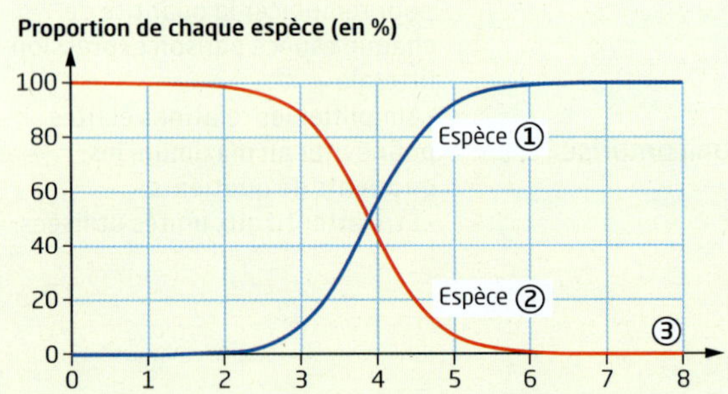

25 Utiliser un langage de programmation

Vidéo Corrigé de l'exercice

Python Compléter le code Python fourni pour tracer le diagramme de distribution des espèces du couple acide-base CH_3COOH/CH_3COO^-.

RESSOURCES

- Fichiers Python (niveaux standard et confirmé)
- Corrigé vidéo de l'exercice

26 Construire une carte mentale

• L'étiquette centrale doit s'intituler :

Prédominance d'une espèce acide ou basique

• Associer à l'étiquette centrale, par le moyen de votre choix, d'autres étiquettes comprenant au minimum les étiquettes suivantes :

pH | **couple acide-base** | **pK_a** | **forme acide** | **forme basique**

27 Étudier un indicateur coloré

L'image ci-contre présente le résultat de l'introduction de quelques gouttes de rouge de bromocrésol, un indicateur coloré, dans des tubes à essais contenant des solutions de pH différents.

• Proposer un encadrement de la valeur du pK_a du rouge de bromocrésol.

28 Étudier un acide α-aminé

La valine est un acide α-aminé essentiel dont l'une des espèces acide-base est représentée ci-dessous.

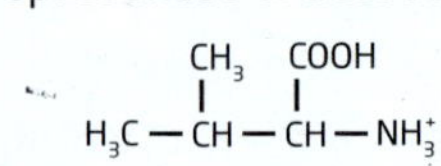

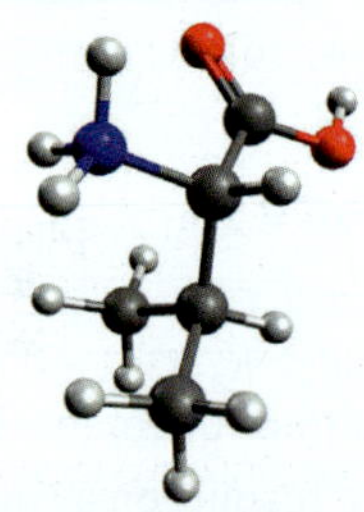

Deux couples acide-base sont associés à la valine. Le premier est caractérisé par une constante d'acidité $K_{a1} = 5{,}0 \times 10^{-3}$ et le second par une constante d'acidité $K_{a2} = 2{,}0 \times 10^{-10}$.

a. Recopier la formule de la valine et entourer les groupes caractéristiques qui possèdent des propriétés acide-base.

b. Associer chaque constante d'acidité au groupe caractéristique correspondant.

c. Représenter le diagramme de prédominance des espèces associées à la valine.

d. La valine est assimilée par l'être humain par l'action des sucs pancréatiques dans l'intestin, où le pH vaut 8,3. Préciser la forme sous laquelle la valine se trouve dans ces conditions.

EXO **Exercices supplémentaires**

EXERCICE RÉSOLU ET COMMENTÉ

31 Propriétés acide-base de l'ion hydrogénocarbonate

▲ Des stalagtites, dont la formation est due à l'ion hydrogèno-carbonate.

ÉNONCÉ

L'ion hydrogénocarbonate HCO_3^- est un amphotère appartenant aux deux couples acide-base : H_2CO_3/HCO_3^- ($pK_{a1} = 6,4$) ; HCO_3^-/CO_3^{2-} ($pK_{a2} = 10,3$).

1. Montrer que l'ion hydrogénocarbonate peut réagir de deux manières différentes avec l'eau. Écrire les équations de réactions correspondantes.

2. Sur un axe gradué en pH, indiquer les domaines de prédominance des trois espèces H_2CO_3, HCO_3^- et CO_3^{2-}.

3. Le dioxyde de carbone présent dans l'air se dissout dans de l'eau pure laissée à l'air libre.
a. Écrire l'équation de la réaction entre $CO_2(g)$ et l'eau, formant l'acide carbonique, puis écrire l'équation de la réaction de H_2CO_3 avec l'eau.
b. Le pH de l'eau distillée laissée à l'air libre est égal à 5,5.
Indiquer l'origine de l'acidité de cette eau et préciser l'espèce prédominante.

S'APPROPRIER
L'ion HCO_3^- est présent dans les deux couples.

UNE SOLUTION

1. L'ion HCO_3^- est l'acide faible du couple HCO_3^-/CO_3^{2-}, il peut donc réagir avec la base H_2O selon la réaction d'équation :

$$HCO_3^-(aq) + H_2O(\ell) \rightleftharpoons CO_3^{2-}(aq) + H_3O^+(aq)$$

L'ion HCO_3^- est également la base faible du couple H_2CO_3/HCO_3^-, il peut donc réagir avec l'acide H_2O selon la réaction d'équation :

$$HCO_3^-(aq) + H_2O(\ell) \rightleftharpoons H_2CO_3(aq) + HO^-(aq)$$

COMMUNIQUER
Il s'agit d'acides et de bases faibles : le symbole $\rightleftharpoons$ est donc utilisé.

2. La base d'un couple prédomine dans les solutions dont le pH est supérieur au pK_a de ce couple. L'acide d'un couple prédomine lorsque le pH est inférieur au pK_a de ce couple.

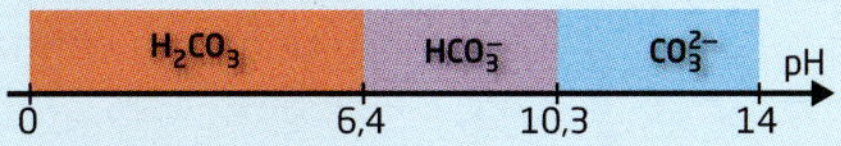

RÉALISER
Ce diagramme est la superposition des diagrammes de prédominance des couples H_2CO_3/HCO_3^- et HCO_3^-/CO_3^{2-}.

3. a. L'équation de la réaction entre le dioxyde de carbone et l'eau s'écrit :

$$CO_2(g) + H_2O(\ell) \rightleftharpoons H_2CO_3(aq)$$

L'acide faible H_2CO_3 réagit avec la base H_2O selon la réaction d'équation :

$$H_2CO_3(aq) + H_2O(\ell) \rightleftharpoons HCO_3^-(aq) + H_3O^+(aq).$$

b. La réaction de H_2CO_3 avec l'eau produit l'ion H_3O^+ ; l'eau initialement neutre devient donc acide. D'après le diagramme de la question **2**, pour un pH de 5,5, l'espèce prédominante est $H_2CO_3(aq)$.

APPLICATION Sur le modèle de l'exercice résolu

32 Un vin blanc acide

L'ion hydrogénosulfite HSO_3^- est utilisé comme conservateur alimentaire notamment dans le vin blanc ou encore les fruits secs. C'est un amphotère appartenant aux deux couples acide-base : H_2SO_3/HSO_3^- ($pK_{a1} = 1,8$) ; HSO_3^-/SO_3^{2-} ($pK_{a2} = 7,0$).

1. Montrer que l'ion hydrogénosulfite peut réagir de deux manières différentes avec l'eau. Écrire les équations de réactions de ces deux transformations.

2. Sur un axe gradué en pH, indiquer les domaines de prédominance de H_2SO_3, HSO_3^- et SO_3^{2-}.

3. Un vin blanc a été élevé avec de l'acide sulfureux H_2SO_3. Son pH mesuré vaut 3,6.
a. Indiquer une cause possible de l'acidité de ce vin blanc par l'écriture d'une équation de réaction.
b. Déterminer l'espèce soufrée prédominante dans ce vin blanc.

33 Choisir un indicateur coloré adapté

APP Extraire l'information utile sur des supports variés

Un titrage par suivi pH-métrique a mené à la courbe ci-dessous:

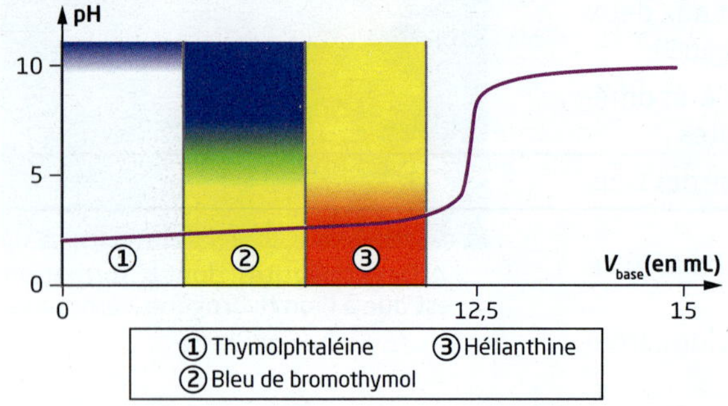

• Déterminer l'indicateur coloré permettant de repérer le volume à l'équivalence.

34 Apprendre à rédiger

ANA-RAI Proposer une stratégie de résolution **RÉA** Effectuer un calcul

Une solution aqueuse de volume $V = 1,0$ L est obtenue par dissolution de vitamine C (ou acide ascorbique, noté AH), en quantité $n = 10$ mmol. Son pH vaut 3,0.

a. Déterminer les valeurs des concentrations en quantité des ions oxonium et hydroxyde de la solution.

Aide méthodologique

- Rappeler la relation entre pH et $[H_3O^+]_f$, puis réaliser l'application numérique.
- Utiliser le produit ionique de l'eau pour exprimer $[HO^-]_f$, puis réaliser l'application numérique.

b. À l'aide d'un tableau d'avancement de la réaction de l'acide avec l'eau, déterminer les valeurs des concentrations en quantité d'acide ascorbique AH et d'ion A^-.

- Construire le tableau d'avancement avec les expressions littérales.
- Rappeler la relation entre quantité de matière, concentration en quantité de matière et volume de la solution.
- Relier les concentrations en quantité de matière $[AH]_f$ et $[A^-]_f$ à l'avancement final de la réaction puis à $[H_3O^+]_f$.

c. En déduire la valeur de la constante d'acidité K_a du couple AH/A^-.

- Rappeler la loi de l'équilibre appliquée à la réaction de AH avec l'eau, puis réaliser l'application numérique.

35 Espèce prédominante

RÉA Effectuer un calcul **VAL** Procéder à des tests de vraisemblance

L'acide gallique, noté AH, est utilisé pour synthétiser le gallate de propyle, un additif alimentaire aux propriétés anti-oxydantes. L'acide gallique est un acide faible dont le couple AH/A^- de constante d'acidité telle que $pK_a = 3,1$. Une solution de pH = 1,5 est obtenue à l'issue d'une des étapes de la synthèse du gallate de propyle. Cette solution contient les deux espèces AH et A^-.

a. Écrire l'équation de la réaction de l'acide gallique avec l'eau.

b. Exprimer puis calculer le rapport des concentrations en quantité $\frac{[AH]_f}{[A^-]_f}$ dans la solution de pH = 1,5.

c. Construire le diagramme de prédominance du couple AH/A^-, puis préciser si la réponse **b.** est en accord avec ce diagramme.

MÉTIERS ET ORIENTATION — GRAND ORAL

Les aliments regorgent d'espèces chimiques ayant des propriétés acides ou basiques. De plus, les bactéries (pathogènes ou non) qui s'y développent entraînent la modification du pH des aliments.
Le (la) **responsable qualité en agroalimentaire** doit comprendre et interpréter les contrôles de qualité dans l'industrie agroalimentaire, ce qui nécessite une bonne connaissance des propriétés des acides et des bases.

Formation : Bac + 2, BTS Qualité dans les industries alimentaires et les bio-industries. **Bac +5 :** Institut national supérieur des sciences agronomiques de l'alimentation et de l'environnement de Dijon.

• Préparer une présentation orale de trois minutes sur un projet de poursuite d'études et/ou un projet professionnel dans ce domaine (→ **Fiche Bac**, p. 513).

36 Basicité de la salive

APP Rechercher et organiser l'information en lien avec la problématique
RÉA Effectuer un calcul

Une solution est dite acide lorsque $[H_3O^+]_f > [HO^-]_f$, basique lorsque $[H_3O^+]_f < [HO^-]_f$, et neutre lorsque $[H_3O^+]_f = [HO^-]_f$.

DONNÉES

Température (en °C)	25	37
Produit ionique de l'eau K_e	$1,0 \times 10^{-14}$	$2,4 \times 10^{-14}$

a. Déterminer par un calcul approprié le pH d'une solution neutre à 25 °C.

b. Déterminer par un calcul approprié le domaine de pH correspondant à une solution acide à 37 °C.

c. Le pH de la salive d'un être humain en bonne santé vaut 6,9. Préciser s'il s'agit d'une solution neutre, acide ou basique.

S'AUTOÉVALUER

37 Solution de base forte

Pour réaliser le titrage d'un acide, un technicien de laboratoire prépare une solution *S* de soude de pH = 12,5 par dissolution totale dans l'eau d'hydroxyde de sodium.

DONNÉE Masse molaire de l'hydroxyde de sodium $M(NaOH) = 40{,}0\ g \cdot mol^{-1}$.

a. Exprimer puis calculer la concentration en quantité d'ion hydroxyde dans la solution *S*.

b. En déduire la masse d'hydroxyde de sodium à peser pour préparer 100 mL de solution *S*.

c. Déterminer le pH de la solution *S'* obtenue en diluant la solution *S* d'un facteur dix.

d. Détailler le protocole pour préparer 50,0 mL de solution *S'* à partir de la solution *S*.

INDICATEURS DE RÉUSSITE

	NIVEAU A	B	C	D
ANALYSER-RAISONNER				
• La définition de la concentration en quantité de matière est exploitée correctement. • La relation sur la conservation de la quantité de matière dans la fiole jaugée avant et après dilution est exploitée.				
RÉALISER				
• Les applications numériques sont effectuées en faisant attention aux unités. • Le protocole de dilution est présenté clairement en utilisant des verbes à l'infinitif.				

38 Le bon indicateur coloré

RÉA Effectuer un calcul **VAL** Procéder à des tests de vraisemblance

La simulation de la courbe de titrage d'un échantillon de volume $V = 25{,}0$ mL d'une solution aqueuse d'ammoniac NH_3 de concentration en quantité de matière $c = 10{,}0\ mmol \cdot L^{-1}$ par une solution titrante d'acide chlorhydrique est fournie ci-dessous. V_{acide} désigne le volume de la solution acide versée.

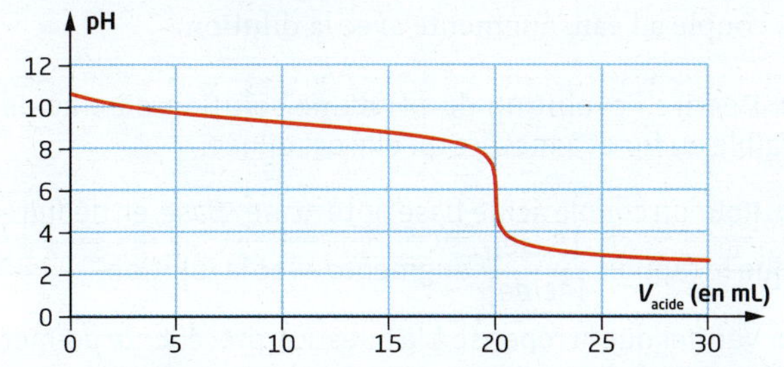

a. Écrire l'équation de la réaction acide-base support du titrage.

b. Déterminer le volume à l'équivalence $V_{éqv}$ du titrage.

c. En déduire la valeur de la concentration en quantité d'ion oxonium dans la solution titrante notée c_0.

d. Déterminer le ou les indicateur(s) coloré(s) de la liste ci-dessous qui conviennent pour repérer le volume à l'équivalence $V_{éqv}$ lorsque le titrage est réalisé sans mesure de pH.

e. Décrire l'évolution de la couleur de la solution contenant l'indicateur coloré au cours du titrage, sachant que les solutions d'ammoniac et d'acide chlorhydrique sont incolores.

Indicateur coloré	Couleur d'une solution de l'espèce acide	Couleur d'une solution de l'espèce basique	Zone de virage
Hélianthine	Rouge	Jaune	3,1 – 4,4
Rouge de chlorophénol	Jaune	Rouge violacé	4,8 – 6,4
Rouge de bromophénol	Jaune	Rouge violacé	5,2 – 6,8
Rouge neutre	Rouge	Jaune	6,8 – 8,0
Phénolphtaléine	Incolore	Rouge violacé	8,2 – 10,0
Carmin d'indigo	Bleu	Jaune	11,6 – 14,0

DIFFÉRENCIATION

39 ✱ *Torenia fournieri*

APP Énoncer une problématique **ANA-RAI** Choisir un modèle

La torénia de Fournier (*Torenia fournieri*) est une plante idéale pour fleurir un balcon ou une terrasse.
Visionner la vidéo proposée entre 3 min 30 s et 4 min. Prendre des notes pendant le visionnage afin de préparer les réponses aux questions suivantes.

a. Décrire les changements de couleur observés.

b. Proposer un modèle simple permettant d'expliquer ces changements de couleur.

■ *Aides à la fin du manuel.*

40 * Retour sur l'ouverture de chapitre

APP Rechercher et organiser l'information en lien avec la problématique
RÉA Effectuer un calcul **VAL** Estimer une incertitude

Le chaulage est une technique permettant de relever le pH d'un milieu trop acide par ajout de carbonate de calcium, $CaCO_3$(s), un composé ionique dont un des ions constitutifs est une base.

DOC. 1 Les lacs acidifiés du Québec

Le territoire du Québec possède de nombreux lacs appelés « lacs acides » dont le pH est inférieur à 5,5. L'acidité de tels lacs peut être d'origine naturelle ou humaine. Le terme « lac acidifié » est utilisé dans ce dernier cas. Cette acidification est généralement survenue au cours des 40 à 100 dernières années. [...] Les oxydes de soufre et d'azote émis dans l'atmosphère sont les causes les plus importantes de l'acidité des précipitations, entraînant l'acidification des lacs. Ces polluants se combinent à l'humidité de l'air pour se transformer en acides sulfurique et nitrique, qui retombent ensuite au sol sous forme de pluies, neiges, dépôts secs et dépôts gazeux, après avoir parcouru des milliers de kilomètres. Les mesures des concentrations en ion sulfate (SO_4^{2-}) et nitrate (NO_3^-) sont utilisées comme indicateurs des apports en acides sulfurique (H_2SO_4) et nitrique (HNO_3).

D'après *La problématique des lacs acides au Québec*, J. Dupont © Ministère du Développement durable, de l'Environnement et des Parcs

DOC. 2 Simulation de titrages

Un logiciel de simulation a permis d'établir les courbes de titrage ci-dessous.
En bleu : courbe de titrage pH-métrique d'un litre de solution de pH = 5,5 contenant l'ion oxonium par une solution contenant l'ion carbonate à la concentration en quantité de matière $c = 1{,}00\ \text{mmol}\cdot\text{L}^{-1}$.
En rouge : courbe de titrage pH-métrique d'un litre de solution de pH = 5,5 contenant l'ion oxonium par une solution contenant l'ion hydroxyde à la concentration en quantité de matière $c = 1{,}00\ \text{mmol}\cdot\text{L}^{-1}$.

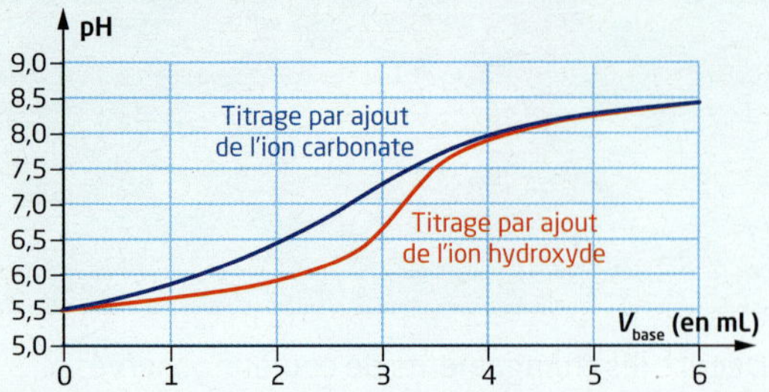

DONNÉES L'ion carbonate est une base faible. Masses molaires : $M(CaCO_3) = 100\ \text{g}\cdot\text{mol}^{-1}$; $M(NaOH) = 40\ \text{g}\cdot\text{mol}^{-1}$.

Un lac acidifié de volume $V = 5{,}0\ \text{Mm}^3$ possède un pH = 5,5.

a. Calculer la concentration en quantité d'ion oxonium dans le lac acidifié.

b. Comparer cette concentration à celle des solutions titrantes du **DOC. 2**. En déduire que les résultats du **DOC. 2** sont adaptés à la description du chaulage d'un lac.

c. Estimer la masse de carbonate de sodium à introduire dans le lac pour faire augmenter son pH à la valeur de 6,5.

d. Estimer la masse d'hydroxyde de sodium équivalente à introduire dans le lac pour faire augmenter le pH à 6,5.

e. Proposer plusieurs arguments en faveur de l'utilisation d'une base faible (comme celle contenue dans la chaux) plutôt que d'une base forte (comme celle contenue dans la soude) pour faire augmenter le pH d'un lac acidifié.

41 ** Acide fort ou acide faible ?

ANA-RAI Choisir un modèle ou des lois pertinentes
RÉA Effectuer un calcul **VAL** Valider une loi

DOC. 1 Wilhelm Ostwald

Wilhelm Ostwald (1853-1932) est un chimiste germano-letton qui a activement participé au développement du concept d'acidité, en s'intéressant notamment à l'influence de la dilution sur les acides faibles. Il a reçu le prix Nobel de chimie de 1909 « en reconnaissance de ses travaux sur la catalyse et pour ses recherches touchant les principes fondamentaux gouvernant l'équilibre chimique et les vitesses de réaction ». Il s'est également beaucoup impliqué dans le développement de langues universelles telles que l'espéranto et surtout l'ido, dans l'optique de rassembler les nations européennes.

DOC. 2 Loi de dilution d'Ostwald

La loi de dilution d'Ostwald, énoncée en 1888, stipule que le taux de dissociation d'un acide, c'est-à-dire le taux d'avancement final de la transformation associée au transfert d'un ion hydrogène de l'acide d'un couple à l'eau, augmente avec la dilution.

a. Décrire l'évolution du pH d'une solution d'un acide faible au fur et à mesure qu'elle est diluée.

b. Pour un couple acide-base noté *Acide/Base*, en déduire que le rapport $\frac{[Base]_f}{[Acide]_f}$ augmente avec la dilution.

c. Vérifier que la réponse à la question précédente permet de valider la loi de dilution d'Ostwald.

d. Prouver, à l'aide d'un diagramme de prédominance, l'une des applications de la loi de dilution d'Ostwald : « un acide faible dont le couple acide-base est caractérisé par une valeur de pK_a inférieure à 6 se comporte comme un acide fort à dilution infinie. »

42 ✱✱ Propriétés d'une solution tampon

ANA-RAI Choisir un modèle ou des lois pertinentes **RÉA** Effectuer un calcul **VAL** Faire preuve d'esprit critique

Les solutions tampons sont fréquemment exploitées, aussi bien par les chimistes (étalonnage d'un pH-mètre, par exemple) que par le corps humain (stabilité du pH sanguin). Cet exercice a pour but de déterminer la constitution de ce type de solutions, ainsi que d'en étudier leurs propriétés.

DOC. 1 Solutions tampons

Les solutions tampons sont des solutions aqueuses qui contiennent aussi bien l'acide d'un couple acide-base que la base du même couple, dans des proportions voisines.
Elles sont caractérisées par un pH qui varie très peu lors de l'introduction d'un acide ou d'une base en quantité modérée ou encore lors d'une dilution raisonnable.

DOC. 2 Constante d'équilibre

La réaction entre l'acide d'un premier couple noté $Acide_1 / Base_1$ et la base d'un second couple noté $Acide_2 / Base_2$ a pour équation :

$$Acide_1 + Base_2 \rightleftharpoons Base_1 + Acide_2$$

et possède une constante d'équilibre notée $K(T)$.
Dans le cadre restreint des solutions aqueuses, lorsque cette constante d'équilibre dépasse une valeur limite de 10^3, la transformation modélisée par le transfert d'ion hydrogène entre les deux couples est considérée comme quasi-totale.

Une solution aqueuse S contient l'ammoniac NH_3 et l'ion ammonium NH_4^+ à la même concentration en quantité de matière notée c.

DONNÉE

Constante d'acidité du couple NH_4^+/NH_3 : $K_a = 6{,}3 \times 10^{-10}$.

a. Exprimer le pH de la solution S et vérifier qu'il ne dépend pas de la valeur de c, donc de la dilution. Calculer alors la valeur du pH de la solution S.

b. Un échantillon de solution d'acide chlorhydrique contenant l'ion oxonium en quantité de matière n est introduit sans variation de volume dans une solution S de volume V. La solution obtenue est notée S' et la quantité d'acide introduit est telle que $n < c \times V$.
Écrire l'équation de la réaction **(R)** qui modélise le transfert d'ion hydrogène de l'ion oxonium à l'ammoniac.

c. En appliquant la loi de l'équilibre, exprimer la constante d'équilibre $K(T)$ associée à la réaction **(R)** en fonction de la constante d'acidité K_a.

d. Calculer numériquement $K(T)$ et conclure.

e. Construire le tableau d'avancement associé à la transformation modélisée par la réaction **(R)**. En déduire que la variation de pH résultant de l'introduction de l'acide chlorhydrique vaut : $\Delta pH = pH(S') - pH(S) = \log\left(\frac{cV - n}{cV + n}\right)$

f. Calculer ΔpH dans le cas où : $c = 100$ mmol·L^{-1}, $V = 500$ mL et $n = 0{,}10$ mmol.

g. Réaliser le même calcul dans le cas où $c = 10$ mmol·L^{-1}, $V = 500$ mL et $n = 0{,}10$ mmol.

h. Justifier que dans les deux cas précédents, S peut être qualifiée de solution tampon.

i. Conclure sur le lien entre la concentration d'une solution tampon et son efficacité.

43 ✱✱ Une étiquette inappropriée

RÉA Effectuer un calcul **VAL** Faire preuve d'esprit critique

Il est demandé à un technicien de laboratoire de réaliser les deux solutions aqueuses suivantes, chacune de volume $V = 500$ mL.
S_1 : solution aqueuse d'acide nitrique, concentration en quantité de matière $c = 10$ mmol·L^{-1}.
S_2 : solution aqueuse d'acide éthanoïque, concentration en quantité de matière $c = 10$ mmol·L^{-1}.
Le technicien est aussi chargé de réaliser l'étiquetage des bouteilles. Il prépare les deux étiquettes ci-dessous.

A. Solution aqueuse d'acide nitrique	B. Solution aqueuse d'acide éthanoïque
HNO_3(aq)	CH_3COOH(aq)
$c = 10$ mmol·L^{-1}	$c = 10$ mmol·L^{-1}

DONNÉES

- L'acide nitrique est un acide fort.
- L'acide éthanoïque est un acide faible. La constante d'acidité du couple dont il est l'acide est $K_a = 1{,}6 \times 10^{-5}$.
- Conductivités ioniques molaires (en mS·m^2·mol^{-1}) : $\lambda(H_3O^+) = 35{,}9$; $\lambda(CH_3COO^-) = 4{,}1$.
- Conductivité de la solution S_2 : $\sigma_2 = 16$ mS·m^{-1}.

a. Écrire l'équation de réaction acide-base **(R1)** de l'acide nitrique avec l'eau, puis l'équation de réaction **(R2)** dont la constante d'équilibre est K_a.

b. Calculer la quantité de matière n d'acide nitrique ou d'acide éthanoïque nécessaire à la réalisation des solutions S_1 et S_2 à partir d'eau distillée.

c. Établir le tableau d'avancement de la transformation conduisant à la réalisation de la solution S_1, (en notant x_1 son avancement à l'état final). Faire de même pour S_2 (en notant x_2 son avancement à l'état final).

d. Exprimer puis calculer x_1. Faire de même pour x_2 en exploitant les données sur la conductivité de la solution S_2.

e. Calculer le pH de chacune des solutions S_1 et S_2.

f. Expliquer :
– pourquoi le pH de la solution S_2 est cohérent avec le diagramme de prédominance du couple acide éthanoïque / ion éthanoate ;
– comment le calcul de ces deux pH permet de comparer la force des deux acides.

g. Une des étiquettes réalisées par le technicien n'est pas correcte. La corriger en justifiant votre réponse.

44 Déterminer un pH à l'aide d'un outil numérique

ANALYSER-RAISONNER | RÉALISER | VALIDER

À l'aide d'un langage de programmation, un élève doit corriger un programme qui détermine le pH (à 0,05 près) d'une solution obtenue par introduction d'un acide dans l'eau, avec une concentration en quantité d'acide apporté *c* précisée par l'utilisateur.

RESSOURCE

- Fichiers Python, niveaux standard et confirmé

ÉTAPE 1 S'approprier le travail demandé

▶ Il faut envisager que l'acide puisse être fort ou faible. Dans ce second cas, l'utilisateur du programme devra préciser la valeur du pK_a du couple acide-base correspondant.
Quelques rappels (*V* est le volume de la solution étudiée) :

Pour un acide fort :

Équation	*Acide*(aq) + $H_2O(\ell)$ →		*Base*(aq) +	H_3O^+(aq)
État	Quantités de matière			
initial	cV	–	0	0
final	0	–	cV	cV

Ainsi, à l'état final :

$$[H_3O^+]_f = \frac{cV}{V} = c \text{ et donc } pH = -\log\left(\frac{c}{c°}\right)$$

Pour un acide faible :

Équation	*Acide*(aq) + $H_2O(\ell)$ ⇌		*Base*(aq) +	H_3O^+(aq)
État	Quantités de matière			
initial	cV	–	0	0
final	$cV - x_f$	–	x_f	x_f

Ainsi, à l'état d'équilibre final :

$$K_a = \frac{[H_3O^+]_f \times [Base]_f}{[Acide]_f \times c°} = \frac{c°(10^{-pH})^2}{c - c° \times 10^{-pH}}$$

ÉTAPE 2 S'approprier le code

L'extrait de code ci-dessous a été écrit par un élève, avec le cahier des charges suivant :

▶ **Outils numériques :**
- importer une bibliothèque ;
- utiliser une fonction ;
- utiliser une instruction conditionnelle ;
- utiliser une boucle.

▶ **Format numérique :**
- écrire des commentaires ;
- alléger les écritures en considérant que $c° = 1$ et en exprimant toutes les concentrations en quantité de matière en mol·L^{-1} ;
- respecter des règles d'écriture (gestion des espaces et sauts de ligne).

Python

```
if reponse=="F":
print("Le pH de la solution vaut :",'{:.2f}'.format(-log10(c)))
else
    pKa=float(input("Valeur du pKa de l'acide faible introduit : "))
    Ka=10**(-pKa)
    pH=7.0
    while Qr(c,pH)!=Ka:
        pH=pH-0.05
print("Le pH de la solution vaut :",'{:.2f}'.format(pH))
```

Questions

Corriger le code fourni en tenant compte des conseils formulés, afin de répondre au problème de manière satisfaisante.

Conseils !

- Respecter l'ordre : import des bibliothèques, puis définition des fonctions puis initialisation.
- Ne pas oublier les « : » à la fin d'une instruction.
- Respecter les indentations (et si possible ne pas introduire d'espace superflu).
- Commenter chaque ligne du programme pour expliquer le rôle de chaque étape.
- Penser à proposer une description en introduction.

45 Séparer des acides α-aminés

RÉSOLUTION DE PROBLÈME

S'APPROPRIER CONNAÎTRE ANALYSER-RAISONNER RÉALISER

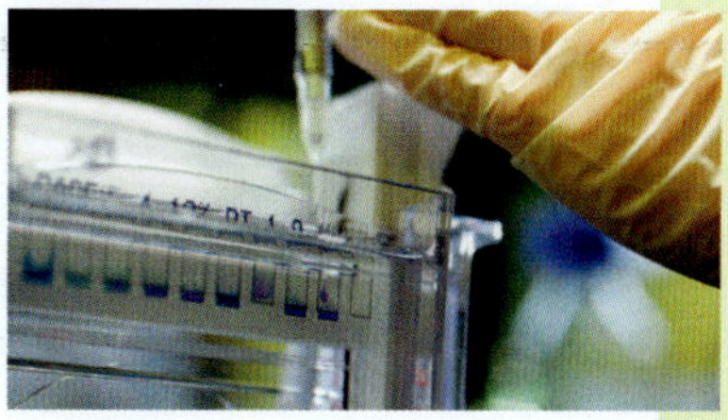

L'électrophorèse est une technique de séparation et d'identification d'espèces chimiques. Elle est particulièrement utilisée en biochimie pour la séparation de protéines ou d'acides nucléiques, mais peut aussi être exploitée pour séparer et identifier les acides α-aminés d'un mélange.

DOC. 1 Électrophorèse

L'électrophorèse est une technique d'analyse fondée sur la migration d'ions, déposés sur un support soumis à une tension électrique.

Sur une bandelette de papier imprégnée d'une solution tampon, une goutte d'un échantillon contenant un mélange d'acides α–aminés est déposée. La bandelette de papier est connectée à un générateur de tension électrique constante.

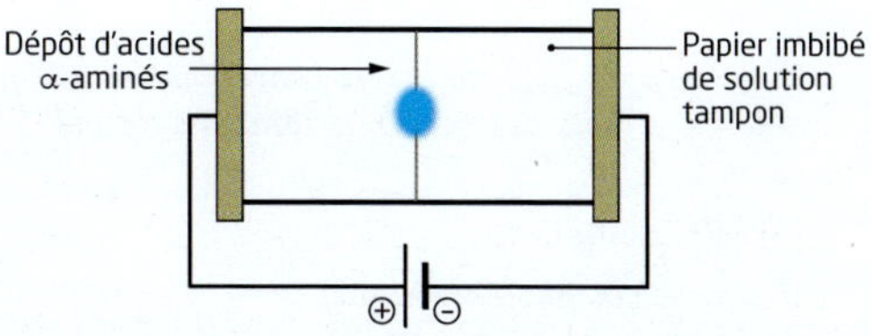

Les acides α-aminés dont la charge globale est positive se déplacent alors vers le pôle ⊖ du générateur, ceux dont la charge globale est négative vers le pôle ⊕ et ceux qui ne sont pas chargés ne migrent pas.

DOC. 2 Résultat d'une analyse par électrophorèse

La bande **2** ci-contre représente le résultat de la séparation par électrophorèse d'acides α-aminés (arginine, acide aspartique et alanine) initialement contenus dans un mélange.

Conditions expérimentales

– Support : acétate de cellulose, tampon citrate/NaOH à pH = 6.
– Dépôts : 3 μL.
– Migration : tension de 180 V, 25 min.
– Coloration : ninhydrine dans l'éthanol et en présence d'acide éthanoïque.

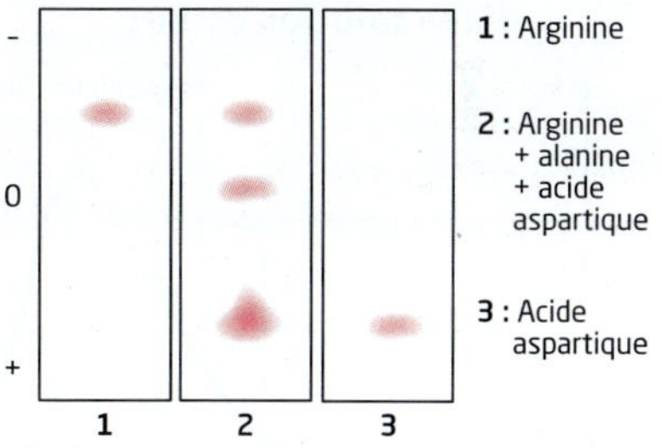

DONNÉES Propriétés acide et basique de deux acides α-aminés

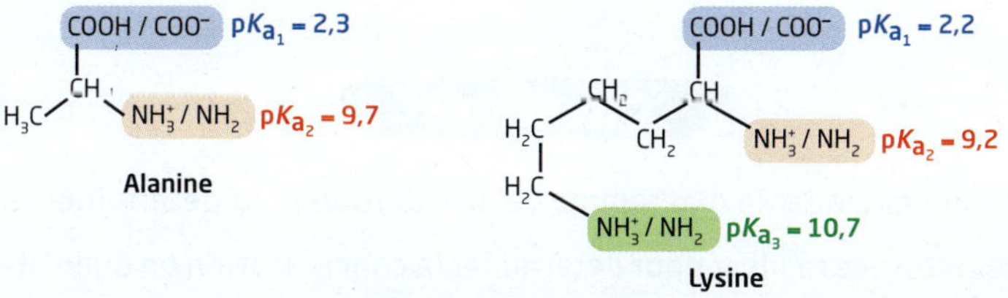

Questions

1 Question préliminaire
Établir le diagramme de prédominance des espèces faisant intervenir l'alanine, en fonction du pH.

2 Problème
Déterminer le pH d'une solution tampon qui pourrait imbiber le papier utilisé pour réaliser la séparation par électrophorèse de l'alanine et de la lysine dissoutes dans une même solution.

Toute initiative prise pour résoudre cette question ainsi que la qualité de la rédaction explicitant la démarche suivie seront valorisées.

■ *Aides à la fin du manuel.*

Exercices BAC É.C.E. 60 min

46 Mesurer une constante d'acidité

ANALYSER-RAISONNER RÉALISER VALIDER

Le bleu de bromothymol (BBT) est un indicateur coloré de pH. Une solution de l'espèce acide (notée *In*H) du BBT est jaune, une solution de l'espèce basique (notée In^-) est bleue.

● **Comment déterminer la constante d'acidité du couple InH / In^- ?**

Matériel

Matériel disponible

- *Solutions de BBT de même concentration (27 µmol·L⁻¹) réalisées dans des solutions tampons de pH différents : 2, 4, 6, 8, 10, 12.*
- *Spectrophotomètre.*
- *Cuve spectrophotométrique.*
- *Tableur-grapheur.*

DOC. 1 Spectres UV-visibles d'une solution de BBT

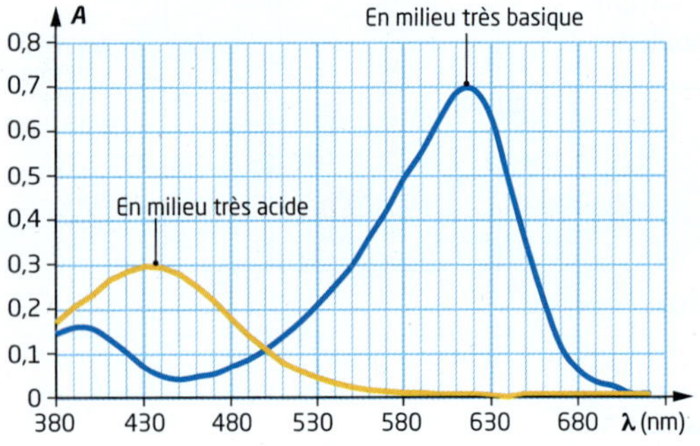

DOC. 2 Diagramme de distribution d'un couple acide-base AH/A⁻

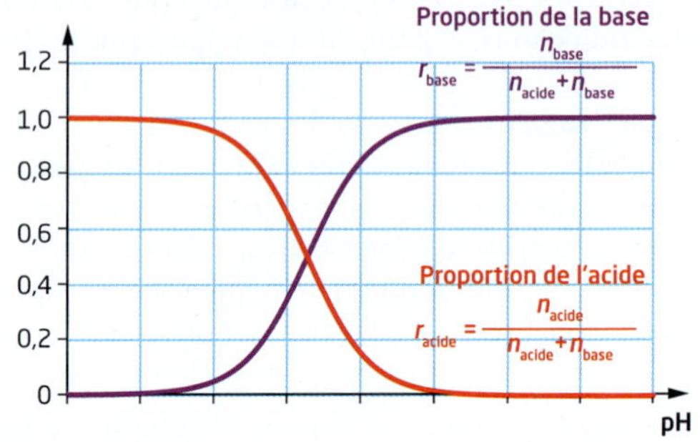

DOC. 3 Un spectrophotomètre

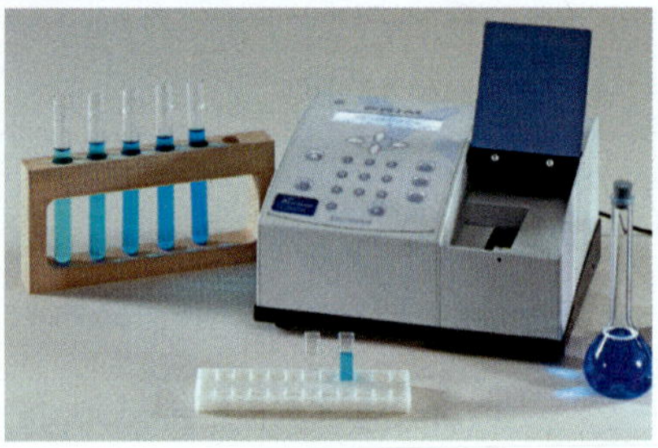

Questions

Fiches-guides

1 Expliquer comment exploiter le diagramme de distribution pour déterminer le pK_a d'un couple.

2 Indiquer quelles mesures réaliser pour déterminer la concentration en quantité d'ion In^- dans une solution.

Appel n° 1 *Appeler le professeur pour présenter les mesures envisagées ou demander l'aide du professeur qui pourra apporter une réponse partielle.*

3 **a.** Réaliser les mesures à partir des solutions mises à disposition.
b. À l'aide d'un tableur-grapheur, tracer le diagramme de distribution de la forme basique In^-.
Appel n° 2 *Appeler le professeur pour lui présenter la courbe ou en cas de difficulté.*
c. Expliquer comment déduire des mesures précédentes la proportion en acide *In*H dans les solutions.
d. Compléter le diagramme précédent en ajoutant la courbe de distribution de la forme acide *In*H.

4 Déterminer le pK_a du couple InH/In^- et le comparer à sa valeur de référence donnée par le professeur.

RESSOURCES
- Liste du matériel
- Fiches-guides (fichiers texte et PDF)

47 Prévoir le pH de l'eau d'un aquarium

S'APPROPRIER ANALYSER-RAISONNER RÉALISER

L'aquaponie est une méthode permettant simultanément d'élever des poissons et de cultiver des plantes : les déjections des poissons, riches en ammoniac, sont transformées en engrais azoté par des bactéries. L'eau ainsi enrichie circule dans les cultures, est purifiée grâce à elles, puis retourne ensuite dans l'aquarium. Avant transformation par les bactéries, l'eau de l'aquarium est basique.

● **Comment prévoir le pH de l'eau d'un aquarium avant qu'elle n'entre dans le milieu contenant les bactéries ?**

DOC. 1 Constante de basicité K_b

La constante de basicité d'un couple acide faible-base faible (noté *Acide / Base*) est la constante d'équilibre associée à la réaction de la base du couple avec l'eau.
Elle est notée $K_b(Acide/Base)$ et est associée à la constante $pK_b = -\log K_b$.

DOC. 2 Modèles moléculaires

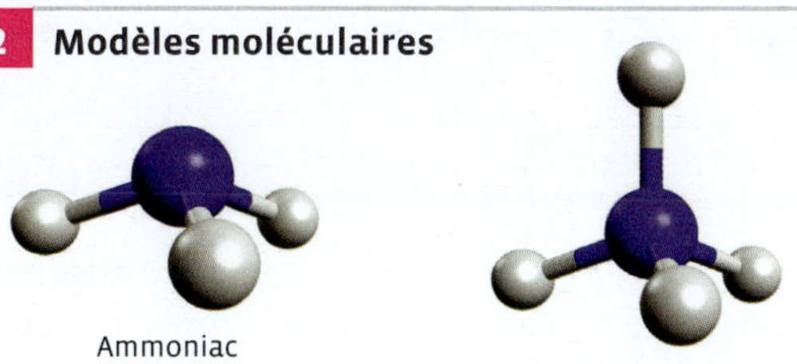

DONNÉE Ion ammonium / ammoniac

■ À 25 °C, le couple NH_4^+/NH_3 est caractérisé par la constante d'acidité telle que $pK_a = 9,2$.

■ Diagramme de distribution :

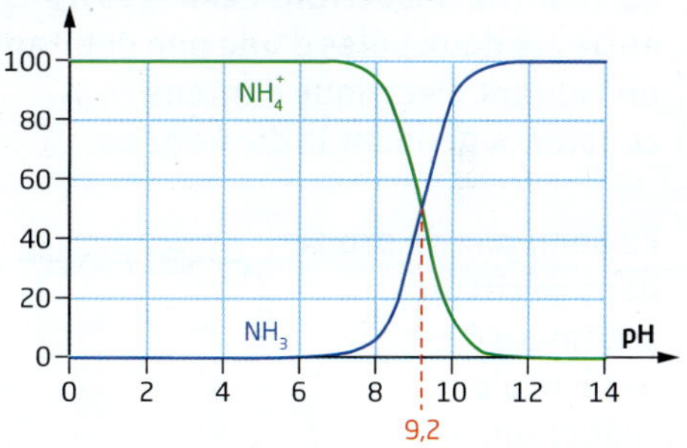

Questions

1 Questions préliminaires

a. Écrire l'équation de réaction **(R₁)** dont la constante d'équilibre est le produit ionique de l'eau K_e.

b. Écrire l'équation de réaction **(R_2)** dont la constante d'équilibre est la constante d'acidité K_a du couple NH_4^+/NH_3.

c. Prouver que l'équation de réaction **(R_3)** à laquelle est associée la constante de basicité K_b du couple NH_4^+/NH_3 se déduit simplement des deux équations de réaction précédentes **(R_1)** et **(R_2)**.

d. Déduire de l'étude de l'équilibre d'un système contenant simultanément les quatre espèces $NH_4^+(aq)$, $NH_3(aq)$, $H_3O^+(aq)$ et $HO^-(aq)$, la relation entre les trois constantes d'équilibre K_a, K_b et K_e, puis entre les trois constantes pK_a, pK_b et pK_e.

2 Problème

Une solution de volume $V = 100$ mL est préparée par dissolution totale dans l'eau d'ammoniac gazeux en quantité $n_0 = 1,0$ mmol. Cette solution modélise l'eau en sortie du circuit d'aquaponie d'un aquarium.

a. Établir le tableau d'avancement pour la transformation modélisée par le transfert de l'ion hydrogène entre l'eau et l'ammoniac dissous.

b. Calculer le taux d'avancement à l'équilibre, défini par $\tau = \frac{x_f}{x_{max}}$.

c. En déduire le pH de la solution d'ammoniac ainsi préparée.

d. Vérifier que les calculs effectués sont compatibles avec le diagramme de distribution du couple NH_4^+/NH_3.

8 Électrolyse

Se tester pour commencer — **Choisir la réponse exacte.**

EXO QCM interactif

	A	B	C
1 Dans une pile, le pôle positif correspond au lieu de :	l'oxydation	la réduction	l'oxydo-réduction
2 Dans le pont salin d'une pile circulent :	des électrons	des protons	des ions
3 La quantité d'électrons échangés $n_{e^-,éch}$ entre les deux pôles d'une pile débitant un courant électrique d'intensité I constante pendant la durée Δt est :	$n_{e^-,éch} = \frac{\Delta t}{I \times \mathcal{F}}$	$n_{e^-,éch} = \frac{I \times \Delta t}{\mathcal{F}}$	$n_{e^-,éch} = \frac{\mathcal{F} \times \Delta t}{I}$
4 La demi-pile de droite dans ce circuit schématisé est le siège d'une réduction. L'ampèremètre affiche une intensité : 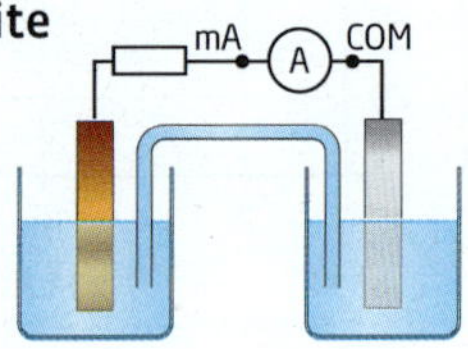	positive	négative	alternativement positive et négative
5 Dans une pile qui débite du courant électrique, le système chimique :	évolue suivant le critère d'évolution spontanée	n'évolue pas	est à l'équilibre

Vidéo débat — GRAND ORAL

Solar Impulse II est le premier avion à avoir fait le tour du monde sans aucun carburant.

Par quel moyen cet avion vole-t-il la nuit ?

En l'absence de vent, l'altitude de ces parapentistes diminuerait spontanément. Le vent leur fournit suffisamment d'énergie pour entrer dans des phases ascensionnelles.

Comment un chimiste peut-il forcer un système chimique à évoluer dans le sens contraire de son évolution spontanée ?

→ Exercice 36 page 196

CAPACITÉS EXIGIBLES*	Activités	Exercices corrigés
Modéliser et schématiser, à partir de résultats expérimentaux, les transferts d'électrons aux électrodes par des réactions électrochimiques.	1	9 29 31
Déterminer les variations de quantité de matière à partir de la durée de l'électrolyse et de la valeur de l'intensité du courant.	1	10 13 29 31
Identifier les produits formés lors du passage forcé d'un courant dans un électrolyseur. Relier la durée, l'intensité du courant et les quantités de matière de produits formés.	1	
Citer des exemples de dispositifs mettant en jeu des conversions et stockages d'énergie chimique (piles, accumulateurs, organismes chlorophylliens) et les enjeux sociétaux associés.	2	26

* D'après le *B.O. spécial* n° 2 du 13 février 2020, les capacités de ce chapitre sont uniquement exigibles pour le Grand oral.

Activité expérimentale

1 Dépôts métalliques en orfèvrerie

Notions
- Passage forcé d'un courant.
- Électrolyseur

▸ § 1 p. 188

À la naissance de son fils en 1729, la reine Marie Leszczynska reçoit un service à chocolat en vermeil (argent recouvert d'or). Les historiens s'interrogent aujourd'hui encore sur le commanditaire de ce présent : le roi aurait probablement offert un service en or pur...

● **Par quel moyen les orfèvres peuvent-ils recouvrir un objet de métal précieux ?**

DOCUMENT Montage expérimental d'électrolyse **Matériel**

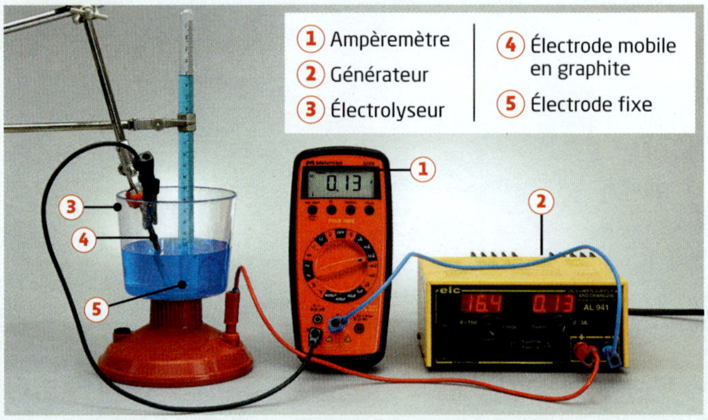

DONNÉES

- Masse molaire : $M(\text{Cu}) = 63{,}5\ \text{g}\cdot\text{mol}^{-1}$.
- Couples oxydant-réducteur : $Cu^{2+}(aq)/Cu(s)$; $H_2O(\ell)/H_2(g)$; $O_2(g)/H_2O(\ell)$.
- Constante de Faraday : $\mathcal{F} = N_A \times e = 9{,}65 \times 10^4\ \text{C}\cdot\text{mol}^{-1}$.

PROTOCOLE

1. Peser l'électrode en graphite.
2. Mettre en place le montage du **DOCUMENT** en utilisant une solution de sulfate de cuivre $((Cu^{2+}(aq), SO_4^{2-}(aq))$, de concentration en quantité de matière $c_0 = 0{,}50\ \text{mol}\cdot\text{L}^{-1}$, volume $V \approx 200$ mL), et en réglant l'intensité électrique à une valeur $I \approx 0{,}4$ A (noter la valeur expérimentale précise). Maintenir cette intensité constante pendant une durée $\Delta t = 15$ min.
3. Éteindre le générateur, sécher puis peser l'électrode. Calculer la masse de cuivre formé m_{exp}.

Questions

1 RÉALISER

Mettre en œuvre le **PROTOCOLE**.

2 ANALYSER-RAISONNER

a. Identifier le produit formé à l'électrode en graphite. En déduire l'équation de la réaction électrochimique modélisant la transformation à cette électrode.

b. Sachant que l'eau est le réactif à l'autre électrode, déterminer l'équation de la réaction électrochimique modélisant la transformation à cette électrode.

c. En déduire l'équation d'oxydoréduction de la réaction modélisant la transformation globale de cette expérience. Identifier le rôle du générateur.

3 RÉALISER VALIDER

a. À partir des valeurs de I et de Δt, déterminer la quantité d'électrons échangée $n_{e^-,\text{éch}}$ arrivant sur l'électrode en graphite pendant la durée de l'expérience.

b. En déduire la masse attendue de cuivre formé m_{att} et la comparer avec m_{exp}. Émettre des hypothèses expliquant l'éventuel écart.

c. Proposer une solution aqueuse possible afin de réaliser un dépôt d'argent en orfèvrerie.

4 COMMUNIQUER GRAND ORAL

Réaliser un schéma complet du dispositif précisant le lieu et la nature des réactions électrochimiques, ainsi que la nature et le mouvement des charges. Présenter oralement le schéma à l'ensemble de la classe.

documentaire **Activité**

2 Le dihydrogène, vecteur énergétique du futur

Notion
- Stockage et conversion d'énergie chimique

▸ § 2 p. 189

L'indépendance énergétique, l'efficacité de la production et la recherche des énergies renouvelables sont aujourd'hui des priorités pour la Communauté internationale.

● **En quoi le dihydrogène est-il une source d'énergie chimique propre ?**

DONNÉES Vidéo

■ Couples oxydant-réducteur :
$H_2O(\ell)/H_2(g)$ et $O_2(g)/H_2O(\ell)$.

■ Vidéo sur la synthèse et l'utilisation du dihydrogène.

DOC. 1 **Le dihydrogène comme vecteur d'énergie**

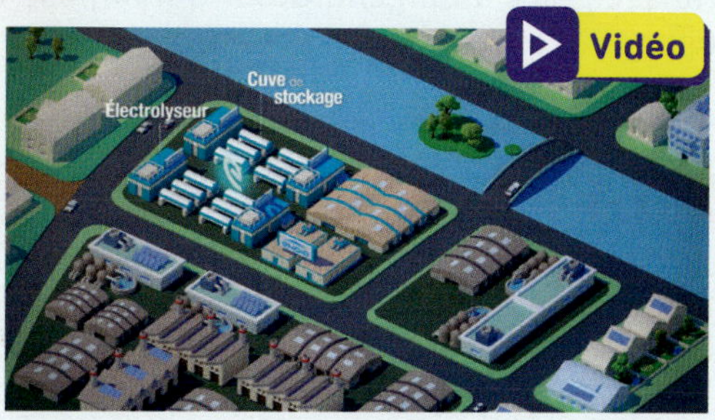

DOC. 2 **La plateforme MYRTE (Université de Corse / CNRS, Ajaccio)**

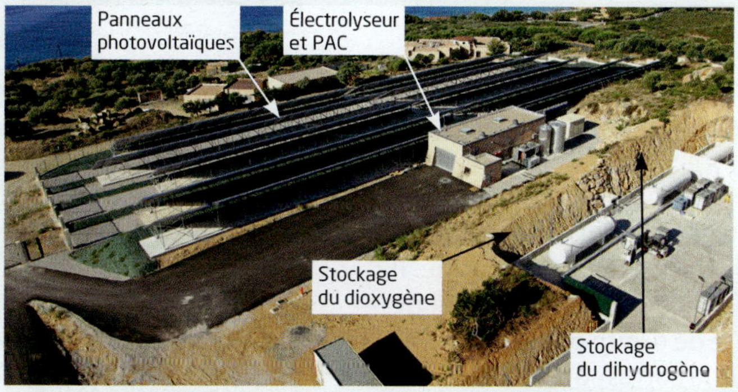

Le 9 janvier 2012, la plateforme Myrte (Mission hydrogène renouvelable pour l'intégration au réseau électrique) a été inaugurée. Son objectif est de produire et stocker l'énergie *via* une « chaîne hydrogène ». Cette dernière est composée d'un électrolyseur, qui produit, pendant les heures de faible consommation électrique, du dihydrogène et du dioxygène à partir d'eau.
Cette énergie est ensuite restituée *via* une pile à combustible (PAC), qui recombine le dihydrogène et le dioxygène en eau et produit de l'électricité sur le réseau, par exemple pendant les heures de fortes consommations ou le soir lorsque les panneaux photovoltaïques sont inactifs.

Questions

1 RÉALISER

a. Visionner la vidéo des **DONNÉES**, puis écrire les équations des réactions électrochimiques aux électrodes qui se produisent lors de l'électrolyse de l'eau.

b. En déduire l'équation de la réaction modélisant la transformation chimique qui a lieu dans l'électrolyseur. Préciser la conversion d'énergie qui est associée.

c. Répondre aux questions précédentes pour la pile à combustible.

2 ANALYSER-RAISONNER

a. Visionner la vidéo du **DOC. 1**, puis expliquer pourquoi le dihydrogène est qualifié de « vecteur énergétique ». Nommer l'énergie stockée *via* ce vecteur.

b. Préciser son (ses) intérêt(s) par rapport aux sources d'énergie fossiles.

3 COMMUNIQUER GRAND ORAL

En s'appuyant sur l'ensemble des **DOCUMENTS**, préparer un exposé oral de trois minutes expliquant comment et pourquoi la plateforme Myrte répond parfaitement aux enjeux énergétiques et sociétaux contemporains.

RESSOURCES
- Liens pour les vidéos des données et du doc. 1.

Synthèse des activités Podcast | Texte DYS

1 Électrolyseur

1.1 Constitution et fonctionnement

Un électrolyseur (DOC. 1) est composé de deux électrodes qui plongent dans une solution contenant des espèces chimiques dont certaines ioniques, dont au moins une oxydante et au moins une réductrice.

Un électrolyseur est le lieu d'une **transformation chimique forcée**, c'est-à-dire en sens opposé à l'évolution spontanée du système. Cette évolution est réalisée grâce à un générateur qui impose un courant électrique en sens opposé à celui qui aurait été observé lors de l'évolution spontanée du système.

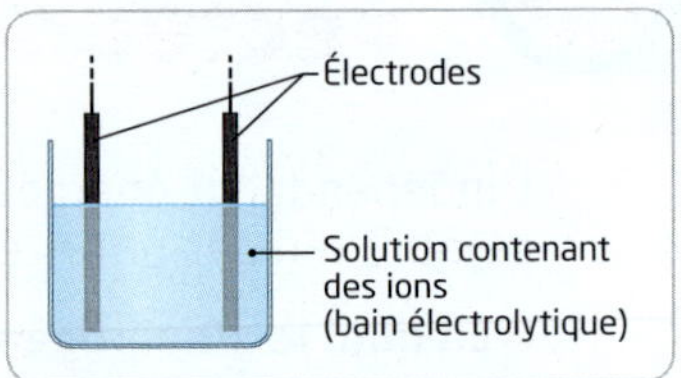

1. Schéma d'un électrolyseur constitué de deux électrodes et d'une solution aqueuse ionique.

VOCABULAIRE

La solution contenant des ions est appelée **bain électrolytique**.

1.2 Transfert des électrons aux électrodes

L'électrolyseur est branché à un générateur extérieur (DOC. 2) qui fournit l'énergie nécessaire à la transformation chimique forcée.

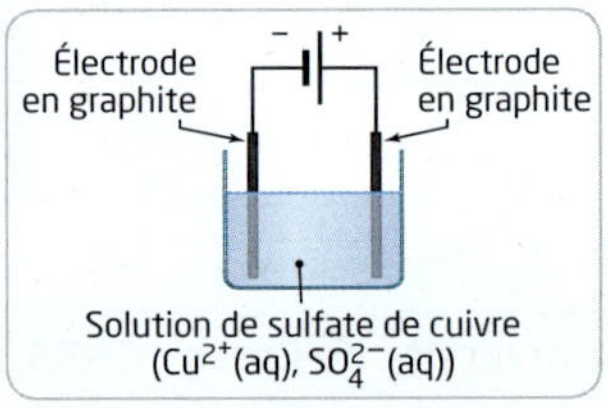

2. Schéma de l'électrolyse d'une solution de sulfate de cuivre (Cu^{2+}(aq), SO_4^{2-}(aq)).

- Les électrons **libérés** à la borne **négative** du générateur extérieur sont captés par une espèce chimique au contact de l'électrode reliée à cette borne. Il s'y produit ainsi une **réduction**. Dans l'exemple traité ci-contre, l'électrode de gauche en graphite se recouvre de cuivre Cu(s) (DOC. 3) ; l'équation de la réaction électrochimique correspondante s'écrit :

$$Cu^{2+}(aq) + 2\,e^-(\text{électrode}) \rightarrow Cu(s)$$

- Les électrons qui **arrivent** à la borne **positive** du générateur ont été libérés par une espèce chimique au contact de l'électrode reliée à cette borne. Il s'y produit une **oxydation**. Dans l'exemple traité ci-contre, la formation de bulles de dioxygène O_2(g) à l'électrode en graphite de droite peut s'observer aisément ; l'équation de la réaction électrochimique correspondante s'écrit :

$$2\,H_2O(\ell) \rightarrow O_2(g) + 4\,H^+(aq) + 4\,e^-(\text{électrode})$$

- Dans le circuit électrique et les électrodes, le courant électrique est dû aux électrons qui circulent en sortant de la borne négative du générateur extérieur. Dans la solution, le courant est dû aux ions. Les anions suivent, selon une « boucle », le sens de circulation des électrons ; les cations circulent en sens contraire. Dans l'exemple schématisé ci-dessous, les ions Cu^{2+}(aq) se déplacent donc vers la gauche, les ions SO_4^{2-}(aq) se déplacent vers la droite.

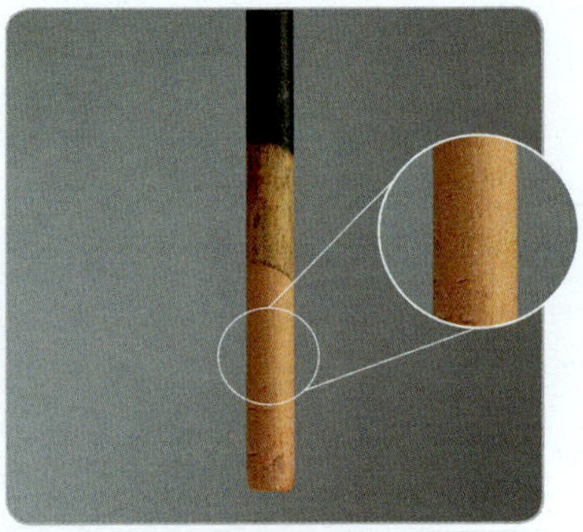

3. Aspect de l'électrode branchée à la borne négative après 15 minutes d'électrolyse de la solution de sulfate de cuivre, avec une intensité de 0,15 A (Activité 1).

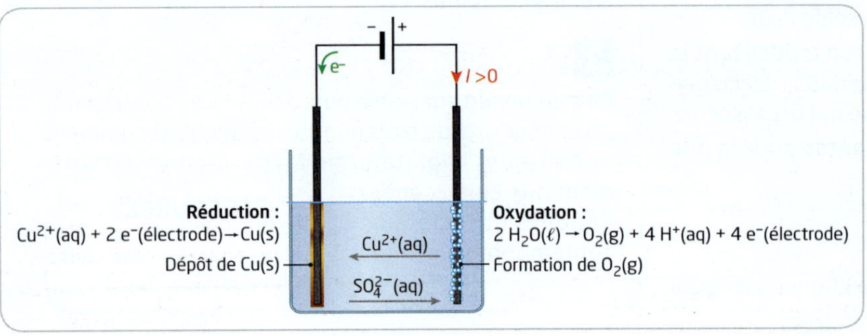

NOTATION

- Une **équation de réaction électrochimique** s'écrit avec le symbole → et les électrons sont situés dans l'électrode.
- Dans une **demi-équation électronique**, le symbole utilisé est =, et aucun état n'est mentionné pour les électrons car ils sont directement transférés du réducteur d'un couple à l'oxydant d'un autre couple.

1.3 Étude quantitative de l'électrolyse

L'équation de la réaction modélisant l'électrolyse est obtenue à partir des deux équations des réactions électrochimiques aux électrodes. Sur l'exemple précédent :

Électrons cédés par $2\ H_2O(\ell)$ dans l'équation d'oxydation

$$1 \times \quad 2\ H_2O(\ell) \rightarrow O_2(aq) + 4\ H^+(aq) + 4\ e^-(\text{électrode})$$
$$2 \times \quad Cu^{2+}(aq) + 2\ e^-(\text{électrode}) \rightarrow Cu(s)$$

Électrons gagnés par $Cu^{2+}(aq)$ dans l'équation de réduction

$$2\ H_2O(\ell) + 2\ Cu^{2+}(aq)\ (+2 \times 2\ e^-(\text{électrode})) \rightarrow O_2(aq) + 4\ H^+(aq) + 2\ Cu(s)\ (+1 \times 4\ e^-(\text{électrode}))$$

Électrons échangés dans l'équation d'oxydoréduction

Par analyse de l'obtention de cette équation de réaction, à l'avancement x de la réaction correspond une quantité de matière d'électrons échangés égale à $n_{e^-,\text{éch}} = 4\,x$ et une quantité de cuivre formé égale à $n_{\text{Cu,formé}} = 2\,x$.

Lorsque le générateur délivre un courant électrique d'intensité I constante pendant une durée Δt, la charge totale q circulant pendant cette durée est telle que :

$$q = n_{e^-,\text{éch}} \times N_A \times e = n_{e^-,\text{éch}} \times \mathcal{F} = I \times \Delta t$$

Unités SI :
q charge totale circulant pendant Δt, en coulomb (C)
$n_{e^-,\text{éch}}$ quantité d'électrons échangés, en mole (mol)
N_A constante d'Avogadro ($N_A \approx 6{,}02 \times 10^{23}\ \text{mol}^{-1}$)
e charge élémentaire, en coulomb ($e \approx 1{,}60 \times 10^{-19}$ C)
$\mathcal{F}$ constante de Faraday, en coulomb par mole ($\mathcal{F} = 9{,}65 \times 10^4\ \text{C} \cdot \text{mol}^{-1}$)
Δt durée d'électrolyse, en seconde (s)

La variation des quantités de matière pendant la durée de l'électrolyse dépend de $n_{e^-,\text{éch}}$ ainsi que des nombres stœchiométriques de l'équation de la réaction modélisant la transformation dans l'électrolyseur.

Dans le cas de l'électrolyse d'une solution de sulfate de cuivre (DOC. 4) :

$$x = \frac{n_{e^-,\text{éch}}}{4} = \frac{I \times \Delta t}{4 \times \mathcal{F}} \quad \text{et} \quad n_{\text{Cu,formé}} = 2\,x = \frac{I \times \Delta t}{2 \times \mathcal{F}}$$

4. Le cuivrage des pièces de 1 à 5 centimes d'euro est réalisé par électrolyse d'une solution de nitrate de cuivre (II) : les pièces sont reliées à la borne négative du générateur.

2 Aspects énergétiques

Des dispositifs très variés permettent aujourd'hui de **convertir** et de **stocker** l'énergie chimique. Quelques exemples sont donnés dans le tableau ci-dessous.

Dispositif	Fonction	Stockage ou utilisation d'énergie chimique	Conversion d'énergie	Enjeux sociétaux
Organisme chlorophyllien	Capacité à photosynthétiser	Stockage	$\mathcal{E}_{\text{lumineuse}} \rightarrow \mathcal{E}_{\text{chimique}}$	Éviter la déforestation
Pile du commerce	Générateur	Utilisation	$\mathcal{E}_{\text{chimique}} \rightarrow \mathcal{E}_{\text{électrique}}$	Recycler
Pile à combustible	Générateur	Utilisation	$\mathcal{E}_{\text{chimique}} \rightarrow \mathcal{E}_{\text{électrique}}$	Produire le combustible avec des énergies renouvelables
Accumulateur	En charge : récepteur électrique	Stockage	$\mathcal{E}_{\text{électrique}} \rightarrow \mathcal{E}_{\text{chimique}}$	Assurer de nombreux cycles charge/décharge

Retenir l'essentiel

ÉLECTROLYSEUR

Le générateur impose le sens de circulation des électrons ⇒ **transformation chimique forcée**

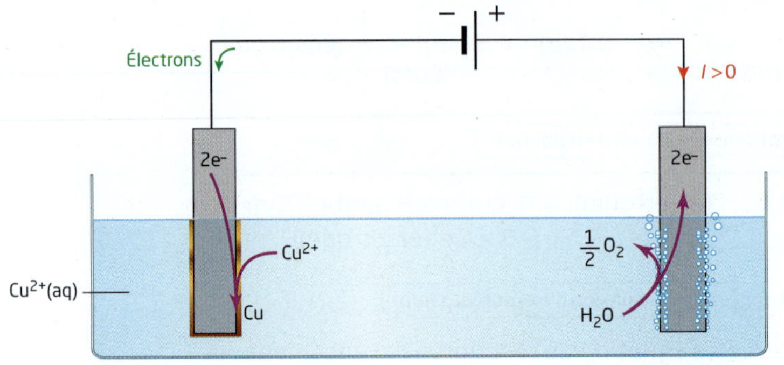

Équations électrochimiques aux électrodes

$Cu^{2+}(aq) + 2\ e^-(\text{électrode}) \longrightarrow Cu(s)$

Charge totale circulant pendant une durée Δt :
$q = I \times \Delta t = n_{e^-,\text{éch}} \times \mathcal{F}$ ($\mathcal{F}$ constante de Faraday).

$H_2O(\ell) \longrightarrow \frac{1}{2}\ O_2(g) + 2\ H^+(aq) + 2\ e^-(\text{électrode})$

L'avancement de la réaction d'électrolyse dépend de sa stœchiométrie et de $n_{e^-,\text{éch}}$.

CONVERSION ET STOCKAGE

Chaîne de conversion d'énergie

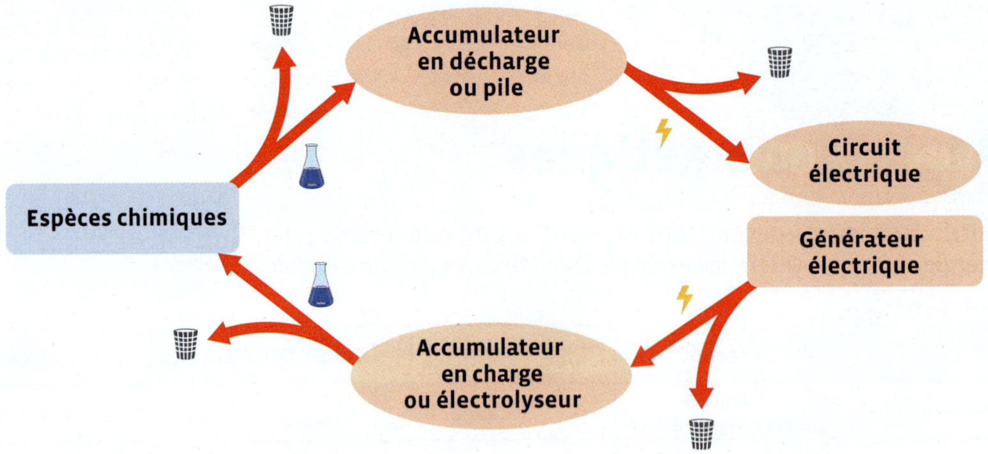

Transfert d'énergie électrique — Transfert d'énergie chimique — Énergie dissipée

5 min chrono !

Si vous ne trouvez pas la bonne réponse, reportez-vous au § de la synthèse des activités correspondant pour vous aider.

Indiquer la réponse exacte. EXO QCM interactif

1 Un électrolyseur est constitué : ▶ §1
a. d'une électrode et d'une solution contenant des ions.
b. de deux électrodes et de deux solutions contenant des ions.
c. de deux électrodes et d'une solution contenant des ions.

2 Un électrolyseur ne possède généralement pas : ▶ §1
a. d'espèce chimique oxydante.
b. d'espèce chimique réductrice.
c. de pont salin.

3 Dans un électrolyseur, la transformation est modélisée par une réaction : ▶ §1
a. d'oxydoréduction.
b. acide-base.
c. de combustion.

4 Dans un électrolyseur, les porteurs de charges qui se déplacent dans le bain électrolytique sont : ▶ §1
a. des atomes.
b. des électrons.
c. des ions.

5 À l'électrode d'un électrolyseur reliée au pôle ⊕ du générateur extérieur a lieu une réaction correspondant à : ▶ §1
a. une perte d'un ou de plusieurs électron(s).
b. un gain d'un ou de plusieurs électron(s).
c. un gain d'un ou de plusieurs proton(s).

6 Au cours d'une électrolyse, la quantité de matière d'une espèce chimique formée ne dépend pas de : ▶ §1
a. la durée de l'électrolyse.
b. l'intensité du courant électrique délivré par le générateur extérieur.
c. la quantité initiale de cette espèce.

7 La quantité d'électrons échangés au cours d'une électrolyse est d'autant plus élevée que : ▶ §1
a. le courant électrique est faible.
b. la durée de l'électrolyse est faible.
c. la quantité d'espèce consommée est élevée.

8 Le dihydrogène permet de stocker de l'énergie sous forme : ▶ §2
a. électrique.
b. chimique.
c. mécanique.

Corrigés p. 550

Contrôle technique !

9 Brancher correctement un générateur

EXERCICE RÉSOLU

Un objet est plongé dans le bain d'un électrolyseur rempli d'une solution contenant des ions $Ag^+(aq)$. Il doit être recouvert d'argent.

• Déterminer à quel pôle du générateur cet objet doit être relié.

SOLUTION

Afin d'avoir un dépôt d'argent, la réaction électrochimique d'équation suivante doit avoir lieu :

$$Ag^+(aq) + e^-(\text{électrode}) \rightarrow Ag(s).$$

Les électrons doivent arriver du générateur, il faut donc relier l'objet au pôle négatif.

APPLICATION • Sur le modèle de l'exercice résolu

Afin de recouvrir une pièce métallique de nickel, la pièce à nickeler, plongée dans un bain contenant des ions $Ni^{2+}(aq)$, est reliée à la borne négative du générateur.

• Montrer que le branchement est correct.

10 Comparer des quantités d'espèces

EXERCICE RÉSOLU

Lors de l'électrolyse de l'eau, les équations des réactions électrochimiques sont les suivantes :

$$2\,H^+(aq) + 2\,e^-(\text{électrode}) \rightarrow H_2(g)$$

et $2\,H_2O(\ell) \rightarrow O_2(aq) + 4\,H^+(aq) + 4\,e^-(\text{électrode})$.

• Montrer que lors de cette électrolyse, il se forme deux fois plus de dihydrogène que de dioxygène.

SOLUTION

En combinant les deux équations de réactions électrochimiques, l'équation de réaction de l'électrolyse s'écrit (après simplification) : $2\,H_2O(\ell) \rightarrow 2\,H_2(g) + O_2(g)$. Il y a bien deux fois plus de $H_2(g)$ formé que de $O_2(g)$.

APPLICATION • Sur le modèle de l'exercice résolu

Lors de l'électrolyse de l'eau de mer, les équations de réactions électrochimiques sont les suivantes :

$$2\,H^+(aq) + 2\,e^-(\text{électrode}) \rightarrow H_2(g)$$

et $2\,Cl^-(aq) \rightarrow Cl_2(g) + 2\,e^-(\text{électrode})$.

• Montrer que les gaz sont formés en même quantité.

Exercices APPLIQUER

DONNÉE POUR TOUS LES EXERCICES :
Constante de Faraday $\mathcal{F} = 9{,}65 \times 10^4$ C·mol^{-1}.

Électrolyseur

▶ § 1 de la synthèse des activités

➔ EXERCICES RAPIDES

11 GRAND ORAL Réaliser un support visuel permettant de présenter oralement, à l'ensemble de la classe et grâce à un schéma, les différents éléments constituant un électrolyseur.

12 Identifier le produit formé à l'électrode en cuivre d'un életrolyseur reliée à la borne ⊕ du générateur.

13 Déterminer une quantité

Un carrossier souhaite déposer une quantité $n = 5{,}0$ mol de chrome Cr(s) sur une pièce de motocyclette grâce à une électrolyse au cours de laquelle il y a réduction des ions chrome (III) selon la réaction électrochimique d'équation :

$$Cr^{3+}(aq) + 3\ e^{-}(\text{électrode}) \rightarrow Cr(s).$$

• Exprimer puis calculer la quantité d'électrons que le générateur doit débiter afin d'obtenir le dépôt désiré.

14 Compléter un schéma

Recopier et compléter le schéma suivant en indiquant le signes des pôles du générateur extérieur afin qu'une réduction ait lieu au niveau de l'électrode de gauche de l'électrolyseur.

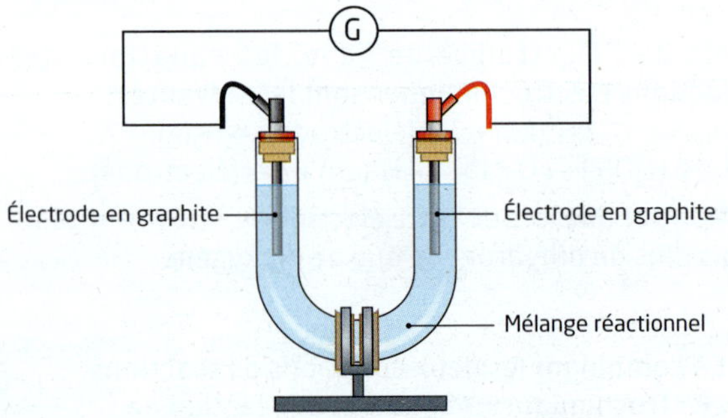

15 Réaliser un support visuel GRAND ORAL

Le projet d'un grand oral porte sur l'électrolyse.

a. Réaliser sur une feuille le schéma d'une électrolyse présentant les branchements corrects à effectuer lors du dépôt métallique d'argent Ag(s) sur une pièce à recouvrir en utilisant un bain électrolytique contenant des ions argent $Ag^{+}(aq)$.

b. Présenter oralement cette méthode de dépôt en deux minutes environ, en s'appuyant sur le schéma.

16 Interpréter une observation expérimentale

L'électrolyse d'une solution de chlorure d'étain est réalisée à l'aide du montage expérimental suivant.

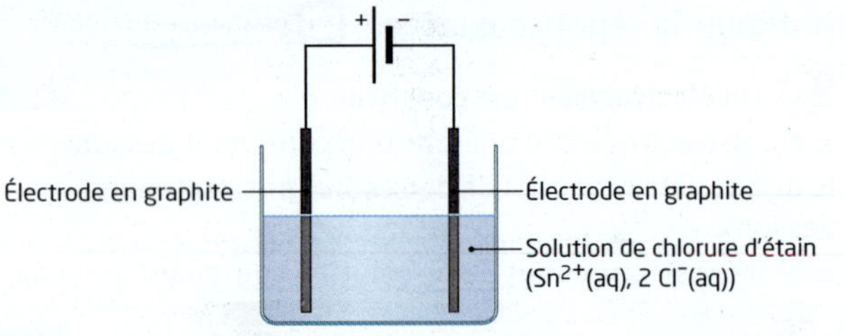

Un dégagement gazeux a lieu sur l'électrode de gauche, identifié grâce à sa couleur verte comme étant du dichlore.

a. Interpréter cette observation en écrivant l'équation de la réaction électrochimique ayant lieu à cette électrode.

b. Montrer que cette observation est en accord avec les branchements effectués.

17 Calculer une durée d'électrolyse

Lors du dépôt d'argent sur un bijou par électrolyse, des électrons (quantité $n = 2{,}0$ mmol) sont échangés entre les électrodes. L'intensité du courant électrique utilisé est constante et vaut $I = 60$ mA.

• Exprimer puis calculer la durée de cette électrolyse.

18 Apprendre à rédiger

Une électrode en cuivre est reliée à un générateur extérieur délivrant un courant électrique d'intensité $I = 40$ mA constante pendant une durée $\Delta t = 35$ mn. L'équation de la réaction électrochimique à cette électrode s'écrit :

$$Cu(s) \rightarrow Cu^{2+}(aq) + 2\ e^{-}(\text{électrode}).$$

a. Exprimer puis calculer la quantité d'électrons échangés entre les deux électrodes de l'électrolyseur.

Aide méthodologique

- Donner la relation vue dans la Synthèse des activités en choisissant un nom de variable pour le nombre d'électrons échangés.
- Rechercher la valeur de la constante de Faraday au début de cette page, puis écrire l'application numérique avant de la réaliser avec la calculatrice.

b. Exprimer puis calculer la variation de quantité de matière de l'électrode en cuivre.

- Analyser les nombres stœchiométriques de l'équation de réaction électrochimique à l'aide d'une phrase avant de poser le calcul.

19 Déterminer un déplacement de charges

Reproduire le schéma de l'exercice **14** et le compléter en faisant figurer le sens de déplacement des anions et celui des cations.

20 Schématiser et interpréter une expérience GRAND ORAL

L'électrolyse d'une solution de chlorure de cuivre ($Cu^{2+}(aq)$, $2\ Cl^-(aq)$) est réalisée en utilisant deux électrodes en graphite.

a. Préparer et présenter oralement un schéma de l'électrolyseur réalisé.

b. Devant la classe, compléter le schéma en ajoutant un générateur extérieur et en plaçant sa borne positive à droite.

c. Une couche de cuivre métallique se dépose sur l'électrode reliée au pôle négatif du générateur. Interpréter cette observation en complétant le schéma et en écrivant l'équation de réaction électrochimique correspondante.

21 Exploiter des résultats expérimentaux

Une solution aqueuse d'acide sulfurique ($2\ H^+(aq)$, $SO_4^{2-}(aq)$) est introduite dans un électrolyseur à électrodes inattaquables en platine.

DONNÉES Couples oxydant-réducteur :
$H^+(aq)/H_2(g)$; $S_2O_8^{2-}(aq)/SO_4^{2-}(aq)$; $O_2(g)/H_2O(\ell)$.

a. Dresser la liste de toutes les espèces chimiques présentes en solution avant de débuter l'électrolyse.

b. Écrire les équations des réactions électrochimiques susceptibles de se produire sur chacune des électrodes.

c. Un dégagement gazeux est observé sur chacune des électrodes. Déterminer l'espèce chimique qui est oxydée et celle qui est réduite.

d. Écrire l'équation de la réaction modélisant cette électrolyse.

22 In English please

During electrolysis of water, two gas appear as seen on the following picture.
The electrolysis involves the two oxidant-reducing couples: $O_2(g)/H_2O(\ell)$ and $H_2O(\ell)/H_2(g)$.

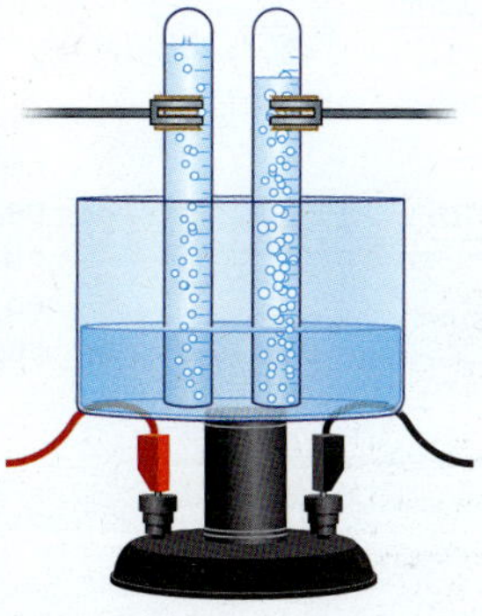

a. Find the corresponding oxidation-reduction reaction.

b. Explain why the volumes of gas are not the same.

23 Écrire des équations de réactions électrochimiques

Lors de la même expérience que celle de l'exercice 16 un dépôt métallique est observé sur l'électrode de droite.

a. En faisant l'inventaire des espèces en solution, indiquer le métal qui se dépose sur cette électrode.

b. En déduire l'équation de la réaction électrochimique associée à cette observation.

24 Calculer une quantité d'électrons

Lors de l'électrolyse de l'aluminium, les réactions électrochimiques modélisant les transformations aux électrodes ont les équations suivantes :

$$3\ H_2O(\ell) + 2\ Al(s) \rightarrow Al_2O_3(s) + 6\ H^+(aq) + 6\ e^-(\text{électrode})$$
$$2\ H^+(aq) + 2\ e^-(\text{ électrode}) \rightarrow H_2(g)$$

a. Exprimer puis calculer la quantité d'électrons échangés entre les électrodes lorsqu'un échantillon d'oxyde d'aluminium $Al_2O_3(s)$ est formé en quantité $n = 0{,}30$ mol.

b. Exprimer puis calculer la quantité d'aluminium consommé correspondante.

Aspects énergétiques

▶ § 2 de la synthèse des activités

EXERCICES RAPIDES

25 GRAND ORAL Présenter oralement en deux minutes maximum à l'ensemble de la classe deux exemples de modes d'obtention d'énergie chimique, l'un issu de la nature, l'autre issu de l'industrie.

26 Citer deux dispositifs qui convertissent de l'énergie chimique en une autre forme d'énergie.

27 Modéliser la photosynthèse

La photosynthèse peut être modélisée par la réaction d'oxydoréduction entre $CO_2(g)$ et $H_2O(\ell)$.

DONNÉES Couples oxydant-réducteur : $CO_2(g)/C_6H_{12}O_6(aq)$ et $O_2(g)/H_2O(\ell)$.

a. Déterminer les demi-équations électroniques correspondant aux deux couples.

b. En déduire l'équation de la réaction modélisant la photosynthèse.

c. Le système chimique, lors de la photosynthèse, évolue en sens opposé à celui donné par le critère d'évolution spontanée. Indiquer la source d'énergie utilisée par les végétaux pour forcer cette transformation.

28 Construire une carte mentale

• L'étiquette centrale doit s'intituler :

Sens d'évolution forcée

• Associer à l'étiquette centrale, par le moyen de votre choix, d'autres étiquettes comprenant au minimum les étiquettes suivantes :

Électrolyse **Générateur** **Photosynthèse**

EXO **Exercices supplémentaires**

EXERCICE RÉSOLU ET COMMENTÉ

29 Fabrication d'un glassmaster

ÉNONCÉ

La duplication en grande quantité d'un CD-Rom nécessite la réalisation d'un glassmaster en nickel. Le disque de base gravé (glassmaster) est métallisé par une fine couche d'argent. Il est ensuite immergé pendant deux heures dans une solution acide de sulfamate de nickel (II) dans laquelle il subit une électrolyse, l'autre électrode étant en nickel, qui est consommé. Il se forme un dépôt de nickel solide sur le glassmaster, de masse $m = 113$ g et de quantité $n_{\text{Ni, formé}} = 1{,}93$ mol.

DONNÉES

- Couple oxydant-réducteur : $Ni^{2+}(aq) / Ni(s)$.

a. Schématiser l'électrolyse en précisant le sens du courant électrique et la polarité des bornes du générateur extérieur. Justifier.

b. Écrire les équations des réactions électrochimiques se déroulant à chaque électrode.

c. Exprimer puis calculer la valeur de l'intensité électrique considérée constante, utilisée pour le dépôt..

S'APPROPRIER
Repérer que le nickel qui doit se former provient d'une réduction car c'est le réducteur du couple.

UNE SOLUTION

a. Pour être réduit en nickel métallique, l'ion nickel (II) capte des électrons au contact du glassmaster. Celui-ci doit donc être relié à la borne négative du générateur extérieur qui fournit ces électrons. Par convention, le courant électrique circule de la borne positive à la borne négative du générateur à l'extérieur de celui-ci.

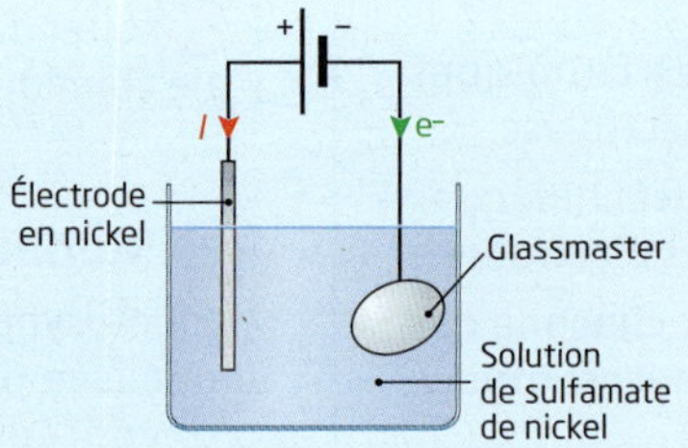

COMMUNIQUER
L'équation de la réaction électrochimique aux électrodes utilise le symbole →; une demi-équation électronique utilise le symbole =.

b. Sur le glassmaster est formé du nickel Ni(s). Une réduction s'y déroule, d'équation : $Ni^{2+}(aq) + 2\,e^-(\text{électrode}) \rightarrow Ni(s)$.
L'autre électrode est le lieu de l'oxydation de Ni(s) : $Ni(s) \rightarrow Ni^{2+}(aq) + 2\,e^-(\text{électrode})$.

ANALYSER-RAISONNER
Se rappeler que la charge échangée permet de relier les quantités de matière au courant électrique et à la durée d'électrolyse.

c. D'après l'équation de la réduction, à une quantité de nickel formé $n_{\text{Ni,formé}}$ correspond une quantité d'électrons échangés $n_{e^-,\text{éch}}$ telle que $\dfrac{n_{\text{Ni,formé}}}{1} = \dfrac{n_{e^-,\text{éch}}}{2}$.

Or $q = n_{e^-,\text{éch}} \times \mathcal{F}$ et $q = I \times \Delta t$, avec q la charge électrique échangée pendant l'électrolyse et Δt la durée d'électrolyse.

Ainsi $I = \dfrac{n_{e^-,\text{éch}} \times \mathcal{F}}{\Delta t} = \dfrac{2n_{\text{Ni,formé}} \times \mathcal{F}}{\Delta t} = \dfrac{2 \times 1{,}93 \text{ mol} \times 9{,}65 \times 10^4 \text{ C}\cdot\text{mol}^{-1}}{2 \times 3\,600 \text{ s}} = 51{,}5$ A.

RÉALISER
Écrire les unités dans les calculs peut être utile, mais n'est pas obligatoire (ici $\mathbf{A = C \cdot s^{-1}}$). L'unité est en revanche indispensable dans l'écriture du résultat final.

APPLICATION Sur le modèle de l'exercice résolu

30 Dorure

Une bague est recouverte d'or par électrolyse en la plongeant dans une solution contenant l'ion or (III) $Au^{3+}(aq)$ en quantité suffisante. La masse d'or ainsi déposé vaut $m = 3{,}0$ mg. Le courant électrique imposé par le générateur a une intensité constante $I = 60$ mA.

DONNÉES

- Couple oxydant/réducteur : $Au^{3+}(aq) / Au(s)$.
- Masse molaire $M(\text{Au}) = 197{,}0$ g·mol⁻¹.

a. Expliquer à quel pôle du générateur extérieur la bague doit être reliée.

b. Exprimer puis calculer la quantité d'or déposé lors de l'électrolyse.

c. Exprimer puis calculer la durée nécessaire de cette électrolyse.

S'AUTOÉVALUER

31 Électrolyse d'une solution de bromure de zinc

Lors d'une électrolyse, deux réactions électrochimiques aux électrodes se produisent, permettant de récupérer deux produits séparément.
L'électrolyse d'une solution de bromure de zinc (Zn^{2+}(aq), 2 Br^-(aq)) avec deux électrodes inattaquables en graphite est mise en œuvre. Le générateur extérieur délivre un courant électrique d'intensité constante $I = 0{,}12$ A pendant une durée $\Delta t = 20$ minutes. Un dépôt métallique sur une des électrodes et l'apparition d'une couleur jaune autour de l'autre électrode sont observés.

DONNÉES
- Masse molaire $M(Zn) = 65{,}4\ g \cdot mol^{-1}$.
- Couples oxydant-réducteur : Zn^{2+}(aq)/Zn(s) ; Br_2(aq)/Br^-(aq).
- En solution aqueuse à faible concentration, le dibrome Br_2 donne une couleur jaune-orangée à la solution.

a. Déterminer l'équation de la réaction électrochimique à chaque électrode, puis l'équation de la réaction d'électrolyse.

b. Exprimer puis calculer la quantité de matière $n_{e^-,\text{éch}}$ d'électrons échangés pendant cette électrolyse.

c. En déduire la masse du dépôt métallique obtenu.

INDICATEURS DE RÉUSSITE	NIVEAU A	B	C	D
ANALYSER-RAISONNER				
• Les résultats expérimentaux sont pris en compte pour déterminer les produits des deux réactions électrochimiques. • La quantité d'électrons échangés est reliée à la quantité de zinc formé en utilisant une équation de réaction électrochimique.				
RÉALISER				
Les deux équations de réactions électrochimiques sont correctement écrites.				
CONNAÎTRE				
La relation entre intensité, durée d'électrolyse et quantité d'électrons échangés est rappelée.				

32 Eau de Javel GRAND ORAL

ANA-RAI Proposer une stratégie de résolution **RÉA** Effectuer un calcul

L'eau de Javel est préparée industriellement par réaction entre le dichlore Cl_2(g) et la soude (Na^+(aq), HO^-(aq)). Le dichlore est obtenu par électrolyse d'une solution aqueuse de chlorure de sodium (Na^+(aq), Cl^-(aq)).

a. Préciser la transformation subie par l'ion chlorure lors de l'électrolyse. Écrire l'équation de la réaction électrochimique modélisant cette transformation.

b. Afin de préparer en 90 minutes une solution commerciale d'eau de Javel, il faut obtenir 0,525 mmol de dichlore à partir de la solution électrolysée. Déterminer la quantité d'électrons nécessaire puis l'intensité I du courant électrique qui doit circuler dans l'électrolyseur.

c. Présenter à l'oral, sur le support de votre choix, un schéma complet de cette électrolyse en précisant les formes d'énergies mises en jeu.

33 ✱ Compteur électrique d'Edison

RÉA Effectuer un calcul
ANA-RAI Formuler une hypothèse

Entre 1882 et 1895, les habitations étaient alimentées en courant électrique continu. Le scientifique américain Thomas Edison (1847-1931) a mis en place un appareil permettant de mesurer « l'électricité consommée » : 10 % du courant de chaque habitation était dérivé vers une cellule électrolytique dont une des électrodes en zinc plongeait dans une solution de sulfate de zinc (Zn^{2+}(aq), SO_4^{2-}(aq)). Une fois par mois, l'électrode était débranchée, rincée, séchée, puis pesée.
Lors d'un relevé pour une maison, après une durée de consommation électrique $\Delta t = 30$ jours, une masse $m = 34$ g de zinc avait été déposé sur l'électrode.

DONNÉE Masse molaire $M(Zn) = 65{,}4\ g \cdot mol^{-1}$.

a. Exprimer puis calculer la quantité de matière n_{Zn} de zinc déposé pendant ces 30 jours.

b. Exprimer puis calculer la charge électrique totale q ayant circulé dans la cellule pendant cette même durée. L'exprimer en A·h.

c. Exprimer puis calculer la « consommation d'électricité », en A·h, de la maison considérée.

d. Proposer un moyen permettant d'éviter de réalimenter la cellule électrolytique en ion Zn^{2+}(aq) tous les mois.

34 ✱ Étamer des boîtes de conserve

ANA-RAI Utiliser une analyse dimensionnelle
RÉA Effectuer un calcul

Le fer-blanc est un acier recouvert d'étain, utilisé pour fabriquer des boîtes de conserve. Le procédé, appelé étamage, est réalisé par voie électrolytique grâce à une solution contenant l'ion étain (II) Sn^{2+}(aq). Une des électrodes utilisées est en étain, l'autre est la boîte de conserve. Les dépôts d'étain ont une épaisseur $\ell = 90\ \mu m$ et une masse par unité de surface $m_s = 0{,}50\ g \cdot m^{-2}$.
L'intérieur et l'extérieur d'une boîte de conserve cylindrique de rayon $r = 4{,}0$ cm et de hauteur $h = 8{,}0$ cm sont étamés grâce à un courant électrique d'intensité constante $I = 6{,}0$ A.

DONNÉE Masse molaire $M(Sn) = 119\ g \cdot mol^{-1}$.

a. Préciser à quel pôle du générateur extérieur doit être reliée la boîte de conserve.

b. Écrire les équations des réactions électrochimiques d'oxydation et de réduction aux électrodes.

c. Montrer que la surface à étamer vaut $S = 6,0 \times 10^{-2}$ m².

d. Calculer la masse m_{Sn} d'étain à déposer et la durée Δt de l'électrolyse.

35 ✱ Rails de chemin de fer

ANA-RAI Utiliser une analyse dimensionnelle
RÉA Effectuer un calcul

La préparation du manganèse métallique, utilisé pour la fabrication des rails de chemin de fer, se fait par électrolyse d'une solution de sulfate de manganèse (II) (Mn^{2+}(aq), SO_4^{2-}(aq)) acidifiée par du sulfate d'ammonium (2 NH_4^+(aq), SO_4^{2-}(aq)).

DONNÉES • Couples oxydant-réducteur : H^+(aq) / H_2(g) ; Mn^{2+}(aq) / Mn(s) ; $S_2O_8^{2-}$(aq) / SO_4^{2-}(aq) ; O_2(g) / H_2O(ℓ).
• Masse molaire : M(Mn) = 54,9 g·mol⁻¹.

1. Expliquer pourquoi le sulfate d'ammonium permet d'acidifier la solution.

2. Dresser la liste des espèces chimiques présentes en solution afin de prévoir toutes les réactions électrochimiques susceptibles de se produire aux électrodes.

3. En opérant sous une tension de 5,0 V pour une intensité $I = 35,0$ kA, seul du manganèse se forme et un dégagement de dioxygène est observé.
a. Écrire l'équation de la réaction modélisant l'électrolyse.
b. Exprimer puis calculer la masse maximale m_{max} de métal qu'il est possible d'obtenir chaque jour.
c. En réalité, la masse de métal obtenu est $m_{exp} = 530$ kg. Interpréter cette constatation expérimentale et calculer le rendement de la synthèse de manganèse.
d. Exprimer puis calculer la consommation massique d'énergie (en J·kg⁻¹), c'est-à-dire l'énergie nécessaire pour déposer un kilogramme de manganèse.

36 ✱✱ Retour sur l'ouverture du chapitre

ANA-RAI Proposer un modèle
RÉA Effectuer un calcul

Afin d'obtenir des clous en fer d'une jolie couleur, il est possible de les recouvrir de cuivre. Inversement, il est possible de rénover ces clous lorsque le résultat voulu n'est pas atteint.
Un clou en fer est introduit dans une solution de sulfate de cuivre (II) (Cu^{2+}(aq),SO_4^{2-}(aq)).

DONNÉES Couples oxydant-réducteur : Cu^{2+}(aq) / Cu(s) ; Fe^{2+}(aq) / Fe(s) ; O_2(g) / H_2O(ℓ) ; H_2O(ℓ) / H_2(g).

1. Écrire l'équation de la réaction modélisant la transformation qui peut avoir lieu entre l'ion cuivre (II) et le fer.

2. Exprimer puis calculer le quotient de réaction à l'état initial $Q_{r,i}$.

3. La constante d'équilibre de cette réaction est $K(T) = 1 \times 10^{37}$ à 25 °C.
a. Déterminer le sens d'évolution spontanée du système chimique.
b. En déduire le lieu de formation du cuivre métallique.

4. À l'équilibre, la solution obtenue, qui ne contient plus d'ion cuivre (II), est introduite dans un tube en U. Une électrode inattaquable en graphite est placée dans l'une des branches du tube et le clou recouvert de cuivre dans l'autre. La borne positive d'un générateur extérieur est reliée au clou et la borne négative à l'électrode en graphite.
a. Préciser les équations des réactions électrochimiques susceptibles d'avoir lieu sur chacune des électrodes.
b. La formation d'un solide gris sur l'électrode en graphite et la consommation du dépôt rouge qui recouvrait le clou sont observées. Écrire l'équation de la réaction modélisant l'électrolyse.
c. Préciser, par un critère quantitatif, dans quel sens évolue à présent le système.
d. Expliquer pourquoi il est possible de parler de stockage d'énergie chimique dans ce cas.

DIFFÉRENCIATION

37 ✱✱ Constante de Faraday

RÉA Effectuer un calcul
VAL Comparer à une valeur de référence

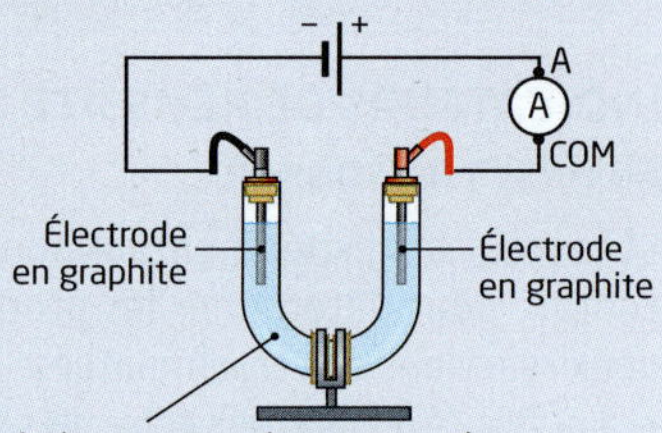

Solution aqueuse de concentration en quantité d'iodure de potassium $c = 1,0$ mol·L⁻¹

La constante de Faraday correspond à la charge électrique d'une mole de charge élémentaire. Cette constante peut être déterminée expérimentalement par une expérience d'électrolyse. L'électrolyse d'une solution d'iodure de potassium est ainsi réalisée dans un tube en U.
L'électrolyse est maintenue pendant une durée $\Delta t = 10$ min et le générateur extérieur délivre un courant électrique d'intensité constante $I = 10$ mA. À l'issue de cette électrolyse, le contenu du tube en U est versé dans un bécher. Les électrodes et le tube sont rincés et les eaux de rinçage sont ajoutées dans le bécher. Le diiode formé est alors titré par une solution de thiosulfate de sodium (Na^+(aq) / $S_2O_3^{2-}$(aq)) de concentration en quantité de matière $c' = 10$ mmol·L⁻¹. Le volume $V_{éqv}$ versé à l'équivalence vaut 6,1 mL.

DONNÉES Couples oxydant-réducteur : I_2(aq) / I^-(aq) ; K^+(aq) / K(s) ; H_2O(ℓ) / H_2(g) ; O_2(g) / H_2O(ℓ) ; $S_4O_6^{2-}$(aq) / $S_2O_3^{2-}$(aq).

a. Déterminer l'équation de la réaction d'électrolyse.
b. Déterminer l'équation de la réaction support du titrage.
c. À partir de la valeur du volume à l'équivalence obtenu, déterminer la quantité de diiode titré.
d. En déduire la valeur de la constante de Faraday.
e. Comparer à la valeur donnée dans les tables. Discuter des sources d'erreurs possibles.

■ *Aides à la fin du manuel.*

38 Réaliser un schéma le jour du grand oral

RESSOURCE

- Video : www.youtube.com/watch?v=uyMA7padCKk

Le physicien français Gaston Planté (1831-1889) construit le premier accumulateur au plomb en 1859, toujours utilisé de nos jours dans les batteries des voitures. Une batterie correspond à l'association en série de plusieurs accumulateurs.

Un élève prépare un schéma de fonctionnement d'un accumulateur au plomb afin de le présenter au jury.

ÉTAPE 1 S'approprier le sujet à l'écrit

Au cours de la décharge, un accumulateur évolue en suivant le critère d'évolution spontanée : il fonctionne comme une pile. Dans une voiture, cela permet d'allumer les bougies et de faire démarrer le moteur.

Au cours de la charge, l'accumulateur évolue de façon forcée, en sens opposé à celui de sa décharge : il fonctionne comme un électrolyseur. Le générateur extérieur qui impose le sens du courant électrique fonctionne, dans la voiture, grâce au moteur. La batterie se recharge donc lorsque la voiture roule.

$Pb(s)$ et $PbO_2(s)$ interviennent dans deux couples dont les demi-équations électroniques s'écrivent :

$$PbSO_4(s) + 2\,e^- = Pb(s) + SO_4^{2-}(aq)$$

et

$$PbO_2(s) + 4\,H^+(aq) + SO_4^{2-}(aq) + 2\,e^- = PbSO_4(s) + 2\,H_2O(\ell)$$

ÉTAPE 2 Traduire le texte par un schéma

Un schéma de l'accumulateur en mode charge :

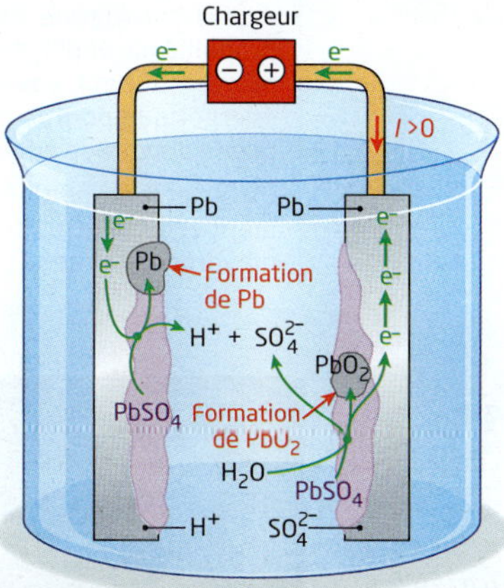

Questions

1 Liens Avec l'aide de la vidéo et des informations fournies dans les **ÉTAPES 1 ET 2**, déterminer les équations des réactions électrochimiques qui se produisent à chacune des électrodes de l'accumulateur lors du démarrage de la voiture, puis lors de sa recharge.

2 En déduire, dans les deux cas, l'équation de la réaction modélisant le fonctionnement de l'accumulateur.

3 Réaliser un schéma analogue à celui présenté pour un accumulateur au plomb qui fonctionne en mode décharge. Présenter oralement ce mode de fonctionnement en vous appuyant sur le schéma.

MÉTIERS ET ORIENTATION

Le (la) **ferronier(ère) d'art** est un créateur qui conçoit puis réalise des ouvrages en fer (portails, rampes d'escaliers, etc.), en cuivre ou en acier. Sa connaissance des propriétés physiques et chimiques des métaux lui permet d'élaborer des structures complexes. Il peut être amené à améliorer l'aspect de ses créations en mettant en œuvre des électrolyses.

Formation

Bac +3 : Diplôme national des métiers d'art et du design, mention matériaux.

Conseil !

- Le jour du Grand oral, vingt minutes sont prévues afin de préparer un schéma sur une feuille. Un schéma complexe ne peut pas être mémorisé si l'ensemble des phénomènes présentés n'ont pas été parfaitement compris.
- Ne pas écrire de phrase sur le schéma. Utiliser le plus possible des symboles compréhensibles par tous (formules chimiques, équations de réaction, symboles électriques, etc.).
- Utiliser des couleurs de manière pertinente : par exemple, tous les réactifs à base de plomb d'une couleur et les produits d'une autre couleur.

Préparation du Grand oral

Exemples de questions

RAPPEL : les questions à préparer pour le Grand oral portent sur les deux enseignements de spécialité soit pris isolément, soit abordés de manière transversale. Ces deux questions mettent en lumière certains enjeux du ou des programmes de Première et de Terminale de ces enseignements (➜ **Fiche Bac 4** p. 513).

QUESTION 1 Pourquoi utiliser du dihydrogène comme réservoir d'énergie ?

• **Contexte expliquant l'intérêt de la question posée**

Aujourd'hui, les énergies fossiles représentent plus de 80 % de la consommation mondiale d'énergie, et les transports dépendent notamment à 92 % du pétrole.

Un des grands enjeux de la société est de permettre à chacun d'accéder à l'énergie dont il a besoin tout en respectant et préservant l'environnement. L'hydrogène est l'une des réponses à cet enjeu majeur.

• **Ressources utiles**

➜ **Chapitre 6** de ce manuel pour revoir la notion de pile.

➜ **Chapitres *Oxydoréduction*, *Énergie électrique*, *Combustion*** du manuel de Première Spécialité Physique-Chimie.

➜ **Chapitre *Les atouts de l'électricité*** du manuel de Terminale Enseignement scientifique pour réviser les grandes notions d'électricité.

➜ **Sites Internet avec les mots-clés :** dihydrogène, énergie décarbonée, vecteur d'énergie, pile à combustible, électrolyse de l'eau.

• **Expériences possibles pour modéliser le phénomène étudié**

Mesurer le rendement d'un petit panneau solaire du laboratoire.
Déterminer le rendement énergétique d'un électrolyseur.
Déterminer le rendement énergétique d'une pile à combustible.

POUR ALLER PLUS LOIN

• Rechercher l'énergie consommée par l'établissement scolaire lors d'une journée et lors d'une nuit, puis en un an. Confronter cette énergie consommée chaque mois avec l'énergie lumineuse solaire disponible en moyenne pour chaque mois.

• Le dihydrogène est actuellement produit à partir d'hydrocarbures. Déterminer l'impact environnemental et énergétique pour la production d'une masse donnée de dihydrogène.

• Trouver les conditions de conditionnement et les contraintes de stockage du dihydrogène et de sa distribution.

QUESTION 2 À quoi sert une batterie de voiture à moteur thermique ? Comment modéliser son fonctionnement ?

• **Contexte expliquant l'intérêt de la question posée**

Plus d'un milliard de voitures circulent dans le monde, en majorité à moteur thermique, et donc plus d'un milliard de batteries (ou accumulateurs au plomb) subissent des cycles décharges-charges sans lesquels une voiture ne peut pas démarrer.

• **Ressources utiles**

➜ **Chapitre 6 de ce manuel** pour réviser la notion d'équilibre.

➜ **Chapitres *Oxydoréduction*** et ***Énergie électrique*** du manuel de Première Spécialité Physique-Chimie.

➜ **Chapitre *Les atouts de l'électricité*** du manuel de Terminale Enseignement scientifique.

➜ **Sites internet avec les mots-clés :** accumulateur au plomb, voiture fonctionnement, acide sulfurique, etc.

• **Expérience pour modéliser le phénomène étudié** Protocole

Fabrication d'un accumulateur au plomb.

POUR ALLER PLUS LOIN

• Faire une recherche sur un aspect économique ou environnemental du cycle de vie des accumulateurs au plomb (matières premières, procédés de fabrication, collectes, déchets, procédés de recyclage).

• Le premier accumulateur au plomb fabriqué à grande échelle a été mis au point par Gaston Planté. Certains lycées ont conservé de tels accumulateurs qui servaient aux expériences. Rechercher si le lycée possède un tel accumulateur ; le cas échéant, l'utiliser comme support de la présentation orale.

Exemple de support pour le Grand oral

QUESTION 2 **À quoi sert une batterie de voiture à moteur thermique ? Comment modéliser son fonctionnement ?**

DISCUTER DU RÉSULTAT OBTENU

Bien insister sur le fait que l'expérience n'est qu'une modélisation et non pas ce qui se passe réellement à l'intérieur d'une batterie de voiture à moteur thermique. Par exemple, la charge de la batterie ne peut pas être exactement complète, ce qui entraîne une usure de la batterie qu'il faut ensuite recycler.

RAPPEL : les deux questions préparées au cours de l'année de Terminale et éventuellement de Première durant les deux enseignements de Spécialité sont transmises au jury, qui choisit la question à présenter durant le Grand oral. Durant la préparation, un support, à remettre au jury au début de la présentation orale, peut être réalisé sur une feuille.

Support

Accumulateur au plomb d'une voiture thermique

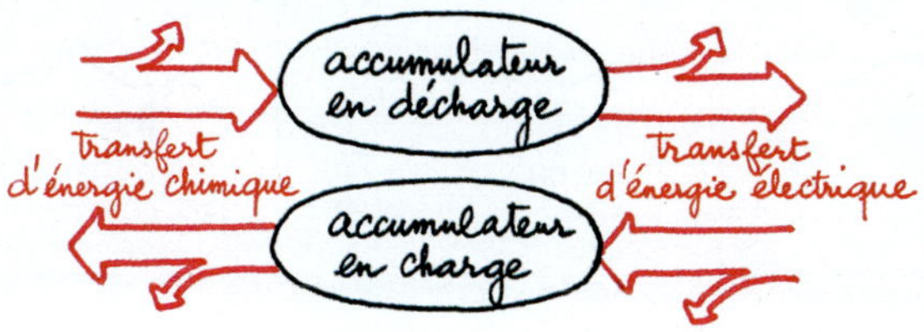

Être capable de dessiner de mémoire le schéma modélisant la constitution d'un accumulateur au plomb. Expliquer ce schéma en faisant correspondre chaque élément de la modélisation avec la réalité : par exemple, lors de sa décharge, un accumulateur au plomb fait briller une LED (expérience) alors qu'une batterie de six accumulateurs fait fonctionner le démarreur (réalité).

Expérience modèle

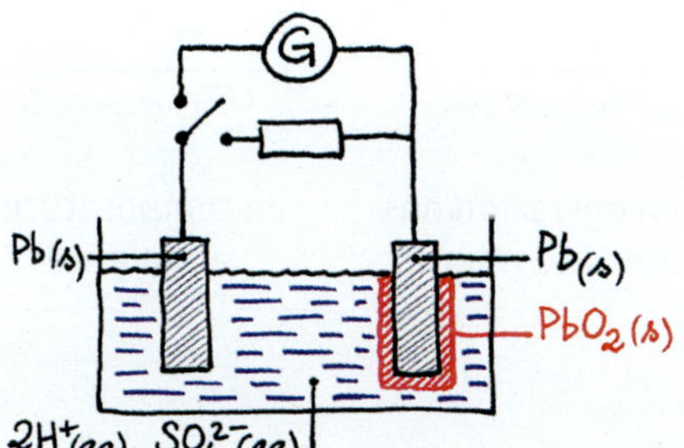

Voiture

- six paires d'électrodes : 12 volts
- acide sulfurique plus concentré

Bien maîtriser les notions d'oxydoréduction pour montrer que le fonctionnement de l'accumulateur en charge est opposé à son fonctionnement en décharge. Utiliser un vocabulaire rigoureux et rester précis.

décharge : — LED (modèle) — démarreur (voiture)

$$PbO_2(s) + Pb(s) + 4H^+(aq) + 2SO_4^{2-}(aq) \rightleftharpoons 2Pb(SO_4)(s) + 2H_2O(\ell)$$

charge : — générateur électrique (modèle) — alternateur (voiture)

9 Optimisation d'une synthèse

Se tester pour commencer — **Choisir la réponse exacte.**

EXO **QCM interactif**

	A	B	C
1 **La molécule représentée ci-dessous se nomme :** 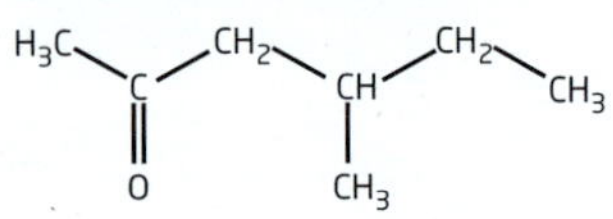	4-méthylhexan-2-one	2-méthylhexan-5-one	4-méthylhexan-2-ol
2 **La molécule représentée ci-contre a pour formule semi-développée :** 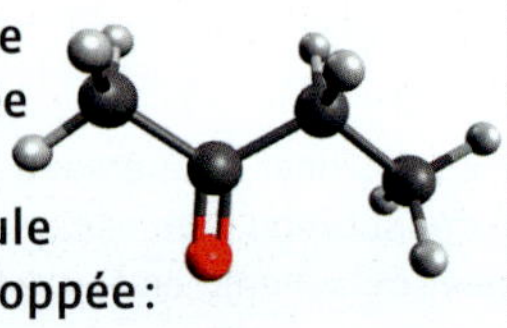	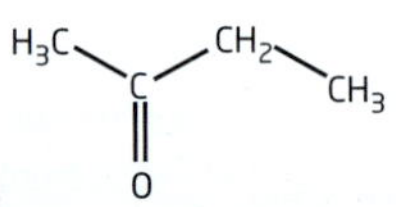	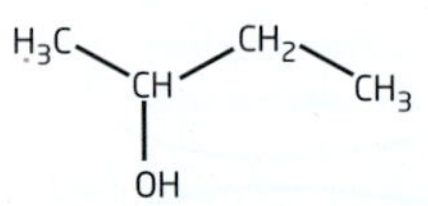	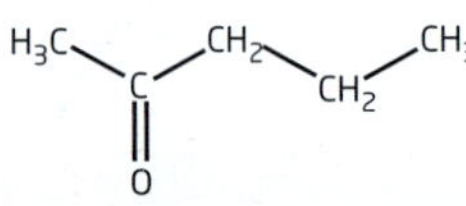
3 **Un système chimique évolue spontanément dans le sens direct si le quotient de réaction Q_r et la constante d'équilibre $K(T)$ vérifient :**	$Q_r > K(T)$	$Q_r = K(T)$	$Q_r < K(T)$
4 **Le rendement r d'une synthèse est défini par :**	$r = \frac{m_{\text{exp,produit}}}{m_{\text{max,produit}}}$	$r = \frac{m_{\text{ini,réactif}}}{m_{\text{max,produit}}}$	$r = \frac{m_{\text{exp,produit}}}{m_{\text{tous les réactifs}}}$
5 **La vitesse de formation d'un produit augmente toujours si :**	la concentration des réactifs augmente	la concentration des produits augmente	la température augmente

Vidéo débat — GRAND ORAL

La synthèse industrielle de l'ammoniac se fait dans des conditions précises de température, de pression et de proportions initiales de réactifs.

Comment justifier les choix des conditions d'une synthèse ?

→ Exercice 42 page 221

Le Kevlar® est un polymère utilisé notamment pour le matériel des sports nautiques.

Quelles sont les particularités de cette « molécule » ?

→ Exercice 17 page 210

CAPACITÉS EXIGIBLES	Activités	Exercices corrigés
Exploiter des règles de nomenclature pour nommer une espèce chimique ou représenter l'entité associée.	1 2	24
Représenter des formules topologiques d'isomères de constitution, à partir d'une formule brute ou semi-développée.	2	6 13 24
Identifier le motif d'un polymère à partir de sa formule.	4	24 30
Citer des polymères naturels et synthétiques et des utilisations courantes des polymères.	4	30
Identifier, dans un protocole, les opérations réalisées pour optimiser la vitesse de formation d'un produit.	3	7 32
Justifier l'augmentation du rendement d'une synthèse par introduction d'un excès d'un réactif ou par élimination d'un produit du milieu réactionnel.	3	7 26 32
Mettre en œuvre un protocole de synthèse pour étudier l'influence de la modification des conditions expérimentales sur le rendement ou la vitesse.	3	

Activité documentaire

Notions
• Nomenclature
• Familles fonctionnelles
▸ § 1 p. 206

1 Bien nommer pour se comprendre

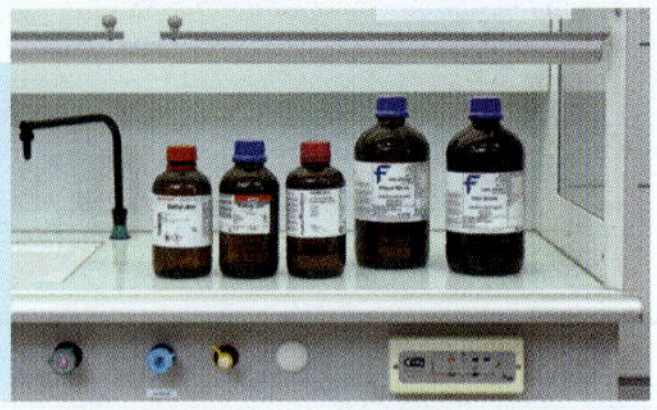

Une synthèse en chimie organique ne se déroule pas toujours en milieu aqueux : il est possible d'utiliser d'autres solvants, choisis pour leur structure et leurs propriétés particulières.

● **Comment identifier le solvant choisi à partir de son nom ?**

DOCUMENT Synthèse d'un solvant

Le DMF (diméthylformamide) est un solvant en général choisi en raison de sa miscibilité à l'eau et à la majorité des liquides organiques, ainsi que pour sa température d'ébullition élevée. Sa synthèse est réalisée par aminolyse d'un ester, d'équation de réaction ci-contre.

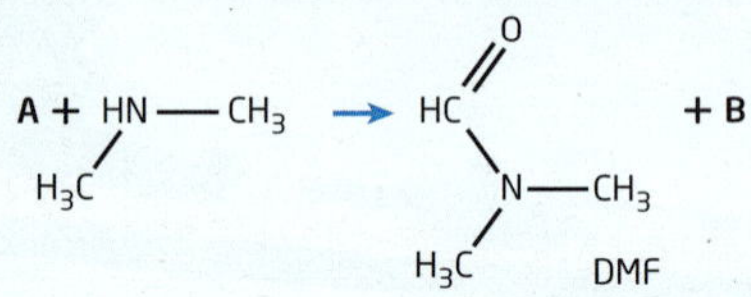

DONNÉES Nomenclature des molécules

Le nom d'une molécule se décompose en trois parties : un préfixe, un radical et un suffixe.
Remarque : en nomenclature française des esters, le préfixe est indiqué à la fin du nom de la molécule.

	Famille des amines	Famille des amides	Famille des esters
Groupe caractéristique	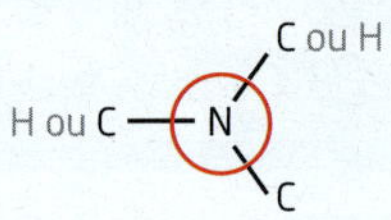	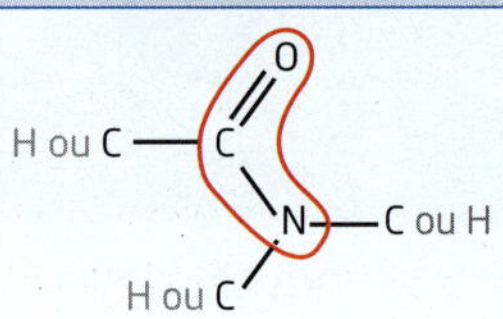	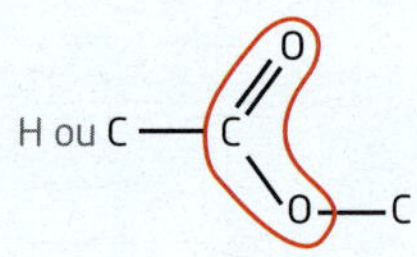
Exemple utilisé comme solvant	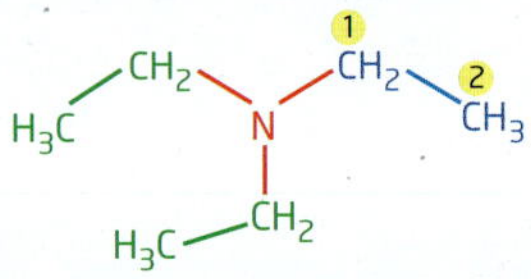	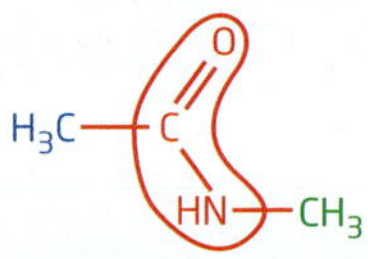	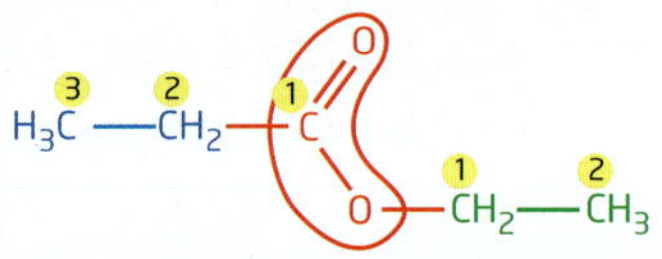
Nom	*N,N*-diéthyléthan-1-amine	*N*-méthyléthanamide	Propanoate d'éthyle

Questions

Pour répondre aux questions ➜ **Fiche méthode 5**, p. 518

1 S'APPROPRIER

a. Recopier les formules semi-développées données dans le DOCUMENT. Pour chacune, entourer son groupe caractéristique et indiquer à quelle famille fonctionnelle la molécule appartient.

b. En s'inspirant du nom donné au procédé de synthèse, déterminer la famille fonctionnelle à laquelle appartient la molécule **A**.

2 ANALYSER-RAISONNER

a. La molécule **A** est nommée méthanoate d'éthyle. Représenter sa formule semi-développée.

b. Nommer les molécules dont les formules semi-développées sont données dans le DOCUMENT.

c. Déterminer la formule semi-développée et le nom de l'alcool **B** qui est également formé au cours de la transformation étudiée.

3 COMMUNIQUER

Construire un organigramme permettant de comprendre comment une molécule organique est nommée à partir de sa formule semi-développée.

2 À la recherche du bon isomère

Notions
- Formule topologique
- Isomérie de constitution

▸ § 1 p. 206

Un vétérinaire à la recherche d'un médicament de formule brute C_4H_9Cl remarque que quatre espèces correspondent à cette même formule brute.

● **Comment faire la différence entre ces quatre espèces chimiques ?**

DONNÉES 1 **Formules topologiques** ▷ Vidéo

La formule topologique d'une molécule est une représentation moléculaire simplifiée.
Exemple : acide 4-oxopentanoïque (ou acide lévulinique)

Formule semi-développée	Modèle moléculaire	Formule topologique
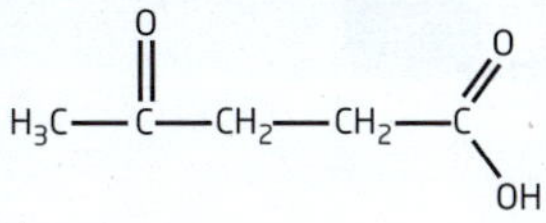	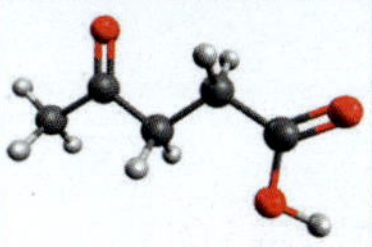	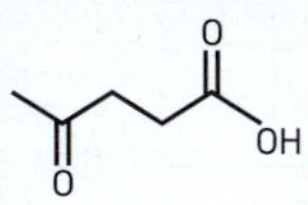

DONNÉES 2 **Halogénoalcanes**

Un halogénoalcane est obtenu à partir d'un alcane pour lequel un atome d'hydrogène est substitué par un atome d'halogène (fluor, chlore, brome ou iode).
Les halogénoalcanes sont des dérivés d'alcane : le groupe halogéno est mentionné en préfixe dans le nom, au même titre que des ramifications carbonées.
Exemple : 2-chloro-3-méthylpentane

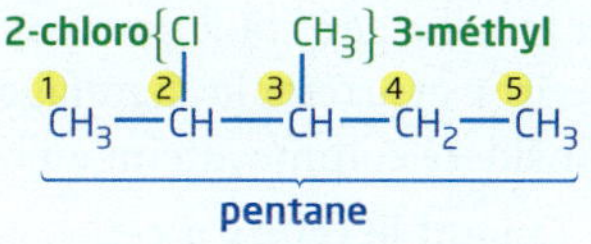

DONNÉES 3 **Vocabulaire**

■ Deux espèces chimiques différentes sont **isomères de constitution** si elles possèdent la même formule brute, mais des formules semi-développées différentes.
■ L'**isomérie** est la relation entre des molécules isomères.

Questions

Pour répondre aux questions ➜ **Fiche méthode 5**, p. 518

1 ANALYSER-RAISONNER

Expliquer comment la formule topologique de la molécule présentée dans les **DONNÉES 1** a été obtenue.

2 RÉALISER

a. À l'aide des modèles moléculaires, proposer une structure pour l'espèce recherchée par le vétérinaire.
b. Comparer les différentes propositions faites dans la classe : sont-elles toutes identiques ?
c. Montrer qu'il existe quatre molécules ayant la formule brute recherchée : représenter la formule topologique de chacune et les nommer.

3 ANALYSER-RAISONNER

a. Indiquer le nom donné à la relation entre les quatre molécules représentées à la réponse **2. c**.

b. Pour répondre à la question **2. a**, un élève a construit le modèle moléculaire de formule topologique ci-contre et un autre élève celui du chlorocyclobutane.

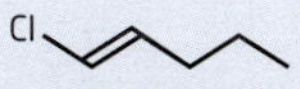

Expliquer pourquoi ces propositions ne conviennent pas.

4 VALIDER Liens

Sachant que la molécule recherchée par le vétérinaire a une température d'ébullition de 78 °C, l'identifier formellement en s'aidant d'une banque de données (*Chemspider* ou *PubChem*).

RESSOURCES
- Vidéo de l'acide lévulinique en rotation
- Banques de données :
  – chemspider.com
  – pubchem.ncbi.nlm.nih.gov

Activité expérimentale

3 Augmenter un rendement

Notions
- Optimisation du rendement
- Optimisation de la vitesse

▸ § 2 p. 207

Beaucoup de synthèses ont un rendement faible, en particulier parce que les transformations associées sont limitées. C'est notamment le cas de la synthèse de l'éthanoate de benzyle, un ester à l'odeur de jasmin.

● **Comment augmenter le rendement de la synthèse de l'éthanoate de benzyle ?**

PROTOCOLE

Matériel

La classe est répartie en six groupes.

1. Dans un ballon sec, introduire 5,0 mL d'alcool benzylique et le volume d'acide éthanoïque indiqué ci-dessous.

Groupe	1	2	3	4	5	6
Volume d'acide éthanoïque (en mL)	2,8	5,5	11,0	16,5	22,0	27,5

2. Dans le ballon, ajouter cinq gouttes d'acide sulfurique concentré (permettant d'apporter des ions H^+ au milieu réactionnel) et trois grains de pierre ponce.

3. Adapter le réfrigérant à eau au ballon, puis chauffer le mélange à ébullition douce pendant 25 minutes environ et arrêter le chauffage. L'état d'équilibre est considéré comme atteint au bout de 25 minutes.

4. Quand le reflux a cessé, ajouter dans le ballon 100 mL d'eau glacée et agiter le mélange.

5. Prélever un échantillon du milieu réactionnel dont le volume vous est indiqué par votre professeur.

6. Procéder alors au titrage de l'acide éthanoïque restant dans le prélèvement (➔ DOCUMENT).

DOCUMENT Titrage colorimétrique

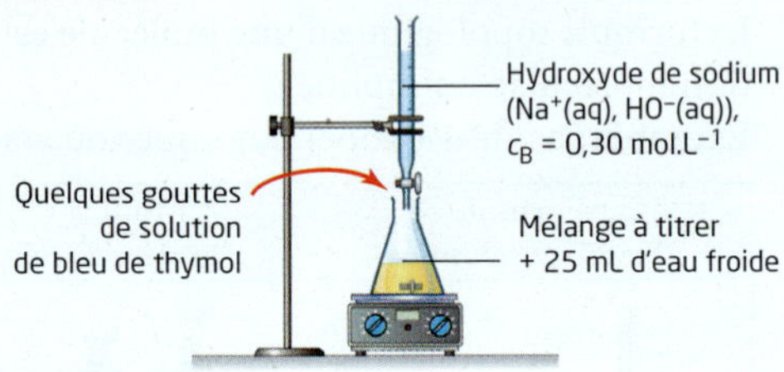

DONNÉES

■ **Équation de la réaction d'estérification**

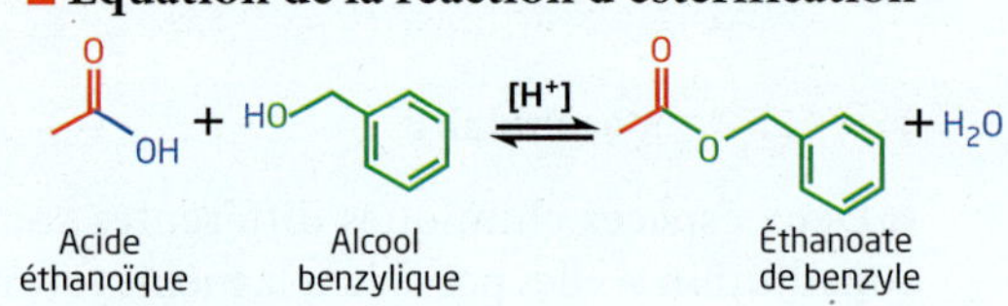

■ **Caractéristiques physico-chimiques**

Espèce	Alcool benzylique	Acide éthanoïque	Éthanoate de benzyle
Sécurité	⟨!⟩	⟨corrosif⟩ ⟨inflammable⟩	⟨!⟩
Masse molaire (en $g \cdot mol^{-1}$)	108,1	60,1	150,2
Densité	1,04	1,05	1,05

Questions

1 RÉALISER

a. Tableur Mettre en œuvre le protocole de synthèse correspondant à votre groupe.

b. Réaliser le titrage et noter le volume à l'équivalence.

2 ANALYSER-RAISONNER

a. Écrire l'équation de la réaction support du titrage.

b. Déterminer la quantité de matière de chacun des réactifs introduits.

c. Déterminer la quantité d'acide titré, puis celle d'acide restant dans le mélange réactionnel.

d. En déduire la quantité d'ester formé.

e. Rassembler dans un tableau les résultats obtenus par l'ensemble des groupes.

4 VALIDER

a. Déterminer dans quelles conditions expérimentales le rendement de la synthèse est optimisé.

b. Identifier les opérations réalisées pour augmenter la vitesse de formation de l'éthanoate de benzyle.

RESSOURCES
- Liste du matériel
- Tableau des volumes à prélever suivant les groupes

documentaire **Activité**

4 Les polymères, matériaux incontournables

Notions
- Polymère
- Motif d'un polymère

▸ § 1 p. 206

La nature est capable de produire des macromolécules, c'est-à-dire des molécules de « très grande masse ». L'amidon contenu dans de nombreuses plantes en est un exemple. Les industriels sont également capables de synthétiser de tels matériaux, comme le PVC (polychlorure de vinyle) utilisé pour fabriquer des tuyaux en plomberie.

● **Quels sont les points communs entre l'amidon et le PVC ?**

DOC. 1 **Structure moléculaire de l'amidon**

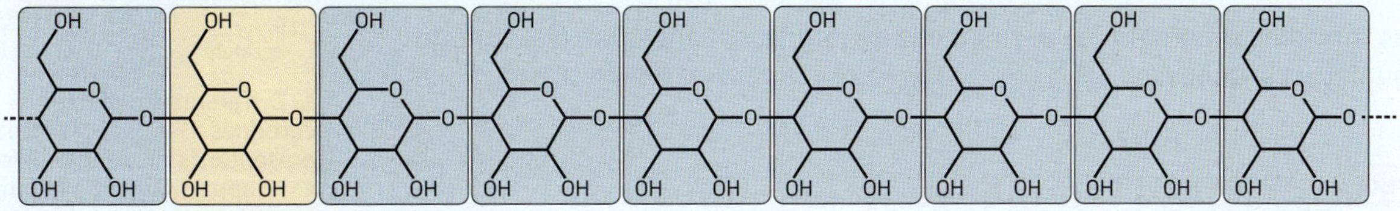

Un motif possible

DOC. 2 **Structure moléculaire du PVC**

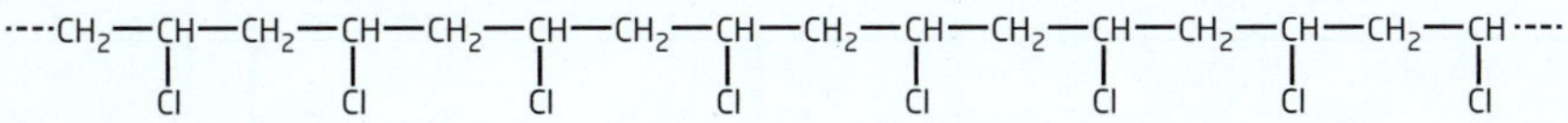

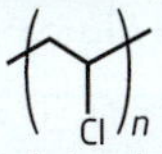

Formule topologique d'un motif possible, *n* entier positif

DOC. 3 **Quelques aspects de la chimie des polymères**

Documentation

Polymères naturels	Recyclage des polymères	Polymères de taille variable
Exemple : caoutchouc (extrait de l'hévéa)	Exemple : tri des plastiques	Exemple : textile hydrophobe

Questions

1 S'APPROPRIER

Reproduire la structure moléculaire du PVC et entourer un motif possible.

2 ANALYSER-RAISONNER

Justifier la représentation du PVC sous la forme d'une formule topologique d'un motif.

3 RÉALISER-COMMUNIQUER — GRAND ORAL

Préparer une présentation orale d'environ trois minutes pour présenter à l'ensemble de la classe un aspect des polymères proposé dans le **DOC. 3**.

Présenter l'exposé à l'oral à l'ensemble de la classe, sans support visuel et sans note.

RESSOURCES
- Documentation relative à un aspect des polymères

Synthèse des activités

Podcast | Texte DYS

1 Structure et propriétés

1.1 Formule topologique

Dans la **formule topologique** d'une molécule organique :
- la chaîne carbonée est représentée par une ligne brisée ;
- seuls les atomes *X* autres que ceux de carbone et d'hydrogène sont écrits, ainsi que les atomes d'hydrogène liés à ces atomes *X*.

Les liaisons doubles sont représentées par un double trait.

Exemple L'acide lactique, de formule brute $C_3H_6O_3$ est présent dans le lait et a pour formules semi-développée et topologique :

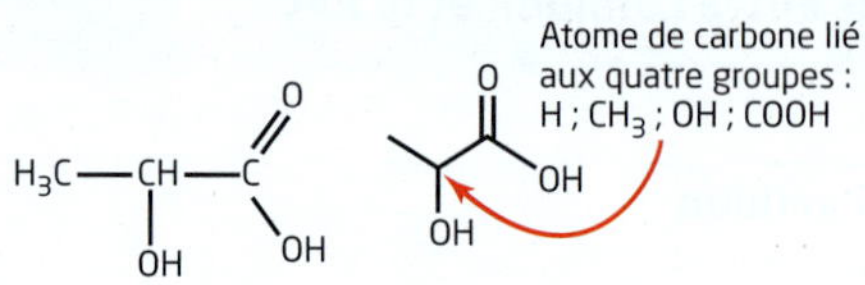

Les formules topologiques permettent de mieux visualiser la structure du squelette carboné (**DOC. 1**).

1.2 Quelques familles fonctionnelles

Le nom d'une espèce chimique se décompose en trois parties : un **préfixe**, un **radical** et un **suffixe** (→ **Fiche méthode 5**, p. 518). Quelques familles fonctionnelles ont été étudiées en classe de Première (**DOC. 2**). D'autres sont à connaître en classe de Terminale, regroupées dans le tableau ci-dessous.

Groupe caractéristique	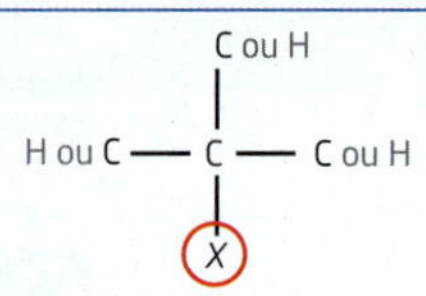 (*X* : F, Cl, Br ou I)	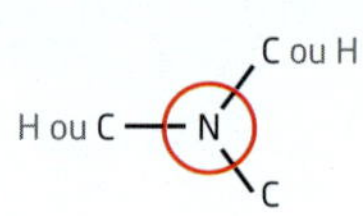	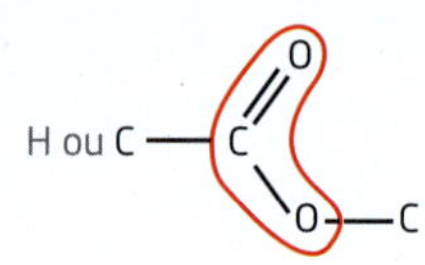	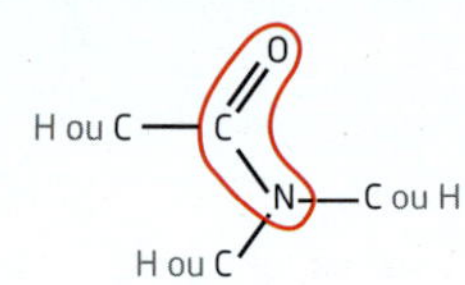
Famille fonctionnelle	Halogénoalcane	Amine	Ester	Amide
Suffixe	...ane	...amine	...oate	...amide
Exemple	2-bromo-2-méthylbutane 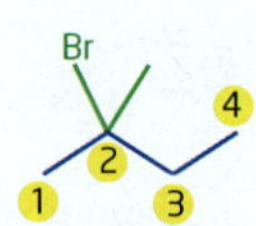	2-méthylpropan-1-amine 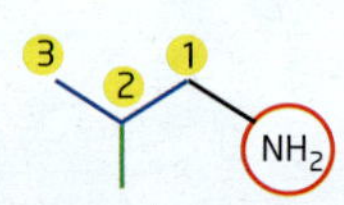	Éthanoate de méthyle 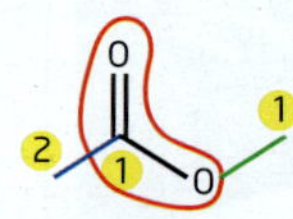	Éthanamide 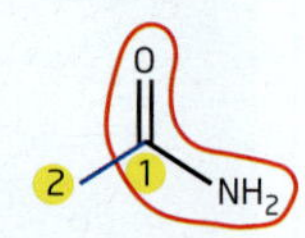

1.3 Isomères de constitution

Deux espèces chimiques différentes sont **isomères de constitution** si elles possèdent la même formule brute, mais des formules semi-développées ou topologiques différentes.

Exemples
- Le **propan-1-ol** et le **propan-2-ol**, de formule brute C_3H_8O sont isomères de constitution.
- Le **butanal** et le **but-3-èn-1-ol** de formule brute C_4H_8O sont isomères de constitution.

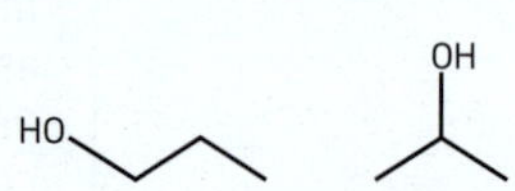
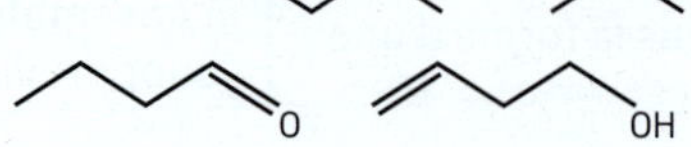

ÉVITER DES ERREURS

Pour écrire une formule semi-développée à partir d'une formule topologique, il faut se rappeler que l'atome de carbone sans charge formelle est tétravalent (entouré de quatre doublets liants). Il y a donc autant d'atomes d'hydrogène que nécessaire pour assurer cette tétravalence.

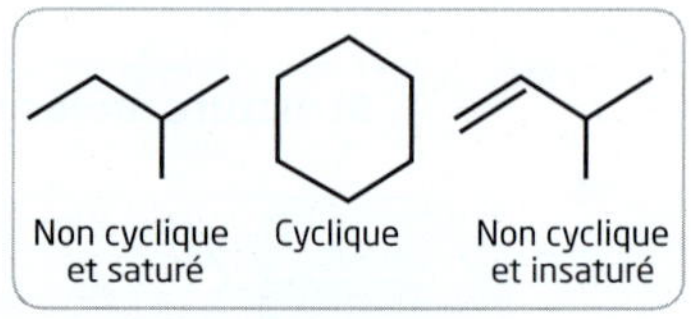

1. Différents squelettes carbonés. Des espèces insaturées présentant une double-liaison C=C appartiennent à la famille fonctionnelle des alcènes.

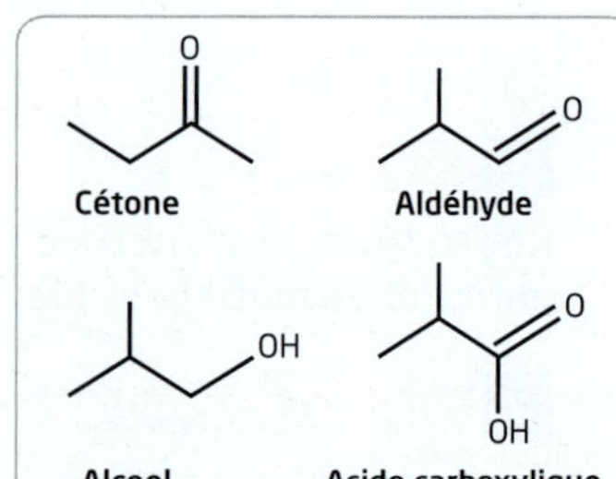

2. Familles fonctionnelles vues en classe de Première.

1.4 Polymères

Un **polymère** est un matériau constitué de **macromolécules** de tailles différentes, mais de masses molaires toujours élevées et dans lesquelles un **motif** se répète un très grand nombre de fois.

Exemple Le polychlorure de vinyle, ou PVC, est un polymère. Une macromolécule de ce polymère est partiellement représentée ci-contre en formule topologique.

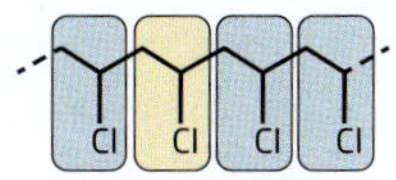

Représentation partielle

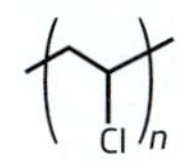

Motif

Les polymères peuvent être **naturels** (par exemple le latex, l'amidon) ou **synthétiques** (par exemple le polypropylène).
Leurs utilisations sont très variées : habitat (PVC), agroalimentaire (PTFE), transport (caoutchouc), textile (polyester), médecine (polyéthylène), etc.

HISTOIRE DES SCIENCES

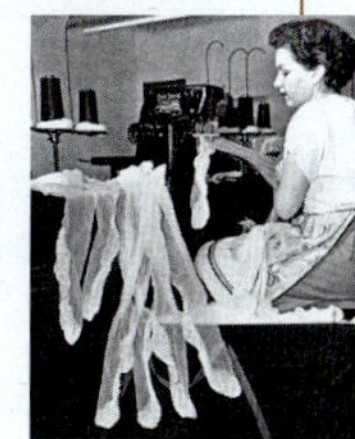

Le nylon a été inventé en 1935. Ce polymère est breveté mais son nom ne l'est pas. L'origine de ce nom est d'ailleurs incertaine.
Le bas nylon pour femme, commercialisé dès 1940, devient un symbole à la Libération.

REMARQUE

Le nombre entier *n* peut varier d'une macromolécule à l'autre au sein d'un même polymère. Les propriétés des polymères dépendent de la distribution de *n*.

2 Optimisation d'une synthèse

2.1 Augmentation du rendement

L'augmentation du rendement d'une synthèse peut être assurée par :
- l'introduction d'un réactif en excès ;
- l'élimination d'un produit du mélange réactionnel.

VOCABULAIRE

Un réactif est dit « en excès » s'il n'est pas un réactif limitant. Introduire un excès d'un réactif signifie qu'il a été introduit en plus grande quantité que celle correspondant à sa proportion stœchiométrique de la réaction.

Raisonnement à retenir

La synthèse du méthanol CH_3OH est réalisée à partir du bromométhane selon la réaction d'équation : $CH_3Br + HO^- \rightleftharpoons CH_3OH + Br^-$

L'équilibre étant atteint, $Q_{r,éqb} = K(T) = \dfrac{[CH_3OH]_f \times [Br^-]_f}{[CH_3Br]_f \times [HO^-]_f}$.

- Si le réactif HO^- est alors ajouté, $Q_r \neq K(T)$ et Q_r a diminué donc $Q_r < K(T)$. D'après ce qui a été vu dans le **Chapitre 6**, le système chimique évolue jusqu'à un nouvel équilibre, de sorte que la réaction se fait dans le sens direct, c'est-à-dire avec formation du produit CH_3OH.
- Si l'ion Ag^+ est ajouté au mélange réactionnel, il réagit avec l'ion Br^- pour former du bromure d'argent AgBr(s) (DOC. 3). Dans le mélange, $[Br^-] \approx 0$ mol·L^{-1} et par conséquent $Q_r \approx 0$. Donc $Q_r < K(T)$: le système chimique évolue dans le sens direct de formation de CH_3OH.

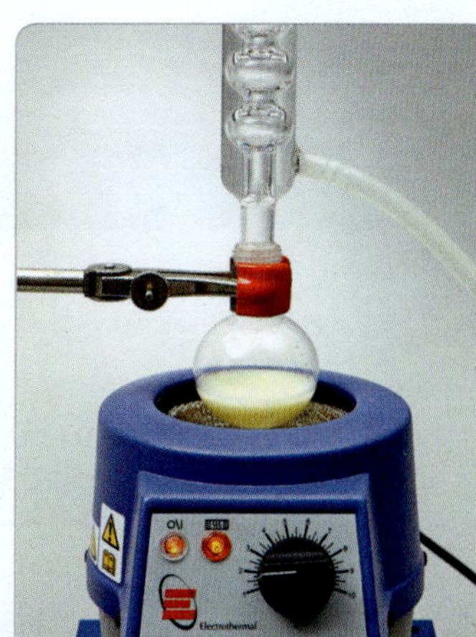

3. Apparition d'un précipité de bromure d'argent dans le mélange réactionnel quand l'ion Ag^+ est ajouté.

2.2 Augmentation de la vitesse

Lors d'une synthèse, le contrôle de la **vitesse volumique de formation du produit** d'intérêt peut se faire en agissant sur les **facteurs cinétiques** vus dans le Chapitre 3, par exemple :
- en modifiant la concentration d'un réactif lorsque celle-ci est un facteur cinétique ;
- en modifiant la température ;
- en ajoutant un catalyseur adapté.

Retenir l'essentiel

DIVERSITÉ DES STRUCTURES ORGANIQUES

Formule semi-développée	Formule topologique
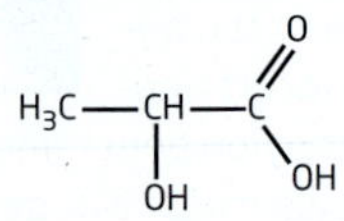	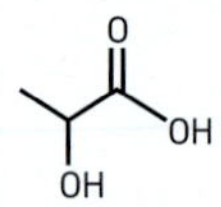

Squelettes carbonés

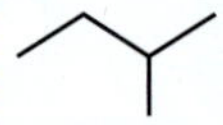

Non cyclique et saturé

Cyclique

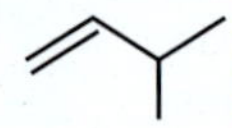

Non cyclique et insaturé

Isomères de constitution

(même formule brute, formules topologiques différentes)

FAMILLES FONCTIONNELLES

Familles fonctionnelles vues en classe de Première : alcools, aldéhydes, cétones, acides carboxyliques.

Famille fonctionnelle	Halogénoalcane	Amine	Ester	Amide
Groupe caractéristique	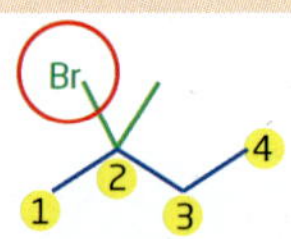	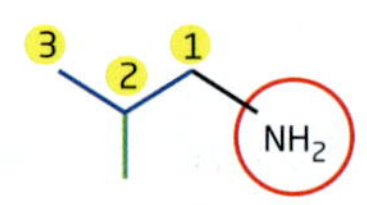	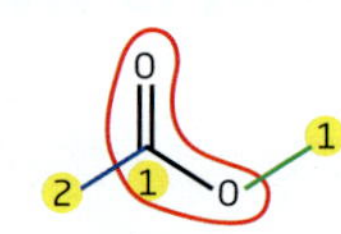	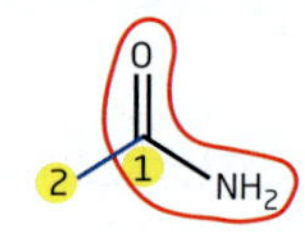
Nom	2-bromo-2-méthylbutane	2-méthylpropan-1-amine	Éthanoate de méthyle	Éthanamide

MATÉRIAU POLYMÈRE

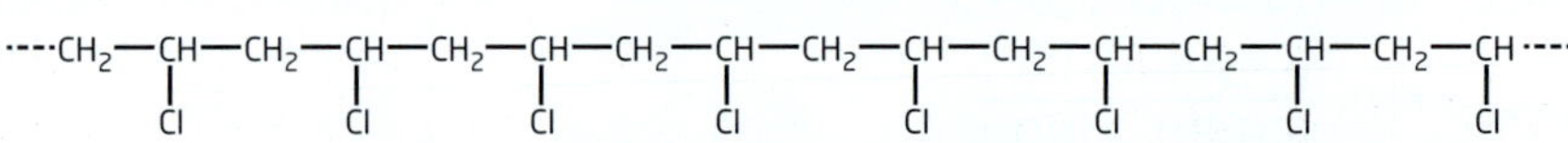

Formule topologique d'un motif possible, *n* entier positif

Exemples

Nylon

Caoutchouc

OPTIMISER UNE SYNTHÈSE

Réactifs → **P**
Produit d'intérêt

Rendement : $r = \frac{m_{exp}}{m_{max}}$

m_{exp} : Masse de **P** obtenu expérimentalement
m_{max} : Masse maximale de **P** qui aurait pu être obtenu

Augmenter le rendement
→ Introduire un réactif en excès
→ Éliminer un produit du mélange réactionnel

Augmenter la vitesse
→ Modifier un facteur cinétique
→ Ajouter un catalyseur adapté

5 min chrono !

Si vous ne trouvez pas la bonne réponse, reportez-vous au § de la synthèse des activités correspondant pour vous aider.

Indiquer la réponse exacte. QCM interactif

1 **La molécule suivante se nomme :** ▶ §1

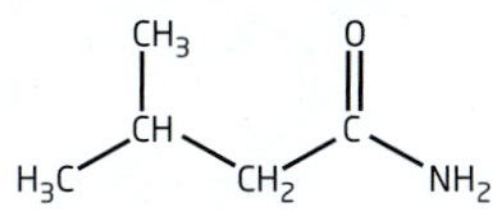

a. 3-méthylbutanamide.
b. 2-méthylbutan-1-amine.
c. 2-méthylbutanamide.

2 **Les deux molécules ci-après sont :** ▶ §1

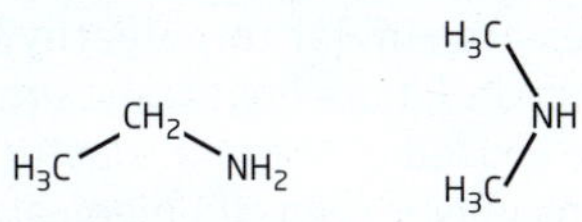

a. isomères de constitution.
b. deux molécules de formule brute C_2H_5N.
c. deux molécules de la famille des amides.

3 **La molécule dont la formule semi-développée est donnée ci-dessous a pour formule topologique :** ▶ §1

$H_2C{=}CH{-}CH_2{-}CH{=}O$

a. 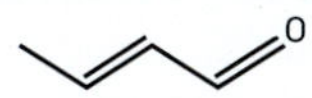

b. 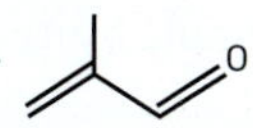

c. 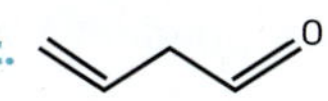

4 **La synthèse de l'éthanoate d'éthyle est modélisée par la réaction d'équation suivante :**

$$CH_3COOH + C_2H_5OH \rightleftharpoons H_2O + CH_3C(=O)OC_2H_5$$

Le rendement de cette synthèse augmente si : ▶ §2

a. l'éthanol C_2H_5OH est introduit en excès.
b. l'eau est introduite en excès.
c. l'éthanol est éliminé au cours de la transformation.

5 **La vitesse de formation d'un produit lors d'une synthèse augmente toujours si :** ▶ §2

a. le mélange réactionnel est refroidi.
b. la quantité de solvant est augmentée.
c. un catalyseur approprié est ajouté.

Corrigés p. 550

Contrôle technique !

6 Représenter des molécules

EXERCICE RÉSOLU

L'acide glutamique a pour formule semi-développée :

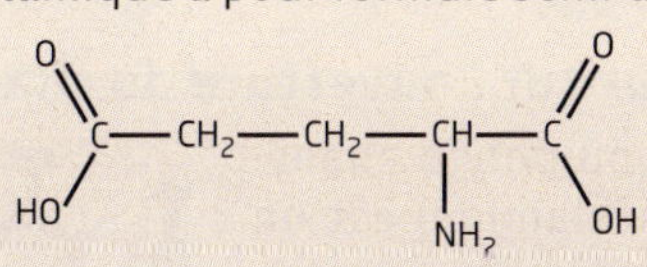

• Représenter cette molécule en utilisant la formule topologique.

SOLUTION

Chacune des liaisons entre deux atomes dont l'un n'est pas un atome d'hydrogène est représentée. Les atomes de carbone et d'hydrogène ne sont pas écrits. La formule topologique de l'acide glutamique est :

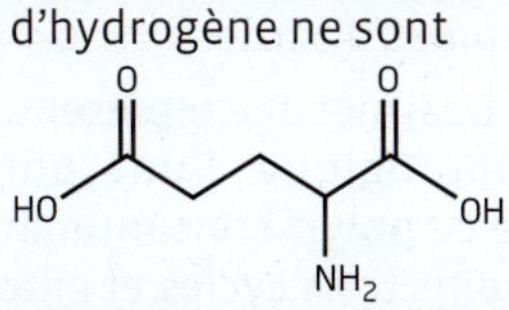

APPLICATION • Sur le modèle de l'exercice résolu

L'acide 3-hydroxybutanoïque a pour formule topologique :

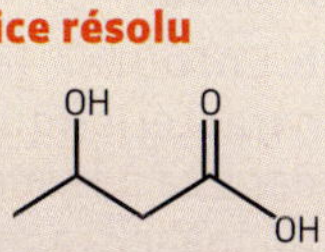

• Représenter cette molécule en utilisant la formule semi-développée.

7 Justifier des conditions expérimentales

EXERCICE RÉSOLU

Une synthèse est réalisée dans les conditions suivantes :

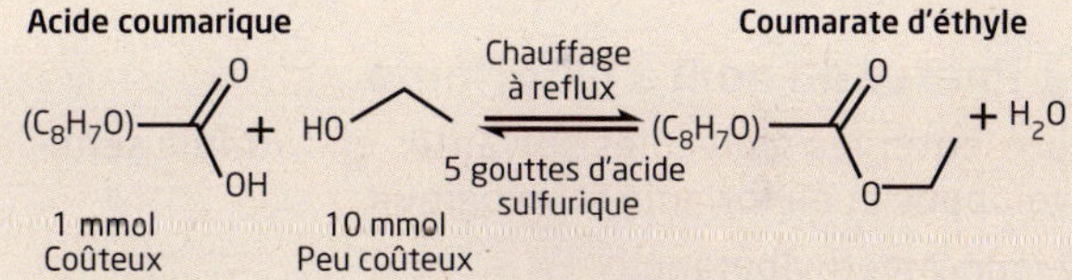

• Justifier les conditions expérimentales choisies.

SOLUTION

Un des réactifs (l'éthanol, le moins coûteux) est en large excès, ce qui permet d'augmenter le rendement. Le mélange réactionnel est chauffé, ce qui permet d'augmenter la vitesse de formation de l'ester. Un catalyseur est utilisé, ce qui permet aussi d'augmenter sa vitesse de formation.

APPLICATION • Sur le modèle de l'exercice résolu

Proposer des conditions expérimentales pour la synthèse suivante, sachant qu'un mélange équimolaire des réactifs conduit à un rendement de 0,33 et que le mélange n'évolue pas à froid.

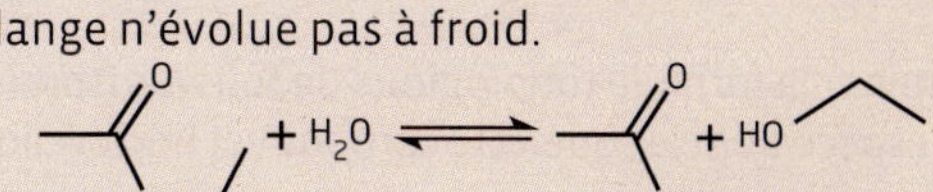

Exercices APPLIQUER

Structure et propriétés

►§ 1 de la synthèse des activités

+ EXERCICES RAPIDES

8 GRAND ORAL Réaliser un support visuel permettant de présenter oralement en deux minutes maximum à l'ensemble de la classe une méthode pour trouver rapidement l'ensemble des isomères de constitution correspondant à la formule brute $C_5H_{11}Br$.

9 Nommer la molécule de formule topologique

10 Un motif en formule semi-développée du polyacétate de vinyle est :

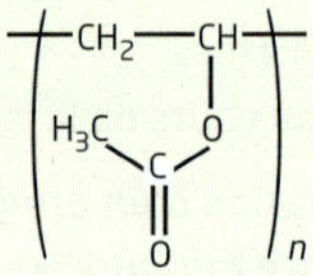

Représenter une partie d'une macromolécule de ce polymère contenant au moins seize atomes de carbone, en utilisant la formule topologique, et entourer un motif.

11 Passer de la formule au nom

Nommer les molécules suivantes.

a. 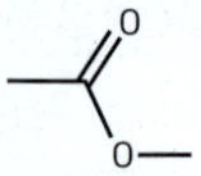

b. 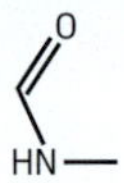

c. 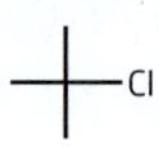

12 Passer du nom à la formule

Représenter les molécules suivantes en formule semi-développée et en formule topologique.

a. 2-iodo-2-méthylbutane.

b. Butan-2-amine.

c. Propanoate de butyle.

13 Déterminer des isomères

Représenter en formules semi-développées puis en formules topologiques tous les isomères de constitution de formule brute C_3H_9N.

14 Représenter des isomères

La formule topologique du 2-méthylprop-1-ène est :

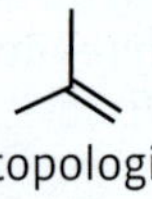

a. Déterminer la formule topologique de tous les isomères de cette espèce dont le squelette carboné est non cyclique.

b. Représenter la formule topologique d'isomères de cette espèce dont le squelette carboné est cyclique.

15 Analyser des squelettes carbonés

Associer à chaque molécule ci-après le ou les qualificatif(s) adéquat(s) de leur squelette carboné parmi les termes suivants : saturé ; insaturé ; non cyclique ; cyclique.

A 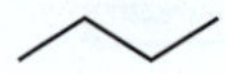

C 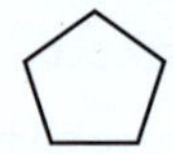

E 

B 

D 

F 

16 In English please

Polypropene is a thermoplastic polymer used in a wide variety of applications. It is produced via chain-growth polymerization from the monomer propylene. Its properties are similar to polyethylene, but it is slightly harder and more heat resistant.
Polypropene is used in the manufacturing of piping systems, many plastic items for medical or laboratory use, manufacturing carpets, rugs and mats, packaging, and storage boxes.

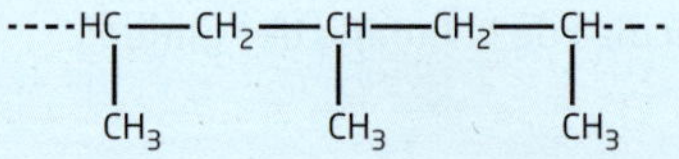

From en.wikipedia.org/wiki/Polypropylene

a. State if polypropylene is a natural or a synthetic polymer.

b. Formulate what is meant by "chain growth".

c. Copy out the formula above and circle the repeat unit.

17 Retour sur l'ouverture du chapitre

Le Kevlar® ou poly(*p*-phénylènetéréphtalamide) est un polymère représenté ci-contre. Les cycles de six atomes de carbone présentent une alternance de simples et de doubles liaisons. Les atomes en rouge représentent des atomes d'oxygène ; ceux en bleu des atomes d'azote.

a. Dessiner une représentation topologique d'une portion de ce polymère contenant au moins trois cycles et entourer un motif.

b. Entourer le(s) groupe(s) caractéristique(s) présent(s) dans ce polymère et indiquer à quelle(s) famille(s) fonctionnelle(s) appartient le Kevlar®.

c. Préciser si le squelette carboné est saturé ou non. Justifier.

d. Rechercher les principaux usages du Kevlar®.

Optimisation d'une synthèse

▶§ 2 de la synthèse des activités

EXERCICES RAPIDES

18 GRAND ORAL Préparer puis présenter oralement à l'ensemble de la classe, sans notes, en deux minutes maximum, les opérations expérimentales permettant d'augmenter la vitesse de formation d'un produit lors d'une synthèse. Apporter une attention particulière au vocabulaire scientifique utilisé.

19 La synthèse du méthanoate d'éthyle est modélisée par la réaction d'équation :

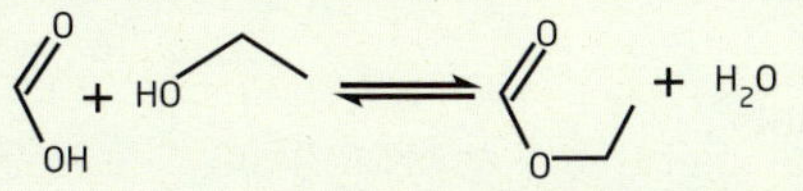

Dans le tableau suivant, trois mélanges initiaux sont proposés.

Situation	$n_{i,alcool}$	$n_{i,acide}$
a	0,2 mol	0,2 mol
b	0,5 mol	0,5 mol
c	0,5 mol	1 mol

• Ranger les situations **a** à **c** par ordre croissant de rendement.

20 Analyser un protocole

Voici le début d'un protocole permettant de synthétiser un arôme alimentaire à odeur et saveur de banane, selon la réaction d'équation suivante :

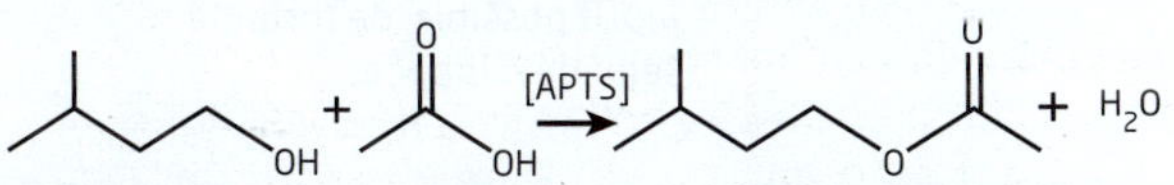

Alcool isoamylique — **Acide éthanoïque** — **Éthanoate d'isoamyle**

Protocole

1. Dans un ballon de 100 mL, introduire 10,0 mL d'alcool isoamylique, 30,0 mL d'acide éthanoïque et environ 1 g d'acide paratoluène sulfonique (noté APTS).
2. Porter le mélange à reflux pendant 30 minutes.
3. Laisser refroidir, puis transférer le mélange dans un bécher contenant environ 80 g de glace.

• Relever dans ce protocole les opérations permettant d'augmenter la vitesse de formation du produit.

21 Choisir un solvant

Une synthèse de l'iodométhane d'équation :

$$CH_3{-}Br + I^- \rightarrow CH_3{-}I + Br^-$$

est réalisée dans différents solvants.

Dans le tableau ci-dessous, $v_{f,i}$ et $v_{f,i,eau}$ désignent la vitesse initiale de formation de l'iodométhane respectivement dans le solvant choisi et dans l'eau.

Solvant	Acide acétique	Acétone	Éthanol	Eau
$\dfrac{v_{f,i}}{v_{f,i,eau}}$	26 900	1 300	65	1

a. Proposer un argument en faveur de l'utilisation de l'acide acétique comme solvant pour cette synthèse.

b. Proposer un argument en faveur de l'utilisation de l'eau.

22 Construire une carte mentale

• L'étiquette centrale doit s'intituler :

Optimisation d'une synthèse

• Associer à l'étiquette centrale, par le moyen de votre choix, d'autres étiquettes comprenant au minimum les étiquettes suivantes :

Augmentation de la température

Réactif en excès — **Présence d'un catalyseur**

23 Apprendre à rédiger

Au cours de l'hydrolyse d'un ester réalisée dans l'acétone, sont formés un alcool et un acide carboxylique. Le tableau d'avancement de la réaction est donné ci-après.

Équation		Ester +	Eau ⇌	Acide +	Alcool
État	Avancement	Quantités de matière			
initial	$x = 0$	1,00 mol	1,00 mol	0 mol	0 mol
final	x_f	0,67 mol	0,67 mol	0,33 mol	0,33 mol

a. Calculer la valeur de la constante d'équilibre de la réaction à la température de l'expérience.

Aide méthodologique

▶ Donner l'expression littérale du quotient de réaction à l'équilibre puis le calculer.

b. Déterminer le rendement de cette transformation.

▶ Déterminer le ou les réactif(s) limitant(s). Écrire la relation définissant le rendement avant de réaliser l'application numérique.

c. À partir de cet état final, de l'eau est ajoutée. Déterminer la manière dont évolue la composition du milieu réactionnel.

▶ Montrer que le quotient de réaction après ajout d'eau et avant retour à l'équilibre est plus petit que la constante d'équilibre.

EXO **Exercices supplémentaires**

EXERCICE RÉSOLU ET COMMENTÉ

24 L'oxacyclopropane

ÉNONCÉ

L'oxacyclopropane est une espèce cyclique de formule brute C_2H_4O. Il fut synthétisé pour la première fois en 1859, en faisant réagir du 2-chloroéthan-1-ol avec une base. L'oxacyclopropane peut se polymériser par ouverture de cycle. La formule d'une portion d'une macromolécule du polymère obtenu, appelé polyéthylèneglycol et utilisé dans le traitement de la constipation, est donnée ci-dessous.

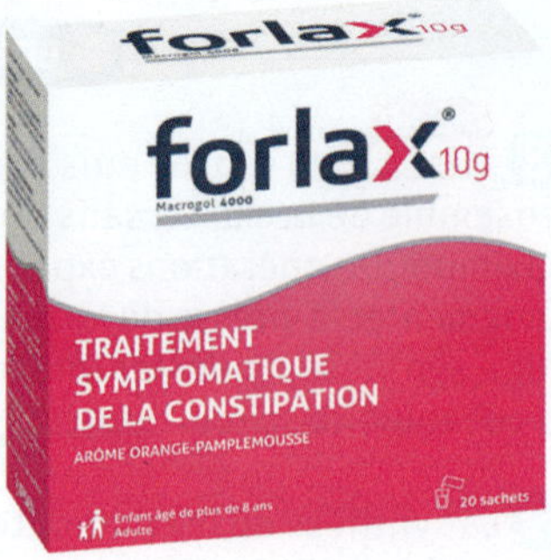

a. Représenter la formule topologique du 2-chloroéthan-1-ol et celle de l'oxacyclopropane.

b. Représenter un isomère de constitution de l'oxacyclopropane appartenant à la famille des aldéhydes et le nommer.

c. Recopier la formule de la portion de macromolécule et encadrer un motif de ce polymère.

UNE SOLUTION

a. Formule topologique du 2-chloroéthan-1-ol :

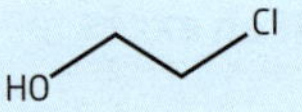

Formule topologique de l'oxacyclopropane :

b. L'isomère de constitution de l'oxacyclopropane appartenant à la famille des aldéhydes est l'éthanal, de formule topologique :

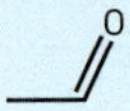

c. Un motif de ce polymère est :

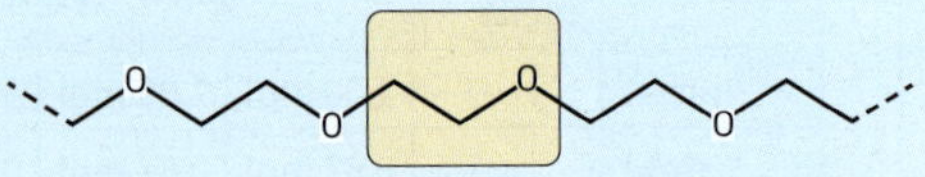

ANALYSER-RAISONNER
En analysant le nom de la molécule, déduire les deux groupes caractéristiques qu'elle contient.

ANALYSER-RAISONNER
L'oxacyclopropane est une espèce cyclique. Elle ne possède que trois atomes autres que l'atome d'hydrogène, le seul cycle possible est donc celui représenté.

S'APPROPRIER
Une espèce de la famille des aldéhydes contient le groupe caractéristique carbonyle.

RÉALISER
Il existe dans ce cas un autre motif possible, de formule semi-développée :
$-CH_2-O-CH_2-$

APPLICATION Sur le modèle de l'exercice résolu

25 La Bakélite®

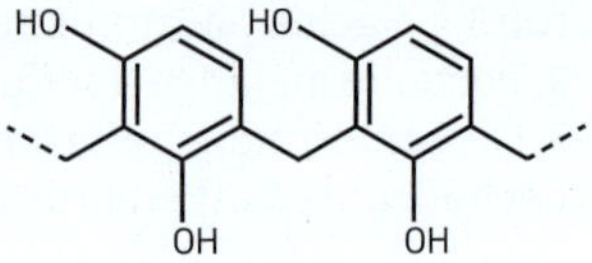

La Bakélite® (matière plastique d'usage courant) est un polymère fabriqué à partir du résorcinol et d'une espèce chimique **A** de formule brute CH_2O appartenant à la famille des aldéhydes. La formule d'une portion d'une macromolécule de Bakélite® est donnée ci-contre.
Le résorcinol (formule topologique ci-contre) et l'espèce **A** sont des produits de synthèse issus de l'industrie pétrochimique.

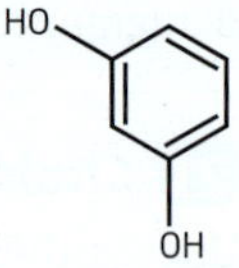

a. Écrire la formule topologique d'un isomère de constitution du résorcinol ayant les mêmes groupes caractéristiques.

b. Déterminer le nom de la molécule **A** et écrire sa formule.

c. Recopier la formule de la portion de macromolécule et encadrer un motif de ce polymère.

EXERCICE RÉSOLU ET COMMENTÉ

26 Synthèse de l'arôme de poire

ÉNONCÉ

L'éthanoate d'héxyle **E** est un additif alimentaire (arôme de poire). Le mélange d'acide éthanoïque **A** ($n_1 = 0{,}50$ mol), d'hexan-1-ol **B** ($n_2 = 0{,}50$ mol) et de quelques gouttes d'acide sulfurique est réalisé. L'équation de la réaction s'écrit : $\mathbf{A} + \mathbf{B} \rightleftharpoons \mathbf{E} + H_2O$.

a. Sachant que le rendement r de cette transformation est de 0,66, déterminer la composition du système à l'état final.

b. Montrer que la constante d'équilibre associée à cette réaction vaut $K(T) = 3{,}8$ à la température de l'expérience.

c. Montrer que le rendement augmente si le mélange initial contient 1,00 mol d'acide et 0,50 mol d'alcool.

UNE SOLUTION

a. Le tableau d'avancement de la transformation est :

Équation de réaction		A +	B ⇌	E +	H_2O
État	Av.	Quantités de matière (en mol)			
initial	0	0,50	0,50	0	0
final	x_f	$0{,}50 - x_f$	$0{,}50 - x_f$	x_f	x_f

Le rendement est $r = \dfrac{m_{f,\mathbf{E}}}{m_{max,\mathbf{E}}} = \dfrac{n_{f,\mathbf{E}} \times M_{\mathbf{E}}}{n_{max,\mathbf{E}} \times M_{\mathbf{E}}} = \dfrac{n_{f,\mathbf{E}}}{n_{max,\mathbf{E}}}$

donc $n_{f,\mathbf{E}} = r \times n_{max,\mathbf{E}}$ avec $n_{max,\mathbf{E}} = x_{max} = 0{,}50$ mol.

A.N. : $n_{f,\mathbf{E}} = 0{,}66 \times 0{,}50 \text{ mol} = 0{,}33$ mol.

b. La constante d'équilibre est :

$$K(T) = \frac{[\mathbf{E}]_f \times [H_2O]_f}{[\mathbf{A}]_f \times [\mathbf{B}]_f} = \frac{\frac{n_{f,\mathbf{E}}}{V} \times \frac{n_{f,eau}}{V}}{\frac{n_{f,\mathbf{A}}}{V} \times \frac{n_{f,\mathbf{B}}}{V}} = \frac{n_{f,\mathbf{E}} \times n_{f,eau}}{n_{f,\mathbf{A}} \times n_{f,\mathbf{B}}}$$ avec $n_{f,\mathbf{A}} = n_{f,\mathbf{B}} = (0{,}50 - 0{,}33)$ mol.

A.N. : $K(T) = Q_{r,éqb} = \dfrac{0{,}33 \text{ mol} \times 0{,}33 \text{ mol}}{0{,}17 \text{ mol} \times 0{,}17 \text{ mol}} = 3{,}8.$

c. Il est possible de s'aider d'un nouveau tableau d'avancement conduisant à l'équation $K(T) = 3{,}8 = \dfrac{x_f^2}{(1{,}00 - x_f) \times (0{,}50 - x_f)}$.

Soit : $2{,}8\, x_f^2 - 5{,}7\, x_f + 1{,}9 = 0$.

Cette équation du second degré admet deux solutions : $x_{f1} = 1{,}6 \text{ mol} > x_{max}$ (non physiquement possible) et $x_{f2} = 0{,}42$ mol.

Donc $n_{f,\mathbf{E}} = x_f = 0{,}42$ mol et $n_{max,\mathbf{E}} = 0{,}50$ mol. Donc : $r = \dfrac{0{,}42 \text{ mol}}{0{,}50 \text{ mol}} = 0{,}84$.

COMMUNIQUER
Présenter la réponse de façon claire, un tableau d'avancement est approprié, même si cela n'est pas demandé dans l'énoncé.

ANALYSER-RAISONNER
Ici l'eau n'est pas le solvant de la réaction. Sa concentration intervient dans le quotient de réaction.

RÉALISER
Présenter l'équation sous la forme d'un polynôme du second degré nul avant de la résoudre grâce à la calculatrice. $0 \leqslant x_f \leqslant x_{max}$.

VALIDER
L'ajout d'un réactif en excès conduit à une augmentation du rendement. Ici $0{,}84 > 0{,}66$: le rendement a bien augmenté avec l'ajout d'un excès d'acide.

APPLICATION Sur le modèle de l'exercice résolu

27 Hydrolyse de l'éthanoate d'isoamyle

L'éthanoate de 3-méthylbutyle **E** est une espèce à l'odeur de banane. La réaction d'un échantillon d'ester de masse $m = 10{,}0$ g avec l'eau est réalisée, dans les proportions stœchiométriques. Les produits formés sont le 3-méthylbutan-1-ol **B** et l'acide éthanoïque **A**.

DONNÉES • Masses molaires : $M_{\mathbf{E}} = 130 \text{ g·mol}^{-1}$; $M_{\mathbf{B}} = 88 \text{ g·mol}^{-1}$.
• Constante d'équilibre de la réaction étudiée $K(T) = 0{,}25$ à la température de l'expérience.

a. Calculer le rendement attendu de cette réaction.

b. Montrer, avec un exemple numérique judicieusement choisi, comment le rendement de cette transformation peut être amélioré.

28 Isomères ?

APP Extraire l'information utile sur des supports variés

RÉA Utiliser un modèle

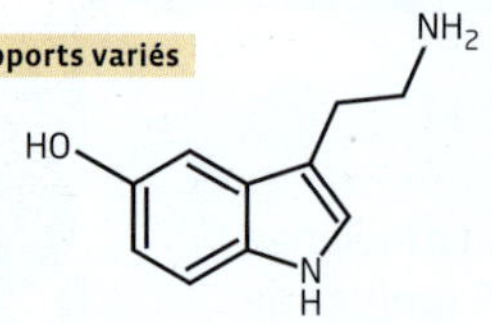

La sérotonine est une espèce nécessaire au fonctionnement de notre organisme, dont la formule topologique est donnée ci-contre.

a. Indiquer à quelle(s) famille(s) fonctionnelles appartient cette espèce chimique.

b. Dessiner la formule semi-développée de cette molécule.

c. Indiquer si la cotinine, dont la formule topologique est donnée ci-contre, est un isomère de constitution de la sérotonine.

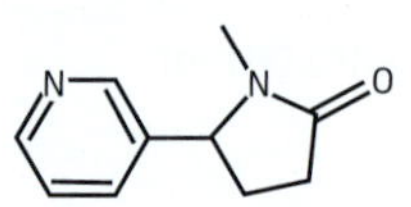

29 La fibroïne

APP Extraire l'information utile sur des supports variés

ANA-RAI Organiser et exploiter ses connaissances et les informations extraites

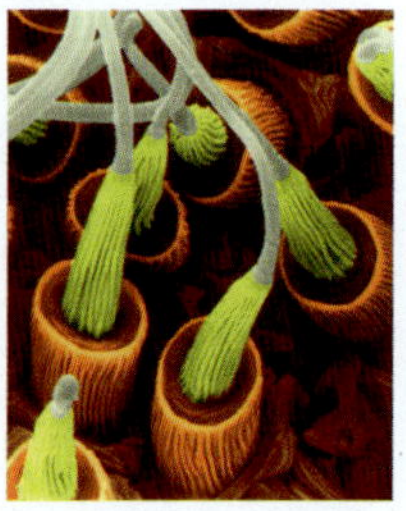

La fibroïne est une protéine, c'est-à-dire un « assemblage » de nombreux acides α-aminés. Elle est synthétisée par les araignées lorsqu'elles tissent leur toile (ci-contre : une image obtenue en microscopie électronique, ×470, fausses couleurs). Une représentation d'une portion de macromolécule de fibroïne est donnée ci-dessous.

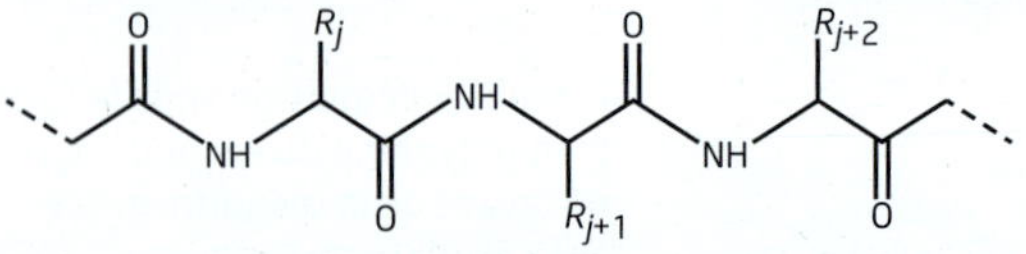

R_j, R_{j+1}, etc. représentent des groupes d'atomes. Dans le cas où tous les groupes R_j sont identiques, le matériau formé par les macromolécules est un polymère.

a. Dans le cas où tous les groupes R_j sont des groupes méthyle, représenter un motif du polymère en formule topologique.

b. Dans le cas de la fibroïne, les groupes $-R_j$ peuvent faire partie des groupes suivants : –H ; $-CH_3$, $-CH_2-OH$.
Identifier les familles fonctionnelles auxquelles appartient la fibroïne.

30 Le Rilsan®

RÉA Faire un schéma **ANA-RAI** Organiser et exploiter ses connaissances

Découvert en France il y a plus de 60 ans, le Rilsan® est l'un des premiers polymères biosourcés, c'est-à-dire obtenu à partir de matières premières naturelles et compostables. Il est préparé à partir d'un dérivé de l'huile de ricin par réaction de l'acide 11-aminoundécanoïque ($C_{11}H_{23}NO_2$) avec lui-même.

DONNÉES Le undécane est l'alcane linéaire possédant onze atomes de carbone. Le groupe amino est $-NH_2$.

a. Écrire la formule topologique de l'acide 11-aminoundécanoïque.

b. Indiquer à quelles familles fonctionnelles appartient l'acide 11-aminoundécanoïque.

c. Une représentation du polymère est donnée ci-après. Recopier cette représentation et entourer un motif.

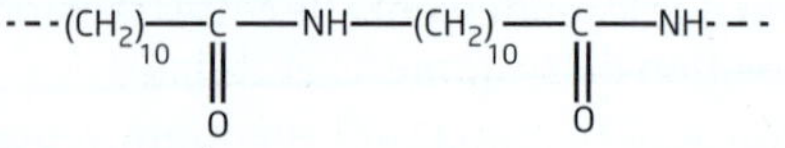

d. Indiquer en justifiant si le Rilsan® appartient à la famille des polyesters ou à la famille des polyamides. Citer un autre polymère de la même famille.

31 ✱ Insaturations DIFFÉRENCIATION

ANA Identifier les paramètres influençant un phénomène

RÉA Effectuer des calculs

Une entité dite insaturée présente dans son schéma de Lewis une liaison multiple (liaison covalente double ou triple) et/ou un cycle. Le nombre d'insaturations est un entier permettant de dénombrer les insaturations (une liaison triple équivaut à un nombre d'insaturations $N_{ins} = 2$).
Le nombre d'insaturations d'une entité de formule brute C_xH_y s'exprime par la relation $N_{ins} = \frac{1}{2} \times (2x - y + 2)$.

a. Vérifier que la molécule de butane est saturée.

b. Calculer le nombre d'insaturations du cyclohexane C_6H_{12}. Vérifier la réponse en dessinant la molécule.

c. Déterminer le nombre d'insaturations du benzène C_6H_6. Sachant que la molécule présente un squelette carboné cyclique de six atomes dans le cycle, proposer une formule topologique possible.

d. Montrer, avec un exemple de votre choix, que la présence d'un atome d'oxygène dans la molécule n'affecte pas le degré d'insaturation.

e. En raisonnant sur la molécule de méthanamine CH_3NH_2, déterminer comment le nombre z d'atomes d'azote de la formule brute intervient dans l'expression du nombre d'insaturations.

f. Un langage de programmation permet de déterminer le nombre d'insaturations.

Python

```
x=int(input("nombre d'atomes de C ?"))
y=int(input("nombre d'atomes d'H ?"))
N=(2*x+2-y)/2
print("\nLe nombre d'insaturations est N=",N)
```

Faire fonctionner le programme fourni avec la molécule de but-1-yne de formule $CH_3-CH_2-C{\equiv}CH$.

g. Faire fonctionner le programme avec la molécule de formule brute C_4H_9. Conclure.

h. Ajouter les lignes de code nécessaires pour tenir compte de la présence d'un atome d'azote, puis tester le programme afin de le valider.

S'AUTOÉVALUER

32 ✱ Différentes conditions de synthèse

Il est relativement aisé de passer d'un produit ayant une odeur âcre, comme l'acide formique, à un produit à l'odeur fruitée d'un ester, par exemple le méthanoate de butyle (odeur de framboise). C'est le but de la synthèse décrite ci-dessous.

DOC. 1 Protocole expérimental

1. Préparer un bain-marie à une température d'environ 50 °C.
2. Sous hotte, verser dans un erlenmeyer un échantillon d'acide formique de volume $V_1 = 7{,}5$ mL, puis un échantillon de butan-1-ol de volume $V_2 = 18{,}0$ mL ; ajouter trois gouttes d'acide sulfurique concentré.
3. Surmonter l'erlenmeyer contenant le mélange d'un réfrigérant à air, le placer dans le bain-marie et assurer une agitation douce.
L'équation de réaction modélisant la transformation qui se produit est :

$$HCOOH + C_4H_9{-}OH \rightleftharpoons HCOO{-}C_4H_9 + H_2O$$

DOC. 2 Étude expérimentale de la synthèse

Pour optimiser cette synthèse, des études expérimentales sont menées dans différentes conditions. La quantité initiale de butan-1-ol utilisée est celle du protocole du **DOC. 1**. La quantité d'ester dans le milieu est notée n. Les résultats sont représentés par les graphiques ci-après.

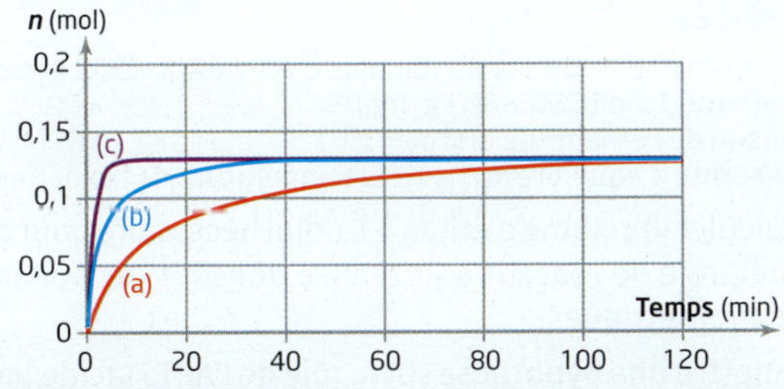

a) 50 °C sans ajout d'acide sulfurique, réactifs en proportions stœchiométriques
b) 20 °C avec ajout d'acide sulfurique, réactifs en proportions stœchiométriques
c) 50 °C avec ajout d'acide sulfurique, réactifs en proportions stœchiométriques

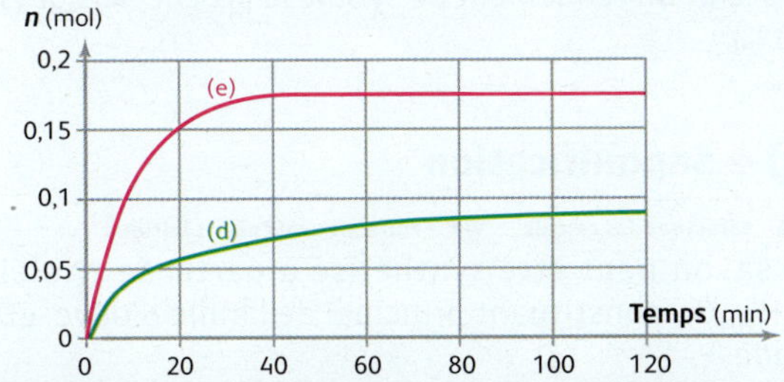

(d) 20 °C sans ajout d'acide sulfurique, réactifs en proportions stœchiométriques
(e) 20 °C avec ajout d'acide sulfurique, le butan-1-ol est le réactif limitant

• En explicitant la démarche, lister les conditions optimales de la synthèse du méthanoate de butyle.

INDICATEURS DE RÉUSSITE	NIVEAU A	B	C	D
S'APPROPRIER				
Les facteurs cinétiques sont correctement relevés.				
ANALYSER-RAISONNER				
• L'étude de l'influence de la température est menée à bien. • L'étude de l'influence des proportions de réactifs est menée à bien. • Le choix des expériences à comparer entre elles est pertinent				
VALIDER				
Les conditions permettant d'augmenter la vitesse de formation de l'ester et celles permettant d'augmenter le rendement de la synthèse sont présentées.				

33 ✱ État d'équilibre non atteint

RÉA Effectuer des calculs **COM** Rédiger une explication

En faisant réagir un échantillon d'acide éthanoïque de masse $m_1 = 30$ g avec un échantillon de butan-1-ol de masse $m_2 = 74$ g, les produits obtenus sont l'eau ($m_3 = 3{,}6$ g) et l'éthanoate de butyle ($m_4 = 23{,}2$ g).

DONNÉES
• Masses molaires : de l'acide éthanoïque $M_1 = 60$ g·mol^{-1} ; du butan-1-ol $M_2 = 74$ g·mol^{-1} ; de l'eau $M_3 = 18$ g·mol^{-1} ; de l'éthanoate de butyle $M_4 = 116$ g·mol^{-1}.
• Dans les conditions de l'expérience, la constante d'équilibre associée à la réaction étudiée a pour valeur $K(T) = 4{,}0$.

a. Écrire l'équation de la réaction modélisant la transformation, sachant que tous les nombres stœchiométriques sont égaux à un.
b. Déterminer le rendement r de cette transformation.
c. En calculant le quotient de réaction à l'état final, montrer que l'état final n'est pas l'état d'équilibre.
d. Proposer des conditions expérimentales permettant d'atteindre l'état final d'équilibre.

MÉTIERS ET ORIENTATION GRAND ORAL

Afin de prévenir les risques sur les lieux de travail, **le (la) chargé(e) hygiène et sécurité** intervient dans les entreprises pour mettre en place les conditions de travail adéquates. Il possède de solides connaissances sur les produits chimiques, leur influence sur la santé et sur l'environnement, ainsi que sur la législation.
Formation : Bac +3, Licence professionnelle qualité, hygiène, sécurité, environnement ; **Bac + 5**, Master en chimie.

• Préparer une présentation orale de cinq minutes sur un projet de poursuite d'études et/ou professionnel dans le domaine (➜ **Fiche Bac**, p. 513).

34 ✱ Synthèse d'une molécule odorante

ANA-RAI Construire les étapes d'une résolution de problème
RÉA Effectuer des calculs **COM** Rédiger une argumentation, une synthèse

Le méthanoate d'éthyle est responsable de l'odeur caractéristique du rhum et partiellement de celle des framboises. La synthèse est faite par estérification : un mélange d'alcool et d'acide carboxylique est réalisé afin d'obtenir de l'ester et de l'eau.

Différents protocoles

1. Pour tous les protocoles. Dans un ballon de 250 mL contenant de l'éthanol en quantité $n_1 = 0{,}30$ mol et trois grains de pierre ponce, de l'acide méthanoïque en quantité $n_2 = 0{,}30$ mol est ajouté.
2A. Protocole A. Malgré un chauffage à reflux de plusieurs heures, la composition du système n'évolue pas.
2B. Protocole B. Quatre gouttes d'acide sulfurique H_2SO_4 sont ajoutées dans le ballon. Après chauffage à reflux du mélange réactionnel, extraction et purification, l'ester est obtenu avec un rendement $r_B = 0{,}67$.
2C. Protocole C. Quatre gouttes d'acide sulfurique H_2SO_4 sont ajoutées dans le ballon. Un montage de distillation est réalisé. La température en haut de colonne augmente et se stabilise autour de 55 °C pendant un certain temps. Le distillat recueilli a un volume $V_C = 23{,}4$ mL.

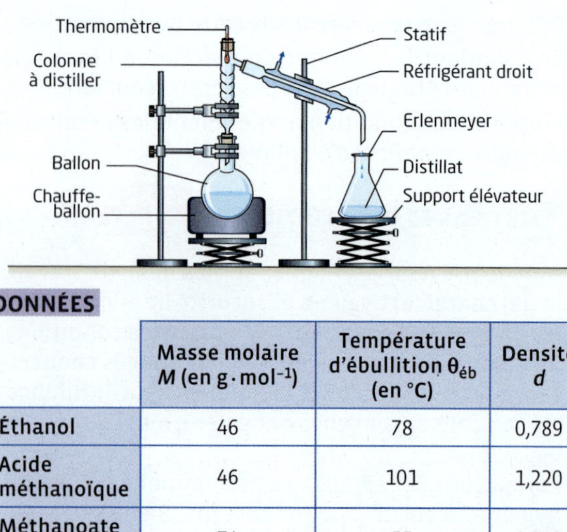

DONNÉES

	Masse molaire M (en g·mol⁻¹)	Température d'ébullition $\theta_{éb}$ (en °C)	Densité d
Éthanol	46	78	0,789
Acide méthanoïque	46	101	1,220
Méthanoate d'éthyle	74	55	0,918

• Rédiger un paragraphe argumenté permettant de répondre à la problématique suivante : « quel protocole de synthèse le plus judicieux doit-on mettre en œuvre ? »

35 ✱ Réaction d'acétalisation

APP Mobiliser des connaissances **RÉA** Effectuer un calcul
VAL Discuter de la validité d'une propriété

La première étape d'une synthèse d'un produit d'intérêt consiste à masquer la réactivité du groupe caractéristique carbonyle sur le réactif. Cette transformation s'appelle une acétalisation.

DOC. 1 Équation de la réaction modélisant la transformation

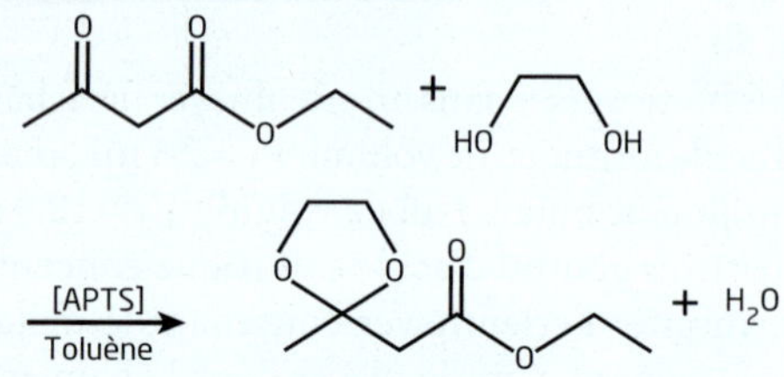

DOC. 2 Extrait du protocole expérimental

■ Introduire dans un ballon de 100 mL : 10 g de 3-oxobutanoate d'éthyle, de l'éthane-1,2-diol, une pointe de spatule d'APTS et trois grains de pierre ponce.

■ Préparer un montage de Dean Stark. Ce montage permet d'éliminer l'eau au fur et à mesure qu'elle se forme.

■ Ajouter 30 mL de toluène qui joue le rôle de solvant.

DONNÉES

• Masses molaires : du 3-oxobutanoate d'éthyle $M_1 = 130{,}1$ g·mol⁻¹ ; de l'éthane-1,2-diol $M_2 = 62{,}1$ g·mol⁻¹.
• Densité de l'éthane-1,2-diol $d_2 = 1{,}1$.
• Constante d'équilibre $K(T) \approx 1$ à la température de l'expérience.

a. Calculer le volume d'éthane-1,2-diol nécessaire pour que le mélange de réactifs soit réalisé dans les proportions stœchiométriques.

b. Émettre une hypothèse sur le rôle de l'APTS (acide paratoluène sulfonique).

c. Expliquer pourquoi le montage de Dean Stark permet d'obtenir un rendement de synthèse proche de 1,00 (soit 100 %).

36 ✱ Saponification

RÉA Effectuer des calculs **VAL** Faire preuve d'esprit critique

Du savon peut être synthétisé à partir de trioléine $C_{57}H_{104}O_6$, constituant principal de l'huile d'olive, et de soude.
L'équation de la réaction modélisant la transformation s'écrit :

$$C_{57}H_{104}O_6 + 3(Na^+ + HO^-) \rightarrow 3\ C_{17}H_{33}COONa + HO\text{-}CH_2\text{-}CH(OH)\text{-}CH_2\text{-}OH$$

Le savon est constitué d'oléate de sodium $C_{17}H_{33}COONa$.

Extrait du protocole

• Dans un ballon de 250 mL, de l'hydroxyde de sodium ($m_1 = 6{,}4$ g), de l'eau ($V_{eau} = 20$ mL) et de l'huile d'olive ($m_2 = 10$ g) sont mélangés avec précaution. De l'éthanol (solvant, $V = 10$ mL) est ajouté.
• Un réfrigérant à eau est adapté au ballon et le mélange est chauffé à reflux pendant 30 minutes.
• Pendant la phase de traitement, appelée « relargage », le savon solide précipite. Les copeaux de savon sont rincés et séchés, et un échantillon de masse $m_3 = 8{,}5$ g d'oléate de sodium est récupéré.

DONNÉES

• Masses molaires : hydroxyde de sodium $M_1 = 40\ \text{g}\cdot\text{mol}^{-1}$; trioléine $M_2 = 885\ \text{g}\cdot\text{mol}^{-1}$; oléate de sodium $M_3 = 304\ \text{g}\cdot\text{mol}^{-1}$.
• Constante d'équilibre de la réaction : $K(T) \approx 10^{10}$ à la température de l'expérience.

a. Déterminer les quantités de matière initiales des réactifs.

b. En déduire la masse maximale d'oléate de sodium attendue dans le cas d'une transformation totale.

c. Exprimer puis calculer le rendement expérimental de la synthèse.

d. La constante d'équilibre de la réaction est $K(T) \approx 10^{10}$, proposer des hypothèses expliquant pourquoi le rendement obtenu expérimentalement n'est pas égal à 1.

e. Certains élèves mesurent un rendement supérieur à 1. Proposer une explication possible à ce résultat.

37 ✱ Hydrolyse du saccharose

ANA-RAI Proposer un protocole **RÉA** Tracer un graphique

Le saccharose est un sucre extrait de certaines plantes, essentiellement la canne à sucre ou la betterave sucrière. Il peut être hydrolysé selon la réaction d'équation :

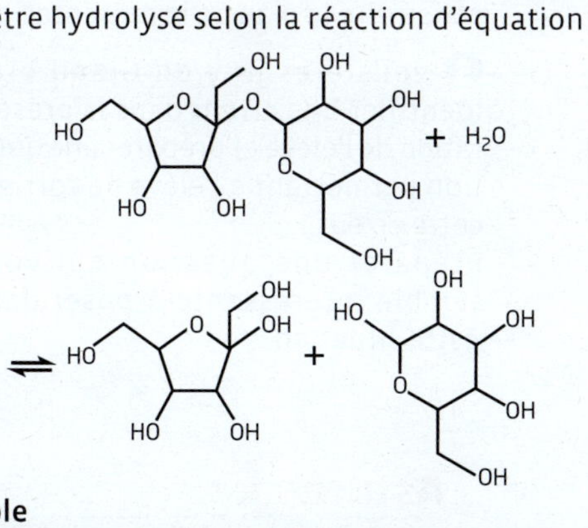

Protocole

• Dans un ballon de 250 mL sont introduits une solution de saccharose de volume $V_1 = 25$ mL à la concentration en masse $c_{m,1} = 136{,}8\ \text{g}\cdot\text{L}^{-1}$ et une solution d'acide chlorhydrique de volume $V_2 = 1{,}0$ mL à la concentration en quantité de matière $c_2 = 2{,}5 \times 10^{-4}\ \text{mol}\cdot\text{L}^{-1}$, ainsi que trois grains de pierre-ponce.
• Le mélange est chauffé à reflux.
• La composition du mélange réactionnel est suivie au cours du temps par une méthode appelée polarimétrie.

a. Indiquer, en justifiant, le rôle de l'acide chlorhydrique. Imaginer un protocole expérimental permettant de justifier votre réponse.

b. La représentation graphique ci-après donne l'évolution de la concentration en quantité de matière de saccharose au cours du temps.

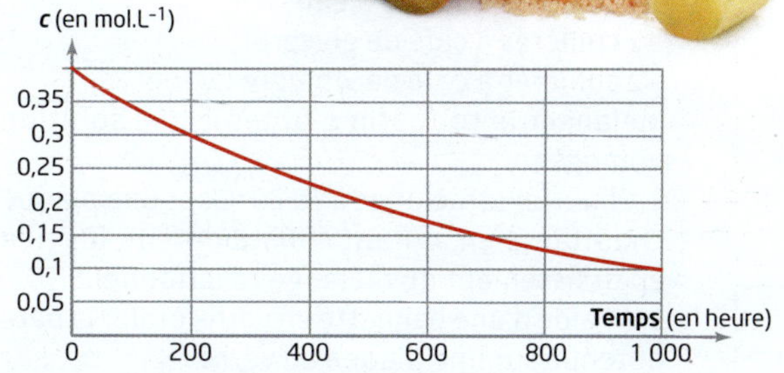

Reproduire ce graphique et représenter qualitativement les courbes qui seraient obtenues :
(i) en l'absence d'acide chlorhydrique ;
(ii) avec un chauffage, mais sans atteindre le reflux ;
(iii) avec le même volume de la solution d'acide chlorhydrique, mais à la concentration $c'_2 = 2{,}5 \times 10^{-3}\ \text{mol}\cdot\text{L}^{-1}$.

38 ✱✱ Application de la loi de l'équilibre

ANA-RAI Identifier les paramètres influençant un phénomène
RÉA Utiliser un modèle théorique

La synthèse d'un produit d'intérêt **C** est modélisée par la réaction d'équation suivante :

$$\mathbf{A}(aq) + \mathbf{B}(aq) \rightleftharpoons \mathbf{C}(aq) + \mathbf{D}(aq)$$

Ci-dessous est donné le modèle de l'évolution du rendement de la réaction en fonction du quotient $R = \dfrac{n_i(\mathbf{B})}{n_i(\mathbf{A})}$.

DONNÉE

À la température de l'expérience, la constante d'équilibre de la réaction vaut $K(T) = 4{,}0$.

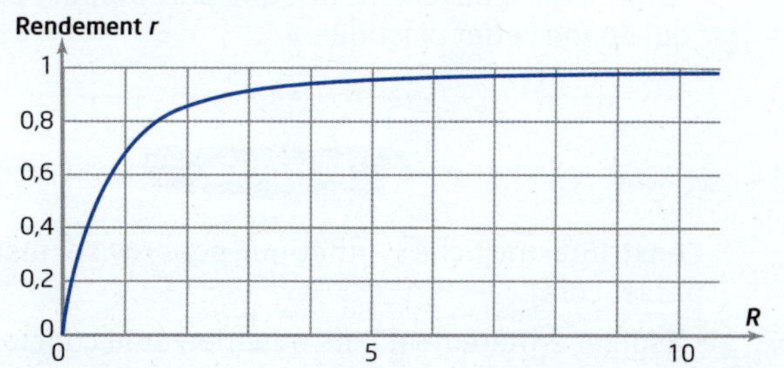

a. Indiquer, en justifiant, quelles conditions expérimentales conduisent au meilleur rendement.

b. Déterminer graphiquement le rendement obtenu dans le cas d'un mélange de réactifs en proportions stœchiométriques.

c. Retrouver ce résultat par un calcul, en utilisant éventuellement un tableau d'avancement.

Exercices **TRAVAILLER UNE MÉTHODE** GRAND ORAL

39 Préparer une fiche mémo

Un élève doit expliquer oralement en trois minutes comment fabriquer un bioplastique dans le laboratoire du lycée.

ÉTAPE 1 S'approprier le sujet de l'élève

Protocole

1. Dans un bécher de 250 mL, introduire :
- 2 cuillères à soupe d'amidon ou de fécule ;
- 8 cuillères à soupe d'eau ;
- 2 cuillères à café de glycérol ;
- 2 cuillères à café de vinaigre (acide).

Mélanger le tout afin d'obtenir une solution homogène.

2. Chauffer le mélange à 60-80 °C sur une plaque chauffante en agitant constamment, jusqu'à épaississement du mélange réactionnel.

3. À l'aide d'une baguette en verre, étaler la pâte obtenue sur une plaque en verre.

4. Sécher à l'étuve à 90 °C pendant 1 h ou à l'air libre pendant quelques jours.

Extrait

Amidon —Polymérisation→ Bioplastique

Amylose et amylopectine : polymères

Motif : glucose

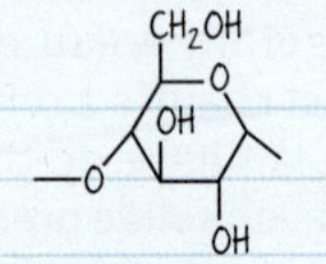

Protocole : amidon + eau + glycérol + vinaigre à 60-80 °C

Acide : diminue la longueur des chaînes par hydrolyse

Glycérol / augmente l'espace libre ⇒ effet plastique

L'amylose est un polymère linéaire constitué de 600 à 1 000 motifs de type glucose.

Amylose

L'amylopectine est un polymère ramifié avec de longues chaînes. La chaîne totale peut contenir entre 10 000 et 100 000 motifs (un rond représente un motif).

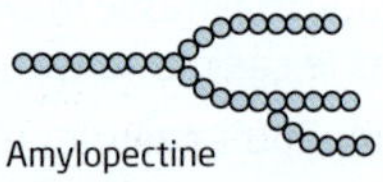

Amylopectine

ÉTAPE 2 Présentation à l'oral

Introduction

« Un bioplastique est un polymère plastique fabriqué à partir de matières premières naturelles et renouvelables. La matière première choisie est l'amidon, un polymère naturel dont le motif est le glucose. L'objectif de l'étude est de transformer ce polymère en bioplastique et de comprendre cette transformation à l'échelle moléculaire. »

Extrait de la présentation orale

« L'acide ajouté permet de réduire la longueur des chaînes par hydrolyse. Ainsi, l'amylopectine se transforme en amylose.

Le glycérol n'est pas un réactif. Son rôle est d'augmenter l'espace libre entre deux chaînes de polymères et donc de favoriser le mouvement de l'une part rapport à l'autre, ce qui donne l'effet plastique. »

Questions

1 **a.** Analyser la manière dont l'élève a construit sa fiche mémo à partir du protocole et de la formule du polymère.

b. Analyser comment l'introduction a été construite.

2 À partir de l'introduction, construire le plan de la présentation.

3 Vous êtes jury du Grand oral. Identifier une erreur dans la présentation de l'élève et préparer une question permettant à l'élève de corriger cette erreur.

Préparer une question qui vous semble intéressante à poser dans cette situation.

Méthode

Construire une fiche synthétique pour réviser juste avant de passer l'oral.

- Rédiger entièrement l'introduction et la conclusion car ce sont les moments les plus importants d'une présentation orale.
- N'utiliser que des mots-clés ou des schémas pour le reste du mémo afin qu'un coup d'œil rapide vous permette de tout vous rappeler.
- Préférer une fiche synthétique de petit format.

Astuces !

- Le jury doit « sentir » l'articulation de la présentation : introduction, parties du plan, conclusion.
- Ne pas « tout dire » : cela permet de parer à l'éventualité de questions de la part du jury.
- Ne pas paniquer, même si vous êtes conscient(e) d'avoir fait une erreur.
- Savoir identifier et corriger une erreur est une attitude valorisée.

60 min **É.C.E.** **Exercices BAC**

40 Synthèse de la dibenzalacétone

ANALYSER-RAISONNER · RÉALISER · VALIDER

La dibenzalacétone (ou 1,5-diphénylpenta-1,4-dièn-3-one), notée DBA, est utilisée comme filtre anti-UV dans certaines crèmes solaires.

● **Le but de cette épreuve est de réaliser la synthèse de la DBA en mettant en évidence l'influence de la température sur le rendement de la synthèse.**

DONNÉES

■ Équation de la réaction modélisant la transformation étudiée :

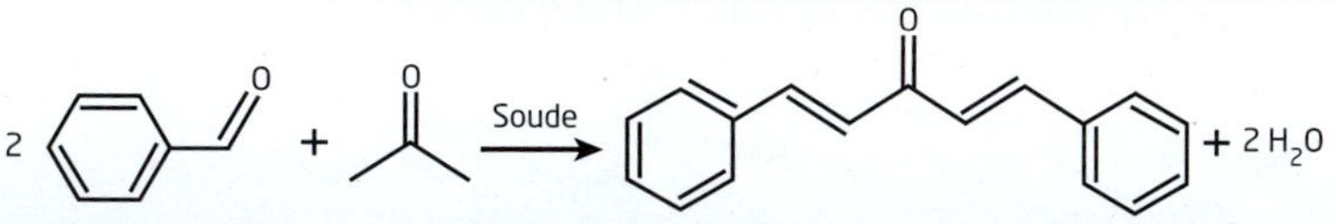

Espèce chimique	Formule brute	Masse molaire (en $g \cdot mol^{-1}$)	Masse volumique (en $g \cdot mL^{-1}$)	Pictogramme de sécurité
Benzaldéhyde	C_7H_6O	106	1,05	
Propanone	C_3H_6O	58	0,78	
Éthanol	C_2H_6O	46	0,79	
Solution d'hydroxyde de sodium	–	–	–	
DBA	$C_{17}H_{14}O$	234	–	

PROTOCOLE

Matériel

1. Dans un erlenmeyer fixé au-dessus d'un agitateur magnétique, introduire un barreau aimanté et 30 mL d'une solution aqueuse de concentration en quantité d'hydroxyde de sodium ($Na^+(aq)$, $HO^-(aq)$) de 2,0 $mol \cdot L^{-1}$.
2. Ajouter 10 mL d'éthanol.
3. Agiter le contenu de l'erlenmeyer et y ajouter goutte à goutte une solution constituée d'un mélange de 3,0 mL de benzaldéhyde, 1,0 mL de propanone et 15 mL d'éthanol.
4. Une fois l'ajout terminé, laisser le mélange sous agitation pendant 10 minutes.
5. Réaliser un essorage du solide sous pression réduite et peser les cristaux.

Le rendement de cette synthèse est de 0,7.

DOC. 2 Essorage de la DBA

Vidéo

Questions

1 Pour étudier l'influence de la température sur la vitesse de formation de la DBA, proposer des modifications au protocole. Le mélange réactionnel ne devra pas être chauffé.

2 Visionner la vidéo montrant l'essorage de la DBA. Identifier une erreur commise et la corriger.
APPEL *Appeler le professeur pour lui montrer vos réponses ou en cas de difficulté.*

3 Mettre en œuvre le protocole expérimental de la synthèse de la DBA et de son extraction, en intégrant vos propositions de modifications validées par le professeur.

4 Calculer le rendement de votre synthèse.

5 Montrer que le rendement est affecté par la modification de la température.

6 Valider l'obtention de la DBA en analysant les spectres IR fournis en ressources.

RESSOURCES

- Vidéo du doc. 2
- Liste du matériel
- Spectres IR de la propanone, de l'éthanol, du benzaldéhyde et de la DBA
- Spectre UV-visible du benzaldéhyde et de la DBA
- Fiches-guides (fichiers texte et PDF)

Exercices BAC

60 min

41 Synthèse d'une amorce à gardons

S'APPROPRIER | ANALYSER-RAISONNER | RÉALISER

Certains pêcheurs utilisent l'éthanoate de pentyle pour réaliser des amorces à gardons, petits poissons de nos rivières. Cet ester peut être synthétisé par une transformation appelée estérification, très lente à froid.

DOC. 1 Équation de réaction de l'estérification

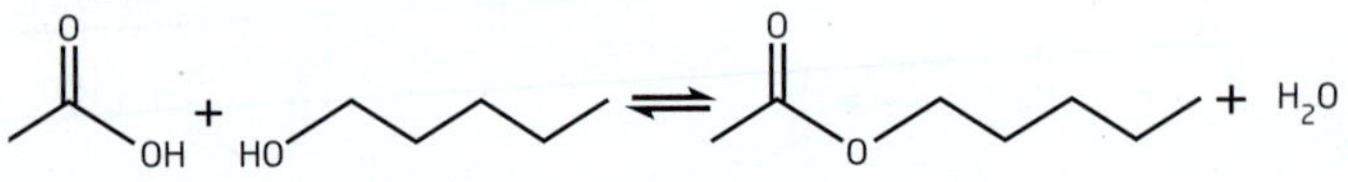

DOC. 2 Appareil de Dean-Stark

Un appareil de Dean-Stark permet de séparer l'eau formée lors d'une synthèse du reste du milieu réactionnel, par distillation en présence de cyclohexane. Le cyclohexane et l'eau formée, non miscibles à l'état liquide, forment un mélange qui s'accumule dans le tube décanteur du Dean-Stark.

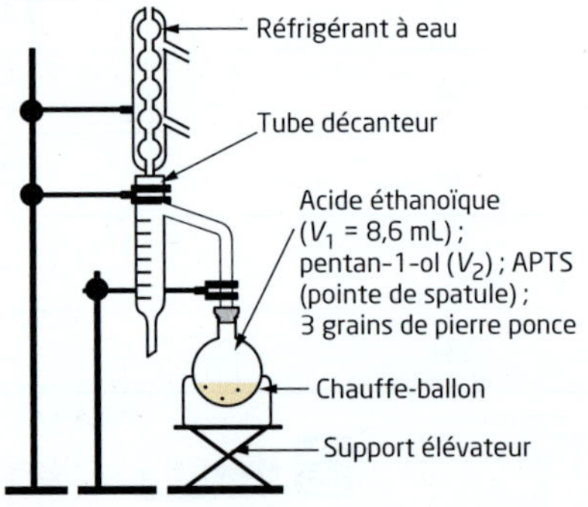

PROTOCOLE 1 Avec Dean-Stark

- Le tube décanteur du Dean-Stark est rempli de cyclohexane jusqu'à la partie supérieure.
- Le mélange réactionnel est chauffé à reflux.

Lors de cette ébullition, seuls l'eau et le cyclohexane se vaporisent puis se liquéfient.

DONNÉES

	Masse molaire M (en $g \cdot mol^{-1}$)	Densité d	Solubilité dans l'eau	Solubilité dans le cyclohexane
Acide éthanoïque	60,0	1,05	Totale	-
Pentan-1-ol	88,0	0,81	Faible	-
Ester	130	0,88	Faible	Forte
Eau	18,0	1,00	–	Insoluble
Cyclohexane	84,0	0,78	Insoluble	–

PROTOCOLE 2 Sans Dean-Stark

- Le même mélange d'acide éthanoïque, de pentan-1-ol et de cyclohexane est chauffé à reflux pendant environ 50 minutes.
- Après refroidissement, le contenu du ballon est traité et à la suite de plusieurs opérations, un échantillon de masse m = 11,7 g d'éthanoate de pentyle est recueilli.

Questions

1 Synthèse sans Dean-Stark

a. Établir, en fonction des **DONNÉES**, l'expression littérale du volume V_2 de pentan-1-ol utilisé pour que le mélange d'acide carboxylique et d'alcool soit dans les proportions stœchiométriques. Calculer la valeur de V_2.

b. L'acide *para*toluène sulfonique est utilisé comme catalyseur : préciser le rôle d'un catalyseur.

c. Définir et calculer le rendement r de la synthèse.

2 Synthèse avec Dean-Stark

a. Indiquer sur un schéma les positions relatives des deux phases (eau et cyclohexane) dans le tube décanteur du Dean-Stark. Justifier.

b. L'eau est éliminée du ballon au fur et à mesure de sa formation. Préciser l'intérêt du Dean-Stark.

c. Après traitement, la masse d'ester formé est m' = 17,6 g. Vérifier l'intérêt de cette méthode de synthèse par rapport à la précédente en calculant son rendement r'.

60 min **Exercice** Vers le supérieur

42 Synthèse industrielle de l'ammoniac

S'APPROPRIER | ANALYSER-RAISONNER | RÉALISER

La production industrielle de l'ammoniac a été réalisée pour la première fois en 1913 dans une usine de l'entreprise BASF, en Allemagne. La production de l'ammoniac repose sur la réaction entre le diazote et le dihydrogène à l'état gazeux. Les réactifs sont portés à haute température (450 °C) et haute pression (300 bar) en présence de catalyseurs solides à base de fer. La transformation est exothermique.

VOCABULAIRE Fraction molaire d'un mélange gazeux

La fraction molaire y_A de l'espèce A d'un mélange gazeux est définie par $y_A = \frac{n_A}{n_{tot}}$, où n_A désigne la quantité de matière de l'espèce A et n_{tot} la quantité de matière totale du mélange. y_A est un nombre sans dimension.

DOC. 2 Influence de la température

La représentation graphique ci-dessous est réalisée pour un mélange initial de dihydrogène et de diazote en même quantité de matière, à une pression de 300 bar.

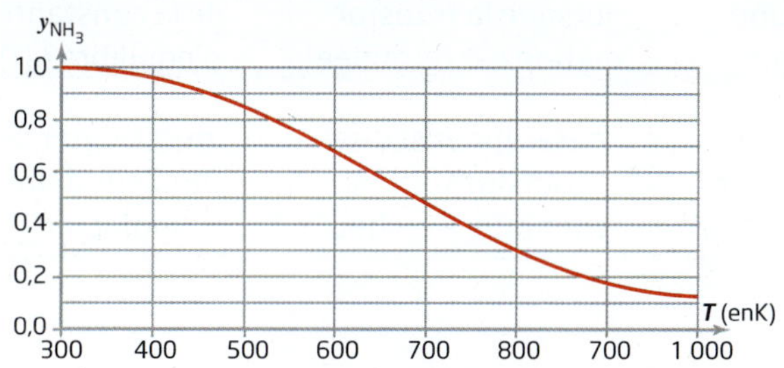

DOC. 1 Influence de la composition initiale du système

La représentation graphique ci-dessous montre l'évolution de la fraction molaire de NH_3(g) dans un mélange à l'équilibre, en fonction de la composition initiale du système, à une température de 450 °C et une pression de 300 bar.

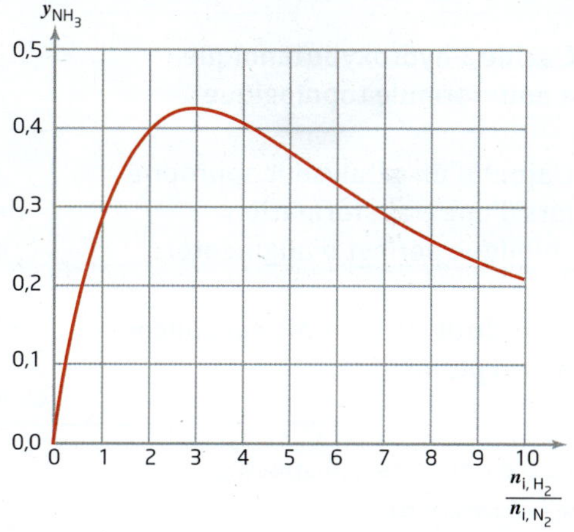

DONNÉE Loi de déplacement de l'équilibre

Loi de Van't Hoff : dans le cas d'un système subissant une transformation chimique, une augmentation de la température (à pression fixée) provoque un déplacement de l'équilibre chimique considéré dans le sens endothermique, c'est-à-dire le sens d'absorption réelle d'un transfert thermique.

Questions

1 Écrire l'équation de la réaction modélisant la synthèse de l'ammoniac avec les nombres stœchiométriques entiers les plus petits possibles.

2 En utilisant le DOC. 2, vérifier que l'expérience est en accord avec la loi de Van't Hoff.

3 Préciser pourquoi le mélange gazeux des réactifs est chauffé.

4 Montrer que la plus grande fraction molaire en ammoniac, à température et pression fixées, est obtenue pour une introduction des réactifs proportions stœchiométriques.

5 Montrer que dans ces conditions, la fraction molaire de l'ammoniac est proche de 0,4.

6 En déduire le rendement de la synthèse industrielle de l'ammoniac.

10 Stratégie de synthèse multi-étapes

EXO QCM interactif

Se tester pour commencer

Choisir la réponse exacte.

	A	B	C
1 La réaction d'équation ci-dessous est une réaction : 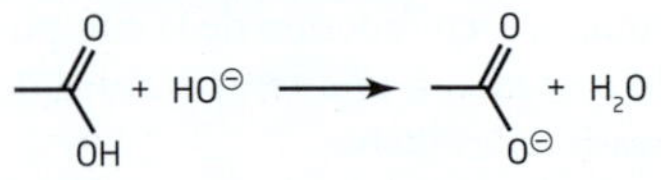	d'oxydoréduction	acide-base	de combustion
2 L'acide 3-hydroxybutanoïque a pour formule topologique :	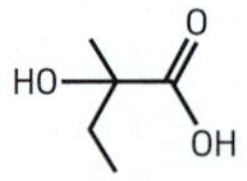	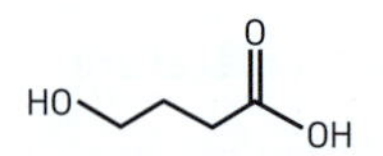	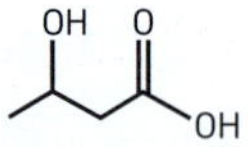
3 L'ajout d'un catalyseur approprié lors d'une transformation chimique permet d'augmenter :	la vitesse de formation du produit	le rendement lorsque la transformation est terminée	la valeur de la constante d'équilibre $K(T)$
4 Une chromatographie sur couche mince permet de :	connaître la structure d'une espèce chimique	déterminer si une transformation chimique a eu lieu	déterminer la minceur d'une molécule
5 Cette figure est un spectre : 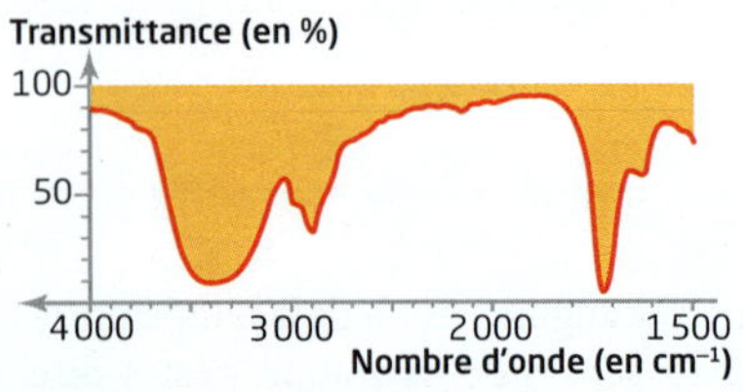	infra-rouge	UV-visible	d'émission de raies

Vidéo débat — GRAND ORAL

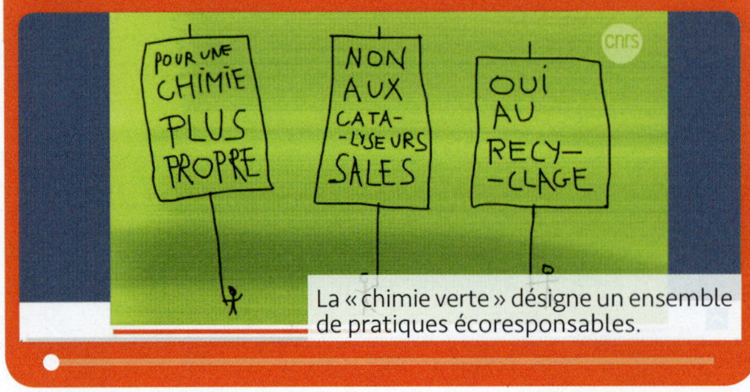

Quels sont les différents aspects de la « chimie verte » ?

Utilisation d'un pochoir par Artiste-Ouvrier peint au M.U.R près d'Oberkampf (Paris).

Pourquoi est-il nécessaire de protéger certains groupes caractéristiques lors d'une synthèse multi-étapes ?

➜ Exercice 19 page 233

CAPACITÉS EXIGIBLES	Activités	Exercices corrigés
Élaborer une séquence réactionnelle de synthèse d'une espèce à partir d'une banque de réactions.	1	26 28 30 38
Identifier des réactions d'oxydoréduction, acide-base, de substitution, d'addition, d'élimination.	1 et 2	8 13 26
Identifier des étapes de protection / déprotection et justifier leur intérêt, à partir d'une banque de réactions.	1	7 28
Mettre en œuvre un protocole de synthèse conduisant à la modification d'un groupe caractéristique ou d'une chaîne carbonée.	2	
Discuter l'impact environnemental d'une synthèse et proposer des améliorations à l'aide de données fournies, par exemple en termes d'énergie, de formation et valorisation de sous-produits et de choix des réactifs et solvants.	3	24 40

Activité documentaire

Notions
- Modification du groupe caractéristique
- Protection / déprotection

▸ § 1 p. 227 et 2.3 p. 228

1 Synthèse d'un antimicrobien

DIFFÉRENCIATION

La reutérine, produite par la bactérie *Lactobacillus Reuteri*, est un agent antimicrobien permettant de stopper la croissance de nombreux champignons ou bactéries nocifs.

● **Quelle stratégie un chimiste peut-il mettre en place pour synthétiser la reutérine ?**

DOC. 1 Extrait d'une banque de réactions

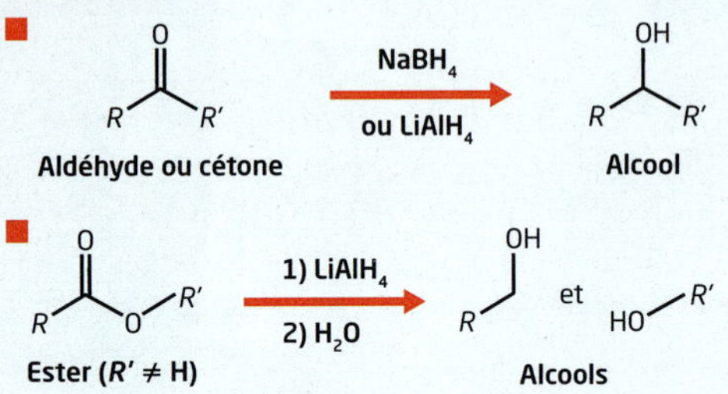

■ Les esters ne réagissent pas avec $NaBH_4$.

DOC. 2 Jeu de cartes

Jeu de cartes

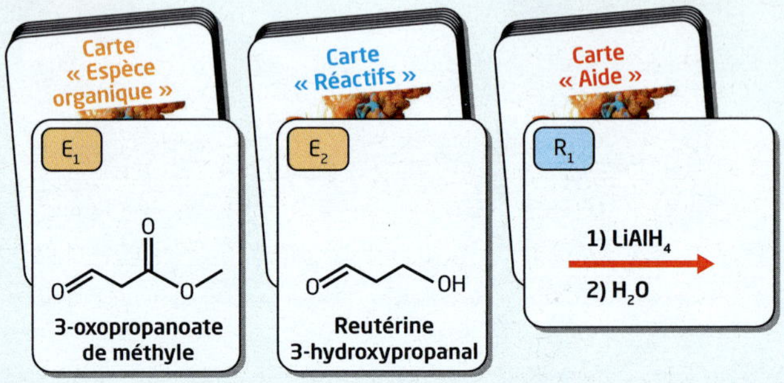

DONNÉES

■ Couple oxydant-réducteur $R–CH=O / R–CH_2–OH$.

■ Classification de quelques réactions : tableau ci-contre.

■ Un substrat est une espèce organique parmi les réactifs dont les modifications au cours de la transformation étudiée sont caractérisées.

Réaction	Description
Addition	Un ou des atome(s) du produit possède(nt) plus de liaisons simples que dans le substrat.
Élimination	Un ou des atome(s) du produit possède(nt) moins de liaisons simples que dans le substrat.
Substitution	Un atome ou un groupe d'atomes du substrat est remplacé par un autre atome ou un groupe d'atomes dans le produit.
Oxydoréduction ou acide-base	Étudiées dans les chapitres précédents.

Questions

1 S'APPROPRIER

Nommer les groupes caractéristiques et les familles fonctionnelles des espèces présentées sur les cartes E_1 et E_2.

2 ANALYSER-RAISONNER

a. Placer, de gauche à droite, la carte E_1 puis la carte R_1. Déterminer la carte *espèce organique* à placer pour compléter la transformation.

b. À l'aide de la banque des réactions p. 524, proposer un enchaînement des différentes cartes, permettant de former la reutérine à partir du 3-oxopropanoate de méthyle. En cas de difficulté, tirer une carte *aide*.

c. Nommer la première et la dernière transformation de l'enchaînement précédent.

d. Le groupe carbonyle de l'aldéhyde est présent dans la reutérine et le 3-oxopropanoate de méthyle, mais pas dans les espèces organiques intermédiaires de la synthèse. Expliquer pour quelle raison il a été nécessaire de le transformer provisoirement.

3 COMMUNIQUER GRAND ORAL

La synthèse de la reutérine proposée ici fait apparaître une séquence appelée « protection-transformation-déprotection ». Faire une présentation orale s'appuyant sur le jeu de carte afin d'expliquer l'origine de ces termes.

RESSOURCE
- Jeu de cartes du doc. 2

2 Synthèse du paracétamol

Notions
- Protocole de synthèse
- Réaction de substitution

► § 1 et 2 pp. 227-228

Le paracétamol est un médicament utilisé pour ses propriétés analgésiques et antipyrétiques. Cette espèce chimique est obtenue au laboratoire par réaction entre le 4-aminophénol et l'anhydride éthanoïque.

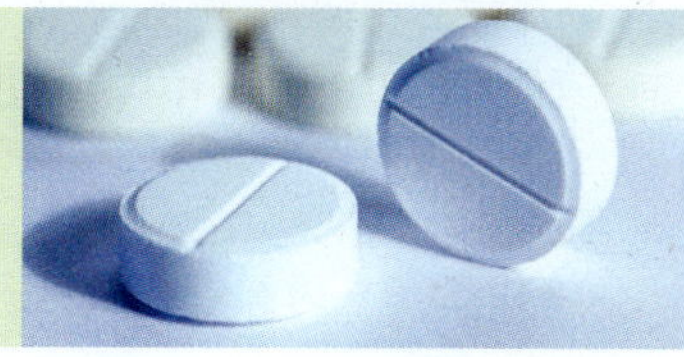

● **Comment synthétiser le paracétamol et confirmer sa structure ?**

PROTOCOLE

Matériel

L'anhydride éthanoïque et le 4-aminophénol sont corrosifs : éviter le contact avec la peau et les yeux.

1. Dans un ballon bicol muni d'un réfrigérant à eau et d'une ampoule de coulée, introduire un échantillon de 4-aminophénol de masse m = 5,0 g et un barreau aimanté.
2. Ajouter rapidement 15 mL d'eau, puis lentement 6,0 mL d'anhydride éthanoïque.
3. Chauffer à reflux pendant 20 min.
4. Laisser revenir à température ambiante grâce à un bain d'eau, puis transvaser le mélange dans un bécher. Le refroidir dans un bain de glace : le paracétamol précipite.
5. Essorer le solide sous pression réduite et le laver à l'eau glacée ; essorer, puis sécher le solide sur papier-filtre.
6. Mesurer sa température de fusion.

DONNÉES

Spectres

■ Spectre IR du produit obtenu :

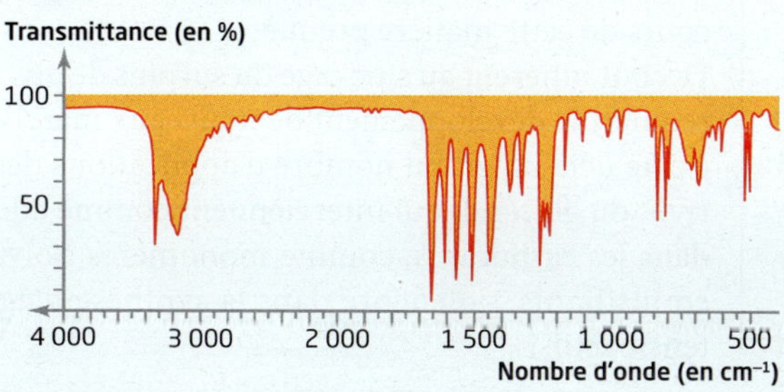

■ Formule topologique de l'anhydride éthanoïque

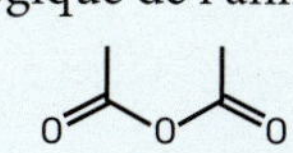

■ Températures de fusion :

4-aminophénol 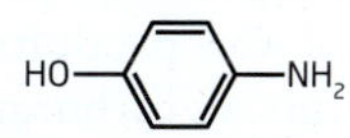 θ_{fus} = 190 °C	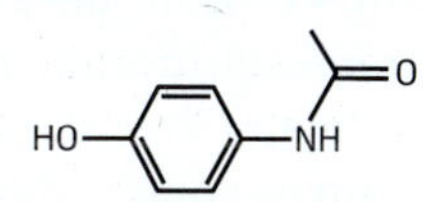 θ_{fus} = 171 °C
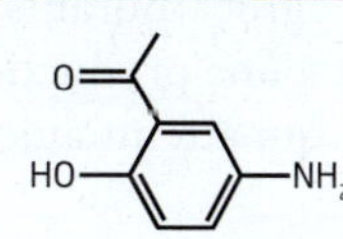 θ_{fus} = 112 °C	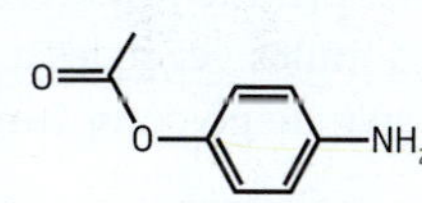 θ_{fus} = 74 °C

Questions

1 RÉALISER

Mettre en œuvre le protocole.

2 ANALYSER-RAISONNER

a. Identifier les étapes de transformation du substrat, d'isolement, de purification et d'analyse.

b. À partir de la banque de réactions (➜ **Fiche méthode 10**, p. 524), proposer deux formules topologiques possibles pour le produit obtenu.

3 VALIDER

a. À partir de la mesure de la température de fusion du produit obtenu, identifier la formule du paracétamol.

b. Confirmer le résultat par l'étude du spectre IR du produit obtenu.

c. Déterminer à quelle classe de réaction, définie dans l'**ACTIVITÉ 1**, appartient la transformation du 4-aminophénol en paracétamol.

RESSOURCES
- Liste du matériel
- Fiche de sécurité des espèces utilisées
- Spectres IR

Activité documentaire

3 Chimie écoresponsable

Notion
- Synthèse écoresponsable

▸ § 3 p. 229

Même en milieu urbain, de plus en plus de particuliers s'équipent de composteur afin de valoriser les déchets compostables en les transformant en engrais.

● **Le chimiste peut-il lui aussi valoriser les espèces chimiques non utilisées à l'issue d'une synthèse ?**

DOC. 1 Directive REACH

Article complet

« La directive REACH (*Registration, Evaluation (restriction) and Authorization of Chemicals*) est entrée en vigueur le 1er juin 2007 dans la Communauté européenne. Elle apparaît comme l'une des décisions les plus ambitieuses jamais adoptées par le Parlement européen. Cette règlementation a pour objectif de protéger la population, en imposant aux fabricants de produits chimiques d'évaluer l'impact environnemental et sanitaire de chaque produit synthétisé. »

D'après *L'actualité chimique*, juin-juillet-août 2011

DONNÉES Formules

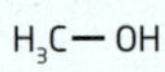

Méthanol

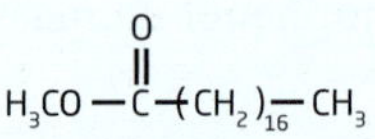

Biodiésel

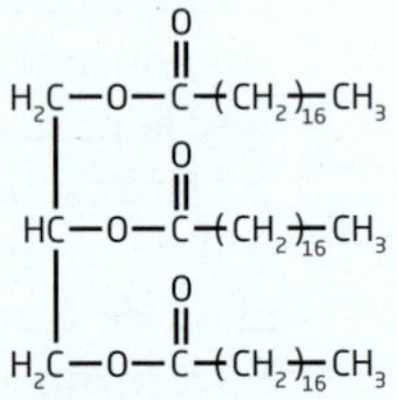

Trilinoléate de glycéryle (huile de colza)

DOC. 2 Valorisation des sous-produits

Documents

Les esters méthyliques d'acides gras, aussi connus sous le nom de « biodiesel », sont obtenus par transestérification d'huiles végétales et de graisses animales avec du méthanol. Ces produits se présentent comme des substituts au carburant diesel d'origine fossile.

La production croissante d'agrocarburants à partir d'huiles végétales a conduit à une production massive de glycérol (un tri-ol), qui atteint aujourd'hui 2 Mt contre 1 Mt en 2005, entraînant une baisse des cours de cette matière première.

Le coût inhérent au stockage du surplus de glycérol, requiert le développement de nouveaux marchés. Il existe déjà un grand nombre d'applications des dérivés du glycérol, qui interviennent comme additifs dans les carburants, comme monomères, solvants, émulsifiants, ou encore dans la synthèse d'agents tensioactifs.

Questions

1 RÉALISER

a. À partir des **DOCS 1** et **2**, des documents disponibles en ressources et de la banque de réactions (➔ **Fiche méthode 10**, p. 524), déterminer la formule semi-développée du glycérol et écrire l'équation de réaction de sa formation à partir de l'huile de colza.

b. Déterminer la formule du mono-étheroxyde obtenu par réaction du glycérol avec le pentanal.

2 ANALYSER-RAISONNER

a. Établir la liste des raisons évoquées dans les documents pour lesquelles la synthèse des étheroxydes de glycérol est « écoresponsable ».

b. Émettre des hypothèses sur d'autres facteurs non évoqués dans les documents qui pourraient améliorer l'impact environnemental d'une synthèse.

3 COMMUNIQUER GRAND ORAL

Votre futur métier consiste à démarcher les industriels de la chimie afin qu'ils se placent dans une démarche écoresponsable.

Préparer et présenter une communication orale sans note de trois minutes, mettant en valeur les différentes façons d'améliorer l'impact environnemental de l'industrie chimique.

RESSOURCES
- Documents sur la synthèse d'étheroxydes

1 Une classification des réactions

Une transformation en chimie organique fait le plus souvent intervenir plusieurs espèces. Parmi les réactifs, l'espèce organique dont les modifications au cours de la transformation sont caractérisées est appelée « substrat ».

Les transformations d'un substrat organique peuvent être classées dans différentes catégories.

Remarque

Une réaction peut simultanément appartenir à plusieurs catégories. Par exemple, l'hydrogénation de l'éthène (tableau ci-dessous) est à la fois une réaction d'addition et une réaction de réduction de l'éthène (couple oxydant-réducteur C_2H_4 / C_2H_6).

REMARQUE

Lors de l'écriture d'une transformation, il est possible de mentionner le solvant, un éventuel catalyseur et d'autres réactifs au-dessus et au-dessous de la flèche traduisant la transformation, de symbole → dans ce manuel. Il ne faut pas confondre cette écriture avec celle d'une équation de réaction (symbole →) qui est toujours ajustée.

Nom de la réaction	Caractérisation de la transformation	Exemple
Réaction d'oxydoréduction	Couple oxydant$_1$ / réducteur$_1$; transformation de l'oxydant 1 en réducteur 1 (ou du réducteur 1 en oxydant 1).	Oxydation de l'alcool benzylique en acide benzoïque 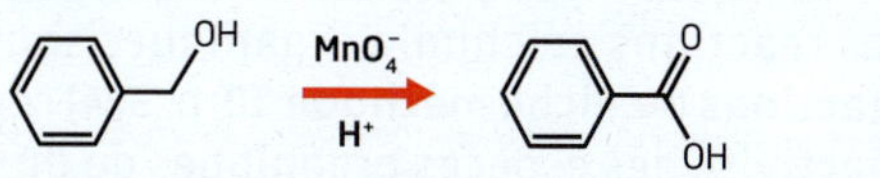 (couples oxydant-réducteur $C_7H_6O_2$ / C_7H_8O et MnO_4^- / Mn^{2+})
Réaction acide-base	Couple acide$_1$ / base$_1$; transformation de l'acide 1 en base 1 (ou de la base 1 en acide 1).	Transformation de l'acide benzoïque en ion benzoate 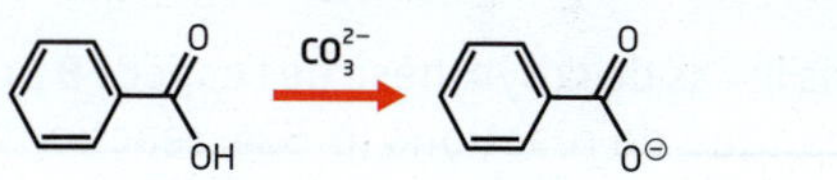 (couples acide-base $C_7H_6O_2$ / $C_7H_5O_2^-$ et HCO_3^- / CO_3^{2-})
Réaction d'addition	Un ou des atome(s) du produit possède(nt) plus de liaisons simples que dans le substrat.	Hydrogénation de l'éthène 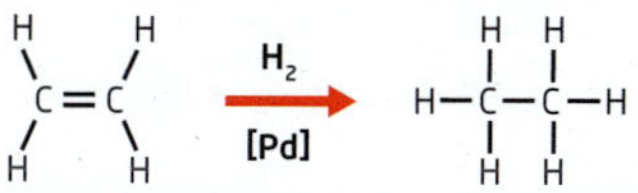
Réaction d'élimination	Un ou des atome(s) du produit possède(nt) moins de liaisons simples que dans le substrat.	Déshydratation du 2-méthylpropan-2-ol 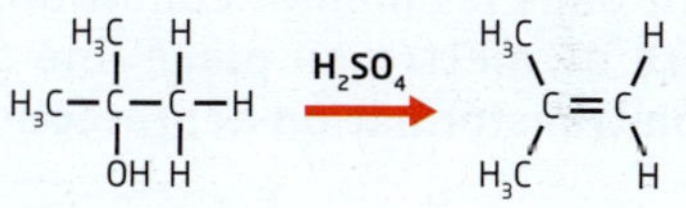
Réaction de substitution	Un atome ou un groupe d'atomes du substrat est remplacé par un autre atome ou un groupe d'atomes dans le produit.	Transformation du 2-chloro-2-méthylpropane en 2-méthylpropan-2-ol 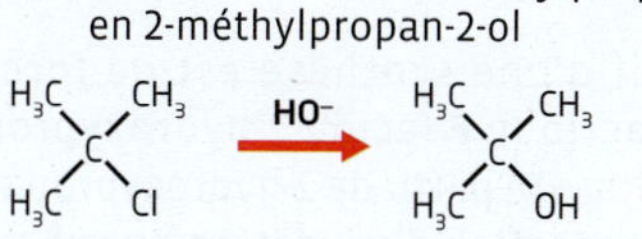

2 Séquence réactionnelle

2.1 Séquence multi-réactions

Afin de synthétiser une espèce organique souhaitée à partir d'autres espèces organiques, il est souvent nécessaire d'effectuer **plusieurs transformations successives** pouvant transformer des groupes caractéristiques et/ou des chaînes carbonées (**DOC. 1** page suivante).

Podcast | Texte DYS

Exemple

L'objectif d'une synthèse organique est de fabriquer l'espèce **B** (2-méthylpentan-3-one) à partir du substrat, l'espèce **A** (pentan-3-ol).
Une stratégie de synthèse possible consiste à réaliser deux transformations successives.

(1) Modification d'un groupe caractéristique par une réaction d'oxydation du substrat organique **A**.

(2) Modification de la chaîne carbonée du nouveau substrat organique **C**.

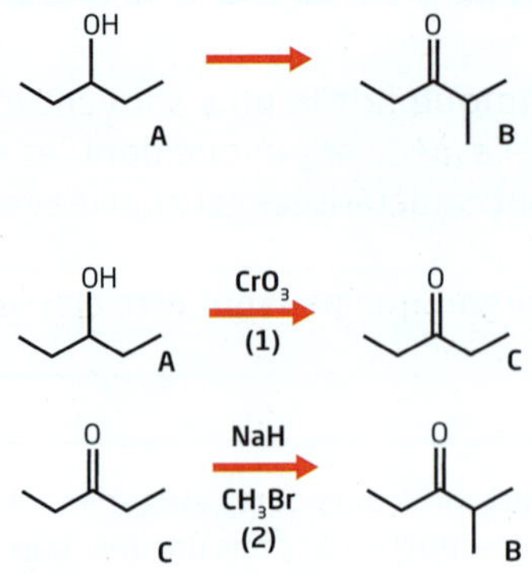

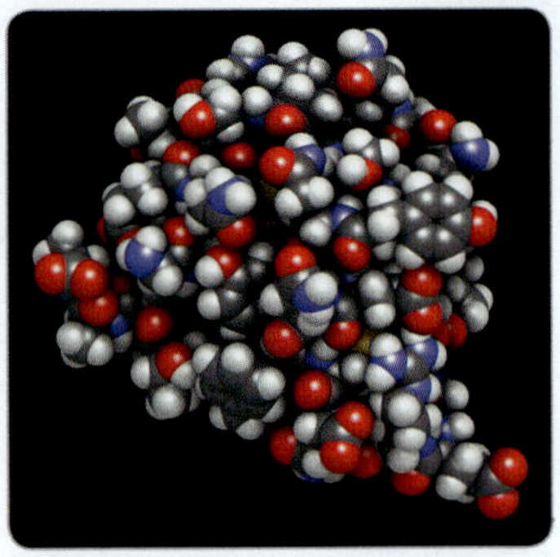

1. Représentation d'une molécule d'insuline. Naturellement synthétisée par le pancréas afin de réguler la glycémie, elle a été synthétisée en laboratoire pour la première fois dans une séquence réactionnelle comportant plus de 50 transformations.

2.2 Utilisation d'une banque de réactions

Les réactions en chimie organiques sont nombreuses. Des **banques de réactions** (→ **Fiche méthode 10**, p. 524) regroupent les informations sur la **réactivité** des espèces organiques de différentes familles fonctionnelles en spécifiant les **conditions expérimentales** dans lesquelles les espèces réagissent ou ne réagissent pas.

Dans le cas de la synthèse de l'espèce **B** présentée au paragraphe précédent, la banque de réactions (p. 524, réactions 2, 7 et 16) montre qu'inverser les deux transformations (NaH et CH_3Br, puis CrO_3) conduit à un produit **C** différent du produit **B** désiré (**DOC. 2**).

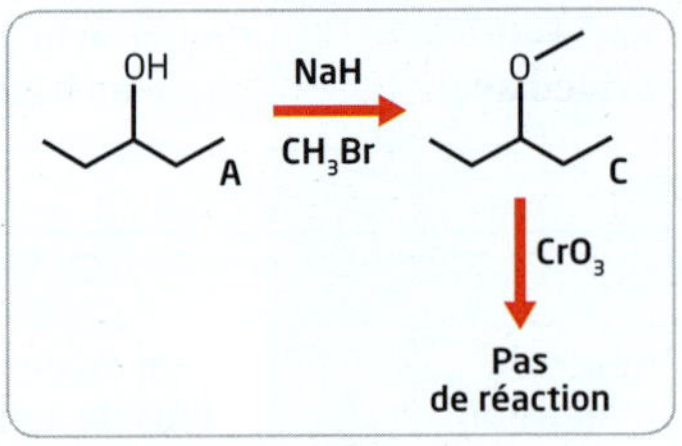

2. Élaborer une stratégie de synthèse nécessite de déterminer dans quel ordre les transformations doivent être effectuées.

2.3 Protection des groupes caractéristiques

Lorsqu'une espèce chimique appartient à plusieurs familles fonctionnelles réagissant dans les mêmes conditions expérimentales, il est parfois nécessaire de mettre en place une stratégie de synthèse appelée **protection-transformation-déprotection** afin de synthétiser le produit désiré.

Exemple

L'objectif d'une synthèse est de former l'acide lactique **F** (acide 2-hydroxypropanoïque, **DOC. 3**) à partir de 2-hydroxypropanal **E** par une réaction d'oxydation du substrat organique.

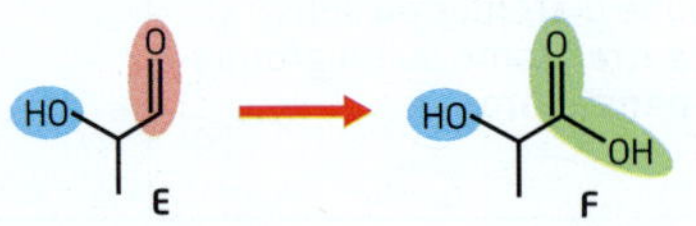

La banque de réactions (p. 524, réactions 10 et 2) permet de déterminer que le l'oxydant MnO_4^- transforme l'aldéhyde en acide carboxylique, mais aussi l'alcool en cétone. L'utilisation de ce réactif conduirait donc à la transformation ci-contre et l'objectif ne serait pas atteint.

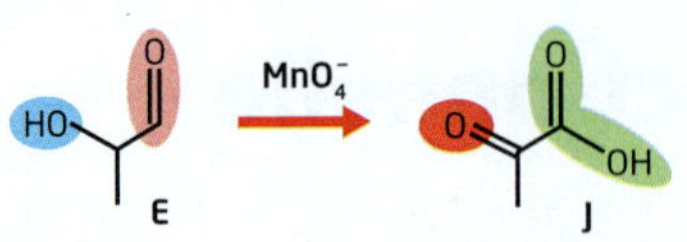

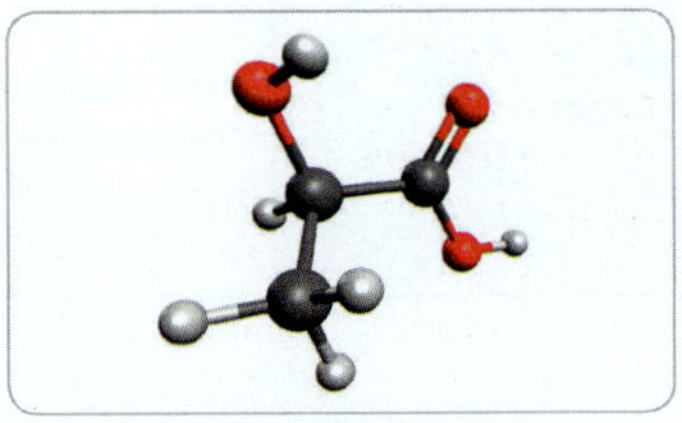

3. Représentation d'une molécule d'acide lactique. Cette espèce chimique intervient dans les processus biologiques de conversion d'énergie chimique en énergie mécanique dans les muscles.

La banque de réactions montre qu'une voie de synthèse possible est la suivante :

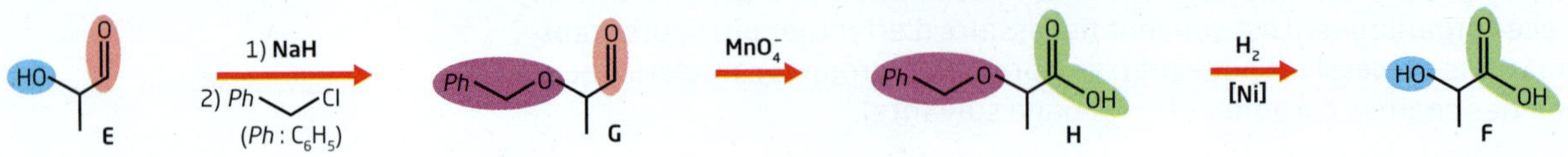

Protection : le groupe hydroxy a été transformé en un autre groupe caractéristique, appelé groupe protecteur, qui n'est pas transformé par MnO_4^-.
Transformation : MnO_4^- permet de transformer le groupe carbonyle en groupe carboxy.
Déprotection : le groupe protecteur est retransformé en groupe hydroxy, permettant de former le produit désiré, l'acide lactique **F**.

ÉVITER LES ERREURS

Les groupes protecteurs sont nombreux. Leur choix dans une synthèse multi-étapes dépend beaucoup de la façon dont ils sont retirés lors de la déprotection du groupe caractéristique initial.

Remarque

Élaborer une séquence de protection-transformation-déprotection nécessite de déterminer le groupe protecteur de manière à ce que :
- la réaction permettant de protéger un groupe ne modifie pas les autres groupes ;
- le groupe protecteur ne soit pas transformé lors de la réaction permettant de transformer le groupe non protégé ;
- le groupe protecteur puisse être retiré sans modifier les autres groupes.

2.4 Réaction de polymérisation

Une réaction de **polymérisation** peut avoir lieu lorsqu'une espèce chimique possède deux groupes caractéristiques différents pouvant réagir entre eux dans certaines conditions expérimentales.

4. Pailles en acide polylactique. La législation sur les plastiques à usages uniques amènent les chimistes à créer des matériaux bio-sourcés (formés à partir de matières premières issues, par exemple, de l'agriculture) et biodégradables.

Exemple

La banque de réactions (p. 524, réaction 21) montre qu'un acide carboxylique réagit avec un alcool en milieu acide pour former un ester (et de l'eau).
L'acide lactique est une espèce chimique appartenant à la fois à la famille des acides carboxyliques et à celle des alcools. En milieu acide, cette espèce réagit avec elle-même pour former le polymère acide polylactique (DOC. 4) selon le processus :

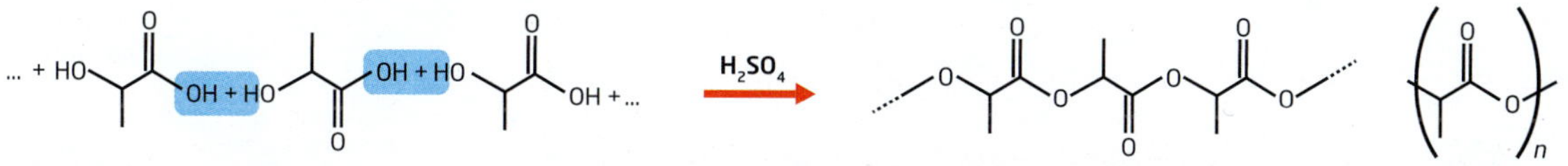

3 Impact environnemental

La synthèse d'un produit d'intérêt en chimie organique utilise des ressources énergétiques, des réactifs, des solvants et des catalyseurs. Afin d'élaborer des synthèses **écoresponsables**, les chimistes proposent des améliorations.

Il est possible par exemple de :
- mettre au point des réactions formant le moins possible de sous-produits ;
- valoriser les sous-produits par leur utilisation dans d'autres synthèses ;
- créer des catalyseurs permettant de diminuer l'apport d'énergie (afin d'augmenter la vitesse de formation du produit à température ambiante) ;
- utiliser des réactifs et des catalyseurs permettant d'éviter les stratégies de protection-transformation-déprotection ;
- limiter l'utilisation des solvants.

VOCABULAIRE

Le plus souvent, une transformation chimique permet de synthétiser le **produit d'intérêt** (le produit recherché) ainsi que des produits le plus souvent non désirés, les **sous-produits**.

Retenir l'essentiel

ÉLABORER UNE SÉQUENCE RÉACTIONNELLE À PARTIR D'UNE BANQUE DE RÉACTIONS

Objectif Transformer **A** en **B**

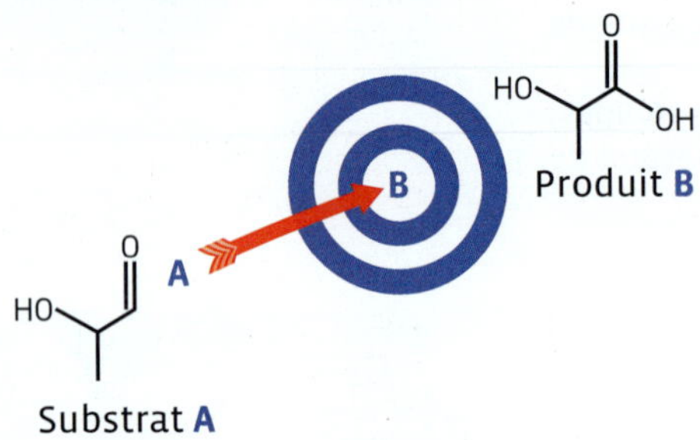

Outil de décision Une banque de réactions

Addition	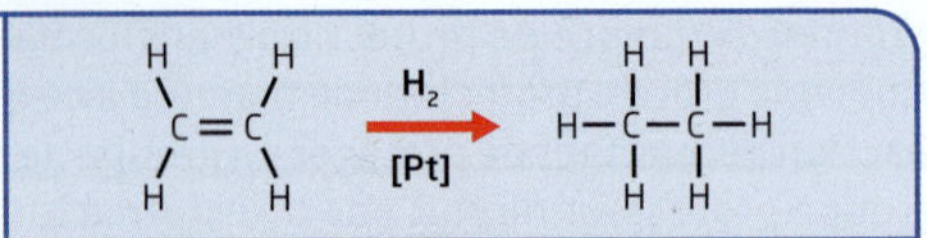
Élimination	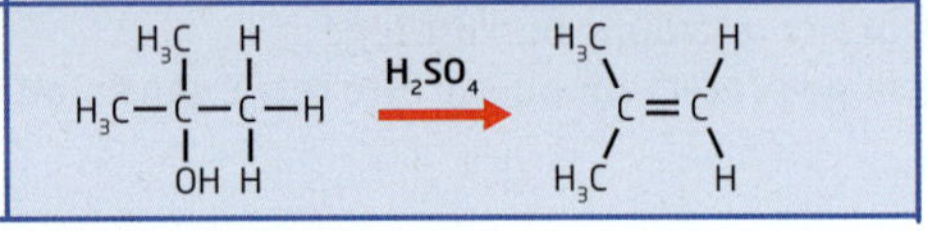
Substitution, acide-base, etc.	

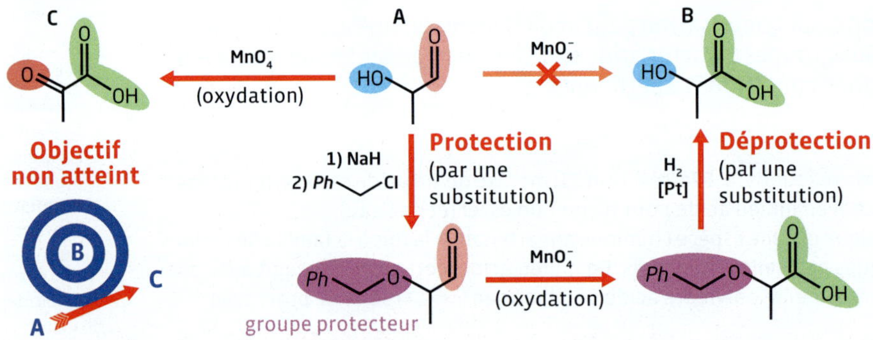

RÉACTION DE POLYMÉRISATION

Transformation possible

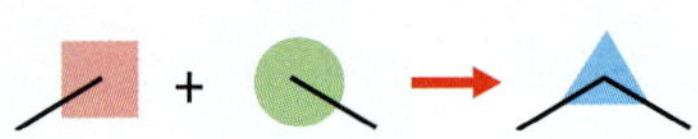

Polymérisation

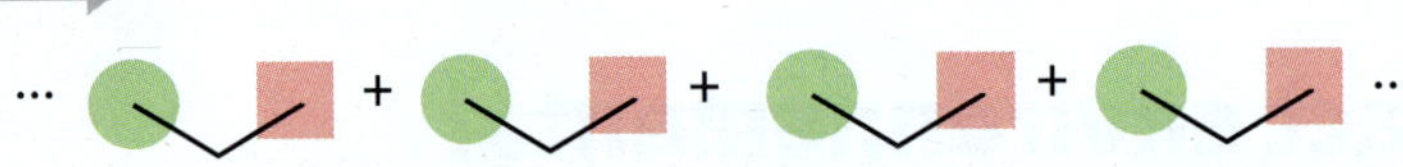

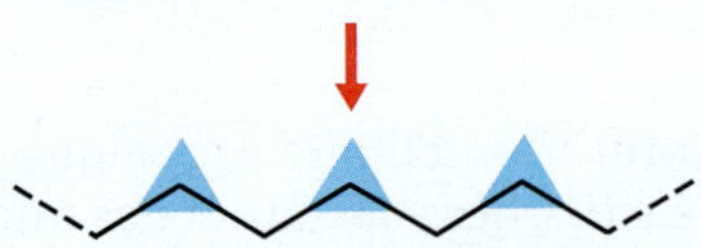

CHIMIE ÉCORESPONSABLE

- Limiter et/ou valoriser les sous-produits, les solvants.
- Créer de nouveaux catalyseurs pour limiter la consommation de ressources énergétiques et/ou le nombre de transformations.

5 min chrono !

Si vous ne trouvez pas la bonne réponse, reportez-vous au § de la synthèse des activités correspondant pour vous aider.

Indiquer la réponse exacte. QCM interactif

1 Une transformation au cours de laquelle un ion H^+ est cédé par une espèce et capté par une autre fait partie de la catégorie des réactions : ▶ §1

a. d'oxydoréduction. b. acide-base. c. de substitution.

2 Pour transformer l'éthanol C_2H_5OH en acide éthanoïque CH_3CO_2H (demi-équation électronique : $CH_3CO_2H + 4H^+ + 4e^- = C_2H_5OH + H_2O$) il faut utiliser : ▶ §1

a. un oxydant. b. une base. c. un réducteur.

3 Une réaction d'élimination est : ▶ §1

a. $CH_2{=}CH_2 \rightarrow C_2H_5OH$

b. $C_2H_5OH \rightarrow CH_2{=}CH_2$

c. $CH_3COOH \rightarrow CH_3COOCH_3$

4 La transformation $C_2H_5Cl \rightarrow C_2H_5OH$ appartient à la catégorie des réactions : ▶ §1

a. d'addition. b. d'élimination. c. de substitution.

5 Dans la séquence réactionnelle ci-dessous, la transformation (2) peut être réalisée avec (→ p. 524) : ▶ §2

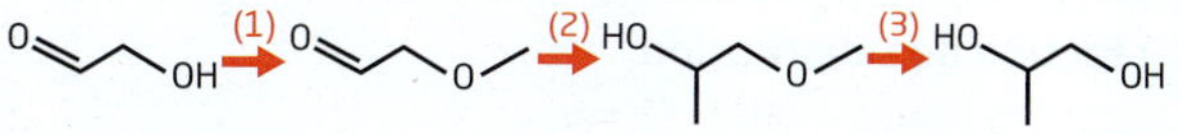

a. CH_3–MgCl. b. CH_3–OH. c. $NaBH_4$

6 Dans la séquence réactionnelle de l'exercice **15** : ▶ §2

a. le groupe carbonyle est protégé.

b. le groupe hydroxy est protégé.

c. aucun groupe n'est protégé.

Corrigés p. 550

Contrôle technique !

7 Exploiter une banque de réactions

EXERCICE RÉSOLU

Une synthèse nécessite de réaliser la transformation :

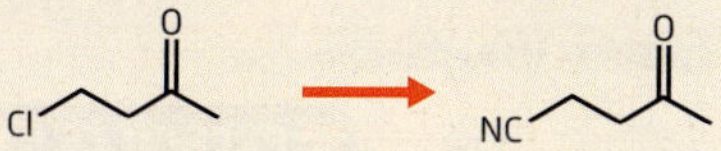

a. À l'aide de la banque de réactions p. 524, identifier le réactif qui permet cette transformation.

b. Montrer qu'une protection de l'autre groupe caractéristique est nécessaire.

SOLUTION

a. Le réactif à utiliser pour substituer l'atome de chlore par le groupe CN est le cyanure de sodium NaCN.

b. Le groupe carbonyle est susceptible d'être transformé par le cyanure de sodium selon la transformation ci-dessous. Il est donc nécessaire de le protéger.

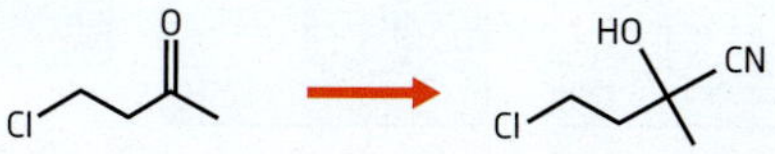

APPLICATION • Sur le modèle de l'exercice résolu

Une synthèse nécessite de réaliser la transformation :

a. À l'aide de la banque de réactions p. 524, identifier le réactif qui permet cette transformation.

b. Montrer qu'une protection de l'autre groupe caractéristique est nécessaire.

8 Analyser une séquence réactionnelle

EXERCICE RÉSOLU

Dans la séquence réactionnelle suivante, identifier une réaction de substitution et deux réactions d'élimination.

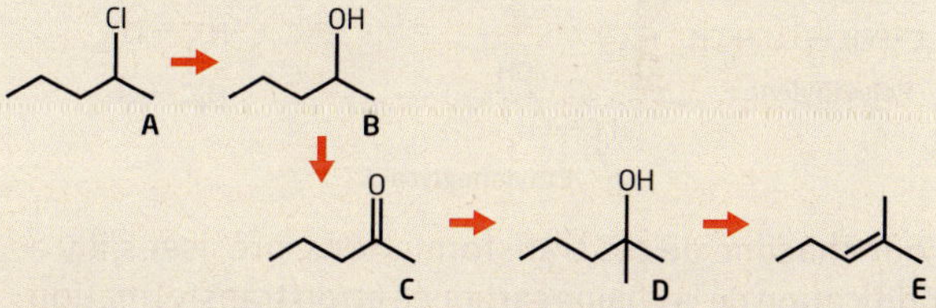

SOLUTION

Au cours de la transformation **A → B**, l'atome de chlore est remplacé par le groupe hydroxy : c'est une réaction de substitution.

Les deux atomes de carbone de l'espèce **E** liés par une double liaison C=C établissent moins de liaisons simples que dans l'espèce **D** :

La transformation **D → E** est une réaction d'élimination. Le raisonnement est identique pour la double liaison C=O et la transformation **B → C**.

APPLICATION • Sur le modèle de l'exercice résolu

Dans la séquence réactionnelle précédente, identifier une réaction d'oxydation du substrat et une réaction d'addition.

Exercices APPLIQUER

Une classification des réactions

▶ § 1 de la synthèse des activités

➔ EXERCICES RAPIDES

9 GRAND ORAL À l'aide d'une boîte de modèles moléculaires et d'un exemple bien choisi, expliquer oralement à l'ensemble de la classe comment reconnaître une réaction d'addition et une réaction d'élimination.

10 Dessiner la formule topologique du produit de la transformation suivante, sachant qu'il s'agit d'une réaction de substitution.

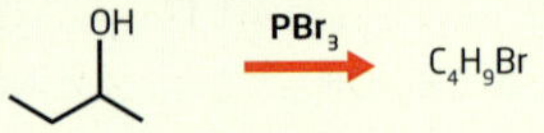

11 Dessiner la formule topologique du produit de la transformation suivante, sachant qu'il s'agit d'une réaction d'élimination.

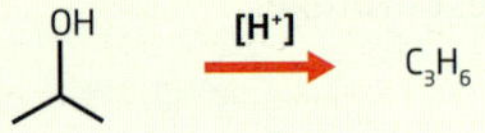

12 Identifier des modifications

Plus de la moitié de la production mondiale d'éthène est utilisée pour la synthèse du polyéthylène, un polymère. L'éthène peut également subir d'autres transformations.

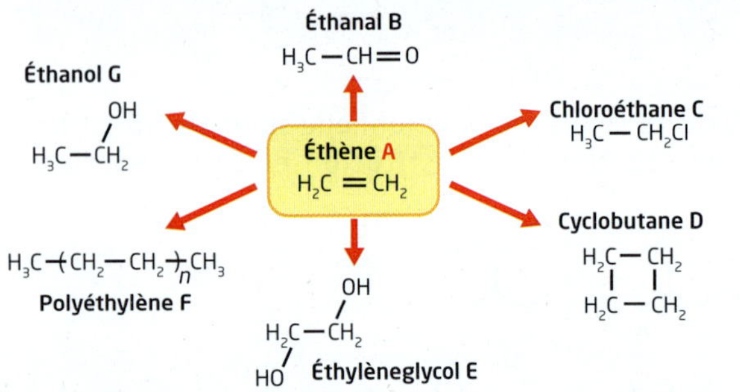

• Pour chacune de ces transformations, préciser s'il y a modification de la chaîne carbonée et/ou transformation de groupe(s) caractéristiques(s).

13 Déterminer une catégorie de réaction

Déterminer la catégorie de chacune des transformations suivantes.

a.

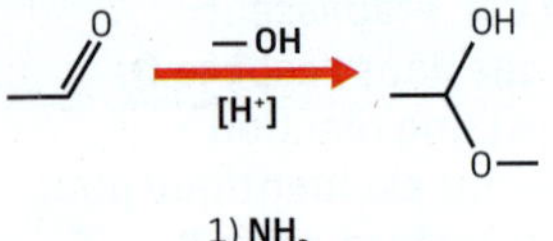

b.

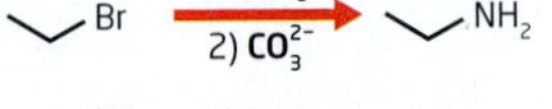

c.

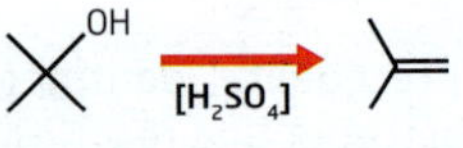

d.

14 Compléter une équation de réaction

L'équation de réaction suivante modélise une transformation acide-base.

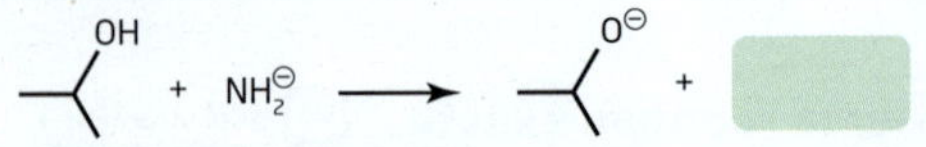

• Recopier et compléter l'équation de réaction et identifier les couples acide-base concernés.

15 Reconnaître un type de réaction

L'huile essentielle de menthe contient 47 % de menthol et 22 % de menthone.

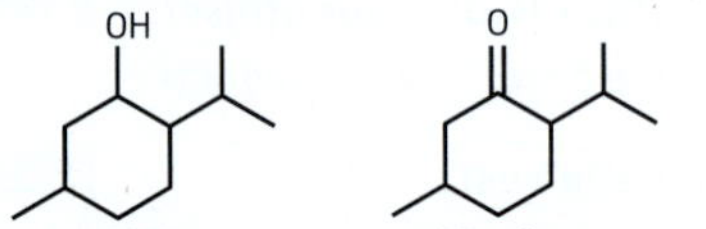

Menthol Menthone

a. Déterminer la formule brute (formule moléculaire) de ces deux espèces.

b. En écrivant une demi-équation électronique, montrer que le couple menthone / menthol est un couple oxydant-réducteur.

c. La menthone peut être transformée en menthol par réaction avec le tétrahydroborate de sodium $NaBH_4$. Préciser si ce dernier est un oxydant ou un réducteur.

Élaboration d'une séquence réactionnelle

▶ § 2 de la synthèse des activités

➔ EXERCICES RAPIDES

16 GRAND ORAL Reproduire (ou imprimer) les étiquettes suivantes en un format lisible par l'ensemble de la classe et les accrocher dans le désordre au tableau avec des aimants.
Animer une séance collective pour les organiser afin de proposer une séquence réactionnelle permettant de former **B** à partir de **A**. Étiquettes à imprimer

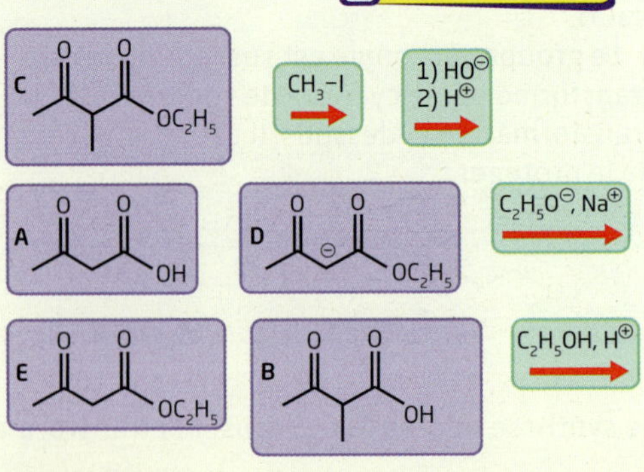

17 GRAND ORAL À l'issue de la séance précédente (exercice 16), mettre en évidence les étapes de protection et de déprotection, et justifier leur intérêt.

18 Choisir un réactif dans une banque de réactions

Le fonctionnement de certains éthylotests repose sur la transformation de l'éthanol CH_3CH_2OH en acide éthanoïque CH_3COOH.

a. Montrer à l'aide d'une demi-équation électronique qu'il s'agit d'une oxydation du substrat.

b. Choisir dans la banque de réactions p. 524 un réactif permettant de réaliser cette transformation.

19 Retour sur l'ouverture du chapitre

La transformation suivante est envisagée :

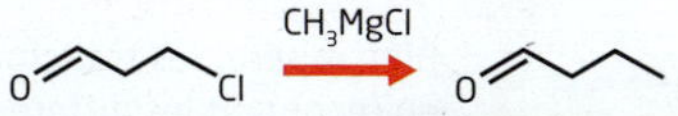

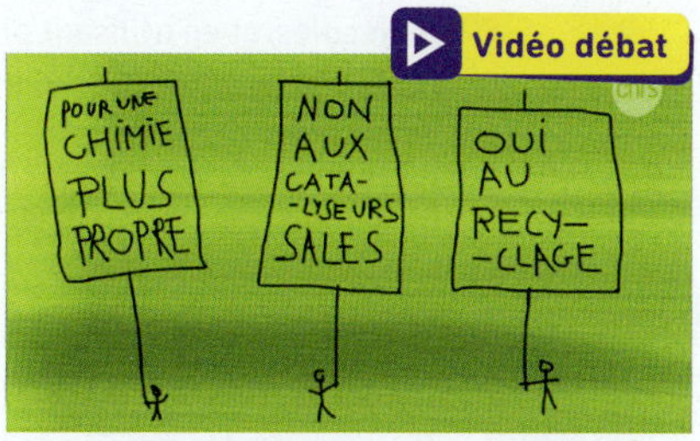

a. Montrer, à l'aide de la banque de réactions p. 524, que la transformation peut conduire à une autre espèce chimique.

b. Proposer une séquence réactionnelle utilisant des transformations de protection/déprotection permettant d'obtenir le produit souhaité.

20 Justifier l'ordre d'une séquence

a. À l'aide de la banque de réactions p. 524 proposer un réactif pour chacune des transformations suivantes.

Transformation 1

Transformation 2

b. Pour réaliser la transformation suivante, indiquer l'ordre dans lequel il faut utiliser les deux réactifs précédents. Justifier.

21 Exploiter une banque de réactions

a. À l'aide de la banque de réactions p. 524, montrer que la réaction de **A** avec **B** conduit à **C**.

b. Proposer une stratégie pour obtenir **D** à partir de **A**.

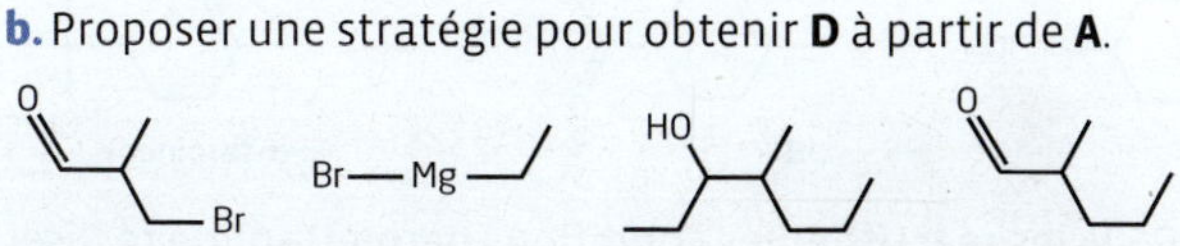

A **B** **C** **D**

Impact environnemental

► § 3 de la synthèse des activités

EXERCICES RAPIDES

22 GRAND ORAL Exposer en deux minutes maximum à l'ensemble de la classe un argument en faveur de l'utilisation de l'eau comme solvant d'une synthèse, puis un argument contre.

23 Liens Écouter l'interview de Stéphane Sarrade (CEA) (de 2 min 30 s à 3 min 03 s).

• Préparer un support visuel pour répondre aux questions qu'il pose, en prenant comme exemple la synthèse réalisée dans l'**ACTIVITÉ 2** de ce chapitre.

24 Apprendre à rédiger

L'éthène C_2H_4 est essentiellement produit par chauffage de dérivés du pétrole à plus de 800 °C. De l'éthène « vert » peut être produit par déshydratation de l'éthanol, obtenu par exemple à partir de canne à sucre, selon la réaction d'équation suivante, à 300 °C, en utilisant une zéolithe (un solide très poreux) comme catalyseur.

$$C_2H_5OH(g) \rightarrow C_2H_4(g) + H_2O(g)$$

• Identifier les différentes raisons qui permettent de qualifier cette synthèse d'écoresponsable.

Aide méthodologique

- Dresser un tableau comparatif des deux méthodes de synthèse de l'éthène, faisant apparaître l'origine de la matière première et les conditions de synthèse.
- Faire une phrase de conclusion.
- Émettre éventuellement des réserves reposant sur l'absence d'information sur la production de l'éthanol nécessaire à la fabrication de l'éthène vert.

25 Construire une carte mentale

• L'étiquette centrale doit s'intituler :

Reconnaître une synthèse écoresponsable

• Associer à l'étiquette centrale, par le moyen de votre choix, d'autres étiquettes comprenant au minimum les étiquettes suivantes :

Solvant **Produits secondaires** **Énergie** **Catalyseur** **Matière première biosourcée**

EXO **Exercices supplémentaires**

Exercices APPLIQUER

EXERCICE RÉSOLU ET COMMENTÉ

26 Anéthol

ÉNONCÉ

L'anéthol est une espèce chimique odorante et sucrée qui peut être obtenue par extraction de l'anis étoilé. L'anéthol peut également être synthétisé en deux étapes grâce à la séquence réactionnelle ci-contre.

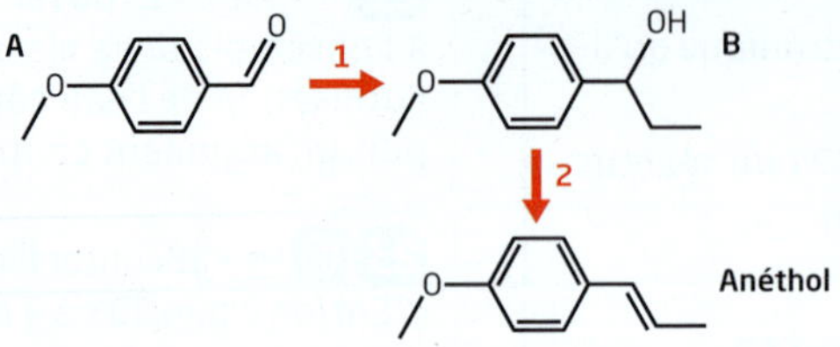

a. Repérer les modifications de groupe caractéristique et/ou de chaîne carbonée effectuées lors de ces deux étapes.

b. Identifier la nature des transformations mises en jeu parmi : substitution, addition, élimination.

c. Rechercher dans la banque de réactions p. 524 les réactifs et les conditions permettant de réaliser les deux transformations.

▲ Anis étoilé.

UNE SOLUTION

a. Les modifications ne concernent qu'une partie de la molécule **A** pour laquelle une notation simplifiée est adoptée :

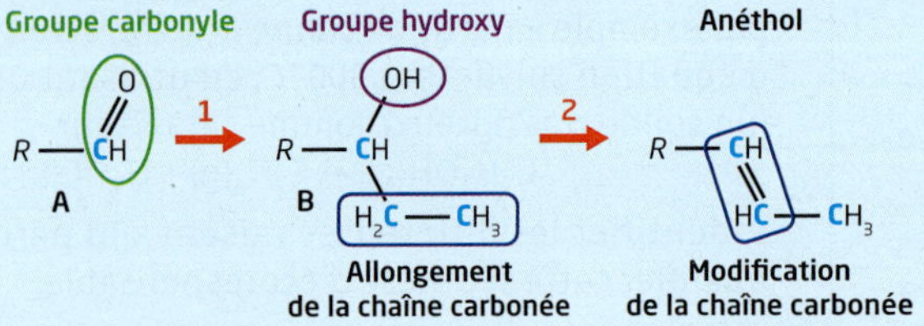

Étape 1 : modification de groupe caractéristique (transformation du groupe carbonyle en groupe hydroxy) et de chaîne carbonée (allongement).
Étape 2 : modification de groupe caractéristique (suppression du groupe hydroxy) et de chaîne carbonée (changement de multiplicité de liaison).

b. Dans l'espèce **B**, l'atome de carbone lié au groupe hydroxy établit davantage de liaisons simples que dans l'espèce **A** : l'étape 1 est une réaction d'addition. Dans l'anéthol, les atomes de carbone dans le rectangle bleu établissent moins de liaisons simples que dans l'espèce **B** : l'étape 2 est une réaction d'élimination.

c. La banque de réactions p. 524 (réaction 14) montre que l'étape 1 peut être réalisée en utilisant le réactif CH_3–CH_2–Mg–Br, puis en traitant le produit obtenu par une solution aqueuse acide. Pour l'étape 2, l'utilisation d'acide sulfurique (réaction 4 p. 524) permet de réaliser la transformation.

S'APPROPRIER
Bien repérer les transformations en recopiant les différentes molécules, et en utilisant plutôt les formules semi-développées que les formules topologiques pour identifier les liaisons formées et rompues.

COMMUNIQUER
• Des notations simplifiées (groupe –*R*) des parties de la molécule qui ne subissent pas de modifications permettent d'aller plus vite et de focaliser l'attention sur la partie importante.
• Utiliser des couleurs permet de rendre la réponse plus claire.

COMMUNIQUER
La réponse doit être justifiée en rappelant les caractéristiques d'une réaction d'addition ou d'élimination.

ANALYSER-RAISONNER
La banque de réactions permet de déterminer les réactifs (ici, *R*–Mg–Br) ou les conditions opératoires de la transformation. Il faut ensuite déterminer la nature du groupe *R* pour répondre à la question.

APPLICATION Sur le modèle de l'exercice résolu

27 α-Terpinéol

L'α-terpinéol est une espèce chimique présente dans l'huile essentielle de pin. Elle peut aussi être synthétisée en deux étapes grâce à la séquence réactionnelle ci-contre.

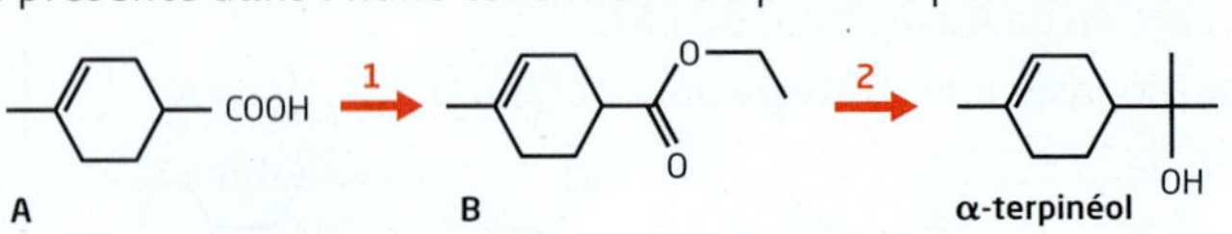

a. Identifier la nature des transformations mises en jeu.

b. Rechercher dans la banque de réactions p. 524 les réactifs et les conditions permettant de réaliser les deux transformations.

EXERCICE RÉSOLU ET COMMENTÉ

28 Synthèse d'une phéromone

ÉNONCÉ

L'espèce chimique 2'-aminoacétophénone, notée **B**, est une phéromone émise par les furets mâles. Elle peut être préparée à partir de 2'-nitroacétophénone, notée **A**.

La transformation du groupe nitro $-NO_2$ en groupe amino $-NH_2$ est en général réalisée grâce au tétrahydroaluminate de lithium $LiAlH_4$.

A
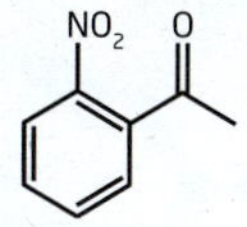

B
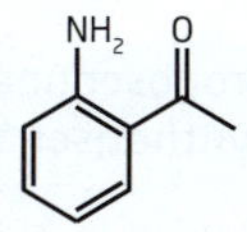

a. En s'appuyant sur la banque de réactions p. 524, montrer que la réaction de $LiAlH_4$ avec l'espèce **A** conduit à la formation d'une espèce **C** différente de **B**. Donner une représentation de cette espèce **C**.

b. Proposer une séquence réactionnelle s'appuyant sur une stratégie de protection/déprotection pour réaliser la transformation de **A** en **B**, en plusieurs étapes.

S'APPROPRIER
Observer que l'espèce **A** présente deux groupes caractéristiques.

UNE SOLUTION

a. L'espèce **A** présente deux groupes caractéristiques (nitro et carbonyle). D'après la banque de réactions (réaction 11, p. 524), l'espèce $LiAlH_4$ permet de transformer le groupe carbonyle en groupe hydroxy. D'après l'énoncé, il transforme également le groupe nitro en groupe amino. Il se produira donc la transformation :

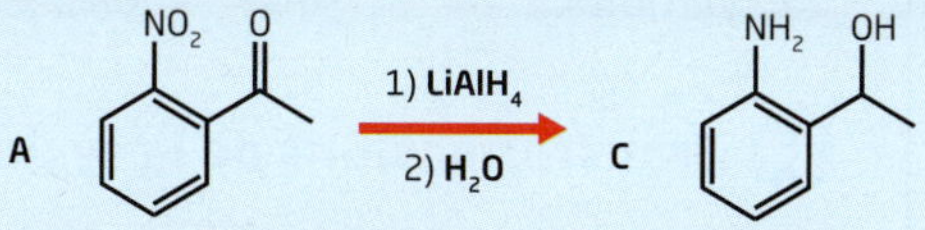

ANALYSER-RAISONNER
Rechercher l'espèce $LiAlH_4$ dans la banque de réactions afin de déterminer toutes les familles fonctionnelles avec lesquelles elle conduit à une réaction.

b. Il est nécessaire de protéger le groupe carbonyle. Grâce à la banque de réactions (réactions 12 et 31 pp. 524-525), il apparaît que la séquence réactionnelle suivante pourrait convenir :

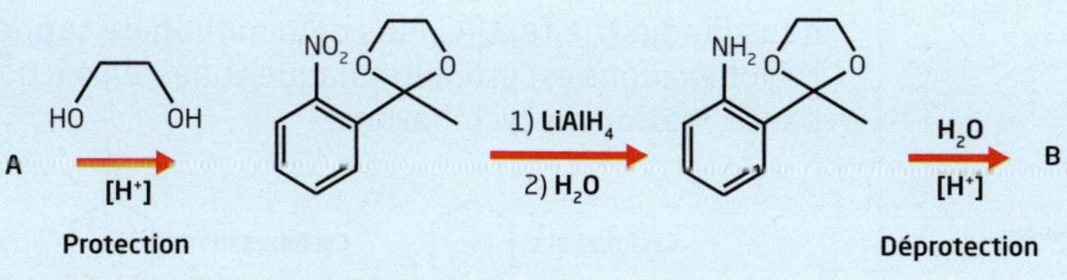

ANALYSER-RAISONNER
Rechercher dans la banque de réactions les méthodes de protection et de déprotection du groupe carbonyle.

APPLICATION Sur le modèle de l'exercice résolu

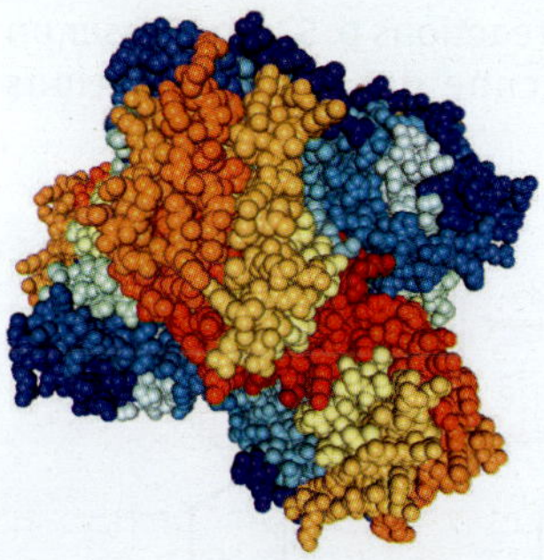

29 Synthèse de l'acide lactique

Chez les mammifères, le lactaldéhyde **A** est transformé sélectivement en acide lactique **B** grâce à un oxydant (usuellement noté *NAD*+) en présence d'une enzyme, la protéine aldéhyde déshydrogénase (image ci-contre).

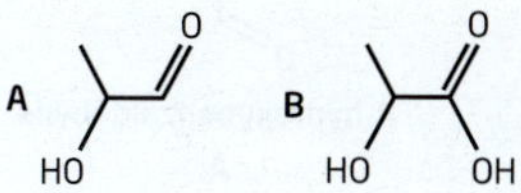

a. La transformation d'un aldéhyde en acide carboxylique peut être réalisée en utilisant le permanganate de potassium $KMnO_4$. Montrer, à l'aide de la banque de réactions p. 524, que le traitement de **A** par le permanganate de potassium ne conduit pas à **B**, mais à une espèce **C**. Représenter **C**.

b. Proposer une séquence réactionnelle s'appuyant sur une stratégie de protection/déprotection pour réaliser la transformation de **A** en **B**.

Exercices S'ENTRAINER

30 Séquence réactionnelle

Vidéo Corrigé de l'exercice

APP Extraire l'information utile sur des supports variés
COM Utiliser un vocabulaire scientifique adapté et rigoureux

Le propanoate d'éthyle est une espèce odorante présente dans la chair des fraises et dont la concentration augmente considérablement au cours de la maturation des fruits.

• À l'aide de la banque de réactions p. 524, proposer une séquence réactionnelle permettant de le synthétiser à partir de propan-1-nol et d'éthanol.

31 Analyse d'une biosynthèse

ANA-RAI Organiser et exploiter des connaissances ou des informations

L'acide *o*-coumarique est présent en quantité importante dans les fèves de certaines espèces de caféiers.
La séquence réactionnelle ci-dessous présente quelques-unes des étapes de sa biosynthèse chez les végétaux.

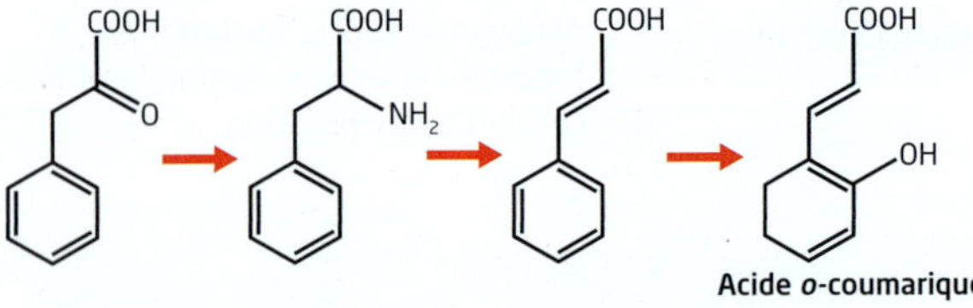

Acide *o*-coumarique

a. Rappeler le ou les critère(s) qui permet(tent) de reconnaître une réaction d'élimination, d'addition ou de substitution.

b. Déterminer à quelle catégorie appartient chaque étape de la biosynthèse de l'acide *o*-coumarique.

32 Acide-base ou oxydant-réducteur ?

ANA-RAI Organiser et exploiter des connaissances ou des informations
COM Utiliser un vocabulaire scientifique adapté et rigoureux

Le 4-hydroxybenzaldéhyde **A**, présent dans l'orchidée *Gastrodia elata*, appartient à la fois à un couple acide-base et à un couple oxydant-réducteur.

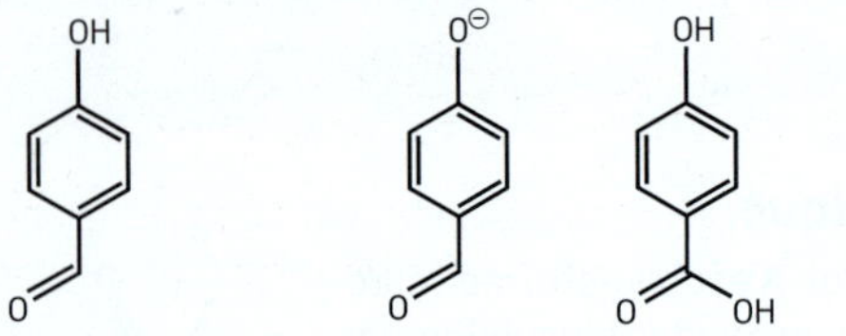

4-hydroxybenzaldéhyde
A B C

a. Rappeler la définition d'un couple acide-base et celle d'un couple oxydant-réducteur.

b. Identifier la nature des couples **A**/**B** et **C**/**A**.

c. La formation de **C** à partir de **A** peut être réalisée grâce à l'action de l'ion chlorite ClO_2^-. Indiquer si l'ion chlorite agit alors en tant que base, acide, oxydant ou réducteur.

d. Écrire l'équation de la réaction qui modélise la transformation décrite dans la question **c.**, sachant que l'ion chlorite appartient à un couple dont l'autre membre est l'ion chlorure Cl^-.

33 Alkylation

ANA-RAI Organiser et exploiter des connaissances ou des informations

La séquence réactionnelle suivante est envisagée :

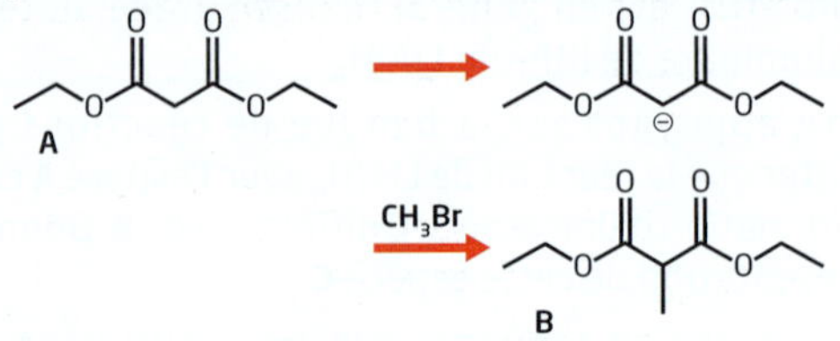

B

a. Écrire l'équation de la réaction acide-base qui modélise la première étape si la base utilisée pour transformer **A** est l'ion $C_2H_5O^-$.

b. Montrer que, pour l'espèce CH_3–Br, la transformation est une substitution.

c. Identifier le type de transformation (modification de groupe caractéristique ou de chaîne carbonée) que le substrat **A** subit au cours de sa transformation en **B**.

d. Justifier que la transformation de **A** en **B** est appelée « alkylation ».

34 Transformations de la cyclohexanone

APP Extraire l'information utile sur des supports variés
RÉA Écrire l'équation d'une réaction

La cyclohexanone est une espèce chimique intervenant dans la fabrication du nylon, un polymère utilisé dans l'industrie textile. Plus d'un million de tonnes de cyclohexanone est produite chaque année, en particulier par oxydation du cyclohexane.

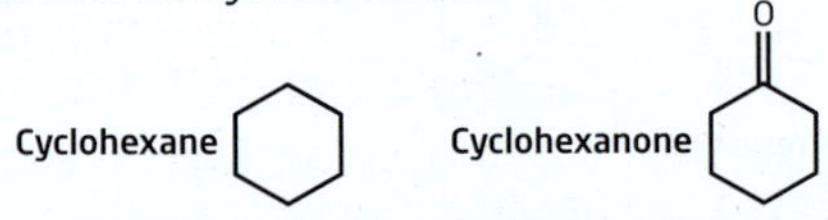

a. Montrer, à l'aide d'une demi-équation électronique, que le couple cyclohexanone/cyclohexane est un couple oxydant-réducteur.

b. Écrire l'équation de la réaction qui modélise l'oxydation du cyclohexane en cyclohexanone par le dioxygène (couple oxydant-réducteur O_2/H_2O).

c. À l'aide de la banque de réactions p. 524, proposer un réactif pour réaliser chacune des transformations suivantes.

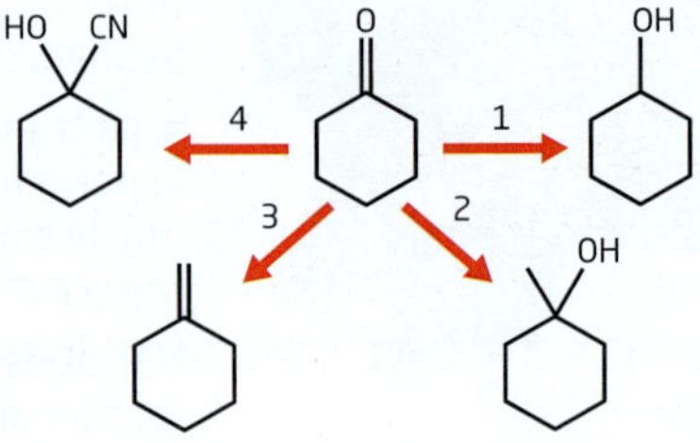

35 Synthèse de l'aspirine

APP Extraire l'information utile sur des supports variés
RCO Mobiliser ses connaissances **ANA-RAI** Formuler une hypothèse

L'aspirine **B** peut être synthétisée à partir d'un produit naturel, l'acide salicylique **A**, extrait de la reine des prés.

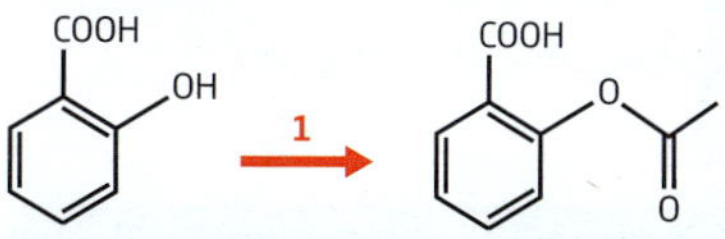

A B

L'acide salicylique **A** peut également être synthétisé en laboratoire par un procédé appelé procédé Kolbe :

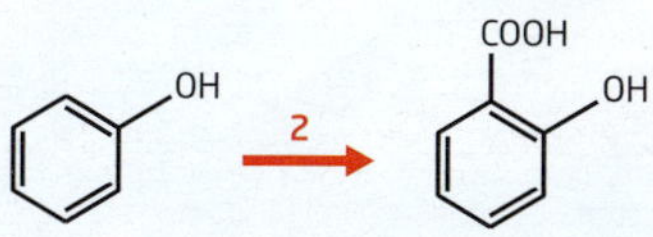

a. À l'aide de la banque de réactions p. 524, proposer un réactif permettant de réaliser la transformation **1**.

b. Indiquer à quelle catégorie de transformation cette synthèse appartient.

c. Proposer un réactif simple permettant de réaliser la transformation **2** en raisonnant sur les formules brutes (formules moléculaires).

36 In English please

APP Extraire l'information utile sur des supports variés
• Dégager la problématique principale **ANA-RAI** Formuler une hypothèse

Click chemistry is a newer approach to the synthesis of drug-like molecules that can accelerate the drug discovery process by utilizing a few practical and reliable reactions.

Sharpless and coworkers defined what makes a click reaction as one that is wide in scope and easy to perform, uses only readily available reagents, and is insensitive to oxygen and water. In fact, in several instances water is the ideal reaction solvent, providing the best yields and highest rates. Reaction work-up and purification uses benign solvents and avoids chromatography.

The transformation below is part of this type of reactions.

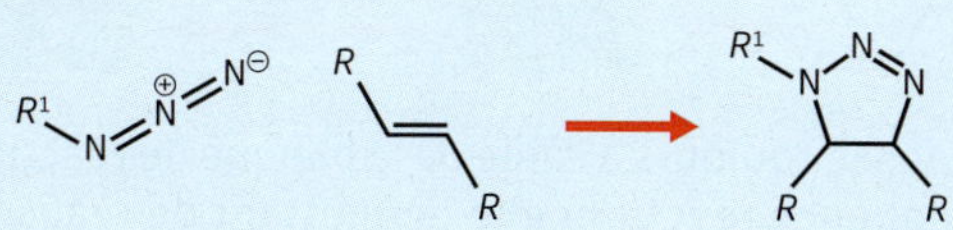

A B

a. Identify which type of reactions (addition, elimination, substitution) the transformation of reactant **B** is part of.

b. Discuss why this transformation is a "click" one.

c. Outline why "click chemistry" belongs to "green chemistry".

37 Validation d'une synthèse

APP Extraire l'information utile sur des supports variés
RCO Mobiliser ses connaissances **VAL** Interpréter les résultats

Lorsque la synthèse d'une espèce chimique est réalisée, il est nécessaire de vérifier son bon déroulement en analysant le produit formé.

La préparation du 2-méthylpropan-2-ol à partir de propanone est envisagée.

a. Écrire la formule topologique des deux entités.

b. À l'aide de la banque de réactions p. 524, proposer un réactif permettant de transformer le réactif en produit.

c. Indiquer la méthode simple qui peut être mise en œuvre dans un laboratoire de lycée pour vérifier que la transformation a bien eu lieu. En décrire le principe.

d. Dans un laboratoire de recherche, il est courant de réaliser un spectre IR du produit et du réactif. Les spectres IR obtenus dans le cas de la synthèse étudiée ici sont représentés ci-dessous. Montrer qu'ils mettent en évidence le bon déroulement de la synthèse.

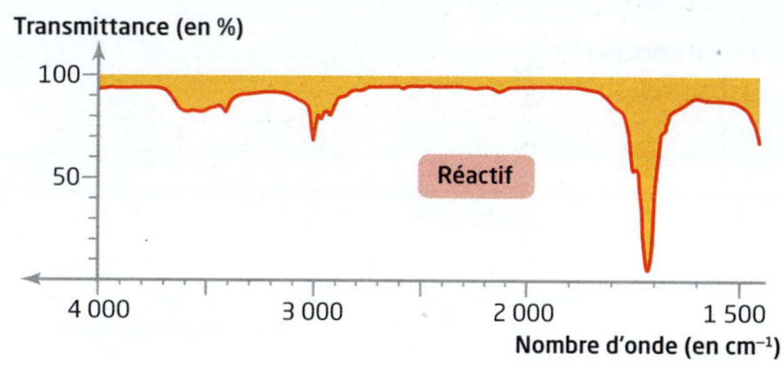

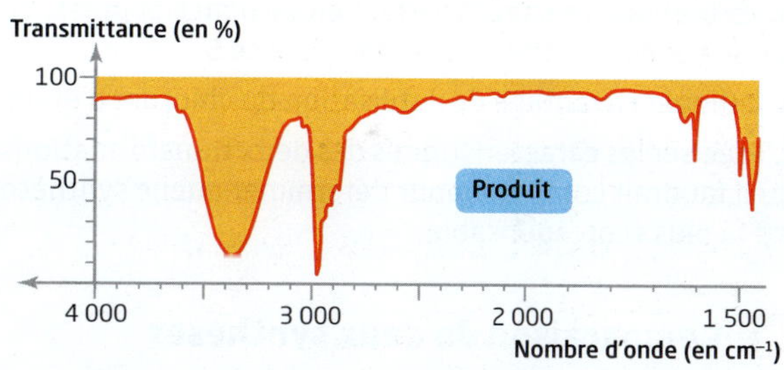

38 Séquence réactionnelle

APP Extraire l'information utile sur des supports variés
ANA-RAI Construire les étapes d'une résolution de problème

a. À l'aide de la banque de réactions p. 524, proposer un réactif permettant de réaliser la transformation suivante.

b. Indiquer quel serait le produit formé si ce réactif était utilisé sur l'espèce ci-dessous.

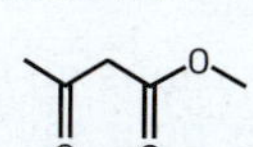

c. Proposer une séquence réactionnelle permettant de réaliser la transformation ci-dessous.

39 Un réactif sélectif

APP Extraire l'information utile sur des supports variés
VAL Faire preuve d'esprit critique

Dans l'exercice 28, une méthode de préparation de la phéromone **B** à partir de **A** a été proposée en protégeant le groupe carbonyle.

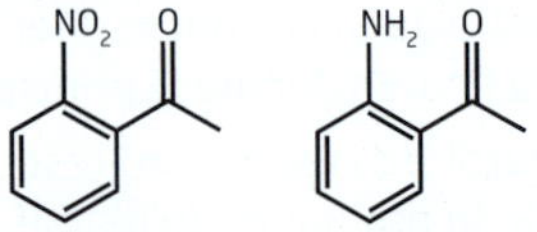

A **B**

Le traitement de l'espèce **A** par le chlorure d'étain $SnCl_2$ conduit à l'obtention d'un produit dont le spectre IR est représenté ci-dessous.

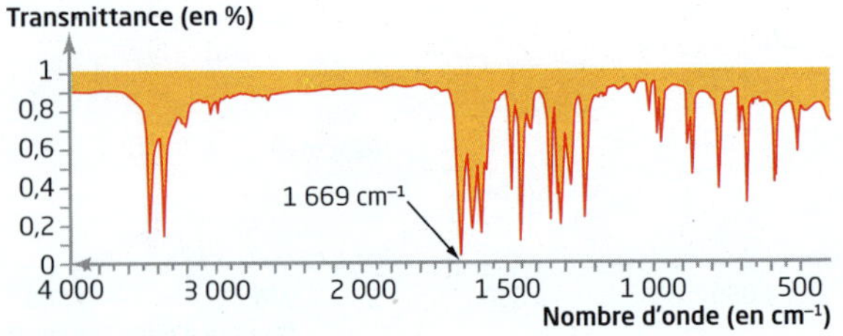

a. Vérifier que ce spectre IR met en évidence la présence des groupes caractéristiques de l'espèce **B**.

b. Indiquer l'avantage de l'utilisation du chlorure d'étain.

c. Préciser les caractéristiques des deux transformations qu'il faudrait comparer pour déterminer quelle synthèse est la plus écoresponsable.

40 Comparaison de deux synthèses

VAL Faire preuve d'esprit critique

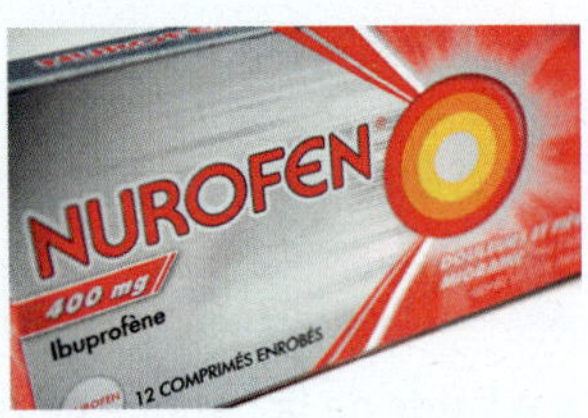

L'ibuprofène, dont une synthèse est proposée dans l'exercice 44, peut être préparé selon le procédé dit BHC représenté ci-dessous.

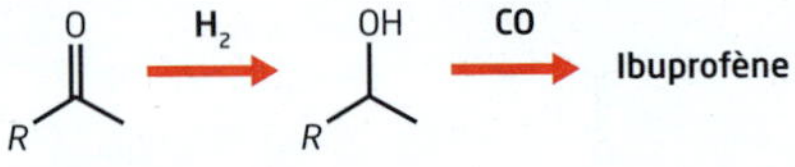

a. Donner des arguments en faveur de ce procédé plutôt que de celui élaboré dans l'exercice 44 en termes de synthèse écoresponsable.

b. Indiquer les informations qu'il faudrait connaître sur ces deux procédés pour savoir lequel est le plus écoresponsable.

41 Préparation du nylon 6-6

APP Extraire l'information utile sur des supports variés
ANA-RAI Construire les étapes d'un raisonnement

Le nylon 6-6, utilisé par exemple pour fabriquer des cordes, est un polyamide dont un motif possible est représenté ci-dessous.

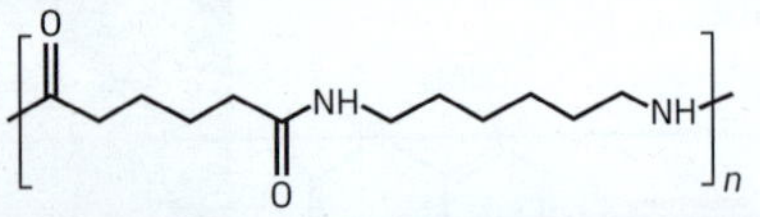

Un groupe amide peut être obtenu par la séquence réactionnelle suivante.

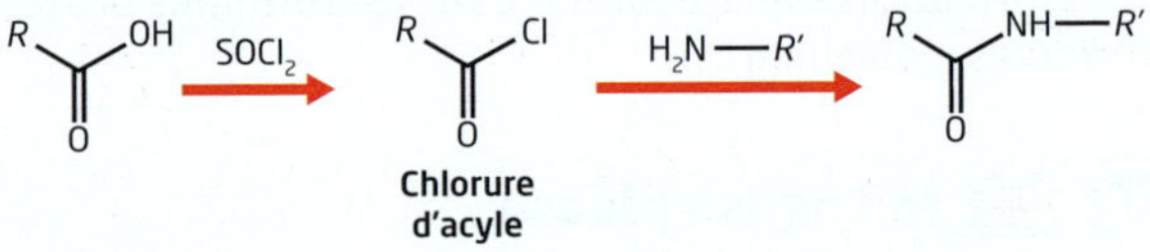

L'un des réactifs permettant d'obtenir le nylon 6-6 est l'acide adipique de formule $HOOC–(CH_2)_4–COOH$.

a. Indiquer quels autres réactifs sont nécessaires pour synthétiser le nylon 6-6.

b. Justifier le qualificatif « 6-6 » donné à ce polymère.

DIFFÉRENCIATION

42 ✱ Stratégie de synthèse

APP Extraire l'information utile sur des supports variés
ANA-RAI Construire les étapes d'une résolution de problème

a. À l'aide de la banque de réactions p. 524, recopier et compléter la séquence réactionnelle suivante.

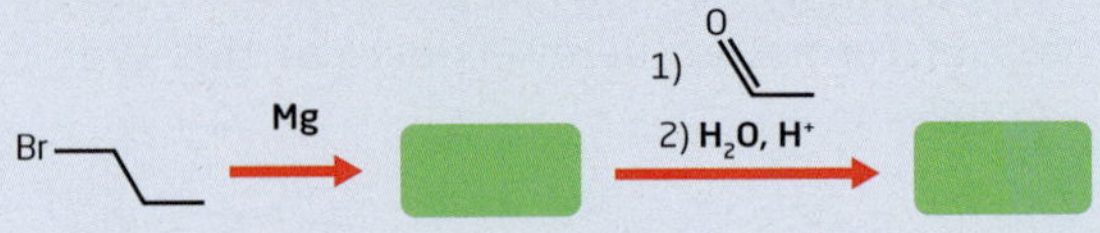

b. Proposer, toujours à l'aide de la banque de réactions, une séquence réactionnelle permettant de réaliser la transformation ci-dessous.

■ *Aides à la fin du manuel.*

43 ✱ Synthèse écoresponsable

VAL Faire preuve d'esprit critique

La phénazone, ou antipyrine, est un analgésique et un antipyrétique (il permet de diminuer la fièvre). En association avec la lidocaïne, elle est par exemple utilisée dans le traitement des otites.

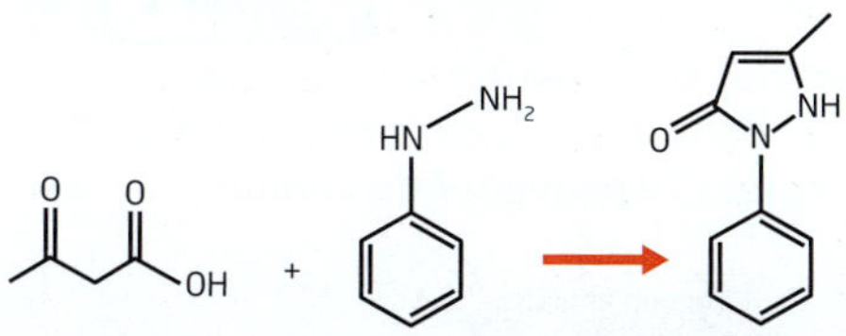

A B Antipyrine

Une publication scientifique récente (2018) décrit la synthèse de l'antipyrine par un mélange des réactifs **A** et **B**, tous deux liquides, un chauffage aux micro-ondes pendant 15 min, puis un traitement approprié.

a. Déterminer les formules brutes (moléculaires) de l'antipyrine et des espèces **A** et **B**.

b. Proposer une équation pour la réaction qui modélise la transformation décrite.

c. Donner des arguments qui permettent de qualifier cette synthèse d'écoresponsable. Indiquer de quelles informations manquantes il faudrait disposer pour confirmer ce qualificatif.

MÉTIERS ET ORIENTATION — GRAND ORAL

Un(e) **préparateur(trice) en pharmacie hospitalière** possède une large palette d'activités.
Sous la responsabilité du pharmacien, il participe à la gestion, l'approvisionnement des médicaments et des dispositifs médicaux stériles, ainsi qu'à la réalisation des préparations pharmaceutiques.
Son activité peut s'étendre à la préparation et la stérilisation des dispositifs médicaux, ainsi qu'à la préparation des médicaments radiopharmaceutiques et anticancéreux. Il est soumis au secret professionnel.

Formation : Bac +2 centre de formation de préparateur en pharmacie hospitalière.

• Préparer une présentation orale de cinq minutes sur un projet de poursuite d'étude et/ou un projet professionnel dans ce domaine (→ **Fiche Bac**, p. 513).

44 ✱ Élaborer une séquence réactionnelle

APP Extraire l'information utile sur des supports variés

L'ibuprofène est un anti-inflammatoire couramment utilisé. Il peut être préparé à partir de l'espèce **A** suivante.

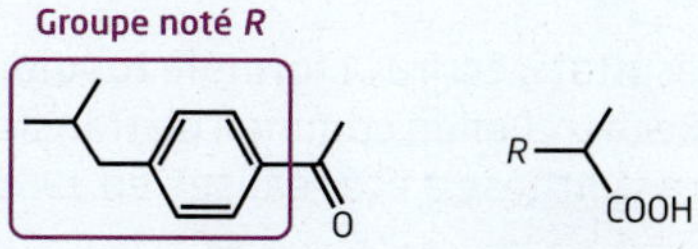

A Ibuprofène

a. À l'aide de la banque de réactions p. 524, proposer des réactifs permettant de réaliser les étapes suivantes.

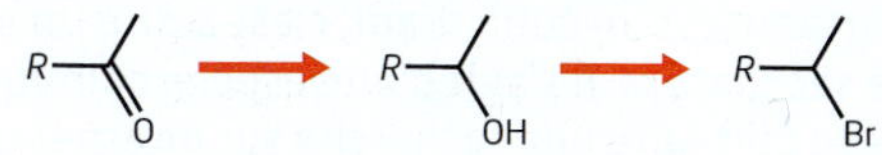

A B C

b. Indiquer s'il est nécessaire, pour obtenir l'ibuprofène à partir de **A**, de réaliser une modification de groupe caractéristique et/ou un allongement de la chaîne carbonée.

c. Une séquence réactionnelle peut être la suivante.

Déterminer la formule topologique de l'espèce **D**.

45 ✱ Synthèse d'un antiépileptique

APP Extraire l'information utile sur des supports variés
ANA-RAI Construire les étapes d'une résolution de problème

Le phénaglycodol est un médicament utilisé contre l'épilepsie.

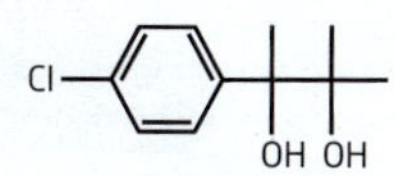

Phénaglycodol

DONNÉE Banque de réactions p. 524.

a. Proposer des réactifs permettant de réaliser chacune des transformations suivantes.

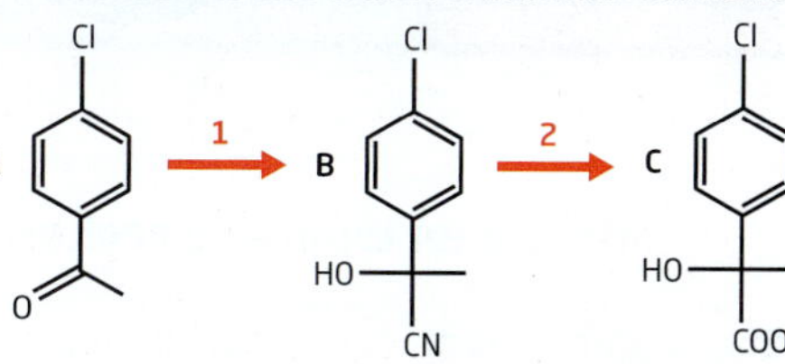

b. Indiquer le produit obtenu au cours de la transformation :

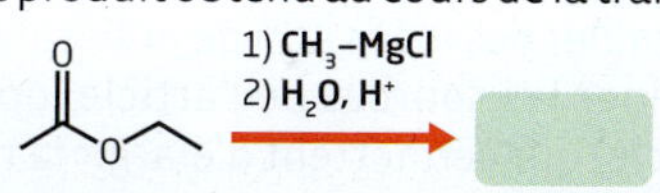

c. Élaborer une séquence réactionnelle permettant d'obtenir le phénaglycodol à partir de l'espèce **C**.

46 ✱✱ Du *p*-aminophénol à la phénacétine

DIFFÉRENCIATION

ANA-RAI Construire les étapes d'une résolution de problème

Découverte en 1887, la phénacétine est une espèce organique utilisé principalement comme analgésique. Elle a été retirée du marché en 1983 en raison de son implication dans certains cancers.
Sa synthèse à partir du *p*-aminophenol est envisagée.

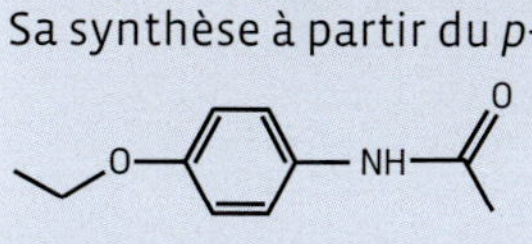

Phénacétine

***p*-aminophénol**

• Proposer une séquence réactionnelle permettant de réaliser la transformation souhaitée.

■ *Aides à la fin du manuel.*

GRAND ORAL

47 Faire une recherche sur Internet

L'aspartame est un édulcorant, c'est-à-dire un produit au goût sucré moins calorique ou moins cariogène que le saccharose. Il s'agit d'une espèce chimique synthétique.
Un élève doit faire une recherche sur Internet pour préparer une présentation sur la synthèse de l'aspartame.

ÉTAPE 1 Organiser sa recherche

Liens

Une recherche sur Internet peut se faire grâce à un moteur de recherche généraliste, comme Qwant ou Google. Il est aussi possible de faire une recherche ciblée, à travers des sites institutionnels scientifiques fiables ou dans des revues scientifiques en ligne auxquelles les CDI peuvent être abonnés.

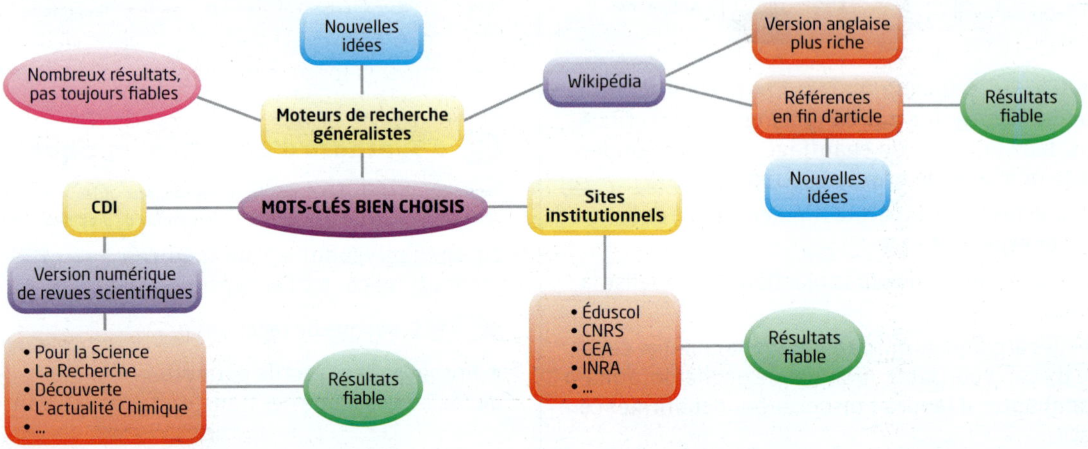

ÉTAPE 2 Mettre en œuvre sa recherche

- Choisir quelques mots-clés pertinents.
- Faire une première recherche sur Wikipédia pour rassembler des idées afin de préciser sa recherche, examiner les sources de l'article (données en fin d'article) qui permettent d'élargir la recherche.
- Se renseigner au CDI sur les abonnements en ligne souscrits par l'établissement.
- Préciser la recherche en utilisant les moteurs de recherche des sites institutionnels qui semblent le plus adaptés ou à travers les revues scientifiques. Examiner le lien URL : si celui-ci débute par cnrs.fr, lemonde.fr, lactualitechimique.org ou encore education.fr, alors il est très probable que le site soit édité par le CNRS, le journal *Le Monde*, le journal *L'Actualité Chimique* ou encore l'Éducation nationale, des sites fiables.

Conseils !

- Noter dans un fichier ou un cahier les mots-clés utilisés pour faire la recherche.
- Enregistrer les liens des résultats intéressants obtenus.
- Garder en « favoris » les sites institutionnels.
- Préparer des « perches » : le jour du Grand oral, les tendre au jury, en ayant bien sûr préparé les réponses aux questions ainsi déclenchées !

RESSOURCES

- Liens vers les sites institutionnels

Questions

1 Lancer une recherche sur un moteur généraliste avec les mots-clés « aspartame », puis avec les mots-clés « aspartame » et « synthèse », et enfin « aspartame *AND* synthèse ». Comparer les résultats.

2 Lancer une recherche sur un ou plusieurs sites institutionnels.

3 Sélectionner le ou les résultats qui semblent les plus pertinents.

4 À partir des résultats, écrire la formule topologique de l'aspartame. Rechercher en combien de transformations sa première synthèse a été réalisée en 1966.

48 Synthèse de la testostérone

RÉSOLUTION DE PROBLÈME

S'APPROPRIER ANALYSER-RAISONNER RÉALISER COMMUNIQUER

La testostérone est une hormone stéroïdienne, présente chez les mammifères (en grande quantité chez les mâles, en plus faible quantité chez les femelles). Les sources naturelles des hormones stéroïdiennes sont trop limitées pour satisfaire les besoins de la médecine et de la recherche; ces espèces doivent être synthétisées. La testostérone est obtenue en laboratoire à partir d'un dérivé du cholestérol.

DONNÉES

Formules topologiques

Espèce chimique	A, un dérivée du cholestérol	B, testostérone
Formule topologique et représentation schématique	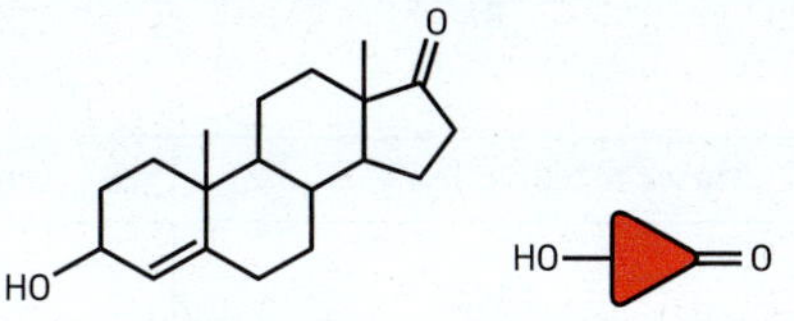	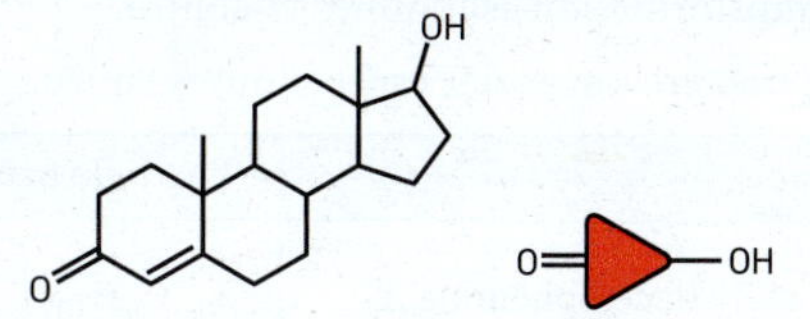

Lorsqu'un réactif modifie un groupe caractéristique d'une espèce organique sans en modifier un autre, ce réactif est dit *chimiosélectif*.

Le tétrahydroborate de sodium $NaBH_4$ en solution dans l'éthanol réduit une cétone en alcool.

L'oxydation d'un alcool en cétone est une transformation qui peut être réalisée grâce au dichromate de pyridinium, assimilable à l'espèce de formule CrO_3. Ce réactif est chimiosélectif.

DOCUMENT Extraits d'une banque de réactions

Transformation 1 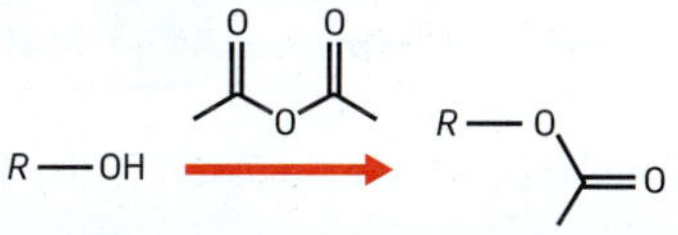	**Transformation 3** 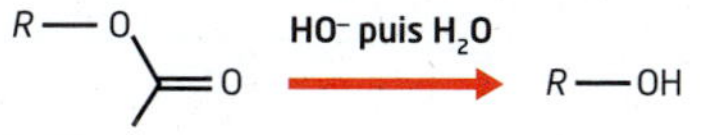 N. B. : les esters ne réagissent pas avec les oxydants usuels.
Transformation 2 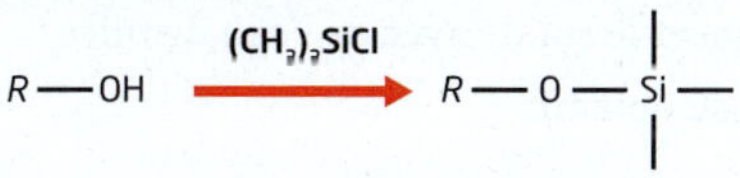	**Transformation 4** 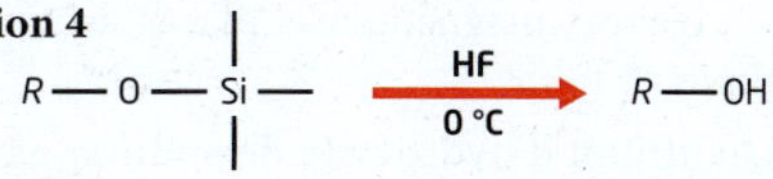 N. B. : les éthers silylés R–O–SiR'_3 ne réagissent pas avec les réducteurs usuels.

Questions

1 Questions préliminaires

Écrire les formules topologiques des espèces qui seraient obtenues en faisant réagir l'espèce **A** :
- avec $NaBH_4$, puis avec CrO_3.
- avec CrO_3, puis avec $NaBH_4$.

2 Problème

Proposer une stratégie de synthèse permettant d'obtenir la testostérone **B** à partir du dérivé du cholestérol **A**.

Toute initiative prise, ainsi que la qualité de la rédaction explicitant la démarche suivie, seront valorisées. Le regard critique porté sur le résultat final sera pris en considération.

Aides à la fin du manuel.

Exercices BAC | É.C.E. | 60 min

49 Une synthèse écoresponsable

ANALYSER-RAISONNER | RÉALISER | VALIDER

Les chalcones sont des cétones insaturées naturellement synthétisées par un grand nombre de plantes. Leur synthèse en laboratoire peut s'effectuer de façon écoresponsable.

DONNÉES

- Les chalcones ont en commun le squelette représenté en orange ci-contre.
- L'équation de la réaction modélisant la transformation est donnée ci-contre.

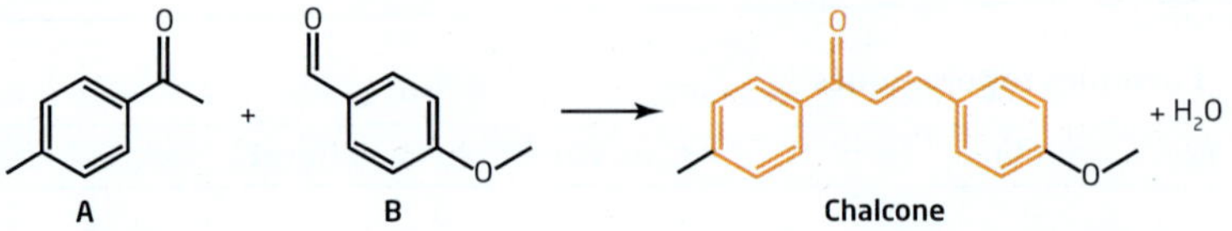

- Caractéristiques des espèces mises en jeu :

Nom	Formule brute	Masse molaire (en g·mol^{-1})	θ_{fus}(en °C)	Sécurité
4′-méthylacétophénone **A**	$C_9H_{10}O$	134,2	22	
4′-méthoxybenzaldéhyde **B**	$C_8H_8O_2$	136,2	–1	
Chalcone	$C_{17}H_{16}O_2$	252,3	98	
Hydroxyde de sodium	NaOH	40,0	318	

PROTOCOLE

Matériel

1. Dans un erlenmeyer de 50 mL, introduire 1,3 mL de 4′-méthylacétophénone et 1,2 mL de 4-méthoxybenzaldéhyde. Ajouter un barreau magnétique et placer sur un agitateur magnétique.
2. Ajouter un échantillon d'hydroxyde de sodium en poudre de masse m = 400 mg.
3. Une fois que le mélange a pris en masse, ajouter 10 mL d'eau distillée.
4. Essorer le solide sur entonnoir Buchner sous pression réduite puis rincer le solide avec de l'eau distillée.
5. Peser le solide obtenu.

Questions

Fiches-guides

1 Mettre en œuvre le PROTOCOLE.

APPEL N° 1 *Appeler le professeur pour lui présenter le solide obtenu et le résultat de la pesée ou en cas de difficultés.*

2 Proposer deux manières de vérifier que le produit obtenu est bien celui souhaité.

APPEL N° 2 *Appeler le professeur pour lui présenter les démarches envisagées ou en cas de difficulté.*

3 Mettre en œuvre les démarches et conclure quant à la réussite de la synthèse de la chalcone.

4 Calculer le rendement de la synthèse.

5 Donner des arguments qui permettent de qualifier cette synthèse d'écoresponsable.

RESSOURCES
- Liste du matériel
- Fiches-guides (fichiers texte et PDF)
- Résultat de CCM

50 Synthèse d'un dipeptide

S'APPROPRIER | ANALYSER-RAISONNER | RÉALISER

Tout comme les protéines, les polypeptides peuvent être synthétisés en laboratoire à partir d'acides α-aminés. La synthèse d'un dipeptide à partir de deux acides α-aminés nécessite d'élaborer une stratégie complexe.

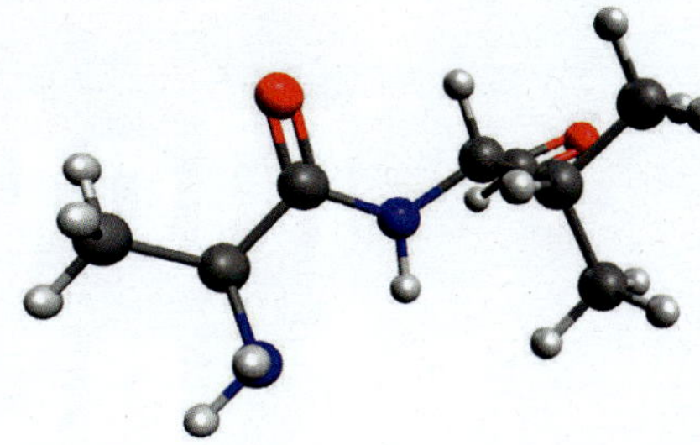

DOC. 1 Acide α-aminé et dipeptide

■ Un acide α-aminé est une espèce chimique présentant deux groupes caractéristiques portés par le même atome de carbone. Son schéma conventionnel, ne tenant pas compte des propriétés acide-base de l'espèce, est :

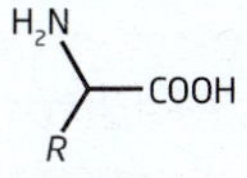

Deux acides α-aminés diffèrent par la nature du groupe –*R*.

■ Un dipeptide est une espèce chimique obtenue par une réaction dite de couplage entre deux acides acide α-aminés. Dans un dipeptide, les acides α-aminés sont associés par une liaison peptidique.

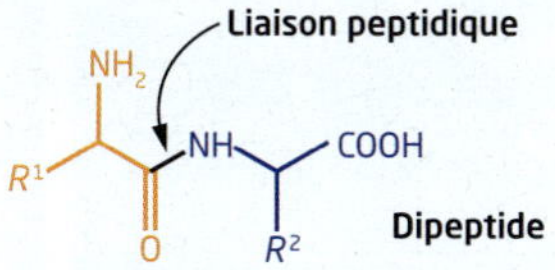

DOC. 2 Couplage entre un acide carboxylique et une amine

■ Le couplage entre un acide carboxylique et une amine n'est pas possible directement.

■ Il est nécessaire au préalable de transformer l'acide carboxylique en chlorure d'acyle.

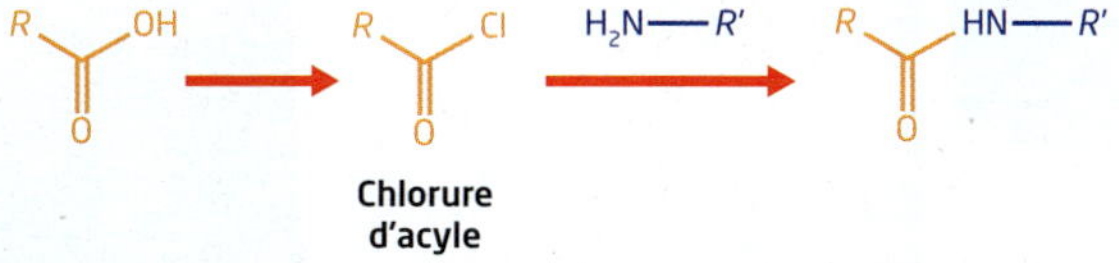

DOC. 3 Groupes protecteurs

Un groupe carboxy peut être protégé de la réaction de couplage en transformant un acide carboxylique en ester :

Un groupe amino peut être protégé de la réaction de couplage en transformant une amine en carbamate :

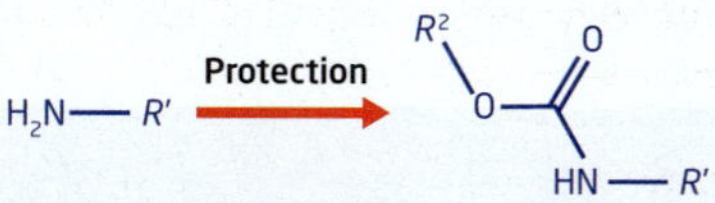

Questions

1 À l'aide de la banque de réactions p. 524, proposer un réactif permettant de transformer un acide carboxylique en chlorure d'acyle.

2 La préparation du dipeptide ci-contre est envisagée. Identifier les deux acides α-aminés nécessaires pour le préparer.

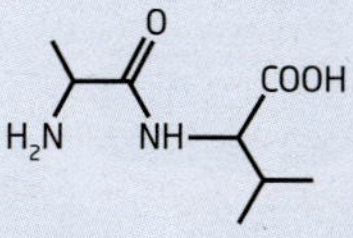

3 Montrer qu'à partir de ces deux acides α-aminés, il est possible de réaliser quatre dipeptides différents.

4 Proposer une séquence réactionnelle faisant appel à des protections et des déprotections permettant de préparer le dipeptide souhaité.

THÈME 2

Mouvement et interactions

▲ **Le *Smartbird* est un robot qui vole comme un goéland argenté !** Cette prouesse technologique a été réalisée par une équipe de techniciens et d'ingénieurs spécialisés notamment dans l'aérodynamique.

Pourquoi est-il essentiel d'étudier l'écoulement de l'air autour du Smartbird pour faire voler un tel robot ?

Comment exploiter des données astronomiques ou satellitaires à l'aide d'un langage de programmation ?

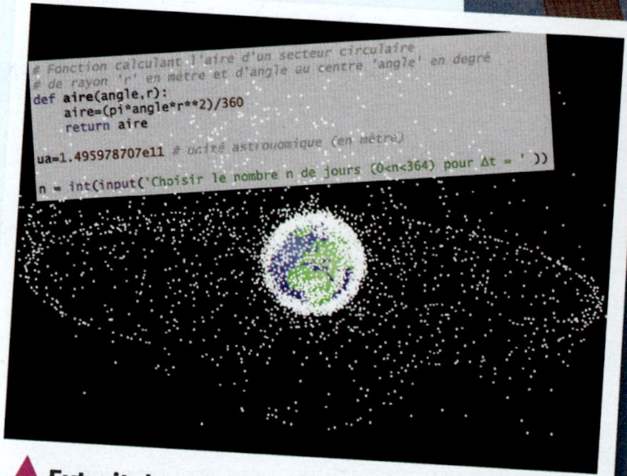

▲ **Extrait du code d'un programme Python permettant de tester la troisième loi Kepler.**

▲ **Lors d'un match d'ultimate frisbee, une joueuse plonge pour attraper le disque volant.**

Quel est le mouvement de la joueuse lorsqu'elle plonge pour attraper le disque ?

La Station spatiale internationale (ISS) est le plus grand des objets artificiels placés en orbite terrestre. Elle s'étend sur 110 m de longueur, 74 m de largeur et 30 m de hauteur et sa masse est d'environ 400 tonnes. Située à une altitude d'environ 400 km, l'ISS fait un tour de la Terre en 90 min seulement à la vitesse de valeur 28 000 $km \cdot h^{-1}$.

Sommaire

Déjà vu au lycée

Champ de gravitation

▶ La relation entre le champ de gravitation $\vec{\mathcal{G}}$ et la force d'attraction gravitationnelle $\vec{F}$ qui s'exerce sur un système modélisé par un point matériel M de masse m est :

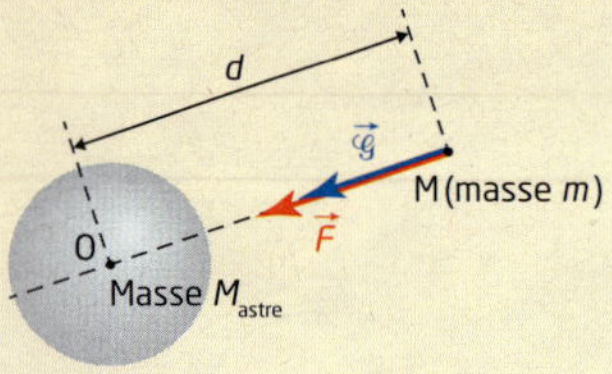

$$\vec{\mathcal{G}} = \frac{\vec{F}}{m} \text{ avec } F = G\frac{M_{astre}m}{d^2}$$

- G : constante de gravitation, $G = 6{,}67 \times 10^{-11}$ N.m²·kg⁻²
- M_{astre}, m : en kilogramme (kg)
- F : en newton (N)
- d : en mètre (m)

Champ de pesanteur et champ électrique

▶ La relation entre le champ de pesanteur $\vec{g}$ et le poids $\vec{P}$ d'un système modélisé par un point matériel M de masse m est :

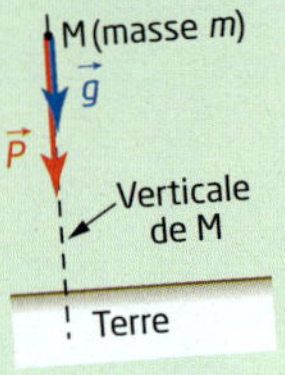

$$\vec{g} = \frac{\vec{P}}{m}$$

- g : norme en newton par kilogramme (N·kg⁻¹)
- P : norme en newton (N)
- m : en kilogramme (kg)

▶ La relation entre le champ électrique $\vec{E}$ et la force électrique $\vec{F}_{el}$ qui s'exerce sur un système modélisé par un point matériel M portant une charge électrique q est :

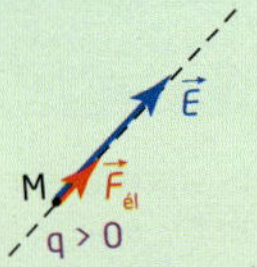

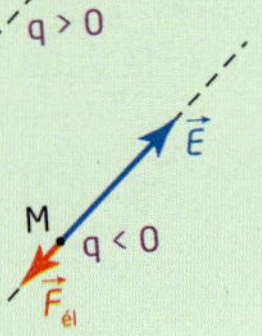

$$\vec{E} = \frac{\vec{F}_{el}}{q}$$

- E : norme en newton par coulomb (N·C⁻¹)
- F_{el} : norme en newton (N)
- q : en coulomb (C)

Étude du mouvement d'un point

▶ Pour étudier le mouvement d'un point, il faut préciser le solide choisi comme référence, ainsi que l'horloge utilisée pour déterminer l'origine des dates. L'ensemble forme un **référentiel**.

Énergies

▶ L'énergie mécanique $\mathcal{E}_m$ d'un point matériel est la somme de son énergie cinétique $\mathcal{E}_c$ et de son énergie potentielle de pesanteur $\mathcal{E}_{pp}$.

$$\mathcal{E}_m = \mathcal{E}_c + \mathcal{E}_{pp}$$

en joule (J)

▶ En l'absence de force non conservative, par exemple en l'absence de force de frottement, l'énergie mécanique se **conserve**. Dans un référentiel galiléen, pour système modélisé par un point matériel entre deux positions A et B :

$$\mathcal{E}_m(A) = \mathcal{E}_m(B), \text{ soit } \Delta\mathcal{E}_m = 0.$$

▶ **Théorème de l'énergie cinétique**

Dans un référentiel galiléen, la variation d'énergie cinétique $\Delta\mathcal{E}_c$ d'un système modélisé par un point matériel entre deux positions A et B est égale à la somme des travaux des forces $\Sigma\mathcal{W}_{AB}(\vec{F})$ appliquées au système entre ces positions :

$$\Delta\mathcal{E}_c = \Delta\mathcal{E}_c(B) - \Delta\mathcal{E}_c(A) = \Sigma\mathcal{W}_{AB}(\vec{F})$$

en joule (J)

$$\text{avec } \mathcal{W}_{AB}(\vec{F}) = \vec{F} \cdot \vec{AB} = F \times AB \times \cos\alpha$$

- F : en newton (N)
- AB : en mètre (m)
- α : angle entre $\vec{F}$ et $\vec{AB}$, en degré (°) ou en radian (rad)

Description d'un fluide au repos

▶ Un fluide est un liquide ou un gaz.

▶ **Loi fondamentale de la statique des fluides**

Dans un fluide incompressible, la différence de pression $P_2 - P_1$ entre deux points M_1 et M_2 de profondeurs z_1 et z_2 est proportionnelle à la différence de profondeur $z_1 - z_2$ et à la masse volumique ρ de ce fluide :

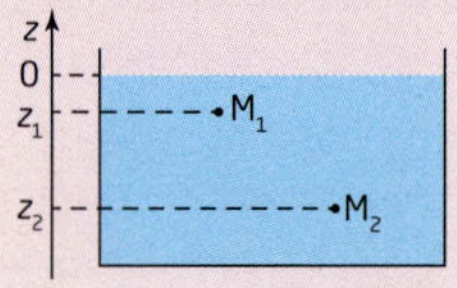

$$P_2 - P_1 = \rho g (z_1 - z_2)$$

- P_2, P_1 : en pascal (Pa)
- ρ : en kilogramme par mètre cube (kg·m⁻³)
- g : intensité de la pesanteur terrestre, $g = 9{,}81$ N·kg⁻¹
- z_1, z_2 : en mètre (m)

MÉTIERS ET ORIENTATION

GRAND ORAL

Technicien(ne) d'essais

BAC +2

Un(e) **technicien(ne) d'essais** teste les prototypes créés dans les bureaux d'études avant leur fabrication en série.

À partir d'un cahier des charges très précis, il contrôle et analyse des prototypes de moteurs, d'appareils de levage, d'équipements énergétiques, etc. Pour cela, il travaille en équipe avec un ingénieur d'essais et éventuellement avec d'autres techniciens, afin d'effectuer des tests en laboratoire et de procéder à des simulations.

Après réalisation des tests et des simulations, il exploite les résultats obtenus et il rédige des comptes-rendus afin d'indiquer aux décideurs si les prototypes peuvent être fabriqués en série ou s'ils doivent encore être améliorés.

Le technicien d'essais travaille dans les laboratoires des constructeurs, partout où l'on fabrique en série : dans l'automobile, l'aéronautique, l'industrie ferroviaire, etc.

▶ Formations et diplômes

- BTS : moteurs à combustion interne (MCI) ; électrotechnique ; assistance technique d'ingénieur ; industrialisation des produits mécaniques (IPM)…
- DUT : mesures physiques ; génie mécanique et productique.

Exobiologiste

BAC +8

Un(e) **chercheur(se) en exobiologie** est un spécialiste scientifique (en astrophysique, en chimie, en géologie, en biologie, etc.) qui étudie la vie extra-terrestre.

Il participe, en collaboration avec des spécialistes d'autres domaines, à des programmes de recherche ayant pour but de trouver les indices de vie passée ou actuelle dans le système solaire, mais aussi dans tout l'Univers.

Pour cela, il est d'abord indispensable de comprendre les conditions qui ont permis l'apparition de la vie sur Terre, afin de définir les conditions qui devraient être réunies sur d'autres planètes pour qu'une forme de vie puisse y exister.

▶ Formations et diplômes

Doctorat en exobiologie, astrophysique, chimie, géologie, biologie, etc.

Ingénieur(e) aérodynamicien(ne)

BAC +5

Un(e) **ingénieur(e) aérodynamicien(ne)** conçoit, développe, met au point et évalue les propriétés aérodynamiques des composants d'un moteur d'avion, d'hélicoptère, de navette spatiale ou de satellite, par exemple. Il cherche à améliorer son aérodynamisme, c'est-à-dire à diminuer sa résistance à l'air, et à accroître ses performances en utilisant le moins d'énergie possible.

Pour cela, il maîtrise les logiciels de CAO et DAO (conception et dessin assistés par ordinateur) grâce auxquels il conçoit les engins avant de passer aux tests virtuels, puis réels. Le métier d'aérodynamicien demande donc des compétences scientifiques de haut niveau, mais également de l'imagination et de la créativité, encadrées par de la rigueur et de la méthode.

▶ Formations et diplômes

Diplôme d'ingénieur spécialisé en aéronautique ; master mention aéronautique et espace ou mécanique, ou avec orientation thermodynamique, acoustique, etc.

11 Forces et mouvements

EXO QCM interactif

Se tester pour commencer

Choisir la réponse exacte.

	A	B	C
1 Un objet qui a un mouvement rectiligne uniforme dans un référentiel galiléen peut être soumis :	à une seule force	à plusieurs forces qui se compensent	à plusieurs forces qui ne se compensent pas
2 Le vecteur vitesse d'un point M à la date t_i peut s'exprimer par la relation approchée :	$\vec{v}(t_i) = \dfrac{\overrightarrow{M(t_{i-1})M(t_{i+1})}}{t_{i+1} - t_{i-1}}$	$\vec{v}(t_i) = \dfrac{\overrightarrow{M(t_{i+1})M(t_{i-1})}}{t_{i+1} - t_{i-1}}$	$\vec{v}(t_i) = \dfrac{\overrightarrow{M(t_{i-1})M(t_{i+1})}}{t_{i-1} - t_{i+1}}$
3 Un objet, modélisé par un point matériel, se déplace de bas en haut. La variation $\Delta\vec{v_5}$ du vecteur vitesse en M_5 est :	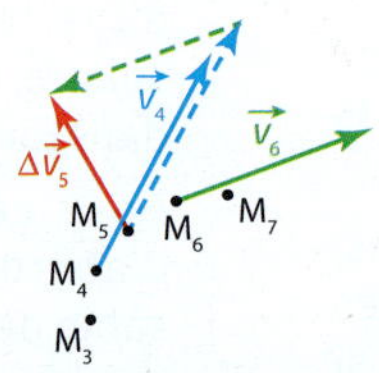	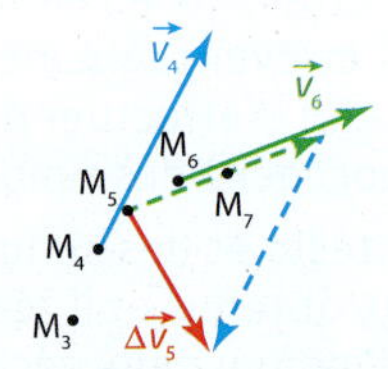	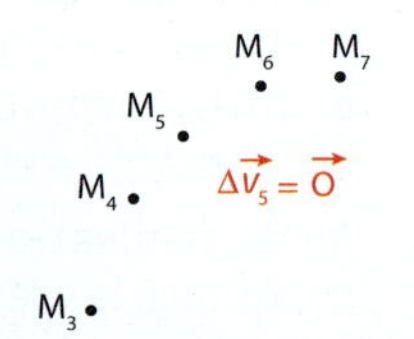
4 Les positions successives de deux points A et B sont enregistrées à intervalles de temps réguliers (schéma ci-dessous). La valeur de la vitesse de A et celle de B : 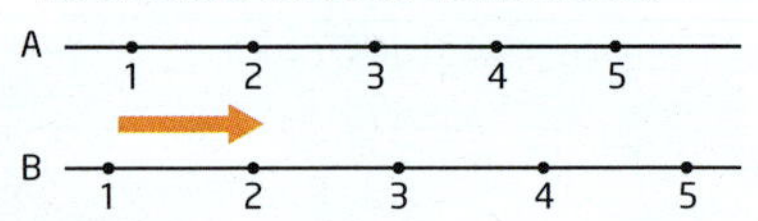	sont égales à l'instant correspondant à la position 2	ne sont jamais égales	sont toujours égales

Vidéo débat GRAND ORAL

Dans la Station spatiale internationale, un astronaute exerce une même force en soufflant sur des balles de différentes masses.

Quelle est l'influence de la masse d'une balle sur l'effet d'une force qui lui est appliquée ?

Le guépard est réputé pour être l'animal le plus rapide sur terre. La valeur de sa vitesse peut passer de 0 à 100 $km \cdot h^{-1}$ en 3 secondes, comme une voiture de formule E.

Que peut-on dire de l'accélération du guépard ?

→ Exercice 22 page 261

CAPACITÉS EXIGIBLES	Activités	Exercices corrigés
Définir le vecteur vitesse comme la dérivée du vecteur position par rapport au temps et le vecteur accélération comme la dérivée du vecteur vitesse par rapport au temps.	1	7 27
Établir les coordonnées cartésiennes des vecteurs vitesse et accélération à partir des coordonnées du vecteur position et/ou du vecteur vitesse.	1	7 34
Caractériser le vecteur accélération pour les mouvements suivants : rectiligne, rectiligne uniforme, rectiligne uniformément accéléré.	2 3	34
Réaliser et/ou exploiter une vidéo ou une chronophotographie pour déterminer les coordonnées du vecteur position en fonction du temps et en déduire les coordonnées approchées ou les représentations des vecteurs vitesse et accélération.	1 3	32
√NUMÉRIQUE Représenter, à l'aide d'un langage de programmation, des vecteurs accélération d'un point lors d'un mouvement.	3	25
√MATHS Dériver une fonction.	1	7 27
Justifier qualitativement la position du centre de masse d'un système, cette position étant donnée.	2	23
Discuter qualitativement du caractère galiléen d'un référentiel donné pour le mouvement étudié.	2	24
Utiliser la deuxième loi de Newton dans des situations variées pour en déduire : – le vecteur accélération du centre de masse, les forces appliquées au système étant connues, – la somme des forces appliquées au système, le mouvement du centre de masse étant connu.	2 3	8 29

Activité expérimentale

1 Mouvement d'un projectile

DÉMARCHE D'INVESTIGATION

Notions
- Vecteurs position, vitesse et accélération
- Dérivation de fonctions

▸ § 1.1 à 1.4 pp. 254-255

SITUATION DÉCLENCHANTE Les catapultes, dont les premières versions sont apparues au VIe siècle avant J.-C., sont des machines de guerre utilisées pour envoyer des projectiles, souvent des boulets, à grande distance et sans explosif.

● **Comment étudier au laboratoire les caractéristiques du mouvement d'un projectile ?**

DOCUMENT **Matériel disponible** Matériel

Vidéo

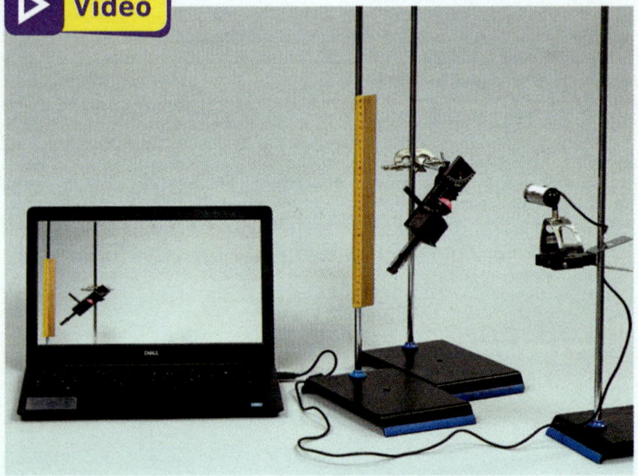

DONNÉES 1

Dans un repère cartésien $(O ; \vec{i}, \vec{j}, \vec{k})$.

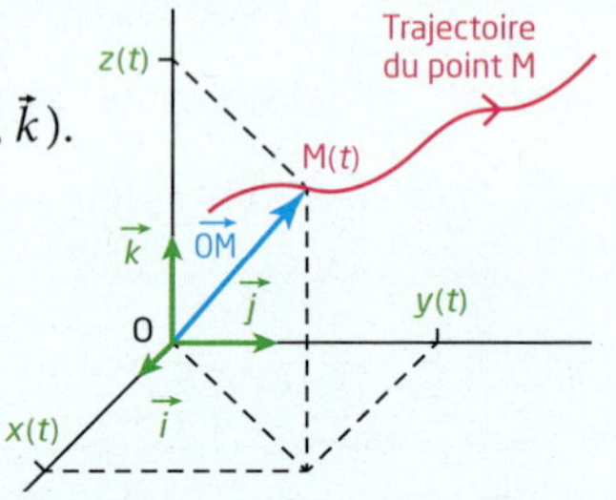

■ On admet que dériver un vecteur revient à dériver ses coordonnées cartésiennes ;

■ La **position** d'un point M à une date t est donnée par son **vecteur position** $\overrightarrow{\mathbf{OM}}(t)$ en coordonnées cartésiennes $(x(t) ; y(t) ; z(t))$:

$$\overrightarrow{OM}(t) = x(t)\,\vec{i} + y(t)\,\vec{j} + z(t)\,\vec{k}$$

DONNÉES 2

■ Le **vecteur vitesse** $\vec{v}(t)$ de coordonnées cartésiennes $(v_x(t) ; v_y(t) ; v_z(t))$ d'un point M à une date t est égal à la dérivée du vecteur position $\overrightarrow{OM}(t)$ par rapport au temps :

$$\vec{v}(t) = \frac{d\overrightarrow{OM}}{dt} = \frac{dx}{dt}\vec{i} + \frac{dy}{dt}\vec{j} + \frac{dz}{dt}\vec{k}.$$

■ Le **vecteur accélération** $\vec{a}(t)$ de coordonnées cartésiennes $(a_x(t) ; a_y(t) ; a_z(t))$ d'un point M à une date t est égal à la dérivée du vecteur vitesse $\vec{v}(t)$ par rapport au temps :

$$\vec{a}(t) = \frac{d\vec{v}}{dt} = \frac{dv_x}{dt}\vec{i} + \frac{dv_y}{dt}\vec{j} + \frac{dv_z}{dt}\vec{k}.$$

■ Le vecteur accélération $\vec{a}(t_2)$ à la date t_2 peut être représenté à l'aide du **vecteur variation de vitesse** $\Delta\vec{v}(t_2) = \vec{v}(t_3) - \vec{v}(t_1)$ (avec $t_1 < t_2 < t_3$) grâce à la relation approchée : $\vec{a}(t_2) = \dfrac{\Delta\vec{v}(t_2)}{t_3 - t_1}$.

Pistes de travail

Fiches-guides

1 ANALYSER-RAISONNER

À l'aide du matériel disponible, proposer une expérience permettant de modéliser le mouvement d'un projectile lancé par une catapulte et d'étudier ses caractéristiques.

2 RÉALISER

a. Réaliser l'expérience proposée et déterminer les coordonnées du vecteur position du point matériel M modélisant le projectile.

b. En déduire par le calcul les coordonnées cartésiennes des vecteurs vitesse et accélération du point M.

c. À partir de la trajectoire du point M, représenter, grâce à une construction vectorielle, ses vecteurs vitesse $\vec{v}$ et accélération $\vec{a}$ à au moins deux dates distinctes.

3 VALIDER

Comparer les représentations graphiques et les coordonnées des vecteurs $\vec{v}$ et $\vec{a}$.

RESSOURCES
- Fiches-guides (fichiers texte et PDF)
- Liste du matériel
- Vidéo du document et fichier de pointage

documentaire **Activité**

Notions
- Centre de masse
- Référentiel galiléen
- Mouvements rectilignes
- Deuxième loi de Newton

► § 1.5 et 2.1 à 2.3 pp. 256-257

2 Vol d'un drone DIFFÉRENCIATION

Un drone vole grâce à l'interaction de l'air avec ses hélices en rotation.

● **Quel est le lien entre les forces exercées sur le drone et son mouvement :**
a. lors de la montée du drone ? b. lors de la descente du drone ?

DOCUMENT Essais de vol du drone

Vidéo

Un accéléromètre mesure l'évolution dans le temps de la grandeur $a_z(t)$, coordonnée verticale du vecteur accélération du centre de masse du drone lors de mouvements verticaux. Le drone décolle à la date $t = 0$ s (début de la phase A). Le pilote coupe les moteurs à la date $t = 8$ s (début de la phase B), et les remet en marche à la date $t = 10$ s (début de la phase C) pour un vol stationnaire.

L'évolution de la coordonnée verticale a_z de l'accélération du drone est représentée ci-contre.

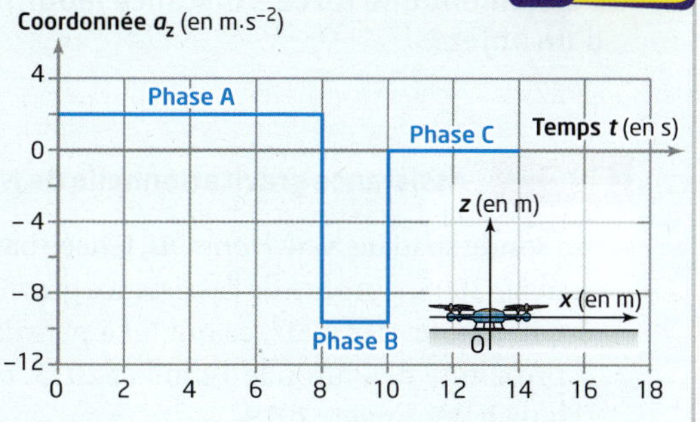

DONNÉES

- Masse du drone : $m = 432$ g.
- Intensité de la pesanteur terrestre : $g = 9{,}81$ N·kg^{-1}.
- Le **centre de masse** d'un système est situé à la position moyenne de la répartition de la masse du système.
- Le mouvement du centre de masse du drone est étudié dans le référentiel terrestre. L'origine du repère cartésien est au centre de masse du drone lorsqu'il est immobile, au sol.

Durant la phase de décollage, une force de poussée $\vec{F}$ s'exerce sur le drone. Cette force, opposée au poids du drone, a pour norme, supposée constante, $F = 5{,}1$ N.

- Dans un **référentiel galiléen**, la deuxième loi de Newton indique que la somme vectorielle des forces $\Sigma\overrightarrow{F_{ext}}$ qui s'exercent sur un système de masse m constante est reliée à l'accélération $\vec{a}(t)$ de son centre de masse par l'expression : $\Sigma\overrightarrow{F_{ext}} = m\,\vec{a}(t)$.

Questions

1 ANALYSER-RAISONNER DIFFÉRENCIATION

Pour chacune des phases (**A** ou **B**) attribuées par le professeur, répondre aux questions suivantes.

a. Le centre de masse du drone se trouve au niveau du point O sur le document. Justifier cette position.

b. Déterminer la durée de la phase **A** ou **B** et effectuer le bilan des forces qui s'appliquent sur le drone pendant cette phase.

c. Représenter ces forces sur un schéma, sans souci d'échelle mais de façon cohérente.

2 RÉALISER VALIDER

a. Durant la phase **A** ou **B**, appliquer la deuxième loi de Newton lors de la phase étudiée pour exprimer puis calculer les coordonnées du vecteur accélération $\vec{a}(t)$.

Déterminer la nature du mouvement du centre de masse du drone.

b. Vérifier la cohérence des résultats précédents avec les mesures indiquées sur le DOCUMENT.

3 VALIDER COMMUNIQUER GRAND ORAL

Présenter oralement la méthode utilisée et les résultats obtenus aux élèves qui ont traité l'autre phase. Expliquer pourquoi le référentiel utilisé dans le cadre de cette étude peut être considéré comme galiléen.

4 RÉALISER

Lors de la phase **C**, le drone est immobile. En déduire les caractéristiques de la force de poussée durant cette phase et représenter les forces qui s'appliquent sur le drone sur un schéma.

RESSOURCE
- Vidéo du document

Activité expérimentale

3 Assistance gravitationnelle

Notions
- Mouvements rectilignes
- Deuxième loi de Newton

► § 1.4., 1.5. et 2.3. pp. 255 à 257

L'assistance gravitationnelle permet d'économiser le carburant des sondes spatiales à destination de corps célestes lointains. À l'approche d'une planète, sous l'effet de la force d'attraction gravitationnelle exercée à distance par la planète sur la sonde, la trajectoire de l'engin spatial peut notamment être modifiée sans qu'il entre en collision avec la planète.

● **Comment une force à distance modifie-t-elle le mouvement d'un objet ?**

DOC. 1 Assistance gravitationnelle de *New Horizons*

La sonde spatiale *New Horizons*, lancée par la NASA en janvier 2006, a profité de l'assistance gravitationnelle de Jupiter en février 2007, ce qui lui a permis de parvenir à proximité de Pluton le 14 juillet 2015, puis d'Ultima Thulé le 1er janvier 2019.

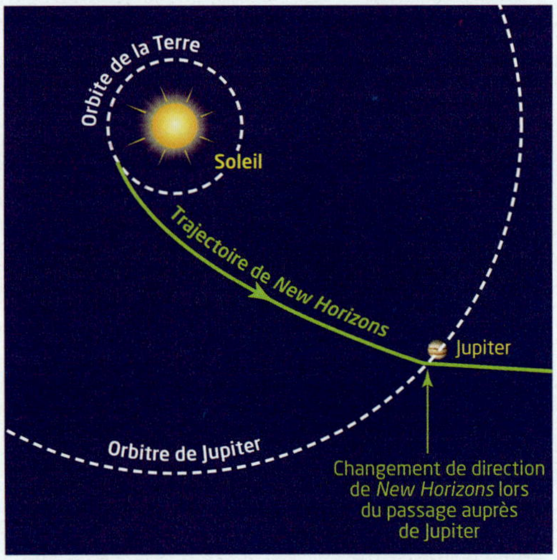

Échelle non respectée

DONNÉES 1 Vecteurs variation de vitesse et accélération

■ Le **vecteur variation de vitesse** $\Delta\vec{v}(t_2)$ d'un point M à la date t_2 peut être représenté à partir des vecteurs vitesse $\vec{v}(t_3)$ et $\vec{v}(t_1)$ de M aux dates t_3 et t_1 (avec $t_1 < t_2 < t_3$) grâce à la relation approchée : $\Delta\vec{v}(t_2) = \vec{v}(t_3) - \vec{v}(t_1)$.

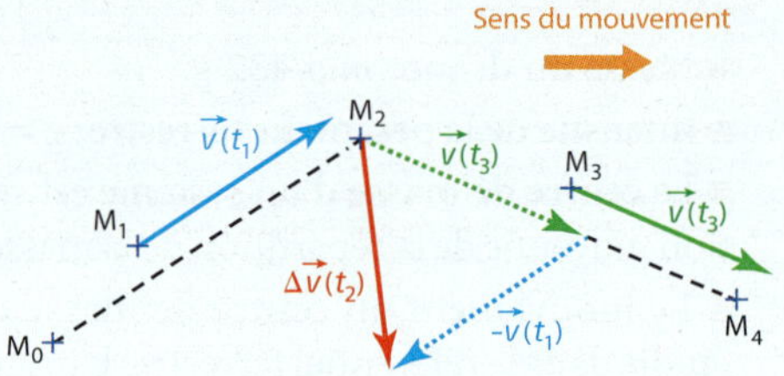

■ Le **vecteur accélération** $\vec{a}(t_2)$ d'un point M à la date t_2 peut être déterminé à partir du vecteur variation de vitesse $\Delta\vec{v}(t_2)$ à la date t_2 grâce à la relation approchée :

$$\vec{a}(t_2) = \frac{\Delta\vec{v}(t_2)}{t_3 - t_1}.$$

Matériel | Vidéo

DOC. 2 Modélisation de l'assistance gravitationnelle en salle de TP

Un aimant exerce une action à distance sur une bille métallique. Cette action, modélisée par une force magnétique, peut être considérée comme similaire à l'action exercée par Jupiter sur la sonde *New Horizons* (**DOC. 1**).

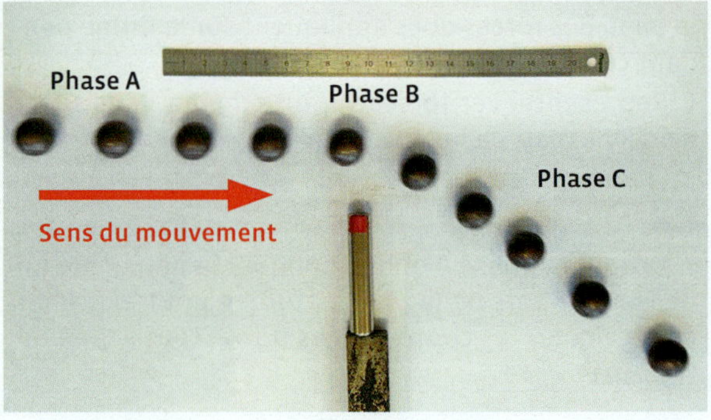

DIFFÉRENCIATION Python

DOC. 3 **Extrait du code Python : détermination du vecteur vitesse**

```
for i in range(1,N-1) :
    # Calcul de la coordonnée vxi du vecteur vitesse sur l'axe x au point n°i
    vxi=(x[i+1]-x[i-1])/(t[i+1]-t[i-1])
    vx.append(vxi) # insère la valeur vxi en dernière position de la liste vx

    # Calcul de la coordonnée vyi du vecteur vitesse sur l'axe y au point n°i
    vyi=(y[i+1]-y[i-1])/(t[i+1]-t[i-1])
    vy.append(vyi) # insère la valeur vyi en dernière position de la liste vy

    # Calcul de la norme vi du vecteur vitesse au point n°i
    vi=(vxi**2+vyi**2)**(1/2)
    v.append(vi)  # insère la valeur vi en dernière position de la liste v
```

DONNÉE 2 **Deuxième loi de Newton**

Dans un référentiel galiléen, la somme vectorielle des forces extérieures $\Sigma\overrightarrow{F_{ext}}$ qui s'exercent sur un objet de masse m constante est reliée à l'accélération $\vec{a}(t)$ du centre de masse de l'objet par l'expression : $\Sigma\overrightarrow{F_{ext}} = m\,\vec{a}(t)$.

VOCABULAIRE **Différents types de mouvements**

- Le mouvement d'un point est **rectiligne** si la direction de son vecteur vitesse est constante au cours du temps. Sa trajectoire est ainsi une droite.
- Le mouvement d'un point est **rectiligne uniforme** si son vecteur vitesse est constant (direction, sens et norme) au cours du temps. Ainsi, son vecteur accélération est nul à tout instant et sa trajectoire est une droite.
- Le mouvement d'un point est **rectiligne uniformément accéléré** si la direction de son vecteur vitesse est constante au cours du temps (c'est-à-dire si sa trajectoire est une droite) et si son vecteur accélération est constant et non nul au cours du temps.

Questions

1 S'APPROPRIER

À l'aide des **DOC. 1 ET 2**, identifier les points communs entre la sonde spatiale *New Horizons* à proximité de Jupiter et la bille métallique à proximité de l'aimant (phases et nature du mouvement, interactions).

2 RÉALISER

a. Réaliser (ou ouvrir) la vidéo associée au **DOC. 2** pour observer dans le référentiel du laboratoire, supposé galiléen, le mouvement du centre de masse de la bille.

b. Réaliser le pointage des positions au cours du temps du centre de masse de la bille (ou ouvrir directement le fichier fourni par le professeur avec les résultats du pointage).

c. À l'aide du fichier fourni par le professeur (**DOC. 3**), compléter le code source pour proposer un programme permettant de représenter le vecteur accélération du centre de masse de la bille.

3 VALIDER

a. Lors des phases **A** et **C** (**DOC. 2**), montrer que les vecteurs accélération obtenus sont cohérents avec la nature du mouvement observé.

b. Lors de la phase **B** (**DOC. 2**), déterminer pour chaque position la direction et le sens de la force magnétique exercée sur la bille. Décrire l'évolution du vecteur vitesse de la bille au cours de cette phase.

4 COMMUNIQUER GRAND ORAL

Réaliser une synthèse commentant les résultats expérimentaux obtenus et expliquant comment une force à distance peut modifier le mouvement d'un objet.

RESSOURCES

- Vidéo du doc. 2
- Fichier de pointage du doc. 2
- Fichiers Python, niveaux standard et confirmé
- Liste du matériel

Synthèse des activités Podcast Texte DYS

1 Étude cinématique

La **cinématique** est l'étude du mouvement, indépendamment des causes qui le provoquent.

En reliant valeur de vitesse et durée de chute, Galilée, au XVIIe siècle, fut le premier scientifique à considérer le temps comme une grandeur qui intervient dans la description du mouvement des corps.

HISTOIRE DES SCIENCES

Galileo Galilei, dit **Galilée** (1564-1642). Fondateur de la physique moderne, physicien et astronome italien, il est célèbre pour ses travaux en mécanique et en astronomie. Utilisant une démarche expérimentale, il étudie notamment la chute des corps.

1.1 Référentiel et repères

Un **référentiel** est un solide de référence par rapport auquel le mouvement d'un point est étudié.

À un référentiel donné sont associés :
- un **repère d'espace** qui donne la position du point (**DOC. 1**) ;
- un **repère de temps** qui permet d'associer une date à chaque position.

L'origine des dates est fixée arbitrairement et un dispositif, appelé horloge, mesure la durée entre deux dates.

Exemples

- Le **référentiel terrestre** est constitué de tout solide immobile par rapport à la surface de la Terre.
- Le **référentiel géocentrique** est un solide défini par le centre de la Terre et des étoiles lointaines considérées comme fixes.
- Le **référentiel héliocentrique** est un solide défini par le centre du Soleil et des étoiles lointaines considérées comme fixes.

1.2 Vecteur position

Dans un repère cartésien $(O\,;\vec{i},\vec{j},\vec{k})$ la position d'un point M à la date t est donnée par son **vecteur position $\overrightarrow{OM}(t)$** de coordonnées $(x(t), y(t), z(t))$ soit $\overrightarrow{OM}(t) = x(t)\vec{i} + y(t)\vec{j} + z(t)\vec{k}$ (**DOC. 1**).

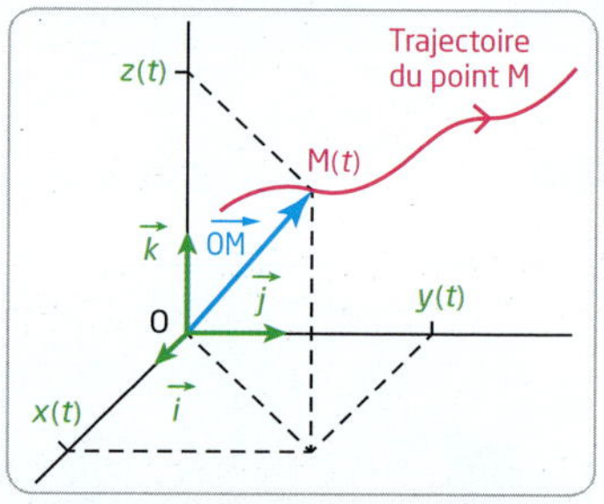

1. **Vecteur position.** Dans le repère cartésien, la position d'un point M à la date t est repérée par ses trois coordonnées cartésiennes $x(t)$, $y(t)$ et $z(t)$.

La norme du vecteur position est égale à :

$$\|\overrightarrow{OM}(t)\| = \sqrt{x(t)^2 + y(t)^2 + z(t)^2}$$

Unités SI :
$\|\overrightarrow{OM}(t)\|$, x, y et z en mètre (m)

Les notations $x(t)$, $y(t)$ et $z(t)$) précisent que les coordonnées d'un point en mouvement sont des fonctions du temps.

POINT MATHS

Soit un vecteur : $\overrightarrow{OM}(t) = x(t)\vec{i}$.
On note :
- $\dfrac{dx}{dt}$ la dérivée par rapport au temps de $x(t)$;
- $\dfrac{d\overrightarrow{OM}}{dt}$ la dérivée par rapport au temps du vecteur $\overrightarrow{OM}(t)$;
- $\dfrac{d\overrightarrow{OM}}{dt} = \dfrac{dx}{dt}\vec{i}$, car $\vec{i}$ est un vecteur constant.

1.3 Vecteur vitesse

Le **vecteur vitesse $\vec{v}(t)$** d'un point M à la date t est égal à la **dérivée** du vecteur position $\overrightarrow{OM}(t)$ par rapport au temps :

$$\vec{v}(t) = \frac{d\overrightarrow{OM}}{dt}$$

Dans un repère cartésien $(O\,;\vec{i},\vec{j},\vec{k})$, le vecteur vitesse $\vec{v}(t)$, de coordonnées $(v_x(t), v_y(t), v_z(t))$, peut s'écrire : $\vec{v}(t) = v_x(t)\vec{i} + v_y(t)\vec{j} + v_z(t)\vec{k}$.

Raisonnement à retenir

- Comme $\vec{i}$, $\vec{j}$ et $\vec{k}$ sont des vecteurs constants, on peut démontrer que :
$$\vec{v}(t) = \frac{dx}{dt}\vec{i} + \frac{dy}{dt}\vec{j} + \frac{dz}{dt}\vec{k}$$
Soit : $v_x(t) = \frac{dx}{dt}$, $v_y(t) = \frac{dy}{dt}$ et $v_z(t) = \frac{dz}{dt}$.
Les coordonnées cartésiennes $v_x(t)$, $v_y(t)$ et $v_z(t)$ du vecteur vitesse sont donc les dérivées par rapport au temps des coordonnées cartésiennes du vecteur position $\overrightarrow{OM}(t)$.
- La valeur de la vitesse est la norme du vecteur vitesse :
$$v(t) = \|\vec{v}(t)\| = \sqrt{v_x(t)^2 + v_y(t)^2 + v_z(t)^2}.$$
Elle s'exprime en mètre par seconde ($m \cdot s^{-1}$).
- Le vecteur vitesse est porté par la tangente à la trajectoire et orienté dans le sens du mouvement (**DOC. 2**).

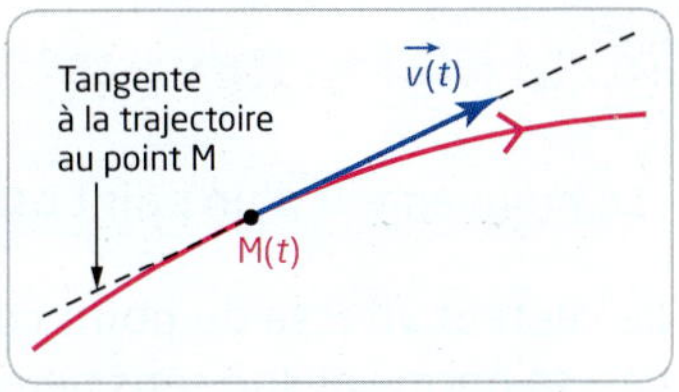

2. Représentation du vecteur vitesse. Le vecteur vitesse d'un point M est tangent en tout point à sa trajectoire.

1.4 Vecteur accélération

Le **vecteur accélération $\vec{a}(t)$** d'un point M à la date t est égal à la dérivée par rapport au temps du vecteur vitesse $\vec{v}(t)$:
$$\vec{a}(t) = \frac{d\vec{v}}{dt}$$
Dans un repère cartésien $(O ; \vec{i}, \vec{j}, \vec{k})$, le vecteur accélération $\vec{a}(t)$, de coordonnées $(a_x(t), a_y(t), a_z(t))$, peut s'écrire :
$$\vec{a}(t) = a_x(t)\vec{i} + a_y(t)\vec{j} + a_z(t)\vec{k}$$

POINT MATHS

Le vecteur accélération $\vec{a}(t)$ est donc la **dérivée seconde** du vecteur position $\overrightarrow{OM}(t)$ par rapport au temps, ce qui s'écrit :
$a_x(t) = \frac{d^2x}{dt^2}$; $a_y(t) = \frac{d^2y}{dt^2}$;
$a_z(t) = \frac{d^2z}{dt^2}$.

Raisonnement à retenir

- Comme $\vec{i}$, $\vec{j}$ et $\vec{k}$ sont des vecteurs constants, on peut démontrer que :
$$\vec{a}(t) = \frac{dv_x}{dt}\vec{i} + \frac{dv_y}{dt}\vec{j} + \frac{dv_z}{dt}\vec{k}$$
Soit : $a_x(t) = \frac{dv_x}{dt}$; $a_y(t) = \frac{dv_y}{dt}$; $a_z(t) = \frac{dv_z}{dt}$.
- Les coordonnées cartésiennes $a_x(t)$, $a_y(t)$ et $a_z(t)$ du vecteur accélération sont donc les dérivées par rapport au temps des coordonnées cartésiennes du vecteur vitesse $\vec{v}(t)$.

VOCABULAIRE

En physique, le mot « accélération » n'est pas utilisé comme dans la vie courante. L'accélération correspond à une variation du vecteur vitesse, que ce soit sa norme, son sens et/ou sa direction. Ainsi, même s'il freine, un cycliste accélère pour un physicien.

- La valeur de l'accélération est la norme du vecteur accélération :
$$a(t) = \|\vec{a}(t)\| = \sqrt{a_x(t)^2 + a_y(t)^2 + a_z(t)^2}.$$
Elle s'exprime en mètre par seconde au carré ($m \cdot s^{-2}$).

- Le vecteur accélération $\vec{a}(t_2)$ à la date t_2 peut être tracé à l'aide du vecteur variation de vitesse $\Delta\vec{v}(t_2)$ grâce à la relation approchée :
$$\vec{a}(t_2) = \frac{\Delta\vec{v}(t_2)}{t_3 - t_1} \text{ (avec } t_1 < t_2 < t_3\text{) (DOC. 3).}$$

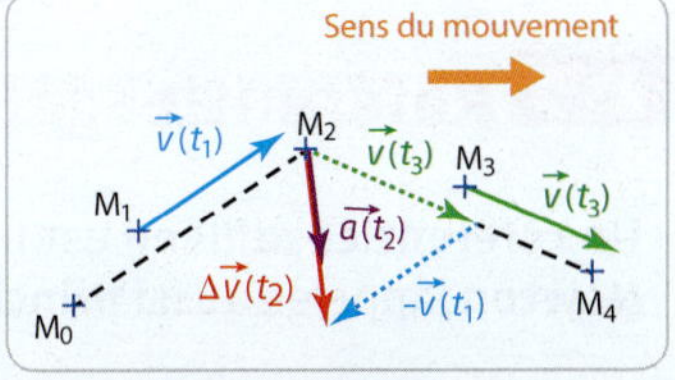

3. Représentation du vecteur accélération. Le vecteur accélération a la même direction et le même sens que le vecteur variation de vitesse.

Remarque

Par abus de langage, les termes « accélération » et « vitesse » sont souvent utilisés au lieu de « accélération instantanée » et « vitesse instantanée ».

1.5 Mouvements rectilignes

Le mouvement d'un point est **rectiligne** si sa trajectoire est une droite.

Le vecteur vitesse du point considéré conserve sa direction, mais selon le cas, sa norme et son sens peuvent varier en fonction du temps.

- **Mouvement rectiligne uniforme**

Le mouvement d'un point est **rectiligne uniforme** si son vecteur vitesse est non nul et constant (direction, sens et norme) au cours du temps.

Son vecteur accélération est nul à tout instant : $\vec{a}(t) = \frac{d\vec{v}}{dt} = \vec{0}$.

La trajectoire de ce point est une droite (DOC. 4).

- **Mouvement rectiligne uniformément accéléré**

Le mouvement d'un point est **rectiligne uniformément accéléré** si la direction de son vecteur vitesse est constante au cours du temps (sa trajectoire est une droite) et si son vecteur accélération est constant et non nul : $\vec{a}(t) = \overrightarrow{cste}$.

La direction du vecteur $\vec{a}(t)$ est la droite qui représente la trajectoire du point. Son sens et sa norme sont constants.

Le vecteur vitesse conserve sa direction, mais sa norme varie :
- elle augmente lorsque les vecteurs $\vec{a}(t)$ et $\vec{v}(t)$ ont le même sens (DOC. 5) ;
- elle diminue lorsque les vecteurs $\vec{a}(t)$ et $\vec{v}(t)$ sont de sens opposés (DOC. 6).

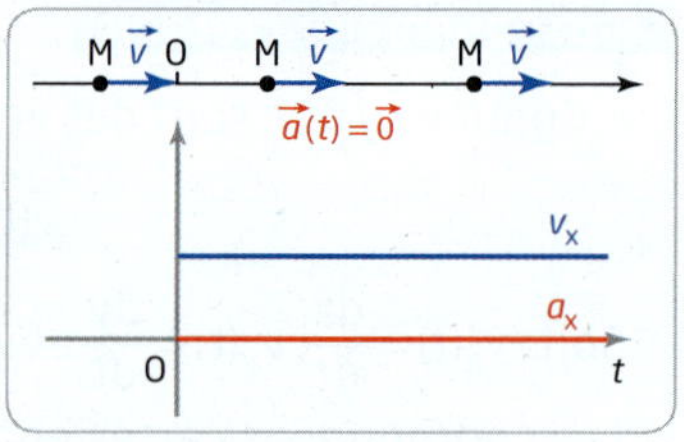

4. Mouvement rectiligne **uniforme.** Le vecteur accélération est nul et le vecteur vitesse est constant.

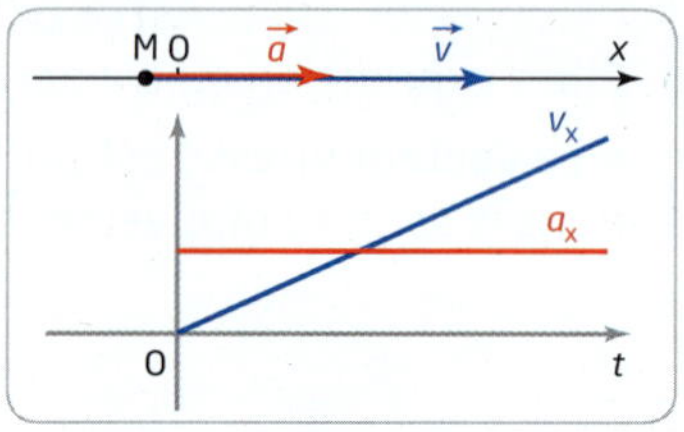

5. Mouvement rectiligne **uniformément accéléré.** $\vec{v}$ et $\vec{a}$ sont de même sens.

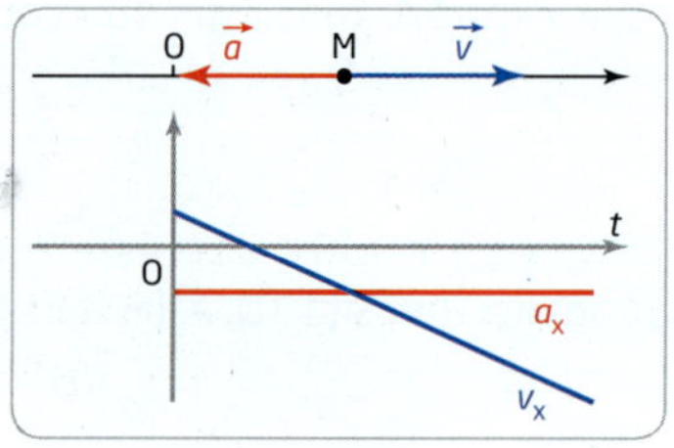

6. Mouvement rectiligne **uniformément accéléré.** $\vec{v}$ et $\vec{a}$ sont initialement de sens opposés.

2 Deuxième loi de Newton

2.1 Centre de masse d'un système

Un **système** est un solide ou un ensemble de points matériels.
Le **centre de masse** d'un système est un point situé à la **position moyenne de la répartition de la masse** du système.

Le mouvement d'un système peut être modélisé par le mouvement de ce point, affecté de la masse totale du système.
Dans le cas d'un solide homogène, le centre de masse est confondu avec le centre de symétrie du solide (DOC. 7).

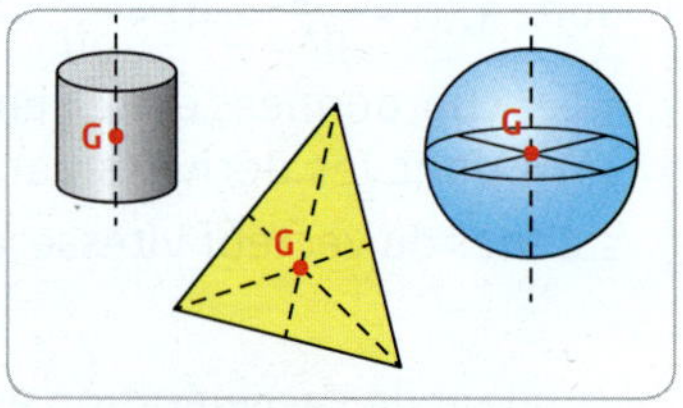

7. Centre de masse G de solides homogènes.

2.2 Référentiel galiléen

Un **référentiel galiléen** est un référentiel dans lequel la **première loi de Newton** (appelée aussi **principe d'inertie**) est vérifiée.

Première loi de Newton : dans un référentiel galiléen, le centre de masse d'un système isolé ou pseudo-isolé est soit au repos, soit en mouvement rectiligne uniforme.
Si cela n'est pas vérifié, alors le référentiel choisi n'est pas galiléen.

VOCABULAIRE

- Un **système isolé** n'est soumis à aucune force extérieure.
- Un **système pseudo-isolé** est soumis à des forces extérieures qui se compensent (c'est-à-dire dont la somme vectorielle est nulle).

2.3 Deuxième loi de Newton

Selon la **deuxième loi de Newton,** dans un référentiel galiléen, la somme vectorielle des forces qui s'exercent sur un système de masse m constante est égale au produit de sa masse par le vecteur accélération de son centre de masse :

$$\Sigma\overrightarrow{F_{\text{ext}}} = m\,\vec{a}(t) = m\frac{\mathrm{d}\vec{v}}{\mathrm{d}t}$$

HISTOIRE DES SCIENCES

Isaac Newton (1642-1727), mathématicien, physicien, astronome anglais. Il est notamment célèbre pour ses travaux sur la lumière et la gravitation universelle.

Si la somme vectorielle des forces extérieures exercées sur un système n'est pas nulle, alors la vitesse du centre de masse du système étudié varie.

La deuxième loi de Newton permet de déduire :

– le vecteur accélération du centre de masse d'un système lorsque les forces appliquées au système sont connues ;

– la somme vectorielle des forces appliquées au système lorsque le mouvement de son centre de masse est connu.

Exemple

Pendule pesant (DOC. 8)

Deux forces s'appliquent sur le point matériel M de masse m : son poids $\vec{P}$ et la tension $\vec{T}$ du fil.

L'accélération du mobile est :

$$\vec{a}(t) = \frac{\Sigma\overrightarrow{F_{\text{ext}}}}{m} = \frac{\vec{P}+\vec{T}}{m}.$$

Le vecteur accélération $\vec{a}$ a donc la même direction et le même sens que la somme des vecteurs $\vec{T}$ et $\vec{P}$.

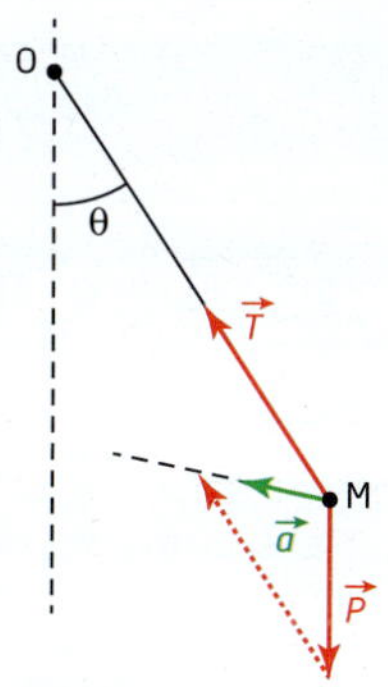

8. Le pendule de Foucault, un exemple de pendule pesant.

Remarques

• Comme $\vec{a}(t) = \frac{\Sigma\overrightarrow{F_{\text{ext}}}}{m}$, dans un référentiel galiléen :

– à forces constantes, la valeur de l'accélération du centre de masse d'un système est d'autant plus élevée que la masse du système est faible ;

– la valeur de l'accélération du centre de masse d'un système de masse constante est d'autant plus élevée que la norme de la somme des forces appliquées sur ce système est élevée.

• Si $\Sigma\overrightarrow{F_{\text{ext}}} = \vec{0}$, $\vec{a}(t) = \frac{\mathrm{d}\vec{v}}{\mathrm{d}t} = \vec{0}$.

$\vec{v} = \overrightarrow{\text{cste}}$, donc le centre de masse du système est en mouvement rectiligne uniforme ou au repos dans un référentiel galiléen : on retrouve la première loi de Newton.

Les deux premières lois de Newton sont valables uniquement dans un référentiel galiléen, alors que la troisième loi de Newton est valable quel que soit le référentiel.

Rappel : troisième loi de Newton.

Quel que soit leur état (mouvement ou repos), deux objets A et B en interaction exercent l'un sur l'autre des forces vérifiant la relation vectorielle : $\overrightarrow{F_{A/B}} = -\overrightarrow{F_{B/A}}$ (DOC. 9).

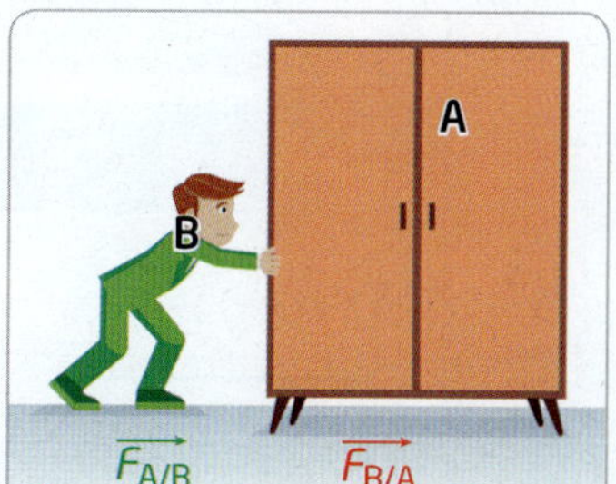

9. Deux systèmes en interaction. D'après la troisième loi de Newton : $\overrightarrow{F_{A/B}} = -\overrightarrow{F_{B/A}}$.

Retenir l'essentiel

FORCES ET MOUVEMENTS

Exemple Dans le référentiel terrestre supposé galiléen

Montée d'un wagon tracté à vitesse constante : **mouvement rectiligne uniforme**

Descente d'un wagon sans frottement : **mouvement rectiligne uniformément accéléré**

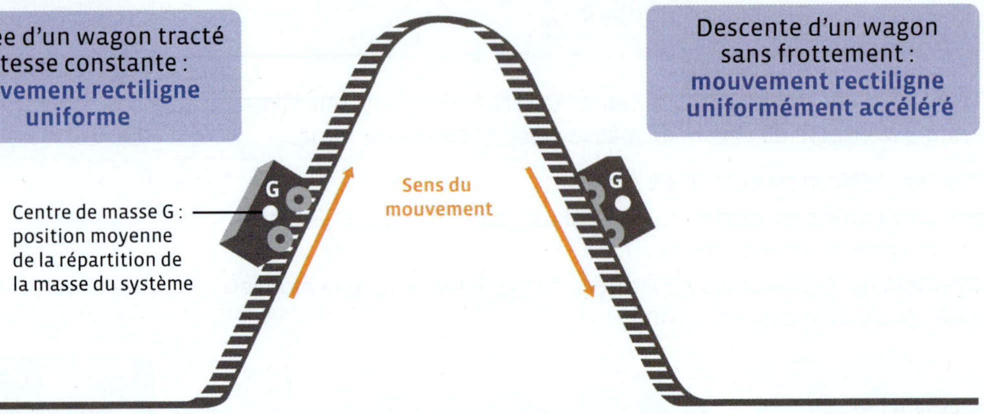

Modélisation

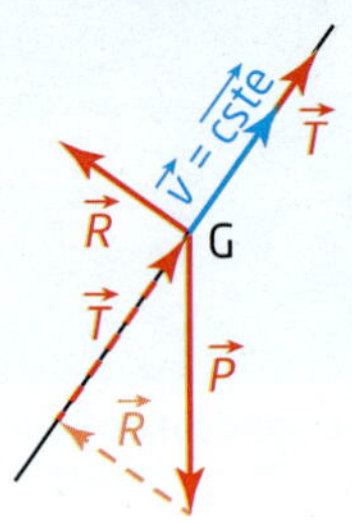

Première loi de Newton

Si $\sum \vec{F}_{ext} = \vec{0}$ alors $\vec{a}(t) = \dfrac{d\vec{v}}{dt} = \vec{0}$

Deuxième loi de Newton

$\sum \vec{F}_{ext} = m\vec{a}(t)$

Modélisation

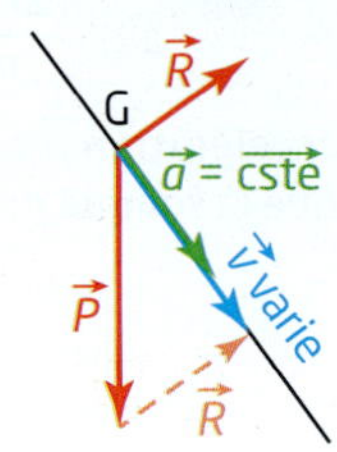

$\sum \vec{F}_{ext} = \vec{P} + \vec{R} + \vec{T} = \vec{0}$

$\vec{a}(t) = \dfrac{\sum \vec{F}_{ext}}{m} = \vec{0}$

$= \dfrac{d\vec{v}}{dt} = \vec{0}$

$\Rightarrow \vec{v}(t) = \overrightarrow{cste}$

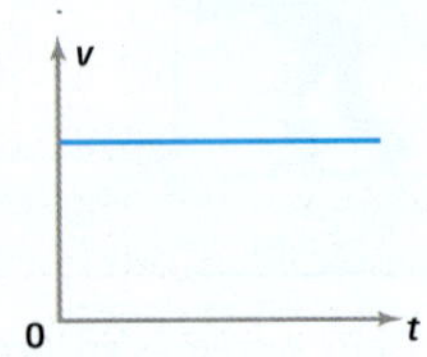

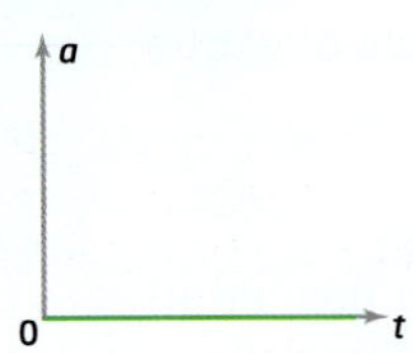

$\sum \vec{F}_{ext} = \vec{P} + \vec{R} = \overrightarrow{cste} \neq \vec{0}$

$\vec{a}(t) = \dfrac{\vec{P} + \vec{R}}{m} = \overrightarrow{cste} \neq \vec{0}$

$= \dfrac{d\vec{v}}{dt} = \overrightarrow{cste} \neq \vec{0}$

$\Rightarrow \vec{v}(t)$ varie

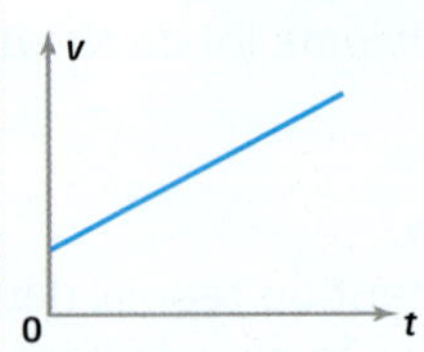

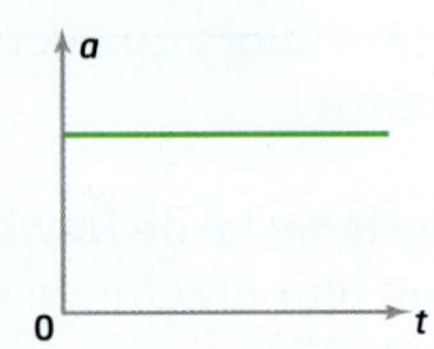

5 min chrono !

Si vous ne trouvez pas la bonne réponse, reportez-vous au § de la synthèse des activités correspondant pour vous aider.

DONNÉES POUR LES EXERCICES 1 À 8

Dans un repère cartésien $(O; \vec{i}, \vec{j}, \vec{k})$, le vecteur position d'un point M est $\overrightarrow{OM}(t) = x(t)\vec{i} + y(t)\vec{j} + z(t)\vec{k}$, son vecteur vitesse est $\vec{v}(t) = v_x(t)\vec{i} + v_y(t)\vec{j} + v_z(t)\vec{k}$ et son vecteur accélération est $\vec{a}(t) = a_x(t)\vec{i} + a_y(t)\vec{j} + a_z(t)\vec{k}$.

Indiquer la réponse exacte. QCM interactif

1 **Un référentiel possède :** ▶ §1

a. uniquement un repère d'espace.

b. uniquement un repère de temps.

c. un repère d'espace et un repère de temps.

2 **La représentation graphique de x en fonction du temps pour un point en mouvement rectiligne uniforme selon l'axe Ox est :** ▶ §1

a.
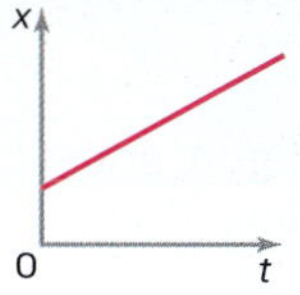

b.
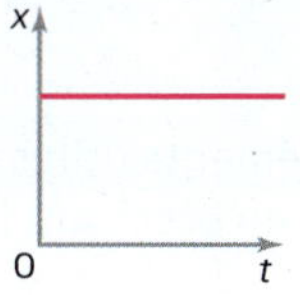

c.
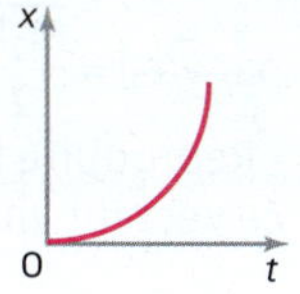

3 **La position du point M est décrite par les coordonnées de son vecteur position : $x(t) = t^2 - t + 1$; $y(t) = 3t$; $z(t) = 25$. On peut affirmer que :** ▶ §1

a. $v_x(t) = 0$. b. $v_y(t) = 0$. c. $v_z(t) = 0$.

4 **Un point en mouvement rectiligne uniforme a :** ▶ §1

a. un vecteur vitesse et un vecteur accélération nuls.

b. un vecteur vitesse et un vecteur accélération constants et non nuls.

c. un vecteur vitesse constant non nul et un vecteur accélération nul.

5 **Dans un référentiel, un point matériel isolé est animé d'un mouvement rectiligne uniforme. Alors :** ▶ §2

a. ce référentiel est galiléen.

b. ce référentiel n'est pas galiléen.

c. on ne peut pas savoir si ce référentiel est galiléen ou non.

6 **Dans un référentiel galiléen, la deuxième loi de Newton s'exprime par :** ▶ §2

a. $\Sigma\overrightarrow{F_{ext}} = m\vec{v}(t)$. b. $\Sigma\overrightarrow{F_{ext}} = m\dfrac{d\vec{a}}{dt}$. c. $\Sigma\overrightarrow{F_{ext}} = m\vec{a}(t)$.

Corrigés p. 550

Contrôle technique !

7 Déterminer une vitesse et une accélération

EXERCICE RÉSOLU

Dans un repère cartésien, la coordonnée selon l'axe horizontal du vecteur position $\overrightarrow{OM}(t)$ d'un point M en mouvement est : $x(t) = v_0 t$.

• Exprimer les coordonnées selon l'axe horizontal du vecteur vitesse $\vec{v}(t)$ et du vecteur accélération $\vec{a}(t)$ de ce point dans ce repère.

SOLUTION

$\vec{v}(t) = \dfrac{d\overrightarrow{OM}}{dt}$, donc $v_x(t) = \dfrac{dx}{dt} = \dfrac{d(v_0 t)}{dt} = v_0$.

$\vec{a}(t) = \dfrac{d\vec{v}(t)}{dt}$, donc $a_x(t) = \dfrac{dv_x}{dt} = \dfrac{dv_0}{dt} = 0$.

APPLICATION • Sur le modèle de l'exercice résolu

Les coordonnées du vecteur position $\overrightarrow{OM}(t)$ d'un l'électron en mouvement sont : $x(t) = v_0 t$ et $y(t) = kt^2$ avec k et v_0 deux constantes.

• Exprimer les coordonnées du vecteur vitesse $\vec{v}(t)$ et du vecteur accélération $\vec{a}(t)$ de cet électron.

8 Appliquer la deuxième loi de Newton

EXERCICE RÉSOLU

Un point matériel M de masse m est soumis à deux forces $\vec{T}$ et $\vec{P}$ représentées ci-contre.

• Représenter, sans souci d'échelle mais de façon cohérente, le vecteur accélération $\vec{a}$ de ce point dans un référentiel galiléen.

SOLUTION

$\Sigma\overrightarrow{F_{ext}} = m\vec{a}$, donc $\vec{a}(t) = \dfrac{\Sigma\overrightarrow{F_{ext}}}{m} = \dfrac{\vec{P} + \vec{T}}{m}$.

Le vecteur accélération a la même direction et le même sens que la somme des forces appliquées sur l'objet.

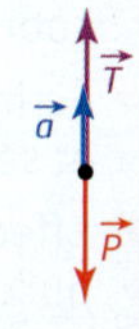

APPLICATION • Sur le modèle de l'exercice résolu

Dans un référentiel galiléen, représenter sans souci d'échelle mais de façon cohérente, le vecteur accélération d'un point matériel M de masse m soumis aux forces représentées ci-contre.

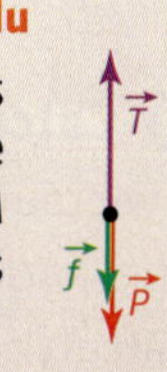

Exercices APPLIQUER

DONNÉES POUR TOUS LES EXERCICES

Sauf indication contraire, les mouvements sont étudiés dans le référentiel terrestre, supposé galiléen, auquel est associé un repère d'espace cartésien $(O ; \vec{i}, \vec{j}, \vec{k})$ et un repère de temps.

Étude cinématique

▶ § 1 de la synthèse des activités

➔ EXERCICES RAPIDES

9 GRAND ORAL Réaliser un support visuel permettant de présenter oralement en deux minutes maximum à l'ensemble de la classe la démarche à suivre pour construire le vecteur accélération d'un point à un instant donné sur une chronophotographie.

10 Définir l'accélération, la vitesse et la position d'un point en mouvement rectiligne uniforme.

11 Donner deux exemples de mouvements rectilignes uniformément accélérés.

12 Apprendre à rédiger

L'enregistrement de la trajectoire d'un point M se déplaçant dans un plan a permis d'obtenir l'expression des coordonnées du point en fonction du temps :

$$x(t) = 5{,}0t + 1 \text{ et } y(t) = 3{,}0t.$$

a. Donner l'expression du vecteur position $\overrightarrow{OM}(t)$.

Aide méthodologique

- Écrire la relation vectorielle qui lie $\overrightarrow{OM}(t)$ à $\vec{i}$ et $\vec{j}$.

b. Déterminer les coordonnées et la norme de son vecteur vitesse $\vec{v}(t)$.

- Dériver par rapport au temps le vecteur position $\overrightarrow{OM}(t)$ pour obtenir les expressions des coordonnées du vecteur vitesse $\vec{v}(t)$.
- Écrire la relation entre la norme du vecteur vitesse et ses coordonnées.
- Effectuer l'application numérique avec les unités qui conviennent et les chiffres significatifs appropriés.

13 Calculer une valeur de vitesse

Le vecteur position d'un point M en mouvement est défini par : $\overrightarrow{OM}(t) = (t^2 + 15)\,\vec{i} + (10t)\,\vec{j}$.

• Calculer la valeur de la vitesse du point M à la date $t = 10$ s.

14 Déterminer les coordonnées d'un vecteur accélération

Le vecteur position d'un point M en mouvement est défini par : $\overrightarrow{OM}(t) = (24t^2 + 12t + 3)\,\vec{i} + (3t + 2)\,\vec{j}$.

• Déterminer les coordonnées du vecteur accélération $\vec{a}(t)$ de ce point.

15 Déterminer un vecteur vitesse

Les positions successives d'un point mobile M sont enregistrées à intervalles de temps réguliers $\tau = 40$ ms.

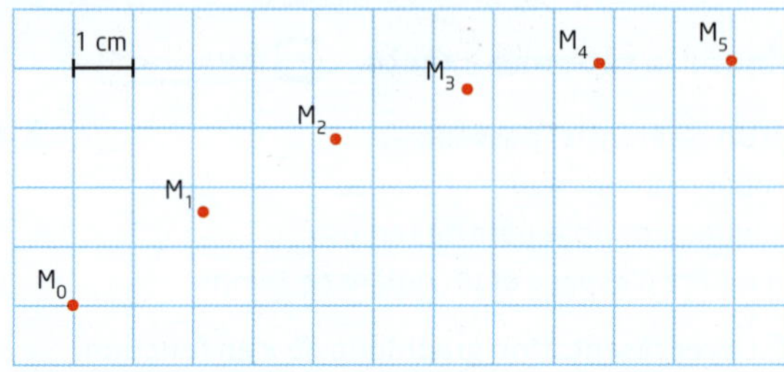

Une expression approchée du vecteur vitesse moyenne de M à son passage au point M_2 à la date t_2 est estimée par $\vec{v}(t_2) = \dfrac{\overrightarrow{M_1M_3}}{2\tau}$.

• Reproduire les éléments utiles de la figure pour tracer ce vecteur vitesse, en précisant l'échelle utilisée.

16 Projeter un vecteur

À l'aide de la méthode p. 268, déterminer les coordonnées de chacun des vecteurs $\vec{R}$, $\vec{P}$ et $\vec{T}$ représentés ci-dessous.

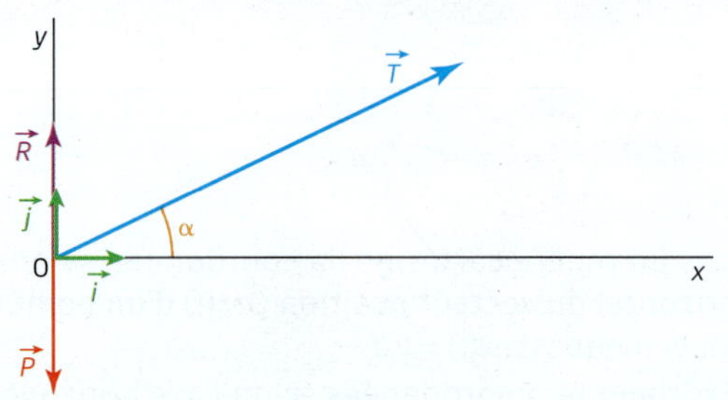

17 In English please

The displacements of two points A and B are recorded at equal time intervals. The setting of the ticker timer remains the same during the whole experiment. The dot-diagrams are shown below.

a. State the name of the motion of these two points. Justify.

b. Determine which point has the greatest speed. Justify.

Deuxième loi de Newton

▶ § 2 de la synthèse des activités

➔ EXERCICES RAPIDES

18 GRAND ORAL Réaliser un support visuel permettant d'expliquer oralement en deux minutes maximum à l'ensemble de la classe la position du centre de masse d'un solide homogène à l'aide d'un exemple.

19 GRAND ORAL Présenter oralement, sans note, la deuxième loi de Newton et donner un exemple.

20 Appliquer la deuxième loi de Newton à un objet en chute libre, c'est-à-dire uniquement soumis à son poids $\vec{P}$, afin de déterminer les caractéristiques de son vecteur accélération.

21 Comprendre l'influence de la masse

Un élève utilise deux balles de diamètre identique, mais de masses différentes. Il met les balles en mouvement, sur une table horizontale, à l'aide d'un lanceur qui applique une même force sur chaque balle. Les positions de leurs centres de masses respectifs sont relevées à intervalles de temps réguliers. Les tracés obtenus sont les suivants.

a. Indiquer la balle dont la masse est la plus grande.

b. Justifier en utilisant la deuxième loi de Newton.

22 Retour sur l'ouverture du chapitre

Vidéo débat

Un guépard et une formule E peuvent tous les deux passer de 0 à 100 km · h^{-1} en 3,0 secondes.

a. Déterminer la valeur de leur accélération moyenne entre les dates $t_0 = 0$ s et $t_1 = 3{,}0$ s.

b. Visionner la vidéo de la course entre le guépard et la formule E, puis déterminer si leur accélération est la même à chaque instant entre les dates t_0 et t_1.

c. Conclure sur la différence entre accélération moyenne et accélération à un instant donné, appelée accélération instantanée.

23 Justifier la position du centre de masse

a. Justifier qualitativement la position du centre de masse pour chaque plaque homogène schématisée ci-dessous.

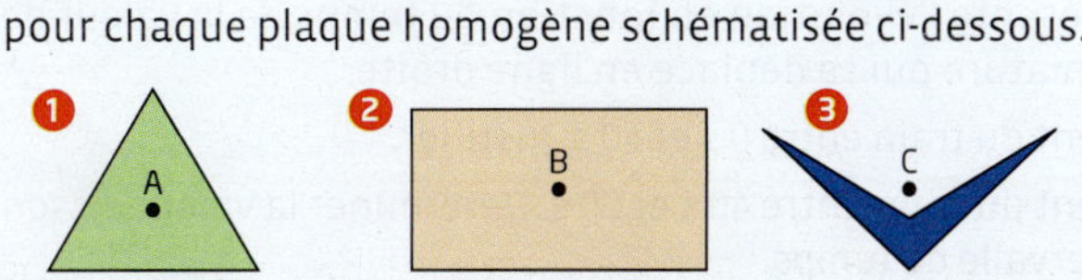

b. Justifier en quoi le point D sur la plaque homogène représentée ci-contre n'est pas son centre de masse.

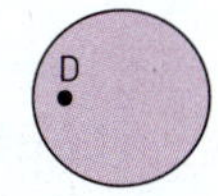

24 Discuter du caractère galiléen d'un référentiel

Un passager est assis dans un train qui roule à vitesse constante sur une section de voie droite. Il observe une balle posée sur la tablette devant lui et remarque que la balle est immobile par rapport à lui.

a. Faire le bilan des forces qui s'appliquent sur la balle. Déterminer si le référentiel du siège du passager peut être considéré comme galiléen. Justifier la réponse.

b. Le train entre dans un virage. La valeur de la vitesse du train reste constante. Le passager observe la balle rouler lentement vers le côté gauche.
Déterminer si le bilan des forces qui s'appliquent sur la balle a changé. Peut-on en déduire que le référentiel du siège du passager est toujours galiléen ? Justifier la réponse.

25 Simuler un mouvement

Python

Le code source d'un programme en langage Python permet de modéliser le mouvement rectiligne uniformément accéléré du centre de masse d'un mobile sur lequel s'exerce une force $\vec{F}$.

• À l'aide des questions posées dans le code source fourni, mettre en évidence l'influence de la norme de la force sur l'accélération du mobile.

26 Construire une carte mentale

L'étiquette centrale doit s'intituler :

Forces et mouvements

Associer à l'étiquette centrale, par les moyens graphiques de votre choix, des étiquettes de votre initiative comprenant par exemple les notions suivantes.

Position du centre de masse

Vecteur accélération

Deuxième loi de Newton

Mouvements rectilignes

EXO Exercices supplémentaires

EXERCICE RÉSOLU ET COMMENTÉ

27 Saut à la perche

ÉNONCÉ

Lors d'un saut à la perche, une perchiste prend son élan en courant en ligne droite sur une distance d'environ 40 m et elle atteint une valeur de vitesse maximale au moment de l'impulsion à la date $t = 7{,}0$ s, comme le montre le graphique ci-contre.

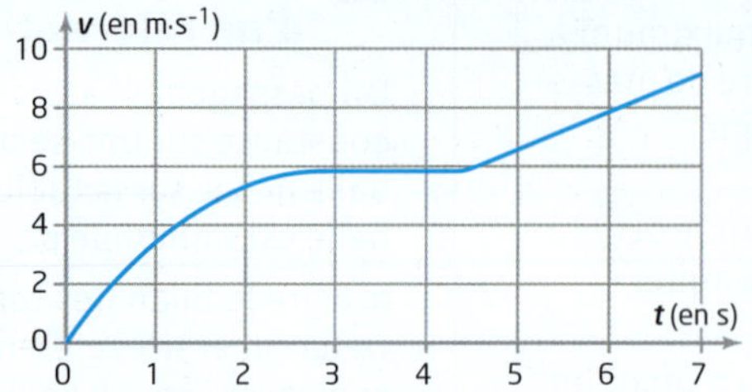

▲ Évolution en fonction du temps *t* de la valeur *v* de la vitesse de la perchiste lors de son élan.

a. Qualifier le mouvement de la perchiste entre 3,0 s et 4,0 s. Justifier.

b. Estimer la valeur *a* de l'accélération de la perchiste entre 4,5 s et 7,0 s.

c. Qualifier le mouvement de la perchiste entre 4,5 s et 7,0 s. Justifier.

UNE SOLUTION

a. L'énoncé précise que la trajectoire de la perchiste est une ligne droite. De plus, entre 3,0 s et 4,0 s, la valeur de sa vitesse est constante : son mouvement est donc rectiligne uniforme.

b. Entre 4,5 s et 7,0 s, le graphique représentant l'évolution de la valeur *v* de la vitesse en fonction du temps *t* est une droite de coefficient directeur positif. Ainsi, $v(t) = \alpha t + b$. Or, par définition, l'accélération est égale à la dérivée par rapport au temps de la vitesse. De plus, comme le mouvement est rectiligne :

$$a(t) = \frac{dv}{dt} \text{ donc } a(t) = \frac{dv}{dt} = \frac{d(\alpha t + b)}{dt} = \alpha.$$

L'accélération est égale au coefficient directeur α de la droite entre 4,5 s et 7,0 s.

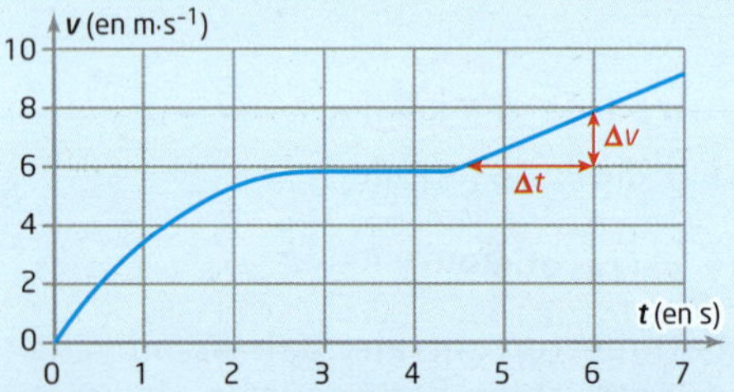

Mesure graphique :

$$\alpha = \frac{\Delta v}{\Delta t} = \frac{(8-6)\ \text{m}\cdot\text{s}^{-1}}{(6{,}0-4{,}5)\ \text{s}} = \frac{2\ \text{m}\cdot\text{s}^{-1}}{1{,}5\ \text{s}} = 1\ \text{m}\cdot\text{s}^{-2}.$$

c. Entre 4,5 s et 7,0 s, la valeur de l'accélération est constante et la trajectoire est une droite, il s'agit donc d'un mouvement rectiligne uniformément accéléré.

ANALYSER-RAISONNER
Observer la forme de la courbe entre les valeurs données pour en déduire que la valeur de la vitesse est constante.

ANALYSER-RAISONNER
La valeur de l'accélération est obtenue en dérivant directement la valeur de la vitesse, car le mouvement est rectiligne, suivant une unique direction.

S'APPROPRIER
Relever sur le graphe les données les plus précises possibles permettant de déterminer le coefficient directeurde la droite.

RÉALISER
Écrire les unités dans les calculs peut être utile mais ce n'est pas du tout obligatoire. L'unité est par contre indispensable dan l'écriture du résultat final.

ANALYSER-RAISONNER
Déduire des résultats précédents le type de mouvement réalisé par la perchiste.

APPLICATION Sur le modèle de l'exercice résolu

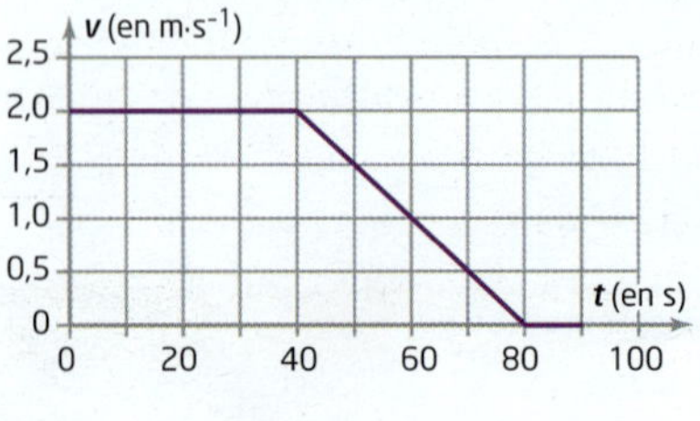

28 Arrêt d'un train miniature

La figure ci-contre représente l'évolution en fonction du temps de la valeur de la vitesse d'un train miniature qui se déplace en ligne droite.

a. Qualifier le mouvement du train entre 0 s et 40 s. Justifier.

b. Qualifier le mouvement du train entre 40 s et 80 s. Déterminer la valeur de son accélération sur cet intervalle de temps.

EXERCICE RÉSOLU ET COMMENTÉ

29 Viscosité du glycérol

ÉNONCÉ

Un tube contient du glycérol de viscosité η et de masse volumique ρ_{gly}, ainsi qu'une bille en acier de masse volumique ρ_s de rayon R et de volume V.
À la date $t = 0$, la bille initialement immobile en haut du tube, au-dessus du glycérol, tombe verticalement dans le glycérol (schéma ci-contre).
L'étude est effectuée dans le référentiel du laboratoire supposé galiléen.

DONNÉES Rayon de la bille $R = 6{,}0 \times 10^{-3}$ m ; masse volumique de l'acier $\rho_s = 7\,850$ kg·m⁻³ ; masse volumique du glycérol $\rho_{gly} = 1260$ kg·m⁻³.

Au cours de sa chute, la bille est soumise à trois forces : son poids $\vec{P}$; la poussée d'Archimède $\vec{\Pi}_A$, verticale, dirigée vers le haut et de norme $\Pi_A = \rho_{gly} V g$, avec g l'intensité de la pesanteur terrestre ; la force de frottement $\vec{f}$, verticale, de sens opposé à $\vec{v}$ et de norme $f = k\eta R v$, où v est la valeur de la vitesse de la bille et k une constante sans dimension.

1. Donner les expressions vectorielles des forces appliquées à la bille $\vec{P}$, $\vec{\Pi}_A$ et $\vec{f}$ et les représenter sur un schéma.

2. Lorsque la bille passe devant le trait D et au-delà, la valeur de sa vitesse devient constante et égale à la vitesse limite, notée v_{lim}. La durée de chute Δt entre les deux traits D et F, distants d'une hauteur L, vaut $\Delta t = 0{,}29$ s.

a. Préciser la nature du mouvement de la bille au-delà du trait D. Exprimer la valeur v_{lim} de la vitesse limite en fonction de Δt et de L.

b. Écrire la relation vectorielle entre les forces s'exerçant sur la bille lorsqu'elle se trouve entre les deux traits D et F. En déduire que l'expression de la viscosité du glycérol est de la forme : $\eta = C(\rho_s - \rho_{gly})\Delta t$, avec $C = \frac{Vg}{kRL}$.

c. Calculer la viscosité η du glycérol (en Pa·s), sachant que $C = 7{,}84 \times 10^{-4}$ m²·s⁻².

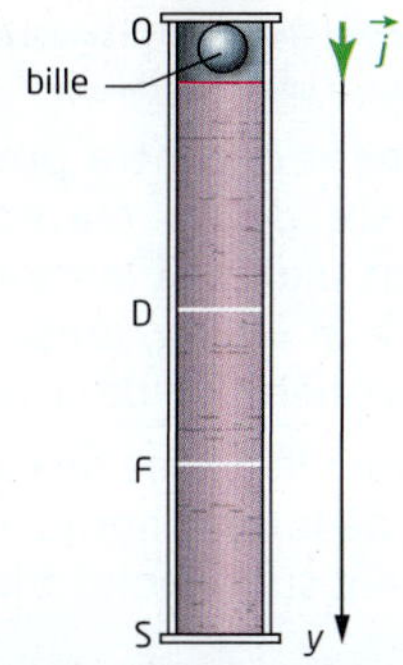

Représentation de la situation initiale. L'axe pour l'étude est l'axe y vertical orienté vers le bas, de vecteur unitaire $\vec{j}$.

UNE SOLUTION

1. $\vec{P} = m\vec{g} = \rho_s V g \vec{j}$; $\vec{\Pi}_A = -\rho_{gly} V g \vec{j}$; $\vec{f} = -k\eta R v \vec{j}$.

2. a. La bille est en mouvement rectiligne uniforme : $v_{lim} = \frac{L}{\Delta t}$.

b. La deuxième loi de Newton indique que $\Sigma\vec{F} = m\vec{a}$. Le mouvement étant rectiligne uniforme, $\vec{a} = \vec{0}$, donc.
$\Sigma\vec{F} = \vec{P} + \vec{\Pi}_A + \vec{f} = m \times \vec{0} = \vec{0}$. En projection sur l'axe vertical, la relation vectorielle donne : $\rho_s V g - \rho_{gly} V g - k\eta R\, v_{lim} = 0$,

soit $k\eta R v_{lim} = Vg(\rho_s - \rho_{gly})$, d'où $\eta = \frac{Vg(\rho_s - \rho_{gly})}{kRv_{lim}} = \frac{Vg(\rho_s - \rho_{gly})}{kRL}\Delta t$.

En notant $C = \frac{Vg}{kRL}$, on obtient $\eta = C(\rho_s - \rho_{gly})\Delta t$.

c. A.N. : $\eta = 7{,}84 \times 10^{-4} \times (7\,850 - 1\,260) \times 0{,}29 = 1{,}5$ Pa·s.

S'APPROPRIER
Représenter les forces exercées sur la bille d'après la description donnée dans l'énoncé.

ANALYSER-RAISONNER
Sachant que la vitesse de la bille est constante, en déduire la nature de son mouvement.

RÉALISER
Projeter les vecteurs sur l'axe y (voir p. 268), déterminer les expressions littérales, puis effectuer les applications numériques.

RÉALISER
Ne pas écrire les unités dans ce calcul car cela l'alourdirait. Ne pas oublier en revanche l'unité dans l'écriture du résultat final.

APPLICATION Sur le modèle de l'exercice résolu

30 Descente d'un parachutiste

Dans le référentiel terrestre considéré comme galiléen, un parachutiste avec son équipement, de masse totale $m = 100$ kg, effectue une chute verticale de hauteur $h = 2\,000$ m à vitesse constante, pendant une durée $\Delta t = 40$ s. La poussée d'Archimède est négligée.

1. Préciser la nature du mouvement du parachutiste pendant la durée $\Delta t = 40$ s.

2. Déterminer la valeur du coefficient k du frottement de l'air sur le parachutiste, sachant que la norme de la force de frottement de l'air est $f = kv^2$.

Exercices S'ENTRAINER

31 Accélération d'un point

APP Rechercher l'information sur un schéma
ANA-RAI Choisir une loi pertinente

Le document ci-contre présente une partie de la trajectoire d'un point matériel M de masse constante $m = 50$ g, ainsi qu'un vecteur accélération de ce point.

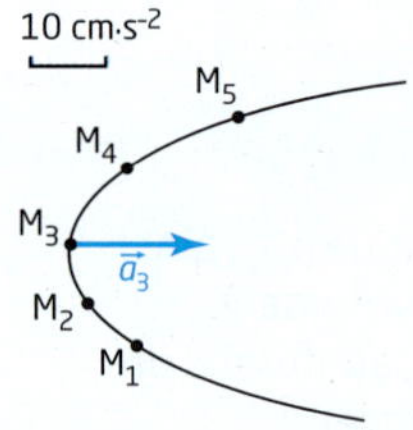

• Déterminer la norme de l'accélération du point matériel et en déduire la norme de la somme des forces qui s'appliquent sur ce point à la position M_3.

32 Vecteur accélération

Vidéo — Corrigé de l'exercice

RÉA Effectuer des procédures courantes

Les positions successives d'un point mobile M sont enregistrées à intervalles de temps réguliers $\tau = 100$ ms. Une expression approchée du vecteur accélération de M à son passage au point M_4 à la date t_4 est estimée par : $\vec{a}(t_3) = \dfrac{\Delta\vec{v}(t_4)}{t_5 - t_3} = \dfrac{\vec{v_5} - \vec{v_3}}{t_5 - t_3}$.

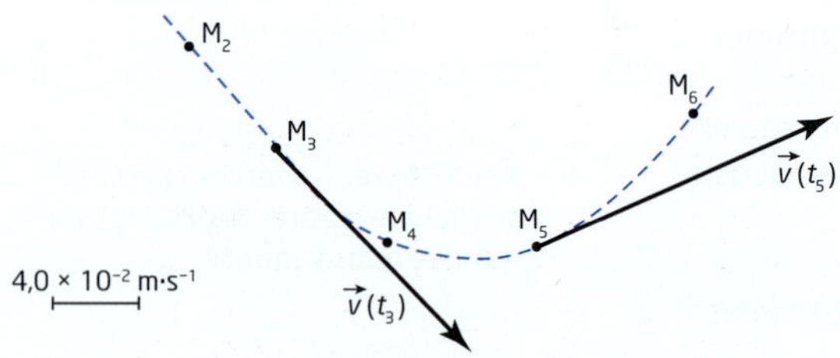

• Reproduire les éléments utiles de la figure pour tracer le vecteur accélération, en précisant l'échelle utilisée.

33 Accélération d'un skieur

RÉA Effectuer des procédures courantes **VAL** Interpréter les résultats

Un skieur descend à vitesse constante sur une piste enneigée rectiligne faisant un angle α avec le plan horizontal. Les frottements sur le système {skieur ; équipement} sont négligeables. Le système est modélisé par un point matériel dont la masse m, constante, est celle du système.

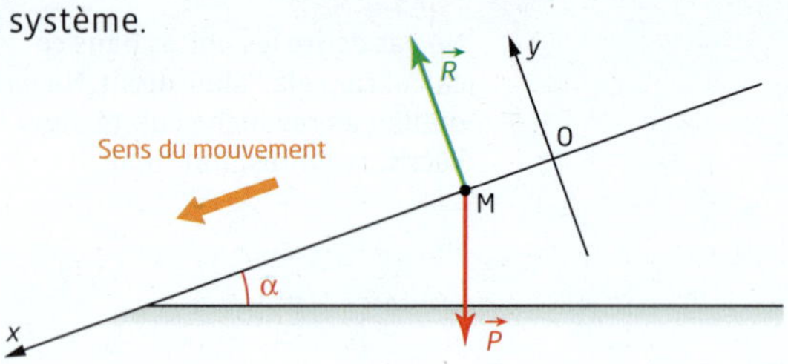

a. Identifier le point qui modélise le système sur le schéma ci-dessus.

b. Recopier le schéma et représenter la somme vectorielle des forces appliquées au système.

c. En déduire la nature du mouvement du point matériel modélisant le système étudié dans le référentiel terrestre, considéré comme galiléen.

S'AUTOÉVALUER

34 Identification de graphes

Une bille de masse constante, modélisée par un point matériel, est lâchée verticalement dans un tube dans lequel on a fait le vide. Un chronomètre est déclenché au moment du lâcher. Les normes des vecteurs position, vitesse et accélération de cette bille sont représentées ci-dessous. L'axe vertical Oy est orienté vers le bas, son origine étant confondue avec la position du point matériel à l'instant du lâcher. Le mouvement étudié est rectiligne uniformément accéléré.

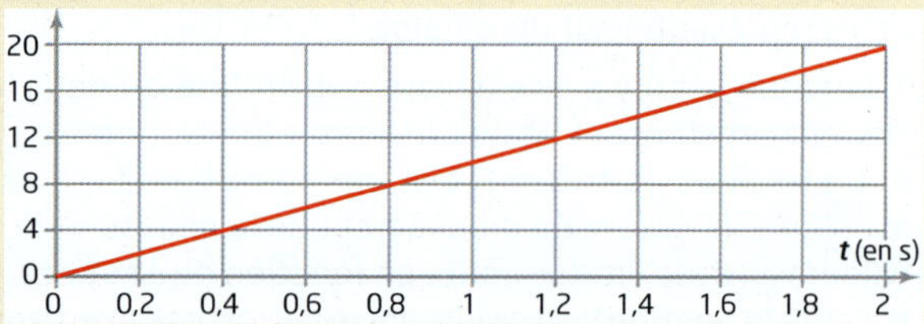

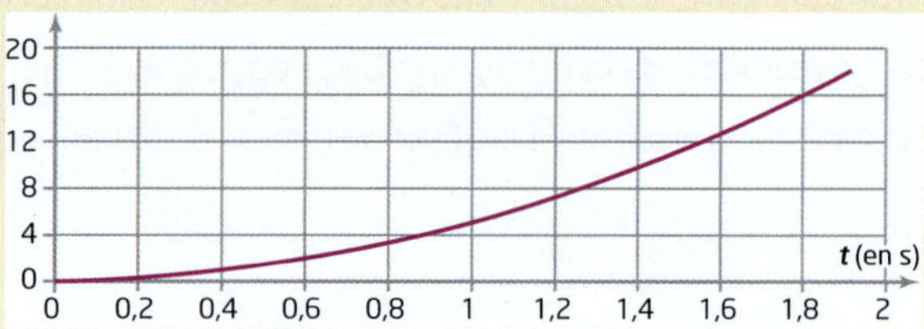

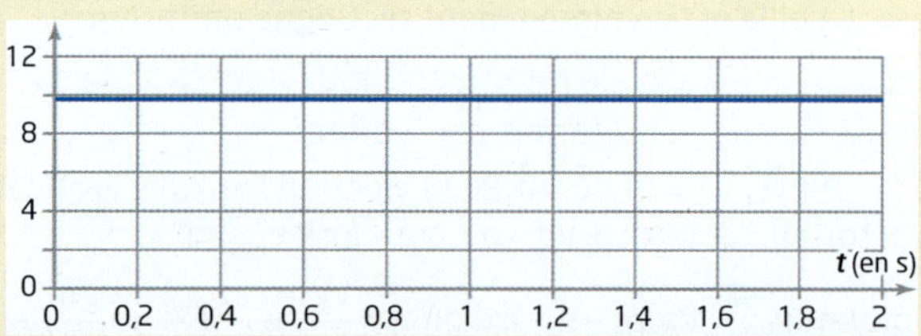

• Après avoir identifié les courbes ci-dessus, montrer que la bille est soumise à une force constante.

INDICATEURS DE RÉUSSITE

	NIVEAU A	B	C	D
ANALYSER-RAISONNER				
Les courbes sont analysées pour repérer celles correspondant aux normes des vecteurs position, vitesse et accélération.				
VALIDER				
La deuxième loi de Newton est utilisée pour montrer que la somme vectorielle des forces auxquelles est soumise la bille est constante.				

35 Étude d'un mouvement

RÉA Effectuer des procédures courantes **VAL** Interpréter les résultats

L'étude du mouvement d'un point M de coordonnées x et y dans le repère cartésien $(O; \vec{i}, \vec{j})$ est effectuée à l'aide d'un enregistrement vidéo et d'un logiciel de pointage qui fournit les résultats suivants.

t (en s)	0,00	0,10	0,20	0,30	0,50	0,70
x (en m)	0,00	0,15	0,30	0,45	0,75	1,05
y (en m)	1,00	1,00	1,00	1,00	1,00	1,00

a. À l'aide d'un tableur-grapheur, représenter graphiquement l'évolution de x en fonction du temps. Modéliser cette évolution par une fonction $x = f(t)$.

b. En observant l'évolution de y en fonction du temps, déterminer la nature du mouvement du mobile.

c. Déduire des réponses aux questions **a.** et **b.** les coordonnées $v_x(t)$ et $v_y(t)$ du vecteur vitesse.

d. Déterminer alors les coordonnées $a_x(t)$ et $a_y(t)$ du vecteur accélération.

e. Justifier la nature du mouvement à l'aide des résultats précédents.

36 Phase descendante d'un saut à la perche

RCO Mobiliser des connaissances **RÉA** Utiliser un modèle théorique

La phase descendante d'un saut à la perche, schématisée ci-dessous, est très spectaculaire. En première approximation, elle correspond à une chute libre de plusieurs mètres de hauteur.

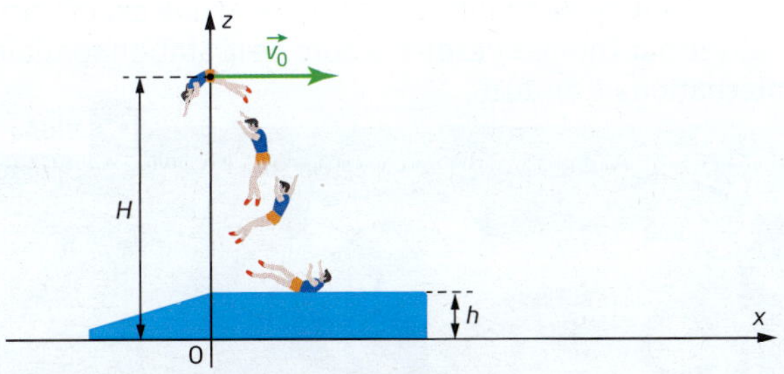

a. Énoncer la deuxième loi de Newton.

b. En appliquant la deuxième loi de Newton dans le référentiel terrestre supposé galiléen, montrer que les coordonnées du vecteur accélération $\vec{a}$ du centre de masse du perchiste sont :

$$a_x = 0 \quad \text{et} \quad a_z = -g.$$

c. Les équations horaires du mouvement du centre de masse du perchiste s'écrivent :

$$x(t) = v_0 t \quad \text{et} \quad z(t) = -\frac{1}{2}gt^2 + H,$$

avec v_0 la valeur de la vitesse initiale du perchiste au début de sa chute et H la hauteur de la chute.
Donner les coordonnées du vecteur vitesse $\vec{v}(t)$ du centre de masse du perchiste lors de sa chute, puis retrouver les coordonnées de son vecteur accélération $\vec{a}(t)$.

37 Chute de Philae

RCO Mobiliser des connaissances **RÉA** Utiliser un modèle théorique
VAL Discuter de la validité d'un résultat

Le 12 novembre 2014, à la date $t = 0$ s, l'atterrisseur Philae s'est détaché de la sonde Rosetta pour effectuer une chute libre de 20 km sans vitesse initiale, et se poser sur la comète 67P/Tchourioumov-Guérassimenko. Cette descente a duré plusieurs heures.

Philae est considéré en chute libre, c'est-à-dire qu'il n'est soumis qu'à son poids. L'axe Oy utilisé pour l'étude est vertical dirigé vers le haut, l'origine étant au niveau du sol de la comète. Le champ de pesanteur de la comète est considéré uniforme, d'intensité moyenne $g = 1{,}5 \times 10^{-5}\ \text{N} \cdot \text{kg}^{-1}$.

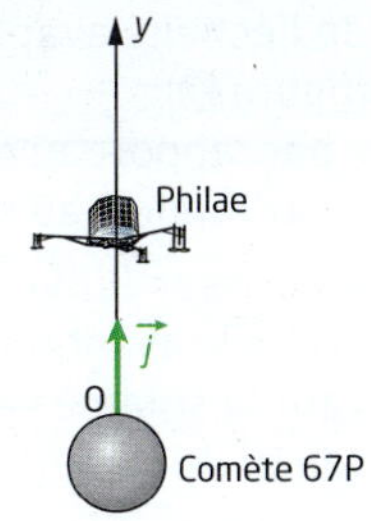

a. En utilisant la deuxième loi de Newton dans le référentiel de la comète supposé galiléen, déterminer les coordonnées du vecteur accélération $\vec{a}$ de Philae.

b. Préciser le type de mouvement effectué par Philae. Justifier.

c. Le vecteur position $\overrightarrow{OM}(t)$ de l'atterrisseur a pour coordonnée $y(t) = bt^2 + c$, avec $b = -7{,}5 \times 10^{-6}\ \text{m} \cdot \text{s}^{-2}$ et $c = 20\,000$ m. En déduire la coordonnée du vecteur vitesse $\vec{v}(t)$, puis retrouver la coordonnée du vecteur accélération $\vec{a}(t)$.

d. À l'aide du vecteur position, déterminer la durée de chute Δt de Philae.

e. La durée réelle de la chute est de 7 h. Dans le modèle utilisé, quelles sont les hypothèses discutables ? Justifier.

MÉTIERS ET ORIENTATION GRAND ORAL

Un(e) **ingénieur(e) en aéronautique** conçoit, teste, fabrique, entretient et commercialise des avions et des hélicoptères, des lanceurs spatiaux, des satellites et des missiles. Il (elle) exerce une large palette d'activités : électronique, mécanique, optique, télécommunications, etc. Dans ce secteur, les équipes sont internationales et l'anglais est la langue de travail. La mise à jour permanente des connaissances est impérative pour rester à la pointe de la technologie.

• Préparer une présentation orale de trois minutes sur un projet de poursuite d'études et/ou professionnel dans ce domaine (→ **Fiche Bac**, p. 513)

38 Une échelle mal fixée

RCO Mobiliser des connaissances **RÉA** Effectuer des procédures courantes
VAL Discuter de la validité d'une hypothèse

Un camion avec une échelle sur son toit se déplace à vitesse constante sur une route rectiligne et horizontale (figure ❶ ci-dessous). La voiture qui le précède ralentit brusquement, obligeant le conducteur du camion à freiner à son tour. Les liens de l'échelle se détachent et l'échelle se déplace alors suivant une direction horizontale vers l'avant du camion (figure ❷).

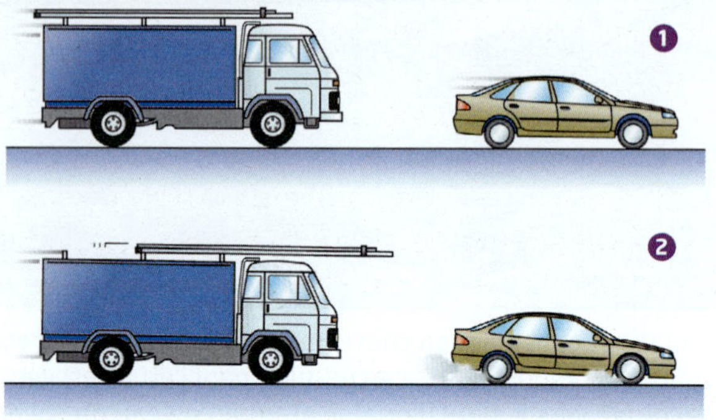

a. Préciser la nature du mouvement du centre de masse de l'échelle avant que le conducteur du camion freine (figure ❶):
- par rapport au référentiel terrestre;
- par rapport au référentiel du camion.

b. Dresser l'inventaire des forces qui s'exercent sur l'échelle avant que le conducteur du camion freine. Que vaut la somme vectorielle de ces forces? En déduire la valeur de l'accélération du centre de masse de l'échelle.

c. Indiquer la nature du mouvement du centre de masse de l'échelle lorsque le conducteur du camion freine:
- par rapport au référentiel terrestre;
- par rapport au référentiel du camion.

d. Indiquer si l'inventaire des forces qui s'exercent sur l'échelle dans le cas de la figure ❷ est modifié par rapport à la question **b.**

e. Dans ce cas, indiquer si l'étude du mouvement du centre de masse de l'échelle se fait dans un référentiel galiléen, lorsqu'on prend comme référentiel:
- le référentiel terrestre;
- le référentiel du camion.

39 ✱ Badminton, un sport dans le vent

APP Extraire l'information • Mobiliser des connaissances
ANA-RAI Vérifier une hypothèse **RÉA** Effectuer des procédures courantes **VAL** Discuter de la validité d'un modèle

Le badminton est un sport dans lequel on frappe un volant, constitué de deux parties:
- une tête arrondie, qui concentre une grande partie de la masse du volant;
- des plumes, qui créent une traînée, modélisée par une force $\vec{F}$ qui s'oppose au mouvement du volant dans l'air.

DONNÉES Masse du volant: $m = 5{,}0$ g. Intensité de la pesanteur terrestre: $g = 9{,}81\ \text{N} \cdot \text{kg}^{-1}$.

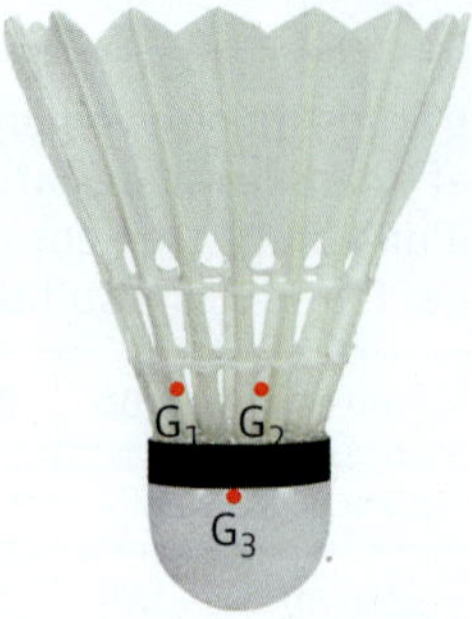

a. Indiquer le point (G_1, G_2 ou G_3) sur le schéma ci-contre qui correspond au centre de masse du volant. Justifier la réponse.

b. À l'aide d'une caméra, un enregistrement du mouvement du centre de masse du volant est réalisé lors d'un service. Le résultat est donné ci-dessous.

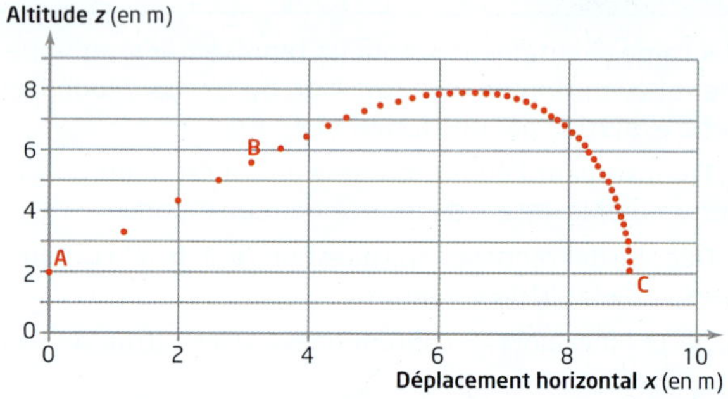

L'intervalle de temps entre deux points de mesure vaut $\Delta t = 50$ ms. Décrire, en première approximation, le mouvement du centre de masse du volant sur la portion AB de sa trajectoire.

c. Sur cette partie AB, le poids $\vec{P}$ du volant est négligé devant la traînée $\vec{F}$. Exprimer puis calculer la norme de la force $\vec{F}$.

d. Au-delà de la date $t = 0{,}6$ s, justifier si le poids du volant est toujours négligeable.

e. Le volant de badminton a été l'objet d'une expérience réalisée par Thomas Pesquet à bord de la Station spatiale internationale en 2016.

Décrire, dans le référentiel lié à l'ISS, le mouvement du centre de masse du volant lorsqu'il est lâché par Thomas Pesquet. En déduire la valeur a de l'accélération du centre de masse du volant dans ce référentiel.

f. Indiquer la ou les force(s) qui s'applique(nt) sur le volant dans l'ISS. En déduire si son mouvement observé dans la vidéo est cohérent avec la deuxième loi de Newton. Déterminer alors si le référentiel de l'ISS est galiléen.

DIFFÉRENCIATION

40 ✱ Vecteur accélération d'un projectile

ANA-RAI Proposer un modèle · RÉA Effectuer des procédures courantes · VAL Discuter de la validité d'un résultat

Le code source ci-après est un extrait d'un programme Python simulant le mouvement d'un projectile, assimilé à un point matériel. Ce projectile est lancé au voisinage de la surface de la Terre avec un angle mesuré par rapport à l'horizontale appelé angle de tir. Le calcul des coordonnées du vecteur position du point matériel est réalisé en négligeant l'action de l'air : le projectile est en chute libre, soumis uniquement à son poids.

Python

```
#-----Génération des coordonnées du projectile -------------------
t = np.linspace(0.0,3.0,11) # Définition du domaine des dates (en s)
x = 10.0*t                  # Définition des abscisses (en m)
y = -4.9*t**2+14.9*t        # Définition des ordonnées (en m)
```

a. Compléter le code source fourni afin de proposer un programme permettant de représenter un vecteur accélération du projectile, de couleur bleue, toutes les deux positions au point d'indice *i*.

b. Exécuter le programme et déterminer la valeur v_0 de la vitesse initiale, ainsi que l'angle de tir α par rapport à l'horizontale par une méthode au choix (graphique ou en modifiant le code source).

c. Proposer une méthode (graphique ou en modifiant le code source) pour vérifier que la norme $a(t)$ du vecteur accélération du projectile est constante.

d. Justifier, à l'aide d'une analyse des forces, que le vecteur accélération $\vec{a}(t)$ est bien constant.

■ *Aides à la fin du manuel.*

41 ✱✱ Rocketeer

ANA-RAI Formuler une hypothèse · RÉA Effectuer des procédures courantes · VAL Discuter d'une hypothèse

Démunis des super-pouvoirs des super-héros traditionnels, le héros de bande dessinée Rocketeer utilise un réacteur, appelé Jet-Pack, placé dans son dos pour voler.

Tous les Jet-Packs utilisent le principe de la propulsion par réaction. Lorsqu'un moteur expulse vers l'arrière un jet de fluide, il existe par réaction une force de poussée vers l'avant.

Afin de tester le potentiel de son nouveau Jet-Pack, Rocketeer réalise quelques essais de mouvements rectilignes ascensionnels verticaux.

Le mouvement de Rocketeer est composé de deux phases :

– phase 1 de durée $\Delta t_1 = 3{,}0$ s : passage de l'immobilité à une vitesse de valeur v_1 non nulle ;

– phase 2 : vitesse de valeur v_1 constante.

DONNÉES

- Masse du système {Rocketeer ; équipement} : $m_R = 120$ kg.
- Norme de la force de poussée lors de la phase 1 : $\|\vec{F}\| = 1600$ N.

a. Pour la phase 1, donner la direction et le sens du vecteur accélération $\vec{a_G}$ du centre de masse du système {Rocketeer ; équipement}. Que dire de l'accélération dans la phase 2 ? Justifier.

b. Le système {Rocketeer ; équipement} est assimilé à son centre de masse noté M dont on néglige la variation de masse (due à l'éjection des gaz). Juste après le décollage, la force de poussée $\vec{F}$ est l'une des forces s'exerçant sur le point M. Indiquer l'autre force s'exerçant sur ce point. Faire un schéma représentant le point M en vol.

c. En appliquant la deuxième loi de Newton dans le référentiel terrestre supposé galiléen, estimer la valeur moyenne a_{G1} de son accélération lors de la phase 1.

d. Après à peine quelques dizaines de mètres, le Jet-Pack ne répond plus et tombe en panne : au bout de 80 m d'ascension verticale, la vitesse du centre de masse du système est nulle. Le super-héros amorce alors un mouvement de chute libre. La position du centre de masse du système est repérée selon l'axe O*y* vertical dirigé vers le haut. La date $t = 0$ s correspond au début de la chute, soit à l'altitude $y_0 = 80$ m par rapport au sol.

Les représentations graphiques ci-dessous proposent quatre évolutions au cours du temps de v_y, coordonnée de la vitesse du centre de masse du système suivant l'axe O*y*. Indiquer la représentation cohérente avec la situation donnée. Une justification qualitative est attendue.

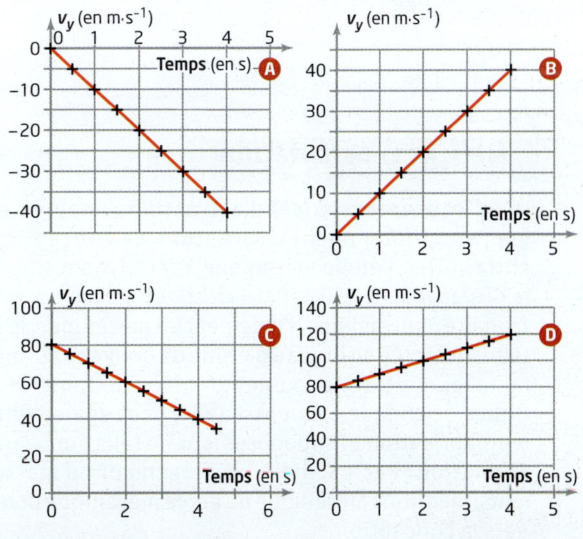

e. En déduire l'équation horaire $v_y(t)$, puis l'accélération $a_y(t)$ lors de cette phase de chute.

42 Projeter des vecteurs

Déterminer les coordonnées F_x et F_y d'un vecteur $\vec{F}$ de norme F dans un repère cartésien $(O\,;\vec{i},\vec{j})$.

ÉTAPE 1 Modélisation

Vidéo

- L'étude de l'ombre projetée d'une flèche en carton modélisant un vecteur $\vec{F}$ permet d'étudier qualitativement ses coordonnées F_x et F_y.
- Visionner la vidéo proposée. Deux spots lumineux éloignés sont situés verticalement et horizontalement par rapport à la flèche en carton modélisant le vecteur $\vec{F}$:
  – l'ombre projetée de la flèche en carton sur l'axe Ox modélise la coordonnée F_x du vecteur $\vec{F}$;
  – l'ombre projetée de la flèche en carton sur l'axe Oy modélise à la coordonnée F_y du vecteur $\vec{F}$.

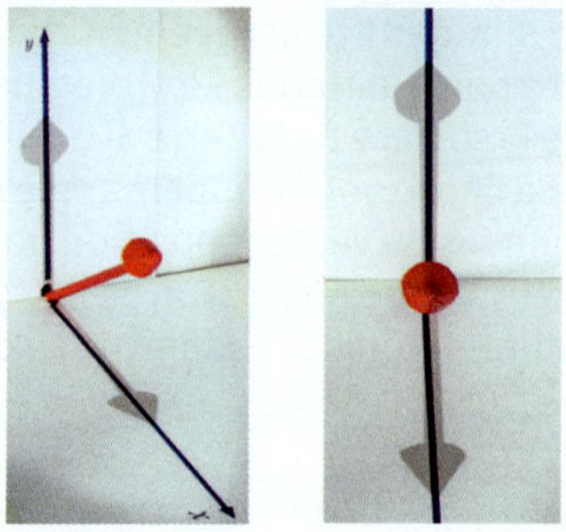

▲ Ombres projetées d'une flèche.

ÉTAPE 2 Aspects mathématiques

Après avoir étudié qualitativement les coordonnées F_x et F_y du vecteur $\vec{F}$ dans le repère $(O\,;\vec{i},\vec{j})$ (ÉTAPE 1), le tracé d'un triangle rectangle permet d'exprimer ces coordonnées à partir de la norme F du vecteur (schéma ci-contre).

Dans le triangle rectangle, d'après les formules trigonométriques étudiées en mathématiques les années précédentes :

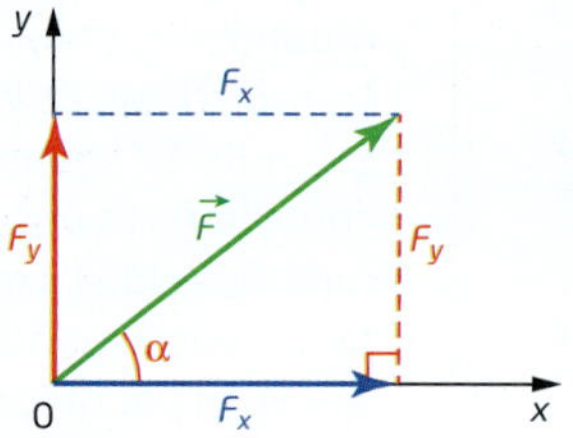

▲ Coordonnées du vecteur $\vec{F}$

- $\cos\alpha = \dfrac{\text{côté adjacent}}{\text{hypoténuse}} = \dfrac{F_x}{F}$, d'où $F_x = F\cos\alpha$;
- $\sin\alpha = \dfrac{\text{côté opposé}}{\text{hypoténuse}} = \dfrac{F_y}{F}$, d'où $F_y = F\sin\alpha$.

Questions

1 D'après la vidéo, indiquer comment évoluent F_x et F_y lorsque l'angle α augmente. Si $\alpha = 90°$, préciser les valeurs de F_x et F_y. Justifier qualitativement les réponses.

2 Indiquer de même comment évoluent F_x et F_y lorsque l'angle α diminue. Si $\alpha = 0°$, préciser les valeurs de F_x et F_y. Justifier qualitativement les réponses.

3 Recopier le schéma de l'ÉTAPE 2 en repérant sur le triangle rectangle l'hypoténuse, le côté adjacent et le côté opposé de l'angle α. Expliquer pourquoi la longueur du côté du triangle en pointillés rouges sur ce schéma est égale à F_y.

4 Vérifier que les expressions des coordonnées F_x et F_y du vecteur $\vec{F}$ sont en accord avec les réponses aux questions **1.** et **2.**

MÉTIERS ET ORIENTATION

GRAND ORAL

Un(e) **concepteur(trice) d'attractions** imagine et crée des manèges, notamment à sensation. La conception englobe, entre autres, l'étude mécanique, l'aérodynamisme, la sécurité, le design, etc.
Titulaire d'un diplôme d'ingénieur en mécanique, le (la) concepteur(trice) crée en bureau d'étude de nouveaux produits, détermine les contraintes subies afin d'en déduire les caractéristiques de chaque élément. Il (elle) peut également organiser leur fabrication et superviser leur installation.
Formation : Bac + 5, diplôme d'ingénieur ou masters équivalents, mentions mécanique ou génie mécanique pour s'orienter vers la conception.

Conseils !

- Utiliser les instruments adaptés pour réaliser le schéma (équerre, règle, etc.).
- Lorsqu'un angle est noté sur un schéma, faire apparaître le triangle rectangle dans lequel il est inscrit.

RESSOURCE

- Vidéo de l'étape 1

43 Bobsleigh

S'APPROPRIER **ANALYSER-RAISONNER** **RÉALISER**

Le bobsleigh est un sport d'hiver dans lequel des équipes de deux ou quatre personnes effectuent des courses dans un « traîneau », appelé bobsleigh, sur des pistes de glace étroites.

DOC. 1 Premières phases de la course

Phase 1 : l'équipage pousse le bobsleigh vide avec une force constante sur une piste rectiligne horizontale longue de $d_1 = 50$ m, sans frottements. La valeur de la vitesse de l'engin passe de 0 à 45 km·h^{-1} en une durée $\Delta t_1 = 6{,}0$ s.

Phase 2 : l'équipage saute dans le bobsleigh, qui parcourt alors une distance $d_2 = 10$ m sur une partie rectiligne horizontale, sans frottement.

Phase 3 : le système {bobsleigh ; équipage} se déplace sur une partie rectiligne inclinée vers le bas d'un angle $\alpha = 15°$, sans frottement, pendant une durée $\Delta t_3 = 7{,}0$ s.

Phase 4 : le système {bobsleigh ; équipage} se déplace sur une piste courbe inscrite dans un plan horizontal Oxy (→ DOC. 2).

DONNÉES

- Intensité de la pesanteur : $g = 9{,}81$ N·kg^{-1}.
- Masse d'un bobsleigh :
  - sans équipage : $m = 200$ kg ;
  - avec équipage : $M = 500$ kg.

DOC. 2 Positions successives du centre de masse du système {bobsleigh ; équipage} au cours de la phase 4

Schéma

- La position 1 correspond à la première position du système lors de la phase 4.
- La durée entre deux positions successives est $\Delta t = 100$ ms.

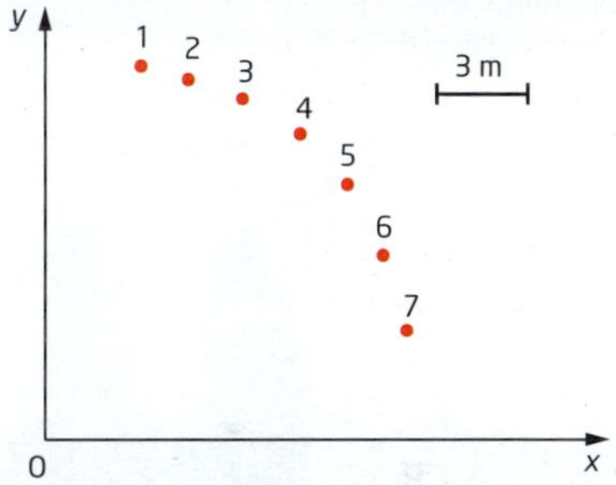

Questions

1 Indiquer, en justifiant la réponse, le type de mouvement du centre de masse du système {bobsleigh} lors de la phase 1. En déduire les caractéristiques du vecteur accélération du centre de masse du bobsleigh.

2 Exprimer la norme de la force $\vec{F}$ appliquée par les équipiers au bobsleigh lors de la phase 1.

3 Indiquer, en justifiant, le type de mouvement du centre de masse du système {bobsleigh ; équipage} dans la phase 2. En déduire la valeur de sa vitesse à la fin de la phase 2.

4 Faire un schéma représentant le bilan des forces appliquées au système {bobsleigh ; équipage} lors de la phase 3. En déduire la valeur de l'accélération du centre de masse du système durant cette phase, et la valeur de sa vitesse à la fin de cette phase.

5 Recopier ou imprimer le schéma du DOC. 2 et représenter le vecteur accélération du centre de masse du système {bobsleigh ; équipage} à la position 4 de la phase 4, en laissant les étapes de construction de ce vecteur apparentes. Déterminer la norme de ce vecteur.

RESSOURCE

- Schéma du doc. 2 à imprimer

Exercices BAC

50 min

44 Décollage d'Ariane 5

RÉSOLUTION DE PROBLÈME DIFFÉRENCIATION

S'APPROPRIER ANALYSER-RAISONNER VALIDER

La propulsion de la fusée Ariane 5 est assurée par :
- un étage principal cryotechnique (EPC) constitué notamment d'un moteur Vulcain ;
- deux boosters (étages d'accélération à poudre EAP) qui contribuent à environ 90 % de la puissance totale transmise à la fusée au début du décollage.

Le but de cet exercice est de vérifier certaines des caractéristiques de la fusée Ariane 5 en étudiant son décollage.

La masse totale de la fusée est supposée constante pendant la durée de l'étude.

DONNÉES

- Intensité de la pesanteur : $g = 9{,}8\ \text{N} \cdot \text{kg}^{-1}$.
- Masse d'Ariane 5 au décollage : $M = 750$ à 780 t.
- Norme de la force de poussée de la fusée au décollage : 12 000 à 13 000 kN.

DOC. 1 Début du décollage d'Ariane 5

L'axe vertical a pour origine la base de la fusée au moment du décollage.
L'image **1** précise l'endroit de la fusée qui sert à repérer son mouvement vertical.
Son ordonnée sur l'axe Oy est notée y_1.

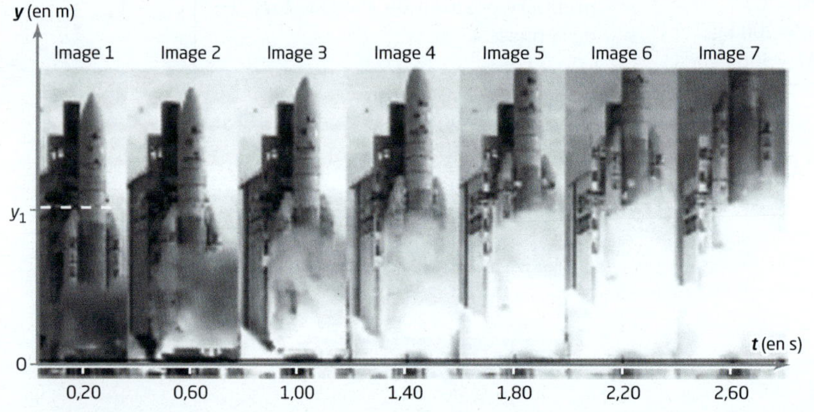

DOC. 2 Détermination expérimentale de la position et de la valeur de la vitesse de la fusée

Image	Date t (en s)	Position y (en m)	Valeur de la vitesse verticale v_y (en $\text{m} \cdot \text{s}^{-1}$)
1	0,20	30,1	–
2	0,60	31,5	$v_{y,2}$
3	1,00	33,3	6,8
4	1,40	36,9	9,6
5	1,80	y_5	12
6	2,20	46,5	15
7	2,60	52,9	–

DOC. 3 Évolution de la valeur de la vitesse verticale de la fusée en fonction du temps

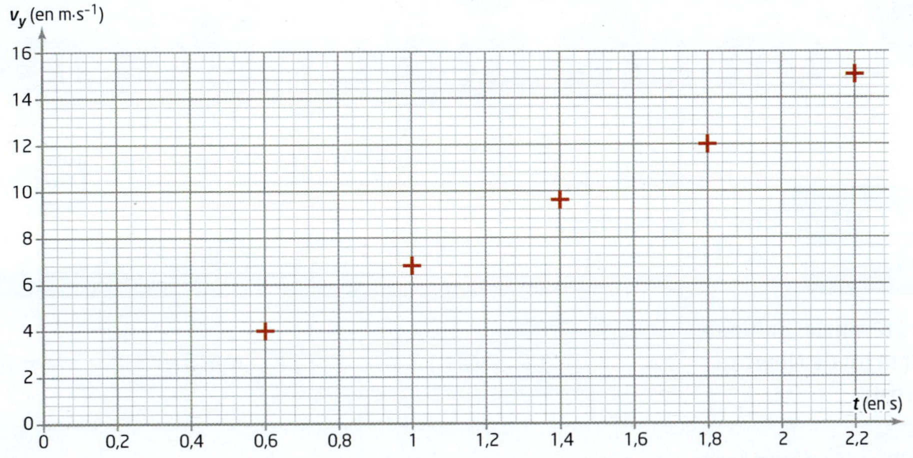

DOC. 4 Proposition de représentation des forces s'appliquant sur la fusée qui vient de quitter le sol

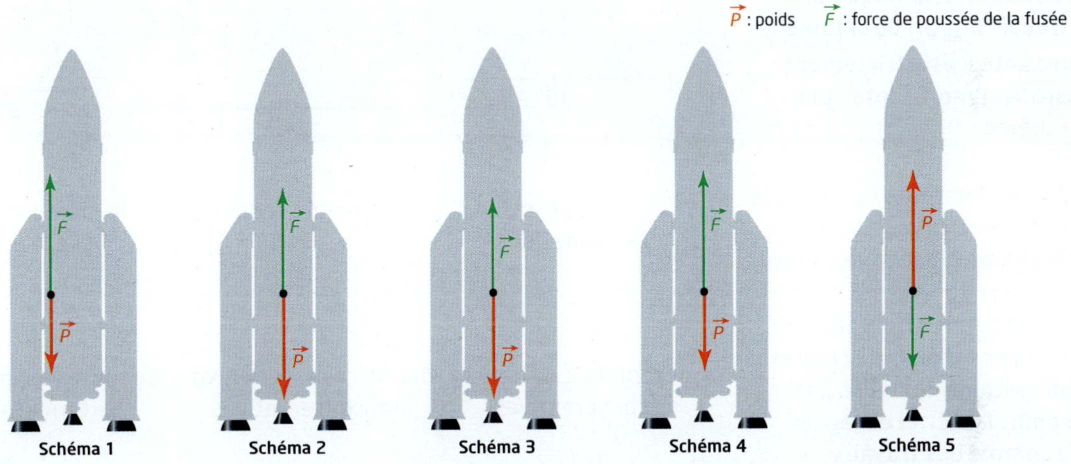

Questions

Fiche d'évaluation

1 **Questions préliminaires**

a. Estimer, à l'aide des **DOCS. 1** et **2**, les valeurs de y_5 et de $v_{y,2}$, en détaillant la démarche utilisée et en vérifiant la cohérence du résultat obtenu pour $v_{y,2}$ à l'aide du **DOC. 3**.

b. Choisir parmi les propositions du **DOC. 4** le schéma compatible avec le décollage de la fusée. Justifier qualitativement la réponse.

2 **Problème**

À l'aide des documents, des réponses précédentes et de connaissances, estimer la norme de la force de poussée au décollage, et vérifier la cohérence de ce résultat avec les **DONNÉES**.

Toute initiative prise pour résoudre ces questions, ainsi que la qualité de la rédaction explicitant la démarche suivie, seront valorisées. Le regard critique porté sur le résultat final sera pris en considération.

■ *Aides à la fin du manuel.*

RESSOURCE

- Fiche d'évaluation par compétences

12 Mouvements et énergies dans un champ uniforme

EXO QCM interactif

Se tester pour commencer

Choisir la réponse exacte.

	A	B	C
1 Dans un référentiel galiléen, la deuxième loi de Newton peut s'écrire :	$\Sigma\overrightarrow{F_{ext}} = \vec{a}(t)$	$\Sigma\overrightarrow{F_{ext}} = m\,\vec{a}(t)$	$m\,\Sigma\overrightarrow{F_{ext}} = \vec{a}(t)$
2 Le travail $\mathcal{W}_{AB}(\vec{F})$ d'une force s'exprime en :	joule (J)	newton (N)	watt (W)
3 La situation pour laquelle le travail $\mathcal{W}_{AB}(\vec{F})$ de la force constante $\vec{F}$ est strictement positif est représentée par le schéma :	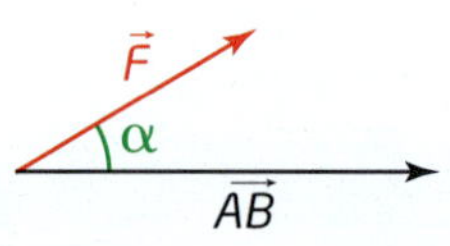	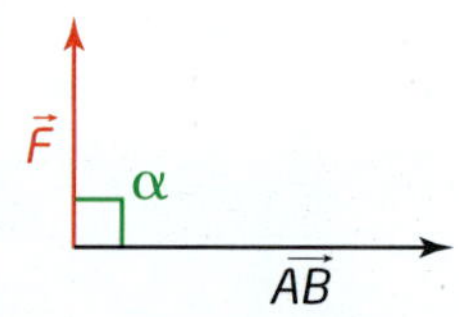	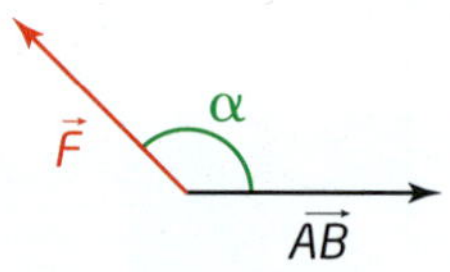
4 La force électrique $\overrightarrow{F_{el}}$, exercée sur une particule de charge q, et le champ électrique $\vec{E}$ ont :	toujours le même sens	le même sens si $q < 0$	le même sens si $q > 0$
5 Dans un référentiel galiléen, la variation d'énergie cinétique d'un système modélisé par un point matériel est égale à la somme des travaux :	des forces extérieures conservatives	des forces extérieures non conservatives	de toutes les forces extérieures

GRAND ORAL

Vidéo débat

Certaines sondes spatiales d'exploration du Système solaire sont équipées de moteurs ioniques.

Comment peut-on accélérer des particules chargées, et ainsi assurer la propulsion d'une sonde spatiale, en utilisant l'énergie électrique fournie par ses panneaux solaires ?

→ Exercice 31 page 289

Chronophotographie d'une snowboardeuse effectuant un « 360 » à l'aide d'un tremplin.

Comment étudier le mouvement de la snowboardeuse au cours de son saut ?

CAPACITÉS EXIGIBLES	Activités	Exercices corrigés
• Montrer que le mouvement dans un champ uniforme est plan. • Établir et exploiter les équations horaires du mouvement. • Établir l'équation de la trajectoire.	1 3	7 13 21 23
Discuter de l'influence des grandeurs physiques sur les caractéristiques du champ électrique créé par un condensateur plan, son expression étant donnée.	3	18
Décrire le principe d'un accélérateur linéaire de particules chargées.	4	27
Exploiter la conservation de l'énergie mécanique ou le théorème de l'énergie cinétique dans le cas du mouvement dans un champ uniforme.	2 4	8 12
Utiliser des capteurs ou une vidéo pour déterminer les équations horaires du mouvement du centre de masse d'un système dans un champ uniforme. Étudier l'évolution des énergies cinétique, potentielle et mécanique.	1 2	
√NUMÉRIQUE Représenter, à partir de données expérimentales variées, l'évolution des grandeurs énergétiques d'un système en mouvement dans un champ uniforme à l'aide d'un langage de programmation ou d'un tableur.	2	15
√MATHS Résoudre une équation différentielle, déterminer la primitive d'une fonction, utiliser la représentation paramétrique d'une courbe.	1 3	21 23
√MESURE ET INCERTITUDES Exploiter une série de mesures, discuter de l'influence du protocole et/ou évaluer une incertitude-type pour comparer des résultats.	1	25

Activité expérimentale

1 Chute libre verticale d'un smartphone

DÉMARCHE D'INVESTIGATION

Notion

- Mouvement dans un champ de pesanteur uniforme

► § 1 p. 278

SITUATION DÉCLENCHANTE Dans le *Discours concernant deux sciences nouvelles*, publié en 1638, le scientifique italien Galilée (1564-1642) énonce plusieurs lois concernant la chute des corps. Malgré des instruments peu précis pour mesurer les durées (pendule, clepsydre), il établit une relation entre la hauteur d'une chute libre et sa durée.

● **Comment relier de nos jours la hauteur d'une chute libre à sa durée à l'aide d'un smartphone ?**

DOCUMENT Mesures d'accélérations avec un smartphone

Matériel | Tableur

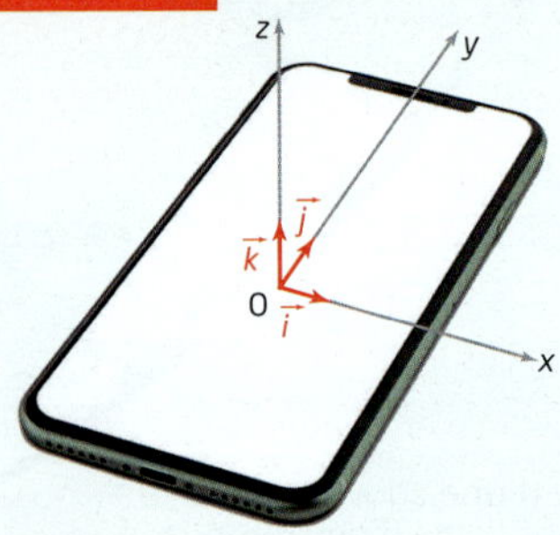

Un smartphone comporte plusieurs accéléromètres qui permettent de déterminer les coordonnées du vecteur accélération de son centre de masse dans le repère d'espace $(O\,;\vec{i},\vec{j},\vec{k})$.

DONNÉES Chute libre dans un champ de pesanteur uniforme

■ En un point situé au voisinage de sa surface, la Terre crée un champ de pesanteur $\vec{g}=\frac{\vec{P}}{m}$ où $\vec{P}$ est le poids d'un objet de masse m placé en ce point.

■ Le champ de pesanteur est dit uniforme dans une région de l'espace si l'on peut considérer que la direction, le sens et la norme de $\vec{g}$ sont identiques en tout point de cette région.

■ En physique, on parle de « chute libre » lorsque la seule force exercée sur un système est le poids.

POINT MATHS Primitives d'une fonction

■ Une primitive F d'une fonction f est une fonction telle que la dérivée de F est égale à f, soit $F' = f$.

■ Les primitives d'une fonction constante $f(t) = \alpha$ sont les fonctions affines $F(t) = \alpha\, t + \beta$ avec α et β deux constantes.

■ Les primitives d'une fonction affine $f(t) = \alpha\, t + \beta$ sont les fonctions polynôme du second degré $F(t) = \frac{1}{2}\,\alpha\, t^2 + \beta\, t + \delta$ avec α, β et δ trois constantes.

Pistes de travail

Fiches-guides

En cas de difficulté, demander de l'aide au professeur.

1 ANALYSER-RAISONNER

Proposer une démarche expérimentale permettant de déterminer avec un smartphone la relation entre la durée Δt d'une chute libre verticale sans vitesse initiale et la hauteur h de cette chute.

2 RÉALISER

a. Mettre en œuvre la démarche proposée.

b. En utilisant la deuxième loi de Newton, déterminer la relation théorique entre h et Δt.

3 VALIDER

Comparer les résultats expérimentaux avec le modèle théorique en tenant compte des incertitudes de mesure.

RESSOURCES

- Fichier tableur-grapheur du document
- Liste du matériel
- Fiches-guides (fichiers texte et PDF)

expérimentale **Activité**

Notions

- Mouvement dans un champ de pesanteur uniforme
- Aspects énergétiques

▸ § 1 p. 278

2 Service au tennis

DIFFÉRENCIATION

Lors du tournoi de Wimbledon en 2019, le joueur de tennis australien Nick Kyrgios a effectué un service « à la cuillère » au cours de son match du deuxième tour contre Rafael Nadal. À l'instant où la balle quitte la raquette de Kyrgios, elle se situe à une altitude de 30 cm et la valeur de sa vitesse est de 55 km · h^{-1}.

● **Quelle est la valeur de la vitesse de la balle juste avant son premier rebond de l'autre côté du filet ?**

Vidéo

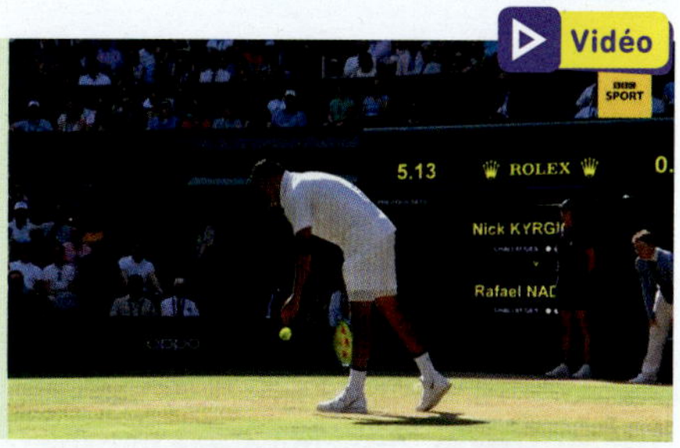

DOC. 1 **Modélisation du mouvement de la balle de tennis en salle de TP**

Vidéo

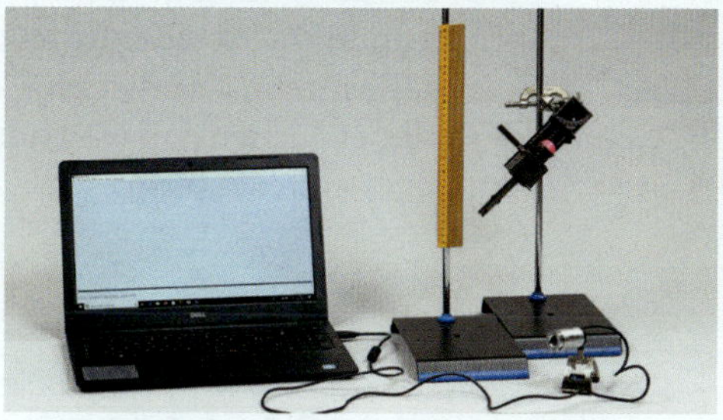

Une balle lancée vers le haut avec une vitesse initiale non verticale permet de modéliser le mouvement de chute libre d'un objet dans le champ de pesanteur terrestre considéré comme uniforme. Une caméra, dont l'axe optique de l'objectif est perpendiculaire au plan de la trajectoire, enregistre les positions successives de la balle au cours du temps.

DOC. 2 **Extrait du code Python : calcul des différentes formes d'énergie de la balle**

Python

```
# ==========================================================================
# Etape 3 : Calcul des grandeurs énergétiques
# ==========================================================================
Epp,Ec,Em = [],[],[] # Définitions de listes vides pour Epp, Ec et Em

for i in range(N-1) : # en chaque position i
    Eppi=........... # calcul de l'énergie potentielle de pesanteur
    Eci=........... # calcul de l'énergie cinétique
    Emi=........... # calcul de l'énergie mécanique
    Epp.append(Eppi) # insère...
    Ec.append(Eci)   # ...les valeurs calculées...
    Em.append(Emi)   # ...en fin de liste.
```

Matériel

Matériel disponible

- *Lanceur de projectile.*
- *Balle.*
- *Règle graduée.*
- *Caméra.*
- *Ordinateur muni de logiciels de pointage vidéo et de traitement de données.*

Questions

1 RÉALISER Tableur Pointage

a. Réaliser (ou ouvrir) la vidéo associée au **DOC. 1** pour observer dans le référentiel terrestre, supposé galiléen, le mouvement de la balle.

b. Réaliser le pointage des positions au cours du temps du centre de masse de la balle (ou ouvrir directement le fichier fourni par le professeur avec les résultats du pointage).

c. À partir du fichier fourni par le professeur, compléter le code source Python ou le tableur-grapheur de manière à représenter l'évolution au cours du temps des différentes formes d'énergie de la balle.

2 ANALYSER-RAISONNER RÉALISER

a. Décrire l'évolution au cours du temps des différentes formes d'énergie de la balle. Interpréter en particulier l'évolution de l'énergie mécanique.

b. En exploitant les résultats de l'étude expérimentale, déterminer la valeur de la vitesse de la balle juste avant son rebond lors de ce service au tennis.

3 VALIDER

Expliquer pourquoi la valeur de la vitesse de la balle atteinte en réalité est inférieure à la valeur calculée.

RESSOURCES

- Vidéo d'introduction
- Liste du matériel
- Vidéo du doc. 1
- Fichier de pointage
- Fichier tableur-grapheur
- Fichiers Python (niveaux standard et confirmé)

Activité documentaire

Notions
- Champ électrique créé par un condensateur plan
- Mouvement d'une particule chargée dans un champ électrique uniforme

▸ § 2 p. 280

3 Imprimantes à jet d'encre

Les imprimantes à jet d'encre continu sont utilisées dans les processus industriels très rapides : marquage en série d'œufs ou de boîtes de conserve par exemple.

● **Comment contrôler la trajectoire des gouttes d'encre pour obtenir une bonne qualité d'impression ?**

Vidéo

DOC. 1 Principe d'une imprimante à jet d'encre continu

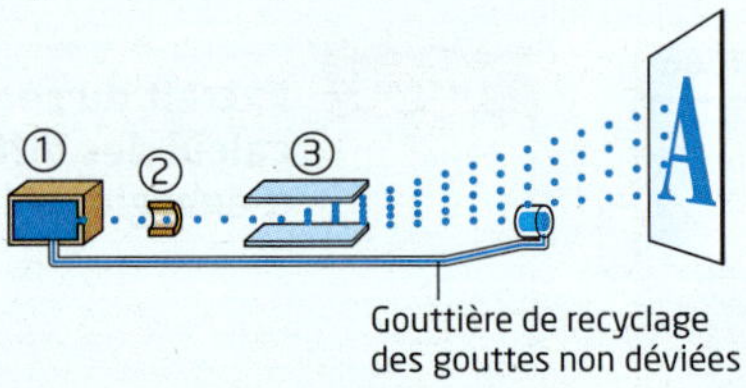

Les gouttes d'encre pulvérisées par le réservoir ① sont chargées négativement au niveau de l'électrode ②, déviées à l'aide d'un champ électrique au niveau des plaques de déviation ③ puis projetées sur le support d'impression. Les plaques de déviation peuvent être modélisées par un condensateur plan.

DOC. 2 Condensateur plan

Un condensateur plan est constitué de deux plaques métalliques chargées A et B, parallèles entre elles et séparées par un isolant. Le champ électrique uniforme $\vec{E}$ créé entre les deux plaques est relié à la distance d les séparant et à la tension électrique U appliquée entre les plaques :

$$\vec{E} = -\frac{U}{d}\vec{k}.$$

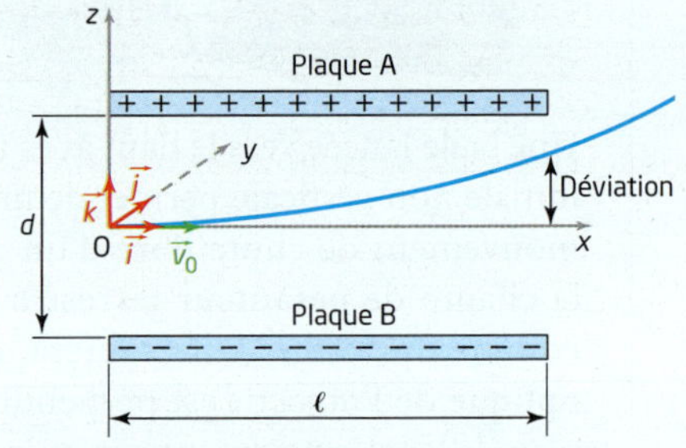

DONNÉES

- Valeur de la vitesse d'éjection des gouttes d'encre : $v_0 = 20\ \text{m}\cdot\text{s}^{-1}$.
- Rayon des gouttes d'encre supposées sphériques : $r = 25\ \mu\text{m}$.
- Masse volumique de l'encre : $\rho = 9{,}4 \times 10^2\ \text{kg}\cdot\text{m}^{-3}$.
- Distance entre les électrodes de déviation : $d = 5{,}0$ mm.
- Tension électrique appliquée entre les électrodes de déviation : $U = 3{,}0$ kV.
- Longueur des électrodes de déviation (modélisées par les plaques chargées) : $\ell = 2{,}5$ cm.

Questions

1 S'APPROPRIER

Identifier les grandeurs physiques ayant une influence sur les caractéristiques du champ électrique.

2 RÉALISER

a. Établir l'expression, entre les plaques A et B, du vecteur accélération $\vec{a}$ d'une goutte d'encre, modélisée par un point matériel de masse m constante et de charge q négative.

b. À la date $t_0 = 0$, une goutte d'encre pénètre dans la zone de champ uniforme au niveau du point O avec un vecteur vitesse initial $\vec{v_0} = v_0\vec{i}$.

Montrer que l'équation de la trajectoire de la goutte s'écrit :

$$z(x) = -\frac{q\,U}{2\,m\,d\,{v_0}^2}x^2$$

3 VALIDER COMMUNIQUER GRAND ORAL

a. Présenter l'influence des différents paramètres permettant d'ajuster la déviation subie par une goutte d'encre à la sortie du dispositif de déviation.

b. Déterminer la charge électrique que doit porter une goutte d'encre pour obtenir une déviation de 1 mm à la sortie du dispositif de déviation.

RESSOURCE
- Vidéo d'introduction

documentaire **Activité**

Notions
- Principe de l'accélérateur linéaire de particules chargées
- Aspects énergétiques

▸ § 2 p. 280

4 Accélérateur linéaire

ACTUALITÉ SCIENTIFIQUE

Inauguré en 2016, *Spiral2* est un accélérateur linéaire installé au GANIL (Grand Accélérateur National d'Ions Lourds) dans la région de Caen. Des particules chargées sont accélérées, puis projetées sur des cibles de matière pour des études en physique fondamentale ou appliquée.

● Comment accélérer des particules chargées à l'aide d'un champ électrique ?

DOC. 1 Principe de l'accélérateur linéaire Spiral2

L'accélérateur linéaire, d'une longueur totale de 65 m, comporte deux sources d'ions, un dispositif permettant de regrouper les ions en paquets et une série de 26 cavités accélératrices.

À la sortie de l'accélérateur linéaire, la valeur de la vitesse des ions lourds atteint 31 000 $km \cdot s^{-1}$.

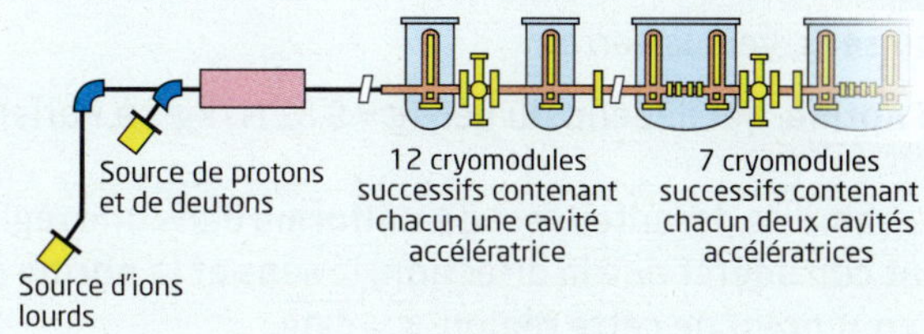

DOC. 2 Modélisation à l'aide de zones de champ électrique uniforme

Dans une cavité accélératrice, les ions traversent deux zones successives où règne un champ électrique considéré comme uniforme, de norme $E = 6{,}0\ MV \cdot m^{-1}$. Le champ électrique $\vec{E}$ est orienté dans la direction et dans le sens du vecteur vitesse des ions, chargés positivement.

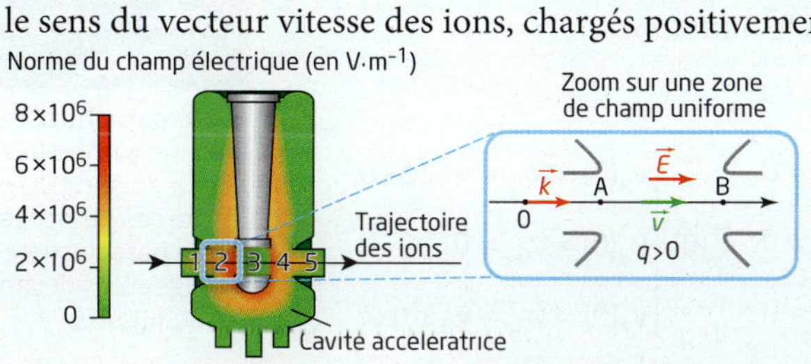

DONNÉES

- Masse d'un nucléon : $m_n = 1{,}7 \times 10^{-27}$ kg.
- Charge élémentaire : $e = 1{,}602 \times 10^{-19}$ C.
- Intensité de la pesanteur terrestre : $g = 9{,}8\ N \cdot kg^{-1}$.
- Longueur des zones de champ électrique uniforme : $AB = 4{,}8$ cm.
- 1 MeV = $1{,}602 \times 10^{-13}$ J.

Questions

1 S'APPROPRIER
Dans la cavité accélératrice schématisée dans le **DOC. 2**, identifier les zones (1, 2, 3, 4 ou 5) dans lesquelles les ions sont accélérés.

2 ANALYSER-RAISONNER
Les ions accélérés sont des ions nickel $^{60}_{28}Ni^{20+}$. Comparer les ordres de grandeur des normes de leur poids et de la force électrique s'exerçant sur eux lors de leur passage dans une zone accélératrice.

3 RÉALISER
Calculer la variation d'énergie cinétique d'un ion nickel lors de son trajet du point A au point B.

4 VALIDER
L'énergie cinétique des ions nickel à la sortie de l'accélérateur linéaire est de 5 MeV par nucléon. Déterminer le nombre de cavités accélératrices nécessaire et la valeur de la vitesse finale de ces ions. Indiquer si les résultats sont en accord avec les informations fournies dans le **DOC. 1**.

5 COMMUNIQUER GRAND ORAL
Réaliser une synthèse permettant de présenter au reste de la classe le principe de l'accélérateur linéaire de particules.

Synthèse des activités

Podcast

Texte DYS

1 Mouvements et énergies dans un champ de pesanteur uniforme

1.1 Champ de pesanteur uniforme

En un point situé au voisinage de sa surface, la Terre crée un champ de pesanteur $\vec{g} = \frac{\vec{P}}{m}$ où $\vec{P}$ est le poids d'un objet de masse m placé en ce point. Le champ de pesanteur $\vec{g}$ est défini par :

- sa **direction**, appelée verticale du lieu ;
- son **sens**, vers la Terre ;
- sa **norme**, qui dépend du lieu ($g = 9{,}81\ \text{N} \cdot \text{kg}^{-1}$ à Paris).

Le champ de pesanteur est dit **uniforme** dans une région de l'espace si l'on peut considérer que la direction, le sens et la norme de $\vec{g}$ sont identiques en tout point de cette région : $\vec{g} = \overrightarrow{\text{cste}}$.

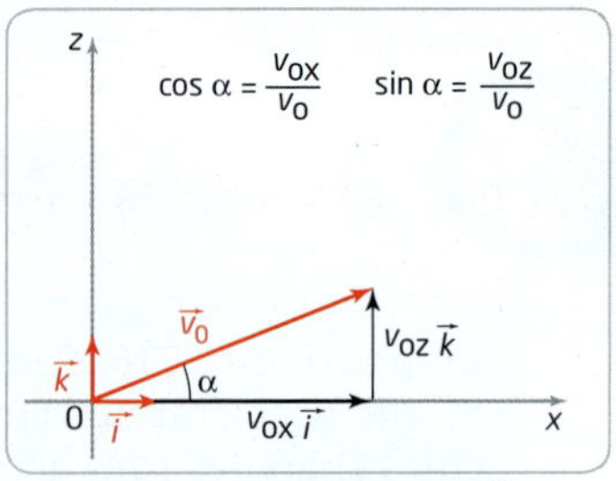

1. Le vecteur vitesse initial $\vec{v_0}$ est situé dans le plan $(O ; \vec{i}, \vec{k})$ et est incliné d'un angle α avec l'horizontale.

VOCABULAIRE

En physique, le mouvement dans un champ de pesanteur uniforme d'un système soumis uniquement à son poids est appelé « **chute libre** ».

1.2 Étude du mouvement

Dans le **référentiel** terrestre supposé galiléen, le mouvement du centre de masse G d'un **système** de masse constante m est étudié dans un **repère d'espace** $(O ; \vec{i}, \vec{j}, \vec{k})$ avec un axe vertical orienté vers le haut (**DOC. 1**).

- **Conditions initiales**

À la date $t_0 = 0$, le centre de masse du système est situé au point O ; son vecteur vitesse $\vec{v_0}$ est dans le plan $(O ; \vec{i}, \vec{k})$ et il est incliné d'un angle α avec l'horizontale (**DOC. 1**).

$$\overrightarrow{OG}(0) \begin{cases} x(0) = 0 \\ y(0) = 0 \\ z(0) = 0 \end{cases} \quad \vec{v}(0) \begin{cases} v_x(0) = v_{0x} = v_0 \cos \alpha \\ v_y(0) = v_{0y} = 0 \\ v_z(0) = v_{0z} = v_0 \sin \alpha \end{cases}$$

- **Inventaire des forces extérieures**

La seule force exercée sur le système en chute libre est le poids $\vec{P} = m\,\vec{g}$ (**DOC. 2**).

- **Vecteur accélération**

D'après la deuxième loi de Newton :

$$\Sigma \overrightarrow{F_{ext}} = m\,\vec{a}(t) \quad \text{donc} \quad m\,\vec{g} = m\,\vec{a}(t) \quad \text{donc} \quad \vec{a}(t) = \vec{g} = \overrightarrow{\text{cste}}.$$

Dans le référentiel terrestre supposé galiléen, le vecteur accélération $\vec{a}(t)$ du centre de masse d'un système de masse constante en mouvement de chute libre dans le champ de pesanteur uniforme est égal au champ de pesanteur $\vec{g}$ (**DOC. 3**).

Les coordonnées du vecteur accélération sont :

$$\vec{a}(t) \begin{cases} a_x(t) = 0 \\ a_y(t) = 0 \\ a_z(t) = -g \end{cases}$$

Le mouvement du centre de masse du système est uniformément accéléré et ne dépend pas de la masse du système.

2. Un parachutiste en chute libre ne tombe pas en « chute libre » au sens du physicien car les forces de frottement de l'air sur le parachutiste ne sont pas négligeables devant le poids du parachutiste.

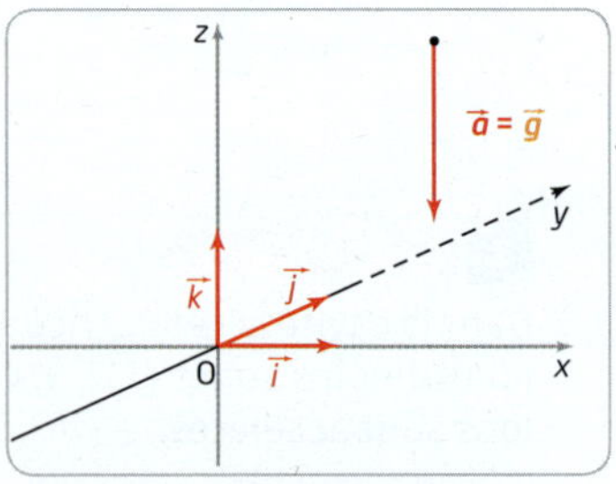

3. Repère cartésien et vecteur accélération pour une chute libre dans un champ de pesanteur uniforme.

ANALYSE DIMENSIONNELLE

La relation $\vec{a} = \vec{g}$ montre que g possède la dimension d'une accélération et peut donc s'exprimer en $\text{m} \cdot \text{s}^{-2}$.

• Vecteur vitesse

Les coordonnées du vecteur vitesse $\vec{v}$ sont des primitives des coordonnées du vecteur accélération défini par $\vec{a}(t) = \frac{d\vec{v}}{dt}$.

$$\vec{a}(t)\begin{cases} a_x(t) = \frac{dv_x}{dt} = 0 \\ a_y(t) = \frac{dv_y}{dt} = 0 \\ a_z(t) = \frac{dv_z}{dt} = -g \end{cases} \Rightarrow \vec{v}(t)\begin{cases} v_x(t) = cste_1 \\ v_y(t) = cste_2 \\ v_z(t) = -g\,t + cste_3 \end{cases}$$

D'après les conditions initiales : $v_x(0) = v_0 \cos\alpha$ donc $cste_1 = v_0 \cos\alpha$; $v_y(0) = 0$ donc $cste_2 = 0$; $v_z(0) = v_0 \sin\alpha$ donc $cste_3 = v_0 \sin\alpha$.

$$\vec{v}(t)\begin{cases} v_x(t) = v_0 \cos\alpha \\ v_y(t) = 0 \\ v_z(t) = -g\,t + v_0 \sin\alpha \end{cases}$$

• Équations horaires du mouvement

Les coordonnées du vecteur position $\overrightarrow{OG}$ sont des primitives des coordonnées du vecteur vitesse défini par $\vec{v}(t) = \frac{d\overrightarrow{OG}}{dt}$.

$$\vec{v}(t)\begin{cases} v_x(t) = \frac{dx}{dt} = v_0 \cos\alpha \\ v_y(t) = \frac{dy}{dt} = 0 \\ v_z(t) = \frac{dz}{dt} = -g\,t + v_0 \sin\alpha \end{cases} \Rightarrow \overrightarrow{OG}(t)\begin{cases} x(t) = (v_0 \cos\alpha)\,t + cste_4 \\ y(t) = cste_5 \\ z(t) = -\frac{1}{2}g\,t^2 + (v_0 \sin\alpha)\,t + cste_6 \end{cases}$$

D'après les conditions initiales : $x(0) = y(0) = z(0) = 0$ donc $cste_4 = cste_5 = cste_6 = 0$ (**DOC. 4**).

$$\overrightarrow{OG}(t)\begin{cases} x(t) = (v_0 \cos\alpha)\,t \\ y(t) = 0 \\ z(t) = -\frac{1}{2}g\,t^2 + (v_0 \sin\alpha)\,t \end{cases}$$

• Trajectoire

Les équations horaires du mouvement constituent une représentation paramétrique de la trajectoire du centre de masse G. On constate que $y(t) = 0$.

La trajectoire du centre de masse du système est plane. Elle est comprise dans le plan $(O ; \vec{i}, \vec{k})$, c'est-à-dire dans le plan vertical contenant son vecteur vitesse initial, l'origine de la trajectoire O et le champ de pesanteur $\vec{g}$ (**DOC. 5**).

- Si le système est lâché sans vitesse initiale ($v_0 = 0$) ou lancé verticalement avec $\alpha = \pm 90°$ et donc $\cos(\alpha) = 0$, alors $x(t) = 0$. La trajectoire est une droite, confondue avec l'axe vertical $(O ; \vec{k})$.
- Si le système est lancé avec une vitesse initiale non verticale, la trajectoire est une portion de parabole, tournée vers le bas. On obtient son équation en exprimant t en fonction de x, puis en remplaçant t par cette expression dans l'expression de z.

$$t = \frac{x}{v_0 \cos\alpha} \text{ donc } z(x) = -\frac{1}{2}\frac{g\,x^2}{(v_0 \cos\alpha)^2} + (\tan\alpha)\,x$$

POINT MATHS

- Une primitive F d'une fonction f est une fonction telle que la dérivée de F est égale à f, soit $F' = f$.
- Les primitives d'une fonction constante $f(t) = \alpha$ sont les fonctions affines $F(t) = \alpha\,t + \beta$ avec α et β deux constantes.
- Les primitives d'une fonction affine $f(t) = \alpha\,t + \beta$ sont les fonctions polynômes du second degré $F(t) = \frac{1}{2}\alpha\,t^2 + \beta\,t + \delta$ avec α, β et δ trois constantes.

VOCABULAIRE

Les **équations horaires** du mouvement sont les expressions des coordonnées du vecteur position en fonction du temps.

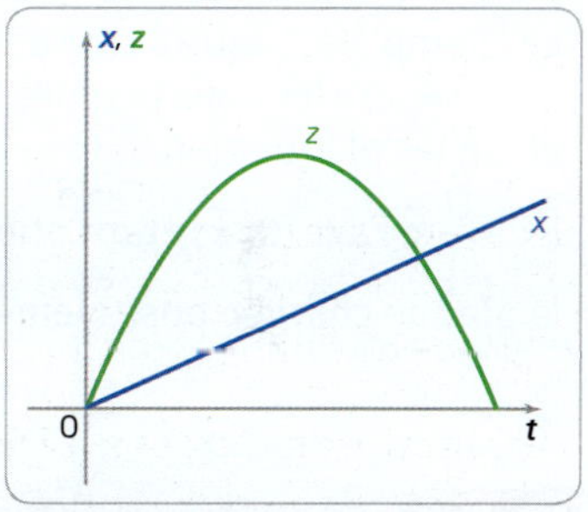

4. Représentation graphique des coordonnées x et z du vecteur position $\overrightarrow{OG}$ en fonction du temps.

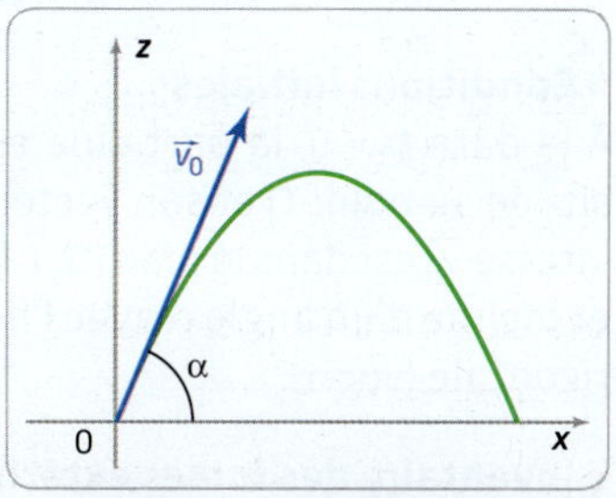

5. Trajectoire du centre de masse du système : représentation graphique de z en fonction de x.

Podcast Texte DYS

1.3 Aspects énergétiques

L'**énergie mécanique** $\mathscr{E}_m$ du système est la somme de son **énergie cinétique** $\mathscr{E}_c$ et de son **énergie potentielle de pesanteur** $\mathscr{E}_{pp}$ (DOC. 6).

La seule force exercée sur le système (son poids $\vec{P}$) étant conservative, son énergie mécanique se conserve au cours de son mouvement dans un référentiel supposé galiléen.

$$\Delta\mathscr{E}_m = \mathscr{E}_m(B) - \mathscr{E}_m(A) = \sum W_{AB}(\vec{F}_{non\ conservatives}) = 0.$$

VOCABULAIRE

Une force dont le travail ne dépend que des positions des points de départ et d'arrivée est dite **conservative**.

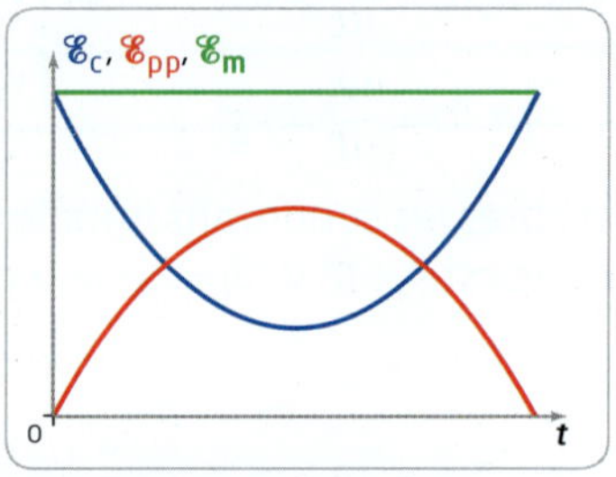

6. Évolution des différentes formes d'énergie lors de la chute libre d'un système lancé vers le haut dans le champ de pesanteur uniforme. L'énergie cinétique est convertie en énergie potentielle de pesanteur et réciproquement.

2 Mouvements et énergies dans un champ électrique uniforme

2.1 Champ électrique créé par un condensateur plan

Un condensateur plan est constitué de deux plaques métalliques chargées, parallèles entre elles et séparées par un isolant (vide, air...). Ce dispositif permet de créer un champ électrique uniforme dans la zone de l'espace située entre les deux plaques (DOC. 7).

Les lignes de champ sont perpendiculaires aux plaques, orientées de la plaque chargée positivement vers la plaque chargée négativement.
Le champ électrique $\vec{E}$ créé par le condensateur plan dépend de la distance d qui sépare les deux plaques (en m) et de la tension électrique U appliquée entre les plaques (en V) :
$\vec{E} = -\frac{U}{d}\vec{k}$, l'axe $(O;\vec{k})$ étant orienté de la plaque chargée négativement vers la plaque chargée positivement.

EXEMPLE

Pour un système lancé depuis la position A avec une vitesse de valeur v_A, on peut exprimer la valeur v_B de la vitesse en une position B quelconque.

$$\frac{1}{2}mv_A^2 + mgz_A = \frac{1}{2}mv_B^2 + mgz_B$$

$$v_B = \sqrt{v_A^2 + 2g(z_A - z_B)}$$

2.2 Étude du mouvement

Dans le **référentiel** terrestre considéré galiléen, le mouvement d'une particule, modélisée par un point matériel M de masse m constante et de charge électrique q, est étudié dans un **repère d'espace** $(O;\vec{i},\vec{j},\vec{k})$ avec l'axe $(O;\vec{k})$ dans la direction du champ électrique $\vec{E}$ et en sens inverse de celui-ci : $\vec{E} = -E\vec{k}$.

- **Conditions initiales**

À la date $t_0 = 0$, la particule est située au point O et son vecteur vitesse $\vec{v_0}$ est dans le plan $(O;\vec{i},\vec{k})$ et incliné d'un angle α avec l'horizontale (DOC. 1).

$$\overrightarrow{OM}(0)\begin{cases} x(0) = 0 \\ y(0) = 0 \\ z(0) = 0 \end{cases} \quad \vec{v}(0)\begin{cases} v_x(0) = v_{0x} = v_0\cos\alpha \\ v_y(0) = v_{0y} = 0 \\ v_z(0) = v_{0z} = v_0\sin\alpha \end{cases}$$

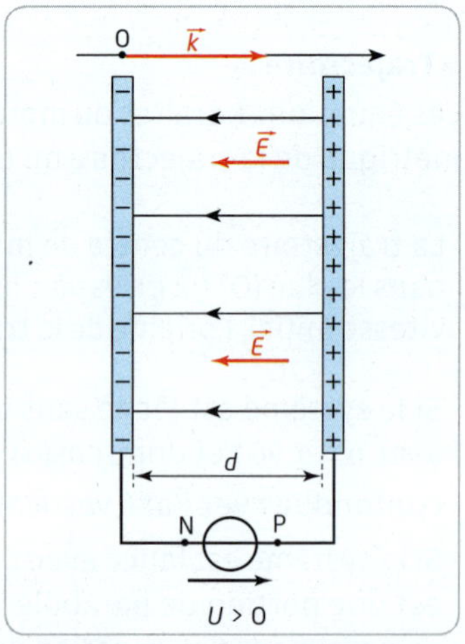

7. Champ électrique créé par un condensateur plan. Le choix a été fait d'orienter l'axe $(O;\vec{k})$ de la plaque chargée négativement vers la plaque chargée positivement.

- **Inventaire des forces extérieures**

La particule de charge q, placée dans un champ électrique uniforme $\vec{E}$, est soumise à la force électrique $\vec{F_{el}} = q\vec{E}$. On considère que le poids $\vec{P}$ de la particule est négligeable devant la force électrique $\vec{F_{el}}$.

- **Vecteur accélération**

D'après la deuxième loi de Newton :

$$\Sigma\overrightarrow{F_{ext}} = m\,\vec{a}(t) \quad \text{donc} \quad q\,\vec{E} = m\,\vec{a}(t) \quad \text{et} \quad \vec{a}(t) = -\frac{q\,E}{m}\vec{k}.$$

Les coordonnées du vecteur accélération sont :

$$\vec{a}(t)\begin{cases} a_x(t) = 0 \\ a_y(t) = 0 \\ a_z(t) = -\dfrac{q\,E}{m} \end{cases}$$

- **Vecteur vitesse et équations horaires du mouvement**

En utilisant la même méthode que dans le paragraphe **1.2** :

$$\vec{v}(t)\begin{cases} v_x(t) = v_0\cos\alpha \\ v_y(t) = 0 \\ v_z(t) = -\dfrac{q\,E}{m}t + v_0\sin\alpha \end{cases} \qquad \overrightarrow{OM}(t)\begin{cases} x(t) = (v_0\cos\alpha)\,t \\ y(t) = 0 \\ z(t) = -\dfrac{1}{2}\dfrac{q\,E}{m}t^2 + (v_0\sin\alpha)\,t \end{cases}$$

- **Trajectoire**

Comme dans le cas du mouvement dans un champ de pesanteur uniforme, on constate que $y(t) = 0$.

La trajectoire de la particule est plane. Elle est comprise dans le plan $(O ; \vec{i}, \vec{k})$, c'est-à-dire le plan contenant son vecteur vitesse initial, l'origine de la trajectoire O et le champ électrique $\vec{E}$.

- **Déviation électrique**

Le champ électrique $\vec{E}$ peut être utilisé pour dévier une particule chargée. Si le vecteur vitesse initial n'est pas dans la direction du champ $\vec{E}$, c'est-à-dire si $\alpha \neq \pm 90°$, la trajectoire de la particule est une portion de parabole d'équation :

$$z(x) = -\frac{1}{2}\frac{q\,E}{m}\frac{x^2}{(v_0\cos\alpha)^2} + (\tan\alpha)\,x$$

L'orientation de la trajectoire dépend de la charge de la particule (**DOC. 8**).

- **Accélération linéaire**

Le champ électrique $\vec{E}$ peut être utilisé pour accélérer une particule chargée. Si celle-ci est initialement immobile ($v_0 = 0$) ou possède un vecteur vitesse initial orienté dans la direction du champ $\vec{E}$, c'est-à-dire tel que $\cos(\alpha) = 0$ car $\alpha = \pm 90°$, la trajectoire de la particule est une droite dont la direction est celle du champ électrique $\vec{E}$.

En choisissant $\alpha = 90°$ et $q = -e < 0$: $v(t) = v_z(t) = \dfrac{eE}{m}t + v_0$ (**DOC. 9**).

Dans ce cas, la valeur de la vitesse augmente au cours du temps. C'est le principe d'un accélérateur linéaire de particules.

2.3 Aspects énergétiques

Dans un champ électrique uniforme, l'application du théorème de l'énergie cinétique entre deux positions A et B, dans un référentiel supposé galiléen, permet de calculer la **variation d'énergie cinétique** de la particule :

$$\Delta\mathscr{E}_c = \mathscr{E}_c(B) - \mathscr{E}_c(A) = \mathscr{W}_{AB}(\vec{F}) = \mathscr{W}_{AB}(\overrightarrow{F_{el}}) = \overrightarrow{F_{el}}\cdot\overrightarrow{AB}$$

- Si $\overrightarrow{F_{el}}\cdot\overrightarrow{AB} > 0$: la valeur de la vitesse de la particule augmente.
- Si $\overrightarrow{F_{el}}\cdot\overrightarrow{AB} < 0$: la valeur de la vitesse de la particule diminue.

REMARQUE

La norme $E = \dfrac{U}{d}$ du champ électrique $\vec{E}$ est telle que :
- E augmente si la tension électrique U augmente ;
- E diminue si la distance d entre les plaques augmente.

ÉVITER LES ERREURS

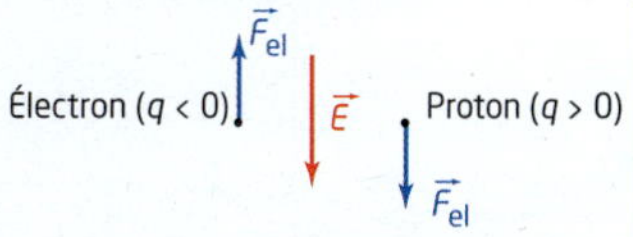

Les vecteurs $\overrightarrow{F_{el}}$ et $\vec{E}$ ont la même direction. En revanche :
- si $q > 0$, $\overrightarrow{F_{el}}$ et $\vec{E}$ ont le même sens ;
- si $q < 0$, $\overrightarrow{F_{el}}$ et $\vec{E}$ ont des sens contraires.

ORDRE DE GRANDEUR

Pour un proton placé dans le champ de pesanteur terrestre et dans un champ électrique de norme $E = 10^4\ V\cdot m^{-1}$:
- $P = mg = 10^{-27} \times 10 = 10^{-26}$ N.
- $F_{el} = eE = 10^{-19} \times 10^4 = 10^{-15}$ N.

Le poids du proton est négligeable devant la force électrique.

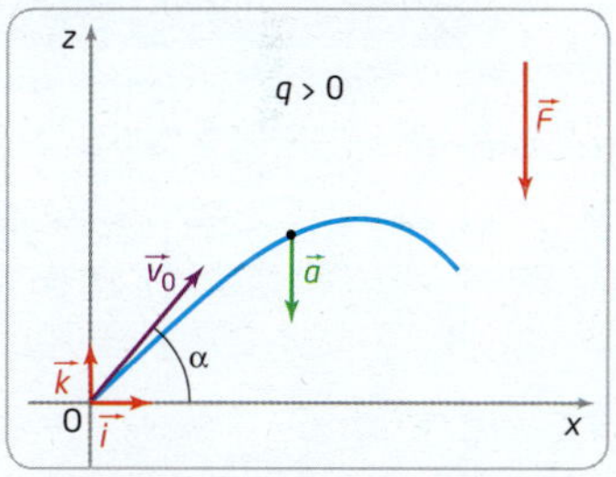

8. Dans le cas d'une particule portant une charge $q > 0$, la trajectoire parabolique est tournée dans le sens de $\vec{E}$.

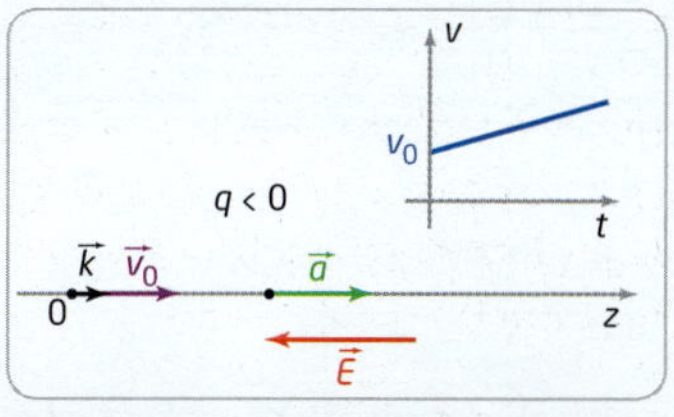

9. Dans le cas où $\alpha = 90°$ et $q < 0$, la trajectoire de la particule est une droite et la valeur de sa vitesse augmente au cours du temps.

Retenir l'essentiel

Mouvement dans un champ de pesanteur uniforme

Trajectoire du centre de masse d'un système de masse *m* constante en chute libre dans un référentiel supposé galiléen

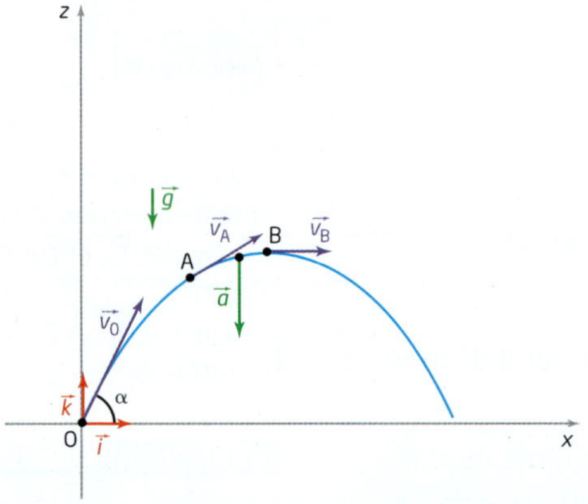

Accélération

$$\vec{a}(t) = \vec{g} = -g\vec{k}$$

Équations horaires du mouvement dans le plan $(O ; \vec{i}, \vec{k})$

$$\begin{cases} x(t) = (v_0 \cos\alpha)\, t \\ z(t) = -\frac{1}{2} g\, t^2 + (v_0 \sin\alpha)\, t \end{cases}$$

Trajectoire

$$z(x) = -\frac{1}{2} g \frac{x^2}{(v_0 \cos\alpha)^2} + (\tan\alpha)\, x$$

Conservation de l'énergie mécanique

$$\mathscr{E}_m(A) = \mathscr{E}_m(B)$$

$$\frac{1}{2} m v_A{}^2 + mgz_A = \frac{1}{2} m v_B{}^2 + mgz_B$$

Mouvement dans un champ électrique uniforme

Trajectoire d'une particule de masse *m* constante et de charge $q < 0$ dans un accélérateur linéaire

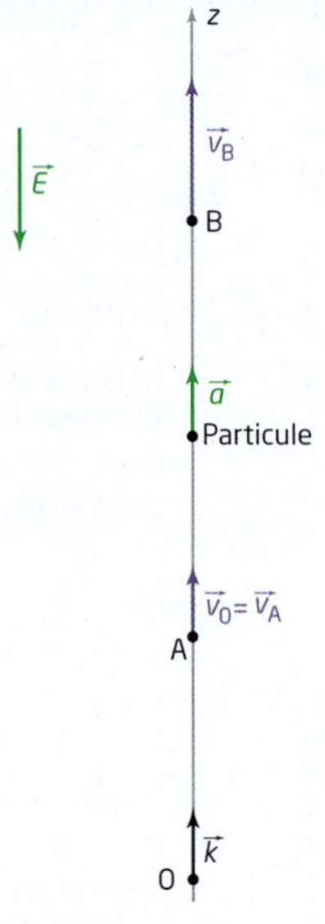

Accélération

$$\vec{a}(t) = -\frac{qE}{m}\vec{k}$$

Équation horaire du mouvement

$$z(t) = -\frac{1}{2}\frac{qE}{m} t^2 + v_0 t + z_A$$

Théorème de l'énergie cinétique

$$\Delta\mathscr{E}_c = \mathscr{W}_{AB}(\vec{F}_{el})$$

$$\frac{1}{2} m v_B{}^2 - \frac{1}{2} m v_A{}^2 = \vec{F}_{el} \cdot \vec{AB} = q\vec{E} \cdot \vec{AB}$$

5 min chrono !

Si vous ne trouvez pas la bonne réponse, reportez-vous au § de la synthèse des activités correspondant pour vous aider.

Indiquer la réponse exacte. QCM interactif

1 **Dans le référentiel terrestre supposé galiléen, le vecteur accélération du centre de masse d'un système en chute libre dans le champ de pesanteur $\vec{g}$ uniforme :** ► §1

a. est nul. b. est égal à $\vec{g}$.
c. dépend de la trajectoire suivie.

2 **Dans le référentiel terrestre supposé galiléen, le mouvement d'un point matériel lancé verticalement dans le champ de pesanteur $\vec{g}$ uniforme est :** ► §1

a. parabolique. b. rectiligne uniforme.
c. rectiligne uniformément accéléré.

3 **Dans un référentiel galiléen, au cours du temps, l'énergie mécanique d'un système en chute libre :** ► §1

a. diminue. b. reste constante. c. augmente.

4 **Dans un condensateur plan dont les plaques sont séparées d'une distance *d* fixée et soumise à une tension *U*, la norme du champ électrique :** ► §2

a. diminue si *U* augmente.
b. ne dépend pas de la valeur de *U*.
c. augmente si *U* augmente.

5 **Dans un référentiel galiléen, une particule de charge *q* dont on néglige le poids pénètre dans la zone de champ uniforme ci-dessous avec un vecteur vitesse initial $\vec{v_0}$. La coordonnée v_x de son vecteur vitesse :** ► §2

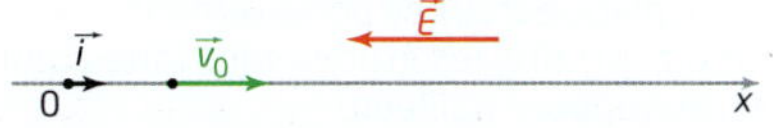

a. diminue au cours du temps si $q > 0$.
b. reste constante au cours du temps.
c. augmente au cours du temps si $q > 0$.

6 **On donne ci-dessous la trajectoire d'un électron dans un condensateur plan pour lequel les plaques A et B sont horizontales. Le champ électrique $\vec{E}$ est :** ► §2

a. horizontal.
b. vertical et orienté vers la plaque B.
c. vertical et orienté vers la plaque A.

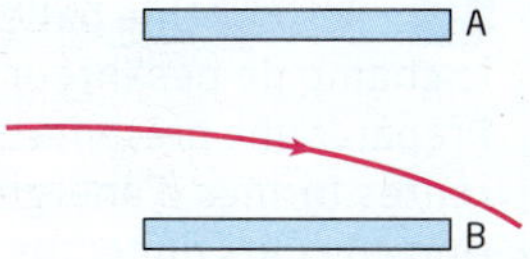

Corrigés p. 550

Contrôle technique !

7 Exprimer un vecteur accélération

EXERCICE RÉSOLU

Un électron de masse *m* est placé dans un champ électrique uniforme $\vec{E}$. Déterminer les caractéristiques de son vecteur accélération dans le référentiel terrestre, en négligeant son poids.

SOLUTION

Dans le référentiel terrestre supposé galiléen, la seule force qui s'exerce sur le système {électron} est la force électrique $\vec{F_{el}} = q\vec{E} = -e\vec{E}$.

D'après la deuxième loi de Newton : $\vec{a} = \frac{-e\,\vec{E}}{m}$.

Le vecteur accélération possède la même direction que le vecteur champ $\vec{E}$ mais un sens opposé.

La norme du vecteur s'écrit : $a = \frac{eE}{m}$.

APPLICATION • Sur le modèle de l'exercice résolu

Une particule alpha He^{2+} est placée dans un champ électrique uniforme $\vec{E}$. Déterminer les caractéristiques de son vecteur accélération dans le référentiel terrestre galiléen, en négligeant son poids par rapport à la force électrique exercée.

8 Exploiter la conservation de l'énergie mécanique

EXERCICE RÉSOLU

Une bille est lâchée sans vitesse initiale depuis l'altitude $z_A = 2{,}50$ m. Déterminer la valeur v_s de sa vitesse juste avant son arrivée au sol.

DONNÉE Intensité de la pesanteur : $g = 9{,}81\ \text{N}\cdot\text{kg}^{-1}$.

SOLUTION

Dans le référentiel terrestre supposé galiléen, la seule force exercée sur le système {bille} est le poids, qui est une force conservative. Son énergie mécanique se conserve :

$$\frac{1}{2}m{v_A}^2 + mgz_A = \frac{1}{2}m{v_s}^2 + mgz_s.$$

Or, $v_A = 0$ et $z_s = 0$ donc $v_s = \sqrt{2gz_A}$.

A.N. : $v_s = \sqrt{2 \times 9{,}81\ \text{m}\cdot\text{s}^{-2} \times 2{,}50\ \text{m}} = 7{,}00\ \text{m}\cdot\text{s}^{-1}$.

APPLICATION • Sur le modèle de l'exercice résolu

Un plongeur effectue un saut en chute libre avec une vitesse initiale nulle depuis une hauteur de 10 m. Déterminer la valeur de sa vitesse v_s juste avant son entrée dans l'eau.

DONNÉES POUR TOUS LES EXERCICES :

- Intensité de la pesanteur terrestre : $g = 9{,}81\ \text{m}\cdot\text{s}^{-2}$.
- Charge élémentaire : $e = 1{,}60 \times 10^{-19}$ C.
- Masse d'un électron : $m_e = 9{,}1 \times 10^{-31}$ kg.
- Masse d'un nucléon : $m_n = 1{,}7 \times 10^{-27}$ kg.
- 1 électron-volt = 1 eV = $1{,}60 \times 10^{-19}$ J.

Le champ électrique $\vec{E}$ créé par un condensateur plan dépend de la distance d qui sépare les deux plaques (en m) et de la tension électrique U appliquée entre les plaques (en V) : $\vec{E} = -\frac{U}{d}\vec{k}$, l'axe $(O ; \vec{k})$ étant orienté de la plaque chargée négativement vers la plaque chargée positivement.
Sauf indication contraire, les études sont faites dans le référentiel terrestre, supposé galiléen.

Mouvements et énergies dans un champ de pesanteur uniforme

▶ § 1 de la synthèse des activités

+ EXERCICES RAPIDES

9 GRAND ORAL Une balle est lancée vers le haut dans le champ de pesanteur terrestre supposé uniforme. Préparer une présentation orale, sans note, des différentes formes d'énergie de la balle et de leur évolution au cours du temps dans le cas d'une chute libre.

10 Lors d'un service au volley-ball, le ballon est lancé avec un vecteur vitesse initial $\vec{v_0}$ horizontal. En utilisant le repère d'espace $(O ; \vec{i}, \vec{j}, \vec{k})$ tel que $\vec{g} = -g\vec{k}$ et $\vec{v_0} = v_0\vec{i}$, montrer que la trajectoire du ballon, modélisé par un point matériel en chute libre, est plane.

11 Déterminer une altitude maximale

Une fusée pyrotechnique de masse m est tirée verticalement depuis le sol avec une vitesse initiale de valeur $v_0 = 35\ \text{m}\cdot\text{s}^{-1}$. La position de son centre de masse est repérée à l'aide d'un axe vertical orienté vers le haut et dont l'origine est située au niveau du sol.

a. Établir les expressions de $v_z(t)$ et $z(t)$ en supposant que la fusée est en chute libre.

b. Exprimer puis calculer l'altitude maximale z_{max} atteinte.

c. Retrouver ce résultat en utilisant l'énergie mécanique.

12 Utiliser le théorème de l'énergie cinétique

Vidéo — Corrigé de l'exercice

Une balle de golf de masse $m = 45$ g est lancée verticalement et vers le haut depuis le point A d'altitude $z_A = 1{,}20$ m par rapport au sol avec une vitesse initiale de valeur $v_0 = 10\ \text{m}\cdot\text{s}^{-1}$. Déterminer l'altitude maximale z_{max} atteinte par la balle en supposant qu'elle effectue une chute libre et en utilisant le théorème de l'énergie cinétique.

13 Exploiter des équations horaires

On a déterminé, grâce à l'exploitation d'une vidéo, les équations horaires du mouvement du centre de masse M d'un système {moto ; cascadeur} lors d'un saut depuis un tremplin. Le repère $(O ; \vec{i}, \vec{j}, \vec{k})$ a son origine au niveau du sol et son axe vertical est orienté vers le haut.

$$\overrightarrow{OM}(t)\begin{cases} x(t) = 39{,}6\,t \\ y(t) = 0 \\ z(t) = -4{,}9\,t^2 + 20{,}2\,t + 3{,}6 \end{cases}$$

avec x, y, z en m et t en s.

a. Vérifier que le mouvement du centre de masse du système est plan et donner l'équation de sa trajectoire.

b. Donner les expressions des coordonnées du vecteur vitesse du centre de masse en fonction du temps.

c. Déterminer la norme du vecteur vitesse initial.

d. Déterminer l'altitude maximale z_{max} du centre de masse.

14 Apprendre à rédiger

Une bille est lâchée sans vitesse initiale du sommet de la tour de Pise à une hauteur $h = 54$ m, reproduisant ainsi des expériences qu'aurait menées Galilée. On modélise la bille par un point matériel de masse constante m effectuant une chute libre.

a. Établir l'équation horaire $z(t)$ du mouvement de la bille en considérant un axe vertical orienté vers le bas et dont l'origine O coïncide avec la position initiale de la bille.

Aide méthodologique

▶ Appliquer la deuxième loi de Newton et en déduire la coordonnée $a_z(t)$ du vecteur accélération.

▶ Exprimer $v_z(t)$ et $z(t)$ en déterminant des primitives.

b. Exprimer puis calculer la date t_1 pour laquelle la bille atteint le sol.

▶ Résoudre l'équation $z(t_1) = h$.

c. Exprimer puis calculer la valeur v_1 de la vitesse de la bille juste avant son arrivée au sol.

▶ Exprimer $v_1 = v_z(t_1)$ en fonction de h et g, l'intensité de la pesanteur terrestre.

15 Représenter l'évolution temporelle de l'énergie mécanique

Lors d'un saut à l'élastique vertical, les positions au cours du temps $z(t)$ du centre de masse du sauteur ont été relevées lors des premiers instants du saut, lorsque l'élastique n'est pas tendu. L'axe vertical (Oz) est orienté vers le haut et son origine est située au niveau du sol.
Il est possible, à l'aide du langage de programmation Python, de représenter l'évolution au cours du temps des différentes formes d'énergie du sauteur.

Python

```
21 # ==========================================================================
22 #  Calcul de la coordonnée vz et de la norme v du vecteur vitesse
23 # ==========================================================================
24 N = len(t) # Nombre de positions
25 vz,v = [],[] # Définitions de listes vides pour vz et v
26 for i in range(N-1) : # pour chaque position i
27     vzi=(z[i+1]-z[i])/(t[i+1]-t[i]) # calcul de la coordonnée vzi
28     vi=......             # calcul de la norme vi
29     vz.append(vzi)
30     v.append(vi)
31 # ==========================================================================
32 # Calcul des grandeurs énergétiques en fonction des variables m et g
33 # ==========================================================================
34 Epp,Ec,Em = [],[],[]  # Définitions de listes vides pour Epp, Ec et Em
35 for i in range(N-1) : # pour chaque position i
36     ............      # Calcul de l'énergie potentielle de pesanteur
37     ............      # Calcul de l'énergie cinétique
38     ............      # Calcul de l'énergie mécanique
39     Epp.append(Eppi)
40     Ec.append(Eci)
41     Em.append(Emi)
```

L'exécution du programme permet d'obtenir le graphique suivant.

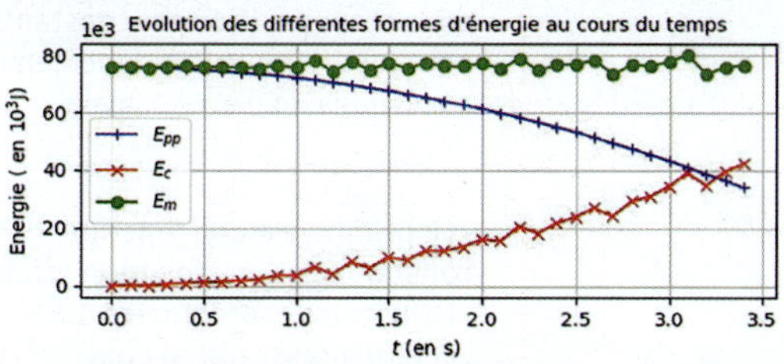

a. Compléter les lignes 28 et 36 à 38 du code source Python ci-dessus afin de proposer un programme permettant de calculer la valeur de la vitesse du sauteur puis de représenter l'évolution au cours du temps des différentes formes d'énergie du système.

b. Indiquer si les données expérimentales sont compatibles avec une situation de chute libre.

Mouvements et énergies dans un champ électrique uniforme

▶ § 2 de la synthèse des activités

+ EXERCICES RAPIDES

16 GRAND ORAL Préparer une présentation permettant d'expliquer oralement, sans note, en deux minutes maximum à l'ensemble de la classe les grandeurs physiques qui ont une influence sur le champ électrique créé par un condensateur plan.

17 Montrer que pour un électron placé dans un champ électrique uniforme de norme $E = 4{,}0 \times 10^4\ \text{V}\cdot\text{m}^{-1}$, le poids de l'électron est négligeable devant la force électrique qui s'exerce sur lui.

18 Exprimer la force électrique et l'accélération

Un électron se déplace entre les plaques A et B d'un condensateur plan, séparées d'une distance $d = 10$ cm.
La tension entre les plaques A et B est $U = 400$ V.

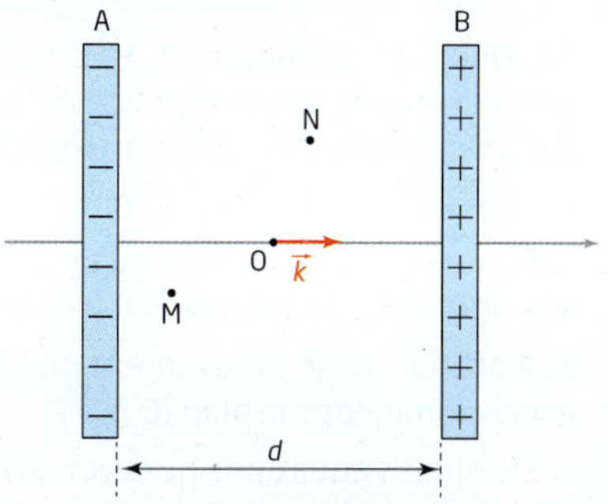

a. Discuter de l'influence des grandeurs physiques U et d sur la norme du champ électrique créé entre les plaques.

b. Exprimer la force électrique $\overrightarrow{F_{el}}$ exercée sur l'électron pour les deux positions M et N. Exprimer puis calculer la norme de cette force.

c. En supposant que le poids de l'électron est négligeable devant la force électrique, exprimer le vecteur accélération de l'électron pour les deux positions M et N. Exprimer puis calculer sa norme.

19 Établir l'équation horaire du mouvement

Une particule alpha He^{2+}, de masse m et de charge q, pénètre dans une zone de champ électrique uniforme telle que $\vec{E} = -E\,\vec{k}$ avec un vecteur vitesse initial $\overrightarrow{v_0} = v_0\,\vec{k}$. À la date $t = 0$, la particule se situe au niveau de l'origine de l'axe $(O\,;\vec{k})$.

a. En appliquant la deuxième loi de Newton et en négligeant le poids de l'ion devant la force électrique, établir l'expression de la coordonnée $a_z(t)$ du vecteur accélération.

b. Établir l'expression de l'équation horaire $z(t)$.

c. Exprimer la date t_1 pour laquelle la vitesse de l'ion s'annule.

d. Exprimer la distance d parcourue par l'ion jusqu'à cette date.

20 Construire une carte mentale

• L'étiquette centrale doit s'intituler :

Mouvement dans un champ de pesanteur uniforme

• Associer à l'étiquette centrale, par le moyen de votre choix, d'autres étiquettes comprenant au minimum les étiquettes suivantes :

Conservation de l'énergie mécanique

Trajectoire

Vecteur accélération constant

EXO **Exercices supplémentaires**

Exercices APPLIQUER

EXERCICE RÉSOLU ET COMMENTÉ

21 Électron dans un champ électrique uniforme

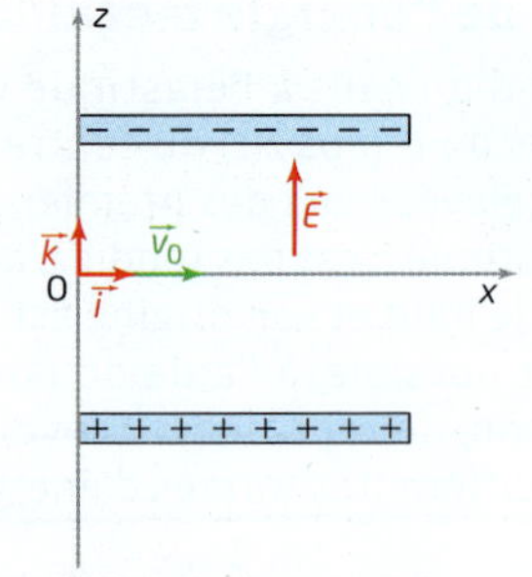

ÉNONCÉ

Un électron, de masse m_e et de charge $q = -e$, pénètre, à la date $t = 0$, au point O et avec un vecteur vitesse initial $\vec{v_0} = v_0 \vec{k}$ entre les deux plaques A et B d'un condensateur plan où règne un champ électrique uniforme tel que : $\vec{E} = E\,\vec{k}$ avec $E = 1{,}5 \times 10^4\ \text{V}\cdot\text{m}^{-1}$.

a. Montrer que la norme P du poids de l'électron est négligeable par rapport à la norme F_{el} de la force électrique qui s'exerce sur lui.

b. Montrer que le mouvement de l'électron, assimilé à un point matériel M, est contenu dans le plan $(O ; \vec{i}, \vec{k})$.

c. Établir les équations horaires $x(t)$ et $z(t)$ décrivant le mouvement de l'électron puis montrer que l'équation de sa trajectoire s'écrit : $z = -\dfrac{1}{2}\dfrac{eE}{m v_0^2}x^2$.

UNE SOLUTION

a. $\dfrac{F_{el}}{P} = \dfrac{eE}{m_e g} = \dfrac{1{,}6 \times 10^{-19} \times 1{,}5 \times 10^4}{9{,}1 \times 10^{-31} \times 9{,}81} = 2{,}7 \times 10^{14}$.

Le quotient est largement supérieur à 100 donc le poids est négligeable.

b. Système : {électron}. Référentiel : terrestre supposé galiléen.

D'après la deuxième loi de Newton : $m\,\vec{a}(t) = -e\vec{E}$ donc $\vec{a}(t) = -\dfrac{e}{m}E\,\vec{k}$.

On en déduit : $a_y(t) = \dfrac{dv_y}{dt} = 0$ donc $v_y = \text{cste}_1 = 0$ car $v_y(0) = 0$.

On a également : $v_y(t) = \dfrac{dy}{dt} = 0$ donc $y = \text{cste'}_1 = 0$ car $y(0) = 0$.

Le mouvement de l'électron s'effectue donc dans le plan vertical $(O ; \vec{i}, \vec{k})$.

c.

$$\vec{a}(t) \begin{cases} a_x(t) = \dfrac{dv_x}{dt} = 0 \\ a_z(t) = \dfrac{dv_z}{dt} = \dfrac{-eE}{m} \end{cases} \quad \text{donc} \quad \vec{v}(t) \begin{cases} v_x(t) = \dfrac{dx}{dt} = \text{cste}_2 = v_0 \\ v_z(t) = \dfrac{dz}{dt} = \dfrac{-eE}{m}t + \text{cste}_3 = \dfrac{-eE}{m}t \end{cases}$$

$$\text{D'où } \overrightarrow{OM}(t) \begin{cases} x(t) = v_0 t + \text{cste'}_2 = v_0 t & \text{car } x(0) = 0 \\ z(t) = \dfrac{-eE}{2m}t^2 + \text{cste'}_3 = \dfrac{-eE}{2m}t^2 & \text{car } z(0) = 0 \end{cases}$$

$t = \dfrac{x}{v_0}$ donc l'équation de la trajectoire s'écrit : $z(x) = -\dfrac{1}{2}\dfrac{eE}{m v_0^2}x^2$.

ANALYSER-RAISONNER
Calculer le quotient des normes pour les comparer.

RÉALISER
- Ne pas écrire les unités dans le calcul afin de ne pas alourdir ce calcul.
- Le quotient des deux normes est sans dimension, le résultat du calcul n'a donc pas d'unité.

ANALYSER-RAISONNER
Montrer que la coordonnée y du vecteur position est constante pour justifier que le mouvement a lieu dans un plan vertical.

RÉALISER
- La primitive d'une fonction constante est une fonction affine.
- Utiliser les coordonnées du vecteur vitesse initial pour déterminer les constantes d'intégration cste_2 et cste_3.

RÉALISER
- La primitive d'une fonction affine est une fonction polynôme de degré 2.
- Utiliser la position initiale de l'électron pour déterminer les constantes d'intégration cste'_2 et cste'_3.

APPLICATION Sur le modèle de l'exercice résolu

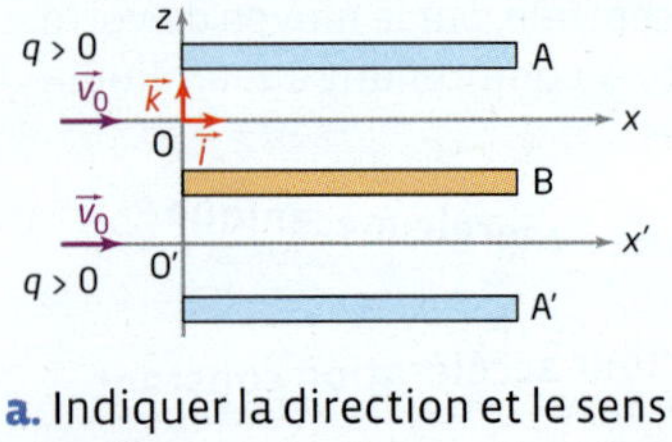

22 Filtre électrostatique

Dans un filtre électrostatique, les particules solides polluantes de l'air sont ionisées (avec une charge électrique q positive) puis passent entre des plaques métalliques parallèles entre lesquelles règne un champ électrique considéré comme uniforme. Les particules, assimilées à des points matériels, se déplacent vers les plaques A et A' et s'y accumulent. Ce procédé peut éliminer jusqu'à 98 % des particules.

a. Indiquer la direction et le sens de la force électrique s'exerçant sur une particule située entre les plaques A et B. Préciser alors le sens du champ électrique $\vec{E}$ et la polarité des plaques A et B.

b. Établir les équations horaires $x(t)$ et $z(t)$ du mouvement d'une particule M qui pénètre, à la date $t = 0$ et au niveau du point O, dans la zone située entre les plaques A et B avec un vecteur vitesse initial $\vec{v_0}$.

EXERCICE RÉSOLU ET COMMENTÉ

23 Waterjump

ÉNONCÉ

La pratique du waterjump consiste à se laisser glisser le long d'un toboggan et d'un tremplin pour effectuer ensuite un saut en chute libre avant de terminer sa course dans un plan d'eau.

DONNÉES

- Masse du système {sauteur ; équipement} : $m = 80$ kg.
- $h = 0{,}85$ m ; $v_0 = 7{,}0\ \text{m}\cdot\text{s}^{-1}$; $\varphi = 20°$.

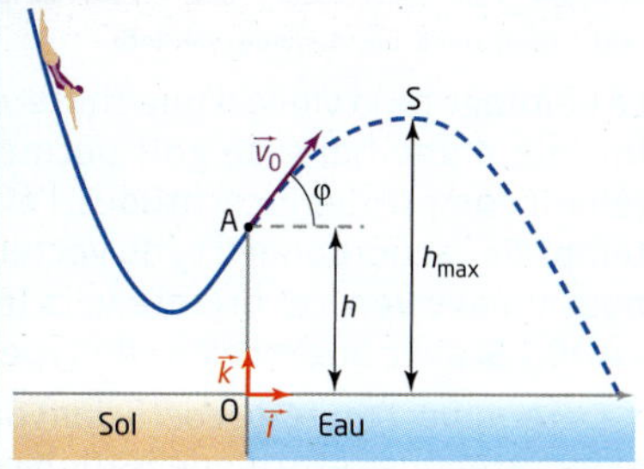

a. En appliquant la deuxième loi de Newton, établir l'expression du vecteur accélération du centre de masse G du système.

b. Établir les équations horaires du mouvement du point G, sachant que le sauteur quitte le tremplin à la date $t = 0$.

c. Exprimer la date t_1 correspondant au sommet de la trajectoire.

d. Exprimer puis calculer l'altitude maximale h_{max} atteinte lors du saut.

S'APPROPRIER

- Identifier une situation de chute libre : la seule force exercée est le poids.
- Le vecteur vitesse initial n'est pas vertical : le mouvement est parabolique et s'effectue dans le plan vertical contenant $\vec{v_0}$ et le champ de pesanteur $\vec{g}$.

UNE SOLUTION

a. Système : {sauteur ; équipement} de masse constante.
Référentiel : terrestre supposé galiléen.
Le système effectue une chute libre donc la seule force exercée est le poids.
D'après la deuxième loi de Newton : $m\vec{a}(t) = m\vec{g}$ donc $\vec{a}(t) = -g\,\vec{k}$.

b. Le mouvement s'effectue dans le plan vertical $(O ; \vec{i}, \vec{k})$.

$$\vec{a}(t)\begin{cases} a_x(t) = \dfrac{dv_x}{dt} = 0 \\ a_z(t) = \dfrac{dv_z}{dt} = -g \end{cases} \quad \text{donc } \vec{v}(t)\begin{cases} v_x(t) = \dfrac{dx}{dt} = \text{cste}_1 = v_0 \cos\varphi \\ v_z(t) = \dfrac{dz}{dt} = -g\,t + \text{cste}_2 = -g\,t + v_0 \sin\varphi \end{cases}$$

RÉALISER

Exprimer les coordonnées $v_x(0)$ et $v_z(0)$ du vecteur vitesse initial en fonction de v_0 et φ.

$$\overrightarrow{OG}(t)\begin{cases} x(t) = (v_0 \cos\varphi)\,t + \text{cste'}_2 = (v_0\cos\varphi)\,t \quad \text{car } x(0) = 0. \\ z(t) = -\dfrac{g}{2}\,t^2 + (v_0 \sin\varphi)\,t + \text{cste'}_3 = -\dfrac{g}{2}\,t^2 + (v_0\sin\varphi)\,t + h \quad \text{car } z(0) = h. \end{cases}$$

c. On a $v_z(t_1) = 0$ donc $-g\,t_1 + v_0 \sin\varphi = 0$ et $t_1 = \dfrac{v_0 \sin\varphi}{g}$.

ANALYSER-RAISONNER

Au sommet de la trajectoire, le vecteur vitesse est horizontal donc la coordonnée v_z est nulle.

d. $h_{max} = z(t_1)$ donc $h_{max} = -\dfrac{g}{2}\left(\dfrac{v_0 \sin\varphi}{g}\right)^2 + v_0 \sin\varphi\,\dfrac{v_0\sin\varphi}{g} + h$

Ainsi : $h_{max} = \dfrac{(v_0 \sin\varphi)^2}{2g} + h$

A.N. : $h_{max} = \dfrac{(7{,}0\ \text{m}\cdot\text{s}^{-1} \times \sin(20°))^2}{2 \times 9{,}81\ \text{m}\cdot\text{s}^{-2}} + 0{,}85\ \text{m} = 2{,}9\ \text{m}$.

RÉALISER

Écrire les unités dans les étapes intermédiaires peut être utile, mais n'est pas obligatoire. L'unité est en revanche indispensable dans l'écriture finale du résultat.

APPLICATION Sur le modèle de l'exercice résolu

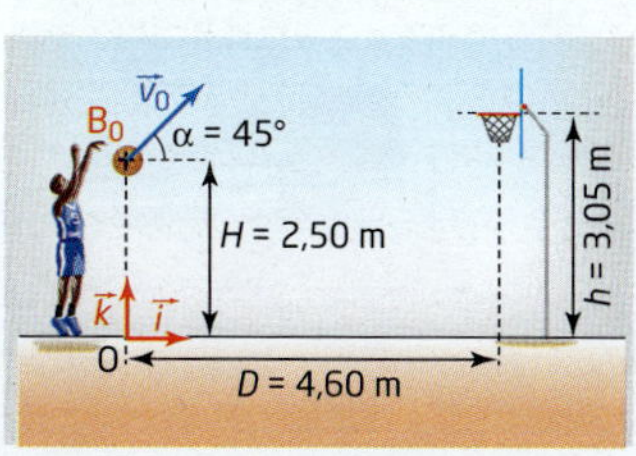

24 Tir au basket-ball

Un joueur de basket lance son ballon avec un vecteur vitesse initial $\vec{v_0}$.

a. Établir les équations horaires du mouvement du centre de masse du ballon.

b. Déterminer la valeur de la vitesse initiale v_0 pour que le joueur marque un panier.

25 Mesures expérimentales

ANA-RAI Choisir un modèle | RÉA Utiliser un modèle | VAL Comparer à une valeur de référence

Le pointage de la vidéo d'une chute verticale sans vitesse initiale d'une balle de golf permet de modéliser, en tenant compte des incertitudes, l'évolution au cours du temps de la coordonnée v_z du vecteur vitesse de la balle pour un axe vertical orienté vers le bas : $v_z(t) = kt$ avec $k = 10{,}1$ SI avec une incertitude-type $u(k) = 0{,}2$ SI.

a. Déterminer l'unité du coefficient directeur k du modèle et montrer que cette modélisation permet d'obtenir une valeur expérimentale g_{mes} de l'intensité de la pesanteur.

b. Comparer le résultat obtenu avec la valeur de référence $g_{réf} = 9{,}81\ m \cdot s^{-2}$ en utilisant le quotient $\dfrac{|g_{mes} - g_{réf}|}{u(g)}$.

26 In English please

ANA-RAI Choisir un modèle ou des lois pertinentes | RÉA Utiliser un modèle théorique

Electron microscopes show the structure of tiny objects thanks to the use of accelerated electrons beams. Electrons come from the filament heated up to about 2,700°C. Then they are accelerated thanks to a very high voltage U applied between the filament and the pierced metallic plate. The electric field $\vec{E}$ is considered uniform. At last the electron beam passes through the plate before hitting the sample to be studied.

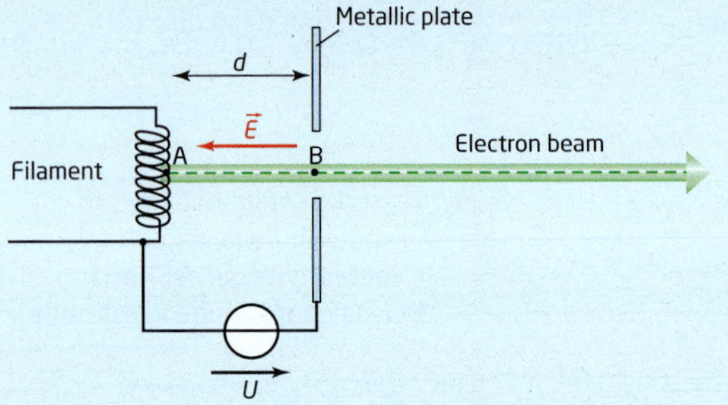

a. Express the work of the electric force upon one electron travelling from point A to point B using e and U.

b. Apply the Work-Energy theorem in order to write the expression of the value of the electron speed at point B. Calculate this value if $U = 2{,}0$ kV.

MÉTIERS ET ORIENTATION

GRAND ORAL

Un(e) **assistant(e) ingénieur(e)** dans un organisme de recherche est en charge du développement et de l'exploitation de certaines installations techniques (détecteurs, systèmes de cryogénie...).
Formation : Bac + 2, BTS (par exemple BTS Techniques Physiques pour l'industrie ou le laboratoire) ou DUT (par exemple DUT Mesures Physiques).

• Préparer une présentation orale de trois minutes sur un projet de poursuite d'études et/ou professionnel dans ce domaine (➜ **Fiche Bac** p. 513).

S'AUTOÉVALUER

27 Accélération des ions hydrogène

ACTUALITÉ SCIENTIFIQUE

Le nouvel accélérateur linéaire (Linac 4) du CERN porte des ions d'hydrogène H^- à des énergies élevées. Il constitue la source de protons du Grand collisionneur de hadrons (LHC) depuis 2020.
Les ions se déplacent en ligne droite et subissent de nombreuses accélérations successives en traversant des zones de champ électrique uniforme. Pour cela, ils se déplacent dans la direction mais en sens opposé du champ électrique.

DONNÉES

- Longueur d'une zone accélératrice : $d = 13$ cm.
- Norme du champ électrique : $E = 3{,}2\ MV \cdot m^{-1}$.
- Masse d'un ion H^- : $m = 1{,}672\,62 \times 10^{-27}$ kg.

a. Montrer que le poids d'un ion H^- est négligeable devant la force électrique exercée sur cet ion dans une zone accélératrice.

b. Exprimer puis calculer la variation d'énergie cinétique d'un ion H^- lors de la traversée d'une zone accélératrice. Donner le résultat en J et en MeV.

INDICATEURS DE RÉUSSITE	NIVEAU A	B	C	D
S'APPROPRIER				
• Les données utiles, notamment celles de la page 284, ont bien été utilisées.				
ANALYSER-RAISONNER				
• Le quotient des normes des deux forces est calculé pour les comparer. • Le théorème de l'énergie cinétique est appliqué à la particule.				
RÉALISER				
• L'application numérique est réalisée en utilisant les unités demandées.				

DIFFÉRENCIATION

28 HMS Victory

ANA-RAI Choisir un modèle et des lois pertinentes | RÉA Mettre en œuvre les étapes d'une démarche

Lors de la bataille navale de Trafalgar en 1805, le HMS Victory avait embarqué plus de cent canons dont ceux du pont inférieur, situés à 2,50 m au-dessus de la ligne de flottaison, qui propulsaient des boulets avec une vitesse initiale de valeur $480\ m \cdot s^{-1}$.

• Déterminer la portée de ces canons pour un tir horizontal.

■ *Aides à la fin du manuel.*

29 Lobshot au golf

ANA-RAI Choisir un modèle et des lois pertinentes **RÉA** Mettre en œuvre les étapes d'une démarche **VAL** Interpréter les résultats

Un golfeur souhaite faire passer sa balle au-dessus d'une haie de hauteur $H = 3{,}0$ m située à une distance $d = 8{,}0$ m. Il vise le trou situé à une distance $D = 25$ m et placé au centre du green circulaire de rayon $r = 7{,}0$ m.
Le vecteur vitesse initial de la balle est incliné d'un angle $\alpha = 38°$ avec l'horizontale. Sa norme est égale à $v_0 = 35\ m \cdot s^{-1}$.

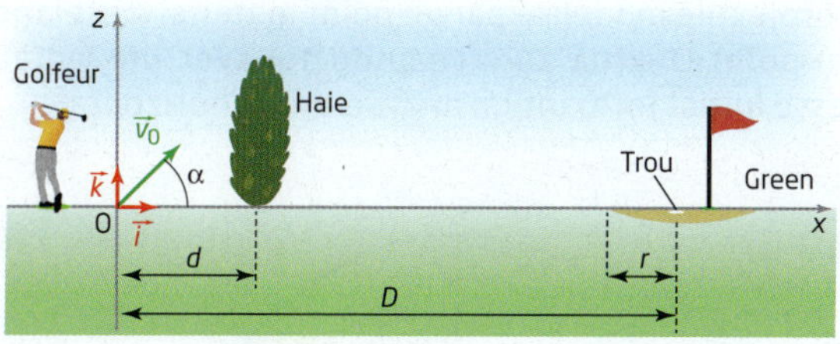

a. Établir les équations horaires du mouvement de la balle et vérifier que sa trajectoire est plane.

b. Vérifier que la balle franchit la haie puis indiquer si son premier rebond s'effectue sur le green.

30 Imprimante à jet d'encre continu

ANA-RAI Choisir des lois pertinentes **RÉA** Mettre en œuvre une démarche

Un jet de gouttes d'encre émises par la buse d'impression d'une imprimante à jet d'encre continu passe entre deux plaques de déflexion, de longueur $\ell = 2{,}0$ cm, qui créent un champ électrique uniforme de norme $E = 4{,}0 \times 10^5\ V \cdot m^{-1}$.
Les gouttes non chargées au niveau de l'électrode de charge ne sont pas déviées tandis que les gouttes chargées négativement sont déviées et récupérées.

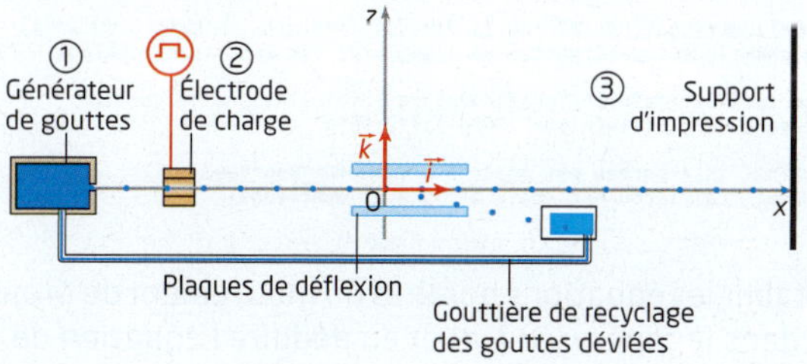

Une goutte d'encre de masse m et de charge q pénètre dans la zone de champ électrique uniforme avec un vecteur vitesse horizontal tel que $v_0 = 18\ m \cdot s^{-1}$.

DONNÉES
- Masse d'une goutte : $m = 6{,}5 \times 10^{-11}$ kg.
- Charge électrique d'une goutte : $q = 3{,}0 \times 10^{-13}$ C.

a. Exprimer le vecteur accélération de la goutte en supposant que son poids est négligeable puis établir les équations horaires de son mouvement.

b. Exprimer la déviation d de la goutte à la sortie des plaques de déflexion en fonction de l, q, m, v_0 et E. Effectuer l'application numérique.

31 Retour sur l'ouverture du chapitre

ACTUALITÉ SCIENTIFIQUE

APP Faire un schéma de la situation **ANA-RAI** Choisir un modèle et des lois pertinentes **RÉA** Utiliser un modèle théorique

Vidéo débat

La sonde spatiale *Mercury Transfer*, le module de la mission *BepiColombo*, qui devrait atteindre Mercure en 2025, est propulsée par quatre moteurs ioniques à grille. Ils fournissent une poussée très faible (de l'ordre de 145 mN chacun) mais, utilisés sur de grandes durées, ils permettent d'obtenir d'importantes variations de vitesse.
Le carburant est du xénon Xe à l'état gazeux (587 kg sont embarqués dans la sonde). Les atomes de xénon sont ionisés par un flux d'électrons. Les ions Xe^+ obtenus sont ensuite accélérés grâce à un champ électrique supposé uniforme entre une grille chargée positivement et une grille chargée négativement. Le jet de xénon propulse la sonde dans le sens opposé.

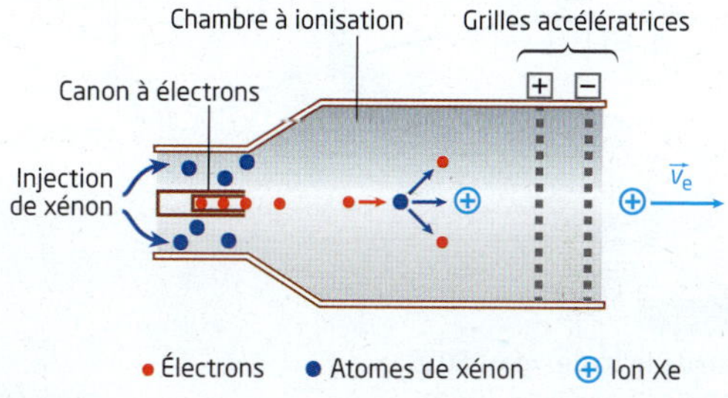

DONNÉES
- Masse d'un atome de xénon : $m(Xe) = 2{,}18 \times 10^{-25}$ kg.
- Tension accélératrice entre les grilles : $U = 700$ V.
- Distance entre les grilles : $d = 2{,}5$ mm.
- Masse de la sonde spatiale : $m = 4{,}1$ tonnes.

a. Comparer la poussée d'un moteur avec la norme du poids d'une feuille de papier A4 (21,0 cm × 29,7 cm) à 80 $g \cdot m^{-2}$.

b. Lors du trajet vers Mercure, les moteurs fonctionneront sur une durée cumulée de 880 jours. En supposant que seules les forces de poussée des moteurs s'exercent sur la sonde, déterminer la variation de vitesse obtenue.

c. Représenter sur un schéma les grilles accélératrices, le champ électrique et la force électrique exercée sur un ion xénon situé entre les grilles.

d. Déterminer la valeur v_e de la vitesse d'éjection des ions en supposant que leur poids et la valeur initiale de leur vitesse sont négligeables.

32 ✱ Service smashé au volley-ball

APP Extraire l'information utile sur des supports variés
RÉA Mettre en œuvre les étapes d'une démarche
VAL Confronter un modèle à des résultats expérimentaux

Au volley-ball, lors d'un service smashé, le serveur se place un peu après la limite du terrain, lance très haut son ballon puis effectue une petite course d'élan.

Après la course d'élan, le serveur saute de façon à frapper le ballon en un point B_0 situé à la hauteur h au-dessus de la ligne de fond du terrain. Le vecteur vitesse initial du centre de masse du ballon est horizontal. Le mouvement du ballon est étudié dans le repère d'espace $(O ; \vec{i}, \vec{k})$ et l'instant de la frappe correspond à la date $t_0 = 0$.

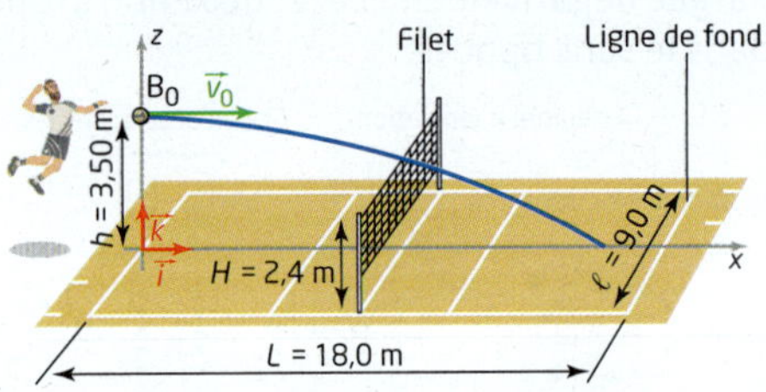

DONNÉES
- Masse de la balle : $m = 260$ g.
- Rayon de la balle : $r = 10$ cm.

a. En négligeant l'action de l'air, établir les équations horaires du mouvement du centre de masse B de la balle. En déduire l'équation de sa trajectoire.

b. Déterminer la valeur minimale v_0 de la vitesse initiale du centre de masse du ballon lui permettant de franchir le filet.

c. Lors d'un service pour lequel $v_0 = 21{,}0\ \text{m}\cdot\text{s}^{-1}$, on effectue l'étude énergétique suivante.

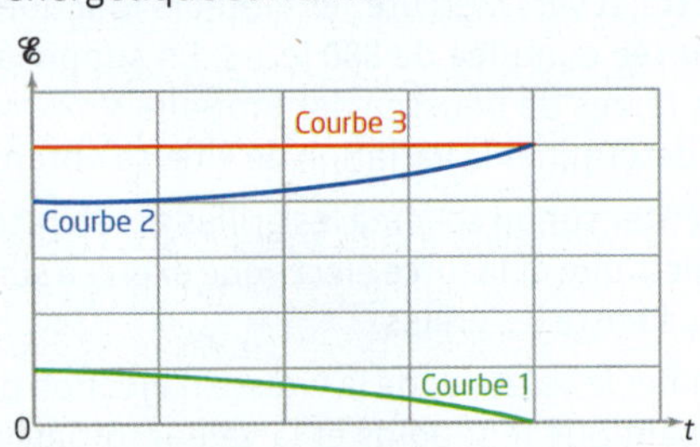

Vérifier que la balle touche le sol avant la ligne de fond.

d. Associer chaque courbe du graphique à une forme d'énergie.

e. En exploitant l'étude énergétique, déterminer la valeur de la vitesse de la balle lorsqu'elle touche le sol. Expliquer pourquoi la valeur réellement mesurée est inférieure à celle obtenue.

33 ✱ Flèche et portée

ANA-RAI Identifier les paramètres influençant un phénomène
RÉA Mettre en œuvre les étapes d'une démarche

Un projectile modélisé par un point matériel A est lancé d'un point O situé au niveau du sol avec un vecteur vitesse initial formant un angle α avec l'horizontale.

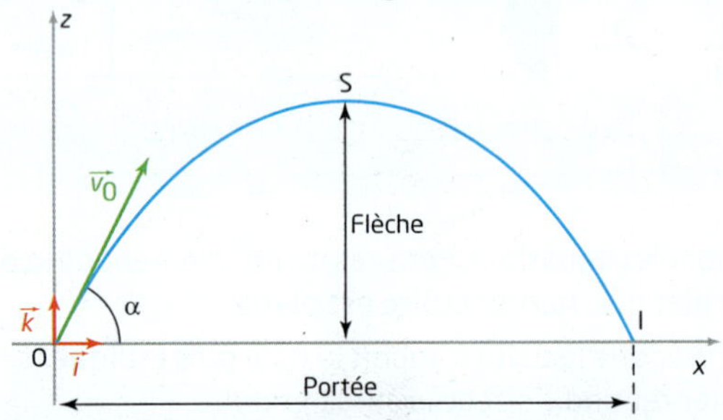

On appelle « flèche » l'altitude maximale atteinte par le projectile et « portée » la distance entre le point de lancement O et le point d'impact I sur le sol.
Les interactions du projectile avec l'air sont supposées négligeables. Le code Python ci-dessous est extrait d'un programme permettant d'étudier l'influence de différents paramètres sur la portée et la flèche du tir.

DOCUMENT **Extrait du code Python permettant d'étudier l'influence de différents paramètres**

Python

```
14 g = 9.81      # Intensité de la pesanteur en N/kg
15
16 v0=float(input("Valeur de la vitesse initiale (en m/s) : v0 = "))
17 alpha=float(input("Valeur de l'angle de tir (en degré) : alpha = "))
18
19 portee=v0**2*sin(2*alpha/180*pi)/g      # calcul de la portée
20 fleche=v0**2*(sin(alpha/180*pi))**2/(2*g) # calcul de la flèche
21
22 print("\nLa portée est égale à :","%.2f m"%portee)
23 print("La flèche est égale à :","%.2f m"%fleche)
```

a. Établir les équations horaires du mouvement du projectile dans le repère $(O ; \vec{i}, \vec{k})$ et en déduire l'équation de sa trajectoire.

b. Déterminer la coordonnée v_z du vecteur vitesse au point S. Montrer que la relation vérifiée par la flèche est cohérente avec la ligne 20 du code source Python.

c. Établir les coordonnées du point I. Montrer que la relation vérifiée par la portée est cohérente avec la ligne 19 du code source Python.

d. Utiliser le code source Python fourni pour étudier l'influence des paramètres v_0 et α sur la portée et la flèche.

RESSOURCES
- Fichier Python pour la question d.

34 ✱✱ Rebonds d'un ballon de basket

DIFFÉRENCIATION

ANA-RAI Choisir un modèle et des lois pertinentes **RÉA** Établir des expressions littérales entre les grandeurs intervenant dans le problème
VAL Confronter un problème à des résultats expérimentaux

Un ballon de basket de masse m connue est lâchée sans vitesse initiale d'une hauteur h_0.

L'application Phyphox installée sur un smartphone mesure la durée entre deux rebonds successifs du ballon et en déduit l'altitude maximale atteinte par le ballon entre chaque rebond.

L'enregistrement sonore débute au moment du premier rebond. On repère la position du ballon grâce à un axe vertical $(O; \vec{k})$ orienté vers le haut dont l'origine est située au niveau du sol.

Un enregistrement réalisé avec l'application donne les résultats suivants pour les durées Δt entre les rebonds successifs, la hauteur maximale h_{max} atteinte par le ballon entre chaque rebond et le pourcentage d'énergie mécanique conservé lors de chaque rebond.

DOC. 1 Résultats donnés par l'application Phyphox — Tableur

<table>
<tr><td>Rebond</td><td colspan="2">1</td><td colspan="2">2</td><td colspan="2">3</td><td colspan="2">4</td><td colspan="2">5</td></tr>
<tr><td>Δt (en s)</td><td></td><td colspan="2">0,624</td><td colspan="2">0,503</td><td colspan="2">0,395</td><td colspan="2">0,318</td><td></td></tr>
<tr><td>h_{max} (en cm)</td><td></td><td colspan="2">47,67</td><td colspan="2">31,05</td><td colspan="2">19,12</td><td colspan="2">12,42</td><td></td></tr>
<tr><td>Énergie conservée (en %)</td><td colspan="2"></td><td colspan="2">65,1</td><td colspan="2">61,6</td><td colspan="2">64,9</td><td colspan="2"></td></tr>
</table>

Ces résultats sont analysés grâce à un programme Python ou à un tableur.

DOC. 2 Extrait du code source Python permettant d'analyser les résultats — Python

```
 7 m = 0.594   # masse du ballon en kg
 8 g = 9.81    # Intensité de la pesanteur en N/kg
 9 delta_t=[............] # Liste des Δt entre les rebonds (en s)
10 N=len(delta_t) # Nombre de mesures de Δt
11
12 hmax,Em=,[],[] # Définition de listes vides
13 for i in range(N):
14     hmaxi=g*delta_t[i]**2/8    # Altitude maximale atteinte entre deux rebonds
15     Emi=m*g**2*delta_t[i]**2/8 # Energie mécanique entre deux rebonds
16     hmax.append(hmaxi)
17     Em.append(Emi)
```

a. Établir l'équation horaire du mouvement de la balle entre deux rebonds successifs.

b. Exprimer la durée Δt entre le rebond n° i et le suivant en fonction de g et v, valeur de la vitesse de la balle juste après le rebond n° i.

c. Établir l'expression de l'altitude maximale h_{max} atteinte par la balle entre deux rebonds successifs et l'expression de son énergie mécanique, supposée constante entre ces deux rebonds, en fonction de Δt, g et m. Comparer avec les formules des lignes 14 et 15 de l'extrait du code source Python du **DOC. 2**.

d. Compléter le code source Python fourni (ou le fichier du tableur fourni) pour calculer les hauteurs maximales atteintes entre chaque rebond et le pourcentage d'énergie mécanique conservée lors de chaque rebond. Comparer avec les valeurs fournies par l'application Phyphox.

RESSOURCES
- Fichiers Python (niveaux standard et confirmé)
- Tableur-grapheur

35 ✱✱ Accélérateur linéaire ALICE

APP Représenter la situation par un schéma
RÉA Utiliser un modèle théorique **COM** Rédiger une explication

Inauguré en 1967 à l'Institut de Physique nucléaire à Orsay, l'accélérateur linéaire ALICE était la première machine au monde capable d'accélérer des ions très lourds, tels que les ions krypton Kr^{7+}. Les ions de masse m se déplaçaient à travers 56 tubes métalliques successifs reliés à une source de tension alternative de fréquence $f = 24{,}4$ MHz et d'amplitude $U = 220$ kV. Les ions sont accélérés lors de leur passage d'un tube à l'autre. La durée de traversée d'un tube, à l'intérieur duquel le champ électrique est nul, correspond à la demi-période $\frac{T}{2}$ de la tension, de telle sorte que la polarité des tubes s'inverse lors de celle-ci.

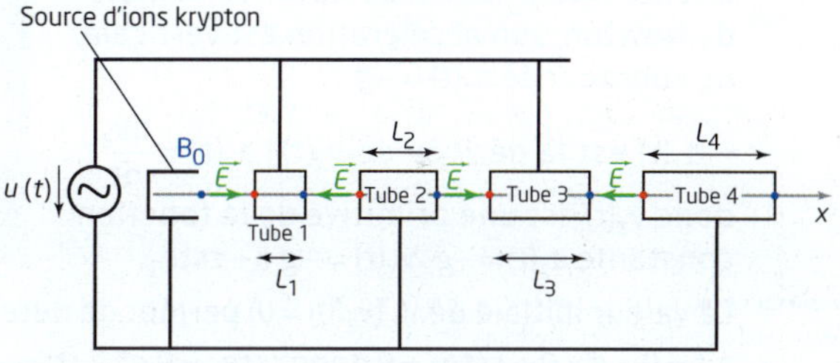

À $t = t_1$, $u(t_1) = U > 0$ et $E = \frac{U}{d}$

DONNÉE Masse des ions krypton : $m = 1{,}39 \times 10^{-25}$ kg.

a. Schématiser la situation à la date $t = t_1 + \frac{T}{2}$ en représentant le champ électrique entre chaque tube.

b. En appliquant le théorème de l'énergie cinétique et en considérant que le champ électrique est uniforme, exprimer la variation d'énergie cinétique d'un ion lorsqu'il passe d'un tube au suivant en fonction de e et U.

c. Exprimer puis calculer la valeur de la vitesse des ions à la sortie de l'accélérateur, en supposant que celle-ci est négligeable au niveau du point B_0.

d. Expliquer pourquoi les tubes sont de plus en plus longs dans l'accélérateur linéaire. Exprimer puis calculer la longueur L_4 du quatrième tube en fonction de f, e, m et U.

EXO **Exercices supplémentaires**

36 Déterminer la primitive d'une fonction

Un élève doit établir une équation horaire de mouvement en déterminant des primitives.

ÉTAPE 1 Comprendre la notion de primitive d'une fonction en mathématiques

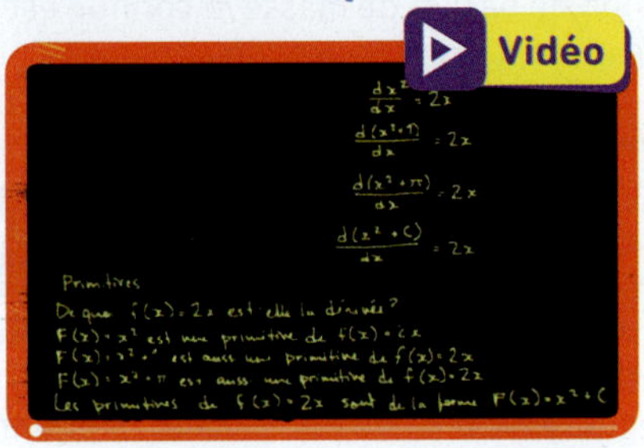

Une primitive F d'une fonction f est une fonction telle que la dérivée de F est égale à f.

Par exemple, comme $F' = \frac{dF}{dx} = f$:

- les primitives d'une fonction constante $f(x) = 2$ sont des fonctions affines de la forme : $F(x) = 2x + C$, avec C une constante ;
- les primitives d'une fonction linéaire $f(x) = 2x$ sont de la forme $F(x) = x^2 + C$, avec C une constante ;

Ainsi, de façon plus générale, les primitives d'une fonction affine $f(x) = \alpha x + \beta$ (avec α et β deux constantes) sont de la forme $F(x) = \frac{1}{2}\alpha x^2 + \beta x + C$, avec C une constante.

Remarque La notation $\frac{d}{dx}$ signifie « dérivée par rapport à x ».

ÉTAPE 2 Déterminer la primitive d'une fonction en physique-chimie

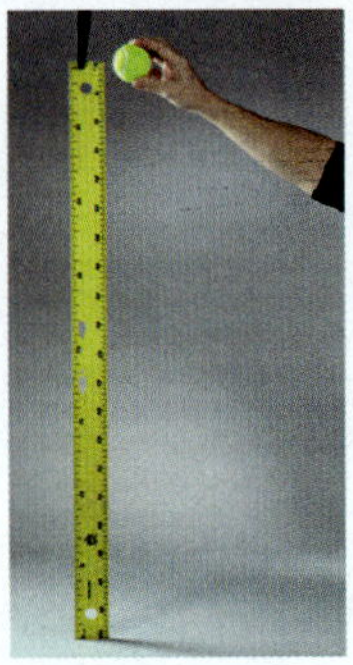

- Dans le référentiel terrestre, la position du centre de masse d'une balle, lâchée sans vitesse initiale d'une hauteur z_0, est repérée par rapport à un axe vertical $(O ; \vec{k})$ orienté vers le haut. D'après la deuxième loi de Newton, son accélération est verticale, de coordonnée $a_z(t) = -g$.
- $a_z(t)$ est la dérivée de $v_z(t)$ $\left(a_z(t) = \frac{dv_z}{dt}\right)$, donc $v_z(t)$ est une primitive de la fonction constante $a_z(t) = -g$: $v_z(t) = -g\,t + \text{cste}_1$.

La valeur initiale de v_z ($v_z(0) = 0$) permet de déterminer cste_1 : à $t = 0$, $-g \times 0 + \text{cste}_1 = 0$ donc $\text{cste}_1 = 0$ et $v_z(t) = -g\,t$.

- $v_z(t)$ est la dérivée de $z(t)$ $\left(v_z(t) = \frac{dz}{dt}\right)$, donc $z(t)$ est une primitive de la fonction linéaire $v_z(t) = -g\,t$: $z(t) = -\frac{1}{2}g\,t^2 + \text{cste}_2$.

La valeur initiale de z ($z(0) = z_0$) permet de déterminer cste_2 : à $t = 0$, $-\frac{1}{2}g \times 0^2 + \text{cste}_2 = z_0$ donc $\text{cste}_2 = z_0$.

Ainsi, l'équation horaire du mouvement de la balle est établie : $z(t) = -\frac{1}{2}g\,t^2 + z_0$.

Remarques • La notation $\frac{d}{dt}$ signifie « dérivée par rapport à t » car la variable x est souvent remplacée par la variable t en physique-chimie.
• En mathématiques, il existe une infinité de primitives pour une fonction donnée. En physique-chimie, on sélectionne une seule de ces primitives en utilisant les conditions initiales.

Questions

1. Visionner la vidéo indiquée et apprendre les primitives des fonctions constante, linéaire et affine présentées dans l'ÉTAPE 1.
2. Un électron de masse m et de charge électrique $q = -e$ est en mouvement rectiligne suivant un axe $(O ; \vec{k})$ dans un champ électrique uniforme $\vec{E}$. D'après la deuxième loi de Newton, son accélération est dans la direction de l'axe $(O ; \vec{k})$, de coordonnée $a_z(t) = -\frac{eE}{m}$.
Reprendre l'ÉTAPE 2 pour déterminer l'équation horaire du mouvement de l'électron, sachant que les conditions initiales sont $v_z(0) = v_0$ et $z(0) = -d$.

Conseils

- Connaître les primitives des fonctions usuelles.
- Mémoriser les étapes-clés du raisonnement.
- Identifier les conditions initiales du mouvement.

RESSOURCE

- Vidéo de l'étape 1

37 Détermination du quotient $\frac{e}{m}$ pour l'électron

HISTOIRE DES SCIENCES

ANALYSER-RAISONNER | RÉALISER | VALIDER

Lors de la découverte de l'électron en 1897, le physicien anglais Joseph John Thomson (1856-1940) utilisa un tube à vide dans lequel des électrons étaient accélérés à l'aide d'un champ électrique puis déviés en passant entre 2 plaques métalliques de charges opposées.

Cette expérience a permis la détermination du quotient $\frac{e}{m}$ entre la charge et la masse de cette nouvelle particule.

DOCUMENT **Expérience de Thomson**

Le montage ci-contre reprend le principe de l'expérience de Thomson. Les électrons sortent du canon à électron avec un vecteur vitesse horizontal $\vec{v_0}$ puis se déplacent à travers un vide poussé dans la zone de champ électrique uniforme créée par les deux plaques chargées. La déviation verticale h du faisceau d'électrons lors de la traversée des plaques sur une longueur L est ensuite mesurée.

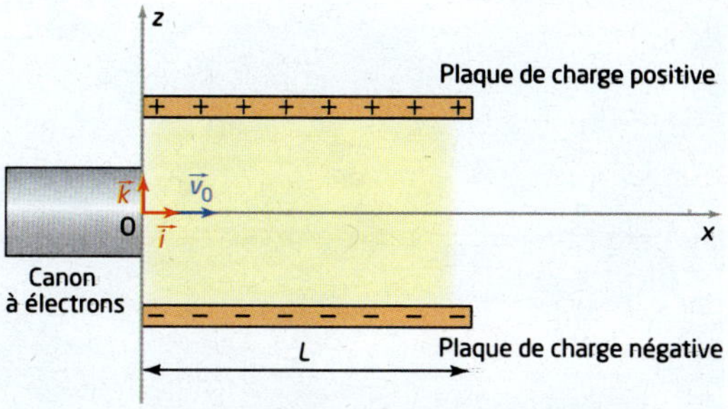

DONNÉES

- Dans le référentiel terrestre supposé galiléen, la valeur de la vitesse des électrons à la sortie du canon à électrons est : $v_0 = 2{,}27 \times 10^7$ m·s^{-1} avec une incertitude-type $u(v_0) = 2 \times 10^5$ m·s^{-1}.
- La norme du champ électrique entre les deux plaques est $E = 15{,}0$ kV·m^{-1} avec une incertitude-type $u(E) = 0{,}1$ kV.
- La longueur des plaques est $L = 8{,}50$ cm avec une incertitude-type $u(L) = 0{,}05$ cm.
- On considère que la norme du poids des électrons est négligeable devant celle de la force électrique $\vec{F_{el}}$.
- À la sortie des plaques, en $x = L$, la déviation verticale du faisceau d'électrons par rapport à l'axe (Ox) a une valeur $h = 1{,}85$ cm avec une incertitude-type $u(h) = 0{,}05$ cm.
- L'incertitude-type sur le quotient $\frac{e}{m}$ s'exprime de la manière suivante :

$$u\left(\frac{e}{m}\right) = \frac{e}{m} \times \sqrt{\left(\frac{u(h)}{h}\right)^2 + \left(\frac{u(E)}{E}\right)^2 + 4\left(\frac{u(L)}{L}\right)^2 + 4\left(\frac{u(v_0)}{v_0}\right)^2}$$

Questions

1 Reproduire le schéma du dispositif et représenter le champ électrique $\vec{E}$ créé entre les plaques en utilisant l'échelle suivante : 1,0 cm pour 5,0 kV·m^{-1}.

2 **a.** Donner la relation entre la force électrique $\vec{F_{el}}$ exercée sur un électron, la charge élémentaire e et le champ électrique $\vec{E}$. En déduire le sens de déviation du faisceau d'électrons.

b. Représenter la force $\vec{F_{el}}$ sur le schéma en utilisant l'échelle suivante : 1,0 cm pour $1{,}0 \times 10^{-15}$ N.

3 En appliquant la deuxième loi de Newton, montrer que les coordonnées du vecteur accélération de l'électron lors de son mouvement entre les plaques sont : $a_x(t) = 0$ et $a_z(t) = \frac{eE}{m}$.

4 Établir les équations horaires $x(t)$ et $z(t)$ du mouvement de l'électron.

5 Montrer que l'équation de la trajectoire décrite par les électrons entre les plaques est :

$$z = \frac{eE}{2mv_0^2}x^2.$$

6 Exprimer le quotient $\frac{e}{m}$ en fonction de E, L, h et v_0. Calculer la valeur de ce quotient et de l'incertitude-type associée.

38 Blobjumping

ANALYSER-RAISONNER | RÉALISER | VALIDER

La pratique du *blobjumping* nécessite un grand réservoir d'air placé à la surface de l'eau. En sautant depuis une platerforme, le « jumper » propulse le « blobber », initialement allongé sur le réservoir, à plusieurs mètres de hauteur.

● **Comment étudier le mouvement du « blobber » au cours de son saut ?**

DOCUMENT Chronophotographie d'un blobber

Vidéo

Matériel

Matériel disponible

Ordinateur muni de logiciels de pointage vidéo et de traitement de données.

DONNÉES 1

■ La valeur de référence de l'intensité de la pesanteur terrestre g est $g_{réf} = 9{,}8\ \text{N}\cdot\text{kg}^{-1}$.

■ À la date $t = 0$, les coordonnées et la valeur de la vitesse du point G sont notées x_0, z_0 et v_0.

■ α est l'angle entre le vecteur vitesse initial et l'axe horizontal $(O\,;\vec{i}\,)$.

DONNÉES 2

Équations horaires du mouvement du centre de masse G d'un projectile dans le champ de pesanteur terrestre supposé uniforme :

$$\overrightarrow{OG}(t)\begin{cases} x(t) = (v_0 \cos\alpha)\, t + x_0 \\ z(t) = -\dfrac{1}{2} g\, t^2 + (v_0 \sin\alpha)\, t + z_0 \end{cases}$$

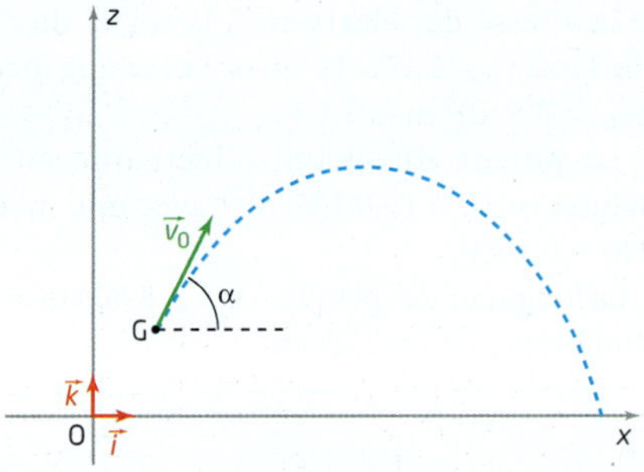

Questions

Fiche d'évaluation

1 En utilisant la vidéo mise à disposition, proposer une démarche expérimentale permettant d'établir les équations horaires du mouvement du centre de masse G du « blobber » lors de son saut.
APPEL N° 1 *Appeler le professeur pour lui présenter la démarche ou en cas de difficulté.*

2 Mettre en œuvre la démarche expérimentale.

3 En comparant les équations horaires obtenues expérimentalement avec celles du modèle présenté dans les données, déterminer les valeurs de v_0, α et g.
APPEL N° 2 *Appeler le professeur pour lui présenter les résultats ou en cas de difficulté.*

4 Évaluer qualitativement l'incertitude-type $u(z)$ associée aux pointages et en déduire l'incertitude-type $u(g)$ de la mesure de g.

5 Comparer la valeur de g obtenue expérimentalement avec la valeur de référence (➔ **Fiche méthode Mesure et Incertitudes** p. 504). Conclure en critiquant la modélisation effectuée pour obtenir la valeur expérimentale de g.

RESSOURCES
- Vidéo du doc. 1
- Liste du matériel
- Fiche d'évaluation par compétences

39 Mouvement d'un volant de badminton

DIFFÉRENCIATION

S'APPROPRIER RÉALISER

Au badminton, les joueurs envoient à l'aide d'une raquette un volant de masse $m = 5{,}0$ g qui possède des propriétés aérodynamiques particulières. Sa vitesse peut dépasser la valeur de 400 km · h^{-1} et sa trajectoire est très différente de celle des balles utilisées dans d'autres sports comme le tennis.

Le mouvement du centre de masse du volant est étudié dans le référentiel terrestre supposé galiléen, lié au repère d'espace cartésien $(O ; \vec{i}, \vec{k})$. Dans la situation considérée, le volant quitte la raquette à la date $t = 0$ avec un vecteur vitesse $\vec{v_0}$ incliné d'un angle $\alpha = 55°$ avec l'horizontale et de norme $v_0 = 50$ m · s^{-1}.

Le langage de programmation Python permet de concevoir un programme qui détermine, par itérations successives, la trajectoire du centre de masse du volant et l'évolution au cours du temps de son énergie mécanique.

DOC. 1 Trajectoire du centre de masse et évolution temporelle des différentes formes d'énergie du volant de badminton

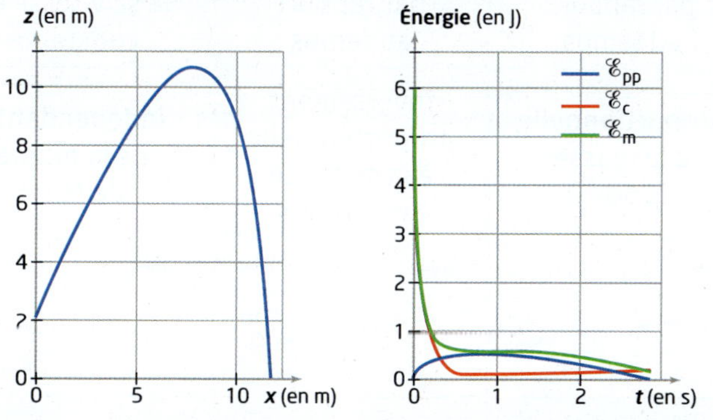

DOC. 2 Extrait du code source Python

Python

```
29 dt = 5e-2  # choix du pas d'itération en s
30 while z>0:
31     dx=vx*dt
32     dz=vz*dt
33     dvx=-0.15*sqrt(vx**2+vz**2)*vx*dt
34     dvz=-9.8*dt-0.15*sqrt(vx**2+vz**2)*vz*dt
35     t=t+dt
36     x=x+dx
37     z=z+dz
38     vx=vx+dvx
39     vz=vz+dvz
40     ec=......
41     epp=......
42     em=......
43     T.append(t)
44     Vx.append(vx), Vz.append(vz)
45     X.append(x), Z.append(z)
46     Ec.append(ec), Epp.append(epp), Em.append(em)
```

DONNÉES Caractéristiques de la force de traînée

Les plumes du volant créent une traînée, modélisée par une force $\vec{f}$, qui s'oppose au mouvement du volant dans l'air. On a : $\vec{f} = -\beta v \vec{v}$ avec $\beta = 7{,}5 \times 10^{-4}$ SI et v la valeur de la vitesse du volant.

Questions

DIFFÉRENCIATION

1 À l'aide du DOC. 1, justifier que le volant n'effectue pas une chute libre.

2 Comparer les normes du poids du volant et de la force de traînée à la date $t = 0$. Commenter.

3 En utilisant la deuxième loi de Newton et en sachant que l'axe vertical est orienté vers le haut, exprimer le vecteur accélération du centre de masse du volant.

4 Établir les équations ci-contre en précisant les expressions des constantes A, B et C en fonction de β, m et g.

$$\begin{cases} \dfrac{dv_x}{dt} = A \times v \times v_x \\ \dfrac{dv_z}{dt} = B + C \times v \times v_z \end{cases}$$

5 Déterminer les valeurs numériques des constantes A, B et C. Vérifier leur cohérence avec les lignes 33 et 34 de l'extrait du code source Python présenté dans le DOC. 2.

6 Compléter les lignes 40 à 42 de l'extrait du code source Python de manière à déterminer l'évolution des différentes formes d'énergie du volant de badminton. Commenter cette évolution.

RESSOURCES

- Fichiers Python (niveaux standard et confirmé)

13 Mouvements des satellites et des planètes

EXO QCM interactif

Se tester pour commencer

Choisir la réponse exacte.

	A	B	C
1 **Le vecteur vitesse d'un point M est :**	tangent à sa trajectoire	indépendant du référentiel choisi	forcément constant si son mouvement est uniforme
2 **Le vecteur accélération d'un point M est :**	la dérivée de son vecteur vitesse par rapport au temps	la dérivée de son vecteur position par rapport au temps	un vecteur nul si la valeur de sa vitesse est constante
3 **La norme de la force de gravitation exercée par le Soleil sur Mars est :**	proportionnelle à la masse du Soleil	inversement proportionnelle à la distance Soleil/Mars	indépendante de la masse de Mars
4 **Le schéma représentant l'interaction gravitationnelle entre Mars et le Soleil est :**	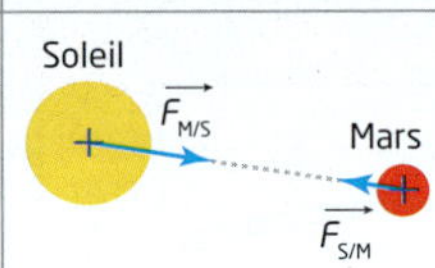	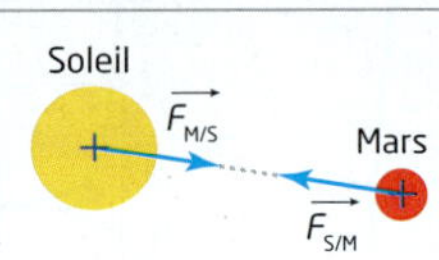	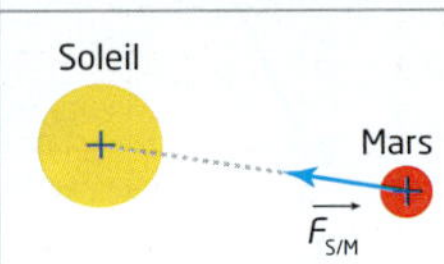
5 **Pour appliquer la deuxième loi de Newton au mouvement de la Lune autour de la Terre, le référentiel d'étude adapté est le référentiel :**	héliocentrique	géocentrique	terrestre

Vidéo débat GRAND ORAL

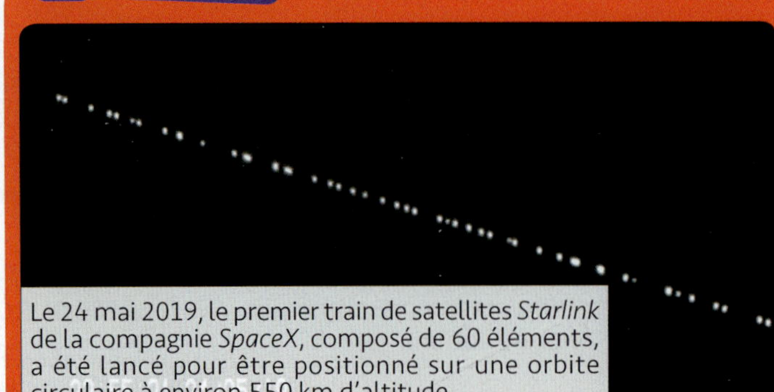

Le 24 mai 2019, le premier train de satellites *Starlink* de la compagnie *SpaceX*, composé de 60 éléments, a été lancé pour être positionné sur une orbite circulaire à environ 550 km d'altitude.

Pour éviter les collisions entre les différents satellites du train, est-il indispensable de prévoir un système permettant de contrôler leur vitesse individuelle ?

→ Exercice 20 page 309

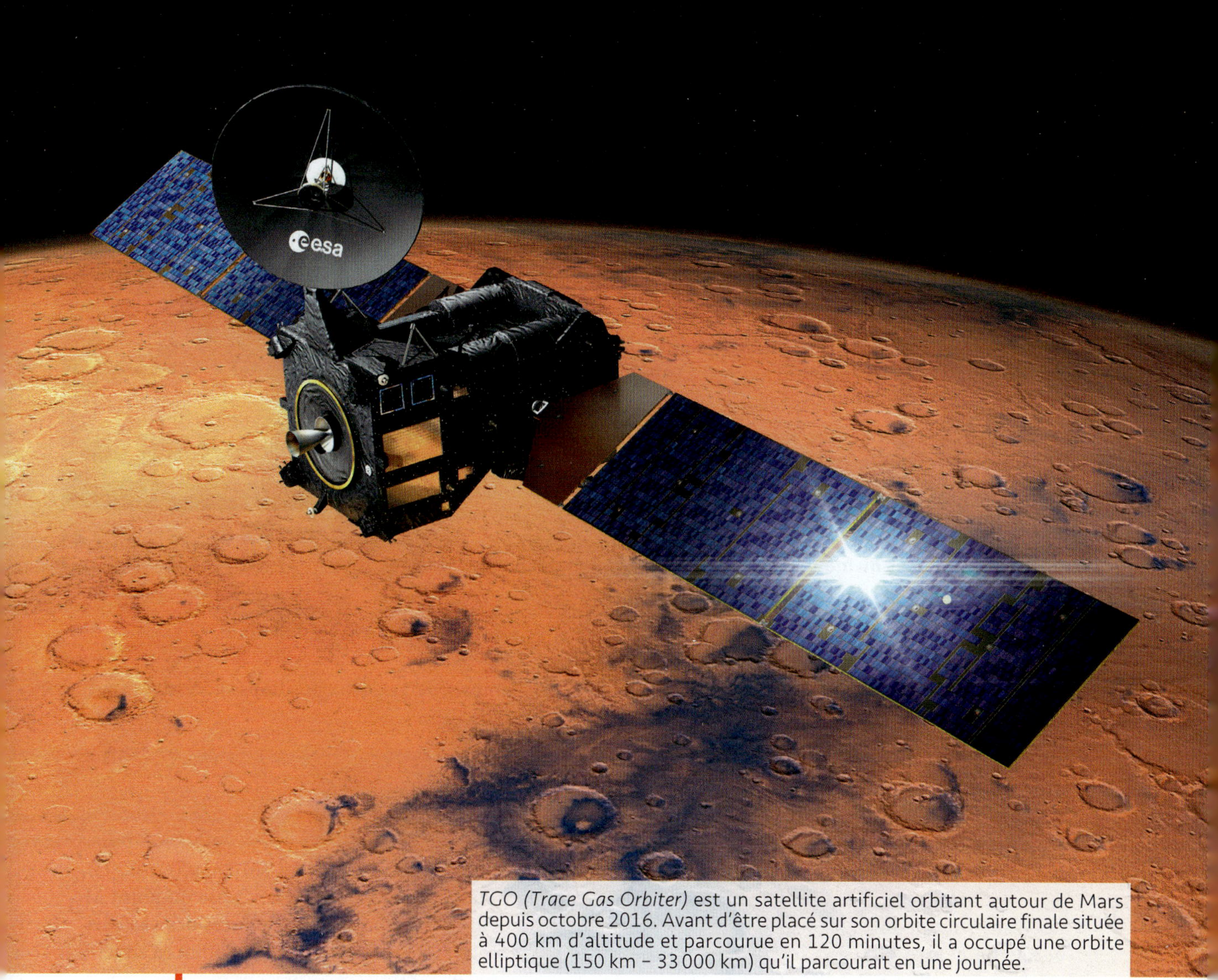

TGO (Trace Gas Orbiter) est un satellite artificiel orbitant autour de Mars depuis octobre 2016. Avant d'être placé sur son orbite circulaire finale située à 400 km d'altitude et parcourue en 120 minutes, il a occupé une orbite elliptique (150 km – 33 000 km) qu'il parcourait en une journée.

Par quelle expression les caractéristiques des orbites occupées par ce satellite sont-elles reliées ?

CAPACITÉS EXIGIBLES	Activités	Exercices corrigés
Citer et exploiter les expressions des coordonnées des vecteurs vitesse et accélération dans le repère de Frenet, dans le cas d'un mouvement circulaire.	1	14 28
Caractériser le vecteur accélération pour les mouvements circulaire et circulaire uniforme.	1 2	9 15 36
Déterminer les caractéristiques des vecteurs vitesse et accélération du centre de masse d'un système en mouvement circulaire dans un champ de gravitation newtonien.	2	20 21 28 36
Établir et exploiter la troisième loi de Kepler dans le cas du mouvement circulaire.	2 3	10 30 37
NUMÉRIQUE Exploiter, à l'aide d'un langage de programmation, des données astronomiques ou satellitaires pour tester les deuxième et troisième lois de Kepler.	3	26

Activité expérimentale

Notions
- Mouvement circulaire
- Repère de Frenet
- Vecteurs vitesse et accélération

▸ § 1 p. 302

1 Étude d'un mouvement circulaire

Dans le référentiel terrestre, le mouvement d'un point du plateau d'un manège en fonctionnement est circulaire. La valeur de sa vitesse varie toutefois entre les phases de démarrage et d'arrêt du manège.

● **Comment caractériser les vecteurs vitesse et accélération d'un point en mouvement circulaire ?**

Enregistrement

DOCUMENT **Phases du mouvement d'un point M du plateau d'un manège**

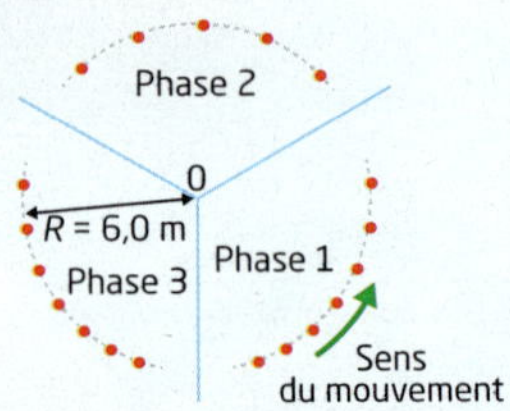

Phase 1 : phase de démarrage.
Phase 2 : phase durant plusieurs tours à valeur de vitesse constante.
Phase 3 : phase d'arrêt.
Pour chaque phase, l'intervalle de temps séparant deux positions successives vaut $\Delta t = 900$ ms.

DONNÉES **Repère de Frenet et coordonnées des vecteurs vitesse et accélération**

■ Pour un point M en mouvement circulaire suivant un cercle de centre O et de rayon R. Le **repère de Frenet** est le repère d'origine mobile $M(t)$ et de vecteurs unitaires :

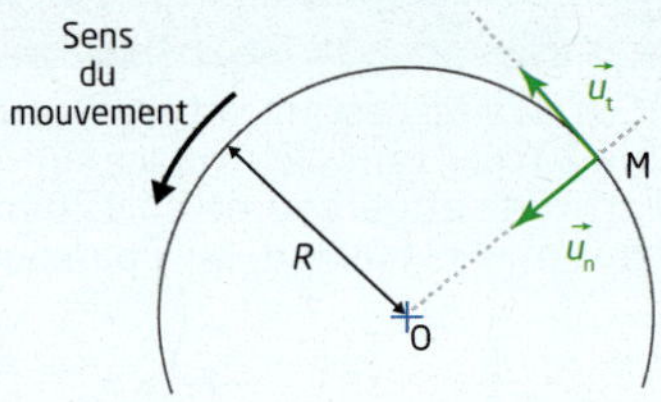

- $\vec{u_t}(t)$: tangent à la trajectoire et orienté dans le sens du mouvement ;
- $\vec{u_n}(t)$: selon la direction (OM) et orienté vers le centre O.

■ Dans le repère de Frenet $(M(t)\,;\,\vec{u_t}(t)\,;\,\vec{u_n}(t))$, en notant $v(t)$ la valeur de la vitesse du point M au cours du temps, les coordonnées des vecteurs vitesse $\vec{v}(t)$ et accélération $\vec{a}(t)$ du point M sont :

$$\vec{v}(t)\begin{cases} v_t(t) = v(t) \\ v_n(t) = 0 \end{cases} \Rightarrow \vec{v}(t) = v(t)\,\vec{u_t}(t)$$

$$\vec{a}(t)\begin{cases} a_t(t) = \dfrac{dv}{dt} \\ a_n(t) = \dfrac{(v(t))^2}{R} \end{cases} \Rightarrow \vec{a}(t) = \frac{dv}{dt}\vec{u_t}(t) + \frac{(v(t))^2}{R}\vec{u_n}(t)$$

Questions

Les tracés sont à réaliser sur la version imprimable du document, disponible sur le site ***sirius.nathan.fr****.*

1 ANALYSER-RAISONNER

a. Qualifier le mouvement du point M pour chacune des phases présentées dans le **DOCUMENT**.

b. En un point M_i choisi dans chaque phase, tracer au crayon à papier l'allure du vecteur vitesse $\vec{v_i}$ et éventuellement celle du vecteur accélération $\vec{a_i}$.
Aucune justification n'est demandée. Seuls la direction et le sens des vecteurs sont attendus.

c. D'après les **DONNÉES**, déterminer, dans le repère de Frenet, le signe des coordonnées des vecteurs $\vec{v_i}$ et $\vec{a_i}$ aux points M_i choisis. Préciser les coordonnées nulles.

d. Représenter le repère de Frenet aux points M_i choisis puis corriger éventuellement le tracé des vecteurs $\vec{v_i}$ et $\vec{a_i}$ selon les résultats précédents.

2 RÉALISER

Pour chaque point M_i choisi, construire avec précision les vecteurs vitesse en M_{i-1} et M_{i+1} puis en déduire le vecteur accélération en M_i. Confronter les résultats obtenus à ceux attendus d'après la question **1.d**.

3 COMMUNIQUER GRAND ORAL

Caractériser les vecteurs vitesse et accélération dans le repère de Frenet pour les mouvements circulaire et circulaire uniforme.

RESSOURCE
- Enregistrement du document

Activité expérimentale

Notions

- Champ et force de gravitation
- Orbite d'un satellite
- Période de révolution

▸ § 2 pp. 303-304

2 Satellite en orbite circulaire

De nombreux satellites tournent autour de la Terre selon des trajectoires, appelées orbites dans le référentiel géocentrique supposé galiléen, soit elliptiques soit circulaires. Par exemple, la Station Spatiale Internationale (ISS) suit une orbite quasi circulaire à environ 420 km d'altitude.

● **Comment sont reliées les grandeurs qui caractérisent le mouvement d'un satellite en orbite circulaire ?**

DOCUMENT Mouvement d'un satellite

Simulation

DONNÉE 1 Champ de gravitation

D'après la loi d'interaction gravitationnelle, un astre de masse M_{astre} de centre de masse O crée en tout point M un **champ de gravitation** $\vec{\mathscr{G}}$ tel que :

$$\vec{\mathscr{G}} = \frac{GM_{astre}}{OM^2}\vec{u}_n$$

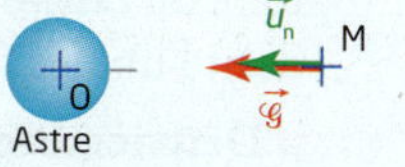

Unités SI :

$G = 6{,}67 \times 10^{-11}$ N·m²·kg⁻², constante de gravitation

M_{astre} : masse de l'astre attracteur en kilogramme (kg)

$\vec{u}_n$: vecteur unitaire de direction (OM) orienté de M vers O

DONNÉE 2 Force exercée sur un système dans un champ de gravitation newtonien

Un système de masse m est en mouvement dans un **champ de gravitation newtonien** si le champ de gravitation dans lequel il évolue est créé par **un seul astre attracteur** de masse M_{astre} supérieure à m. Dans ce cas, le système de masse m est soumis uniquement à la **force de gravitation** exercée par l'astre attracteur : $\vec{F} = m\,\vec{\mathscr{G}}$.

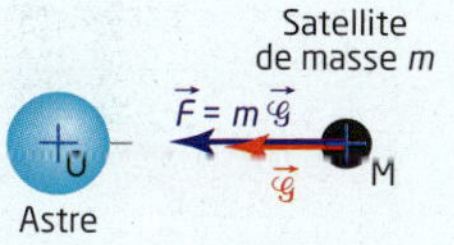

Questions

1 RÉALISER

a. Paramétrer la simulation selon le **DOCUMENT** puis la lancer. Décrire le mouvement du satellite et préciser l'évolution de ses vecteurs vitesse et accélération.

b. Relever sur la simulation, à l'aide du mètre mesureur, les valeurs R de la distance centre à centre Terre/Satellite et T de la période de révolution du satellite.

c. Réinitialiser le mouvement, augmenter légèrement l'altitude initiale du satellite puis répondre de nouveau à la question **1.a.** Modifier alors la valeur de la vitesse initiale sans changer sa direction jusqu'à obtenir de nouveau une orbite circulaire. Relever les nouvelles valeurs de T et de R.

d. Appliquer la deuxième loi de Newton au satellite en orbite circulaire pour déterminer les coordonnées de son vecteur accélération dans le repère de Frenet. En déduire celles de son vecteur vitesse puis exprimer sa norme v en fonction de G, M_T et R.

e. Exprimer la période de révolution T du satellite en fonction de G, M_T et R. En déduire la valeur de $\frac{T^2}{R^3}$.

2 VALIDER

Confronter les mesures de la période de révolution T et du rayon R de l'orbite issues de la simulation au résultat de la question **1.e.** et discuter des écarts éventuels.

RESSOURCE

- Simulation du document

Activité expérimentale

Notion
• Lois de Kepler
► § 3 p. 305

3 Lois de Kepler

HISTOIRE DES SCIENCES

Pour décrire le mouvement des planètes du Système solaire, le mathématicien allemand Johannes Kepler (1571-1630) énonce trois lois empiriques à partir des observations de l'astronome danois Tycho Brahé (1546-1601). La loi d'interaction gravitationnelle énoncée par le physicien anglais Isaac Newton (1642-1727) les confirme et les étend aux satellites en orbite autour d'une planète.

● **Comment tester les lois de Kepler à partir de données astronomiques ?**

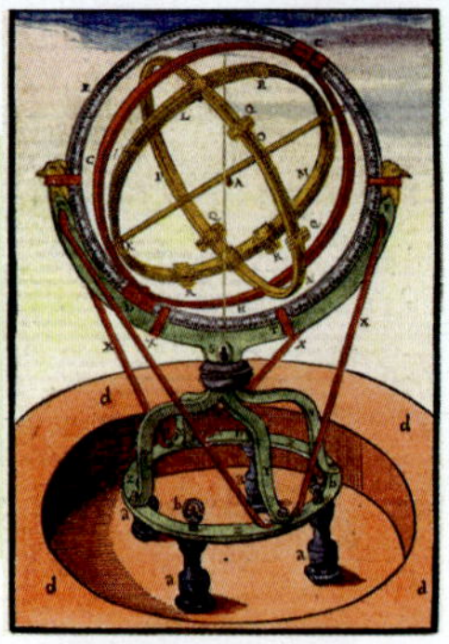

Sphère armillaire utilisée par Tycho Brahé pour ses mesures astronomiques. ►

DONNÉES 1 Énoncés des lois de Kepler

■ **Première loi de Kepler ou loi des orbites**
Dans le référentiel héliocentrique, la trajectoire du centre P d'une planète est une **ellipse** dont l'un des foyers est le centre S du Soleil.

■ **Deuxième loi de Kepler ou loi des aires**
Le segment [SP] qui relie le centre S du Soleil au centre P d'une planète balaie des **aires égales** pendant des **durées égales**.

■ **Troisième loi de Kepler ou loi des périodes**
Le quotient du carré de la période de révolution T d'une planète par le cube de la longueur a du demi grand axe de son orbite est égal à une même constante k pour toutes les planètes du Système solaire.

DOC. 1 Coordonnées écliptiques d'une planète

Le **plan de l'écliptique**, plan de l'orbite **terrestre** autour du Soleil, évolue très légèrement dans le temps. La position d'une planète est repérée par les astronomes par rapport au plan de l'écliptique d'une date de référence (1er janvier 2000 pour J2000).

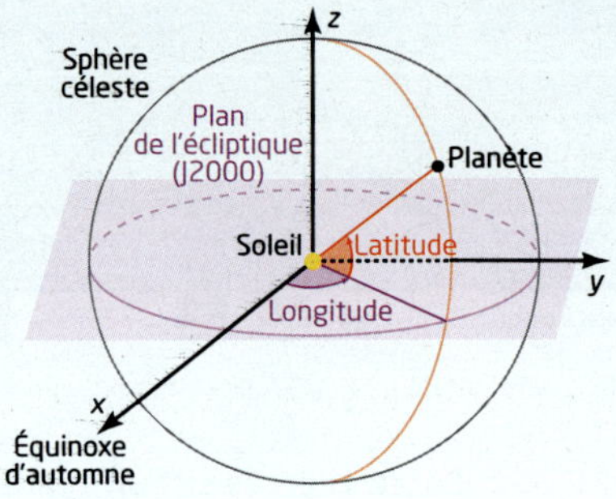

DONNÉES 2 Propriétés d'une ellipse

Animation

■ Dans le plan, une **ellipse** est l'ensemble des points M dont la somme des distances à deux points fixes F_1 et F_2, appelés foyers, est constante :

$$F_1M + F_2M = 2a.$$

■ L'**excentricité** e de l'ellipse est définie par :

$$e = \sqrt{1 - \frac{b^2}{a^2}}$$

| a longueur du demi grand axe
| b longueur du demi petit axe

■ **Pour de très petits angles et/ou pour des ellipses quasi-circulaires,** l'aire balayée par le rayon r pendant la durée Δt peut être approchée par l'aire du secteur circulaire de rayon r et de même angle α au foyer dont la valeur A est donnée par $A = \frac{\pi}{360} \times \alpha \times r^2$ si l'angle α est en degré.

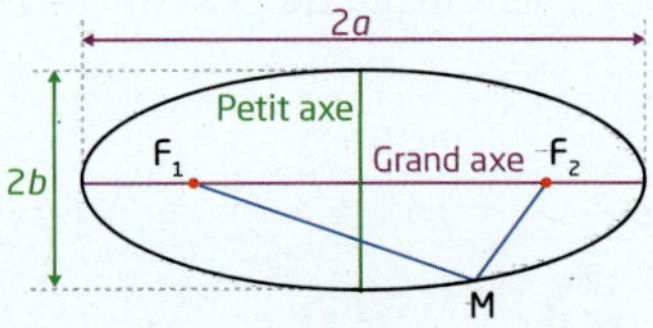

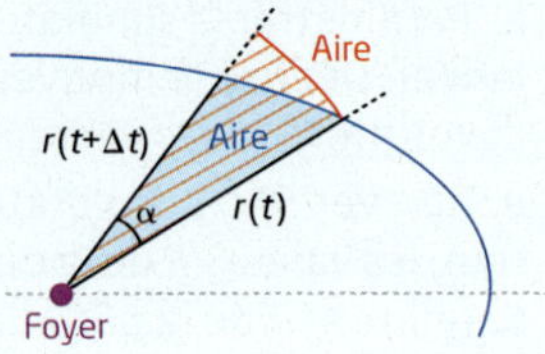

DONNÉE 3 Unité astronomique

En astronomie, les distances sont exprimées en unité astronomique (ua en français, au en anglais) sachant que $1\ ua = 1{,}5 \times 10^{11}\ m$ = distance moyenne Terre-Soleil.

experimentale **Activité**

Données | Lien

DOC. 2 Éphéméride

Le site vo.imcce.fr/webservices/miriade/ permet d'accéder à l'éphéméride des positions d'une planète dans le Repère Héliocentrique Écliptique J2000 (RHEJ2000).

Target	Date	Longitude "d:m:s"	Latitude "d:m:s"	Distance au
Earth	2019-09-27T00:00:00.00	3 20 1.4208	-00 0 1.4719	1.002581240
Earth	2019-09-28T00:00:00.00	4 18 53.4384	-00 0 1.6967	1.002299036

DIFFÉRENCIATION | Python

DOC. 3 Extrait du code Python permettant de tester la 2ème loi de Kepler

Dans l'extrait de code ci-contre, les variables "longitude" et "distance" sont deux listes contenant les données issues de l'éphéméride des positions quotidiennes de la Terre sur une année depuis l'équinoxe d'automne (données RHEJ2000).

```
# Fonction calculant l'aire d'un secteur circulaire
# de rayon 'r' en mètre et d'angle au centre 'angle' en degré
def aire(angle,r):
    aire=(pi*angle*r**2)/360
    return aire

ua=1.495978707e11 # unité astronomique (en mètre)

n = int(input('Choisir le nombre n de jours (0<n<364) pour Δt = ' ))

# Fonction calculant l'aire balayée pendant Δt depuis la position j
def Aire_Delta_t(j,n):
    aire_balayee=0
    for i in range(n):
        angle=longitude[j+i+1]-longitude[j+i]
        r=distance[j+i]*ua
        a=aire(angle,r)
        aire_balayee = aire_balayee + a
    return aire_balayee
```

Données

DONNÉES 4 Caractéristiques des planètes du Système solaire

Le tableau suivant donne les valeurs du demi grand axe a de l'orbite des planètes du Système solaire en unité astronomique et leur période de révolution T en année.

	Mercure	Vénus	Terre	Mars	Jupiter	Saturne	Uranus	Neptune
a (en ua)	0,3871	0,7233	1,0000	1,5237	5,2026	9,5547	19,218	30,109
T (en an)	0,2408	0,6152	1,0000	1,8808	11,862	29,457	84,020	164,77

Questions

Fiches-guides

1 S'APPROPRIER

a. Le cercle est une ellipse particulière. Préciser les caractéristiques de cette ellipse.

b. Réaliser un schéma permettant de représenter graphiquement la deuxième loi de Kepler.

c. Donner une expression mathématique de la troisième loi de Kepler.

2 ANALYSER-RAISONNER

a. Donner la valeur de la longitude de la Terre à l'équinoxe d'automne.

b. La latitude de la Terre n'intervient pas dans la fonction Aire_Delta_t de l'extrait de code Python. Indiquer et justifier l'approximation permettant de procéder ainsi.

3 ANALYSER-RAISONNER RÉALISER

À l'aide des documents et des données, compléter les codes sources Python fournis afin de tester la deuxième et/ou la troisième loi de Kepler.

4 COMMUNIQUER GRAND ORAL

Présenter oralement les résultats obtenus lors de l'exécution des programmes Python puis établir le lien avec les deux lois de Kepler testées.

RESSOURCES

- Animation (Données 2)
- Lien (Doc. 2)
- Fiches-guides (fichiers texte et PDF)
- Fichiers Python (niveaux standard et confirmé)
- Fichiers de données (Doc. 2 et Données 4)

Synthèse des activités

Podcast | Texte DYS

1 Mouvements circulaires

1.1 Définitions

Le mouvement d'un point M est **circulaire** si sa trajectoire est un arc de cercle ou un cercle. Il est **uniforme** si la valeur v de sa vitesse est constante au cours du temps, et **accéléré** si elle varie au cours du temps.

Les mouvements circulaires sont étudiés ici dans le repère de Frenet.

Soit un point M dont la trajectoire est un cercle de centre O et de rayon R. Le **repère de Frenet** (DOC. 1) est le repère d'origine mobile M(t) et de vecteurs unitaires :
- $\vec{u_t}(t)$: tangent à la trajectoire, orienté dans le sens du mouvement ;
- $\vec{u_n}(t)$: selon la direction (OM), orienté vers le centre O.

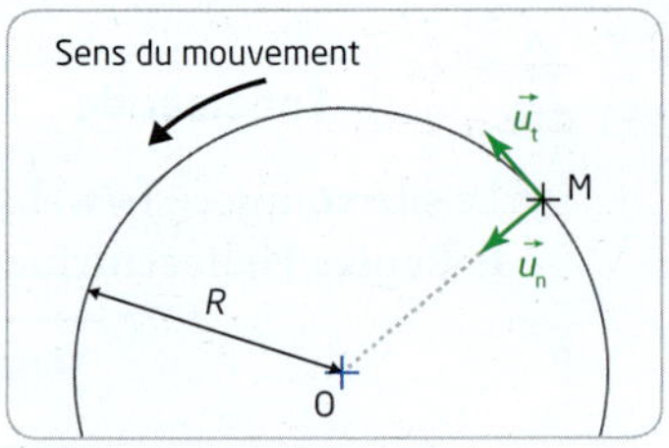

1. Mouvement circulaire et repère de Frenet.

VOCABULAIRE

Dans le repère de Frenet, les coordonnées d'un vecteur sont aussi appelées **composante tangentielle** (selon $\vec{u_t}$) et **composante normale** (selon $\vec{u_n}$).

1.2 Vitesse et accélération dans le repère de Frenet

Dans le repère de Frenet (M(t) ; $\vec{u_t}(t)$; $\vec{u_n}(t)$), en notant $v(t)$ la norme du vecteur vitesse du point M au cours du temps, les coordonnées des vecteurs vitesse $\vec{v}(t)$ et accélération $\vec{a}(t)$ du point M en mouvement circulaire sont :

$$\vec{v}(t)\begin{cases} v_t(t) = v(t) \\ v_n(t) = 0 \end{cases} \Rightarrow \vec{v}(t) = v(t)\vec{u_t}(t)$$

$$\vec{a}(t)\begin{cases} a_t(t) = \dfrac{dv}{dt} \\ a_n(t) = \dfrac{(v(t))^2}{R} \end{cases} \Rightarrow \vec{a}(t) = \frac{dv}{dt}\vec{u_t}(t) + \frac{(v(t))^2}{R}\vec{u_n}(t)$$

- Comme $v_n(t) = 0$, le vecteur vitesse est perpendiculaire à tout instant au rayon OM. Il est, comme pour tout mouvement, tangent à la trajectoire et dans le sens du mouvement ($v_t(t) = v(t) > 0$) (DOC. 2).
- Comme $a_n(t) > 0$, le vecteur accélération est orienté à tout instant vers l'intérieur de la trajectoire (DOC. 2).

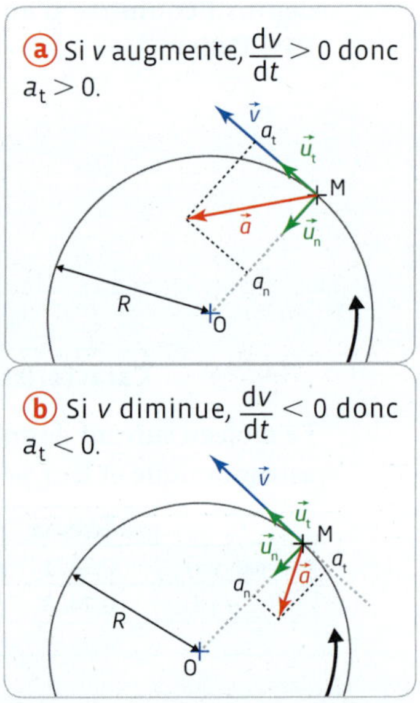

2. Le vecteur accélération $\vec{a}$ d'un point M en **mouvement circulaire accéléré** est orienté :
ⓐ vers l'avant de la trajectoire si la valeur v de sa vitesse augmente ;
ⓑ vers l'arrière de la trajectoire si la valeur v de sa vitesse diminue.

1.3 Cas d'un mouvement circulaire uniforme

Si le mouvement circulaire est **uniforme**, $v(t) = v$ = cste donc $\frac{dv}{dt} = 0$ soit $a_t(t) = 0$. La norme du vecteur accélération vaut ainsi $a(t) = a_n(t) = \frac{v^2}{R}$ = cste.

Le vecteur accélération est orienté selon $\vec{u_n}$ donc à tout instant vers le centre O de la trajectoire, il est dit **centripète** (DOC. 3).

Le vecteur accélération d'un point M en mouvement **circulaire uniforme** est un vecteur **centripète** de **norme a constante** :

$$a = \frac{v^2}{R}$$

Unités SI :
v : valeur de la vitesse en m·s⁻¹
R : rayon de la trajectoire en mètre (m)
a : valeur de l'accélération en m·s⁻²

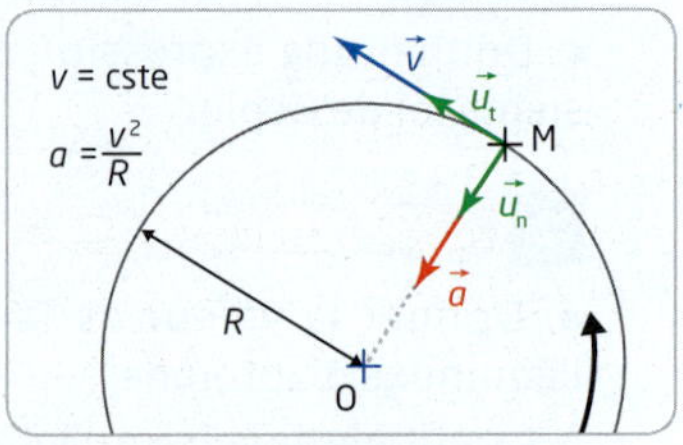

3. Lorsqu'un point M est en **mouvement circulaire uniforme**, son vecteur accélération $\vec{a}$ est centripète et de norme constante.

Podcast Texte DYS

2 Systèmes en orbite circulaire

2.1 Cadre de l'étude

• Mouvement dans un champ de gravitation newtonien

D'après la loi d'interaction gravitationnelle, un astre de masse M_{astre} et de centre de masse O, crée en tout point M de l'espace un **champ de gravitation** $\vec{\mathcal{G}}$ (DOC. 4. a.) tel que :

$$\vec{\mathcal{G}} = \frac{GM_{astre}}{OM^2}\vec{u_n}$$

Unités SI :
$G = 6{,}67 \times 10^{-11}\ N \cdot m^2 \cdot kg^{-2}$, constante de gravitation
M_{astre} : masse de l'astre en kilogramme (kg)
OM : distance en mètre (m)
$\vec{u_n}$: vecteur unitaire de direction (OM) orienté de M vers O

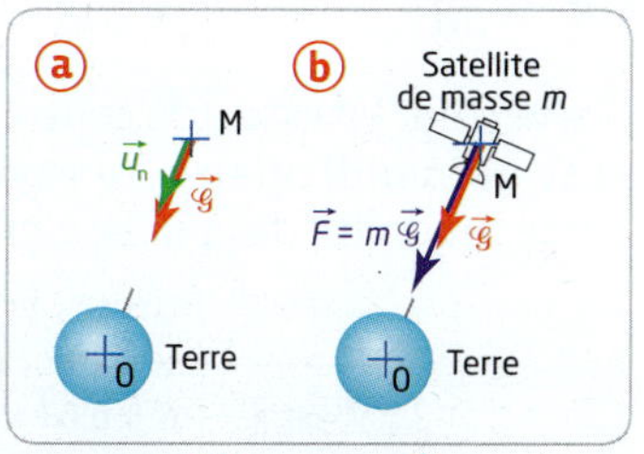

4. Champ a et force b de gravitation terrestres.

Lorsque le **champ de gravitation** dans lequel évolue un système de masse m n'est dû qu'à un seul astre attracteur de masse $M_{astre} > m$, le champ est dit **newtonien** et le système n'est soumis qu'à l'**unique force de gravitation** $\vec{F} = m\vec{\mathcal{G}}$ (DOC. 4. b.).

• Référentiel astrocentrique

Le **référentiel astrocentrique** est le référentiel, lié au solide imaginaire contenant le centre de masse O de l'astre attracteur et trois étoiles éloignées supposées fixes (DOC. 5). Ce référentiel est supposé **galiléen** pour l'étude du mouvement.

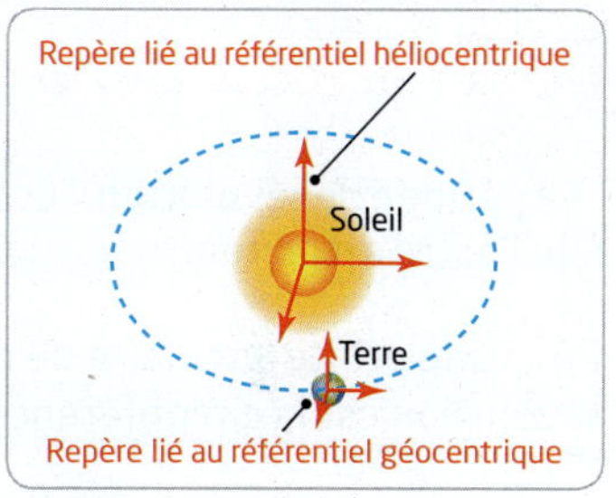

5. Référentiels héliocentrique et géocentrique.

L'**orbite** est le nom donné à la trajectoire fermée du centre de masse M du système dans le référentiel astrocentrique.

Remarque
Lorsque cette trajectoire est un cercle de centre O et de rayon $R = OM$, l'orbite est dite **circulaire**.

REMARQUE
Dans l'**approximation des orbites circulaires**, on s'intéresse aux satellites dont le centre de masse a un mouvement circulaire autour d'une planète et aux planètes pour lesquelles il est possible d'assimiler le mouvement de leur centre de masse à un mouvement circulaire.

2.2 Vecteurs vitesse et accélération

Dans le référentiel astrocentrique supposé galiléen, la deuxième loi de Newton est appliquée au système de masse m, en orbite circulaire de rayon R autour d'un astre de centre de masse O et de masse M_{astre}. L'accélération $\vec{a}(t)$ du centre de masse M du système est alors reliée à la somme vectorielle des forces qui lui sont appliquées par : $m\vec{a}(t) = \Sigma\vec{F_{ext}}$.

Sachant que $\Sigma\vec{F_{ext}} = m\vec{\mathcal{G}}$, on a : $m\vec{a}(t) = m\vec{\mathcal{G}} = m\frac{GM_{astre}}{OM^2}\vec{u_n}(t)$.

Soit $\vec{a}(t) = \frac{GM_{astre}}{R^2}\vec{u_n}(t)$.

Dans le repère de Frenet $(M ; \vec{u_t} ; \vec{u_n})$, les coordonnées du **vecteur accélération** $\vec{a}$ du centre de masse d'un système en orbite circulaire sont (DOC. 6) :

$$\vec{a}\begin{cases} a_t = 0 \\ a_n = \dfrac{GM_{astre}}{R^2} \end{cases}$$

Unités SI :
a_t et a_n en $m \cdot s^{-2}$
$G = 6{,}67 \times 10^{-11}\ N \cdot m^2 \cdot kg^{-2}$, constante de gravitation
M_{astre} : masse de l'astre attracteur en kilogramme (kg)
R : rayon de l'orbite en mètre (m)

Le vecteur accélération $\vec{a}$ est **centripète de norme constante** $a = \frac{GM_{astre}}{R^2}$.

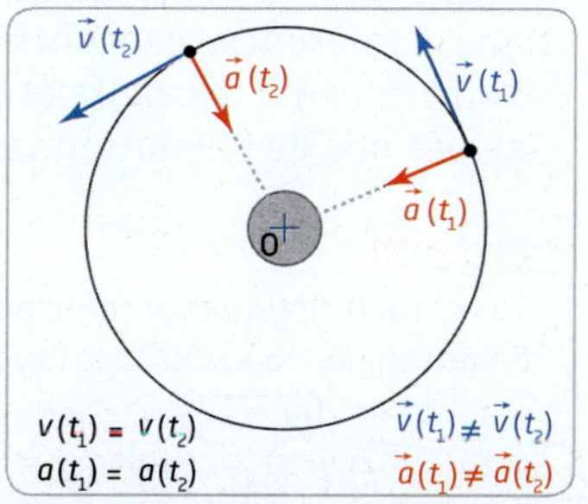

6. Vecteurs vitesse et accélération du centre de masse M d'un système en orbite circulaire.

Or, pour un mouvement circulaire de rayon R, dans le repère de Frenet, les coordonnées du vecteur accélération s'écrivent $a_t(t) = \frac{dv}{dt}$ et $a_n(t) = \frac{v^2}{R}$:

- $\frac{dv}{dt} = 0$ soit $v = \text{cste}$: le mouvement est **uniforme** ;
- $\frac{v^2}{R} = \frac{GM_{astre}}{R^2}$ soit $v = \sqrt{\frac{GM_{astre}}{R}}$.

Le **vecteur vitesse** $\vec{v}$ du centre de masse M d'un système en orbite circulaire est **perpendiculaire au rayon** en M et de **norme *v* constante** (DOC. 6), indépendante de la masse m du système (DOC. 7) :

$$v = \sqrt{\frac{GM_{astre}}{R}}$$

Unités SI :
v : valeur de la vitesse en $m \cdot s^{-1}$
$G = 6{,}67 \times 10^{-11}\ N \cdot m^2 \cdot kg^{-2}$, constante de gravitation
M_{astre} : masse de l'astre attracteur en kilogramme (kg)
R : rayon de l'orbite en mètre (m)

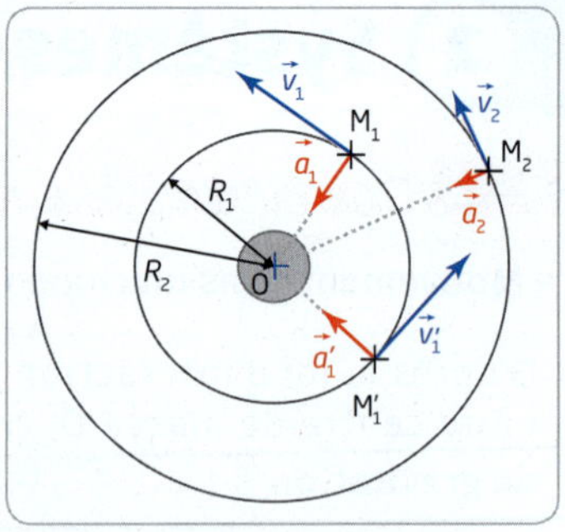

7. Sur une même orbite circulaire, les centres de masse M_1 et M'_1 de deux satellites ont la même valeur de vitesse. Cette valeur est d'autant plus faible que le rayon de l'orbite est grand : $R_1 < R_2 \Rightarrow v_1 > v_2$.

2.3 Période de révolution

La **période de révolution** T est la durée d'une révolution du système autour de l'astre attracteur.

Pour une orbite circulaire de rayon R, la distance d parcourue pendant une révolution est la circonférence de l'orbite, soit $d = 2\pi R$.

Le mouvement étant uniforme : $v = \frac{d}{T} = \frac{2\pi R}{T}$ et ainsi $T = \frac{2\pi R}{v}$.

Comme $v = \sqrt{\frac{GM_{astre}}{R}}$, $T = 2\pi R\sqrt{\frac{R}{GM_{astre}}} = 2\pi\sqrt{\frac{R^3}{GM_{astre}}}$.

La **période de révolution** T du centre de masse d'un système en orbite circulaire vérifie la relation :

$$T = 2\pi\sqrt{\frac{R^3}{GM_{astre}}}$$

Unités SI :
T en seconde (s)
$G = 6{,}67 \times 10^{-11}\ N \cdot m^2 \cdot kg^{-2}$, constante de gravitation
M_{astre} : masse de l'astre attracteur en kilogramme (kg)
R : rayon de l'orbite en mètre (m)

ÉVITER LES ERREURS

Attention à ne pas confondre **période de révolution** : durée que met un système pour parcourir une fois son orbite et **période de rotation** : durée d'un tour du système sur lui-même autour de son axe.

POINT MATHS

La racine cubique d'un nombre a s'écrit indifféremment : $\sqrt[3]{a}$ ou $a^{\frac{1}{3}}$.

2.4 Satellite géostationnaire

Un satellite est **géostationnaire** s'il est immobile dans le référentiel terrestre en restant à la verticale du même point du globe terrestre.
Dans le référentiel géocentrique :
- son orbite est circulaire et dans le plan équatorial de la Terre ;
- sa période de révolution vaut $T = 24$ h (DOC. 8).

Application

Ces caractéristiques permettent de déterminer son altitude h.
En notant $R_T = 6{,}4 \times 10^6$ m le rayon terrestre et $M_T = 6{,}0 \times 10^{24}$ kg la masse de la Terre,

on a : $T = 2\pi\sqrt{\frac{(R_T + h)^3}{GM_T}}$ soit $\frac{T^2}{4\pi^2} = \frac{(R_T + h)^3}{GM_T}$ d'où $h = \sqrt[3]{\frac{T^2 \times GM_T}{4\pi^2}} - R_T$.

A.N. : $h = \sqrt[3]{\frac{(24 \times 3600)^2 \times 6{,}67 \times 10^{-11} \times 6{,}0 \times 10^{24}}{4\pi^2}} - 6{,}4 \times 10^6 = 36 \times 10^6$ m.

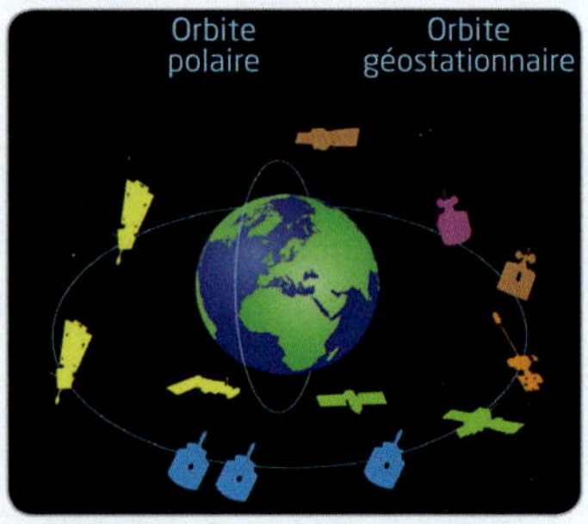

8. Réseau mondial de satellites météorologiques géostationnaires situés à 36 000 km d'altitude sur l'orbite circulaire dans le plan équatorial de la Terre.

3 Lois de Kepler

Les lois empiriques énoncées par le mathématicien allemand Johannes Kepler (1571-1630) pour décrire le mouvement des planètes du Système solaire s'étendent aux satellites en orbite autour d'une planète.

3.1 Énoncés des lois de Kepler

- **Première loi de Kepler ou loi des orbites**
Dans le référentiel héliocentrique, la trajectoire du centre d'une planète est une **ellipse** dont l'un des foyers est le centre du Soleil.

- **Deuxième loi de Kepler ou loi des aires**
Le segment [SP] qui relie le centre S du Soleil au centre P de la planète balaie des **aires égales** pendant des **durées égales** (DOC. 9).

- **Troisième loi de Kepler ou loi des périodes**
Le quotient du carré de la période de révolution T d'une planète par le cube de la longueur a du demi grand axe de son orbite est égal à une même constante pour toutes les planètes du Système solaire (DOC. 10) :

$$\frac{T^2}{a^3} = k$$

Unités SI :
T en seconde (s)
a en mètre (m)
k : constante en $s^2 \cdot m^{-3}$

3.2 Cas des orbites circulaires

Soit un système en orbite circulaire de rayon R et de période de révolution T autour d'un astre attracteur de masse M_{astre} et de centre de masse O :
- selon la 1ère loi de Kepler, le centre de son orbite est O ;
- selon la 2ème loi de Kepler, son mouvement est uniforme (DOC. 9. b.) ;
- selon la 3ème loi de Kepler, $\frac{T^2}{R^3} = k = \text{cste}$.

D'après l'étude newtonienne du mouvement d'un système en orbite circulaire de rayon R autour d'un astre attracteur de masse M_{astre}, sa période de révolution T vaut : $T = 2\pi\sqrt{\frac{R^3}{GM_{astre}}}$.
Ainsi, $T^2 = 4\pi^2 \frac{R^3}{GM_{astre}}$ soit $\frac{T^2}{R^3} = \frac{4\pi^2}{GM_{astre}} = k$.

Application **Détermination de la masse M_T de la Terre**

Dans le référentiel géocentrique, l'orbite de la Lune est quasi-circulaire de rayon $R = 3,8 \times 10^5$ km et sa période de révolution est $T = 27$ jours.

Selon la troisième loi de Kepler : $\frac{T^2}{R^3} = \frac{4\pi^2}{GM_T}$ soit $M_T = \frac{4\pi^2 R^3}{GT^2}$.

A.N. : $M_T = \frac{4\pi^2 \times (3,8 \times 10^5 \times 10^3)^3}{6,67 \times 10^{-11} \times (27 \times 24 \times 3600)^2} = 6,0 \times 10^{24}$ kg.

POINT MATHS

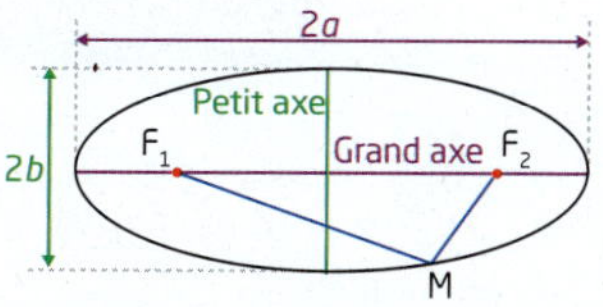

Une **ellipse** est l'ensemble des points M du plan dont la somme des distances à deux points fixes, les foyers F_1 et F_2, est une constante :

$MF_1 + MF_2 = 2a$.

Une ellipse dont les foyers sont confondus est un cercle de rayon $R = a$.

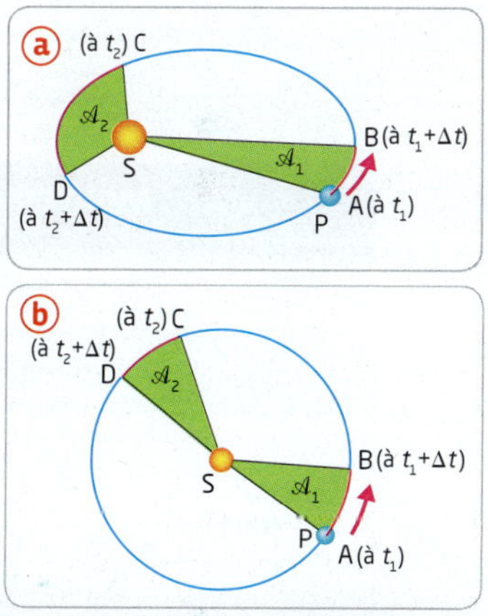

9. 2ème loi de Kepler : les aires $\mathcal{A}_1$ et $\mathcal{A}_2$, balayées par [SP] pendant la même durée Δt sont égales. Ainsi, la valeur de la vitesse moyenne sur l'arc CD est (a) supérieure (b) égale à celle sur l'arc AB.

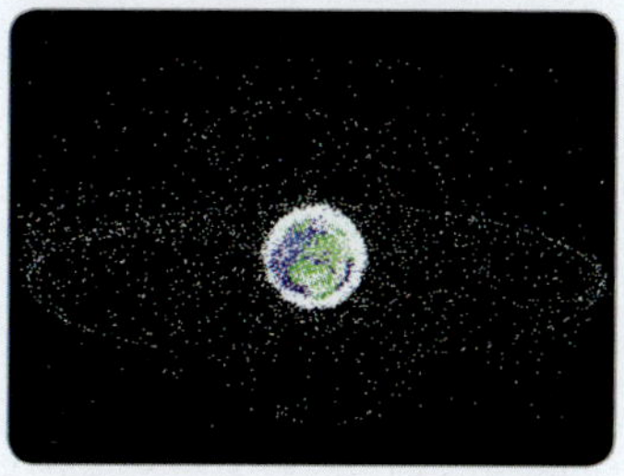

10. 3ème loi de Kepler : le quotient $\frac{T^2}{a^3}$ est le même pour tous les satellites de la Terre.

Retenir l'essentiel

Lois de Kepler

Première loi

Dans le référentiel héliocentrique, la trajectoire du centre d'une planète est une ellipse dont l'un des foyers est le centre du Soleil.

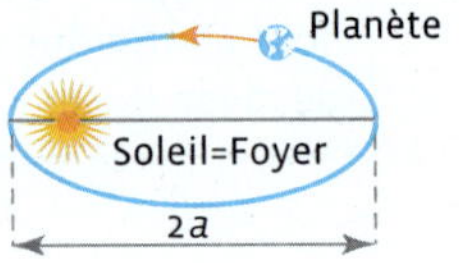

Deuxième loi

Le segment [SP] qui relie le centre du Soleil à celui de la planète balaie des aires égales pendant des durées égales.

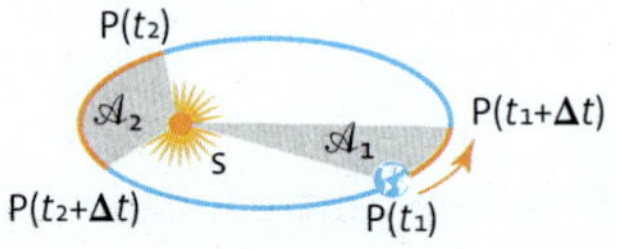

$$\mathcal{A}_1 = \mathcal{A}_2$$

Troisième loi

Le quotient du carré de la période de révolution T d'une planète par le cube de la longueur a du demi grand axe de son orbite est égal à une même constante pour toutes les planètes du Système solaire.

$$\frac{T^2}{a^3} = \text{cste}$$

Mouvement circulaire...

Repère de Frenet

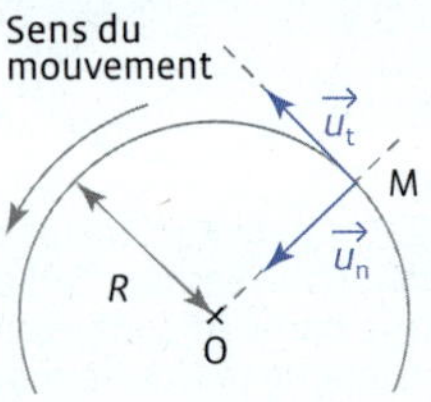

$$\vec{v}(t) = v(t)\vec{u_t}(t)$$

$$\vec{a}(t) = \frac{dv}{dt}\vec{u_t}(t) + \frac{v^2(t)}{R}\vec{u_n}(t)$$

Mouvement circulaire uniforme v = cste

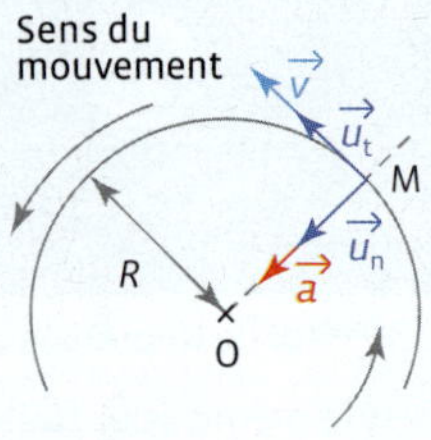

À tout instant t :

$$\vec{v} = v\vec{u_t}$$

$$\vec{a} = \frac{v^2}{R}\vec{u_n}$$

$$\Rightarrow \begin{cases} a = \dfrac{v^2}{R} = \text{cste} \\ \vec{a} \text{ est centripète} \end{cases}$$

... dans un champ de gravitation newtonien

Satellite et planète en orbite circulaire

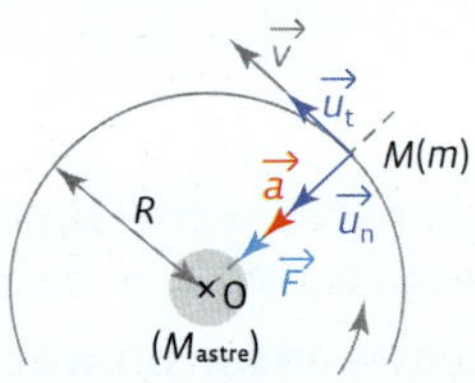

$$\vec{F} = m\frac{GM_{astre}}{R^2}\vec{u_n}$$

$$\Sigma\vec{F}_{ext} = \vec{F} \Rightarrow \vec{a} = \frac{GM_{astre}}{R^2}\vec{u_n}$$

$$\Rightarrow \begin{cases} \vec{a} \text{ est centripète} \\ a = \dfrac{GM_{astre}}{R^2} = \text{cste} \end{cases}$$

$$\Rightarrow v = \text{cste} = \sqrt{\frac{GM_{astre}}{R}} \Rightarrow \text{mouvement uniforme}$$

$$\Rightarrow v = \frac{2\pi R}{T} \Rightarrow T = 2\pi\sqrt{\frac{R^3}{GM_{astre}}}$$

$$\Rightarrow \frac{T^2}{R^3} = \frac{4\pi^2}{GM_{astre}} = \text{cste}$$

5 min chrono !

Si vous ne trouvez pas la bonne réponse, reportez-vous au § de la synthèse des activités correspondant pour vous aider.

Indiquer la réponse exacte.

EXO QCM interactif

1 Dans le repère de Frenet, les coordonnées du vecteur vitesse $\vec{v}$ d'un point en mouvement circulaire sont : ▶ §1

a. $\vec{v}\begin{cases} v_x \\ v_y \end{cases}$. **b.** $\vec{v}\begin{cases} v_t = v \\ v_n = 0 \end{cases}$. **c.** $\vec{v}\begin{cases} v_t = 0 \\ v_n = v \end{cases}$.

2 Dans le repère de Frenet, si un point M est en mouvement circulaire selon un cercle de rayon R, les coordonnées de son vecteur accélération $\vec{a}$ sont : ▶ §1

a. $\vec{a}\begin{cases} a_x \\ a_y \\ a_z \end{cases}$. **b.** $\vec{a}\begin{cases} a_t = \dfrac{dv_t}{dt} \\ a_n = \dfrac{dv_n}{dt} \end{cases}$. **c.** $\vec{a}\begin{cases} a_t = \dfrac{dv}{dt} \\ a_n = \dfrac{v^2}{R} \end{cases}$.

3 La valeur v de la vitesse du centre de masse d'un satellite de masse m en orbite circulaire de rayon R autour d'un astre de masse M est égale à : ▶ §2

a. $v = \sqrt{\dfrac{GmM}{R}}$. **b.** $v = \sqrt{\dfrac{GM}{R}}$. **c.** $v = \sqrt{\dfrac{Gm}{R}}$.

4 Un satellite géostationnaire : ▶ §2

a. est immobile dans le référentiel terrestre.

b. est immobile dans le référentiel géocentrique.

c. peut être situé à la verticale de Paris.

5 La valeur a de l'accélération du centre de masse d'un satellite de masse m en orbite circulaire de rayon R autour d'un astre de masse M est égale à : ▶ §2

a. $\dfrac{dv}{dt}$. **b.** $\dfrac{M}{R^2}$. **c.** $\dfrac{v^2}{R}$.

6 Mercure décrit une orbite elliptique autour du Soleil. Les valeurs de sa vitesse v_A en A et v_B en B vérifient : ▶ §3

a. $v_A < v_B$.

b. $v_A = v_B$.

c. $v_A > v_B$.

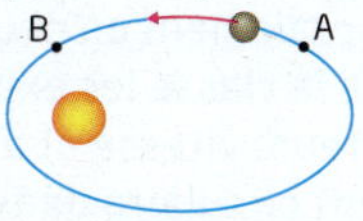

7 La période de révolution T d'un système en orbite circulaire de rayon R autour d'un astre attracteur vérifie la relation, avec k une constante : ▶ §3

a. $\dfrac{T^2}{R^3} = k$. **b.** $\dfrac{R^2}{T^3} = k$. **c.** $\dfrac{T}{R} = k$.

8 Dans la relation précédente, la valeur de k : ▶ §3

a. est une constante universelle.

b. dépend de la masse du système en orbite.

c. dépend uniquement de la masse de l'astre attracteur.

Corrigés p. 550

Contrôle technique !

9 Calculer une vitesse et une accélération

EXERCICE RÉSOLU

Calculer les valeurs v de la vitesse et a de l'accélération d'un point M situé à $R = 5{,}0$ m du centre d'un manège effectuant 10 tours par minute à valeur de vitesse constante.

SOLUTION

Le point M parcourt la distance $d = 10 \times 2\pi \times R$ pendant la durée $\Delta t = 1$ min $= 60$ s donc :

$v = 10 \times 2\pi \times \dfrac{R}{\Delta t} = 10 \times 2\pi \times \dfrac{5{,}0 \text{ m}}{60 \text{ s}} = 5{,}2 \text{ m}\cdot\text{s}^{-1}$.

M est en mouvement circulaire uniforme, donc :

$a = \dfrac{v^2}{R} = \dfrac{(5{,}2 \text{ m}\cdot\text{s}^{-1})^2}{5{,}0 \text{ m}} = 5{,}4 \text{ m}\cdot\text{s}^{-2}$.

APPLICATION • Sur le modèle de l'exercice résolu

La Station Spatiale Internationale (ISS) fait le tour de la Terre sur une orbite circulaire de rayon $r = 6797$ km, parcourue à valeur de vitesse constante pendant la durée $T = 93$ min. Calculer les valeurs de la vitesse et de l'accélération du centre de masse de l'ISS sur son orbite.

10 Calculer une période de révolution

EXERCICE RÉSOLU

La Terre et Vénus évoluent sur des orbites quasi-circulaires autour du Soleil. Exprimer puis calculer, en année puis en jour, la période T_V de révolution de Vénus autour du Soleil.

DONNÉE Distance $d_{\text{Soleil-Vénus}} = 0{,}723 \times d_{\text{Soleil-Terre}}$.

SOLUTION

D'après la troisième loi de Kepler, le quotient $\dfrac{T^2}{a^3}$ est constant pour toutes les planètes du Système solaire. Ainsi : $\dfrac{(T_V)^2}{(d_{S\text{-}V})^3} = \dfrac{(T_T)^2}{(d_{S\text{-}T})^3}$ soit $T_V = T_T \times \left(\dfrac{d_{S\text{-}V}}{d_{S\text{-}T}}\right)^{3/2}$.

$T_V = 1 \text{ an} \times 0{,}723^{3/2} = 0{,}615$ an,

soit $0{,}615 \times 365{,}25 = 225$ jours.

APPLICATION • Sur le modèle de l'exercice résolu

Un satellite artificiel de la Terre occupe une orbite circulaire basse de rayon $r_B = 6750$ km qu'il parcourt en $T_B = 91{,}6$ min. Il est transféré sur une orbite circulaire haute de rayon $r_H = 9850$ km. Calculer en minute la période T_H de révolution du satellite sur son orbite finale.

Exercices APPLIQUER

DONNÉES POUR TOUS LES EXERCICES :
- Constante de gravitation : $G = 6{,}67 \times 10^{-11}$ N · m² · kg⁻².
- Unité astronomique : 1 ua $= 1{,}496 \times 10^{11}$ m.
- Les valeurs numériques des données relatives au Système solaire sont disponibles dans les rabats du manuel.

Mouvements circulaires

▶ § 1 de la synthèse des activités

➜ EXERCICES RAPIDES

11 GRAND ORAL Réaliser un support visuel permettant de présenter oralement en deux minutes maximum à l'ensemble de la classe les expressions des coordonnées des vecteurs vitesse et accélération d'un point en mouvement circulaire dans le repère de Frenet.

12 Établir les expressions des coordonnées du vecteur accélération d'un point en mouvement circulaire uniforme dans le repère de Frenet.

13 Identifier parmi les situations suivantes celle(s) qui décrive(nt) un mouvement circulaire accéléré.

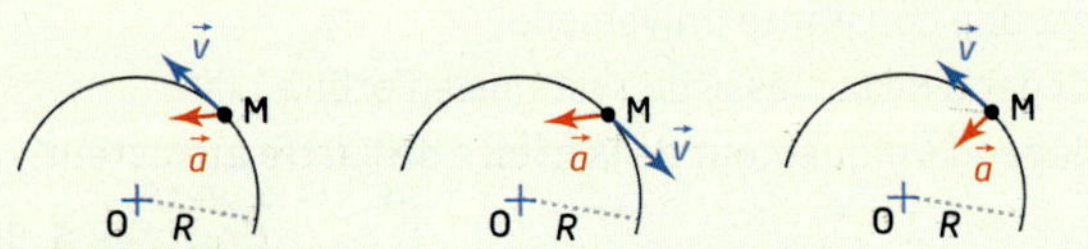

14 Identifier les coordonnées des vecteurs vitesse et accélération

Les représentations graphiques ci-dessous donnent l'évolution au cours du temps des composantes tangentielles et normales des vecteurs vitesse et accélération d'un point en mouvement circulaire uniforme.

- Attribuer à chaque vecteur – vitesse ou accélération – le graphique qui lui correspond en justifiant la réponse.

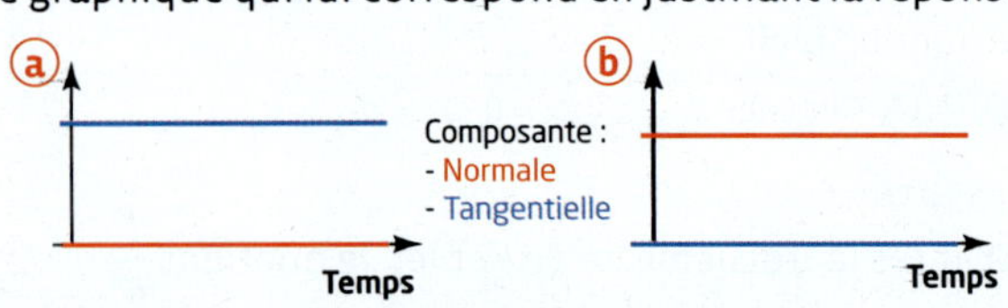

15 Caractériser le vecteur accélération

Un véhicule parcourt un virage en arc de cercle de rayon R à valeur de vitesse constante $v = 20$ km · h⁻¹.

a. Expliquer pourquoi le vecteur accélération du centre de masse du véhicule est non nul alors que la valeur de sa vitesse est constante.

b. Déterminer les caractéristiques du vecteur accélération du centre de masse du véhicule pour $R = 25$ m.

16 Construire des vecteurs vitesse et accélération

Enregistrement

L'enregistrement ci-contre présente les positions successives, prises à intervalles de temps réguliers $\Delta t = 100$ ms, d'un point en mouvement circulaire.

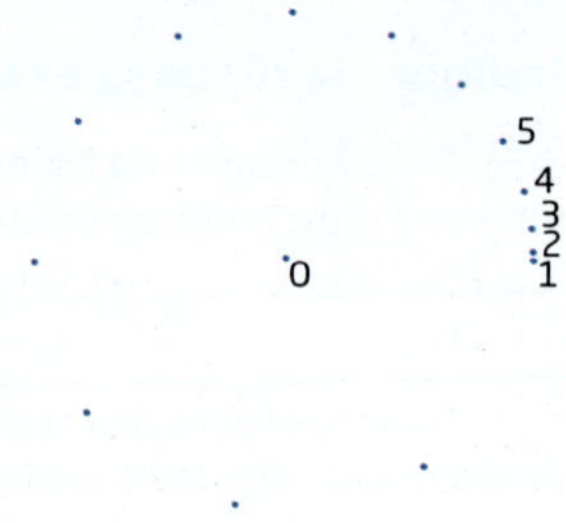

a. Télécharger l'enregistrement en taille réelle, choisir un point M_i puis construire les vecteurs vitesse aux positions M_{i-1} et M_{i+1}.

b. En déduire le vecteur accélération en M_i.

Systèmes en orbite circulaire

▶ § 2 de la synthèse des activités

➜ EXERCICES RAPIDES

17 GRAND ORAL Préparer une présentation permettant d'expliquer oralement en deux minutes maximum à l'ensemble de la classe que le mouvement du centre de masse d'un système en orbite circulaire dans un champ de gravitation newtonien est uniforme.

18 Montrer que le vecteur accélération du centre de masse d'un satellite en orbite circulaire autour de la Terre est centripète.

19 Apprendre à rédiger

Phobos est un satellite naturel de Mars. On suppose qu'il n'interagit qu'avec Mars, de masse M_{Mars} et de centre de masse O. L'orbite de son centre de masse P est circulaire de rayon $R = OP$.

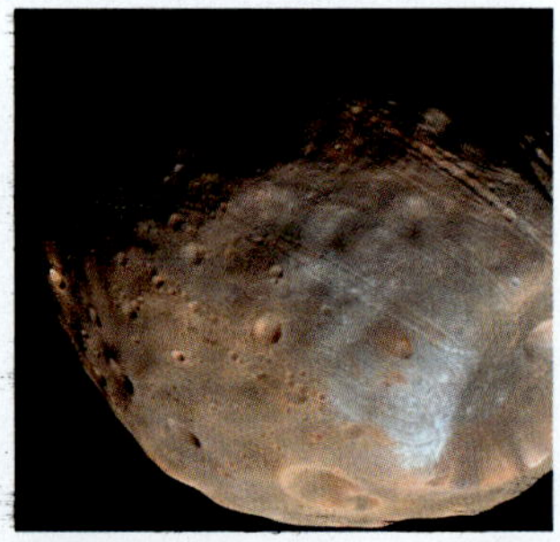

a. Exprimer le vecteur accélération $\vec{a_P}$ du centre de masse P de Phobos en fonction de G, M_{Mars}, R et du vecteur unitaire $\vec{u_{PO}}$ orienté de P vers O.

Aide méthodologique

- ▶ Appliquer la deuxième loi de Newton à Phobos en précisant le référentiel d'étude.
- ▶ En déduire l'expression du vecteur $\vec{a_P}$.

b. En déduire que la valeur de la vitesse du centre de masse de Phobos sur son orbite s'écrit $v = \sqrt{\dfrac{GM_{Mars}}{R}}$.

- ▶ Donner l'expression générale des coordonnées de $\vec{a_P}$ dans le repère de Frenet lié à P.
- ▶ Par identification avec l'expression obtenue en **a.** pour $\vec{a_P}$, établir l'expression de v.

20 Retour sur l'ouverture du chapitre

Vidéo débat

Le premier train de satellites *Starlink* de la compagnie *SpaceX* a été lancé le 24 mai 2019.

a. Exprimer, dans le repère de Frenet, la force d'attraction gravitationnelle exercée par la Terre de masse M_T sur un satellite de masse m en orbite circulaire à l'altitude h en fonction de m, M_T, G, h et du rayon de la Terre R_T.

b. Montrer que, sur une même orbite circulaire, la valeur de la vitesse est identique pour tous les satellites et que cette valeur ne dépend que des caractéristiques de la Terre et de l'altitude h de l'orbite.

c. Expliquer pourquoi les satellites du train de satellites *Starlink* ne rentrent pas en collision.

21 Calculer une valeur de vitesse

Le mouvement de la Terre autour du Soleil est quasi-circulaire uniforme de rayon $d_{T\text{-}S} = 1{,}00$ ua.

a. Définir la période de révolution T du centre de masse d'un système en orbite dans un champ de gravitation newtonien et préciser sa valeur pour la Terre.

b. Exprimer puis calculer la valeur v de la vitesse du centre de masse de la Terre sur son orbite en $km \cdot h^{-1}$.

22 Représenter les vecteurs force, vitesse et accélération

Un satellite est en orbite circulaire de rayon R dans le champ de gravitation newtonien de la Terre.

a. Préciser le référentiel d'étude du mouvement du satellite et représenter la situation sur un schéma.

b. Représenter en deux points de l'orbite, le repère de Frenet associé au satellite et la force de gravitation $\overrightarrow{F_{T/S}}$ exercée par la Terre sur le satellite.

c. Compléter le schéma en représentant les vecteurs vitesse $\vec{v}$ et accélération $\vec{a}$ du satellite. Justifier les tracés.

Lois de Kepler

▶ § 3 de la synthèse des activités

EXERCICES RAPIDES

23 GRAND ORAL Préparer une présentation orale de deux minutes maximum permettant de rappeler à l'ensemble de la classe, sans note, les trois lois de Kepler.

24 Montrer, en utilisant la deuxième loi de Kepler, que le mouvement du centre de masse d'un système dans un champ de gravitation newtonien est uniforme si son orbite est circulaire.

25 Appliquer deux lois de Kepler

L'orbite de la Terre autour du Soleil n'est pas tout à fait un cercle mais une ellipse dont les foyers F_1 et F_2 sont représentés ci-contre.

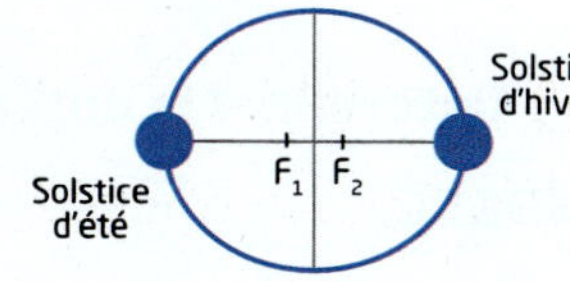

a. Reproduire le schéma et placer le Soleil sachant que la distance Terre-Soleil est minimale au solstice d'hiver.

b. Montrer que la valeur de la vitesse de la Terre sur son orbite est plus élevée en hiver qu'en été.

26 Tester la troisième loi de Kepler

Vidéo Corrigé de l'exercice

Le code Python suivant exploite les données astronomiques des satellites naturels de Jupiter : Io, Europe, Ganymède et Callisto.

Python

```
7 nom=['Io','Europe','Ganymède','Callisto']
8 a=[4.22,6.71,10.71,18.84] # demi grand axe a de l'orbite (en 10^8 m)
9 T=[1.77,3.55,7.16,16.7]   # période de révolution T (en jour)
10
11 n=len(nom)
12 k=[... A compléter ... for i in range(n)]
13
14 print('Résultats en unités SI')
15 for i in range(n):
16     print(nom[i],':','%.2e'%k[i])
```

L'exécution du code donne les résultats ci-contre :

```
Résultats en unités SI
Io : 3.11e-16
Europe : 3.11e-16
Ganymède : 3.12e-16
Callisto : 3.11e-16
```

a. La ligne 12 du code permet de calculer les quotients $\frac{T^2}{a^3}$.

Compléter cette ligne de manière à ce que les résultats donnés ci-dessus s'affichent à l'exécution du programme.

b. Justifier que les données relatives aux satellites de Jupiter permettent de vérifier la troisième loi de Kepler.

RESSOURCES

- Vidéo du corrigé de l'exercice
- Fichier Python

27 Construire une carte mentale

- L'étiquette centrale doit s'intituler :

Période de révolution d'un satellite

- Associer à l'étiquette centrale, par le moyen de votre choix, d'autres étiquettes comprenant par exemple les étiquettes suivantes :

3e loi de Kepler | **Orbite circulaire** | **Satellite géostationnaire**

EXO **Exercices supplémentaires**

EXERCICE RÉSOLU ET COMMENTÉ

28 Déterminer la durée d'une année jovienne

ÉNONCÉ

La planète Jupiter parcourt son orbite autour du Soleil en une année « jovienne » de durée $T = 11{,}9$ années terrestres.

DONNÉES Distance moyenne Soleil-Jupiter $d_{S\text{-}J} = 5{,}20$ ua ; 1 année terrestre $= 365{,}25$ j ; masse du Soleil $M_S = 1{,}99 \times 10^{30}$ kg.

a. Préciser le référentiel d'étude de l'orbite de Jupiter.

b. Montrer que, dans le cadre de l'approximation d'une orbite circulaire de rayon $R = d_{S\text{-}J}$, le mouvement du centre de masse M de Jupiter est uniforme et exprimer la valeur v de sa vitesse en fonction de G, M_S et R.

c. En déduire l'expression de la période de révolution T de Jupiter autour du Soleil en fonction de R, G, M_S et retrouver la valeur de l'année jovienne.

UNE SOLUTION

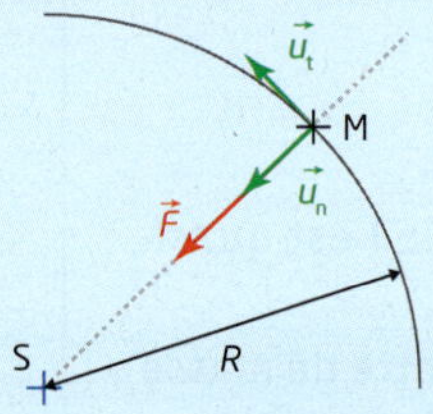

a. L'orbite de Jupiter est la trajectoire de son centre de masse dans le référentiel héliocentrique.

b. On suppose que Jupiter, de masse m constante, n'est soumise qu'à la force $\vec{F}$ d'attraction gravitationnelle exercée par le Soleil définie dans le repère de Frenet par :

$$\vec{F} = G\frac{mM_S}{R^2}\vec{u_n}.$$

Dans le référentiel héliocentrique, supposé galiléen, la deuxième loi de Newton appliquée au centre de masse M de Jupiter s'écrit : $\vec{F} = m\vec{a}$ soit $\vec{a} = \frac{GM_S}{R^2}\vec{u_n}$. **(1)**

Dans le repère de Frenet $(M, \vec{u_n}, \vec{u_t})$, les coordonnées du vecteur accélération d'un point M en mouvement circulaire sont : $\vec{a} = \frac{dv}{dt}\vec{u_t} + \frac{v^2}{R}\vec{u_n}$. **(2)**

Par identification des expressions **(1)** et **(2)**, on déduit que $\frac{dv}{dt} = 0$ donc $v = $ cste, le mouvement est uniforme, et que $\frac{v^2}{R} = \frac{GM_S}{R^2}$ soit $v = \sqrt{\frac{GM_S}{R}}$.

c. La distance d parcourue par Jupiter en une année jovienne T est la circonférence de son orbite circulaire de rayon R, soit $d = 2\pi R$. Le mouvement étant uniforme, $v = \frac{d}{T} = \frac{2\pi R}{T}$ donc $T = \frac{2\pi R}{v} = 2\pi R \times \sqrt{\frac{R}{GM_S}}$ soit $T = 2\pi \times \sqrt{\frac{R^3}{GM_S}}$.

A.N. : $T = 2\pi \times \sqrt{\frac{(5{,}20 \times 1{,}496 \times 10^{11}\ \text{m})^3}{6{,}67 \times 10^{-11}\ \text{N} \cdot \text{m}^2 \cdot \text{kg}^{-2} \times 1{,}99 \times 10^{30}\ \text{kg}}} \times \frac{1}{365{,}25\ \text{j} \cdot \text{an}^{-1} \times 86\,400\ \text{s} \cdot \text{j}^{-1}}$

$T = 11{,}9$ ans.

La valeur de l'année jovienne donnée dans l'énoncé est en accord avec l'approximation de l'orbite circulaire de Jupiter.

RÉALISER
• Choisir le repère de Frenet pour exprimer tous les vecteurs.
• Représenter sur un schéma les grandeurs utiles, notamment les vecteurs unitaires.

CONNAÎTRE
Citer la deuxième loi de Newton et les expressions générales des coordonnées du vecteur accélération dans le repère de Frenet.

ANALYSER-RAISONNER
Procéder par identification des coordonnées pour justifier l'évolution de la valeur de la vitesse puis établir son expression.

ANALYSER-RAISONNER
Exploiter la relation entre la vitesse, la distance parcourue et la durée du parcours dans le cas d'un mouvement uniforme.

VALIDER
Ne pas oublier de comparer le résultat obtenu à la donnée de l'énoncé.

APPLICATION Sur le modèle de l'exercice résolu

Mars vue par le satellite *Hubble*.

29 Déterminer la durée d'une année martienne

La planète Mars parcourt son orbite autour du Soleil en une année « martienne » de durée $T = 687$ jours.

DONNÉE Distance moyenne Soleil-Mars : $d_{S\text{-}M} = 1{,}52$ ua.

Déterminer la valeur de l'année martienne dans le cadre de l'approximation d'une orbite circulaire et commenter le résultat obtenu.

EXERCICE RÉSOLU ET COMMENTÉ

30 Étudier un changement d'orbite terrestre

ÉNONCÉ

On souhaite transférer un satellite placé en orbite circulaire autour de la Terre à l'altitude basse $h = 200$ km vers l'orbite géostationnaire d'altitude $h_{géo} = 36\,000$ km. Le transfert s'effectue en faisant transiter le satellite sur une orbite elliptique dont la Terre est l'un des foyers, par modification instantanée de sa vitesse aux points P et A indiqués sur la figure.

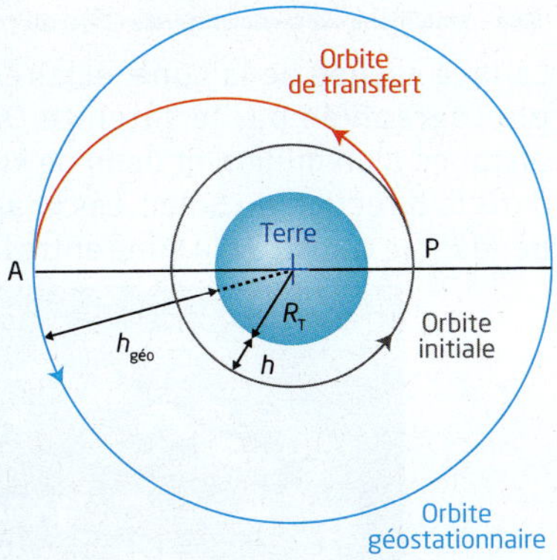

DONNÉES Masse de la Terre : $M_T = 5{,}97 \times 10^{24}$ kg ; rayon de la Terre : $R_T = 6{,}38 \times 10^6$ m.

a. Rappeler la définition d'un satellite géostationnaire.

b. En déduire la période de révolution $T_{géo}$ du satellite et le plan des trois orbites successives du satellite.

c. Exprimer la longueur a du demi grand axe de l'orbite de transfert en fonction de R_T, h et $h_{géo}$.

d. En déduire la durée Δt du voyage du satellite sur l'orbite de transfert.

UNE SOLUTION

a. Un satellite est géostationnaire s'il est immobile dans le référentiel terrestre, il est ainsi constamment à la verticale du même point du globe.

CONNAÎTRE
Citer la définition d'un satellite géostationnaire et ses caractéristiques.

b. Pour rester à la verticale du même point du globe, sa période de révolution doit être égale à la période de rotation de la Terre sur elle-même, soit $T_{géo} = 24$ h. De plus, il ne peut évoluer que dans le plan de l'équateur terrestre. Ce plan est donc celui des trois orbites successives parcourues par le satellite.

c. D'après la figure, le demi grand axe de l'orbite de transfert est tel que :

$$2 \times a = R_T + h + R_T + h_{géo} \quad \text{soit} \quad a = R_T + \frac{h + h_{géo}}{2}.$$

d. D'après la troisième loi de Kepler, la valeur du quotient $\frac{T^2}{a^3}$ est identique sur toutes les orbites occupées par un même satellite autour de la Terre. Comme seule une demi-ellipse de transfert est parcourue pendant la durée Δt, on a :

ANALYSER-RAISONNER
- Interpréter la figure pour exprimer la grandeur a en fonction des notations de l'énoncé.
- Identifier la loi physique à appliquer et l'exprimer en utilisant les notations de l'énoncé. Faire attention aux durées à considérer.

$$\frac{T_{géo}^2}{(R_T + h_{géo})^3} = \frac{(2 \times \Delta t)^2}{\left(R_T + \frac{h + h_{géo}}{2}\right)^3} \quad \text{soit : } \Delta t = \frac{T_{géo}}{2} \times \left(\frac{R_T + \frac{h + h_{géo}}{2}}{R_T + h_{géo}}\right)^{\frac{3}{2}}.$$

$$\textbf{A.N. : } \Delta t = \frac{24\text{ h}}{2} \times \left(\frac{6{,}38 \times 10^6\text{ m} + \frac{200 \times 10^3\text{ m} + 36\,000 \times 10^3\text{ m}}{2}}{6{,}38 \times 10^6\text{ m} + 36\,000 \times 10^3\text{ m}}\right)^{\frac{3}{2}} = 5{,}3\text{ h}.$$

RÉALISER
- Isoler la grandeur inconnue Δt dans l'équation et réaliser l'application numérique.
- Écrire les unités dans les étapes intermédiaires peut être utile, mais n'est pas obligatoire. L'unité est en revanche indispensable dans l'écriture finale du résultat.

APPLICATION Sur le modèle de l'exercice résolu

31 Étudier un changement d'orbite lunaire

En 1969, lors de la mission *Apollo 11*, à l'approche de la Lune, le module lunaire se trouve sur une orbite circulaire à l'altitude $h_1 = 110$ km. Il utilise brièvement sa propulsion pour se placer sur une orbite de transfert afin de se rapprocher du sol lunaire. Il atteint alors l'altitude $h_2 = 15$ km après avoir parcouru une demi-orbite de transfert.

DONNÉES Masse de la Lune : $M_L = 7{,}35 \times 10^{22}$ kg ; rayon de la Lune : $R_L = 1{,}74 \times 10^6$ m ; la période de révolution T du centre de masse d'un système en orbite circulaire de rayon R autour d'un astre attracteur de masse M, s'écrit : $T = 2\pi\sqrt{\frac{R^3}{GM}}$.

Déterminer la durée Δt du voyage du module lunaire sur l'orbite de transfert.

32 Face cachée de la Lune ▷ Vidéo

ANA-RAI Choisir une loi pertinente
RÉA Établir une expression littérale • Effectuer des calculs

La face cachée de la Lune, éclairée par le Soleil, a été photographiée par le satellite *Discover* situé à une distance d'un million et demi de kilomètres de la Terre dans la direction du Soleil. Les images ont été réalisées pendant le transit de la Lune entre la Terre et le satellite.

DONNÉE Distance Terre-Lune : $d_{T\text{-}L} = 3{,}84 \times 10^5$ km.

a. Montrer que, dans le cadre de l'approximation d'une orbite circulaire, la valeur v de la vitesse de la Lune sur son orbite autour de la Terre s'écrit : $v = \sqrt{\dfrac{GM_T}{d_{T\text{-}L}}}$.

b. En déduire l'expression de la période de révolution T_L de la Lune autour de la Terre, puis calculer sa valeur en seconde puis en jour.

c. La période de rotation de la Lune sur elle-même est égale à 27,3 jours. Comparer cette valeur à T_L et expliquer l'expression « face cachée de la Lune ».

33 Deux satellites de Neptune

ANA-RAI Choisir et appliquer une loi pertinente
RÉA Établir une expression littérale • Effectuer des calculs

Neptune possède 14 satellites parmi lesquels Triton, dont l'orbite est circulaire de rayon R et Néréide, dont l'orbite est elliptique de demi grand axe a.

DONNÉES • Masse de Neptune : $M_N = 1{,}02 \times 10^{26}$ kg.
• Période de révolution de Triton : $T_{Triton} = 5{,}9$ jours.
• Période de révolution de Néréide : $T_{Néréide} = 360$ jours.

a. Indiquer le référentiel dans lequel le mouvement de Triton est circulaire.

b. En supposant que Triton n'est soumis qu'à l'attraction de Neptune, montrer que dans ce référentiel, son mouvement est uniforme et exprimer la valeur v de sa vitesse en fonction de G, M_N et R.

c. Établir l'expression de la période de révolution T_{Triton} de Triton en fonction de G, M_N et R.

d. Exprimer puis calculer le rayon R de l'orbite de Triton.

e. En déduire la valeur a du demi grand axe de l'orbite de Néréide.

34 Satellites météorologiques

APP Extraire l'information • Mobiliser ses connaissances
ANA-RAI Exploiter et interpréter l'information **RÉA** Effectuer des calculs

DOCUMENT Satellites météorologiques

Depuis 1960, les satellites météorologiques constituent pour les services météorologiques une source d'information primordiale dans leurs activités opérationnelles de suivi et de prévision du temps et du climat. Il existe deux familles de satellites météorologiques :
– les **satellites géostationnaires** en orbite élevée – environ 36 000 kilomètres – située au-dessus de l'équateur ;
– les **satellites défilants** en orbite plus basse – environ 820 kilomètres – passant au voisinage des pôles.
L'ensemble de ces satellites permet d'assurer une couverture complète et continue de la planète.

D'après education.meteofrance.fr

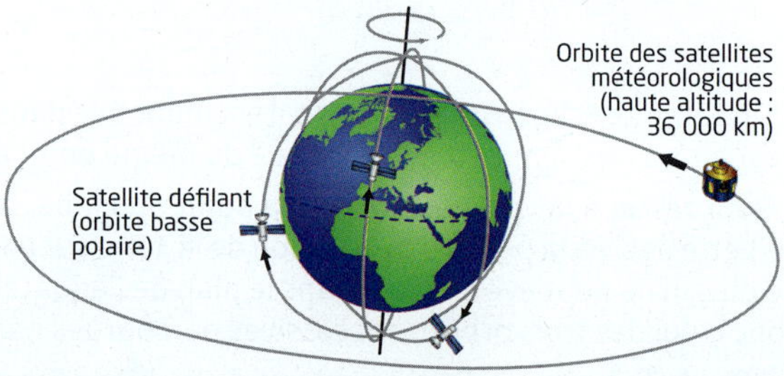

a. Donner la définition d'un satellite géostationnaire, préciser sa période de révolution $T_{géo}$ et justifier que son orbite est dans le plan de l'équateur.

b. Expliquer pourquoi la constellation de satellites météorologiques géostationnaires doit être complétée par des satellites défilants en orbite polaire.

c. Citer la troisième loi de Kepler et en déduire la période de révolution T_d des satellites défilants.

d. Indiquer la durée au bout de laquelle un satellite défilant repasse, dans le même sens, à la verticale du même point de l'équateur.

e. En déduire l'intérêt de ces satellites pour l'observation du globe.

35 In English please ▷ Vidéo

APP Rechercher et organiser l'information **ANA-RAI** Exploiter l'information **RÉA** Effectuer des calculs numériques

On October 2016, the satellite *TGO (Trace Gas Orbiter)*, launched from the Earth five months earlier, was captured by Mars' gravity into its initial orbit. This highly eccentric orbit is dubbed the '4 Sol' orbit, as it will take *TGO* four Mars days to complete one revolution, with its altitude above Mars varying between 298 km and 95 856 km.

DATAS Radius of Mars : $R_{Mars} = 3390$ km, 1 sol = 1 d 0 h 39 min.

• From this data, estimate the mass of Mars.

36 Satellites *Galileo* Vidéo

ANA-RAI Choisir une loi pertinente
RÉA Réaliser un schéma • Effectuer des calculs

Équivalent du GPS américain et d'une précision 5 fois supérieure pour la localisation, la constellation de satellites *Galileo* de l'Agence Spatiale Européenne (ESA) est constituée de 30 satellites identiques de masse m dont 24 évoluent sur des orbites circulaires à l'altitude $h = 23\,522$ km.

a. Dans le repère de Frenet associé au centre de masse S d'un satellite de la constellation *Galileo*, donner l'expression vectorielle de la force de gravitation $\overrightarrow{F_{T/S}}$ exercée par la Terre sur le satellite.

b. Sans souci d'échelle, représenter sur un schéma la Terre, le repère de Frenet et la force $\overrightarrow{F_{T/S}}$ pour deux satellites de la constellation occupant la même orbite.

c. À l'aide de la deuxième loi de Newton, exprimer le vecteur accélération $\vec{a}$ du centre de masse S de l'un de ces satellites en fonction des données.

d. Montrer que le mouvement du centre de masse S de ce satellite est uniforme et calculer la valeur v de sa vitesse en $m \cdot s^{-1}$ puis en $km \cdot h^{-1}$.

e. Compléter le schéma réalisé précédemment en représentant les vecteurs vitesse et accélération du centre de masse des deux satellites.

S'AUTOÉVALUER

37 Troisième loi de Kepler

Montrer que pour un système en orbite circulaire autour d'un astre attracteur de masse M_{astre} et de centre O, la période de révolution T du système est reliée au rayon R de l'orbite de son centre de masse M par $\frac{T^2}{R^3} = \frac{4\pi^2}{GM_{astre}}$.

INDICATEURS DE RÉUSSITE	NIVEAU A	B	C	D
CONNAÎTRE				
Les expressions de la force d'attraction gravitationnelle et des coordonnées des vecteurs vitesse et accélération dans le repère de Frenet sont connues.				
ANALYSER-RAISONNER				
• La 2ème loi de Newton est correctement appliquée et l'expression de la valeur v de la vitesse est déduite de celle de l'accélération. • L'expression demandée est déduite de la relation entre v, T et la circonférence de l'orbite.				

MÉTIERS ET ORIENTATION — GRAND ORAL

Un(e) **ingénieur(e) intégration satellite** coordonne et organise les activités d'intégration d'un satellite en supervisant l'assemblage de ses différentes parties, puis en testant la résistance de l'engin avant de le lancer sur orbite. Pour cela, il planifie et coordonne le travail des différents intervenants sur l'intégration du satellite : monteurs, techniciens essais...
Pour s'assurer que le satellite résistera une dizaine d'années à ses contraintes environnementales, il réalise des campagnes d'essais au sol et vérifie qu'aucune pièce ne casse ou ne se détache. Car, une fois en orbite, plus moyen de réparer le satellite.

Formation : Bac + 5 (au minimum) : diplôme d'ingénieur ou master mention aéronautique et espace ou autres mentions en lien avec télécommunications, électronique, mécanique, électrique, avionique...

• Préparer une présentation orale de trois minutes maximum sur un projet de poursuite d'études et/ou professionnel dans ce domaine (→ **Fiche Bac p. 513**).

38 Astéroïde Cérès

ANA-RAI Choisir une loi pertinente et l'appliquer
RÉA Établir une expression littérale • Effectuer des calculs
VAL Comparer à une valeur de référence

L'astéroïde Cérès, de rayon moyen $R_C = 470$ km, est le plus gros astéroïde de la ceinture d'astéroïdes principale du Système solaire située entre les orbites de Mars et de Jupiter.
En 2015, la sonde spatiale *Dawn*, de masse m, s'est positionnée autour de Cérès sur une orbite circulaire à l'altitude $h = 13\,500$ km avec une période de révolution $T = 15$ jours solaires terrestres.

DONNÉE Masse de Cérès : $M_C = 9{,}46 \times 10^{20}$ kg.

a. Indiquer les caractéristiques de la force exercée par Cérès sur la sonde *Dawn*.

b. Montrer que, dans le cas d'une orbite circulaire, le mouvement de la sonde *Dawn* autour de Cérès est uniforme.

c. Établir que la valeur v de la vitesse de la sonde *Dawn* sur son orbite à l'altitude h autour de Cérès est donnée par la relation : $v = \sqrt{\frac{GM_C}{R_C + h}}$.

d. En déduire l'expression du quotient $\frac{T^2}{(R_C + h)^3}$ en fonction de G et M_C.

e. Déterminer une valeur de la masse de Cérès dans le cadre de l'approximation d'une orbite circulaire. Commenter le résultat obtenu.

39 Mission *Rosetta*

APP Extraire l'information • Mobiliser ses connaissances
ANA-RAI Interpréter l'information • Utiliser un modèle
RÉA Réaliser un schéma • Effectuer des calculs analytiques et numériques

En 2004, la sonde européenne *Rosetta* a été lancée depuis la Terre à destination de la comète 67P Churyumov-Gerasimenko modélisée par une sphère de rayon $R = 2,0$ km.

DONNÉES
- $G = 6,67 \times 10^{-11}$ N · m² · kg⁻², constante de gravitation.
- Masse de la comète 67P : $M_C = 1,0 \times 10^{13}$ kg.
- Masse de la sonde *Rosetta* : $m_S = 3,0 \times 10^3$ kg.
- Distance Terre-Soleil : $d_{T\text{-}S} = 1$ unité astronomique = 1 ua.

1. Comète 67P Churyumov-Gerasimenko

DOCUMENT Caractéristiques de la comète

La comète 67P Churyumov-Gerasimenko a été découverte en septembre 1969. Elle évolue sur une orbite elliptique dont le Soleil occupe l'un des foyers. La valeur de la vitesse de la comète varie sur son orbite elliptique entre 5 et 35 km · s⁻¹ environ.

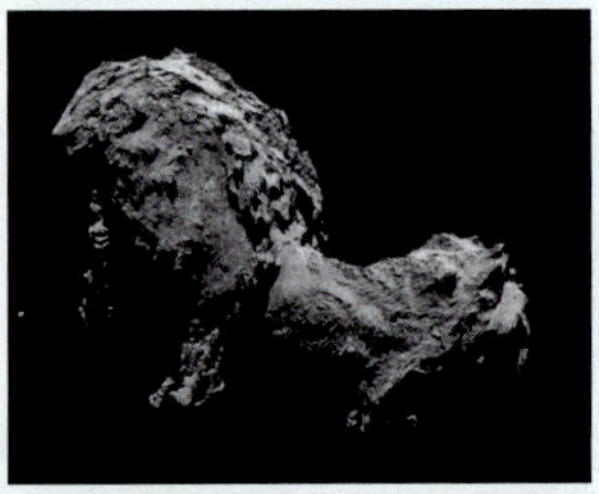

- Distance au plus près du Soleil (périhélie) : 1,24 ua.
- Distance au plus loin du Soleil (aphélie) : 5,68 ua.

a. Représenter la trajectoire de la comète en précisant les positions du Soleil, de l'aphélie et du périhélie.

b. Expliquer, en utilisant l'une des lois de Kepler, pourquoi la valeur de la vitesse de la comète n'est pas constante sur sa trajectoire. On complètera le schéma précédent pour expliciter la loi utilisée. Préciser, sur ce même schéma, la position de la comète pour laquelle la valeur de sa vitesse est la plus grande en justifiant la réponse.

c. Rappeler la troisième loi de Kepler et en déduire la valeur de la période de révolution de la comète.

2. Satellisation de *Rosetta*

Au cours de l'année 2014, la sonde *Rosetta* est arrivée à proximité de la comète et s'est placée en orbite circulaire autour de celle-ci à une altitude h de 20 km. Le référentiel d'étude, supposé galiléen, est le référentiel dont l'origine est le centre de la comète et dont les trois axes pointent vers des étoiles lointaines.

a. Réaliser un schéma de la sonde en orbite autour de la comète en représentant le repère de Frenet associé à la sonde.

b. Donner, dans le repère de Frenet, les coordonnées du vecteur $\overrightarrow{F_{c/s}}$ modélisant la force d'interaction gravitationnelle exercée par la comète sur la sonde en fonction de G, m_S, M_C, h, R puis représenter cette force sur le schéma.

c. En supposant que la sonde est soumise uniquement à l'interaction gravitationnelle avec la comète 67P, établir, dans le repère de Frenet, les coordonnées de son vecteur accélération $\vec{a}$ en fonction de G, M_C, h et R.

d. Montrer que dans l'approximation d'une orbite circulaire, la valeur v de la vitesse de la sonde a pour expression : $v = \sqrt{\dfrac{GM_C}{R+h}}$. Calculer la valeur v de la vitesse de la sonde sur son orbite.

e. Exprimer puis calculer la durée T d'un tour complet de la sonde autour de la comète.

40 Modèle de Bohr de l'atome d'hydrogène

APP Relier un problème à une situation analogue vue en classe
ANA-RAI Exploiter l'information • Modéliser une situation
RÉA Réaliser un schéma • Effectuer des calculs analytiques et numériques

L'atome d'hydrogène est constitué d'un proton central de charge électrique $+e$ et d'un électron de charge électrique $-e$. Dans le modèle de Bohr, l'électron de masse m, modélisé par le point M, est en orbite circulaire autour du proton situé en O, dans le référentiel lié au proton supposé galiléen. On suppose que l'électron n'est soumis qu'à l'effet de la force d'interaction électrostatique $\vec{F}$ exercée par le proton. Cette force est centripète et de norme $F = k \times \dfrac{e^2}{r^2}$ où k est une constante et $r = OM$.

DONNÉES $e = 1,602 \times 10^{-19}$ C ; $k = 9,0 \times 10^9$ SI ; 1 eV = $1,602 \times 10^{-19}$ J ; rayon atomique de l'hydrogène $r_h = 53 \times 10^{-12}$ m.

a. Donner la définition d'une force centripète puis l'expression vectorielle de $\vec{F}$. Schématiser la situation en représentant le proton, l'électron, l'orbite de l'électron, la force $\vec{F}$ et le repère de Frenet associé à l'électron.

b. Déterminer les caractéristiques du vecteur accélération $\vec{a}$ de l'électron en fonction de la valeur v de sa vitesse et du rayon r.

c. En déduire que le mouvement de l'électron est uniforme et montrer que la valeur v de sa vitesse est donnée par l'expression $v = e \times \sqrt{\dfrac{k}{m \times r}}$.

d. Exprimer la valeur de l'énergie cinétique $\mathscr{E}_c$ de l'électron en fonction de e, k et r.

e. Dans le modèle de Bohr, l'énergie cinétique de l'électron est quantifiée et ne peut prendre que certaines valeurs telles que $\mathscr{E}_{c,n} = \dfrac{13,6}{n^2}$ (en eV) où n est un entier strictement positif. Exprimer le rayon r_n de l'orbite de l'électron en fonction de n.

f. Déterminer l'ordre de grandeur du rayon de l'orbite de l'électron pour $n = 1$ et comparer le résultat à l'ordre de grandeur du rayon atomique de l'hydrogène.

g. Décrire l'évolution des trajectoires et de l'énergie cinétique de l'électron lorsque n augmente.

DIFFÉRENCIATION

41 ✱✱ Communication entre la Lune et Apollo

APP Extraire l'information • Mobiliser ses connaissances
ANA-RAI Modéliser une situation • Proposer une stratégie de résolution
RÉA Mettre en œuvre les étapes d'une démarche

À son arrivée au voisinage de la Lune, la capsule Apollo est mise en orbite à une altitude h égale à 110 km. Son mouvement est circulaire et uniforme autour du centre de la Lune. Le module lunaire (LEM) est alors envoyé sur la Lune, avec deux astronautes à son bord. Le troisième astronaute reste à bord de la capsule Apollo.
Le schéma ci-dessous représente l'orbite du centre de masse de la capsule Apollo autour de la Lune. Les échelles ne sont pas respectées.

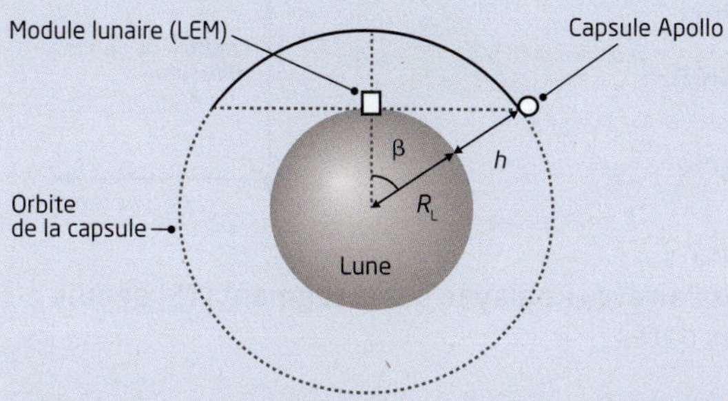

L'étude du mouvement de la capsule se fait dans le référentiel lunocentrique supposé galiléen, défini par le centre de la Lune supposée sphérique et trois axes dirigés vers trois étoiles fixes.

DONNÉES
- Rayon de la Lune R : $R_L = 1{,}74 \times 10^3$ km.
- Masse de la Lune : $M_L = 7{,}33 \times 10^{22}$ kg.

a. Expliquer pourquoi la communication entre les astronautes sur la Lune et leur collègue resté dans la capsule ne peut se faire que sur la partie de l'orbite en gras.

b. Déterminer la durée maximale de la communication à chaque révolution de la capsule.

■ *Aides à la fin du manuel.*

42 ✱✱ Vénus et 2ème loi de Kepler

Données

APP Rechercher l'information • Mobiliser ses connaissances
ANA-RAI Interpréter un langage de programmation • Proposer une stratégie de résolution **RÉA** Utiliser un modèle • Mettre en œuvre les étapes d'une démarche **VAL** Comparer à une valeur de référence

Vénus est la planète du Système solaire dont le plan de l'orbite est le plus proche du plan de l'écliptique, plan moyen de l'orbite terrestre. Elle parcourt son orbite quasi-circulaire en 225 jours.
On dispose de l'éphéméride donnant chaque jour à la même heure les coordonnées de Vénus dans le repère héliocentrique écliptique J2000 depuis une date t_0 à laquelle la longitude de Vénus est nulle. La date t_0 est choisie par la suite comme origine des dates.

a. Représenter sur un schéma les coordonnées héliocentriques écliptiques J2000 de Vénus (longitude, latitude, distance). Justifier que la latitude de Vénus peut être considérée comme nulle.
Dans l'extrait de code Python suivant, les variables longitude et distance sont deux listes contenant les données issues de l'éphéméride de Vénus.

DIFFÉRENCIATION Python

```
def aire(angle,r):
    """ Calcul de l'aire en m^2 d'un secteur d'angle au sommet
    'angle' (en degré)  et de rayon 'r' (en m) """
    aire=(pi*angle*r**2)/360
    return aire

N = len(longitude)
t = np.array(range(N))

Aire=[0]
aire_balayee=0
for i in range(N-1):
    angle=longitude[i+1]-longitude[i]
    r=distance[i]
    a=aire(angle,r)
    aire_balayee = aire_balayee + a
    Aire.append(aire_balayee)

plt.plot(t,Aire)
```

L'exécution du programme donne la figure suivante.

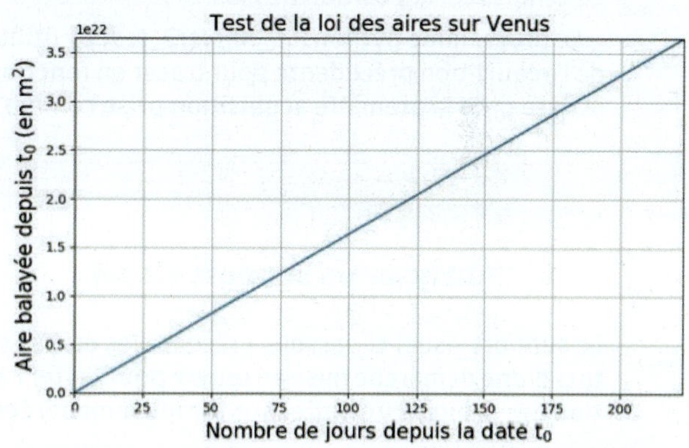

b. Identifier la grandeur contenue dans la liste Aire et expliquer comment les instructions de la boucle for permettent de la calculer.

c. Rappeler la deuxième loi de Kepler et indiquer comment la figure obtenue à l'exécution du programme permet de la vérifier.

d. Dans l'approximation d'une orbite circulaire de rayon R, l'aire $\mathscr{A}$ balayée par le rayon pendant la durée Δt est de la forme $\mathscr{A} = k \times \Delta t$ avec $k = \frac{1}{2}\sqrt{GM_S R}$ où M_S est la masse du Soleil.
Préciser l'unité de k et vérifier l'homogénéité de la relation.

e. Compléter le code Python fourni pour proposer un programme permettant de calculer la masse du Soleil.

f. Exécuter le programme puis comparer le résultat obtenu à la valeur de référence de la masse du Soleil en discutant des éventuels écarts.

RESSOURCES
- Fichiers Python (niveaux standard et confirmé)
- Fichier de données
- Fiches-guides (fichiers texte et PDF)

43 Communiquer à l'oral en s'appuyant sur un support visuel unique

RESSOURCES
- Fichiers Python

Un élève doit réaliser un support visuel permettant de présenter la démarche suivie pour tester la deuxième loi de Kepler à partir de l'exploitation des données de la Station Spatiale Internationale (ISS) collectées en temps réel.

ÉTAPE 1 S'approprier la démarche permettant de tester la deuxième loi de Kepler

Selon la deuxième loi de Kepler, en notant T le centre de masse de la Terre et S celui de l'ISS, les aires balayées par le segment [TS] pendant des durées Δt égales sont égales. Autrement dit, si $\mathcal{A}_{ISS}$ est l'aire balayée par le segment [TS] pendant la durée Δt, le quotient $\frac{\mathcal{A}_{ISS}}{\Delta t}$ est constant : $\frac{\mathcal{A}_{ISS}}{\Delta t} = k$ avec $k =$ constante. Ainsi, $\mathcal{A}_{ISS} = k \times \Delta t$ et la représentation graphique de $\mathcal{A}_{ISS}$ en fonction de Δt est une droite passant par l'origine.

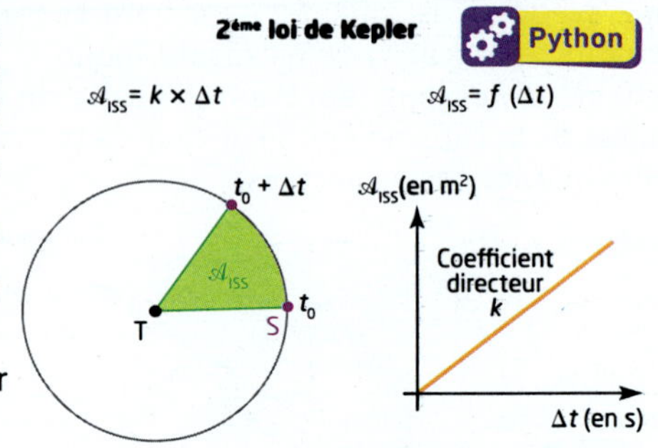

▸ Le programme Python *ISS_Kepler2_data.py* permet de collecter en temps réel la position de l'ISS.

▸ Le programme python *ISS_Kepler2_test.py* utilise les résultats de l'acquisition précédente pour tracer en fonction du temps l'aire $\mathcal{A}_{ISS}$ balayée par le segment [TS] depuis la date t_0 de la première acquisition prise comme origine des dates.

ÉTAPE 2 Analyser un support visuel

Le support visuel ci-dessous présente les étapes et les résultats d'une démarche mise en œuvre pour tester l'approximation des orbites circulaires sur le mouvement réel de l'ISS.

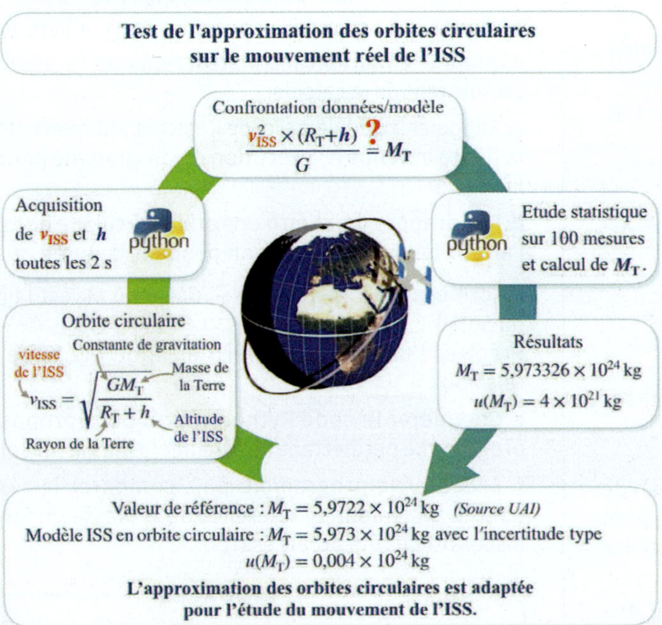

Questions

1. Exécuter les programmes Python permettant de tester la deuxième loi de Kepler à partir des données de l'ISS. Puis, à l'aide des documents de l'ÉTAPE 1, lister les étapes de la démarche mise en œuvre pour tester cette loi.
2. Identifier les éléments graphiques permettant de comprendre la démarche mise en œuvre pour répondre à la problématique présentée dans le support visuel de l'ÉTAPE 2.
3. Réaliser un support visuel répondant aux contraintes citées dans l'énoncé.

Conseils !
- Utiliser des titres explicites.
- Limiter le nombre de mots en choisissant des termes précis, synthétiques et adaptés.
- Choisir une seule police de caractère.
- Limiter les tailles et les couleurs pour mettre uniquement en évidence les éléments essentiels.

44 De *Hubble* à *James Webb* ACTUALITÉ SCIENTIFIQUE

S'APPROPRIER ANALYSER-RAISONNER VALIDER

En 2021, le télescope *Hubble* qui tourne autour de la Terre depuis 1990 sera remplacé par le télescope *James Webb*. Placé en permanence dans l'ombre de la Terre, le nouveau télescope aura une position idéale pour observer le ciel.

DOC. 1 Télescopes spatiaux

À l'inverse d'un télescope terrestre qui reçoit des rayonnements filtrés par l'atmosphère, un télescope spatial n'est pas sensible aux turbulences atmosphériques. Le télescope spatial *Hubble*, du nom de l'astronome américain Edwin Hubble (1889-1953), a été lancé en 1990. D'une masse $m = 11$ tonnes, il occupe une « orbite basse » à une altitude quasi constante $h = 600$ km de la surface de la Terre et fournit des images de l'Univers dans le domaine du spectre ultraviolet, visible et proche infrarouge.
Le télescope spatial *James Webb*, du nom d'un administrateur de la NASA, succèdera au télescope *Hubble* en 2021. Il sera placé à une distance proche de 1,5 million de kilomètres de la Terre en un point dénommé « point de Lagrange L ».

D'après Wikipedia, hubblesite.org et jwst.nasa.gov

DOC. 2 Points de Lagrange

Le mathématicien sarde naturalisé français, Joseph-Louis Lagrange (1736-1802) étudia le cas d'un petit corps, de masse négligeable, soumis à l'attraction gravitationnelle de deux corps massifs en orbite l'un par rapport à l'autre. Il montra qu'il existe cinq positions où le petit corps reste immobile par rapport aux deux autres sous l'action simultanée des champs de gravitation des deux corps massifs. Ces positions sont appelées « points de Lagrange » et sont notées de L_1 à L_5.
Dans le cas où les deux corps sont en orbite circulaire, ces points représentent les endroits où un troisième corps de masse négligeable resterait immobile par rapport aux deux autres : il accompagnerait à la même vitesse angulaire leur rotation autour de leur centre de gravité commun sans que sa position par rapport à eux n'évolue.

Dans le plan de l'écliptique :

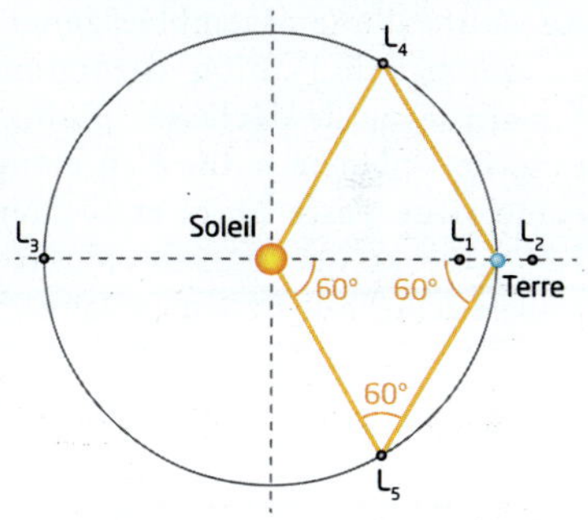

DONNÉES

- Masse de la Terre : $M_T = 5{,}97 \times 10^{24}$ kg.
- Constante de gravitation : $G = 6{,}67 \times 10^{-11}$ N·m²·kg⁻².
- Distance moyenne Soleil-Terre : $d = 149{,}6 \times 10^6$ km, ce qui équivaut à 1 ua (unité astronomique).
- Rayon de la Terre : $R_T = 6\,370$ km.

Questions

Le système {télescope spatial *Hubble*} est étudié dans le référentiel géocentrique en négligeant l'interaction gravitationnelle du Soleil avec le télescope.

1. Préciser la trajectoire du centre de masse M du télescope *Hubble* dans ce référentiel.
2. À partir de la deuxième loi de Newton, montrer que, dans l'approximation d'une orbite circulaire, le mouvement du centre de masse M du télescope *Hubble* est uniforme.
3. Montrer que l'expression de la valeur v de la vitesse du centre de masse M du télescope *Hubble* dans le référentiel géocentrique est : $v = \sqrt{\frac{GM_T}{R_T + h}}$.
4. Établir l'expression de la période de révolution T du télescope *Hubble* en fonction de R_T, h et v.
5. Rappeler la troisième loi de Kepler et montrer qu'elle est vérifiée dans le cas du télescope *Hubble*.
6. Calculer la période de révolution T du centre de masse M du télescope *Hubble*, exprimée en minute.
7. On envisage le cas où le télescope *James Webb* est positionné au point de Lagrange L_2. Expliquer pourquoi le point L_2 a été choisi pour l'orbite du télescope *James Webb* plutôt que le point L_1.

Exercices BAC

50 min

45 Un nouveau statut pour Pluton

RÉSOLUTION DE PROBLÈME · DIFFÉRENCIATION

S'APPROPRIER · ANALYSER-RAISONNER · VALIDER

En 2006, Pluton a perdu son statut de planète pour devenir une planète naine.

- **Pourquoi la découverte d'Eris a-t-elle poussé les astronomes à déclasser Pluton ?**

DOC. 1 Eris et le changement de statut de Pluton

Pluton, découverte par l'astronome américain Clyde Tombaugh (1906-1997) en 1930, était considérée comme la neuvième planète de notre Système solaire. Le 5 janvier 2005, une équipe d'astronomes a remarqué sur des photographies prises le 21 octobre 2003 un nouveau corps gravitant autour du Soleil. Provisoirement nommé 2003 UB313, cet astre porte maintenant le nom d'Eris, du nom de la déesse grecque de la discorde.

La découverte d'Eris et d'autres astres similaires (2003 EL 61, 2005 FY9...) a été le début de nombreuses discussions et controverses acharnées entre scientifiques sur la définition même du mot « planète ».

Au cours d'une assemblée générale, le 24 août 2006 à Prague, 2 500 astronomes de l'Union astronomique internationale (UAI) ont décidé à main levée de déclasser Pluton comme planète pour lui donner le rang de « planète naine » en compagnie d'Eris et de Cérès (gros astéroïde situé entre Mars et Jupiter). En effet, Pluton a une masse de $1{,}31 \times 10^{22}$ kg, qui est 25 fois plus faible que la masse de Mercure, plus petite planète actuelle du Système solaire.

Pluton photographiée par la sonde *New Horizons*.

DOC. 2 Eris et son satellite Dysnomia

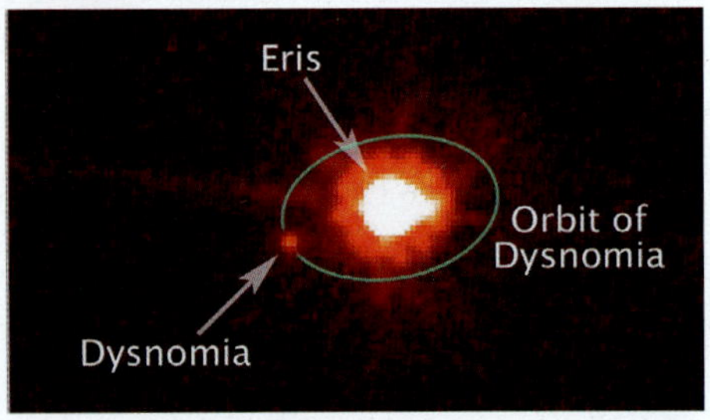

La planète naine Eris parcourt une orbite elliptique autour du Soleil avec une période de révolution T_E valant environ 557 années terrestres. En 2005, les astronomes ont découvert qu'Eris possède un satellite qui a été baptisé Dysnomia.

La représentation ci-dessus reproduit l'orbite de Dysnomia autour d'Eris. Le rayon de l'orbite de Dysnomia (orbite considérée comme circulaire) est égal à $R_D = 3{,}60 \times 10^7$ m et la période de révolution de Dysnomia autour d'Eris vaut $T_D = 1{,}30 \times 10^6$ s.

Questions

Fiche d'évaluation

1 Question préliminaire

À partir des données du DOC. 2 et en faisant différentes hypothèses, estimer la masse d'Eris.

2 Problème

Justifier le statut de « planète naine » donné à Pluton en compagnie de Cérès et d'Eris.

Toute initiative prise pour résoudre le problème, ainsi que la qualité de la rédaction explicitant la démarche suivie, seront valorisées.

- *Aides à la fin du manuel*

RESSOURCE

- Fiche d'évaluation par compétences

60 min **É.C.E.** **Exercices BAC**

46 Comète de Halley

HISTOIRE DES SCIENCES — DIFFÉRENCIATION

ANALYSER-RAISONNER · RÉALISER · VALIDER

Les comètes sont des restes glacés de la formation du Soleil et des planètes. La plupart des comètes s'approchent du Soleil puis repartent vers les confins du Système solaire sans revenir. D'autres comètes, comme la comète de Halley, repassent régulièrement près du Soleil. L'orbite elliptique de ces comètes périodiques est alors fortement allongée : plus l'excentricité de l'orbite est élevée, plus la période de la comète est longue.

● **Comment déterminer les paramètres orbitaux, période et excentricité, de la comète de Halley à partir de données astronomiques ?**

DOCUMENT Passages de la comète de Halley à son périhélie

Données

« Le catalogue de l'astronome anglais B.G. Marsden (1939-2010), publié en 1975, précise les dates des 30 derniers passages de la comète de Halley à son périhélie du 25 mai de l'an 240 avant J.-C. au 9 février 1986. Les 6 plus récents, de 1531 à 1986, sont attestés par des observations d'astronomes. Grâce aux recherches d'historiens et d'archéologues, nombre de passages antérieurs ont pu être identifiés. C'est ainsi que les passages de –240, de –164 et de –87 sont mentionnés sur des tablettes babyloniennes, celui de –12 dans des mémoires chinois et celui de 1066 sur la célèbre Tapisserie de Bayeux. »

1986	9 février		837	28 février
1910	20 avril		760	20 mai
1835	16 novembre		684	2 octobre
1759	13 mars		607	15 mars
1682	15 septembre		530	27 septembre
1607	27 octobre		451	28 juin
1531	26 août		374	16 février
1456	9 juin		295	20 avril
1378	10 novembre		218	17 mai
1301	25 octobre		141	22 mars
1222	28 septembre		66	25 janvier
1145	18 avril	Av. J.-C.	12	10 octobre
1066	20 mars		87	6 août
989	5 septembre		164	12 novembre
912	18 juillet		240	25 mai

D'après « Revue d'Histoire des sciences, tome 39, n°4, 1986. ».

DONNÉES Comètes de type Halley

Données

Les comètes de type Halley sont des comètes périodiques dont la période est comprise entre 20 et 200 ans. Leurs mouvements respectent les lois de Kepler et sont caractérisés par :

- le **périhélie** q qui est la plus petite distance entre le Soleil et la comète ;
- l'**excentricité** e de leur orbite $e = 1 - \frac{q}{a}$ où q est le périhélie et a le demi grand axe de l'orbite elliptique.

Le fichier de données téléchargeable regroupe les paramètres orbitaux des comètes de type Halley.

Questions

Fiches-guides

1 Python À l'aide des codes Python fournis par le professeur, proposer un programme permettant de déterminer les paramètres orbitaux - période et excentricité de l'orbite - de la comète de Halley à partir des données astronomiques disponibles.

Appel n° 1 *Appeler le professeur pour lui présenter le programme ou en cas de difficulté.*

2 Exécuter le programme et donner les valeurs de la période de révolution T_H et de l'excentricité de l'orbite e_H de la comète de Halley.

Appel n° 2 *Appeler le professeur pour lui présenter les résultats ou en cas de difficulté.*

3 Comparer les valeurs obtenues aux valeurs de référence et discuter des éventuels écarts.

RESSOURCES

- Fichiers Python (niveaux standard et confirmé)
- Fichiers de données
- Fiches-guides (fichiers texte et PDF)

14 Mouvements d'un fluide

Se tester pour commencer — Choisir la réponse exacte.

EXO QCM interactif

	A	B	C
1 Un fluide est à l'état :	solide ou liquide	liquide ou gazeux	solide ou gazeux
2 Un fluide incompressible est un fluide dont :	la masse volumique est constante	la température est constante	la forme ne change pas
3 Les pressions P_1 et P_2 d'un fluide incompressible au repos aux positions M_1 et M_2 sont telles que : 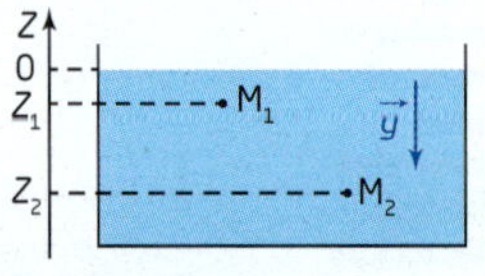	$P_1 < P_2$	$P_1 = P_2$	$P_1 > P_2$
4 L'action d'un fluide à la pression P sur une surface plane d'aire S est modélisée par une force pressante de norme F ayant pour expression :	$F = P \times S$	$F = \frac{P}{S}$	$F = P$
5 À pression atmosphérique, le quotient $r = \frac{\rho_{\text{liquide}}}{\rho_{\text{vapeur}}}$ de la masse volumique de l'eau liquide par celle de la vapeur d'eau vérifie :	$r < 1$	$r = 1$	$r > 1$
6 L'unité SI de la pression est :	le bar (bar)	le pascal (Pa)	le millimètre de mercure (mmHg)

Vidéo débat — GRAND ORAL

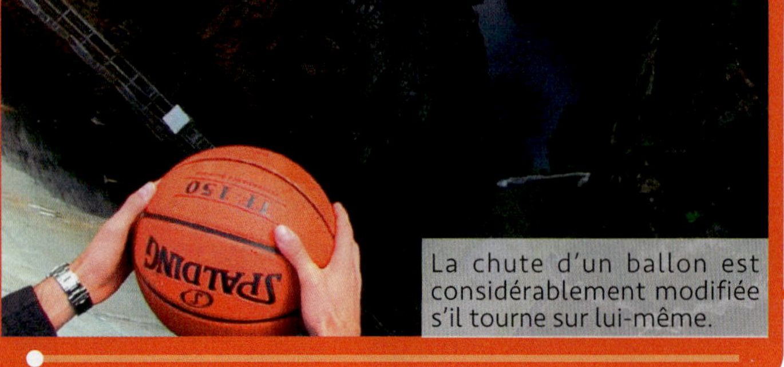

La chute d'un ballon est considérablement modifiée s'il tourne sur lui-même.

Comment expliquer la trajectoire du ballon ?

Main tendue à l'extérieur d'une voiture en mouvement.

Pourquoi faut-il fournir un effort pour maintenir la main tendue ?

→ Exercice 31 page 333

CAPACITÉS EXIGIBLES*	Activités	Exercices corrigés
Expliquer qualitativement l'origine de la poussée d'Archimède.	1	15
Utiliser l'expression vectorielle de la poussée d'Archimède.	1	11 15 16
Mettre en œuvre un dispositif permettant de tester ou d'exploiter l'expression de la poussée d'Archimède.	1	
Exploiter la conservation du débit volumique pour déterminer la vitesse d'un fluide incompressible.	2 3	23
Exploiter la relation de Bernoulli, celle-ci étant fournie, pour étudier qualitativement puis quantitativement l'écoulement d'un fluide incompressible en régime permanent.	3 4	12 23 29
Mettre en œuvre un dispositif expérimental pour étudier l'écoulement permanent d'un fluide et pour tester la relation de Bernoulli.	4	
√MESURE ET INCERTITUDES √NUMÉRIQUE Exploiter une série de mesures, discuter de l'influence du protocole et/ou évaluer une incertitude-type pour comparer des résultats.	1	24

* D'après le *BO spécial* n° 2 du 13 février 2020, les capacités de ce chapitre sont uniquement exigibles pour le Grand oral.

Activité expérimentale

Notions
- Poussée d'Archimède
- Mesure et incertitudes

▸ § 1.2 p. 326

1 Le Nautile

Vidéo

Depuis 1984, le *Nautile*, un sous-marin habité de l'IFREMER, est à l'origine de nombreuses découvertes scientifiques (voir photo ci-contre : images sous-marines du sous-marin *Nautile* pendant la mission ESSNAUT 2016).

Pour plonger, le *Nautile* est doté de deux ballasts de 600 litres chacun, c'est-à-dire de réservoirs qui peuvent se remplir d'eau ou d'air.

● **Comment expliquer le rôle des ballasts d'un sous-marin ?**

DOC. 1 Poussée d'Archimède

Dans son traité des corps flottants, Archimède (287-212 av. J.-C.) publie les premières études rigoureuses de statique des fluides. Il y énonce le principe : « Tout corps plongé dans un fluide au repos, entièrement mouillé par celui-ci ou traversant sa surface libre, subit une force verticale, dirigée de bas en haut et opposée au poids du volume de fluide déplacé ». Cette force, notée $\vec{\pi}_A$, est appelée poussée d'Archimède et elle a pour norme :

$\pi_A = \rho V g$
- ρ la masse volumique du fluide en $kg \cdot m^{-3}$
- V le volume de fluide déplacé (qui est égal au volume de la partie immergée de l'objet) en m^3
- g l'intensité de la pesanteur terrestre en $N \cdot kg^{-1}$

DOC. 2 Photos de l'expérience

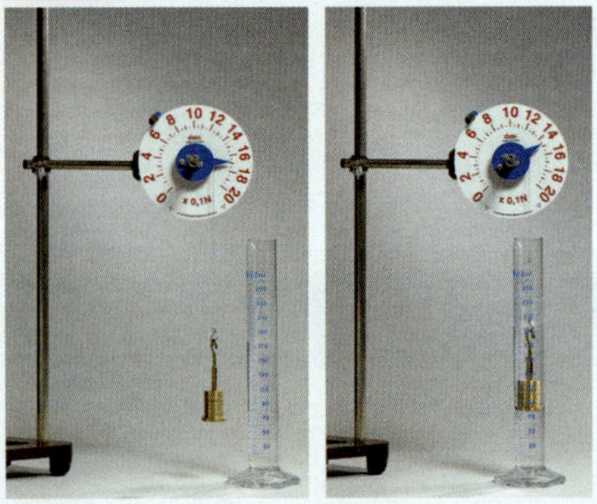

PROTOCOLE — Matériel

■ Relever la norme P du poids indiquée par le dynamomètre avant l'immersion de l'objet dans l'eau.

■ Relever la norme P_a du poids apparent lorsque l'objet est entièrement immergé dans l'eau, ainsi que la variation de volume dans l'éprouvette graduée $\Delta V = V_2 - V_1$ correspondante.

DONNÉES

■ Intensité de la pesanteur terrestre : $g = 9{,}81\ N \cdot kg^{-1}$.

■ Masse volumique de l'eau liquide : $\rho = 1{,}00 \times 10^3\ kg \cdot m^{-3}$.

Questions

1 ANALYSER-RAISONNER

a. Expliquer ce que représente le produit ρV dans l'expression $\pi_A = \rho V g$ et faire le lien avec le principe d'Archimède décrit dans le **DOC. 1**.

b. D'après le **DOC. 2**, effectuer le bilan des forces exercées sur l'objet quand il est dans l'air puis quand il est entièrement immergé dans l'eau.

c. En déduire que l'expression de la norme de la poussée d'Archimède est, avec les notations données dans le **PROTOCOLE** : $\pi_A = \rho V g = P - P_a$.

2 RÉALISER

Mettre en œuvre l'expérience photographiée dans le **DOC. 2** avec différents objets.

3 VALIDER Python DIFFÉRENCIATION

a. Les mesures réalisées sont-elles compatibles avec l'expression de la norme de la poussée d'Archimède ? Justifier la réponse.

b. Expliquer le rôle des ballasts dans un sous-marin.

RESSOURCES
- Vidéo d'introduction
- Liste du matériel
- Fichiers Python (niveaux standard et confirmé)

documentaire **Activité**

2 Surveillance des cours d'eau

Notions
- Fluide incompressible
- Débit volumique

▸ § 1.1, 2.1 et 2.2 pp. 326-327

Afin de prévoir les crues, les rivières et les fleuves sont étudiés en permanence.

● **Comment décrire ces écoulements d'eau ?**

DONNÉES 1 Écoulement d'un fluide

■ Pour décrire son écoulement, un fluide incompressible, comme l'eau, est subdivisé en particules de fluide (typiquement d'une taille de 0,1 µm), petites à l'échelle macroscopique mais suffisamment grandes à l'échelle microscopique pour contenir un grand nombre d'entités.

■ Les vecteurs vitesses des particules de fluide sont tangents en tout point à des courbes appelées lignes de champ de vitesse ou lignes de courant.

■ L'écoulement est permanent si la vitesse d'écoulement en tout point ne varie pas au cours du temps. Dans ce cas, les lignes de courant correspondent à la trajectoire des particules de fluide. De plus, lorsque les lignes de courant se rapprochent, la vitesse d'écoulement augmente localement.

DOCUMENT Débit volumique d'une rivière (L'Ill, à Strasbourg)

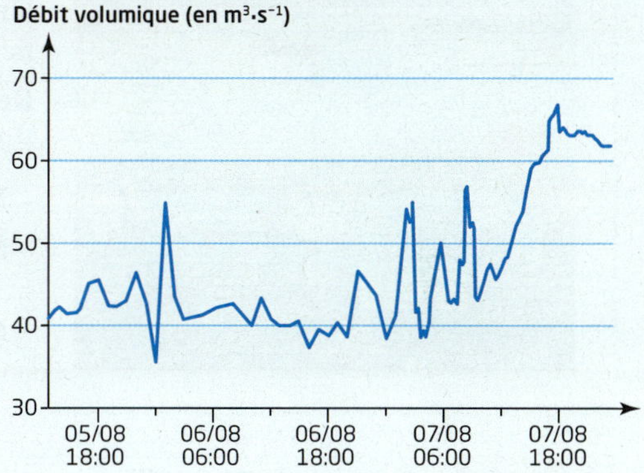

DONNÉES 2 Débit volumique

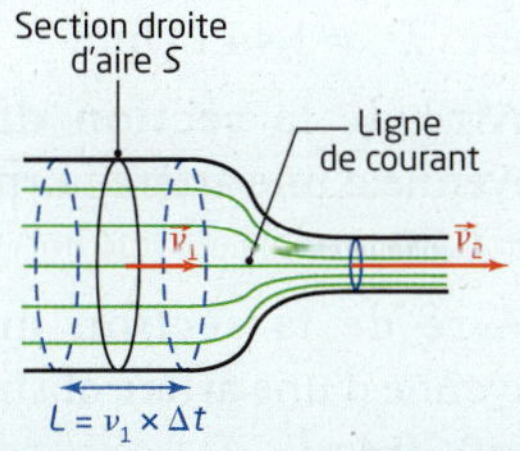

Le débit volumique D_v du fluide correspond au volume V de fluide qui traverse une section droite d'aire S par unité de temps :

$$D_v = \frac{V}{\Delta t}$$

Unités SI :
- D_v en $m^3 \cdot s^{-1}$
- V en m^3
- Δt la durée, en s, pendant laquelle le volume V de fluide traverse la section droite
- S en m^2
- v la vitesse d'écoulement du fluide en $m \cdot s^{-1}$

Questions

1 S'APPROPRIER

Comparer, en justifiant, les valeurs des vitesses d'écoulement du fluide v_1 et v_2 présentées dans les données et justifier la cohérence de l'allure des lignes de courant.

2 RÉALISER

a. D'après les données, établir la relation entre le débit volumique D_v d'un fluide, sa vitesse d'écoulement v et l'aire S de la section droite traversée. Vérifier l'homogénéité de la relation.

b. En modélisant la rivière, l'Ill, par un conduit de section rectangulaire de hauteur h = 1,11 m et de largeur L = 40,0 m, calculer la vitesse d'écoulement v de l'Ill le 6 août à 00 h quand le débit volumique vaut D_v = 35,38 $m^3 \cdot s^{-1}$.

3 COMMUNIQUER GRAND ORAL

Réaliser une synthèse permettant d'expliquer comment décrire un écoulement, en mettant en valeur les grandeurs physiques mesurables et leurs relations.

Activité expérimentale

3 Athérosclérose SVT

Notions
- Conservation du débit volumique
- Relation de Bernoulli

▸ § 1.1 et 2 pp. 326-327

L'athérosclérose est une maladie chronique caractérisée par l'apparition de dépôts graisseux dans les artères qui perturbent la circulation du sang. En première approximation, le sang peut être considéré comme un fluide incompressible qui s'écoule en régime permanent dans une canalisation.

● **Quelles sont les conséquences de ces étranglements dus aux dépôts graisseux sur l'écoulement du sang dans les artères ?**

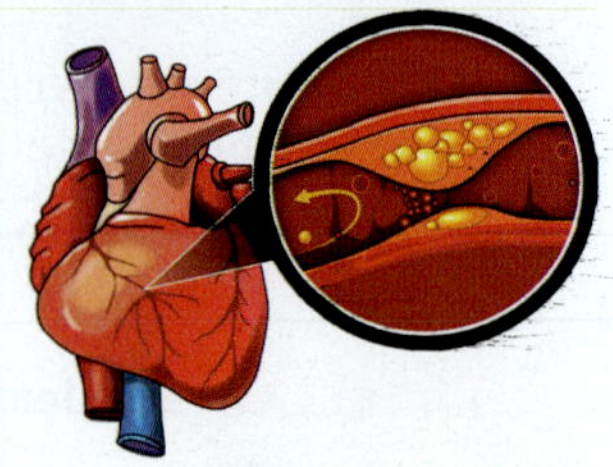

DOCUMENT Simulation de l'écoulement d'un fluide incompressible

Simulation

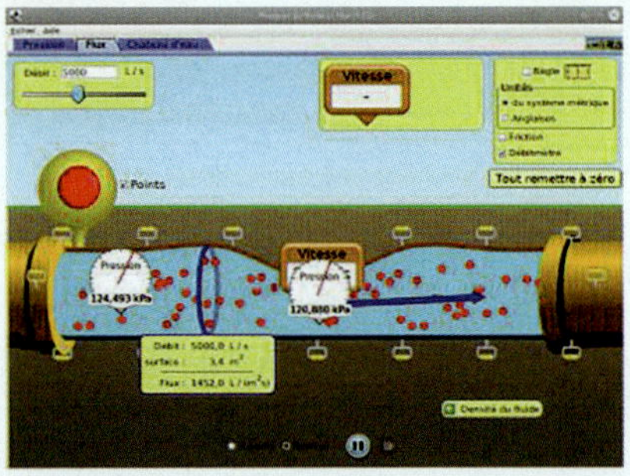

Une animation permet de simuler l'écoulement en régime permanent d'un fluide incompressible dans une canalisation.

Réglages de la simulation :
- Ajustement du débit : 5000 L/s : 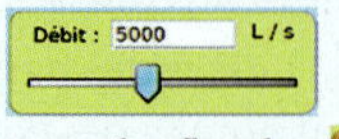

- Mesure de la vitesse d'écoulement du fluide : 

- Mesure de la pression du fluide lors de l'écoulement : 

- Modification de l'aire de la section de la conduite : 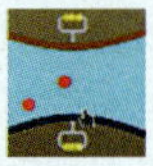

DONNÉE 1 Relation de Bernoulli

Quand les frottements sont négligeables, l'écoulement d'un fluide incompressible de masse volumique ρ constante, en régime permanent, vérifie la relation de Bernoulli entre les points M_1 et M_2 :

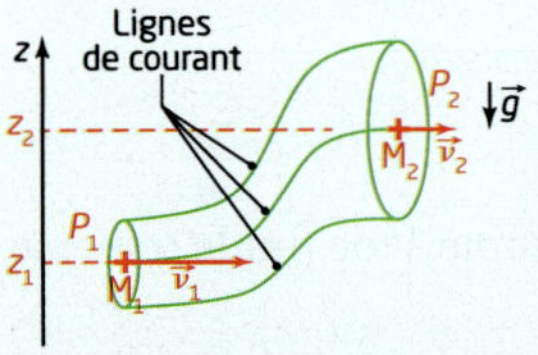

$$P_1 + \rho g z_1 + \frac{1}{2}\rho v_1^2 = P_2 + \rho g z_2 + \frac{1}{2}\rho v_2^2.$$

Unités SI :
P_1 et P_2, pressions du fluide aux points M_1 et M_2 en Pa
ρ en $kg \cdot m^{-3}$
z_1 et z_2, altitudes des points M_1 et M_2 en m
v_1 et v_2, vitesses d'écoulement du fluide aux points M_1 et M_2 en $m \cdot s^{-1}$
$g = 9{,}81\ N \cdot kg^{-1}$, intensité de la pesanteur terrestre

DONNÉES 2 Écoulement du sang dans les artères

- Débit volumique moyen de l'écoulement du sang dans une artère : $D_V = 1{,}44\ L \cdot min^{-1}$.
- Aire de la section droite moyenne d'une artère normale : $S_n = 0{,}80\ cm^2$.
- Aire de la section droite moyenne d'une artère obstruée : $S_o = 0{,}20\ cm^2$.
- Masse volumique du sang : $\rho = 1{,}07 \times 10^3\ kg \cdot m^{-3}$.

Questions

1 RÉALISER

a. Utiliser la simulation pour vérifier la conservation du débit volumique du fluide et la relation de Bernoulli.

b. Exprimer puis calculer la vitesse d'écoulement du sang v_n dans une artère normale puis celle du sang v_o dans une artère obstruée.

c. À l'aide de la DONNÉE 1, exprimer puis calculer la dépression $P_n - P_o$ au niveau de l'étranglement d'une artère obstruée d'une personne allongée ($z_n = z_o$).

2 VALIDER

Expliquer les dangers liés aux étranglements des artères dus aux dépôts graisseux.

RESSOURCE
- Simulation du document

expérimentale **Activité**

4 Kitesurfing

Notions
- Relation de Bernoulli
- Effet Venturi

▸ § 1.1 et 2 pp. 326-327

Le détroit des bouches de Bonifacio, situé entre la Corse et la Sardaigne, est prisé par les kitesurfeurs : grâce à l'effet Venturi, les vents y dépassent régulièrement les 40 km · h^{-1}.

● **Quelle est l'origine de l'effet Venturi ?**

DOC. 1 Effet Venturi dans le détroit des bouches de Bonifacio

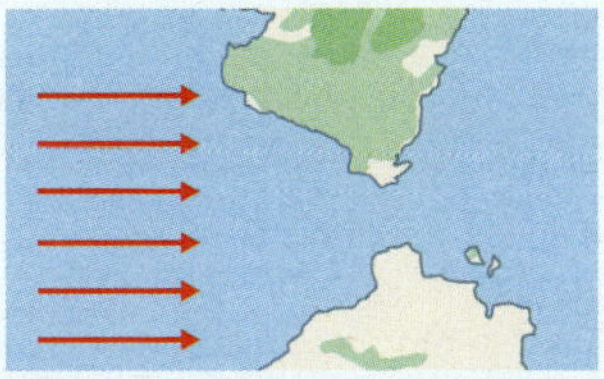

L'air au-dessus de la mer s'écoule horizontalement. Lorsqu'il rencontre l'étranglement naturel que constitue les montagnes de part et d'autre du détroit, sa zone de circulation est amoindrie, et la vitesse d'écoulement de l'air augmente de manière à conserver son débit volumique : c'est l'effet Venturi. Ceci s'accompagne d'une dépression localisée.

DOC. 2 Modélisation de l'effet Venturi en classe

Matériel

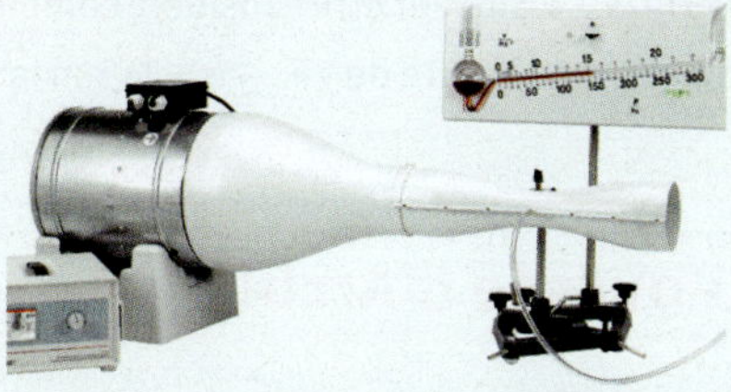

Un tube de Venturi permet de mesurer la pression en différents points du tube, notamment à proximité de l'étranglement, à l'aide d'un pressiomètre. Une soufflerie (à gauche) fait circuler de l'air dans le tube.

DONNÉES Relation de Bernoulli et effet Venturi

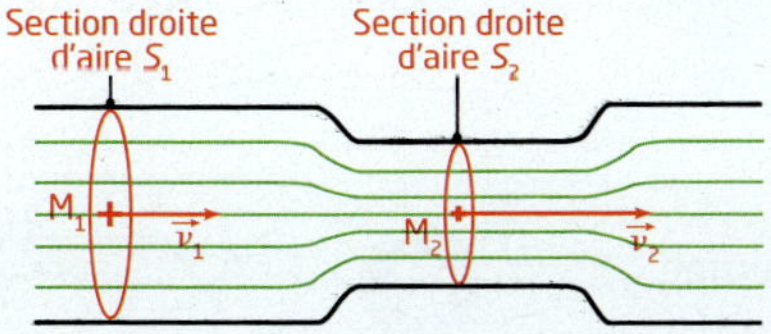

Dans certaines conditions, l'air peut être considéré comme un fluide incompressible de masse volumique $\rho = 1{,}20$ kg · m^{-3}, s'écoulant en régime permanent. Quand l'écoulement est horizontal, il vérifie la relation de Bernoulli (présentée dans la **DONNÉE 1** p. 324) entre deux points M_1 et M_2 (avec $z_1 = z_2$).

Questions

1 ANALYSER-RAISONNER

a. En se basant sur la conservation du débit volumique, expliquer pourquoi la vitesse de l'écoulement de l'air augmente au niveau d'un étranglement.

b. D'après les **DONNÉES**, justifier pourquoi la pression de l'air est plus faible au niveau de l'étranglement.

2 RÉALISER

Réaliser des mesures de pression de l'air à différents endroits du tube de Venturi. Reporter les résultats expérimentaux dans un tableau.

3 VALIDER

À l'aide de l'expression $v_1 = \sqrt{\dfrac{2(P_1 - P_2)}{\rho\left(\dfrac{S_1^2}{S_2^2} - 1\right)}}$ découlant de la relation de Bernoulli et de la conservation du débit volumique, évaluer la vitesse d'écoulement de l'air au niveau de la sortie du tube de Venturi et la comparer à la valeur mesurée avec un anémomètre.

4 COMMUNIQUER GRAND ORAL

Réaliser une synthèse permettant d'expliquer l'effet Venturi (variation de vitesse et de pression) dans la modélisation réalisée en classe, puis dans le détroit des bouches de Bonifacio.

RESSOURCE
- Liste du matériel

Synthèse des activités

Podcast | Texte DYS

1 Modèle du fluide incompressible

1.1 Définition et validité du modèle

Un fluide incompressible est un fluide, c'est-à-dire un liquide ou un gaz, dont la masse volumique est constante : $\rho = \text{cste}$.

Il s'agit d'un modèle qui s'applique au fluide quand la température est constante, homogène et si sa vitesse d'écoulement v est petite devant la célérité c des ondes acoustiques qui pourraient s'y propager.

Exemple

Dans l'air, la célérité des ondes acoustiques à 20 °C et à pression ambiante est $c_{air} = 343\ \text{m}\cdot\text{s}^{-1}$. L'air peut être considéré comme incompressible jusqu'à des vitesses d'écoulement de l'ordre de $v \approx \frac{c_{air}}{10} = 34{,}3\ \text{m}\cdot\text{s}^{-1} = 123\ \text{km}\cdot\text{h}^{-1}$.

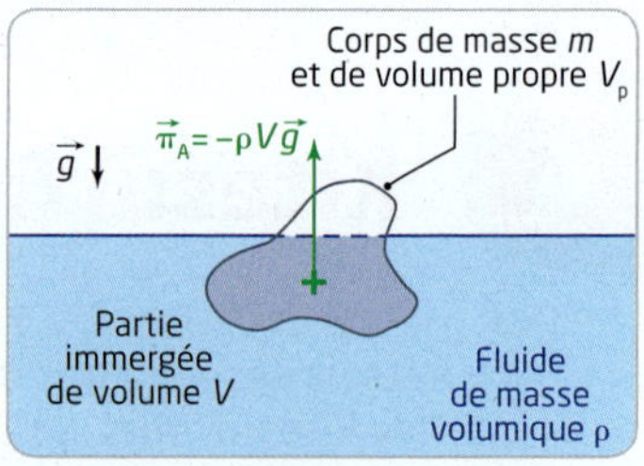

1. Corps plongé dans un fluide au repos (l'expression de la poussée d'Archimède reste valable pour un écoulement du fluide horizontal, perpendiculaire à $\vec{g}$).

VOCABULAIRE

Une particule de fluide a des dimensions **mésoscopiques** (typiquement 0,1 µm), c'est-à-dire qu'elle est petite par rapport à l'échelle macroscopique mais suffisamment grande pour contenir un grand nombre d'entités microscopiques.

1.2 Poussée d'Archimède

- La résultante des forces pressantes exercées sur un corps plongé dans un fluide incompressible au repos de masse volumique ρ est appelée **poussée d'Archimède** et notée $\vec{\pi}_A$. Elle est égale à l'opposé du poids du fluide déplacé.
- Pour un corps ayant un volume immergé V, l'expression vectorielle de la poussée d'Archimède est :

$$\vec{\pi}_A = -\rho V \vec{g}$$

Unités SI :
ρ en $\text{kg}\cdot\text{m}^{-3}$
V en m^3
$g = 9{,}81\ \text{N}\cdot\text{kg}^{-1}$, intensité de la pesanteur terrestre (DOC. 1)

Remarques

- Pour un corps entièrement immergé, son volume propre V_p est égal au volume de fluide déplacé : $V_p = V$. Pour un objet flottant à la surface d'un liquide : $V_p > V$.
- La poussée d'Archimède est une conséquence de l'augmentation de la pression – et de la force pressante – avec la profondeur dans un fluide incompressible.

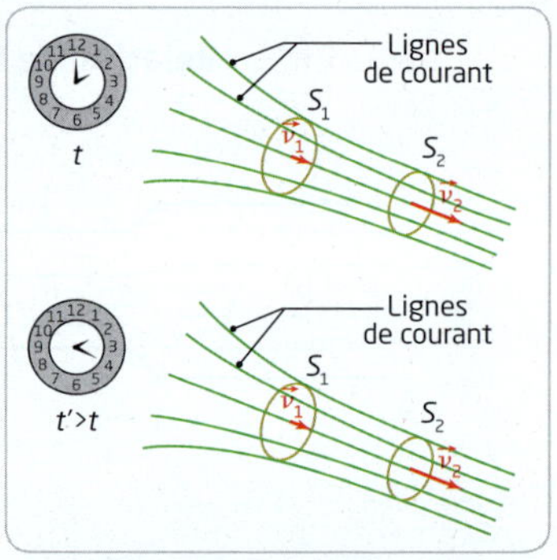

2. Dans le cas de l'écoulement d'un fluide incompressible en régime permanent, en tout point, $\vec{v}(t) = \vec{v}(t')$: les lignes de courant correspondent alors à la trajectoire des particules de fluide.

2 Écoulement d'un fluide

2.1 Écoulement d'un fluide en régime permanent

Pour décrire l'écoulement d'un fluide incompressible, on subdivise le fluide en unités appelées particules de fluide, une particule de fluide étant un système fermé de dimensions mésoscopiques.

Les vecteurs vitesses des particules de fluide sont tangents en tout point à des courbes appelées lignes de champ de vitesse ou lignes de courant. Elles permettent de cartographier le champ de vitesse du fluide.

L'écoulement est en **régime permanent** si la vitesse d'écoulement en tout point ne varie pas au cours du temps (DOC. 2).

ÉVITER LES ERREURS

Les vecteurs du champ de vitesse ne sont pas associés à des particules mais à des positions dans l'espace. Ainsi, $\vec{v}_1(t)$ et $\vec{v}_1(t')$ ne correspondent pas à la même particule de fluide. On parle de **vitesses locales**.

2.2 Conservation du débit volumique

Le **débit volumique** D_V d'un fluide correspond au volume V de fluide qui traverse une section droite par unité de temps :

$$D_V = \frac{V}{\Delta t}$$

Unités SI :
D_V en $m^3 \cdot s^{-1}$ et V en m^3
Δt, la durée, en s, pendant laquelle le volume V traverse la section droite

Le volume V de fluide qui traverse une section droite d'aire S pendant une durée Δt, avec une vitesse d'écoulement v, est contenu dans un cylindre de longueur $L = v \times \Delta t$ et de base d'aire S (DOC. 3). Le débit volumique du fluide s'exprime :

$$D_V = \frac{v \times S \times \Delta t}{\Delta t} = v \times S$$

Unités SI :
D_V en $m^3 \cdot s^{-1}$ et v en $m \cdot s^{-1}$
S en m^2

Pour un fluide incompressible, le débit volumique est le même en tout point d'un conduit. Si l'aire de la section droite du conduit change, la relation suivante, appelée équation de continuité, est vérifiée :

$$D_{V1} = D_{V2} \Leftrightarrow v_1 \times S_1 = v_2 \times S_2 \text{ (DOC. 4)}$$

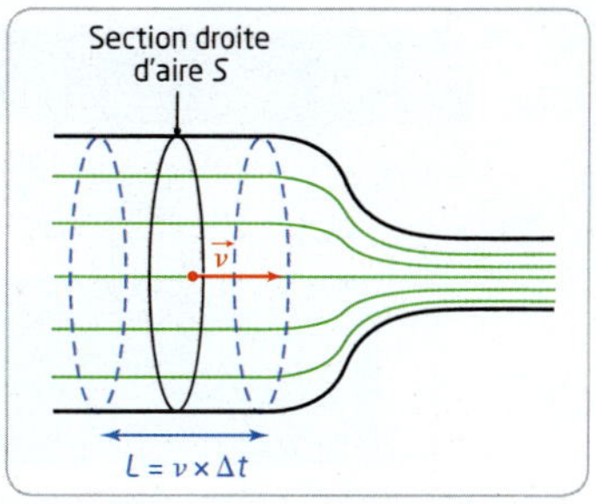

3. Écoulement d'un fluide.

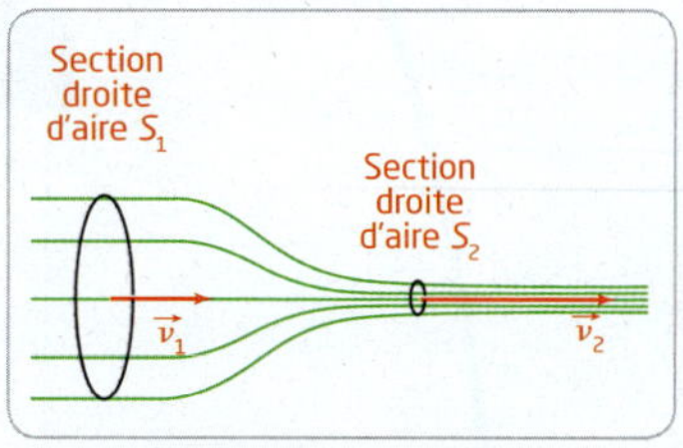

4. Les lignes de courant se rapprochent quand la vitesse d'écoulement augmente.

2.3 Relation de Bernoulli et effet Venturi

Quand les frottements sont négligeables, l'écoulement d'un fluide incompressible de masse volumique ρ constante, en régime permanent, vérifie la **relation de Bernoulli** entre deux points M_1 et M_2 :

$$P_1 + \rho g z_1 + \frac{1}{2}\rho v_1^2 = P_2 + \rho g z_2 + \frac{1}{2}\rho v_2^2$$

Unités SI :
Pressions P_1 et P_2, en Pa
ρ en $kg \cdot m^{-3}$
Altitudes z_1 et z_2, en m
Vitesses d'écoulement du fluide v_1 et v_2, en $m \cdot s^{-1}$
$g = 9{,}81\ N \cdot kg^{-1}$, l'intensité de la pesanteur terrestre (DOC. 5)

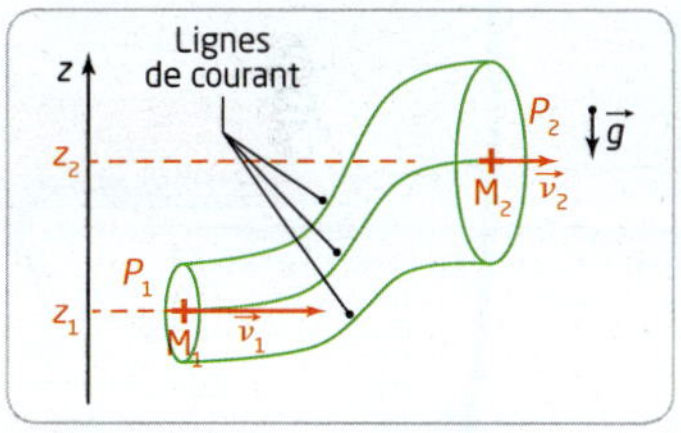

5. Écoulement d'un fluide entre deux points M_1 et M_2 d'une même ligne de courant.

Cette relation résulte d'un bilan d'énergie volumique. Elle s'applique pour des points sur une même ligne de courant, ou pour tous les points au sein du fluide si l'écoulement est non tourbillonaire (irrotationnel).

• Loi fondamentale de la statique des fluides
Pour un fluide au repos ($v_1 = v_2 = 0$), on retrouve la loi fondamentale de la statique des fluides étudiée en Première : $P_2 - P_1 = \rho g (z_1 - z_2)$.
Si $z_2 > z_1$, alors $P_2 < P_1$. C'est l'origine de la poussée d'Archimède.

• Effet Venturi
Pour un écoulement horizontal ($z_1 = z_2$), l'équation de Bernoulli devient :

$$P_1 + \frac{1}{2}\rho v_1^2 = P_2 + \frac{1}{2}\rho v_2^2 \Leftrightarrow P_2 - P_1 = \frac{1}{2}\rho (v_1^2 - v_2^2).$$

Si $v_2 > v_1$, alors $P_2 < P_1$.
C'est le cas quand un fluide incompressible s'écoule dans un étranglement.

REMARQUES

• La relation de Bernoulli peut s'écrire sur une ligne de courant :

$$\underbrace{P + \rho g z}_{\text{Pression statique}} + \underbrace{\frac{1}{2}\rho v^2}_{\text{Pression dynamique}} = \text{cste}$$

• La pression statique résulte de la loi fondamentale de la statique des fluides. La pression dynamique est liée à la force pressante qui s'applique sur un corps maintenu immobile dans un écoulement de fluide à la vitesse v.

HISTOIRE DES SCIENCES

Daniel Bernoulli (1700-1782) est un médecin, physicien et mathématicien suisse. La publication d'*Hydrodynamica* retranscrit ses travaux sur les fluides.

Retenir l'essentiel

POUSSÉE D'ARCHIMÈDE

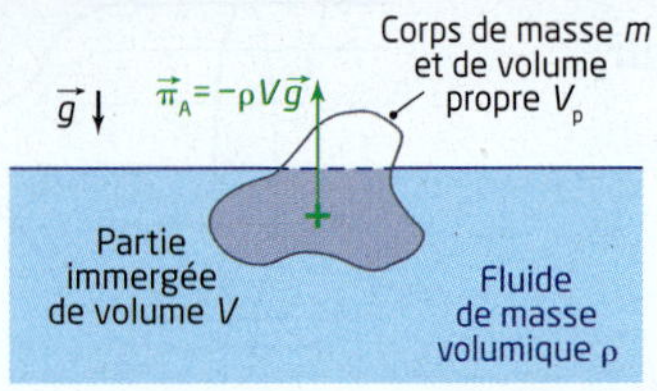

La résultante des forces pressantes exercées sur un corps plongé dans un fluide incompressible au repos est appelée poussée d'Archimède.

$$\vec{\pi}_A = -\rho V \vec{g}$$

Elle s'oppose au poids du fluide déplacé.

FLUIDE INCOMPRESSIBLE

Masse volumique ρ

$$\rho = \text{cste}$$

Débit volumique (en $m^3 \cdot s^{-1}$)

$$D_V = v \times S = \text{cste}$$

Avec :
v la vitesse d'écoulement du fluide (en $m \cdot s^{-1}$)
S l'aire de la section droite traversée par le fluide (en m^2)

ÉCOULEMENT PERMANENT ⇒ RELATION DE BERNOULLI

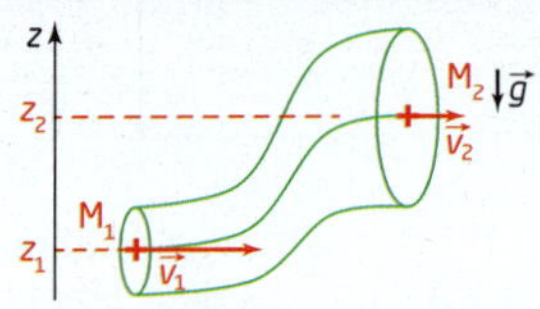

$$P_1 + \rho g z_1 + \frac{1}{2}\rho v_1^2 = P_2 + \rho g z_2 + \frac{1}{2}\rho v_2^2$$

$v_1 = v_2 = 0$

$z_1 = z_2$

LOI FONDAMENTALE DE LA STATIQUE DES FLUIDES

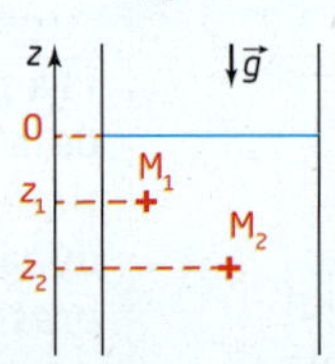

$$P_2 - P_1 = \rho g (z_1 - z_2)$$

Avec :
P_1 et P_2 les pressions du fluide en Pa
ρ en $kg \cdot m^3$
g en $N \cdot kg^{-1}$
z_1 et z_2 les altitudes en m

$$z_1 < z_2 \Rightarrow P_2 > P_1$$

EFFET VENTURI

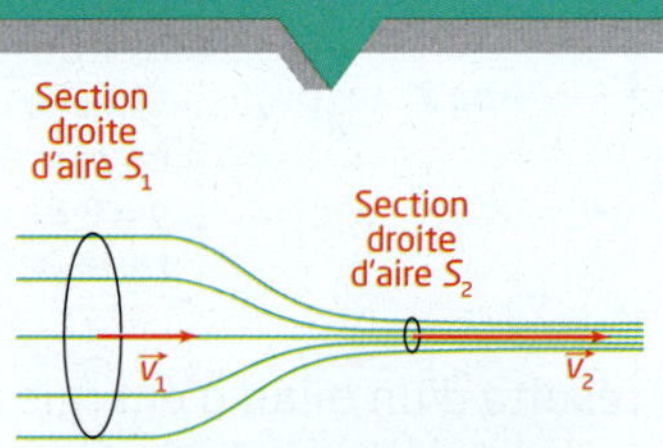

$$P_2 - P_1 = \frac{1}{2}\rho(v_1^2 - v_2^2)$$

Avec :
P_1 et P_2 les pressions du fluide en Pa
ρ en $kg \cdot m^3$
v_1 et v_2 en $m \cdot s^{-1}$

$$v_1 < v_2 \Rightarrow P_1 > P_2$$

5 min chrono !

Si vous ne trouvez pas la bonne réponse, reportez-vous au § de la synthèse des activités correspondant pour vous aider.

Indiquer la réponse exacte. EXO QCM interactif

1 **Un fluide incompressible a :** ▶ §1

a. une température constante b. une pression constante.
c. une masse volumique constante.

2 **Un corps immergé dans un fluide subit une poussée :** ▶ §1

a. horizontale. b. verticale vers le haut.
c. verticale vers le bas.

3 **La norme de la poussée d'Archimède est égale :** ▶ §1

a. à celle du poids du fluide déplacé.
b. à la masse du fluide déplacé.
c. à la température du fluide déplacé.

4 **La poussée d'Archimède et $\vec{g}$ sont :** ▶ §1

a. de même sens. b. orthogonaux. c. de sens opposé.

5 **Un fluide peut être considéré comme incompressible si sa vitesse d'écoulement est :** ▶ §2

a. faible devant la célérité des ondes acoustiques.
b. égale à la célérité des ondes acoustiques.
c. supérieure à la célérité des ondes acoustiques.

6 **L'écoulement d'un fluide incompressible de débit volumique D_V et de vitesse v, dans un conduit de section droite d'aire S, est décrit par l'expression :** ▶ §2

a. $D_V = \frac{S}{v}$. b. $D_V = S \times v$. c. $D_V = \frac{1}{2}\rho v^2$.

7 **Le long d'un conduit, le débit volumique d'un fluide incompressible :** ▶ §2

a. diminue. b. reste constant. c. augmente.

8 **Au niveau d'un étranglement, la vitesse d'écoulement d'un fluide incompressible :** ▶ §2

a. diminue. b. reste constante. c. augmente.

9 **Localement, lorsque les lignes de courant de l'écoulement d'un fluide incompressible se rapprochent, la vitesse d'écoulement :** ▶ §2

a. diminue. b. reste constante. c. augmente.

10 **Pour un écoulement permanent horizontal d'un fluide incompressible, la relation de Bernoulli montre qu'au niveau d'un étranglement, la pression :** ▶ §2

a. diminue. b. reste constante. c. augmente.

Corrigés p. 550

Contrôle technique !

11 Calculer la norme de la poussée d'Archimède

EXERCICE RÉSOLU

Exprimer puis calculer la norme de la poussée d'Archimède qui s'exerce sur un objet de masse $m = 5{,}0$ kg et de volume propre $V_P = 2{,}0$ L, totalement immergé dans l'eau.

DONNÉES

- Masse volumique de l'eau liquide : $\rho = 1{,}0 \times 10^3$ kg·m^{-3}.
- Intensité de la pesanteur : $g = 9{,}81$ N·kg^{-1}.

SOLUTION

Un objet de volume propre V_P totalement immergé déplace un même volume de liquide. La norme de la poussée d'Archimède est donnée par l'expression $\pi_A = \rho V g$ avec $V = V_P$ en m^3.

A.N. : $\pi_A = 1{,}0 \times 10^3 \text{ kg·m}^{-3} \times 2{,}0 \times 10^{-3} \text{ m}^3 \times 9{,}81 \text{ N·kg}^{-1}$

$\pi_A = 20$ N.

APPLICATION • Sur le modèle de l'exercice résolu

Exprimer puis calculer la norme de la poussée d'Archimède qui s'exerce sur un objet de masse $m = 2{,}0$ kg et de volume $V = 3{,}0$ L, totalement immergé dans l'air, de masse volumique $\rho_{air} = 1{,}2$ kg·m^{-3}.

12 Appliquer la relation de Bernoulli

EXERCICE RÉSOLU

Exprimer puis calculer la dépression $P_1 - P_2$ qui apparaît quand un écoulement horizontal d'eau à la vitesse initiale $v_1 = 4{,}0$ m·s^{-1} passe dans un étranglement où sa vitesse atteint $v_2 = 10{,}0$ m·s^{-1}.

DONNÉE Masse volumique de l'eau liquide : $\rho = 1{,}0 \times 10^3$ kg·m^{-3}.

SOLUTION

La relation de Bernoulli s'écrit :

$$P_1 + \rho g z_1 + \frac{1}{2}\rho v_1^2 = P_2 + \rho g z_2 + \frac{1}{2}\rho v_2^2 \text{ avec } z_1 = z_2.$$

D'où : $P_1 - P_2 = \frac{1}{2}\rho(v_2^2 - v_1^2)$.

A.N. : $P_1 - P_2 = \frac{1}{2} \times 1{,}0 \times 10^3 \text{ kg·m}^{-3} \times (10{,}0^2 - 4{,}0^2) \text{ m}^2\text{·s}^{-2}$

$P_1 - P_2 = 4{,}2 \times 10^4 \text{ Pa} = 0{,}42$ bar.

APPLICATION • Sur le modèle de l'exercice résolu

Exprimer puis calculer la dépression $P_1 - P_2$ qui apparaît quand un écoulement incompressible horizontal d'air à la vitesse initiale $v_1 = 20{,}0$ m·s^{-1} passe par un étranglement où sa vitesse atteint $v_2 = 40{,}0$ m·s^{-1}.

DONNÉE Masse volumique de l'air : $\rho = 1{,}2$ kg·m^{-3}.

Exercices APPLIQUER

DONNÉES POUR TOUS LES EXERCICES :
- Masse volumique de l'eau liquide : $\rho_{eau} = 1,0 \times 10^3$ kg·m^{-3}.
- Masse volumique de l'air à température et pression ambiantes : $\rho_{air} = 1,2$ kg·m^{-3}.
- Intensité de la pesanteur terrestre : $g = 9,81$ N·kg^{-1}.
- Relation de Bernoulli : $P_1 + \rho g z_1 + \frac{1}{2}\rho v_1^2 = P_2 + \rho g z_2 + \frac{1}{2}\rho v_2^2$.
- Sauf indication contraire, les mouvements sont étudiés dans le référentiel terrestre et les fluides sont supposés incompressibles.

Modèle du fluide incompressible

► § 1 de la synthèse des activités

→ EXERCICES RAPIDES

13 GRAND ORAL Préparer une présentation orale, sans note, afin de décrire en deux minutes maximum à l'ensemble de la classe les propriétés de la poussée d'Archimède et son origine.

14 Représenter qualitativement les forces qui s'exercent sur un objet qui, lâché sans vitesse initiale, va remonter à la surface de l'eau.

15 Calculer une norme

Une barque flotte grâce à la poussée d'Archimède.

a. Calculer la norme de la poussée d'Archimède qui s'exerce sur la barque dont la partie immergée a un volume $V = 2,0$ m^3.

b. Expliquer qualitativement l'origine de la poussée d'Archimède.

16 Comparer des forces

Un ballon de football a une masse $m = 450$ g et un volume $V = 5,5$ L.

- Exprimer puis calculer la norme de son poids ainsi que celle de la poussée d'Archimède qui s'exerce sur lui lorsqu'il est totalement immergé dans l'air. Conclure.

17 Calculer sans calculatrice

a. En faisant l'approximation $g = 10$ N·kg^{-1}, exprimer puis calculer la norme de la poussée d'Archimède qui s'exerce sur un ballon de baudruche de volume $V = 10$ L totalement immergé dans l'eau.

b. L'air étant environ 1000 fois moins dense que l'eau, effectuer le même calcul dans l'air. Conclure.

18 Établir un bilan des forces

Une balle de ping-pong de masse $m = 2,3$ g et de rayon $r = 1,9$ cm est lâchée sans vitesse initiale. Les frottements sont supposés négligeables.

a. Établir le bilan des forces qui s'exercent sur la balle.

b. Exprimer puis calculer les normes de chaque force, les comparer et conclure.

19 Comprendre le déplacement vertical des poissons

Pour se déplacer verticalement, les poissons utilisent leur vessie natatoire : il s'agit d'une poche plus ou moins remplie de gaz. C'est elle qui détermine la profondeur à laquelle le poisson flotte dans l'eau.

a. Citer la grandeur physique qui varie quand le poisson gonfle ou dégonfle sa vessie natatoire.

b. Établir le bilan des forces s'exerçant sur un poisson immobile à la profondeur h et prédire le sens du mouvement si le poisson gonfle sa vessie natatoire.

Écoulement d'un fluide

► § 2 de la synthèse des activités

→ EXERCICES RAPIDES

20 GRAND ORAL Réaliser un support visuel permettant de présenter oralement en trois minutes maximum à l'ensemble de la classe l'effet Venturi à partir de l'équation de Bernoulli, en l'illustrant avec un exemple et des ordres de grandeur pertinents.

21 Un écoulement d'eau dans une conduite de section droite d'aire $S_1 = 0,80$ m^2 a une vitesse $v_1 = 1,0$ m·s^{-1}. L'eau s'écoule ensuite dans une conduite de section droite d'aire $S_2 = 0,20$ m^2.

- Exprimer puis calculer le débit volumique et la vitesse d'écoulement de l'eau dans cette deuxième conduite.

22 Calculer un débit volumique

Un robinet ouvert laisse couler 1,5 L d'eau par minute. L'aire de la section du jet en sortie de robinet vaut $S = 1,0$ cm^2.

a. Exprimer puis calculer le débit volumique du jet.

b. Exprimer puis calculer la vitesse d'écoulement de l'eau en sortie de robinet.

23 Calculer une dépression

Un écoulement horizontal d'air est initialement à la vitesse $v_1 = 5{,}0\ \text{m} \cdot \text{s}^{-1}$ dans une section droite de conduit d'aire $S_1 = 2{,}0\ \text{cm}^2$. Suite à un étranglement, la section droite de la seconde partie du conduit a une aire $S_2 = 1{,}0\ \text{cm}^2$.

a. Exprimer puis calculer la vitesse v_2 de l'écoulement de l'air dans la seconde partie du conduit.

b. Exprimer puis calculer la dépression $P_1 - P_2$ résultant de ce changement de section.

24 Mesurer un débit volumique

La mesure du débit volumique D_V de l'écoulement de l'eau dans une burette graduée est obtenue en mesurant la durée d'écoulement Δt pour qu'un volume V d'eau s'écoule.

a. L'extrait de code Python ci-dessous est issu d'un programme permettant de déterminer le résultat de la mesure du débit volumique D_V grâce à la simulation d'un processus aléatoire.
En s'appuyant sur les lignes 10 et 11 de l'extrait de ce code, exprimer les résultats de la mesure de la durée d'écoulement Δt en seconde et du volume V d'eau qui s'écoule de la burette en millilitre.

DIFFÉRENCIATION Python

```
 9 # Listes L=[valeur,incertitude-type] en unité SI
10 delta_t=[40.3,0.3]       # Durée d'écoulement (en s)
11 V=[50.00e-6,0.05e-6]     # Volume d'eau écoulé (en m³)
12
13 def Alea(L): # Tirage aléatoire selon la loi normale
14     return np.random.normal(L[0],L[1])
15
16 d=[] # Simulation d'une distribution d pour Dv
17 Iteration=100000
18 for i in range(Iteration) :
19     Alea_Dv=Alea(V)/(Alea(delta_t))
20     d.append(Alea_Dv)
21
22 # Calcul de Dv et de l'incertitude-type u(Dv)
23 Dv=np.mean(d)            # Dv <- valeur moyenne de d
24 u_Dv=np.std(d,ddof=1) # u(Dv) <- Ecart-type de d
```

b. Rappeler l'expression du débit volumique D_V en fonction de Δt et V. Indiquer le numéro de la ligne de code dans laquelle cette expression intervient et expliquer ce que les instructions de cette ligne permettent de calculer.

c. Expliquer brièvement ce que permettent de réaliser les lignes 13 à 24 du programme.

d. Le résultat de l'exécution du programme est le suivant :

```
Débit volumique Dv = 1.2407582572815378e-06  m³/s
Incertitude-type : u(Dv) = 9.285208653863012e-09  m³/s
```

Exprimer le résultat de la mesure du débit volumique D_V ainsi que l'incertitude-type associée (→ **Fiche Mesure et incertitudes** p. 504).

25 Étudier une différence d'altitude

Un écoulement d'eau vertical s'effectue à vitesse constante dans une section droite de conduit d'aire $S = 1{,}0\ \text{cm}^2$. Une dépression est observée quand le fluide passe de l'altitude $z_1 = 0$ m à l'altitude $z_2 = 5{,}0$ m.

• Exprimer puis calculer la dépression $P_1 - P_2$ observée dans le fluide entre ces deux altitudes.

26 Calculer une vitesse d'éjection de vidange

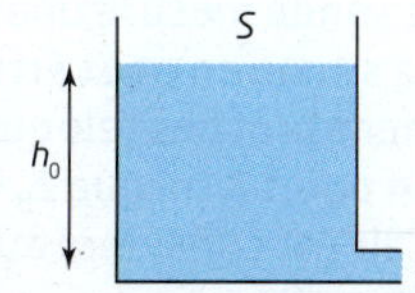

La vidange d'un réservoir d'eau est représentée ci-contre. La section de l'ouverture de vidange s est très petite devant la surface libre S du liquide, ce qui permet en première approximation de supposer la surface libre du liquide immobile.

• Exprimer puis calculer la vitesse d'écoulement du liquide par la section s pour $h_0 = 1{,}0$ m.

27 Étudier des lignes de courant

Au football, une frappe enroulée consiste à faire tourner le ballon sur lui-même. Cet effet, dit « effet Magnus », rend les trajectoires imprévisibles.
L'allure des lignes de champs, vues du dessus, de l'écoulement de l'air autour du ballon est donnée ci-dessous.

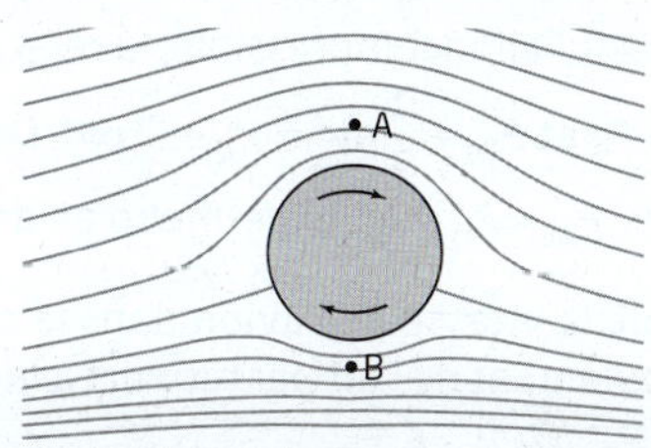

a. Citer le référentiel dans lequel est décrit l'écoulement de l'air.

b. Comparer les vitesses d'écoulement de l'air aux points A et B.

c. Comparer les pressions aux points A et B et expliquer l'effet sur le ballon.

28 Construire une carte mentale

• L'étiquette centrale doit s'intituler :

Relation de Bernoulli

• Associer à l'étiquette centrale, par le moyen graphique de votre choix, plusieurs étiquettes comme par exemple :

Régime permanent **Fluide incompressible** **Effet Venturi**

EXO **Exercices supplémentaires**

EXERCICE RÉSOLU ET COMMENTÉ

29 Mesure de la vitesse d'un avion avec une sonde Pitot

ÉNONCÉ

Pour déterminer leur vitesse, les avions sont équipés de sondes Pitot constituées notamment de manomètres différentiels qui mesurent une différence de pression entre deux points A et B. Ces mesures permettent d'en déduire la valeur de la vitesse de déplacement de l'avion dans l'air, notée v.

Le principe d'une sonde Pitot est schématisé ci-contre. Dans cet exercice, la sonde mesure une différence de pression $P_A - P_B = 67{,}1$ hPa.

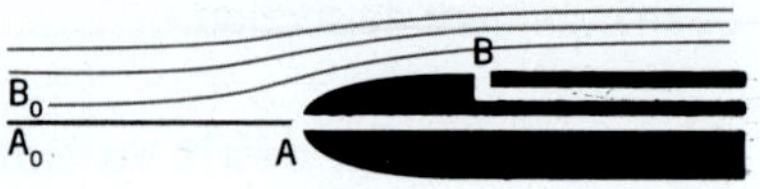

La situation peut être modélisée en considérant des points A_0 et B_0 infiniment proches tels que $P_{A_0} = P_{B_0}$ et $v_{A_0} = v_{B_0} = v$, un point d'arrêt A où $v_A = 0$ et un point B tel que $z_B \simeq z_A$ et $v_B \simeq v$.

L'air est considéré au repos dans le référentiel terrestre.

DONNÉE Masse volumique de l'air : $\rho = 1{,}29\ \text{kg}\cdot\text{m}^{-3}$.

a. Indiquer le référentiel dans lequel l'air est en mouvement et la sonde immobile.

b. Exprimer la pression différentielle $P_A - P_B$ en fonction de la vitesse d'écoulement v_B de l'air par rapport à la sonde et de la masse volumique ρ de l'air.

c. Exprimer puis calculer la valeur de la vitesse de l'avion dans le référentiel terrestre puis conclure.

UNE SOLUTION

a. L'air est en mouvement et la sonde est immobile dans le référentiel lié à l'avion.

b. En supposant l'air incompressible, la relation de Bernoulli donne :

$P_{A_0} + \frac{1}{2}\rho v^2 = P_A$ et $P_{B_0} + \frac{1}{2}\rho v^2 = P_B + \frac{1}{2}\rho v^2$. De plus, comme A_0 et B_0 sont infiniment proches, $P_{A_0} = P_{B_0}$, ce qui permet d'en déduire la relation : $P_A - P_B = \frac{1}{2}\rho v^2$.

c. La valeur de la vitesse de l'avion dans le référentiel terrestre est égale à la vitesse d'écoulement de l'air par rapport à la sonde. Elle est donnée par la relation : $v = \sqrt{\frac{2 \times (P_A - P_B)}{\rho}} = \sqrt{\frac{2 \times 6{,}71 \times 10^3\ \text{Pa}}{1{,}29\ \text{kg}\cdot\text{m}^{-3}}} = 102\ \text{m}\cdot\text{s}^{-1}$.

La valeur de la vitesse de l'avion, et donc la vitesse d'écoulement de l'air par rapport à la sonde, est environ égale au tiers de la célérité du son dans l'air. L'hypothèse du fluide incompressible peut être remise en question.

S'APPROPRIER Identifier le référentiel d'étude, qui n'est pas forcément le référentiel terrestre.

ANALYSER-RAISONNER Appliquer rigoureusement les hypothèses de l'énoncé ainsi que la relation de Bernoulli sur chaque ligne de courant du schéma.

ANALYSER-RAISONNER Identifier la loi physique à appliquer en utilisant les notations imposées par l'énoncé.

RÉALISER Écrire les unités dans les étapes intermédiaires peut être utile mais n'est pas obligatoire. L'unité est en revanche indispensable dans l'écriture finale du résultat.

VALIDER Penser à proposer un commentaire sur la valeur numérique trouvée.

APPLICATION Sur le modèle de l'exercice résolu

30 Vitesse d'écoulement dans une conduite d'eau

Dans une conduite d'eau, une sonde Pitot, immobile dans le référentiel terrestre, et dont le fonctionnement est décrit dans l'exercice ci-dessus, mesure une pression différentielle $P_A - P_B = 37$ Pa.

DONNÉE Masse volumique de l'eau : $\rho = 1\,000\ \text{kg}\cdot\text{m}^{-3}$.

a. Exprimer la différence de pression $P_A - P_B$ en fonction de la vitesse d'écoulement v de l'eau et de la masse volumique ρ de l'eau.

b. Exprimer puis calculer la vitesse d'écoulement v de l'eau dans la conduite.

31 Retour sur l'ouverture du chapitre

ANA-RAI Organiser et exploiter des connaissances
RÉA Effectuer des procédures courantes (calculs)

En tendant sa main à l'extérieur d'une voiture lors d'un voyage, il faut fournir un effort pour maintenir son bras perpendiculaire à la surface de la vitre. Au niveau de la main, l'air ne s'écoule plus : c'est un point d'arrêt.

a. Indiquer le référentiel dans lequel la main est immobile et l'air en mouvement.

b. Exprimer puis calculer, pour une voiture se déplaçant à 80 $km \cdot h^{-1}$, la surpression apparaissant au niveau de la main par rapport à l'air non perturbé qui s'écoule.

c. Exprimer puis calculer la norme de la résultante des forces pressantes s'exerçant sur une main d'aire $S = 170\ cm^2$.

32 Trompe à eau

ANA-RAI Identifier les paramètres influençant un phénomène. Utiliser un modèle théorique **RÉA** Effectuer des procédures courantes (calculs)

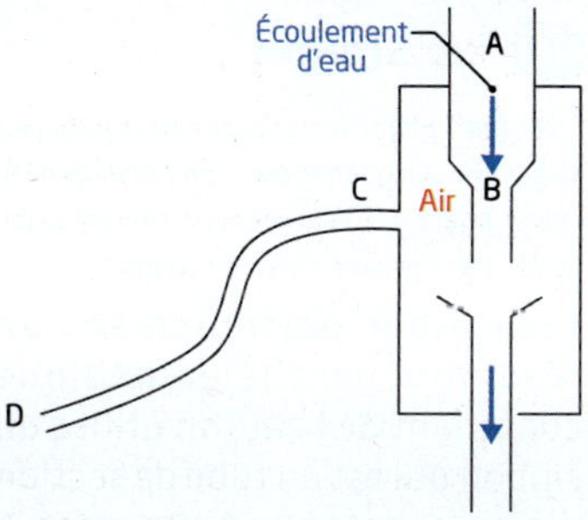

En travaux pratiques, on utilise une trompe à eau lors d'un séchage sur Büchner. Le dispositif est représenté ci-contre. Le rétrécissement du tube où circule l'eau provoque une dépression qui aspire l'air à travers l'ouverture C.
Le diamètre de la conduite vaut $d_A = 12$ mm en A, et $d_B = 5{,}0$ mm en B. La distance $AB = 5{,}0$ cm est assez faible pour que les effets de la gravité soient négligeables.

a. Nommer l'effet qui relie l'apparition d'une différence de pression à une variation de vitesse.

b. Exprimer puis calculer la dépression $P_A - P_B$ en fonction du débit volumique D_V de l'eau, pour $D_V = 6{,}0\ L \cdot min^{-1}$.

33 Aérodynamisme et forces pressantes

ANA-RAI Organiser et exploiter des connaissances ou les informations extraites
RÉA Effectuer des procédures courantes (schéma)

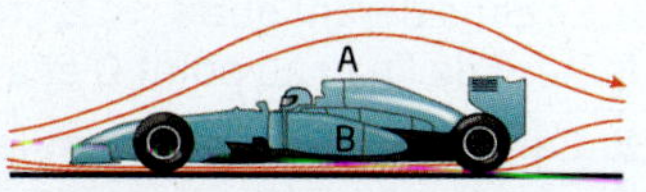

De nombreux travaux en aérodynamisme portent sur les écoulements d'air, afin d'analyser leurs effets sur des éléments solides qu'ils environnent. La visualisation des lignes de champ permet de comprendre certains phénomènes et d'optimiser les dispositifs. L'écoulement de l'air est étudié autour d'une voiture de Formule 1.

a. En se basant sur les lignes de champ de vitesse décrites dans le schéma ci-avant, repérer les zones de dépression et de surpression.

b. Tracer de façon qualitative les résultantes des forces pressantes exercées sur une voiture de Formule 1 puis expliquer ce que les ingénieurs en aérodynamique ont souhaité obtenir.

34 In English please

ANA-RAI Organiser et exploiter des connaissances
RÉA Effectuer des procédures courantes (calculs)
COM Utiliser un vocabulaire scientifique adapté

A Venturi meter is made of a pipe and a throat connected by a U-tube filled with mercury (figure opposite). Air flows from the left to the right side of the Venturi tube.

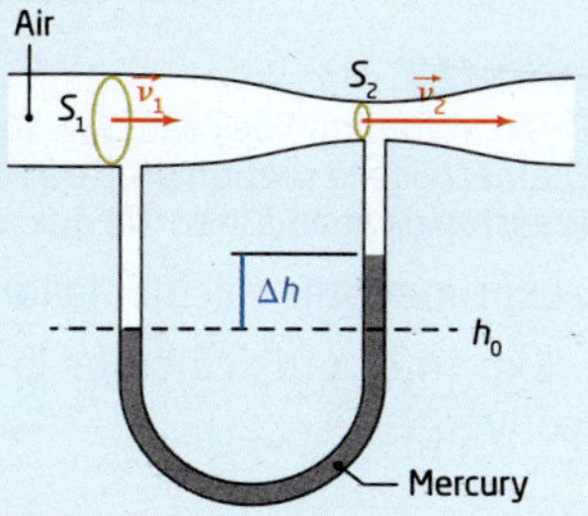

DATA

- Air: velocity $v_1 = 15\ m \cdot s^{-1}$, density $d_{air} = 1.3\ kg \cdot m^{-3}$.
- Venturi tube radii: $R_{wide} = 1.0$ cm, $R_{thin} = 0.5$ cm.
- Mercury: $d = 13{,}550\ kg \cdot m^{-3}$.

- Determine the height difference Δh.

35 ✱✱ Tube de Venturi

ANA-RAI Organiser et exploiter des connaissances
RÉA Effectuer des procédures courantes (calculs)

Sur un tube de Venturi, un tube en U contenant du mercure Hg est branché entre deux positions 1 et 2. De l'eau traverse le tube avec un débit volumique D_V. Dans la direction perpendiculaire à l'écoulement horizontal de l'eau dans le tube, les fluides sont statiques.

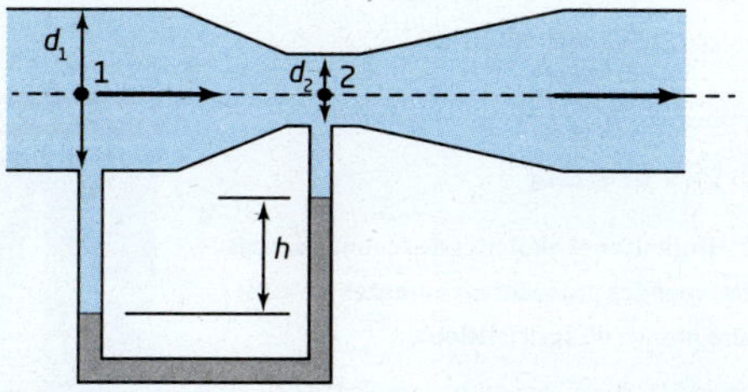

DONNÉES

- Masses volumiques : $\rho_{Hg} = 13\ 550\ kg \cdot m^{-3}$; $\rho_{eau} = 1000\ kg \cdot m^{-3}$.
- Diamètres des sections : $d_1 = 10$ mm ; $d_2 = 5{,}0$ mm.
- Hauteur $h = 0{,}30$ m.

a. Exprimer de deux manières différentes la différence de pression entre les positions 1 et 2, en fonction de la différence de niveaux h, en appliquant la relation de Bernoulli à l'eau et au mercure.

b. Exprimer puis calculer le débit volumique D_V du fluide en fonction de h.

36 ✱ Écoulement d'eau dans un conduit

ANA-RAI Construire les étapes d'une résolution de problème
RÉA Effectuer des procédures courantes (calculs)

Pour accélérer un écoulement d'eau horizontal de vitesse initiale v_1, afin qu'il sorte à l'air libre avec une vitesse d'écoulement de l'eau $v_2 = 2{,}0 \times v_1$, on place un « convergent » qui fait un angle α avec l'horizontale.

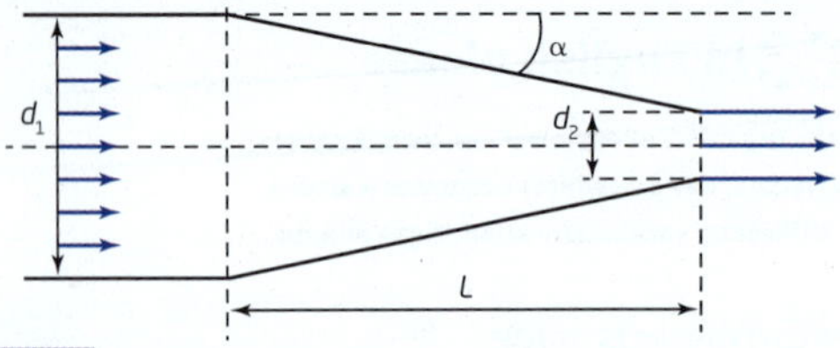

DONNÉES • $\alpha = 20°$.
• Débit volumique de l'eau $D_V = 100\ \text{L}\cdot\text{s}^{-1}$.
• Diamètre de la section droite à l'entrée du conduit $d_1 = 200$ mm.
• Pression de l'eau à la sortie du conduit $P_2 = P_{atm} = 1{,}013 \times 10^5$ Pa.

a. Exprimer puis calculer la longueur L du « convergent ».

b. Exprimer puis calculer la pression P_1 à l'entrée du « convergent ».

37 ✱ Robinet — RÉSOLUTION DE PROBLÈME

APP Identifier les grandeurs physiques pertinentes
ANA-RAI Proposer une stratégie de résolution
RÉA Mettre en œuvre les étapes d'une démarche

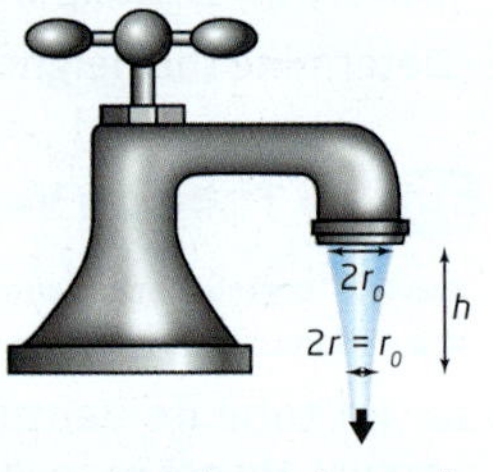

Un filet d'eau sort d'un robinet avec un débit volumique D_V. La section de sortie a un rayon r_0. On note h la distance à la sortie pour laquelle le rayon de la section du filet a été divisé par 2 en régime permanent. La pression en tout point du filet est égale à la pression ambiante. Les phénomènes de tension superficielle sont négligés.

• Si le débit volumique de l'eau est doublé, indiquer en justifiant comment est modifiée la distance h.

■ *Aides à la fin du manuel.*

DIFFÉRENCIATION

38 ✱ Jet d'eau

ANA-RAI Organiser et exploiter des connaissances
RÉA Effectuer des procédures courantes (calculs)
VAL Faire preuve d'esprit critique

Le jet d'eau de Genève, en Suisse, est l'une des attractions touristiques de la ville. Les informations techniques issues de la fiche touristique mentionnent une vitesse d'écoulement de sortie de l'eau $v = 200\ \text{km}\cdot\text{h}^{-1}$.

a. Exprimer puis calculer la hauteur h du jet en utilisant la relation de Bernoulli.

b. La hauteur réelle du jet est de 140 m. Interpréter ce résultat.

■ *Aides à la fin du manuel.*

39 ✱ Origine de la poussée d'Archimède

ANA-RAI Organiser et exploiter des connaissances ou les informations extraites **RÉA** Effectuer des procédures courantes (calculs, représentation) • Utiliser un modèle

Un glaçon, assimilé à un cube de glace (eau solide) d'arête a, est immergé partiellement dans de l'eau liquide sur une hauteur h.

DONNÉES
• Arête du glaçon : $a = 2{,}0$ cm.
• Pression atmosphérique : $P_0 = 1013$ hPa.
• Masse volumique de l'eau solide (glace) : $\rho_g = 920\ \text{kg}\cdot\text{m}^{-3}$.
• Masse volumique de l'eau liquide : $\rho_l = 1000\ \text{kg}\cdot\text{m}^{-3}$.

a. Exprimer la pression P à une profondeur h dans un fluide au repos.

b. Exprimer la résultante des forces pressantes, s'exerçant sur toutes les faces du cube $\vec{\pi}_A = \Sigma \vec{F}_P$ appelée poussée d'Archimède, et la représenter qualitativement sur un schéma. Interpréter l'expression à la lumière du principe d'Archimède.

c. Le glaçon flotte quand la poussée d'Archimède exercée sur le glaçon compense son poids. Exprimer cette condition avec une relation mathématique et montrer que la partie immergée du glaçon représente 92 % de son volume total.

40 ✱✱ Siphon

ANA-RAI Identifier les paramètres influençant un phénomène • Organiser et exploiter des connaissances ou les informations extraites
RÉA Effectuer des procédures courantes (calculs)
VAL Faire preuve d'esprit critique

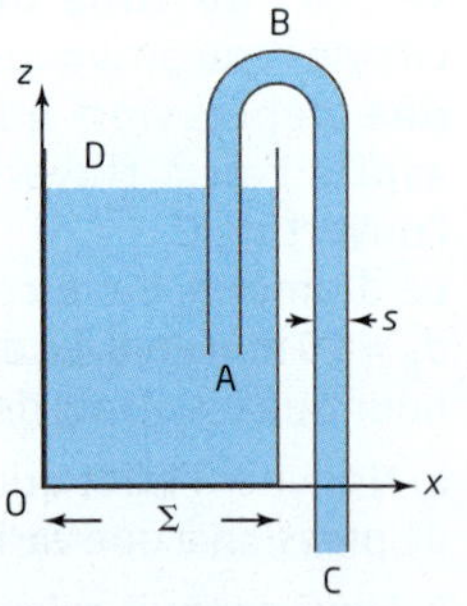

Pour vider partiellement un réservoir parallélépipédique contenant de l'eau, on utilise un siphon qui est un tube de section d'aire constante s. On note Σ l'aire de la section du réservoir. Soient A le point d'entrée du siphon, B le point le plus haut du siphon, C un point à la sortie du siphon et D un point de la surface libre dans le réservoir. La surface libre dans le réservoir et l'extrémité C du siphon sont à la pression atmosphérique P_a. L'origine des ordonnées est prise au fond du réservoir.

DONNÉES
• $z_A = 5{,}0$ cm ; $z_B = 70$ cm ; $z_C = -10$ cm ; à l'instant initial : $z_D = 60$ cm.
• $\Sigma = 1{,}0\ \text{m}^2$.
• $s = 1{,}0\ \text{cm}^2$.

a. En considérant que $s \ll \Sigma$, comparer les vitesses d'écoulement de l'eau au point D et au point C.

b. Calculer la vitesse d'écoulement de l'eau à la sortie du siphon. En déduire une condition pour que le fluide s'écoule.

c. Exprimer la pression P_B au point B. La hauteur z_B du point B peut-elle être quelconque ? Comment amorcer le siphon ?

GRAND ORAL

TRAVAILLER UNE MÉTHODE

41 Expliquer oralement une formule mathématique

Un élève cherche à expliquer le plus clairement possible la relation de Bernoulli à l'oral.

ÉTAPE 1 S'approprier la relation de Bernoulli

Pour s'approprier la relation de Bernoulli :
- comprendre quelles sont les hypothèses nécessaires pour que la relation s'applique ;
- identifier chacune des grandeurs composant cette relation.

→ **Écoulement d'un fluide**

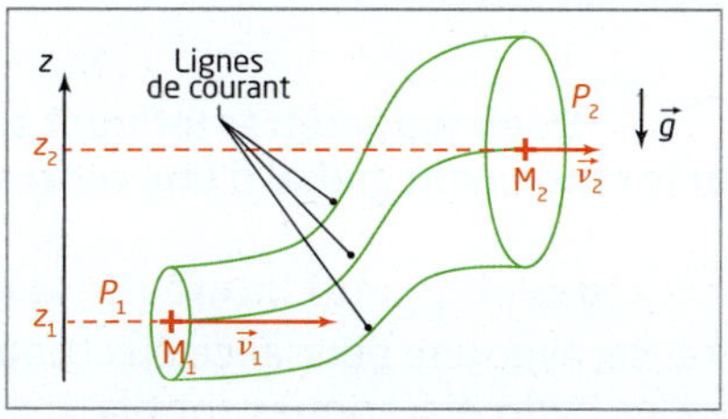

Pour appliquer la relation de Bernoulli, les hypothèses sont :
- frottements (effets de viscosité) négligeables ;
- écoulement incompressible du fluide : ρ = constante ;
- écoulement permanent.

Entre deux points M_1 et M_2 d'une même ligne de courant :

$$P_1 + \rho g z_1 + \frac{1}{2}\rho v_1^2 = P_2 + \rho g z_2 + \frac{1}{2}\rho v_2^2$$

Les constantes dans cette relation sont :
- l'intensité de la pesanteur $g = 9{,}81\ \text{N}\cdot\text{kg}^{-1}$;
- par hypothèse, la masse volumique ρ exprimée en $\text{kg}\cdot\text{m}^{-3}$.

Les variables sont :
- les pressions P_1 et P_2 aux points M_1 et M_2 exprimées en pascal (Pa) ;
- les altitudes z_1 et z_2 des points M_1 et M_2 exprimées en mètre (m) ;
- les vitesses d'écoulement du fluide v_1 et v_2 aux points M_1 et M_2 exprimées en mètre par seconde ($\text{m}\cdot\text{s}^{-1}$).

ÉTAPE 2 Comprendre comment présenter une formule mathématique à l'oral ▷ Vidéo

Un professeur présente oralement l'équation d'état du gaz parfait qui a été étudiée dans le chapitre 15 : $PV = nRT$.

→ **Forme de la présentation orale :**
- Sans note, mais avec un tableau à disposition.
- Debout, face à une caméra.

Remarque La caméra joue le rôle de l'auditoire.

→ **Maîtrise du discours :**
- Présentation claire des hypothèses.
- Explicitation de la formule avec un schéma de la situation
- Identification de chaque grandeur, avec ses unités SI, en distinguant constante et variable.

Questions

1. Visionner la vidéo de l'ÉTAPE 2 et noter comment le professeur présente les hypothèses et comment il explicite les différentes grandeurs constituant la formule mathématique présentée.
2. Préparer un présentation orale permettant de présenter aux élèves de la classe la relation de Bernoulli.

MÉTIERS ET ORIENTATION

Un(e) **ingénieur(e) hydrogéomorphologue** analyse le fonctionnement naturel des cours d'eau et la structure des vallées afin de cartographier les zones inondables. Il étudie également l'érosion côtière afin de prévenir d'éventuelles crues.

Formation : Niveau Bac + 5. Diplôme d'ingénieur spécialités eau et génie civil ; ressources, aménagement et gestion des eaux ; génie de l'eau ; sciences et technologies de l'eau… Master en géosciences, environnement ou hydrologie.

Conseils !
- Si possible, réaliser un schéma mettant en évidence les grandeurs présentes dans la formule.
- Connaître des ordres de grandeur des grandeurs physiques présentes dans la relation.
- Maîtriser les unités et sous-unités des grandeurs présentes dans la relation et savoir effectuer des conversions.
- Être capable de vérifier l'homogénéité de la relation présentée car la question peut être posée par le jury (→ **Fiche méthode « Analyse dimensionnelle »** p. 517).

RESSOURCE
- Vidéo de l'étape 2

Préparation du Grand oral

Exemples de questions

RAPPEL : les questions à préparer pour le Grand oral portent sur les deux enseignements de spécialité soit pris isolément, soit abordés de manière transversale. Ces deux questions mettent en lumière certains enjeux du ou des programmes de Première et de Terminale de ces enseignements (→ **Fiche Bac 4** p. 513).

RESSOURCES

- Vidéo de la question 1
- Exemple de support pour la question 2

QUESTION 1 Quels paramètres influent sur l'écoulement de l'eau et sur le rendement global d'une centrale hydroélectrique ?

• Contexte expliquant l'intérêt de la question posée

En France, avec une puissance électrique totale délivrée de 25 GW, les centrales hydroélectriques sont la 3e source de production d'énergie électrique et la 1re source de production d'énergie électrique à partir des ressources d'énergie renouvelables.

• Ressources utiles

→ **Chapitre 12 de ce manuel** pour savoir établir l'expression de la trajectoire du centre de masse d'un système en chute libre.

→ **Chapitre 14 de ce manuel** pour être capable d'utiliser la relation de Bernoulli.

→ **Cours d'enseignement scientifique de Terminale** sur le fonctionnement d'un alternateur électrique.

→ **Sites Internet en utilisant les mots-clés :** barrage hydroélectrique, stockage d'énergie, turbine, formule de Torricelli, etc.

• Expérience pour modéliser le phénomène étudié Vidéo

Expérience dite du tonneau percé.

POUR ALLER PLUS LOIN

Informations à rechercher sur :
- la perte de charge ;
- le rendement d'une turbine ;
- les impacts des barrages hydroélectriques.

QUESTION 2 Comment mesurer le débit volumique de l'eau dans des canalisations ?

• Contexte expliquant l'intérêt de la question posée

20 % de l'eau traitée en France, soit un milliard de mètres cubes d'eau, n'atteint jamais nos robinets car de nombreuses canalisations fuient à cause de leur vétusté. Pour détecter ces fuites, il est nécessaire de mesurer le débit volumique de l'eau.

• Ressources utiles

→ **Chapitre 14 de ce manuel** pour être capable d'expliquer la mesure du débit volumique de l'eau à partir de la mesure d'une pression différentielle.

→ **Cours de spécialité de Physique-Chimie de Première** sur les ondes pour être capable d'expliquer la méthode de corrélation acoustique permettant de détecter des fuites.

→ **Cours de spécialité de SVT de Terminale** sur l'analyse d'un service écosystémique.

→ **Sites Internet en utilisant les mots-clés :** débitmètre, effet Venturi, contrôle et surveillance du débit, etc.

• Expérience pour modéliser le phénomène étudié

Utilisation et compréhension du fonctionnement d'un débitmètre à Venturi (→ **Activité 4** de ce chapitre).

POUR ALLER PLUS LOIN

Informations à rechercher sur :
- l'automatisation des mesures ;
- l'estimation des incertitudes associées ;
- la nécessité de contrôler les débits dans l'industrie chimique.

Exemple de support pour le Grand oral

QUESTION 2 **Comment mesurer le débit volumique de l'eau dans des canalisations ?**

RAPPEL : Les deux questions préparées au cours de l'année de Terminale et éventuellement de Première durant les deux enseignements de Spécialité sont transmises au jury, qui choisit la question à présenter durant le Grand oral. Durant la préparation, un support, à remettre au jury au début de la présentation orale, peut être réalisé sur une feuille.

Support

Principe d'un débitmètre à Venturi

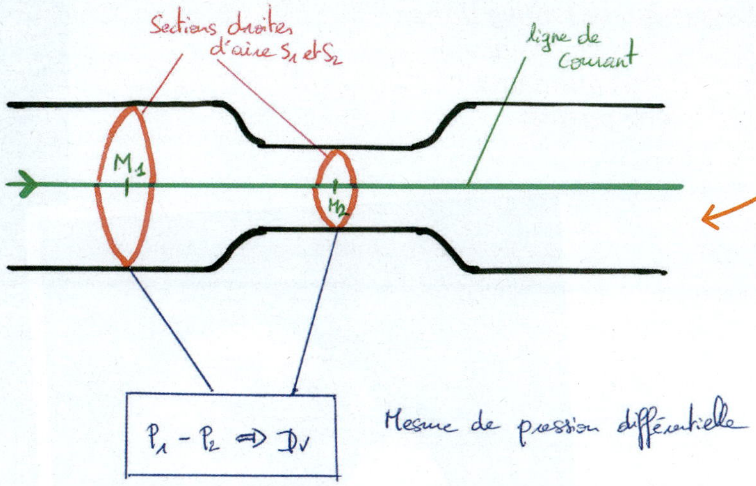

Pour que le support soit utile, réaliser sur celui-ci un schéma clair, en lien avec le problème discuté, faisant apparaître les grandeurs physiques utiles à la résolution de la question.

REMARQUE

Le support présenté n'a pas pour objectif de répondre à la totalité de la question. Par exemple, il ne donne pas la définition du rendement global et il n'explique pas qu'une vitesse d'écoulement de l'eau plus élevée permet d'augmenter la puissance électrique fournie par la centrale hydroélectrique, car ces indications peuvent être données facilement à l'oral.

Hypothèses :
- frottements négligeables.
- fluide incompressible (ρ = constante).
- écoulement permanent.

Ne pas oublier de préciser les hypothèses permettant d'utiliser les relations en physique-chimie.

Relation de Bernoulli dans cette situation :

$$P_1 + \frac{1}{2}\rho v_1^2 = P_2 + \frac{1}{2}\rho v_2^2 \Leftrightarrow P_1 - P_2 = \frac{1}{2}\rho(v_2^2 - v_1^2)$$

Conservation du débit volumique :

$$D_V = S_1 v_1 = S_2 v_2 \Leftrightarrow v_1 = \frac{D_V}{S_1} \text{ et } v_2 = \frac{D_V}{S_2}$$

Formule du débit :

$$D_V = \sqrt{\frac{2(P_1 - P_2)}{\rho} \frac{S_2^2}{1 - S_2^2/S_1^2}}$$

REMARQUE

Ce support a surtout pour objectif de présenter une modélisation de l'écoulement de l'eau, ainsi que les formules mathématiques qui seront expliquées lors de la présentation orale.

THÈME 3

Énergie : conversions et transferts

▲ Ballons de baudruche s'envolant dans le ciel.

Le gaz qui se trouve dans les ballons de baudruche peut-il être modélisé par le gaz parfait ?

▲ Igloo fabriqué par des Inuits.

Un igloo permet-il vraiment de se protéger du froid extérieur ?

▲ Enfant mangeant de la soupe dans une assiette.

Quelle est l'évolution de la température de la soupe dans l'assiette si elle n'est pas mangée immédiatement ?

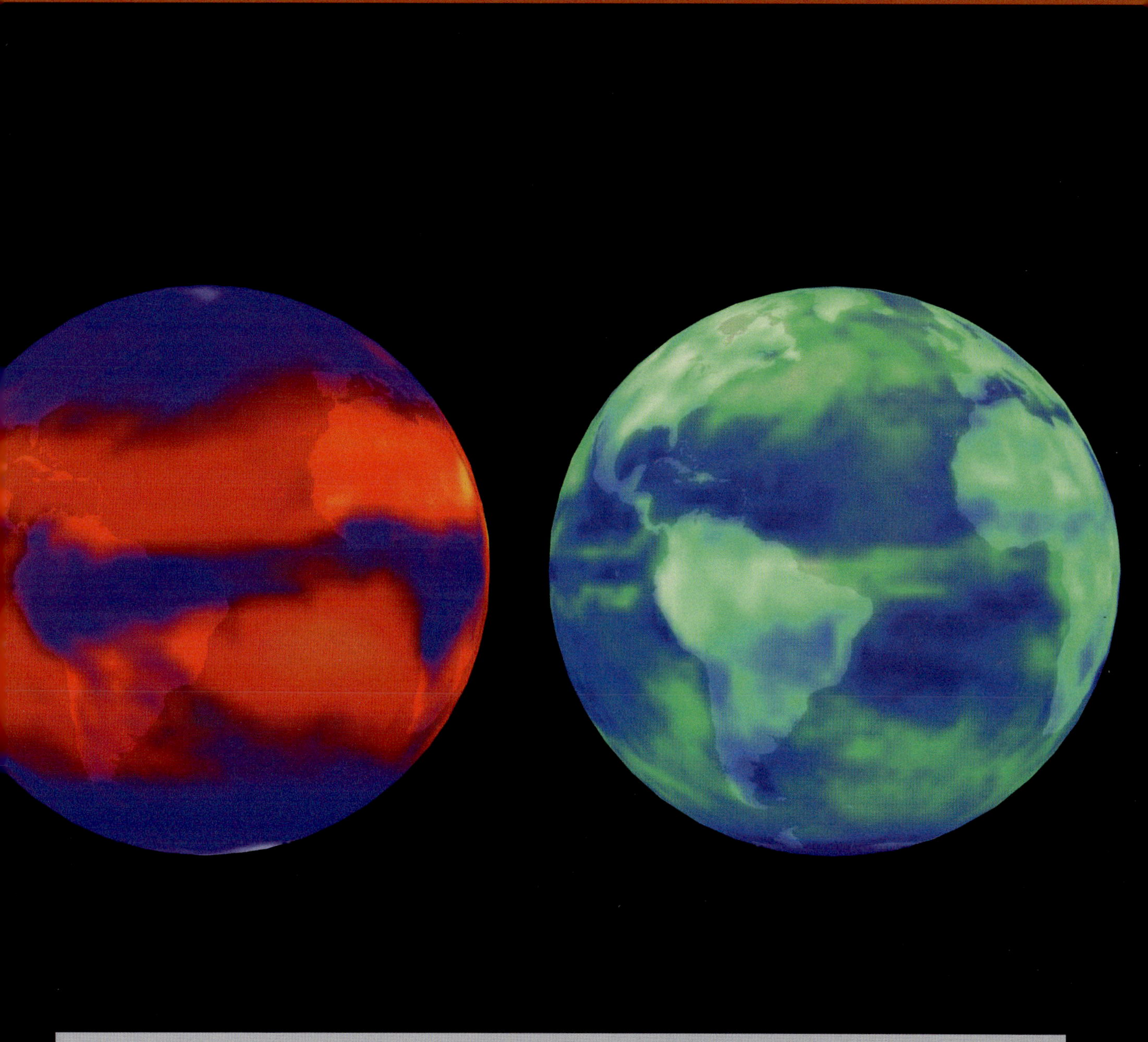

Les instruments CERES (*Clouds and the Earth's Radiant Energy System*) des satellites *Aqua* et *Terra* de la NASA (National Aeronautics and Space Administration) mesurent les flux thermiques surfaciques émis et réfléchis par la Terre et son atmosphère. Un bilan quantitatif d'énergie de la Terre et de son atmosphère peut ainsi être effectué pour étudier l'influence de l'albédo et de l'effet de serre sur la température terrestre.

Sommaire

Déjà vu au lycée

Description d'un gaz

▶ À l'échelle macroscopique, un gaz n'a ni volume propre, ni forme propre : son volume peut varier et il prend la forme du récipient qui le contient. À l'échelle microscopique, les entités qui le constituent sont mobiles les unes par rapport aux autres.

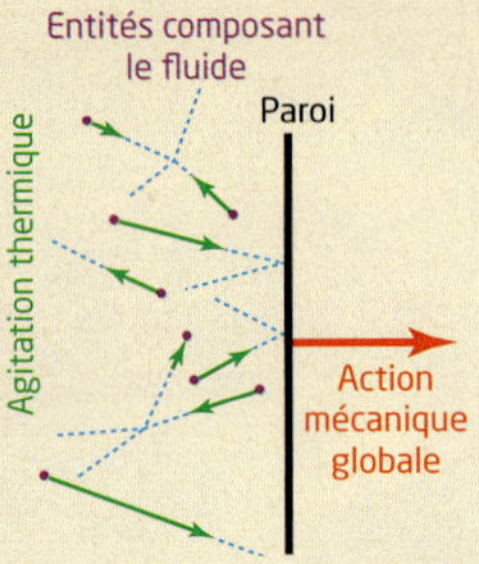

▶ Un gaz peut être décrit par un petit nombre de grandeurs :
- sa **masse volumique** :

$$\rho = \frac{m_{gaz}}{V_{gaz}}$$

Avec :
ρ en kg · m^{-3} ou en kg · L^{-1}
m_{gaz} en kg
V_{gaz} en m^3 ou en L

- sa **température** T, en kelvin (K) ;
- sa **pression** P, en pascal (Pa).

Effet de serre

▶ Une partie du rayonnement infrarouge émis par la Terre est absorbée par l'atmosphère, qui elle-même émet un rayonnement infrarouge vers le sol et vers l'espace. Ce phénomène naturel, dû à la présence de différents gaz dans l'atmosphère terrestre, est appelé l'**effet de serre**.

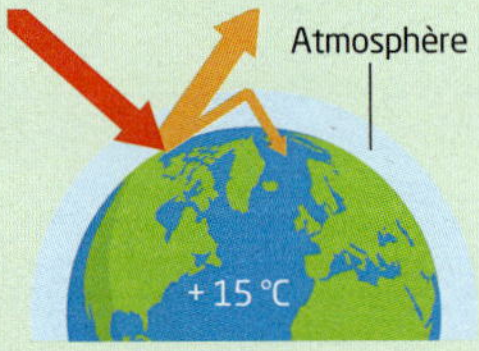

▶ L'effet de serre est nécessaire à la vie sur Terre telle que nous la connaissons. En effet, sans l'effet de serre naturel, la température moyenne à la surface de la Terre serait de −18 °C au lieu des 15 °C actuels. Cependant, si les concentrations dans l'atmosphère des gaz à effet de serre augmentent, la température moyenne à la surface terrestre augmente.

Loi de Mariotte

▶ La **loi de Mariotte** fut mise en évidence au XVIIe siècle par l'Irlandais Robert Boyle (1627-1691) et par le Français Edme Mariotte (1620-1684).

▶ À température constante, la pression P d'une quantité donnée de gaz varie en fonction de son volume V suivant la loi de Mariotte :

$$P \times V = \text{constante}.$$

▶ Le volume occupé par le gaz est proportionnel à l'inverse de la pression du gaz.

Albédo terrestre

▶ La Terre reçoit un rayonnement solaire et émet elle-même un rayonnement.

▶ Une fraction de la puissance solaire qui atteint la Terre, quantifiée par l'**albédo terrestre**, est réfléchie et diffusée par la Terre et son atmosphère vers l'espace, le reste étant absorbé par l'atmosphère, les continents et les océans.

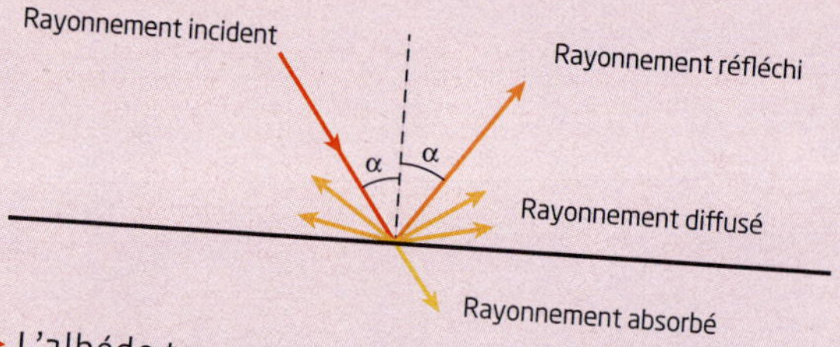

▶ L'albédo terrestre moyen est égal à 0,3, c'est-à-dire qu'environ 30 % de la puissance solaire qui atteint la Terre est réfléchie et diffusée par la Terre et son atmosphère.

Bilan radiatif terrestre

▶ La puissance reçue par le sol terrestre en un lieu donné est égale à la somme de la puissance reçue du Soleil et de celle reçue de l'atmosphère. Ces deux dernières sont du même ordre de grandeur.

▶ Un équilibre, qualifié de dynamique, est atteint lorsque le sol terrestre reçoit au total une puissance moyenne égale à celle qu'il émet. La température moyenne du sol est alors constante.

MÉTIERS ET ORIENTATION

Technicien(ne) d'études en génie climatique

BAC +2

■ Le secteur de l'énergie est au cœur des défis majeurs de société. Dans ce domaine, le technicien d'études en génie climatique réalise des études techniques en considérant le dimensionnement des installations thermiques et il développe l'exploitation et la conversion des énergies : pompes à chaleur, géothermie, éolien...

■ Travaillant avec les chargés de conception (architectes, maîtres d'ouvrage...) et de réalisation (chefs de chantier, coordonnateurs...), les fournisseurs de matériel et le bureau de contrôle, il doit faire preuve d'esprit d'équipe et avoir le sens des échanges.

■ Polyvalent, le technicien d'études en génie climatique doit justifier de compétences en électricité, en mécanique et en informatique.

▶ Formations et diplômes

2 ans pour obtenir un diplôme de type BTS (fluides, énergie) ou DUT (génie thermique) par exemple.

Technicien(ne) thermicien(ne)

BAC +2

■ Le technicien thermicien est un spécialiste des installations de chauffage, de production d'énergie et de climatisation. Il contrôle, régule, installe et assure la maintenance d'équipements chez les clients en respectant les normes environnementales.

■ Les techniciens thermiciens se répartissent entre la thermique industrielle, le génie climatique (chauffage, ventilation, conditionnement de l'air) et le froid. On en trouve dans toutes les industries : énergie (centrales nucléaires, turbines à gaz), chimie, agroalimentaire, automobile, etc. De solides connaissances en électronique, en physique et en informatique leur sont nécessaires.

■ Les activités du thermicien varient selon le secteur qui l'emploie. En bureau d'études, il participe à la conception d'un produit industriel ou d'une installation (four, chaudière, propulseur de fusée...). Sur un chantier, il peut suivre des travaux : montage d'équipements, installation frigorifique.

▶ Formations et diplômes

2 ans pour préparer un BTS (fluides, énergie, domotique, maintenance des systèmes) ou un DUT (génie thermique et énergie ; génie civil-construction durable).

Ingénieur(e) efficacité énergétique du bâtiment

BAC +5

■ L'ingénieur efficacité énergétique du bâtiment réalise des études permettant de diminuer la consommation d'énergie ou d'intégrer l'utilisation de ressources d'énergie renouvelables dans un édifice. Il travaille avec les maîtres d'ouvrage avant ou après la construction.

■ Il est parfois en contact direct avec le propriétaire. Il exerce en cabinet d'études ou dans un grand groupe, et partage son temps entre le terrain et son ordinateur. Cet expert rigoureux est doté d'un bon relationnel et sait se mettre à la portée des non-spécialistes, à qui il doit expliquer ses recommandations qu'il aura au préalable chiffrées. Il doit suivre de très près les nouvelles réglementations liées aux économies d'énergie ainsi que l'évolution des matériaux et équipements qu'il pourra conseiller à ses clients.

■ Au niveau des compétences techniques, il est nécessaire de maîtriser les méthodes de calcul énergétique et thermique, ainsi que les techniques du bâtiment (chauffage, éclairage, ventilation, etc.). L'ingénieur réalise des études visant à minimiser les consommations des bâtiments tout en optimisant leur confort d'usage. Pour cela, il doit tout d'abord calculer leurs besoins en eau et en énergie, compte tenu du contexte urbain et climatique et de la nature des activités hébergées. Ensuite, il faut choisir des matériaux performants et écologiques afin d'assurer une bonne isolation thermique et de réduire l'empreinte carbone de la construction. Enfin, il s'agit de choisir des systèmes à haute efficacité énergétique permettant d'assurer le chauffage, l'éclairage et la ventilation, en utilisant en priorité des ressources d'énergie renouvelables (biomasse, géothermie, panneaux photovoltaïques, etc.).

▶ Formations et diplômes

Diplôme d'ingénieur en génie énergétique du bâtiment ; économie de la construction ; génie thermique, énergie et environnement ou Master mention génie civil, énergie ou énergétique...

15 Modèle du gaz parfait

EXO QCM interactif

Se tester pour commencer

Choisir la réponse exacte.

	A	B	C
1 L'état gazeux est modélisé par le schéma :			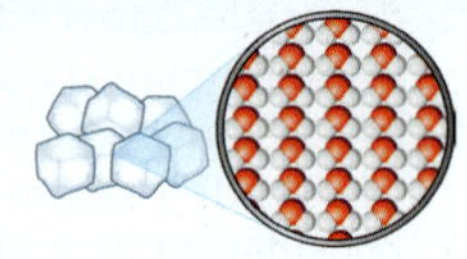
2 Un gaz :	a une forme propre	a un volume propre	est compressible
3 À température T et quantité de matière n constantes, la loi de Mariotte s'écrit :	$P \times T = \text{cste}$	$P \times V = \text{cste}$	$T \times V = \text{cste}$
4 La pression d'une vapeur d'eau augmente si :	les collisions entre les molécules d'eau et la paroi du récipient sont plus fréquentes	la distance moyenne entre les molécules d'eau augmente	la valeur de la vitesse moyenne des molécules d'eau diminue
5 La pression P exercée par un gaz sur la paroi du récipient qui le contient dépend :	de la nature du matériau constituant la paroi	des collisions entre les entités constituant le gaz sur la paroi	de la distance moyenne entre les entités constituant le gaz
6 À température constante, si la pression d'une quantité de matière donnée de gaz est multipliée par 2, alors :	le volume est divisé par 2	le volume est multiplié par 2	le volume est multiplié par 4

GRAND ORAL

Vidéo débat

Les poissons peuvent se déplacer, dormir ou se maintenir à l'équilibre sans effort à une profondeur donnée.

Comment un poisson parvient-il à réguler la profondeur à laquelle il évolue ?

L'enveloppe souple d'un airbag se remplit de dioxyde d'azote gazeux et son volume peut atteindre 90 L.

Quels paramètres peuvent modifier ce volume ?

→ Exercice 23 page 351

CAPACITÉS EXIGIBLES	Activités	Exercices corrigés
Relier qualitativement les valeurs des grandeurs macroscopiques mesurées aux propriétés du système à l'échelle microscopique.	1	16
Exploiter l'équation d'état du gaz parfait pour décrire le comportement d'un gaz.	2	10 11 24 26
Identifier quelques limites du modèle du gaz parfait.	2	31

Activité expérimentale

1 Comportement de deux gaz de nature différente

Notion
- Pression et température thermodynamique
▸ § 1.1 et 1.2 p. 346

Un gaz est modélisé à l'échelle microscopique par un mouvement désordonné d'entités (atomes, molécules, ions). Pourtant, un gaz peut être caractérisé par des grandeurs macroscopiques constantes comme la pression P, la température T ou la quantité de matière n. Et ces grandeurs peuvent être identiques même pour des gaz composés d'entités différentes.

● **Comment interpréter microscopiquement l'état d'équilibre macroscopique identique de deux gaz composés d'entités différentes ?**

DOCUMENT Simulation d'un gaz — Simulation

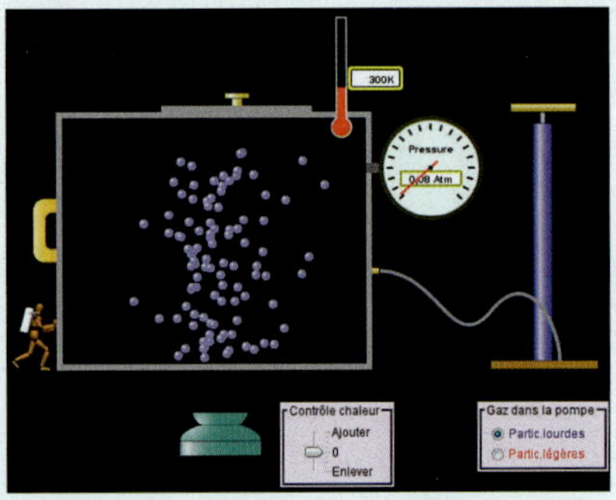

Les entités composant le gaz sont modélisées par des sphères. Deux types d'entités sont disponibles : lourdes et légères.
La température, dite thermodynamique ou absolue, est exprimée en Kelvin (K).

PROTOCOLE

1. Ouvrir dans deux fenêtres différentes la simulation, une pour chacun des gaz, afin de faciliter les comparaisons.

2. Placer dans une enceinte de volume donné, 200 entités de gaz à la température $T_1 = 90$ K puis élever la température jusqu'à $T_2 = 115$ K. Pour ces deux températures, une fois l'équilibre établi :
– observer le mouvement des entités et comparer les valeurs moyennes v_1 et v_2 de leurs vitesses ;
– évaluer les pressions P_1 et P_2 de chacun des gaz et le nombre moyen de collisions C_1 et C_2 pendant 20 ps.

3. Renouveler les actions de l'étape **2.** avec 300 entités au lieu de 200.

4. Sans modifier le volume, rechercher une température pour laquelle la valeur de vitesse moyenne des entités du gaz lourd est semblable à celle d'un nombre identique d'entités (300) de gaz léger maintenu à $T_2 = 115$ K.

Questions

1 CONNAÎTRE
Rappeler le lien entre les grandeurs décrivant un fluide à l'échelle macroscopique (température T et pression P) et les propriétés (vitesse moyenne et fréquence des collisions) des entités qui le décrivent à l'échelle microscopique.

2 RÉALISER
Réaliser le protocole en notant les résultats.

3 ANALYSER-RAISONNER
a. Présenter l'effet sur la pression P et la température T d'une augmentation :
- de la valeur de la vitesse moyenne v des entités à nombre d'entités fixé ;
- du nombre moyen d'entités à T fixée ;
- du nombre moyen de collisions C pendant une durée donnée à nombre d'entités fixé ;
- du nombre moyen de collisions C pendant une durée donnée à T fixée.

b. En se référant à l'étape **4.** du protocole, déterminer, parmi les propriétés suivantes d'un gaz à l'échelle microscopique, celle qui est reliée à la température : énergie cinétique moyenne des particules, distance moyenne entre les particules, fréquence des collisions.

4 COMMUNIQUER GRAND ORAL
Réaliser une synthèse pour rendre compte, à l'aide d'arguments microscopiques, de la pression identique de deux gaz de nature différente mais de même quantité de matière, occupant un même volume à une même température.

RESSOURCE
- Simulation du document.

documentaire **Activité**

2 Une réserve de méthane gigantesque

Notion

- Modèle et équation du gaz parfait

▸ § 2.2 et 2.3 p. 347

Les hydrates de méthane, ou clathrates, sont de formidables réserves d'énergie tapies dans les océans ou certains lacs profonds.

● **Quelles seraient les conséquences sur la composition de l'atmosphère si le méthane venait à s'échapper de ces réserves ?**

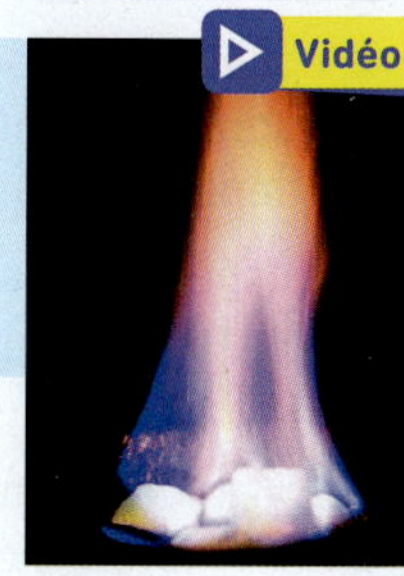

DONNÉE 1 Volume de méthane

Le laboratoire national américain des technologies énergétiques (NETL) a estimé en 2011 à plus de 400 milliards de km^3 le volume de méthane pouvant être libéré dans l'atmosphère à partir des réserves d'hydrates de méthane des fonds marins et des sols gelés arctiques.

D'après *Méthane Hydrate Newsletter*, 2011.

DONNÉE 2 Température

Température thermodynamique T en Kelvin (K) :

$$T = \theta + 273$$

Avec θ la température en degré Celsius (°C).

DONNÉE 3 Équation d'état du gaz parfait

Quelles que soient les entités microscopiques qui les constituent, les gaz aux pressions faibles ($P < 10^6$ Pa) peuvent être modélisés par un gaz unique dit parfait. Celui-ci est caractérisé par des grandeurs macroscopiques reliées entre elles selon l'équation d'état du gaz parfait :

$$PV = nRT$$

Unités SI :
- P la pression en Pa
- n la quantité de matière en mol
- V le volume en m^3
- T la température en K
- $R = 8{,}314\ J \cdot K^{-1} \cdot mol^{-1}$, la constante du gaz parfait

DONNÉES 4 Modèle simplifié de l'atmosphère

- Volume de la couche atmosphérique : $V_0 = 4{,}03 \times 10^{18}\ m^3$.
- Pression uniforme : $P_0 = 1013$ hPa.
- Température uniforme : $\theta = 20$ °C.
- Composition principale en quantité de matière (en %) :

N_2	O_2	Ar	CO_2
78,084	20,946	0,9340	0,0408

Questions

1 S'APPROPRIER

Visionner la vidéo d'introduction puis indiquer le danger potentiel des hydrates de gaz.

2 RÉALISER

a. À l'aide des données, calculer la quantité de matière de chacune des espèces présentes dans l'atmosphère.

b. À l'aide des données, calculer la quantité de matière de méthane libérée dans l'atmosphère si seulement 0,0001 % des réserves mondiales d'hydrates de méthane des fonds marins et des sols gelés arctiques était concerné.

c. Le dioxyde de carbone contenu dans l'atmosphère terrestre contribue à l'effet de serre en absorbant le rayonnement infrarouge émis par le sol et en le réemettant en partie vers lui. En supposant que le méthane présente un effet de serre 25 fois supérieur à celui du dioxyde de carbone, estimer la composition équivalente en dioxyde de carbone dans l'atmosphère suite à la libération de la quantité de matière de méthane calculée en **b**.

3 VALIDER

Exploiter le résultat de la question précédente pour justifier le danger du réchauffement climatique.

RESSOURCE

- Vidéo d'introduction

Synthèse des activités Podcast Texte DYS

1 Description des gaz

1.1 État d'équilibre du gaz

- À l'échelle microscopique, l'état gazeux se caractérise par un **mouvement désordonné** des entités (atomes, molécules ou ions) constituant le gaz, libres de se déplacer dans tout le volume offert au gaz.
- Une espèce à l'état gazeux est caractérisée par les grandeurs suivantes : sa **température** T, sa **pression** P, sa **masse volumique** ρ et le **volume** V qu'elle occupe.
- Ces grandeurs macroscopiques correspondent à la moyenne d'un très grand nombre d'**événements** microscopiques.
- Lorsque les grandeurs macroscopiques décrivant un gaz sont constantes dans le temps et identiques en tout « point » du gaz, celui-ci est dit en **équilibre thermodynamique** (DOC. 1).

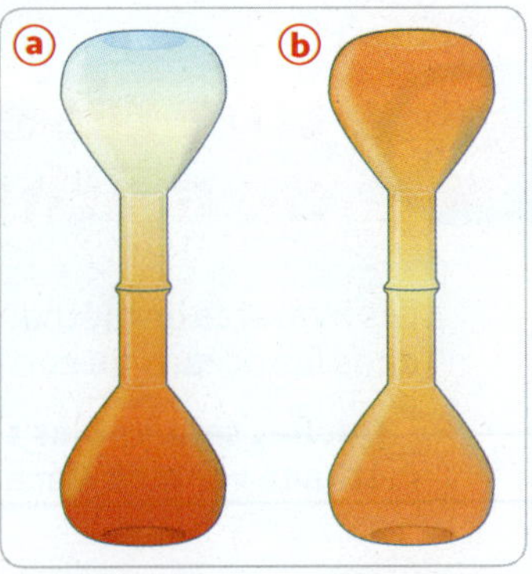

1. (a) Gaz coloré **hors équilibre** thermodynamique.
(b) Gaz coloré à l'**équilibre** thermodynamique.

VOCABULAIRE

Un **événement** est un ensemble de résultats possibles pour une expérience aléatoire, c'est-à-dire une expérience dont on ne peut prévoir les résultats et qui ne donne pas forcément les mêmes lorsqu'elle est renouvelée.

1.2 Interprétation des grandeurs macroscopiques

Grandeurs macroscopiques décrivant le gaz	Lien avec les entités microscopiques constituant le gaz
Masse volumique ρ $\rho = \frac{m}{V}$ m est la masse de gaz occupant un volume V.	La masse volumique augmente d'autant plus que : – la masse des entités $m_{\text{entité}}$ est élevée ; – la distance moyenne d entre les entités est faible.
Pression P $P = \frac{F}{S}$ F est la norme de la force pressante modélisant l'action exercée par le gaz sur la paroi d'aire S (DOC. 2).	La pression augmente lorsque : – le nombre de collisions par unité de surface et de temps (fréquence des collisions par unité de surface) est élevé ; – l'énergie cinétique moyenne des entités $\frac{1}{2} m_{\text{entité}} v^2$, liée à la violence des collisions, est plus importante.
Température T	La température est une fonction croissante de l'énergie cinétique moyenne des entités $\frac{1}{2} m_{\text{entité}} v^2$.

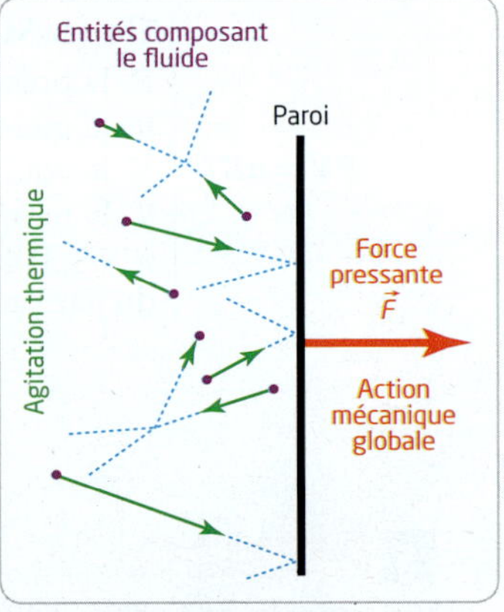

2. La pression du gaz est liée aux collisions des entités sur la paroi.

2 Gaz parfait

2.1 Hypothèses de modélisation

Le gaz parfait est un modèle formalisé au XIXe siècle. Il est fondé sur l'observation expérimentale selon laquelle tous les gaz tendent vers un comportement unique à pression suffisamment basse, quelles que soient les entités constituant le gaz.

Les entités qui composent un gaz parfait :
- n'interagissent pas entre elles ou avec les parois du récipient en dehors des collisions ;
- ont une taille négligeable par rapport à la distance moyenne qui les sépare de sorte que les entités peuvent être considérées comme ponctuelles.

ÉVITER LES ERREURS

Les volumes sont couramment exprimés en litre (L) et la pression en bar. Il faut bien veiller à **respecter les unités** lors de l'application de l'équation d'état du gaz parfait énoncée page suivante : V en m^3 et P en pascal (Pa).

2.2 Équation d'état du gaz parfait

Les grandeurs macroscopiques qui décrivent un gaz parfait en équilibre thermodynamique vérifient la relation :

$$PV = nRT$$

Unités SI :
- P la pression en Pa
- n la quantité de matière en mol
- V le volume en m^3
- T la température thermodynamique en K
- $R = 8{,}314\ J \cdot K^{-1} \cdot mol^{-1}$, la constante du gaz parfait

Remarque

On retrouve la loi de Boyle-Mariotte étudiée en classe de 1re selon laquelle $PV = \text{cste}$ pour n et T fixées.

2.3 Exploitation et limites du modèle

Le modèle du gaz parfait permet de décrire le comportement d'un gaz par le calcul de grandeurs caractéristiques et la prévision ou l'interprétation de leur éventuelle variation.

Exemples

- **Volume molaire d'un gaz parfait**

À la pression $P = 1013$ hPa et à la température $T = 293$ K, une mole de gaz parfait occupe un volume V donné par : $V = \frac{nRT}{P}$.

A.N. : $V = \frac{1 \times 8{,}314 \times 273}{101\,300} = 22{,}4 \times 10^{-2}\ m^3$ soit 22,4 L.

On écrit alors le volume molaire $V_m = 22{,}4\ L \cdot mol^{-1}$.

- **Loi d'Avogadro-Ampère**

Elle peut s'énoncer ainsi : « Des volumes égaux de gaz différents pris dans les mêmes conditions de température et de pression contiennent le même nombre d'entités ».
L'équation d'état du gaz parfait permet de retrouver cette loi d'Avogadro car pour P, V et T constants, on a bien : $n = \frac{PV}{RT} = \text{cste}$.

Limites d'application du modèle du gaz parfait :
– le modèle du gaz parfait s'applique aux gaz de pression inférieure à 1 MPa environ : $P < 1$ MPa ;
– il ne s'applique plus quand la température se rapproche de 0 K.

- Le modèle du gaz parfait est donc une excellente approximation du comportement de tous les gaz à pression et température modérées.
- Il est ainsi possible de calculer une quantité de matière de gaz à partir du volume de gaz mesuré dans des conditions usuelles de température et de pression, à 20 °C et 1 bar par exemple (DOC. 3).
- Il n'est par contre pas pertinent d'utiliser ce modèle pour décrire un gaz comme le méthane piégé dans des hydrates de gaz à des profondeurs où la pression dépasse 3 MPa.

VOCABULAIRE

- On parle d'**équation d'état du gaz parfait** ou encore de loi du gaz parfait.
- La **température thermodynamique**, exprimée en kelvin (K), est la température d'un thermomètre utilisant un gaz parfait pour fonctionner : $T = \theta + 273$, avec θ la température en degré Celsius (°C).

ANALYSE DIMENSIONNELLE

Le travail d'une force a la dimension de la norme d'une force multipliée par une longueur et une force a la dimension d'une pression multipliée par une aire, donc $1\ J = 1\ Pa \cdot m^3$, ce qui est compatible avec l'unité de la constante du gaz parfait.

HISTOIRE DES SCIENCES

Physicien et chimiste italien, **Amedeo Avogadro (1776-1856)** énonce en 1811 la loi mentionnée dans l'exemple ci-contre en s'appuyant notamment sur la théorie atomique. Le physicien et mathématicien français **André-Marie Ampère (1775-1836)** énonce trois ans plus tard une loi analogue sans avoir eu connaissance des travaux d'Avogadro. La loi d'Avogadro-Ampère conduira au concept actuel de mole.

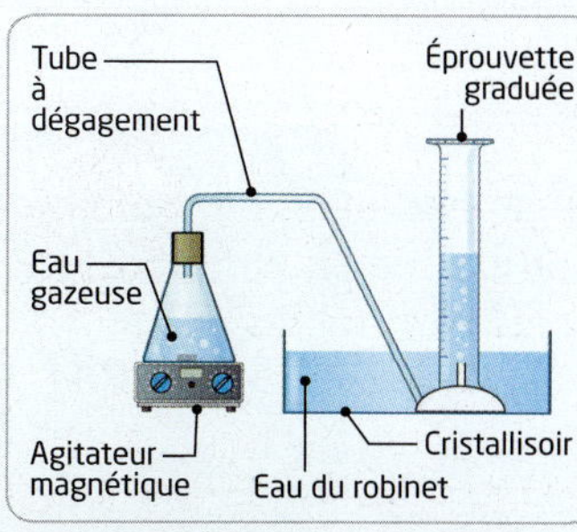

3. La mesure du volume de gaz recueilli par déplacement d'eau permet d'estimer la quantité de matière de dioxyde de carbone dissous dans 1 L d'eau gazeuse.

Retenir l'essentiel

Situation réelle

Augmentation du volume de gaz contenu dans l'airbag

Description microscopique

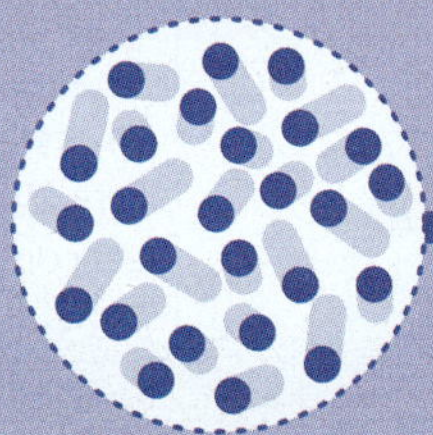

Caractéristiques du mouvement aléatoire des entités :
- nombre de collisions par unité de surface et de temps des entités
- énergie cinétique moyenne des entités
- distance moyenne entre les entités
- masse des entités

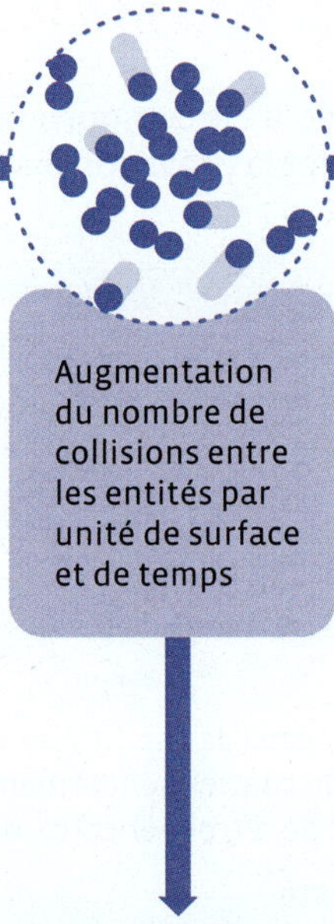

Augmentation du nombre de collisions entre les entités par unité de surface et de temps

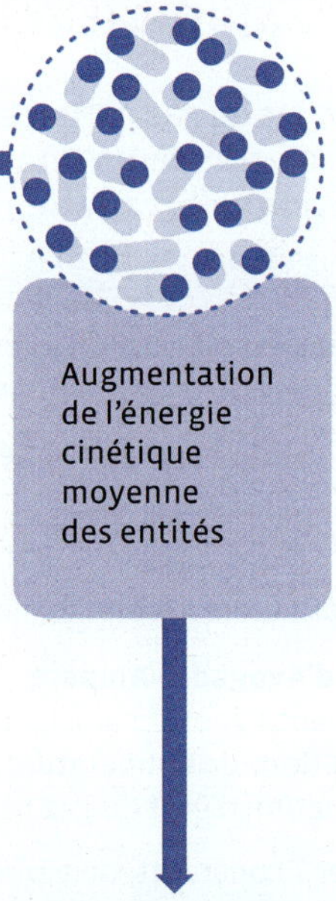

Augmentation de l'énergie cinétique moyenne des entités

Description macroscopique

Gaz à l'équilibre
P, T, n et V constantes dans le temps et dans l'espace

Augmentation de la pression P

Augmentation de la température T

Basse pression →

Modèle du gaz parfait

$$PV = nRT$$

- n en mol
- P en Pa
- T en K
- V en m³
- $R = 8{,}314\ J.K^{-1}.mol^{-1}$

Haute pression →

Ø
Pas de modèle unique

5 min chrono !

Si vous ne trouvez pas la bonne réponse, reportez-vous au § de la synthèse des activités correspondant pour vous aider.

Indiquer la réponse exacte. QCM interactif

1 La pression d'un gaz augmente si la fréquence des collisions des entités du gaz sur les parois du récipient qui le contient : ► §1

a. diminue. b. reste constante. c. augmente.

2 La température d'un gaz dépend de : ► §1

a. la masse des entités. b. la nature du gaz.
c. l'énergie cinétique moyenne des entités.

3 Dans le modèle du gaz parfait, on ne tient pas compte : ► §1

a. des collisions entre les entités. b. du volume des entités.
c. des collisions des entités avec les parois.

4 L'équation d'état du gaz parfait peut se mettre sous la forme : ► §2

a. $PVn = RT$. b. $PV = nRT$. c. $PT = nRV$.

5 La constante du gaz parfait : ► §2

a. tend vers 0 à basse pression.
b. dépend de la nature du gaz.
c. vaut 8,314 $\text{Pa} \cdot \text{m}^3 \cdot \text{mol}^{-1} \cdot \text{K}^{-1}$.

6 Le modèle du gaz parfait permet de décrire le comportement des gaz : ► §2

a. à basse pression. b. à pression élevée.
c. quelle que soit la pression.

7 D'après l'équation d'état d'un gaz parfait : ► §2

a. si la pression diminue, la température augmente.
b. si le volume augmente, la température augmente à quantité de matière et pression constantes.
c. la pression est inversement proportionnelle à la quantité de matière.

8 Une mole de gaz est maintenue dans une enceinte rigide à la pression initiale $P_i = 2 \times 10^5$ Pa. Si on double la température, sa pression vaut alors : ► §2

a. $P_f = 2 \times 10^5$ Pa. b. $P_f = 4 \times 10^5$ Pa.
c. $P_f = 8 \times 10^5$ Pa.

9 On triple le volume d'une mole de gaz initialement à la température $\theta_i = 27$ °C en maintenant la pression constante. Sa température prend la valeur : ► §2

a. $\theta_f = 54$ °C. b. $\theta_f = 100$ °C.
c. $\theta_f = 627$ °C.

Corrigés p. 550

Contrôle technique !

10 Calculer le volume occupé par un gaz

EXERCICE RÉSOLU

Un ballon gonflé à l'hélium contient une quantité de matière $n = 4{,}0 \times 10^{-1}$ mol d'hélium. Il s'élève à une altitude où règne une pression $P = 701$ hPa et une température $T = 253$ K.

• Calculer en litres le volume du ballon à cette altitude.

DONNÉE Constante du gaz parfait : $R = 8{,}314\ \text{Pa} \cdot \text{m}^3 \cdot \text{mol}^{-1} \cdot \text{K}^{-1}$.

SOLUTION

En modélisant le gaz par le gaz parfait :

$PV = nRT$, il vient $V = \dfrac{nRT}{P}$.

A.N. :

$$V = \frac{4{,}0 \times 10^{-1}\ \text{mol} \times 8{,}314\ \text{Pa} \cdot \text{m}^3 \cdot \text{mol}^{-1} \cdot \text{K}^{-1} \times 253\ \text{K}}{701 \times 10^2\ \text{Pa}}$$

$V = 1{,}2 \times 10^{-2}\ \text{m}^3 = 12$ L.

APPLICATION • Sur le modèle de l'exercice résolu

On gonfle un ballon de baudruche avec de l'air en injectant une quantité de matière de gaz $n = 2{,}1 \times 10^{-1}$ mol à la pression $P = 1\,013$ hPa. La température extérieure vaut $T = 308$ K.

• Calculer le volume du ballon.

11 Calculer une quantité de matière

EXERCICE RÉSOLU

Un pneu de vélo de volume $V = 2{,}5$ L contient un gaz à la pression $P = 350$ kPa et à la température $\theta = 20$ °C.

• Calculer la quantité de matière de gaz n dans le pneu.

DONNÉES

• Conversion de température : T (en K) = θ (en °C) + 273.
• Constante du gaz parfait : $R = 8{,}314\ \text{Pa} \cdot \text{m}^3 \cdot \text{mol}^{-1} \cdot \text{K}^{-1}$.

SOLUTION

En modélisant le gaz par le gaz parfait :

$PV = nRT$, il vient $n = \dfrac{PV}{RT}$.

A.N. : $$n = \frac{350 \times 10^3\ \text{Pa} \times 2{,}5 \times 10^{-3}\ \text{m}^3}{293\ \text{K} \times 8{,}314\ \text{Pa} \cdot \text{m}^3 \cdot \text{mol}^{-1} \cdot \text{K}^{-1}}$$

$n = 3{,}6 \times 10^{-1}$ mol.

APPLICATION • Sur le modèle de l'exercice résolu

Le pneu se dégonfle. La température est toujours $\theta = 20$ °C mais la pression atteint la pression atmosphérique soit $P = 1\,013$ hPa et son volume est alors $V = 2{,}5$ L.

• Calculer la quantité de matière de gaz n restant dans le pneu.

DONNÉES POUR TOUS LES EXERCICES :
- Constante du gaz parfait : $R = 8{,}314\ J \cdot mol^{-1} \cdot K^{-1}$.
- Constante d'Avogadro : $N_A = 6{,}02 \times 10^{23}\ mol^{-1}$.
- Conversion de températures : T (en K) $= \theta$ (en °C) $+ 273$.
- Conversion de pressions : 1 bar $= 1 \times 10^5$ Pa.

Description des gaz

► § 1 de la synthèse des activités

➔ EXERCICES RAPIDES

12 GRAND ORAL Réaliser un support visuel permettant de présenter oralement en deux minutes maximum à l'ensemble de la classe le lien qualitatif entre la pression et la température de la vapeur d'eau présente dans un autocuiseur à ses propriétés à l'échelle microscopique.

13 Indiquer les propriétés microscopiques qui peuvent être invoquées pour expliquer une augmentation de pression dans un récipient contenant un gaz.

14 Définir un état d'équilibre

La propagation d'un son dans un tuyau induit des variations de pression dans l'air qui peuvent être modélisées par le schéma ci-contre.

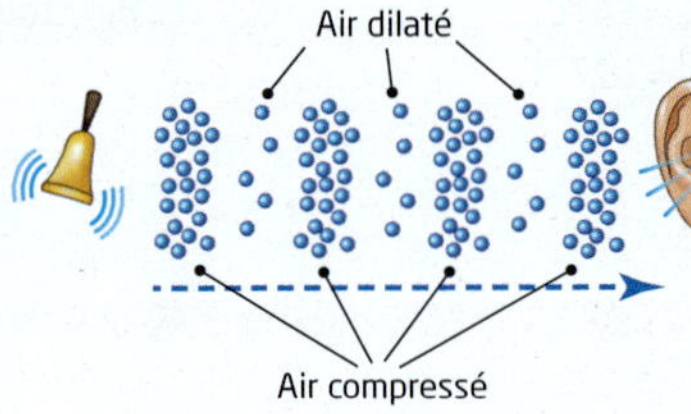

a. Relier la variation de pression observée dans le tuyau aux propriétés microscopiques de l'air.

b. Indiquer si l'air dans le tuyau peut être considéré à l'équilibre.

15 Interpréter une expérience

Une bouteille est vidée du liquide qu'elle contient et un ballon de baudruche souple est placé sur son ouverture. La bouteille est chauffée en utilisant le dispositif ci-contre et la pression dans la bouteille ne change pas au cours de l'expérience.

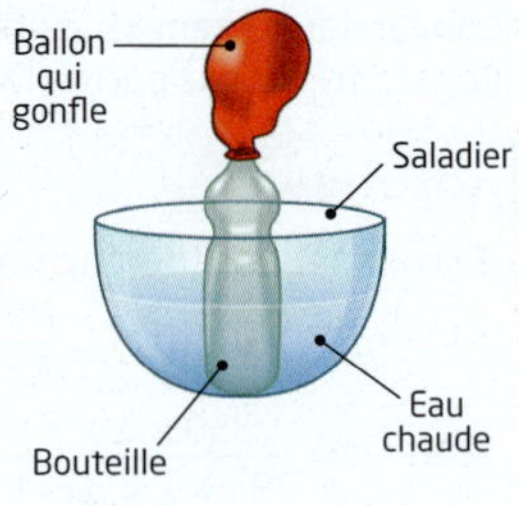

- Expliquer le fait que le ballon se gonfle à l'aide d'arguments microscopiques.

16 Relier la température aux propriétés microscopiques

Aux faibles pressions, la théorie cinétique des gaz décrit la température comme une fonction croissante de l'énergie cinétique moyenne des entités constituant le gaz, $\mathscr{E}_c = \frac{1}{2} m_{\text{entité}} v^2$, v^2 étant la moyenne des carrés des vitesses des entités.

Les valeurs suivantes sont données pour différents gaz :

Gaz	Masse atomique (en kg)	v (en $m \cdot s^{-1}$)
He	$6{,}65 \times 10^{-27}$	1000
N_2	$4{,}65 \times 10^{-26}$	519
O_2	$5{,}31 \times 10^{-26}$	480

a. Classer les températures des gaz dans l'ordre croissant.

b. On trouve sur un forum Internet la phrase suivante : « La température est liée à l'agitation thermique qui dépend de la vitesse des entités ». Commenter cette phrase en comparant les données.

17 Comparer les densités d'un gaz

La densité d d'un gaz est le rapport de sa masse volumique ρ (à une température T et une pression P données) à celle ρ_{air} de l'air, gaz de référence pris à 0 °C sous une pression de 1,013 bar : $d = \frac{\rho}{\rho_{air}}$.

DONNÉES Masses volumiques de l'air et de l'hexafluorure de soufre SF_6 à $P = 1{,}013$ bar et à $\theta = 0$ °C ou à $\theta = 20$ °C : $\rho_{air}(0\ °C) = 1{,}29\ g \cdot L^{-1}$, $\rho_{SF_6}(20\ °C) = 6{,}16\ kg \cdot m^{-3}$.

a. Calculer la densité de l'air à $\theta = 0$ °C sous une pression $P = 1{,}013$ bar.

b. Calculer la densité de l'hexafluorure de soufre SF_6, composé gazeux à la température $\theta = 20$ °C.

c. Expliquer la différence entre les densités calculées précédemment par des propriétés microscopiques.

Gaz parfait

► § 2 de la synthèse des activités

➔ EXERCICES RAPIDES

18 GRAND ORAL Présenter, sans support visuel, oralement en deux minutes maximum à l'ensemble de la classe les différentes façons de maintenir constant le volume d'un ballon gonflé à l'air lorsqu'il s'élève à une altitude où sa pression est divisée par deux.

19 L'équation d'état du gaz parfait est utilisée pour décrire le comportement macroscopique de gaz différents.
- Préciser les hypothèses du modèle et son domaine de validité.

20 In English please

A bottle of soda stirred at room temperature $\theta = 25$ °C can withstand a pressure $P = 6$ bar. It contains a volume $V = 10$ mL of gaseous carbon dioxide.

- Calculate the amount of gaseous carbon dioxide material contained in the bottle.

21 Apprendre à rédiger

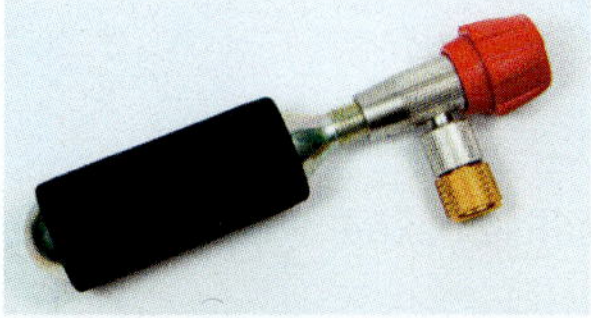

Une cartouche utilisée pour gonfler les pneus de vélo contient une masse $m = 12$ g de dioxyde de carbone CO_2. On vide totalement la cartouche dans un ballon muni d'un pressiomètre. Le volume occupé par le gaz est $V = 2{,}50$ L à la température $\theta = 23$ °C.

a. Calculer la quantité de matière n de CO_2 dans la cartouche.

Aide méthodologique

- Exprimer n en fonction de m et de la masse molaire de CO_2.

b. Exprimer puis calculer la pression P indiquée par le pressiomètre.

- Utiliser la loi du gaz parfait et les unités SI dans le calcul.

22 Construire une carte mentale

• L'étiquette centrale doit s'intituler :

Modèle du gaz parfait

• Associer à l'étiquette centrale, par le moyen de votre choix, d'autres étiquettes comprenant au minimum les étiquettes suivantes :

Collisions **Loi du gaz parfait** **Énergie cinétique**

23 Retour sur la photo d'ouverture

L'enveloppe souple d'un airbag se remplit de dioxyde d'azote gazeux libéré par une capsule lors d'un choc. Son volume atteint 90 L pour une pression $P = 10$ bar à une température $\theta = 35$ °C.

• Calculer la quantité de matière de dioxyde d'azote produite par la capsule et libérée lors du choc pour assurer ce fonctionnement.

S'AUTOÉVALUER

24 Faire preuve d'esprit critique

Le volume molaire du dihydrogène à l'état gazeux est mesuré expérimentalement sous une pression $P = 73{,}8$ bar à une température $\theta = 31$ °C.

a. Calculer, à l'aide du modèle du gaz parfait, le volume molaire du gaz dans ces conditions.

b. Le résultat obtenu lors de l'expérience est :

$$V_m = 2{,}3 \times 10^1 \text{ L} \cdot \text{mol}^{-1}.$$

Expliquer l'écart observé.

INDICATEURS DE RÉUSSITE	NIVEAU A	B	C	D
RÉALISER				
• Le volume cherché, $V_m = \frac{V(H_2)}{n(H_2)}$, est correctement exprimé à l'aide des grandeurs macroscopiques. • La conversion de température T en kelvin est réalisée. • Les unités sont respectées pour l'application numérique ainsi que le nombre de chiffres significatifs.				
VALIDER				
• La valeur est comparée à celle obtenue avec le modèle du gaz parfait. • Des sources d'erreurs sont identifiées pour expliquer l'écart constaté.				

25 Dissoudre un gaz

Un ballon de volume $V_0 = 250$ mL est rempli de chlorure d'hydrogène gazeux $HC\ell(g)$ et d'air à la pression $P_0 = 1{,}013 \times 10^5$ Pa. Le bouchon du ballon est traversé par un tuyau souple fermé par une pince. L'extrémité du tuyau est plongée dans un cristallisoir qui contient de l'eau distillée et quelques gouttes d'hélianthine qui se colorent en rouge lorsque le pH est inférieur à 3. Après l'ouverture de la pince, l'extrémité du tuyau souple est immergée dans la solution du cristallisoir, la solution aqueuse monte en jet dans le ballon et se colore en rouge. Le volume de gaz restant dans le ballon est $V_1 = 20$ mL à la pression $P_1 = 9{,}83 \times 10^4$ Pa.

DONNÉE En début et en fin d'expérience, la température du gaz est $T = 298$ K.

• Après avoir visionné la vidéo, exprimer puis calculer la quantité de matière en chlorure d'hydrogène gazeux $n_{HC\ell(g)}$ initialement introduite dans le ballon.

EXO **Exercices supplémentaires**

EXERCICE RÉSOLU ET COMMENTÉ

26 Mélange de gaz

ÉNONCÉ

Le comte et chimiste français Claude Berthollet (1748-1822) réalise l'expérience suivante.
Deux ballons, reliés chacun à un manomètre, ont respectivement un volume V_1 contenant n_1 moles de dioxyde de carbone (CO_2) à la pression $P_1 = 1$ bar, et un volume V_2 contenant n_2 moles de dihydrogène (H_2) à la pression $P_2 = 1$ bar. Ils sont mis en communication à la température T constante de la pièce pendant la durée de l'expérience. Au bout de deux jours, la pression finale P_f du mélange est mesurée, puis les deux ballons sont séparés afin d'effectuer l'analyse de leur contenu.
Le constat est le suivant :
- la pression finale du mélange est la même que celle des gaz initialement séparés : $P_f = P_1 = P_2$ (résultat **1**) ;
- chaque ballon contient la même quantité de matière des deux gaz (résultat **2**).

a. En utilisant des arguments microscopiques, expliquer le résultat **2** de l'expérience.

b. Montrer que le résultat **1** est cohérent avec l'application du modèle du gaz parfait.

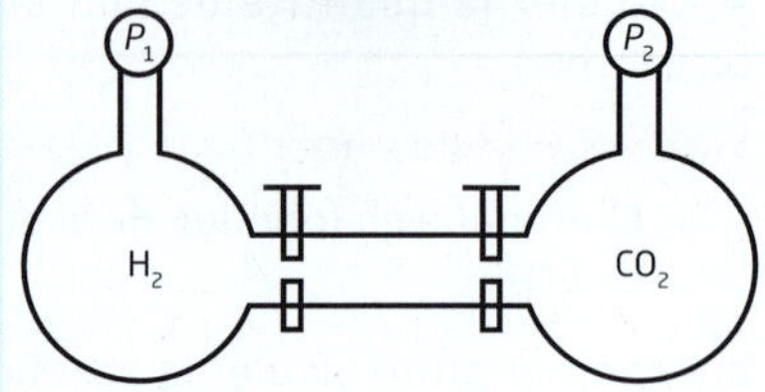

UNE SOLUTION

a. Par le jeu des collisions dues à l'agitation thermique, les molécules de gaz diffusent de proche en proche, dans tout l'espace disponible. Le mouvement à l'échelle microscopique étant aléatoire pour chaque entité, une proportion identique des deux gaz est retrouvée dans les deux compartiments.

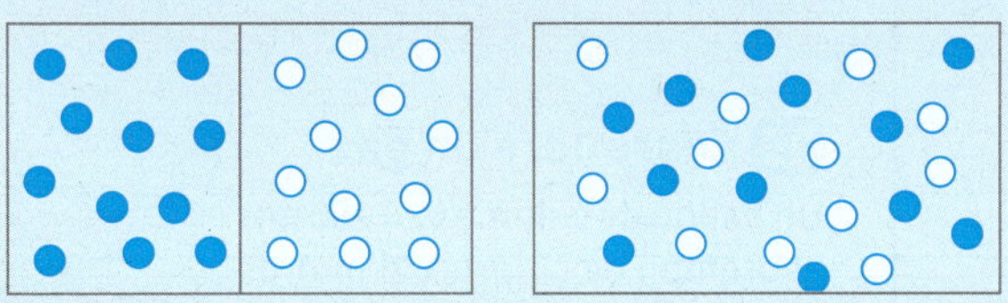

b. En supposant que P_f est inférieure à 1 MPa, comme c'est le cas pour P_1 et P_2, l'équation du gaz parfait permet d'écrire :
- pour le mélange final : $P_f V_{Total} = n_{Total}RT$ soit $P_f(V_1 + V_2) = (n_1 + n_2)RT$; (1)
- pour le dioxyde de carbone : $P_1V_1 = n_1RT$; (2)
- pour le dihydrogène : $P_2V_2 = n_2RT$. (3)

comme $P_1 = P_2 = P$, (2) + (3) conduit à $P(V_1 + V_2) = (n_1 + n_2)RT$. (4)
La comparaison de (1) et (4) conduit à $P_f = P$ (on a bien $P_f < 1$ MPa) : le mélange de deux gaz à la même pression se fait sans variation de pression.

S'APPROPRIER
Réaliser un schéma de la situation représentant l'état initial et l'état final de l'expérience.

ANALYSER-RAISONNER
- Formuler l'hypothèse d'une faible pression pour appliquer le modèle du gaz parfait.
- Utiliser l'équation d'état du gaz parfait.
- Dans le modèle du gaz parfait, les entités étant modélisées par des points, considérer les molécules comme identiques : la quantité de matière de gaz parfait qui modélise le mélange est donc la somme des quantités de matière de chaque gaz qui compose le mélange.

VALIDER
S'assurer que l'hypothèse formulée est juste avant de conclure.

APPLICATION Sur le modèle de l'exercice résolu

27 Mélange Nitrox 34/66 en plongée

Le Nitrox 34/66 est un mélange gazeux utilisé en plongée dont la composition en quantité de matière est de 34 % de dioxygène et de 66 % de diazote. Un volume $V = 10$ L de ce mélange est réalisé à la pression $P = 5$ bar et à une température T, à partir de bouteilles contenant séparément le dioxygène et le diazote à la même pression P et à la même température T.

a. En utilisant des arguments microscopiques, expliquer pourquoi le mélange de gaz ainsi réalisé est homogène.

b. Exprimer les volumes de gaz à prélever de chacune des bouteilles en fonction du volume V de Nitrox 34/66 souhaité et calculer ces volumes.

28 ✱ Gonflage de pneu au diazote

GRAND ORAL

VAL Faire preuve d'esprit critique • Confronter un modèle à des résultats expérimentaux **COM** Présenter une démarche de manière argumentée, synthétique et cohérente

Le diazote est utilisé pour gonfler les pneus d'avion ou ceux des voitures de course afin de réduire d'un facteur 3 à 4 les pertes par rapport aux pneus gonflés à l'air. On peut lire dans certains magazines que « les molécules de diazote étant plus grosses que les molécules de dioxygène, les pertes sont plus rares, le pneu reste donc gonflé plus longtemps ».

DONNÉE Diamètre moléculaire (diamètre minimal de la sphère dans laquelle peut évoluer une molécule) : 0,315 nm pour N_2 et 0,292 nm pour O_2.

• En utilisant des arguments microscopiques, discuter de l'hypothèse avancée dans certains magazines et en formuler d'autres pour expliquer la réduction des pertes en cas de gonflage avec du diazote plutôt qu'avec de l'air.

29 ✱ Refroidissement d'une génératrice

APP Rechercher et organiser l'information en lien avec la problématique
RÉA Utiliser un modèle

Une génératrice permet de convertir de l'énergie mécanique en énergie électrique. On assure son refroidissement par l'intermédiaire de la circulation d'une quantité de matière n de fluide que l'on assimile ici au gaz parfait. Celui-ci décrit un cycle entre les états d'équilibres du gaz C → D → A → B représentés dans le diagramme $P = f(V)$ ci-dessous.

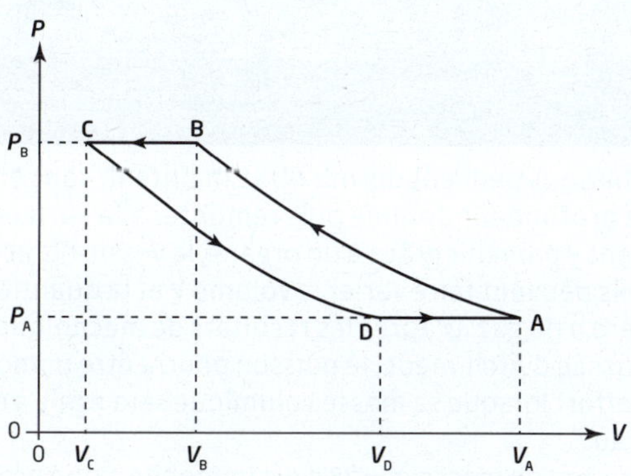

• Classer dans l'ordre croissant les températures T_A, T_B, T_C et T_D du gaz dans chaque état d'équilibre A, B, C et D.

30 ✱✱ Masse volumique de l'air

APP Rechercher et organiser l'information en lien avec la problématique
RÉA Utiliser un modèle • Effectuer des procédures courantes (calculs)

L'air est un mélange gazeux composé, en quantité de matière, d'environ 80 % de diazote N_2 et de 20 % de dioxygène O_2.

• En utilisant le tableau périodique pour déterminer les masses molaires moléculaires, estimer la masse volumique de l'air dans les conditions de température et de pression suivantes : $\theta = 0$ °C et $P = 1\,013$ hPa.

31 ✱ Au-delà du modèle du gaz parfait

HISTOIRE DES SCIENCES

APP Rechercher et organiser l'information en lien avec la problématique
ANA-RAI Faire des prévisions à l'aide d'un modèle • Interpréter des résultats expérimentaux

Le physicien français Émile Amagat (1841-1915) a étudié le comportement des gaz selon leur pression en menant des études expérimentales sur les relations entre les grandeurs macroscopiques décrivant les gaz à l'équilibre. L'évolution isotherme (à température T constante) de ces grandeurs macroscopiques conduit à la représentation du diagramme ci-dessous pour différents gaz.

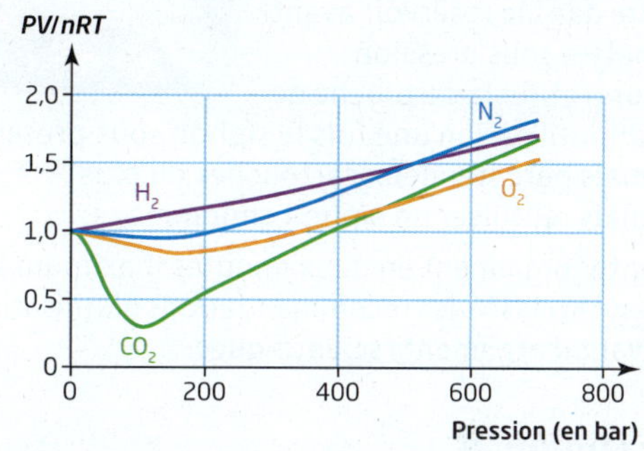

a. Préciser en quoi le graphe est en accord avec le fait que tous les gaz peuvent être modélisés par le gaz parfait aux pressions faibles.

b. Représenter la courbe correspondant au gaz parfait.

c. Utiliser des arguments microscopiques pour expliquer le comportement des gaz pour des pressions supérieures à 10 bar.

32 ✱ Stockage des aérosols

ANA-RAI Faire des prévisions à l'aide d'un modèle
RÉA Effectuer des procédures courantes (calculs)
VAL Faire preuve d'esprit critique

Une bombe aérosol neuve, de volume $V = 200$ mL, contient comme propulseur du diazote, que l'on assimile au gaz parfait.

a. À la température $\theta_1 = 25{,}0$ °C, le volume V_1 du gaz propulseur correspondant à 40 % du volume du boîtier est à la pression $P_1 = 6{,}00$ bar. Déterminer la quantité de matière n_1 de gaz propulseur présent dans ce dispositif.

b. Déterminer la température θ_2 pour atteindre la pression maximale $P_2 = 10{,}0$ bar que peut supporter la bombe aérosol neuve en toute sécurité, en supposant que le volume V_2 et la quantité de matière n_2 du gaz propulseur restent constants.

c. Indiquer si cette situation peut se produire dans la vie courante.

d. Au cours de l'utilisation du produit, la pression du gaz propulseur diminue. À la température $\theta_1 = 25{,}0$ °C, quand sa pression atteint la valeur de $P_3 = 3$ bar, le gaz propulseur occupe un volume $V_3 = 160$ mL et le dispositif ne fonctionne plus. En déduire un inconvénient du conditionnement aérosol, d'un déodorant par exemple.

33 ✱ Siphon de cuisinier

GRAND ORAL

APP Rechercher et organiser l'information en lien avec la problématique
ANA-RAI Faire des prévisions à l'aide d'un modèle **VAL** Faire preuve d'esprit critique **COM** Utiliser un vocabulaire adapté

Un siphon est commercialisé avec une notice qui énonce cinq recommandations élémentaires :
- ne jamais remplir le réservoir du siphon au-delà de la moitié ni excessivement ;
- toujours attendre le refroidissement complet de la préparation culinaire dans le réservoir avant de le mettre sous pression ;
- toujours retirer la cartouche de gaz avant utilisation une fois le siphon sous pression ;
- ne jamais percuter deux cartouches ou plus ;
- ne jamais réutiliser un siphon endommagé.

• Présenter oralement en deux minutes maximum à l'ensemble de la classe, les recommandations d'utilisation en les étayant d'arguments scientifiques.

34 ✱ Ludion

APP Représenter la situation par un schéma **ANA-RAI** Faire des prévisions à l'aide d'un modèle • Interpréter des résultats expérimentaux
RÉA Mettre en œuvre les étapes d'une démarche

Vidéo d'expérience

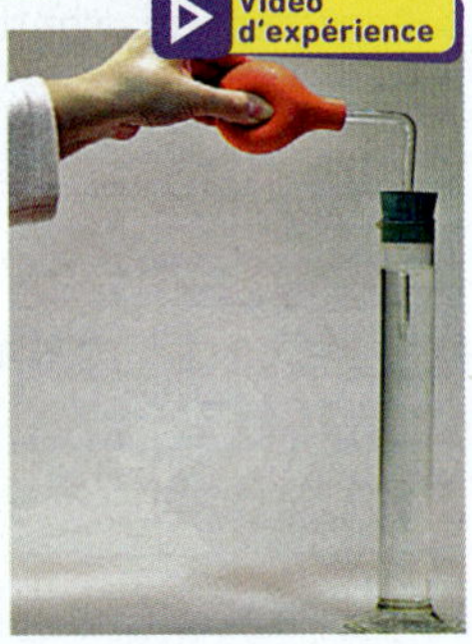

Un ludion est un petit corps solide placé dans une bouteille remplie de liquide incompressible (comme l'eau), qui a pour particularité de changer de flottabilité lorsque la pression du liquide est modifiée. Pour cela, le ludion renferme un volume d'air en contact avec le liquide ambiant.

On peut faire varier la pression du liquide dans la bouteille de plusieurs façons :
- en utilisant une bouteille rigide (bouteille en verre par exemple) avec un bouchon sur lequel on peut appliquer une force pressante extérieure ;
- en utilisant une bouteille souple en plastique que l'on comprime ;
- en adaptant une pompe à air hermétiquement fixée sur le bouchon de la bouteille ;
- en utilisant une bouteille rigide (bouteille en verre par exemple) hermétiquement fermée que l'on peut chauffer.

a. Schématiser les différents dispositifs envisageables pour faire varier la force pressante modélisant l'action exercée sur le liquide contenu dans la bouteille.

b. Préciser dans chaque cas les paramètres macroscopiques de l'air contenu dans la bouteille qui varient.

c. Indiquer l'évolution du volume d'air contenu dans le ludion après compression de l'air contenu dans la bouteille.

d. Justifier alors que le ludion entame un mouvement vertical vers le bas.

MÉTIERS ET ORIENTATION

GRAND ORAL

Un(e) **ingénieur(e) procédés en chimie** conçoit des usines et unités de production. Il est à la pointe des avancées techniques et environnementales et exerce dans les secteurs variés de la parachimie, de la pharmacie, de la pétrochimie, de l'aéronautique, du nucléaire, etc. Il travaille en équipe et sait piloter des projets. Il exerce dans les groupes industriels et maîtrise l'anglais, ce qui lui permet d'intervenir à l'étranger.

Formation : Bac +5. Généralement diplômés d'un Master II, les ingénieurs débutent avec un salaire moyen de 2 900 € brut qui évolue rapidement en fonction des missions à l'international notamment.

• Préparer une présentation orale de trois minutes sur un projet de poursuite d'études et/ou professionnel dans ce domaine (→ **Fiche Bac p. 513**).

35 ✱✱ Retour sur la vidéo d'ouverture

Vidéo-débat

APP Représenter la situation par un schéma **ANA-RAI** Faire des prévisions à l'aide d'un modèle **RÉA** Mettre en œuvre les étapes d'une démarche • Effectuer des procédures courantes (calculs)

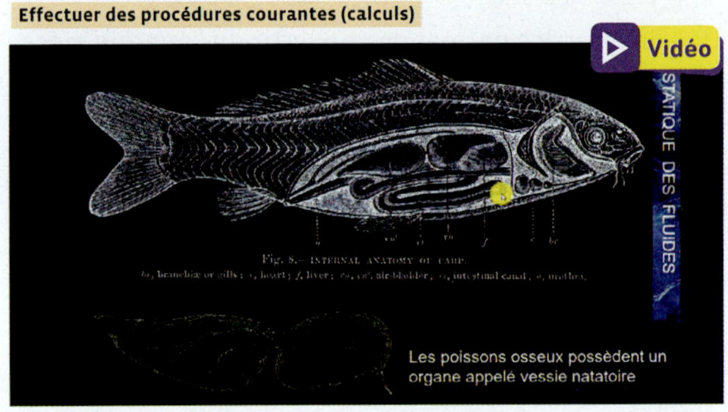

Les poissons peuvent dormir ou se maintenir sans effort à une profondeur donnée puis remonter à la surface. Ils peuvent y parvenir grâce à un organe, la vessie natatoire, dont ils peuvent faire varier le volume V et la quantité de matière n de gaz. D'après les résultats de mécanique sur la poussée d'Archimède, le poisson pourra être immobile sans effort lorsque sa masse volumique sera égale à celle de l'eau.

Un poisson de masse $m = 28$ g est immobile à une profondeur $h = 10$ m. La pression du gaz contenu dans la vessie natatoire est $P = 2{,}0$ bar et la température est $\theta = 5{,}8$ °C. Pour simplifier, on assimile le volume du poisson à celui de sa vessie natatoire dont le gaz qu'elle contient est considéré comme parfait.

a. Schématiser la situation.

b. Exprimer la masse volumique ρ du poisson en fonction de V et m.

c. Déterminer la quantité de matière n de gaz pour laquelle le poisson est immobile.

d. Une quantité de matière supplémentaire n_0 est libérée dans la vessie natatoire du poisson initialement immobile à la profondeur h. Décrire le mouvement du poisson.

36 Prévoir la variation d'une grandeur

Un élève cherche à expliquer comment augmenter la masse volumique d'un gaz en faisant varier les grandeurs macroscopiques qui le décrivent.

ÉTAPE 1 Comprendre ce que l'on peut déduire de l'équation d'état du gaz parfait

Un petit quiz pour commencer…

- Si P augmente alors T augmente. ☐ Vrai ☐ Faux
- Si V augmente alors n augmente. ☐ Vrai ☐ Faux
- Si P augmente alors n augmente. ☐ Vrai ☐ Faux
- Si $P \times V$ augmente alors T augmente. ☐ Vrai ☐ Faux

… étonnant non ?

▶ Dans chaque cas, l'affirmation est toujours vraie à condition que le reste des variables soient constantes. On peut donc dire sur le premier exemple :
« *Si P augmente alors T augmente* » est toujours vrai si n et V restent constantes.

▶ Sinon, cela dépend des données du problème : P peut augmenter alors que T diminue si n augmente ou si V diminue.

La seule certitude est que le rapport $\frac{PV}{nT}$ est constant quelles que soient les valeurs de n, V, P et T !

ÉTAPE 2 Isoler la grandeur physique souhaitée

Le support visuel ci-dessous présente les étapes et les résultats d'une démarche mise en œuvre pour isoler une variable de l'équation d'état du gaz parfait.

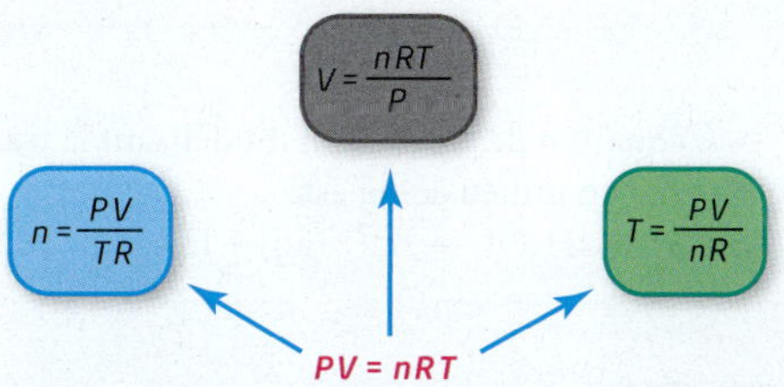

Par exemple, exprimer V en fonction de P, T, R, n, pour une pression non nulle :

$$PV = nRT \Leftrightarrow \frac{1}{P}(PV) = \frac{1}{P}(nRT) \Leftrightarrow \frac{P}{P}V = \frac{nRT}{P} \Leftrightarrow \boxed{V = \frac{nRT}{P}}$$

Questions

1. Exprimer la masse volumique ρ d'un gaz de masse m contenu dans une enceinte fermée de volume V variable et dont la température T est susceptible d'être modifiée.
2. Écrire l'équation d'état du gaz parfait et y faire intervenir ρ.
3. Isoler ρ.
4. En déduire les différentes façons d'augmenter la masse volumique d'un gaz en précisant, pour chacune d'elles, les paramètres qui restent constants.

Conseils !

▶ **Pour analyser les données du problème**

Lorsqu'une grandeur physique est recherchée dans un problème, les autres grandeurs dont elle dépend sont déterminées soit directement à partir des données, soit indirectement à l'aide d'expressions connues. Par exemple, si la température T est demandée, il faut pouvoir extraire P, V et n des données ou, si besoin, utiliser des relations connues faisant intervenir ces grandeurs comme :

- $n = \frac{m}{M}$, relation reliant quantité de matière n à la masse m et à la masse molaire M ;
- $V = \frac{m}{\rho}$, relation reliant le volume V, la masse volumique ρ et la masse m ;
- etc.

Exercice BAC

40 min

37 Suivi cinétique d'une transformation chimique

S'APPROPRIER **RÉALISER** **VALIDER**

Les pluies acides sont des précipitations qui peuvent contenir de l'acide sulfurique résultant de la combustion des combustibles fossiles. Cet acide est susceptible de réagir avec le zinc présent dans les gouttières. Pour étudier la transformation chimique entre l'acide sulfurique et le zinc, considérée comme totale, on réalise l'expérience décrite dans le **DOC. 1**. L'étude a comme objectif de retrouver expérimentalement la valeur de l'avancement maximal x_{max} de la réaction attendue théoriquement.

DOC. 1 Description de l'expérience

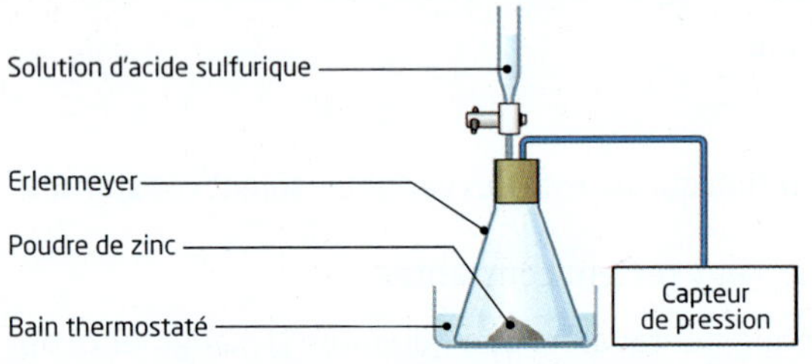

À la date $t = 0$ s, on verse rapidement, sur 0,50 g de poudre de zinc, 75,0 mL de solution d'acide sulfurique de concentration en ions oxonium H_3O^+ égale à 0,40 mol · L^{-1}.
La pression mesurée à cet instant par le capteur est $P_0 = 1020$ hPa.

La formation de dihydrogène crée une surpression qui s'additionne à la pression de l'air initialement présent.

DOC. 2 Extrait du tableau de résultats

Les valeurs de la pression, mesurée à différentes dates par le capteur de pression, sont reportées dans le tableau suivant :

***t* (en min)**	0	1,0	3,0	5,0	7,0	9,0	11,0	15,0	20,0	25,0	30,0	35,0
***P* (en hPa)**	1020	1030	1060	1082	1101	1120	1138	1172	1215	1259	1296	1335

***t* (en min)**	45,0	50,0	60,0	70,0	80,0	90,0	110,0	140,0	160,0	190,0	240,0	300,0
***P* (en hPa)**	1413	1452	1513	1565	1608	1641	1697	1744	1749	1757	1757	1757

DONNÉES

- Masse molaire atomique du zinc : $M(\text{Zn}) = 65{,}4$ g · mol^{-1}.
- L'équation de la réaction modélisant la transformation du zinc en milieu acide est :
$\text{Zn (s)} + 2\ H_3O^+ \rightarrow Zn^{2+}\text{(aq)} + H_2\text{ (g)} + 2\ H_2O\ (\ell)$.

Questions

1 À partir du **DOC. 1**, établir un tableau d'avancement de la réaction et déterminer l'avancement maximal x_{max}.

2 En considérant que le dihydrogène libéré par la réaction est un gaz parfait et en négligeant le volume de solution d'acide sulfurique versé devant le volume d'air initialement présent dans l'erlenmeyer, montrer que l'avancement x de la réaction a pour expression :
$x = x_{max}\left(\dfrac{P - P_0}{P_{max} - P_0}\right)$ où l'on note P_{max} la pression mesurée à l'état final.

3 Sur une feuille de papier millimétré, tracer la courbe d'évolution de l'avancement de la réaction en fonction du temps.

4 Vérifier que l'avancement maximal x_{max} obtenu en **1.** est en accord avec l'avancement x_f déterminé graphiquement, en justifiant les écarts éventuels.

38 Des bouchons sous pression

RÉSOLUTION DE PROBLÈME

S'APPROPRIER · RÉALISER · ANALYSER-RAISONNER · VALIDER

Le champagne doit son effervescence au dioxyde de carbone dissous (CO_2) qui est libéré sous forme de gaz à l'ouverture du bouchon. Il en contient entre 5 et 9 g dans une bouteille.

DOC. 1 Dissolution du CO_2 dans l'eau

La concentration C de gaz dissous dans une solution aqueuse est proportionnelle à la pression P qu'exerce ce gaz sur le liquide d'après la loi de Henry (1803). Cela se traduit par la relation $C = k_T \times P$, avec k_T la constante de Henry qui est fonction de la température T et du composé chimique étudié. À $T = 298$ K, la constante de Henry vaut pour le CO_2 : $k_{298}(CO_2) = 3{,}35 \times 10^{-7}\ \text{mol} \cdot \text{L}^{-1} \cdot \text{Pa}^{-1}$.

DOC. 2 Chronophotographie du bouchon initialement immobile

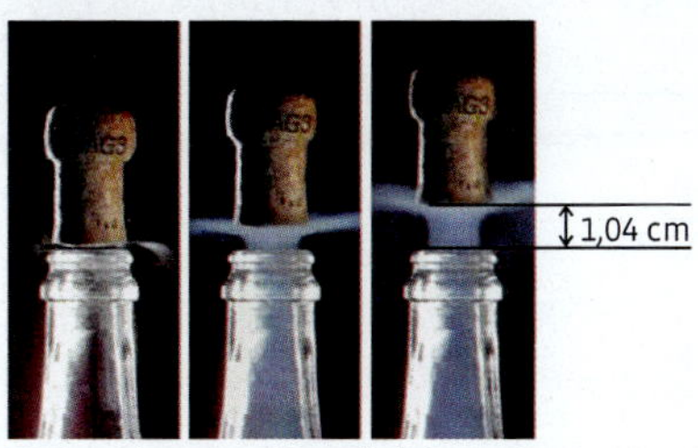

Intervalle temporel τ entre deux clichés : $\tau = t_1 - t_0 = t_2 - t_1 = 400\ \mu\text{s}$.

La force pressante modélisant l'action exercée par le gaz contenu dans la bouteille sur le bouchon est constante pendant 2 ms après la libération du bouchon. Il règne une pression dans la bouteille telle que le bouchon éjecté verticalement à température ambiante pourrait atteindre une hauteur comprise entre 8 m et 9 m en l'absence de frottement de l'air !

DOC. 3 Caractéristiques de la bouteille de champagne

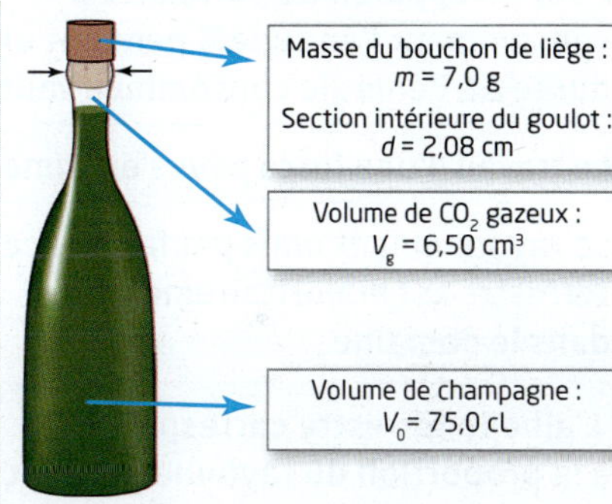

DONNÉES

- $T_{\text{ambiante}} = 298$ K.
- $P_{\text{atmosphérique}} = 1013$ hPa.
- Intensité de la pesanteur : $g = 9{,}81\ \text{N} \cdot \text{kg}^{-1}$.
- Dans un référentiel galiléen, la relation approchée entre le vecteur variation de vitesse $\Delta\vec{v}$ d'un système modélisé par un point matériel de masse m et la somme $\Sigma\vec{F}$ des forces appliquées à ce système pendant une durée Δt séparant deux instants voisins est la suivante :

$$m \times \Delta\vec{v} = \Sigma\vec{F} \times \Delta t$$

Unités SI :
$\|\Delta\vec{v}\|$ en $\text{m} \cdot \text{s}^{-1}$
m en kg
$\|\Sigma\vec{F}\|$ en N
Δt en s

Question

Estimer la quantité de matière de dioxyde de carbone contenu dans une bouteille de champagne en portant un regard critique sur le résultat obtenu au regard des hypothèses formulées.

- *Aides à la fin du manuel.*

16 Transferts thermiques et bilans d'énergie

EXO QCM interactif

Se tester pour commencer

Choisir la réponse exacte.

	A	B	C
1 L'état physique correspondant à l'agitation thermique la plus importante est l'état :	liquide 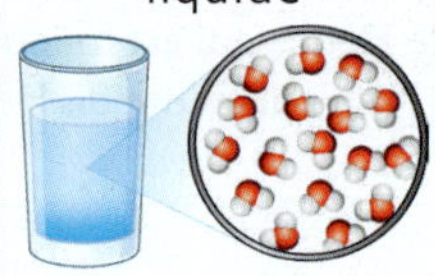	gazeux 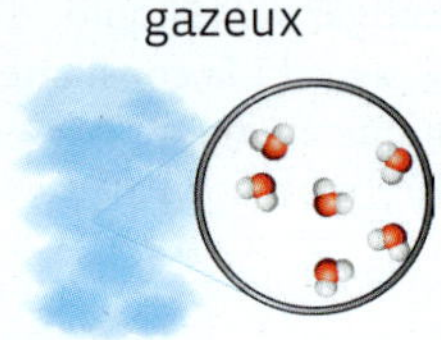	solide 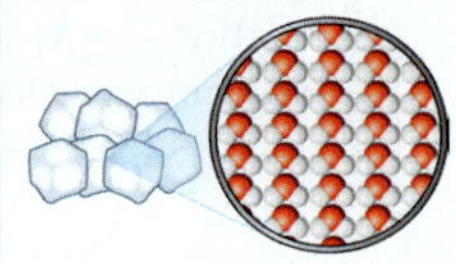
2 L'énergie mécanique $\mathscr{E}_m$ d'un système de masse m se déplaçant à la vitesse de valeur v à une altitude z est égale à :	$mv^2 + mgz$	$\frac{1}{2}mv^2 + mgz$	$\frac{1}{2}mv^2 + \frac{1}{2}mgz$
3 Pour un appareil de puissance $\mathscr{P}$ consommant l'énergie $\mathscr{E}$ pendant une durée Δt, l'énergie consommée vaut :	$\mathscr{E} = \frac{\mathscr{P}}{\Delta t}$	$\mathscr{E} = \mathscr{P}$	$\mathscr{E} = \mathscr{P} \times \Delta t$
4 Le travail d'une force peut s'exprimer en :	watt	joule	newton
5 Le rayonnement émis par la surface terrestre est majoritairement dans le domaine :	des ultraviolets	des micro-ondes	des infrarouges
6 L'albédo terrestre correspond à la proportion du rayonnement reçu qui est ensuite :	renvoyé par la Terre	absorbé par la Terre	renvoyé et absorbé par la Terre

GRAND ORAL

Vidéo débat

Les artistes du studio Lernert et Sander ont filmé différentes manières de faire fondre un lapin en chocolat.

Comment expliquer ce qui arrive au lapin en chocolat ?

→ Exercice 31 page 376

La thermographie infrarouge permet de cartographier la température de surface d'un bâtiment en la reliant au rayonnement infrarouge émis.

Pourquoi est-il intéressant d'analyser des images obtenues avec des caméras infrarouges ?

CAPACITÉS EXIGIBLES	Activités	Exercices corrigés
• Citer les différentes contributions microscopiques à l'énergie interne d'un système. • Prévoir le sens d'un transfert thermique.	1	8 9 12 26
Distinguer, dans un bilan d'énergie, le terme correspondant à la variation de l'énergie du système des termes correspondant à des transferts d'énergie entre le système et l'extérieur.	4	9 24
Exploiter l'expression de la variation d'énergie interne d'un système incompressible en fonction de sa capacité thermique et de la variation de sa température pour effectuer un bilan énergétique.	1 4	12 13 24
Effectuer l'étude énergétique d'un système thermodynamique.	1 4	
• Caractériser qualitativement les trois modes de transfert thermique : conduction, convection, rayonnement. • Exploiter la relation entre flux thermique, résistance thermique et écart de température, l'expression de la résistance thermique étant donnée.	2	8 17 26
• Effectuer un bilan quantitatif d'énergie pour estimer la température terrestre moyenne, la loi de Stefan-Boltzmann étant donnée. • Discuter qualitativement de l'influence de l'albédo et de l'effet de serre sur la température terrestre moyenne.	3	21 33
• Effectuer un bilan d'énergie pour un système incompressible échangeant de l'énergie par un transfert thermique modélisé à l'aide de la loi de Newton fournie. Établir l'expression de la température du système en fonction du temps. • *Suivre et modéliser l'évolution de la température d'un système incompressible.* • √MATHS Résoudre une équation différentielle linéaire du premier ordre à coefficients constants avec un second membre constant.	4	22
• √MESURE ET INCERTITUDES Exploiter une série de mesures, discuter de l'influence du protocole et/ou évaluer une incertitude-type pour comparer des résultats.	1	13

Activité expérimentale

1 De l'eau pour se chauffer

DÉMARCHE D'INVESTIGATION

Notions

- Énergie interne d'un système
- Transferts thermiques
- Capacité thermique d'un système

► § 1.1, 1.2, 2.1 et 2.2 p. 365

L'eau liquide est souvent utilisée dans des circuits de chauffage domestique pour sa qualité de fluide caloporteur : elle permet de transférer de l'énergie d'un point à un autre. Cette qualité est due à la valeur élevée de sa capacité thermique massique.

● **Comment mesurer la capacité thermique massique de l'eau liquide ?**

DOC. 1 Capacité thermique massique

■ La capacité thermique massique c d'un matériau correspond à la variation d'énergie interne d'un échantillon de masse $m = 1$ kg de ce matériau lorsque sa température augmente de 1 kelvin (K) à volume et pression constants. Elle s'exprime en $J \cdot kg^{-1} \cdot K^{-1}$.

■ Quelques exemples de capacités thermiques massiques de référence :

Matériau	Capacité thermique massique (en $J \cdot kg^{-1} \cdot K^{-1}$)
Acier	435
Bronze	418
Fonte	544
Plomb	1 279
Eau	4 180

DOC. 2 Calorimètre

Un calorimètre est un appareil utilisé pour mesurer les échanges d'énergie par transfert thermique au cours d'une transformation physique ou chimique. Les transferts thermiques ayant lieu dans le calorimètre s'effectuent toujours du corps le plus chaud vers le corps le plus froid. Le calorimètre est un système calorifugé, c'est-à-dire conçu pour empêcher les transferts thermiques vers l'extérieur. Il participe cependant aux transferts thermiques : il a lui-même une capacité thermique C_{calo} qui s'exprime en $J \cdot K^{-1}$.

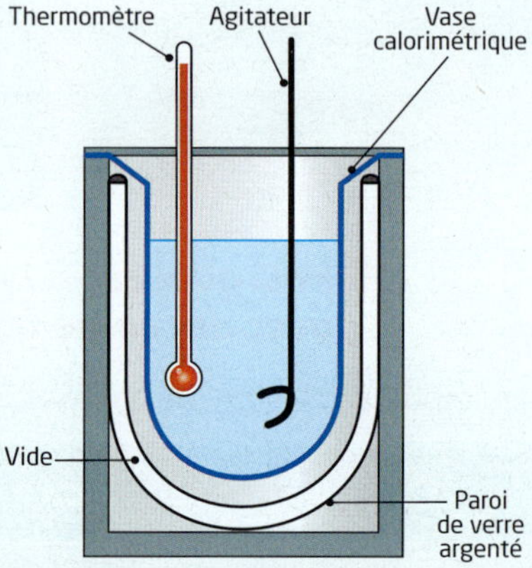

VOCABULAIRE Effet Joule

Lorsqu'un conducteur ohmique de résistance R est traversé par un courant électrique d'intensité I, l'énergie électrique $\mathcal{E}$ qu'il reçoit provoque une augmentation de sa température. Cela donne lieu à un transfert thermique vers l'extérieur, de puissance $\mathcal{P} = RI^2$: ce phénomène est **l'effet Joule**.

Pistes de travail

Fiche guide

En cas de difficulté, demander de l'aide au professeur.

1 ANALYSER-RAISONNER Matériel

À l'aide du matériel disponible, proposer des expériences permettant de mesurer la capacité thermique massique de l'eau liquide.

2 RÉALISER

Mettre en œuvre les expériences proposées.

3 VALIDER

Comparer la valeur mesurée expérimentalement à la valeur de référence de la capacité thermique massique de l'eau liquide donnée dans le DOC. 1 (→ **Mesure et incertitudes**, p. 504).

Proposer des sources d'erreurs permettant d'expliquer l'écart éventuellement obtenu.

RESSOURCES

- Fiches-guides (fichiers texte et PDF)
- Liste du matériel

documentaire **Activité**

Notions
- Modes de transfert thermique
- Flux thermique
- Résistance thermique

▸ § 3, 4.1 et 4.2 pp. 366-367

2 Résistance thermique d'une double fenêtre

Il existe dans les régions montagneuses des dispositifs appelés doubles-fenêtres. Il s'agit de deux fenêtres simples en verre, séparées d'une dizaine de centimètres dans l'ouverture du mur.

● **Ce dispositif de double fenêtre relève-t-il d'un choix esthétique ou énergétique ?**

DOCUMENT **Choix des matériaux de construction**

L'époque est révolue où plus les murs étaient épais, plus l'isolation était performante. C'est la résistance thermique des matériaux utilisés qui importe. Plus la résistance thermique R_{th}, en kelvin par watt ($K \cdot W^{-1}$), est élevée, plus le matériau est isolant.

La résistance thermique d'un matériau dépend de sa conductivité thermique λ_{th} (moins il transfère d'énergie thermique, plus il est isolant), de son épaisseur e et de l'aire S de sa surface : $R_{th} = \dfrac{e}{\lambda_{th} \times S}$.

DONNÉE 1 **Flux thermique**

Le flux thermique Φ caractérise la vitesse du transfert thermique Q, pendant une durée Δt, au sein d'un système ou entre différents systèmes : $\Phi = \dfrac{Q}{\Delta t}$.

Le flux thermique à travers une paroi par conduction dépend de la différence de température entre ses deux faces, mais également de la résistance thermique R_{th} du matériau constituant la paroi : $\Phi = \dfrac{T_A - T_B}{R_{th}}$.

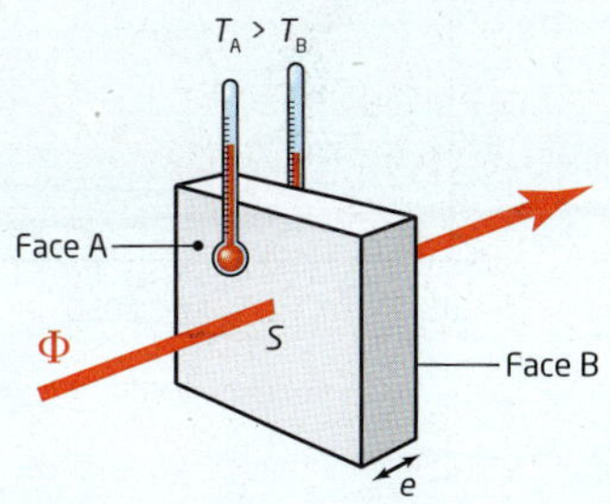

DONNÉE 2 **Conductivités thermiques λ_{th} de quelques matériaux**

Matériau	Air sec	Laine de verre	Bois	Placoplatre	Verre	Béton plein
λ_{th} (en $W \cdot m^{-1} \cdot K^{-1}$)	0,025	0,040	0,10 à 0,35	0,46	1,2	1,7

La résistance thermique d'une paroi constituée de plusieurs matériaux accolés est égale à la somme des résistances thermiques des matériaux constituant chaque paroi.

Questions

1 ANALYSER-RAISONNER

a. Exploiter la formule donnée dans le **DOCUMENT** afin d'identifier l'influence de différentes grandeurs sur la valeur de la résistance thermique.

b. Vérifier l'homogénéité de cette formule (→ **Fiche méthode 4**, p. 517).

2 RÉALISER

a. Calculer la résistance thermique d'une fenêtre simple vitrage en verre ayant une épaisseur de 5 mm et une surface d'aire 1 m^2.

b. Calculer la résistance thermique d'une double fenêtre, sachant que les deux fenêtres, distantes de 10 cm, ont les mêmes caractéristiques que celles données dans la question précédente.

3 VALIDER

Comparer le flux thermique d'une double fenêtre à celui d'une fenêtre simple vitrage. Conclure en indiquant si le choix entre ces deux possibilités est esthétique ou énergétique et en précisant le(s) mode(s) de transfert thermique qui n'a (n'ont) pas été pris en compte ici.

Activité documentaire

Notions
- Bilan thermique du système {Terre ; atmosphère}
- Effet de serre

▸ § 5.1 et 5.2 pp. 368-369

3 Bilan radiatif de la Terre

Les experts du Groupe intergouvernemental d'experts sur l'évolution du climat (GIEC) prévoient, à l'horizon 2100, une augmentation moyenne des températures de 3 à 4 °C sur la surface terrestre. Les conséquences seraient, entre autres, une élévation du niveau des mers et des océans de plus d'un mètre, et une perte considérable d'étendues terrestres pour les régions côtières ou à faible altitude.

● Quels modèles permettent d'estimer l'évolution de la température à la surface de la Terre ?

DOC. 1 Prévisions du GIEC d'ici 2100

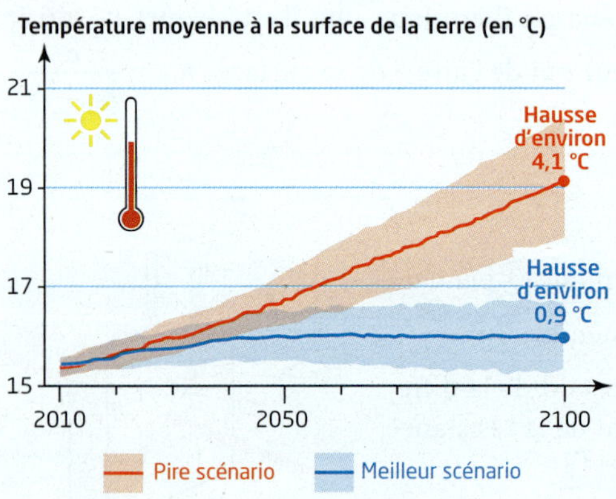

DOC. 2 Corps noir

Un corps noir est un objet théorique qui absorbe intégralement le rayonnement électromagnétique qu'il reçoit.
Sous l'effet de l'agitation thermique induite, ce corps émet alors un rayonnement électromagnétique qui ne dépend que de sa température. La loi de Stefan-Boltzmann permet de relier cette température T au flux thermique surfacique rayonné φ_E :

$$\varphi_E = \sigma T^4$$

Unités SI :
φ_E en watt par mètre carré ($W \cdot m^{-2}$)
σ constante de Stefan-Boltzmann, $\sigma = 5{,}67 \times 10^{-8}\ W \cdot m^{-2} \cdot K^{-4}$
T en kelvin (K)

DOC. 3 Albédo

■ Considérons un système qui reçoit un rayonnement électromagnétique bien déterminé, par exemple le rayonnement solaire. Une partie du rayonnement solaire reçu est réfléchi et diffusé, et une autre partie est absorbée par le système.
L'albédo A est le quotient du flux thermique surfacique φ_D réfléchi et diffusé par ce système par le flux thermique surfacique φ_S incident : $A = \frac{\varphi_D}{\varphi_S}$.

■ Le flux thermique surfacique moyen émis par le Soleil et reçu par le système {Terre ; atmosphère} est égal à : $\varphi_S = 350\ W \cdot m^{-2}$.

■ Les albédos de différentes surfaces sont donnés dans le tableau ci-dessous.

Type de surface	Albédo
Mer	0,1
Forêt	0,1
Nuage	0,5 à 0,8
Glace	0,5 à 0,7
Neige fraîche	0,8

La mer absorbe davantage le rayonnement solaire que la neige.

Le système {Terre ; atmosphère} présente un albédo moyen considérable (de l'ordre de 0,3), auquel les continents, le sable et la neige apportent une contribution très importante.

D'après meteofrance.fr

DOC. 4 Influence de l'atmosphère

Une atmosphère contenant des gaz à effet de serre (eau, dioxyde de carbone, méthane, ozone, etc.) absorbe une proportion α du rayonnement émis par la planète. Cette proportion est d'environ 75 % pour la Terre. Elle dépend des concentrations des gaz à effet de serre. Plus ces concentrations sont grandes, plus l'absorption, et donc la valeur de α, sont importantes. Ce rayonnement absorbé est ensuite ré-émis aléatoirement dans toutes les directions. Ainsi, environ la moitié du rayonnement infrarouge absorbé par les gaz à effet de serre repart dans l'espace, tandis que l'autre moitié retourne à la surface terrestre.

DOC. 5 Différents modèles possibles

Pour chacun des modèles proposés, le système {Terre ; atmosphère} est considéré en équilibre radiatif : il reçoit au total un flux thermique moyen égal à celui qu'il réémet dans l'espace. La température moyenne de surface de la Terre est alors constante. Le rayonnement émis par la Terre est supposé semblable à celui d'un corps noir.

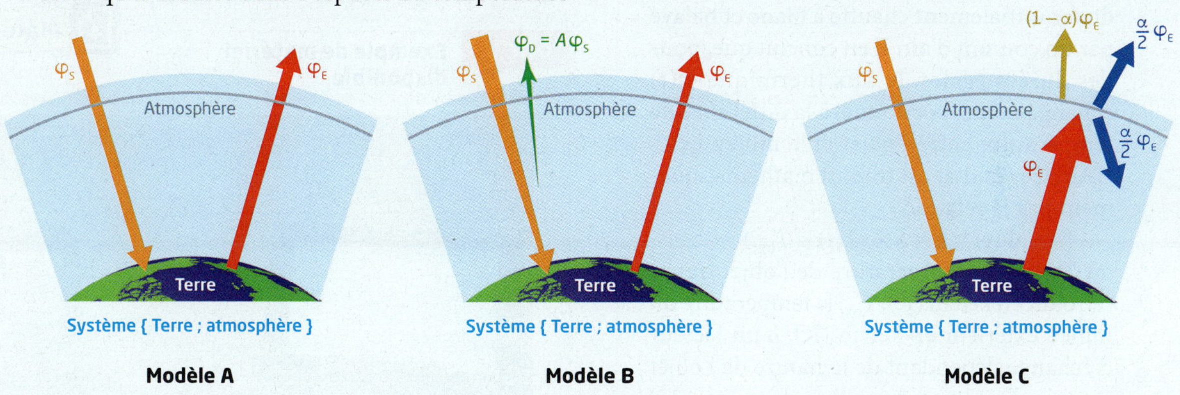

Questions

1 S'APPROPRIER

Associer chacun des modèles présentés dans le **DOC. 5** au(x) **DOCS. 2, 3** et **4** correspondant(s).

2 ANALYSER-RAISONNER DIFFÉRENCIATION

a. Dans le cadre du modèle A :
– utiliser la condition d'équilibre radiatif décrite dans le **DOC. 5** pour déterminer la valeur du flux thermique surfacique φ_E rayonné par la surface terrestre ;
– en déduire la valeur de la température moyenne $T_{T,A}$ de la surface terrestre estimée dans le cadre du modèle **A** puis commenter le résultat obtenu.

b. Dans le cadre du modèle B ou du modèle C :
– utiliser la condition d'équilibre radiatif décrite dans le **DOC. 5** pour établir la relation entre le flux thermique surfacique reçu du Soleil φ_S, le flux thermique surfacique rayonné φ_E par la surface terrestre et l'albédo terrestre A (pour le modèle **B**) ou la proportion α du flux thermique surfacique rayonné par la surface terrestre et absorbé par l'atmosphère (pour le modèle **C**) ;
– en déduire la valeur de la température moyenne de la surface terrestre $T_{T,B}$ ou $T_{T,C}$ estimée dans le cadre du modèle étudié puis commenter le résultat obtenu.

3 COMMUNIQUER GRAND ORAL

Présenter oralement le modèle étudié (**B** ou **C**) et les résultats obtenus aux élèves qui ont traité l'autre modèle.

4 VALIDER

a. Montrer qu'un quatrième modèle, tenant compte à la fois de l'albédo et de l'effet de serre, permet d'obtenir l'expression suivante de la température moyenne de la surface terrestre : $T_{T,D} = \left(\frac{2 \times (1 - A)}{(2 - \alpha) \times \sigma} \varphi_S\right)^{1/4}$.
Calculer $T_{T,D}$ et conclure.

b. En se basant sur ce quatrième modèle et sur ses résultats, commenter l'influence de l'effet de serre et de l'albédo sur la température moyenne de la surface terrestre.

Activité expérimentale

4 Un café bien tempéré

Notions
- Loi phénoménologique de Newton
- Modélisation de l'évolution de la température d'un système

▸ § 4.3 p. 367

La température idéale pour déguster un café est de 65 °C car les arômes sont le plus perceptibles à cette température.

● **Pendant quelle durée un café doit-il refroidir à la sortie d'une machine à café ?**

DOC. 1 Loi phénoménologique de Newton

Dans un article en latin non signé de 1701, Isaac Newton (1642-1727) établit une des premières échelles pratiques de température. Il y décrit aussi une série d'expériences sur du fer initialement chauffé à blanc et balayé par un courant d'air. Il en conclut que, pour des durées égales, le flux thermique $\Phi(t)$ échangé est proportionnel à la différence de température entre l'objet et le milieu extérieur. Ce résultat est traduit mathématiquement par la relation :

$$\Phi(t) = h \times S \times (T(t) - T_{ext})$$

où T(t) est la température de l'objet qui se refroidit en kelvin (K), T_{ext} la température du milieu extérieur en kelvin (K), h un facteur d'échange dépendant de la nature de l'objet qui se refroidit et du milieu dans lequel il se refroidit en $W \cdot m^{-2} \cdot K^{-1}$, et S l'aire de la surface sur laquelle s'effectue le transfert en mètre carré (m^2).

D'après *Introduction à la thermodynamique* de Jean-Luc Godet-Lartigaud, Vuibert, 2015.

DOC. 2 Exemple de matériel disponible — Matériel

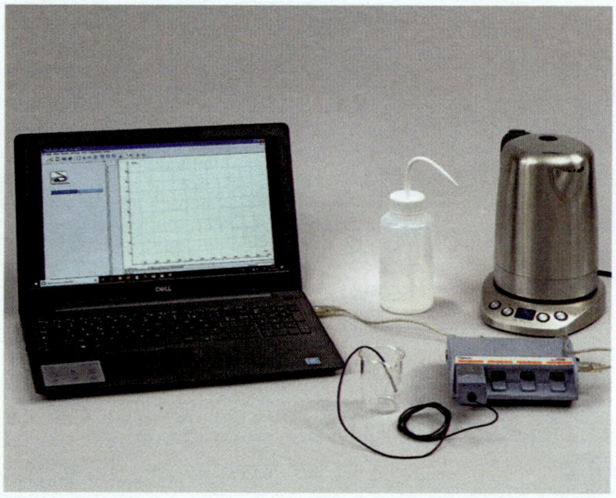

Questions

1 ANALYSER-RAISONNER — RÉALISER

a. À l'aide du matériel disponible, proposer un protocole permettant de modéliser l'évolution temporelle de la température du café lors de son refroidissement.

b. Après validation par le professeur, mettre en œuvre le protocole.

c. On considère le système {boisson ; contenant} de masse m_S et de capacité thermique massique c_S. Donner la nature et le sens du transfert d'énergie entre le système et l'air et exprimer la variation d'énergie interne $\Delta \mathcal{U}$ du système entre les dates t et $t + \Delta t$.

d. La durée Δt est suffisamment faible pour considérer que le flux thermique entre le système et l'extérieur est constant. À l'aide du premier principe de la thermodynamique et de la loi phénoménologique de Newton, démontrer que :

$$\frac{m_S \times c_S \times (T(t+\Delta t) - T(t))}{\Delta t} = -h \times S \times (T(t) - T_{ext}).$$

e. Montrer que, pour $\Delta t \to 0$, la température du système vérifie l'équation différentielle $\frac{dT}{dt} + \frac{T}{\tau} = \frac{T_{ext}}{\tau}$, où τ est une constante à déterminer, puis exprimer la température $T(t)$ en fonction de la température initiale T_0, de T_{ext} et de τ (➜ **Point Maths 5**, p. 533).

2 VALIDER

Vérifier que l'expression de $T(t)$ obtenue est compatible avec les valeurs expérimentales.

RESSOURCE
- Liste du matériel

1 Énergie interne d'un système

1.1 Notion d'énergie interne

Lorsque la température d'un système macroscopique augmente, l'agitation des entités microscopiques (atomes, ions ou molécules) qui le constituent augmente également. Cela se traduit macroscopiquement par une variation de l'énergie interne $\mathcal{U}$ du système, exprimée en joule.

L'**énergie interne** $\mathcal{U}$ d'un système macroscopique résulte des **énergies cinétique** (liée à l'agitation) et **potentielles** (liées aux interactions) des entités microscopiques qui le composent (DOC. 1).

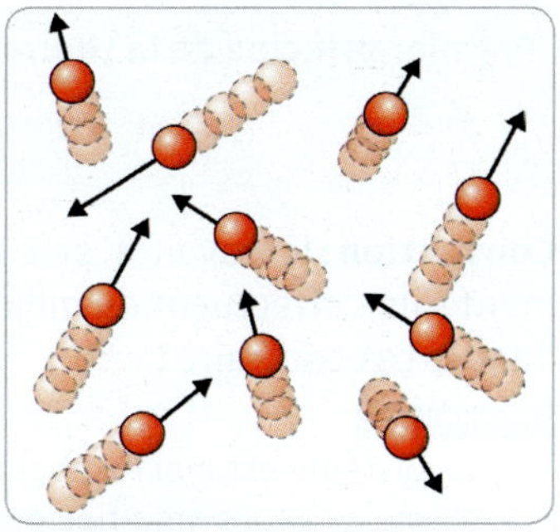

1. L'agitation des entités microscopiques du système contribue à l'énergie interne $\mathcal{U}$ du système.

1.2 Variation d'énergie interne

Lorsqu'un système incompressible (liquide ou solide) de masse constante m, constitué d'un seul matériau de capacité thermique massique c (DOC. 2), évolue d'un état initial à un état final, la variation $\Delta\mathcal{U}$ de son énergie interne est proportionnelle à la variation de sa température ΔT entre l'état initial et l'état final :

$$\Delta\mathcal{U} = m \times c \times \Delta T = m \times c \times (T_f - T_i)$$

Unités SI :
$\Delta\mathcal{U}$ en joule (J)
m en kilogramme (kg)
c en $J \cdot kg^{-1} \cdot K^{-1}$
ΔT, T_f et T_i en kelvin (K)

Matériau	c (en $J \cdot K^{-1} \cdot kg^{-1}$)
Eau liquide	4180
Aluminium solide	897
Huile liquide	2000

2. Capacité thermique massique c de quelques matériaux à température ambiante. Elle correspond à l'énergie nécessaire pour augmenter de 1 kelvin la température d'un échantillon de masse $m = 1$ kg d'un matériau.

UNITÉS

Le kelvin (symbole K) est l'unité de température du Système international.
La relation entre la température T en K et la température θ en °C est $T = \theta + 273$.

2 Premier principe de la thermodynamique

2.1 Énergie totale d'un système

L'énergie totale $\mathcal{E}$ d'un système fermé (qui n'échange pas de matière avec l'extérieur) est la somme de son énergie interne $\mathcal{U}$ d'origine microscopique et de son énergie mécanique $\mathcal{E}_m$ d'origine macroscopique :

$$\mathcal{E} = \mathcal{U} + \mathcal{E}_m$$

2.2 Bilan d'énergie

La variation $\Delta\mathcal{E} = \mathcal{E}_f - \mathcal{E}_i$ de l'énergie d'un système est la conséquence d'échanges d'énergie de ce système avec l'extérieur. On peut démontrer que :

$$\Delta\mathcal{E} = \Delta\mathcal{U} + \Delta\mathcal{E}_m$$

Les échanges d'énergie peuvent être réalisés par :
- un travail $\mathcal{W}$ d'une ou de plusieurs force(s) non conservative(s) ;
- un transfert thermique Q, c'est-à-dire un transfert d'énergie entre deux systèmes de températures différentes.

VOCABULAIRE

La **thermodynamique** est l'étude des transformations d'un système d'un état d'équilibre initial à un état d'équilibre final dans lesquels la prise en compte du paramètre température est nécessaire.

ÉVITER LES ERREURS

En physique, le terme « chaleur » désigne un transfert d'énergie. Les mots « chaleur » et « température » sont souvent associés à tort.
Pour éviter cette confusion, l'expression « transfert thermique » est utilisée de préférence au mot « chaleur ».

Synthèse des activités

Podcast | Texte DYS

Premier principe de la thermodynamique :

$$\Delta\mathcal{E} = \mathcal{W} + Q$$

Unités SI : $\Delta\mathcal{E}$, $\mathcal{W}$ et Q en joule (J)

Convention : le travail $\mathcal{W}$ et le transfert thermique Q sont comptés positivement s'ils s'effectuent du milieu extérieur vers le système, et négativement dans le cas contraire (DOC. 3).

Remarque

Si le système est macroscopiquement au repos, alors l'énergie mécanique du système n'est pas modifiée et le premier principe de la thermodynamique peut s'écrire : $\Delta\mathcal{U} = \mathcal{W} + Q$.

3. Résistance chauffant de l'eau.
Le travail électrique $\mathcal{W}$ est positif pour la résistance chauffante.
Le transfert thermique Q est négatif pour la résistance chauffante et positif pour l'eau. On parle de « convention porte-monnaie ».

3 Modes de transfert thermique

Une différence de température entre deux systèmes induit un **transfert thermique spontané** du système le plus chaud vers le système le plus froid.

Ces transferts thermiques peuvent être modélisés, à l'échelle microscopique, suivant trois modes (DOC. 4) : conduction, convection et rayonnement.

- Le transfert thermique par **conduction** se fait de proche en proche, sans déplacement macroscopique de matière. Il est généré par des mouvements microscopiques des entités constituant le matériau.
- Le transfert thermique par **convection** est spécifique aux systèmes fluides (gaz ou liquide). Il est généré par les mouvements internes du fluide qui compose le système. Il correspond à un mouvement macroscopique de matière.
- Le transfert thermique par **rayonnement** est dû à l'absorption ou à l'émission d'un rayonnement électromagnétique.

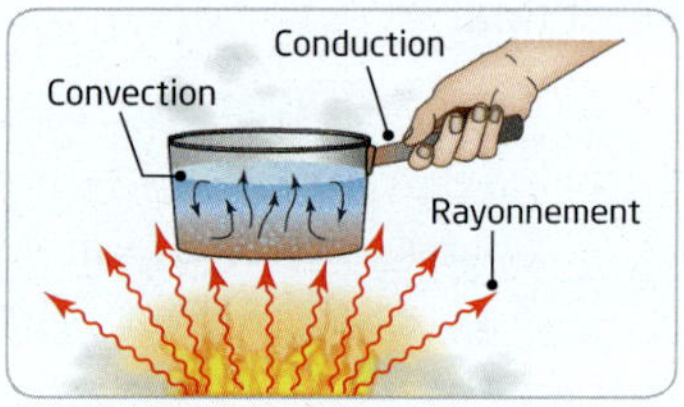

4. Les différents modes de transfert thermique.

REMARQUE

- La conduction est un mode de transfert thermique qui a lieu dans les solides.
- Le rayonnement est le seul mode de transfert thermique possible dans le vide.

4 Flux thermique par conduction et convection

4.1 Définition du flux thermique

Un **flux thermique** Φ caractérise la vitesse du transfert thermique Q pendant une durée Δt au sein d'un système ou entre différents systèmes.

$$\Phi = \frac{Q}{\Delta t}$$

Unités SI :
Φ en watt (W)
Δt en seconde (s)
Q en joule (J)

Convention : de même que pour un transfert thermique, un flux thermique est compté positivement s'il s'effectue du milieu extérieur vers le système et négativement dans le cas contraire.

Remarque

Un flux thermique peut aussi s'exprimer par unité de surface. On parle alors de flux thermique surfacique, noté φ, en watt par mètre carré ($W \cdot m^{-2}$).

LETTRE GRECQUE

La lettre grecque phi minuscule φ, ou phi majuscule Φ, est la 21e lettre de l'alphabet grec. Elle est souvent utilisée en physique-chimie pour désigner un flux.

+ ANALYSE DIMENSIONNELLE

Un flux thermique Φ a la dimension d'une énergie divisée par une durée. Sa dimension est celle d'une puissance. Son unité est le watt.

4 · 2 Résistance thermique

Soit deux surfaces de températures respectives T_A et $T_B < T_A$ constantes. Ces surfaces sont séparées par un milieu, dans lequel un transfert thermique s'effectue par convection et/ou conduction (DOC. 5). Le flux thermique Φ à travers le milieu entre ces surfaces est proportionnel à leur différence de température, et il dépend également de certaines caractéristiques du milieu.

La **résistance thermique R_{th}** du milieu est définie par :

$$R_{th} = \frac{T_A - T_B}{\Phi}$$

Unités SI :
Φ en watt (W)
T en kelvin (K)
R_{th} en kelvin par watt ($K \cdot W^{-1}$)

La résistance thermique représente l'aptitude du milieu à s'opposer au flux thermique. Pour une même différence de température entre les deux surfaces, le transfert thermique est d'autant plus faible que la résistance thermique est importante.

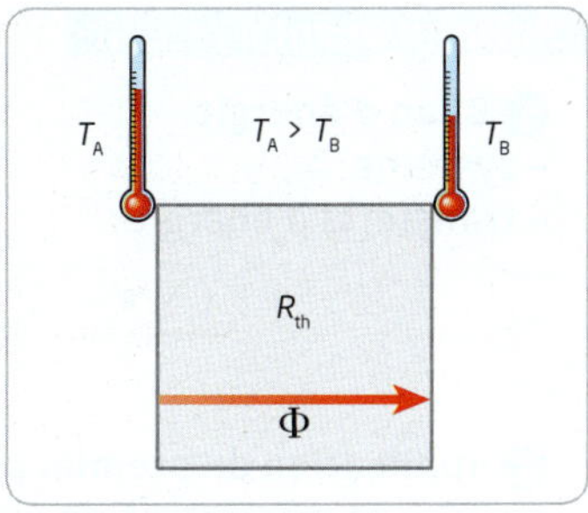

5. L'énergie est transférée de la surface chaude vers la surface froide.

POINT MATHS

dX et dt sont des notations mathématiques. Elles n'ont pas de valeurs numériques.

4 · 3 Évolution temporelle de la température d'un système

• Notion de transformation élémentaire

La variation d'une grandeur X lors d'une transformation de durée Δt se note ΔX. Cette transformation peut être décomposée en une somme de transformations dites **élémentaires** correspondant à des variations infinitésimales dt du temps. Pour exprimer la variation de X lors d'une transformation élémentaire, la notation ΔX est remplacée par dX.
Il est ainsi possible de réécrire les relations précédemment énoncées pour une transformation élémentaire :

	Notation élémentaire
Variation d'énergie interne d'un système incompressible	$d\mathcal{U} = m\,c\,dT$
Premier principe de la thermodynamique	$d\mathcal{U} = \delta Q + \delta\mathcal{W}$
Transfert thermique	$\Phi\,dt = \delta Q$

ÉVITER LES ERREURS

Les échanges d'énergie par travail $\mathcal{W}$ ou transfert thermique Q correspondent à des quantités d'énergie échangées et non à des variations d'énergie : les notations ΔQ ou $\Delta\mathcal{W}$ ne sont donc pas utilisées lors d'une transformation.

Pour signifier que la valeur d'un transfert d'énergie est infinitésimale lors d'une transformation élémentaire, le symbole δ (lettre grecque *delta*, minuscule) est utilisé.

• Position du problème et méthode de résolution

Soit un système Σ incompressible, de masse m, de capacité thermique massique c, de température initiale T_0. Ce système est en contact sur une surface d'aire S avec un fluide de température $T_{ext} < T_0$. Un transfert thermique Q s'effectue par conduction/convection du système étudié au fluide (DOC. 6).

La **loi phénoménologique de Newton** modélise le flux thermique $\Phi(t)$ à la date t :

$$\Phi(t) = h \times S \times (T(t) - T_{ext})$$

avec T la température du système Σ et h un coefficient d'échange.

Pour établir l'évolution temporelle de la température $T(t)$ du système, notée T dans la suite de cette étude, la méthode ci-après peut être suivie.

6. Exemple de transferts thermiques. L'ensemble des transferts thermiques entre le café et l'air peuvent être modélisés par la loi phénoménologique de Newton.

Synthèse des activités

Podcast | Texte DYS

Raisonnement à retenir

1 Bilan d'énergie
- système : Σ ;
- transferts d'énergie :

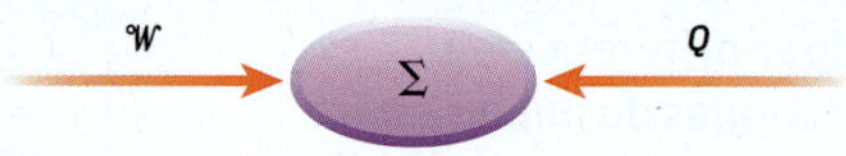

2 Application du premier principe de la thermodynamique au système pour une transformation élémentaire de durée dt :

$$d\mathcal{U} = \delta Q + \delta \mathcal{W}$$

Pour un système incompressible, on peut montrer que $\delta\mathcal{W} = 0$ et donc :

$$d\mathcal{U} = \delta Q \qquad \textbf{(1)}$$

3 Variation de l'énergie interne du système : lors de cette transformation, la température T du système varie d'une valeur élémentaire dT. Son énergie varie donc de :

$$d\mathcal{U} = m\,c\,dT \qquad \textbf{(2)}$$

4 Définition du transfert thermique :

$$\delta Q = -\Phi\,dt = -h \times S \times (T - T_{ext})\,dt \qquad \textbf{(3)}$$

Le transfert thermique s'effectue du système vers l'extérieur, il est donc négatif par rapport au système.

La combinaison des relations **(1)**, **(2)** et **(3)** donne :
$m\,c\,dT = -h \times S \times (T - T_{ext})\,dt$, relation qui peut être réécrite sous la forme :

$$\frac{dT}{dt} + \frac{1}{\tau}T = \frac{T_{ext}}{\tau} \text{ avec } \tau = \frac{mc}{hS}.$$

Cette équation est une équation différentielle linéaire du premier ordre à coefficients constants avec un second membre constant, dont la solution est (→ **Point Maths 5**, p. 533 ; **DOC. 7**) :

$$T(t) = (T_0 - T_{ext})e^{-\frac{t}{\tau}} + T_{ext} \text{ avec } \tau = \frac{mc}{hS}$$

ÉVITER LES ERREURS

Une définition précise du système étudié est indispensable pour déterminer correctement les signes des transferts.

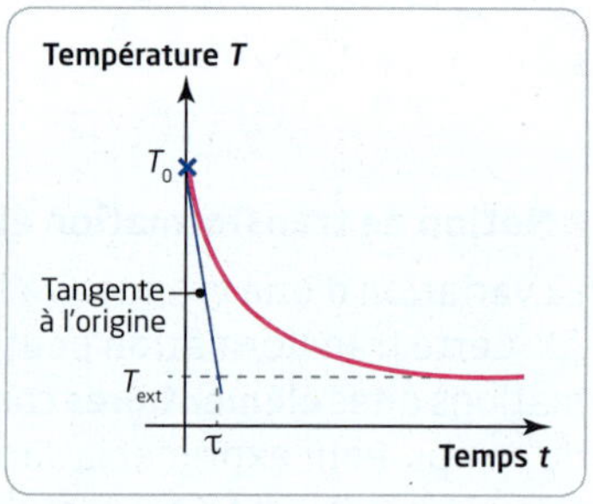

7. Allure de l'évolution temporelle de la température T du système.

5 Flux thermique par rayonnement

5.1 Rayonnement et température

Du fait de sa température T, tout corps émet un rayonnement électromagnétique, de flux thermique surfacique φ_E, vérifiant la **loi de Stefan-Boltzmann :**

$$\varphi_E = k \times T^4$$

Unités SI :
φ_E en watt par mètre carré ($W \cdot m^{-2}$)
T en kelvin (K)
k en $W \cdot m^{-2} \cdot K^{-4}$

Remarque

k est un facteur qui dépend du corps considéré. Si le corps est un corps noir, c'est-à-dire un objet théorique qui absorbe intégralement le rayonnement électromagnétique qu'il reçoit, le facteur k est égal à la constante de Stefan-Boltzmann : $k = \sigma = 5{,}67 \times 10^{-8}\ W \cdot m^{-2} \cdot K^{-4}$.

HISTOIRE DES SCIENCES

Le physicien et philosophe autrichien **Ludwig Boltzmann** (1844-1906) est l'un des pères fondateurs de la thermodynamique moderne.
Il est l'auteur des principes de base concernant l'irréversibilité.

5 . 2 Bilan thermique du système {Terre ; atmosphère}

Un bilan simplifié des flux thermiques surfaciques liés au système {Terre ; atmosphère}, à l'équilibre radiatif, permet de déterminer le flux thermique surfacique φ_E rayonné par la surface terrestre.

$$\varphi_E = \frac{2 \times (1 - A)}{(2 - \alpha)} \varphi_S$$

Unités SI :
φ_E en watt par mètre carré ($W \cdot m^{-2}$)
A, albédo du système {Terre ; atmosphère}, sans unité
α, proportion du flux thermique surfacique rayonné par la Terre et absorbé par l'atmosphère, sans unité
φ_S, flux thermique reçu du Soleil par le système {Terre ; atmosphère}, en $W \cdot m^{-2}$

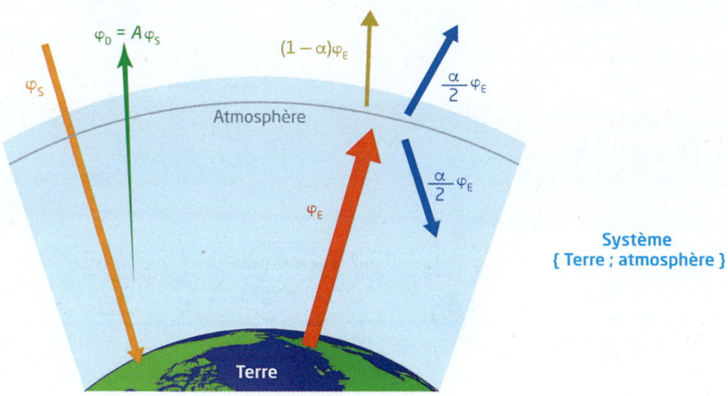

La loi de Stefan-Boltzmann permet de donner une expression de la température moyenne T_T de la surface terrestre :

$$T_T = \left(\frac{2 \times (1 - A)}{(2 - \alpha)\, k} \varphi_S \right)^{1/4}$$

- **Influence de l'effet de serre** : si les concentrations dans l'atmosphère des gaz à effet de serre augmentent, la proportion α du flux thermique surfacique rayonné par la surface terrestre et absorbé par l'atmosphère augmente et la température moyenne T_T de la surface terrestre augmente.
- **Influence de l'albédo** : si l'albédo du système {Terre ; atmosphère} A diminue, c'est-à-dire si le quotient du flux thermique surfacique φ_D du rayonnement réfléchi et diffusé par le système {Terre ; atmosphère} par le flux thermique surfacique φ_S reçu du Soleil par la Terre diminue, la température moyenne T_T de la surface terrestre augmente (**DOC. 8**).

En 2020 :
- la proportion du flux thermique surfacique rayonné par la surface terrestre et absorbé par l'atmosphère est environ égale à : $\alpha = 0{,}75$;
- l'albédo du système {Terre ; atmosphère} est environ égal à : $A = 0{,}3$;
- la température moyenne de la surface terrestre est égale à : $T = 15$ °C.

Les experts du Groupe intergouvernemental d'experts sur l'évolution du climat (GIEC) prévoient, à l'horizon 2100, une augmentation de la température moyenne de la surface terrestre de 3 à 4 °C.

VOCABULAIRE

Un système en **équilibre radiatif** reçoit au total un flux thermique moyen égal à celui qu'il réémet.

RAPPEL

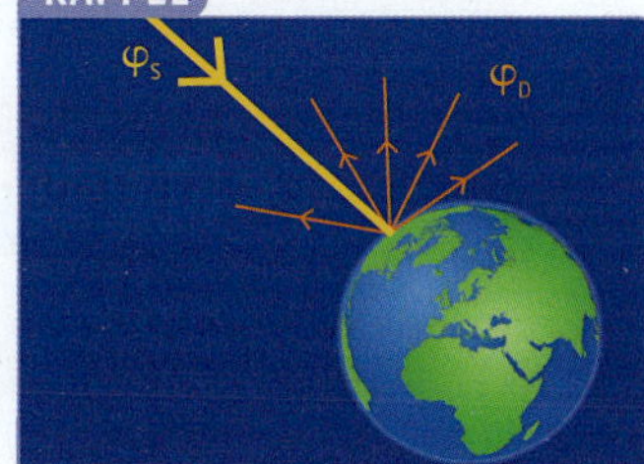

Après avoir atteint la Terre et son atmosphère, une partie du rayonnement solaire, de flux φ_D, est réfléchi et diffusé vers l'espace. Le reste est absorbé par la Terre (continents, océans, etc.) et par son atmosphère. **L'albédo *A*** du système {Terre ; atmosphère} permet de quantifier ce phénomène :

$$A = \frac{\varphi_D}{\varphi_S}.$$

Quelques valeurs d'albédo :

Type de surface	Albédo
Mer	0,05 à 0,15
Forêt	0,05 à 0,20
Sable	0,25 à 0,45
Neige	0,8

8. Le Fjord du Roi (en Norvège). L'albédo de la neige vaut $A_{neige} = 0{,}8$ contre environ $A_{mer} = 0{,}1$ pour la mer. Un réchauffement climatique entraîne une augmentation de la fonte des neiges, qui entraîne une baisse de l'albédo et donc de nouveau une augmentation de la température, etc. On parle de « rétroaction positive climatique ».

Retenir l'essentiel

TRANSFERTS THERMIQUES ET BILANS D'ÉNERGIE

Exemple

Chauffage de l'eau dans une bouilloire → Refroidissement de l'eau dans une bouilloire

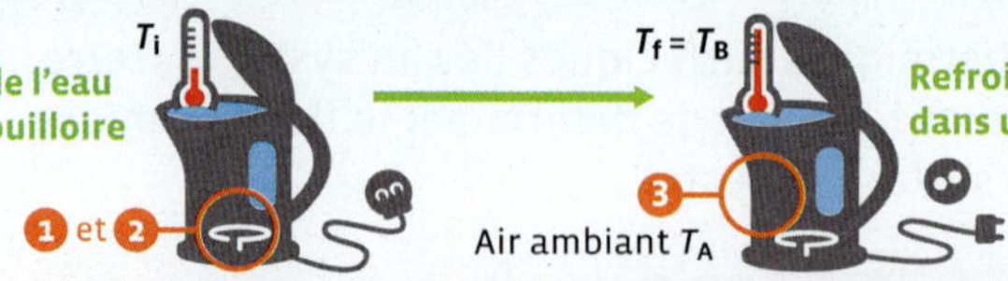

MODÉLISATION

À l'échelle microscopique

Agitation des entités microscopiques

$\mathscr{E}_{c,micro} + \mathscr{E}_{p,micro}$

Transferts thermiques par :

1 rayonnement

2 convection

3 conduction (T_A ← T_B)

À l'échelle macroscopique

Énergie interne

$\mathscr{U}$

Étude énergétique

Prise électrique → **Travail** → Bouilloire + eau + résistance ← **Transfert thermique** ← Extérieur

Travail — Chauffage : $\mathscr{W} > 0$; Refroidissement : $\mathscr{W} = 0$

Transfert thermique — Chauffage : $Q < 0$; Refroidissement : $Q < 0$

$$\Delta\mathscr{U} = \mathscr{U}_f - \mathscr{U}_i = \mathscr{W} + Q$$

Premier principe de la thermodynamique

$$\Delta\mathscr{U} = m\,c\,(T_f - T_i)$$

Capacité thermique massique c du système

$$\Phi = \frac{Q}{\Delta t} = \frac{T_A - T_B}{R_{th}}$$

Flux thermique Φ traversant un milieu de résistance thermique R_{th}

Évolution temporelle du système lors de son refroidissement

$d\mathscr{U} = \cancel{\delta\mathscr{W}} + \delta Q = \delta Q$; $d\mathscr{U} = m\,c\,dT$; $\Phi\,dt = \delta Q$ } $\Rightarrow \Phi = \dfrac{m\,c\,dT}{dt}$ →

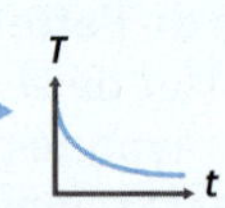

APPLICATION : SYSTÈME {TERRE ; ATMOSPHÈRE}

Bilan thermique

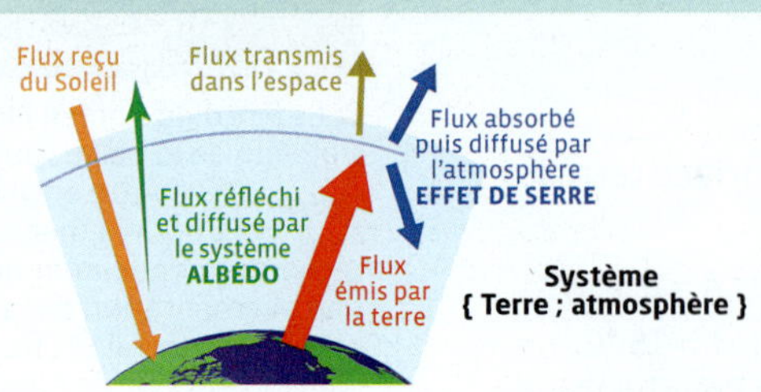

Température de la surface de la Terre

Augmentation de la température moyenne de la surface de la Terre

Si…	Si…
… les concentrations en gaz à effet de serre dans l'atmosphère augmentent	… l'albédo terrestre diminue

5 min chrono !

Si vous ne trouvez pas la bonne réponse, reportez-vous au § de la synthèse des activités correspondant pour vous aider.

Indiquer la réponse exacte. QCM interactif

1 **Lorsque l'agitation des entités microscopiques d'un système augmente, sa température :** ▶ §1

a. diminue. b. reste constante. c. augmente.

2 **La variation d'énergie interne $\Delta\mathcal{U}$ d'un système incompressible de masse *m* et de capacité thermique massique *c* constante s'écrit :** ▶ §1

a. $\Delta\mathcal{U} = mc\Delta t$. b. $\Delta\mathcal{U} = \frac{c\Delta T}{m}$. c. $\Delta\mathcal{U} = \frac{mc}{\Delta T}$.

3 **Un glaçon est déposé dans un verre d'eau liquide à température ambiante. Un transfert thermique a lieu :** ▶ §2

a. de l'eau liquide vers le glaçon.

b. du glaçon vers l'eau liquide. c. dans les deux sens.

4 **Un flux thermique s'exprime en :** ▶ §4

a. watt. b. joule. c. watt heure.

5 **Le mode de transfert thermique qui a lieu dans un solide opaque est :** ▶ §3

a. le rayonnement. b. la convection. c. la conduction.

6 **Le flux thermique par conduction/convection qui s'établit entre les deux faces d'un matériau augmente si :** ▶ §4

a. la résistance thermique du matériau diminue.

b. la résistance thermique du matériau augmente.

c. la différence de température entre les deux faces diminue.

7 **L'augmentation de la température moyenne de la surface terrestre peut être liée à :** ▶ §5

a. la diminution de l'albédo terrestre.

b. l'augmentation de l'albédo terrestre.

c. la diminution des concentrations des gaz à effet de serre dans l'atmosphère.

Corrigés p. 550

Contrôle technique !

8 Exploiter la relation du flux thermique

EXERCICE RÉSOLU

Une paroi de résistance thermique $R_{th} = 10{,}0\ \text{K}\cdot\text{W}^{-1}$ possède deux surfaces d'aires S_1 et S_2, portées respectivement à des températures $\theta_1 = 25\ °\text{C}$ et $\theta_2 = 10\ °\text{C}$.

a. Donner le sens du transfert thermique dans la paroi.

b. Exprimer puis calculer le flux thermique à travers cette paroi. En déduire la valeur du transfert thermique pendant une durée $\Delta t = 1$ h.

SOLUTION

a. Un transfert thermique s'effectue de la surface chaude 1 vers la surface froide 2.

b. D'après la définition de la résistance thermique :

$R_{th} = \frac{T_1 - T_2}{\Phi}$ donc $\Phi = \frac{T_1 - T_2}{R_{th}}$.

A. N. : $\Phi = \frac{(25 + 273)\ \text{K} - (10 + 273)\ \text{K}}{10{,}0\ \text{K}\cdot\text{W}^{-1}} = 1{,}5\ \text{W}$.

Le flux thermique représente la vitesse du transfert thermique : $\Phi = \frac{Q}{\Delta t}$, donc $Q = \Phi \times \Delta t$.

A. N. : $Q = 1{,}5\ \text{W} \times 1\ \text{h} = 1{,}5\ \text{W} \times 3600\ \text{s} = 5{,}4 \times 10^3\ \text{J}$.

APPLICATION • Sur le modèle de l'exercice résolu

Une vitre a une résistance thermique $R_{th} = 5{,}0\ \text{mK}\cdot\text{W}^{-1}$. Déterminer la valeur du transfert thermique à travers la vitre en une journée si la température intérieure est de 20 °C et la température extérieure de 0 °C.

9 Réaliser un bilan d'énergie

EXERCICE RÉSOLU

Les transferts d'énergie d'un système immobile avec l'extérieur sont représentés ci-contre.

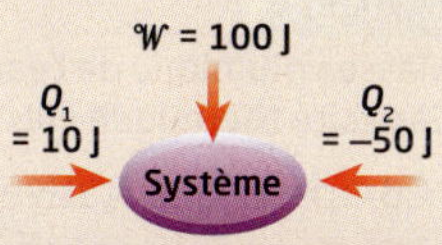

a. Déterminer le sens de chaque transfert représenté.

b. Calculer la variation d'énergie interne $\Delta\mathcal{U}$ du système.

SOLUTION

a. Q_1 et $\mathcal{W}$ sont positifs, ces transferts s'effectuent donc de l'extérieur vers le système. Q_2 est négatif, il s'effectue du système vers l'extérieur.

b. Le premier principe de la thermodynamique appliqué au système donne : $\Delta\mathcal{U} = \mathcal{W} + Q_1 + Q_2$.

A. N. : $\Delta\mathcal{U} = 100\ \text{J} + 10\ \text{J} - 50\ \text{J} = 60\ \text{J}$.

APPLICATION • Sur le modèle de l'exercice résolu

Un système immobile reçoit de l'extérieur de l'énergie par un transfert thermique Q_1 et par un travail $\mathcal{W}$. Il cède également de l'énergie par un transfert thermique Q_2 à un autre système.

DONNÉES $|Q_1| = 200\ \text{J}$ et $|Q_2| = 3{,}0\ \text{kJ}$.

a. Schématiser les transferts d'énergie entre le système et l'extérieur. Donner le signe de Q_1 et celui de Q_2.

b. La variation d'énergie interne du système est nulle. En déduire la valeur du travail $\mathcal{W}$.

Exercices APPLIQUER

DONNÉES POUR TOUS LES EXERCICES :
- T (en K) = θ (en °C) + 273.
- $\Phi = \frac{T_A - T_B}{R_{th}}$ avec Φ le flux thermique en watt (W), T en kelvin (K) et R_{th} la résistance thermique en kelvin par watt ($K \cdot W^{-1}$).

Énergie interne et premier principe de la thermodynamique

► § 1 et 2 de la synthèse des activités

➔ EXERCICES RAPIDES

10 GRAND ORAL Préparer une présentation orale d'une minute maximum permettant d'expliquer, sans notes, à l'ensemble de la classe le premier principe de la thermodynamique.

11 Justifier que l'eau est utilisée à la place de l'huile pour transférer de l'énergie dans de nombreuses installations énergétiques.

DONNÉES Capacités thermiques massiques :
$c_{eau} = 4{,}18\ kJ \cdot K^{-1} \cdot kg^{-1}$; $c_{huile} = 2{,}0\ kJ \cdot K^{-1} \cdot kg^{-1}$.

12 Déterminer une variation d'énergie interne

De l'eau dans une baignoire de volume $V = 200$ L est chauffée de 15 °C à 37 °C.

DONNÉES
- Masse volumique de l'eau : $\rho_{eau} = 1{,}00 \times 10^3\ kg \cdot m^{-3}$.
- Capacité thermique massique de l'eau : $c_{eau} = 4\,180\ J \cdot K^{-1} \cdot kg^{-1}$.

a. Comparer qualitativement l'énergie cinétique des molécules d'eau à l'état initial et à l'état final.

b. Préciser comment évolue l'énergie interne du système {eau} lors du chauffage de l'eau.

c. Déterminer l'énergie nécessaire pour chauffer l'eau.

d. Calculer la durée de fonctionnement d'une ampoule de 10 W avec cette énergie. Commenter.

13 Calculer une capacité thermique

Une énergie $\mathscr{E} = 12$ kJ est fournie à un morceau de cuivre de masse $m = 475$ g et de température initiale $\theta_i = 20$ °C. À l'état final, sa température est $\theta_f = 90$ °C.

DONNÉE Valeur de référence de la capacité thermique massique du cuivre : $c_{ref} = 3{,}8 \times 10^2\ J \cdot kg^{-1} \cdot K^{-1}$.

a. Calculer la valeur de la capacité thermique massique du cuivre c_1 à l'aide des résultats expérimentaux présentés dans l'énoncé.

b. La réalisation d'un grand nombre de mesures permet d'obtenir la valeur de la capacité thermique massique du cuivre suivante : $\overline{c}_{exp} = 3{,}9 \times 10^2\ J \cdot kg^{-1} \cdot K^{-1}$ avec une incertitude type $u(\overline{c}_{exp}) = 1 \times 10^1\ J \cdot kg^{-1} \cdot K^{-1}$. Comparer cette valeur avec la valeur de référence.

14 Évaluer une variation de température

Une canette auto-réfrigérante comporte à sa base un réservoir en acier contenant un liquide sous haute pression. Lors de l'activation du dispositif, le liquide est libéré dans un serpentin en aluminium et se vaporise en « absorbant » dans la boisson à refroidir une énergie $\mathscr{E} = 12$ kJ.

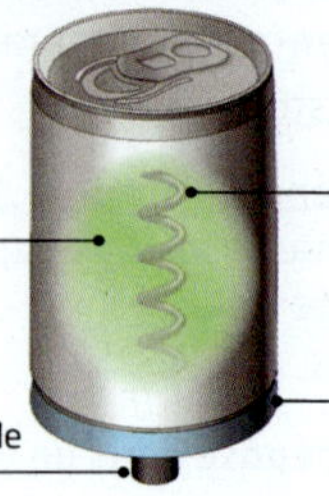

DONNÉES
- Volume de la boisson : $V = 33$ cL.
- Capacité thermique massique de la boisson : $c = 4{,}2\ kJ \cdot K^{-1} \cdot kg^{-1}$.
- Masse volumique de la boisson : $\rho = 1{,}0\ kg \cdot L^{-1}$.

a. Indiquer comment évolue l'énergie interne $\mathscr{U}$ de la boisson lors de l'activation du dispositif. Préciser comment cela se traduit microscopiquement.

b. Déterminer la variation de température ΔT de la boisson. Commenter le résultat obtenu.

Modes de transfert thermique

► § 3 de la synthèse des activités

➔ EXERCICES RAPIDES

15 GRAND ORAL Réaliser un support visuel permettant de présenter oralement en deux minutes maximum à l'ensemble de la classe les différents modes de transfert thermique en s'appuyant sur des exemples.

16 Citer trois exemples de modes de cuisson des aliments : un par rayonnement, un par conduction et un par convection.

17 Analyser un mode de transfert thermique

Parmi les exemples suivants, déterminer le(s) mode(s) de transfert(s) thermique(s) ayant lieu.

a. Un radiateur électrique mis en fonctionnement dans une pièce froide.

b. Du thé brulant versé dans une tasse à 20 °C.

c. Des braises incandescentes dans un barbecue cuisant de la viande.

d. Des glaçons placés à l'air libre dans une pièce à 20 °C.

Flux thermiques

► § 4 et 5 de la synthèse des activités

➜ EXERCICES RAPIDES

18 GRAND ORAL À l'aide du **DOC. 3** p. 362, préparer une présentation orale de deux minutes maximum, sans notes, permettant de montrer l'influence de la diminution de la surface des glaciers sur l'augmentation de la température moyenne de la surface terrestre.

19 Le transfert thermique à travers la paroi représentée ci-contre vaut $Q = 36$ kJ en une heure. Calculer le flux thermique Φ correspondant et en déduire la résistance thermique R_{th} de cette paroi.

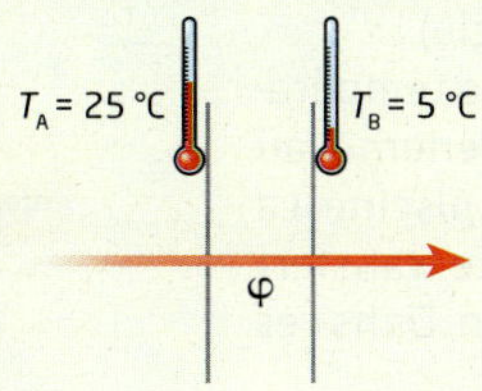

20 Calculer des flux thermiques

Une fenêtre d'aire $S = 1$ m², de résistance thermique $R_{th} = 3{,}3 \times 10^{-3}$ K·W⁻¹ est installée dans le mur d'une maison. La température intérieure est $\theta_i = 20$ °C. La température extérieure, un jour d'hiver, vaut $\theta_e = 5$ °C.

• Calculer le flux thermique à travers la fenêtre et en déduire l'énergie perdue par jour à travers cette vitre.

S'AUTOÉVALUER

21 Étudier l'effet de serre et l'albédo

La température moyenne T_T de la surface terrestre peut s'exprimer sous la forme $T_T = \left(\frac{2 \times (1 - A)}{(2 - \alpha)k}\varphi_S\right)^{1/4}$, avec :

– A l'albédo du système {Terre ; atmosphère} ;
– α la proportion du flux thermique surfacique rayonné par la Terre et absorbé par l'atmosphère ;
– k une constante.

a. Indiquer le lien entre α et les concentrations des gaz à effet de serre dans l'atmosphère.

b. Commenter l'influence de l'effet de serre et de l'albédo sur la température moyenne de la surface terrestre.

INDICATEURS DE RÉUSSITE	NIVEAU A	B	C	D
S'APPROPRIER				
Les notations des différentes grandeurs ont été assimilées.				
CONNAÎTRE				
L'influence des gaz à effet de serre sur l'absorption du rayonnement terrestre par l'atmosphère est rappelée.				
ANALYSER-RAISONNER				
La relation mathématique donnée dans l'énoncé est correctement exploitée.				

22 Apprendre à rédiger

La neige artificielle est obtenue en pulvérisant de fines gouttes d'eau liquide à $\theta_i = 10$ °C dans l'air ambiant à $\theta_a = -15$°C. À la sortie du canon à neige, une goutte d'eau de masse $m = 33$ µg et de surface $S = 5{,}0 \times 10^{-7}$ m², commence à refroidir en restant liquide. Elle reçoit de la part de l'air extérieur un flux thermique modélisé par $\Phi = h \times S \times (T_a - T(t))$, où $T(t)$ est la température de la goutte à la date t et h une constante.

DONNÉES
• $h = 65$ W·m⁻²·K⁻¹.
• Capacité thermique massique de l'eau $c_{eau} = 4{,}18 \times 10^3$ J·K⁻¹·kg⁻¹.

a. Représenter sur un schéma le(s) transfert(s) d'énergie entre le système {goutte} et l'extérieur.

b. Appliquer le premier principe de la thermodynamique sous forme élémentaire au système {goutte} et en déduire la relation entre la variation élémentaire de l'énergie interne et le flux thermique reçu par la goutte.

Aide méthodologique

► Le premier principe de la thermodynamique fait intervenir le transfert identifié dans la question **a.**

c. Établir l'équation différentielle vérifiée par $T(t)$.

► Rappeler la relation entre $d\mathcal{U}$ et Φ, puis la réécrire pour obtenir la forme connue d'une équation différentielle.

d. Résoudre l'équation différentielle et montrer que $T(t) = (T_i - T_a)e^{-\frac{t}{\tau}} + T_a$ où τ est une constante à exprimer en fonction de m, c_{eau}, h et S.

e. En déduire la date t pour laquelle $T(t)$ vaut 273 K.

► Isoler t dans l'expression obtenue pour la question **d.**
► Réaliser l'application numérique pour $T(t) = 273$ K.

23 Construire une carte mentale

• L'étiquette centrale doit s'intituler :

Température moyenne de surface d'une planète

• Associer à l'étiquette centrale, par le moyen graphique de votre choix, plusieurs étiquettes de votre initiative, par exemple :

Albédo **Effet de serre**
Flux thermique surfacique reçu du Soleil

EXO **Exercices supplémentaires**

Exercices APPLIQUER

EXERCICE RÉSOLU ET COMMENTÉ

24 Bilan énergétique

ÉNONCÉ

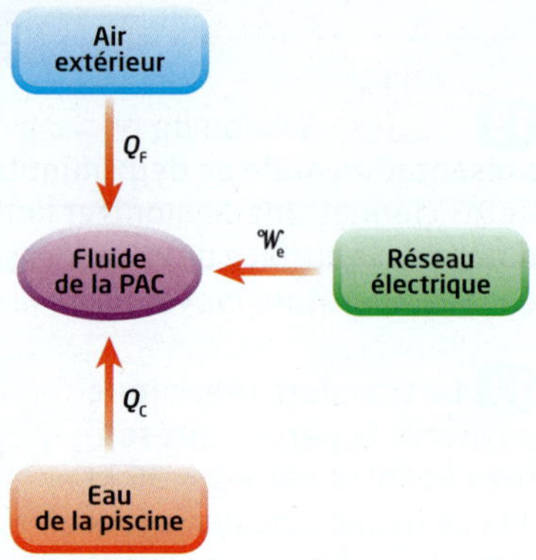

Une pompe à chaleur (PAC) est une machine cyclique qui peut être utilisée pour chauffer une piscine. Au terme d'un cycle, le fluide frigorigène de la PAC se retrouve dans le même état qu'initialement : la variation d'énergie interne $\Delta\mathcal{U}$ du système {fluide} est nulle. Des transferts énergétiques Q_F, Q_C et $\mathcal{W}_e$ sont mis en jeu au cours d'un cycle, comme indiqué sur le schéma ci-contre ($\mathcal{W}_e$, l'énergie électrique consommée par la PAC, est transférée intégralement au fluide de la PAC sous une autre forme d'énergie).

Une PAC chauffe l'eau d'une piscine de volume $V = 560\ \text{m}^3$, à une température initiale $\theta_i = 17{,}0\ °\text{C}$. Au cours d'un cycle, le fluide reçoit de l'énergie au contact de l'air extérieur et transfère cette énergie à l'eau de la piscine. La température de l'eau de la piscine augmente jusqu'à $\theta_f = 28{,}0\ °\text{C}$. Le transfert thermique de la PAC sert intégralement à chauffer l'eau du bassin. Dans ces conditions, $\mathcal{W}_e = 8{,}00 \times 10^9\ \text{J}$.

DONNÉES

- Capacité thermique massique de l'eau liquide : $c_{eau} = 4{,}18\ \text{kJ} \cdot \text{kg}^{-1} \cdot \text{K}^{-1}$.
- Masse volumique de l'eau liquide dans les conditions de l'étude : $\rho_{eau} = 1\,000\ \text{kg} \cdot \text{m}^{-3}$.

a. Déterminer le signe des grandeurs Q_F, Q_C et $\mathcal{W}_e$.

b. Réaliser un bilan d'énergie sur le système {fluide} pour un nombre entier de cycles. En déduire que $Q_F = -Q_C - \mathcal{W}_e$.

c. Calculer la variation d'énergie interne $\Delta\mathcal{U}_{eau}$ de l'eau du bassin lors du chauffage de T_i à T_F et en déduire la valeur de Q_C, puis celle de Q_F.

UNE SOLUTION

a. La PAC consomme de l'énergie électrique, donc $\mathcal{W}_e > 0$. Elle reçoit de l'énergie au contact de l'air, donc $Q_F > 0$ et elle cède de l'énergie à l'eau du bassin pour la chauffer, donc $Q_C < 0$.

b. Le premier principe de la thermodynamique appliqué au système {fluide} permet d'écrire : $\Delta\mathcal{U} + \Delta\mathcal{E}_m = \mathcal{W}_e + Q_F + Q_C$. L'énergie mécanique du système n'est pas modifié, donc $\Delta\mathcal{E}_m = 0$, et l'énoncé précise que $\Delta\mathcal{U} = 0$ au cours d'un cycle.
Donc $\mathcal{W}_e + Q_F + Q_C = 0$ et $Q_C = -Q_F - \mathcal{W}_e$.

c. L'eau liquide est considéré comme un système incompressible. Sa variation d'énergie interne vaut donc $\Delta\mathcal{U}_{eau} = m_{eau} \times c_{eau} \times \Delta T = \rho_{eau} \times V_{eau} \times c_{eau} \times \Delta T$.
A. N. : $\Delta\mathcal{U}_{eau} = 1\,000\ \text{kg} \cdot \text{m}^{-3} \times 560\ \text{m}^3 \times 4{,}18 \times 10^3\ \text{J} \cdot \text{kg}^{-1} \cdot \text{K}^{-1} \times 11\ \text{K} = 2{,}57 \times 10^{10}\ \text{J}$.
L'énergie reçue par l'eau correspond à l'énergie cédée par le système {fluide}, donc $Q_C = -\Delta\mathcal{U}_{eau} = -2{,}57 \times 10^{10}\ \text{J}$.
D'après la relation obtenue à la question **b.**, $Q_F = -Q_C - \mathcal{W}_e = 1{,}77 \times 10^{10}\ \text{J}$.

ANALYSER-RAISONNER
Un transfert énergétique est positif si le système reçoit de l'énergie et négatif s'il en donne.

CONNAÎTRE
La variation de l'énergie interne d'un système incompressible est proportionnelle à la variation de sa température.

RÉALISER
Écrire les unités dans les calculs peut être utile mais ce n'est pas obligatoire. En revanche, l'unité est indispensable dans l'écriture finale du résultat.

VALIDER
Q_C est l'énergie cédée par le système à l'eau, donc $Q_C < 0$.

APPLICATION Sur le modèle de l'exercice résolu

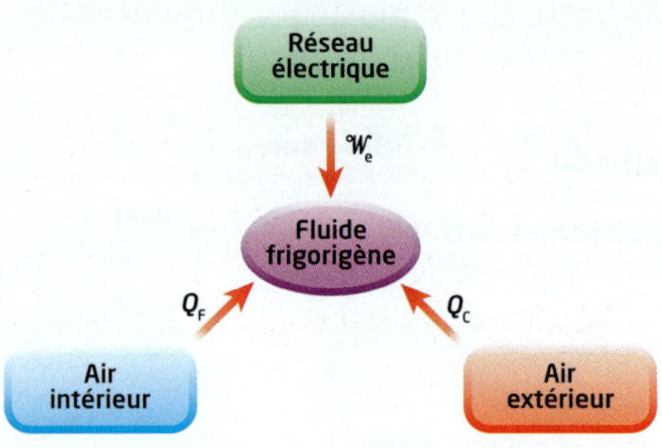

25 Bilan énergétique d'un réfrigérateur

Un réfrigérateur est une machine cyclique dont les transferts énergétiques pour un cycle sont représentés ci-contre. Au cours d'un cycle, le fluide frigorigène prélève de l'énergie à l'air intérieur du réfrigérateur pour la restituer à l'extérieur. La variation d'énergie interne du fluide au cours d'un cycle est nulle : $\Delta\mathcal{U}_{fluide} = 0$.

DONNÉES $|Q_F| = 11{,}8\ \text{kJ}$; $|Q_C| = 13{,}9\ \text{kJ}$.

a. Déterminer les signes des grandeurs Q_F, Q_C et $\mathcal{W}_e$.

b. À l'aide d'un bilan d'énergie réalisé sur le système {fluide frigorigène}, déterminer la valeur de $\mathcal{W}_e$.

EXERCICE RÉSOLU ET COMMENTÉ

26 Confort thermique d'un matelas

ÉNONCÉ

Le choix d'un matelas est essentiel pour bien dormir. Le confort de soutien est crucial, mais le confort thermique est également un élément à prendre en compte.

Ce confort thermique est assuré si le transfert thermique de l'utilisateur vers l'extérieur est compensé par la thermogénèse (puissance générée par les transformations chimiques cellulaires). Dans ces conditions, aucune sensation de froid n'est ressentie.

Pour tester le confort d'un matelas, un client décide de passer une nuit sur ce matelas posé au sol. La surface du matelas est assimilée à sa surface de contact avec le client. La température de la surface du matelas en contact avec le client est considérée comme égale à la température du client $\theta_C = 37$ °C. La température de la surface du matelas en contact avec le sol est égale à la température du sol $\theta_S = 17$ °C.

DONNÉES

- Résistance thermique du matelas : $R_{th,matelas} = 5{,}3 \times 10^{-1}$ K·W^{-1}.
- Puissance liée à la thermogénèse au cours de la nuit : $\mathcal{P}_{th} = 80$ W.

a. Indiquer le mode de transfert thermique à travers le matelas. Préciser le sens dans lequel il s'effectue. Justifier.

b. Calculer la valeur du flux thermique à travers le matelas.

c. Préciser alors si le matelas semble remplir la condition de confort thermique souhaitée.

d. Le client se plaint d'avoir eu froid au cours de la nuit. Proposer une explication.

UNE SOLUTION

a. Il s'agit d'un transfert thermique dans un solide : il s'effectue donc par conduction de la surface chaude (en contact avec le client) vers la surface froide (en contact avec le sol).

b. Le flux thermique à travers le matelas est calculé à partir de la résistance thermique du matelas : $\Phi_{matelas} = \dfrac{\Delta T}{R_{th,matelas}}$.

A. N. : $\Phi_{matelas} = \dfrac{(273+37)\text{ K} - (273+17)\text{ K}}{5{,}3 \times 10^{-1}\text{ K}\cdot\text{W}^{-1}} = \dfrac{37\text{ K} - 17\text{ K}}{5{,}3 \times 10^{-1}\text{ K}\cdot\text{W}^{-1}} = 38$ W.

c. Le flux thermique à travers le matelas est inférieur à la puissance liée à la thermogénèse. La condition de confort thermique semble être remplie.

d. Le raisonnement tenu ne tient compte que du flux thermique par conduction à travers le matelas. Le client est également soumis à des transferts d'énergie par rayonnement et par convection avec l'air de la pièce, ce qui peut conduire à une sensation de froid.

RÉALISER

- Une différence de température en kelvin est équivalente à une différence de température en °C.
- Écrire les unités dans les calculs peut être utile, mais ce n'est pas obligatoire. L'unité est en revanche indispensable dans l'écriture finale du résultat.

VALIDER

Il faudrait en réalité effectuer un bilan de puissance prenant en compte les différents transferts thermiques entre le système {client} et l'extérieur.

APPLICATION Sur le modèle de l'exercice résolu

27 Résistance thermique d'une paroi

La paroi d'un bâtiment est le siège d'un flux thermique de 600 W.

La température intérieure du bâtiment vaut 20 °C, alors que la température extérieure est de –5 °C.

a. Schématiser la situation.

b. Déterminer la résistance thermique de la paroi de ce bâtiment.

28 Chaud ou froid ?

ANA-RAI Formuler des hypothèses | VAL Effectuer des calculs

Dans une salle de travaux pratiques de température $\theta = 20$ °C se trouvent des chaises en bois et des paillasses recouvertes d'une plaque de verre. La résistance thermique du plateau en bois de la chaise est 30 fois plus élevée que celle de la plaque de verre.

a. Un élève pose une main sur chacun de ces objets. Comparer les deux flux thermiques.

b. Justifier que le bois semble plus chaud que le verre.

29 Bilan d'énergie dans un sauna

APP Faire un schéma de la situation | RÉA Effectuer des calculs

Un homme se trouve dans la cabine d'un sauna. Un radiateur électrique est utilisé pour compenser les pertes thermiques Q_e avec l'extérieur (air extérieur, homme, etc.) et maintenir ainsi constante la température de la cabine.

DONNÉES Transferts d'énergie pendant la durée d'utilisation du sauna :
- travail électrique reçu par le radiateur $\mathcal{W}_r = 12 \times 10^6$ J ;
- transfert thermique entre la cabine et l'extérieur $|Q_e| = 13 \times 10^6$ J ;

a. Représenter sur un schéma les transferts d'énergie liés au système {cabine} et déterminer le signe des valeurs de ces transferts.

b. Appliquer le premier principe de la thermodynamique au système {cabine} et déterminer l'expression de la variation de l'énergie interne $\Delta\mathcal{U}$ du système en fonction de Q_e et $\mathcal{W}_r$.

c. Calculer la valeur de la variation d'énergie interne $\Delta\mathcal{U}$ du système {cabine}. Préciser si le radiateur permet de compenser entièrement les pertes thermiques. Justifier.

30 In English please

APP Représenter une situation par un schéma
COM Utiliser un vocabulaire adapté

The Trombe wall is a process based on passive solar energy; it was designed by Professor Felix Trombe and architect Jacques Michel. Its goal is to use the solar radiation to warm up interiors of houses.

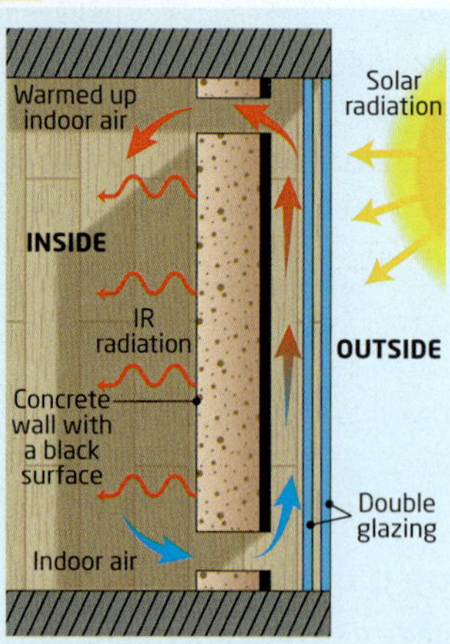

a. Analyze the different heat transfers on which the Trombe wall works, using the diagram.

b. Suggest a reason why the wall has been painted in black.

31 Retour sur la vidéo-débat

APP Extraire des informations utiles | RCO Restituer des connaissances

Vidéo-débat

Identifier, en justifiant, le mode de transfert thermique utilisé pour faire fondre le lapin en chocolat dans chacun des cas présentés dans la vidéo.

32 Glaçons en été

ANA-RAI Formuler des hypothèses | COM Utiliser un vocabulaire adapté

Une fois sortis du congélateur, les glaçons peuvent se conserver plus longtemps en été s'ils sont placés dans un torchon épais.

• Justifier cette affirmation en utilisant un vocabulaire scientifique adapté.

33 Température de surface d'une planète

APP Représenter une situation par un schéma | RÉA Effectuer des calculs

Sur un blog scientifique destiné aux adolescents, une internaute pose la question suivante : « Pourquoi Vénus est-elle plus chaude que Mercure alors que Mercure est plus proche du Soleil ? »

DONNÉES
- Les planètes sont considérées en équilibre radiatif et rayonnant comme un corps noir.
- Loi de Stefan-Boltzmann pour un corps noir : $\varphi = \sigma T^4$, avec φ le flux thermique surfacique rayonné et $\sigma = 5{,}67 \times 10^{-8}$ W·m^{-2}·K^{-4}.
- Caractéristiques de Mercure et de Vénus :

Planète	Mercure	Vénus
Distance au Soleil (en km)	$5{,}8 \times 10^7$	$1{,}1 \times 10^8$
Flux thermique surfacique φ_S reçu du Soleil (en W·m^{-2})	2367	657
Température moyenne de surface (en K)	442	735
Albédo	0,12	0,75

a. Réaliser un schéma représentant les flux thermiques surfaciques à la surface des deux planètes sans prendre en compte l'effet de l'atmosphère.

b. Retrouver par le calcul une valeur approchée de la température de surface de Mercure et expliquer ce qu'est l'albédo.

c. Proposer une réponse possible à la question de l'internaute.

34 Fonctionnement d'une bouilloire

RÉA Effectuer des calculs littéraux et numériques
VAL Discuter de la validité d'un résultat

Un échantillon d'eau de masse $m = 700$ g, de température $\theta_i = 20$ °C, est porté à ébullition dans une bouilloire en une durée $\Delta t = 3$ min.
Le schéma des transferts est donné ci-contre, pour le système {eau}.

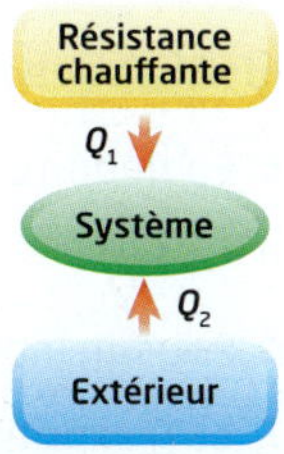

DONNÉES
- Capacité thermique massique : $c_{eau} = 4{,}18$ kJ·K^{-1}·kg^{-1}.
- Puissance électrique de la résistance chauffante : $\mathcal{P} = 1{,}5$ kW.

a. En supposant que l'intégralité de l'énergie électrique reçue par la résistance chauffante est utilisée pour chauffer l'eau, déterminer la valeur du transfert thermique Q_1.

b. Calculer la variation de l'énergie interne de l'eau au cours de l'expérience.

c. En déduire la valeur du transfert thermique Q_2 vers l'extérieur. Commenter son signe.

35 Valeur en eau d'un calorimètre

ANA-RAI Organiser et exploiter ses connaissances ou les informations extraites **VAL** Discuter de la validité d'un résultat

Un calorimètre est un récipient parfaitement isolé qui permet d'éviter les transferts thermiques avec l'extérieur.
Un calorimètre contient un échantillon d'eau de masse $m_1 = 95$ g à la température $\theta_1 = 20$ °C. Un échantillon d'eau de masse $m_2 = 71$ g à la température $\theta_2 = 50$ °C est alors ajouté. Lorsque l'équilibre thermique est atteint, la température finale θ_f est relevée.
La « valeur en eau » d'un corps est la masse d'eau fictive μ qui a la même capacité thermique que le corps.

DONNÉE
Capacité thermique massique : $c_{eau} = 4{,}18 \times 10^3$ J·K^{-1}·kg^{-1}.

a. Dans un premier temps, l'influence du calorimètre est négligée. Exprimer la variation d'énergie interne de chacun des systèmes {eau froide}, {eau chaude} et {eau froide ; eau chaude}.

b. En déduire la température finale de l'eau dans le calorimètre.

c. La mesure donne $\theta_f = 31{,}3$ °C. Commenter ce résultat.

d. Reprendre les raisonnements précédents en prenant en compte l'influence du calorimètre. En déduire la capacité thermique du calorimètre et sa valeur en eau.

36 Confort thermique d'un igloo

APP Rechercher et organiser l'information **RÉA** Mettre en œuvre les étapes d'une démarche **VAL** Discuter de la validité d'un résultat

Pour passer la nuit au chaud, les Inuits ont l'habitude de construire des igloos constitués de neige compactée.

La température intérieure d'un igloo est en moyenne $\theta_{int} = 20$ °C, la température extérieure $\theta_{ext} = -40$ °C. Pendant la nuit, un Inuit dégage « 0,5 MJ de chaleur par heure ».

DONNÉES
- Conductivité thermique de la neige compactée : $\lambda_{th} = 0{,}25$ W·m^{-1}·K^{-1}.
- Rayon intérieur de l'igloo : $R_0 = 1{,}0$ m.

a. Préciser la signification de l'expression entre guillemets dans le texte. Exprimer cette grandeur dans son unité conventionnelle.

b. Un igloo peut accueillir trois Inuits. Déterminer la valeur de la résistance thermique R_{th} de l'igloo pour qu'il ne se refroidisse pas au cours de la nuit.

c. En déduire l'épaisseur e des murs de l'igloo sachant que

$$R_{th} = \frac{\frac{1}{R_0} - \frac{1}{R_0 + e}}{2\pi\lambda_{th}}.$$

d. Commenter le résultat obtenu en s'appuyant sur la photo ci-dessus.

MÉTIERS ET ORIENTATION — GRAND ORAL

Un(e) technicien(ne) électrotechnicien(ne) est le spécialiste des applications de l'électricité : il conçoit, analyse, installe et s'occupe de la maintenance des équipements électriques domestiques, industriels ou de bureau.
Les atouts d'un technicien électronicien sont sa curiosité, son investissement, sa polyvalence et son adaptabilité. Il doit se former en permanence pour connaître les évolutions et les nouvelles normes liées à sa profession. Il doit aussi avoir un bon sens du relationnel et de la communication.

Formation : après le baccalauréat, il est possible d'obtenir en 2 ans un diplôme universitaire de technologie (DUT) « Génie électrique et informatique industrielle » ou un brevet de technicien supérieur (BTS) « Électrotechnique ».

- Préparer une présentation orale de trois minutes sur un projet de poursuite d'éude et/ou professionnel dans ce domaine. (→ **Fiche Bac**, p. 513)

37 Huile de baleine HISTOIRE DES SCIENCES

RÉA Utiliser un modèle **VAL** Faire preuve d'esprit critique
COM Utiliser un vocabulaire adapté

DOCUMENT

« Lorsqu'on mêle ensemble deux quantités égales en poids d'eau et d'huile de blanc de baleine à des températures différentes, l'eau à 100° centigrades, par exemple, et l'huile de baleine à 50° centigrades, on doit naturellement s'attendre à trouver que la température de ce mélange, après l'avoir agité, sera celle moyenne de 75° centigrades […]. Mais expérimentalement, elle sera de 83° centigrades ; l'eau n'a par conséquent perdu que 17° centigrades de calorique, tandis que l'huile en a gagné 33. [...] *L'augmentation par le calorique, de la température de l'eau étant de 1°, celle d'un poids égal d'huile de baleine sera de 2°.* »

D'après R. Locqueneux, *Préhistoire et histoire de la thermodynamique classique*, Société française d'histoire des sciences et des techniques (1996)

DONNÉS

Capacité thermique massique : $c_{eau} = 4{,}18$ kJ · K^{-1} · kg^{-1}.

a. Réécrire le texte en utilisant un vocabulaire moderne scientifique adapté.

b. À l'aide de l'expérience décrite, calculer la capacité thermique massique de l'huile de baleine.

c. Commenter la phrase en italique à l'aide de la valeur de capacité thermique massique calculée.

38 ✱ Rendement d'un moteur thermique idéal

RÉA Effectuer des calculs **VAL** Faire preuve d'esprit critique

Un moteur thermique ditherme est une machine thermique dans laquelle un fluide circule dans des tuyaux. Ce fluide effectue des transferts thermiques Q_c et Q_f avec deux sources appelées source chaude et source froide de températures respectives T_c et T_f. En pratique, la source froide est l'air ambiant et la source chaude est obtenue par combustion d'un carburant.

Le transfert thermique s'effectuant spontanément de la source chaude vers la source froide, le principe du moteur est d'utiliser ce transfert naturel afin d'entraîner une pièce mécanique et ainsi produire un travail mécanique. Le moteur fonctionne de façon cyclique. Un cycle se décompose en quatre transformations successives du fluide.

Les échanges thermiques entre le fluide et l'extérieur sont représentés sur le schéma ci-contre.

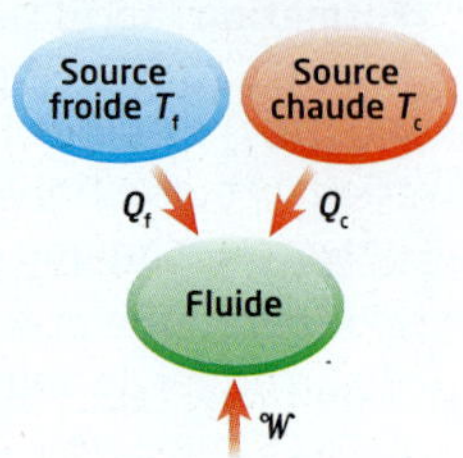

a. Déterminer le signe de Q_c, de Q_f et de $\mathcal{W}$ et préciser comment varie l'énergie interne $\Delta\mathcal{U}$ du fluide sur un cycle.

b. Le rendement d'une machine thermique est défini de façon générale par $\eta = \left|\dfrac{\text{énergie utile}}{\text{énergie dépensée}}\right|$.

Justifier que $\eta = -\dfrac{\mathcal{W}}{Q_c}$.

c. En déduire que le rendement du moteur peut s'écrire $\eta = 1 + \dfrac{Q_f}{Q_c}$.

d. Pour un moteur idéal, on démontre que $\dfrac{Q_c}{T_c} + \dfrac{Q_f}{T_f} = 0$ avec T_c et T_f exprimées en kelvin.

Calculer le rendement du moteur pour $T_c = 3000$ K et $T_f = 300$ K.

e. Expliquer l'intérêt d'obtenir une température de gaz en combustion la plus élevée possible dans un moteur thermique.

39 ✱ Bilan thermique de la Terre et de son atmosphère

ANA-RAI Choisir un modèle ou des lois pertinentes
RÉA Utiliser un modèle

Un bilan thermique du système {Terre ; atmosphère} permet de relier le flux thermique surfacique φ_E rayonné par la surface terrestre, le flux thermique surfacique φ_S reçu du Soleil par le système {Terre ; atmosphère}, le flux thermique surfacique φ_D réfléchi et diffusé par le système {Terre ; atmosphère} vers l'espace, l'albédo terrestre A et la proportion α du flux thermique surfacique rayonné par la Terre et absorbé par l'atmosphère. La Terre est considérée comme un corps noir et le système {Terre ; atmosphère} est supposé en équilibre radiatif : il reçoit au total un flux thermique moyen égal à celui qu'il réémet dans l'espace.

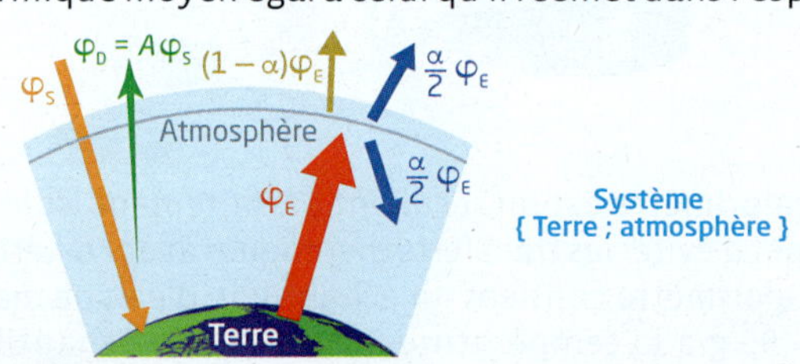

DONNÉES

• Loi de Stefan-Boltzmann pour un corps noir : $\varphi_E = \sigma T^4$, avec φ_E le flux thermique surfacique rayonné, T la température moyenne de la surface du corps et $\sigma = 5{,}67 \times 10^{-8}$ W · m^{-2} · K^{-4}.
• $\varphi_S = 350$ W · m^{-2} ; $A = 0{,}3$; $\alpha = 0{,}75$.

a. Utiliser la condition d'équilibre radiatif pour écrire une relation entre φ_E, φ_S, φ_D et α.

b. Établir une expression du flux thermique surfacique φ_E rayonné par la surface terrestre en fonction de φ_S, A et α.

c. En déduire la valeur de la température moyenne T_T de la surface terrestre.

d. Indiquer le lien entre les concentrations des gaz à effet de serre dans l'atmosphère et la valeur de la proportion α du flux thermique surfacique rayonné par la Terre et absorbé par l'atmosphère.

e. Expliquer l'influence de l'effet de serre et de l'albédo sur la température moyenne de la surface terrestre.

DIFFÉRENCIATION

40 ✱✱ Capacité thermique

ANA-RAI Proposer une stratégie de résolution
RÉA Mettre en œuvre les étapes d'une démarche
VAL Comparer des résultats expérimentaux à une valeur de référence

Dans un calorimètre de capacité thermique $C = 226\ \text{J}\cdot\text{K}^{-1}$, sont ajoutés un échantillon d'eau de masse $m = 100$ g, un échantillon de fer de masse $m_f = 140$ g et une résistance chauffante de masse négligeable.

À l'équilibre thermique, l'ensemble est à la température $\theta_0 = 20$ °C. La capacité thermique massique de l'eau est $c_{eau} = 4{,}18\ \text{kJ}\cdot\text{K}^{-1}\cdot\text{kg}^{-1}$.

Pendant une durée $\Delta t = 30$ s, la résistance chauffante est alimentée par un courant électrique lui fournissant une puissance électrique $\mathcal{P} = 350$ W. La mesure de la température finale de l'ensemble donne $\theta_f = 34{,}8$ °C.

La répétition de cette expérience permet d'obtenir une série de mesures indépendantes de la capacité thermique massique du fer c_{fer} (voir les fichiers fournis).
La représentation de l'histogramme ainsi que le calcul de la valeur moyenne et de l'incertitude-type associés à cette série de mesures peuvent être réalisés à l'aide d'un tableur-grapheur ou d'un programme Python.

Tableur | Python

```
# Mesures de la capacité calorifique c du fer (en J.K^-1.Kg^-1)
c=[408,494,423,432,439,464,477,467,471,445,471,458,455,445,457,442,448]

plt.hist(c,range=(400,500),bins=5,color='blue',edgecolor='black')
plt.title('Histogramme des mesures de la capacité calorifique du fer')
plt.xlabel('Capacité calorifique du fer (en J.K$^{-1}$.Kg$^{-1}$)')
plt.ylabel('Effectif')
plt.show()

N=len(c)
Moy_c_fer=np.mean(c)
u_c_fer=np.std(c,ddof=1)/N**0.5

print('Capacité calorifique du fer: c_fer=',Moy_c_fer,'J.K^-1.Kg^-1')
print('Incertitude-type: u(c_fer)=','%.0f'%u_c_fer,'J.K^-1.Kg^-1')
```

a. À l'aide du premier principe de la thermodynamique, vérifier que les valeurs des résultats expérimentaux données permettent de mesurer une valeur de capacité thermique massique du fer $c_{fer} = 468\ \text{J}\cdot\text{K}^{-1}\cdot\text{kg}^{-1}$.

b. Expliquer brièvement ce que permet de réaliser l'extrait du programme Python dont le code est décrit ci-dessus (→ **Point numérique 1**, p. 539).

c. D'après cette série de mesures, la valeur expérimentale de la capacité thermique massique du fer est égale à : $c_{fer,mes} = \bar{c}_{fer} = 453\ \text{J}\cdot\text{K}^{-1}\cdot\text{kg}^{-1}$ avec une incertitude-type $u(\bar{c}_{fer}) = 5\ \text{J}\cdot\text{K}^{-1}\cdot\text{kg}^{-1}$.
Comparer cette valeur à la valeur de référence de la capacité thermique massique du fer :
$c_{fer,réf} = 460\ \text{J}\cdot\text{K}^{-1}\cdot\text{kg}^{-1}$.

d. Programmer un tableur afin de retrouver la valeur expérimentale de la capacité thermique massique du fer.

■ *Aides à la fin du manuel.*

RESSOURCES

- Fichier Python
- Fichiers tableur-grapheur (niveaux standard et confirmé)

41 ✱✱ Combinaison de plongée

ANA-RAI Faire des prévisions à l'aide d'un modèle **RÉA** Mettre en œuvre les étapes d'une démarche **VAL** Faire preuve d'esprit critique

L'un des problèmes rencontrés par un plongeur est le choix d'une combinaison adaptée à la température de l'eau et à la durée de la plongée. Il doit en effet éviter l'hypothermie : si sa température interne baisse de 1 °C, il doit immédiatement remonter à la surface.
Un plongeur de masse $m = 80$ kg est entièrement immergé dans l'eau de température uniforme et constante $\theta_{eau} = 4$ °C. La température interne initiale du plongeur est $\theta_0 = 37$ °C. Sa température interne au cours du temps est notée $\theta(t)$.
Le plongeur est naturellement réchauffé par la thermogénèse (puissance générée par des transformations métaboliques). La puissance associée à cette thermogénèse est ici supposée constante et vaut $\mathcal{P}_{th} = 200$ W.
Les échanges thermiques entre l'eau et le plongeur sont de type conducto-convectifs et peuvent être modélisés par la loi phénoménologique de Newton : $\Phi_{cc}(t) = h \times S \times (\theta(t) - \theta_{eau})$, avec S la surface de contact eau/plongeur et h le coefficient d'échange conducto-convectif.

DONNÉES
- $S = 1\ \text{m}^2$.
- Sans combinaison : $h_{nu} = 100\ \text{W}\cdot\text{m}^{-2}\cdot°\text{C}^{-1}$.
- Avec combinaison : $h_{combi} = 8\ \text{W}\cdot\text{m}^{-2}\cdot°\text{C}^{-1}$.
- Capacité thermique massique du corps humain : $c = 3{,}5 \times 10^3\ \text{J}\cdot\text{kg}^{-1}\cdot°\text{C}^{-1}$.

a. Réaliser un bilan d'énergie sur le système {plongeur sans combinaison} et donner l'expression de sa variation d'énergie interne $d\mathcal{U}$ pendant une durée élémentaire dt en fonction de $\mathcal{P}_{th}$ et de Φ_{cc}.

b. En déduire que la température interne $\theta(t)$ du plongeur vérifie l'équation différentielle suivante :

$$\frac{d\theta}{dt} + \frac{1}{\tau}\theta = \frac{\theta_{eau}}{\tau} + \frac{\mathcal{P}_{th}}{mc}$$

où τ est une constante dont l'expression est à déterminer.

c. Résoudre cette équation différentielle et donner l'expression de $\theta(t)$.

d. Déterminer la durée maximale de plongée envisageable, avec et sans combinaison. Commenter les résultats.

Exercices TRAVAILLER UNE MÉTHODE

GRAND ORAL

42 Capter l'attention d'un auditoire lors d'une présentation orale

Un élève doit présenter oralement l'influence de l'albédo et de l'effet de serre sur la température de la surface terrestre, en cherchant à capter au maximum l'attention de l'auditoire.

ÉTAPE 1 Identifier les techniques permettant de capter un auditoire

Des candidats du concours « Ma thèse en 180 secondes » présentent leur sujet de recherche en 180 secondes, avec pour support une seule diapositive. Pour gagner le concours, ils doivent être convaincants et rendre leur sujet clair, captivant et accessible à tous.

Vidéo

ÉTAPE 2 S'approprier les points essentiels du sujet

Vidéo

Hélène Brogniez, enseignante-chercheuse à l'Université de Versailles Saint-Quentin, présente le bilan radiatif de la Terre, afin d'expliquer l'influence de l'albédo et de l'effet de serre sur la température de la surface terrestre.
Pour présenter son sujet à un public non initié, elle :
– sélectionne les points essentiels à la compréhension globale du sujet ;
– identifie les connaissances supplémentaires à apporter à l'auditoire pour qu'il comprenne le sujet.

Questions

1 Visionner l'une des présentations de thèse proposées dans l'ÉTAPE 1. Identifier les astuces du (de la) candidat(e) pour rendre sa présentation captivante.

2 En utilisant ces astuces et à l'aide de la vidéo de l'ÉTAPE 2, préparer une présentation de trois minutes sur l'influence de l'albédo et de l'effet de serre sur la température de la surface terrestre, en cherchant à capter au maximum l'attention de l'auditoire.

MÉTIERS ET ORIENTATION

Le (ou la) **climatologue**, souvent un(e) chercheur(se), mène des études sur le long terme pour prévoir les évolutions de notre climat et les conséquences possibles.
La qualité de l'eau ou de l'air comme le réchauffement climatique sont en tête de ses préoccupations.

Conseils !

▸ Pour captiver l'auditoire

- Se focaliser sur l'auditoire en connaissant sa présentation par cœur.
- Pour être convaincant, être convaincu en comprenant le sens de chaque mot utilisé.
- Répéter devant un public pour qui le sujet est inconnu.
- Éviter de tourner le dos à l'auditoire pour regarder le support.

RESSOURCES

- Vidéos de l'étape 1
- Vidéo de l'étape 2

43 Étude énergétique d'une centrale nucléaire

S'APPROPRIER · ANALYSER-RAISONNER · RÉALISER

Une centrale nucléaire est le lieu de nombreux transferts d'énergie dans lesquels l'eau joue un rôle important.

DOC. 1 Principe de fonctionnement d'une centrale nucléaire

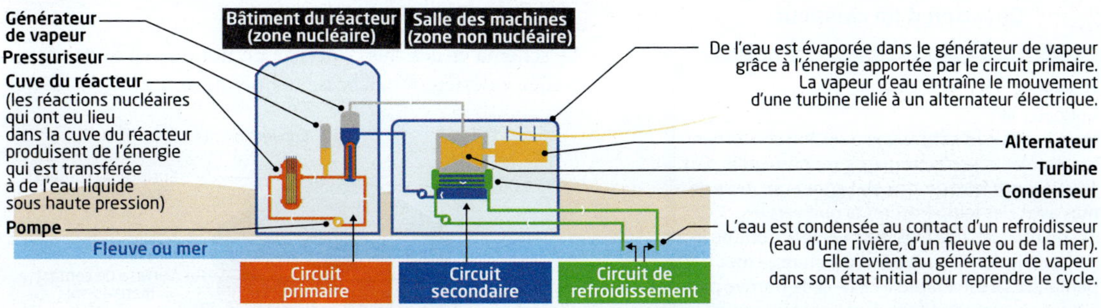

DONNÉES

■ Capacité thermique massique de l'eau c_{pm} dans différentes conditions :

Température (en °C)	Pression (en bar)	État	c_{pm} (en $J \cdot K^{-1} \cdot kg^{-1}$)
270	155	Liquide	5250
10	1	Liquide	4180
270	56	Gazeux	3800

■ Puissance électrique fournie par la centrale nucléaire : $\mathcal{P}_e = 900$ MW

■ Rendement de la centrale nucléaire : $\eta = 33\,\%$.

■ Diagramme présentant les états de l'eau en fonction de la température et de la pression :

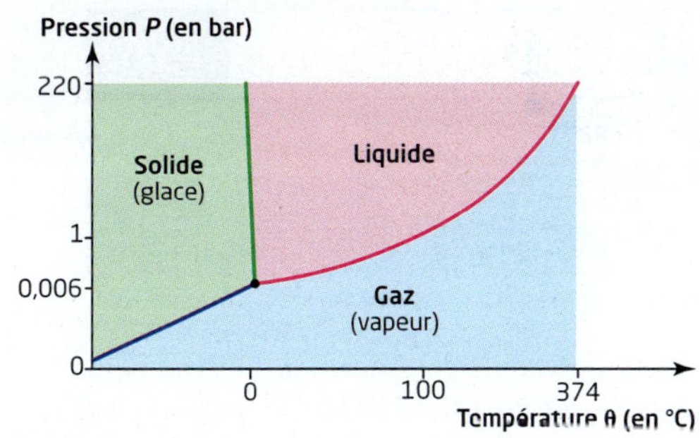

Questions

1 Transferts d'énergie dans le circuit primaire

a. Calculer l'énergie fournie chaque seconde par le réacteur nucléaire et préciser le mode de transfert thermique par lequel cette énergie est échangée avec l'eau du circuit primaire.

b. En analysant les données, justifier le choix d'utiliser de l'eau liquide dans le circuit primaire, ainsi que de travailler à haute pression.

2 Transferts d'énergie dans le circuit secondaire

L'énergie fournie par le réacteur nucléaire est supposée intégralement transférée au circuit primaire, puis au circuit secondaire.

a. Schématiser les différents transferts d'énergie liés au système {eau du circuit secondaire}. Préciser le signe de chacun des transferts représentés sur ce schéma.

b. Comment varie l'énergie interne $\mathcal{U}$ du système {eau du circuit secondaire} au cours d'un cycle ?

c. Montrer que le flux thermique entre le circuit secondaire et le circuit de refroidissement vaut 1,8 GW.

3 Transferts d'énergie dans le circuit de refroidissement

L'eau du fleuve est récupérée par pompage, puis envoyée dans la canalisation avec un débit volumique constant $D_V = 60\ m^3 \cdot s^{-1}$. La température de l'eau du fleuve à l'entrée du circuit de refroidissement est $\theta_e = 19$ °C. Déterminer la température θ_S de l'eau à la sortie de la canalisation.

Exercices BAC

50 min

44 Bien choisir son matelas de camping

RÉSOLUTION DE PROBLÈME | DIFFÉRENCIATION

S'APPROPRIER | ANALYSER-RAISONNER | RÉALISER | VALIDER | COMMUNIQUER

Pour partir en camping dans une région froide, mieux vaut être bien équipé.

● **Quels critères sont importants pour bien choisir son matériel ?**

DOC. 1 Question d'un campeur

Le samedi 16 février 2020 à 00:24

Coucou, 😀

Voilà je poste ici car j'ai une question concernant les matelas et je n'ai trouvé de réponse nulle part. Je vais partir faire un trek en Laponie au mois de mai, avec des températures la nuit vers les -5°C. J'ai un matelas Thermasrest r-value 2. Comme je n'ai jamais dormi à cette température, je me demande s'il est adapté à celle-ci. Je n'arrive pas à savoir à quoi correspond vraiment la r-value… Merci à tous !

DOC. 2 Transferts thermiques

Le schéma ci-dessous concerne un homme endormi dans un milieu extérieur à très basse température.

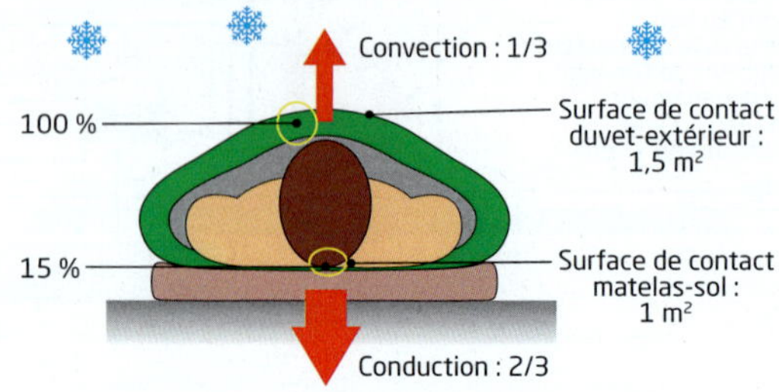

« Au cours des tests pratiqués dans des climats polaires, nous avons constaté que l'isolation thermique des matelas classiques était insuffisante, même en utilisant l'un des meilleurs sacs de couchage (conseillé pour des températures de –35 °C). La couche inférieure du sac est compressée par l'utilisateur, ce qui réduit sa résistance thermique de près de 85 %. »

D'après EMPA activities 2002

DOC. 3 Norme *R*-Value d'un matelas

« L'Outdoor Industry Association a mis au point la nouvelle norme ASTM F3340-18 pour le calcul de la résistance thermique d'un matelas, appelée *R*-Value aux États-Unis. Concrètement, il y a un transfert thermique de votre corps chaud vers le sol froid. Si ce transfert est plus grand que ce que produit votre corps (environ 100 W) vous aurez froid ! »

D'après www.blog.aventurenordique.com

DONNÉES

■ Dans la plupart des pays, les valeurs de résistance thermique pour une unité de surface R_{th} sont exprimées en $m^2 \cdot K \cdot W^{-1}$. Aux États-Unis, elles sont données en unité US : 6 unités US ≈ 1 $m^2 \cdot K \cdot W^{-1}$.

■ La résistance thermique d'un ensemble de parois accolées est égale à la somme des résistances thermiques de chacune des parois.

■ En plus du matelas, le campeur dispose de vêtements ($R_{th,vêt}$ = 0,05 $m^2 \cdot K \cdot W^{-1}$) et d'un sac de couchage ($R_{th,sac}$ = 0,60 $m^2 \cdot K \cdot W^{-1}$).

Questions

Fiche d'évaluation

1 Question préliminaire

Calculer le flux thermique maximal possible entre le sol et le campeur pour qu'il n'ait pas froid.

2 Problème

Indiquer au campeur si son matériel est adapté pour son voyage. Un calcul et des explications précises sont attendus.

Toute initiative prise pour résoudre le problème, ainsi que la qualité de la rédaction explicitant la démarche suivie, seront valorisées. Le regard critique porté sur les conclusions sera pris en considération.

■ *Aides à la fin du manuel.*

RESSOURCE

- Fiche d'évaluation par compétences

60 min É.C.E. Exercices BAC

45 Rendement d'une bouilloire

ANALYSER-RAISONNER RÉALISER VALIDER

Depuis les années 1980, la bouilloire électrique a remplacé peu à peu la casserole pour faire bouillir de l'eau.

● **Quel est le rendement d'une bouilloire électrique ?**

DOC. 1 Extrait de l'étiquette d'une bouilloire électrique

WK 3496

Bouilloire électrique

Couleur / matière :	Noir-inox brossé
Capacité / Contenu :	environ 1,0 L
Puissance électrique :	environ 2 200 W
N° EAN :	4008146021176

DOC. 2 Matériel disponible

Matériel

DOC. 3 Principe de fonctionnement d'une bouilloire électrique

Le fonctionnement d'une bouilloire électrique repose sur l'effet Joule.

Une bouilloire contient une résistance chauffante, qui se présente sous la forme d'un tube en anneau. Lorsqu'un travail électrique $\mathcal{W}_e = \mathcal{P} \times \Delta t$ est fourni à la résistance pendant une durée Δt, cela provoque une augmentation de la température de l'anneau : l'eau contenue dans la bouilloire chauffe alors par transfert thermique.

Le rendement d'une bouilloire est défini par : $\eta = \dfrac{\mathcal{E}_{\text{utile}}}{\mathcal{E}_{\text{reçue}}}$.

Questions

Fiche d'évaluation

1 Réaliser un bilan d'énergie de la bouilloire en identifiant l'énergie utile et l'énergie reçue. Montrer que le rendement peut être écrit sous la forme $\eta = \left|\dfrac{m\,c\,\Delta T}{\mathcal{P}\Delta t}\right|$ avec m la masse d'eau dans la bouilloire, c la capacité thermique massique de l'eau et ΔT la variation de température de l'eau au cours de l'expérience de durée Δt.

2 En utilisant le matériel disponible, proposer un protocole permettant de calculer le rendement de la bouilloire.

Appel n° 1 *Appeler le professeur pour lui présenter le protocole ou en cas de difficulté.*

3 Mettre en œuvre le protocole et déterminer le rendement de la bouilloire.

Appel n° 2 *Appeler le professeur pour lui présenter les résultats ou en cas de difficulté.*

4 Donner deux raisons différentes permettant d'expliquer que le rendement de la bouilloire n'est pas égal à 1.

RESSOURCES
- Fiche d'évaluation par compétences
- Liste du matériel

Préparation du Grand oral

Exemples de questions

RAPPEL : les questions à préparer pour le Grand oral portent sur les deux enseignements de spécialité soit pris isolément, soit abordés de manière transversale. Ces deux questions mettent en lumière certains enjeux du ou des programmes de Première et de Terminale de ces enseignements (→ **Fiche Bac 4**, p. 513).

RESSOURCE

- Exemple de support pour la question 2

QUESTION 1 **La température moyenne de la surface terrestre pourrait-elle diminuer si l'ensemble des routes et des toits étaient peints en blanc ?**

• Contexte expliquant l'intérêt de la question posée

En Bretagne, l'entreprise Cool Roof propose de repeindre les toits des maisons et de certains bâtiments en blanc pour faire des économies d'énergie et réduire le réchauffement climatique.

• Ressources utiles

→ **Chapitre 16 de ce manuel** pour être capable d'expliquer l'influence de l'albédo sur la température terrestre moyenne.

→ **Cours d'Enseignement scientifique de Terminale sur le climat du futur** pour pouvoir exploiter les résultats d'un modèle climatique et expliquer des corrélations par des liens de cause à effet.

→ **Cours de spécialité SVT de Terminale** sur la compréhension des conséquences du réchauffement climatique et les possibilités d'actions.

→ **Sites Internet en utilisant les mots clés :** albédo, réchauffement climatique, etc.

• Expérience pour modéliser le phénomène étudié Protocole Vidéo

Mesures de l'albédo de différentes surfaces.

POUR ALLER PLUS LOIN

Informations à rechercher sur la création d'un modèle numérique à l'aide d'un langage de programmation (→ **Point numérique 1**, p. 539) afin de prédire l'évolution de la température moyenne à la surface de la Terre.

QUESTION 2 **Comment refroidir des composants électroniques ?**

• Contexte expliquant l'intérêt de la question posée

Avec le développement de l'électronique, les composants électroniques deviennent de plus en plus petits, mais ils chauffent toujours (à cause de l'effet Joule notamment).
Or, l'augmentation de leur température diminue fortement leur performance et cela peut même les endommager. Il est donc nécessaire de trouver des solutions pour les refroidir.

• Ressources utiles

→ **Chapitres 16 et 21 de ce manuel** sur les transferts thermiques associés aux systèmes électriques, notamment lors de l'utilisation de capteurs capacitifs.
→ **Cours de spécialité Physique-Chimie de Première** sur les aspects énergétiques des phénomènes électriques.
→ **Sites Internet en utilisant les mots clés :** effet Joule, convection forcée, etc.

• Expérience pour modéliser le phénomène étudié Protocole

Refroidissement d'un système à l'air libre, soumis à une ventilation, ou plongé dans un liquide.

POUR ALLER PLUS LOIN

Informations à rechercher sur l'utilisation et la programmation d'un dispositif pour réguler la température d'un système.

GRAND ORAL

Exemple de support pour le Grand oral

QUESTION 1 La température moyenne de la surface terrestre pourrait-elle diminuer si l'ensemble des routes et des toits étaient peints en blanc ?

Au début du Grand oral, rappeler au jury la question à laquelle vous répondez. Cela permet de capter l'attention du jury, de montrer que vous savez où vous allez et que vous êtes bien dans le sujet posé.

RAPPEL : les deux questions préparées au cours de l'année de Terminale et éventuellement de Première durant les deux enseignements de Spécialité sont transmises au jury, qui choisit la question à présenter durant le Grand oral. Durant la préparation, un support, à remettre au jury au début de la présentation orale, peut être réalisé sur une feuille.

Support

$$T_{surface} = \left(\frac{2 \times (1-A)\varphi_s}{(2-\alpha)k}\right)^{1/4}$$

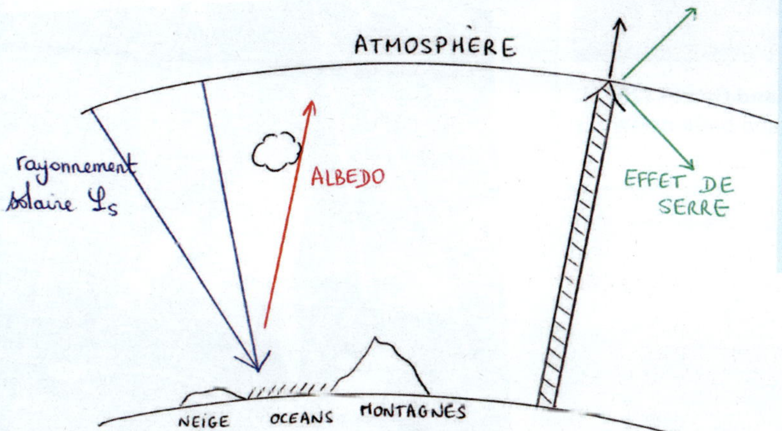

ALBEDO TERRESTRE $= 70\%\ A_{OCÉAN} + 10\%\ A_{GLACE} + 9\%\ A_{DESERT} + 3\%\ A_{MONTAGNE} + 8\%\ A_{VEGETATION}$

EXPÉRIENCE RÉALISÉE

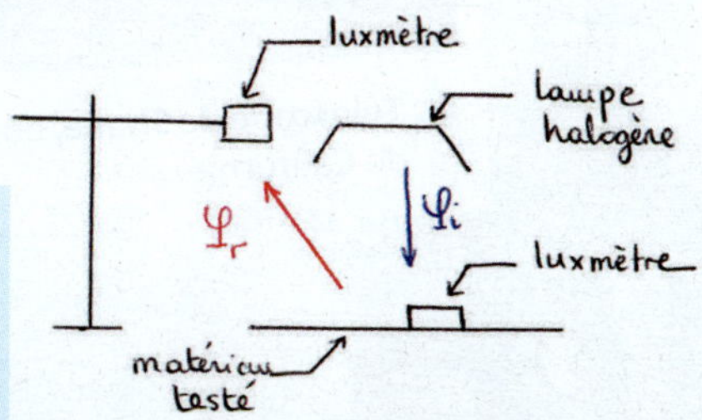

$$A = \frac{\varphi_r}{\varphi_i}$$

Le support présenté n'a pas pour objectif de répondre à la totalité de la question.

Par exemple, il n'évoque pas la peinture blanche déposée sur les toits des maisons, car cette indication peut être donnée à l'oral.

En revanche, il permet de présenter un schéma sur lequel s'appuyer pour expliquer plus facilement à l'oral la notion d'albédo.

La deuxième partie du support permet de présenter une expérience réalisée au cours de l'année afin de développer de façon plus précise la démarche scientifique mise en œuvre pour répondre à la question posée.

Éviter au maximum les fautes d'orthographe sur le support remis au jury. Même si le support ne donne pas lieu à une évaluation, elles feront mauvais effet, tout particulièrement si elles portent sur des termes de Physique-Chimie.

THÈME 4

Ondes et signaux

Rafael Nadal lors du tournoi de Roland Garros (2019). Le record de la valeur de vitesse d'une balle de tennis dépasse 260 km · h^{-1}.

Comment la valeur de la vitesse d'une balle de tennis est-elle mesurée ?

Télescope de Shane, observatoire Lick (Université de Californie).

Comment les images se forment-elles à travers une lunette astronomique ?

Des silos pour stocker des grains de céréales.

Comment contrôler le niveau de remplissage d'un silo à grains ?

L'astrophotographe Michael Goh observe le ciel étoilé pour en saisir la beauté et la restituer en formant des images (ici dans l'ouest de l'Australie). Sa passion pour la voûte céleste est à la mesure de celles des scientifiques qui tentent de décrire et d'expliquer les phénomènes lumineux.

Leur description fait appel aujourd'hui appel à trois modèles : géométrique, ondulatoire et quantique. Aucun de ces modèles n'a la prétention de « dire la vérité » sur la lumière, mais chacun rend compte des phénomènes observés et permet de les prévoir.

Sommaire

Déjà vu au lycée

Ondes mécaniques

► Une **onde mécanique progressive** est la propagation d'une perturbation dans un milieu matériel élastique sans transport global de matière, mais avec transfert d'énergie.

► **Célérité *v*** d'une onde mécanique :

$$v = \frac{M_1M_2}{\tau}$$

- v : en mètre par seconde ($m \cdot s^{-1}$)
- M_1M_2 : distance entre les points M_1 et M_2, en mètre (m)
- τ : retard, en seconde (s)

► Une **onde mécanique périodique** est la propagation d'une perturbation mécanique périodique.

► Relation entre période *T*, longueur d'onde λ et célérité *v* :

$$v = \frac{\lambda}{T}$$

- v : en mètre par seconde ($m \cdot s^{-1}$)
- λ : en mètre (m)
- T : en seconde (s)

Signaux électriques

► **Intensité *I*** d'un courant continu et **débit de charges** dans un fil électrique de section S :

$$I = \frac{N \times e}{\Delta t}$$

- I : en ampère (A)
- N : nombre d'électrons traversant la section S pendant la durée Δt
- e : $1{,}6 \times 10^{-19}$ C
- Δt : en seconde (s)

► Modèle d'une source réelle de tension continue :

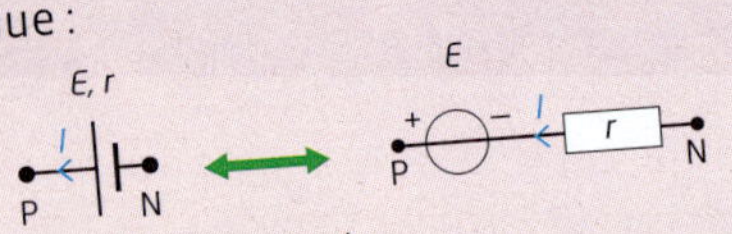

$U_{PN} = E - rI$

► La présence d'une résistance provoque un échauffement pendant le fonctionnement.

► Rendement η d'un convertisseur :

$$\eta = \frac{\mathcal{P}_{utile}}{\mathcal{P}_{reçue}} = \frac{\mathcal{E}_{utile}}{\mathcal{E}_{reçue}}$$

- $\mathcal{P}_{utile}$ et $\mathcal{P}_{reçue}$: en watt (W)
- $\mathcal{E}_{utile}$ et $\mathcal{E}_{reçue}$: en joule (J)

Signaux lumineux

► Relation de conjugaison et de grandissement :

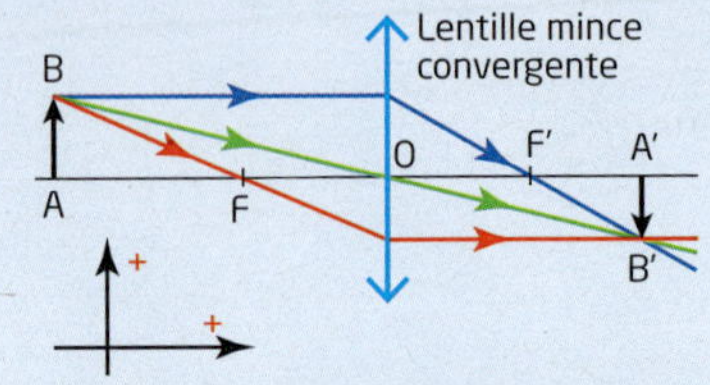

$$\frac{1}{\overline{OA'}} - \frac{1}{\overline{OA}} = \frac{1}{\overline{OF'}}$$

$$\gamma = \frac{\overline{A'B'}}{\overline{AB}} = \frac{\overline{OA'}}{\overline{OA}}$$

► **L'image** A'B' est réelle si $\overline{OA'} > 0$ et **virtuelle** si $\overline{OA'} < 0$.

► Les **transferts d'énergie** entre onde et matière se font uniquement par **paquets d'énergie**, appelés **photons**.

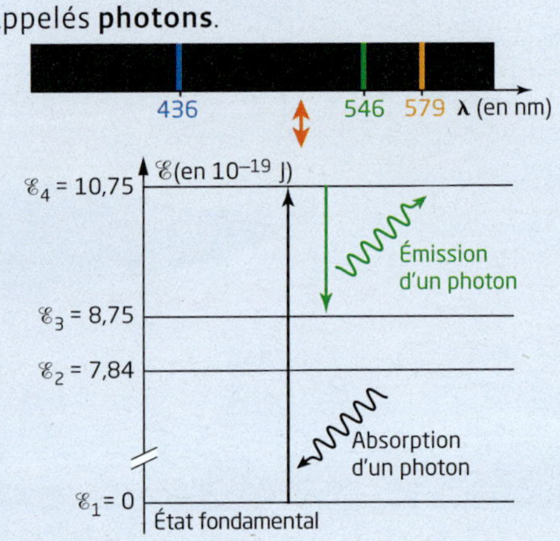

► Longueur d'onde d'un rayonnement et énergie du photon associé :

$$\lambda = \frac{c}{\nu}$$

- λ : en mètre (m)
- c : $3{,}00 \times 10^8$ $m \cdot s^{-1}$
- ν : féquence en hertz (Hz)

$$|\Delta\mathcal{E}| = h\nu$$

- $|\Delta\mathcal{E}|$: en joule (J)
- h : $6{,}63 \times 10^{-34}$ J · s (constante de Planck)

Signaux sonores

► Un son musical est caractérisé par son **niveau d'intensité sonore *L***, mesuré avec un **sonomètre** et exprimé en **décibel (dB)**.

► Le niveau d'intensité sonore est lié selon une échelle logarithmique à l'**intensité sonore *I***, qui correspond à la puissance sonore par unité de surface, en watt par mètre carré ($W \cdot m^{-2}$), transportée par l'onde sonore.

MÉTIERS ET ORIENTATION

Chercheur-euse en physique

BAC +2 à BAC +8

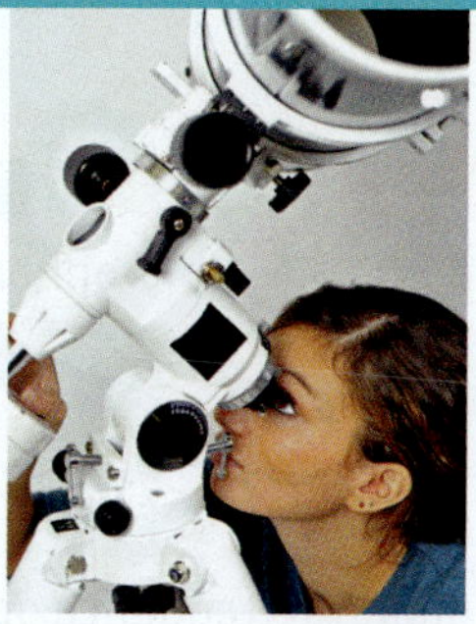

■ Scientifique de haut niveau, le chercheur conçoit et conduit des projets concernant l'acquisition de connaissances abstraites (recherche fondamentale) ou le développement de nouveaux produits ou procédés en milieu industriel (recherche appliquée).

■ Travaillant au sein d'une équipe de chercheurs, ingénieurs et techniciens, il teste ses hypothèses par des expérimentations appropriées et rend compte régulièrement de ses travaux et de ses découvertes par des publications ou des conférences en anglais dans un contexte international.

■ Décryptant le comportement de la matière, le chercheur en physique maîtrise des techniques de pointe pour explorer de nouvelles voies qui contribueront à terme à des avancées voire des révolutions dans des domaines variés (imagerie médicale, télécommunications, habitat, etc.).

■ Propension à l'innovation et à l'originalité des recherches effectuées, persévérance et grande capacité de travail sont des qualités essentielles pour réussir.

▶ **Formations et diplômes**

8 ans pour obtenir un doctorat en physique.

Ingénieur-e géomètre

BAC +5

■ Alliant l'arpentage de terrain à l'expertise technique, le métier d'ingénieur géomètre convient à ceux qui aiment l'action autant que la réflexion, avec comme objectif la réalisation du travail préparatoire aux projets d'aménagement et de construction.

■ Pour établir une cartographie exacte de la zone de travaux, l'ingénieur géomètre supervise des relevés de caractéristiques physiques, juridiques et foncières des terrains à aménager (bornage, données altimétriques, copropriété, etc.), pilote la réalisation d'études de calculs et de modélisation (superficie utile, flux de liquides, etc.) sur la base de relevés de terrain ou d'images satellites et édite les documents nécessaires à la conception et au suivi des travaux.

■ Alternant en permanence travail sur le terrain et en bureau d'études, la mobilité et la disponibilité sont des qualités de l'ingénieur géomètre. Il sait aussi s'adapter à des milieux de travail très différents (campagnes, villes, forêts...) avec le sens du détail, tout en faisant preuve de dextérité pour manipuler des instruments de très grande précision.

■ Ses interlocuteurs sont très variés : clients, conducteurs de travaux, chefs de chantier, équipes d'études, services administratifs, etc.

▶ **Formations et diplômes**

2 ans de classe préparatoire scientifique puis trois ans pour un diplôme d'ingénieur géomètre.

Technicien(ne) de la police scientifique

BAC +2

↑ Techniciens de la police scientifique recueillant des indices.

■ Le technicien de la police technique et scientifique participe à l'identification d'auteurs d'infractions et apporte des éléments pour faire progresser des enquêtes.

■ Spécialisé en physique et en chimie, il réalise des analyses très variées : échantillons de peintures, de stupéfiants ou d'explosifs, résidus et trajectoires de tirs, GPS, etc.

■ Méthode, extrême rigueur, rapidité et clarté à l'écrit comme à l'oral sont indispensables à ce technicien qui est amené à collaborer avec d'autres spécialistes.

▶ **Formations et diplômes**

2 ans pour réussir le concours de technicien de police technique et scientifique puis suivre une formation rémunérée dans une structure de police nationale.

17 Atténuations et effet Doppler

EXO **QCM interactif**

Se tester pour commencer

Choisir la réponse exacte.

	A	B	C
1 Le niveau d'intensité sonore se mesure avec un :	haut-parleur 	microphone 	sonomètre 
2 L'intensité sonore dépend de :	l'amplitude de l'onde sonore	la fréquence de l'onde sonore	la célérité de l'onde sonore
3 Dans les conditions usuelles, la célérité d'une onde sonore dans l'air est d'environ :	$340\ m \cdot s^{-1}$	$1\,500\ m \cdot s^{-1}$	$3 \times 10^8\ m \cdot s^{-1}$
4 L'expression de la relation entre la longueur d'onde λ, la célérité v et la fréquence f d'une onde est :	$\lambda = \frac{v}{f}$	$\lambda = v \times f$	$\lambda = \frac{f}{v}$
5 L'enregistrement correspondant au son le plus aigu est :	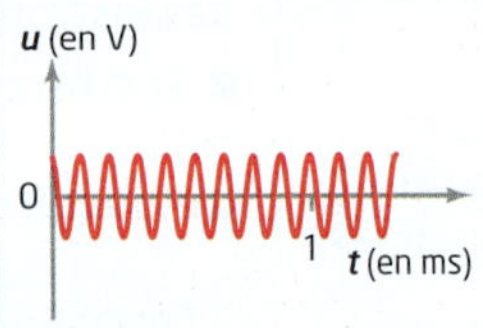	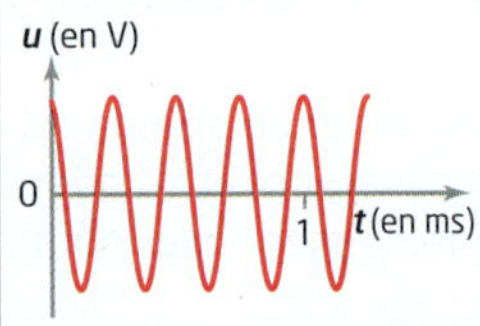	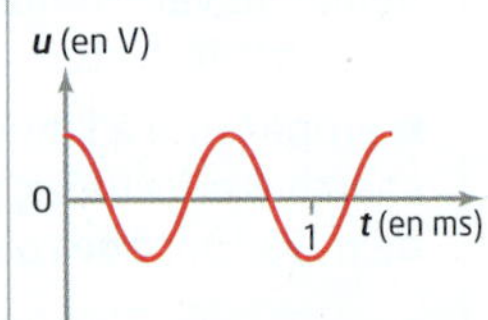
6 Le niveau d'intensité sonore en un point A :	s'exprime en $W \cdot m^{-2}$	est exprimé en dB selon une échelle logarithmique	augmente si la source s'éloigne du point A

Vidéo débat GRAND ORAL

Lors d'un grand prix, les micros sur le bord de la piste captent un signal émis par les voitures de course.

Quelle(s) caractéristique(s) du signal sonore varie(nt) lors du passage d'une voiture ?

Combien faudrait-il d'étourneaux pour avoir le même niveau d'intensité sonore qu'un avion ?

→ Exercice 40 page 405

CAPACITÉS EXIGIBLES	Activités	Exercices corrigés
Exploiter l'expression donnant le niveau d'intensité sonore d'un signal.	1	11 31
Illustrer l'atténuation géométrique et l'atténuation par absorption.	1	21 33
√MATHS Utiliser la fonction logarithme décimal et sa fonction réciproque.	1	17 18
Décrire et interpréter qualitativement les observations correspondant à une manifestation de l'effet Doppler.	3	26
Établir l'expression du décalage Doppler dans le cas d'un observateur fixe, d'un émetteur mobile et dans une configuration à une dimension.	2	28 39
Exploiter l'expression du décalage Doppler dans des situations variées utilisant des ondes acoustiques ou des ondes électromagnétiques.	2	12 29
Exploiter l'expression du décalage Doppler en acoustique pour déterminer une vitesse.	3	39

Activité expérimentale

1 Atténuations du niveau d'intensité sonore

Notions
- Intensité sonore
- Niveau d'intensité sonore
- Atténuation (en dB)

► § 1.1, 1.2 et 1.3 p.395 et 396

L'exposition prolongée ou répétée à des niveaux d'intensités sonores très élevés peut avoir des conséquences graves sur l'audition.

● **Comment peut-on diminuer le niveau d'intensité sonore ?**

DOCUMENT **Dispositifs expérimentaux**

Matériel

■ **Expérience 1**

1. Connecter un haut-parleur à un GBF.
2. Régler la fréquence du GBF à 300 Hz.
3. Placer le sonomètre à une distance $d = 2$ cm du haut-parleur puis régler la tension de sortie du GBF pour que le niveau d'intensité sonore L soit égal à 100 dB.
4. Éloigner progressivement le sonomètre du haut-parleur pour obtenir une atténuation de 6 dB.
5. Mesurer le niveau d'intensité sonore L et la distance d entre la source et le sonomètre.
6. Renouveler l'étape précédente pour obtenir une série de mesures de L correspondant à une atténuation de 6 dB à chaque fois.

■ **Expérience 2**

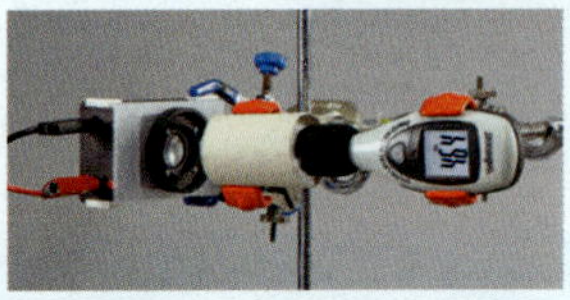

1. Connecter un haut-parleur à un GBF.
2. Régler la fréquence du GBF à 300 Hz.
3. Placer le haut-parleur d'un côté du tube et le sonomètre de l'autre côté.
4. Placer l'un des matériaux disponibles sur la paillasse dans le tube.
5. Noter la valeur du niveau d'intensité sonore L pour chacun des matériaux disponibles. Ne pas oublier de mesurer le niveau d'intensité sonore du tube vide (rempli d'air).

DONNÉES

■ En première approximation, l'**intensité sonore I**, en un point M situé à la distance d d'une source, a pour expression $I = \frac{\mathcal{P}}{4\pi d^2}$, $\mathcal{P}$ étant la puissance de la source.

■ Au même point, le **niveau d'intensité sonore L** est lié à l'intensité sonore I par la relation : $L = 10 \log\left(\frac{I}{I_0}\right)$, I_0 étant l'intensité sonore de référence : $I_0 = 10^{-12}\ \mathrm{W \cdot m^{-2}}$.

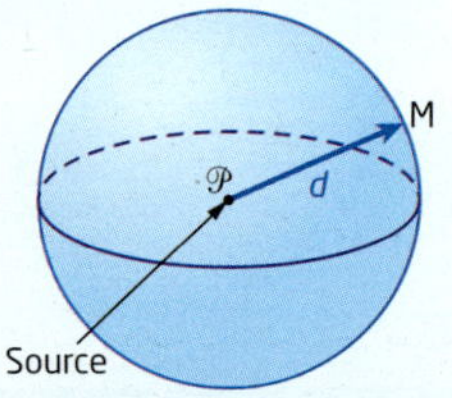

Questions

1 ANALYSER-RAISONNER

a. Décrire qualitativement l'évolution du niveau d'intensité sonore observée dans l'expérience 1.
b. Expliquer pourquoi, dans l'expérience 2, le niveau d'intensité sonore change alors que d est constante.
c. Identifier le meilleur isolant phonique parmi les matériaux testés.

2 RÉALISER

Dans le cas des ondes sonores, l'atténuation (en dB) mesure la diminution du niveau d'intensité sonore. À partir des DONNÉES, calculer l'atténuation lorsque la distance d entre la source et le sonomètre est doublée.

3 VALIDER

Vérifier que le résultat précédent est compatible avec les résultats de l'expérience 1. Expliquer les écarts éventuels et pourquoi cela n'est plus vrai à partir d'une certaine valeur de d.

4 COMMUNIQUER GRAND ORAL

Il existe deux types d'atténuation mis en évidence par chaque expérience : l'atténuation **géométrique** et l'atténuation **par absorption**.
Réaliser une synthèse pour illustrer chaque type d'atténuation en prenant appui sur les expériences réalisées.

RESSOURCE
- Liste du matériel

Activité documentaire

Notion
- Décalage Doppler
▸ § 2.2 p.396

2 Effet Doppler d'une sirène de pompiers

Quand une source sonore est en mouvement par rapport à un observateur, la fréquence de l'onde reçue par l'observateur est différente de celle de l'onde émise par la source : c'est l'effet Doppler.

● **Quelle expression lie le décalage de fréquence à la vitesse de la source ?**

DOC. 1 À l'écoute d'une sirène

La sirène d'un camion de pompiers retentit.

- L'observateur A, qui voit le camion s'approcher, entend un son plus aigu que le conducteur du camion.
- L'observateur B, qui voit le camion s'éloigner, entend un son plus grave que le conducteur.

DOC. 2 Modélisation de la situation

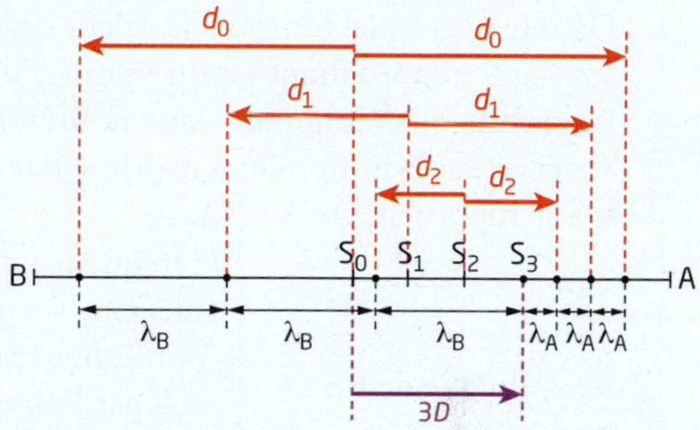

A et B sont deux observateurs immobiles. Une source S située sur la droite (AB), entre A et B, émet une onde sinusoïdale de période T se propageant vers A et vers B suivant (AB) avec une célérité v. La source se déplace suivant (AB) à une vitesse de valeur constante v_S telle que $v_S < v$. À la date $t_0 = 0$, la source est en S_0 et commence à émettre. L'élongation de l'onde y est maximale. Le schéma ci-dessus représente les différentes positions S_0, S_1, S_2, et S_3 occupées par la source S aux dates $t_0 = 0$, $t_1 = T$, $t_2 = 2T$, $t_3 = 3T$ ainsi que les points du milieu où l'élongation de l'onde est maximale à ces mêmes dates. La longueur d_0 correspond ainsi à la distance parcourue par l'onde pendant une durée égale à $3T$.

Questions

1 ANALYSER-RAISONNER

a. En utilisant le **DOC. 1**, comparer les fréquences f_A et f_B des signaux reçus par les observateurs A et B à la fréquence f du signal émis.

b. Justifier que les longueurs d'onde λ_A et λ_B représentées sur le schéma du **DOC. 2** sont en accord avec le phénomène décrit dans le **DOC. 1**.

2 RÉALISER

a. Exprimer les longueurs d_0, d_1 et d_2 en fonction de la longueur d'onde $\lambda = vT$.

b. Exprimer la longueur D parcourue par la source pendant une période T.

c. En déduire, à l'aide de la figure du **DOC. 2**, une relation entre λ, λ_A et D puis entre λ, λ_A, v et v_S.

d. Exprimer le décalage de longueur d'onde $\lambda - \lambda_A$ en fonction de λ, v et v_S.

e. Exprimer de même le décalage $\lambda_B - \lambda$ pour l'observateur B.

3 VALIDER

a. Vérifier que les décalages en fréquence s'expriment par les relations :

$$f_A - f = f \times \frac{v_S}{v - v_S} \quad \text{et} \quad f_B - f = -f \times \frac{v_S}{v + v_S}$$

b. Vérifier que lorsque v_S est négligeable devant v, ces expressions se simplifient sous la forme : $\frac{|\Delta f|}{f} = \frac{v_S}{v}$ avec $\Delta f = f_A - f$ ou $\Delta f = f_B - f$.

c. Envisager une application de cette relation dans le domaine des ondes acoustiques ou électromagnétiques.

RESSOURCE
- Vidéo d'introduction

Activité expérimentale

3 Mesure d'une vitesse par effet Doppler

DÉMARCHE D'INVESTIGATION

Notion
- Décalage Doppler
► § 2.2 p.396

SITUATION DÉCLENCHANTE De jeunes mariés, à fond dans leur « deudeuche », traversent la ville, klaxon bloqué, pour aller célébrer leurs noces comme il se doit.

● **Le conducteur de la voiture est-il en infraction pour excès de vitesse ?**

DONNÉES 1

Dans le référentiel terrestre, la valeur de la vitesse v_S d'une source S s'approchant en direction d'un observateur A immobile et s'éloignant dans la même direction d'un observateur B immobile, s'exprime par :

■ S se rapproche de A :

$$v_S = v \times \frac{f_A - f}{f_A}$$

■ S s'éloigne de B :

$$v_S = v \times \frac{f - f_B}{f_B}$$

Avec :
f : fréquence du signal sonore émis par la source
f_A : fréquence du signal sonore reçu par l'observateur A
f_B : fréquence du signal sonore reçu par l'observateur B
v : célérité du son dans l'air

DONNÉES 2

■ S'il n'y a pas d'indication particulière, en ville, la vitesse est limitée à 50 km·h^{-1} (*Code de la route, article R 413-3*).

■ La tolérance est de 5 km·h^{-1} pour les vitesses inférieures à 100 km·h^{-1} (*Arrêté du 7 janvier 1991*).

Matériel disponible
- *Ordinateur muni de logiciel(s) permettant d'analyser un son*

DOCUMENT **Représentation de la situation**

Fichier son

Au début et à la fin de la bande son, quand la voiture est loin du smartphone, on peut considérer que la direction de la vitesse est confondue avec la direction voiture-smartphone.
Dans ces conditions, les relations en **DONNÉES 1** sont applicables.

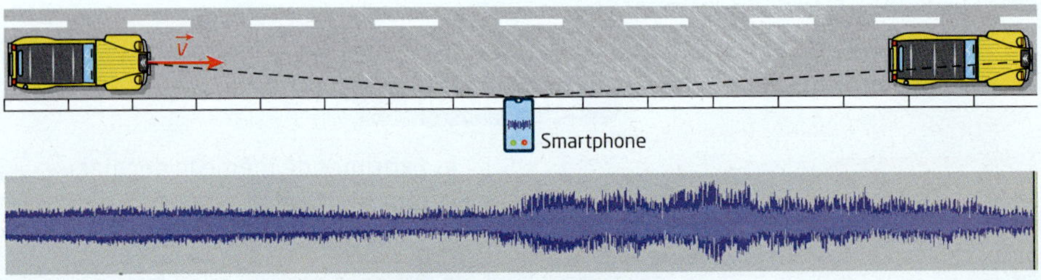

Image Audacity de la bande-son

Pistes de travail

En cas de difficulté, demander de l'aide au professeur.

1 ANALYSER-RAISONNER Matériel

À l'aide du matériel disponible, proposer une expérience permettant de mesurer la vitesse du véhicule.

2 RÉALISER

Réaliser l'expérience proposée.

3 VALIDER

a. Compte-tenu de la tolérance accordée aux automobilistes et du résultat obtenu à l'issue de l'expérience, justifier que le conducteur de la voiture est ou n'est pas en infraction pour excès de vitesse.

b. Mettre en commun les résultats de la classe. Lister des sources d'erreur expliquant la dispersion des résultats et discuter de l'influence du protocole.

RESSOURCES
- Fichier son
- Liste du matériel

1 Atténuations des ondes sonores

1.1 Intensité sonore

L'oreille peut percevoir des sons dont l'intensité sonore est supérieure à $I_0 = 10^{-12}$ W · m^{-2}, appelée **intensité sonore de référence**, correspondant au seuil d'audibilité à une fréquence de l'ordre de 1 kHz (**DOC. 1**).
Le seuil de douleur est de l'ordre de 1 W · m^{-2}.

L'**intensité sonore *I*** est liée à la fois à la puissance sonore $\mathcal{P}$, rayonnée par la source, qui se répartit au cours de la propagation sur une surface d'aire *S*, et à la distance *d* qui sépare le récepteur de la source.
En première approximation, au point M situé à la distance *d* de la source (**DOC. 2**) :

$$I = \frac{\mathcal{P}}{S} = \frac{\mathcal{P}}{4\pi d^2}$$

Unités SI :
$\mathcal{P}$ en W
d en m
S en m^2
I en W · m^{-2}

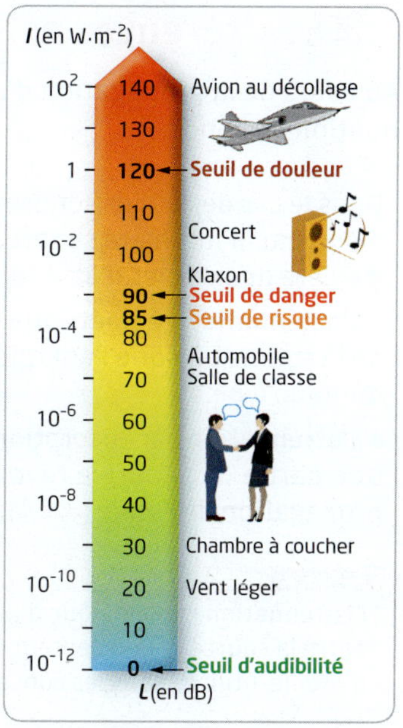

1. Échelle d'intensité sonore et de niveau d'intensité sonore.

1.2 Niveau d'intensité sonore

La sensation auditive n'est pas proportionnelle à l'intensité sonore. Lorsque l'intensité sonore double, l'auditeur perçoit bien son augmentation mais il n'a pas la sensation que le son est deux fois plus « fort ». Pour tenir compte de cette particularité de notre perception des informations, une échelle logarithmique est utilisée.

Le **niveau d'intensité sonore *L*** (pour *level* en anglais) en décibels (dB), est lié à l'intensité sonore *I* par la relation :

$$L = 10 \log\left(\frac{I}{I_0}\right)$$

Unités SI :
I en W · m^{-2}
$I_0 = 1{,}0 \times 10^{-12}$ W · m^{-2}, intensité sonore de référence
L en dB

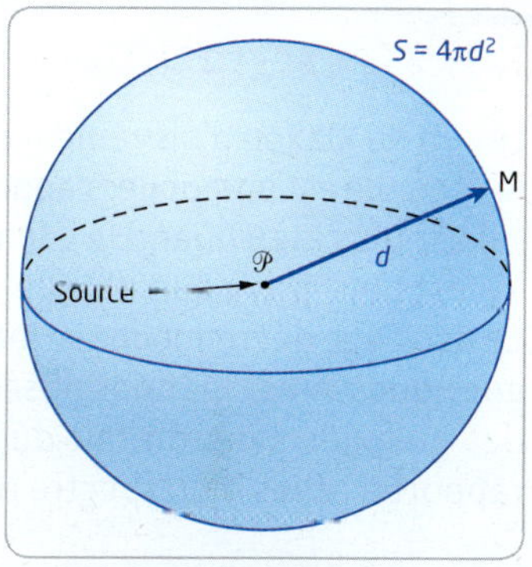

2. Schéma de propagation d'une onde émise par une source sonore isotrope (pas de direction d'émission privilégiée).

Exemple

Pour une intensité sonore $I = 1{,}0 \times 10^{-5}$ W · m^{-2}, le niveau d'intensité sonore vaut :
$L = 10 \log\left(\frac{I}{I_0}\right) = 10 \log\left(\frac{1{,}0 \times 10^{-5}}{10^{-12}}\right)$.
$L = 10 \log(1{,}0 \times 10^{7}) = 70$ dB.
Réciproquement, un niveau d'intensité sonore $L = 50$ dB correspond à une intensité sonore telle que :
$L = 10 \log\left(\frac{I}{I_0}\right)$ soit $\frac{L}{10} = \log\left(\frac{I}{I_0}\right)$ d'où $10^{\frac{L}{10}} = 10^{\log\left(\frac{I}{I_0}\right)} = \frac{I}{I_0}$.
Ainsi $I = I_0 \times 10^{\frac{L}{10}} = 10^{-12}$ W · m$^{-2} \times 10^{5{,}0} = 1{,}0 \times 10^{-7}$ W · m^{-2}.
S'il n'y a pas d'interférences entre les ondes sonores, les intensités sonores s'ajoutent ; ce n'est pas le cas des niveaux d'intensité sonore. Et si l'intensité sonore double, le niveau d'intensité sonore augmente de 3 dB.
Par exemple : $I' = 2I = 2{,}0 \times 10^{-5}$ W · m^{-2} implique $L' = 10 \log(2{,}0 \times 10^{7}) = 73$ dB.
De même, si l'intensité sonore est divisée par deux, le niveau d'intensité sonore diminue de 3 dB.

POINT MATHS

- La fonction $x \mapsto \log x$ ($x \in]0 ; +\infty[$) et sa fonction réciproque $x \mapsto 10^x$ (x réel) sont disponibles sur la calculatrice.
- La fonction logarithme décimal $x \mapsto \log x$ a des propriétés analogues à la fonction logarithme népérien $x \mapsto \ln x$:
$\log 1 = 0$
$\log 10 = 1$
$\log(a \times b) = \log a + \log b$

Synthèse des activités Podcast Texte DYS

1.3 Différentes atténuations

Au cours de la propagation d'une onde, son amplitude diminue. Il y a atténuation de l'onde.

Dans le cas des ondes sonores, l'**atténuation (en dB)** mesure la diminution du niveau d'intensité sonore.
Il existe deux types d'atténuation.

- **L'atténuation géométrique** se manifeste lorsqu'un observateur s'éloigne de la source puisque l'énergie par unité de surface transportée par l'onde diminue (DOC. 3).
- **L'atténuation par absorption** est causée par le milieu matériel qui absorbe une partie de l'énergie rayonnée par la source au fur et à mesure de la propagation de l'onde (DOC. 4).

Exemple
L'atténuation géométrique d'une onde sonore est égale à 6 dB lorsque la distance entre la source et le récepteur double. L'atténuation par absorption de bouchons d'oreille, utilisés dans les concerts par exemple, peut atteindre 30 à 40 dB.

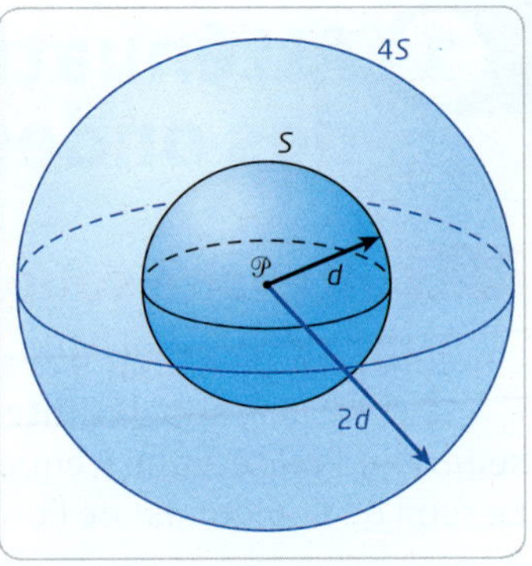

3. Quand le rayon d'une sphère double, la puissance rayonnée se répartit sur une surface d'aire quatre fois plus grande. L'intensité sonore est donc divisée par quatre et le niveau d'intensité sonore diminue de 6 dB.

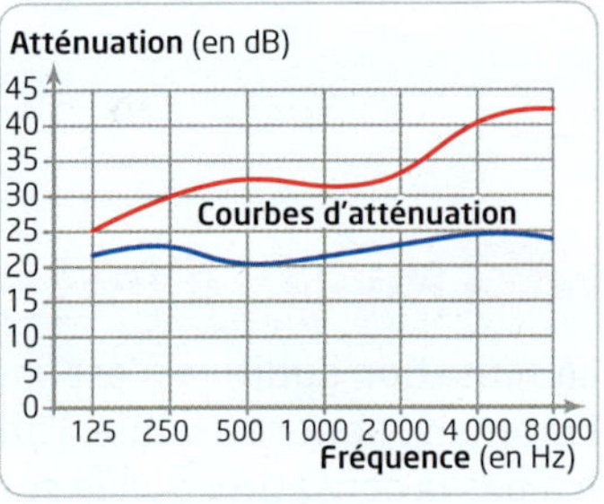

4. Atténuation par un bouchon d'oreille en mousse ou moulé.

2 Effet Doppler

2.1 Description

Le son du klaxon d'un véhicule n'est pas reçu à la même hauteur suivant que le véhicule est immobile, s'approche ou s'éloigne d'un observateur immobile :
- il est plus **aigu** quand le véhicule **s'approche** ;
- il est plus **grave** quand le véhicule **s'éloigne** (DOC. 5).

Ce décalage de fréquence se manifeste également avec des ondes électromagnétiques. Ainsi, les raies observées dans le spectre de la lumière provenant des galaxies sont, du fait du mouvement de ces dernières, décalées par rapport à celles d'un spectre réalisé en laboratoire.

L'**effet Doppler** correspond au décalage de la fréquence de l'onde reçue et celle de l'onde émise lorsque la source est en mouvement par rapport à l'observateur dans la direction qui les relie.

5. Passage d'une voiture devant un observateur.

2.2 Exemples d'expressions de décalage Doppler

Raisonnement à retenir

- Une source S émet des « bips » sonores (ou des « flashs » lumineux) de période T et se déplace à la vitesse de valeur constante v_S vers un observateur A immobile. On note v la célérité de l'onde : $v > v_S$ (DOC. 6).

Émission	Réception
$t = 0$: la source émet un premier bip. Elle est à la distance D de A.	$t = t_1$: le premier bip arrive en A. $t_1 = \frac{D}{v}$
$t = T$: la source émet un deuxième bip. Elle est à la distance $d = D - v_S T$ de A.	$t = t_2$: le deuxième bip arrive en A. $t_2 = T + \frac{d}{v} = T + \frac{(D - v_S T)}{v}$

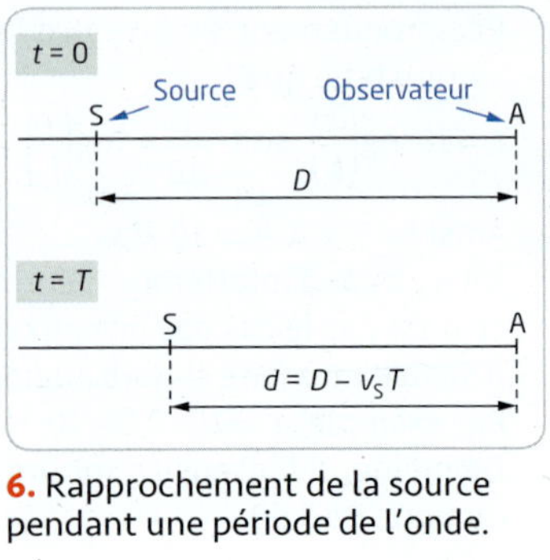

6. Rapprochement de la source pendant une période de l'onde.

- L'observateur A reçoit les bips sonores avec une période $T_A = t_2 - t_1$

$$T_A = T + \frac{(D - v_S T)}{v} - \frac{D}{v} = T \times \left(1 - \frac{v_S}{v}\right)$$

Avec $f = \frac{1}{T}$ la fréquence de l'onde reçue :

$$f_A = \frac{f}{\left(1 - \frac{v_S}{v}\right)} = \frac{f \times v}{(v - v_S)} \Rightarrow \Delta f = f_A - f = \frac{f \times v}{(v - v_S)} - f = f \times \frac{v_S}{(v - v_S)}$$

- Quand une source S s'approche d'un observateur A immobile, l'expression du **décalage Doppler** $\Delta f = f_A - f$ entre la fréquence f_A de l'onde reçue et la fréquence f de l'onde émise est :

$$\Delta f = f \times \frac{v_S}{(v - v_S)}$$

Unités SI :
Δf et f en Hz
v, célérité de l'onde en $m.s^{-1}$
v_S, valeur de la vitesse de la source en $m.s^{-1}$
avec $v_S < v$

- Si la source s'éloigne de l'observateur (DOC. 7) à une vitesse inférieure à la célérité de l'onde, on montre que $\Delta f = -f \times \frac{v_S}{(v + v_S)}$.

Lorsque la valeur de la vitesse de la source est négligeable devant la célérité de l'onde (ondes électromagnétiques par exemple), $v - v_S \approx v + v_S \approx v$.

Le décalage Doppler se simplifie sous la forme : $|\Delta f| = f \times \frac{v_S}{v}$.

Le décalage Doppler peut également s'exprimer en fonction de la longueur d'onde :

$$|\Delta\lambda| = \lambda \times \frac{v_S}{v}$$

Unités SI :
$\Delta\lambda$ et λ en m
v_S et v en $m \cdot s^{-1}$, avec $v_S < v$

HISTOIRE DES SCIENCES

Hippolyte Fizeau (1819-1896) montra en 1848 que la vitesse des étoiles était trop faible par rapport à la célérité de la lumière pour provoquer un changement de couleur des étoiles comme le pensait Christian Doppler (1803-1853) en 1842 mais que le décalage des raies spectrales permettait de calculer leur vitesse. En astrophysique, son nom est associé à celui de Doppler.

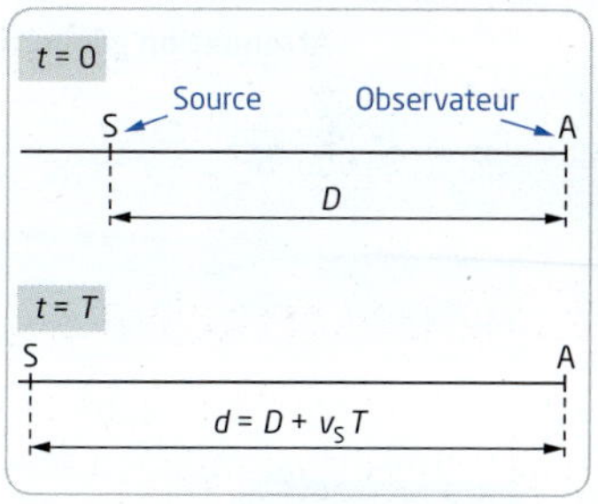

7. Éloignement de la source pendant une période de l'onde.

2.3 Applications de l'effet Doppler

L'effet Doppler est caractéristique des ondes. Il se manifeste avec des ondes mécaniques ou électromagnétiques comme la lumière.

- **En médecine**, le doppler sanguin permet de mesurer, à l'aide d'ondes ultrasonores, la valeur de la vitesse du sang pour détecter d'éventuels rétrécissements des veines ou des artères.

- **Dans la vie courante**, les radars routiers utilisent les ondes électromagnétiques pour mesurer la valeur de la vitesse des véhicules (DOC. 8).

- **En astrophysique**, l'effet Doppler a permis de découvrir que l'Univers est en expansion. Il est utilisé pour mesurer la vitesse radiale des étoiles (vitesse dans la direction de visée) et détecter des exoplanètes.
En astrophysique, c'est le décalage Doppler en longueur d'onde qui est utilisé.

8. L'onde émise par le radar et celle reçue après diffusion par le véhicule ont des fréquences décalées.

Retenir l'essentiel

ATTÉNUATIONS

Niveau d'intensité sonore

$$L = 10 \times \log \frac{I}{I_0}$$

Atténuation par absorption

Atténuation géométrique

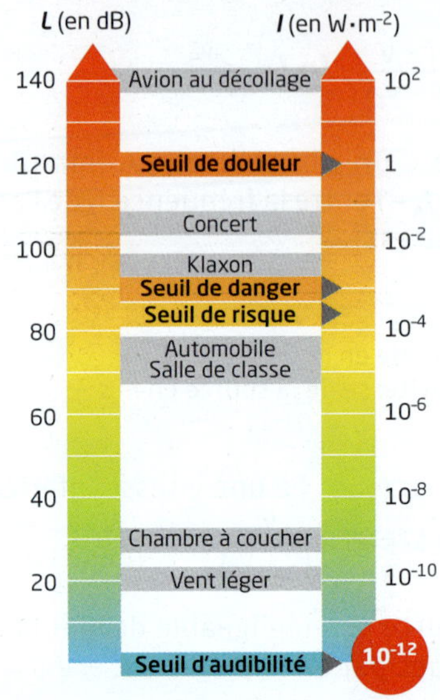

Intensité sonore

$$I = I_0 \times 10^{\frac{L}{10}}$$

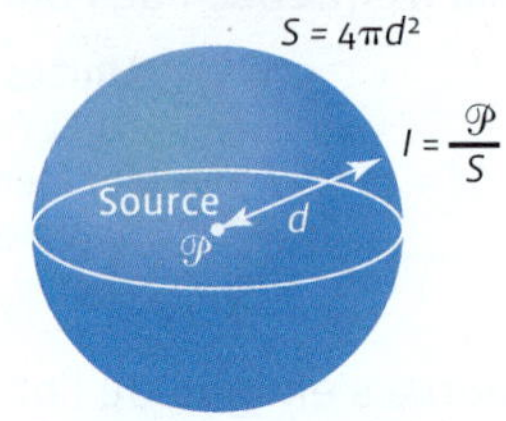

EFFET DOPPLER

Exemple

La source sonore se déplace à une vitesse $\vec{v_S}$

$f_{émise}$

La source sonore s'approche du récepteur.

$f_{reçue} > f_{émise}$

$\Delta f > 0$

Son reçu plus aigu

La source sonore s'éloigne du récepteur

$f_{reçue} < f_{émise}$

$\Delta f < 0$

Son reçu plus grave

Principe

Décalage de fréquence (Δf) ou de longueur d'onde ($\Delta\lambda$). Pour une source se déplaçant à la valeur de vitesse v_S et émettant une onde de célérité v :

$$\Delta f = f_{reçue} - f_{émise}$$

$$\frac{|\Delta f|}{f} = \frac{v_S}{(v \pm v_S)}$$

$$\frac{|\Delta f|}{f} = \frac{v_S}{v} \text{ pour } v_S \ll v$$

OU

$$\Delta\lambda = \lambda_{reçue} - \lambda_{émise}$$

$$\frac{|\Delta\lambda|}{\lambda} = \frac{v_S}{v} \text{ pour } v_S < v$$

Applications

Médecine : échographie (ondes ultra-sonores)

Contrôle routier : radar automatique (ondes électro-magnétiques)

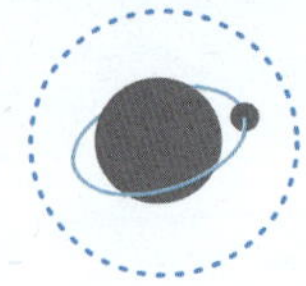

Astrophysique : détection d'exoplanètes (ondes électro-magnétiques)

5 min chrono !

Si vous ne trouvez pas la bonne réponse, reportez-vous au § de la synthèse des activités correspondant pour vous aider.

Indiquer la réponse exacte. QCM interactif

1 L'intensité sonore : ▶ §1

a. s'exprime en $W \cdot m^{-2}$. b. s'exprime en décibel (dB).

c. est sans unité.

2 Quand la distance entre la source sonore et le récepteur double, l'intensité sonore : ▶ §1

a. est divisée par 4 en première approximation.

b. est divisée par 2 en première approximation.

c. ne change pas.

3 L'intensité sonore I et le niveau d'intensité sonore L sont liés par l'expression : ▶ §1

a. $L = \log\left(\frac{I}{I_0}\right)$. b. $L = 10 \log I$. c. $L = 10 \log\left(\frac{I}{I_0}\right)$.

4 Quand l'intensité sonore double, le niveau d'intensité sonore augmente de 3 dB. Si le niveau d'intensité sonore augmente de 9 dB, l'intensité sonore est multipliée par : ▶ §1

a. 4. b. 6. c. 8.

5 $I_0 = 1{,}0 \times 10^{-12}\ W \cdot m^{-2}$ étant l'intensité sonore de référence, une intensité sonore $I = 1{,}0 \times 10^{-4}\ W \cdot m^{-2}$ correspond à un niveau sonore L de : ▶ §1

a. 40 dB. b. 60 dB. c. 80 dB.

6 L'atténuation d'une onde sonore en décibel (dB) est la diminution de : ▶ §1

a. sa fréquence. b. sa célérité.

c. son niveau d'intensité sonore.

7 L'atténuation géométrique dépend de : ▶ §1

a. la nature du milieu traversé.

b. la distance qui sépare la source du récepteur.

c. la fréquence de l'onde.

8 La caractéristique de l'onde reçue modifiée par effet Doppler par rapport à l'onde émise est : ▶ §2

a. sa fréquence.

b. son amplitude.

c. sa célérité.

9 Un décalage vers le rouge de la lumière reçue d'une étoile signifie que : ▶ §2

a. l'étoile se couche. b. l'étoile s'éloigne de la Terre.

c. la longueur d'onde de la lumière diminue.

10 La hauteur du son émis par une voiture semble plus élevée pour un piéton immobile sur le trottoir que pour un passager assis dans la voiture si la voiture : ▶ §2

a. est à l'arrêt. b. s'éloigne. c. se rapproche.

Corrigés p. 550

Contrôle technique !

11 Calculer un niveau d'intensité sonore

EXERCICE RÉSOLU

Calculer, en dB, le niveau d'intensité sonore L en un point où l'intensité sonore vaut $I = 5{,}0 \times 10^{-5}\ W \cdot m^{-2}$.

DONNÉE Intensité sonore de référence :
$I_0 = 1{,}0 \times 10^{-12}\ W \cdot m^{-2}$.

SOLUTION

Utilisons l'expression : $L = 10 \log\left(\frac{I}{I_0}\right)$

A.N. : $L = 10 \log\left(\frac{5{,}0 \times 10^{-5}\ W \cdot m^{-2}}{1{,}0 \times 10^{-12}\ W \cdot m^{-2}}\right) = 77$ dB.

APPLICATION • Sur le modèle de l'exercice résolu

Calculer le niveau d'intensité sonore L en un point où l'intensité sonore vaut $I = 2{,}0 \times 10^{-4}\ W \cdot m^{-2}$.

12 Exploiter un décalage Doppler

EXERCICE RÉSOLU

Déterminer la fréquence de l'onde sonore reçue par un observateur qui voit s'approcher une source émettant un La_3 ($f = 440$ Hz) à la vitesse $v_S = 34{,}0\ m \cdot s^{-1}$.

DONNÉES

- Célérité des ondes sonores $v = 340\ m \cdot s^{-1}$.
- Décalage Doppler de fréquence : $\Delta f = f \times \frac{v_S}{(v - v_S)}$.

SOLUTION

$\Delta f = f_{reçue} - f \Rightarrow f_{reçue} = \Delta f + f$

$f_{reçue} = 440\ Hz + 440\ Hz \times \frac{34{,}0\ m \cdot s^{-1}}{(340\ m \cdot s^{-1} - 34{,}0\ m \cdot s^{-1})}$

$f_{reçue} = 489$ Hz.

Le résultat est cohérent : $f_{reçue} > f_{émise}$

APPLICATION • Sur le modèle de l'exercice résolu

Répondre à la question de l'exercice précédent pour une source émettant un Mi_3 de fréquence $f = 330$ Hz.

DONNÉES POUR TOUS LES EXERCICES :
- Célérité de la lumière dans le vide ou dans l'air : $c = 3{,}00 \times 10^8\ \text{m} \cdot \text{s}^{-1}$.
- Célérité des ondes sonores dans l'air : $v = 340\ \text{m} \cdot \text{s}^{-1}$.
- Intensité sonore de référence : $I_0 = 1{,}0 \times 10^{-12}\ \text{W} \cdot \text{m}^{-2}$.
- Angström : $1\ \text{Å} = 1 \times 10^{-10}$ m.

Atténuations des ondes sonores

▶ § 1 de la synthèse des activités

EXERCICES RAPIDES

13 GRAND ORAL Réaliser un support visuel permettant de présenter oralement, en deux minutes maximum à l'ensemble de la classe, l'intensité sonore et le niveau d'intensité sonore.

14 Indiquer la valeur qui apparaît sur l'écran d'un sonomètre placé en un point où l'intensité sonore vaut $I = 4{,}0 \times 10^{-6}\ \text{W} \cdot \text{m}^{-2}$.

15 Une source de puissance sonore $\mathcal{P} = 0{,}20$ W émet de manière isotrope (pas de direction d'émission privilégiée). Calculer l'intensité sonore $I = \dfrac{\mathcal{P}}{4\pi d^2}$ et le niveau d'intensité sonore L en un point M situé à une distance $d = 2{,}0$ m de cette source, l'atténuation par absorption étant négligée.

16 GRAND ORAL Réaliser un support visuel permettant de présenter oralement, en deux minutes maximum à l'ensemble de la classe, les deux types d'atténuation.

17 Résoudre sans calculatrice

- En utilisant les propriétés de la fonction logarithme décimal, déterminer sans calculatrice le niveau d'intensité sonore L en un point où l'intensité sonore d'une source vaut $I = 5{,}0 \times 10^{-5}\ \text{W} \cdot \text{m}^{-2}$.

DONNÉES a et b étant des réels positifs :
- $\log(a \times b) = \log a + \log b$;
- $\log a^n = n \times \log a$;
- $\log 5{,}0 = 0{,}70$;
- $\log 10 = 1$.

18 Calculer l'intensité sonore du seuil de douleur

Le seuil de douleur d'un être humain est atteint pour un niveau d'intensité sonore $L = 120$ dB.

- Calculer l'intensité sonore correspondante.

DONNÉES
- $L = 10 \log\left(\dfrac{I}{I_0}\right)$.
- $y = \log x \Leftrightarrow x = 10^y$ avec $y \in \mathbb{R}$, $x \in \mathbb{R}^{+*}$.

19 Déterminer une intensité sonore

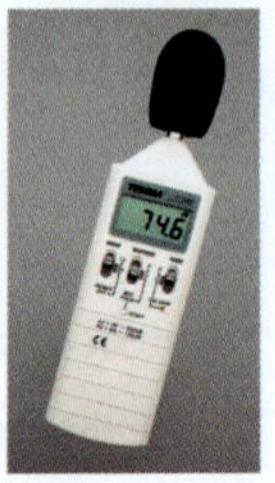

Un sonomètre placé à quelques mètres d'une source indique, en dB, le niveau d'intensité sonore ci-contre.

- Déterminer l'intensité sonore à l'endroit où se trouve le sonomètre.

20 Se mettre en sécurité

À une distance $d = 2{,}0$ m d'une enceinte, le niveau d'intensité sonore est $L = 110$ dB.

- Sachant que le niveau d'intensité sonore diminue de 6 dB à chaque fois que la distance entre la source et le récepteur double, indiquer à quelle distance minimale d' il faut se placer pour que le niveau d'intensité sonore soit inférieur à 85 dB.

21 Étudier l'atténuation géométrique

Des mesures de niveaux d'intensité sonore à différentes distances de trois enceintes ont permis de dresser le tableau suivant :

Distance (en m)	1,0	2,0	10,0
Enceinte 1	108 dB	102 dB	88 dB
Enceinte 2	94 dB	88 dB	74 dB
Enceinte 3	82 dB	76 dB	62 dB

a. Calculer, pour chaque enceinte, l'atténuation géométrique quand la distance passe de 1,0 m à 2,0 m puis quand elle passe de 1,0 m à 10,0 m.

b. Préciser si l'atténuation géométrique dépend du niveau d'intensité sonore de l'enceinte.

c. En utilisant les propriétés de la fonction logarithme, montrer que l'atténuation géométrique $A_{d_1 d_2}$ lorsqu'on passe d'une distance d_1 de la source sonore à une distance d_2 s'exprime par la relation : $A_{d_1 d_2} = 20 \log\left(\dfrac{d_2}{d_1}\right)$.

22 Assister à un mini-concert

Un « concert » est donné avec deux violons. Les niveaux d'intensité sonore L_1 et L_2 produits séparément par chacun des deux instruments sont mesurés à l'aide d'un sonomètre placé à 5 m des musiciens.
Les mesures donnent : $L_1 = 70$ dB et $L_2 = 76$ dB.

a. Déterminer les intensités sonores I_1 et I_2 correspondant respectivement à L_1 et L_2.

b. En déduire l'indication du sonomètre, placé à la distance $d = 5{,}0$ m des musiciens jouant simultanément.

c. Combien de violons, produisant chacun en un point un son de niveau sonore 70 dB, faudrait-il pour que le niveau d'intensité sonore résultant en ce point soit de 90 dB ?

Effet Doppler

▶ § 2 de la synthèse des activités

EXERCICES RAPIDES

23 GRAND ORAL Réaliser un support visuel permettant de présenter oralement, en deux minutes maximum à l'ensemble de la classe, les différentes manifestations de l'effet Doppler dans des domaines allant de l'astrophysique à la médecine en passant par la vie quotidienne.

24 Calculer la fréquence f_R de l'onde reçue par un radar contrôlant un véhicule s'approchant à la vitesse de valeur $v = 25\ m \cdot s^{-1}$.

DONNÉE Le décalage Doppler en fréquence est $|\Delta f| = 2f \times \frac{v}{c}$ avec une fréquence de l'onde émise $f = 24{,}125$ GHz.

25 La raie α du spectre d'émission de l'hydrogène, mesurée en laboratoire a une longueur d'onde $\lambda_\alpha = 656{,}28$ nm. Cette même raie a une longueur d'onde $\lambda' = 660{,}82$ nm lorsque le spectre étudié est celui de la Galaxie NGC 1357.
Justifier que la galaxie s'éloigne de la Terre et calculer la valeur de sa vitesse v dans la direction de visée.

DONNÉE Décalage Doppler relatif : $\frac{|\Delta\lambda|}{\lambda_\alpha} = \frac{v}{c}$.

26 Apprendre à rédiger

Un enfant immobile sur un trottoir regarde passer une ambulance, sirène en marche.
Il constate que le son de la sirène change lorsque la voiture passe devant lui.

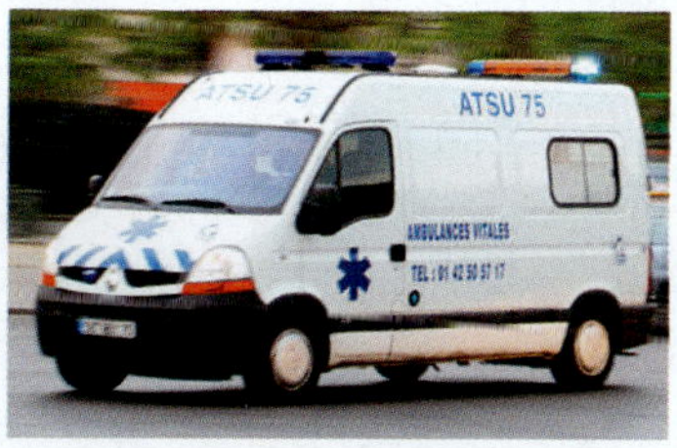

a. Décrire l'évolution des caractéristiques du son entendu par l'enfant et nommer l'effet correspondant.

Aide méthodologique

▶ Avant de citer l'effet observé, préciser le sens d'évolution de la hauteur et de l'intensité du son entendu et indiquer si le timbre est *a priori* modifié.

L'effet observé par l'enfant se traduit mathématiquement par l'expression $\frac{f_R}{f} = \frac{v}{(v \pm v_S)}$.

b. Préciser la signification de chacune des grandeurs de cette expression.

▶ Bien faire la différence entre f_R et f d'une part et célérité de l'onde et vitesse de la source d'autre part. Citer le référentiel d'étude.

c. Indiquer, en justifiant, à quelle situation correspond un signe + à la place du ± dans l'expression précédente.

▶ Comparer le numérateur et le dénominateur du membre de droite de cette égalité pour en déduire s'il est inférieur ou supérieur à un et conclure.

27 Construire une carte mentale

• L'étiquette centrale doit s'intituler :

Atténuations et effet Doppler

• Associer à l'étiquette centrale, par le moyen de votre choix, d'autres étiquettes comprenant au minimum les étiquettes suivantes :

Par absorption | $L = 10 \log \frac{I}{I_0}$ | **Décalage de fréquence**

S'AUTOÉVALUER

28 Déterminer une fréquence décalée

Une source sonore émet des «bips» avec une fréquence $f = 10$ Hz. Elle est initialement en un point O, milieu d'un segment [AB] = 34 m et se déplace, de A vers B avec une vitesse de valeur constante $v_S = 34\ m \cdot s^{-1}$.

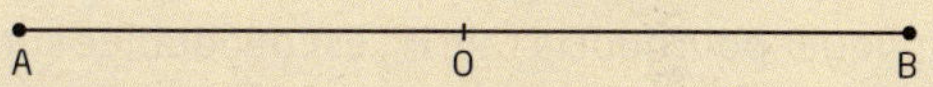

a. Déterminer la durée T qui sépare les émissions de deux bips consécutifs.

b. En déduire la distance d parcourue par la source pendant cette durée.

c. Préciser à quelle date t_{1B} le premier bip émis à l'instant de date $t = 0$ arrive au point B. Puis préciser à quelle date t_{2B}, le deuxième bip arrive au point B.

d. Calculer la fréquence f_B avec laquelle un observateur placé en B reçoit les bips.

e. Nommer le phénomène correspondant à ce décalage de fréquence et en citer quelques applications.

INDICATEURS DE RÉUSSITE	NIVEAU A	B	C	D
CONNAÎTRE				
• Les relations $f = \frac{1}{T}$ et $d = v\Delta t$ sont connues. • Le phénomène est nommé et les applications citées.				
ANALYSER-RAISONNER				
Les dates d'arrivée de deux bips consécutifs sont exploitées pour calculer la fréquence f_B.				
RÉALISER				
Les calculs analytiques et numériques sont correctement effectués.				

EXO **Exercices supplémentaires**

EXERCICE RÉSOLU ET COMMENTÉ

29 Étudier une binaire spectroscopique

ÉNONCÉ

Une binaire spectroscopique est un système de deux étoiles qui tournent autour du centre d'inertie de l'ensemble (schéma ci-dessous). Seule l'étude du spectre permet de les distinguer d'une étoile seule.

DONNÉE L'expression du décalage Doppler est : $|\Delta\lambda| = \frac{v}{c} \times \lambda$.

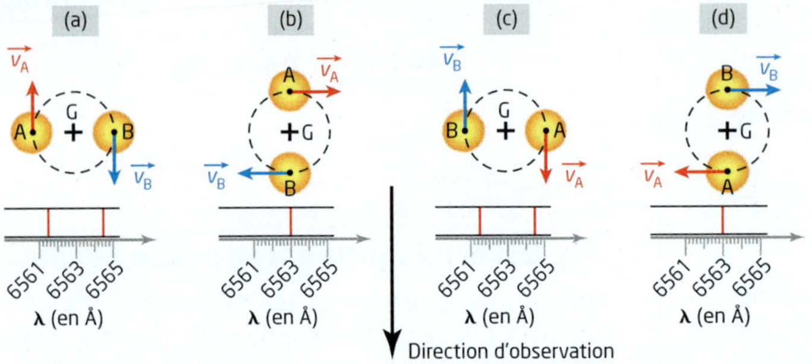

On s'intéresse à la raie α du spectre de l'hydrogène (raie H_α). Au laboratoire, sa longueur d'onde est $\lambda_\alpha = 656{,}3$ nm.

a. Expliquer pourquoi la raie H_α est dédoublée sur les spectres des schémas (a) et (c).

b. Calculer la valeur du décalage Doppler en longueur d'onde et en déduire la valeur commune de la vitesse des deux étoiles.

▲ Au télescope, rien ne distingue une étoile seule d'une binaire spectroscopique.

UNE SOLUTION

a. Sur le schéma (a), l'étoile A s'éloigne de la Terre. La raie H_α du spectre de la lumière émise par cette étoile est décalée vers les grandes longueurs d'onde. Au contraire, l'étoile B s'approche : la raie H_α est donc décalée vers les petites longueurs d'onde, ce qui explique qu'on observe deux raies sur les spectres correspondants.

b. En valeur absolue, le décalage Doppler est le même pour les deux étoiles puisqu'elles se déplacent avec la même vitesse. La distance qui sépare les deux raies sur les schémas (a) et (c) est donc égale à $2|\Delta\lambda|$.

A.N. : $2|\Delta\lambda| = 656{,}45 \text{ nm} - 656{,}15 \text{ nm} = 0{,}30 \text{ nm} \Rightarrow |\Delta\lambda| = 0{,}15 \text{ nm}$.

En utilisant l'expression du décalage Doppler $|\Delta\lambda| = \frac{v}{c} \times \lambda$, il vient : $v = c \times \frac{|\Delta\lambda|}{\lambda}$

A.N. : $v = 3{,}00 \times 10^8 \text{ m} \cdot \text{s}^{-1} \times \frac{0{,}15 \text{ nm}}{656{,}3 \text{ nm}} = 6{,}9 \times 10^4 \text{ m} \cdot \text{s}^{-1}$.

S'APPROPRIER
Observer les directions et les sens des vecteurs vitesse des étoiles.

ANALYSER-RAISONNER
Utiliser l'effet Doppler pour interpréter un décalage de longueur d'onde.

RÉALISER
- Utiliser des unités adaptées pour pouvoir les simplifier.
- Écrire les unités dans les étapes intermédiaires peut être utile mais ce n'est pas obligatoire. L'unité est par contre indispensable dans l'écriture finale du résultat.

APPLICATION Sur le modèle de l'exercice résolu

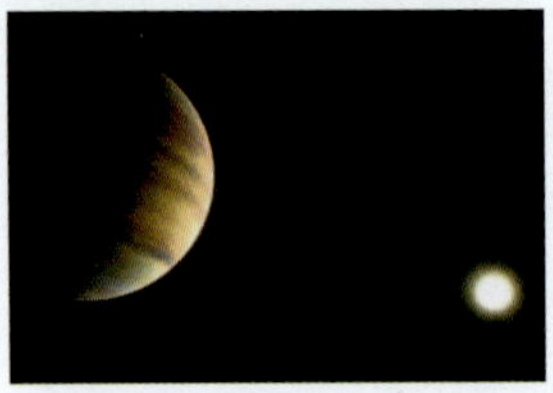

▲ Michel Mayor et Didier Queloz ont reçu le prix Nobel de Physique 2019 pour leur découverte de la première exoplanète en 1995.

30 Détecter une exoplanète

Lorsqu'une planète gravite autour d'une étoile, le couple étoile-exoplanète tourne autour du centre d'inertie de l'ensemble. Si le plan de révolution n'est pas perpendiculaire à la direction d'observation, l'étoile s'approche et s'éloigne périodiquement de la Terre.

Pour la raie α du spectre de l'hydrogène (raie H_α), la longueur d'onde de la lumière reçue d'une étoile varie entre 656,18 nm et 656,38 nm alors qu'au laboratoire, elle vaut $\lambda_\alpha = 656{,}28$ nm.

a. Justifier que l'étoile observée n'est pas immobile par rapport à la Terre, mais a bien, au cours du temps, un mouvement dans la direction d'observation.

b. Calculer le décalage Doppler en longueur d'onde puis en déduire la valeur de la vitesse avec laquelle l'étoile tourne sur son orbite autour du centre d'inertie de l'ensemble.

EXERCICE RÉSOLU ET COMMENTÉ

31 Calculer un niveau d'intensité sonore

ÉNONCÉ

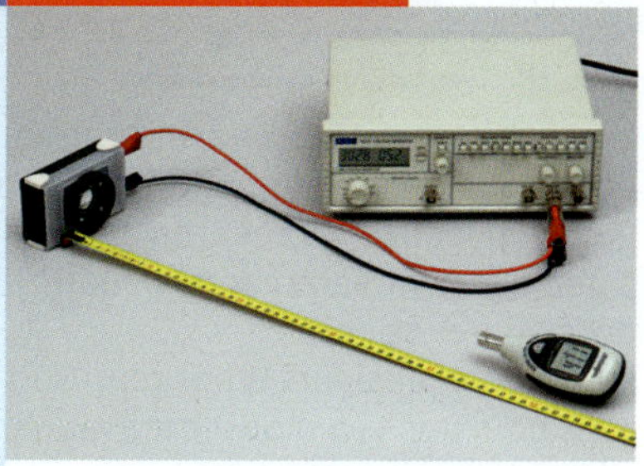

Au cours d'une séance de travaux pratiques, des élèves étudient le niveau d'intensité sonore à différentes distances d'une source. Ils disposent pour cela d'un haut-parleur relié à un GBF, d'un sonomètre et d'un mètre ruban. Après avoir mesuré le niveau d'intensité sonore $L_1 = 85$ dB à 1,0 m du haut-parleur, ils s'éloignent et font une mesure $L_2 = 83$ dB à une distance de 2,0 m.

DONNÉE Relation entre l'intensité sonore I et la surface d'aire S sur laquelle la puissance $\mathcal{P}$ de la source se répartit : $I = \frac{\mathcal{P}}{S}$ (voir schéma ci-contre) ; log 2 = 0,3.

a. La source est supposée isotrope (pas de direction privilégiée). Montrer, par le calcul, que le niveau d'intensité sonore devrait diminuer de 6 dB lorsque la distance à la source double.

b. En plus de l'isotropie de la source, quelle hypothèse implicite fait-on pour affirmer que le niveau d'intensité sonore diminue de 6 dB lorsque la distance est multipliée par deux ?

c. Les élèves décident de refaire l'expérience en extérieur, en terrain dégagé, et mesurent $L'_2 = 81$ dB à 2,0 m de la source pour un même niveau d'intensité sonore L_1 à 1,0 m. Que peuvent-ils en déduire ?

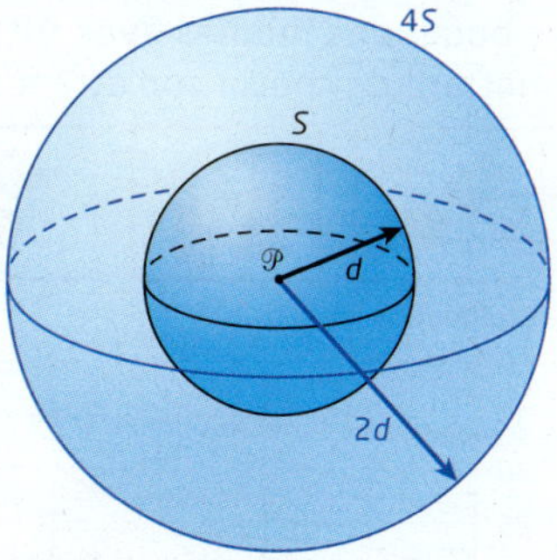

UNE SOLUTION

a. Soit L le niveau d'intensité sonore à la distance d et L' le niveau d'intensité sonore à la distance $d' = 2d$.

Nous pouvons écrire : $L = 10\log\left(\frac{\mathcal{P}}{4\pi d^2 I_0}\right)$ et $L' = 10\log\left(\frac{\mathcal{P}}{4\pi d'^2 I_0}\right)$

$L' = 10\log\left(\frac{\mathcal{P}}{4\pi(2d)^2 I_0}\right) = 10\log\frac{\mathcal{P}}{4\pi d^2 I_0 \times 4}$

Il vient : $L' = 10\left(\log\left(\frac{\mathcal{P}}{4\pi d^2 I_0}\right) - \log 4\right) = L - 10\log 4 = L - 10\log 2^2 = L - 20\log 2$

$L' = L - 20 \times 0{,}3 = L - 6$.

Le niveau d'intensité sonore diminue bien de 6 dB lorsque la distance entre la source sonore et le récepteur est multipliée par deux.

b. On fait sans le dire l'hypothèse qu'il n'y a pas d'atténuation par absorption par le milieu de propagation ou de réflexion sur les obstacles comme la paillasse, les murs, le plafond et les différents objets présents dans une salle de travaux pratiques.

c. En terrain dégagé, l'hypothèse précédente n'est pas davantage vérifiée car il reste la réflexion sur le sol. Il se peut également que la direction dans laquelle se trouve le sonomètre soit privilégiée par rapport à d'autres directions.

S'APPROPRIER Bien repérer les grandeurs utiles et leur attribuer un symbole.

RÉALISER Un calcul littéral permet d'établir la relation quelle que soit la valeur du niveau d'intensité sonore.

RÉALISER La fonction logarithme décimal a des propriétés communes avec la fonction logarithme népérien : $\log\left(\frac{a}{b}\right) = \log a - \log b$ et $\log a^n = n \log a$.

ANALYSER-RAISONNER Mobiliser les types d'atténuation pour expliquer les diminutions de L et envisager d'autres phénomènes pour expliquer une atténuation moins importante que prévue.

APPLICATION Sur le modèle de l'exercice résolu

▲ La propagation des ondes sonores dans l'eau permet aux dauphins de communiquer entre eux.

32 Raisonner avec les niveaux d'intensité sonore

Les signaux sonores se propagent dans l'air et plus généralement dans les milieux matériels comme l'eau de mer.

a. En précisant les hypothèses effectuées, montrer que le niveau d'intensité sonore peut diminuer de 20 dB si la distance entre la source et le sonomètre est multipliée par dix.

b. Dans l'eau de mer, pour un signal sonore de fréquence de 10^3 Hz, l'atténuation par absorption est de 10^{-1} dB·km^{-1}. Montrer que l'atténuation par absorption à cette fréquence est négligeable par rapport à l'atténuation géométrique.

33 Utiliser l'atténuation par absorption

APP Rechercher et organiser l'information
RÉA Effectuer des procédures courantes

Lorsqu'on part assister à un concert, il est préférable de ne pas oublier ses protections acoustiques pour se protéger de niveaux sonores trop élevés surtout si le concert a lieu dans une salle car on peut difficilement s'éloigner de la source sonore.
Il en existe plusieurs types représentés ci-dessous :
- les bouchons en mousse (en jaune)
- les casques (en rouge)
- les bouchons linéaires moulés (en bleu)
- les bouchons moulés avec filtre incorporé (en vert) permettant de choisir son atténuation : 9, 15, 25 dB...

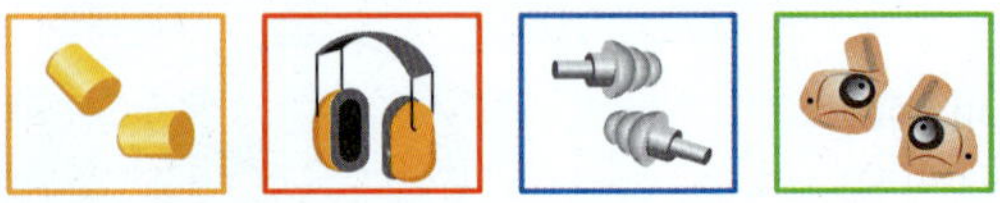

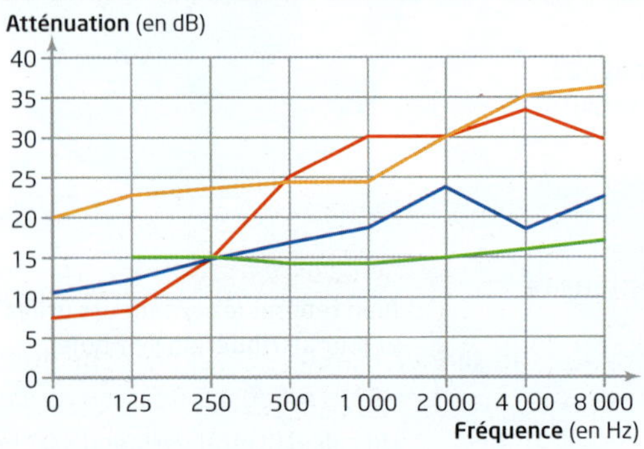

Le graphe ci-dessus indique l'atténuation A en dB de chacune de ces protections en fonction de la fréquence f de la source sonore.

a. Indiquer s'il s'agit d'une atténuation géométrique ou d'une atténuation par absorption.

b. Déterminer la fréquence pour laquelle trois des quatre protections produisent la même atténuation.

c. Expliquer pourquoi le casque est la pire des protections à utiliser quand on va à un concert.

d. Justifier qu'il faut préférer les bouchons avec filtre incorporé en choisissant correctement le filtre.

34 Reculer en toute sécurité

COM Présenter une démarche de manière augmentée, synthétique et cohérente

Les voitures récentes sont équipées d'un dispositif qui émet des bips sonores quand le véhicule recule. La fréquence des bips augmente quand on s'approche du véhicule à l'arrêt situé derrière.

• Justifier avec deux arguments qu'il ne s'agit pas d'un effet Doppler.

35 Calculer un rapport d'énergie

RÉA Effectuer des procédures courantes (calculs)

L'indice d'affaiblissement acoustique R d'un matériau, exprimé en dB caractérise la « résistance » de 1 m^2 d'une paroi constituée de ce matériau au passage du bruit.

Il est défini par : $R = 10 \log\left(\dfrac{\mathscr{E}_{\text{incidente}}}{\mathscr{E}_{\text{transmise}}}\right)$, $\mathscr{E}_{\text{incidente}}$ et $\mathscr{E}_{\text{transmise}}$ étant les énergies mesurées de chaque côté de la paroi.

• Calculer le rapport d'énergie $\dfrac{\mathscr{E}_{\text{incidente}}}{\mathscr{E}_{\text{transmise}}}$ lorsque l'indice d'affaiblissement acoustique est égal à 50.

36 Vitesse de fuite de la galaxie NGC 3627

APP Rechercher et organiser l'information
RÉA Utiliser un modèle • Effectuer des procédures courantes

La figure ci-dessous représente une petite partie du spectre d'émission de la galaxie NGC 3627 (NGC signifie *New General Catalogue*).
Sur ce spectre figurent la raie α de la lumière émise par l'hydrogène de la galaxie ainsi que la même raie obtenue au laboratoire avec une lampe à hydrogène et le même spectroscope.

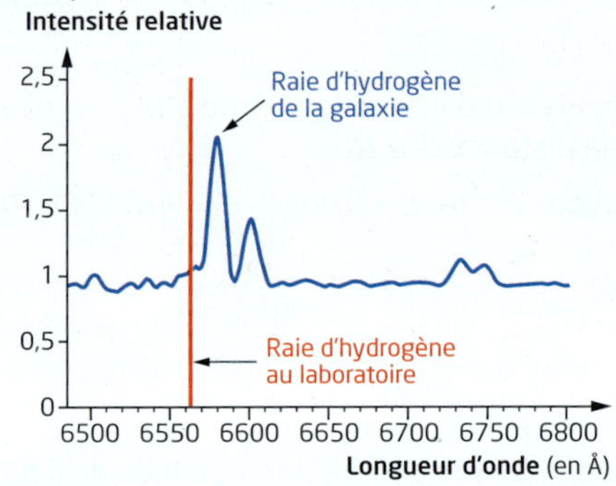

a. Justifier le fait que les deux raies ne soient pas superposées.

b. Déterminer si la galaxie NGC 3627 s'éloigne ou se rapproche de la nôtre.

c. À partir de l'expression du décalage Doppler de longueur d'onde, calculer la valeur de la vitesse de cette galaxie dans un référentiel lié à la nôtre.

MÉTIERS ET ORIENTATION

GRAND ORAL

L'**ingénieur(e) en imagerie médicale** conçoit les logiciels des appareils médicaux (scanners, échographes, Doppler, IRM, etc.) permettant d'apporter une aide essentielle au diagnostic médical. Pour cela l'ingénieur(e) utilise des algorithmes de seuillage, de reconnaissance de formes, de reconstruction, de rendu afin d'obtenir une image claire par ordinateur.
Formation : Bac + 5 : master ou diplôme d'ingénieur en imagerie médicale, biotechnologie et biomédecine, biotechnologie, informatique, électronique...
• Préparer une présentation orale de trois minutes sur un projet de poursuite d'études et/ou professionnel dans ce domaine (→ **Fiche Bac**, p. 513)

DIFFÉRENCIATION

37 ✱✱ Rendement d'une enceinte

RÉA Mettre en œuvre les étapes d'une démarche • Effectuer des procédures courantes (calculs)

Pour déterminer le rendement de leurs enceintes deux élèves empruntent un sonomètre au laboratoire de leur lycée et mesurent le niveau d'intensité sonore à 10 m des enceintes. Ils obtiennent 80 dB. Ils ont lu sur Internet que le rendement d'une enceinte s'exprime en $dB \cdot W^{-1} \cdot m^{-1}$: c'est le niveau d'intensité sonore à 1,0 m des enceintes lorsque la puissance électrique est égale à $\mathcal{P}_{élec} = 1{,}0$ W.

DONNÉE $I = \frac{\mathcal{P}}{4\pi d^2}$.

a. Calculer le niveau d'intensité sonore L à 1,0 m des enceintes.

b. Sachant que la puissance électrique au niveau des haut-parleurs est $\mathcal{P}_{HP} = 16$ W, en déduire le rendement des enceintes.

■ *Aides à la fin du manuel.*

38 Radar routier

APP Rechercher et organiser l'information **RÉA** Utiliser un modèle

Les radars fixes installés au bord des routes mesurent la vitesse des véhicules par effet Doppler et prennent une photo si la vitesse enregistrée est supérieure à la vitesse autorisée. Les ondes utilisées sont des ondes électromagnétiques de fréquence $f = 34{,}0$ GHz.

La voiture ne constitue pas une source en mouvement car elle n'émet pas d'ondes électromagnétiques. Elle diffuse les ondes émises par le radar.

Les radars sont installés de telle sorte que l'angle α entre la direction de visée et l'axe de la route soit égal à 25° (la valeur de α est ajustée lors de l'installation). Dans ces conditions, le décalage de fréquence due à l'effet Doppler se calcule grâce à l'expression : $|\Delta f| = 2\cos\alpha \times f \times \frac{v}{c}$.

a. Un véhicule passe devant le radar à 98 $km \cdot h^{-1}$ alors que la vitesse est limitée à 90 $km \cdot h^{-1}$.
Calculer $|\Delta f|$ pour ces deux valeurs de vitesses.

b. Un radar identique a été mis en place sur une route voisine pour effectuer le même contrôle de vitesse. Lors de l'installation, la valeur de l'angle α n'a pas été respectée : 9° au lieu de 25°.
Indiquer en quoi cela pose un problème.

39 ✱ Record de vitesse sur rail

APP Rechercher et organiser l'information
RÉA Mettre en œuvre les étapes d'une démarche

Jusqu'au 22 avril 2015, le TGV détenait le record du monde de vitesse sur rail avec une vitesse de valeur égale à 574,8 $km \cdot h^{-1}$.

Le jour du record, le 3 avril 2007, un technicien se tient près de la voie et constate, lorsque le train passe en klaxonnant, que la fréquence du son qu'il perçoit est deux fois plus élevée quand le train s'approche que lorsqu'il s'éloigne.

Le décalage Doppler en fréquence à l'approche du train roulant à une vitesse de valeur constante v_S en direction d'un observateur immobile est tel que : $|\Delta f| = f \times \frac{v_S}{v - v_S}$, v étant la célérité des ondes sonores.

a. Démontrer que $|\Delta f| = f \times \frac{v_S}{v + v_S}$ lorsque le train s'éloigne.

b. Calculer la valeur de la vitesse du train lors de son passage devant le technicien.

40 ✱ Retour sur l'ouverture du chapitre

ANA-RAI Formuler des hypothèses **VAL** Faire preuve d'esprit critique

À 200 mètres d'un avion au décollage, le niveau d'intensité sonore est proche de $L_a = 125$ dB.
Quand un étourneau chante, on estime que le niveau d'intensité sonore à un mètre de l'oiseau est de $L_e = 60$ dB.

a. Déterminer le nombre d'étourneaux qu'il faudrait dans une nuée pour atteindre le niveau d'intensité sonore d'un avion si la nuée se trouve en moyenne à 200 mètres du lieu d'écoute.

b. Une nuée d'étourneaux compte environ un million d'oiseaux. Doit-on porter un casque antibruit pour admirer leur ballet ?

41 In English please

VAL Effectuer des tests de vraisemblance

Stars have colors related to their surface temperature. Betelgeuse, for example, from Orion's constellation is red while Rigel is blue. In the nineteenth century, the Austrian physicist Christian Doppler (1803 - 1853) thought that the color of stars was due to their movement: red stars move away from Earth, while blue ones approach Earth and yellows don't move. The eye is considered capable of detecting a color's change if the wavelength shift is at least 50 nm.

a. By choosing an average wavelength of the white light spectrum $\lambda = 550$ nm, calculate the value v of the speed with which a star must move away from Earth so that the color change is visible.

b. In reality, Rigel and Betelgeuse move away from Earth with a speed value close to $v' = 21\ \text{km}\cdot\text{s}^{-1}$. Does the value of the speed of these stars play a role in their color?

c. Calculate the Doppler shift $\Delta\lambda$ for 550 nm.

42 ✱ Sensibilité de l'oreille humaine

APP Rechercher et organiser l'information
ANA-RAI Formuler des hypothèses

L'oreille humaine perçoit les sons dont la fréquence est comprise entre 20 Hz et 20 000 Hz mais sa sensibilité dépend de la fréquence. C'est vers 3 000 Hz que l'oreille a la sensibilité maximale comme le montre le diagramme, dit de Fletcher, représenté ci-dessous.

Un instrument de musique produit une note avec un niveau d'intensité sonore L = 90 dB à la distance $d = 1{,}0$ m de l'instrument. On suppose que l'émission est isotrope et que le son émis est pur.

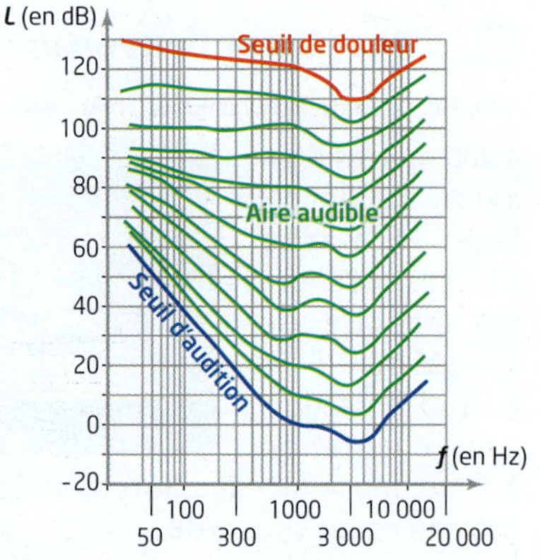

a. Déterminer à quelle distance de l'instrument cette note peut être entendue si sa fréquence est $f_1 = 200$ Hz.

b. Même question une fréquence $f_2 = 90$ Hz.

c. Déterminer combien il faut *a priori* d'instruments identiques pour que la note de fréquence f_2 soit entendue à la même distance que la note de fréquence f_1.

43 Une expérience historique

HISTOIRE DES SCIENCES

APP Rechercher et organiser l'information
RÉA Faire des prévisions à l'aide d'un modèle

DOCUMENT

3 juin 1845 : trois musiciens, installés dans un wagon découvert, accordent leurs cornets à pistons, et plusieurs groupes d'observateurs, dotés de l'oreille absolue sont disséminés à des intervalles bien déterminés le long de la voie. Dès que le train atteindra sa vitesse maximale, soit plus de 70 km/h, les musiciens joueront, à l'unisson et aussi fort que possible, de façon à couvrir le bruit de la locomotive, un *la* dont les observateurs placés le long de la voie tenteront d'estimer l'altération, en demis et quarts de ton, sous l'effet de la vitesse.
L'expérience donnera les résultats que tout le monde attendait. À fond sur sa locomotive, Buys Ballot démontra – avec quel panache ! – ce que chacun tenait pour acquis.

D'après Nicolas Witkowski, *Une histoire sentimentale des sciences*, Éditions du Seuil, 2003. The experiment "Sonar".

DONNÉE Dans la gamme tempérée, l'écart d'un demi-ton entre deux notes correspond à une variation relative de fréquence d'environ 6 %.

a. Indiquer le nom du phénomène que cherche à mettre en évidence Buys Ballot dans cette expérience.

b. Expliquer en quoi ce phénomène consiste et comment l'expérience doit permettre de le vérifier.

c. Lorsque la locomotive est en approche à la vitesse v_L, le son perçu est plus aigu que celui émis et le niveau d'intensité sonore augmente.
Parmi les relations **(1)** et **(2)** ci-dessous, indiquer celle qui lie la fréquence f de l'onde émise par les musiciens à la fréquence f_{Obs} de l'onde perçue par les observateurs lorsque la locomotive s'approche d'eux à la vitesse v_L.

(1) $f_{Obs} = f \times \dfrac{v}{v - v_L}$. **(2)** $f_{Obs} = f \times \dfrac{v}{v + v_L}$.

d. En supposant que la note jouée par les musiciens soit l'une des notes présentées dans le tableau ci-dessous, justifier que l'expérience donne un résultat concluant.

Note	Ré$_3$	Mi$_3$	Fa$_3$	Sol$_3$	La$_3$
Fréquence (en Hz)	294	330	349	392	440

44 ✱ Doppler sanguin

RÉA Utiliser un modèle **VAL** Identifier des sources d'erreurs

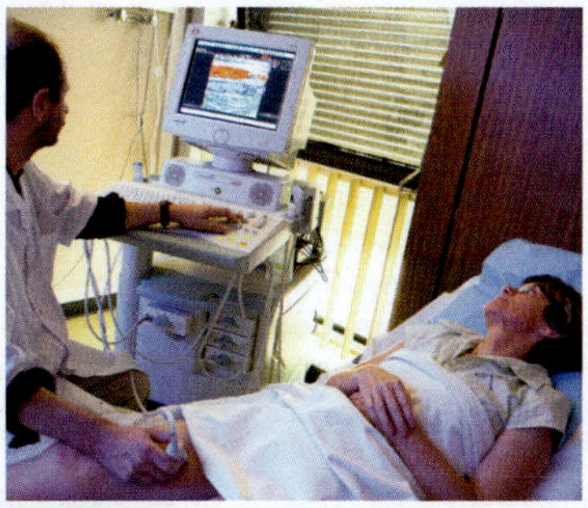

Le Doppler sanguin est un examen couramment pratiqué en milieu hospitalier. Il permet d'étudier le flux sanguin dans les artères et les veines dans le but de détecter la présence éventuelle d'un obstacle comme une plaque d'athérome pour les personnes qui souffrent d'un excès de cholestérol.

La sonde utilisée est munie d'un émetteur ultrasonore de fréquence $f_E = 4{,}0$ MHz et d'un récepteur qui capte le signal réfléchi par les globules rouges et mesure sa fréquence f_R.

Dans ces conditions, le décalage Doppler en fréquence est donné par la relation :

$\Delta f = f_E - f_R = 2\cos\alpha\, f_E \times \frac{v_G}{v}$ dans laquelle v_G est la valeur de la vitesse des globules rouges et v la célérité des ondes ultrasonores dans le sang.

DONNÉES

- $v_L = 1540\ \text{m}\cdot\text{s}^{-1}$.
- Si v_L est la valeur de la vitesse d'écoulement d'un fluide incompressible dans une canalisation de section droite S, la conservation du débit impose que le produit de v_L par S est constant, soit $\frac{v_{L_1}}{v_{L_2}} = \frac{S_2}{S_1}$: la vitesse est d'autant plus grande que la section de la canalisation est petite.

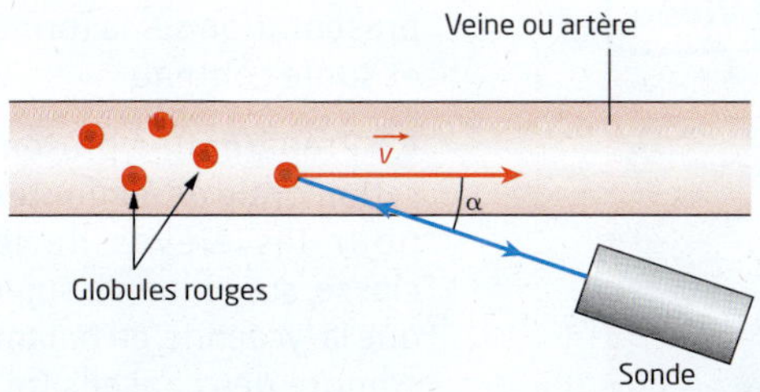

a. Au cours d'un examen, le décalage Doppler en fréquence mesuré est $\Delta f = 5{,}0$ kHz pour un angle $\alpha = 20°$. Calculer la vitesse du sang dans la veine.

b. Comme tous les liquides, le sang est incompressible. Justifier que la mesure de la valeur de la vitesse du sang en différents endroits de la même veine permet de détecter un obstacle comme une plaque d'athérome.

c. L'angle α est un paramètre important. Il n'est pas connu avec une grande précision et doit être inférieur à 60° pour réaliser une mesure de vitesse.
Justifier que le Doppler sanguin ne peut pas être pratiqué sur des veines ou des artères qui ne sont pas proches de la peau.

d. Calculer l'écart sur la vitesse mesurée si l'angle α varie entre 20° et 30°. Conclure.

45 ✱ Rotation du noyau d'une galaxie

APP Rechercher et organiser l'information • Représenter la situation par un schéma **RÉA** Mettre en œuvre les étapes d'une démarche • Effectuer des procédures courantes (calculs)

Le document **a** ci-dessous représente une partie du spectre de raies d'émission de la lumière émise par la galaxie NGC7083. La fente du spectroscope utilisé est dans le plan équatorial de la galaxie.

Le document **b** est un agrandissement de la zone située au voisinage du centre d'une raie. On y distingue clairement les pixels mais surtout, contrairement au spectre d'émission habituel comme celui d'une lampe à vapeur d'hydrogène, les raies sont inclinées. Ceci est dû au fait que le noyau de la galaxie est en mouvement de rotation.

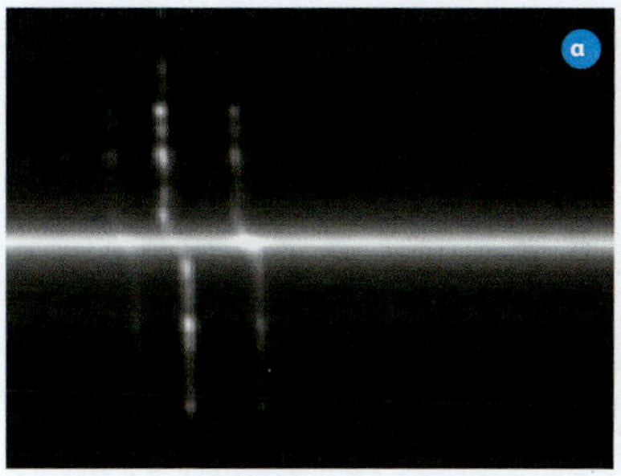

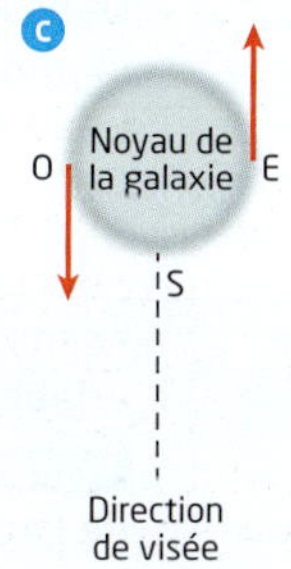

En effet, certains des points de la galaxie, comme le point O sur document **c**, s'approchent de la Terre pendant que d'autres, tels que E, s'en éloignent. Le point S n'a lui aucun mouvement suivant la direction de visée. Du fait de l'effet Doppler, les parties de raies d'émission correspondant à O se décalent dans un sens tandis que celles correspondant à E se décalent dans l'autre sens. Il s'en suit une inclinaison des raies dans leur ensemble.

Sur les documents **a** et **b**, la longueur d'onde augmente de gauche à droite et l'échelle horizontale est de 0,099 nm par pixel. La valeur de la longueur d'onde au centre de la raie observée là où le décalage est nul sur le document **a** est de $\lambda = 658{,}4$ nm.

a. Établir l'expression du décalage Doppler relatif en longueur d'onde : $\frac{|\Delta\lambda|}{\lambda} = \frac{v}{c}$.

b. Dans la situation du document **c**, la partie supérieure du spectre du document **b** correspond-elle à la lumière émise par O, S ou E ? Même question pour la partie centrale.

c. Estimer la longueur d'onde λ' de la raie en bordure supérieure du spectre du document **b**.

d. En déduire, dans le référentiel terrestre, la valeur v de la vitesse du point O suivant la direction de visée.

Exercices TRAVAILLER UNE MÉTHODE

GRAND ORAL

46 Communiquer oralement sans note et sans support visuel

Un élève cherche à expliquer en trois minutes comment l'effet Doppler permet de détecter une exoplanète.

RESSOURCES
- Animation de l'étape 1
- Vidéo de l'étape 2

ÉTAPE 1 S'approprier le sujet à l'écrit

La technique de détection d'une exoplanète grâce à l'effet Doppler ne se fonde pas sur l'observation directe de la planète, mais sur la conséquence de son existence sur le mouvement de l'étoile autour de laquelle elle gravite : un mouvement périodique de son centre.

Le spectre de la lumière émise par une étoile est un spectre continu coupé par des raies sombres. Ces raies proviennent de l'absorption de certains rayonnements par l'atmosphère de l'étoile. Lorsque l'étoile s'approche ou s'éloigne de la Terre, ces raies sont décalées par effet Doppler, de la même façon que les raies brillantes d'un spectre de raies d'émission.

Pour s'approprier un sujet à l'écrit :
- consulter avec attention les documents de présentation (texte, animation, schéma, etc.) ;
- relever les informations essentielles ;
- relier celles-ci à des connaissances et en vérifier la cohérence.

Animation

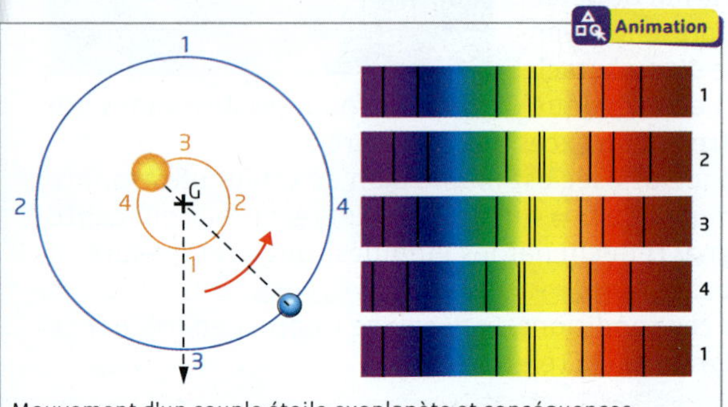

Mouvement d'un couple étoile-exoplanète et conséquences sur le spectre de l'étoile.

ÉTAPE 2 S'approprier le sujet avec une présentation orale

Dans la vidéo disponible sur le site sirius.nathan.fr, une lycéenne explique oralement comment l'effet Doppler permet de détecter une exoplanète, avec le cahier des charges suivant.

▸ Forme de la présentation orale
- durée : 3 minutes ;
- sans note ni support visuel ;
- debout, face à une caméra.

Remarque La caméra joue le rôle de l'auditoire.

▸ Maîtrise du discours
- présentation claire et audible ;
- présentation structurée et rigoureuse (vocabulaire scientifique adéquat).

Vidéo

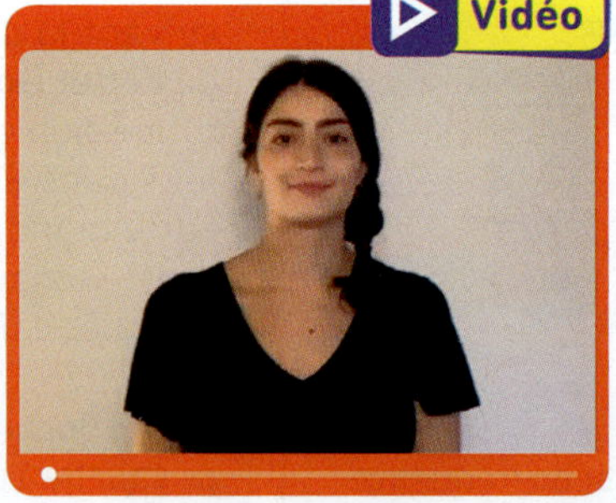

Questions

1 Visionner la vidéo de la présentation orale de la lycéenne et dresser une liste de conseils à lui donner pour améliorer sa présentation sur la forme et sur le contenu.

2 Préparer une présentation orale de 3 minutes pour les élèves de la classe, sur le même sujet que la lycéenne, en tenant compte des conseils formulés.

Astuces !

▸ Pour s'exprimer oralement
- Regarder son auditoire.
- Ancrer ses pieds dans le sol.
- Illustrer son propos avec ses mains (une parole = un geste), sans exagérer.
- Articuler et réguler le débit.
- « Respirer ».

▸ Pour mémoriser le discours
- Organiser son espace d'étude.
- Relever les mots essentiels.
- Préparer des fiches ou cartes mentales.
- Concevoir un plan.

MÉTIERS ET ORIENTATION

L'**astrophysicien(ne)** est un(e) chercheur(se) qui confronte les résultats de ses observations à ce que prévoit la théorie, pour comprendre la nature des astres et expliquer leur évolution. Trois statuts professionnels possibles : enseignant-chercheur à l'université ; chercheur au CNRS ; astronome dans un observatoire.
Formation : Bac + 8 pour obtenir un doctorat en astrophysique.

47 Le cor des Alpes

RÉSOLUTION DE PROBLÈME | ARTS

S'APPROPRIER | ANALYSER-RAISONNER | RÉALISER | COMMUNIQUER

Chaque année, au mois de juillet, se déroule le festival international du cor des Alpes à Haute Nendaz, en Suisse. Cet instrument folklorique était jadis utilisé par les bergers pour communiquer entre eux.

DOC. 1 Un instrument à vent : le cor des Alpes

Lorsque l'on souffle dans un cor des Alpes pour la première fois, il semble impossible d'en sortir un seul son harmonieux. Mais avec un peu de pratique, on peut apprendre à produire jusqu'à vingt-deux notes, ceci sans utiliser ni valve ni bouton. La gamme de notes réalisable sur cet instrument dépend d'abord de sa géométrie, puis du talent de celui qui en joue. Les premiers cors des Alpes (XIVe siècle) étaient traditionnellement utilisés par les gardiens de troupeaux pour communiquer entre eux sur des distances d'une dizaine de kilomètres. Cet instrument de la famille des cuivres est fait d'une seule pièce de bois, un tube recourbé à son extrémité et mesurant en général de deux à quatre mètres de long. Pour en jouer, le musicien souffle dans une embouchure. La note la plus grave est atteinte lorsque la longueur d'onde de l'onde sonore associée à la note est égale à deux fois la longueur du cor.

DOC. 2 Seuil d'audibilité humaine en fonction de la fréquence

Le graphique suivant indique les valeurs minimales de niveau d'intensité sonore audible en fonction de la fréquence.

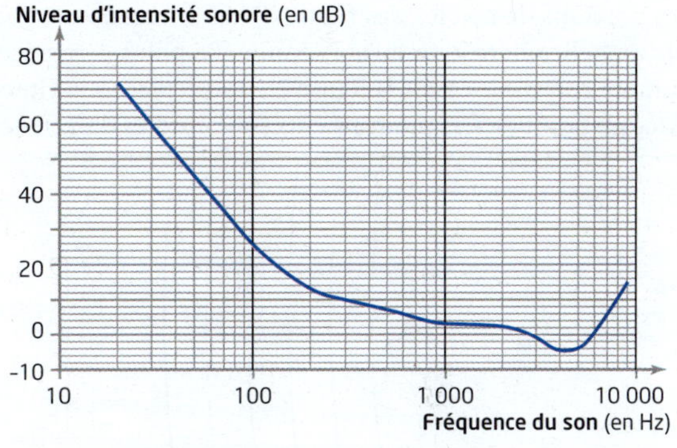

DOC. 3 Carte topologique de la région

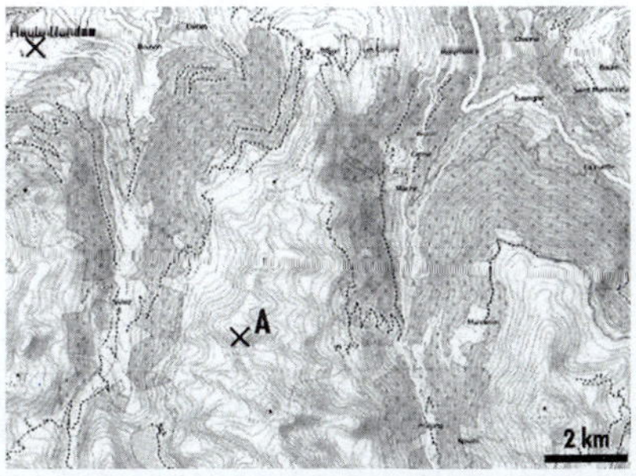

DONNÉES

- Intensité sonore de référence : $I_0 = 1{,}0 \times 10^{-12}$ W·m^{-2}.
- Valeur de la célérité du son dans l'air en fonction de la température :

Température (en °C)	10	20	30	40
Célérité (en m·s^{-1})	337	343	349	355

- Intensité sonore d'une source isotrope : pour une source isotrope (c'est-à-dire émettant la même énergie dans toutes les directions) de puissance $\mathcal{P}$, l'intensité sonore I au point M dépend de la distance d à la source et s'exprime de la façon suivante : $I = \dfrac{\mathcal{P}}{4\pi d^2}$.

Questions

Un berger, situé au sommet d'une colline (point A sur la carte du DOC. 3 ci-dessus) joue la note la plus grave de son cor des Alpes. Son instrument a une longueur de 3,4 m. L'atténuation de l'onde par absorption n'est pas prise en compte. Le rayonnement de la source est supposé isotrope.

1 Question préliminaire
Quel niveau d'intensité sonore minimal permet d'entendre le cor jouant la note la plus basse ?

2 Problème
Pourra-t-on l'entendre à Haute Nendaz si le niveau d'intensité sonore est de 100 dB à un mètre de l'instrument ?

La démarche suivie doit être correctement présentée. Il est aussi nécessaire d'apporter un regard critique sur le résultat et de discuter de la validité des hypothèses formulées.

- *Aides à la fin du manuel.*

Exercices BAC

40 min

48 Déterminer la vitesse d'un hélicoptère par effet Doppler

S'APPROPRIER RÉALISER VALIDER

Hélicoptère Écureuil AS350.

Très pratiques pour porter secours ou déposer du matériel en terrain accidenté, les hélicoptères peuvent également se déplacer à des vitesses dépassant les 250 km·h^{-1}. Avec un niveau d'intensité sonore de 99 dB à proximité immédiate, ils sont moins bruyants qu'ils ne l'étaient il y a quelques dizaines d'années.

DOCUMENT **Représentations des fronts de l'onde sonore émise par l'hélicoptère à un instant donné**

Les portions de cercles des figures **1.** et **2.** représentent les fronts de l'onde sonore (maxima de l'élongation) émise par un hélicoptère à un instant donné. Le point A représente l'hélicoptère. Dans le cas de la figure **1.**, l'hélicoptère est immobile. Dans le cas de la figure **2.**, il se déplace à la vitesse de valeur v_S constante le long de (AO) et vers l'observateur placé au point O. Les mouvements sont étudiés dans le référentiel terrestre.

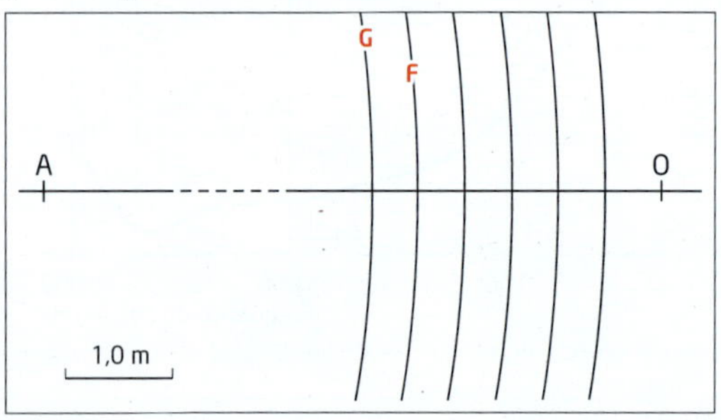

Figure 1

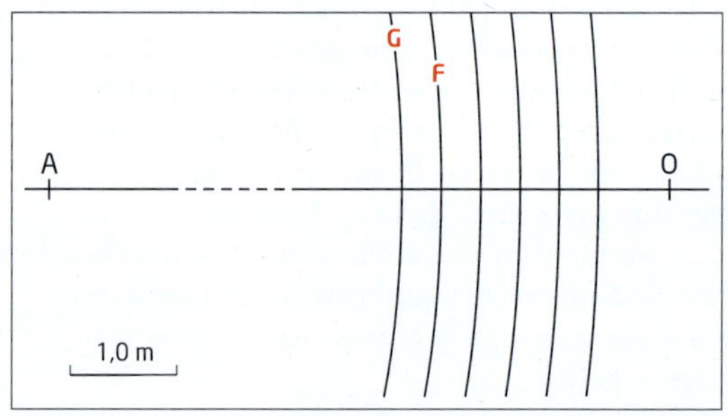

Figure 2

DONNÉE

Fréquence de l'onde sonore émise par l'hélicoptère, considérée comme sinusoïdale : $f_0 = 8{,}0 \times 10^2$ Hz.

Questions

1 **a.** Déterminer, avec précision, les longueurs d'onde λ_0 et λ' de l'onde sonore reçue par l'observateur lorsque l'hélicoptère est respectivement immobile, puis en mouvement rectiligne uniforme.
b. En déduire une estimation de la célérité v de l'onde sonore. Commenter la valeur obtenue.

2 **a.** À partir des résultats obtenus aux deux questions précédentes, calculer la fréquence de l'onde sonore reçue par l'observateur lorsque l'hélicoptère est en mouvement.
b. Préciser si le son reçu par l'observateur est plus aigu ou plus grave que celui qu'entend le pilote.

3 Dans le DOCUMENT, les fronts d'onde notés F et G ont été émis respectivement aux dates t et t'.
a. Indiquer ce à quoi correspond la durée qui sépare les deux dates t et t'.
b. Établir l'expression du décalage Doppler de longueur d'onde : $\lambda_0 - \lambda' = \lambda_0 \times \frac{v_S}{v}$.
c. En déduire la valeur de la vitesse de l'hélicoptère et déterminer si le résultat obtenu est compatible avec l'information concernant la vitesse d'un hélicoptère donnée dans le texte d'introduction de l'exercice.

4 Un niveau d'intensité sonore $L = 66$ dB est mesuré lorsque l'hélicoptère se trouve à une distance $d = 300$ m de l'observateur. La source sonore (l'hélicoptère) est supposée isotrope (pas de direction d'émission privilégiée) et l'atténuation par absorption n'est pas prise en considération.
a. Déterminer le niveau d'intensité sonore lorsque l'appareil est à 50 m au-dessus de l'observateur.
b. Nommer le type d'atténuation qui explique que le niveau d'intensité sonore est plus faible à 300 m de l'hélicoptère qu'à 50 m.

49 Un pendule pour mesurer une vitesse

ANALYSER-RAISONNER | RÉALISER | VALIDER

L'effet Doppler est utilisé dans de nombreux domaines pour mesurer des vitesses : vitesse du flux sanguin dans les veines ou les artères, vitesse des véhicules sur les routes, vitesse de fuite des galaxies...

● **Comment mesurer la vitesse d'une source sonore en mouvement par effet Doppler ?**

Les dauphins utilisent l'effet Doppler pour chasser.

DOCUMENT Schéma du dispositif utilisé

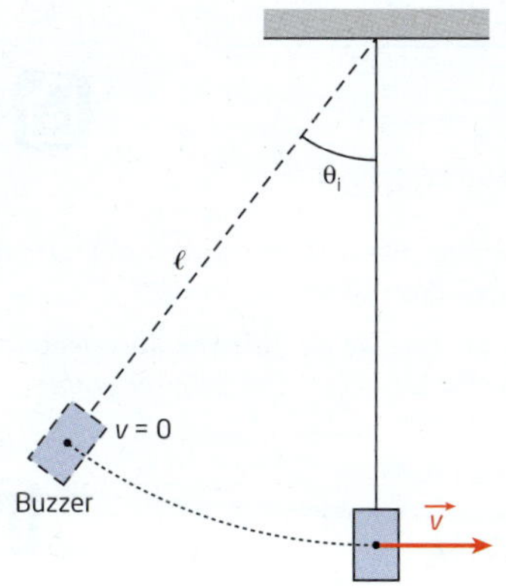

RESSOURCE

- Liste du matériel

Matériel

Matériel disponible

- *Ordinateur muni de logiciels d'analyse de son et de traitement de données.*
- *Buzzer, alimenté par une pile, suspendu à une potence.*
- *Microphone, casque et mètre ruban.*

DONNÉES

- Le décalage Doppler relatif de fréquence est : $\frac{|\Delta f|}{f} = \frac{v_S}{v}$ avec v_S la valeur de la vitesse de la source et v la célérité du son dans l'air avec $v_S \ll v$.
- La mesure de fréquence donne des résultats acceptables si $\frac{|\Delta f|}{f}$ est au moins de l'ordre de 0,01 soit 1 %.
- La conservation de l'énergie mécanique permet d'établir l'expression de la valeur v_S de la vitesse du buzzer lors de son passage par la verticale en fonction de l'inclinaison initiale θ_i et de la longueur ℓ du pendule : $v_S = \sqrt{2g\ell(1-\cos\theta_i)}$.

Questions

1 Calculer la valeur minimale de la vitesse de la source pour que la mesure de fréquence par analyse spectrale donne des résultats acceptables.

2 En déduire l'inclinaison minimale θ_{min} à donner au pendule pour que, lâchée sans vitesse initiale, la source sonore passe à la verticale du point d'attache avec cette vitesse.

APPEL N° 1 *Appeler le professeur pour lui présenter les résultats ou en cas de difficulté.*

3 En utilisant le matériel disponible, élaborer un protocole exploitant l'effet Doppler pour mesurer la valeur v de la vitesse du buzzer lorsque le pendule passe par la position verticale.

APPEL N° 2 *Appeler le professeur pour lui présenter le protocole ou en cas de difficulté.*

4 Mettre en œuvre le protocole pour plusieurs inclinaisons initiales θ_i du pendule supérieures à l'inclinaison minimale et consigner les résultats expérimentaux (θ_i et v) dans un tableau.

APPEL N° 3 *Appeler le professeur pour réaliser devant lui une mesure.*

5 Comparer les valeurs de vitesse déterminées par effet Doppler aux valeurs déduites de la conservation de l'énergie mécanique.
Conclure sur la validité des mesures réalisées en discutant des conditions expérimentales, de l'influence des instruments de mesure ou du protocole.

Exercice **Vers le supérieur** 60 min

50 Période de rotation de Saturne

S'APPROPRIER | ANALYSER-RAISONNER | RÉALISER | VALIDER

L'effet Doppler permet de mesurer des vitesses radiales.

● **Comment utiliser cet effet pour mesurer la période de rotation de Saturne ?**

DOC. 1 Principales caractéristiques de Saturne et de son orbite

Saturne est la sixième planète du Système solaire par sa distance au Soleil et la deuxième par sa taille avec un diamètre équatorial de 120 960 km (environ 9,5 fois celui de la Terre).
Elle effectue un tour complet autour du Soleil (révolution sidérale) en 29 ans et 167 jours à une distance moyenne de 1,43 milliard de km.
Elle tourne également sur elle-même (rotation sidérale) avec une période T = 10 h 39 min.
Saturne possède des anneaux découverts en 1655 par le physicien néerlandais Christian Huygens (1629-1695) et une cinquantaine de satellites dont le plus gros, Titan, est visible depuis la Terre dans de petits instruments.

RESSOURCES

- Liste du matériel
- Photo du doc. 2

Matériel

Matériel disponible

- *Ordinateur muni d'un logiciel de traitement d'images (SalsaJ par exemple)*
- *Photo du spectre de Saturne avec longueurs d'onde du spectre de référence téléchargeable*

DOC. 2 Spectre de la lumière de Saturne lors de l'opposition de 1962

Photo

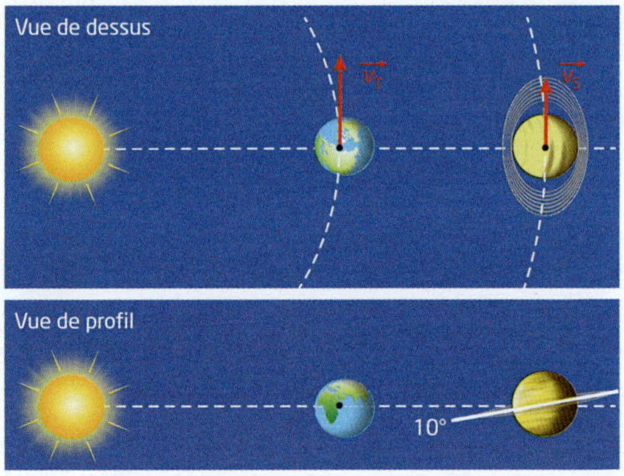

Une planète est en opposition quand, vue depuis la Terre, elle est à l'opposé du Soleil.
Sur le schéma ci-contre, représenté sans souci d'échelle, Saturne est en opposition. Ce phénomène se reproduit (pour Saturne) avec une période de 1 an et 12,8 jours (révolution synodique).
Dans l'approximation des mouvements circulaires uniformes, à l'opposition, les vecteurs vitesse de la Terre et de Saturne sont colinéaires : il n'y a pas d'effet Doppler provoqué par le mouvement de Saturne sur son orbite.
Saturne n'est pas lumineuse par elle-même : elle diffuse la lumière du Soleil. Le spectre de la lumière de Saturne est donc en réalité le spectre de la lumière du Soleil.
C'est un spectre d'absorption : les raies sombres correspondent aux rayonnements absorbés par l'atmosphère du Soleil. Elles occupent la même place dans le spectre que les raies d'émission des mêmes éléments.
Ce spectre, photographié lors de l'opposition de juillet 1962 depuis l'Observatoire de Haute Provence, est encadré, en haut et en bas, par un spectre de référence réalisé au laboratoire avec le même spectrographe. En voici un extrait :

Sur le document téléchargeable, les longueurs d'onde des raies de référence sont indiquées en angströms (Å), unité de longueur très utilisée dans les observatoires : 1 nm = 10 Å.

DOC. 3 Position de la fente du spectroscope par rapport à l'image de Saturne

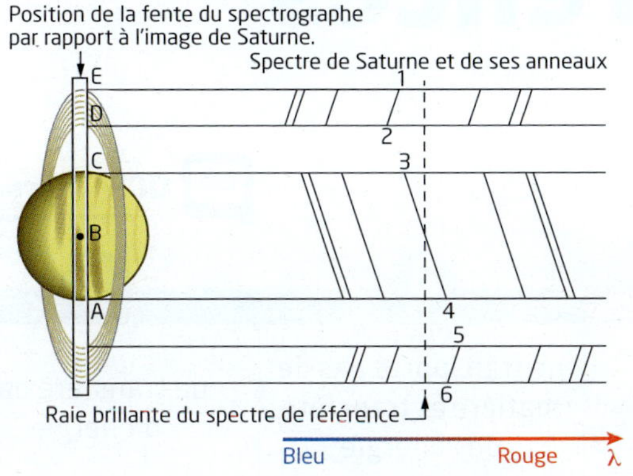

La raie brillante (raie d'émission) du spectre de référence correspond à la raie sombre (raie d'absorption) notée 1-2, 3-4, 5-6 du spectre de Saturne.
Sur ce schéma, l'inclinaison des raies a été volontairement accentuée.

DOC. 4 Inclinaison des anneaux de Saturne lors de l'opposition

(a) Vue de face.

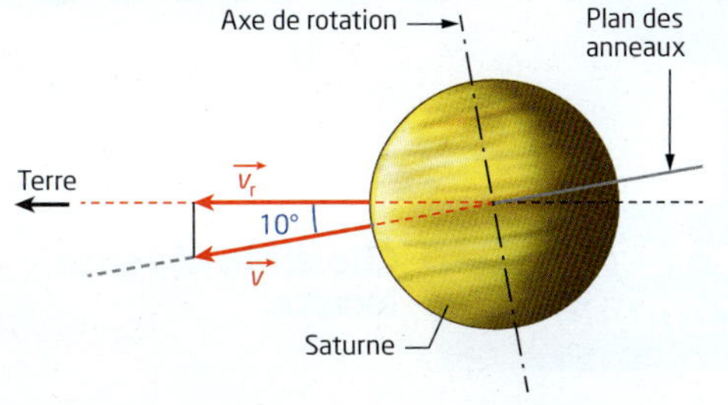

(b) Vue de dessus.

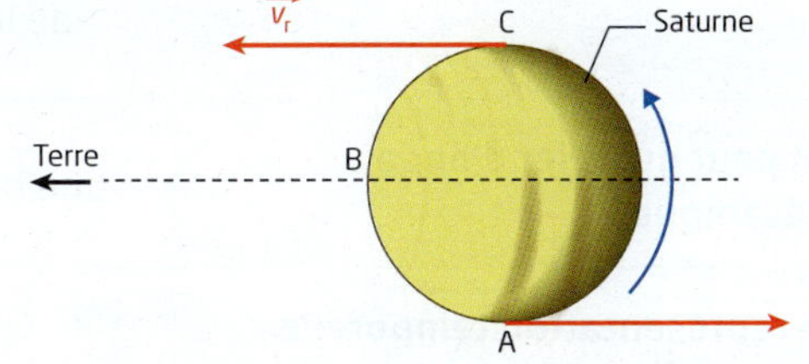

Sur la vue de dessus, les anneaux ne sont pas représentés.

DONNÉE

Relation entre la célérité c de la lumière dans le vide, le décalage $\Delta\lambda$ d'une raie de longueur d'onde λ pour deux points diamétralement opposés du disque de Saturne et la valeur v_r de la vitesse radiale (suivant l'axe Saturne-Terre) de ces points :

$$\frac{\Delta\lambda}{\lambda} = 4 \times \frac{v_r}{c}.$$

Questions

1 À propos du spectre

a. D'après le spectre du **DOC. 3**, déterminer si les points A et C s'approchent ou s'éloignent de la Terre.

b. Justifier que le milieu de la raie 3-4 coïncide avec la raie du spectre de référence (pas de décalage Doppler).

c. Comparer la valeur de la vitesse du point D de l'intérieur de l'anneau à celle du point E situé à l'extérieur.

d. Que peut-on en conclure quant à la composition de l'anneau ?

2 Calcul de la vitesse radiale d'un point de l'équateur

a. En utilisant le matériel indiqué, déterminer le décalage Doppler en longueur d'onde correspondant à deux points diamétralement opposés du disque de Saturne.

b. Utiliser la donnée et le résultat précédent pour déterminer la valeur v_r de la vitesse radiale d'un point de l'équateur de Saturne dans le référentiel « saturnocentrique ».

3 Calcul de la période de rotation

a. Calculer la valeur v de vitesse réelle d'un point de l'équateur de Saturne.

b. En déduire la période de rotation de cette planète. Le résultat est-il en accord avec le **DOC. 1** ?

c. Identifier les principales sources d'erreurs. Expliquer comment il est possible d'améliorer la précision.

18 Diffraction des ondes et interférences

EXO QCM interactif

Se tester pour commencer

Choisir la réponse exacte.

	A	B	C
1 Une onde	transporte de la matière	ne transporte pas de matière et transfère de l'énergie	ne transfère pas d'énergie
2 On peut qualifier d'onde mécanique :	une onde sonore	une onde lumineuse	une onde radio
3 La représentation temporelle d'un signal sinusoïdal est :	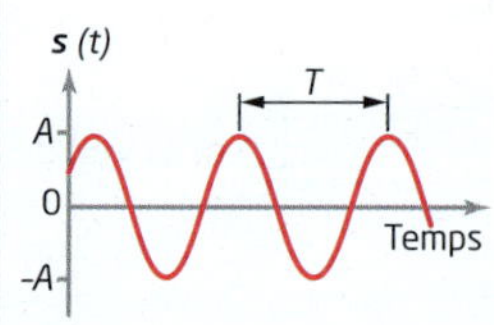	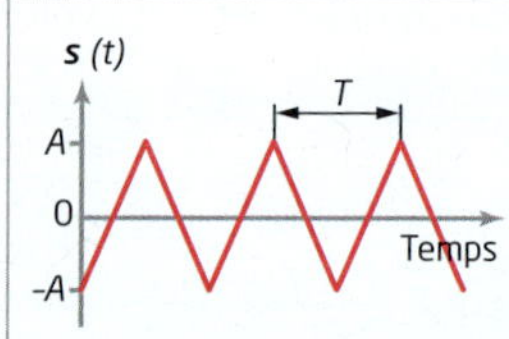	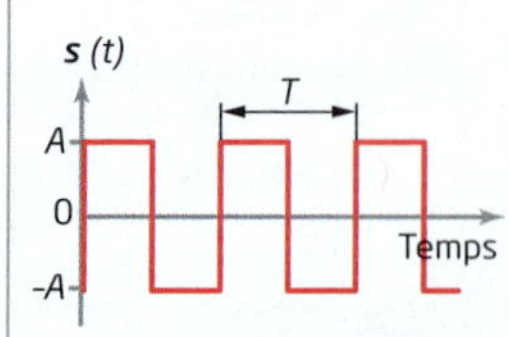
4 La relation entre la période temporelle T, la longueur d'onde λ et la célérité v d'une onde sinusoïdale est :	$\lambda = \frac{T}{v}$	$\lambda = \frac{v}{T}$	$\lambda = T \times v$
5 Les longueurs d'onde dans le vide du domaine du spectre électromagnétique représenté ci-dessous sont comprises entre : 	400 nm et 750 nm	400 µm et 750 µm	400 mm et 750 mm

GRAND ORAL

Vidéo débat

Bose® développe son système de réduction de bruit *Quiet Confort* pour la voiture.

Comment fonctionne un réducteur de bruit ?

En pénétrant dans la baie de Voidokilia en Grèce, les vagues créées par la houle subissent un phénomène naturel.

Quel phénomène a lieu à l'entrée de la baie ?

→ Exercice 15 page 428

CAPACITÉS EXIGIBLES	Activités	Exercices corrigés
• Caractériser le phénomène de diffraction dans des situations variées et en citer des conséquences concrètes. • *Illustrer et caractériser qualitativement le phénomène de diffraction dans des situations variées.*	1	15 28
Exploiter la relation exprimant l'angle caractéristique de diffraction en fonction de la longueur d'onde et de la taille de l'ouverture.	2	7 14 15 23
Exploiter la relation donnant l'angle caractéristique de diffraction dans le cas d'une onde lumineuse diffractée par une fente rectangulaire en utilisant éventuellement un logiciel de traitement d'image.	2	
Caractériser le phénomène d'interférences de deux ondes et en citer des conséquences concrètes.	3	32
• Établir les conditions d'interférences constructives et destructives de deux ondes issues de deux sources ponctuelles en phase dans le cas d'un milieu de propagation homogène. • *Tester les conditions d'interférences constructives ou destructives à la surface de l'eau dans le cas de deux ondes issues de deux sources ponctuelles en phase.*	4	18 25 32
Prévoir les lieux d'interférences constructives et les lieux d'interférences destructives dans le cas des trous d'Young, l'expression linéarisée de la différence de chemin optique étant donnée. Établir l'expression de l'interfrange.	5	33
• *Exploiter l'expression donnée de l'interfrange dans le cas d'interférences de deux ondes lumineuses, en utilisant éventuellement un logiciel de traitement d'image.* • √MESURE ET INCERTITUDES Exploiter une série de mesures, discuter de l'influence du protocole et/ou évaluer une incertitude-type pour comparer des résultats.	6	8
√NUMÉRIQUE Représenter, à l'aide d'un langage de programmation, la somme de deux signaux sinusoïdaux périodiques synchrones en faisant varier la phase à l'origine de l'un d'eux.	3	21

Activité **expérimentale**

1 Passage d'une onde par une ouverture

Notion

- Diffraction d'une onde par une ouverture
▸ § 1.1, 1.2 et 1.4 pp. 422-423

Surprendre une conversation en se tenant à côté de l'ouverture d'une porte ou d'une fenêtre peut se faire sans que personne ne se rende compte de notre présence, comme en témoigne une scène du film américain *La Couleur des Sentiments* (2011) de Tate Taylor.

● **Comment écouter une discussion sans être vu ?**

DOC. 1 Schéma de le situation vue de dessus

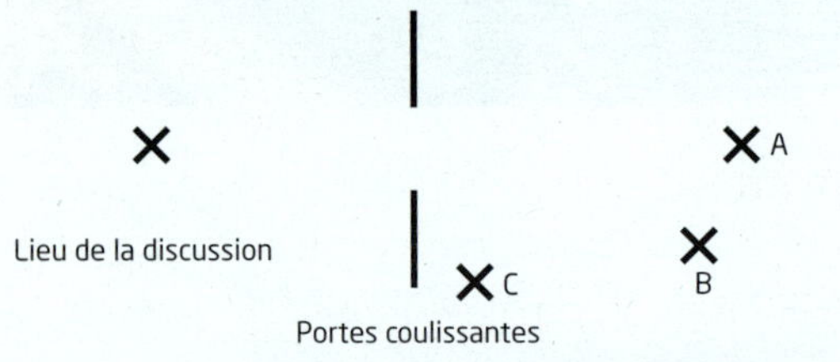

DOC. 2 Expérience filmée avec une cuve à ondes

Expérience montrant le passage d'une onde à la surface de l'eau, à travers une ouverture dont la taille est modifiée.

▷ Vidéo d'expérience

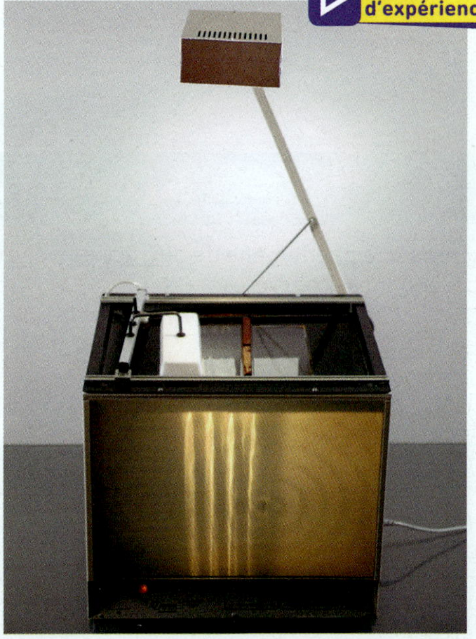

Exemple de matériel disponible

- *Fentes réglables ou de différentes largeurs pour dispositifs optique et acoustique.*
- *Laser, diapositive opaque percée d'un trou, écran.*
- *Émetteur (avec alimentation) et récepteur d'ultrasons.*
- *Oscilloscope.*
- *Fils de connexion.*

Questions

1 S'APPROPRIER

Parmi les positions A, B ou C du **DOC. 1**, identifier celle(s) où la personne peut entendre *a priori* la discussion sans difficulté et ne pas être vue.

2 RÉALISER Matériel

a. La diffraction est une propriété des ondes qui les caractérise lorsqu'elles traversent une ouverture. Visionner la vidéo du **DOC. 2** et observer les directions de propagation de l'onde au passage de l'ouverture.

b. Comparer la taille de l'ouverture a à la longueur d'onde λ de l'onde supposée sinusoïdale dans l'expérience filmée. Choisir la proposition exacte pour observer le phénomène de diffraction des ondes mécaniques sinusoïdales :
- a est de l'ordre de grandeur ou inférieure à λ.
- a est très supérieure à λ.

c. Illustrer le phénomène de diffraction avec le matériel disponible en respectant les précautions d'utilisation.

3 VALIDER

Dans l'hypothèse d'ondes sonores sinusoïdales, la personne peut entendre la discussion depuis la position C. Justifier cette affirmation par un calcul.

RESSOURCES
- Liste du matériel
- Vidéo d'expérience du doc. 2

Activité expérimentale

2 Diffraction d'une lumière monochromatique

DÉMARCHE D'INVESTIGATION

Notion
- Angle caractéristique de diffraction

▸ § 1.3 p. 422

SITUATION DÉCLENCHANTE Utilisée pour le contrôle de production de poudres (ciment, toner, etc.), la granulométrie permet de mesurer la taille de particules de l'ordre de 0,01 µm à 1 mm. Le principe de cette technique repose sur la diffraction d'une onde lumineuse monochromatique.

● **Comment exploiter le phénomène de diffraction pour mesurer l'épaisseur d'un cheveu ?**

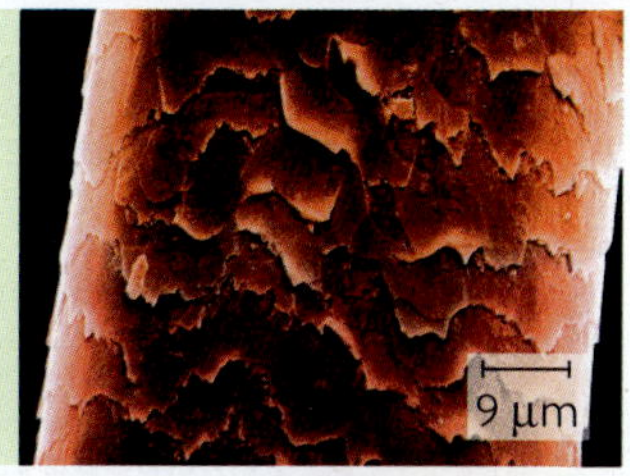

DOC. 1 Dispositif expérimental

Matériel

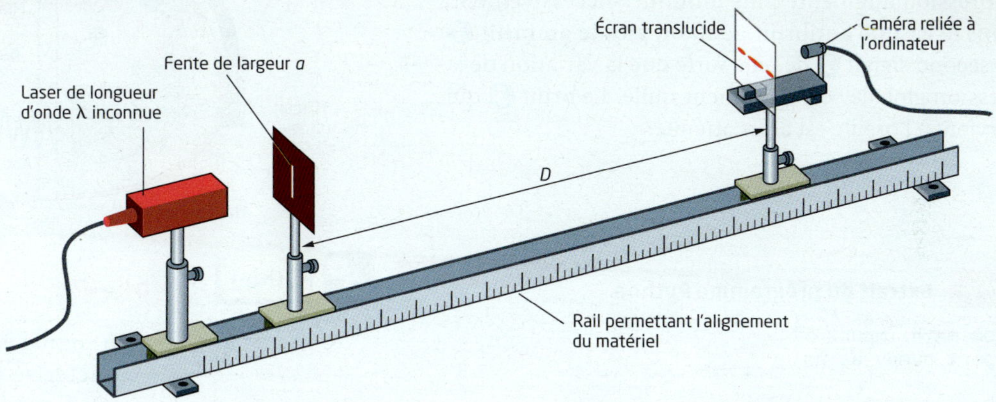

DOC. 2 Figure de diffraction obtenue avec une fente verticale de largeur a

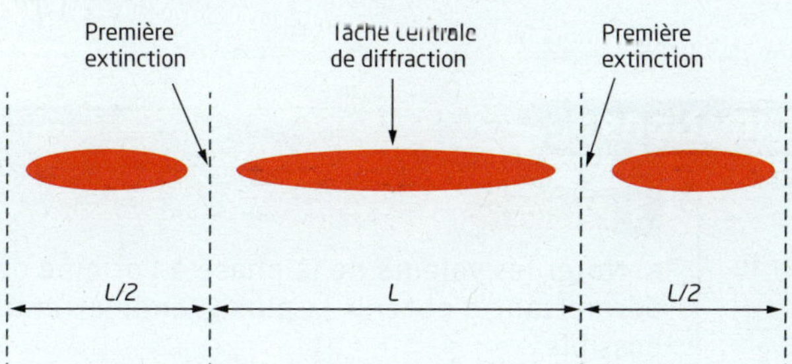

DONNÉE 1

Expression de la largeur L de la tache centrale de la figure de diffraction :

$$L = \frac{2\lambda D}{a}$$

DONNÉE 2

Un fil vertical et une fente verticale de même largeur donnent la même figure de diffraction.

Pistes de travail

1 ANALYSER-RAISONNER Fiches-guides Documents

À l'aide de la fiche-guide distribuée par le professeur, du matériel disponible au laboratoire et de la documentation fournie, proposer des expériences permettant de répondre à la question posée.

En cas de difficulté, appeler le professeur qui peut fournir une aide.

2 RÉALISER

Réaliser les expériences proposées.

3 VALIDER

Commenter le résultat de manière critique.

RESSOURCES
- Fiches-guides de la question 1.
- Liste du matériel
- Documentation

Activité expérimentale

3 Casque antibruit actif

Notion

- Interférences constructives et destructives
▸ § 2.3 et 2.5 pp. 424-425

Un casque antibruit permet de réduire l'intensité sonore perçue en utilisant une mousse absorbante. Un casque antibruit actif est plus performant.

● **Comment fonctionne un casque antibruit actif ?**

DOC. 1 Principe du casque antibruit actif

L'air oscille sous l'effet d'ondes sonores, c'est-à-dire que sa pression augmente puis diminue successivement. Dans le casque antibruit actif, on ajoute au bruit ❶ un second signal ❷ de telle sorte que la variation de la pression globale soit quasiment nulle. Le bruit ❸ qui parvient à l'oreille est alors atténué.

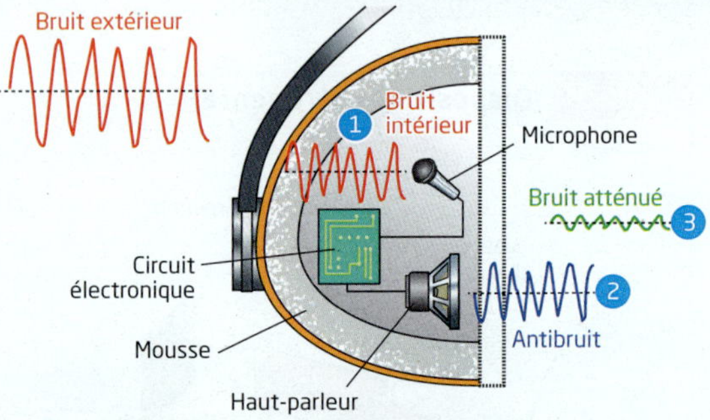

DOC. 2 Extrait du programme Python DIFFÉRENCIATION Python

```
from math import pi
import numpy as np

T=1     # Période en ms
t=np.linspace(0,4,400) # Définition du tableau des dates en ms

A1=float(input('Amplitude du signal 1 : A1 ='))
A2=float(input('Amplitude du signal 2 : A2 ='))
phi=eval(input('Phase à l\'origine de la source 2 : phi = '))
s1=A1*np.cos(2*pi*t/T)
```

DONNÉE

Un signal sinusoïdal, caractérisé par sa période T, son amplitude A et sa phase à l'origine, peut s'exprimer sous la forme :

$$s(t) = A\cos\left(\frac{2\pi}{T}t + \varphi\right).$$

Questions

1 ANALYSER-RAISONNER

Expliquer brièvement ce que permet de réaliser le code décrit dans le **DOC. 2**.

2 RÉALISER

a. Compléter le code source fourni pour proposer un programme permettant de représenter la somme de deux signaux sinusoïdaux périodiques synchrones en faisant varier la phase à l'origine de l'un deux.

b. Exécuter le code pour étudier l'influence de la phase à l'origine du signal $s_2(t)$ sur la somme des deux signaux, notamment lorsqu'elle vaut 0, $\frac{\pi}{2}$ et π.

c. De même, étudier l'influence des amplitudes des signaux $s_1(t)$ et $s_2(t)$ sur leur somme lorsque la phase à l'origine du signal $s_2(t)$ vaut 0, $\frac{\pi}{2}$ et π.

3 VALIDER

a. Noter les valeurs de la phase à l'origine de $s_2(t)$ permettant d'obtenir la plus grande atténuation possible.

b. Préciser la condition supplémentaire sur les amplitudes permettant d'avoir une somme de signaux nulle.

4 COMMUNIQUER GRAND ORAL

Réaliser une synthèse permettant d'expliquer le fonctionnement d'un casque antibruit actif.

RESSOURCES

- Fichiers Python (niveaux standard et confirmé) du doc. 2

documentaire **Activité**

4 Superpositions de deux ondes

Notion

• Interférences constructives et destructives
▸ § 2.3 p. 424

Vidéo

Dans un documentaire, le chroniqueur canadien Derek Muller réalise une expérience de superposition de deux ondes à la surface de l'eau, ce qui conduit à des résultats étonnants.

● **Comment interpréter les résultats de cette expérience ?**

DOC. 1 Conditions d'interférences

Deux ondes peuvent interférer si elles sont de même nature (comme deux ondes à la surface de l'eau) et de même fréquence (sources synchrones). Lorsque deux ondes interfèrent, les signaux correspondant à chacune des ondes s'additionnent. En un point M, il y a interférences constructives si l'amplitude du signal résultant en ce point est maximale et interférences destructives si l'amplitude du signal résultant en M est minimale.

DOC. 2 Somme $s_3(t)$ de deux signaux sinusoïdaux $s_1(t)$ et $s_2(t)$ au point M

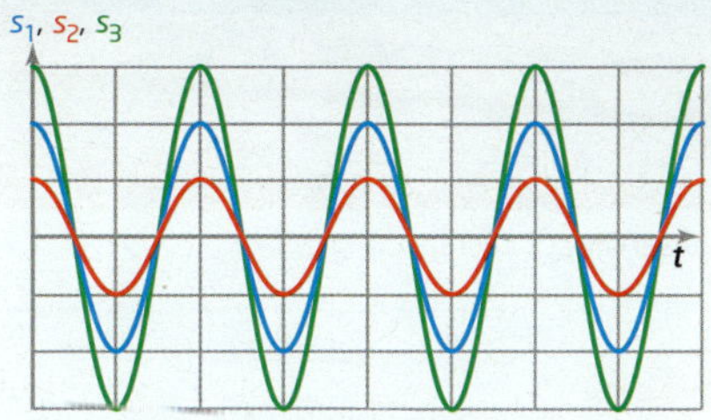

Interférences constructives : l'amplitude du signal $s_3(t)$ est maximale.

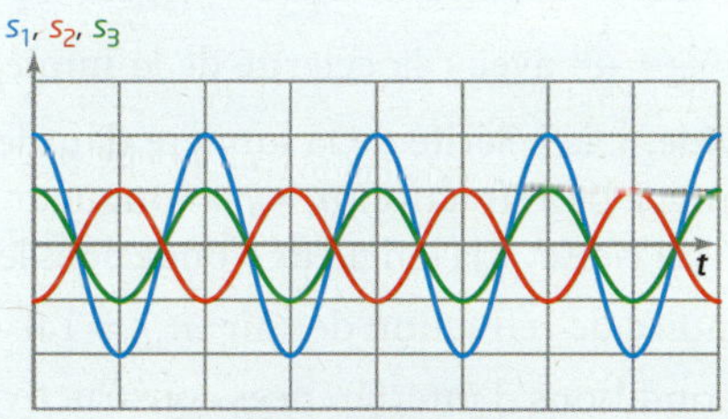

Interférences destructives : l'amplitude du signal $s_3(t)$ est minimale.

DONNÉES

■ S_1 et S_2 sont deux sources synchrones en phase qui émettent des ondes de même nature dans un milieu homogène.

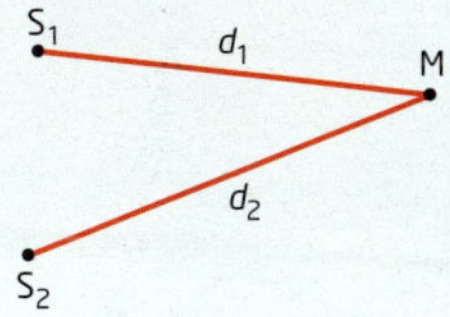

Différence de distances : $\delta = d_2 - d_1$.

■ L'expression du signal au point M atteint par l'onde issue de S_1 à l'instant t s'écrit :

$$s_1(t) = A_1 \cos(\frac{2\pi}{T}t)$$

■ L'expression du signal au point M atteint par l'onde issue de S_2 à l'instant t s'écrit :

$$s_2(t) = A_2 \cos(\frac{2\pi}{T}(t - \tau))$$

τ est le retard pris par l'onde issue de S_2 par rapport à celle issue de S_1 du fait de la différence de distances δ parcourues par les deux ondes pour atteindre M appelée aussi différence de marche.

Questions

1 S'APPROPRIER

Visionner la vidéo d'introduction et expliquer en quoi les deux sources sont synchrones.

2 RÉALISER

a. Dans le cas des interférences constructives en M, montrer que $\tau = kT$ avec $k \in \mathbb{Z}$.

b. Établir la condition sur τ pour avoir des interférences destructives en M.

c. En déduire la condition sur la différence de marche δ pour que les interférences soient constructives en M puis celle pour que les interférences soient destructives en M.

3 VALIDER Animation

À l'aide de l'animation, tester les conditions déterminées précédemment et expliquer à l'ensemble de la classe les observations.

RESSOURCES

• Vidéo d'introduction
• Animation de la question 3.

Activité documentaire

5 Expérience des trous d'Young

Notions
- Interférences de deux ondes lumineuses
- Différence de chemin optique

► § 2.4 p. 425

En 1801, le physicien britannique Thomas Young (1773-1829) fait passer un faisceau de lumière à travers deux petits trous côte à côte et observe le résultat sur un écran. La superposition des deux faisceaux conduit à l'apparition de zones alternativement sombres et brillantes : les franges d'interférences.

● **Comment déterminer la distance entre deux franges brillantes consécutives ?**

DOC. 1 Expérience des trous d'Young avec un laser

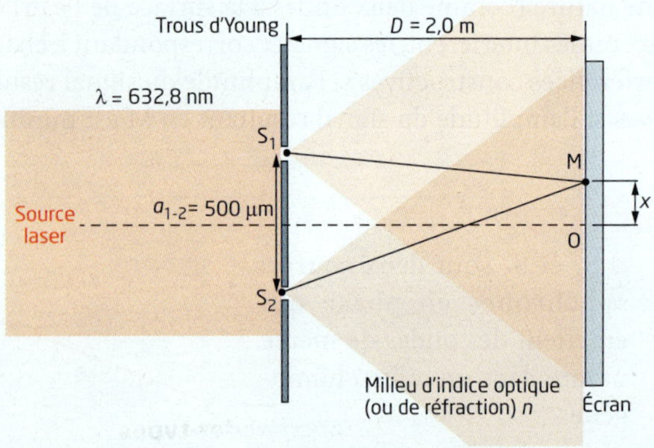

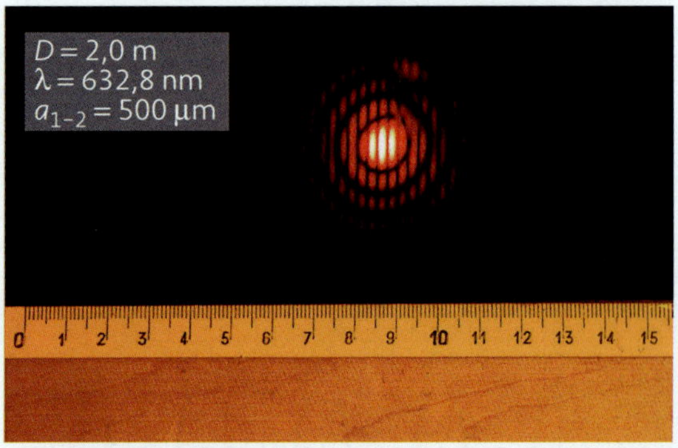

Image observée sur l'écran.

DOC. 2 Expression linéarisée de la différence de chemin optique

L'expression de la différence de chemin optique est $\delta_0 = n(S_2M - S_1M)$.

Dans le cas où $D >> a_{1-2}$ et $D >> x$:

$$\delta_0 = \frac{na_{1-2}x}{D}$$

Avec :
- a_{1-2} la distance entre les trous d'Young en mètre
- D la distance entre les trous d'Young et l'écran en mètre
- x la distance OM en mètre
- n l'indice de réfraction (ou indice optique) du milieu

DONNÉES

- Indice de réfraction (ou indice optique) : $n = \frac{c}{v} = \frac{\lambda_0}{\lambda}$ avec c la célérité de la lumière dans le vide, v la célérité de la lumière dans le milieu d'indice de réfraction n, λ_0 la longueur d'onde dans le vide et λ la longueur d'onde dans le milieu.
- Indice de réfraction de l'air : $n_{air} = 1{,}0$.
- Conditions d'interférences constructives : $\delta_0 = k\lambda_0$ avec $k \in \mathbb{Z}$.

Questions

1 S'APPROPRIER

Identifier les deux phénomènes optiques observés sur la photographie du **DOC. 1**.

2 ANALYSER-RAISONNER

a. À l'aide des **DONNÉES**, déterminer l'expression de l'abscisse x_k d'une frange brillante et l'abscisse x_{k+1} de la frange brillante suivante.

b. L'interfrange est la distance i entre les centres de deux franges brillantes consécutives.
Montrer que l'expression de l'interfrange i est $\frac{\lambda D}{a_{1-2}}$.

3 VALIDER

a. Vérifier, par analyse dimensionnelle, l'homogénéité de l'expression de i obtenue précédemment.

b. Calculer l'interfrange i dans la situation du **DOC. 1** et vérifier que la valeur obtenue est compatible avec la photographie du même document.

Activité expérimentale

6 Interférences lumineuses

Notions
- Interférences de deux ondes lumineuses
- Incertitudes

▸ § 2.4 p. 425

La superposition de deux faisceaux émis par une source monochromatique conduit à l'apparition de zones alternativement sombres et brillantes appelées franges d'interférences.

● **Comment exploiter une figure d'interférences lumineuses pour déterminer une longueur d'onde ?**

DOC. 1 Schéma du dispositif expérimental

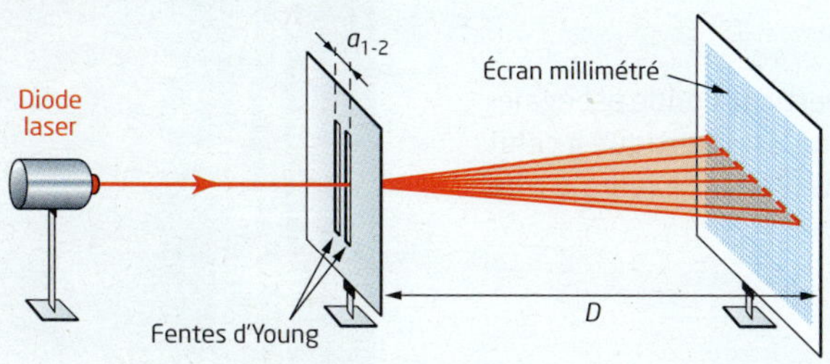

DOC. 2 Figure observée sur l'écran

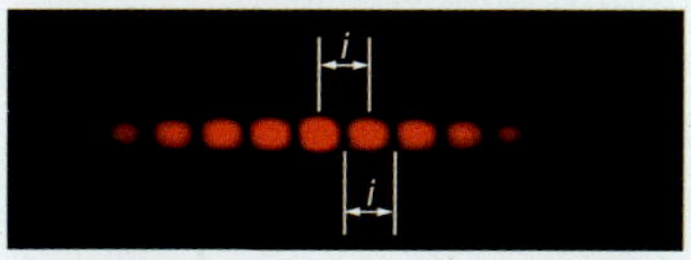

L'expression de l'interfrange est $i = \frac{\lambda D}{a_{1-2}}$ avec λ la longueur d'onde de l'onde monochromatique en mètre, a_{1-2} la distance entre les centres des fentes d'Young en mètre et D la distance entre les fentes et l'écran en mètre.

DOC. 3 Extrait du programme Python

DIFFÉRENCIATION Python

```
import numpy as np

# listes  L=[valeur,incertitude-type] en unité SI
i=[...,...] # interfrange (en m)
a=[...,...] # Distance entre les centres des fentes (en m)
D=[...,...] # Distance fentes/écran (en m)

def Alea(L): # Tirage aléatoire selon la loi normale
    return np.random.normal(L[0],L[1])

d=[] # Simulation d'une distribution d pour Lambda
Iteration=100000
for j in range(Iteration) :
    Alea_Lambda=Alea(i)*Alea(a)/(Alea(D))
    d.append(Alea_Lambda*1e9) # Conversion en nm

# Calcul de Lambda et de l'incertitude-type u(Lambda)
Lambda=np.mean(d)          # Lambda <- valeur moyenne de d
u_Lambda=np.std(d,ddof=1) # u(Lambda) <- Ecart-type de d

print('Longueur d\'onde Lambda =',Lambda,' nm')
print('Incertitude-type : u(Lambda) =',u_Lambda,' nm')
```

DONNÉES Incertitudes-types

- L'expérience permet de déterminer un encadrement de la mesure de D et l'incertitude-type $u(D)$ correspond à la moitié de cet encadrement. Il en est de même pour i et $u(i)$.
- L'incertitude-type $u(a_{1-2})$ correspond à 10 % de la valeur de a_{1-2}.
- Si $X = \text{n}\,Y$ avec n entier non nul alors $u(X) = \text{n}\,u(Y)$.

Questions

1 ANALYSER-RAISONNER Matériel

a. A l'aide du matériel disponible et en choisissant des valeurs pertinentes pour les grandeurs a_{1-2} et D, proposer un protocole expérimental permettant de déterminer une mesure de la longueur d'onde λ de la lumière émise par la diode laser.

b. Expliquer brièvement ce que permet de réaliser le code décrit dans le DOC. 3.

2 RÉALISER

Mettre en œuvre le protocole.

3 VALIDER

a. Estimer les incertitudes-types $u(D)$, $u(i)$ et $u(a_{1-2})$.

b. Compléter en conséquence le code Python afin de proposer une écriture du résultat de la mesure λ_{mes} avec son incertitude-type $u(\lambda)$.

c. Comparer le résultat de la mesure λ_{mes} à la valeur de référence λ_{ref} fournie par le constructeur en calculant le quotient $\frac{|\lambda_{mes} - \lambda_{ref}|}{u(\lambda)}$.

RESSOURCES
- Fichiers Python (niveaux standard et confirmé)
- Liste du matériel

Synthèse des activités

Podcast · Texte DYS

1 Diffraction par une ouverture

1.1 Présentation du phénomène

Le phénomène de **diffraction** est une propriété des ondes qui se caractérise par un **étalement des directions de propagation de l'onde**, lorsque celle-ci traverse une ouverture.
Dans le phénomène de diffraction, une onde progressive sinusoïdale conserve sa fréquence *f* caractéristique de la source, sa célérité *v* et donc sa longueur d'onde $\lambda = \frac{v}{f}$ (DOC. 1).

Remarque
Lorsqu'une onde rencontre un obstacle, par exemple un fil vertical, l'onde est également diffractée et l'étalement des directions de propagation est identique à celui obtenu avec une ouverture de même forme et de même taille, par exemple une fente verticale.

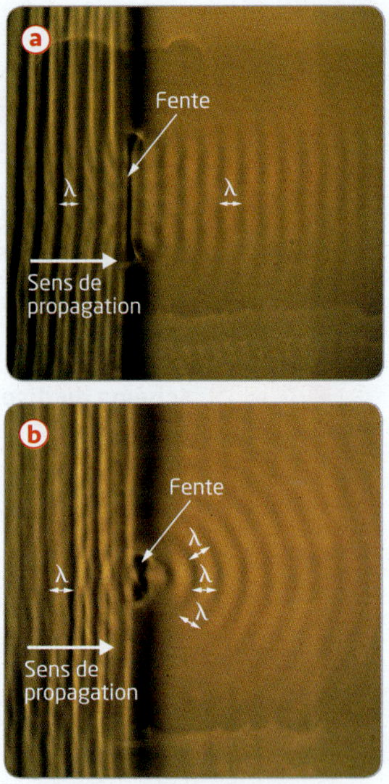

1. Franchissement d'une fente par une onde mécanique rectiligne à la surface de l'eau :
(a) lorsque la fente est large.
(b) lorsque la fente est réduite.

1.2 Conditions d'observation

L'importance du phénomène de diffraction est liée au rapport de la longueur d'onde λ d'une onde progressive sinusoïdale à la taille de l'ouverture.

- Pour toutes les **ondes progressives sinusoïdales**, la diffraction est nettement observée lorsque **la taille de l'ouverture est du même ordre de grandeur ou inférieure à la longueur d'onde.**
- Dans le cas des **ondes lumineuses monochromatiques**, le critère est moins restrictif : le phénomène est encore bien apparent avec **des ouvertures de tailles jusqu'à 100 fois plus grandes que la longueur d'onde en ordre de grandeur** (DOC. 2).

1.3 Angle caractéristique de diffraction

Le phénomène de diffraction est caractérisé par un **angle de diffraction**, angle entre la direction de propagation de l'onde en l'absence de diffraction et la direction définie par le milieu de la première « extinction ». Cet angle, souvent noté θ, dépend de la longueur d'onde et de la taille de l'objet diffractant.

L'angle caractéristique de diffraction θ augmente lorsque la longueur d'onde λ de l'onde progressive sinusoïdale augmente et lorsque la taille *a* de l'objet diffractant diminue.

Dans le cas de la diffraction d'une onde lumineuse monochromatique de longueur d'onde λ par une fente rectangulaire de largeur *a* (DOC. 2), l'angle caractéristique de diffraction θ a pour expression :

$$\theta = \frac{\lambda}{a}$$

Unités SI :
λ et *a* en mètre (m)
θ en radian (rad)

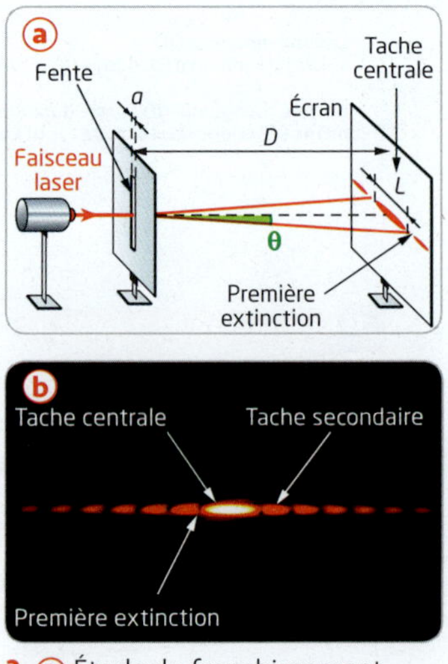

2. (a) Étude du franchissement d'une fente par une onde lumineuse monochromatique.
(b) Après avoir franchi la fente, le faisceau laser est diffracté.

1.4 Conséquences concrètes

- L'onde diffractée atteint des régions de l'espace inatteignables sans diffraction grâce à l'étalement des directions de propagation de l'onde ; une discussion dans une pièce peut donc être entendue depuis l'extérieur même si l'auditeur n'est pas devant l'encadrement de la porte, ou des bateaux peuvent subir l'effet de la houle même s'ils sont à l'abri dans un port.
- La figure de diffraction est liée à la taille et à la forme de l'objet diffractant. L'étude de la figure de diffraction obtenue avec une source lumineuse (DOC. 3) permet de déterminer les tailles d'un objet (exemple : granulométrie, DOC. 4).
- La diffraction limite l'observation des astres en astronomie car l'ouverture des instruments d'observation diffracte la lumière.

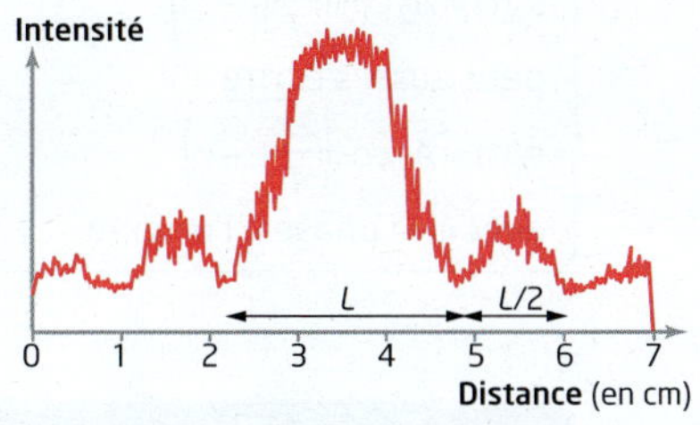

3. Courbe représentant **l'intensité lumineuse de la figure de diffraction** pour une fente de largeur a et éclairée en lumière monochromatique qui subit des variations avec la présence d'extinctions et de maxima secondaires.

REMARQUE

- D'après le DOC. 2 et l'expression de l'angle caractéristique de diffraction, l'expression de la largeur de la tache de diffraction L peut être déterminée par :
$$\tan\theta = \frac{\text{côté opposé}}{\text{côté adjacent}} = \frac{\frac{L}{2}}{D} = \frac{L}{2D}.$$
- Dans les conditions usuelles, l'angle θ est petit, donc $\tan\theta \approx \theta$ (en radian).

Ainsi, $\frac{L}{2D} = \frac{\lambda}{a}$ et $L = \frac{2\lambda D}{a}$.

4. La granulométrie permet de contrôler la taille de particules de toner de l'ordre de 10 µm.

2 Interférences à deux ondes

2.1 Présentation du phénomène

- Un point se trouvant sur le passage de deux ondes de même nature (ondes mécaniques le long d'une corde par exemple) qui se croisent, se déplace sous l'effet des deux perturbations : la perturbation résultant en ce point correspond à la somme des deux perturbations. Après le croisement, les deux perturbations continuent de se propager sans être modifiées.

Le phénomène d'**interférences à deux ondes** est une propriété des ondes qui se caractérise en tout point d'un milieu par la **superposition de deux ondes de même nature et de même fréquence**.

- Des capteurs peuvent détecter les modifications des propriétés du milieu.

En un point du milieu où deux ondes interfèrent, le signal résultant est alors la somme des signaux correspondant à chacune des ondes.

VOCABULAIRE

- Deux sources sont dites **synchrones** si elles émettent des ondes de même fréquence.
- Deux sources sont **cohérentes** si le retard entre les signaux correspondant aux ondes qu'elles émettent est constant.

2.2 Conditions d'observation

Pour observer le **phénomène d'interférences à deux ondes**, il faut que les ondes soient **de même nature** et que les sources soient **synchrones** et **cohérentes**.

Si les signaux coïncident (extrema au même instant), les signaux sont dits en **phase** (DOC. 5.a.). Si le maximum de l'un coïncide avec le minimum de l'autre, les deux signaux sont dits en **opposition de phase** (DOC. 5.b.).

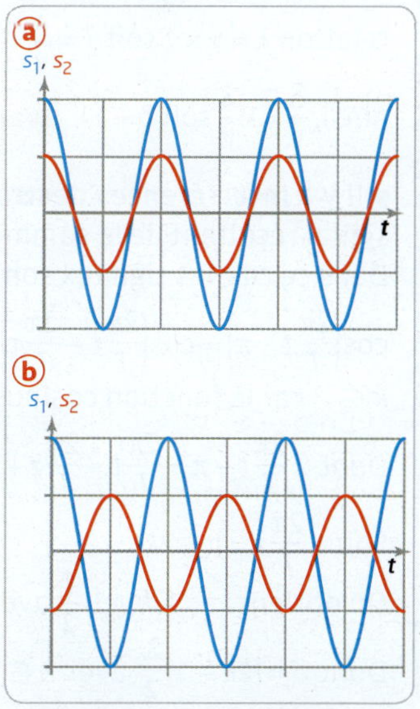

5. Deux signaux sinusoïdaux :
ⓐ en phase.
ⓑ en opposition de phase.

Podcast Texte DYS

2 . 3 Conditions d'interférences constructives et destructives

Deux sources S_1 et S_2 ponctuelles synchrones en phase émettent des ondes sinusoïdales de même période T se propageant dans un milieu homogène.

Raisonnement à retenir

Au point M atteint par l'onde issue de la source S_1, l'expression du signal d'amplitude A_1, peut s'écrire à la date t : $s_1(t) = A_1 \cos\left(\frac{2\pi}{T}t\right)$.

Au point M atteint par l'onde issue de la source S_2, l'expression du signal d'amplitude A_2, s'écrit à la date t : $s_2(t) = A_2 \cos\left(\frac{2\pi}{T}(t - \tau)\right)$ avec τ le retard pris par l'onde issue de S_2 par rapport à celle issue de S_1 du fait de la différence de distances δ, appelée aussi différence de marche, parcourue par les deux ondes pour atteindre le point M (DOC. 6).

On peut aussi écrire : $s_2(t) = A_2 \cos\left(\frac{2\pi}{T}t - \frac{2\pi}{T}\tau\right)$.

- Il y a **interférences constructives** au point M (DOC. 7) si l'amplitude du signal résultant de la somme de $s_1(t)$ et $s_2(t)$ est maximale.

Dans ce cas, les signaux sont en phase, ainsi : $\cos\left(\frac{2\pi}{T}t\right) = \cos\left(\frac{2\pi}{T}t - \frac{2\pi}{T}\tau\right)$

soit $\cos\left(\frac{2\pi}{T}t\right) = \cos\left(\frac{2\pi}{T}t - \frac{2\pi}{T}\tau + 2k\pi\right)$ avec $k \in \mathbb{Z}$ car la fonction cosinus a une période de 2π.

Donc : $\frac{2\pi}{T}t = \frac{2\pi}{T}t - \frac{2\pi}{T}\tau + 2k\pi$

Soit : $\frac{2\pi}{T}\tau = 2k\pi$

On obtient : $\tau = kT$ avec $k \in \mathbb{Z}$.

Or, on peut exprimer le retard $\tau = \frac{\delta}{v}$ avec v la célérité de l'onde dans le milieu de propagation. De plus, on rappelle que pour une onde sinusoïdale, la longueur d'onde dans le milieu de propagation est donnée par la relation $\lambda = v \times T$ soit $T = \frac{\lambda}{v}$.

Ainsi, $\frac{\delta}{v} = k\frac{\lambda}{v}$ soit $\boldsymbol{\delta = k\lambda}$ **avec** $\boldsymbol{k \in \mathbb{Z}}$.

- Il y a **interférences destructives** au point M′ (DOC. 7) si l'amplitude du signal résultant de la somme de $s_1(t)$ et $s_2(t)$ est minimale.

Dans ce cas, les signaux sont en opposition de phase, ainsi :

$\cos\left(\frac{2\pi}{T}t - \pi\right) = \cos\left(\frac{2\pi}{T}t - \frac{2\pi}{T}\tau\right)$ soit $\cos\left(\frac{2\pi}{T}t - \pi\right) = \cos\left(\frac{2\pi}{T}t - \frac{2\pi}{T}\tau + 2k\pi\right)$ avec $k \in \mathbb{Z}$ car la fonction cosinus a une période de 2π.

Donc : $\frac{2\pi}{T}t - \pi = \frac{2\pi}{T}t - \frac{2\pi}{T}\tau + 2k\pi$

Soit : $\frac{2\pi}{T}\tau = \pi + 2k\pi$.

On obtient : $\tau = (2k+1)\frac{T}{2}$ avec $k \in \mathbb{Z}$.

Donc $\boldsymbol{\delta = (2k+1)\frac{\lambda}{2}}$ **avec** $\boldsymbol{k \in \mathbb{Z}}$.

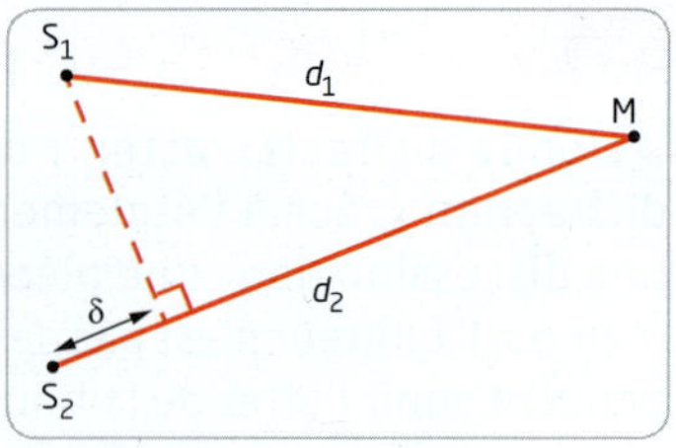

6. Différence de distances : $\delta = d_2 - d_1$. Pour d_1 et d_2 très supérieures à S_1S_2.

REMARQUE

$s_2(t) = A_2 \cos\left(\frac{2\pi}{T}(t - \tau)\right)$

peut aussi s'écrire

$s_2(t) = A_2 \cos\left(\frac{2\pi}{T}t + \varphi\right)$

avec φ la phase à l'origine.

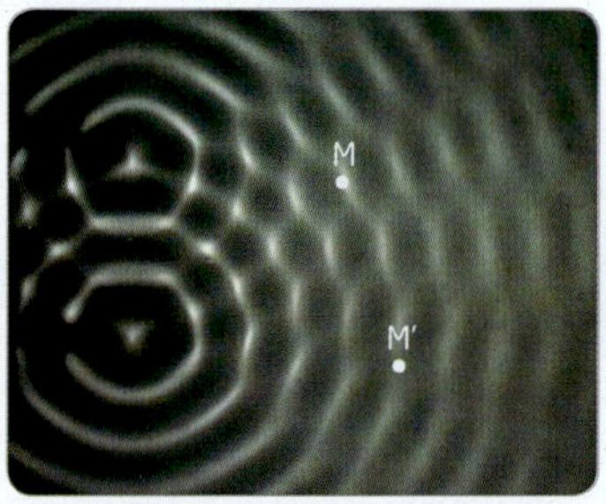

7. Interférences constructives en M et destructives en M′ sur une cuve à ondes.

POINT MATHS

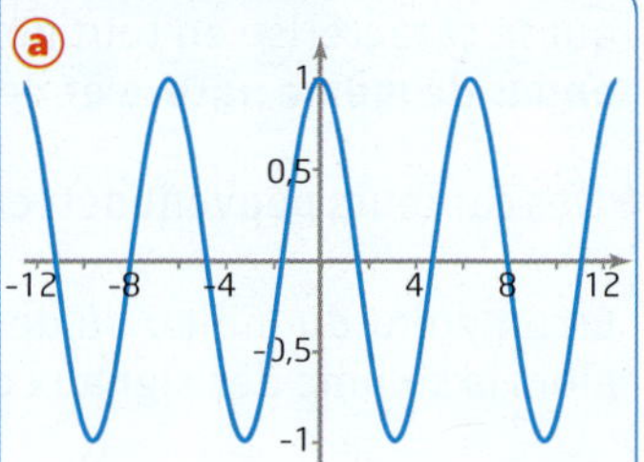

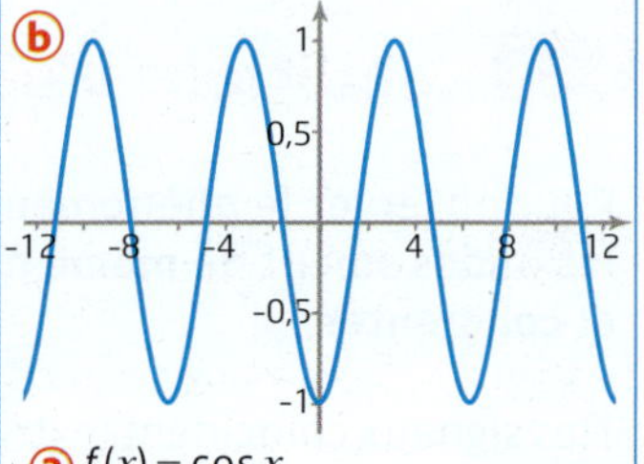

ⓐ $f(x) = \cos x$.
ⓑ $f(x) = \cos(x - \pi)$.

2.4 Interférences de deux ondes lumineuses

● Les **trous d'Young** sont un dispositif expérimental permettant d'obtenir deux sources lumineuses synchrones et cohérentes à partir d'une source lumineuse monochromatique unique (DOC. 8). La figure d'interférences permet d'observer alternativement des franges brillantes et des franges sombres à l'intérieur de la figure de diffraction (DOC. 9).
Au milieu d'une frange brillante, les interférences sont constructives : $\delta = S_2M - S_1M = k\lambda$ avec $k \in \mathbb{Z}$.

● La longueur d'onde λ qui intervient dans cette relation établie en **2.3.** est la longueur d'onde dans le milieu traversé.

● Dans l'air, on assimile λ à λ_0, longueur d'onde dans le vide. Dans un autre milieu matériel que l'air, l'indice de réfraction (ou indice optique) du milieu est $n = \frac{c}{v}$, avec c la célérité de la lumière dans le vide et v la célérité de la lumière dans le milieu. Il en découle $\lambda = \frac{\lambda_0}{n}$, et, dans le cas des interférences constructives, $S_2M - S_1M = k\frac{\lambda_0}{n}$ $(k \in \mathbb{Z})$.

● $\delta_0 = n(S_2M - S_1M)$ est appelé **différence de chemin optique**.
● Au milieu d'une frange brillante, les interférences sont **constructives** si $\delta_0 = k\lambda_0$ avec $k \in \mathbb{Z}$.
● Au milieu d'une frange sombre, les interférences sont **destructives** si $\delta_0 = (2k+1)\frac{\lambda_0}{2}$ avec $k \in \mathbb{Z}$.

● L'**interfrange** i est la distance entre les centres de deux franges brillantes consécutives (ou deux franges sombres consécutives).
Dans le cas où $D >> a_{1\,2}$ et $D >> x$, l'expression de la différence de chemin optique est donnée par la relation :

$$\delta_0 = \frac{na_{1-2}x}{D}$$

Avec :
a_{1-2} la distance entre les trous d'Young en mètre
D la distance entre les trous d'Young et l'écran en mètre
x la distance OM en mètre
n l'indice de réfraction du milieu (DOC. 10).

Raisonnement à retenir

D'après la relation $\delta_0 = \frac{na_{1-2}x}{D}$, on obtient $x = \frac{\delta_0 D}{na_{1-2}}$.
Pour des interférences constructives : $\delta_0 = k\lambda_0$ avec $k \in \mathbb{Z}$.
L'expression de l'abscisse x_k d'une frange brillante est $x_k = \frac{k\lambda_0 D}{na_{1-2}}$.
Et l'expression de l'abscisse x_{k+1} de la frange brillante suivante est $x_{k+1} = \frac{(k+1)\lambda_0 D}{na_{1-2}}$. L'interfrange $i = x_{k+1} - x_k = \frac{(k+1)\lambda_0 D}{na_{1-2}} - \frac{k\lambda_0 D}{na_{1-2}} = \frac{\lambda_0 D}{na_{1-2}} = \frac{\lambda D}{a_{1-2}}$.

2.5 Conséquences concrètes

Les interférences destructives sont utilisées dans les casques à réduction active de bruit pour compléter l'atténuation par absorption des sons extérieurs par la mousse (DOC. 11). Elles permettent aussi de contrôler des épaisseurs ou de mesurer des indices de réfraction (agroalimentaire).

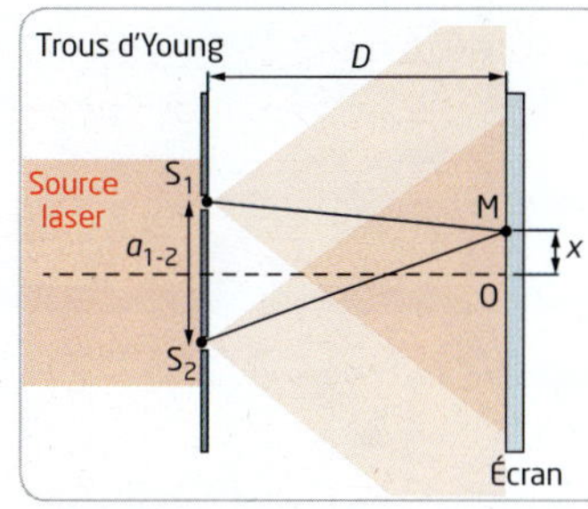

8. Schéma de l'expérience des trous d'Young.

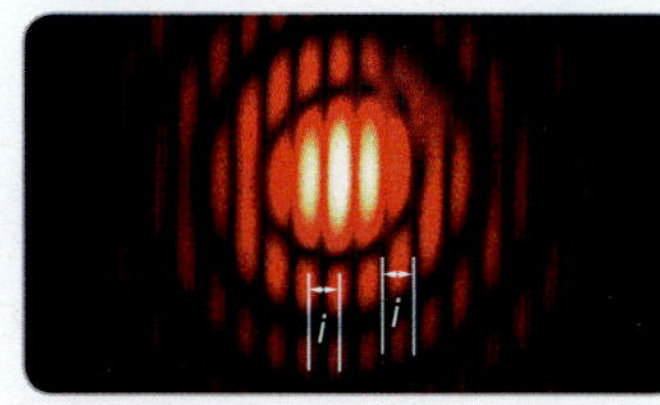

9. Obtention d'interférences avec des trous d'Young.

VOCABULAIRE

On appelle **différence de marche** de deux ondes au point M la différence de longueur de leurs trajets respectifs $\delta = S_2M - S_1M$. En optique, les longueurs géométriques doivent être remplacées par les chemins optiques et leur différence est $\delta_0 = n(S_2M - S_1M)$ où n est l'indice de réfraction du milieu traversé.

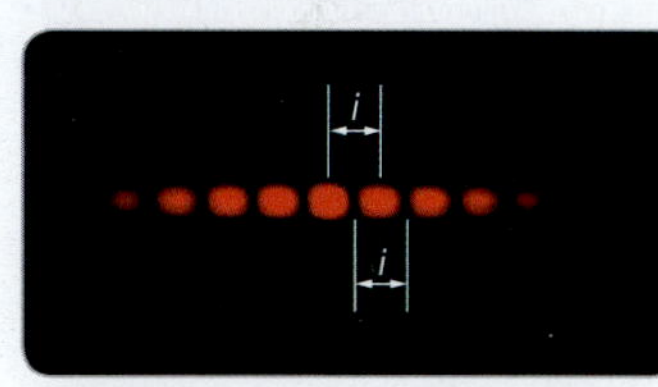

10. Obtention d'interférences avec des fentes d'Young.

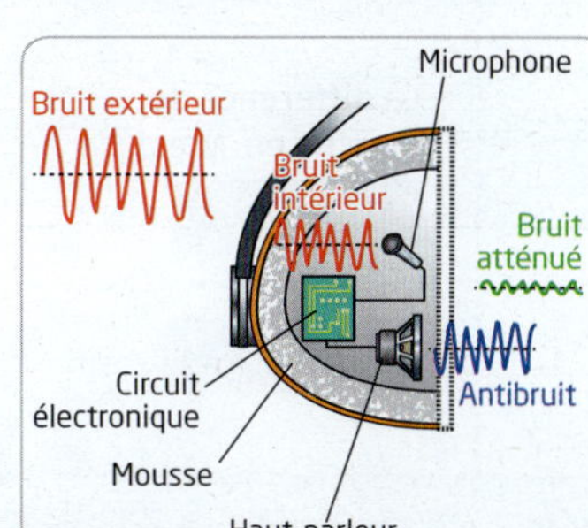

11. Intérieur d'un casque antibruit actif de chantier.

Retenir l'essentiel

DIFFRACTION

Étalement des directions de propagation d'une onde

Passage d'une onde à la surface de l'eau par une ouverture

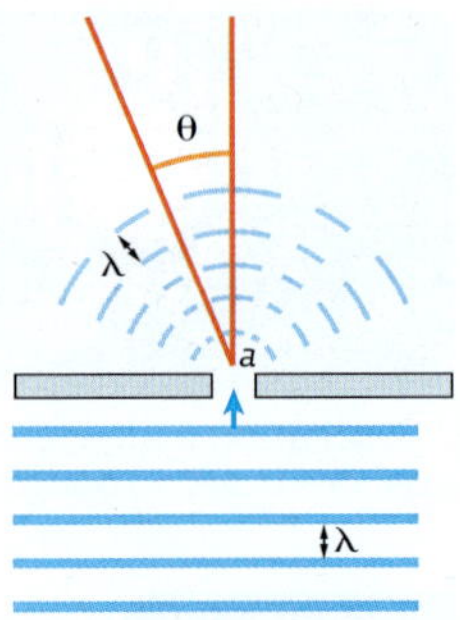

L'angle caractéristique de diffraction θ augmente quand la longueur d'onde augmente et diminue quand la largeur de l'ouverture diminue.

Passage d'une onde lumineuse par une fente rectangulaire

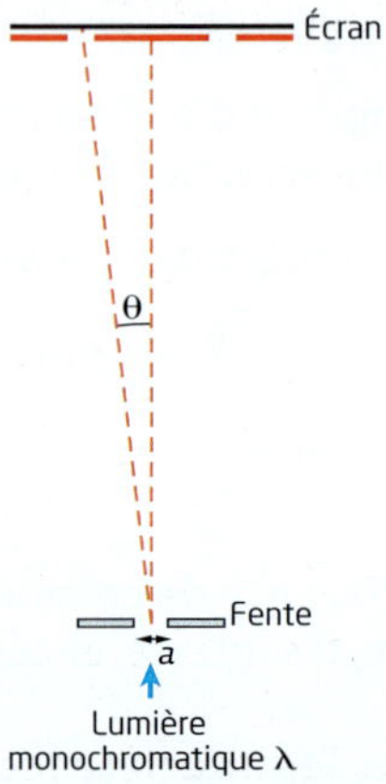

Angle caractéristique de diffraction :

$$\theta = \frac{\lambda}{a}$$

Avec :
λ la longueur d'onde
a la largeur de la fente

INTERFÉRENCES

Deux ondes de même nature et de même fréquence créées par des sources cohérentes

Interférences à deux ondes à la surface de l'eau

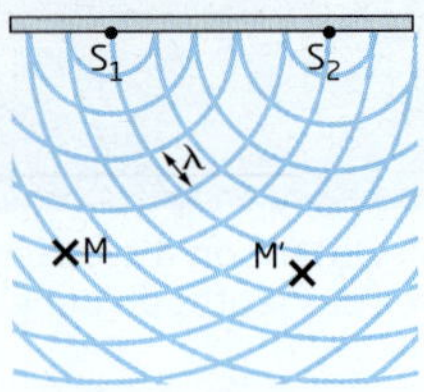

La différence de marche en M est :

$\delta = S_1M - S_2M$

En M :

$\delta = S_1M' - S_2M'$

- Interférences constructives en M.
- Ondes en phase.
- Amplitude résultante maximale.
- Différence de marche :

$\delta = k\lambda$ avec $k \in \mathbb{Z}$.

- Interférences destructives en M'.
- Ondes en opposition de phase.
- Amplitude résultante minimale.
- Différence de marche :

$\delta = (2k+1)\frac{\lambda}{2}$ avec $k \in \mathbb{Z}$.

Interférences lumineuses

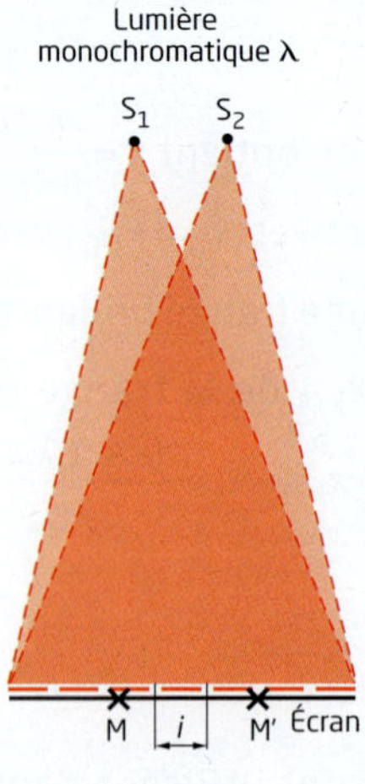

- En optique, les longueurs géométriques sont remplacées par les chemins optiques :

$\delta_0 = n(S_2M - S_1M)$

où n est l'indice de réfraction (ou indice optique) du milieu traversé.

- Au milieu d'une frange brillante M, les interférences sont constructives si

$\delta_0 = k\lambda_0$ avec $k \in \mathbb{Z}$.

- Au milieu d'une frange sombre M', les interférences sont destructives si

$\delta_0 = (2k+1)\frac{\lambda_0}{2}$ avec $k \in \mathbb{Z}$.

5 min chrono !

Si vous ne trouvez pas la bonne réponse, reportez-vous au § de la synthèse des activités correspondant pour vous aider.

Indiquer la réponse exacte. QCM interactif

1 Une onde progressive sinusoïdale de fréquence f traverse une ouverture et l'onde est diffractée. Sa fréquence : ▶ §1

a. diminue. b. reste la même. c. augmente.

2 Pour une fente rectangulaire de largeur a constante traversée par une onde de longueur d'onde λ, l'angle caractéristique de diffraction : ▶ §1

a. augmente lorsque λ diminue.

b. augmente lorsque λ augmente.

c. est indépendant de λ.

3 Une onde lumineuse monochromatique traverse une fente verticale de largeur a. La figure de diffraction obtenue est : ▶ §1

a. 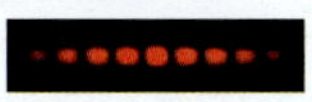

b. 

c. 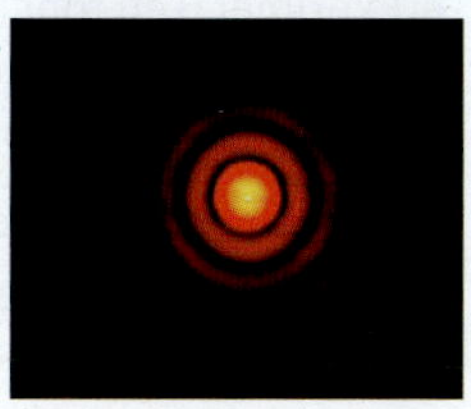

4 Le phénomène qui se caractérise en tout point d'un milieu par la superposition d'ondes de même nature et de même fréquence est appelé : ▶ §2

a. diffraction. b. interférences. c. réfraction.

5 Si deux ondes sinusoïdales interfèrent de manière destructive en un point, les signaux correspondant à chacune des ondes sont en ce point : ▶ §2

a. déphasés de $\frac{\pi}{2}$.

b. en phase.

c. en opposition de phase.

6 L'observation d'interférences constructives en un point, entre deux ondes lumineuses monochromatiques de longueur d'onde dans le vide λ_0, est possible si la différence de chemin optique entre les deux ondes en ce point a pour expression : ▶ §2

a. $(k+\frac{1}{2})\lambda_0$ avec $k \in \mathbb{Z}$.

b. $(2k+1)\frac{\lambda_0}{2}$ avec $k \in \mathbb{Z}$.

c. $k\lambda_0$ avec $k \in \mathbb{Z}$.

Corrigés p. 550

Contrôle technique !

7 Exploiter l'expression de l'angle caractéristique de diffraction

EXERCICE RÉSOLU

Exprimer puis calculer la longueur d'onde de l'onde lumineuse monochromatique utilisée lors d'une expérience de diffraction avec une fente rectangulaire de largeur $a = 150\ \mu\text{m}$ lorsque l'angle caractéristique de diffraction θ est égal à $\frac{1}{300}$ rad.

SOLUTION

Dans le cas étudié, l'angle caractéristique de diffraction a pour expression $\theta = \frac{\lambda}{a}$.

On obtient : $\lambda = \theta a$.

A.N. : $\lambda = \frac{1}{300} \times 150 \times 10^{-6}\ \text{m} = 5{,}00 \times 10^{-7}\ \text{m} = 500\ \text{nm}$.

APPLICATION • Sur le modèle de l'exercice résolu

Exprimer puis calculer la largeur de la fente rectangulaire utilisée lors d'une expérience de diffraction avec une onde lumineuse monochromatique de longueur d'onde $\lambda = 650$ nm si l'angle caractéristique de diffraction est égal à $\frac{1}{300}$ rad.

8 Exploiter l'expression de l'interfrange

EXERCICE RÉSOLU

Exprimer puis calculer la distance a_{1-2} entre deux fentes utilisées pour une expérience d'interférences dans le cas où la longueur d'onde de l'onde lumineuse monochromatique est $\lambda = 650$ nm, la distance entre les fentes et l'écran étant $D = 2{,}0$ m et l'interfrange $i = 6{,}5$ mm.

SOLUTION

Dans le cas étudié, l'interfrange a pour expression $i = \frac{\lambda D}{a_{1-2}}$.

On obtient $a_{1-2} = \frac{\lambda D}{i}$.

A.N. : $a_{1-2} = \frac{650 \times 10^{-9}\ \text{m} \times 2{,}0\ \text{m}}{6{,}5 \times 10^{-3}\ \text{m}} = 2{,}0 \times 10^{-4}\ \text{m}$.

APPLICATION • Sur le modèle de l'exercice résolu

Exprimer puis calculer la longueur d'onde λ de l'onde lumineuse monochromatique dans le cas où la distance entre les fentes est $a_{1-2} = 0{,}30$ mm, la distance entre les fentes et l'écran étant $D = 2{,}0$ m et l'interfrange $i = 4{,}2$ mm.

Exercices APPLIQUER

Diffraction par une ouverture

▶ § 1 de la synthèse des activités

➔ EXERCICES RAPIDES

9 GRAND ORAL Réaliser un support visuel permettant de présenter oralement en deux minutes maximum à l'ensemble de la classe le phénomène de diffraction.

10 Citer des conséquences concrètes du phénomène de diffraction.

11 Identifier un phénomène

Sur le trajet d'un faisceau laser, on interpose des trous de diamètres différents.

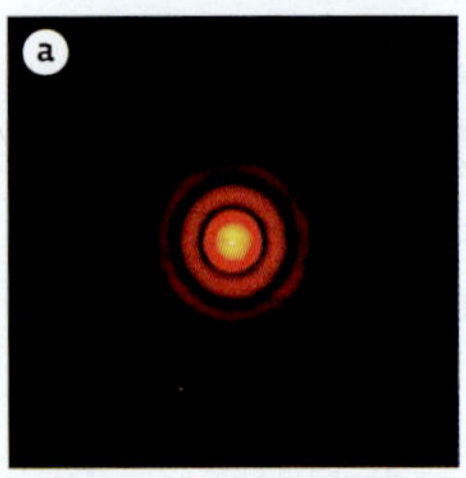

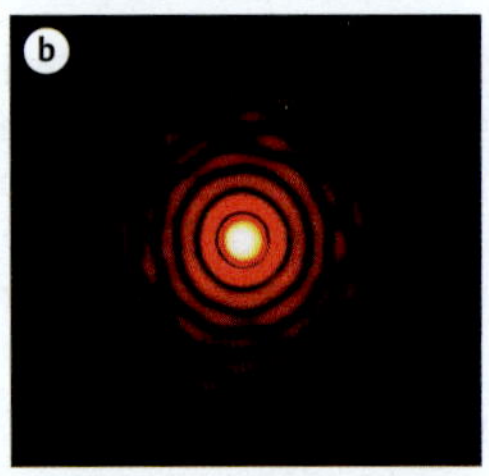

• Déterminer dans quel cas le diamètre du trou est le plus petit.

12 Exploiter une relation

Une onde lumineuse monochromatique est diffractée par une fente rectangulaire.

a. Donner l'évolution de l'angle caractéristique de diffraction dans le cas où :
- la largeur de la fente augmente, la longueur d'onde de l'onde étant fixée ;
- la longueur d'onde de l'onde augmente, la largeur de la fente étant fixée.

b. Déterminer si, avec une fente de largeur fixée, l'angle caractéristique de diffraction d'une lumière rouge sera plus grand que celui d'une lumière verte.

13 Exploiter une photo

Un laser vert a une longueur d'onde $\lambda = 532$ nm. Une fente de largeur a est placée sur le trajet du faisceau lumineux produit par le laser. Un écran est placé à la distance $D = 2{,}00$ m de la fente. La photo obtenue est proposée ci-contre.

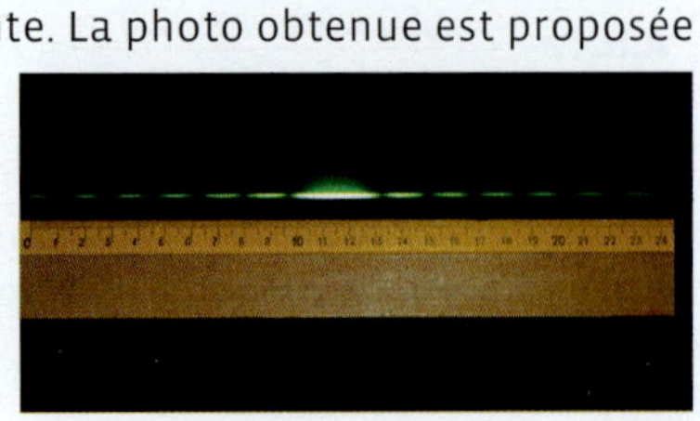

DONNÉE La largeur de la tache centrale de diffraction est donnée par la relation $L = \frac{2\lambda D}{a}$.

a. Déterminer la largeur de la tache centrale avec le plus de précision possible.

b. Déterminer la largeur de la fente.

14 Apprendre à rédiger

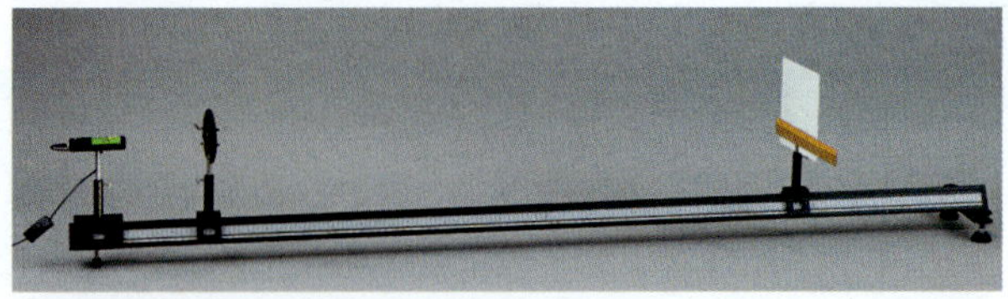

DONNÉE L'angle θ est assez petit pour que l'on puisse confondre par approximation θ en radian à $\tan\theta$.

a. Réaliser un schéma de la situation vue de dessus en faisant apparaître : la largeur a de la fente, la distance fente-écran D, la largeur L de la tache centrale et l'angle caractéristique de diffraction θ.

Aide méthodologique

▶ Utiliser une règle, choisir une taille de représentation suffisante et indiquer de manière visible les différentes grandeurs demandées en respectant bien les notations.

b. Exprimer θ en fonction de L et de D.

▶ Utiliser la donnée et le schéma pour exprimer $\tan\theta$ à l'aide de L et D.

c. Déterminer l'expression de L en fonction de λ, a et D.

▶ Exploiter l'expression de l'angle caractéristique de diffraction et la réponse à la question précedente.

15 Retour sur l'ouverture du chapitre

Vidéo Corrigé de l'exercice

Des vagues arrivent à l'entrée de la baie de Voidokilia, proche de la ville grecque de Pylos, toutes les 15 secondes. Leur célérité est de 48 km·h^{-1}.

a. Décrire le phénomène observé.

b. Estimer la valeur de la largeur a de l'entrée de la baie.

Interférences à deux ondes

▶ § 2 de la synthèse des activités

➔ EXERCICES RAPIDES

16 GRAND ORAL Réaliser un support visuel permettant de présenter oralement en deux minutes maximum à l'ensemble de la classe, le phénomène d'interférences à deux ondes et en citer des conséquences concrètes.

17 La condition pour obtenir des interférences constructives à partir de deux sources ponctuelles, synchrones et émettant en phase des ondes sinusoïdales se propageant dans un milieu homogène s'écrit $\delta = k\lambda$ avec $k \in \mathbb{Z}$. Indiquer la signification et l'unité de chaque terme de cette relation.

18 Exploiter une image

Des interférences à la surface de l'eau dues à la superposition de deux ondes sinusoïdales issues de deux sources ponctuelles, synchrones émettant en phase sont observées.

- Représenter l'allure du signal au point M en fonction du temps. Même question pour M'.

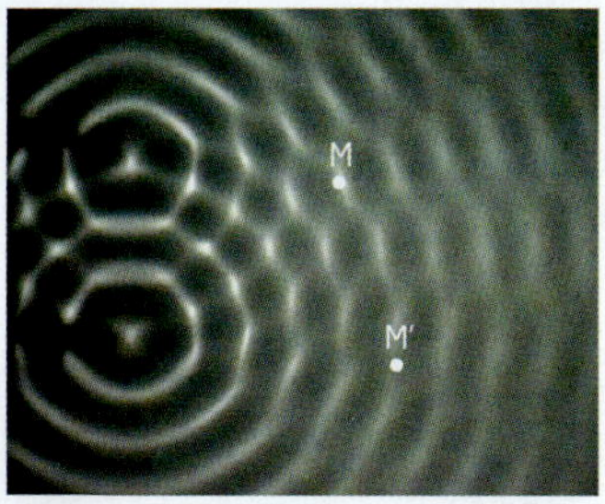

19 Représenter une différence de marche

Le montage suivant est réalisé.

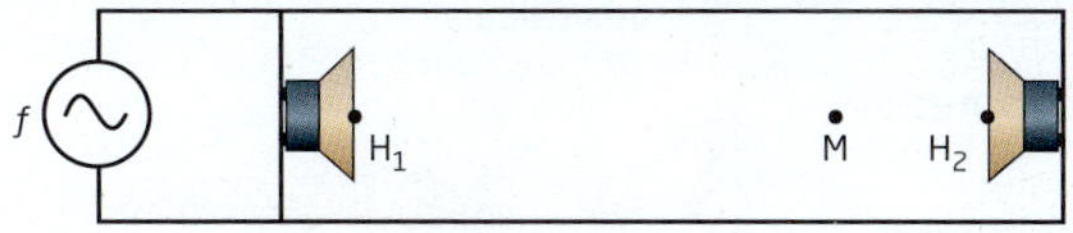

- Représenter la différence de marche entre les ondes sonores reçues au point M.

20 Exploiter une figure

Une diode électroluminescente émet une lumière rouge de longueur d'onde $\lambda = 650$ nm. Des fentes d'Young sont placées sur le trajet du faisceau lumineux.

Une photo de la figure obtenue est étudiée par un logiciel de traitement d'image et donne après étalonnage la courbe suivante :

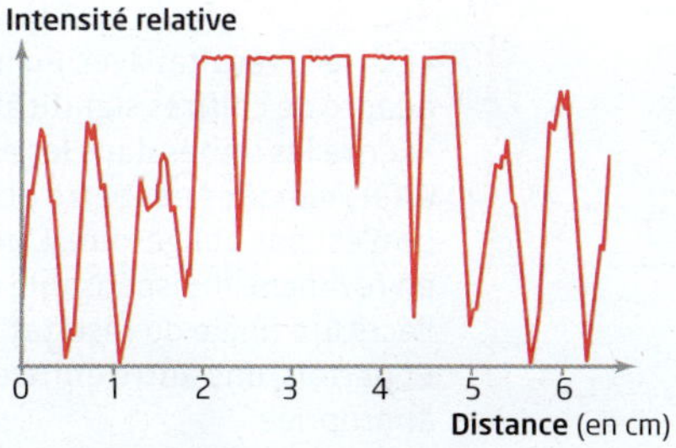

a. Déterminer la valeur de l'interfrange avec le plus de précision possible.

b. Décrire l'évolution de la figure si une lumière verte est utilisée.

21 Exploiter un programme DIFFÉRENCIATION

Un système d'enregistrement relié à un micro permet de visualiser au cours du temps un signal électrique dont les caractéristiques sont analogues à celles du signal sonore enregistré. Le code source Python suivant est extrait d'un programme qui permet d'étudier l'interférence de deux ondes sonores en représentant la somme de deux signaux électriques sinusoïdaux périodiques synchrones dont on fait varier la phase à l'origine de l'un d'eux.

Python

```
 6 from matplotlib import pyplot as plt
 7 from math import pi
 8 import numpy as np
 9
10 T=1 # en milliseconde
11 t=np.linspace(0,4,400)
12 A1=float(input('Amplitude du signal 1 (en mV) : A1 ='))
13 A2=float(input('Amplitude du signal 2 (en mV): A2 ='))
14 phi=eval(input('Phase à l\'origine (en rad): phi ='))
15
16 def s(A,T,phi):
17     return A*np.cos(2*pi*t/T+phi)
18
19 plt.plot(t,s(A1,T,0),'--',lw=1.2,label='$s_{1}(t)$')
20 plt.plot(t,s(A2,T,phi),'--',lw=1.2,label='$s_{2}(t)$')
21 plt.plot(t,s(A1,T,0)+s(A2,T,phi),lw=2.5,label='$s_{1}(t)+ s_{2}(t)$')
```

Un utilisateur obtient la figure suivante :

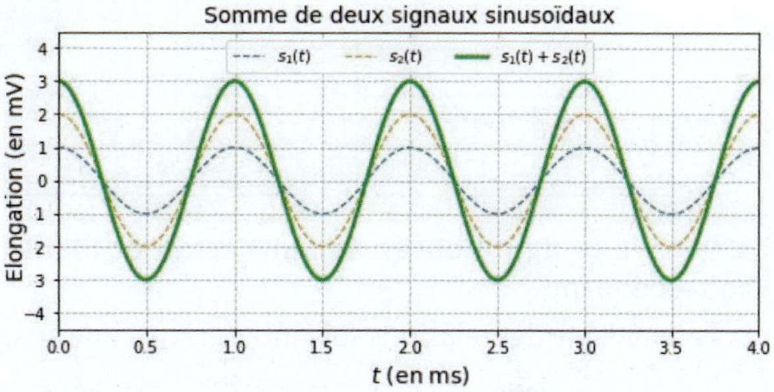

a. Décrire ce que retourne la fonction définie lignes 16 et 17 et préciser le nom usuel de ses trois arguments.

b. Expliquer ce que permettent de réaliser les lignes 19 à 21.

c. Déterminer les valeurs rentrées par l'utilisateur à l'exécution du programme pour obtenir la figure ci-dessus.

d. Préciser si les interférences sont constructives ou destructives. Justifier.

e. Un utilisateur exécute le programme et rentre dans l'ordre les valeurs suivantes : 2, 1, π. Donner l'allure de la figure obtenue et répondre de nouveau à la question précédente.

22 Construire une carte mentale

- L'étiquette centrale doit s'intituler :

Diffraction et interférences à deux ondes

- Associer à l'étiquette centrale, par le moyen de votre choix, d'autres étiquettes comprenant au minimum les étiquettes suivantes :

Destructives | $\theta = \dfrac{\lambda}{a}$ | **Amplitude minimale** | **Étalement des directions de propagation**

EXO **Exercices supplémentaires**

EXERCICE RÉSOLU ET COMMENTÉ

23 Mesurer une fissure

ÉNONCÉ

Une plaque fissurée est placée sur le trajet du faisceau émis par un laser de longueur d'onde $\lambda = 632{,}9$ nm. On souhaite mesurer la largeur a de la fissure. On enregistre l'intensité lumineuse reçue le long d'un axe horizontal sur un écran perpendiculaire au faisceau du laser, placé à une distance $D = 320$ cm après la fissure. On obtient la courbe présentée ci-dessous qui permet de déterminer la largeur L de la tache de diffraction.

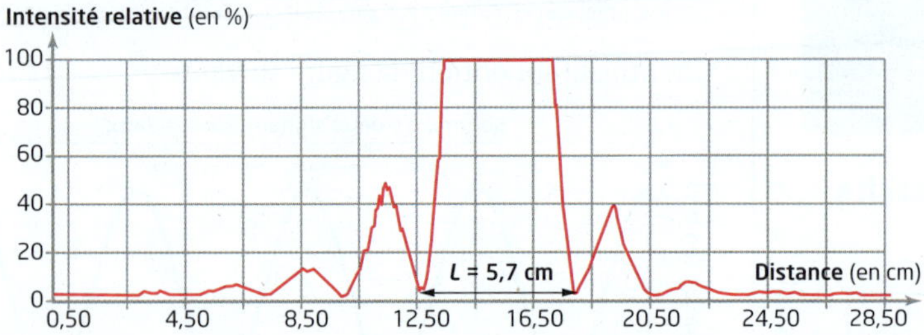

a. Décrire la figure observée sur l'écran et identifier le phénomène correspondant.

b. Retenir l'une des relations suivantes grâce à une analyse dimensionnelle.

(1) $L = \frac{2\lambda}{Da}$ (2) $L = \frac{2\lambda D}{a}$ (3) $L = 2\lambda Da$

c. Déterminer la largeur a de la fissure.

UNE SOLUTION

a. La figure observée sur l'écran montre une tache centrale très lumineuse et des taches secondaires deux fois moins larges et moins lumineuses. Il y a un étalement des directions de propagation de la lumière monochromatique ; c'est le phénomène de diffraction obtenu par une fissure de largeur a.

b. Analyse dimensionnelle : $\dim L = L$.

• $\dim \frac{2\lambda}{Da} = \frac{\dim \lambda}{\dim D \cdot \dim a} = \frac{L}{L^2} = \frac{1}{L} \neq L$: ce n'est pas la relation souhaitée.

• $\dim \frac{2\lambda D}{a} = \frac{\dim \lambda \cdot \dim D}{\dim a} = \frac{L^2}{L} = L$: relation retenue (**2**).

• $\dim 2\lambda Da = \dim \lambda \cdot \dim D \cdot \dim a = L^3 \neq L$: ce n'est pas la relation souhaitée.

c. D'après l'expression (**2**) retenue, on obtient : $a = \frac{2\lambda D}{L}$.

A.N. : $a = \frac{2 \times 632{,}9 \times 10^{-9}\ \text{m} \times 320 \times 10^{-2}\ \text{m}}{5{,}7 \times 10^{-2}\ \text{m}} = 7{,}1 \times 10^{-5}\ \text{m} = 71\ \mu\text{m}$.

S'APPROPRIER
Repérer les données utiles aux calculs.

ANALYSER-RAISONNER
Remplacer chaque lettre symbolisant une grandeur par la dimension de cette grandeur.

VALIDER
Déterminer la bonne relation implique que les deux membres de l'égalité aient la même dimension.

RÉALISER
• Écrire le résultat avec un nombre adapté de chiffres significatifs.
• Écrire les unités dans les étapes intermédiaires peut être utile, mais ce n'est pas obligatoire. L'unité est en revanche indispensable dans l'écriture finale du résultat.
Et parfois, une autre unité est plus appropriée.

APPLICATION Sur le modèle de l'exercice résolu

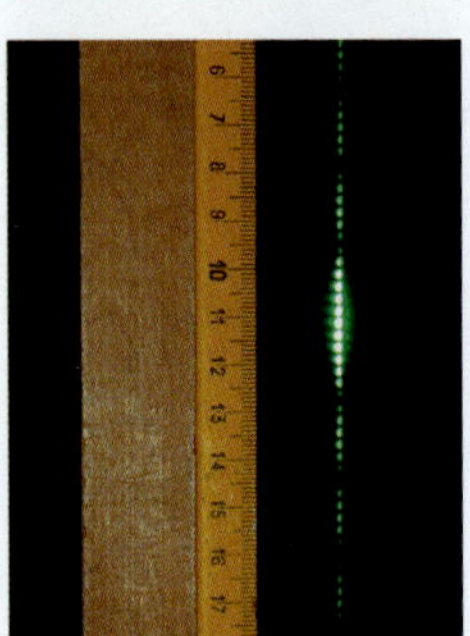

24 Mesurer une interfrange

Des fentes d'Young distantes de $a_{1-2} = 0{,}40$ mm sont interposées sur le trajet du faisceau d'un laser de longueur d'onde $\lambda = 532$ nm.
Un écran perpendiculaire au faisceau du laser, placé à une distance $D = 2{,}0$ m après les fentes, est positionné et une photo est réalisée.

a. Retenir l'une des relations suivantes grâce à une analyse dimensionnelle.

(1) $i = \lambda D a_{1-2}$ (2) $i = \frac{\lambda}{D a_{1-2}}$ (3) $i = \frac{\lambda D}{a_{1-2}}$

b. Déterminer l'interfrange i à partir de la relation retenue et valider le résultat à l'aide de la photo.

EXERCICE RÉSOLU ET COMMENTÉ

25 Observer la surface de l'eau

ÉNONCÉ

Deux pointes vibrantes alimentées par le même générateur réglé sur une fréquence de 44 Hz modélisent les pattes d'un gerris, insecte pouvant se déplacer sur l'eau. Elles frappent la surface de l'eau en deux points S_1 et S_2. Ces sources émettent en phase deux ondes sinusoïdales d'amplitude 5 mm. La célérité des ondes à la surface de l'eau vaut 0,70 m·s^{-1}.

a. Réaliser un schéma de la situation en faisant apparaître la longueur d'onde λ.

b. Déterminer l'état vibratoire des points M suivants, tels que $d_1 = S_1M$ et $d_2 = S_2M$:
- M_1 : $d_1 = 10{,}0$ cm ; $d_2 = 13{,}2$ cm ;
- M_2 : $d_1 = 19{,}7$ cm ; $d_2 = 17{,}3$ cm ;
- M_3 : $d_1 = 1{,}9$ cm ; $d_2 = 5{,}1$ cm.

c. Parmi les points précédents, déterminer ceux qui appartiennent à une même frange d'interférences d'amplitude maximale.

S'APPROPRIER Repérer les données utiles aux calculs.

UNE SOLUTION

a. Pour une source, le sommet est en noir et le creux est en gris.

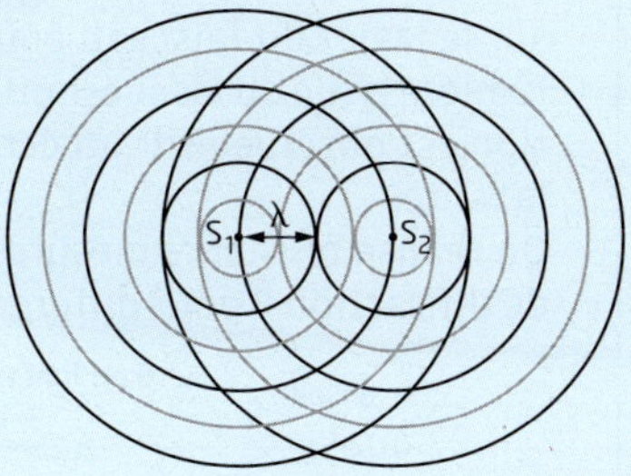

RÉALISER Faire le schéma au compas et utiliser les notations du texte.

b. Calcul de la longueur d'onde : $\lambda = \frac{v}{f}$.

ANALYSER-RAISONNER Commencer par exprimer et calculer la longueur d'onde pour pouvoir utiliser les conditions d'interférences constructives et destructives.

A.N. : $\lambda = \frac{0{,}70 \text{ m} \cdot \text{s}^{-1}}{44 \text{ s}^{-1}} = 1{,}6 \times 10^{-2} \text{ m} = 1{,}6 \text{ cm}$.

RÉALISER Écrire les unités dans les étapes intermédiaires peut être utile, mais ce n'est pas obligatoire. L'unité est en revanche indispensable dans l'écriture finale du résultat.

- En M_1 : $\delta_1 = d_2 - d_1 = 13{,}2 - 10{,}0 = 3{,}2 \text{ cm} = 2\lambda$.
- En M_2 : $\delta_2 = d_2 - d_1 = 17{,}3 - 19{,}7 = -2{,}4 \text{ cm} = -1{,}5\lambda = -\frac{3}{2}\lambda$.
- En M_3 : $\delta_3 = d_2 - d_1 = 5{,}1 - 1{,}9 = 3{,}2 \text{ cm} = 2\lambda$.

En M_1 et M_3, $d_2 - d_1 = k\lambda$ avec $k = 2$, les interférences sont constructives (amplitude maximale).

En M_2, $d_2 - d_1 = (2k+1)\frac{\lambda}{2}$ avec $k = -2$, les interférences sont destructives (amplitude minimale).

c. $\delta_1 = \delta_3$, M_1 et M_3 sont sur la même frange d'interférences.

VALIDER Utiliser les résultats précédents pour conclure.

APPLICATION Sur le modèle de l'exercice résolu

26 Détecter des ondes ultrasonores

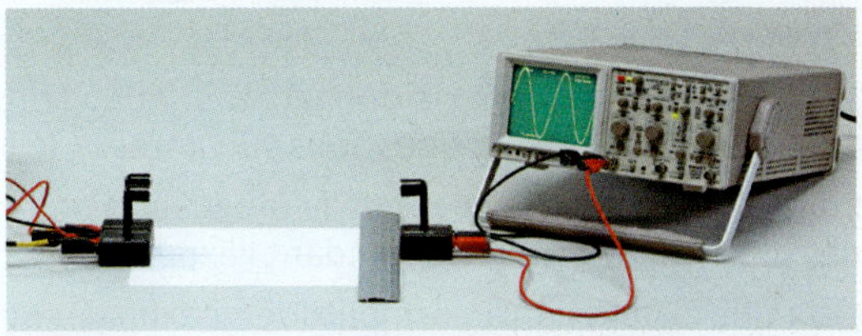

Points	M	N	P
Distance à E_1 (en mm)	234	252	312
Distance à E_2 (en mm)	226	256	328

Deux émetteurs ultrasonores E_1 et E_2 branchés sur le même GBF émettent des ondes de fréquence $f = 4{,}25 \times 10^4$ Hz.

DONNÉE

Dans les conditions de l'expérience, la célérité des ultrasons est la même que celle des sons dans les conditions usuelles.

a. Calculer la longueur d'onde dans l'air des ondes ultrasonores.

b. Le tableau ci-contre donne la distance aux deux émetteurs de trois points M, N et P. Indiquer en chacun de ces points si les interférences sont constructives ou destructives.

27 Propagation d'une onde radio

ANA-RAI Formuler des hypothèses
RÉA Effectuer des procédures courantes (calculs)

Une onde radio de fréquence $f = 10$ MHz se propage entre un émetteur et un récepteur situé dans une maison. La réception reste possible même si l'émetteur n'est pas visible pour un observateur situé au niveau de l'antenne réceptrice.

• Expliquer ce phénomène en faisant notamment intervenir les dimensions des ouvertures des maisons.

28 En concert

ANA-RAI Exploiter ses connaissances APP Représenter la situation par un schéma RÉA Effectuer des procédures courantes (calculs)

Une ouvreuse est assise à côté de la porte d'une salle de concert restée ouverte et d'une largeur $a = 80$ cm. Elle ne voit pas la scène mais elle entend tout de même la musique.

a. Nommer le phénomène qui permet à l'ouvreuse d'entendre le son.

b. Déterminer si le phénomène est plus important pour un son grave de fréquence $f_g = 100$ Hz ou pour un son plus aigu de fréquence $f_a = 500$ Hz.

29 Échographie

RÉA Effectuer des procédures courantes (calculs)
ANA-RAI Formuler une hypothèse

L'échographie est une méthode d'imagerie médicale utilisant les ondes ultrasonores qui ont une très bonne directivité.

DOCUMENT Principe de l'échographie

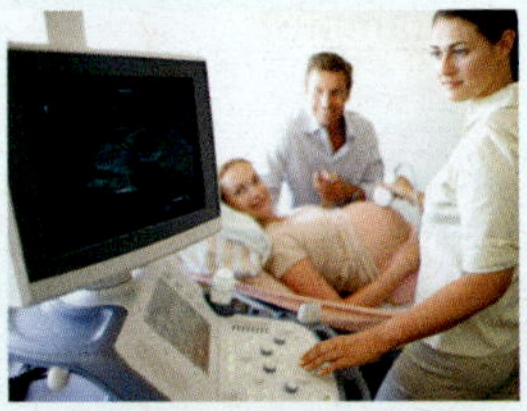

La sonde de l'échographe émet des ultrasons et sert de détecteur. Lorsqu'un écho (une onde réfléchie) arrive sur la sonde, il crée sur les transducteurs une légère variation de tension. Les salves durent seulement quelques microsecondes et se répètent environ toutes les millisecondes, ce qui laisse le temps à l'écho de revenir et d'être détecté (le son parcourt environ 1,5 cm en 10 µs dans les tissus mous).
Différentes fréquences sont utilisées en fonction de la zone à visualiser.

D'après C.Ray, J-C Poizat, *La physique par les objets quotidiens.*

a. Déterminer la célérité v des ondes ultrasonores dans les tissus mous et la longueur d'onde pour des ultrasons de fréquence 5 MHz qui s'y propagent.

b. En plus d'être atténuée, une onde de fréquece 5 MHz ne permet pas de détecter dans les tissus mous des détails inférieurs à 0,3 mm environ. Proposer une explication pour justifier cette affirmation.

30 Diffraction d'une onde ultrasonore

ANA-RAI Proposer un protocole
RÉA Effectuer des procédures courantes (calculs)

On souhaite montrer l'influence de la largeur de l'ouverture sur le phénomène de diffraction d'une onde sinusoïdale ultrasonore de fréquence $f = 40$ kHz et de célérité dans l'air $v = 340\ m \cdot s^{-1}$.

a. Faire une liste du matériel nécessaire.

b. Proposer un protocole expérimental.

31 Angle caractéristique de diffraction

RÉA Utiliser un modèle

Une fente verticale de largeur a très petite, est placée sur le trajet du faisceau émis par un pointeur laser. La lumière issue du laser est diffractée. La figure de diffraction est observée sur un écran placé à la distance D de la fente.
On réalise plusieurs mesures de l'angle caractéristique de diffraction θ pour différentes largeurs de la fente a.

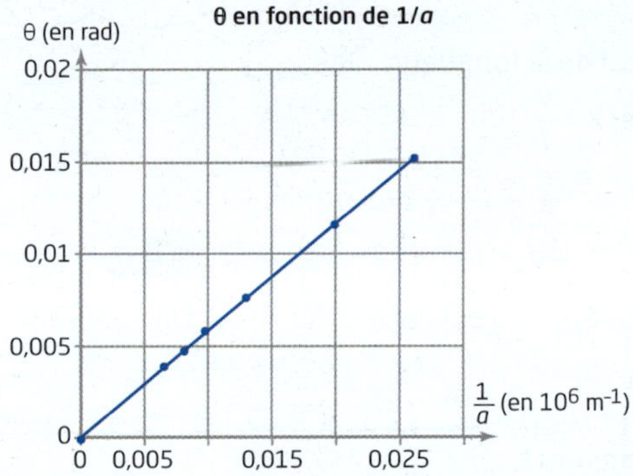

a. Expliquer pourquoi cette représentation graphique est en accord avec l'expression de l'angle caractéristique de diffraction.

b. Déterminer la longueur d'onde utilisée.

32 « Bruit + bruit = silence » Vidéo

ANA-RAI Évaluer des ordres de grandeur COM Rédiger une explication

Prendre des notes pendant le visionnage de la vidéo afin de préparer les réponses aux questions suivantes.

a. Déterminer l'ordre de grandeur de la longueur d'onde des ondes ultrasonores utilisées pendant l'expérience.

b. Proposer une explication aux amplitudes maximales et minimales observées à l'oscilloscope.

c. Établir les conditions d'interférences constructives des deux ondes issues de deux sources ponctuelles en phase modélisant les émetteurs d'ultrasons.

S'AUTOÉVALUER

33 Établir l'expression de l'interfrange

Des fentes d'Young, distantes de a_{1-2} sont éclairées par un faisceau laser de longueur d'onde dans le vide λ_0. Les deux sources sont en phase.

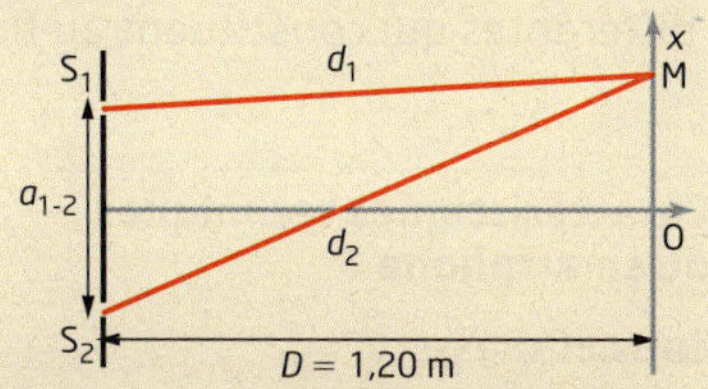

DONNÉE En un point M d'abscisse x, la différence de chemin optique dans l'air est donnée par la relation $\delta_0 = \frac{n a_{1-2} x}{D}$ avec $D \gg a_{1-2}$, $D \gg x$ et $n = 1{,}00$ dans l'air.

• Déterminer l'expression de l'interfrange i.

INDICATEURS DE RÉUSSITE

	NIVEAU A	B	C	D
CONNAÎTRE				
La définition de l'interfrange et la condition d'interférences constructives sont exploitées.				
ANALYSER-RAISONNER				
• L'extraction de x de la donnée est correctement réalisée. • Le calcul de l'interfrange est réalisé.				

34 In English please

APP Mobiliser ses connaissances **RÉA** Utiliser un modèle théorique

The Young's double slit experiment Is set up.

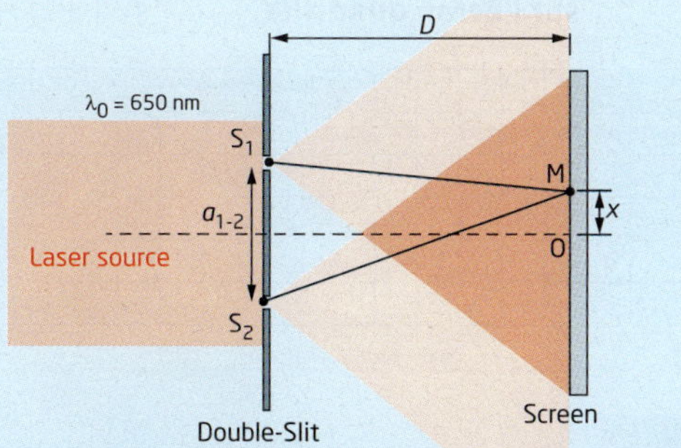

The resulting pattern is shown below.

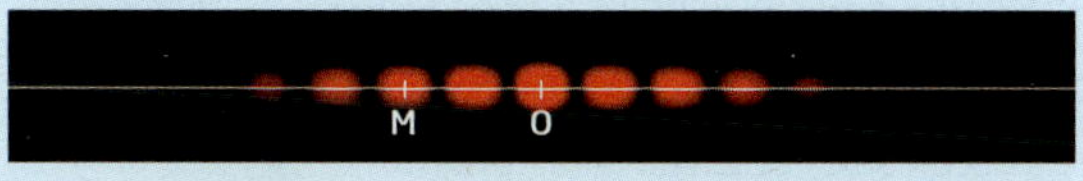

• Use the conditions of adding interferences to determine the value of optical path difference δ_0 at M point.

DIFFÉRENCIATION

35 Frange sombre ou brillante

ANA-RAI Organiser ses connaissances
RÉA Effectuer des procédures courantes (calculs)

Une expérience d'interférences en lumière monochromatique de longueur d'onde dans le vide $\lambda_0 = 650$ nm est réalisée avec deux sources S_1 et S_2 émettant en phase et séparées par une distance $a_{1-2} = 0{,}20$ mm. Un écran est placé à une distance $D = 2{,}0$ m des sources.

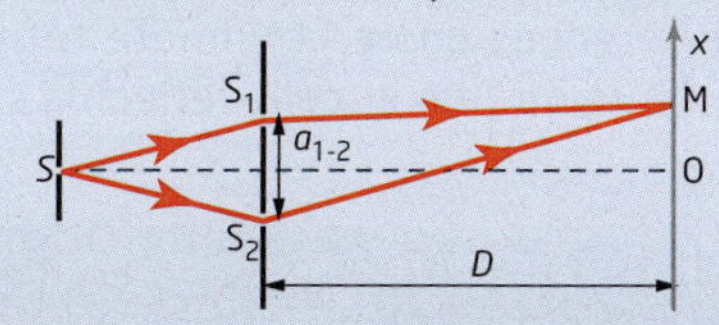

DONNÉES

• Indice de réfraction (ou indice optique) de l'air : $n_{air} = 1{,}00$.
• La différence de chemin optique au point M est donnée par la relation $\delta_0 = \frac{n a_{1-2} x}{D}$.

• Déterminer si le point M, d'abscisse $x = 13$ mm, est au centre d'une frange brillante ou d'une frange sombre.

■ *Aides à la fin du manuel.*

36 ✱ Pointeur laser

APP Rechercher et organiser l'information **RÉA** Effectuer des procédures courantes (calculs) **VAL** Faire preuve d'esprit critique

Un pointeur laser est utilisé dans le montage suivant : une fente verticale, de largeur a très petite, est placée sur le trajet du faisceau et un écran est situé à la distance D de la fente.

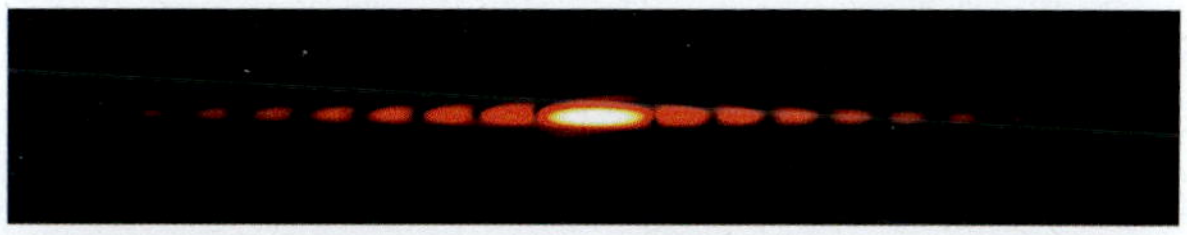

Plusieurs expériences dont les résultats sont réunis dans le tableau ci-dessous sont réalisées.

Expérience	λ de la source	Largeur de la fente	Distance à l'écran	Largeur de la tache centrale
1	λ_1	a	D	$L_1 = 3{,}4$ cm
2	$\lambda_2 = 405$ nm	a	D	$L_2 = 2{,}1$ cm
3	$\lambda_2 = 405$ nm	$a_3 = \frac{a}{2}$	D	$L_3 = 2L_2$
4	$\lambda_2 = 405$ nm	a	$D_4 = \frac{D}{2}$	$L_4 = \frac{L_2}{2}$

Trois expressions de la largeur L de la tache centrale sont proposées :

$L = 2\lambda a D$ (1) $\quad L = \frac{2\lambda}{Da}$ (2) $\quad L = \frac{2\lambda D}{a}$ (3)

a. À partir des expériences, éliminer deux des trois expressions.

b. Vérifier par une analyse dimensionnelle que celle retenue est pertinente.

c. Établir une relation entre λ_1, λ_2, L_1 et L_2.

d. Calculer la valeur de la longueur d'onde λ_1.

37 Bulle de savon

APP Extraire l'information utile **RÉA** Effectuer des procédures courantes (calculs) **ANA-RAI** Formuler des hypothèses

En observant une bulle de savon, on voit apparaître des irisations (comme les couleurs de l'arc-en-ciel). Une bulle de savon est constituée d'un mince film d'eau savonneuse emprisonnant de l'air.

Quand la lumière traverse ce film, il se produit un phénomène d'interférences entre la lumière réfléchie sur la face supérieure du film et celle réfléchie sur la face inférieure.

Pour une longueur d'onde dans le vide λ_0 et un angle de réfraction i_2 donnés, la différence de chemin optique entre ces deux ondes, notée δ_0, dépend de l'épaisseur e et de l'indice moyen de réfraction (ou indice optique) n du film d'eau savonneuse :

$$\delta_0 = 2ne\cos(i_2) + \frac{\lambda_0}{2}.$$

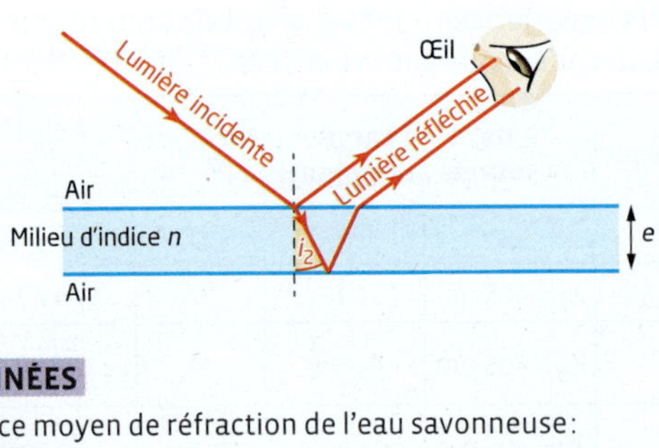

DONNÉES

- Indice moyen de réfraction de l'eau savonneuse : $n = 1{,}35$.
- Longueur d'onde dans le vide d'une radiation de couleur rouge : $\lambda_0 = 640$ nm.

a. Déterminer si les interférences sont constructives ou destructives pour une radiation rouge si la valeur de l'épaisseur du film est $e = 0{,}32$ µm et si l'angle de réfraction est $i_2 = 42°$.

b. Proposer une épaisseur de film pour que la bulle apparaisse rouge avec le même angle de réfraction.

c. Expliquer pourquoi il est possible de voir différentes couleurs sur une bulle de savon.

38 Smartphone

APP Rechercher et organiser l'information **RÉA** Effectuer des procédures courantes (calculs) **VAL** Faire preuve d'esprit critique

Lorsqu'il est allumé, un écran de téléphone portable est constitué de pixels (petits rectangles) de luminosité et de couleurs différentes qui constituent au final l'image affichée.

DOC. 1 Caractéristiques techniques du smartphone

Dimensions et masse
- hauteur : 143,6 mm ;
- largeur : 70,9 mm ;
- épaisseur : 7,7 mm ;
- masse : 174 g.

Écran
- écran Super Retina HD ;
- écran Multi-Touch OLED de 5,8 pouces (diagonale) ;
- écran HDR ;
- résolution de 2436 × 1125 pixels à 458 ppp.

DOC. 2 Dispositif expérimental

Un faisceau laser est envoyé sur l'écran du smartphone selon le dispositif expérimental ci-dessous.

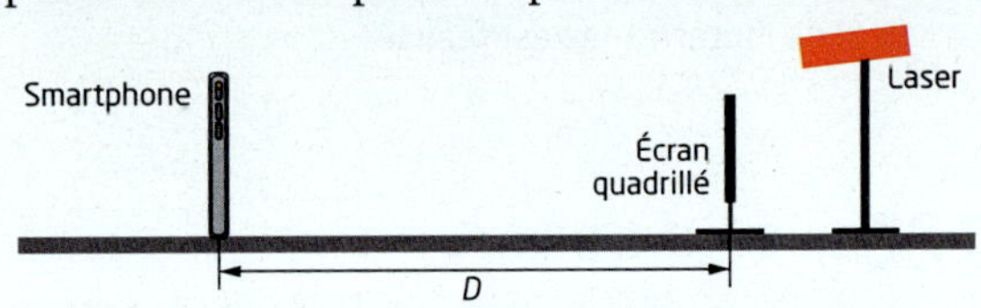

DOC. 3 Résultat de l'expérience observé sur l'écran quadrillé

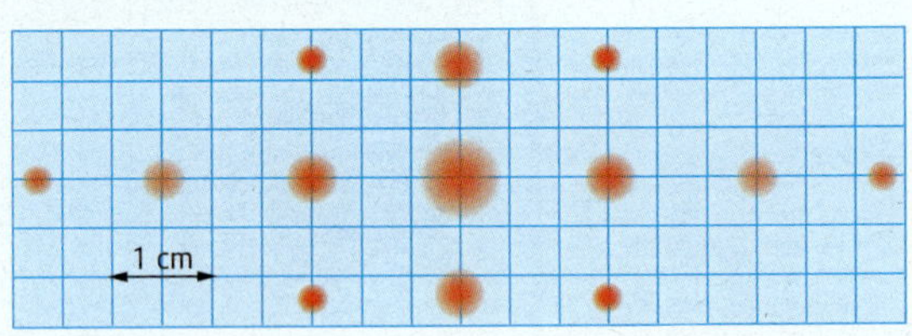

DONNÉES

- Distance entre l'écran du smartphone et l'écran quadrillé : $D = 1{,}42$ m.
- Longueur d'onde de la lumière laser utilisée : $\lambda = 632{,}8$ nm.
- Relation entre la distance d entre deux points lumineux présents sur l'écran quadrillé et la distance a séparant les centres de deux pixels accolés de l'écran du smartphone :

$$d = \frac{\lambda D}{a}$$

- Déterminer la largeur d'un pixel.

39 ✱ Interférences et diffraction

APP Rechercher et organiser l'information
ANA-RAI Faire des prévisions à l'aide d'un modèle
RÉA Effectuer des procédures courantes
VAL Faire preuve d'esprit critique

Lorsque l'expérience des fentes d'Young est réalisée, les deux fentes étant très proches l'une de l'autre, leurs figures de diffraction sont superposées sur l'écran. Les franges d'interférences sont visibles, en particulier dans la tache centrale de diffraction.

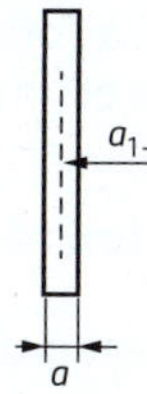

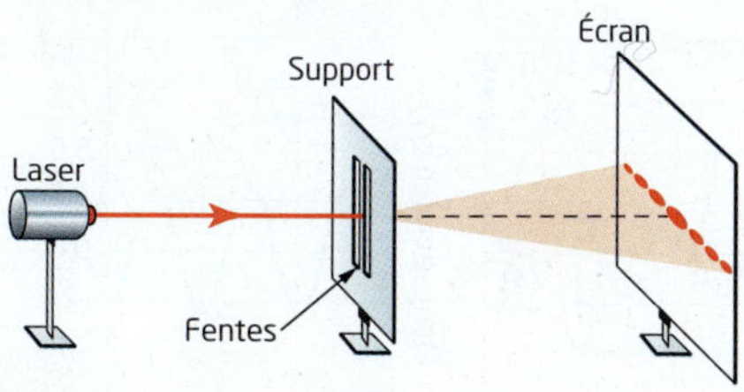

DOC. 1 Résultat de l'expérience

L'expérience des fentes d'Young est réalisée avec une onde monochromatique de longueur d'onde $\lambda = 650$ nm et des fentes de largeur $a = 70$ µm.
Les fentes sont situées à une distance $D = 2{,}1$ m de l'écran.

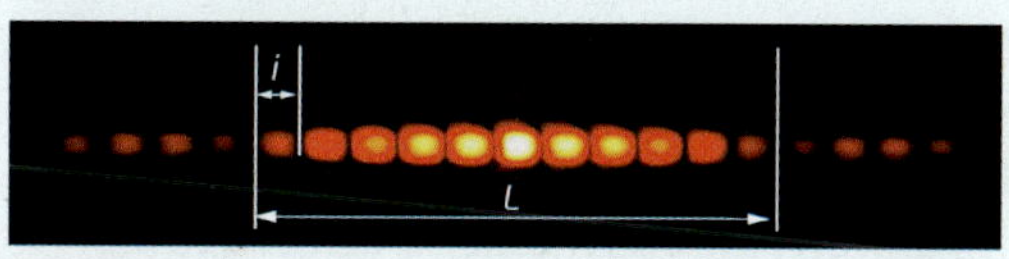

DOC. 2 Résultat de l'expérience

Diapositives 3 doubles fentes d'Young à écartement variable :
– largeur 70 µm ;
– écartement : 0,20 – 0,30 – 0,40 mm.

DONNÉE La largeur L de la tache centrale a pour expression :

$$L = \frac{2\lambda D}{a}.$$

a. Identifier les deux phénomènes observés et rappeler les conditions à respecter pour observer ces phénomènes.

b. Déterminer la largeur de la tache centrale.

c. Déterminer la valeur de l'interfrange.

d. Déterminer la distance a_{1-2} entre les fentes.

e. Comparer le résultat aux données fournies par le constructeur.

f. Le laser rouge est remplacé par un laser vert, sans toucher au reste du dispositif expérimental. Prévoir les modifications que doit subir la figure observée sur l'écran suite à ce changement de source lumineuse.

40 ✱✱ Intensité lumineuse

DIFFÉRENCIATION

RÉA Compléter une ligne de code
ANA-RAI Lire et interpréter une ligne de code

Le code source suivant est extrait du programme Python fourni qui permet de simuler l'intensité lumineuse en différents points d'une zone d'interférences obtenue grâce au dispositif des trous d'Young éclairés par un faisceau laser rouge de longueur d'onde 660 nm.

DONNÉE La valeur moyenne sur une période T de $\left[A_1\cos\left(\frac{2\pi t}{T}+\varphi_1\right) + A_2\cos\left(\frac{2\pi t}{T}+\varphi_2\right)\right]^2$ est égale à $\frac{1}{2}(A_1{}^2 + A_2{}^2) + A_1 A_2 \cos(\varphi_1 - \varphi_2)$.

Python

```
16 T= ......  # Période en femtoseconde ou fs (1 fs = 1e-15 s)
17 t= ......  # 400 dates régulièrement espacées sur 4 périodes
18 A1=1 # Amplitude de la source 1 assimilée à un réel (unité arbitraire)
19 A2=1 # Amplitude de la source 2 assimilée à un réel (unité arbitraire)
20
21 # Définition, à l'aide des fonctions de la bibliothèque NumPy, de la
22 # fonction 's', retournant s(t)=A*cos(2πt/T+phi) pour A et phi donnés
23 def ............. :
24     return .......................
25
26 # Définition de la fonction 'interference' retournant des courbes
27 # modifiables grâce à la présence de la virgule (ex: 's1,').
28 def interference(A1,A2,phi):
29     s1,= plt.plot(......) # Trace le signal s1(t) = A1*cos(2πt/T)
30     s2,= plt.plot(......) # Trace le signal s2(t) = A2*cos(2πt/T+phi)
31     S,= plt.plot(......)  # Trace le signal somme S(t) = s1(t)+s2(t)
32     z,= plt.plot(......)  # Trace le carré de la somme (s1(t)+s2(t))^2
33     I_phi=np.mean((s(A1,0)+s(A2,phi))**2)#Calcule l'intensité lumineuse
34     I,=plt.plot(t,[I_phi]*400,'r',lw=3)#Trace l'intensité lumineuse I(t)
35     plt.legend(loc=9, ncol=4)
36     return s1,s2,S,z,I,I_phi
```

a. Compléter les lignes 16 à 32 du code selon les consignes en commentaire.

b. Selon la ligne 33, indiquer comment est définie l'intensité lumineuse résultant de la superposition des deux signaux lumineux $s_1(t)$ et $s_2(t)$.
En déduire que pour une valeur de **'phi'** donnée, l'intensité lumineuse est constante au cours du temps.

c. Expliquer l'instruction de la ligne 34 et préciser l'allure de la courbe représentant l'intensité lumineuse au cours du temps.

d. À l'exécution du programme, un curseur permet de modifier la valeur de **'phi'** et un cercle décrivant l'intensité lumineuse varie en conséquence.
Exécuter le programme puis consigner les résultats dans un tableau pour les valeurs de 'phi' $-\pi$, 0, π et 2π : en phase ou opposition de phase, intensité maximale ou minimale et interférences constructives ou destructives.

MÉTIERS ET ORIENTATION GRAND ORAL

Un(e) **ingénieur(e) acousticien(ne)** lutte contre les pollutions sonores ; il peut travailler pour l'industrie, les collectivités locales ou des agences spécialisées. Il doit avoir de solides connaissances en physique, mathématiques et acoustique.
Formation : diplôme d'ingénieur en génie physique par exemple ou un master avec une spécialité acoustique.
• Préparer une présentation orale de trois minutes maximum sur un projet de poursuite d'études et/ou professionnel dans ce domaine (→ **Fiche Bac p. 513**)

Exercices TRAVAILLER UNE MÉTHODE

41 Représenter la somme de deux signaux à l'aide d'un langage de programmation

Un élève doit corriger et compléter le code source fourni pour représenter, à l'aide d'un langage de programmation, deux signaux électriques sinusoïdaux $s_1(t)$ et $s_2(t)$ de fréquence 200 Hz ainsi que leur somme selon les consignes suivantes : la phase à l'origine de $s_1(t)$ est fixée à 0 radian, la phase à l'origine de $s_2(t)$ est choisie par l'utilisateur, la figure contient un graphe à gauche représentant les deux signaux et un graphe à droite représentant leur somme.

ÉTAPE 1 S'approprier le problème en visualisant les résultats

- Pour une phase à l'origine de $s_2(t)$ égale à π, l'exécution du programme conduit à la figure 1 :

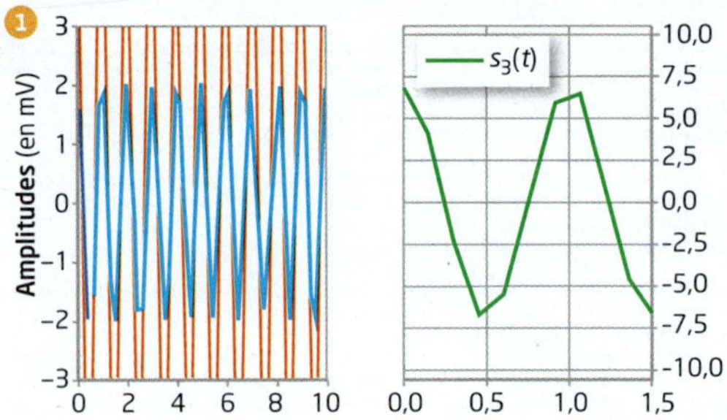

- Le résultat attendu est celui de la figure 2 :

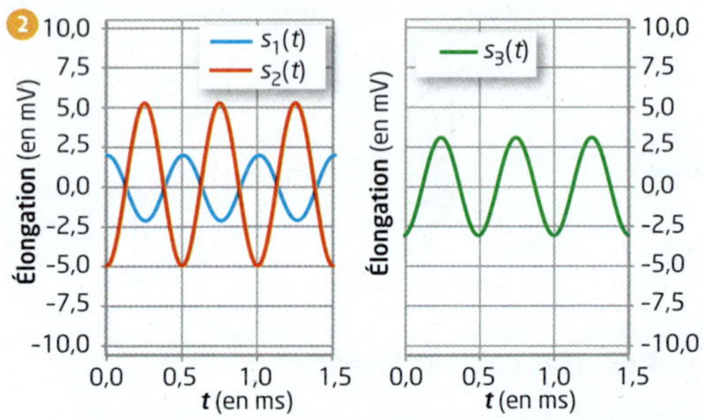

ÉTAPE 2 S'approprier le problème en visualisant le code

DIFFÉRENCIATION — Python

```
T=1   # Période
A1=2 # Amplitude de s1
A2=5 # Amplitude de S2

phi=eval(input('Phase à l\'origine de s2(t) : phi = ')
t=np.linspace(0,15,100)

s1=A1*np.cos(2*pi*t/T)
s2=A2*np.cos(2*pi*t/T)
s=s1+s2

# Définition de la figure contenant 2 graphes
# répartis sur '1 ligne , 2 colonnes'
figure=plt.subplots(1,2)

plt.subplot(1,2,1) # Graphe 1 de gauche
plt.plot(t,s1,"-+",label='$s_{1}(t)$')
plt.plot(t,s2,"-x",label='$s_{2}(t)$')
plt.xlim(0,10)
A=A1+A2
plt.ylim(-1.5*A1,1.5*A1)
plt.ylabel('Amplitude (en mV)')

plt.subplot(1,2,2) # Graphe 2 de droite
plt.plot(t,s,'.-g',label='$s_{3}(t)$')
plt.xlim(0,1.5)
plt.tick_params(axis='y',left=False,right=True,
                labelleft=False,labelright=True)
plt.ylim(-1.5*A,1.5*A)
plt.legend(loc ='upper left')
```

- Comprendre les instructions des lignes du code (→ **Point numérique 1** p. 539).
- Modifier les instructions et exécuter le code pour tester les modifications.
- Être attentif aux erreurs de syntaxe ou de codage indiquées par l'éditeur.
- Lire les remarques qui apparaissent si le programme comporte à nouveau des erreurs ; la ligne est souvent indiquée.

Conseils !

- Préciser les unités dans les commentaires des lignes de code.
- Pour éviter les saisies incorrectes, copier les instructions qui rendent l'affichage correct sur l'un des graphes puis coller ces instructions en les adaptant dans la partie de code qui concerne le graphe à compléter.
- Le séparateur décimal est le point « . » et non la virgule « , ».

Questions

1. Vérifier que la consigne est respectée sur la figure 2. Identifier ce qui ne convient pas sur la figure 1.

2. Ouvrir le code et le modifier pour prendre en compte les réponses à la question précédente en utilisant les conseils proposés.

3. Lister les éléments à retenir pour présenter convenablement la somme de signaux sinusoïdaux dont la phase à l'origine de l'un d'eux peut varier.

RESSOURCES

- Fichiers Python (niveaux standard et confirmé)

42 Critère de Rayleigh

S'APPROPRIER ANALYSER-RAISONNER RÉALISER

Actuellement, l'observation de détails d'un objet céleste avec un télescope terrestre est principalement limitée par le diamètre *D* de l'objectif du télescope qui collecte la lumière provenant de cet objet.

La première planète extrasolaire dont on a pu faire une image par observation directe dans le proche infrarouge s'appelle 2M1207b. Cette exoplanète orbite à une distance estimée à 55 unités astronomiques (ua) autour de l'étoile 2M1207a, située à 230 années-lumière (al) de la Terre.

DOC. 1 Traversée de la lumière par une ouverture circulaire

L'angle θ (exprimé en radian) vérifie la relation $\theta = 1{,}22\,\frac{\lambda}{D}$ où λ est la longueur d'onde du faisceau incident et *D* le diamètre de l'ouverture.

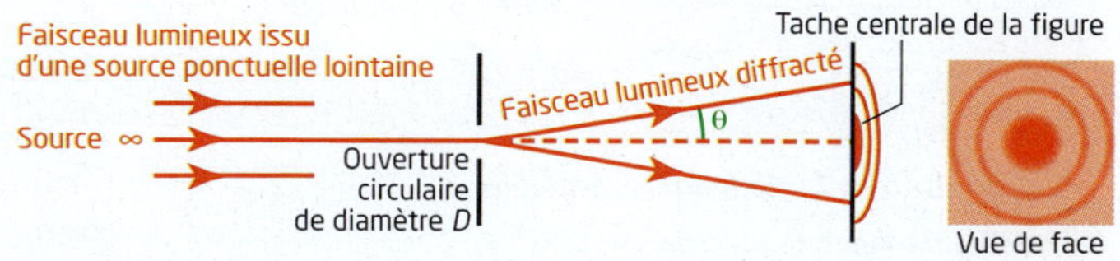

DOC. 2 Couple étoile-planète

Des rayons lumineux issus d'un couple étoile-planète, passant par l'ouverture circulaire d'un télescope terrestre sont représentés ci-contre :

- α est l'angle entre les rayons issus de l'étoile et ceux issus de la planète.
- α est assez petit pour que l'on puisse confondre α en radian à tan α.

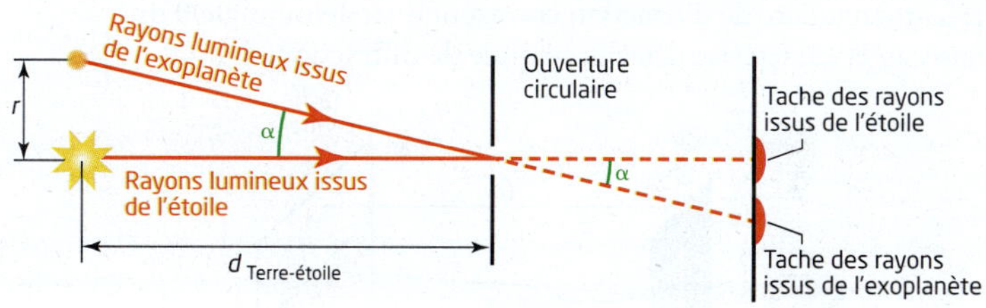

DONNÉE 1 Critère de Rayleigh

Un télescope permet de distinguer deux objets, à condition que l'écart angulaire α entre ces deux objets (DOC. 2) soit supérieur ou égal à l'angle θ (DOC. 1).

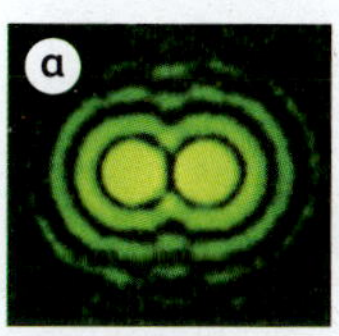

$\alpha \geqslant \theta$: on peut distinguer les objets.

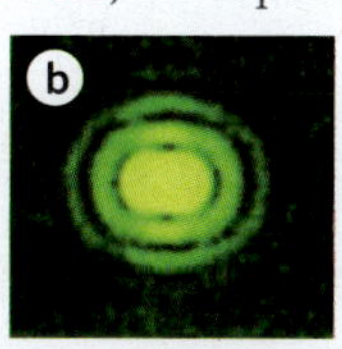

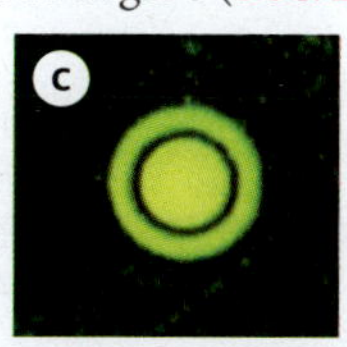

$\alpha < \theta$: on ne peut pas distinguer les objets.

DONNÉE 2

- Unité astronomique : $1\ \text{ua} = 1{,}496 \times 10^{11}\ \text{m}$.
- Année de lumière : $1\ \text{al} = 9{,}461 \times 10^{15}\ \text{m}$.

Questions

1 Identifier le phénomène physique caractérisé par l'angle θ (DOC. 1) et la propriété de la lumière qui permet d'expliquer ce phénomène.

2 En prenant soin de présenter correctement la démarche et de porter un regard critique sur le résultat, déterminer le diamètre *D* du télescope terrestre permettant de distinguer la planète 2M1207b de l'étoile 2M1207a. La longueur d'onde des rayons lumineux provenant des deux objets célestes a pour valeur $\lambda = 2{,}0\ \mu\text{m}$.

3 Citer une conséquence concrète du phénomène identifié en **1.**, autre que la limite de l'observation des astres en astronomie.

Exercices BAC — É.C.E. — 60 min

43 Diffraction par une fente

ANALYSER-RAISONNER **RÉALISER** **VALIDER**

La diffraction met en évidence le caractère ondulatoire d'un phénomène ; elle fut étudiée par de nombreux physiciens comme Christian Huygens, Augustin Fresnel et Joseph von Fraunhofer (voir photo ci-contre).
Cette propriété des ondes est utilisée pour déterminer la longueur d'onde d'une onde lumineuse monochromatique émise par un laser.

Matériel disponible

- Laser (ou une diode laser) placé sur un support de hauteur réglable, de longueur d'onde communiquée au candidat lors de l'appel 2.
  Attention ! Ne jamais regarder le faisceau de la diode laser dans l'axe de visée.
- Support de fente de hauteur réglable.
- Fentes de largeurs a connues.
- Écran blanc.
- Mètre-ruban d'une longueur de 2 à 3 m ou un banc d'optique.
- Lampe individuelle peu puissante (de type lampe de bureau).
- Règle graduée en mm non métallique.
- Longue table.
- Ordinateur muni d'un logiciel tableur-grapheur.

DOC. 1 Dispositif expérimental

L'écart angulaire de diffraction correspond au demi-angle θ du faisceau et caractérise la tache centrale de diffraction.

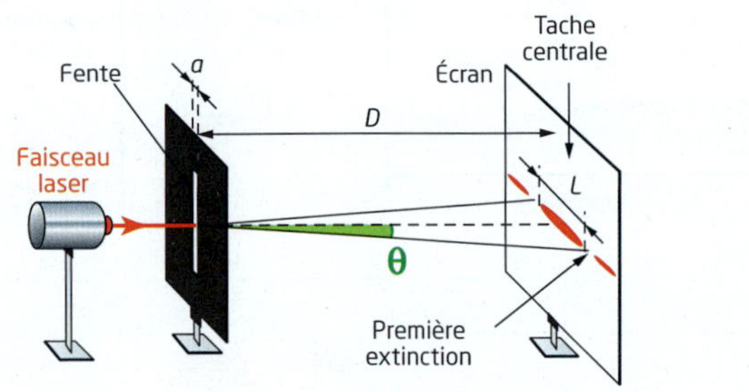

DOC. 2 Figure de diffraction obtenue avec une fente verticale de largeur a

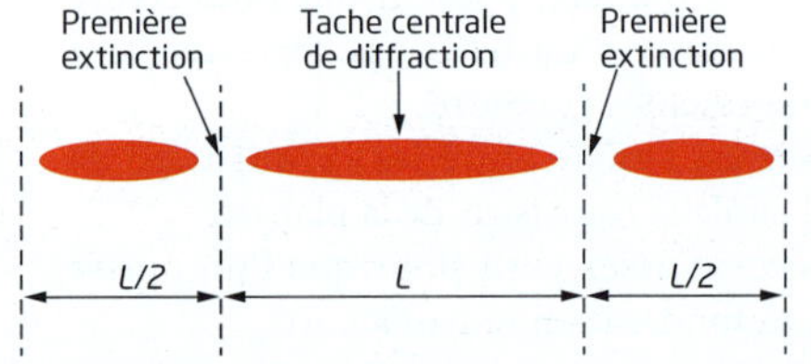

DONNÉE

Expression de la largeur L de la tache centrale de diffraction : $L = \dfrac{2\lambda D}{a}$.

Questions

Fiches-guides

1 **Matériel** En utilisant le matériel et les documents mis à disposition, proposer une démarche expérimentale afin de déterminer le plus précisément possible la longueur d'onde λ de la source utilisée.
APPEL N° 1 *Appeler le professeur pour qu'il vérifie la démarche expérimentale.*

2 En tenant compte des informations données par le professeur, mettre en œuvre la démarche proposée précédemment.
APPEL N° 2 *Appeler le professeur pour lui présenter les résultats.*

3 **Tableur** En utilisant le tableau de résultats obtenus par les élèves d'une classe ayant suivi le même protocole et en y incluant la valeur déterminée en **2.** :
– proposer une écriture du résultat de la mesure λ_{mes} avec son incertitude-type $u(\lambda)$;
– vérifier la compatibilité avec la valeur donnée par le constructeur λ_{ref} en calculant le quotient $\dfrac{|\lambda_{mes} - \lambda_{ref}|}{u(\lambda)}$.

4 Lister des sources d'erreur permettant d'expliquer l'écart entre λ_{mes} et λ_{ref}.

RESSOURCES
- Liste du matériel
- Tableau de résultats de la question 3.
- Fiches-guides (fichiers texte et PDF)

60 min **Exercice** **Vers le supérieur**

44 Indice optique

S'APPROPRIER ANALYSER-RAISONNER RÉALISER VALIDER

L'expérience des fentes d'Young est réalisée dans l'air. Les deux fentes distantes de $a_{1-2} = 0{,}30$ mm, situées à une distance $D = 2{,}5$ m de l'écran, sont éclairées en lumière monochromatique. Les deux sources S_1 et S_2 émettent en phase.

DOC. 1 Schéma du dispositif

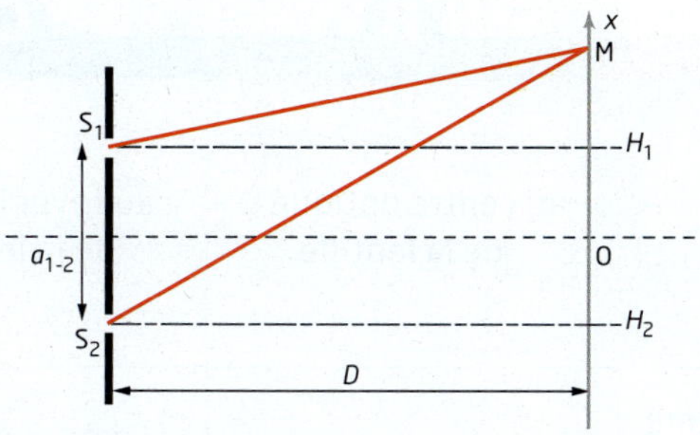

DONNÉES

Indices optiques (ou indices de réfraction) de milieux matériels :
- $n_{air} = 1{,}0$;
- $n_{eau} = 1{,}3$;
- $n_{verre} = 1{,}5$;
- $n_{polycarbonate} = 1{,}6$.

La distance S_2M est notée d_2 et la distance S_1M est notée d_1. Dans les conditions de l'expérience, $D >> a_{1-2}$, $D >> x$ et $2D \approx d_1 + d_2$.

DOC. 2 Schéma du dispositif avec une lame d'épaisseur e

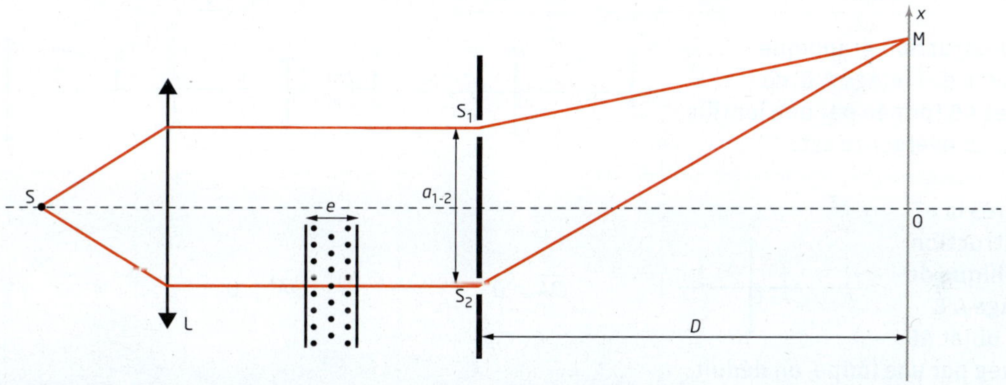

Lorsqu'une lame d'épaisseur $e = 0{,}010$ mm d'indice optique n_e est positionnée devant l'une des fentes, la figure d'interférences se déplace alors sur l'écran de 4,0 cm du côté de la lame.

Questions

1 En utilisant le théorème de Pythagore dans des triangles rectangles convenablement choisis sur le DOC. 1, démontrer que $d_2^2 - d_1^2 = 2xa_{1-2}$.

2 En utilisant la relation précédente, une identité remarquable et l'approximation donnée dans le DOC. 1, établir l'expression de la différence de chemin optique δ_0 en fonction de a_{1-2}, x, D et n_{air}.

3 Donner l'expression de la différence de chemin optique en M en présence de la lame d'épaisseur e.

4 Exprimer puis calculer l'indice optique n_e et identifier la nature de la lame.

19 Formation d'images par une lunette astronomique

EXO **QCM interactif**

Se tester pour commencer

Choisir la réponse exacte.

	A	B	C
1 **L'image formée par une lentille mince convergente d'un point objet réel situé « à l'infini » sur l'axe optique de cette lentille est située :**	« à l'infini »	au centre optique O de la lentille	au foyer image F' de la lentille
2 **L'image virtuelle d'un objet réel formée par une lentille mince convergente :**	se situe du même côté de la lentille que l'objet réel	n'existe pas	peut être observable sur un écran
3 **Un œil normal n'accommode pas lorsque l'objet qu'il observe se situe :**	au centre optique du cristallin	sur la rétine	« à l'infini »
4 **La construction graphique correcte de l'image A'B' de l'objet AB formée par une lentille mince convergente est :**	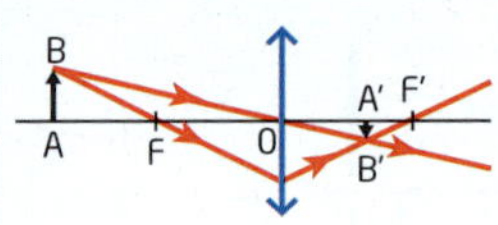	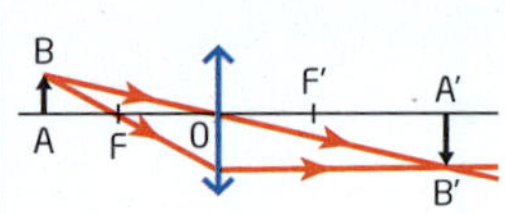	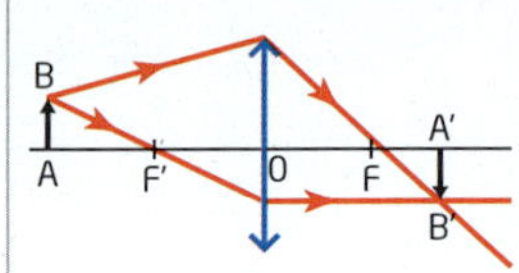
5 **D'après la construction graphique de l'image A'B' d'un objet AB formée par une loupe, on déduit :** 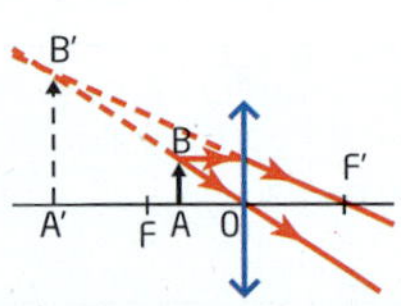	$\overline{OA} > 0$	$\overline{OA'} > 0$	$\gamma > 0$

GRAND ORAL

Vidéo débat

L'exposition « Astrum 2009 » au Vatican a présenté de nombreux instruments astronomiques. Ils ont permis d'explorer le ciel et de faire d'énormes progrès dans le domaine de l'astronomie.

Quel rôle jouent les lentilles convergentes présentes dans une lunette astronomique ?

Les magasins spécialisés dans la vente d'instruments d'astronomie proposent des lunettes astronomiques aux caractéristiques variées.

Quelles informations apportent les données caractéristiques d'une lunette commerciale ?

→ Exercice 45 page 456

CAPACITÉS EXIGIBLES	Activités	Exercices corrigés
Représenter le schéma d'une lunette afocale modélisée par deux lentilles minces convergentes ; identifier l'objectif et l'oculaire.	1	10 15 31
Représenter le faisceau émergent issu d'un point objet situé « à l'infini » et traversant une lunette afocale.	2	21 31
Établir l'expression du grossissement d'une lunette afocale.	3	11 28 33
Exploiter les données caractéristiques d'une lunette commerciale.	3	45
Réaliser une maquette de lunette astronomique ou utiliser une lunette commerciale pour en déterminer le grossissement.	3	
Vérifier la position de l'image intermédiaire en la visualisant sur un écran.	2	

Activité documentaire

Notion

• Modèle optique d'une lunette astronomique avec objectif et oculaire convergents
▸ §1.1 p. 445

1 Construction d'une lunette astronomique

L'invention de la lunette astronomique au XVIIe siècle a permis une étude minutieuse du ciel étoilé. Les découvertes faites avec cet instrument ont révolutionné les connaissances de la structure de l'Univers.

● **Comment construire une maquette de lunette astronomique ?**

DOC. 1 Matériel pour construire une lunette astronomique

① Tube en PVC.

② Morceaux de carton.

③ Lentille convergente de 125 mm de distance focale.

④ Tube en carton.

⑤ Œil d'horloger : lentille convergente de 25 mm de distance focale.

⑥ Petit matériel.

DOC. 2 Constitution d'une lunette astronomique

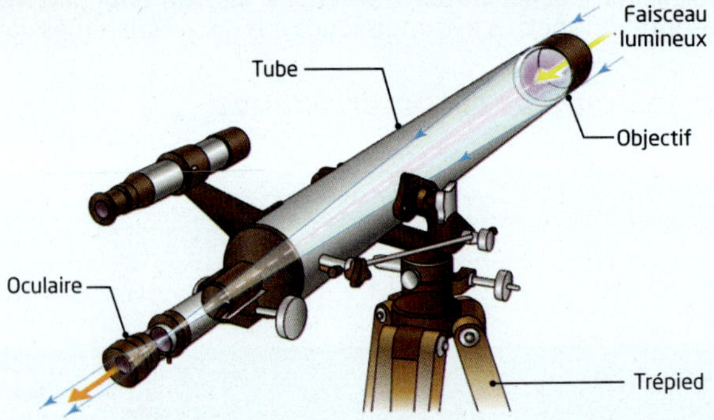

VOCABULAIRE

■ Un point objet est considéré « **à l'infini** » si la distance qui le sépare d'une lentille mince convergente est très grande devant la distance focale de la lentille.

■ Une lunette astronomique est **afocale** si elle donne d'un objet situé « à l'infini » une image « à l'infini ».

■ L'**objectif** comme l'**oculaire** d'une lunette astronomique peuvent être modélisés par une lentille mince convergente.

Questions

1 S'APPROPRIER

a. Justifier le nom des deux lentilles minces convergentes de la lunette astronomique.

b. Expliquer pourquoi la lunette astronomique du **DOC. 2** est afocale.

2 ANALYSER-RAISONNER

On considère un point objet réel situé « à l'infini » sur l'axe optique d'une lunette astronomique. Indiquer la position de l'image intermédiaire de ce point formée par l'objectif. Préciser le rôle joué par cette image et sa position pour l'oculaire si la lunette est afocale.

3 RÉALISER

a. Représenter, en précisant l'échelle utilisée, le schéma de la lunette astronomique afocale réalisable à partir du **DOC. 1.** Identifier l'objectif et l'oculaire.

b. En déduire la distance entre les centres optiques des lentilles minces modélisant l'objectif et l'oculaire de la lunette astronomique afocale.

Activité expérimentale

Notion

- Modèle optique d'une lunette astronomique avec objectif et oculaire convergents

► §2 p. 446

2 Image formée par une lunette afocale

Une lunette astronomique afocale permet d'observer des objets situés « à l'infini ». Pour que les astronomes ayant une vision normale puissent étudier le ciel étoilé sans fatigue oculaire, l'image de l'astre formée par une lunette astronomique se situe « à l'infini ».

● **Quel trajet suit la lumière, issue d'un point d'un astre, à travers une lunette astronomique afocale ?**

DOC. 1 Objet situé « à l'infini »

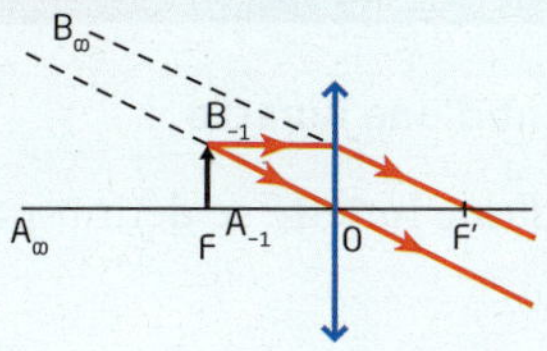

Lorsqu'un objet plan $A_{-1}B_{-1}$ se situe dans le plan focal objet d'une lentille mince convergente, son image AB formée par la lentille se situe « à l'infini », d'où la notation $A_{\infty}B_{\infty}$ sur le schéma. Cette image modélise alors l'objet AB situé « à l'infini » pour la maquette de la lunette astronomique afocale.

DOC. 2 Faisceau issu d'un point objet B situé « à l'infini »

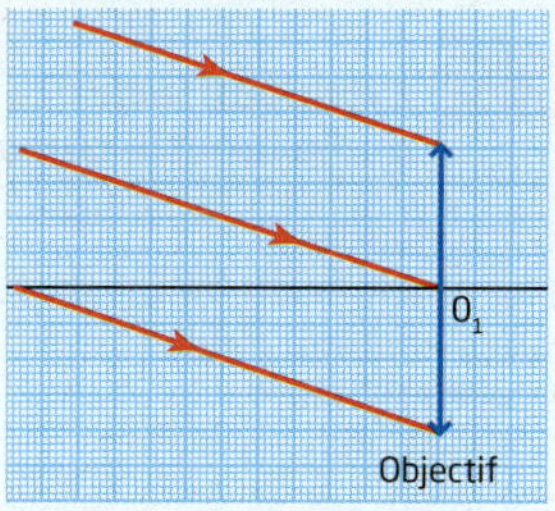

DOC. 3 Dispositif expérimental

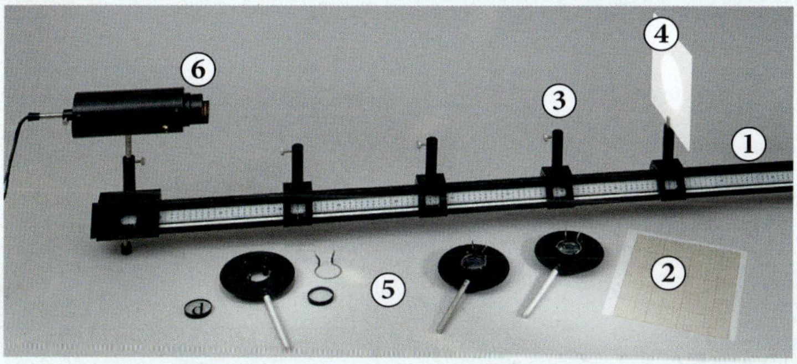

① Banc d'optique.
② Papier millimétré sur transparent.
③ Porte-objet.
④ Écran.
⑤ Lentilles convergentes L_0, L_1 et L_2 sur support.
⑥ Source lumineuse équipée d'un dépoli.

Questions

1 RÉALISER

Réaliser le montage sur banc d'optique permettant de modéliser un objet situé « à l'infini ».

2 ANALYSER-RAISONNER

Identifier, parmi les deux lentilles encore disponibles, celle jouant le rôle de l'objectif et celle jouant le rôle de l'oculaire.

3 RÉALISER

a. Sur du papier millimétré, en précisant l'échelle utilisée, reproduire le schéma du **DOC. 2** et compléter le tracé du faisceau issu de B traversant successivement les deux lentilles convergentes modélisant l'objectif et l'oculaire. Vérifier que le point image intermédiaire B_1 est bien dans le plan focal de l'objectif.

b. Construire sur le banc d'optique la maquette de la lunette astronomique afocale permettant d'observer l'objet situé « à l'infini ». Vérifier la position de l'image intermédiaire A_1B_1 en la visualisant sur un écran.

4 VALIDER

a. Identifier les sources d'erreur pour expliquer l'écart éventuel entre la position de l'image intermédiaire tracée au **3. a.** et celle visualisée sur l'écran.

b. Vérifier que l'image définitive est renversée en utilisant la maquette de la lunette astronomique afocale pour viser un objet réel extérieur à la salle de classe.

Activité expérimentale

3 Lunette commerciale

Notion
- Grossissement
▸ §3 p. 447

L'un des rôles d'une lunette astronomique est de rendre l'image d'un astre formée par cet instrument plus grosse que lorsque cet astre est observé à l'œil nu.

● **Comment déterminer le grossissement d'une lunette astronomique afocale à partir des données caractéristiques ?**

DOC. 1 Extrait de la notice technique d'une lunette commerciale

Caractéristiques :

Objectif achromatique à 2 lentilles calées
Traitements anti-reflet
Diamètre : 90 mm
Focale : 910 mm (F/D = 10,1)
Résolution : 1,3 sec. d'arc (Œil nu = 6)
Clarté : 225 × (Œil nu = 1)
Grossissements utiles : 13 × à 216 ×
Monture équatoriale EQ2 avec flexibles
Réglage fin en latitude
Trépied aluminium réglable en hauteur (71 cm à 123 cm)
Dimension du tube (diam./long.) : 10 cm × 91 cm
Masse : 13 kg

Livré avec :

Oculaires (coulant 31,75 mm) Super 25 (36×) et 10 mm (90×)
Renvoi à 90°
Chercheur 6 × 30
Contrepoids : 2,2 kg
Filetage M 42 mm pour adaptation photo (Bague T en option)
Support en parallèle pour appareil photo sur le haut d'un des colliers
Notice d'utilisation en français
Garantie deux ans

D'après maison-astronomie.com

DOC. 2 Grossissement d'une lunette

Le grossissement G d'une lunette se définit par la relation suivante :

$$G = \frac{\theta'}{\theta}$$

Avec :
θ l'angle sous lequel est vu l'objet à l'œil nu
θ' l'angle sous lequel est vue l'image de l'objet à travers la lunette astronomique afocale

a.

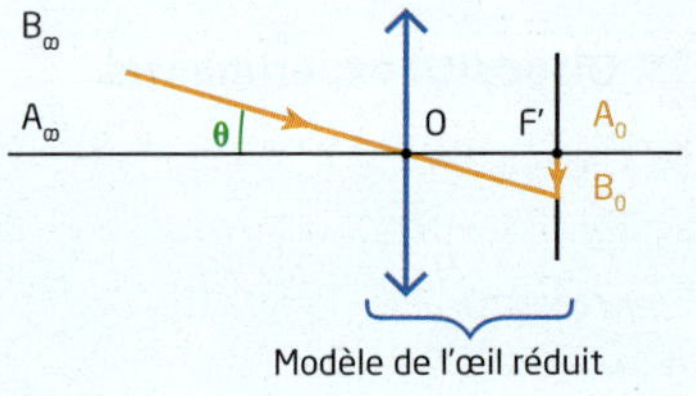

b.

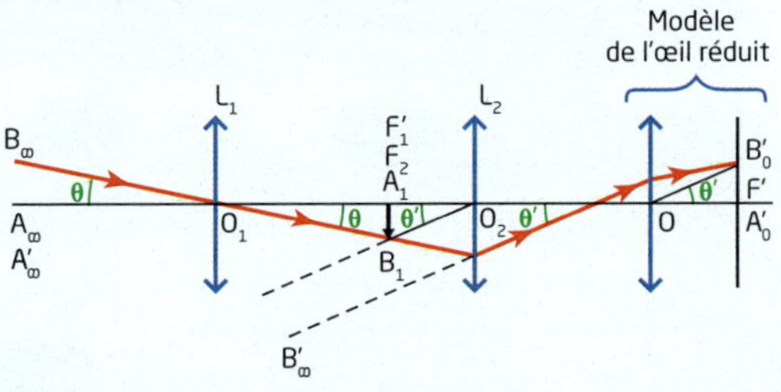

Questions

1 RÉALISER

a. Placer l'objet plan mis à disposition dans le plan focal objet de la lentille proposée. L'image de cet objet, formée par la lentille, devient l'objet situé « à l'infini » dans la suite de l'activité.

b. Réaliser le montage permettant de déterminer l'angle θ sous lequel l'objet situé « à l'infini » est vu à l'œil nu. Calculer θ en utilisant l'approximation des petits angles : $\alpha \approx \tan \alpha$, α étant petit et exprimé en radian.

c. Réaliser le montage permettant de déterminer l'angle θ' sous lequel l'image de l'objet est vue à travers une lunette afocale. Calculer θ' en utilisant l'approximation des petits angles.

d. Calculer le grossissement expérimental de la maquette de la lunette astronomique afocale.

e. À partir du schéma **b.** du DOC. 2, établir l'expression du grossissement d'une lunette afocale en fonction des distances focales de l'objectif et de l'oculaire. Calculer sa valeur dans le cas de la maquette.

2 VALIDER

Expliquer l'écart éventuel entre les valeurs obtenues en **1.d.** et en **1.e.**

1 Lunette astronomique afocale

1.1 Modèle optique

Une lunette astronomique peut être modélisée par un système de deux lentilles minces convergentes ayant un axe optique commun :
- l'**objectif** : lentille mince convergente, placée du côté de l'objet observé, caractérisée par un centre optique O_1 et une distance focale notée f'_1 (DOC. 1) ;
- l'**oculaire** : lentille mince convergente, placée du côté de l'œil de l'observateur, caractérisée par un centre optique O_2 et une distance focale notée f'_2 (DOC. 1).

Remarque La distance focale de l'objectif, de l'ordre du mètre, est supérieure à la distance focale de l'oculaire, de l'ordre du centimètre.

ÉVITER LES ERREURS
- Un modèle n'est utilisable que dans son domaine de validité.
- Dans le cas du modèle de la lentille mince, les rayons lumineux traversent la lentille au voisinage du centre optique et ils sont peu inclinés par rapport à l'axe optique.

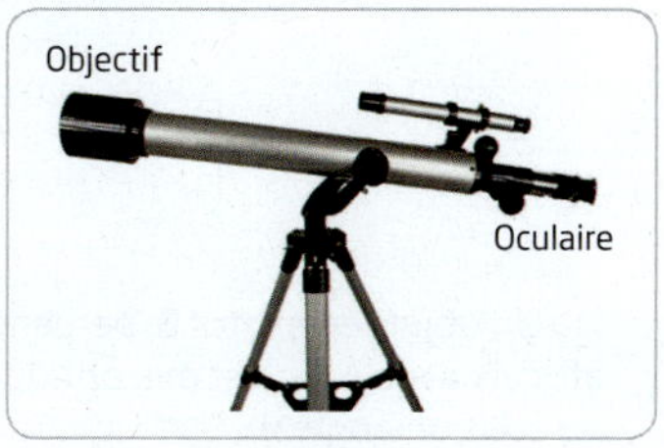

1. Objectif et oculaire d'une lunette astronomique.

1.2 Propriété d'une lunette astronomique afocale

- De chaque point d'un objet réel situé « à l'infini » arrive un faisceau de rayons parallèles (DOC. 2).
- L'image d'un objet plan réel situé « à l'infini » formée par l'objectif se situe dans le plan focal image de l'objectif (DOC. 3).
- Cette image intermédiaire devient l'objet pour l'oculaire.
- Pour une vision normale sans effort, l'image définitive observée à travers l'oculaire de la lunette astronomique afocale se situe à l'infini.
- L'image intermédiaire doit donc se situer dans le plan focal objet de l'oculaire.

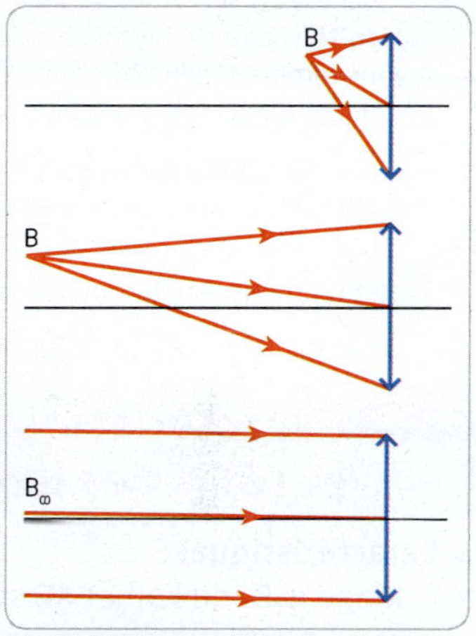

2. Lorsque le point objet B s'éloigne de la lentille, les rayons incidents deviennent presque parallèles.

Une lunette est **afocale** lorsque le foyer image F'_1 de l'objectif et le foyer objet F_2 de l'oculaire sont confondus (DOC. 4).

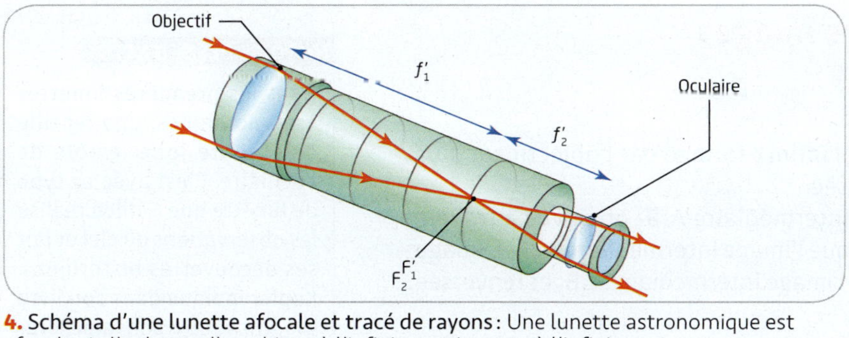

4. Schéma d'une lunette afocale et tracé de rayons : Une lunette astronomique est afocale si elle donne d'un objet « à l'infini » une image « à l'infini ».

- La longueur L de la lunette astronomique afocale, correspondant approximativement à la distance entre le centre optique O_1 de l'objectif et le centre optique O_2 de l'oculaire, peut donc se calculer par la relation :

$L \approx \overline{O_1O_2} = \overline{O_1F'_1} + \overline{F'_1O_2} = \overline{O_1F'_1} + \overline{F_2O_2} = \overline{O_1F'_1} + \overline{O_2F'_2} = f'_1 + f'_2.$

Exemple Une lunette astronomique afocale dispose d'un objectif de distance focale $f'_1 = 900$ mm et d'un oculaire de distance focale $f'_2 = 10$ mm. La longueur approchée du tube de cette lunette est, au mm près avec trois chiffres significatifs dans le résultat, environ égale à $L = f'_1 + f'_2 = 900\text{ mm} + 10\text{ mm} = 910\text{ mm}$.

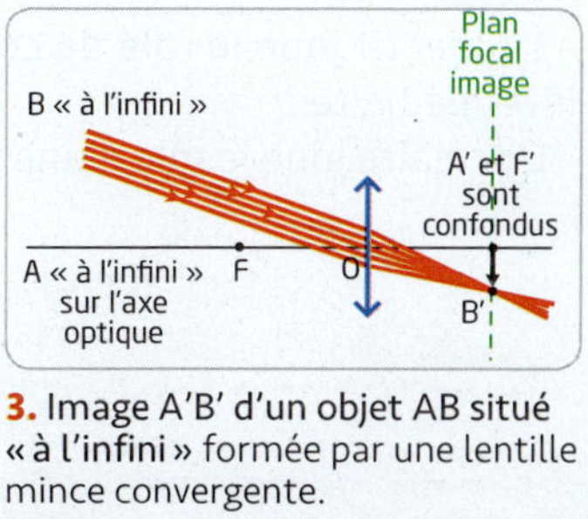

3. Image A'B' d'un objet AB situé « à l'infini » formée par une lentille mince convergente.

Podcast | Texte DYS

2 Image formée par une lunette afocale

2.1 Construction graphique

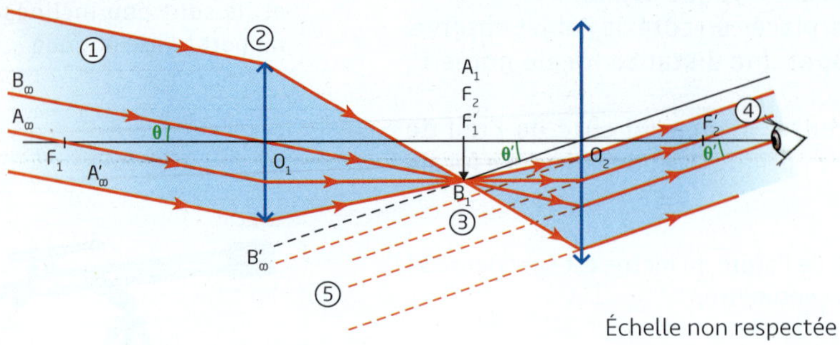

Échelle non respectée

① Un objet réel plan AB, perpendiculaire à l'axe optique de la lunette astronomique afocale avec A sur cet axe optique, est situé « à l'infini ». L'objet réel AB est vu à l'œil nu sous un angle θ.

② Le faisceau de rayons lumineux parallèles issu du point objet réel B situé « à l'infini » pénètre dans la lunette astronomique afocale.

③ L'image B_1 du point objet B se situe dans le plan focal image de l'objectif. Le point image intermédiaire B_1 devient un point objet réel pour l'oculaire. B_1 se situe dans le plan focal objet de l'oculaire afin que le point image définitive B' se forme « à l'infini ».

④ Un faisceau de rayons lumineux parallèles émerge de la lunette afocale. Les rayons lumineux semblent provenir du point image définitive B' située « à l'infini » et pénètrent dans l'œil de l'observateur.

⑤ L'image virtuelle définitive A'B' de l'objet réel AB formée par la lunette astronomique afocale est vue sous un angle θ'.

5. Trajet d'un faisceau lumineux dans une lunette afocale.

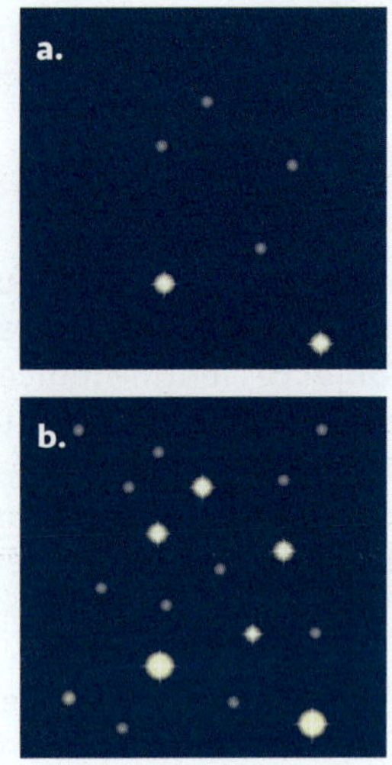

6. L'objectif joue le rôle d'un collecteur de lumière : il concentre la lumière provenant des étoiles, elles apparaissent plus nombreuses.

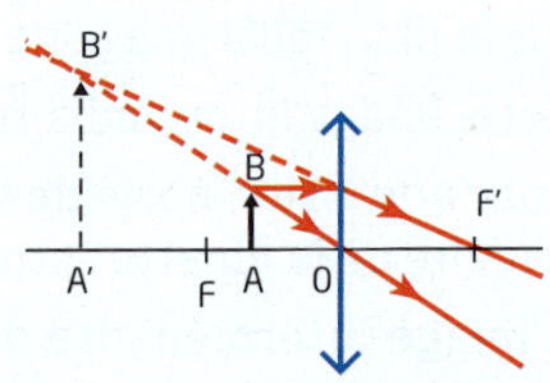

7. L'oculaire joue le rôle d'une loupe : l'image d'un objet formée par une loupe est agrandie et droite.

2.2 Caractéristiques des images et rôles des lentilles

- **Caractéristiques :**

– L'image A_1B_1 de l'objet AB situé « à l'infini » formée par l'objectif est plus petite que l'objet AB, réelle et renversée.

– L'image définitive A'B' de l'image intermédiaire A_1B_1 observée à travers l'oculaire est virtuelle et plus grande que l'image intermédiaire A_1B_1. L'image définitive A'B' est droite par rapport à l'image intermédiaire A_1B_1 et renversée par rapport à l'objet AB.

- **Rôles :**

– L'objectif joue le rôle de collecteur de lumière (DOC. 6) et forme l'image intermédiaire.

– L'oculaire joue le rôle d'une loupe (DOC. 7).

HISTOIRE DES SCIENCES

Dans les premières lunettes astronomiques, une lentille divergente joue le rôle de l'oculaire. C'est avec ce type de lunette que Galilée réalise les observations du ciel et fait ses découvertes historiques. Kepler indique dans son livre *Dioptricae* que, pour améliorer les performances des lunettes astronomiques, l'oculaire doit être une lentille convergente. C'est un astronome allemand, Scheiner, qui construit cette lunette astronomique équipée de deux lentilles minces convergentes et grâce à laquelle il observe pour la première fois les taches solaires.

3 Données caractéristiques d'une lunette commerciale

3.1 Grossissement

Le grossissement G d'une lunette astronomique se définit par la relation suivante :

$$G = \frac{\theta'}{\theta}$$

θ' : angle sous lequel est vue l'image définitive de l'objet formée par la lunette astronomique afocale (en radian).
θ : angle sous lequel est vu l'objet à l'œil nu (en radian).

8. La Lune et le Soleil sont vus sous le même diamètre apparent depuis la Terre.

Remarque θ et θ' sont aussi appelés diamètres apparents (DOC. 8).

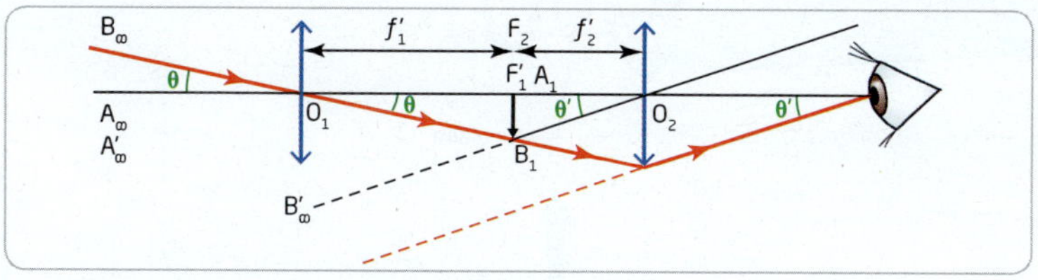

9. Schéma simplifié d'une lunette astronomique afocale : seuls les éléments utiles à l'établissement de l'expression du grossissement sont conservés.

Raisonnement à retenir

D'après la construction graphique du DOC. 5 ou du DOC. 9 :

– dans le triangle $O_1A_1B_1$: $\theta \approx \tan\theta = \frac{A_1B_1}{f'_1}$;

– dans le triangle $O_2A_1B_1$: $\theta' \approx \tan\theta' = \frac{A_1B_1}{f'_2}$.

Ainsi $G = \frac{\theta'}{\theta} = \frac{\frac{A_1B_1}{f'_2}}{\frac{A_1B_1}{f'_1}} = \frac{A_1B_1}{f'_2} \times \frac{f'_1}{A_1B_1}$

$$G = \frac{f'_1}{f'_2}$$

f'_1 distance focale de l'objectif
f'_2 distance focale de l'oculaire
Les distances focales doivent être exprimées dans la même unité.

Puisque $f'_1 > f'_2$, on a $G > 1$.

POINT MATHS

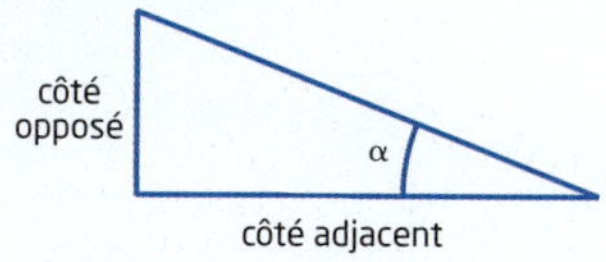

$\tan\alpha = \frac{\text{côté opposé}}{\text{côté adjacent}}$

Approximation des petits angles :
$\tan\alpha \approx \alpha$ avec α en radian.

EXEMPLE

Une lunette astronomique afocale dispose d'un objectif de distance focale $f'_1 = 900$ mm et d'un oculaire de distance focale $f'_2 = 10$ mm. Le grossissement de cette lunette vaut donc : $G = \frac{f'_1}{f'_2} = \frac{900 \text{ mm}}{10 \text{ mm}} = 90$.

3.2 Luminosité

- Deux grandeurs caractéristiques permettent d'apprécier la luminosité de l'instrument :
– pour l'observation d'objets ponctuels (étoiles très éloignées), il faut considérer le diamètre D de l'objectif. En effet, la lumière collectée à sa surface permet de former une image du ciel étoilé plus lumineuse que lors d'une observation à l'œil nu.
– pour l'observation d'objets étendus (Lune, planète, nébuleuse...), il faut tenir compte de l'étalement de l'énergie lumineuse lié au grossissement, qui dépend notamment de la distance focale de l'objectif f'_1.
- Le constructeur donne des informations sur la luminosité d'une lunette astronomique en précisant le rapport $\frac{f'_1}{D}$ appelé le nombre d'ouverture (DOC. 10).

Nombre d'ouverture	Application
inférieur à 6	ciel profond
de 6 à 10	polyvalent
supérieur à 10	• dédoublement des étoiles doubles • imagerie planétaire

10. Le nombre d'ouverture est le rapport $\frac{f'_1}{D}$. Il donne des précisions sur le domaine d'application d'une lunette astronomique.

Retenir l'essentiel

LUNETTE ASTRONOMIQUE AFOCALE

Une lunette astronomique est **afocale** si elle donne d'un objet situé « à l'infini » une image « à l'infini ». Le foyer image F'_1 de l'objectif et le foyer objet F_2 de l'oculaire sont confondus.

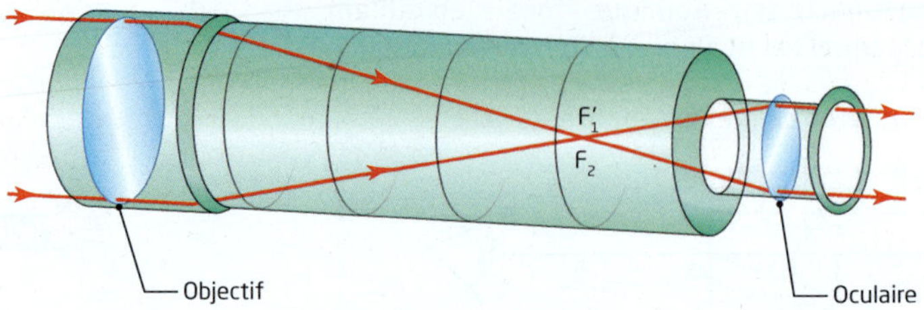

Objectif

Lentille mince convergente de grande distance focale $f'_{objectif}$.

Grossissement

$$G = \frac{\theta'}{\theta} = \frac{f'_{objectif}}{f'_{oculaire}}$$

Oculaire

Lentille mince convergente de petite distance focale $f'_{oculaire} < f'_{objectif}$.

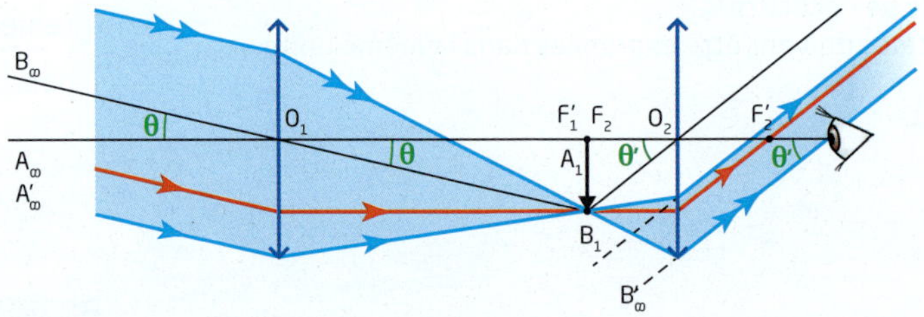

θ : angle sous lequel l'objet est vu à l'œil nu.

θ' : angle sous lequel l'image de l'objet est vue à travers la lunette afocale.

IMAGE FORMÉE PAR UNE LUNETTE AFOCALE

5 min chrono !

Si vous ne trouvez pas la bonne réponse, reportez-vous au § de la synthèse des activités correspondant pour vous aider.

Indiquer la réponse exacte. EXO QCM interactif

1 **L'objectif est la lentille mince convergente de la lunette astronomique qui se situe :** ▶ §1

a. du côté de l'œil.

b. du côté de l'objet à observer.

c. au foyer objet de l'oculaire.

2 **La distance focale de l'objectif est :** ▶ §1

a. inférieure à celle de l'oculaire.

b. supérieure à celle de l'oculaire.

c. infinie.

3 **Une lunette astronomique est afocale si :** ▶ §1

a. le foyer image de l'oculaire et le foyer objet de l'objectif sont confondus.

b. le foyer objet de l'oculaire et le foyer image de l'objectif sont confondus.

c. le foyer image de l'oculaire et le foyer image de l'objectif sont confondus.

4 **L'image d'un objet situé « à l'infini » formée par l'objectif se situe :** ▶ §2

a. dans le plan focal objet de l'objectif.

b. dans le plan focal image de l'oculaire.

c. dans le plan focal image de l'objectif.

5 **L'image intermédiaire A_1B_1 d'un objet AB situé « à l'infini » formée par l'objectif est :** ▶ §2

a. plus petite que AB, droite par rapport à AB et virtuelle.

b. plus grande que AB, droite par rapport à AB et virtuelle.

c. plus petite que AB, renversée par rapport à AB et réelle.

6 **L'image définitive d'un objet AB situé « à l'infini » formée par une lunette astronomique afocale et observée à travers son oculaire est :** ▶ §2

a. renversée par rapport à AB et virtuelle.

b. droite par rapport à AB et réelle.

c. renversée par rapport à AB et réelle.

7 **L'oculaire joue le rôle :** ▶ §2

a. d'un collecteur de lumière. b. d'un œil.

c. d'une loupe.

8 **L'expression du grossissement *G* d'une lunette astronomique afocale est :** ▶ §3

a. $G = \dfrac{f'_{\text{objectif}}}{f'_{\text{oculaire}}}$. b. $G = \dfrac{f'_{\text{oculaire}}}{f'_{\text{objectif}}}$. c. $G = f'_{\text{oculaire}} + f'_{\text{objectif}}$.

9 **Le grossissement d'une lunette astronomique afocale :** ▶ §3

a. peut être nul. b. doit être inférieur à 1.

c. doit être supérieur à 1.

Corrigés p. 550

Contrôle technique !

10 Calculer la longueur d'une lunette astronomique

EXERCICE RÉSOLU

Calculer la longueur approchée *L* d'une lunette astronomique afocale se composant d'un objectif de distance focale $f'_1 = 400$ mm et d'un oculaire de distance focale $f'_2 = 20$ mm.

SOLUTION

La lunette est afocale : le foyer image F'_1 de l'objectif coïncide avec le foyer objet F_2 de l'oculaire.

$L = f'_1 + f'_2 = 400 \text{ mm} + 20 \text{ mm} = 420 \text{ mm}$.

APPLICATION • Sur le modèle de l'exercice résolu

Calculer la longueur approchée *L* d'une lunette astronomique afocale possédant un objectif de distance focale $f'_1 = 600$ mm et un oculaire de distance focale $f'_2 = 10$ mm.

11 Calculer un grossissement

EXERCICE RÉSOLU

Un astre est vu à l'œil nu sous un angle $\theta = 2 \times 10^{-4}$ rad.

• Calculer l'angle θ' sous lequel est vue l'image de cet astre formée par une lunette astronomique afocale se composant d'un objectif de distance focale $f'_1 = 400$ mm et d'un oculaire de distance focale $f'_2 = 20$ mm.

SOLUTION

Le grossissement est égal à $G = \dfrac{f'_1}{f'_2} = \dfrac{400 \text{ mm}}{20 \text{ mm}} = 20$.

$G = \dfrac{\theta'}{\theta}$ soit $\theta' = G \times \theta = 20 \times 2 \times 10^{-4} \text{ rad} = 4 \times 10^{-3}$ rad.

APPLICATION • Sur le modèle de l'exercice résolu

Un astre est vu à l'œil nu sous un angle $\theta = 1 \times 10^{-4}$ rad.

• Calculer l'angle θ' sous lequel est vue l'image de cet astre formée par une lunette astronomique afocale possédant un objectif de distance focale $f'_1 = 600$ mm et un oculaire de distance focale $f'_2 = 10$ mm.

DONNÉES POUR TOUS LES EXERCICES :

• Approximation des petits angles : $\tan \alpha \approx \alpha$ avec α en radian.
Certaines données utiles sont situées dans les pages de rabat.

Lunette astronomique afocale

▶ § 1 de la synthèse des activités

EXERCICES RAPIDES

12 GRAND ORAL Réaliser un support visuel permettant de présenter oralement en deux minutes maximum à l'ensemble de la classe les deux lentilles minces convergentes permettant de modéliser une lunette astronomique afocale.

13 Réaliser le schéma d'une lunette astronomique afocale en précisant la position des foyers de l'objectif et de l'oculaire.

14 Expliquer pourquoi la longueur de la lunette astronomique afocale est voisine de la somme des distances focales de l'objectif et de l'oculaire.

15 Schématiser une lunette afocale

La lunette astronomique de l'observatoire de Nice dispose d'un objectif de 17,89 m de distance focale. La distance focale de l'oculaire permettant le grossissement maximal est égale à 8 mm.

a. Réaliser un schéma de la lunette astronomique afocale.

b. Estimer la longueur de la lunette astronomique de l'observatoire de Nice.

16 Choisir des lentilles minces convergentes

Afin de modéliser une lunette afocale, un élève doit choisir, entre deux lentilles minces convergentes, celle qui jouera le rôle de l'objectif et celle qui sera l'oculaire.

a. Proposer une technique permettant de différencier la distance focale des deux lentilles.

b. Préciser comment l'élève va placer sur le banc d'optique les lentilles minces convergentes.

17 Calculer un diamètre apparent

Notre étoile, le Soleil, est la seule étoile qui n'apparaît pas ponctuelle depuis la Terre.

• Calculer, en radian, l'angle θ sous lequel cet astre est vu à l'œil nu (voir données des rabats).

18 In English please

Astronomers can use two types of instruments to study the starry sky: the refracting telescope and the reflecting telescope made with mirrors.

a. Justify the name of the two astronomical instruments.

b. Specify the name of the two lenses used in the refracting telescope.

Image formée par une lunette afocale

▶ § 2 de la synthèse des activités

EXERCICES RAPIDES

19 GRAND ORAL Réaliser un support visuel permettant de présenter oralement en deux minutes maximum la construction graphique d'un faisceau émergent issu d'un point objet situé « à l'infini » et traversant une lunette astronomique afocale.

20 Une lunette astronomique dispose d'un objectif de distance focale $f'_1 = 600$ mm. On observe un objet à l'œil nu sous un angle $\theta = 1 \times 10^{-3}$ rad.

• En utilisant l'approximation des petits angles, calculer la hauteur A_1B_1 de l'image intermédiaire de cet objet formée par l'objectif.

21 Représenter un faisceau de lumière

Vidéo Corrigé de l'exercice

Un faisceau de lumière issu d'un point objet réel A du Soleil pénètre parallèlement à l'axe optique d'une lunette astronomique afocale adaptée à l'observation solaire.

a. Représenter, sans souci d'échelle, le faisceau issu du point A et traversant la lunette.

b. Expliquer pourquoi il ne faut pas regarder directement le Soleil à travers une lunette astronomique.

22 Construire des images

Le schéma suivant représente une lunette astronomique afocale visant un objet AB situé « à l'infini ». A est sur l'axe optique.

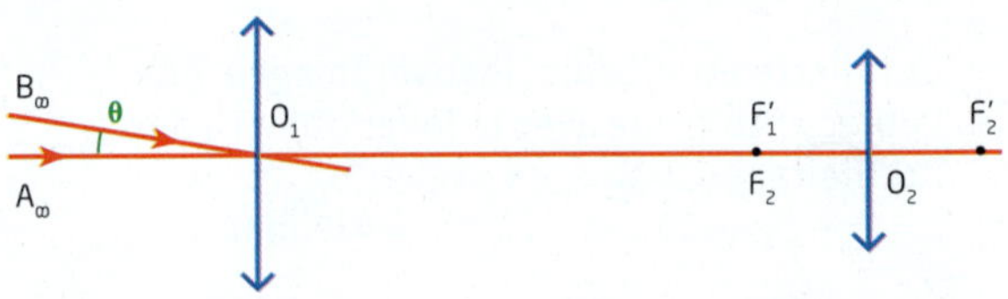

a. Reproduire ce schéma, à l'échelle 2, sur du papier millimétré.

b. Construire les images intermédiaire A_1B_1 et définitive A'B'.

c. Tracer un rayon quelconque issu du point objet réel B et traversant les deux lentilles minces convergentes.

Données caractéristiques d'une lunette commerciale

▶ § 3 de la synthèse des activités

➔ EXERCICES RAPIDES

23 GRAND ORAL Réaliser un support visuel permettant d'établir oralement en deux minutes maximum l'expression du grossissement en fonction des distances focales de l'oculaire et de l'objectif.

24 Une lunette astronomique afocale dispose d'un objectif de distance focale $f'_1 = 900$ mm et d'un oculaire de distance focale $f'_2 = 10$ mm.

• Calculer le grossissement.

25 Une lunette astronomique afocale dispose d'un objectif de distance focale $f'_1 = 600$ mm et d'un oculaire de distance focale $f'_2 = 15$ mm. On observe un objet à l'œil nu sous un angle $\theta = 1 \times 10^{-3}$ rad.

• Calculer l'angle θ' sous lequel est vue l'image de cet objet formée par la lunette astronomique afocale.

26 Calculer un grossissement

Une lunette astronomique afocale se compose d'un objectif de distance focale f'_1 égale à 900 mm et de plusieurs oculaires de distances focales f'_2 égales à 4,0 mm, 9,0 mm et 20,0 mm.

• Calculer les grossissements de cette lunette afocale.

27 Faire une conversion

Pour mesurer des angles très petits, on utilise des sous-multiples du degré : la minute (1° = 60') et la seconde (1° = 3 600'').

DONNÉE $1° = \frac{\pi}{180}$ rad.

a. Convertir 5,0° en radian.

b. Convertir $3{,}0 \times 10^{-4}$ radian en degré.

c. Convertir 32' en radian.

28 Définir un grossissement

Un astronome observe un astre à travers une lunette astronomique afocale sous un angle $\theta' = 0{,}20$ rad. À l'œil nu, cet objet céleste est vu sous un angle $\theta = 2 \times 10^{-3}$ rad.

a. Représenter, sans souci d'échelle, le faisceau issu d'un point objet de l'astre observé et traversant la lunette afocale. Faire apparaître les angles θ et θ' sur le schéma.

b. Exprimer puis calculer le grossissement G de cette lunette astronomique afocale.

29 Apprendre à rédiger

La Lune peut être vue depuis la Terre sous un angle $\theta = 9{,}0 \times 10^{-3}$ rad. Elle est observée plus en détails avec une lunette astronomique afocale dont l'axe optique passe par le centre de la Lune.
Cette lunette dispose d'un objectif de distance focale $f'_1 = 80$ cm et d'un oculaire de distance focale $f'_2 = 2{,}0$ cm. On considère deux points objet réel A et B situés à la surface de la Lune, diamétralement opposés et symétriques l'un de l'autre par rapport à l'axe optique de la lunette.

a. Calculer le diamètre d de l'image intermédiaire formée par l'objectif.

Aide méthodologique

- Réaliser un schéma, sans souci d'échelle, de la lunette astronomique afocale en précisant les points caractéristiques.
- Représenter le faisceau issu de la Lune (objet réel AB) et traversant la lunette astronomique afocale.
- Représenter l'image intermédiaire A_1B_1 de l'objet AB formée par l'objectif.
- Indiquer, sur le schéma, l'angle θ et le diamètre d.
- Utiliser l'approximation des petits angles pour faire les calculs.

b. Déterminer l'angle θ' sous lequel l'image de la Lune est vue à travers la lunette afocale.

- Sur le schéma précédent, repérer l'image A'B' de l'objet A_1B_1 formée par l'oculaire et l'angle θ'.
- Utiliser l'approximation des petits angles afin d'exprimer θ' en fonction du diamètre de l'image intermédiaire et de la distance focale de l'oculaire.

c. Calculer le grossissement.

- Donner le résultat en tenant compte du nombre de chiffres significatifs.

30 Construire une carte mentale

• L'étiquette centrale doit s'intituler :

Lunette astronomique afocale

• Associer à l'étiquette centrale, par le moyen de votre choix, d'autres étiquettes comprenant au minimum les étiquettes suivantes :

Objectif **Image intermédiaire** **Grossissement** **Oculaire**

EXO Exercices supplémentaires

Exercices APPLIQUER

EXERCICE RÉSOLU ET COMMENTÉ

HISTOIRE DES SCIENCES

31 Estimer le diamètre apparent

ÉNONCÉ

Les physiciens allemands Johannes Kepler (1571-1630) et Christoph Scheiner (1575-1650) ont réalisé une lunette astronomique en 1630, dont l'objectif et l'oculaire étaient constitués chacun d'une lentille mince convergente non corrigée de ses défauts.

Des élèves réalisent la maquette de la lunette astronomique conçue au XVIIe siècle, à l'aide de deux lentilles minces convergentes de diamètre $d = 3{,}0$ cm et de distances focales $f'_1 = 40{,}0$ cm et $f'_2 = 10{,}0$ cm. Les deux lentilles sont fixées chacune à l'extrémité d'un tube, les deux tubes pouvant coulisser l'un dans l'autre.

Ils pointent la lunette en direction d'un objet réel AB situé « à l'infini », le point A étant sur l'axe optique. Les rayons issus de B sont inclinés d'un angle θ comme sur le schéma ci-contre.

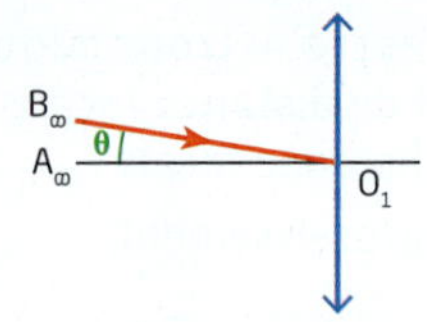

a. À l'aide du schéma ci-contre, représenter à l'échelle 1 verticalement et 1/5 horizontalement, le rayon lumineux issu de B passant par le centre optique de l'objectif et émergeant de l'oculaire de la lunette afocale de sorte que l'image intermédiaire A_1B_1 mesure 8 mm.

b. Estimer le diamètre apparent θ.

UNE SOLUTION

a. L'objectif est une lentille mince convergente de distance focale plus grande que celle de l'oculaire : la lentille de distance focale $f'_1 = 40{,}0$ cm est l'objectif.

À l'échelle 1/5, le foyer image F'_1 est situé à 8,0 cm du centre optique O_1 de l'objectif et le foyer objet F_2 de l'objectif est à 2,0 cm du centre optique O_2 de l'oculaire.

L'échelle suivant la verticale est 1, donc il n'y a pas de calcul à faire.

La lunette étant afocale, le foyer image F'_1 de l'objectif et le foyer objet F_2 de l'oculaire sont confondus.

L'image intermédiaire A_1B_1 de 8 mm de hauteur de l'objet AB situé « à l'infini » se forme dans le plan focal image de l'objectif.

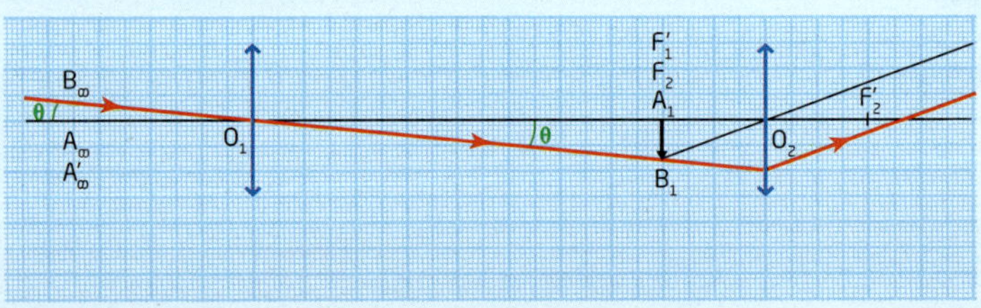

b. En utilisant l'approximation des petits angles :

$$\theta \approx \tan\theta = \frac{A_1B_1}{f'_1} = \frac{8\text{ mm}}{40{,}0\text{ cm}} = \frac{8\text{ mm}}{400\text{ mm}} = 0{,}02\text{ rad.}$$

S'APPROPRIER
Repérer les données utiles aux calculs.

CONNAÎTRE
Savoir que la distance focale de l'objectif est toujours supérieure à celle de l'oculaire.

RÉALISER
Utiliser l'échelle sur l'axe horizontal pour calculer les longueurs à représenter.

RÉALISER
- Faire un tracé soigné.
- Ne pas oublier d'orienter les rayons lumineux.

RÉALISER
Utiliser l'approximation des petits angles pour déterminer le diamètre apparent.

VALIDER
On ne peut pas vérifier le diamètre apparent sur le schéma car les échelles sur l'axe vertical et sur l'axe horizontal ne sont pas les mêmes.

APPLICATION Sur le modèle de l'exercice résolu

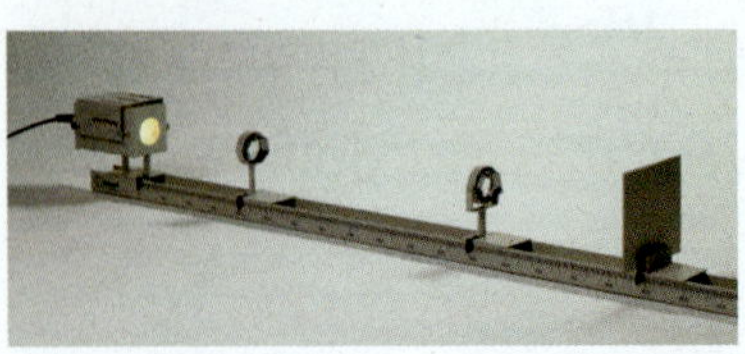

32 Utiliser l'approximation des petits angles

Des élèves modélisent une lunette astronomique afocale à l'aide de lentilles minces convergentes de 300 mm et 50 mm de distances focales. Ils observent un objet AB situé « à l'infini » : le point A étant sur l'axe optique et les rayons issus de B sont inclinés d'un angle $\theta = 0{,}010$ rad.

a. Représenter, sans souci d'échelle, le rayon lumineux issu de B passant par le centre optique de l'objectif et émergeant de l'oculaire de la lunette astronomique afocale.

b. Déterminer la hauteur de l'image intermédiaire A_1B_1.

EXERCICE RÉSOLU ET COMMENTÉ

33 Établir l'expression d'un grossissement

ÉNONCÉ

La Lune est le satellite naturel de la Terre. Depuis le sol terrestre, on peut même deviner les cratères présents à sa surface. En effet, cet astre peut être vu sous un angle $\theta = 32'$. Mais grâce à une lunette astronomique afocale possédant un objectif de 900 mm de distance focale et un oculaire de 10 mm de distance focale, le sol lunaire peut être observé en détails.

a. Convertir l'angle θ en radian.

b. Établir l'expression du grossissement *G* de la lunette afocale en fonction des distances focales de l'objectif et de l'oculaire. Calculer sa valeur.

c. Calculer l'angle θ' sous lequel l'image de la Lune est vue à travers la lunette.

UNE SOLUTION

a. L'angle θ est égal à 32'. En sachant que 1° = 60', on déduit que $\theta = \frac{32' \times 1°}{60'} = \frac{32°}{60}$.

On peut alors convertir les degrés en radian avec la correspondance : π radians correspond à 180°. Soit $\theta = \frac{32°}{60} \times \frac{\pi \text{ rad}}{180°} = 9{,}3 \times 10^{-3}$ rad.

b. Un schéma de la situation est réalisé :

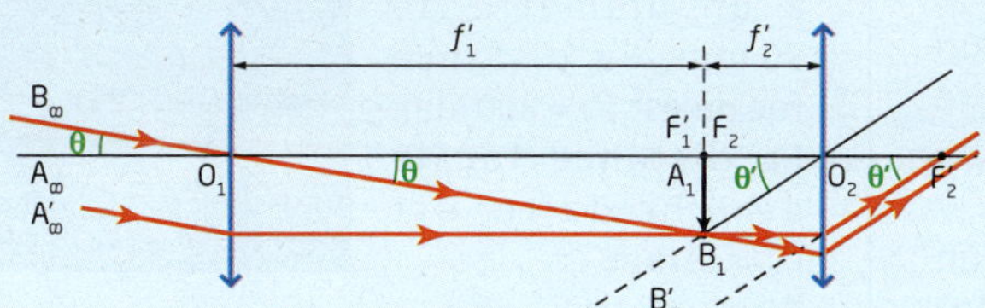

Le grossissement *G* d'une lunette se définit par la relation : $G = \frac{\theta'}{\theta}$.

Les angles étant petits, on peut faire les approximations $\tan\theta \approx \theta$ et $\tan\theta' \approx \theta'$.

On déduit du tracé : $\theta \approx \tan\theta = \frac{A_1B_1}{f'_1}$ et $\theta' \approx \tan\theta' = \frac{A_1B_1}{f'_2}$

Soit $G = \frac{\theta'}{\theta} = \frac{\frac{A_1B_1}{f'_2}}{\frac{A_1B_1}{f'_1}} = \frac{A_1B_1}{f'_2} \times \frac{f'_1}{A_1B_1}$ $\quad G = \frac{f'_1}{f'_2} = \frac{900 \text{ mm}}{10 \text{ mm}} = 90.$

c. L'angle θ' sous lequel l'image de la lune est vue à travers la lunette afocale est :

$$\theta' = G \times \theta = 90 \times 9{,}3 \times 10^{-3} \text{ rad} = 0{,}84 \text{ rad.}$$

S'APPROPRIER Repérer les données utiles aux calculs.

CONNAÎTRE 1° = 60' et 180° = π rad.

S'APPROPRIER Schématiser la situation pour définir toutes les notations.

ANALYSER-RAISONNER Rappeler l'approximation des petits angles.

RÉALISER Tenir compte des chiffres significatifs.

APPLICATION Sur le modèle de l'exercice résolu

34 Définir un angle

Les anneaux de Saturne ont été observés au XVIIe siècle. D'autres planètes (Jupiter, Uranus et Neptune) du Système solaire possèdent des anneaux, mais qui ne sont pas visibles du fait, entre autres, de leur faible albédo.
Une lunette astronomique de grossissement 100 est utilisée pour observer les anneaux de Saturne.

a. Établir l'expression du grossissement *G* en fonction des distances focales de l'objectif et de l'oculaire d'une lunette afocale.

b. La lunette astronomique afocale utilisée dispose d'un objectif de 700 mm de distance focale. Déterminer la distance focale de l'oculaire qu'il faut utiliser pour obtenir le grossissement souhaité.

Exercices S'ENTRAINER

35 Pouvoir séparateur de l'œil

RÉA Effectuer des opérations courantes (calculs)
COM Rédiger une explication

Si l'angle sous lequel l'œil observe deux points proches est inférieur au pouvoir séparateur de l'œil $\varepsilon = 3 \times 10^{-4}$ rad, alors les deux points sont confondus.

Jupiter, la plus grosse planète du Système solaire, apparait ponctuelle à l'œil nu depuis la Terre.

a. Calculer le diamètre apparent θ sous lequel la planète Jupiter est observée depuis la Terre lorsqu'elle se situe à $D = 590$ millions de km.

b. Expliquer pourquoi cette planète apparaît ponctuelle depuis la Terre.

36 ✱ Image intermédiaire

APP Représenter la situation par un schéma RÉA Effectuer des procédures courantes (calculs, représentations) • Mettre en œuvre les étapes d'une démarche

Une lunette astronomique afocale est composée d'un objectif de distance focale $f'_1 = 900$ mm et d'un oculaire de distance focale $f'_2 = 5$ mm. Un objet situé « à l'infini » est observé à l'œil nu sous un angle $\theta = 2 \times 10^{-4}$ rad.

a. Représenter, sans souci d'échelle, le faisceau issu d'un point de l'objet situé « à l'infini » et traversant la lunette.

b. Déterminer la position de l'image intermédiaire.

c. Calculer la hauteur de l'image intermédiaire.

d. Déterminer l'angle θ' sous lequel est vue l'image de l'objet à travers la lunette.

37 ✱ Une lunette astronomique géante

HISTOIRE DES SCIENCES

RÉA Effectuer des procédures courantes (calculs)

Lors de l'Exposition Universelle de 1900, une lunette astronomique de 120 m de long a été construite. Cet instrument permettait aux visiteurs de cette époque de « voir la Lune » comme si elle n'était éloignée que de 48 km. Difficile d'utilisation et encombrante, cette lunette hors norme a été démantelée en 1909. Ses lentilles sont conservées dans les sous-sols de l'Observatoire de Paris.

a. Calculer l'angle θ' sous lequel est vue l'image de la Lune formée par la lunette astronomique considérée comme afocale.

b. Calculer l'angle θ sous lequel la Lune est vue à l'œil nu et le grossissement G de la lunette.

38 ✱ Distance focale de l'oculaire

RÉA Effectuer des procédures courantes (calculs, représentations)
ANA-RAI Construire les étapes d'une résolution de problème

Sur la fiche de présentation d'une lunette astronomique livrée avec plusieurs oculaires, on relève les indications suivantes : 910 / 90 – Grossissement utile maximum : 225.

a. Donner la distance focale de l'objectif.

b. Donner le diamètre de l'objectif et expliquer l'intérêt de préciser cette valeur.

c. Calculer la distance focale de l'oculaire permettant le grossissement maximum.

d. Indiquer si la distance focale des autres oculaires disponibles est inférieure ou supérieure à cette valeur.

39 ✱ Collecteur de lumière

APP Représenter la situation par un schéma
RÉA Effectuer des procédures courantes (calculs, représentations)

L'objectif d'une lunette astronomique afocale a un diamètre de 50 mm. Sa distance focale est $f'_1 = 800$ mm. La distance focale de l'oculaire est $f'_2 = 20$ mm.

a. Représenter, sans souci d'échelle, le trajet d'un faisceau de rayons parallèles à l'axe optique, couvrant toute la surface de l'objectif.

b. Calculer le diamètre du faisceau émergent en supposant que toute la lumière traversant l'objectif est recueillie à la sortie de la lunette.

c. Expliquer alors pourquoi une étoile est plus lumineuse vue à travers une lunette astronomique qu'à l'œil nu.

40 Mesure d'angles

APP Représenter la situation par un schéma RÉA Effectuer des procédures courantes (calculs, représentations) • Mettre en œuvre les étapes d'une démarche

Lors d'une séance de travaux pratiques, des élèves construisent le modèle d'une lunette astronomique afocale avec deux lentilles minces convergentes de diamètre $d = 10$ cm et de distances focales $f'_1 = 50$ cm et $f'_2 = 12{,}5$ cm.

a. Réaliser le schéma du dispositif à l'échelle 1/5.

b. On considère un objet réel AB perpendiculaire à l'axe optique avec A placé sur l'axe optique. Construire l'image de cet objet AB situé « à l'infini » et observé sous un angle $\theta = 5°$ à l'œil nu.

c. L'angle sous lequel l'image est vue à travers la lunette est noté θ'. Mesurer θ'.

d. Exprimer puis calculer le grossissement G de la lunette.

S'AUTOÉVALUER

41 Modélisation d'une lunette afocale

Au cours d'une séance de travaux pratiques, un élève modélise une lunette astronomique à l'aide de deux lentilles minces convergentes de 4,0 cm de diamètre. La lentille L_1 possède une distance focale égale à 50 cm et la lentille L_2 une distance focale de 10 cm.

a. Identifier l'objectif et l'oculaire.

b. Déterminer la distance séparant les centres optiques des deux lentilles minces convergentes si la lunette est afocale.

c. Réaliser un schéma de la lunette afocale à l'échelle 1 verticalement et à l'échelle 1/5 horizontalement.
L'élève observe à l'aide de la lunette afocale, un objet AB situé « à l'infini ». A étant sur l'axe optique. L'image intermédiaire A_1B_1 mesure 1,0 cm de hauteur.

d. Représenter l'image intermédiaire sur le schéma.

e. Calculer l'angle θ sous lequel l'objet est vu à l'œil nu.

f. Construire l'image définitive A'B'.

g. Calculer l'angle θ' sous lequel l'image définitive est vue à travers la lunette astronomique afocale.

h. En déduire le grossissement *G* de la lunette afocale.

INDICATEURS DE RÉUSSITE

	NIVEAU A	B	C	D
S'APPROPRIER				
• Les distances focales des deux lentilles sont comparées pour identifier l'objectif et l'oculaire. • La distance entre les centres optiques des deux lentilles de la lunette est déterminée à l'aide de la propriété des lunettes afocales.				
RÉALISER				
• L'échelle est correctement utilisée. • Les distances focales sont respectées. • L'image intermédiaire A_1B_1 est correctement représentée (taille, position). • Le nombre de chiffres significatifs est respecté. • L'approximation des petits angles et la formule trigonométrique de la tangente sont exploitées. • La relation du grossissement est correctement appliquée.				

42 ✱ Étoiles doubles

RÉA Effectuer des procédures courantes (calculs, représentations) Mettre en œuvre les étapes d'une démarche

Deux étoiles sont vues séparées par l'œil si la distance angulaire qui les sépare est supérieure à $3{,}0 \times 10^{-4}$ rad.
Alcor et Mizar, par exemple, constituent un couple d'étoiles visibles à l'œil nu dans la constellation de la Grande Ourse.

Mais Mizar est elle-même une étoile double invisible à l'œil nu car les deux composantes sont trop proches l'une de l'autre. Elles ne sont distantes que de 14,5''.

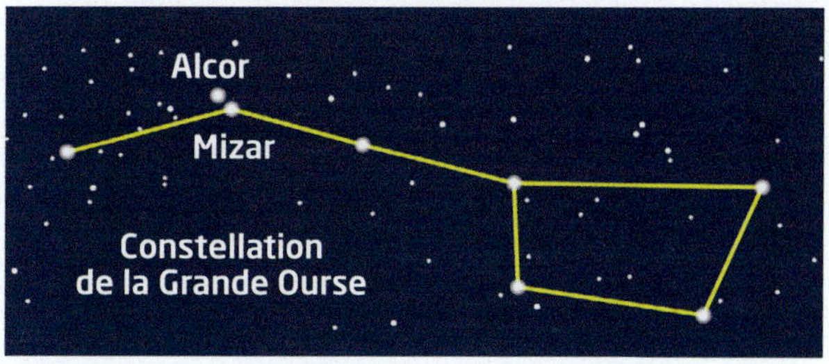

a. Exprimer en radian la distance angulaire entre les deux étoiles.

b. En déduire le grossissement minimal de la lunette astronomique afocale permettant d'observer cette étoile double.

c. Indiquer si cette étoile double est observable en construisant une lunette astronomique afocale à l'aide de deux lentilles minces convergentes de distances focales de 20,0 cm et 4,0 cm.

DIFFÉRENCIATION

43 ✱✱ Drapeaux américains

RÉA Effectuer des procédures courantes (calculs) **ANA-RAI** Construire les étapes d'une résolution de problème **VAL** Interpréter les résultats

La Lune est observée à l'aide de la plus grande lunette astronomique du monde, celle de Yerkes (États-Unis) qui possède un objectif de 102 cm de diamètre et de 19,2 m de distance focale. Elle permet d'atteindre un grossissement maximal de 2 500.
Si l'angle sous lequel l'œil observe deux points est inférieur au pouvoir séparateur de l'œil $\varepsilon = 3{,}0 \times 10^{-4}$ rad, alors les deux points sont confondus.

a. Déterminer la taille du plus petit détail que l'on peut voir sur la Lune en utilisant la lunette de Yerkes.

b. En déduire si les drapeaux laissés par les Américains lors de leurs différents voyages sur la Lune sont visibles.

■ *Aides à la fin du manuel.*

Exercices S'ENTRAINER

44 ✱ Lunette de Kepler HISTOIRE DES SCIENCES

APP Extraire l'information utile des documents
RÉA Effectuer des procédures courantes (calculs, représentations)
ANA-RAI Exploiter ses connaissances et les informations extraites

En 1610, Johannes Kepler rédige le premier traité moderne d'optique, le *Dioptrice*. Il décrit la lunette comme un système optique utilisant deux lentilles convergentes d'axe optique commun.

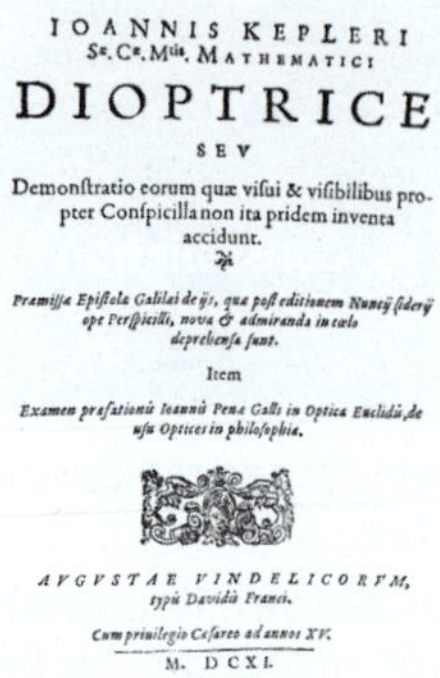
IOANNIS KEPLERI
S. C. M^tis. MATHEMATICI
DIOPTRICE
SEV
Demonſtratio eorum quæ viſui & viſibilibus propter Conſpicilla non ita pridem inventa accidunt.

Præmiſſa Epiſtola Galilai de iis, quæ poſt editionem Nuncii ſiderii ope Perſpicilli, nova & admiranda in cœlo deprehenſa ſunt.

Item

Examen præfationis Ioannis Penæ Galli in Optica Euclidis, de uſu Optices in philoſophia.

AVGVSTAE VINDELICORVM, typis Davidis Franci.

Cum privilegio Cæſareo ad annos XV.

M. DCXI.

DOC. 1 Maquette de la lunette de Kepler

Une maquette de la lunette de Kepler est constituée de la manière suivante :
– l'objectif est une lentille convergente de distance focale $f_1' = 250$ mm, de diamètre $D = 25$ mm, de centre optique O_1 ;
– l'oculaire est une lentille convergente de distance focale $f_2' = 50$ mm, de centre optique O_2.

DOC. 2 Choix d'un oculaire

L'expérience montre que les plus belles images du ciel s'obtiennent avec des grossissements dont la valeur est inférieure à un nombre *N*. Ce nombre est identique à la valeur du diamètre *D* de l'objectif, exprimée en millimètres, soit ici 25. L'idéal pour une lunette de Kepler est de disposer d'une gamme d'oculaires permettant des grossissements de $\frac{N}{7}$ à *N*. À partir d'un grossissement égal à *N*, les images paraissent floues à l'œil humain.

a. Réaliser un schéma de cette lunette astronomique à l'échelle $\frac{1}{2}$ sur l'axe horizontal, en plaçant l'oculaire de telle façon que son foyer objet F_2 coïncide avec le foyer image F'_1 de l'objectif. Aucune échelle sur l'axe vertical n'est imposée.
Un astre situé « à l'infini » a un diamètre *AB* perpendiculaire à l'axe optique en A. Tous les rayons issus de B pénétrant dans la lunette sont parallèles entre eux et sont inclinés d'un angle θ par rapport à l'axe optique. L'objectif donne une image A_1B_1 de l'astre observé.

b. Sur le schéma précédent, construire l'image A_1B_1. Justifier les tracés nécessaires à cette construction.

c. Terminer le tracé pour représenter l'image définitive A'B' de l'objet AB à travers la lunette.

d. Indiquer l'angle θ' sous lequel est vue l'image A'B' de l'objet AB à travers l'oculaire.

e. Exprimer puis calculer le grossissement de cette lunette.

f. En utilisant le DOC. 2, déterminer pour l'instrument étudié, les deux valeurs extrêmes des distances focales de la gamme d'oculaires correspondant à ces grossissements.

45 ✱✱ Retour sur l'ouverture du chapitre

APP Extraire l'information utile des documents
RÉA Effectuer des procédures courantes (calculs)
ANA-RAI Exploiter ses connaissances et les informations extraites

DOCUMENT Lunette commerciale

- Lunette astronomique 80/400.
- Grossissement maximal recommandé : 150.

a. Donner le diamètre et la distance focale de l'objectif de la lunette astronomique.

b. Cette lunette astronomique est afocale.
Calculer la distance focale de l'oculaire correspondant au grossissement maximal recommandé.

c. La Lune peut alors être vue depuis la Terre sous un angle θ = 32 '. Calculer l'angle θ' sous lequel est vue l'image de la Lune à travers la lunette.

46 ✱ Un passionné d'astronomie

APP Rechercher et organiser l'information utile • Représenter la situation à l'aide d'un schéma **RÉA** Effectuer des procédure courantes (calculs, représentations) • Utiliser un modèle **ANA-RAI** Exploiter ses connaissances et les informations extraites

Un élève de Terminale ayant choisi l'enseignement de spécialité physique-chimie et passionné d'astronomie vient de recevoir en cadeau une lunette astronomique. L'élève décide d'en analyser le fonctionnement et d'en vérifier les caractéristiques, en assimilant l'objectif et les oculaires à des lentilles minces convergentes.

DOCUMENT **Notice de la lunette astronomique offerte**

Lunette astronomique équipée d'une superbe monture équatoriale permettant un suivi parfait des astres lors des observations.
C'est un appareil de très belle finition, la focale de 800 mm associée à un objectif achromatique de diamètre 60 mm rigoureusement surfacé améliore la qualité optique. Cet instrument très complet est livré avec 3 oculaires de focales 6,0 – 12,5 – 20,0 mm.
Grossissement : 133 – 64 – 40.

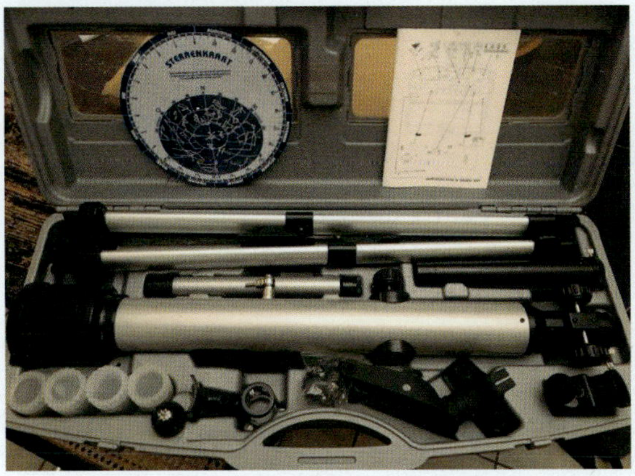

1. Objectif

Pour mesurer la distance focale f'_1 de l'objectif, l'élève sort soigneusement la lentille de son tube support, puis la place perpendiculairement à la direction du Soleil et observe avec précaution sur un carton, également perpendiculaire à cette direction, la tache lumineuse obtenue.
Il constate alors que le diamètre de la tache est minimal pour une distance entre ce carton et le centre de l'objectif égale à 800 mm.

• En s'aidant d'un schéma pour justifier la réponse, indiquer la distance focale f'_1 de l'objectif et vérifier si cette valeur est en accord avec la notice du fabricant.

2. Oculaires

L'élève constate que les oculaires peuvent servir de loupe pour examiner un texte dont les lettres ont une hauteur moyenne de 0,8 mm.

a. Indiquer la distance à laquelle il faut placer le texte par rapport au centre de chacun des oculaires pour que l'élève puisse voir avec une vision normale et sans effort l'image du texte plus grosse que le texte.

b. Réaliser un schéma pour identifier l'oculaire qui permet d'observer le texte le plus gros.

3. Lunette

L'élève observe maintenant le ciel nocturne à travers la lunette, équipée avec l'un des oculaires. Il effectue les réglages de telle sorte que l'image dans l'instrument d'un objet céleste soit à l'infini.

a. Exprimer, en fonction de f'_1 et f'_2 la distance d entre les centres optiques de l'oculaire et de l'objectif.

b. Représenter, sans souci d'échelle, le dispositif en faisant apparaître les centres optiques et les foyers des lentilles.
L'élève pointe sa lunette vers la planète Vénus, dont le diamètre apparent à l'œil nu est $\theta = 1{,}0$ minute d'angle.

c. Représenter, sur le schéma précédent, sans souci d'échelle, le trajet, dans la lunette, d'un rayon lumineux incliné d'un angle θ sur l'axe optique, mais passant par le centre optique de l'objectif. On note θ' l'angle que fait, avec l'axe optique, le rayon émergent correspondant.

d. Établir l'expression du grossissement de la lunette en fonction des distances focales de l'objectif et de l'oculaire, puis calculer le grossissement obtenu avec chacun des oculaires. Indiquer si ces valeurs sont conformes à celles indiquées par le constructeur.

e. Calculer l'angle θ' sous lequel l'élève voit l'image de Vénus à travers l'instrument avec chacun des oculaires.

f. L'élève dirige maintenant sa lunette vers une zone du ciel, où aucun objet n'est visible à l'œil nu. Il est surpris de constater que plusieurs étoiles apparaissent comme des points lumineux dans le champ de l'instrument. Expliquer l'origine de cette apparition.

47 ** Cercle oculaire

RÉA Effectuer des procédures courantes (calculs, schémas)
• Utiliser un modèle
ANA-RAI Exploiter ses connaissances et les informations extraites
VAL Discuter de la validité d'un résultat

La maquette d'une lunette astronomique afocale est réalisée sur un banc d'optique à l'aide de deux lentilles minces convergentes de 20,0 cm et 4,0 cm de distances focales et de 5,0 cm de diamètre.

DONNÉES Relation de conjugaison :
L'image A'B' d'un objet AB formée par une lentille mince convergente de distance focale $\overline{OF'}$ est telle que :

$$\frac{1}{\overline{OA'}} - \frac{1}{\overline{OA}} = \frac{1}{\overline{OF'}}$$

Pour observer l'image la plus lumineuse possible, l'œil doit se placer au niveau du cercle oculaire. Le cercle oculaire est l'image de la monture de l'objectif formée par l'oculaire.

a. Réaliser un schéma de la maquette de la lunette astronomique afocale à l'échelle 1 verticalement et ½ horizontalement.

b. Construire le cercle oculaire.

c. Déterminer grâce à la représentation graphique, la distance entre le centre optique O_2 de l'oculaire et le cercle oculaire. Vérifier cette position par calcul en utilisant les relations de conjugaison.

d. Mesurer son diamètre sur la représentation graphique, puis vérifier sa valeur par calcul.

GRAND ORAL

48 Communiquer à l'oral en maîtrisant sa gestuelle

Un élève doit réaliser une présentation orale du modèle optique de la lunette astronomique afocale. Il doit présenter les différents éléments constitutifs de la lunette et expliquer leur rôle. Puis, il lui faut commenter le tracé réalisé sur une feuille de papier du faisceau issu d'un point objet situé « à l'infini » et traversant cette lunette afocale.

RESSOURCE
- Vidéo de l'étape 2

ÉTAPE 1 S'approprier le sujet à l'écrit

Foyer objet · Image intermédiaire · Oculaire · Lunette astronomique afocale · Objectif · Grossissement · Axe optique · Foyer image · Distance focale · Centre optique

Rechercher la signification de chacun des termes proposés.

ÉTAPE 2 Réfléchir à sa gestuelle

Une formatrice donne des conseils pour savoir comment positionner ses mains et ses bras lors d'une présentation orale.

Questions

1. Regarder la vidéo et dresser la liste des conseils proposés par la formatrice.
2. Filmer la présentation orale dans laquelle les conseils proposés sont appliqués.
3. Proposer des éléments éventuels d'amélioration.
4. Réaliser un support visuel répondant aux contraintes citées dans l'énoncé.

Conseils !

▶ Pour s'entraîner
- S'exercer fréquemment devant un miroir, en se filmant.
- Observer régulièrement la gestuelle des experts de la communication orale (présentateurs de télévision, hommes politiques, etc.).

▶ Pour le jour J
- Regarder au maximum l'ensemble de l'auditoire.
- Limiter ses déplacements sur un espace de 2 m de large (3 pas latéraux) et 1 m de profondeur.
- Si la présentation orale se fait en position assise, poser les avant-bras aux deux tiers sur la table et réaliser le mouvement des mains dans un petit cercle imaginaire suivant l'espace à disposition.

MÉTIERS ET ORIENTATION

Un(e) opticien(ne)-lunetier(ère) guide le client dans le choix des verres, des montures ou des lentilles. Il lui apprend les règles de maniement et d'entretien, lui donne des conseils pour une adaptation rapide. Il est autorisé (sous certaines conditions) à renouveler des verres correcteurs sans ordonnance médicale.

Formation : BTS Opticien-Lunetier. Le titulaire du BTS opticien lunetier est un professionnel de santé doté de compétences scientifiques, techniques et commerciales.

49 Nébuleuse M57 RÉSOLUTION DE PROBLÈME

S'APPROPRIER | ANALYSER-RAISONNER | RÉALISER

À l'exception du Soleil et de la Lune, tous les astres du ciel étoilé nous apparaissent ponctuels. Certains observatoires astronomiques possèdent des lunettes très performantes qui permettent de révéler les secrets des étoiles.

DOC. 1 Caractéristiques de la nébuleuse M57

La Nébuleuse de la Lyre (en anglais *Ring Nebula*), nommée dans le Catalogue de Messier sous le nom M57, est une nébuleuse planétaire située dans la constellation de la Lyre. Sa forme caractéristique lui vaut également le surnom de nébuleuse de l'Anneau, dont le diamètre est de $1{,}3 \times 10^{13}$ km. Elle a environ 10 000 ans et se situe à environ 2 600 a.l. de la Terre.

D'après Wikipédia.

DOC. 2 Observatoire de Harvard

L'observatoire du Harvard College, aux États-Unis, s'est doté en 1847 d'une lunette astronomique dont l'objectif a un diamètre de 38 cm et une distance focale $f'_1 = 6{,}80$ m. Il s'agissait d'un instrument remarquable pour l'époque au point de rester célèbre sous le nom de « Grand réfracteur ». Cet instrument a permis de nombreuses découvertes dont la première photographie de l'étoile Véga de la constellation de la Lyre en 1850.

D'après *Astronomie*, éditions Atlas.

DONNÉES

- Pouvoir séparateur de l'œil : l'œil voit comme un point tout objet de diamètre apparent inférieur à $\varepsilon = 3{,}0 \times 10^{-4}$ rad.
- 1 année de lumière : 1 a.l. $= 1{,}0 \times 10^{13}$ km.

Questions

Fiche d'évaluation

1 Question préliminaire
Représenter sur un schéma, sans souci d'échelle, le faisceau de lumière issu d'un point objet de la nébuleuse M57 traversant une lunette afocale.

2 Problème
Déterminer si la nébuleuse M57 est observable autrement que sous forme ponctuelle à travers la lunette astronomique de Harvard avec un oculaire de distance focale $f'_2 = 4{,}0$ cm.
La démarche suivie doit être correctement présentée. Il est aussi nécessaire d'exploiter la réponse à la question préliminaire, d'apporter un regard critique sur le résultat et de discuter de la validité des hypothèses formulées.

- *Aides à la fin du manuel.*

RESSOURCE
- Fiche d'évaluation par compétences

50 Grossissement d'une lunette astronomique afocale

HISTOIRE DES SCIENCES

S'APPROPRIER | ANALYSER-RAISONNER | RÉALISER

Au XVIIe siècle, Johannes Kepler s'appuie sur les travaux de Galilée pour inventer une nouvelle lunette astronomique en utilisant la combinaison de deux lentilles minces convergentes.

● **Comment réaliser la maquette d'une lunette astronomique afocale et calculer son grossissement avec le matériel d'optique du lycée ?**

DOC. 1 Montage réalisé

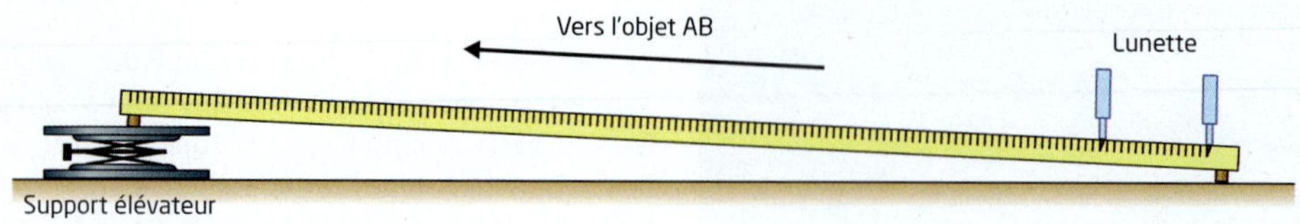

Les lentilles minces convergentes utilisées dans la modélisation de la lunette astronomique afocale ont des distances focales de 20 cm et de 5 cm.

DOC. 2 Objet utilisé

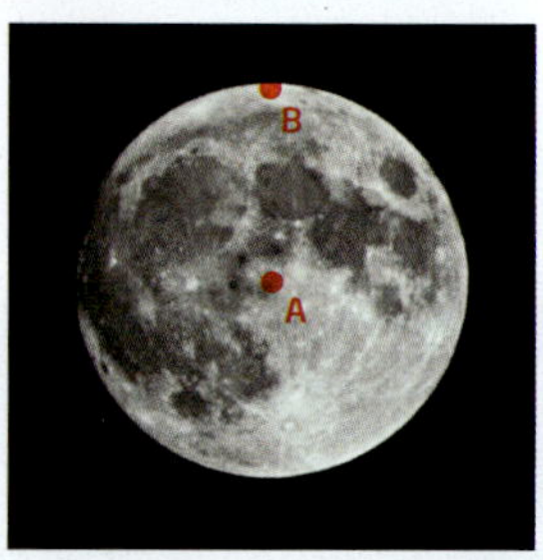

Deux points A et B repérés sur la photo de la Lune vont servir d'objet situé « à l'infini ».

DOC. 3 Trajet d'un faisceau lumineux dans une lunette afocale

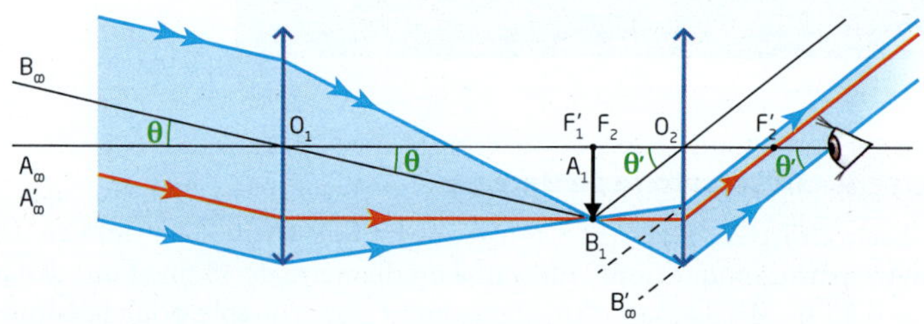

DONNÉE

■ Grossissement d'une lunette astronomique afocale : $G = \frac{f'_1}{f'_2}$.

Questions

1 Réaliser le montage d'une lunette astronomique afocale proposé dans le DOC. 1 et faire les réglages nécessaires afin d'observer l'objet AB placé à au moins 6 m de cette lunette.

APPEL N°1 *Appeler le professeur pour lui présenter l'image de l'objet AB.*

2 Placer une règle graduée sur le banc d'optique pour que sa position coïncide avec celle de l'image intermédiaire A_1B_1 formée par l'objectif. Retirer l'oculaire et observer directement cette image intermédiaire sur la règle transparente en plaçant l'œil sur l'axe de la lunette à une trentaine de centimètres environ de l'extrémité du banc.

APPEL N°2 *Appeler le professeur pour lui présenter l'image intermédiaire A_1B_1.*

3 Mesurer la distance O_1A_1 entre l'objectif et l'image intermédiaire A_1B_1 (DOC. 3).

4 Remettre l'oculaire et observer simultanément l'image de la règle graduée formée par l'oculaire et l'image définitive A'B' de l'objet AB formée par la lunette.

APPEL N°3 *Appeler le professeur pour lui présenter les deux images.*

5 Mesurer A_1B_1 à travers l'oculaire et la distance O_2A_1 entre la position de l'image intermédiaire et le centre optique O_2 de l'oculaire afin de calculer le grossissement de la lunette afocale.

51 Taches solaires

S'APPROPRIER ANALYSER-RAISONNER RÉALISER

Les taches solaires sont des régions de la surface du Soleil qui intriguent les astronomes. L'observation du Soleil est dangereuse puisqu'elle provoque la brûlure de la rétine et peut conduire à la cécité. Pour étudier les taches solaires, les astronomes projettent l'image du Soleil sur un écran.

DOC. 1 Les taches solaires

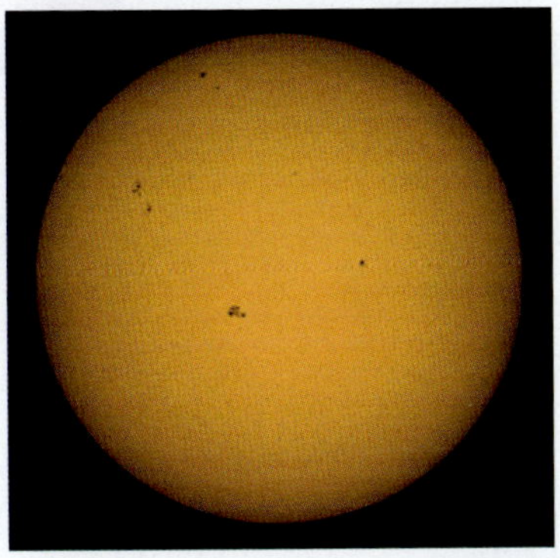

Une tache solaire (anglais : *sunspot*) est une région sur la surface du Soleil (photosphère) qui est marquée par une température inférieure à son environnement et à une intense activité magnétique. C'est son champ magnétique qui inhibe la convection par un effet similaire aux freins à courants de Foucault, ralentissant ainsi l'apport de chaleur venant de l'intérieur du Soleil (dans cette zone), formant des zones où la température de surface est réduite.

C'est essentiellement la baisse de température de la tache relative à son environnement qui la rend visible, l'émission de la tache étant de ce fait moins intense.

D'après Wikipédia.

DOC. 2 Lunette astronomique équipée d'un écran

Caractéristiques de la lunette astronomique :
- objectif convergent de diamètre $d = 70$ mm et de distance focale $f_1' = 900$ mm ;
- oculaire convergent de distance focale $f_2' = 20$ mm.

Un écran peut être ajouté à la lunette à une distance $D = 32$ cm de l'oculaire.

DOC. 3 Diamètre apparent du Soleil

a. La Lune peut être cachée par une pièce de 2 centimes d'euro placée à 2,0 m de l'observateur.

b. Éclipse de Soleil : la Lune cache le Soleil.

Diamètre du Soleil : $1,39 \times 10^6$ km.

a.

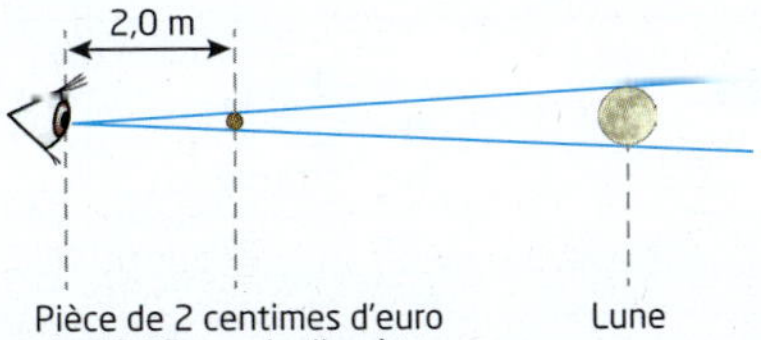

b.

Problème

1 Déterminer les modifications à apporter à une lunette astronomique afocale afin de former l'image du Soleil sur un écran.

2 Les taches solaires mesurant 5 mm de diamètre sur l'écran, estimer le diamètre des taches solaires à la surface du Soleil.

La démarche suivie doit être correctement présentée. Il est aussi nécessaire d'apporter un regard critique sur le résultat et de discuter de la validité des hypothèses formulées.

20 La lumière : un flux de photons

Se tester pour commencer

Choisir la réponse exacte.

EXO QCM interactif

	A	B	C
1 L'expression de l'énergie d'un photon associé à une onde électromagnétique monochromatique de fréquence ν et de longueur d'onde dans le vide λ est :	$\lvert\Delta\mathscr{E}\rvert = h \cdot \nu$	$\lvert\Delta\mathscr{E}\rvert = \frac{h \cdot \nu}{c}$	$\lvert\Delta\mathscr{E}\rvert = \frac{c \cdot \lambda}{h}$
2 La transition quantique correspondant à une perte d'énergie pour un atome due à l'émission d'un photon est correctement représentée par le schéma :	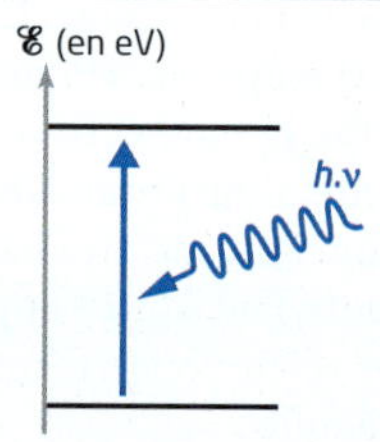	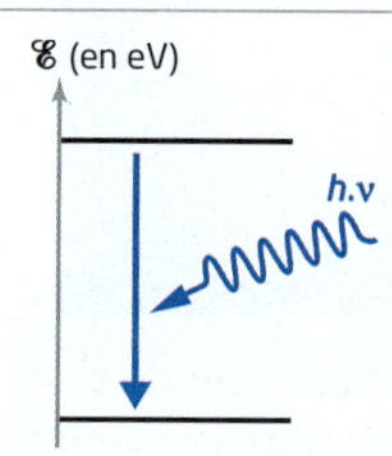	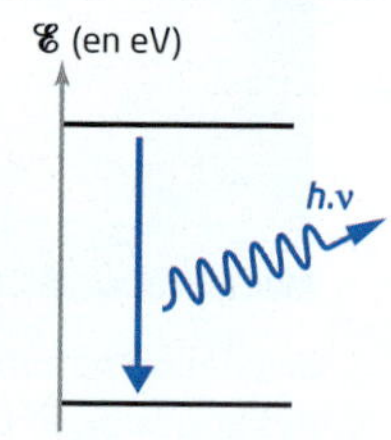
3 Dans le cas du diagramme ci-contre, le photon intervenant a une énergie de : 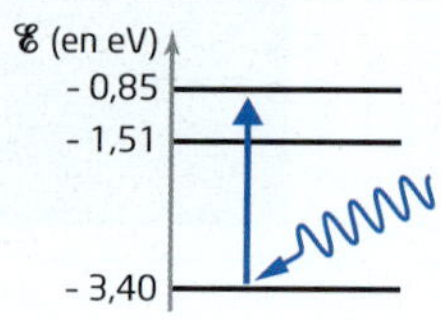	0,85 eV	2,55 eV	3,4 eV
4 La relation liant l'énergie $\mathscr{E}$, la puissance $\mathscr{P}$ et la durée Δt est :	$\mathscr{P} = \mathscr{E} \cdot \Delta t$	$\mathscr{E} = \mathscr{P} \cdot \Delta t$	$\Delta t = \mathscr{E} \cdot \mathscr{P}$
5 Le rendement η pour une conversion d'énergie est défini par :	$\eta = \frac{\mathscr{E}_{\text{utile}}}{\mathscr{E}_{\text{reçue}}}$	$\eta = \frac{\mathscr{E}_{\text{dissipée}}}{\mathscr{E}_{\text{reçue}}}$	$\eta = \frac{\mathscr{P}_{\text{dissipée}}}{\mathscr{P}_{\text{reçue}}}$

Vidéo débat

GRAND ORAL

L'expérience de Hallwachs de 1888 sur l'effet photoélectrique peut être reproduite au laboratoire.

Qu'est-ce que l'effet photoélectrique ?

L'avion solaire *Solar Impulse 2* a réussi sa première traversée de l'Atlantique en 2016 grâce à des cellules photovoltaïques placées notamment sur ses ailes, dont le rendement était de 22 %.

Quelle est la signification du rendement d'une cellule photovoltaïque ?

→ Exercice 33 page 476

CAPACITÉS EXIGIBLES*	Activités	Exercices corrigés
Décrire l'effet photoélectrique, ses caractéristiques et son importance historique.	1	19
Interpréter qualitativement l'effet photoélectrique à l'aide du modèle particulaire de la lumière.	1	21 29
Établir, par un bilan d'énergie, la relation entre l'énergie cinétique des électrons et la fréquence.	1	9 27 29
Expliquer qualitativement le fonctionnement d'une cellule photoélectrique.	2	19 21
Citer quelques applications actuelles mettant en jeu l'interaction photon-matière (capteurs de lumière, cellules photovoltaïques, diodes électroluminescentes, spectroscopies UV-visible et IR, etc.).	2	25
Déterminer le rendement d'une cellule photovoltaïque.	3	26

* D'après le *B.O. spécial* n° 2 du 13 février 2020, les capacités de ce chapitre sont uniquement exigibles pour le Grand oral.

Activité documentaire

1 Une expérience historique

HISTOIRE DES SCIENCES

Notions
- Effet photoélectrique
- Travail d'extraction
- Photon

▸ § 2.1 et 2.2 pp. 468-469

Au début du XXe siècle, il est solidement établi que la lumière est une onde, bien que quelques observations ne soient pas expliquées. Pour interpréter l'effet photoélectrique, Albert Einstein fait en 1905 l'hypothèse révolutionnaire que la lumière est un flux de particules, mais le monde scientifique n'est pas convaincu.

● **Comment l'expérience historique de Robert Millikan confirme-t-elle en 1915 l'hypothèse d'Einstein ?**

DOC. 1 Effet photoélectrique

■ Lorsqu'un métal est exposé à une lumière du domaine ultraviolet ou visible, des électrons peuvent être éjectés du métal grâce à l'énergie lumineuse reçue. On les nomme « photoélectrons ».

■ L'effet photoélectrique ne dépend pas de la puissance du faisceau lumineux. Il se produit dès que le métal est éclairé (pas de délai) à condition que la fréquence ν du rayonnement soit supérieure à une « **fréquence seuil** » ν_0 caractéristique du métal. Si ν est inférieure à ν_0, aucun électron n'est éjecté de la surface du métal, même pour un faisceau lumineux de forte puissance et pour une durée d'éclairement élevée.

■ Ces observations auront une importance capitale dans la compréhension de la nature de la lumière.

DOC. 2 Échec du modèle ondulatoire

■ Telle une onde à la surface de l'eau qui transmet de l'énergie à une bouée en la mettant en mouvement, l'énergie d'une onde lumineuse est transmise de manière **continue** à la matière.

■ D'après la conception ondulatoire de la lumière admise au début de XXe siècle, un électron du métal devrait absorber et accumuler de l'énergie transférée par la lumière, proportionnellement à la puissance lumineuse et à la durée de l'éclairement, jusqu'à être éjecté.

■ En effet, certains des électrons présents dans un métal peuvent s'y déplacer mais sont retenus dans le métal. Pour qu'un électron puisse franchir la surface du métal, il faut fournir au système {électron ; métal} une énergie minimale $\mathscr{W}_e$, appelée « **travail d'extraction** » du métal.

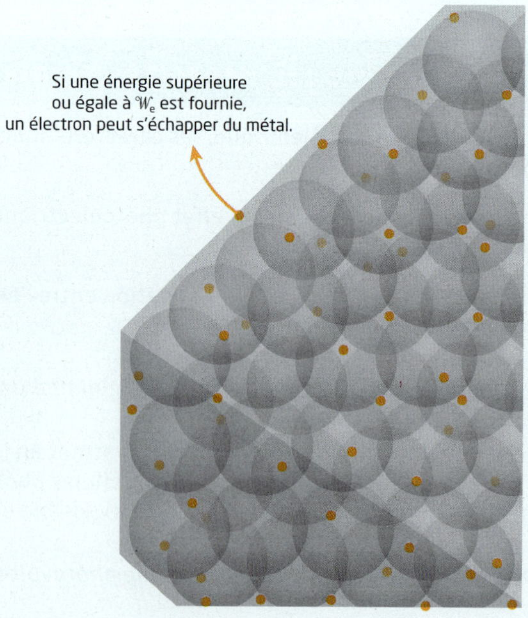

DOC. 3 **Hypothèse d'Einstein**

■ En 1905, Albert Einstein suppose que la lumière est constituée de **quanta**, plus tard nommés **photons**. Pour que l'effet photoélectrique se produise, l'énergie d'un photon incident doit au moins être égale au travail d'extraction. Dans ce cas le photon est absorbé, il transfert la totalité de son énergie, et un seul électron est éjecté. Lorsque l'énergie du photon incident est supérieure au travail d'extraction, l'excès d'énergie est transféré sous forme d'énergie cinétique à l'électron émis.

■ Dans son autobiographie, Robert Millikan écrit : « J'ai passé dix ans de ma vie à vérifier expérimentalement l'équation trouvée par Einstein en 1905, et contrairement à toutes mes prévisions, je fus contraint, en 1915, d'affirmer que sa confirmation était indiscutable en dépit de son caractère déraisonnable, car elle semblait contredire tout ce que nous savions sur les interférences lumineuses. ».

DOC. 4 **Schéma du principe de l'expérience de Millikan et résultats (1915)**

■ La mesure de l'intensité I du courant électrique permet d'estimer le nombre d'électrons émis par la cathode lorsqu'elle est éclairée. L'énergie cinétique maximale $\mathscr{E}_{c,max}$ des électrons est déterminée en mesurant la tension U_{PN} au-delà de laquelle aucun courant électrique ne passe plus.

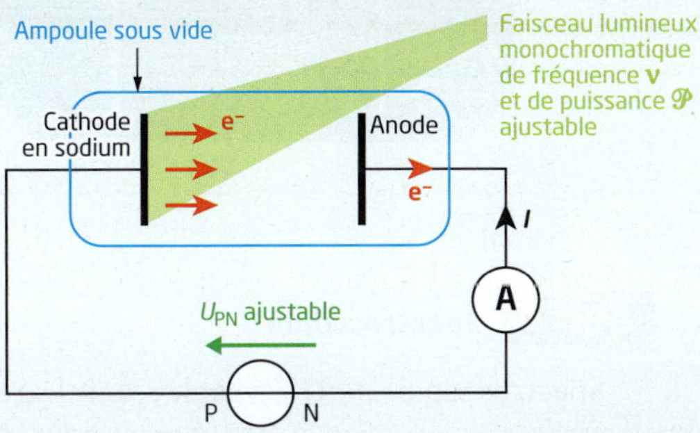

■ Pour une fréquence donnée, on observe qu'il n'y a qu'une seule valeur de $\mathscr{E}_{c,max}$, quelle que soit la puissance $\mathscr{P}$ du faisceau lumineux.

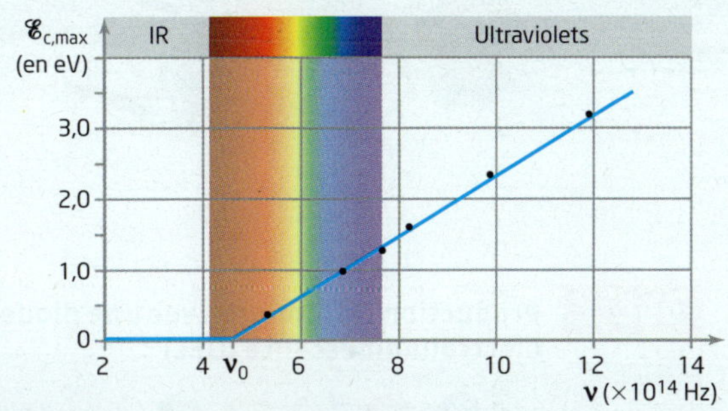

Questions

1 **S'APPROPRIER**

a. Présenter l'effet photoélectrique et indiquer pour quel type de lumière il se manifeste.

b. Rappeler l'hypothèse d'Einstein concernant l'expression (étudiée en classe de 1re) d'un quantum d'énergie transporté par la lumière.

2 **ANALYSER-RAISONNER**

a. Expliquer en quoi les conditions d'observation de l'effet photoélectrique (**DOC. 1**) sont en contradiction avec une description purement ondulatoire de la lumière (**DOC. 2**).

b. Expliquer en quoi la notion de photon permet d'interpréter l'existence de la fréquence seuil.

3 **RÉALISER**

En s'inspirant de la phrase surlignée dans le **DOC. 3**, établir, par un bilan d'énergie, la relation entre l'énergie cinétique maximale $\mathscr{E}_{c,max}$ des photoélectrons lorsqu'ils sont émis et la fréquence ν de la lumière.

4 **VALIDER**

a. Montrer qualitativement que la relation précédente est vérifiée par les mesures du **DOC. 4** en justifiant l'allure de la représentation graphique pour $\nu > \nu_0$.

b. En utilisant les documents, dégager l'importance historique de l'effet photoélectrique.

Activité documentaire

2 Interaction photon-matière GRAND ORAL

Notions
- Cellule photoélectrique
- Interaction photon-matière

▸ § 2.3 et 3.2 p. 469

Le modèle ondulatoire de la lumière permet d'étudier la propagation de la lumière, mais il n'est parfois pas adapté pour décrire les échanges d'énergie entre la lumière et la matière. La notion de photon peut être utile pour comprendre les nombreuses applications qui exploitent l'absorption ou l'émission de lumière.

● **Comment interpréter les applications suivantes en termes de photons ?**

DOC. 1 Capteurs de lumière

Capteurs de lumière utilisant : (a) une cellule photoélectrique ; (b) un photomultiplicateur ; (c) une photorésistance ; ou (d) une photodiode.

(a)

(b)

(c)

(d)

DOC. 2 Production d'électricité avec une cellule photovoltaïque

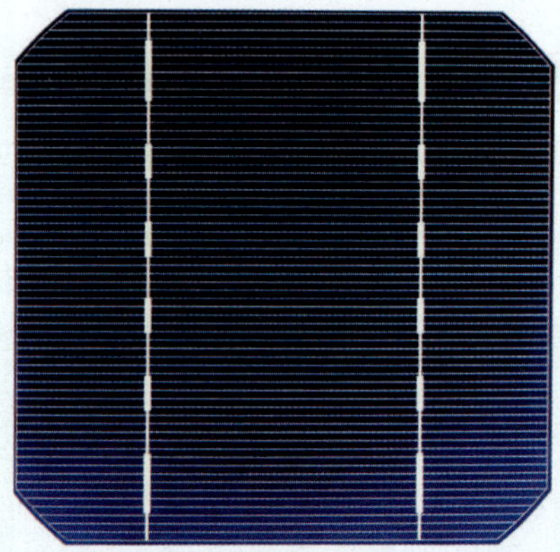

DOC. 3 Production de lumière avec une diode électroluminescente (DEL)

DOC. 4 Spectroscopie

Spectroscopie : (a) UV-visible ; (b) infrarouge.

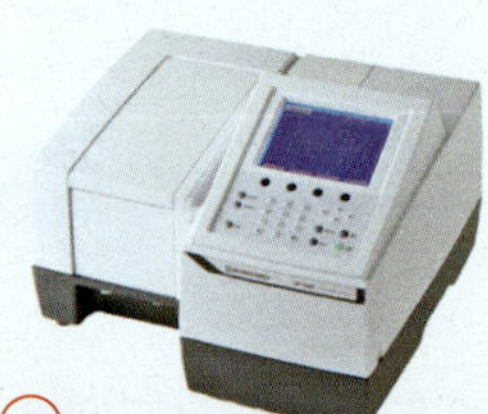

(a)

(b)

Questions

Fiches-guides

• En utilisant les ressources numériques à disposition, réaliser une présentation orale à la classe dans le but d'expliquer le fonctionnement de l'une des applications proposées dans les documents.

• La présentation de 5 minutes environ, partant d'une question, intègrera une description d'expérience accompagnée ou non de l'interprétation des résultats et sera suivie d'un échange avec l'auditoire.

RESSOURCES
- Fiches-guides (fichiers texte et PDF)

Activité expérimentale

3 Rendement d'une cellule photovoltaïque

DÉMARCHE D'INVESTIGATION

Notion

- Rendement d'une cellule photovoltaïque

▸ § 3.2 p. 469

SITUATION DÉCLENCHANTE Une cellule photovoltaïque d'un panneau solaire fait intervenir l'effet photoélectrique (interne), ce qui lui permet de générer un courant électrique dans un circuit. Elle convertit donc une partie de l'énergie de la lumière qui l'éclaire en énergie électrique, mais le rendement de la conversion reste limité, souvent voisin de 10 %.

● **Comment déterminer expérimentalement le rendement d'une cellule photovoltaïque ?**

DOC. 1 **Allure de la caractéristique puissance-tension d'une cellule photovoltaïque sous un éclairement donné**

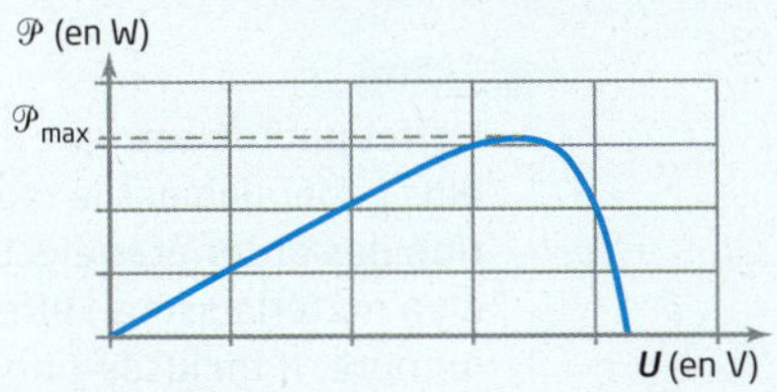

DOC. 2 **Schéma du montage expérimental**

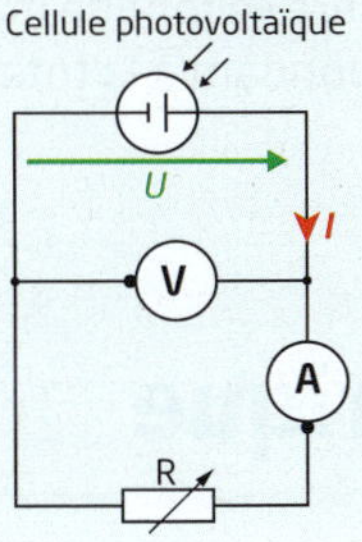

Matériel

Exemple de matériel

- *Cellule photovoltaïque.*
- *Potentiomètre de résistance réglable entre 0 et 100 Ω.*
- *Deux multimètres et leur notice simplifiée.*
- *Fils de connexion.*
- *Lampe de bureau.*
- *Luxmètre et sa notice simplifiée.*
- *Mètre-ruban.*
- *Ordinateur muni d'un tableur-grapheur et de sa notice simplifiée.*

DONNÉES

■ Si une cellule photovoltaïque de surface d'aire S est soumise à un éclairement E :
– la cellule reçoit une lumière de puissance $\mathcal{P}_{\text{lum}} = E \cdot S$; avec $\mathcal{P}_{\text{lum}}$ en W, E en $\text{W} \cdot \text{m}^{-2}$ et S en m^2 ;
– montée dans un circuit électrique fermé, la cellule génère un courant électrique d'intensité I, la tension U apparaît entre ses bornes et la puissance électrique du dispositif a pour expression $\mathcal{P} = U \cdot I$, avec $\mathcal{P}$ en W, U en V et I en A ;
– son rendement correspond au quotient de la puissance électrique maximale $\mathcal{P}_{\text{max}}$ par la puissance de la lumière reçue : $\eta = \dfrac{\mathcal{P}_{\text{max}}}{\mathcal{P}_{\text{lum}}}$ avec η sans unité, $\mathcal{P}_{\text{max}}$ et $\mathcal{P}_{\text{lum}}$ en W.

■ Un luxmètre mesure un éclairement E exprimé en lx (lux) et non en $\text{W} \cdot \text{m}^{-2}$ car il tient compte de la sensibilité de la vision humaine. La conversion en $\text{W} \cdot \text{m}^{-2}$ varie selon le type de lumière étudiée : à 1,0 lx correspond un nombre k de $\text{W} \cdot \text{m}^{-2}$, avec k renseigné par le professeur.

■ L'éclairement dépend de la distance entre le point de mesure et la source lumineuse ainsi que de l'orientation de cette dernière.

Pistes de travail

Fiches-guides

En cas de difficulté, demander de l'aide au professeur.

1 ANALYSER-RAISONNER

Proposer une démarche permettant de déterminer le rendement de la cellule photovoltaïque disponible sous un éclairement choisi.

2 RÉALISER

Mettre en œuvre la démarche après validation par le professeur.

3 VALIDER

Porter un regard critique sur le résultat et citer quelques sources d'erreur possibles.

RESSOURCES

- Liste du matériel
- Fiches-guides (fichiers texte et PDF)

Synthèse des activités

Podcast

Texte DYS

1 Caractéristiques du photon

Pour interpréter l'effet photoélectrique, Albert Einstein fait en 1905 l'hypothèse révolutionnaire que la lumière peut être vue comme un **flux de particules**, nommées photons par la suite (DOC. 1).

Dans le **modèle particulaire**, un photon associé à un rayonnement monochromatique de fréquence ν ou de longueur d'onde dans le vide λ :
- possède une masse nulle ;
- se déplace dans le vide à la vitesse $c = 299792458\ \text{m} \cdot \text{s}^{-1}$;
- a une énergie $|\Delta\mathscr{E}|$ donnée par la relation :

$$|\Delta\mathscr{E}| = h \cdot \nu, \text{ avec } \nu = \frac{c}{\lambda}$$

Unités SI :
$|\Delta\mathscr{E}|$ en J
$h = 6{,}63 \times 10^{-34}\ \text{J} \cdot \text{s}$, la constante de Planck
c en $\text{m} \cdot \text{s}^{-1}$
ν en Hz
λ en mètre (m)

Les échanges d'énergie entre lumière et matière se font de manière **discrète**, par **« paquets » d'énergies minimales** correspondant à la totalité de l'énergie d'un photon.

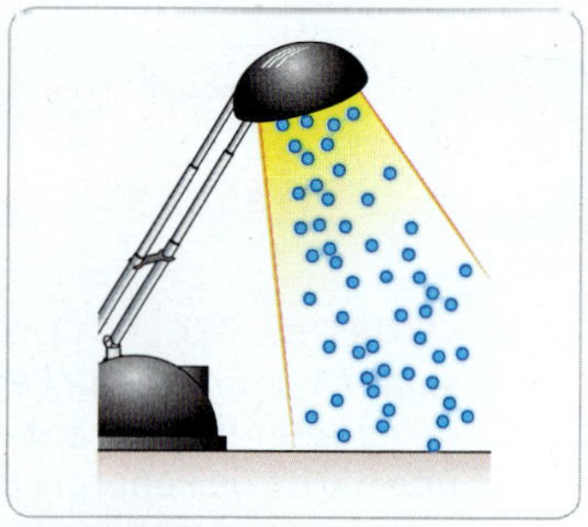

1. **Flux de photons.** Dans le modèle particulaire, un faisceau de puissance $\mathscr{P}$ d'une lumière monochromatique de fréquence ν est vu comme un flux $\frac{N}{\Delta t} = \frac{\mathscr{P}}{h\nu}$ de N photons émis pendant une durée Δt.

Remarque
L'effet photoélectrique désigne plus généralement la modification des propriétés électriques d'un matériau sous l'effet de la lumière. Il inclut la photoconductivité (faculté du matériau à conduire le courant selon l'éclairement) et l'émission photoélectrique (éjection d'électrons en dehors du matériau éclairé) parfois appelée effet photoélectrique « externe ».

2 Effet photoélectrique

2.1 Description

L'**effet photoélectrique** est l'émission d'électrons par un matériau sous l'action de la lumière.
Ce phénomène ne se produit que si la fréquence ν du rayonnement est supérieure à une **fréquence seuil** ν_0 (DOC. 2), qui dépend de la nature du matériau, mais pas de la puissance du faisceau lumineux.

Observé par l'ingénieur et physicien allemand Heinrich Hertz en 1887, l'effet photoélectrique ne trouve pas d'interprétation avec la **conception ondulatoire** de la lumière, bien que celle-ci se soit imposée avec succès en expliquant notamment le phénomène d'interférences de la lumière.

L'effet photoélectrique présente une grande importance historique car son étude a été décisive pour remettre en cause la théorie des ondes électromagnétiques et proposer un nouveau modèle dit particulaire, qui conduira à la naissance de la **physique quantique**.

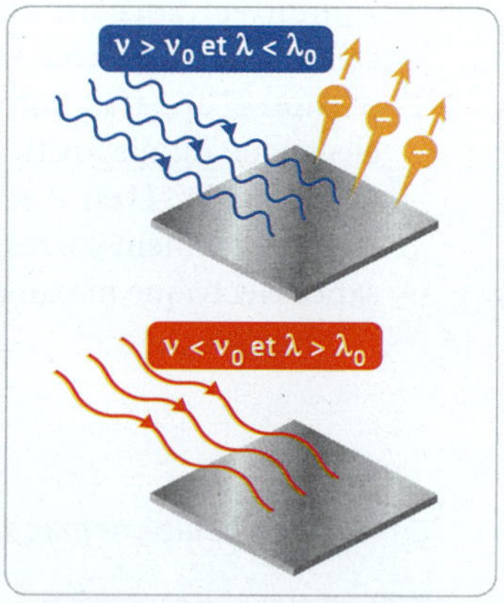

2. **Schémas décrivant l'effet photoélectrique.** En deçà d'une certaine fréquence, donc au-dessus d'une certaine longueur d'onde dans le vide, une lumière monochromatique, même de forte puissance, n'est pas capable d'arracher les électrons d'un matériau.

2.2 Interprétation de l'effet photoélectrique

Un atome ne peut absorber qu'un seul photon à la fois. Si un photon possède une énergie suffisante, il peut être absorbé et il y a émission d'un électron.

Pour que l'effet photoélectrique se produise, l'énergie $|\Delta\mathscr{E}| = h \cdot \nu$ du photon incident doit au moins être égale au **travail d'extraction**, énergie minimale à fournir au métal pour qu'un électron soit éjecté de sa surface.

En notant $\mathcal{W}_e$ le travail d'extraction du métal :
- si $\nu < \nu_0$, on a $|\Delta\mathcal{E}| < \mathcal{W}_e$, alors aucun électron n'est extrait du métal ;
- si $\nu \geqslant \nu_0$, on a $|\Delta\mathcal{E}| \geqslant \mathcal{W}_e$, alors un électron peut être extrait (DOC. 3).

Cela explique l'existence de la fréquence seuil ν_0 pour laquelle l'énergie $h\cdot\nu_0$ du photon associé est égale au travail d'extraction $\mathcal{W}_e$.

Lorsque l'énergie du photon incident est supérieure au travail d'extraction, l'excès d'énergie est transféré sous forme d'énergie cinétique à l'électron émis (DOC. 3) :

$$h\cdot\nu = \mathcal{W}_e + \mathcal{E}_{c,max}$$

(relation d'Einstein pour l'effet photoélectrique)

Unités SI :
h en J·s
ν en Hz
$\mathcal{W}_e$ et $\mathcal{E}_{c,max}$ en J

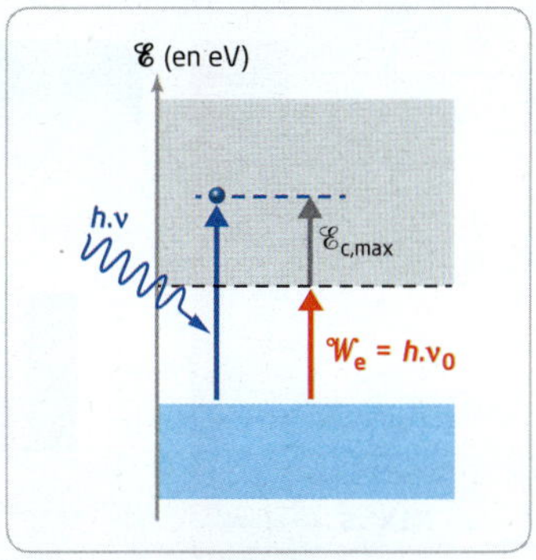

3. Transition dans le cas où l'électron est éjecté du métal avec une énergie cinétique $\mathcal{E}_{c,max}$.

2.3 Cellule photoélectrique

Une **cellule photoélectrique** est formée d'une photocathode susceptible de subir l'effet photoélectrique, séparée, dans une ampoule où règne le vide, d'une anode dont le rôle est de collecter les électrons émis sous l'action de la lumière (DOC. 4).

La tension U imposée entre la photocathode et l'anode permet d'accélérer les électrons émis qui sont alors plus efficacement recueillis (DOC. 5).

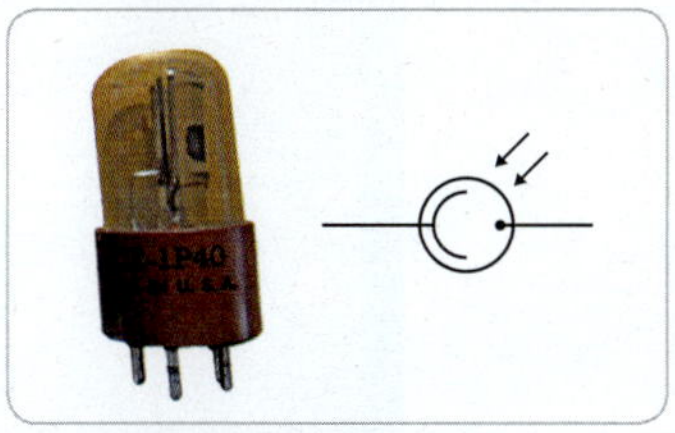

4. Cellule photoélectrique et symbole associé.

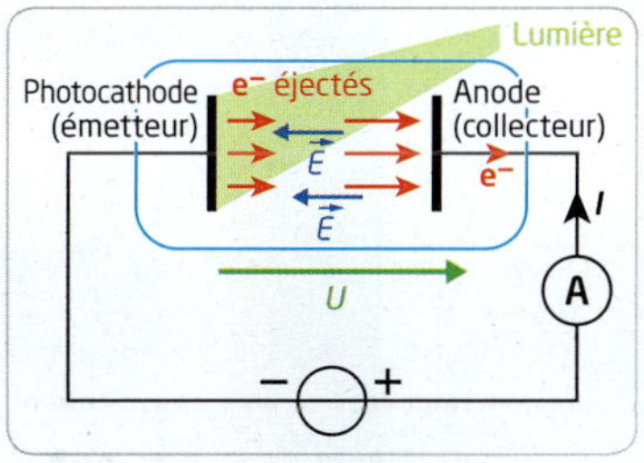

5. Principe d'une cellule photoélectrique. Une action, modélisée par une force $\vec{F} = -e\cdot\vec{E}$, s'applique sur un électron éjecté.

3 Interaction photon-matière

3.1 Quantifications des énergies de la matière

Comme les atomes (DOC. 6), toutes les entités (molécules, ions, noyaux) ainsi que leurs assemblées (métaux, semi-conducteurs...) possèdent des niveaux d'énergie quantifiés, formant parfois des bandes d'énergies constituées de nombreux niveaux très proches (DOC. 3).

3.2 Applications de l'interaction photon-matière

L'**interaction photon-matière** intervient pour les capteurs de lumière (photorésistance, photodiode...), les cellules photovoltaïques des panneaux solaires, les diodes électroluminescentes des écrans de smartphones, les spectroscopies UV-visible et IR, etc.

Une cellule photovoltaïque d'un panneau solaire convertit une partie de l'énergie lumineuse reçue en énergie électrique.

Le **rendement** η de la conversion énergétique s'exprime :

$$\eta = \frac{\mathcal{P}_{utile}}{\mathcal{P}_{reçue}} = \frac{\mathcal{P}_{max}}{\mathcal{P}_{lum}}$$

η sans unité
$\mathcal{P}_{max}$ la puissance électrique maximale associée au fonctionnement de la cellule en W
$\mathcal{P}_{lum}$ la puissance de la lumière reçue par la cellule en W

Les rendements des cellules photovoltaïques sont faibles, de l'ordre de 10 %.

L'un des enjeux énergétiques est d'améliorer ce rendement.

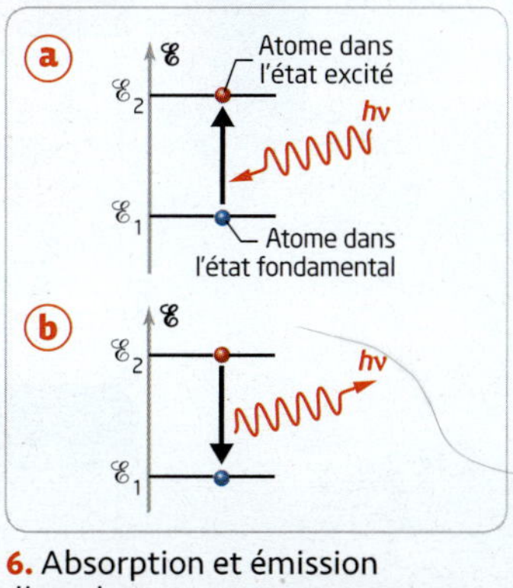

6. Absorption et émission d'un photon par un atome. L'absorption d'un photon (a) ou l'émission d'un photon (b) permet à un atome de gagner ou perdre l'énergie $\mathcal{E}_2 - \mathcal{E}_1 = h\cdot\nu$.

Retenir l'essentiel

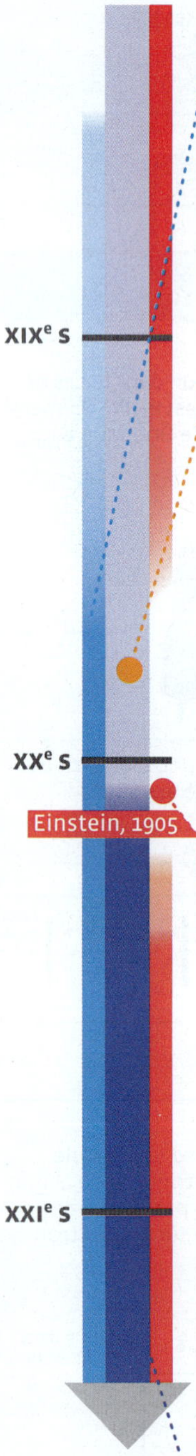

MODÈLE ONDULATOIRE DE LA LUMIÈRE

Lumière considérée comme une onde électromagnétique

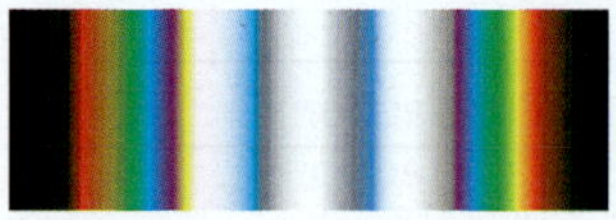

La lumière est une onde qui se propage dans le vide et dans tous les milieux transparents.

✓ Explique : Propagation de la lumière

✗ N'explique pas : Interaction lumière-matière

EFFET PHOTOÉLECTRIQUE

Émission d'électrons par un matériau sous l'effet de la lumière

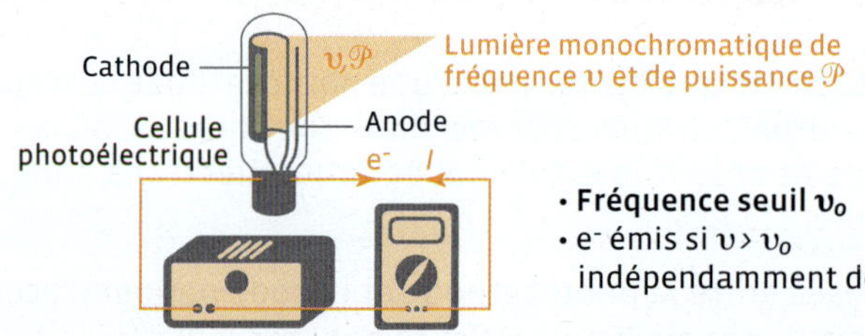

- **Fréquence seuil υ_0**
- e⁻ émis si $\upsilon > \upsilon_0$ indépendamment de $\mathcal{P}$.

MODÈLE PARTICULAIRE DE LA LUMIÈRE

Lumière considérée comme un flux de particules, nommées photons

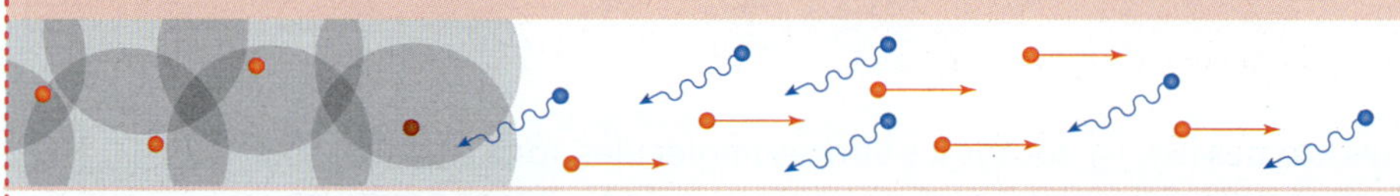

Absorption d'un photon pour un électron éjecté du métal

Photons :
- $|\Delta\mathcal{E}| = h\upsilon$
- vitesse c
- masse nulle

Énergie fournie au métal par un photon :

$h\upsilon = \mathcal{W}_e + \mathcal{E}_{C,max}$

Avec :
$\mathcal{W}_e = h \cdot \upsilon_0$ le travail d'extraction
$\mathcal{E}_{C,max}$ l'excédant d'énergie

✗ N'explique pas : Propagation de la lumière

✓ Explique : Interaction lumière-matière

APPLICATIONS

- **Capteurs de lumière** photorésistance, photodiode, ...
- **Cellules photovoltaïques** rendement : $\eta = \frac{\mathcal{P}_{élec,max}}{\mathcal{P}_{lum}}$
- **DEL**
- **Spectroscopies :** UV-visible et IR

PHYSIQUE QUANTIQUE

✓ Explique : Propagation de la lumière

✓ Explique : Interaction lumière-matière

5 min chrono !

Si vous ne trouvez pas la bonne réponse, reportez-vous au § de la synthèse des activités correspondant pour vous aider.

Indiquer la réponse exacte. QCM interactif

1 Les échanges d'énergie entre lumière et matière se font de manière : ▶ §1

a. continue, par quantités infiniment petites.

b. discrète, par paquets d'énergie minimale correspondant à l'énergie d'un photon.

c. discrète, par paquets d'énergie minimale correspondant à l'énergie d'un électron.

2 Un photon, associé à un rayonnement monochromatique de fréquence ν ou de longueur d'onde dans le vide λ, possède une masse *m*, une vitesse *c* et une énergie $|\Delta\mathscr{E}|$ telles que : ▶ §1

a. $m = 6{,}63 \times 10^{-34}$ kg ; $c \approx 340$ m·s^{-1} ; $|\Delta\mathscr{E}| = h \cdot \lambda$.

b. $m = 0$; $c \approx 3{,}00 \times 10^8$ m·s^{-1} ; $|\Delta\mathscr{E}| = h \cdot \lambda$.

c. $m = 0$; $c \approx 3{,}00 \times 10^8$ m·s^{-1} ; $|\Delta\mathscr{E}| = h \cdot \nu$.

3 L'expression de l'énergie d'un photon associé au rayonnement monochromatique de longueur d'onde dans le vide λ est : ▶ §1

a. $|\Delta\mathscr{E}| = \frac{h \cdot c}{\lambda}$. b. $|\Delta\mathscr{E}| = \frac{h \cdot \lambda}{c}$. c. $|\Delta\mathscr{E}| = \frac{c \cdot \lambda}{h}$.

4 L'effet photoélectrique est l'émission : ▶ §2

a. de photons et d'électrons par un matériau.

b. de photons par un matériau sous l'action d'un flux d'électrons.

c. d'électrons par un matériau sous l'action d'un flux de photons.

5 L'effet photoélectrique ne se produit que si la fréquence ν du rayonnement est : ▶ §2

a. inférieure à une fréquence seuil ν_0.

b. égale à une fréquence seuil ν_0.

c. supérieure ou égale à une fréquence seuil ν_0.

6 Le travail d'extraction d'un métal correspond à : ▶ §2

a. l'énergie cinétique que possède un électron quittant la surface du métal par effet photoélectrique.

b. l'énergie minimale à fournir pour qu'un électron quitte la surface du métal.

c. la force à appliquer sur un électron pour qu'il quitte la surface du métal.

7 Lorsque, sous l'action de photons d'énergie $|\Delta\mathscr{E}|$, des électrons sont éjectés avec une énergie cinétique maximale $\mathscr{E}_{c,max}$ d'un métal dont le travail d'extraction est $\mathscr{W}_e$, le bilan d'énergie s'écrit : ▶ §2

a. $|\Delta\mathscr{E}| = \mathscr{W}_e + \mathscr{E}_{c,max}$. b. $\mathscr{E}_{c,max} = \mathscr{W}_e + |\Delta\mathscr{E}|$.

c. $\mathscr{W}_e = |\Delta\mathscr{E}| + \mathscr{E}_{c,max}$.

8 Le rendement de conversion d'une cellule photovoltaïque est égal à 10 %, donc : ▶ §3

a. 10 % de l'énergie électrique reçue est convertie en énergie lumineuse utile.

b. 90 % de l'énergie lumineuse reçue est convertie en énergie électrique utile.

c. 10 % de l'énergie lumineuse reçue est convertie en énergie électrique utile.

Corrigés p. 550

Contrôle technique !

9 Déterminer une énergie

EXERCICE RÉSOLU

Un métal, dont le travail d'extraction $\mathscr{W}_e$ vaut $3{,}52 \times 10^{-19}$ J, émet des électrons lorsqu'il est soumis à l'action d'une lumière monochromatique de fréquence $\nu = 7{,}50 \times 10^{14}$ Hz par effet photoélectrique.

Le diagramme ci-dessous modélise l'interaction entre un photon et le métal conduisant à l'émission d'un électron possédant une énergie cinétique maximale pour le rayonnement considéré.

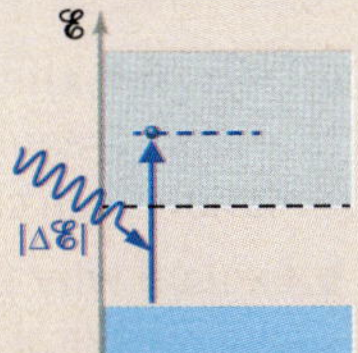

• Établir, par un bilan d'énergie, la relation entre l'énergie cinétique maximale $\mathscr{E}_{c,max}$ des électrons et la fréquence ν, puis en déduire la valeur de $\mathscr{E}_{c,max}$.

DONNÉE

Constante de Planck : $h = 6{,}63 \times 10^{-34}$ J·s.

SOLUTION

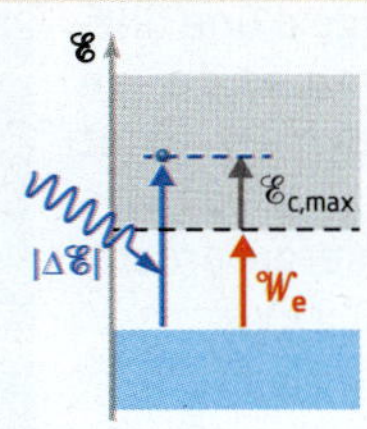

Le travail d'extraction $\mathscr{W}_e$ est l'énergie minimale à fournir pour qu'un électron soit éjecté du métal. L'énergie du photon étant ici supérieure à $\mathscr{W}_e$, il y a effet photoélectrique et l'excès d'énergie est transféré sous forme d'énergie cinétique à l'électron émis. On a alors :

$|\Delta\mathscr{E}| = \mathscr{W}_e + \mathscr{E}_{c,max}$ avec $|\Delta\mathscr{E}| = h \cdot \nu$;

donc : $\mathscr{E}_{c,max} = h \cdot \nu - \mathscr{W}_e$.

A.N. : $\mathscr{E}_{c,max} = 6{,}63 \times 10^{-34}$ J·s $\times 7{,}50 \times 10^{14}$ Hz $- 3{,}52 \times 10^{-19}$ J $= 1{,}45 \times 10^{-19}$ J.

APPLICATION • Sur le modèle de l'exercice résolu

Déterminer le travail d'extraction d'un métal dont l'exposition à un rayonnement monochromatique de fréquence $\nu = 9{,}70 \times 10^{14}$ Hz fournit des photoélectrons d'énergie cinétique maximale $9{,}92 \times 10^{-20}$ J.

Exercices APPLIQUER

DONNÉES POUR TOUS LES EXERCICES :
- Constante de Planck : $h = 6{,}63 \times 10^{-34}$ J·s.
- Célérité de la lumière dans le vide ou dans l'air : $c = 3{,}00 \times 10^{8}$ m·s^{-1}.
- 1 eV = $1{,}60 \times 10^{-19}$ J.
- Masse d'un électron : $m_e = 9{,}11 \times 10^{-31}$ kg.

Caractéristiques du photon

► § 1 de la synthèse des activités

➔ EXERCICES RAPIDES

10 GRAND ORAL Présenter oralement en deux minutes maximum à l'ensemble de la classe les caractéristiques du photon : masse, vitesse, énergie.

11 Exprimer l'énergie d'un photon en fonction de la longueur d'onde dans le vide λ du rayonnement associé.

12 Calculer l'énergie d'un photon

En juin 2019, il a été décidé que les ondes hertziennes (ondes électromagnétiques) de fréquences voisines de 1,5 GHz seraient réservées à l'utilisation de la 5G en France.

- Calculer l'énergie $|\Delta\mathscr{E}|$ d'un photon associé à une onde hertzienne de fréquence $\nu = 1{,}5$ GHz.

13 Calculer une longueur d'onde

Calculer la longueur d'onde dans le vide d'un rayonnement X pour lequel l'énergie d'un photon vaut $3{,}0 \times 10^{-15}$ J.

14 Utiliser l'électron-volt

La diode infrarouge d'une télécommande de téléviseur émet des photons d'énergie proche de 1,3 eV.

DONNÉE

Le domaine spectral infrarouge est $[8 \times 10^{-7} ; 1 \times 10^{-3}]$ m.

- Déterminer la longueur d'onde dans le vide du rayonnement associé à ces photons et vérifier qu'il s'agit d'un rayonnement infrarouge.

15 Déterminer un flux de photons

Un laser Helium-Néon de puissance $\mathscr{P} = 2{,}0$ mW émet un rayonnement monochromatique de longueur d'onde dans le vide $\lambda = 633$ nm.

- Déterminer le flux de photons produit par le laser, c'est-à-dire le nombre de photons émis par seconde.

Effet photoélectrique

► § 2 de la synthèse des activités

➔ EXERCICES RAPIDES

16 GRAND ORAL Réaliser un support visuel permettant de présenter oralement en deux minutes maximum à l'ensemble de la classe l'effet photoélectrique et ses caractéristiques principales.

17 Présenter l'importance historique de l'effet photoélectrique en nommant le physicien qui a le premier donné une interprétation cohérente du phénomène et en précisant l'année de publication de cette interprétation.

18 Préciser les conditions sur la fréquence d'un rayonnement monochromatique permettant l'effet photoélectrique.

19 In English please — HISTOIRE DES SCIENCES

In 1902, several years before the crucial experiment carried on by Robert Millikan, significant results concerning the photoelectric effect are achieved by Philipp Lenard. They will lead to the assumption of the light quanta made by Einstein in 1905.
Lenard sets the device, quite a photoemissive cell, as sketched below. He notices that the photoelectric effect occurs when a threshold frequency is reached.

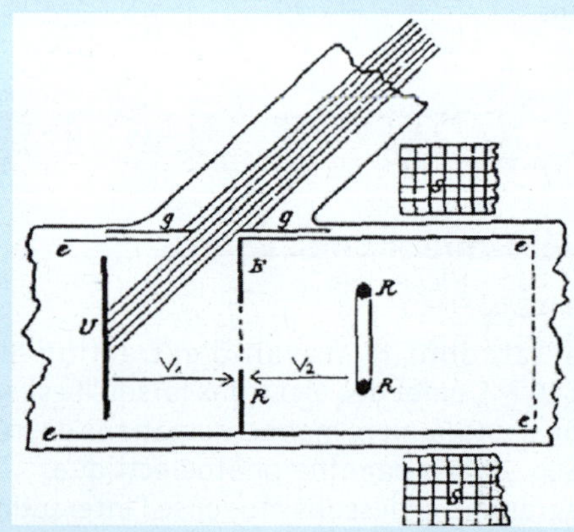

Vocabulary : threshold frequency : fréquence seuil – photoemissive cell : cellule photoélectrique – sketched : schématisé.

a. Describe the photoelectric emission. Define the *threshold frequency* in order to state the photoelectric emission main characteristic.

b. Explain why the photoelectric effect study acquires such a historical and scientific importance through distinguishing the light models accepted before and after 1905.

c. Outline how a photoemissive cell works; use the words listed below: cathode, anode, photoelectron, kinetic energy, electric current.

20 Établir un bilan énergétique

Contrairement à un atome isolé pour lequel seuls quelques niveaux d'énergie électroniques sont autorisés, dans le cas d'un métal, les niveaux d'énergies peuvent prendre toutes les valeurs comprises dans certains intervalles, les « bandes d'énergie », séparées par des « bandes interdites ». La dernière bande d'énergie « contenant » des électrons est la « bande de conduction ».
Si l'on apporte assez d'énergie au métal, un électron de la bande de conduction peut en être extrait en atteignant le « niveau du vide » correspondant à la situation où l'électron est immobile et n'est plus sous l'influence du métal. S'il gagne encore de l'énergie, cet électron isolé peut obtenir une énergie cinétique quelconque. La figure ci-desssous représente une partie du diagramme énergétique pour un métal et une transition quantique y est repérée.
On considère un métal dont le travail d'extraction, c'est-à-dire l'énergie minimale qu'il faut lui fournir pour extraire l'un de ses électrons, est noté $\mathscr{W}_e$.

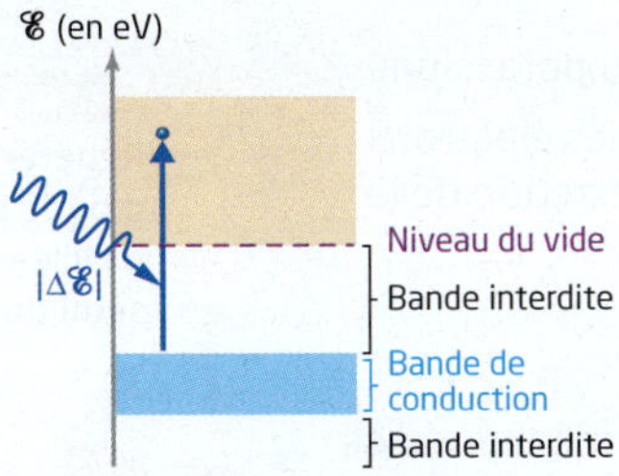

a. Reproduire le diagramme et y repérer le travail d'extraction $\mathscr{W}_e$ ainsi que l'énergie cinétique $\mathscr{E}_c$ de l'électron extrait du métal dans l'état final de la transition.

b. En déduire, par un bilan d'énergie, la relation entre $|\Delta\mathscr{E}|$, $\mathscr{W}_e$ et $\mathscr{E}_c$ (relation d'Einstein).

c. Expliquer pourquoi, d'après le diagramme, l'énergie cinétique $\mathscr{E}_c$ acquise par l'électron extrait est la valeur maximale $\mathscr{E}_{c,max}$ pouvant être obtenue avec le photon considéré. On pourra représenter sur le diagramme une autre transition possible avec le même photon.

d. On note ν la fréquence de la lumière associée au photon et ν_0 la fréquence seuil du métal. Montrer que l'on peut écrire : $\mathscr{E}_{c,max} = h \cdot (\nu - \nu_0)$.

21 Expliquer le fonctionnement d'une cellule photoélectrique

Le schéma ci-contre illustre le principe d'une cellule photoélectrique utilisée comme capteur de lumière.

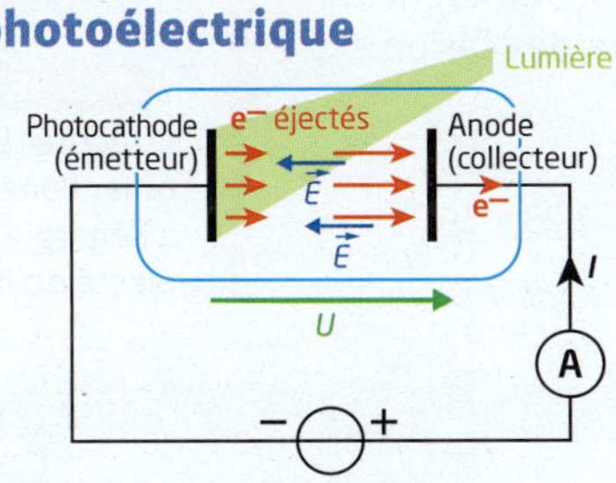

a. Interpréter qualitativement l'effet photoélectrique à l'aide du modèle particulaire de la lumière.

b. Expliquer qualitativement le fonctionnement de ce capteur.

22 Estimer une énergie cinétique

La photocathode d'une cellule photoélectrique est éclairée par une lumière monochromatique de longueur d'onde dans le vide $\lambda = 400$ nm. La longueur d'onde seuil de l'effet photoélectrique pour ce métal vaut $\lambda_0 = 650$ nm, et on note $\mathscr{W}_e$ son travail d'extraction.

a. Établir, par un bilan d'énergie, la relation entre l'énergie cinétique maximale $\mathscr{E}_{c,max}$ des électrons émis par la photocathode et la fréquence ν de la lumière incidente.

b. Déterminer, en J, la valeur du travail d'extraction $\mathscr{W}_e$ d'un électron pour le métal de la photocathode.

c. Estimer la valeur maximale de l'énergie cinétique d'un photoélectron dans la situation considérée.

23 Construire une carte mentale

• L'étiquette centrale doit s'intituler :

Effet photoélectrique

• Associer à l'étiquette centrale, par le moyen de votre choix, d'autres étiquettes comprenant au minimum les étiquettes suivantes :

Modèle particulaire **Énergie cinétique** **Seuil** **Importance historique**

24 Montrer une importance historique

GRAND ORAL HISTOIRE DES SCIENCES Documents

À l'aide des documents disponibles, préparer un débat autour de la conception de la lumière, qui aurait pu avoir lieu au début du XXe siècle, lorsque l'effet photoélectrique restait inexpliqué.

Interaction photon-matière

▶ § 3 de la synthèse des activités

EXERCICE RAPIDE

25 GRAND ORAL Réaliser un support visuel permettant de présenter oralement en deux minutes maximum à l'ensemble de la classe le principe d'une application actuelle utilisant l'interaction photon-matière.

26 Évaluer un rendement

Un panneau solaire de surface d'aire $S = 2{,}0$ m² est formé de cellules photovoltaïques dont on cherche à déterminer le rendement.

DONNÉE En cas d'ensoleillement optimum, la puissance surfacique au sol du rayonnement solaire vaut $\mathscr{P}_S = 1{,}0$ kW·m⁻².

a. Nommer les types d'énergies reçue et utile lors de l'emploi du panneau solaire.

b. Estimer le rendement des cellules photovoltaïques du panneau solaire sachant que la puissance électrique maximale intervenant vaut $\mathscr{P}_{élec} = 160$ W.

EXO **Exercices supplémentaires**

EXERCICE RÉSOLU ET COMMENTÉ

27 Émission d'électrons par une photocathode en potassium

ÉNONCÉ

La cathode C en potassium d'une cellule photoélectrique, est éclairée par une lumière monochromatique de longueur d'onde dans le vide $\lambda = 405$ nm. Un générateur impose une tension permettant de récolter sur l'anode A, disposée de l'autre côté de la cellule sous vide, les électrons émis par la cathode.

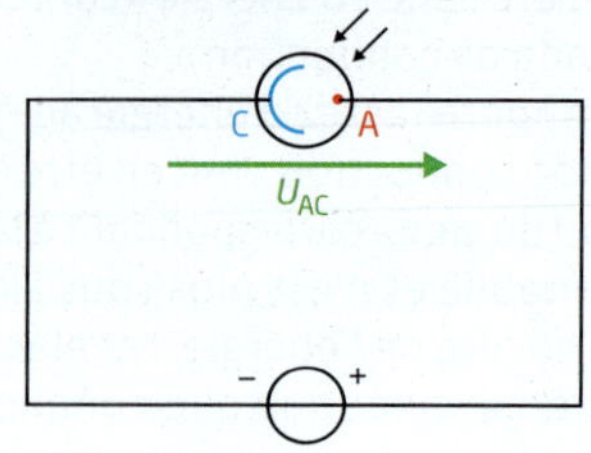

DONNÉE Longueur d'onde seuil, dans le vide, du potassium : $\lambda_0 = 540$ nm.

a. Expliquer pourquoi l'effet photoélectrique se manifeste avec la lumière utilisée et préciser comment modifier le montage électrique afin de le mettre en évidence.

b. Exprimer puis calculer la valeur du travail d'extraction $\mathcal{W}_e$ du potassium.

c. Estimer la valeur de l'énergie cinétique $\mathcal{E}_{c,max}$ que possèdent les électrons les plus rapides qui viennent d'être éjectés de la cathode sous l'action de la lumière.

S'APPROPRIER
Repérer les valeurs de la longueur d'onde dans le vide de la lumière utilisée et de la longueur d'onde seuil du potassium.

UNE SOLUTION

a. L'effet photoélectrique ne peut se produire que si un photon incident possède une énergie suffisante. Il faut donc que la fréquence de la lumière incidente soit supérieure à la fréquence seuil, ou, de manière équivalente, que sa longueur d'onde soit inférieure à la longueur d'onde seuil, ce qui est le cas ici : $\lambda < \lambda_0$.
Pour mettre en évidence l'effet photoélectrique, il faut ajouter un ampèremètre en série afin de montrer qu'un courant, dû à des électrons en mouvement, circule dans le circuit, donc entre la cathode et l'anode.

CONNAÎTRE
Se rappeler que l'énergie d'un photon est plus grande si sa fréquence est grande et si sa longueur d'onde dans le vide est petite.

b. Le travail d'extraction $\mathcal{W}_e$ correspond à l'énergie minimale que doit posséder un photon incident pour pouvoir extraire un électron du potassium. Cette énergie minimale est celle associée à la fréquence seuil ou à la longueur d'onde seuil dans le vide : $\mathcal{W}_e = h \cdot \nu_0 = \dfrac{h \cdot c}{\lambda_0}$.

CONNAÎTRE
Savoir définir l'énergie d'extraction d'un métal.

A.N. : $\mathcal{W}_e = \dfrac{6{,}63 \times 10^{-34}\ \text{J} \cdot \text{s} \times 3{,}00 \times 10^{8}\ \text{m} \cdot \text{s}^{-1}}{540 \times 10^{-9}\ \text{m}} = 3{,}68 \times 10^{-19}$ J.

RÉALISER
• Utiliser les unités SI pour le calcul numérique.
• Donner le résultat avec trois chiffres significatifs (comme les données de l'exercice).

c. Lorsque l'énergie $h \cdot \nu = \dfrac{h \cdot c}{\lambda}$ d'un photon incident est supérieure au travail d'extraction $\mathcal{W}_e$, un excès d'énergie peut être transféré sous forme d'énergie cinétique $\mathcal{E}_c$ à l'électron émis. Puisque le travail d'extraction correspond à l'énergie minimale pour extraire un électron du métal, dans le meilleur des cas on a $\mathcal{E}_c = \mathcal{E}_{c,max}$, donc : $\dfrac{h \cdot c}{\lambda} = \mathcal{W}_e + \mathcal{E}_{c,max}$; d'où : $\mathcal{E}_{c,max} = \dfrac{h \cdot c}{\lambda} - \mathcal{W}_e$.

A.N. : $\mathcal{E}_{c,max} = \dfrac{6{,}63 \times 10^{-34}\ \text{J} \cdot \text{s} \times 3{,}00 \times 10^{8}\ \text{m} \cdot \text{s}^{-1}}{405 \times 10^{-9}\ \text{m}} - 3{,}68 \times 10^{-19}\ \text{J} = 1{,}23 \times 10^{-19}$ J.

ANALYSER-RAISONNER
Effectuer un bilan d'énergie pour relier l'énergie du photon incident à l'énergie cinétique de l'électron éjecté du métal.

APPLICATION Sur le modèle de l'exercice résolu

28 Émission d'électrons par une photocathode en césium

La cathode d'une cellule photoélectrique, formée de césium, est éclairée par une lumière monochromatique de longueur d'onde dans le vide $\lambda = 405$ nm.

DONNÉE Longueur d'onde seuil, dans le vide, du césium : $\lambda_0 = 592$ nm.

a. Déterminer la valeur du travail d'extraction $\mathcal{W}_e$ du césium.

b. Estimer la valeur de l'énergie cinétique $\mathcal{E}_{c,max}$ que possèdent les électrons les plus rapides qui viennent d'être éjectés de la cathode.

29 Expérience de Hallwachs

GRAND ORAL ▷ Vidéo

ANA-RAI Organiser et exploiter ses connaissances **RÉA** Effectuer des procédures courantes (calculs) **VAL** Faire preuve d'esprit critique

Le travail d'extraction du zinc vaut $\mathscr{W}_e = 3{,}4$ eV.

a. Interpréter qualitativement l'effet photoélectrique à l'aide du modèle particulaire de la lumière.

b. Calculer la fréquence seuil ν_0 du zinc pour l'effet photoélectrique. En déduire la valeur de la longueur d'onde seuil λ_0 du zinc.

c. Déterminer l'énergie cinétique maximale $\mathscr{E}_{c,max}$ des électrons éjectés de la plaque lorsque celle-ci est éclairée par un rayonnement UV de longueur d'onde dans le vide $\lambda = 254$ nm, correspondant à une raie d'émission d'une lampe à vapeur de mercure.

d. Si on interpose une plaque de verre entre la lampe à vapeurs de mercure et la plaque de zinc, on remarque que l'effet photoélectrique cesse. Proposer une explication à cette observation.

30 Photomultiplicateur

ANA-RAI Organiser et exploiter ses connaissances
VAL Faire preuve d'esprit critique

Un photomultiplicateur est un capteur de lumière dont le fonctionnement se rapproche de celui d'une cellule photoélectrique, mais qui comporte, en plus d'une photocathode et d'une anode, plusieurs « dynodes » intermédiaires, comme présenté sur le schéma ci-dessous. Une tension importante est imposée entre chacune de ces électrodes consécutives.

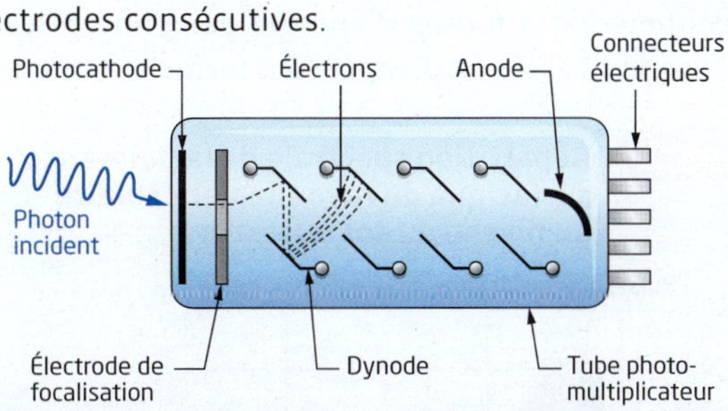

a. Rappeler qualitativement le fonctionnement d'une cellule photoélectrique.

b. La série de dynodes permet de générer, à partir du photoélectron initial, de nombreux autres électrons secondaires par « effet d'avalanche ». Expliquer l'intérêt d'un tel dispositif.

31 ✱ Énergie cinétique de photoélectrons

APP Extraire l'information utile **ANA-RAI** Mettre en œuvre les étapes d'une démarche • Identifier les paramètres influençant un phénomène

Lorsqu'elle est utilisée comme capteur de lumière, une cellule photoélectrique est soumise à une tension qui permet de récolter efficacement à l'anode tous les électrons émis par la photocathode.

DONNÉE Relation entre la valeur E du champ électrique, la valeur U de la tension entre électrodes et la distance d séparant les électrodes : $E \cdot d = |U|$.

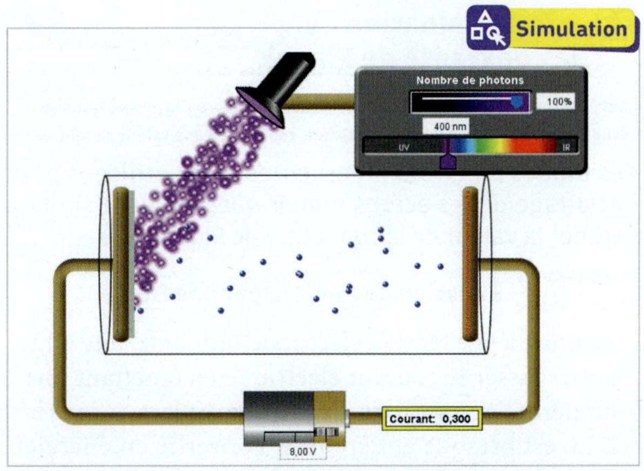

a. Ouvrir la simulation et observer l'effet photoélectrique avec la simulation qui décrit le cas d'une cellule photoélectrique dont la photocathode est en sodium.
Pour cela, dans les options, choisir d'afficher les photons et leur nombre, et fixer le pourcentage à 100 sur la simulation. Ne pas changer la longueur d'onde du rayonnement. Modifier ensuite la tension, initialement nulle, en imposant la valeur $U = 8$ V aux bornes de la cellule et décrire l'effet de ce changement. En déduire la direction et le sens de la force électrique $\vec{F}_e$ agissant sur les électrons entre les électrodes de la cellule. Faire de même pour le champ électrique $\vec{E}$.

b. Sur la simulation, réduire la valeur de U puis inverser le sens de la tension entre les bornes de la cellule jusqu'à la valeur $U_{arrêt} = -0{,}80$ V. Relever la valeur du courant circulant dans le circuit et expliquer pourquoi une telle valeur est possible alors que l'effet photoélectrique continue de se produire.

c. En appliquant le théorème de l'énergie cinétique, exprimer l'énergie cinétique maximale $\mathscr{E}_{c,max}$ d'un électron qui vient d'être émis avec la plus grande vitesse par la photocathode, à partir de la valeur de la tension d'arrêt $U_{arrêt}$. Pour cela, on admettra que l'électron se déplace horizontalement et que le travail du poids de l'électron est nul.

d. Calculer $\mathscr{E}_{c,max}$ en eV.

e. Décrire succinctement l'effet photoélectrique, ses caractéristiques et son importance historique.

MÉTIERS ET ORIENTATION

GRAND ORAL

De l'abri solaire qui recharge un véhicule électrique à la centrale qui produit de l'électricité, l'**ingénieur(e) en énergie solaire** conçoit et pilote des projets au cœur de l'énergie « verte ».
Formation : Bac +5 pour obtenir un diplôme d'ingénieur ou un master. Quelques écoles et universités proposent une spécialisation en énergie solaire ou en énergies renouvelables.

• Préparer une présentation orale de trois minutes sur un projet de poursuite d'études et/ou professionnel dans ce domaine (→ **Fiche Bac p. 513**).

Exercices S'ENTRAINER

32 ✱ Détermination de la constante de Planck

DIFFÉRENCIATION

APP Rechercher et organiser l'information en lien avec la problématique étudiée **VAL** Estimer une incertitude, comparer à une valeur de référence

Les diodes électroluminescentes (DEL) utilisées pour l'éclairage ou les écrans numériques peuvent servir à estimer la valeur de la constante de Planck *h*.

DOC. 1 Émission de lumière par une DEL

Soumise à une tension électrique suffisante, une DEL laisse passer le courant électrique en émettant une lumière : l'énergie d'un électron se déplaçant dans la DEL est presque entièrement convertie en énergie d'un photon émis.

Le passage d'un électron dans la DEL ne se produit que s'il possède une énergie minimale, appelée « énergie de seuil », $\mathscr{E}_S = e \cdot U_S$ avec U_S la « tension de seuil » et *e* la charge électrique élémentaire.

La lumière émise par une DEL est « quasi-monochromatique ». Dans le cadre de certaines hypothèses, on peut estimer que la longueur d'onde d'émission λ d'une DEL est liée à sa tension de seuil U_S par la relation traduisant la conversion d'énergie : $\frac{h \cdot c}{\lambda} = e \cdot U_S$ (1).

DOC. 2 Simulation d'un processus aléatoire pour déterminer une incertitude-type

Python

```python
import numpy as np
e=1.602176634e-19 # Charge élémentaire (en C)
c=299792458       # Vitesse de la lumière (en m/s)

# Listes L=[valeur,incertitude-type] en unités SI
Us=[...,...]      # Tension de seuil (en V)
Lambda=[...,...] # Longueur d'onde (en m)

def Alea(L): # Tirage aléatoire selon la loi normale
    return np.random.normal(L[0],L[1])

# Simulation d'une distribution d pour h
d=[]
Iteration=100000
for j in range(Iteration):
    Alea_h=...A compléter...
    d.append(Alea_h)

# Calcul de h et de l'incertitude-type u(h)
h=...A compléter...      # h <- valeur moyenne de d
u_h=...A compléter...    # u(h) <- écart-type de d
```

DONNÉES Résultats avec une DEL rouge :

$U_S = (1{,}8 \pm 0{,}05)$ V ; $\lambda = (635 \pm 25)$ nm.

a. À partir du **DOC. 1**, préciser les hypothèses permettant d'écrire la relation (1).

b. Calculer la valeur de *h* obtenue.

c. Compléter le programme du **DOC. 2** afin de simuler un processus aléatoire pour déterminer l'incertitude-type de la mesure de *h*.

d. Préciser si le résultat de la mesure est compatible avec la valeur $6{,}63 \times 10^{-34}$ J·s retenue par les scientifiques. Conclure quant à la validité des hypothèses formulées en **a.**

e. Citer des applications actuelles, autres que la DEL, mettant en jeu l'interaction lumière-matière.

33 ✱✱ Retour sur l'ouverture du chapitre

DIFFÉRENCIATION

APP Rechercher et organiser l'information **ANA-RAI** Organiser et exploiter ses connaissances **VAL** Faire preuve d'esprit critique

L'avion solaire *Solar Impulse 2* a pour seule source d'énergie le rayonnement solaire.

DOC. 1 Caractéristiques techniques

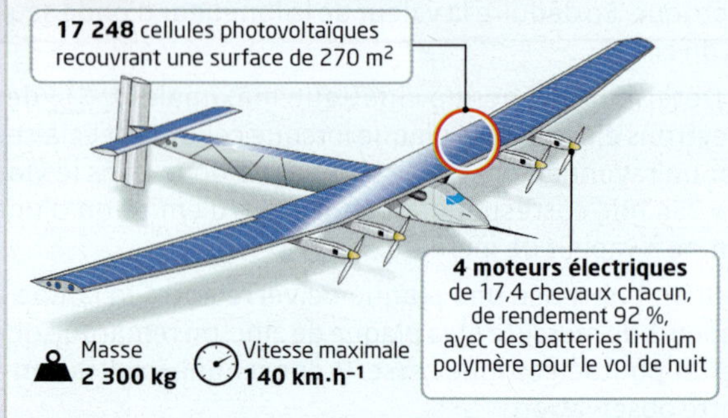

DOC. 2 Conversion d'énergie au sein d'une cellule photovoltaïque

Les cellules photovoltaïques sont généralement composées de silicium, dont l'énergie de gap vaut $\mathscr{E}_g = 1{,}12$ eV. Or, seuls les photons dont l'énergie est supérieure ou égale à $\mathscr{E}_g$ peuvent libérer un électron qui participe au courant électrique délivré par une cellule. Pour augmenter le nombre de photons captés, il faut diminuer l'énergie de gap, mais on récupère alors moins d'énergie par photon, car l'énergie en excès est dissipée sous forme thermique.

DOC. 3 Répartition spectrale de la puissance surfacique du rayonnement solaire au niveau du sol terrestre

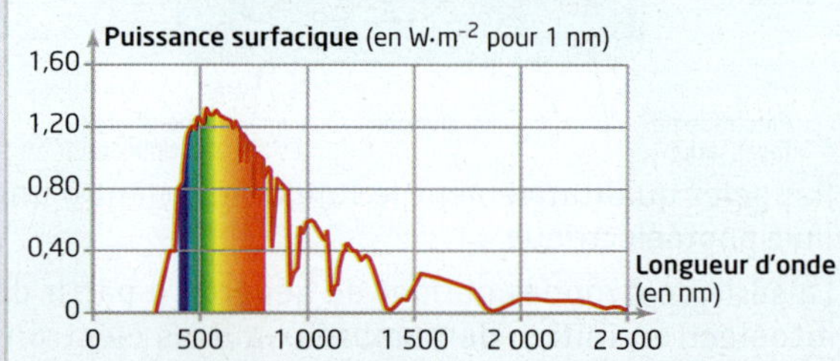

DONNÉES Caractéristiques d'une journée de traversée :
- durée du vol de jour : 14 h ;
- puissance surfacique moyenne du rayonnement solaire réellement disponible : 450 $W \cdot m^{-2}$;
- énergie électrique fournie aux moteurs par les panneaux solaires au cours de la journée : 370 kWh.

a. Déterminer la valeur du rendement des panneaux solaires de *Solar Impulse 2*.

b. Porter un regard critique sur la valeur obtenue et proposer une explication au rendement limité des cellules photovoltaïques.

■ *Aides à la fin du manuel.*

34 Conclure une présentation orale

Un élève cherche à conclure en moins de deux minutes une présentation orale dont la problématique est : « En quoi le modèle particulaire de la lumière permet-il d'interpréter l'effet photoélectrique ? ».

RESSOURCE

- Simulation de l'étape 1

ÉTAPE 1 S'approprier le sujet à l'écrit

Simulation

• Une lumière monochromatique de fréquence supérieure à un certain seuil est capable d'arracher des électrons à une plaque de sodium, quelle que soit sa puissance.
• Les électrons sont émis presque immédiatement et possèdent une énergie cinétique maximale qui ne dépend que de la fréquence de la lumière incidente et pas de sa puissance.

• Dans le modèle ondulatoire de la lumière, un électron du métal devrait absorber et accumuler de l'énergie transférée par la lumière, proportionnellement à la puissance lumineuse et à la durée de l'éclairement, jusqu'à être éjecté.
• Dans le modèle particulaire, une lumière monochromatique est formée de photons d'énergies proportionnelles à la fréquence du rayonnement. Si l'énergie d'un photon est au moins égale au travail d'extraction du sodium, alors il peut être absorbé et produire l'éjection d'un électron. Lorsque l'énergie du photon incident est supérieure au travail d'extraction, l'excès d'énergie est transféré sous forme d'énergie cinétique à l'électron émis.

➜ **Utiliser la simulation pour illustrer les observations.**

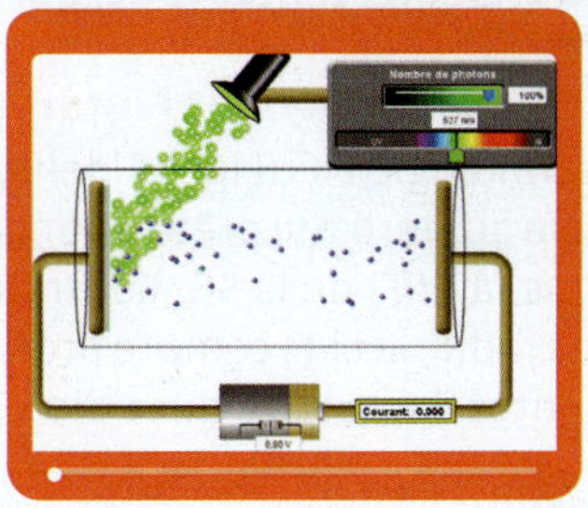

ÉTAPE 2 S'approprier le sujet avec une présentation orale

La conclusion d'un exposé oral peut comporter les trois points suivants :

▶ Résumer la présentation en se focalisant sur les aspects les plus importants et en répondant clairement à la problématique. Un graphique peut être un bon support pour résumer des observations ou des explications.

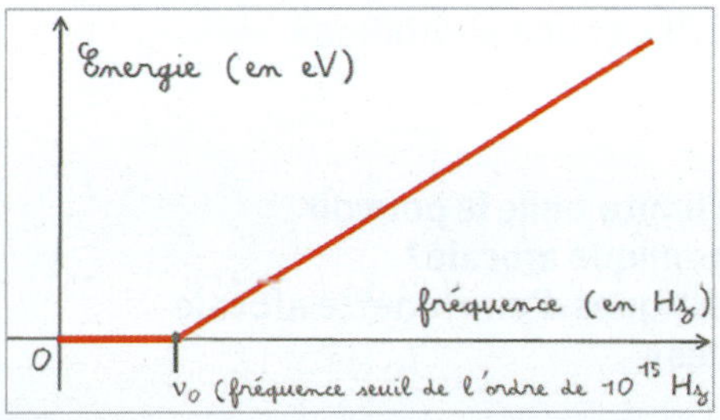

▶ Indiquer une ouverture précise, par exemple une application actuelle mettant en jeu l'interaction photon / matière.

▶ Évoquer un bilan personnel sur les apports du projet, par exemple en reliant le thème de l'exposé à un projet professionnel envisagé.

Questions

1 Préparer une présentation orale d'une conclusion possible à un exposé sur le thème envisagé.

2 Réaliser une présentation orale de moins de deux minutes pour les élèves de la classe afin de conclure un exposé sur le thème envisagé, en suivant les trois points de l'ÉTAPE 2.

Astuces !

- Il faut absolument préparer la conclusion, elle ne doit pas être improvisée, car elle constitue la partie la plus marquante dans l'esprit du jury. Si la durée de l'oral est mal gérée, préférer écourter le corps de l'exposé plutôt que la conclusion.
- Il faut bien préparer l'ouverture : on peut s'attendre à des questions de la part du jury la concernant.
- Soigner la forme de la « sortie de scène » : choix net et précis de la fin, impact des dernières paroles, silence et résonances finales, bonne dernière impression.

MÉTIERS ET ORIENTATION

Un(e) **technicien(ne) en optique de précision** participe, avec le chercheur ou l'ingénieur, à la conception et à la réalisation d'instruments d'optique de haute technologie. **Formation :** Bac +2 ou +3. Par exemple, un BTS systèmes photoniques ou un DUT mesures physiques, éventuellement complétés par une licence pro optronique, instrumentation optique ou lasers.

Préparation du Grand oral

Exemples de questions

RAPPEL : les questions à préparer pour le Grand oral portent sur les deux enseignements de spécialité soit pris isolément, soit abordés de manière transversale. Ces deux questions mettent en lumière certains enjeux du ou des programmes de Première et de Terminale de ces enseignements (→ **Fiche Bac 4** p. 513).

RESSOURCES
- Support de la question 1
- Vidéo de la question 2

QUESTION 1 Comment et pourquoi transmettre des données numériques à l'aide de la lumière des éclairages à diodes électroluminescentes (DEL) qui nous entourent?

• Contexte expliquant l'intérêt de la question posée

La technologie LiFi (Light Fidelity) est apparue en laboratoire en 2010 et semble aujourd'hui prête à concurrencer d'autres technologies sans fil comme la WiFi ou la 5G. Contrairement à ses cousines qui utilisent les ondes radio, la Li-Fi compte profiter de la lumière des lampes à DEL déjà présentes dans notre quotidien.

• Ressources utiles

→ **Chapitres 20 de ce manuel, y compris les exercices supplémentaires sur le site** sirius.nathan.fr, pour comprendre le principe d'une DEL et d'un montage de détection de lumière utilisant une photodiode.

→ **Manuel d'enseignement scientifique de Première, chapitre 13** « Le son, une information à coder » pour entrevoir la notion de donnée numérique.

→ **Sites Internet et vidéos explicatives** en utilisant le mot-clé : LiFi.

• Expérience pour modéliser le phénomène étudié

Transmission d'un signal entre une DEL et une photodiode.

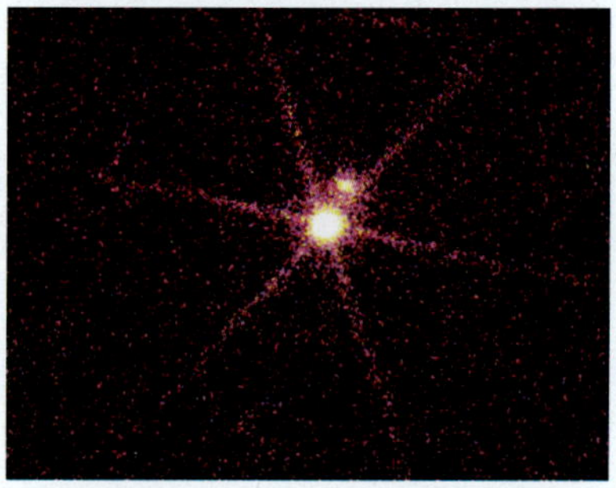

▲ Sirius A et B : une paire d'étoiles qui apparaissent proches l'une de l'autre.

POUR ALLER PLUS LOIN

Informations à rechercher sur la transmission de données Internet par fibre optique, et entre une télécommande et une télévision.

QUESTION 2 Comment la diffraction limite-t-elle le pouvoir de résolution d'une lunette astronomique afocale? Quelle est l'influence des caractéristiques d'une lunette afocale sur l'observation des étoiles doubles?

• Contexte expliquant l'intérêt de la question posée

Sirius est l'étoile la plus lumineuse du ciel après le Soleil. L'observation de cette étoile à l'aide d'instruments d'optique a montré que cette étoile est double. Sirius A est une étoile blanche très grosse alors que Sirius B est une naine blanche.

• Ressources utiles

→ **Chapitres 18 et 19** de ce manuel.

→ **Sites Internet** en utilisant les mots-clés : diffusion – lunette astronomique – pouvoir séparateur d'un instrument d'optique – disque de Airy.

• Expérience pour modéliser le phénomène étudié Vidéo d'expérience

Expérience de diffraction par un trou.

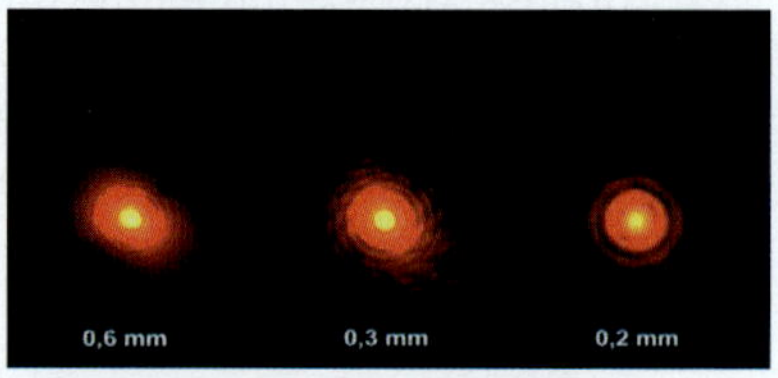

▲ Taches d'Airy résultant de la traversée par la lumière de trous circulaires de différents diamètres.

POUR ALLER PLUS LOIN

Informations à rechercher sur l'influence des aberrations, sur la séparation des étoiles doubles de luminosités différentes, sur les différences notables d'un télescope et d'une lunette astronomique.

Exemple de support pour le Grand oral

QUESTION 1 Comment et pourquoi transmettre des données numériques à l'aide de la lumière des éclairages à diodes électroluminescentes (DEL) qui nous entourent ?

CONSEIL

Il est conseillé de réaliser un support écrit. Il permet de clarifier les propos qui seront tenus. De plus, si on se retrouve perdu lors de la présentation orale, le jury pourra apporter de l'aide en s'appuyant sur les notes fournies. Il faut donc s'entraîner à réaliser un tel support en cours d'année.

RAPPEL : Les deux questions préparées au cours de l'année de Terminale et éventuellement de Première durant les deux enseignements de Spécialité sont transmises au jury, qui choisit la question à présenter durant le Grand oral. Durant la préparation, un support, à remettre au jury au début de la présentation orale, peut être réalisé sur une feuille.

Support

Comment et pourquoi transmettre des données numériques avec la lumière des éclairages à DEL ?

. Transmission de données   émetteur (DEL) — milieu air — SIGNAL NUM. → récepteur (capteur photo (photodiodes))

tension / lumière   1 0 1 1 0 1

. DEL si tension > U_s alors passage courant et émission lumière
(SEMI-CONDUCTEURS)
conversion énergie électrique → énergie lumineuse
électron → photon

. Photodiode si capte photon d'énergie suffisante alors courant généré
photon → électron

. EXPÉRIENCE RÉALISÉE EN COURS D'ANNÉE

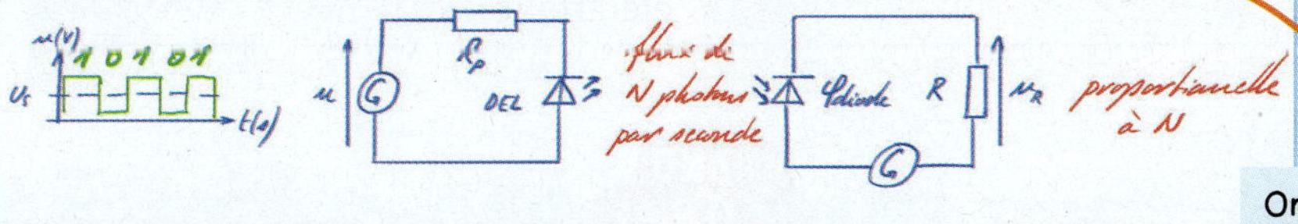

. Avantages et limites du LiFi

+	−
. installations en grande partie établies	. transmission limitée à la zone d'éclairage
. consommation réduite	. WiFi et 5G bien établies
. libère des fréquences radio rares	

→ LiFi intéressant pour usages particuliers où WiFi et 5G sont limitées : hôpitaux, avions, métro, crèches...

Commencer par rappeler la problématique. Elle doit être exactement la même que celle présentée au jury lors de son choix parmi les deux questions traitées en cours d'année.

ÉVITER LES ERREURS

Ne pas chercher à dire exactement ce qui est écrit. Il ne faut pas trop détailler les notes, qui ne sont qu'un support à la prise de parole. Elles doivent être assez facilement lisibles par le jury. Il est préférable d'écrire de manière concise, voire seulement à l'aide de mots-clés.

On peut mettre en valeur un travail effectué pendant l'année, par exemple une manipulation, en l'évoquant sur le support écrit, ceci même si l'on sait que l'on n'aura pas le temps de la détailler durant la présentation.

CONSEIL

Tout ce qui est écrit peut-être prétexte à des questions de la part du jury. Ne pas se risquer à écrire des termes que l'on ne maîtrise pas.

21 Systèmes électriques capacitifs

Se tester pour commencer

Choisir la réponse exacte.

EXO **QCM interactif**

	A	B	C
1 Sur le schéma ci-contre, la valeur de l'intensité I_3 du courant électrique vaut : 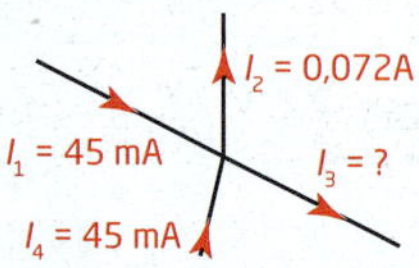	18 mA	12 mA	72 mA
2 Si N désigne le nombre d'électrons qui traversent une section d'un fil de cuivre pendant la durée Δt et e la charge élémentaire, l'intensité I d'un courant électrique s'exprime par la relation :	$I=\frac{\Delta t}{N\times e}$	$I=\frac{N\times e}{\Delta t}$	$I=N\times e\times\Delta t$
3 Le long de la maille BADCB, on peut écrire : 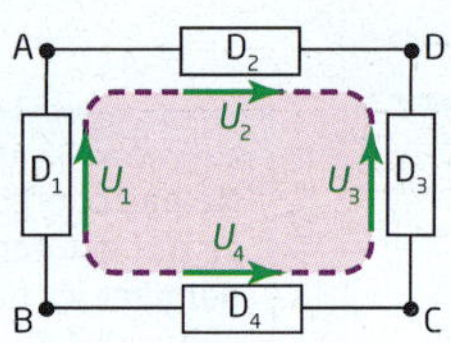	$U_1+U_2+U_3+U_4=0$	$U_1+U_2-U_3-U_4=0$	$U_1=U_2+U_3+U_4$
4 Une résistance peut être utilisée comme capteur :	de charges électriques	d'intensité du courant électrique	de tension électrique

Vidéo débat GRAND ORAL

La musicienne allemande Carolina Eyck joue du thérémine, l'un des premiers instruments de musique électronique, inventé en 1919, qui se pratique sans aucun contact physique.

Comment fonctionne un thérémine ?

→ Activité 3 p. 484

Détails de la microstructure d'un accéléromètre de type MEMS (*Microelectromechanical systems*).

Comment fonctionne un accéléromètre ?

→ Exercice 41 page 497

CAPACITÉS EXIGIBLES	Activités	Exercices corrigés
Relier l'intensité d'un courant électrique au débit de charges.	1	11 16 21
Identifier des situations variées où il y a accumulation de charges de signes opposés sur des surfaces en regard.	1 2	
Citer des ordres de grandeur de valeurs de capacités usuelles.	5	19 34
Identifier et tester le comportement capacitif d'un dipôle.	2	
Illustrer qualitativement, par exemple à l'aide d'un microcontrôleur, d'un multimètre ou d'une carte d'acquisition, l'effet de la géométrie d'un condensateur sur la valeur de sa capacité.	3 5	
Établir et résoudre l'équation différentielle vérifiée par la tension aux bornes d'un condensateur dans le cas de sa charge par une source idéale de tension et dans le cas de sa décharge.		28 32
Expliquer le principe de fonctionnement de quelques capteurs capacitifs.	3 5	34
Étudier la réponse d'un dispositif modélisé par un dipôle RC.	4	
Déterminer le temps caractéristique d'un dipôle RC à l'aide d'un microcontrôleur, d'une carte d'acquisition ou d'un oscilloscope.	5 4	12 34
√MATHS Résoudre une équation différentielle linéaire du premier ordre à coefficients constants avec un second membre constant.		28 32

Activité documentaire

Notions
- Intensité d'un courant électrique
- Comportement capacitif

▸ § 1.1 et 1.2 p. 487

1 Accumulation de charges électriques

Le phénomène d'accumulation de charges électriques est à l'origine de la foudre et de l'incendie du ballon dirigeable LZ 129 Hindenburg.

● **Comment expliquer les phénomènes d'accumulation de charges électriques ?**

DOC. 1 Les nuages d'orage et la foudre

Dans un nuage d'orage, les mouvements convectifs de l'air provoquent un phénomène d'électrisation par frottement : des charges électriques opposées apparaissent en différents endroits du nuage, généralement positives en haut et négatives à la base du nuage.
Lorsque le nuage arrive à la verticale d'un sol conducteur, un phénomène d'électrisation par influence, qui a pour effet d'électriser la surface du sol, se produit. L'accumulation de charges électriques de signes opposés entre le nuage et le sol peut ensuite entraîner une décharge électrique brutale, appelée foudre : une charge de 350 coulombs peut alors circuler du nuage vers le sol en 3 ms.

D'après Wikipédia.

DOC. 2 Accident du LZ 129 Hindenburg

▷ Vidéo

Le 6 mai 1937 à New York, un câble déchire l'enveloppe en toile d'un des réservoirs du ballon dirigeable LZ 129 Hindenburg, provoquant une fuite de dihydrogène qui se mélange alors à l'air.
Au moment où le commandant largue les deux cordes d'ancrage au sol, elles se mouillent sous l'effet de la pluie et deviennent conductrices. Instantanément, l'armature métallique de l'aéronef est mise à la terre, ce qui crée une accumulation de charges opposées sur les surfaces en regard constituées par l'armature métallique et l'enveloppe extérieure, bien moins conductrice.
Cette différence de potentiel fait surgir une étincelle entre l'armature et l'enveloppe, qui enflamme instantanément le dihydrogène mélangé à l'air.

D'après Wikipédia.

Questions

1 S'APPROPRIER
Réaliser un schéma représentant la situation décrite dans le DOC. 1 avant que la foudre se produise.

2 ANALYSER-RAISONNER
Un comportement capacitif est caractérisé par une accumulation de charges électriques de signes opposés sur deux milieux conducteurs en regard l'un de l'autre, séparés par un isolant.

a. Expliquer comment l'accumulation de charges s'effectue sur le sol à la verticale du nuage.
b. Identifier dans chaque situation des DOCS. 1 et 2 les milieux conducteurs et l'isolant.

3 RÉALISER
À l'aide du DOC. 1, estimer l'ordre de grandeur de l'intensité du courant électrique lorsque la foudre se produit.

RESSOURCE
- Vidéo du doc. 2

Activité expérimentale

Notions
- Comportement capacitif
- Modèle du condensateur
- Charge et décharge d'un condensateur
- Temps caractéristique

▸ § 1.2, 2 et 3 pp. 487-489

2 Tester le comportement capacitif d'un condensateur

Les condensateurs sont des composants usuels dans les circuits électroniques. Le comportement d'un condensateur est particulier. En effet, un condensateur se comporte comme un isolant électrique si la tension à ses bornes est continue mais il semble être conducteur lorsque la tension à ses bornes varie.

● **Comment mettre en évidence expérimentalement et de manière visuelle le comportement capacitif d'un condensateur ?**

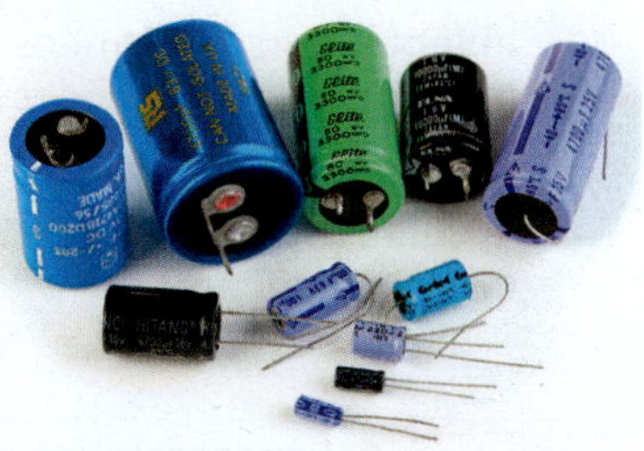

DOC. 1 Description d'un condensateur et propriétés

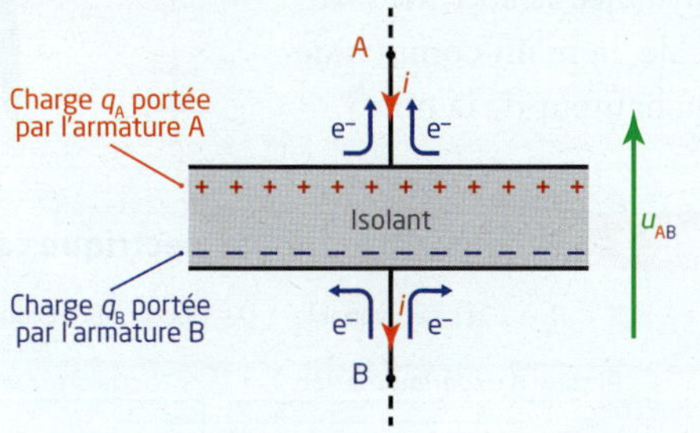

Un condensateur est un système de deux surfaces conductrices en regard, appelées armatures, séparées par un matériau isolant appelé diélectrique. Lorsqu'un condensateur est soumis à une tension électrique u_{AB}, des charges opposées apparaissent sur ses armatures : $q_A = -q_B$. Lorsque l'intensité i du courant électrique varie temporairement dans la branche dans laquelle se situe le condensateur, on parle de régime transitoire ; si elle est nulle, on dit que le régime est stationnaire.

DOC. 2 Étude du comportement d'un condensateur

Montage électrique
- $R_1 = 1\ k\Omega$
- $R_2 = 5\ k\Omega$
- $C_1 = 2200\ \mu F$
- $C_2 = 100\ \mu F$
- D_1 : DEL verte
- D_2 : DEL rouge
- Source idéale de tension E
- Chronomètre

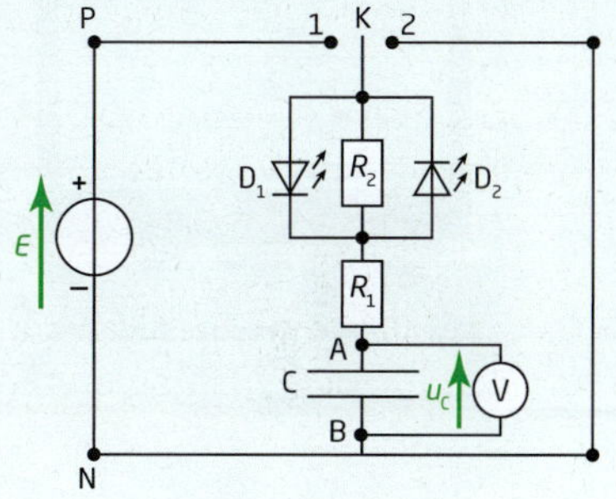

PROTOCOLE

■ Observer le fonctionnement du montage en manipulant l'interrupteur K suivant la séquence suivante : position 2 → position 1 → ouvert pendant 10 s → position 2.

■ Noter les observations visuelles et les valeurs de la **tension** u_C aux bornes du condensateur lorsque celles-ci se stabilisent à des **valeurs constantes** pour les positions 1 et 2 ainsi que la durée pendant laquelle la DEL D_1 est allumée.

Questions

1 RÉALISER

a. Réaliser le montage du **DOC. 2** en mettant un fil de connexion à la place du condensateur et noter les observations du fonctionnement du montage pour les deux positions **1** et **2** de l'interrupteur K.

b. Remplacer le fil de connexion par un condensateur électrochimique de capacité C_1 en respectant la polarisation (– sur la borne B) et mettre en œuvre le **PROTOCOLE**.

c. Réaliser les mêmes manipulations qu'à la question **b.** en utilisant un condensateur de capacité C_2.

2 ANALYSER-RAISONNER

a. Expliquer les observations notées en réponse aux questions **1. a.** et **1. b.**

b. Dessiner le condensateur lorsque l'interrupteur est ouvert après passage par la position **1** et interpréter la tension relevée sur le voltmètre.

3 VALIDER

Exploiter les mesures des durées pour discuter de l'influence de la capacité d'un condensateur sur la durée du régime transitoire.

Activité expérimentale

3 Modélisation d'un thérémine avec un microcontrôleur

ARTS

Notions
- Modèle du condensateur
- Temps caractéristique
- Capteurs capacitifs

▸ § 2.3, 3 et 4 pp. 487-489

Inventé dans les années 1920 par l'ingénieur russe Léon Theremin, le thérémine est l'un des plus anciens instruments de musique électronique. Équipé de deux antennes, il fonctionne par effet capacitif.

● **Comment fabriquer un modèle simplifié de thérémine avec un microcontrôleur ?**

DOC. 1 Condensateur à capacité réglable

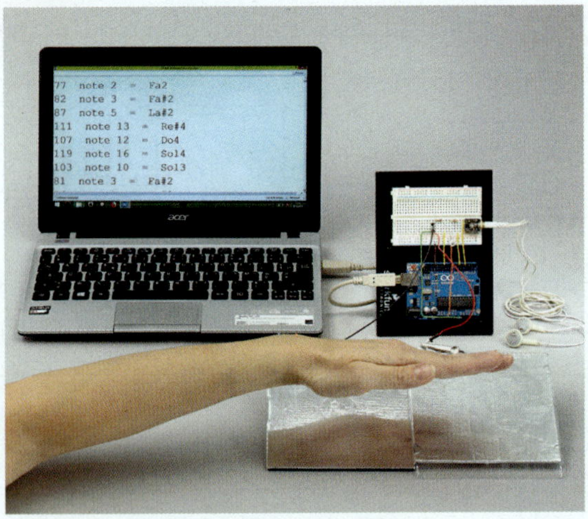

Le condensateur à capacité réglable est réalisé avec une boîte de DVD dont les faces sont recouvertes de ruban adhésif métallisé.

DOC. 2 Fonctionnement d'un thérémine

En faisant varier sa distance à l'antenne verticale, la main commande la hauteur de la note.

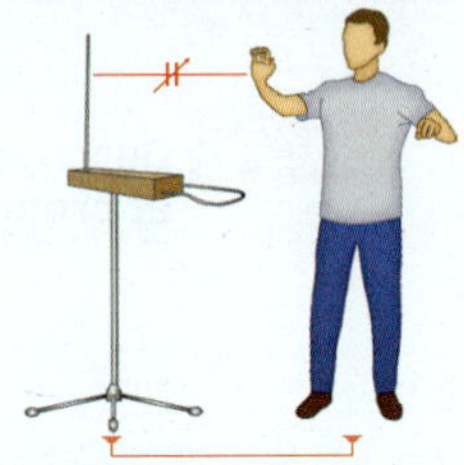

DOC. 3 Schéma du montage électrique complet

R_1 = 1 MΩ R_2 = 1 kΩ C variable D = DEL   HP = Écouteur ou haut-parleur

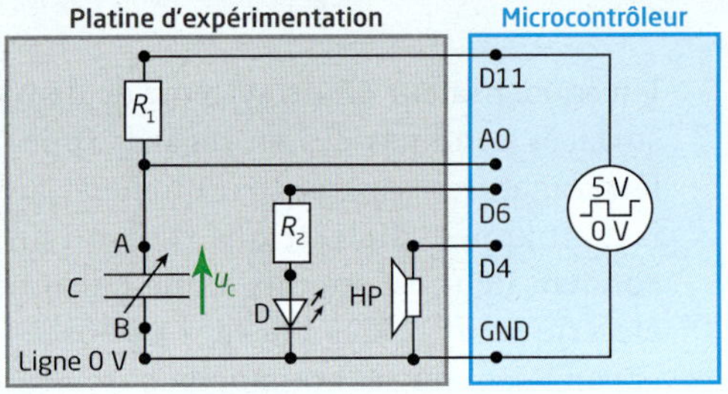

Questions

1 RÉALISER Protocole

Mettre en œuvre le protocole expérimental mis à disposition par le professeur pour réaliser les expériences qui illustrent l'effet de la géométrie du condensateur sur la valeur de sa capacité.

2 ANALYSER-RAISONNER Arduino

a. Identifier les deux parties du code source qui produisent respectivement la charge puis la décharge du condensateur.

b. Le code source provoque l'allumage de la DEL lorsque la tension u_C aux bornes du condensateur dépasse 3,15 V. Proposer une modification du code source pour afficher le temps mis pour atteindre cette valeur de 3,15 V. Ce temps est proportionnel à la valeur C de la capacité du condensateur.

3 VALIDER Arduino

En débranchant B et en reliant les deux armatures du condensateur expérimental (boîte de DVD) au point A, on le transforme en une antenne d'un thérémine : l'expérimentateur crée un condensateur de capacité réglable en modifiant sa géométrie lorsqu'il approche sa main (**DOC. 2**). La modification du code source proposée permet au montage de produire une note de musique dont la hauteur varie comme celle d'un thérémine lorsque l'on approche la main de la boîte de DVD.

Téléverser le nouveau code dans le microcontrôleur et tester le thérémine simplifié en apportant les réglages nécessaires à un fonctionnement optimal.

RESSOURCES
- Protocole et code source pour illustrer l'effet de la géométrie du condensateur sur sa capacité.
- Code source « Thérémine » pour produire une note de hauteur réglable à distance.

Activité expérimentale

Notions
- Modèle du circuit *RC* série
- Charge et décharge d'un condensateur
- Temps caractéristique

▸ § 3 pp. 488-489

4 Réponse d'un dispositif modélisé par un dipôle RC

Lors de la fermeture d'un interrupteur d'une cage d'escalier, la temporisation de l'éclairage est gérée par un circuit comportant très souvent une association en série d'un condensateur à une résistance portant le nom de dipôle RC.

● **Comment augmenter ou diminuer la durée d'extinction de la lumière ?**

DOCUMENT Schéma du montage électrique

- $R = 10\ \text{k}\Omega$
- $C = 1\ \mu\text{F}$ ($C' = 2{,}2\ \mu\text{F}$)
- Source idéale de tension E
- K : interrupteur à deux positions

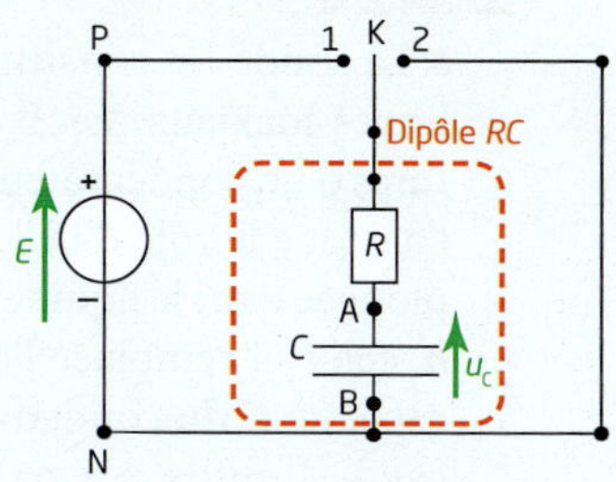

DONNÉE 1 Relation entre charge q, tension u_C et capacité C d'un condensateur

La charge q portée par l'armature A est proportionnelle à la tension $u_C = u_{AB}$ entre les bornes A et B :

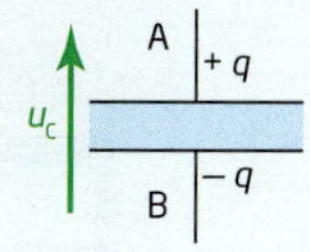

$q = C \times u_C$ | Avec :
q en coulomb (C)
C, capacité en farad (F)
u_C en volt (V)

PROTOCOLE

■ Réaliser le montage électrique afin de pouvoir enregistrer l'évolution de la tension $u_C(t)$.

■ Basculer l'interrupteur K en position 2 pour décharger complètement le condensateur.

■ Régler les paramètres d'acquisition pour enregistrer la tension $u_C(t)$ lors de la charge complète du condensateur lorsque K bascule en position 1.

■ Réaliser l'enregistrement.

DONNÉE 2 Courbe de la réponse d'un dipôle RC lors de la charge

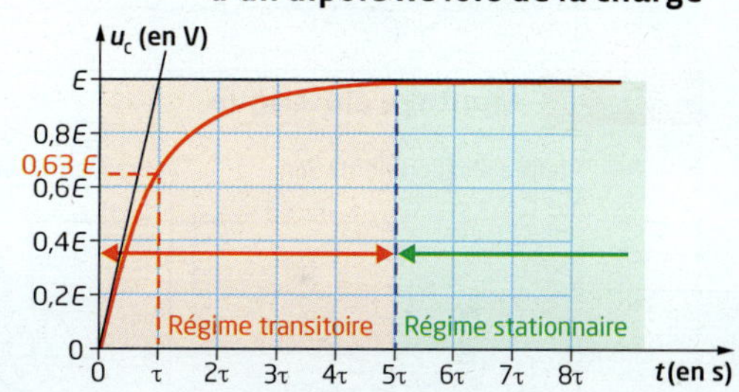

Questions

1 RÉALISER

a. Mettre en œuvre le **PROTOCOLE** puis exploiter les mesures et la **DONNÉE 2** pour déterminer le temps caractéristique τ du dipôle RC.

b. Identifier les régimes transitoire et stationnaire et estimer la durée du régime transitoire.

c. Adapter le protocole pour enregistrer la tension $u_C(t)$ lors de la décharge et répondre aux questions **1. a.** et **1. b.** dans ce cas.

2 ANALYSER-RAISONNER

Comparer le temps caractéristique τ obtenu lors de la charge et celui obtenu lors de la décharge au résultat du produit $R \times C$. Conclure.

3 VALIDER

a. Mesurer la valeur de la tension $u_C(t)$ pour $t = 5\tau$ et comparer cette valeur à la valeur de la tension E. Justifier l'appellation « régime permanent » pour des durées supérieures à 5τ.

b. Remplacer le condensateur de capacité C par le condensateur de capacité C' et mesurer le temps caractéristique τ'.
Comparer la valeur obtenue à la valeur théorique donnée par l'expression $\tau' = R \times C'$.

c. Proposer une solution pour répondre à la problématique posée en début d'activité.

Activité expérimentale

5 Détecteur de niveau d'un liquide dans une cuve

Notions
- Temps caractéristique
- Capteurs capacitifs

► § 3.3 et 4 p. 489

Les capteurs capacitifs peuvent être utilisés pour mesurer des paramètres très variés comme le niveau d'un liquide isolant dans une cuve.

● **Comment tester le principe du fonctionnement d'un détecteur capacitif de niveau de liquide ?**

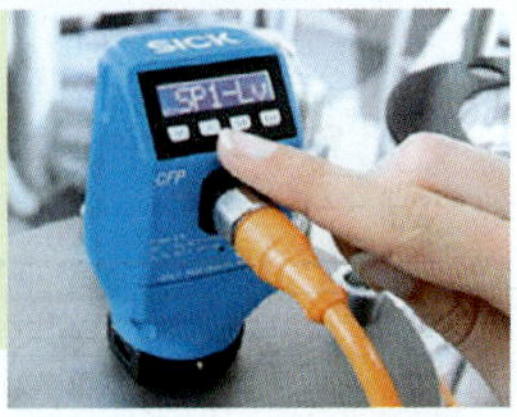

DOC. 1 Montage complet — Matériel — Protocole

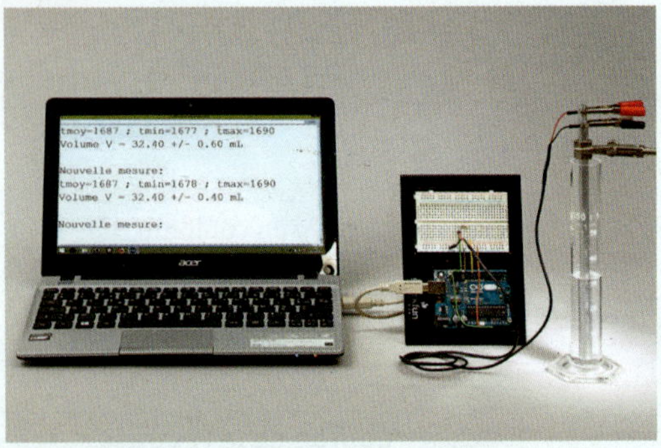

DOC. 2 Montage électrique

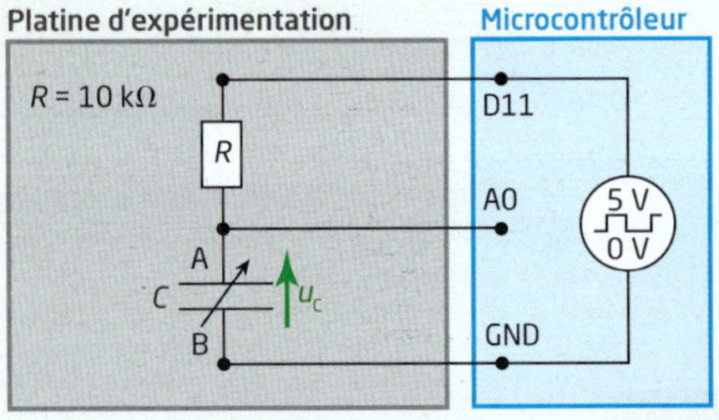

DOC. 3 Principe de la détection

■ La sonde est constituée de deux tubes métalliques coaxiaux A et B qui constituent les armatures d'un condensateur. En l'absence de liquide, l'air joue le rôle d'isolant. Lorsque la sonde est plongée dans le liquide isolant à une profondeur h, celui-ci remplace l'air sur une hauteur h : la capacité C du condensateur (sonde) augmente car le liquide n'a pas les mêmes propriétés isolantes que l'air.

■ La mesure du temps caractéristique τ du circuit RC constitué par une résistance R mise en série avec la sonde de capacité C, variable en fonction de h, permet d'obtenir une courbe d'étalonnage et une relation du type : $\tau = f(h)$.

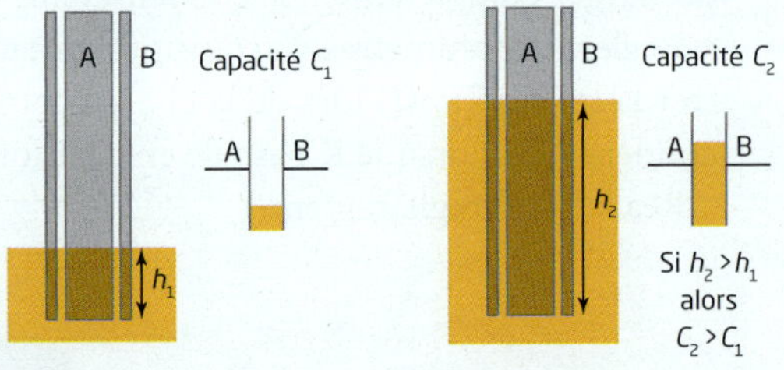

Questions

1 RÉALISER — Arduino

a. Mettre en œuvre le protocole expérimental mis à disposition par le professeur permettant de représenter et de modéliser le volume V, proportionnel à la hauteur de liquide dans l'éprouvette graduée, en fonction du temps caractéristique τ du dipôle RC, constitué de la résistance R et de la sonde de capacité C.

b. En utilisant le résultat de la modélisation de $V = f(\tau)$, modifier le code source du microcontrôleur afin d'obtenir la mesure du volume V de liquide dans le récipient sur l'écran de l'ordinateur.

2 VALIDER — Arduino

a. Mettre un volume V de liquide dans l'éprouvette et, par une approche statistique des mesures effectuées avec la sonde, évaluer l'incertitude-type $u(\overline{V})$.

b. Écrire le résultat de la mesure V_{mes} du volume de liquide avec un nombre adapté de chiffres significatifs puis comparer ce résultat à la valeur de référence V_{ref} lue à l'aide des graduations de l'éprouvette en utilisant le quotient $\dfrac{|V_{mes} - V_{ref}|}{u(\overline{V})}$. Conclure.

RESSOURCES
- Protocole et liste du matériel
- Codes sources pour les questions 1.a. et 2.a.

Podcast Texte DYS

1 Intensité d'un courant électrique en régime variable

Remarque préliminaire

Toutes les grandeurs dépendantes du temps sont notées avec des lettres minuscules. L'indication « (t) » est omise pour alléger les notations lors des calculs, par exemple u_R représente $u_R(t)$.

1.1 Définition

L'**intensité d'un courant électrique** $i(t)$ en un point donné d'un circuit correspond au débit de charges électriques à une date donnée, c'est-à-dire à la dérivée de la charge électrique par rapport au temps calculée à cette date t (DOC. 1) :

$$i = \frac{dq}{dt}$$

Unités SI :
i en ampère (A)
$\frac{dq}{dt}$ en coulomb par seconde ($C \cdot s^{-1}$)

1.2 Comportement capacitif

Un **comportement capacitif** correspond à l'accumulation de charges électriques de signes opposés sur des surfaces en regard l'une de l'autre (DOC. 2). Ce comportement se manifeste dans une branche d'un circuit par une intensité du courant électrique qui varie sur une durée caractéristique pendant le **régime transitoire** avant d'atteindre une valeur nulle lors du **régime stationnaire**.

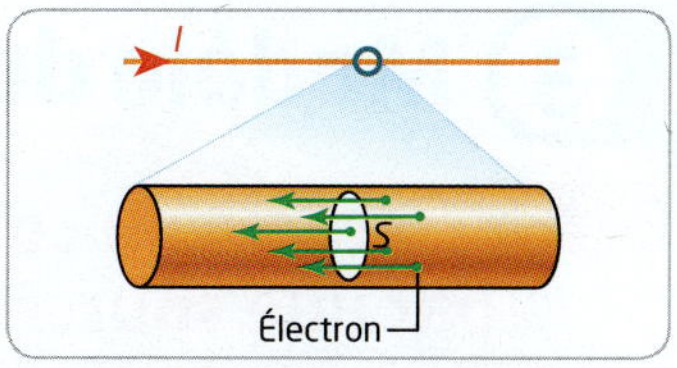

1. Schéma de la circulation de N électrons libres à travers un fil électrique de section S pendant un temps Δt. L'intensité i du courant représente la charge électrique dq traversant S par unité de temps :

$$i = \frac{\Delta q}{\Delta t}$$

Avec $\Delta q = N \times e$ pour $\Delta t \to 0$.

POINT MATHS

- En mathématiques, le nombre dérivé d'une fonction f en x est :

$$f'(x) = \lim_{h \to 0} \frac{f(x+h) - f(x)}{h}$$

- En physique-chimie, la dérivée par rapport au temps de q à la date t s'écrit :

$$\frac{dq}{dt} = \lim_{\Delta t \to 0} \frac{q(t+\Delta t) - q(t)}{\Delta t}$$

2. Un nuage d'orage présente un comportement capacitif aux effets spectaculaires.

2 Modèle du condensateur

2.1 Définition

Un **condensateur** est un système de deux surfaces conductrices en regard, appelées armatures, séparées par un matériau isolant (DOC. 3).
Le condensateur a un comportement capacitif : lorsqu'il est soumis à une tension électrique non nulle, les charges électriques q_A et q_B portées par ses deux armatures A et B, mesurées en coulomb, sont opposées : $q_A = -q_B$.

2.2 Relation entre charge et tension

La charge q portée par l'armature A d'un condensateur de capacité C est proportionnelle à la tension $u_C = u_{AB}$ entre ses bornes A et B :

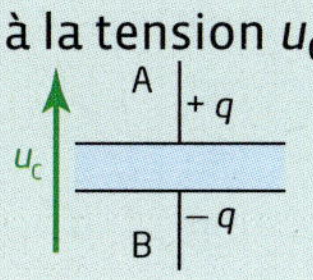

$$q = C \times u_C$$

Unités SI :
q en coulomb (C)
u_C en volt (V)
C en farad (F)

2.3 Capacité d'un condensateur

À l'exception des supercondensateurs dont les capacités sont de l'ordre de 100 F, celles des condensateurs usuels sont plutôt comprises entre la dizaine de picofarads ($1\ pF = 10^{-12}\ F$) et la dizaine de millifarads ($1\ mF = 10^{-3}\ F$) (DOC. 4).

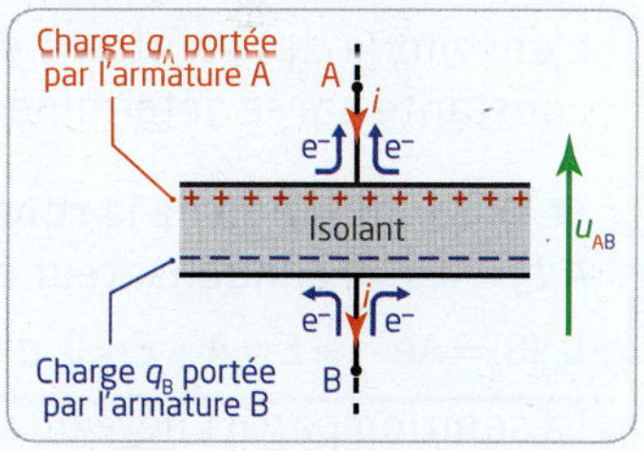

3. Représentation des charges accumulées sur les armatures d'un condensateur et de la tension entre ces armatures.

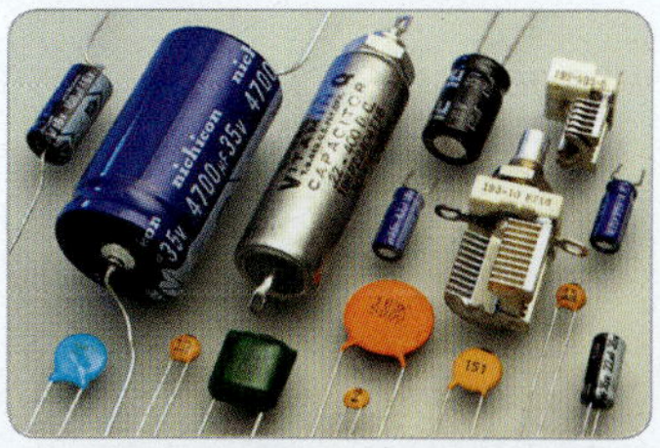

4. Condensateurs de formes et de technologies différentes.

Synthèse des activités

Podcast | Texte DYS

3 Modèle du circuit *RC* série

3.1 Charge d'un condensateur par une source idéale de tension

- La charge d'un condensateur C par une source idéale de tension continue se fait à travers une résistance R qui va limiter l'intensité maximale du courant électrique dans le circuit série : on parle alors de circuit ou de dipôle RC série (**DOC. 5**).

- Lorsque l'interrupteur est en position 1, un courant d'intensité i dépendant du temps traverse le circuit dans le sens indiqué sur le schéma du **DOC. 5**.

Raisonnement à retenir

→ Obtention de l'équation différentielle vérifiée par la tension $u_C(t)$ aux bornes du condensateur

- Loi des mailles appliquée à la maille 1 : $u_C + u_R - E = 0$ (1)
- Loi d'Ohm aux bornes de R : $u_R = R \times i$ (2)
- Relation entre intensité et charge : $i = \frac{dq}{dt}$ (3)
- Relation entre charge et tension : $q = C \times u_C$ (4)

En combinant les expressions (2), (3) et (4) pour exprimer u_R en fonction de u_C, on obtient :

$$u_R = R \times i = R \times \frac{dq}{dt} = R \times \frac{d(C \times u_C)}{dt} = RC \times \frac{du_C}{dt} \quad (5)$$

En remplaçant (5) dans (1), on obtient : $u_C + RC \times \frac{du_C}{dt} - E = 0$

que l'on peut écrire sous la forme : $\frac{du_C}{dt} + \frac{1}{\tau} u_C = \frac{E}{\tau}$ avec $\tau = RC$.

u_C est donc la solution d'une **équation différentielle linéaire du premier ordre à coefficients constants avec un second membre constant** du type $y' + ay = b$, avec $a = \frac{1}{\tau}$ et $b = \frac{E}{\tau}$ (**DOC. 6**).

L'ensemble des solutions est de la forme $u_C(t) = Ae^{-\frac{t}{\tau}} + E$ où A est une constante qui se détermine par les conditions initiales.

→ Détermination de la constante A à l'aide des conditions initiales

À $t_0 = 0$ s, le condensateur est déchargé et donc $u_C(0) = 0$, ce qui donne $u_C(0) = Ae^{-\frac{0}{\tau}} + E = A + E = 0$, d'où $A = -E$.

La solution particulière du problème est donc :

$$u_C(t) = -Ee^{-\frac{t}{\tau}} + E, \text{ soit } u_C(t) = E\left(1 - e^{-\frac{t}{\tau}}\right).$$

Le **DOC. 7** ci-contre montre la représentation graphique correspondant à cette solution et fait apparaître les régimes transitoire et stationnaire.

- Le passage du régime transitoire au régime stationnaire se fait à partir de la date 5τ. En effet, lorsque $t \geqslant 5\tau$, $u_C(t) \geqslant E(1 - e^{-\frac{t}{\tau}}) = E(1 - e^{-5}) = 0{,}993\,E$.
Donc pour $t \geqslant 5\tau$, $u_C(t) = E$ à moins de 1 % près : on peut considérer que la tension $u_C(t)$ est constante, ce qui correspond à un régime stationnaire.
De plus, lorsque $t = \tau$, $u_C(t) = E(1 - e^{-1}) = 0{,}63\,E$ (à deux chiffres significatifs).
Enfin, on peut montrer que la tangente à la représentation graphique de $u_C(t)$ à la date $t = 0$ s coupe l'asymptote horizontale d'ordonnée E à la date $t = \tau$.

POINT MATHS

Si u est une fonction dérivable et C une constante, alors : $(C \times u)' = C \times u'$.

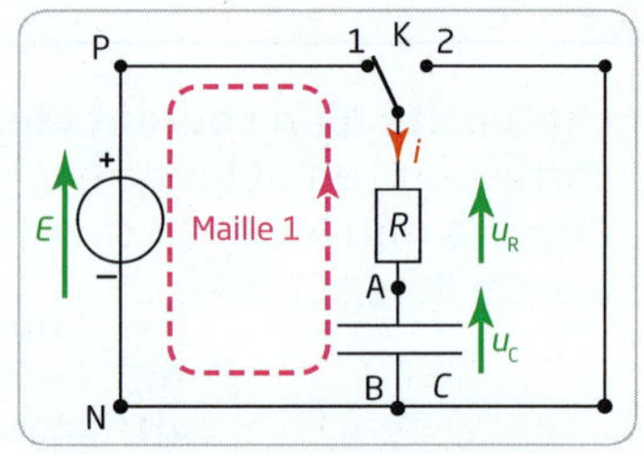

5. Schéma du circuit utilisé pour la charge et la décharge d'un condensateur : l'interrupteur est en position 1, le condensateur se charge sous l'effet du courant qui traverse le dipôle RC.

- Une **équation différentielle linéaire du premier ordre** à coefficients constants avec second membre constant est une équation différentielle du type : $\boldsymbol{y' + ay = b}$.
- Ses solutions sont de la forme : $y = Ae^{-ax} + \frac{b}{a}$ avec A une constante telle que : $y(0) = A + \frac{b}{a}$.

6. Solutions mathématiques d'une équation différentielle linéaire du premier ordre à coefficients constants avec second membre constant.

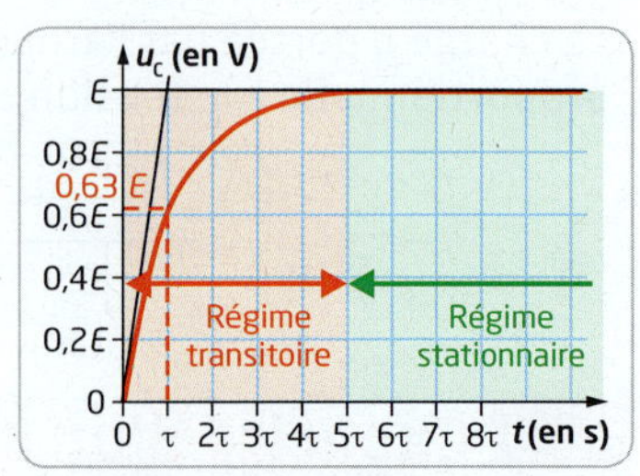

7. Représentation graphique de la charge d'un condensateur C à travers une résistance R par une source idéale de tension E faisant apparaître les deux régimes.

3.2 Décharge d'un condensateur

Lorsque l'interrupteur est en position 2, le circuit RC est en court-circuit et le condensateur se décharge à travers la résistance R (**DOC. 8**).

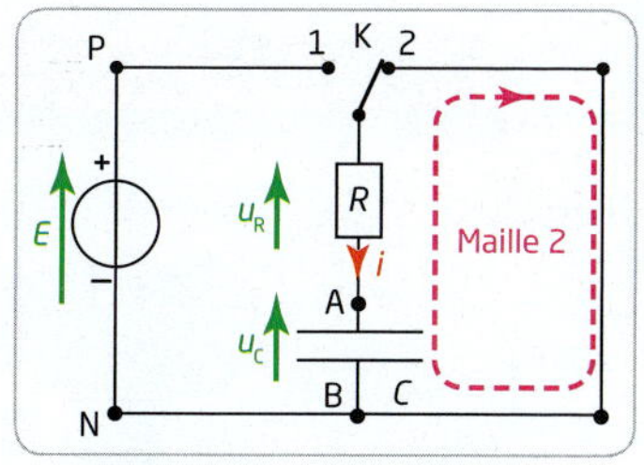

8. **Décharge du condensateur :** le sens de déplacement des charges s'inverse : l'intensité du courant devient donc négative avec l'orientation choisie pour i.

Raisonnement à retenir

→ **Obtention de l'équation différentielle vérifiée par la tension $u_C(t)$ aux bornes du condensateur**

- Loi des mailles appliquée à la maille 2 (**DOC. 8**) : $u_C + u_R = 0$ (6)

En remplaçant (5) dans (6), on obtient : $u_C + RC \times \frac{du_C}{dt} = 0$ que l'on peut écrire sous la forme : $\frac{du_C}{dt} + \frac{1}{\tau} u_C = 0$ avec $\tau = RC$.

L'ensemble des solutions de cette équation différentielle est de la forme (**DOC. 6**) : $u_C(t) = A' e^{-\frac{t}{\tau}}$.

La constante A' se détermine à l'aide des conditions initiales.

À $t_0 = 0$ s, le condensateur est chargé sous la tension E atteinte après la charge et donc $u_C(0) = E$, soit $u_C(0) = A' e^{-\frac{0}{\tau}} = E$ d'où $A' = E$.

La solution particulière du problème est donc : $u_C(t) = E e^{-\frac{t}{\tau}}$.

Le **DOC. 9** ci-contre montre la représentation graphique correspondant à cette solution et fait apparaître les régimes transitoire et stationnaire.

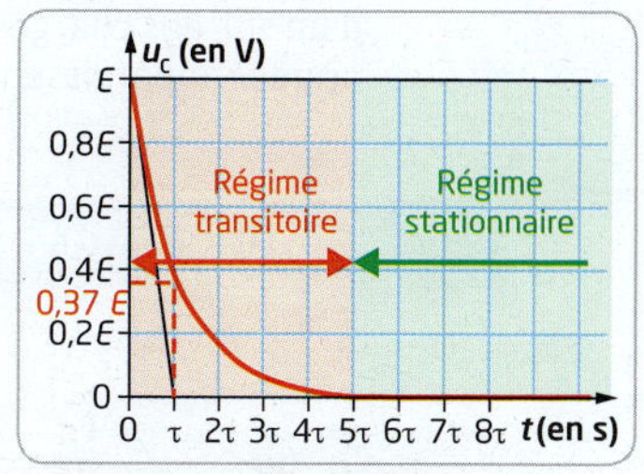

9. **Représentation graphique de la décharge d'un condensateur C à travers une résistance R, chargé initialement sous une tension E.**

3.3 Temps caractéristique

Dans les deux cas de charge et décharge du condensateur, la solution fait apparaître un terme dépendant du temps en $e^{-\frac{t}{\tau}}$. Or, $-\frac{t}{\tau}$ devant être sans dimension, la constante $\tau = RC$ a la dimension d'un temps.

Le **temps caractéristique** du circuit RC série est :

$$\tau = RC$$

Unités SI :
τ en seconde (s)
R en ohm (Ω)
C en farad (F)

Il existe plusieurs méthodes pour déterminer le temps caractéristique τ : le **DOC. 10** en présente deux lors de la charge.

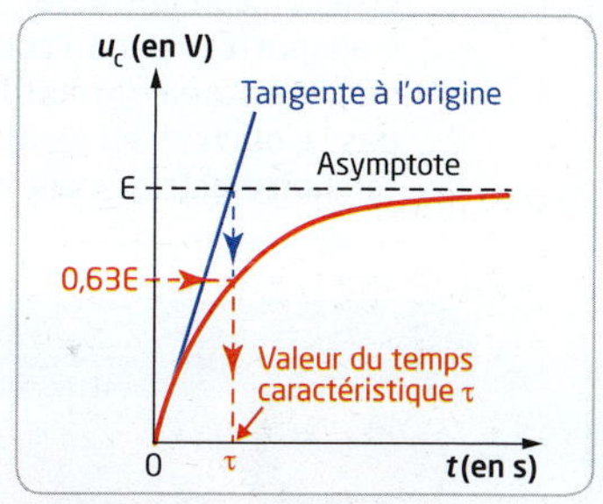

10. Détermination du temps caractéristique τ d'un circuit RC série lors de la charge :

1. τ est le temps nécessaire pour atteindre 63 % de la valeur maximale de la tension u_C.
2. L'intersection de la tangente à l'origine et de l'asymptote permet de déterminer la valeur de τ.

4 Capteurs capacitifs

De nombreux capteurs capacitifs sont présents dans divers systèmes (smartphones, appareils de mesures ou industriels, automobiles, etc.).

- Le principe de fonctionnement d'un capteur capacitif est le suivant : La capacité C d'un condensateur dépend de sa géométrie et de l'isolant entre ses armatures. Cette propriété est utilisée pour réaliser des capteurs capacitifs. Si la capacité C varie en fonction d'une grandeur physique X, comme la position d ou l'accélération a, alors sa mesure (par l'intermédiaire du temps caractéristique τ par exemple) donne accès à la valeur de la grandeur physique $X = f(C)$ (**DOC. 11**).
- L'utilisation d'un microcontrôleur peut permettre la mesure du temps caractéristique $\tau = RC$ et l'affichage direct de la grandeur X.

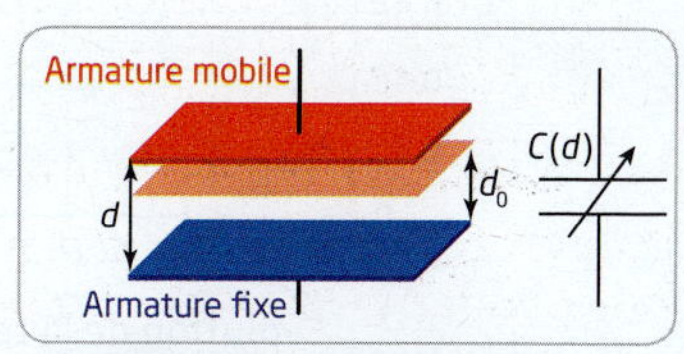

11. **Principe de la détection capacitive par modification de la géométrie :** la capacité du condensateur dépend de la distance entre les deux armatures dont l'une est mobile.

Retenir l'essentiel

Comportement capacitif

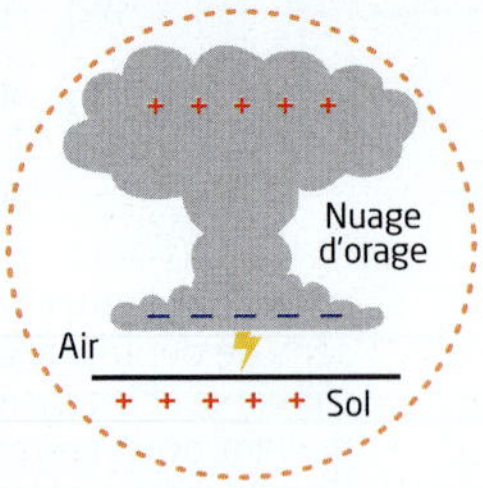

Lorsque la base chargée d'un nuage d'orage chargé arrive à la verticale d'un sol, des charges de signe opposé apparaissent sur le sol.

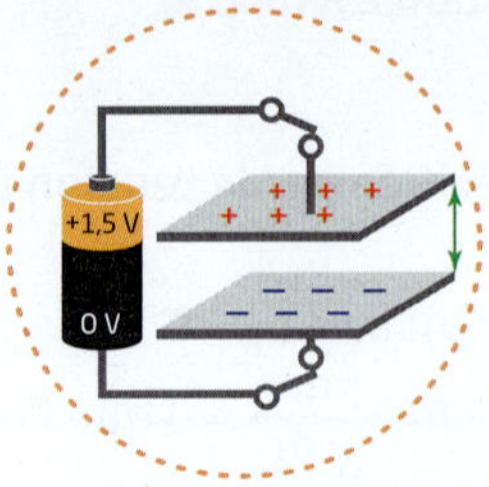

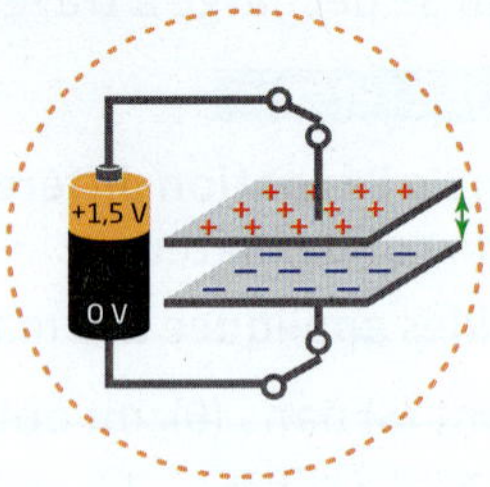

Il en est de même pour deux surfaces conductrices en regard soumises à une tension électrique. Les charges accumulées sur chaque surface dépendent de la géométrie de celles-ci et de la tension qui leur est appliquée.

Modèle du condensateur

$$i = \frac{dq}{dt}$$

$$q = C \times u_c$$

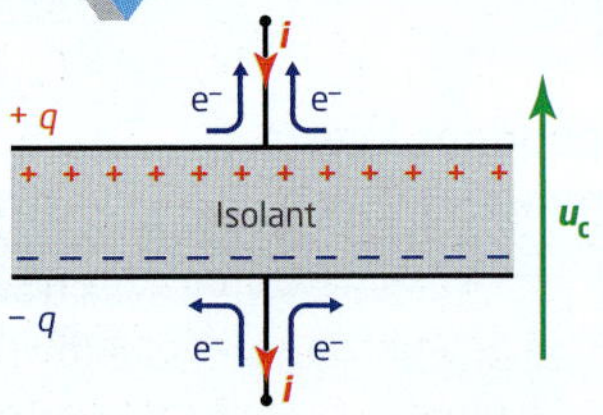

Dans un condensateur, des charges électriques transportées par un courant électrique sont stockées sur les armatures mais ne traversent pas l'isolant : il en résulte l'apparition d'une tension électrique entre les armatures.

Capteurs capacitifs

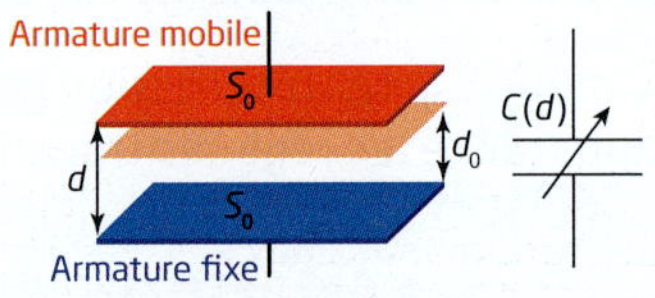

Un capteur capacitif est un condensateur dont la capacité varie en fonction de sa géométrie ou de l'isolant qui le compose, ce qui permet de mesurer des grandeurs physiques comme une position, ...

Réponse d'un dipôle RC série

Charge

Équation différentielle :

$$\frac{du_c}{dt} + \frac{1}{\tau} u_c = \frac{E}{\tau} \quad \text{avec } \tau = RC$$

Solution : $u_c(t) = E\left(1 - e^{-\frac{t}{\tau}}\right)$

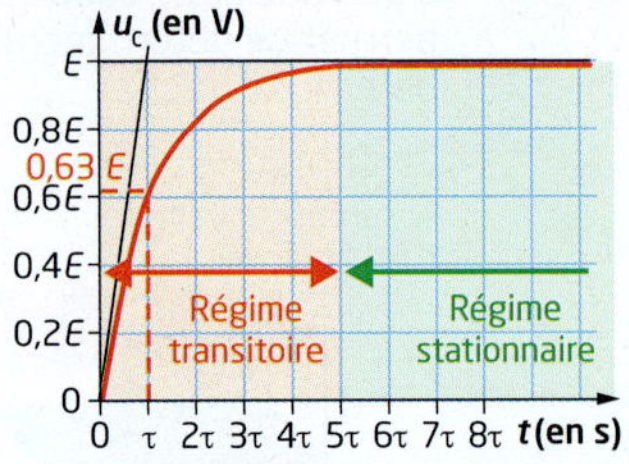

Évolution de la tension aux bornes du condensateur C lors de sa charge à travers une résistance R.

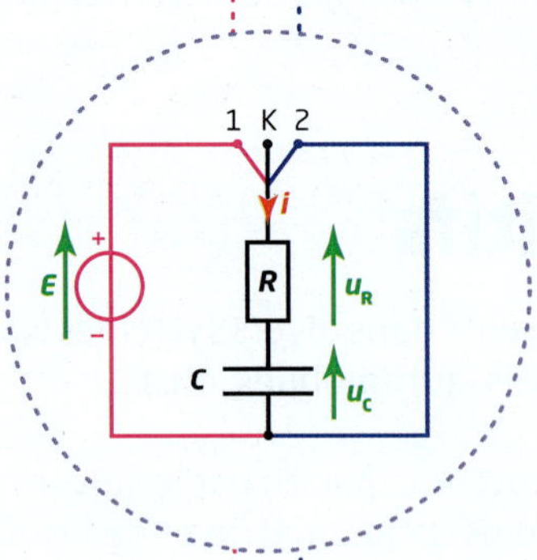

Décharge

Équation différentielle :

$$\frac{du_c}{dt} + \frac{1}{\tau} u_c = 0 \quad \text{avec } \tau = RC$$

Solution : $u_c(t) = Ee^{-\frac{t}{\tau}}$

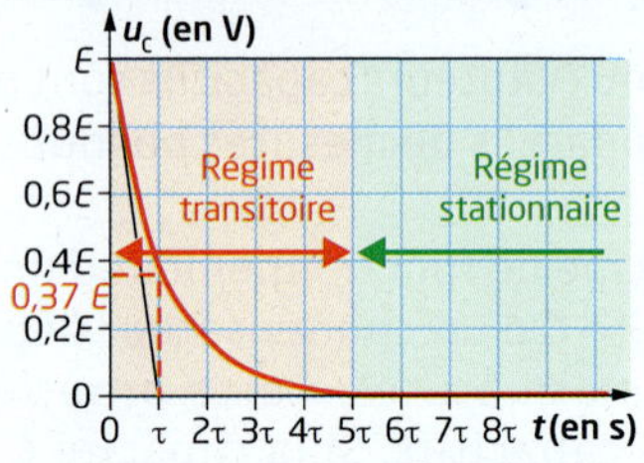

Évolution de la tension aux bornes du condensateur C lors de sa décharge à travers une résistance R.

5 min chrono !

Si vous ne trouvez pas la bonne réponse, reportez-vous au § de la synthèse des activités correspondant pour vous aider.

Indiquer la réponse exacte. EXO QCM interactif

1 **L'intensité *i* d'un courant électrique en régime variable peut s'exprimer :** ▶ §1

a. en V. b. en $C \cdot s^{-1}$. c. sans unité.

2 **La définition de l'intensité du courant électrique en régime variable est :** ▶ §1

a. $i = \frac{Q}{\Delta t}$. b. $i = \frac{dq}{dt}$. c. $i = \frac{q}{t}$.

3 **Un comportement capacitif est caractérisé par l'apparition de charges électriques de signes opposés sur des surfaces :** ▶ §1

a. en contact l'une avec l'autre. b. en regard l'une de l'autre.
c. d'aires nécessairement différentes.

4 **Dans un condensateur, les charges q_A et q_B portées par les deux armatures A et B sont :** ▶ §2

a. égales. b. inversées. c. opposées.

5 **La charge *q* et la tension u_C aux bornes d'un condensateur sont liées par la relation :** ▶ §2

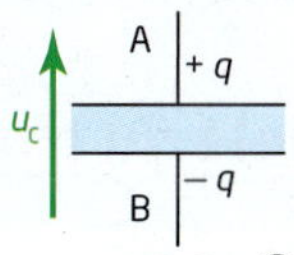

a. $q = \frac{C}{u_C}$. b. $q = \frac{u_C}{C}$. c. $q = C \times u_C$.

6 **L'ordre de grandeur de la capacité d'un condensateur rencontré dans un circuit électronique s'étend de :** ▶ §2

a. 10^{-11} à 10^{-2} F. b. 10^{-2} à 10^{2} F. c. 10^{2} à 10^{11} F.

7 **La durée du régime transitoire lors de la charge d'un condensateur de capacité 2,0 µF à travers une résistance de valeur 10 kΩ est d'environ :** ▶ §3

a. 1 ms. b. 10 ms. c. 100 ms.

8 **Lors de la charge d'un condensateur C, le régime stationnaire est atteint lorsque la tension entre ses bornes :** ▶ §3

a. est constante. b. est nulle. c. varie.

9 **Lors de la décharge d'un condensateur C à travers une résistance R, l'équation différentielle vérifiée par la tension $u_C(t)$ aux bornes du condensateur est :** ▶ §3

a. à coefficient variable et second membre constant.
b. à coefficient constant et second membre non nul.
c. à coefficient constant et second membre nul.

10 **La capacité d'un capteur capacitif dépend de :** ▶ §4

a. sa géométrie uniquement.
b. l'isolant entre les armatures uniquement.
c. sa géométrie et de l'isolant entre les armatures.

Corrigés p. 550

Contrôle technique !

11 Déterminer la capacité d'un condensateur

EXERCICE RÉSOLU

Un condensateur est chargé sous un courant d'intensité constante $I = 2{,}4$ mA grâce à une source idéale de courant. La tension $u_C(t)$ à ses bornes atteint 12 V au bout d'une durée Δt égale à 5,0 s.

• Déterminer la capacité *C* du condensateur.

SOLUTION

$I = \frac{q}{\Delta t}$ donc la charge *q* stockée dans le condensateur vaut $q = I \times \Delta t$ et on a $q = C \times u_C$ soit $C = \frac{q}{u_C} = I \times \frac{\Delta t}{u_C}$.

A.N. : $C = 2{,}4 \times 10^{-3}\ \text{A} \times \frac{5{,}0\ \text{s}}{12\ \text{V}} = 1{,}0 \times 10^{-3}\ \text{F} = 1{,}0\ \text{mF}$.

APPLICATION • Sur le modèle de l'exercice résolu

Déterminer la capacité *C* d'un condensateur dont la tension aux bornes atteint la valeur de 6,0 V au bout d'une durée égale à 100 s lorsqu'il est chargé sous un courant d'intensité constante égale à 13,2 µA.

12 Déterminer un temps caractéristique

EXERCICE RÉSOLU

Lors de la charge d'un condensateur C à travers une résistance R, la tension $u_C(t)$ aux bornes du condensateur atteint 3,0 V au bout d'une durée de 40 ms.

• Déterminer le temps caractéristique τ du dipôle RC.

DONNÉE $u_C(t) = E\left(1 - e^{-\frac{t}{\tau}}\right)$ avec $E = 6{,}0$ V.

SOLUTION

En utilisant la relation précédente : $e^{-\frac{t}{\tau}} = 1 - \frac{u_C(t)}{E}$

soit $-\frac{t}{\tau} = \ln\left(1 - \frac{u_C(t)}{E}\right)$ et donc $\tau = -\frac{t}{\ln\left(1 - \frac{u_C(t)}{E}\right)}$

A.N. : $\tau = -\frac{0{,}040}{\ln\left(1 - \frac{3{,}0\ \text{V}}{6{,}0\ \text{V}}\right)} = 0{,}058$ s.

APPLICATION • Sur le modèle de l'exercice résolu

Déterminer le temps caractéristique τ du dipôle RC sachant que la tension $u_C(t) = 2{,}0$ V aux bornes du condensateur C est atteinte au bout d'une durée de 25 µs lors de la charge sous une tension $E = 6{,}0$ V.

Exercices APPLIQUER

Intensité d'un courant électrique en régime variable

▶ §1 de la synthèse des activités

+ EXERCICES RAPIDES

13 GRAND ORAL Présenter oralement en deux minutes maximum à l'ensemble de la classe la notion de comportement capacitif.

14 Lors de la décharge d'un condensateur, l'intensité $i(t)$ du courant électrique a pour expression $i(t) = 0{,}035 \times e^{-\frac{t}{0{,}040}}$ avec $i(t)$ en A et t en s.
• Calculer la valeur de l'intensité $i(t)$ à la date $t = 0{,}10$ s.

15 Calculer l'intensité d'un courant électrique

L'évolution de la charge d'un condensateur par une source idéale de courant est décrite par la fonction $q(t) = 2{,}3 \times t$ pour t appartenant à l'intervalle [0, 10 s] et $q(t)$ en µC.
• Déterminer la valeur $i(t)$ de l'intensité du courant électrique $i(t)$ aux dates 2,0 s, 5,0 s et 8,0 s. Conclure.

16 Estimer l'intensité d'un courant de charge

Lors de la charge ultrarapide du bus *Watt system* à l'aéroport de Nice, une charge d'environ 200 kC est transférée dans les super condensateurs du bus pendant une durée record de 10 s.

• Estimer l'intensité I du courant électrique supposée constante pendant la charge.

Modèle du condensateur

▶ §2 de la synthèse des activités

+ EXERCICES RAPIDES

17 GRAND ORAL Réaliser un support visuel permettant de présenter oralement en deux minutes maximum à l'ensemble de la classe la relation entre la charge, la tension et la capacité d'un condensateur.

18 La tension aux bornes d'un condensateur de capacité $C = 0{,}47$ µF à une date donnée est $u_C = 5{,}0$ V.
• Calculer la valeur de la charge q stockée dans le condensateur à cette date.

19 Indiquer la plage des ordres de grandeurs des capacités de condensateurs couramment rencontrés dans des circuits électroniques.

20 Calculer une capacité sans calculatrice

La charge stockée dans un condensateur est de 0,24 nC lorsqu'il est chargé sous une tension de 3,0 V.
• Calculer, en pF, la valeur de sa capacité C.

21 Charger un condensateur à courant constant

La charge d'un condensateur se fait avec un générateur de courant délivrant un courant d'intensité constante $I = 0{,}010$ mA. La représentation graphique de l'évolution de la tension u_C aux bornes du condensateur est :

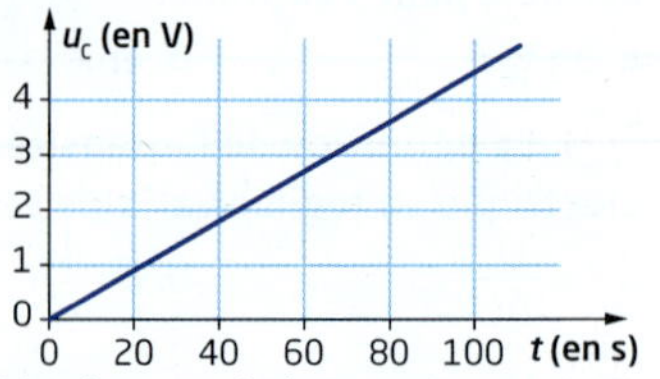

a. Donner l'expression de la charge $q(t)$ stockée dans le condensateur à la date t en fonction de t et de I.

b. En déduire l'expression de la tension $u_C(t)$ en fonction de I, t et de la capacité C du condensateur.

c. Déterminer la valeur de la capacité C du condensateur en µF.

Modèle du circuit *RC* série

▶ §3 de la synthèse des activités

+ EXERCICES RAPIDES

22 GRAND ORAL Réaliser un support visuel permettant de présenter oralement en deux minutes maximum à l'ensemble de la classe, les étapes du raisonnement permettant d'obtenir l'équation différentielle vérifiée par la tension $u_c(t)$ aux bornes d'un condensateur de capacité C lors de sa charge par une source idéale de tension E à travers une résistance R.

23 GRAND ORAL Réaliser un support visuel permettant de présenter oralement en deux minutes maximum à l'ensemble de la classe, les étapes de la résolution de l'équation différentielle vérifiée par la tension $u_c(t)$ aux bornes d'un condensateur de capacité C lors de sa décharge à travers une résistance R :

$$\frac{du_c}{dt} + \frac{1}{\tau} u_c = 0 \text{ avec } \tau = RC \text{ et } u_c(0) = E$$

24 Calculer le temps caractéristique d'un dipôle RC constitué d'un condensateur de capacité $C = 22$ µF et d'une résistance $R = 10$ kΩ.

25 Réaliser une analyse dimensionnelle

Pour un circuit RC série (charge ou décharge) :

a. Définir et exprimer le temps caractéristique du circuit.

b. En utilisant la relation entre charge et tension, la relation entre charge et intensité, ainsi que la loi d'Ohm, vérifier que cette constante est homogène à une durée.

S'AUTOÉVALUER

26 Utiliser le temps caractéristique

Trois expériences ont été réalisées en modifiant les valeurs de R et C d'un dipôle RC :

Expérience	R (en kΩ)	C (en µF)
a	20	15
b	82	6,8
c	39	5,6

Les courbes représentant l'évolution de la tension $u_C(t)$ aux bornes du condensateur sont les suivantes.

• Attribuer à chaque expérience la courbe correspondante en justifiant les choix.

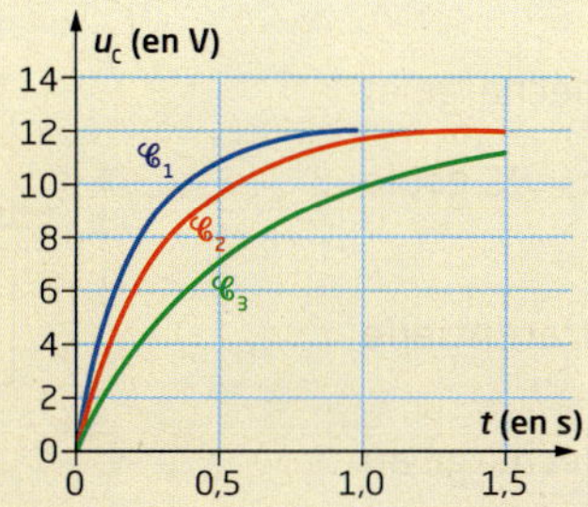

INDICATEURS DE RÉUSSITE — NIVEAU A B C D

	A	B	C	D
CONNAÎTRE				
L'expression du temps caractéristique $\tau = RC$ est connue.				
ANALYSER-RAISONNER				
La lecture graphique permet de classer les temps caractéristiques.				
RÉALISER				
Les calculs des temps caractéristiques théoriques sont correctement effectués.				

27 Apprendre à rédiger

Pour réaliser l'étude théorique de la charge d'un condensateur de capacité C par une source idéale de tension E à travers une résistance R, on considère le circuit schématisé ci-dessus.

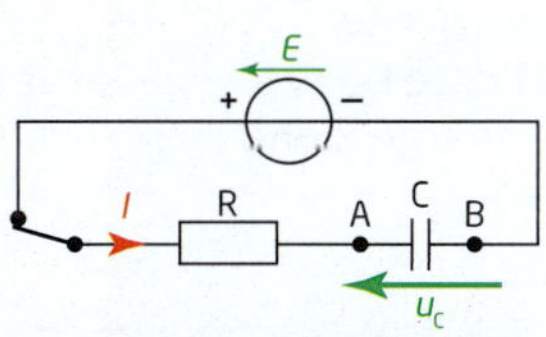

a. Reproduire le schéma du circuit et écrire la loi d'Ohm en prenant soin de représenter la flèche tension associée à la tension u_R.

Aide méthodologique

▶ Orienter la flèche tension aux bornes de R dans le sens opposé à la flèche qui oriente le courant d'intensité i. Noter (2) la relation obtenue.

b. Écrire la loi des mailles.

▶ Représenter sur le schéma du circuit la maille comme étant une boucle fermée orientée suivant le tracé du circuit dans un sens donné, par exemple dans le sens inverse du sens courant. Dans ce cas, pour être dans le sens de la maille, retourner la flèche tension E et lui affecter la valeur $-E$. Noter (1) la relation obtenue.

c. Donner la relation entre l'intensité i du courant électrique et la charge q portée par l'armature A du condensateur ainsi que la relation entre u_C, q et C.

▶ Noter (3) et (4) ces relations.

d. Établir l'équation différentielle vérifiée par u_C.

▶ Utiliser les relations (2), (3) et (4) pour obtenir l'expression de u_R en fonction de R, C et de $\frac{du_C}{dt}$ puis remplacer cette expression dans la relation (1).

28 Résoudre une équation différentielle

Vidéo — Corrigé de l'exercice

On considère l'équation différentielle suivante :

$$\frac{du_C}{dt} + \frac{1}{\tau}u_C = \frac{E}{\tau}$$

À l'instant initial, le condensateur est totalement déchargé.

a. Vérifier que $u_C(t) = Ae^{-\frac{t}{\tau}} + E$ est solution de cette équation différentielle.

b. Déterminer la constante A.

Capteurs capacitifs

▶ §4 de la synthèse des activités

+ EXERCICES RAPIDES

29 GRAND ORAL Réaliser un support visuel permettant de présenter oralement en deux minutes maximum à l'ensemble de la classe, le principe de fonctionnement d'un capteur capacitif à l'aide d'un exemple de capteur couramment utilisé.

30 Citer quatre exemples de systèmes utilisant un capteur capacitif.

31 Construire une carte mentale

• L'étiquette centrale doit s'intituler :

Systèmes électriques capacitifs

• Associer à l'étiquette centrale, par le moyen de votre choix, d'autres étiquettes comprenant au minimum les étiquettes suivantes :

Géométrie | **Condensateur** | **$u_C(t) = E\left(1 - e^{-\frac{t}{\tau}}\right)$** | **Décharge à travers une résistance R** | **Temps caractéristique**

EXO **Exercices supplémentaires**

Exercices APPLIQUER

EXERCICE RÉSOLU ET COMMENTÉ

32 Décharge d'un condensateur

ÉNONCÉ

Une lampe de poche dynamo comporte un super condensateur que l'on charge rapidement en tournant la manivelle. Lorsque le condensateur est complètement chargé, la tension à ses bornes vaut $U_0 = 3{,}6$ V.
On étudie la décharge du condensateur de capacité $C = 1{,}0$ F à travers une résistance $R = 330\ \Omega$. À $t_0 = 0$ s, on ferme l'interrupteur K et la décharge débute.

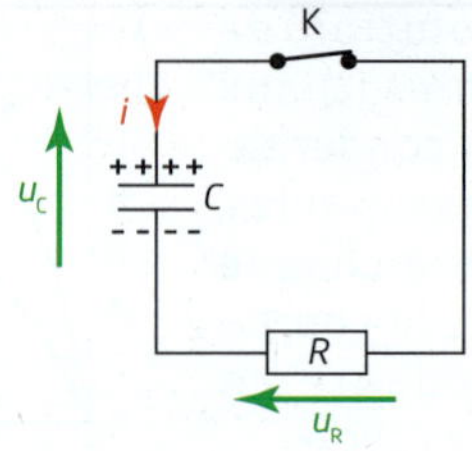

a. Établir l'équation différentielle vérifiée par $u_C(t)$ pendant la décharge et montrer qu'elle peut s'écrire sous la forme $\frac{du_c}{dt} + \frac{1}{\tau}u_c = 0$ où $\tau = RC$ est le temps caractéristique du circuit.

b. Montrer que $u_C(t) = U_0 e^{-\frac{t}{\tau}}$ est la solution de l'équation différentielle précédente.

c. En déduire que le condensateur est presque complètement déchargé au bout d'une durée de l'ordre de 30 min.

UNE SOLUTION

a. • Loi des mailles appliquée au circuit série: $u_C + u_R = 0$ (1)
• Loi d'Ohm aux bornes de R: $u_R = R \times i$ (2)
• Relation entre intensité et charge: $i = \frac{dq}{dt}$ (3)
• Relation entre charge et tension: $q = C \times u_C$ (4)

En combinant les expressions (2), (3) et (4) pour exprimer u_R en fonction de u_c, on obtient:

$$u_R = R \times i = R \times \frac{dq}{dt} = R \times \frac{d(C \times u_C)}{dt} = RC \times \frac{du_C}{dt} \quad (5)$$

En remplaçant (5) dans (1), on obtient: $u_C + RC \times \frac{du_C}{dt} = 0$ que l'on peut écrire sous la forme: $\frac{du_c}{dt} + \frac{1}{\tau}u_c = 0$ avec $\tau = RC$.

b. L'ensemble des solutions de cette équation différentielle est: $u_C(t) = Ae^{-\frac{t}{\tau}}$.
La constante A se détermine à l'aide des conditions initiales: À la date $t_0 = 0$ s, le condensateur est chargé sous la tension U_0 atteinte après la charge, donc $u_C(0) = U_0$, soit $u_C(0) = Ae^0 = U_0$ d'où $A = U_0$.
La solution particulière du problème est donc: $u_C(t) = U_0 e^{-\frac{t}{\tau}}$.

c. La charge q du condensateur est proportionnelle à la tension u_C, donc le condensateur est déchargé lorsque u_C devient négligeable devant U_0.
$\tau = RC = 330\ \Omega \times 1{,}0\ \text{F} = 3{,}3 \times 10^2$ s. À la date $t_1 = 30$ min:
$u_C(t_1) = 3{,}6 \times e^{\frac{-30 \times 60}{3{,}3 \times 10^2}} = 0{,}015$ V : 0,015 V est bien négligeable devant $u_C(0) = 3{,}6$ V.

CONNAÎTRE
Les étapes à retenir pour établir l'équation différentielle sont:
1. Utiliser la loi des mailles et les relations entre les différentes grandeurs physiques;
2. Obtenir une relation entre u_C et $\frac{du_C}{dt}$;
3. Réduire l'équation à une forme dont on connaît la solution générale.

RÉALISER
La méthode de détermination de la solution particulière consiste à utiliser la valeur de la tension $u_C(0)$ à la date 0 s pour trouver la valeur de la constante A de la solution générale.

ANALYSER-RAISONNER
Utiliser la relation $q = C \times u_C$ et l'expression du temps caractéristique.

APPLICATION Sur le modèle de l'exercice résolu

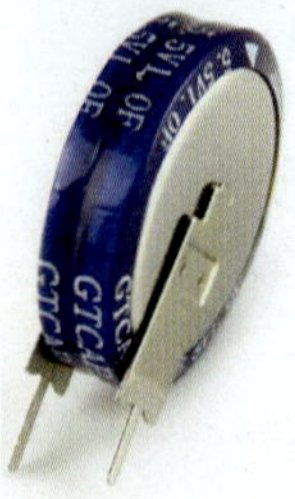

33 Charge d'un condensateur

Le condensateur de capacité $C = 1{,}0$ F d'une lampe de poche dynamo se charge par l'intermédiaire d'un générateur réel, de résistance interne $r = 6\ \Omega$, que l'on actionne avec une manivelle. Lorsqu'il tourne à vitesse suffisamment élevée, ce générateur produit une tension à vide constante $U_0 = 3{,}6$ V.

a. Établir l'équation différentielle vérifiée par $u_C(t)$ pendant la charge et montrer qu'elle peut s'écrire sous la forme $\frac{du_c}{dt} + \frac{1}{\tau}u_c = \frac{U_0}{\tau}$ où $\tau = rC$ est le temps caractéristique du circuit.

b. Montrer que $u_C(t) = U_0\left(1 - e^{-\frac{t}{\tau}}\right)$ est la solution de l'équation différentielle précédente.

EXERCICE RÉSOLU ET COMMENTÉ

34 Étudier la charge d'un condensateur pour déterminer sa capacité

ÉNONCÉ

Un binôme d'élèves souhaite mesurer la valeur maximale de la capacité C d'un condensateur ajustable.
Le condensateur est associé en série avec une résistance $R = 1{,}0\ \text{M}\Omega$, un interrupteur et un générateur de tension continue $E = 5{,}0$ V avec acquisition informatisée de données.
Lors de la charge du condensateur, les élèves obtiennent le résultat ci-contre.

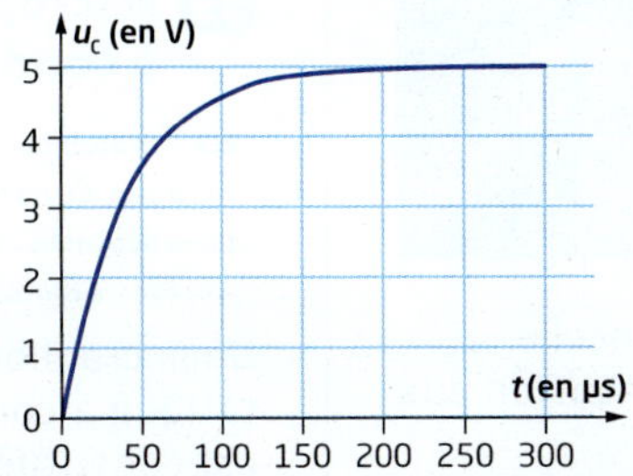

Condensateur ajustable, utilisé dans le domaine des récepteurs radio.

a. Déterminer par deux méthodes différentes la valeur du temps caractéristique τ du dipôle RC.

b. En déduire la valeur maximale de la capacité C du condensateur réglable et commenter le résultat.

UNE SOLUTION

a. Par lecture graphique, la valeur de la tension est 5,0 V en fin de charge.

• **Méthode 1 :** le temps caractéristique τ est obtenu pour :
$0{,}63 \times 5{,}0\ \text{V} = 3{,}2\ \text{V}$, soit $\tau = 40\ \mu\text{s}$.

• **Méthode 2 :** le tracé de la tangente à l'origine et l'intersection avec l'asymptote $u_{C\max} = 5{,}0$ V a pour abscisse $\tau = 40\ \mu\text{s}$.

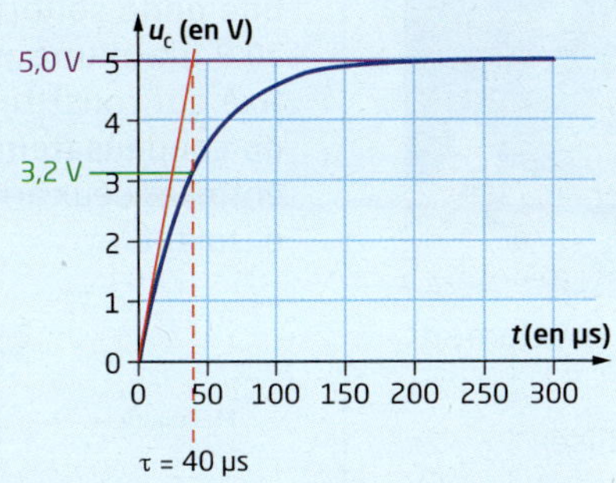

b. D'après ce qui précède, on a $\tau = 40\ \mu\text{s}$. Or, $\tau = R \times C$, on en déduit que $C = \dfrac{\tau}{R}$.

A.N. : $C = \dfrac{\tau}{R} = \dfrac{40 \times 10^{-6}\ \text{s}}{1{,}0 \times 10^{6}\ \Omega} = 40 \times 10^{-12}\ \text{F} = 40\ \text{pF}$: la capacité de ce type de condensateur est très faible.

CONNAÎTRE
Les deux méthodes graphiques de détermination du temps caractéristique doivent être connues.

RÉALISER
Quelle que soit la méthode utilisée, il faut déterminer graphiquement la valeur de la tension en fin de charge en traçant correctement la tangente à l'origine (méthode 2) ou en plaçant correctement la valeur $0{,}63 \times E$ sur l'axe de la tension u_C (méthode 1).

ANALYSER-RAISONNER
La mesure du temps caractéristique τ permet de déterminer la valeur de la capacité C connaissant la résistance R du dipôle RC.

APPLICATION Sur le modèle de l'exercice résolu

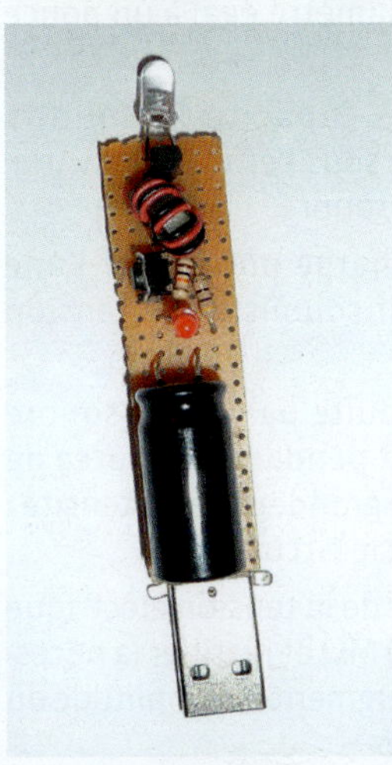

35 Étudier la charge d'un condensateur par des mesures manuelles

Un étudiant en physique a récupéré plusieurs supercondensateurs sur une visseuse électrique à charge rapide défectueuse. Il cherche à savoir si l'un des condensateurs est encore utilisable pour réaliser une lampe USB expérimentale et si oui, quelle est la valeur de sa capacité C.
L'étudiant ne dispose que d'un simple multimètre, une pile de 4,5 V, une résistance de 100 Ω et du fil de cuivre pour réaliser un circuit et mesurer l'évolution de la tension u_C aux bornes du condensateur au cours du temps durant sa charge.
Il obtient le tableau de mesures suivant :

t (en s)	0	30	60	90	120	150	180	250	350	500	800	1 100	1 500
u_C (en V)	0	0,82	1,48	2,02	2,49	2,84	3,14	3,64	4,07	4,34	4,48	4,50	4,50

a. Réaliser le schéma électrique du circuit utilisé par l'étudiant.

b. Justifier que le composant se comporte bien comme un condensateur.

c. Donner deux méthodes utilisables pour déterminer la valeur de la capacité C de ce condensateur.

d. Mettre en œuvre l'une des méthodes graphiques pour déterminer C.

36 Machine de Wimshurst

RÉA Utiliser un modèle • Mettre en œuvre les étapes d'une démarche • Effectuer des procédures courantes

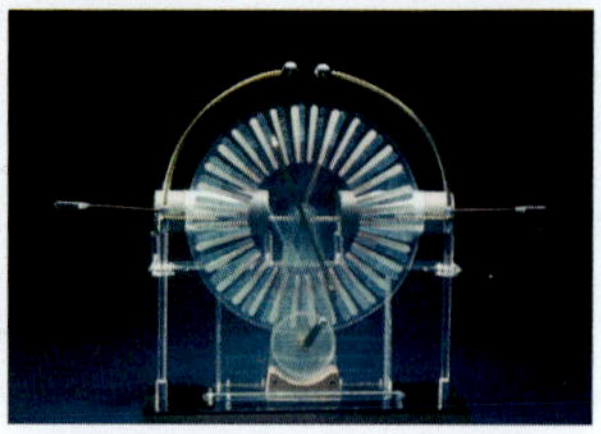

La machine de Wimshurst se comporte comme un condensateur de capacité de l'ordre de 200 pF. Lorsque sa charge électrique est de l'ordre de 2 μC et que l'écartement entre les boules de l'éclateur est d'environ 1 cm, il se produit une étincelle.

• Calculer, en V, l'ordre de grandeur de la tension aux bornes de l'éclateur juste avant l'étincelle.

37 Défibrillateur cardiaque

APP Mobiliser ses connaissances RÉA Mettre en œuvre les étapes d'une démarche • Effectuer des procédures courantes (calculs)

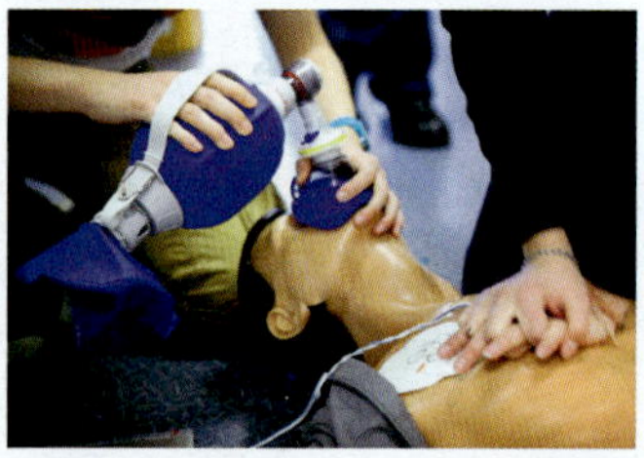

La tension aux bornes d'un condensateur dans un défibrillateur cardiaque est de 1,5 kV. Lors du choc électrique produit sur le thorax du patient, la charge transférée est 0,30 C. On supposera que le condensateur est totalement déchargé après ce choc.

a. Calculer la capacité C du condensateur utilisé.

b. Sachant que le thorax peut être modélisé par un conducteur ohmique de résistance $R = 75\ \Omega$, estimer la durée du choc.

38 In English please

APP Rechercher et organiser l'information

DOCUMENT Capacitive Sensing Application

Capacitive sensing has recently become a common feature in advanced consumer electronics devices, although capacitive sensors have been used for decades in a variety of applications for positions, humidity, fluid level, manufacturing quality control, and acceleration.

Capacitive sensing works by detecting a change in the capacitance of the local environment through a change in the *dielectric*, a change in the distance between the plates of the capacitor, or a change in the area of a capacitor.

D'après lifewire.com

a. Give the different applications of capacitive sensing mentioned in the text.

b. List the three parameters that cause a change in the capacitance of the capacitor used in capacitive sensing.

39 Microphone électrostatique à condensateur

RÉA Utiliser un modèle • Mettre en œuvre les étapes d'une démarche • Effectuer des procédures courantes (calculs)

Un microphone électrostatique à condensateur est constitué d'une très fine membrane métallique ou de mylar métallisée qui constitue l'une des armatures d'un condensateur. Cette membrane peut se déplacer sous l'effet des variations de la pression acoustique engendrée par une onde sonore. Elle est située à 20,0 μm d'une plaque métallique fixe qui constitue l'autre armature du condensateur. L'air emprisonné entre les deux armatures joue le rôle d'isolant.

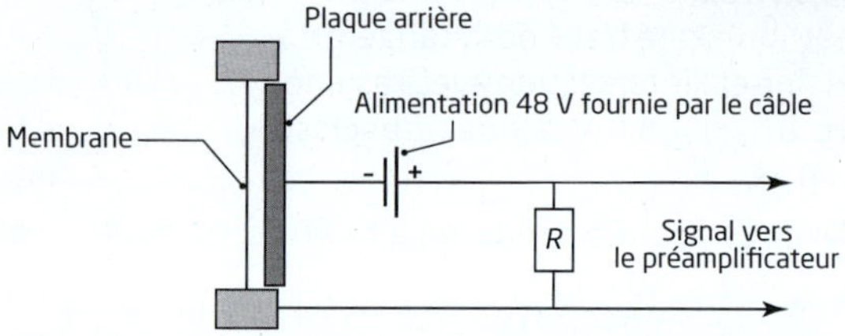

L'expression de la capacité C du condensateur constitué des deux armatures, séparées d'une distance e et dont les surfaces en regard ont chacune une aire S, est :

$$C = \frac{kS}{e} \text{ avec } k = 8{,}85 \times 10^{-12}\ \text{F} \cdot \text{m}^{-1}$$

a. Vérifier que la capacité C du condensateur est égale à 224 pF pour des armatures de diamètre égal à un pouce soit à 2,54 cm.

b. Déterminer la variation de capacité lorsque la membrane s'enfonce de 0,01 μm sous l'effet d'une variation de pression due à une onde sonore.

c. En déduire la variation de charge portée par l'une des armatures du condensateur soumis à une tension constante $E = 48$ V.

d. La variation de pression produite par l'onde sonore émise par le chanteur se produit pendant une durée de l'ordre de 2 ms. Estimer l'ordre de grandeur de l'intensité i du courant électrique traversant le circuit.

e. En déduire l'ordre de grandeur de la tension électrique aux bornes de la résistance $R = 10$ MΩ et justifier la nécessité d'un préamplificateur pour augmenter l'amplitude du signal produit par le microphone.

40 Temporisation d'une alarme

APP Représenter la situation par un schéma **RÉA** Utiliser un modèle
VAL Interpréter des résultats

Après avoir mis sous tension l'alarme d'un appartement, il faut pouvoir disposer d'une durée suffisante pour sortir sans la déclencher. Pour cela, certains dispositifs utilisent la charge et la décharge d'un condensateur. Le circuit de l'alarme est alimenté par une batterie de tension à vide E et de résistance interne négligeable.
Le schéma simplifié du circuit électrique de l'alarme est le suivant :

DONNÉES
- $R = 47$ kΩ.
- $C = 1{,}1$ mF.
- $E = 9{,}0$ V.

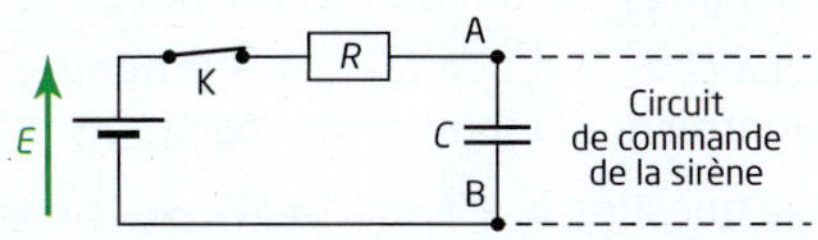

La mise sous tension de l'alarme correspond à la fermeture de l'interrupteur K. Le circuit de commande de la sirène est tel qu'à la fermeture de la porte de l'appartement, le condensateur est mis en court-circuit (ses armatures sont alors reliées par un fil conducteur non représenté sur le schéma).

1. Étude de la charge du condensateur dans le circuit RC

Pour étudier la charge du condensateur de capacité C, on enregistre l'évolution de la tension $u_{AB} = f(t)$ entre ses bornes à l'aide d'une interface d'acquisition reliée à un ordinateur. Le circuit de commande de la sirène n'est pas relié au condensateur lors de cette expérience. L'acquisition commence lors de la fermeture de l'interrupteur K, le condensateur étant préalablement déchargé. La courbe $u_{AB} = f(t)$ obtenue est représentée ci-dessous.

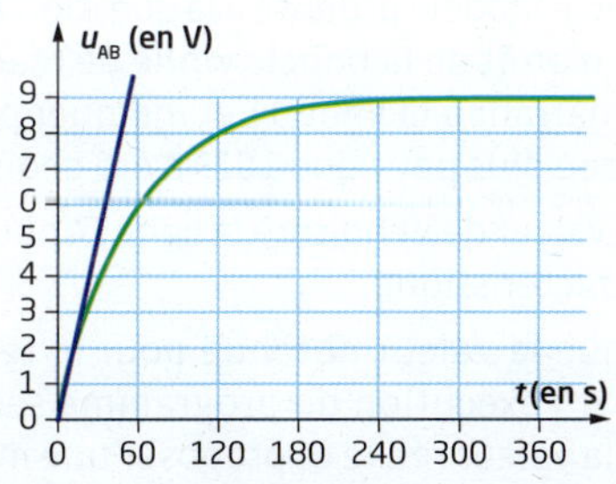

a. Reproduire le schéma du montage et indiquer les branchements de l'interface pour visualiser $u_{AB} = f(t)$.

b. Déterminer la valeur du temps caractéristique τ de ce circuit et vérifier que cette valeur est en accord avec les caractéristiques du circuit.

2. Déclenchement de l'alarme

Ce circuit commande une sirène qui se déclenche dès que la tension aux bornes du condensateur atteint la valeur de 8,0 V.

a. À l'aide de la courbe $u_{AB} = f(t)$ donnée, déterminer la durée Δt dont dispose l'habitant pour quitter l'appartement et fermer la porte.

b. Expliquer pourquoi le fait de fermer la porte empêche l'alarme de se déclencher.

41 ✱ Retour sur l'ouverture du chapitre

APP Rechercher et organiser l'information
RÉA Effectuer des procédures courantes (calculs) • Mettre en œuvre les étapes d'une démarche
VAL Interpréter des résultats

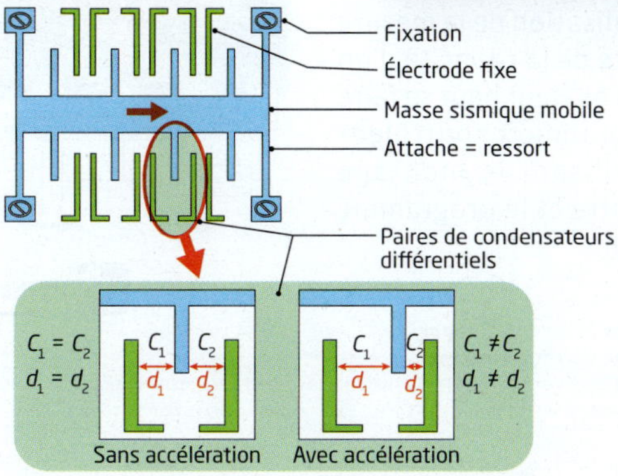

Dans un accéléromètre, l'accélération est mesurée par la différence ΔC de capacité entre les dents voisines des deux peignes, telle que :

$$\Delta C = n \times (C_1 - C_2) = n\left(\frac{\varepsilon_0 S}{d_1} - \frac{\varepsilon_0 S}{d_2}\right) = n\varepsilon_0 S\left(\frac{1}{d_1} - \frac{1}{d_2}\right)$$

Avec n le nombre de « dents » ;
$\varepsilon_0 = 8{,}85 \times 10^{-12}$ F·m^{-1} : permittivité du vide ;
$S = 2{,}25 \times 10^{-8}$ m^2 : aire de la surface des peignes en regard ;
d_1 : distance entre les armatures de la capacité C_1 ;
d_2 : distance entre les armatures de la capacité C_2 ;
Lorsque les peignes sont centrés l'un par rapport à l'autre : $d_1 = d_2 = d = 5{,}0$ µm.

a. Déterminer la variation de capacité lorsque la masse sismique mobile se déplace d'une distance égale à $x = 3{,}0$ µm vers la droite par rapport à sa position d'équilibre et sachant que le nombre de dents vaut $n = 50$.

b. Le montage électrique pour une cellule élémentaire de l'accéléromètre correspond au schéma suivant :

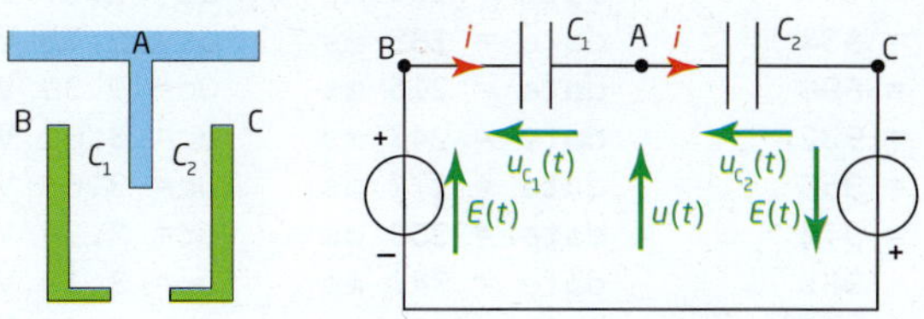

Les condensateurs ayant une armature commune :

$$q_1(t) = q_2(t) = q(t)$$

En utilisant la loi des mailles et la relation $q = C \times u_C$, montrer que l'on a :

$$q(t) = C_1 \times (E(t) - u(t)) \text{ et } q(t) = C_2 \times (E(t) + u(t))$$

c. En déduire que $u(t) = \left(\frac{C_1 - C_2}{C_2 + C_1}\right) \times E(t)$.

d. Montrer que l'on a $u(t) = \frac{x}{d}E(t)$ et justifier que le système de peigne MEMS peut aussi être utilisé comme un capteur de déplacement de haute précision.

42 ✱✱ Fabriquer un capacimètre avec un microcontrôleur

APP Réaliser un schéma de la situation
ANA Formuler des hypothèses
RÉA Mettre en œuvre les étapes d'une démarche • Utiliser un modèle
VAL Interpréter des résultats

La réalisation de la mesure directe de la capacité d'un condensateur peut se faire avec un microcontrôleur en utilisant le montage ci-contre et le programme suivant.

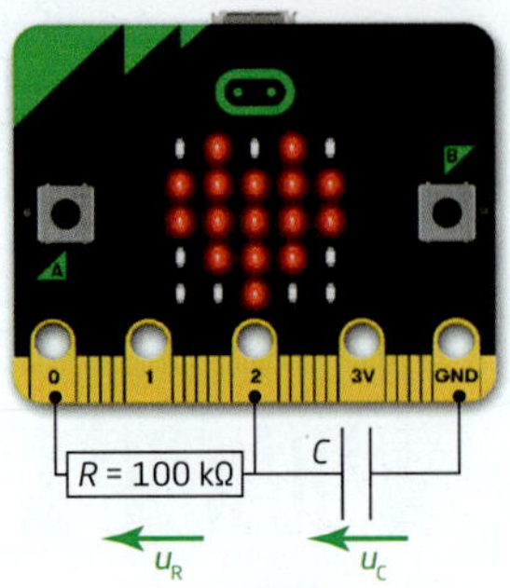

Python

```
1  from microbit import* #import bibliothèque micro:bit
2  #Définition des variables
3  x=0    #variable tension numérisée proportionnelle à uc(t)
4  tau=0 #inititialisation du temps caractéristique à 0
5
6  pin0.write_digital(0) #décharge condensateur C broche0
7  sleep(8000)            #temps décharge totale en ms
8  print('Charge condensateur E=3,30 V R=100 kOhms')
9  pin0.write_digital(1) #charge de C sous E et R broche0
10 t0=running_time()     #date de début de la charge
11 while x<1016:          #condition d'arrêt des mesures
12     x=pin2.read_analog()      #mesure de x broche2
13     date=running_time()-t0 #mesure de la date courante
14     if x<647:
15         tau=date
16     uc=round(x*3.3/1023,2)
17     print('x =',x,' \t date =',date,'ms\t    uc=',uc,'V')
18     sleep(25)              #temporisation de 25 ms
19 print('Resultats: tau =',round(int(tau)),'ms',end='')
20 print(', C =',round(tau/100,2),'microFarads')
```

Des mesures sont réalisées avec un condensateur électrochimique étiqueté 1,0 µF et l'exécution du code produit les résultats suivants :

```
>>> Charge condensateur E=3,30 V R=100 kOhms
x = 19          date = 1 ms       uc= 0.06 V
x = 286         date = 32 ms      uc= 0.92 V
x = 470         date = 62 ms      uc= 1.52 V
x = 608         date = 92 ms      uc= 1.96 V
x = 725         date = 125 ms     uc= 2.34 V
x = 797         date = 155 ms     uc= 2.57 V
x = 854         date = 185 ms     uc= 2.75 V
x = 896         date = 215 ms     uc= 2.89 V
x = 932         date = 247 ms     uc= 3.01 V
x = 956         date = 277 ms     uc= 3.08 V
x = 974         date = 307 ms     uc= 3.14 V
x = 989         date = 340 ms     uc= 3.19 V
x = 1000        date = 370 ms     uc= 3.23 V
x = 1007        date = 400 ms     uc= 3.25 V
x = 1014        date = 430 ms     uc= 3.27 V
x = 1019        date = 462 ms     uc= 3.29 V
Resultats: tau = 92 ms, C = 0.92 microFarads
```

Après avoir été déchargé, le condensateur est chargé sous une tension $E = 3{,}30$ V produite par le microcontrôleur entre la broche 0 et la masse GND. La numérisation de la tension u_C, entre la broche 2 et la masse GND, produit une variable numérique x dont la valeur est comprise entre 0 pour une tension $u_C = 0$ V et 1023 pour une tension $u_C = 3{,}30$ V.

1. Étude théorique du fonctionnement électrique du montage

On modélise le microcontrôleur comme un générateur entre les broches 0 et masse GND capable d'être dans deux états :
- état 1 : tension nulle, la broche 0 et la masse GND sont reliées électriquement ensemble ;
- état 2 : source idéale de tension $E = 3{,}30$ V.

a. Proposer un schéma du montage électrique pouvant modéliser la charge du condensateur (état 2).

b. Établir l'équation différentielle de l'évolution de la tension u_C en fonction du temps lors de la charge.

c. La charge du condensateur débute à la date $t = 0$ s. Montrer que la solution de l'équation différentielle établie à la question **b.** est : $u_C(t) = E\left(1 - e^{-\frac{t}{\tau}}\right)$ avec $\tau = RC$.

2. Exploitation des mesures avec un tableur-grapheur

a. À l'aide d'un tableur-grapheur, représenter l'évolution de la tension u_C en fonction du temps.

b. En utilisant les fonctionnalités du tableur-grapheur, montrer que l'évolution de la fonction $u_C = f(t)$ est bien décrite par un modèle du type : $u_C(t) = E\left(1 - e^{-\frac{t}{\tau}}\right)$.

c. Déterminer le temps caractéristique τ et en déduire la valeur de la capacité du condensateur.

d. Comparer les résultats avec les valeurs obtenues par l'exécution du code source Python et formuler des hypothèses pour expliquer les différences observées.

3. Analyse de l'algorithme de mesure

La fonction **running_time()** renvoie le temps écoulé en ms depuis le démarrage du microcontrôleur.

a. En utilisant le modèle proposé à la question **1.c.**, justifier la condition d'arrêt de la boucle **while** de réalisation des mesures démarrant à la ligne 11 et indiquer pourquoi un nombre un peu plus petit que 1023 a été choisi.

b. Justifier la valeur de x choisie à la ligne 14 pour la mesure du temps caractéristique.

c. Montrer que la valeur obtenue pour le temps caractéristique par l'exécution du programme sera toujours inférieure à la valeur réelle et proposer une modification possible du code source pour obtenir un résultat plus proche de la valeur réelle du temps caractéristique.

MÉTIERS ET ORIENTATION — GRAND ORAL

Un(e) **ingénieur(e) en électronique** peut travailler dans des secteurs très variés : informatique, télécommunications, aéronautique, automobile, etc.
Formation : Bac + 5 pour obtenir un diplôme d'ingénieur ou un master 3EA (électronique, énergie électrique, automatique).

• Préparer une présentation orale de trois minutes maximum sur un projet de poursuite d'études et/ou professionnel dans ce domaine (→ **Fiche Bac p. 513**).

43 ✱✱ Détecteur de pluie capacitif et écran tactile

APP Réaliser un schéma de la situation **RÉA** Effectuer des procédures courantes • Mettre en œuvre les étapes d'une démarche **VAL** Interpréter des résultats

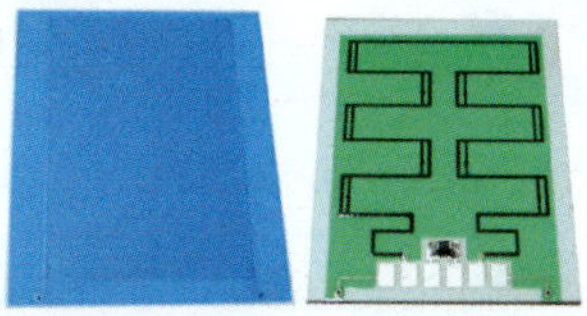

FACE A = capteur de pluie capacitif. FACE B = Chauffage + thermistance

Les détecteurs de pluie capacitifs sont utilisés dans de nombreuses applications. Le principe de fonctionnement de ce capteur repose sur la variation de la capacité d'un condensateur en fonction du taux d'humidité relative de l'air (degré d'hygrométrie).
La présence d'un dispositif de chauffage intégré permet de maintenir le capteur sec en vaporisant les faibles quantités d'eau présentes sur sa surface. Ceci évite les erreurs de communications dues au brouillard ou à des phénomènes de condensation (rosée du matin).

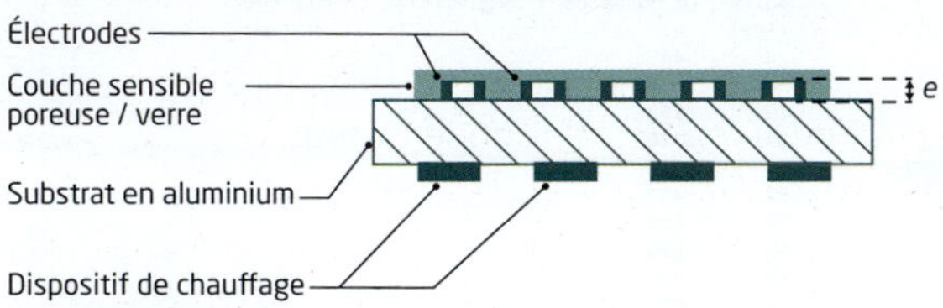

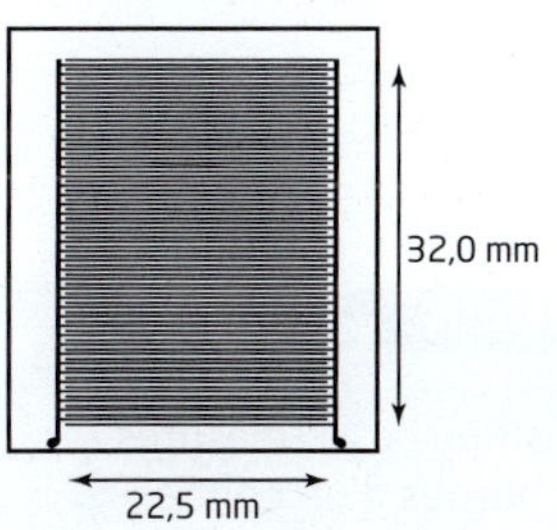

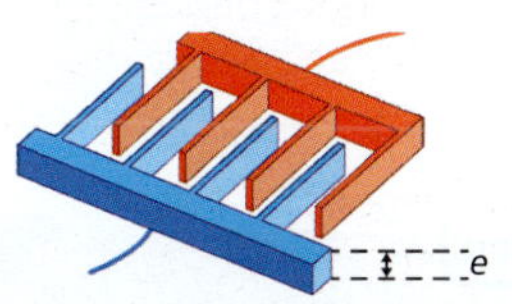

1. Modélisation du capteur

a. Réaliser un schéma explicatif permettant de justifier que ce capteur puisse se modéliser par l'association de condensateurs en dérivation.

b. La cellule capacitive est assimilée à une association de 80 condensateurs en dérivation dont les capacités s'ajoutent. Lorsque le capteur est en air sec à 0 % d'humidité relative, la capacité totale de l'ensemble vaut $C_{tot} = 100$ pF. La distance d entre les armatures vaut 0,1 mm et chaque condensateur est assimilable à un condensateur plan dont la capacité est donnée par l'expression $C = \frac{k \times S}{d}$ avec $k = 4{,}4 \times 10^{-11}$ SI et S l'aire de la surface des armatures en regard l'une de l'autre.
Évaluer l'épaisseur e des armatures d'un condensateur de la cellule capacitive, de dimensions 22,5 mm par 32,0 mm.

2. Évolution théorique lors de la charge

a. Lorsque le dispositif de chauffage n'est pas en fonction, la capacité du capteur de pluie capacitif maintenant désigné par condensateur varie en fonction du taux d'humidité relative de l'air. Pour mesurer la capacité du condensateur, on le charge avec un générateur idéal de tension $E = 5{,}0$ V à travers une résistance $R = 10{,}0$ kΩ. Proposer le schéma d'un montage pour réaliser l'expérience.

b. Établir l'équation différentielle de l'évolution de la tension $u_C(t)$ aux bornes du condensateur en fonction du temps et établir l'expression de sa solution en supposant que le condensateur est déchargé au début de la charge.

c. Tracer l'allure théorique du graphe de la tension $u_C(t)$ aux bornes du condensateur en fonction du temps pour la valeur $C_{TOT} = 100$ pF du condensateur correspondant à un taux d'humidité relative de 0 %.

3. Exploitation des résultats

a. L'expérience décrite précédemment permet d'obtenir l'enregistrement ci-contre.

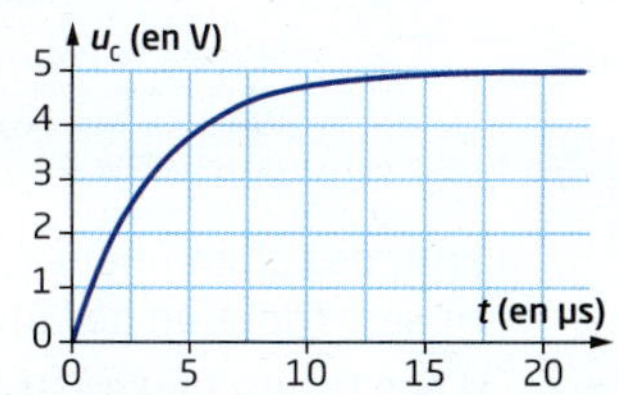

À l'aide du tableau suivant, estimer le taux d'humidité relative régnant dans la salle au moment de l'expérience.

Capacité (en pF)	100	180	280	390	> 550
Taux d'humidité relative (en %)	0	25	40	50	100

b. Le détecteur de pluie est aussi équipé d'un capteur de température. Le phénomène de rosée apparaît lorsque la température diminue et lorsque le taux d'humidité relative atteint 100 %. Le programme du microcontrôleur calcule le taux d'humidité à partir de la détermination du temps caractéristique au cours d'un cycle de charge. Indiquer comment le programme de gestion du capteur doit gérer l'élément chauffant pour différencier la pluie continue de la rosée qui pourrait se déposer sur le capteur.

4. Détecteur de pluie et écran tactile

La technologie du capteur précédent est utilisée dans les écrans tactiles : le capteur capacitif est constitué d'un réseau bidimensionnel de fils très fins, invisibles à l'œil nu et intégrés dans le feuilletage de l'écran tactile.

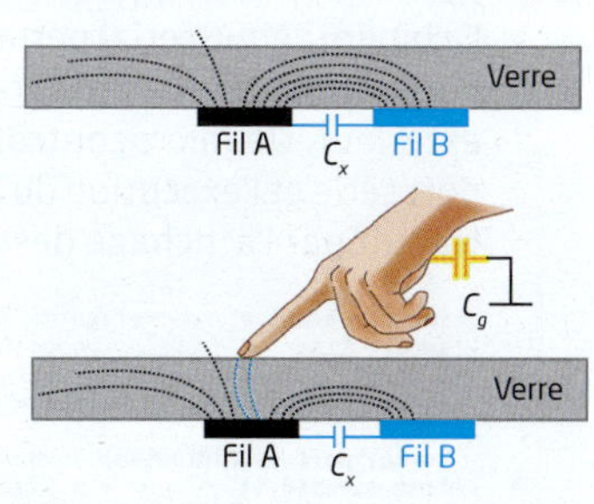

À l'approche d'une couche d'eau ou d'un milieu conducteur comme un doigt, les lignes du champ électrique sont modifiées, ce qui provoque une modification de capacité locale entre fils voisins qui est alors détectée par un microcontrôleur et convertie en une indication de position sur l'écran.
Préciser comment varie le champ électrique entre les deux fils A et B lorsque le doigt touche l'écran et en déduire comment varie la capacité C_x du condensateur entre A et B.

44 Réaliser une communication avec un microcontrôleur pour effectuer des mesures

Un élève doit acquérir des données à l'aide d'un microcontrôleur pour déterminer le temps caractéristique d'un dipôle RC et comparer le résultat qui s'en déduit à une valeur de référence.

RESSOURCES
- Programmes Python

ÉTAPE 1 Réaliser une communication avec un microcontrôleur via le port USB et un IDE spécifique au microcontrôleur

Python

Pour des phénomènes statiques ou lents, le programme d'acquisition de données peut être rudimentaire avec déclenchement et arrêt manuel.
La lecture des données écrites dans le port série se fait à l'aide du terminal « Moniteur série » de l'IDE Arduino.

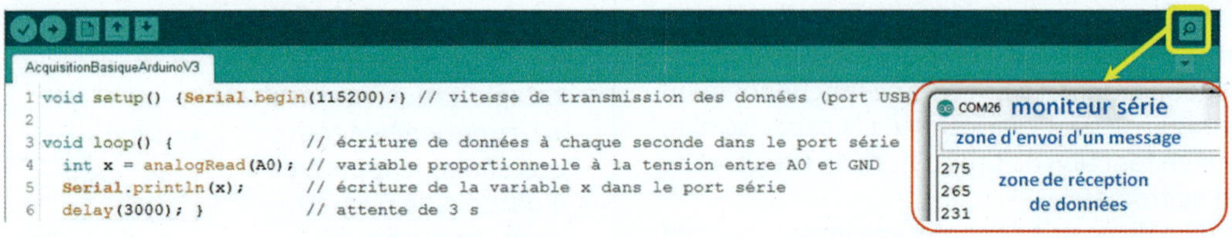

Pour des phénomènes plus rapides comme la charge d'un condensateur, le nombre de données N à acquérir sera fonction de l'intervalle de temps Δt pendant lequel on souhaite faire l'acquisition et de la période d'échantillonnage T : $T = \frac{\Delta t}{N}$.

```
from microbit import* # import bibliothèque micro:bit
N=int(input("Entrer le nombre de mesures voulu: "))
duree=int(input("Entrer la duree de l'acquisition en ms: "))

pin0.write_digital(0) # décharge condensateur C broche 0
sleep(3000)           # temps décharge totale en ms
pin0.write_digital(1) # charge de C sous E et R broche 0
print('t(ms)\t x')    # formatage texte affichage des résultats
t0=running_time()     # date de début de la charge
for i in range (N):         # boucle pour N mesures
    x=pin2.read_analog()    # mesure de x broche2
    date=running_time()-t0  # mesure de la date courante
    print(date,"\t",x)      # écriture des données moniteur REPL
    sleep((duree/N+1)-2.5)  # temporisation entre deux mesures
```

```
>>> Entrer le nombre de mesures voulu: 50
Entrer la duree de l'acquisition en ms: 600
t(ms)   x
2       44
14      158
26      252
38      336
50      411
62      477
74      536
86      589
98      636
110     677
122     715
134     748
```

▲ Exemple avec un microcontrôleur de type **Microbit**

ÉTAPE 2 Réaliser une communication avec un microcontrôleur via le port USB et un IDE Python

Python

La bibliothèque **serial** permet la communication entre l'ordinateur exécutant un programme Python et un périphérique extérieur. Un microcontrôleur envoie des données dans le port série et l'exécution du programme Python ci-dessous se traduit par l'affichage des valeurs dans la console.

```
import serial # importation de la bibliothèque serial
import time   # importation de la bibliothèque time
# définition d'un objet port série
serial_port=serial.Serial(port="COM26",baudrate=115200)

serial_port.setDTR(False) # réinitialisation port serie
time.sleep(0.1)           # pause de 0,1 s
serial_port.setDTR(True)  # établissement de la connexion
serial_port.flushInput()  # vidage des données du buffer

for i in range (10): # réception données ligne par ligne
    l=serial_port.readline() # lecture de la ligne
    valeur=int(chr(l[0])+chr(l[1])+chr(l[2])+chr(l[3]))
    print(valeur)    # affichage de la valeur récupérée
serial_port.close()  # fermeture du port série
```

```
runfile('C:/
testCom2.py',
wdir='C:')
410
360
337
328
324
330
311
303
309
317

In [4]:
```

Questions

1 Réaliser l'acquisition de 200 mesures de la tension aux bornes d'un condensateur lors de sa charge puis représenter le graphe $u_C = f(t)$ à l'aide d'un tableur-grapheur.

2 Réaliser 1 000 mesures de la valeur de la capacité d'un condensateur pour tracer l'histogramme de la série des mesures, en évaluer la moyenne $\overline{C}$ et son incertitude associée $u(\overline{C})$.
Utiliser le quotient $\frac{|\overline{C} - C_{ref}|}{u(\overline{C})}$ pour comparer le résultat de la mesure à la valeur d'étiquetage C_{ref} de la capacité du condensateur.

Astuces !

- Les données obtenues en suivant l'une des deux méthodes décrites dans l'étape 1 peuvent être copiées et collées dans un tableur généraliste comme OpenOffice Calc ou scientifique comme Régressi.

45 Principe d'un détecteur de position capacitif

ANALYSER-RAISONNER | RÉALISER | VALIDER

Les capteurs capacitifs fonctionnent par détection de la variation de la capacité d'un condensateur en fonction de sa géométrie. Ce type de capteur permet d'effectuer des mesures de positions très précises dans des conditions expérimentales sévères comme l'épaisseur des disques de freins en fonctionnement.

● **Comment expliquer le fonctionnement d'un détecteur de position capacitif ?**

DOC. 1 Capteur capacitif de position expérimental

Le capteur est composé d'un couvercle de boîte de DVD d'épaisseur constante $e = 1{,}0$ mm, recouvert d'adhésif métallisé sur sa face côté table, et d'une règle graduée dont la face plane est métallisée avec du ruban adhésif à partir de la graduation 10,0 cm. La règle est guidée et elle glisse sur la surface non métallisée de la boîte de DVD.

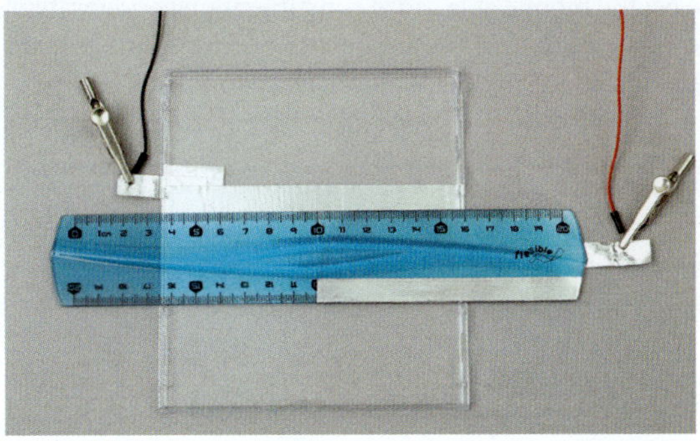

DOC. 2 Fonctionnement d'un capteur de position capacitif

La capacité d'un condensateur plan est donnée par l'expression :

$$C = \frac{k \times S}{d} \text{ avec } \left| \begin{array}{l} S\text{ : aire de la surface des armatures en regard en m}^2 \\ d\text{ : distance entre les armatures en m} \end{array} \right.$$

Le coefficient k dépend de l'isolant entre les armatures, sa valeur est de $8{,}85 \times 10^{-12}$ F·m^{-1} pour l'air et de $2{,}3 \times 10^{-11}$ F·m^{-1} pour le matériau plastique qui constitue le boîtier du DVD (polystyrène).

En faisant varier la distance entre les armatures ou bien leurs surfaces en regard d'aire commune S, on modifie la valeur de C.

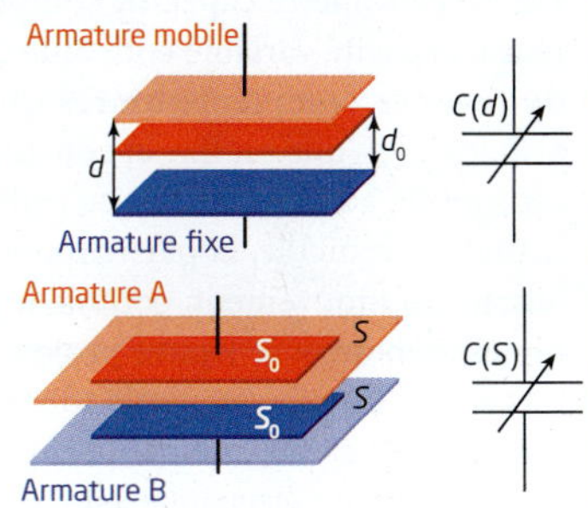

Questions

Arduino | Fiche d'évaluation

1 Protocole Réaliser le protocole fourni par le professeur permettant de mesurer la capacité C du capteur capacitif de position pour une position $x = 6{,}0$ cm de la règle.
APPEL N° 1 *Appeler le professeur pour lui présenter les résultats ou en cas de difficulté.*

2 Proposer un protocole expérimental permettant d'obtenir et de modéliser la courbe d'étalonnage $C = f(x)$ de la capacité C du capteur capacitif en fonction de la valeur x de la position de la règle.
APPEL N° 2 *Appeler le professeur pour lui présenter le protocole ou en cas de difficulté.*

3 Mettre en œuvre le protocole pour obtenir la courbe d'étalonnage $C = f(x)$ et sa modélisation.
APPEL N° 3 *Appeler le professeur pour lui présenter les résultats ou en cas de difficulté.*

4 À l'aide du DOC. 2 :
– justifier que l'évolution de la capacité C du condensateur expérimental devrait être linéaire en fonction de la position x de la règle, c'est-à-dire du type $C = a \times x$;
– estimer par un calcul la valeur de la capacité C du capteur capacitif pour la position $x = 6{,}0$ cm de la règle.

5 Confronter les réponses précédentes aux mesures effectuées aux questions **1.** et **3.** Discuter des conditions expérimentales, des sources d'erreurs et du protocole pour justifier la compatibilité :
– du résultat du calcul effectué en **4.** avec celui de la mesure réalisé en **1.** ;
– de la modélisation justifiée en **4.** avec les résultats expérimentaux obtenus en **3.**

RESSOURCES
- Protocole pour la question 1 et code source pour une utilisation éventuelle d'un microcontrôleur
- Fiche d'évaluation par compétences

46 Un accéléromètre pour sauver des vies

APP Rechercher et organiser l'information **ANA-RAI** Formuler des hypothèses **RÉA** Effectuer des procédures courantes • Mettre en œuvre les étapes d'une démarche **VAL** Interpréter des résultats

Un accéléromètre est un capteur qui, fixé à un mobile ou tout autre objet, permet de mesurer l'accélération de ce dernier dans une direction donnée.

Les accéléromètres capacitifs sont des systèmes à réponses très rapides en raison de la faible inertie de la partie mobile. L'une des premières applications de ce type de capteurs a été la détection de chocs appliquée au déclenchement du gonflage des airbags des véhicules.

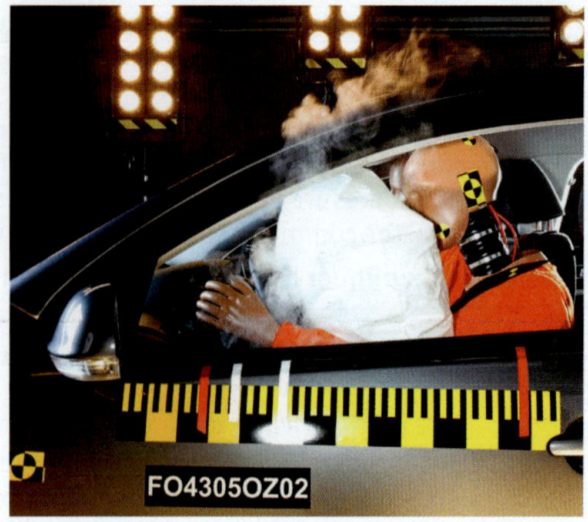

DOC. 1 Fonctionnement de l'accéléromètre capacitif et déclenchement d'airbag

Un accéléromètre capacitif comporte un condensateur à capacité variable constitué de pièces en forme de peignes complémentaires qui constituent ses armatures. L'une est fixe et constitue le cadre, l'autre est mobile à l'intérieur de ce cadre. En cas de choc brutal du véhicule, la partie mobile se déplace dans le sens du mouvement, comme le passager d'un bus qui est debout et se trouve projeté en avant quand le bus freine. Ce changement de distance entre le peigne mobile et le cadre modifie la capacité du condensateur. Un circuit électrique associé à un microcontrôleur permet de détecter ce changement de capacité et de commander le gonflage de l'airbag, avant même que le conducteur et les passagers du véhicule ne soient projetés en avant.

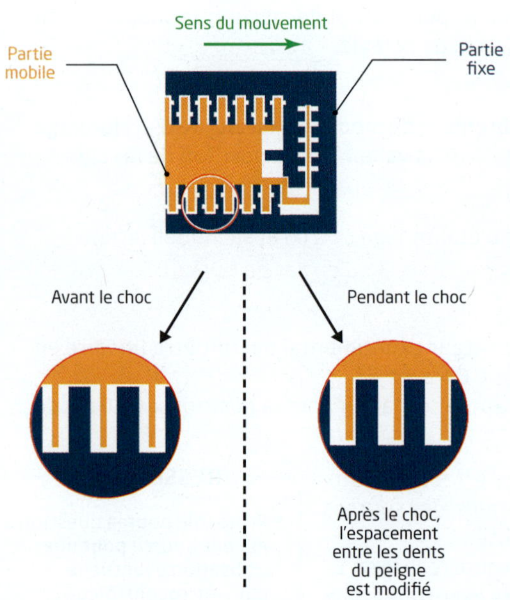

D'après « À la découverte du nanomonde » (nanomicro.recherche.gouv.fr) défis CEA et Internet.

DOC. 2 Schéma du circuit de l'accéléromètre

Le peigne mobile et le cadre constituent un condensateur de capacité C. Il est branché aux bornes d'une pile de résistance interne R et de force électromotrice E.
En dehors d'un choc, lorsque l'accéléromètre est au repos : $C = 100$ pF ; $E = 5{,}0$ V.

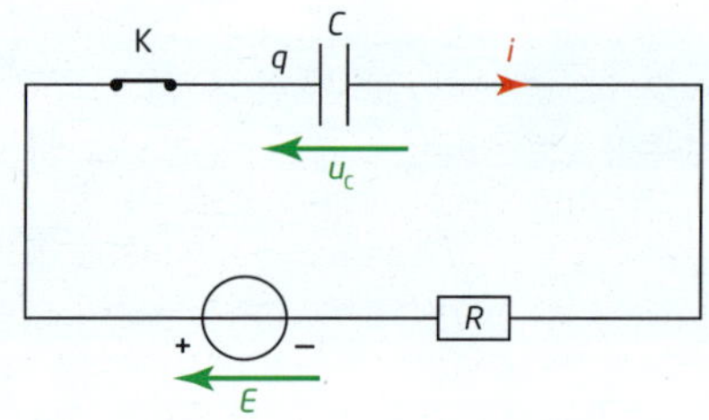

DOC. 3 Rapprochement des deux armatures du condensateur lors d'un choc

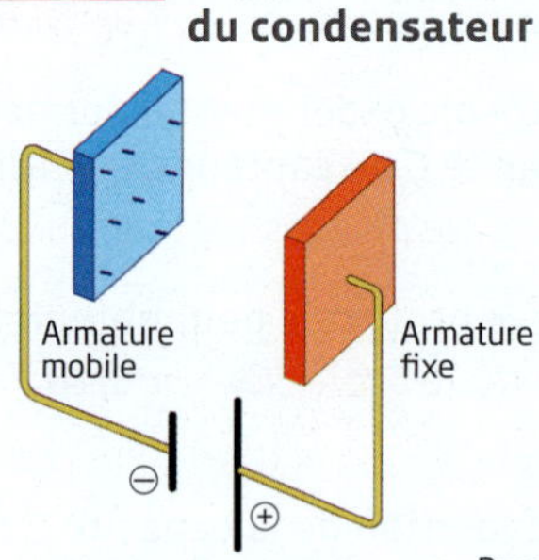

a. Avant le choc.

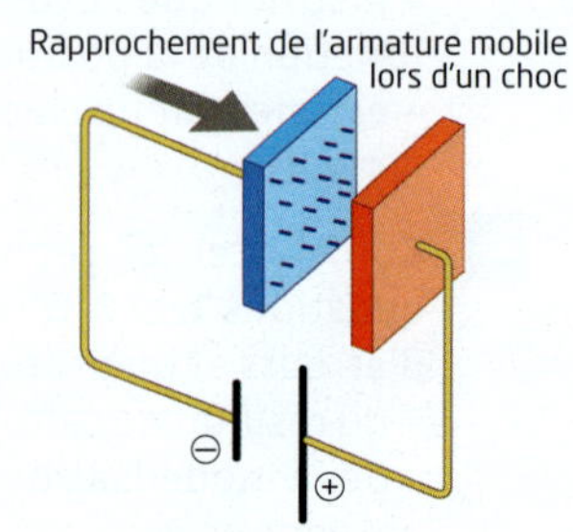

b. Pendant le choc.

DOC. 4 **Évolution des grandeurs électriques à la mise sous tension de l'accéléromètre**

Courbes d'évolution temporelle de la tension u_C aux bornes de l'accéléromètre et de l'intensité du courant qui le traverse lors de la mise sous tension ; lorsque l'accéléromètre est au repos : $C = 100$ pF ; $E = 5{,}0$ V.

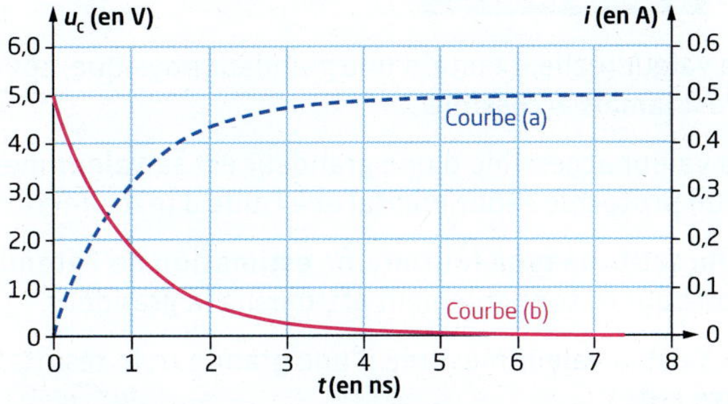

Questions

1 Comportement de l'accéléromètre en dehors de chocs

La mise sous tension de l'accéléromètre revient à fermer l'interrupteur K du montage modélisant le dispositif représenté sur le **DOC. 2**.

Le condensateur est déchargé avant la fermeture de l'interrupteur. À la date $t_0 = 0$ s, on ferme l'interrupteur.

a. À l'aide du **DOC. 4**, identifier en justifiant qualitativement la courbe correspondant à la tension et celle correspondant à l'intensité.

b. Délimiter de façon approximative et qualifier les deux régimes de fonctionnement du circuit.

c. Déterminer graphiquement la valeur du temps caractéristique du dipôle RC et comparer cette valeur à la durée d'un choc de l'ordre de 200 ms.

d. Donner l'expression littérale du temps caractéristique du dipôle RC et en déduire un ordre de grandeur de la valeur de la résistance *R*.

e. Déterminer graphiquement sur la figure du **DOC. 4** les valeurs de la tension aux bornes du condensateur et de l'intensité du courant en régime stationnaire.

f. En déduire, en régime stationnaire, la valeur de la charge *q* du condensateur de capacité *C*.

2 Déclenchement de l'airbag

a. D'après le **DOC. 1**, indiquer comment se nomment les parties de l'accéléromètre correspondant aux armatures mobile et fixe.

Le rapprochement des deux armatures, provoqué par un choc, entraîne une augmentation de la capacité du condensateur (**DOC. 3**). L'objectif de la suite de l'exercice est de comprendre les conséquences de cette variation.

En tenant compte du fait que le temps caractéristique est très faible, on considérera que la valeur de la résistance est nulle.

b. Parmi les deux propositions suivantes donnant l'expression de la capacité *C* en fonction de la distance *d* entre les armatures du condensateur, choisir en justifiant celle qui peut convenir :

• Proposition 1 : $C = k \cdot d$; • Proposition 2 : $C = \dfrac{k}{d}$.

c. Donner l'expression de la tension u_C aux bornes du condensateur et de la charge *q* du condensateur avant le choc, en fonction de *E*.

d. Justifier que la tension aux bornes du condensateur n'est pas modifiée par le choc. En déduire que le choc a pour effet de faire augmenter la charge *q* du condensateur.

e. Reproduire le schéma du **DOC. 3** et indiquer le sens de déplacement des électrons dans le circuit engendré par la variation de charge *q* du condensateur.

f. Donner la relation entre la charge *q* du condensateur et l'intensité *i* du courant qui le traverse.

g. Le déclenchement du gonflage de l'airbag est commandé par la détection d'une variation :
• de tension aux bornes du condensateur.
• de tension aux bornes du générateur.
• d'intensité du courant dans le circuit.

MESURE ET INCERTITUDES EXPÉRIMENTALES

1 Vocabulaire

- La valeur réelle, exacte, d'une grandeur physique, appelée sa **valeur vraie**, n'est **jamais accessible**.
- La valeur accessible d'une grandeur est sa **valeur mesurée** dans le cadre d'un protocole expérimental et à l'aide d'instruments de mesure donnés.
- L'**incertitude-type** fournit une **estimation de l'étendue des valeurs** que l'on peut raisonnablement attribuer à la grandeur.
- Si X est la valeur mesurée d'une grandeur, le résultat de la mesure peut être noté :
  X avec une incertitude-type $u(X)$
  ou
  $X \pm u(X)$.

REMARQUE

Dans un souci de simplification, le résultat de la mesure et la valeur mesurée sont notés avec la même lettre, X par exemple.

Exemple Le résultat de la mesure de la longueur L d'un stylo avec une règle au millimètre peut être noté :
$L = 14{,}60$ cm avec une incertitude-type $u(L) = 0{,}03$ cm
ou
$L = (14{,}60 \pm 0{,}03)$ cm.

PRÉSENTATION DU RÉSULTAT

Le résultat d'une mesure doit comporter :
- la valeur mesurée ;
- l'incertitude-type de mesure ;
- le symbole de l'unité.

- **L'incertitude relative** donne la **précision de la mesure** effectuée et s'exprime en pourcentage.
  Elle s'écrit $p_X = \dfrac{u(X)}{|X|}$, avec X la valeur mesurée et $u(X)$ l'incertitude-type de la mesure.
  Plus l'incertitude relative est faible, plus la mesure est précise.

Exemples
- L'incertitude relative de la mesure précédente de la longueur du stylo est : $p_L = \dfrac{0{,}03\text{ cm}}{14{,}60\text{ cm}} = 0{,}2\ \%$.
- Le résultat d'une mesure de l'épaisseur d'une gomme avec le même protocole est : $e = 1{,}10$ cm avec une incertitude-type $u(e) = 0{,}03$ cm.
  L'incertitude relative de cette mesure vaut :
  $$p_e = \frac{0{,}03\text{ cm}}{1{,}10\text{ cm}} = 3\ \%.$$

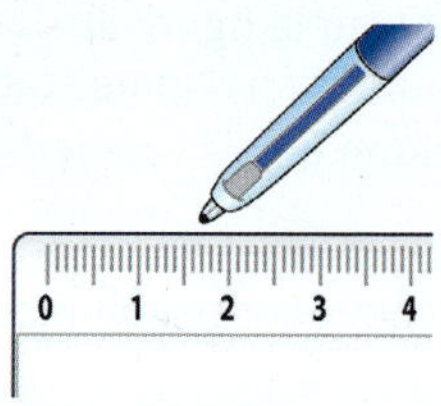

Il est donc plus précis de mesurer avec une même règle la longueur L du stylo que l'épaisseur e de la gomme.

2 Deux approches pour évaluer une incertitude-type

Valeur mesurée : X

↓

Évaluation de l'incertitude-type $u(X)$

- La valeur mesurée est la valeur moyenne d'une série de mesures* → Évaluation de l'incertitude-type par une approche statistique (évaluation de type A)
- La valeur mesurée est une mesure unique → Évaluation de l'incertitude-type par une autre approche que statistique (évaluation de type B)

* En Terminale, l'évaluation de type B peut souvent être négligée lors de mesures multiples.

3 Incertitude-type lors d'une série de mesures

- Lorsque la **même mesure** est réalisée indépendamment **plusieurs fois** dans les mêmes conditions d'évaluation, la mesure est affectée aléatoirement dans un sens ou dans un autre par rapport à une valeur moyenne : c'est la **variabilité de la mesure** d'une grandeur physique.
- Le **meilleur estimateur de la valeur mesurée** est la valeur moyenne algébrique de la série de mesures, appelée plus simplement **valeur moyenne**.
- Pour un échantillon de n mesures indépendantes de la même grandeur X, il est ici possible de :
  - représenter un histogramme ;
  - calculer la valeur moyenne $\overline{X}$;
  - calculer l'écart-type s ;
  - calculer l'incertitude-type $u(\overline{X}) = \frac{s}{\sqrt{n}}$.

REMARQUE

Les calculs statistiques de la valeur moyenne, de l'écart-type et de l'incertitude-type peuvent être effectués avec un tableur (➜ **Point numérique 3**), un programme Python (➜ **Point numérique 1**) ou une calculatrice (➜ **Points maths 8, 9 et 10**).

Exemple Une série de $n = 36$ mesures indépendantes de la longueur L d'un stylo avec une règle mesurée au millimètre a été réalisée.

Longueur mesurée L_j du stylo	Nombre de mesures de cette longueur
$L_1 = 14{,}3$ cm	1
$L_2 = 14{,}4$ cm	2
$L_3 = 14{,}5$ cm	6
$L_4 = 14{,}6$ cm	11
$L_5 = 14{,}7$ cm	8
$L_6 = 14{,}8$ cm	5
$L_7 = 14{,}9$ cm	1
$L_8 = 15{,}0$ cm	2

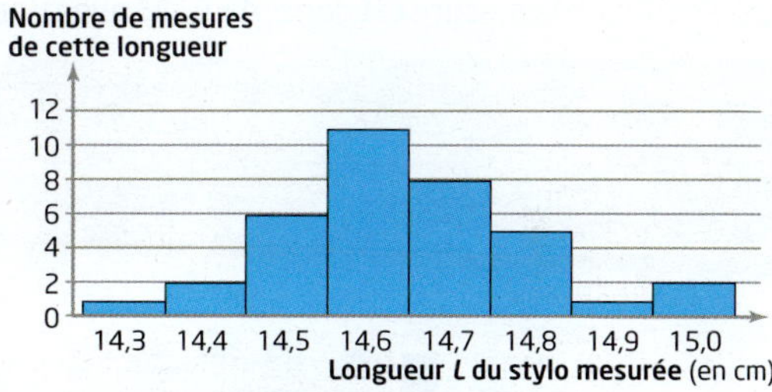

• Un tableur ou une calculatrice donne :
- la valeur moyenne de la longueur du stylo : $\overline{L} = 14{,}64$ cm ;
- l'écart-type : $s = 0{,}16$ cm ;
- l'incertitude-type : $u(\overline{L}) = \frac{0{,}16 \text{ cm}}{\sqrt{36}} = 0{,}026$ cm.

• En Terminale, **un seul chiffre significatif** est conservé en général pour l'incertitude-type, ainsi : $u(\overline{L}) = 0{,}03$ cm.
Le résultat de la mesure est donc : $\overline{L} = 14{,}64$ cm avec l'incertitude-type $u(\overline{L}) = 0{,}03$ cm.

REMARQUE

Au lycée, on calcule de cette façon l'incertitude-type d'une série de mesures d'une même grandeur réalisée par plusieurs groupes d'élèves différents car les mesures sont considérées comme indépendantes les unes des autres. En effet, la même grandeur a été mesurée par des expérimentateurs différents utilisant des instruments de mesure différents, mais équivalents.

POINT MATHS

La **valeur moyenne arithmétique $\overline{L}$**, ou **valeur moyenne**, d'une série de mesures est égale au quotient de la somme de toutes les valeurs de cette série par l'effectif total. Dans le cas de la série ci-dessus de $n = 36$ mesures indépendantes de la longueur L d'un stylo :

$$\overline{L} = \frac{\sum_{j=1}^{n} L_j}{n} = \frac{1 \times 14{,}3 + 2 \times 14{,}4 + 6 \times 14{,}5 + 11 \times 14{,}6 + 8 \times 14{,}7 + 5 \times 14{,}8 + 1 \times 14{,}9 + 2 \times 15{,}0}{36} = 14{,}64 \text{ cm.}$$

L'écart-type s d'une série de mesures, considérée comme un échantillon, est égal à : $s = \sqrt{\frac{\sum_{j=1}^{n}\left(L_j - \overline{L}\right)^2}{n-1}}$

En reprenant l'exemple précédent :

$$s = \sqrt{\frac{1 \times (14{,}3 - 14{,}64)^2 + 2 \times (14{,}4 - 14{,}64)^2 + 6 \times (14{,}5 - 14{,}64)^2 + ... + 1 \times (14{,}9 - 14{,}64)^2 + 2 \times (15{,}0 - 14{,}64)^2}{36 - 1}} = 0{,}16 \text{ cm.}$$

En statistique, si les mesures sont indépendantes, environ 95 % des valeurs mesurées devraient se situer à moins de deux écarts-types s de la moyenne $\overline{L}$.

4 Incertitude-type lors d'une mesure unique

L'incertitude-type d'une mesure unique est due à la qualité de l'instrument de mesure, au protocole de mesure, à l'expérimentateur lorsqu'il réalise la mesure, etc.

Exemple

L'incertitude-type due à un instrument de mesure vaut $u(X) = \frac{\delta}{\sqrt{3}}$, avec δ la tolérance, appelée aussi précision, de l'instrument de mesure.

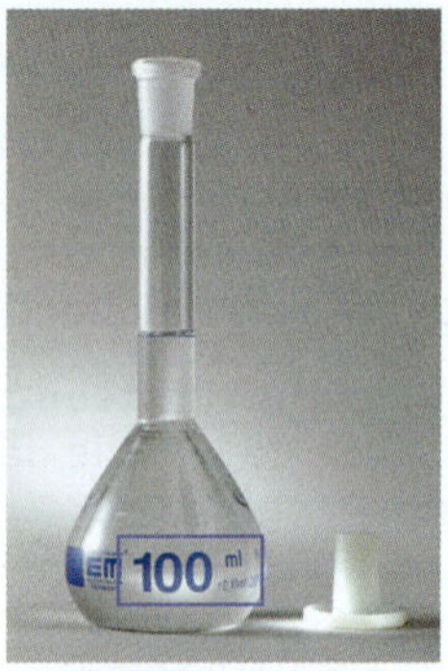

Le fabricant indique une tolérance pour cette fiole jaugée égale à : $\delta = 0{,}10$ mL.

Application :
L'absorbance A d'une solution colorée est mesurée avec un spectrophotomètre. La valeur lue sur l'écran de l'appareil est : 0,115. La précision, appelée tolérance, de cet appareil est : $\delta = 0{,}002$.
Avec $\delta = 0{,}002$, l'incertitude-type vaut : $u(A) = \frac{0{,}002}{\sqrt{3}} = 0{,}001$.
En Terminale, l'incertitude-type est le plus souvent donnée avec **un chiffre significatif**.
Le résultat de la mesure est donc : $A = 0{,}115$ avec une incertitude-type $u(A) = 0{,}001$.

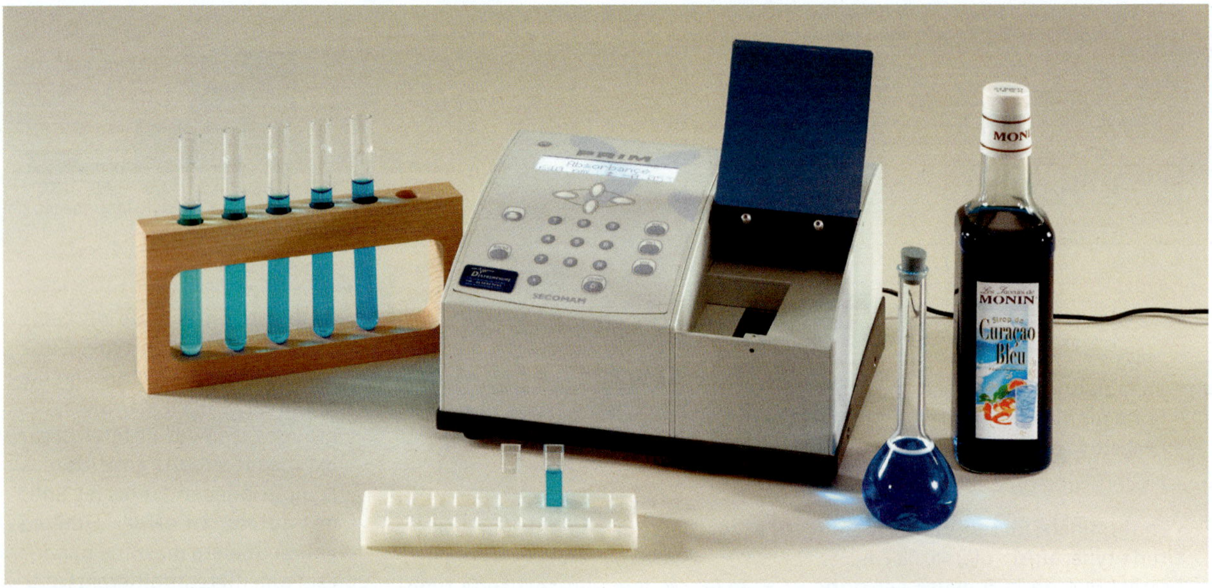

5 Incertitude-type composée

L'estimation de l'incertitude-type est un peu plus compliquée lorsqu'il y a plusieurs sources d'erreurs.
Pour simplifier les calculs, il faut d'abord prévoir s'il est possible de négliger certaines incertitudes-types devant d'autres afin de calculer une seule incertitude-type comme précédemment.
S'il y a plusieurs sources d'erreurs, les formules des calculs à effectuer pour déterminer une incertitude-type composée dépendent des relations qui existent entre les grandeurs.

- Si $Y = \frac{X_1}{X_2}$ ou si $Y = X_1 X_2$, l'incertitude-type $u(Y)$ est calculée avec la relation :

$$\frac{u(Y)}{Y} = \sqrt{\left(\frac{u(X_1)}{X_1}\right)^2 + \left(\frac{u(X_2)}{X_2}\right)^2}$$

REMARQUE

La simulation d'un processus aléatoire grâce à un programme Python permet également de déterminer une incertitude-type composée (➜ p. 543).

Exemple Le résultat d'un dosage par titrage acide-base est donné par la relation : $c_A = \dfrac{c_B V_{B,éqv}}{V_A}$.

L'incertitude-type associée est calculée avec la relation suivante :

$$\frac{u(c_A)}{c_A} = \sqrt{\left(\frac{u(c_B)}{c_B}\right)^2 + \left(\frac{u(V_{B,éqv})}{V_{B,éqv}}\right)^2 + \left(\frac{u(V_A)}{V_A}\right)^2}$$

REMARQUE

La relation est étendue pour le quotient ou le produit de plus de deux grandeurs $X_1, X_2, ..., X_k$.

- Si $Y = X_1 + X_2$ ou $Y = X_1 - X_2$, l'incertitude-type $u(Y)$ est calculée avec la relation :

$$u(Y) = \sqrt{u^2(X_1) + u^2(X_2)}$$

Exemple

Les longueurs de deux stylos sont mesurées avec une règle graduée au millimètre. Les valeurs lues sur la règle graduée sont $L_1 = 14{,}6$ cm et $L_2 = 14{,}8$ cm. La longueur $L = L_1 + L_2$ des deux stylos placés bout à bout est $L = 29{,}4$ cm. La précision, ou tolérance, de cette règle vaut : $\delta = 0{,}5$ mm $= 0{,}05$ cm (précision correspondant à une demi-graduation).

L'incertitude-type pour chacune des deux mesures est : $u = \dfrac{\delta}{\sqrt{3}}$.

L'incertitude-type $u(L)$ due à ces deux sources d'erreurs est calculée avec la relation suivante :

$$u(L) = \sqrt{u^2 + u^2} = \sqrt{2\,u^2} = \sqrt{2}\,u = \sqrt{2} \times \frac{\delta}{\sqrt{3}}$$

$u(L) = \sqrt{2} \times \dfrac{0{,}5 \text{ mm}}{\sqrt{3}} = 0{,}4 \text{ mm} = 0{,}04 \text{ cm}$.

Le résultat de la mesure est : $L = 29{,}40$ cm avec une incertitude-type $u(L) = 0{,}04$ cm.

6 Comparaison à une valeur de référence

- La compatibilité ou la non compatibilité entre le résultat d'une mesure et une valeur de référence dépend de l'**incertitude-type**, qui fournit une **estimation de l'étendue des valeurs** que l'on peut raisonnablement attribuer à la grandeur physique mesurée.
- Une comparaison quantitative entre le résultat d'une mesure X_{mes} et une valeur de référence $X_{réf}$ peut être effectuée en utilisant le quotient $\dfrac{|X_{mes} - X_{réf}|}{u(X)}$, où $u(X)$ est l'incertitude-type associée au résultat.

  Si $\dfrac{|X_{mes} - X_{réf}|}{u(X)} \leqslant 2$, c'est-à-dire si l'écart entre le résultat de la mesure X_{mes} et la valeur de référence $X_{réf}$ est inférieur ou égal à deux incertitudes-types, il est possible de considérer le plus souvent en Terminale que le résultat de la mesure est compatible avec la valeur de référence.

REMARQUE

S'il n'y a pas compatibilité entre la valeur expérimentale mesurée et la valeur de référence ou si la mesure n'est pas assez précise, il faut analyser les sources d'erreurs (un protocole ou un instrument de mesure non adapté, un mauvais choix de calibre, un nombre de mesures trop faible, etc.) pour être capable de modifier le protocole expérimental ou l'instrument de mesure en conséquence.

7 Chiffres significatifs

7.1. Précision et écriture d'une valeur numérique

- Les valeurs numériques des données et les résultats d'un calcul sont toujours arrondis en tenant compte des incertitudes sur les mesures. En l'absence d'autres indications, l'incertitude d'une valeur numérique porte sur le dernier chiffre exprimé ; elle est estimée à une demi-unité de ce chiffre.

Exemple

Le résultat de la mesure de la longueur d'une feuille de papier est $L = 29{,}7$ cm.
En l'absence d'autres indications, cela signifie que la valeur de L est telle que : $(29{,}7 - 0{,}05)$ cm $\leqslant L \leqslant (29{,}7 + 0{,}05)$ cm, soit 29,65 cm $< L <$ 29,75 cm.

7.2. Quels chiffres sont significatifs ?

- Le nombre de décimales d'une valeur numérique n'est pas un critère pour apprécier sa précision : 0,042 mm, $4{,}2 \times 10^{-2}$ mm et 42 µm sont des valeurs exactement équivalentes et pourtant elles présentent un nombre de décimales différent.
Pour évaluer la précision d'un nombre, on utilise la notion de chiffres significatifs : comme l'incertitude sur une valeur numérique porte sur le dernier chiffre exprimé, plus le nombre de chiffres significatifs est grand, plus la valeur est précise.
- Les chiffres significatifs d'une valeur numérique sont tous les chiffres autres que les « 0 » situés à gauche du nombre, sans tenir compte de la puissance de 10.

Exemples

• 0,042 mm comporte deux chiffres significatifs : les deux « 0 » placés à gauche ne sont pas significatifs.
• $4{,}20 \times 10^{-2}$ mm comporte trois chiffres significatifs : le « 0 » situé à droite est un chiffre significatif.

ÉCRITURE SCIENTIFIQUE

Le nombre de chiffres significatifs du nombre $a \times 10^n$, avec $1 \leqslant a < 10$ et n entier positif ou négatif, est égal au nombre de chiffres de a.
Par exemple, 4,2 est constitué de 2 chiffres, donc $4{,}2 \times 10^{-2}$ mm a deux chiffres significatifs.
Remarque : $4{,}2 \times 10^{-2}$ mm est l'écriture scientifique de 0,042 mm ; on retrouve le même nombre de chiffres significatifs.

7.3. Donner le bon nombre de chiffres significatifs

Le plus souvent, le résultat d'un calcul ne peut pas être plus précis que la donnée la moins précise, c'est-à-dire celle qui comporte le plus petit nombre de chiffres significatifs.

Exemples

Calcul de la durée Δt du trajet de la lumière du Soleil à la Terre.

DONNÉES

• Distance moyenne Terre-Soleil : $D = 1{,}50 \times 10^8$ km.
• Célérité de la lumière : $c = 2{,}997\,92 \times 10^5$ km·s^{-1}.

La calculatrice fournit : $5{,}003\,46... \times 10^2$

Parmi les données, D n'a que trois chiffres significatifs, donc $\Delta t = 5{,}00 \times 10^2$ s.

- Habituellement, les résultats demandés au lycée comportent deux ou trois chiffres significatifs. Donner un nombre de chiffres significatifs excessif est considéré comme une erreur.

7.4. Règles d'arrondis

- Observer la décimale qui suit la dernière décimale prise en compte :
– si la décimale qui suit est comprise entre 0 et 4, on ne change pas la dernière décimale prise en compte ;
– si la décimale qui suit est comprise entre 5 et 9, on ajoute 1 à la dernière décimale prise en compte.
- Cette règle permet d'arrondir une valeur à la valeur qui lui est la plus proche et qui comporte le nombre de décimales souhaité.

Exemple

Le résultat d'un calcul est $X = 4{,}238$.
• **Avec deux chiffres significatifs :** la dernière décimale prise en compte est 2 ; le résultat final est $X = 4{,}2$ car la décimale suivante est 3.
• **Avec trois chiffres significatifs :** la dernière décimale prise en compte est 3 ; le résultat final est $X = 4{,}24$ car la décimale suivante est 8.
• **Avec quatre chiffres significatifs :** le résultat final sera $X = 4{,}238$.
On ne peut pas exprimer ce résultat avec plus de quatre chiffres significatifs.

8 Écriture du résultat d'une mesure avec un nombre adapté de chiffres significatifs

Pour écrire le résultat d'une mesure avec un nombre adapté de chiffres significatifs, la méthode suivante peut être suivie :
– déterminer l'incertitude-type avec **un seul chiffre significatif** ;
– déterminer la **valeur mesurée**, correspondant à la valeur moyenne dans le cas d'une série de mesures indépendantes, de manière à ce que **sa dernière décimale corresponde à la dernière décimale de l'incertitude-type** (les deux étant exprimés dans la même unité).

Exemple

Une mesure de la masse volumique ρ d'un liquide a été réalisée :
$\rho = 1{,}142\,13\ kg \cdot L^{-1}$ avec une incertitude-type calculée $u(\rho) = 0{,}003\,24\ kg \cdot L^{-1}$.
• Avec un seul chiffre significatif, l'incertitude-type s'écrit : $u(\rho) = 0{,}003\ kg \cdot L^{-1}$.
• La valeur mesurée, avec trois chiffres après la virgule (comme l'incertitude-type), s'écrit : $\rho = 1{,}142\ kg \cdot L^{-1}$.
Ainsi, le résultat de la mesure s'écrit : $\rho = 1{,}142\ kg \cdot L^{-1}$ avec une incertitude-type $u(\rho) = 0{,}003\ kg \cdot L^{-1}$.

REMARQUE

D'autres choix d'écriture sont possibles, en gardant deux chiffres significatifs pour l'incertitude-type par exemple.
Il peut quelquefois être approprié de majorer l'incertitude-type en l'arrondissant au chiffre supérieur plutôt qu'au chiffre le plus proche.

9 Capacités exigibles concernant la mesure et les incertitudes

Les capacités exigibles en classe de Terminale concernant la mesure et les incertitudes sont travaillées dans les différents chapitres du manuel.

Capacité exigible	Exercices et activités du manuel permettant de travailler cette capacité exigible
Exploiter une série de mesures indépendantes d'une grandeur physique : histogramme, moyenne et écart-type.	**Activités** 2 p. 135 ; 1 p. 160 ; 6 p. 165 ; 1 p. 274 ; 6 p. 421 ; 6 p. 486 **Exercices** 24 p. 61 ; 40 p. 379 ; 43 p. 438 (ÉCE) ; 32 p. 474
• Discuter de l'influence de l'instrument de mesure et du protocole. • Évaluer qualitativement la dispersion d'une série de mesures indépendantes.	**Activités** 1 p. 274 ; 1 p. 360 ; 3 p. 394 ; 6 p. 486 **Exercices** 38 p. 294 (ÉCE). 42 p. 315 ; 46 p. 319 (ÉCE), 49 p. 411 (ÉCE) ; 46 p. 503 (ÉCE)
√NUMÉRIQUE Représenter l'histogramme associé à une série de mesures à l'aide d'un tableur ou d'un langage de programmation.	**Activité** 1 p. 274 **Exercice** 40 p. 379
Définir qualitativement une incertitude-type.	**Exercice** 38 p. 294 (ÉCE)
Procéder à l'évaluation d'une incertitude-type par une approche statistique (évaluation de type A).	**Activités** 1 p. 274 ; 5 p. 486 **Exercices** 59 p. 42 ; 43 p. 316 (Travailler une méthode) ; 40 p. 379 ; 43 p. 438 (ÉCE)
Procéder à l'évaluation d'une incertitude-type par une autre approche que statistique (évaluation de type B).	**Activité** 1 p. 322 **Exercices** 38 p. 294 (ÉCE) ; 43 p. 316 (Travailler une méthode)
Évaluer, à l'aide d'une formule fournie, l'incertitude-type d'une grandeur s'exprimant en fonction d'autres grandeurs dont les incertitudes-types associées sont connues.	**Exercice** 34 p. 65
√NUMÉRIQUE Simuler, à l'aide d'un langage de programmation, un processus aléatoire illustrant la détermination de la valeur d'une grandeur avec incertitudes-types composées.	**Activité** 6 p. 421 **Exercices** 43 p. 316 (Travailler une méthode) ; 24 p. 331 ; 32 p. 474
Écrire, avec un nombre adapté de chiffres significatifs, le résultat d'une mesure.	**Activités** 1 p. 274 ; 6 p. 421 ; 6 p. 486 **Exercices** 24 p. 61 ; 34 p. 65 ; 43 p. 316 (Travailler une méthode) ; 24 p. 331 ; 40 p. 379 ; 43 p. 438 (ÉCE) ; 32 p. 474
Comparer, le cas échéant, le résultat d'une mesure X_{mes} à une valeur de référence $X_{réf}$ en utilisant le quotient $\frac{\|X_{mes} - X_{réf}\|}{u(X)}$ où $u(X)$ est l'incertitude-type associée au résultat.	**Activités** 1 p. 274 ; 1 p. 322 ; 1 p. 360 ; 6 p. 421 ; 5 p. 486 **Exercices** 24 p. 61 ; 34 p. 65 ; 43 p. 71 ; 25 p. 288 ; 38 p. 294 (ÉCE) ; 13 p. 372 ; 40 p. 379 ; 43 p. 438 (ÉCE) ; 32 p 474

FICHE BAC 1

Les épreuves de Physique-Chimie au baccalauréat

1 Description du baccalauréat

- Les **épreuves terminales du baccalauréat**, dont l'épreuve de **spécialité Physique-Chimie**, comptent pour **60 %** de la note finale du baccalauréat.
- Le contrôle continu compte pour **40 %** de la note finale.
- L'épreuve de **spécialité Physique-Chimie** compte pour **16 %** de la note finale du baccalauréat ; l'**épreuve orale terminale**, appelée aussi **Grand oral**, compte pour **10 %** de la note finale.
Ainsi, si l'épreuve orale terminale a pour support les notions étudiées en spécialité Physique-Chimie, 26 % de la note finale du baccalauréat porte sur la spécialité Physique-Chimie !

À SAVOIR

La somme des coefficients de l'ensemble des épreuves du baccalauréat, contrôle continu compris, est égale 100.

REMARQUE

La Physique-Chimie est aussi étudiée en Enseignement scientifique.

2 Épreuve de spécialité Physique-Chimie

- L'épreuve de spécialité Physique-Chimie est divisée en deux parties :
– une **épreuve écrite de 3 h 30 min**, comptant pour 80 % de la note finale ;
– une **épreuve d'ÉCE** (Évaluation des Compétences Expérimentales) **de 1 h**, comptant pour 20 % de la note finale.

- Afin de rendre plus lisible le résultat des évaluations, chaque partie est notée sur 20 points. La note globale de l'épreuve de spécialité Physique-Chimie, donnée sur 20 points, est obtenue en multipliant par 0,8 la note sur 20 de l'épreuve écrite et par 0,2 la note sur 20 de l'ÉCE, puis en additionnant ces deux résultats.

DANS CE MANUEL

Les contenus, les attendus et les conseils pour ces deux épreuves sont détaillés p. 511 et p. 512.

3 Épreuve orale terminale (Grand oral)

L'épreuve orale terminale au baccalauréat, appelée aussi **Grand oral**, d'une durée totale de **40 min**, se déroule en trois temps.
Le Grand oral est noté sur **20 points**.

DANS CE MANUEL

Les contenus, les attendus et les conseils pour cette épreuve sont détaillés p. 513.

Préparation (20 min) : **Préparation** de la présentation orale, avec réalisation éventuelle d'un support sur feuille, à remettre au jury au début de la présentation

→ **1er temps** (5 min) : **Préparation orale** d'une **question** préparée au cours de l'année de Terminale et durant **l'enseignement de spécialité Physique-Chimie** et/ou l'enseignement de l'autre spécialité

→ **2e temps** (10 min) : **Échange avec le jury** portant sur la **présentation orale**

→ **3e temps** (5 min) : **Échange avec le jury** portant sur votre **projet d'orientation**

Remarque

Si la note du baccalauréat est supérieure ou égale à 8 et inférieure à 10, deux **épreuves orales de rattrapage** sont prévues, dont les notes remplacent celles obtenues lors de la première session du baccalauréat. Ces deux épreuves portent sur deux des matières évaluées lors des épreuves terminales écrites (français, philosophie, enseignement de spécialité Physique-Chimie, autre enseignement de spécialité suivi en Terminale).

Préparer l'épreuve écrite du baccalauréat

1 Description de l'épreuve

L'épreuve écrite, d'une durée de **3 h 30 min**, est constituée de **trois exercices indépendants**.

Les **questions** sont **plus ou moins guidées**. Le sujet accorde une place significative à la **modélisation** et à la **résolution de questions avec prise d'initiative**, appelée également **résolution de problèmes**.

En fonction du contenu des exercices, l'**usage d'une calculatrice** peut être **interdit ou autorisé**. Cette précision est portée sur le sujet de l'épreuve.

REMARQUE

Les exercices peuvent être des exercices de physique, de chimie ou mélangeant physique et chimie.

2 Résolution d'une question avec prise d'initiative

2.1. Comment aborder une question avec prise d'initiative ?

La résolution d'une question avec prise d'initiative (appelée aussi résolution de problème) peut s'appuyer sur quelques questions préliminaires, précédées d'un énoncé précisant le problème posé.
Elle est souvent accompagnée d'un ou de plusieurs documents scientifiques.

La réponse doit s'appuyer sur une argumentation scientifique accompagnée le plus souvent de calculs ou de schémas.

2.2. Comment résoudre une question avec prise d'initiative ?

- **Lire le sujet**

– Commencer par lire soigneusement l'énoncé puis les questions posées. Repérer les mots-clés de la problématique.
– Étudier les documents en repérant dans les graphiques, les schémas ou les photographies, les informations utiles à la résolution du problème.

- **Répondre aux questions préliminaires**

Répondre directement sur la copie aux éventuelles questions préliminaires en reliant les informations données dans les documents aux connaissances et en effectuant les calculs nécessaires.

- **Travailler au brouillon**

– Reformuler la problématique au brouillon pour bien la comprendre.
– Relever les grandeurs physiques qui permettent de répondre à la problématique et associer un symbole à chaque grandeur physique.
– Identifier les données manquantes et leur donner un ordre de grandeur si nécessaire.

- **Rédiger**

– Rédiger avec soin la résolution du problème.
– Insérer les calculs en notant les relations littérales avant d'effectuer les applications numériques.
– Critiquer et valider le résultat trouvé, même si cela n'est pas demandé.

Astuce !

Les réponses aux éventuelles questions préliminaires sont toujours une aide pour la résolution de la question avec prise d'initiative.

Conseil !

Les mots-clés peuvent être :
• les verbes d'action utilisés (estimer, évaluer, comparer, etc.) ;
• les informations à rechercher dans les documents ;
• les données à utiliser ;
• etc.

Conseil !

Ne pas hésiter à relire plusieurs fois les documents si nécessaire.

Gagner des points !

Noter sur la copie les principales étapes de la démarche de résolution même si le résultat final n'a pas été trouvé car l'évaluation tient compte de la démarche suivie.

Les étapes-clés pour résoudre une question avec prise d'initiative

1. Reformuler la problématique.
2. Repérer les informations pertinentes des différents documents, ainsi que les données manquantes.
3. Établir une démarche de résolution en reliant des connaissances aux informations recueillies.
4. Résoudre le problème en utilisant un vocabulaire scientifique précis.

FICHE BAC 3

Préparer l'ÉCE du baccalauréat

L'**ÉCE** est l'**Évaluation des Compétences Expérimentales,** dans une salle de Travaux Pratiques de physique et de chimie.
L'épreuve, d'une durée de **1 h**, porte essentiellement sur les capacités expérimentales listées ci-après*.

Capacités expérimentales communes à tous les thèmes

- Respecter les règles de sécurité liées au travail en laboratoire.
- Mettre en œuvre un dispositif d'acquisition et de traitement de données : microcontrôleur, interface d'acquisition, tableur, langage de programmation.
- Utiliser un logiciel de simulation.

THÈME 1

Constitution et transformations de la matière

- Préparer une solution par dissolution ou par dilution en choisissant le matériel adapté.
- Réaliser le spectre d'absorption UV-visible d'une espèce chimique.
- Réaliser des mesures d'absorbance, de pH, de conductivité en s'aidant d'une notice.
- Mettre en œuvre un test de reconnaissance pour identifier une espèce chimique.
- Tracer une courbe d'étalonnage pour déterminer une concentration.
- Mettre en œuvre le protocole expérimental d'un titrage.
- Réaliser une pile.
- Réaliser un circuit électrique intégrant un électrolyseur**.
- Utiliser un logiciel de simulation de structures moléculaires et des modèles moléculaires.
- Mettre en œuvre une extraction liquide-liquide.
- Réaliser le montage des dispositifs de chauffage à reflux et de distillation fractionnée et les mettre en œuvre.
- Mettre en œuvre un dispositif pour estimer une température de changement d'état.
- Réaliser une filtration simple ou sous pression réduite, un lavage, un séchage.
- Réaliser une chromatographie sur couche mince.
- Respecter les règles de sécurité lors de l'utilisation de produits chimiques et de verrerie.
- Respecter le mode d'élimination d'une espèce chimique ou d'un mélange pour minimiser l'impact sur l'environnement.

THÈME 3

Énergie : conversions et transfert

- Utiliser un multimètre, adapter le calibre si nécessaire.
- Réaliser un montage électrique conformément à un schéma électrique normalisé.
- Mettre en œuvre un protocole permettant d'estimer une énergie transférée électriquement ou mécaniquement.
- Mettre en œuvre un dispositif pour réaliser un bilan énergétique et suivre l'évolution de la température d'un système.

THÈME 2

Mouvement et interactions

- Mettre en œuvre un dispositif permettant d'illustrer l'interaction électrostatique.
- Utiliser un dispositif permettant de repérer la direction du champ électrostatique.
- Collecter des données sur un mouvement (vidéo, chronophotographie, etc.).
- Utiliser un dispositif permettant d'étudier la poussée d'Archimède**.
- Mesurer une pression et une vitesse d'écoulement dans un gaz et dans un liquide**.

THÈME 4

Ondes et signaux

- Mettre en œuvre un dispositif expérimental permettant d'illustrer la propagation d'une perturbation mécanique.
- Mettre en œuvre un dispositif expérimental permettant de collecter des données sur la propagation d'une perturbation mécanique (vidéo, chronophotographie, etc.).
- Mettre en œuvre un dispositif expérimental permettant de mesurer la période, la longueur d'onde, la célérité d'une onde périodique.
- Commander la production d'un signal grâce à un microcontrôleur.
- Mesurer un niveau d'intensité sonore.
- Utiliser un luxmètre ou une photorésistance.
- Estimer la distance focale d'une lentille mince convergente.
- Réaliser un montage optique comportant une ou deux lentilles minces.
- Mettre en œuvre un dispositif expérimental pour illustrer la synthèse additive ou la synthèse soustractive.
- Mettre en œuvre un dispositif expérimental pour illustrer que la couleur apparente d'un objet dépend de la source de lumière.
- Mettre en œuvre un protocole expérimental permettant d'obtenir un spectre d'émission.
- Mettre en œuvre des dispositifs expérimentaux permettant d'étudier les phénomènes de diffraction et d'interférences.
- Mettre en œuvre un dispositif expérimental permettant d'étudier l'effet Doppler en acoustique.
- Utiliser une cellule photovoltaïque**.
- Utiliser un oscilloscope.
- Réaliser un montage électrique pour étudier la charge et la décharge d'un condensateur dans un circuit *RC*.
- Respecter les règles de sécurité préconisées lors de l'utilisation de sources lumineuses ou d'appareils électriques.

* D'après le *Bulletin officiel spécial*, n° 8 du 25 juillet 2019, https://www.education.gouv.fr/pid285/bulletin_officiel.html?pid_bo=39051

** Capacité expérimentale travaillée en Terminale, mais exclue du programme de l'ÉCE pour le baccalauréat (d'après le *B.O. spécial* du 13 février 2020).

Préparer le Grand oral du baccalauréat

1 Description de l'épreuve

L'épreuve orale terminale du baccalauréat, appelée aussi **Grand oral**, d'une durée de **20 min**, se déroule en **trois temps**, après une préparation d'une durée de **20 min.**

- **Préparation de la présentation orale** 20 min

Les deux questions préparées durant l'enseignement de spécialité Physique-Chimie et l'enseignement de l'autre spécialité sont présentées au jury, qui en choisit une. Ces questions mettent en lumière l'un des grands enjeux de ces enseignements.

S'il le souhaite, le candidat peut réaliser sur une feuille un support visuel à remettre au jury au début de la présentation orale. Ce support ne fait pas l'objet d'une évaluation.

DANS CE MANUEL

Des exemples de questions et de supports visuels sont proposés dans chaque thème, dans les chapitres 4, 5, 8, 14, 16 et 20.

- **1er temps : présentation orale d'une question** 5 min

Le candidat présente, debout, sans note, la question choisie par le jury.

Le candidat explique d'abord pourquoi il a préparé cette question pendant l'année de Terminale (et éventuellement de Première). Il développe ensuite la ou les réponses qu'il peut apporter à cette question, ainsi que les interrogations éventuelles auxquelles il n'a pas de réponse. Enfin, il peut suggérer des prolongements et des perspectives de recherche qu'il serait possible de mener afin d'approfondir davantage le sujet traité.

DANS CE MANUEL

Des exercices méthodologiques spécifiques pour préparer le Grand oral sont proposés dans les chapitres 1, 4, 6, 8, 9, 13, 14, 16, 17, 19 et 20 dans ce manuel.

- **2e temps : échange avec le jury sur la présentation orale** 10 min

Le jury interroge le candidat pendant 10 minutes pour l'amener à préciser et à approfondir sa pensée.

Le jury peut aussi interroger le candidat sur n'importe quelle partie du programme de ses deux enseignements de spécialité, en lien ou pas avec la question présentée.

POSTURE À TENIR

Durant les échanges avec le jury, le candidat peut rester debout ou s'assoir. L'essentiel est de se sentir à l'aise.

- **3e temps : échange avec le jury sur le projet d'orientation** 5 min

Dans le cadre d'un échange avec le jury, le candidat explique en quoi la question présentée peut éclairer son projet d'orientation.

Le candidat expose également les différentes étapes de la maturation de ce projet (rencontres, engagements, stages, choix de ses spécialités, etc.) et la manière dont il souhaite le mener à bien.

DANS CE MANUEL

En partenariat avec l'ONISEP : des métiers et leurs études associées sont présentés en début de manuel, ainsi que dans chaque ouverture de thème et chaque chapitre de ce manuel.

2 Évaluation de l'épreuve

Pour l'évaluation du Grand oral, le jury valorise la solidité des connaissances, de l'argumentation et des qualités oratoires du candidat. Il cherche également à mesurer sa capacité à conduire et exprimer une réflexion personnelle témoignant de sa curiosité intellectuelle et de son aptitude à exprimer ses motivations.

Le Grand oral est noté sur **20 points**. La notation s'appuie sur une **grille d'évaluation** indicative portant sur les points suivants :
- la **qualité orale** de la présentation ;
- la **qualité de la prise de parole en continu** ;
- la **qualité des connaissances** ;
- la **qualité** et la **construction** de l'**argumentation** ;
- la **qualité de l'interaction avec le jury**.

COMPOSITION DU JURY

Le jury est composé de deux professeurs de disciplines différentes, dont au moins un représente l'un des deux enseignements de spécialité du candidat.

Comprendre un énoncé

Les mêmes verbes d'action sont souvent utilisés dans les capacités attendues des différents chapitres et dans les énoncés des exercices. Les définir précisément est important pour comprendre précisément ce qui est demandé.

Verbe d'action	Définition et conseils de rédaction de la réponse
Associer	Mettre en relation des connaissances et/ou des informations données dans des documents.
Calculer	Donner le résultat numérique avec son unité en mettant en évidence les différentes étapes du calcul.
Citer	Indiquer, donner la valeur d'une grandeur.
Comparer	Mettre en relation plusieurs objets : – de façon **qualitative** : identifier les points communs et les différences ; – de façon **quantitative** : calculer un rapport entre deux grandeurs et en interpréter le résultat.
Critiquer	Justifier dans quelle mesure une proposition est vraie ou fausse, expliquer en quoi elle est vraie ou fausse.
Décrire	Communiquer une information sous forme d'un texte, d'un schéma, de valeurs numériques, etc.
Déduire	Utiliser les informations ou réponses précédentes pour répondre à la question.
Définir	Restituer des connaissances en utilisant un vocabulaire scientifique.
Distinguer	Différencier des objets, des caractéristiques, des phénomènes, etc.
Donner, indiquer	Fournir une information sans justification.
Estimer	Calculer ou mesurer un ordre de grandeur ou une valeur approchée d'un résultat.
Établir	Relier différentes informations pour construire un résultat.
Évaluer	Calculer ou mesurer une valeur numérique.
Expliquer, interpréter	Mobiliser des connaissances et/ou utiliser des données pour justifier un résultat, un protocole, un spectre, etc.
Exploiter	Mobiliser des connaissances pour tirer des informations d'un ensemble de données (graphiques, valeurs, équations chimiques, relations mathématiques, textes, etc.).
Exprimer	Donner l'expression littérale, scalaire ou vectorielle, d'une grandeur.
Formuler (reformuler)	Proposer, **en exprimant le doute**, une explication, une valeur, une observation avant de réaliser une expérience ou de consulter les documents.
Identifier	Mobiliser des connaissances, utiliser des données ou effectuer des calculs pour extraire des informations.

Verbe d'action	Définition et conseils de rédaction de la réponse
Justifier, montrer, vérifier	Mettre en œuvre un raisonnement, **sans se contenter de décrire**, pour expliquer pourquoi la proposition énoncée est vraie.
Modéliser	Proposer un modèle (sous forme d'une relation mathématique, d'un schéma, d'une équation de réaction, etc.) permettant d'analyser des phénomènes réels et de prévoir des résultats à partir de l'application d'une théorie à un niveau d'approximation donné.
Proposer une démarche	Donner les différentes étapes à suivre **de façon ordonnée** (numéroter, mettre des tirets ou utiliser des indicateurs temporels : d'abord, ensuite, puis, enfin) ainsi que le matériel, les mesures et les calculs éventuels qui seront nécessaires pour mener à bien la démarche.
Proposer un protocole, une expérience	Donner les différentes étapes à suivre de façon ordonnée. Préciser : – les gestes opératoires par des verbes d'action (ajouter, mettre, prélever, etc.) ; – le matériel et les instruments de mesure utilisés par des compléments circonstanciels de moyen (à l'aide de, avec, etc.) ; – les produits chimiques et leurs quantités s'il y en a besoin dans le protocole ; – les mesures effectuées. Dans le cadre d'une démarche d'investigation, préciser les résultats attendus et l'interprétation à en donner.
Réaliser une synthèse	Résumer ce qui a été vu dans l'ensemble de l'activité ou de l'exercice, à l'écrit ou à l'oral.
Recueillir	Extraire des informations d'un ensemble de données (graphiques, valeurs, équations chimiques, relations mathématiques, textes, etc.).
Représenter	Organiser l'information sous une forme adaptée (schéma accompagné de sa légende, tableau, etc.).
Schématiser	Représenter de façon claire et lisible une situation en suivant les codes associés (schémas légendés ou symboles normalisés en électricité par exemple).
Utiliser	Appliquer une loi, un principe, une relation.
Valider (ou invalider) une hypothèse	Revenir sur une situation initiale après avoir réalisé une expérience ou s'être documenté pour vérifier la compatibilité entre la proposition initiale et les résultats.
Pratiquer une démarche expérimentale	Proposer un protocole expérimental, le mettre en œuvre et exploiter les résultats obtenus.

Réaliser une synthèse

Il est possible d'effectuer la synthèse d'une activité expérimentale ou documentaire, à l'écrit en rédigeant un compte-rendu, ou à l'oral en présentant un court exposé, seul ou à plusieurs. Dans ces deux cas, il est nécessaire de reprendre les différentes étapes qui ont permis de résoudre la problématique posée dans l'activité.

1 Rappeler le contexte et la problématique S'APPROPRIER

- Dans un premier temps, expliquer quels sont le **contexte** et le **problème scientifique à résoudre** lors de l'activité.

CONSEIL COMMUNIQUER

Bien prendre le temps d'expliquer le ou les objectifs de l'activité avant de chercher à résoudre la problématique.

2 Élaborer le protocole de résolution de la problématique ANALYSER-RAISONNER

- Proposer une ou plusieurs explications possibles au problème posé.
- Dans le cadre d'une activité expérimentale, présenter la démarche permettant de tester des hypothèses. Pour cela, décrire l'expérience réalisée en indiquant :
  - la liste du matériel ;
  - les règles de sécurité à mettre en œuvre ;
  - le schéma du montage ;
  - les différentes étapes à suivre ;
  - les calculs éventuels à effectuer ;
  - les résultats attendus pour valider ou invalider les hypothèses.

CONSEIL COMMUNIQUER GRAND ORAL

Dans le cas d'un exposé oral, préparer éventuellement un support visuel présentant le schéma légendé du montage afin de décrire le plus précisément possible le protocole expérimental. Le schéma légendé peut être réalisé soigneusement à la main, puis scanné ou photographié pour l'insérer dans le fichier de présentation.

REMARQUE

Si le protocole expérimental est déjà donné, reprendre les étapes importantes du protocole et les justifier.

3 Résoudre la problématique et présenter des résultats RÉALISER

- Répondre à la problématique en effectuant les calculs nécessaires ou en mettant en évidence les relations entre les différentes grandeurs étudiées.

REMARQUE

Même si c'est quelquefois le cas, deux grandeurs ne sont pas toujours proportionnelles entre elles !

- Dans le cadre d'une activité expérimentale, après avoir réalisé l'expérience, présenter les résultats expérimentaux sous forme d'un schéma, d'un tableau de valeurs, d'un graphique, etc., en n'oubliant pas de noter les unités des grandeurs mesurées et en réfléchissant au nombre de chiffres significatifs.

4 Conclure VALIDER

- Comparer éventuellement le résultat obtenu avec une valeur de référence en tenant compte des incertitudes de mesure (→ **p. 504**).
- Valider ou invalider les hypothèses en justifiant la réponse afin de répondre au problème posé.
- Dans le cadre d'une activité expérimentale, proposer des pistes pour améliorer la précision des mesures effectuées.

FICHE MÉTHODE 3

Exploiter un graphique

Exemple Le mouvement d'un palet de hockey sur glace est filmé et la distance *d* qu'il parcourt en fonction du temps *t* est mesurée. L'objectif est de déterminer une relation simple entre ces deux grandeurs physiques.

t (en s)	0,04	0,08	0,12	0,16	0,20	0,24	0,28	0,32
d (en m)	0,40	0,80	1,35	1,75	2,10	2,55	3,05	3,40

Pour cela, la représentation graphique représentant la distance *d* en fonction du temps *t*, soit $d = f(t)$, est tracée.

1 Représenter les points expérimentaux

- Construire un repère :
  – tracer deux axes perpendiculaires, l'un horizontal et l'autre vertical. Écrire à l'extrémité de chaque axe la grandeur représentée et son unité ;
  – graduer les deux axes et indiquer clairement l'échelle choisie.
  Chaque couple du tableau est représenté par un point repéré par une croix dans ce repère. L'ensemble forme un « nuage de points ».
- Mentionner le titre du graphique.
  Le « nuage » de points ci-contre est ainsi obtenu.

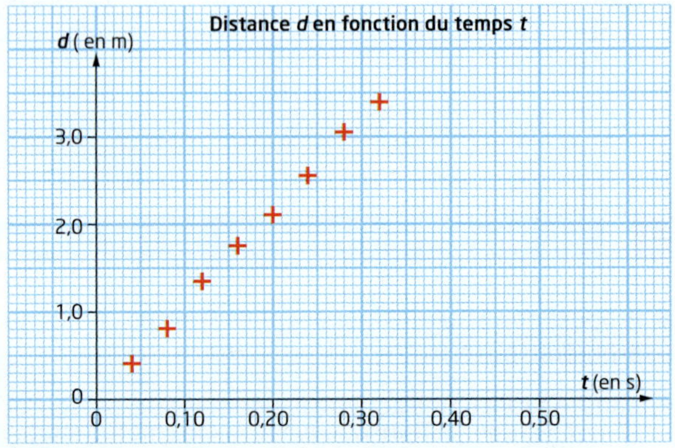

2 Exploiter le graphique

- Dans certains cas, il est possible de tracer une courbe simple qui passe au plus près de l'ensemble des points.

ATTENTION
Ne jamais joindre les points par des segments de droite car cela n'a pas de signification physique ou chimique.

- Cette opération peut être effectuée à l'ordinateur, avec un logiciel approprié comme un tableur-grapheur.
- Dans l'exemple ci-contre, il est possible de faire passer une droite de façon à avoir presque autant de points aléatoirement répartis au-dessus et en dessous de la droite.

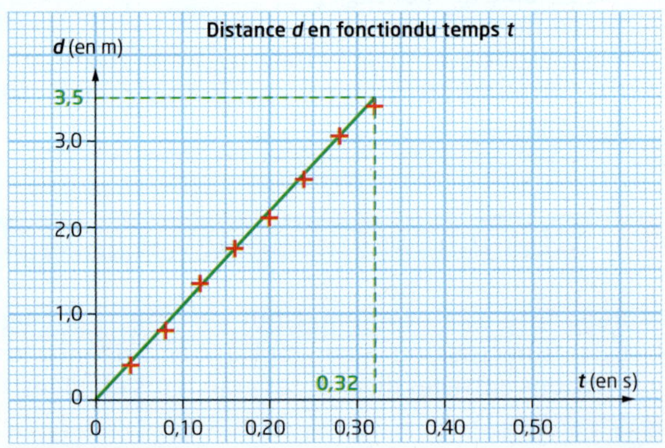

3 « Modéliser » la situation expérimentale

- L'équation de la courbe fournit une relation mathématique qui lie les deux grandeurs. La situation expérimentale est ainsi modélisée par cette relation.
- Dans le cas d'une droite, il est possible de déterminer son équation à partir du graphique. L'équation de toute droite non parallèle à l'axe des ordonnées est $y = ax + b$, où a est le coefficient directeur de la droite (ou pente) et b l'ordonnée à l'origine.
  Ici, la droite passe par l'origine, donc $b = 0$.

Le coefficient directeur est calculé par :

$$a = \frac{d(t_2) - d(t_1)}{t_2 - t_1} = \frac{3{,}5\ \text{m} - 0\ \text{m}}{0{,}32\ \text{s} - 0\ \text{s}} = 11\ \text{m}\cdot\text{s}^{-1}.$$

Ainsi, les mesures expérimentales peuvent être modélisées par une droite d'équation $d = 11 \times t$.

Remarque
Le coefficient directeur a l'unité de la grandeur en ordonnée, divisée par l'unité de la grandeur en abscisse. L'ordonnée à l'origine a l'unité de la grandeur en ordonnée.

Effectuer une analyse dimensionnelle

1 Qu'est-ce qu'une analyse dimensionnelle ?

- Deux grandeurs A et B sont dites homogènes s'il existe un réel α tel que $A = \alpha B$.

  On dit alors que A et B ont même dimension (vocabulaire international, norme NF X 02-001).

  La dimension d'une grandeur X se note dim X, sauf pour les grandeurs de base que sont la longueur, la masse, le temps, l'intensité électrique, la quantité de matière et la température qui seront notées respectivement **L**, **M**, **T**, **I**, **N** et Θ.

- Effectuer **l'analyse dimensionnelle** d'une relation consiste à remplacer, dans cette relation, chaque lettre symbolisant une grandeur par la dimension de cette grandeur.

- Les dimensions des grandeurs respectent les règles de calcul suivantes :
  – la dimension d'une grandeur est obtenue à partir des relations entre les valeurs de ces grandeurs (scalaire) ;
  – les deux membres d'une égalité doivent avoir la même dimension ;
  – les deux membres d'une somme ou d'une différence doivent avoir la même dimension ; la dimension d'une somme ou d'une différence est celle de chacun de ses termes ;
  – la dimension d'un produit (respectivement d'un quotient) est le produit (respectivement le quotient) des dimensions ;
  – une grandeur qui est égale au quotient de deux grandeurs de même dimension n'a pas de dimension. Sa dimension est alors notée **1**.

Exemple

Effectuer l'analyse dimensionnelle de la grandeur énergie.

– Chercher une relation connue qui contient la grandeur énergie. → $\mathscr{E}_c = \frac{1}{2}mv^2$

– Écrire la dimension de la grandeur masse m. → dim m = **M**

– Écrire la dimension de la grandeur vitesse v en utilisant la relation $v = \frac{\text{longueur}}{\text{durée}}$. → dim $v = \frac{\mathbf{L}}{\mathbf{T}} = \mathbf{LT^{-1}}$

– Comme $\frac{1}{2}$ est un nombre sans dimension, en appliquant les règles de calcul ci-dessus, la dimension obtenue de l'énergie est $\text{dim}\,\mathscr{E} = \mathbf{ML^2T^{-2}}$. → dim $\mathscr{E}$ = dim $\mathscr{E}_c = \mathbf{M(LT^{-1})^2}$

2 Comment vérifier l'homogénéité d'une relation ?

Les deux membres d'une égalité ont même dimension. Ainsi, l'homogénéité d'une relation est vérifiée en cherchant la dimension de chaque membre de l'égalité.

Exemple

Montrer que la relation $v = \sqrt{\frac{g\lambda}{2\pi}}$ est homogène.

(v est la célérité d'une onde sur l'eau, λ sa longueur d'onde et g l'intensité de la pesanteur).

– La dimension du membre de gauche est celle du quotient $\frac{\text{distance}}{\text{temps}}$. → dim $v = \mathbf{LT^{-1}}$

– Appliquer les règles de calcul. → $\text{dim}\sqrt{\frac{g\lambda}{2\pi}} = \sqrt{\text{dim}\frac{g\lambda}{2\pi}}$

– 2π est un nombre sans dimension. → $\text{dim}\sqrt{\frac{g\lambda}{2\pi}} = \sqrt{\text{dim}\,g\lambda}$

$\text{dim}\sqrt{\frac{g\lambda}{2\pi}} = \sqrt{\text{dim}\,g}\,\sqrt{\text{dim}\,\lambda}$

– La dimension de λ est celle d'une longueur. La dimension de g est celle d'une force divisée par celle d'une masse ou celle d'une longueur divisée par le carré de la dimension d'une longueur. → dim λ = **L** ; dim $g = \mathbf{LT^{-2}}$

– Les deux membres de l'égalité ont la même dimension, celle d'une vitesse. → $\text{dim}\sqrt{\frac{g\lambda}{2\pi}} = \sqrt{\mathbf{LT^{-2}}}\,\sqrt{\mathbf{L}}$

$\text{dim}\sqrt{\frac{g\lambda}{2\pi}} = \mathbf{LT^{-1}}$

La relation $v = \sqrt{\frac{g\lambda}{2\pi}}$ est donc homogène.

FICHE MÉTHODE 5

Nomenclature des molécules organiques

1 Nomenclature des alcanes, halogénoalcanes et alcènes

- Le nom d'un alcane ramifié est constitué :
– des noms des **groupes alkyle** liés à la chaîne principale, c'est-à-dire la chaîne carbonée linéaire la plus longue. Chaque groupe alkyle est précédé du **numéro** de l'atome de carbone de la chaîne carbonée principale lié au groupe alkyle ;
– du nom de **l'alcane linéaire** correspondant au nombre d'atomes de carbone de la chaîne principale.

- Lorsque des groupes alkyle sont présents plusieurs fois, le nom du groupe alkyle est précédé d'un **préfixe multiplicateur** (« di », « tri », « tétra », etc.) et les numéros des atomes de carbone liés au groupe apparaissent autant de fois qu'il y a de groupes alkyle.

Remarque
– Les groupes sont nommés par ordre alphabétique ; le préfixe multiplicateur n'intervient pas dans la détermination de l'ordre alphabétique des groupes alkyle.
– La numérotation peut commencer par un bout ou par l'autre de la chaîne principale. La numérotation choisie est celle pour laquelle le plus petit nombre apparaissant est le plus faible possible. S'il n'est pas possible de départager ainsi les deux numérotations, on poursuit la comparaison avec le deuxième plus petit nombre, le troisième, et ainsi de suite.

Nom	Formule semi-développée
Méthane	CH_4
Éthane	$H_3C–CH_3$
Propane	$H_3C–CH_2–CH_3$
Butane	$H_3C–CH_2–CH_2–CH_3$
Pentane	$H_3C–CH_2–CH_2–CH_2–CH_3$
Hexane	$H_3C–CH_2–CH_2–CH_2–CH_2–CH_3$
Heptane	$H_3C–CH_2–CH_2–CH_2–CH_2–CH_2–CH_3$
Octane	$H_3C–CH_2–CH_2–CH_2–CH_2–CH_2–CH_2–CH_3$

1. Quelques alcanes linéaires.

Nom	Formule semi-développée
Méthyle	$H_3C–$
Éthyle	$H_3C–CH_2–$
Propyle	$H_3C–CH_2–CH_2–$

2. Noms de quelques groupes alkyle.

Exemple

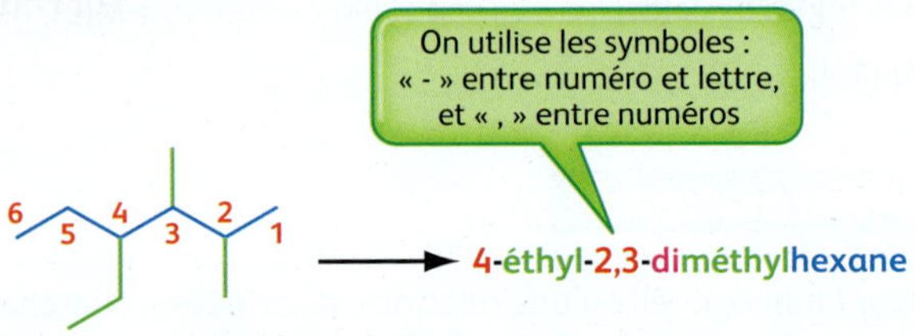

- Un halogénoalcane est nommé comme un alcane ramifié en considérant que l'atome d'halogène est un groupe substituant, dont le nom est fluoro, chloro, bromo ou iodo suivant la nature de l'atome d'halogène.

Exemple
1-bromo-3-méthylbutane

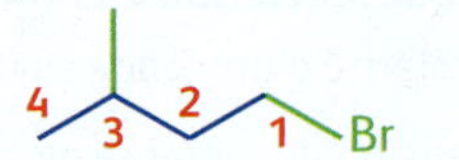

- Pour nommer un alcène, déterminer la chaîne carbonée linéaire la plus longue et contenant la double liaison. Le numéro du premier atome de carbone de la double liaison est le plus petit possible.

- Le nom de l'alcène est obtenu en substituant le suffixe -ane du nom de l'alcane correspondant à la chaîne carbonée linéaire la plus longue et contenant la double liaison, par le **suffixe -ène**, précédé du numéro du premier atome de carbone engagé dans la double liaison.

- Lorsque la chaîne carbonée est ramifiée, les groupes alkyle figurent en préfixe de la même manière que pour les alcanes.

Exemple

2 Nomenclature d'espèces à un seul groupe caractéristique

- Pour nommer une espèce possédant un seul groupe caractéristique, déterminer la chaîne carbonée linéaire la plus longue et contenant l'atome de carbone qui porte le groupe caractéristique ou contenant l'atome de carbone du groupe caractéristique. Elle est numérotée afin que cet atome de carbone ait le plus petit numéro.
- Le nom de la molécule est alors obtenu en retirant le -e final du nom de l'alcane ou de l'alcène correspondant à cette **chaîne carbonée** par le **suffixe caractéristique de la famille fonctionnelle** (**DOC. 3**). Lorsque la chaîne carbonée est ramifiée, les **groupes alkyle** figurent en préfixe.

Compléments

• Dans le cas des alcools, des cétones et des amines possédant le groupe amino $-NH_2$: la position du groupe caractéristique est en général précédée par le numéro de l'atome de carbone portant l'atome d'azote ou d'oxygène du groupe caractéristique ou de l'atome de carbone du groupe carbonyle.
• Dans le cas des esters, le nom est constitué de deux termes :
– le premier dérive du nom de l'acide carboxylique correspondant à la **chaîne carbonée** contenant l'atome de carbone du groupe caractéristique.
Le suffixe -oïque est remplacé par le suffixe **-oate** et le préfixe acide est retiré ;
– le second correspond au **groupe alkyle** lié à l'atome d'oxygène non engagé dans la double liaison du groupe caractéristique.

Famille fonctionnelle	Suffixe
amine (possédant le groupe $-NH_2$)	-amine
alcool	-ol
cétone	-one
aldéhyde	-al
amide (non substitué à l'azote)	-amide
ester	-oate (d'alkyle)
acide carboxylique	(acide) -oïque

3. Suffixes associés aux différentes familles fonctionnelles

Exemple

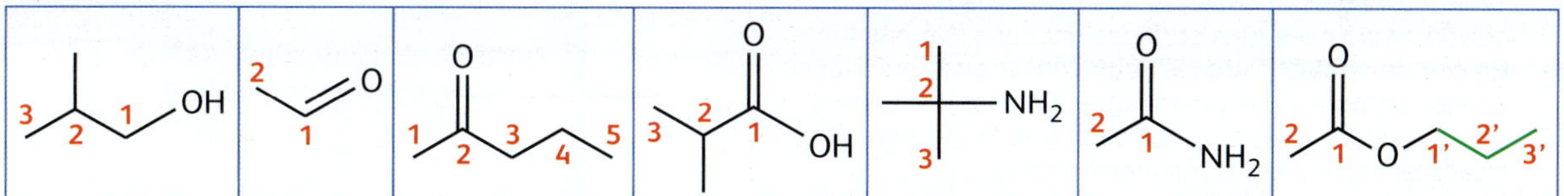

2-méthylpropan-1-ol	éthanal	pentan-2-one	acide 2-méthylpropanoïque	2-méthylpropan-2-amine	éthanamide	éthanoate de propyle

3 Nomenclature des espèces à plusieurs groupes caractéristiques

- Pour nommer une espèce polyfonctionnelle, déterminer d'abord ses familles fonctionnelles et leur ordre de priorité (**DOC. 4**).
- Identifier la chaîne carbonée linéaire la plus longue et contenant **le groupe caractéristique de la famille fonctionnelle prioritaire**.
- Le nom de la molécule s'obtient en retirant le -e final de l'alcane ou de l'alcène correspondant à cette **chaîne carbonée linéaire** par le suffixe caractéristique **du groupe de la famille fonctionnelle prioritaire**.
- Les éventuels **groupes alkyle** portés par la chaîne carbonée linéaire sont nommés comme pour les alcanes.
- Les **autres groupes caractéristiques** sont désignés par des préfixes tels que hydroxy pour le groupe -OH, oxo pour le groupe =O ou amino pour le groupe $-NH_2$.

Préfixes + Chaîne carbonée linéaire + Suffixe du groupe prioritaire

Priorité croissante

Acides carboxyliques
Esters
Amides
Aldéhydes
Cétones
Alcools
Amines

4. Extrait des règles de priorité des familles fonctionnelles.

Exemple

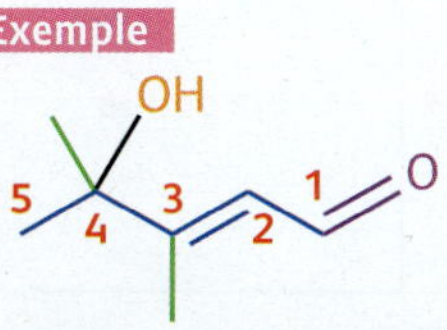

→ 4-hydroxy-3,4-diméthylpent-2-énal

Connaître les pictogrammes de danger

Chaque étiquette d'un flacon de produit chimique contient des informations sur les dangers dus à son utilisation et donne des conseils de prudence.

IDENTITÉ DU FOURNISSEUR

ACÉTONE

  → Pictogrammes de danger

DANGER → Mention d'avertissement. Il en existe deux : « DANGER » ou « ATTENTION »

Liquide et vapeurs très inflammables.
Provoque une sévère irritation des yeux.
Peut provoquer somnolence ou vertiges.
→ Mentions de danger

Tenir hors de portée des enfants.
Tenir à l'écart de la chaleur / des étincelles / des flammes nues /des surfaces chaudes. Ne pas fumer.
En cas de contact avec les yeux : rincer avec précaution à l'eau pendant plusieurs minutes. Enlever les lentilles de contact si la victime en porte et si elles peuvent être facilement enlevées. Continuer à rincer.
Stocker dans un endroit bien ventilé.
Maintenir le récipient fermé de manière étanche.
→ Conseils de prudence

L'exposition répétée peut provoquer dessèchement ou gerçures de la peau.
→ Informations complémentaires

Les pictogrammes de danger sont au nombre de neuf.

	**Je ronge** Brûlures de la peau et lésions oculaires graves		**J'altère la santé** par contact cutané, par ingestion, par inhalation		**Je tue** par contact cutané, par ingestion, par inhalation
	**Je nuis gravement à la santé** Risque CMR (cancérogène, mutagène ou reprotoxique)		**Je flambe** ou extrêmement inflammable		**Je fais flamber** Peut provoquer ou aggraver un incendie
	**Je suis sous pression** Peut exploser sous l'effet de la chaleur ou provoquer des brûlures cryogéniques		**J'explose**		**Je pollue**

Préparer et diluer une solution aqueuse

1 Préparer une solution aqueuse

Exemple

Préparer une solution aqueuse de saccharose de concentration en quantité de matière $c = 0{,}100\ \text{mol} \cdot \text{L}^{-1}$.

Matériel : balance de précision ; spatule ; coupelle ; entonnoir ; fiole jaugée de 250 mL ; eau distillée.

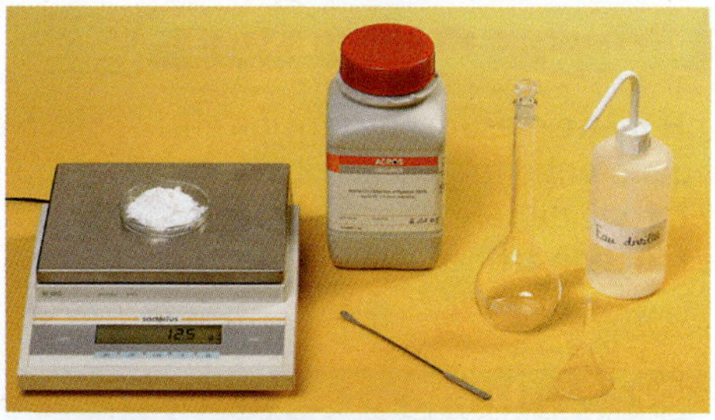

▲ Matériel utilisé pour réaliser une solution.

1. Calculer la masse de soluté à dissoudre en utilisant les relations :

$$c = \frac{n}{V} \quad \text{et} \quad n = \frac{m}{M}$$

Ici, $m = n \times M = c \times V \times M = 8{,}55$ g.

2. Poser la coupelle sur la balance et la tarer.

3. Peser 8,55 g de saccharose prélevé dans le flacon avec la spatule.

4. Placer l'entonnoir sur la fiole jaugée, verser le glucose dans la fiole.

5. Rincer avec l'eau distillée la coupelle et l'entonnoir (pour éviter toute perte de solide).

6. Remplir la fiole environ aux 3/4 avec de l'eau distillée, boucher et agiter latéralement afin de dissoudre le soluté.

7. Poser la fiole jaugée sur la paillasse et compléter avec de l'eau distillée jusqu'au trait de jauge.

8. Boucher la fiole jaugée et agiter de nouveau. Déboucher.

2 Diluer une solution aqueuse

Exemple

Diluer une solution S afin de diviser sa concentration par 10.

Matériel : bécher ; pipette jaugée de 10 mL ; fiole jaugée de 100 mL ; poire à pipeter ; eau distillée.

- Verser la solution à diluer dans le bécher.
- Fixer la poire à pipeter sur la pipette jaugée.

Puis :

① Prélever 10,0 mL de la solution S (tenir la pipette verticalement dans une main en tenant le bécher dans l'autre main et placer l'œil dans l'axe du ménisque).

② Introduire le prélèvement dans la fiole jaugée de 100 mL.

③ Remplir environ aux 2/3 avec de l'eau distillée et agiter latéralement.

④ Poser la fiole jaugée sur la paillasse et compléter avec de l'eau distillée jusqu'au trait de jauge. Boucher puis agiter de nouveau. Déboucher.

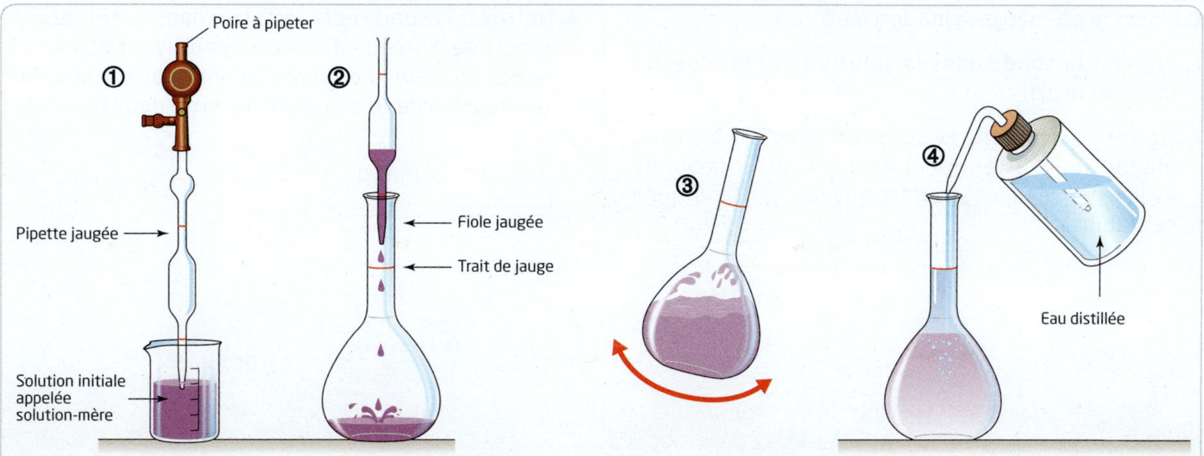

FICHE MÉTHODE 8

Utiliser un pH-mètre

1 Principe de la mesure

- Un pH-mètre mesure une tension entre deux électrodes qui plongent dans la solution. La tension entre l'électrode de référence et l'électrode de verre est une fonction affine du pH.
- La tension est amplifiée et affichée directement en unité de pH. Certains appareils sont constitués d'une sonde qui réunit les deux électrodes (électrodes combinées).

2 Précautions et entretien

Conserver toujours une électrode de mesure dans une solution de stockage.

Nettoyage d'une électrode

1. Placer le pH-mètre en position « *attente* ».
2. Sortir la sonde de sa solution de stockage et la nettoyer.
3. Mettre un bécher sous la sonde et la rincer avec de l'eau distillée au moyen d'une pissette.
4. Sécher délicatement avec du papier-filtre.

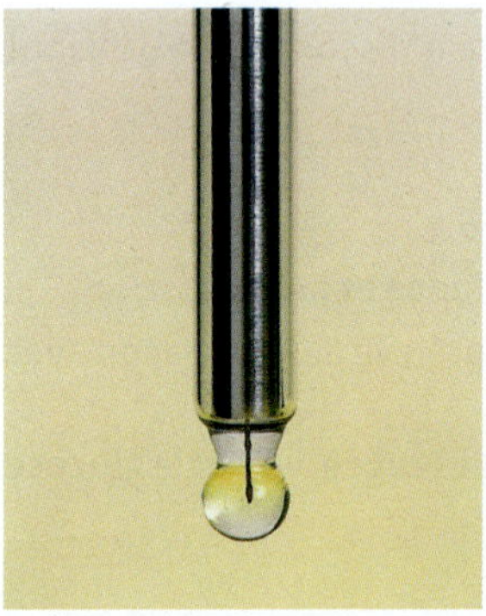

▲ Électrode de verre.

▲ Électrodes combinées.

3 Étalonnage d'un pH-mètre

1. Placer le pH-mètre en mode « *étalonnage* » et suivre les instructions qui s'affichent à l'écran.
2. Placer la sonde dans la solution d'étalonnage (solution tampon) de pH valant 7,0. Attendre que le pH-mètre se calibre seul, puis valider.
3. Nettoyer la sonde du pH-mètre.
4. Placer la sonde dans la solution d'étalonnage de pH valant 4,0. Attendre que le pH-mètre se calibre seul, puis valider.
5. Nettoyer la sonde du pH-mètre.

4 Mesure du pH d'une solution

Une mesure est toujours réalisée après étalonnage du pH-mètre.

1. Placer le pH-mètre en mode « *mesure* ».
2. Plonger la sonde dans la solution dont on désire mesurer le pH.
3. Agiter doucement la solution avec un barreau magnétique (attention à ne pas heurter la sonde avec le barreau) et attendre que la valeur indiquée se stabilise.
4. Nettoyer la sonde et la remettre dans sa solution de stockage. Lorsque des mesures doivent être effectuées en série, il est possible de plonger la sonde dans un bécher d'eau distillée entre deux mesures.

Utiliser un conductimètre

1 Description de l'appareil

L'ensemble conductimétrique est constitué de deux parties :
- une sonde conductimétrique ;
- un conductimètre.

Le conductimètre fournit la valeur de la résistance *R* ou de la conductance *G* de la colonne liquide de l'électrolyte contenue entre les plaques de la cellule.
Après étalonnage, le conductimètre affiche la conductivité σ de la solution.

2 La cellule conductimétrique

- Elle est constituée d'un corps en verre ou en matière plastique supportant deux plaques conductrices parallèles.
- Les cellules du commerce sont en acier inoxydable ou en platine recouvert de noir de platine (platine très divisé).
- Elles sont fragiles et doivent être nettoyées à l'eau distillée (au moyen d'une pissette) après la mesure.

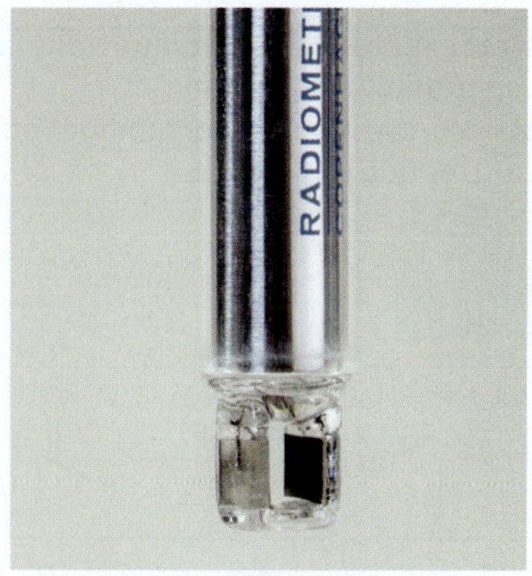

▲ **Sonde conductimétrique.**

3 Réaliser une mesure

- **Mesure de la conductivité σ**

1. Rincer la sonde à l'eau distillée. Essuyer délicatement sa partie externe à l'aide d'un papier absorbant.

2. Relever la température de la pièce et lire la valeur de la conductivité $\sigma_{\text{étalon}}$ de la solution d'étalonnage à cette température dans une table de données. La solution d'étalonnage est généralement une solution de chlorure de potassium à 0,100 mol · L^{-1}.

3. Placer le conductimètre en mode « étalonnage ». Plonger la sonde dans la solution d'étalonnage. Agiter quelques instants puis cesser l'agitation. Attendre que la valeur à l'écran se stabilise, et la corriger afin qu'elle prenne la valeur $\sigma_{\text{étalon}}$.

4. Retirer la sonde, la rincer et l'essuyer.

5. Placer le conductimètre en mode « *mesure* ».

6. Plonger la sonde dans la solution dont on désire mesurer la conductivité σ ou la conductance *G*. Attendre que la valeur se stabilise et faire la mesure.

- **Mesure de la conductance *G***

Réaliser les opérations **1**, **5** et **6** précédentes.

Remarques

• Les conductimètres numériques peuvent afficher la conductivité en S/m ou en mS/m.
• Les mesures de conductimétrie doivent se faire sans agitation ou avec une faible agitation magnétique (environ 1 tour par seconde).
• Lors d'un titrage conductimétrique ou d'un dosage par étalonnage, la conductivité permet de repérer le volume à l'équivalence. L'opération d'étalonnage n'est alors pas nécessaire.

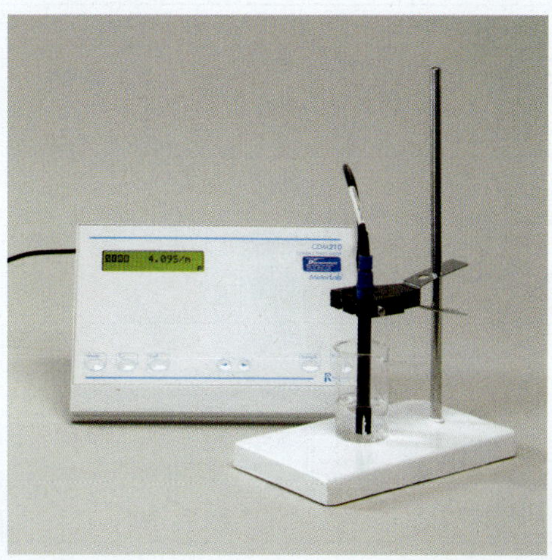

▲ **Conductimètre et sonde conductimétrique.**

Utiliser une banque de réactions

Définitions

Une **banque de réactions** en chimie organique permet d'identifier des transformations possibles d'un substrat organique en produit, en précisant les réactifs et les éventuels catalyseurs nécessaires.

Les transformations sont présentées sous la forme ci-contre.

$$\textbf{Substrat} \xrightarrow[\text{[Catalyseur]}]{\text{Réactif(s)}} \textbf{Produit}$$

- Le **substrat** est l'espèce organique dont la transformation en **produit** est analysée.
- Les **réactifs** sont les espèces, organiques ou non organiques, autres que le substrat.
- Si un éventuel **catalyseur** est nécessaire pour une transformation d'une durée compatible avec les conditions expérimentales, il est noté entre crochets.

Lorsque les réactifs sont précédés d'un numéro, il s'agit de transformations successives qui doivent être réalisées dans l'ordre de la numérotation.

Sauf mention contraire, *R*, *R*', *R*", *R*¹ ou *R*² désignent un atome d'hydrogène ou un groupe d'atomes qui se lie aux autres par l'intermédiaire d'un de ses atomes de carbone. H⁺ désigne un acide non précisé.

1 Alcools

1
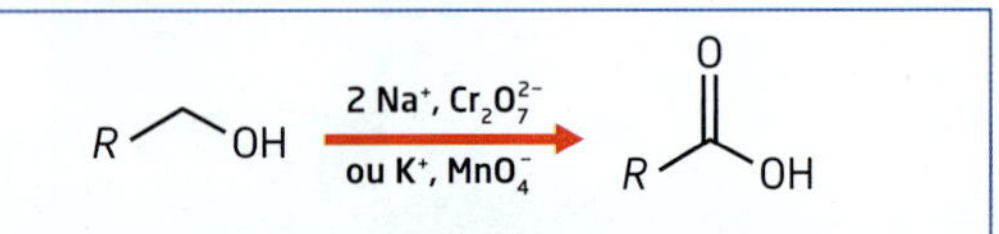

2
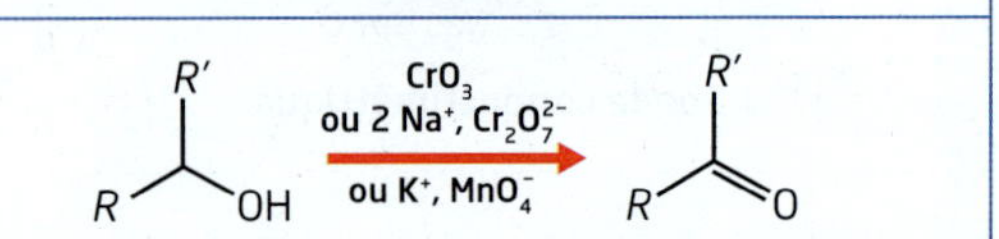

3
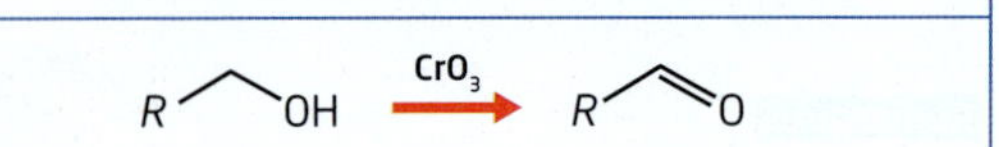

4
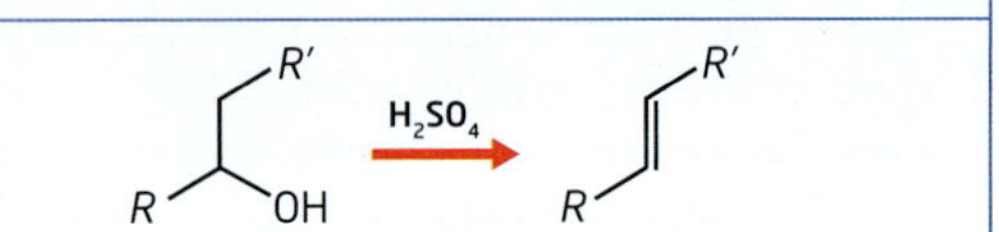

5
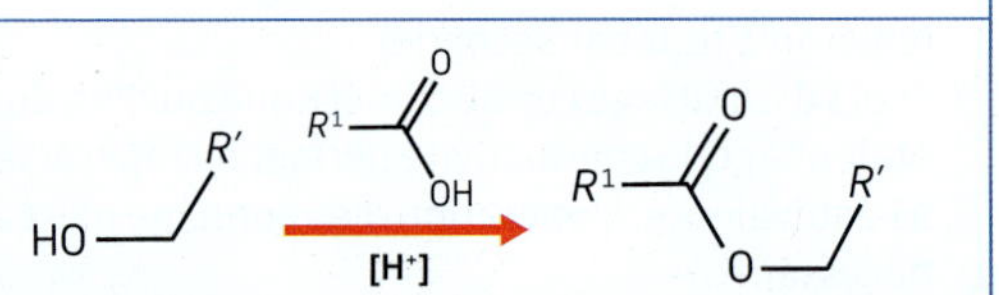

6
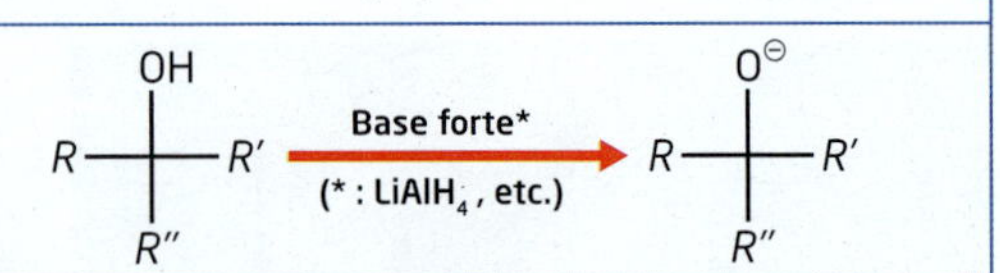

7
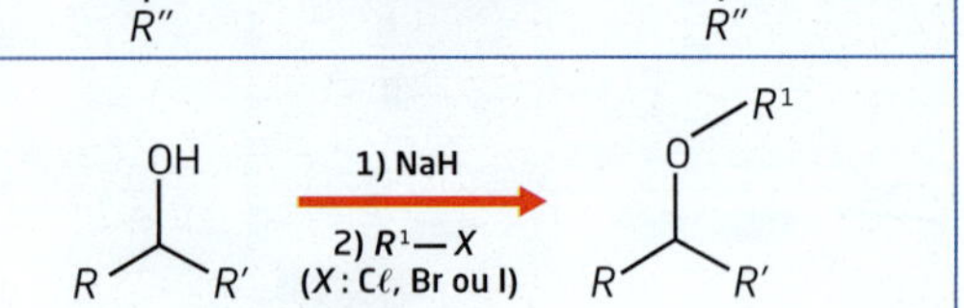

8
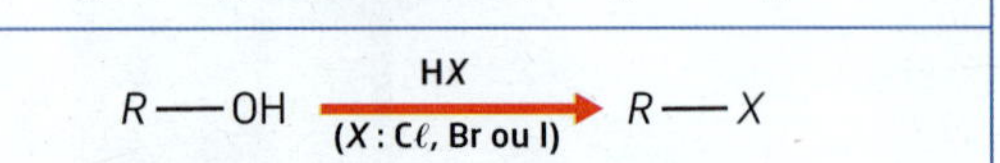

9
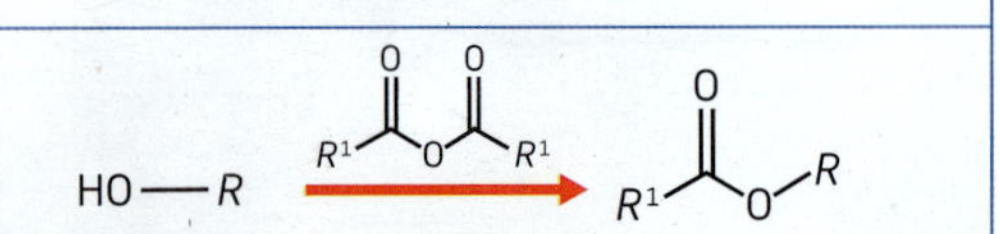

2 Aldéhydes et des cétones

10
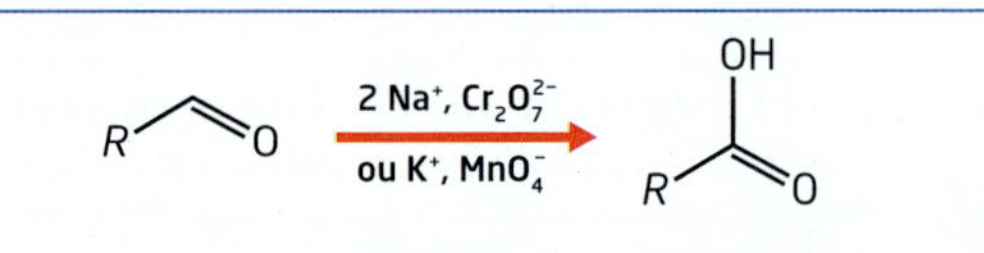

11
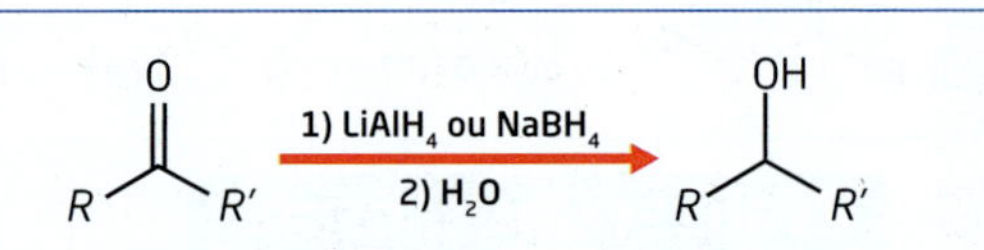

12
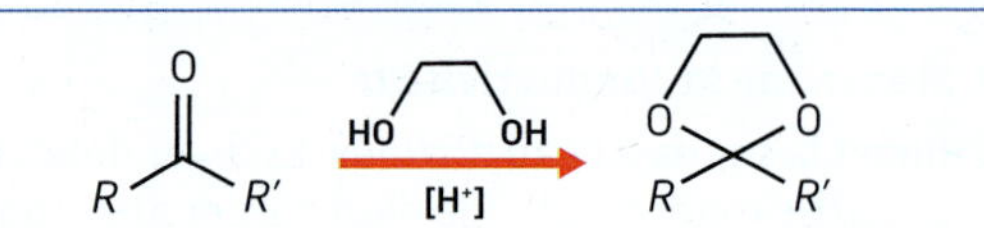

13
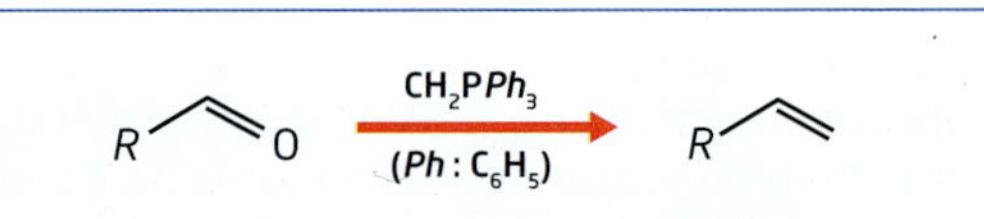

14
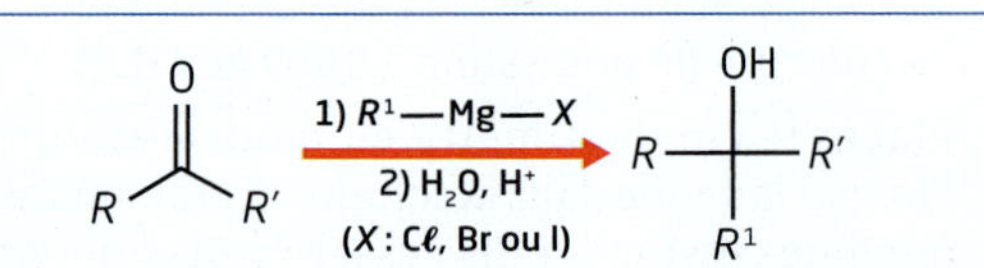

15
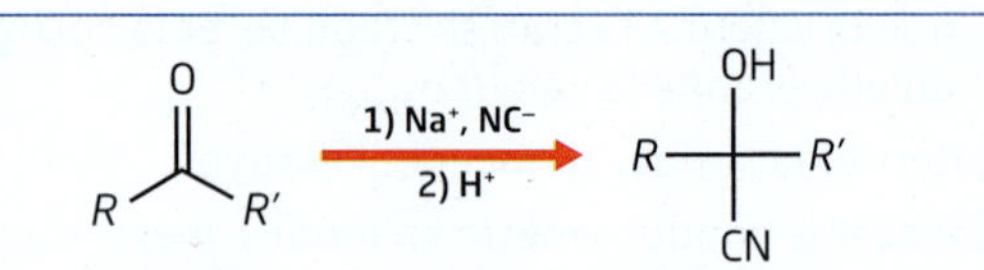

16
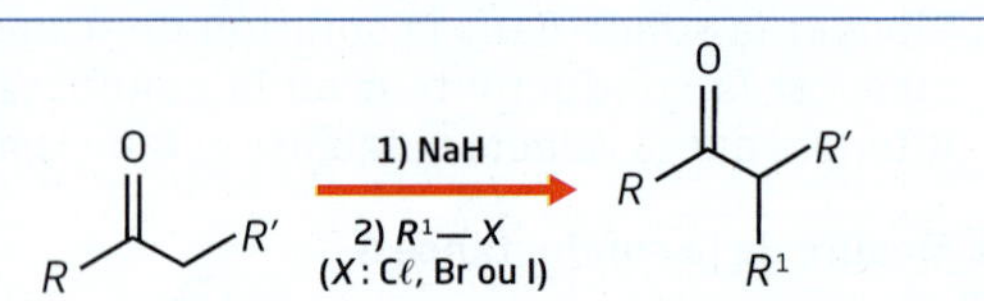

1 Halogénoalcanes (*X* : Cl, Br ou I)

17 $R-X \xrightarrow{Na^+, HO^-} R-OH$

18 $R-X \xrightarrow{Na^+, NC^-} R-CN$

19 $R-X \xrightarrow{Mg} R-Mg-X$

20 $R-X \xrightarrow[(X : C\ell, \text{Br ou I})]{R^1-Mg-X} R-R^1$

2 Acides carboxyliques

21

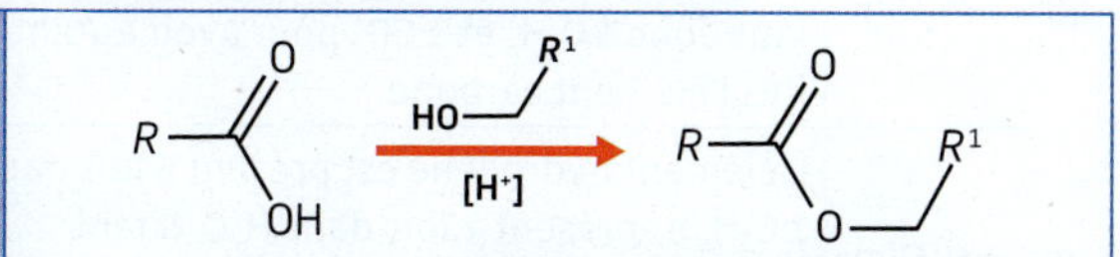

22

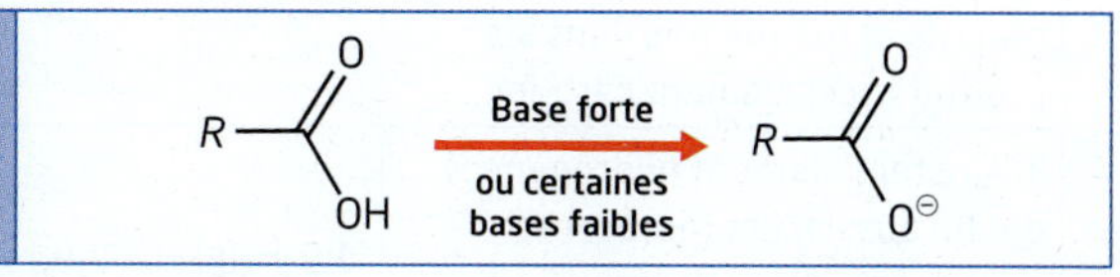

23

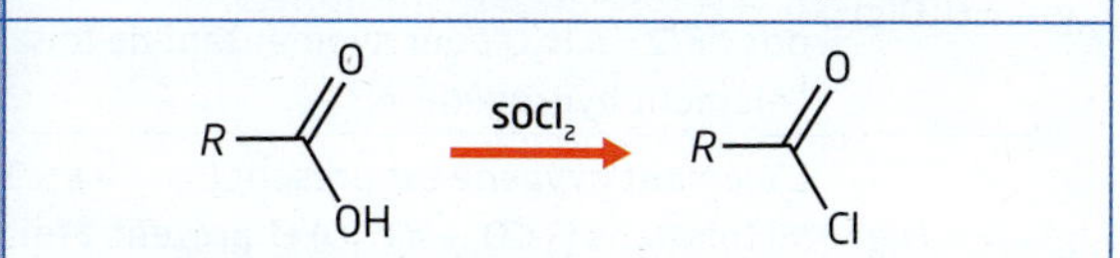

3 Esters

24

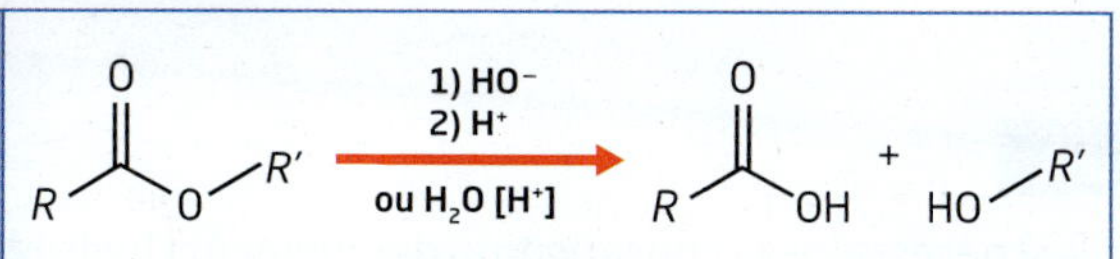

25

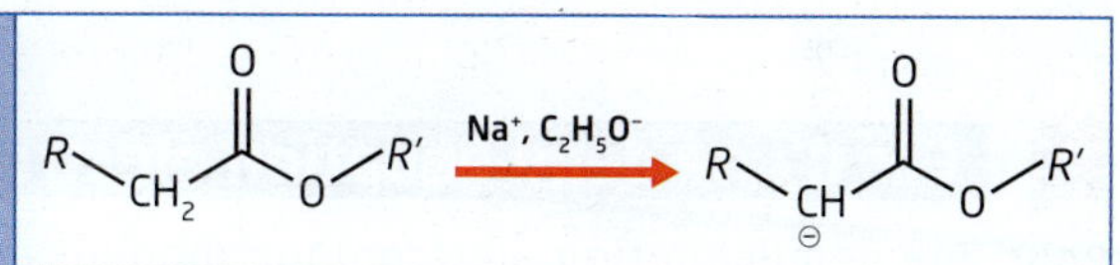

26

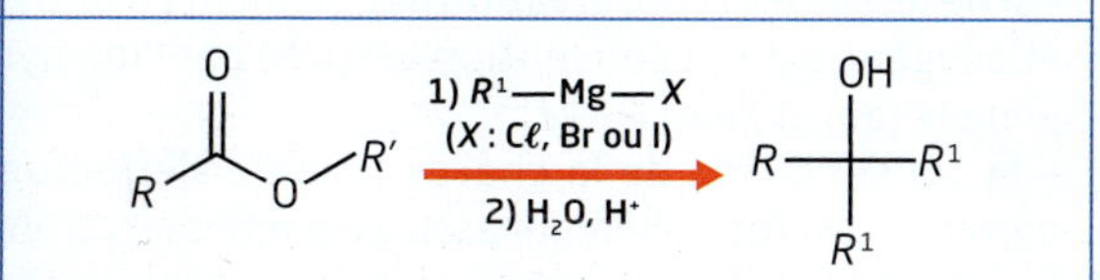

27

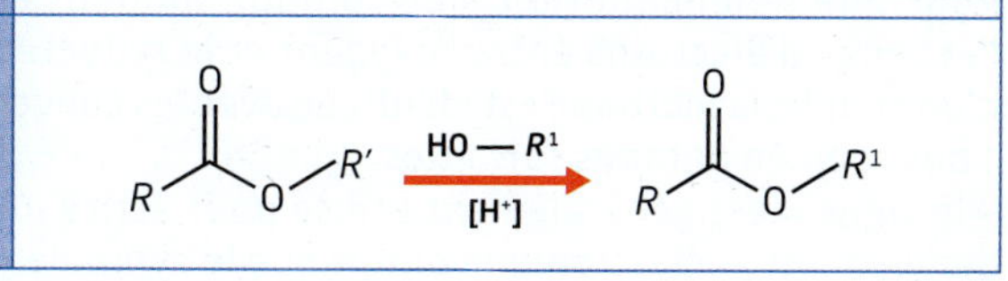

28

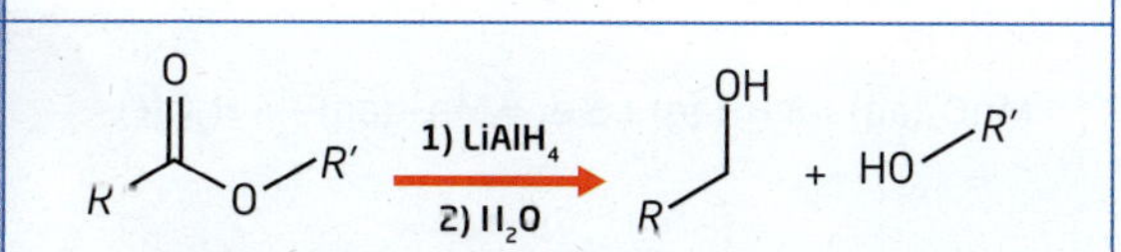

4 Autres familles fonctionnelles

29*

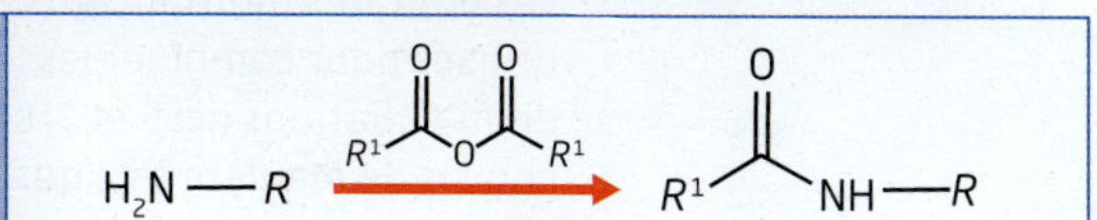

30

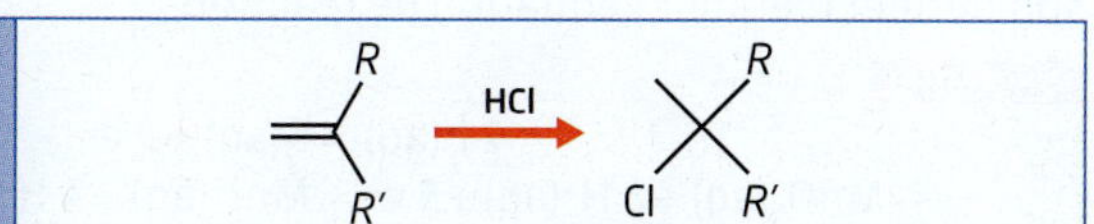

31**

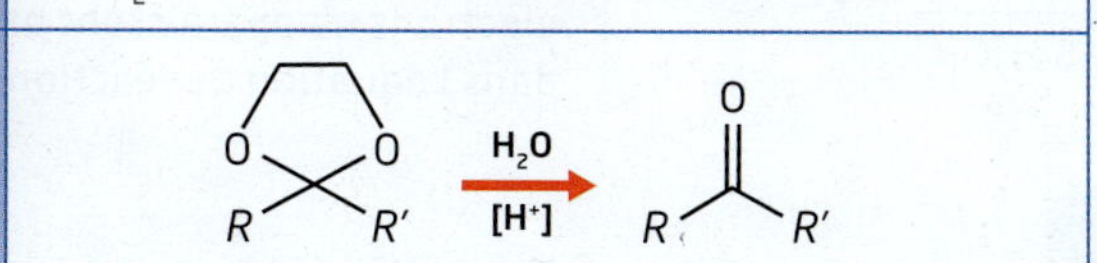

32**

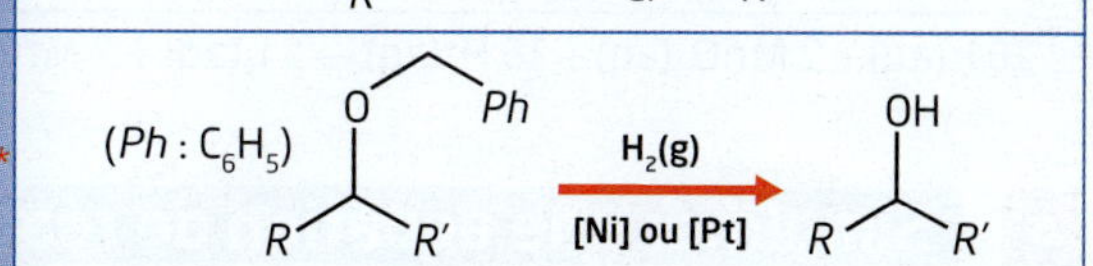

33

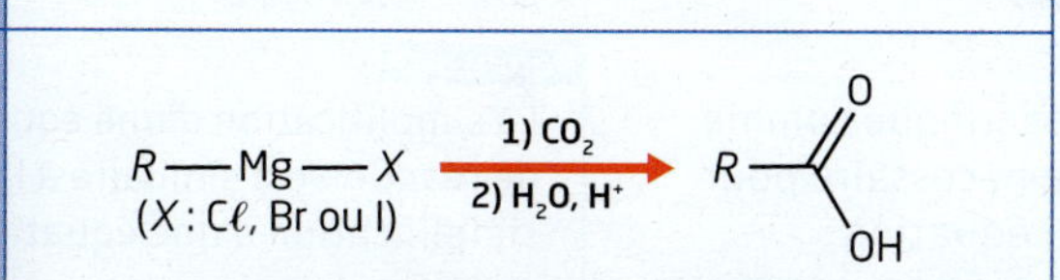

34

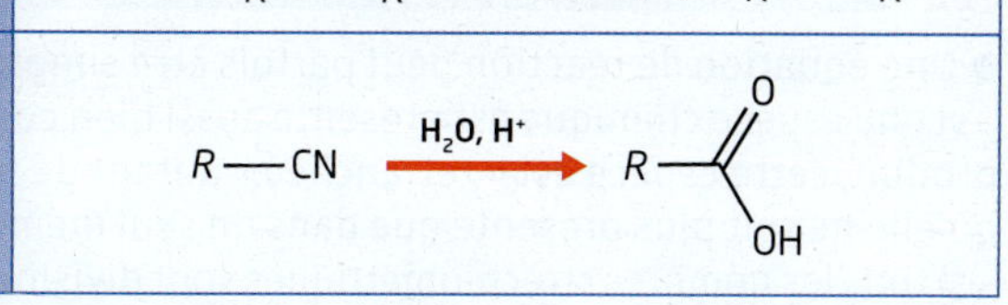

35** $R-NO_2 \xrightarrow[2)\ H_2O,\ HO^-]{1)\ LiAlH_4} R-NH_2$

* Les amines ne réagissent pas avec l'eau, en présence d'une quantité catalytique d'un acide.
** Les substrats de ces réactions ne réagissent dans aucune autre condition expérimentale usuelle.

FICHE MÉTHODE 11

Ajuster une équation de réaction

1 Cas général

Exemple

1. Combustion du propane.	... $C_3H_8(g)$ + ... $O_2(g) \rightarrow$ ... $CO_2(g)$ + ... $H_2O(g)$	À ce stade, l'équation n'est pas encore ajustée.
2. Ajuster un élément qui n'est représenté qu'une fois dans les réactifs et qu'une fois dans les produits, ici l'élément carbone.	1 $C_3H_8(g)$ + ... $O_2(g) \rightarrow$ **3** $CO_2(g)$ + ... $H_2O(g)$	L'élément carbone est présent **3** fois dans C_3H_8 et **1** fois dans CO_2 (équivalent à C_1O_2). Il faut donc **1** C_3H_8 et **3** CO_2 pour avoir autant de fois l'élément carbone.
3. Ajuster l'élément hydrogène H qui lui aussi n'est représenté qu'une fois dans les réactifs et qu'une fois dans les produits.	1 $C_3H_8(g)$ + ... $O_2(g) \rightarrow$ **3** $CO_2(g)$ + **4** $H_2O(g)$	L'élément hydrogène est présent **8** fois dans 1 C_3H_8 et présent **2** fois dans H_2O. Il faut donc **8**/**2** = **4** H_2O pour avoir autant de fois l'élément hydrogène.
4. Ajuster l'élément oxygène, représenté dans plusieurs espèces chimiques.	1 $C_3H_8(g)$ + **5** $O_2(g) \rightarrow$ **3** $CO_2(g)$ + **4** $H_2O(g)$	L'élément oxygène est présent (**3** × **2** + **4** × **1**) = **10** fois dans (**3** CO_2 + **4** H_2O) et présent **2** fois dans O_2. Il faut donc **10**/**2** = **5** O_2.
5. Le nombre 1 est sous-entendu devant la formule d'une espèce.	$C_3H_8(g)$ + **5** $O_2(g) \rightarrow$ **3** $CO_2(g)$ + **4** $H_2O(g)$	Ici les nombres de charges sont ajustés : 0 à gauche et 0 à droite.

2 Cas d'une demi-équation électronique

Pour une demi-équation électronique modélisant l'échange d'électrons entre l'oxydant et le réducteur d'un couple, la méthode est identique avec les conventions supplémentaires suivantes :
– le signe = est généralement utilisé pour écrire une demi-équation électronique plutôt que le symbole → car la demi-équation électronique est un **outil formel** de détermination d'une équation d'oxydoréduction ;
– si nécessaire, la conservation des éléments hydrogène et oxygène est par convention assurée par l'ion hydrogène $H^+(aq)$ et l'eau $H_2O(\ell)$;
– la conservation de la charge globale s'effectue en dernier et est formellement assurée par des électrons e^-.

Exemple

$MnO_4^-(aq) + 8\,H^+(aq) + 5\,e^- = Mn^{2+}(aq) + 4\,H_2O(\ell)$

3 Cas d'une réaction d'oxydoréduction

Lorsque deux demi-équations électroniques ont été établies, leur combinaison permet d'établir l'équation de réaction.

Exemple

$$2\,I^-(aq) = I_2(aq) + 2\,e^- \qquad \times 5$$
$$MnO_4^-(aq) + 8\,H^+(aq) + 5\,e^- = Mn^{2+}(aq) + 4\,H_2O(\ell) \qquad \times 2$$
$$10\,I^-(aq) + 2\,MnO_4^-(aq) + 16\,H^+(aq) \rightarrow 5\,I_2(aq) + 2\,Mn^{2+}(aq) + 8\,H_2O(\ell)$$

Remarque

Les nombres multiplicatifs utilisés pour combiner les demi-équations (ici **5** et **2**) sont choisis de manière à ce que les électrons n'apparaissent pas dans l'équation de réaction.

4 Simplifier une équation de réaction

- Une équation de réaction peut parfois être simplifiée :
– si une espèce chimique est présente aussi bien comme réactif que comme produit, cette espèce est « retranchée » autant de fois que nécessaire pour qu'elle ne soit plus présente que dans un seul membre de l'équation ;
– si tous les nombres stœchiométriques sont divisibles par un même nombre entier, il est possible de tous les diviser par ce nombre entier.
- Les nombres stœchiométriques traduisent la proportionnalité entre les quantités des réactifs consommés et celles des produits formés. Écrire une équation de réaction avec des nombres stœchiométriques non entiers est possible.

Remarque

La simplification d'une équation de réaction est similaire à la simplification d'une équation mathématique.

Exemple

$$CH_4O(\ell) + \frac{3}{2}O_2(g) \rightarrow CO_2(g) + 2\,H_2O(g)$$

Utiliser un multimètre

1 Un multimètre permet de mesurer une intensité, une tension, une résistance et une capacité

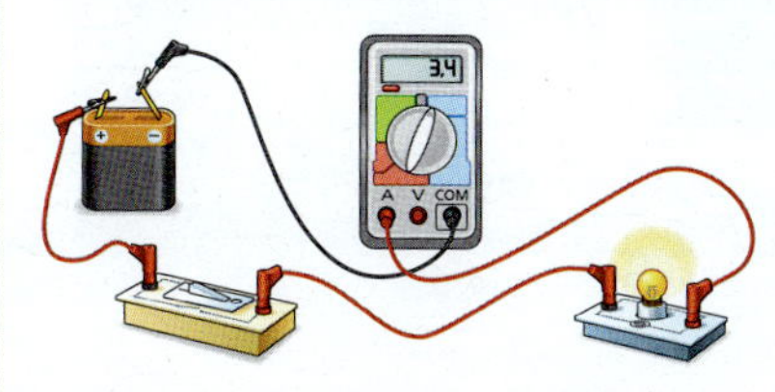	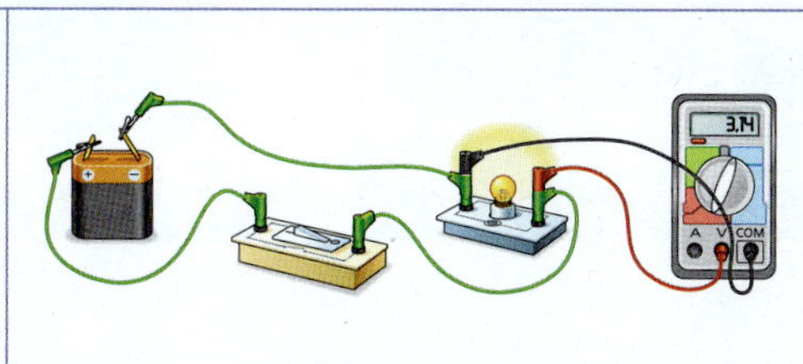	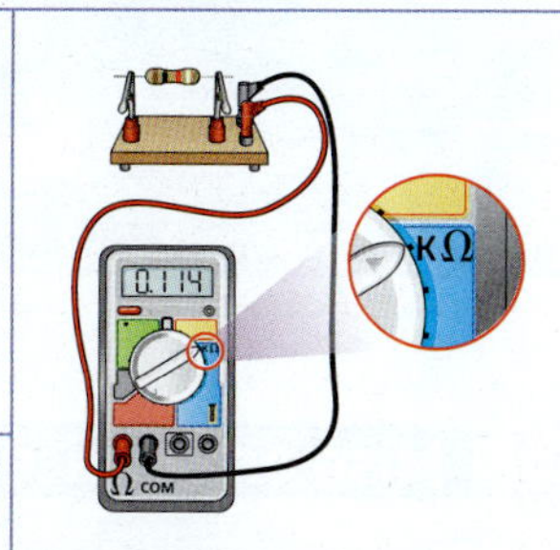
Mesure de l'intensité du courant électrique qui traverse une lampe (avec le multimètre branché en ampèremètre en série dans le circuit)	Mesure de la tension électrique aux bornes d'une lampe (avec le multimètre branché en voltmètre en dérivation dans le circuit)	Mesure de la résistance d'un conducteur ohmique

2 Exemple de l'utilisation du multimètre pour la mesure d'une intensité

3 Régler le calibre pour améliorer la précision

- Convertir en mA la valeur d'intensité qui est affichée en A.
- Si cette valeur est inférieure à 2 000 mA, couper le courant, connecter le fil d'entrée du courant sur la borne mA et choisir le calibre 2 000 mA.
- Ensuite, si la valeur du courant mesurée est inférieure à 200 mA, utiliser le calibre 200 mA.
- Idem pour 20 mA.

2 Choisir la zone de mesure

- Choisir la zone de l'intensité (notée A).
- Commencer la première mesure avec le plus grand calibre 10 A (en rouge sur la photo).

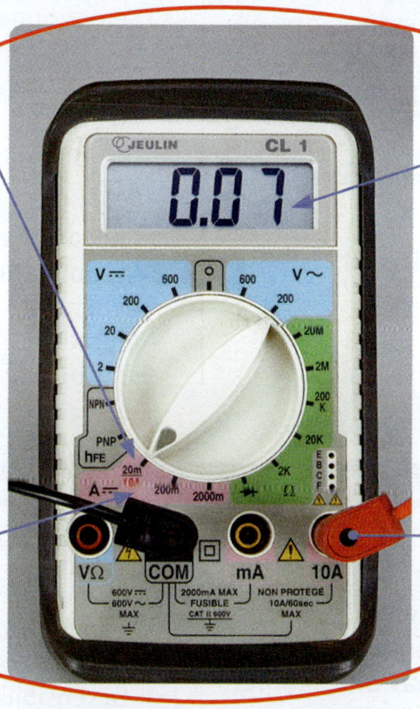

4 Noter la valeur mesurée

- Utiliser le symbole I de l'intensité.
- Associer l'unité indiquée par la borne d'entrée.
Exemple : $I = 0{,}07\ \text{A} = 7 \times 10^1\ \text{mA}$.

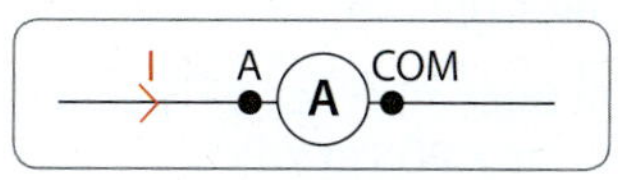

Schéma d'un ampèremètre

1 Connecter l'ampèremètre

Utiliser les bornes 10 A et COM et les relier aux bornes du dipôle.

⚠ La borne A se branche du côté de la borne + du générateur et la borne COM du côté de la borne –, sinon l'ampèremètre affiche une valeur négative.

3 Exemple de réglage du calibre pour mesurer l'intensité avec une meilleure précision

Calibre 10 A	Calibre 2 000 mA	Calibre 200 mA		Calibre 20 mA	
	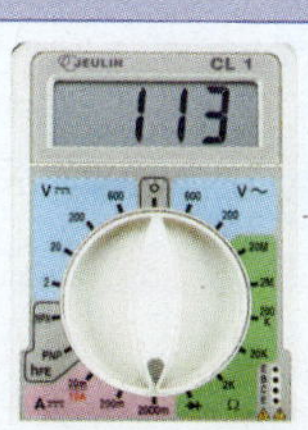	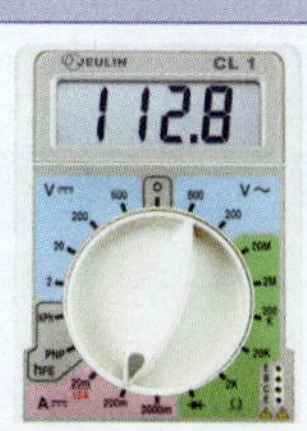	C'est la mesure la plus précise : on connaît la valeur de l'intensité avec davantage de chiffres significatifs.		⚠ Le calibre est trop petit : l'ampèremètre ne peut pas mesurer cette intensité. Le fusible de l'ampèremètre risque de fondre.

Utiliser un oscilloscope

Animation

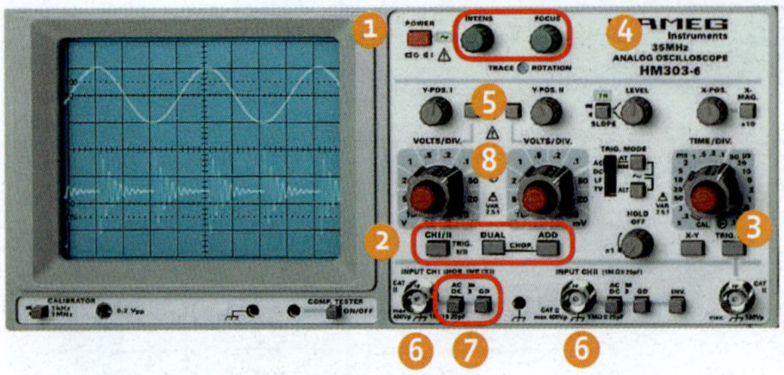

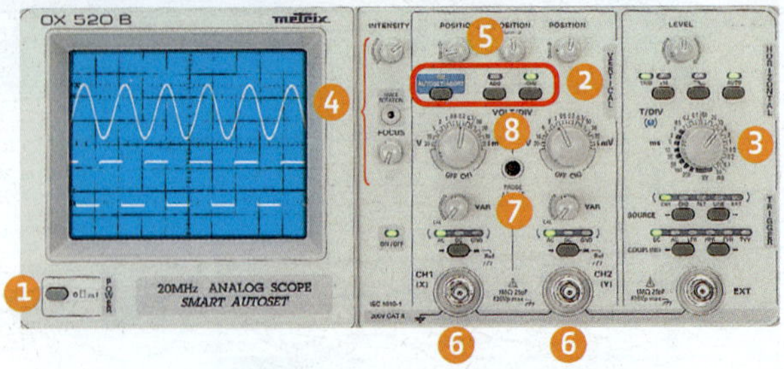

1 Mise en service et réglages

❶ Mettre l'appareil sous tension à l'aide de l'interrupteur Marche/Arrêt, désigné POWER.
Une DEL s'illumine.

❷ Sélectionner une voie (bouton CH I sorti) ou deux voies (bouton DUAL enfoncé).

❸ Régler la sensibilité horizontale (base de temps ou encore durée de balayage) à une valeur moyenne après avoir vérifié que la commande de réglage continu VAR est en butée à gauche.

❹ Régler la luminosité (bouton INTENS) et la finesse de la trace (FOCUS).

❺ Ajuster la trace au milieu de l'écran sur l'axe 0 V à l'aide des boutons X-POS et Y-POS.

2 Visualiser une tension

❻ Appliquer la tension à étudier à l'une des voies.

ATTENTION

Pour visualiser la tension u_{AM}, A doit être relié à la borne rouge et M à la borne noire (masse).

❼ Sélectionner le type de tension :
DC : tension complète
ou AC : tension alternative seule.
En cours d'utilisation, positionner le sélecteur sur GND ou GD de la voie utilisée avant d'ajuster la trace à 0 V.

❽ Choisir la sensibilité verticale après avoir vérifié que la commande de réglage continu VAR est en butée à gauche.
Ajuster la sensibilité horizontale (voir ❸) pour que la courbe occupe au mieux les dimensions de l'écran.

3 Mesurer une durée et une tension maximale ou minimale

3.1. Mesurer une durée

- Compter à l'écran le nombre de divisions correspondant à une période T de la courbe : repérer pour cela deux passages successifs du spot par une même valeur et dans le même sens.
- Calculer la période en tenant compte de la sensibilité horizontale (en s/div).

3.2. Mesurer une tension

- Compter à l'écran le nombre de divisions correspondant à U_{max} ou U_{min}.
- Calculer U_{max} ou U_{min} en tenant compte de la valeur de la sensibilité verticale (en V/div).

Exemple

– La sensibilité horizontale est 50 µs/div.
On compte 4,2 divisions pour une période.
D'où : $T = 50 \times 10^{-6}$ µs/div × 4,2 div = $2,1 \times 10^{-4}$ s.
– La sensibilité verticale est de 2 V/div.
On compte 3 divisions pour U_{max} et –2 divisions pour U_{min}.
D'où : U_{max} = 2 V/div × 3 div = 6 V
et U_{min} = –2 V/div × 2 div = – 4 V.

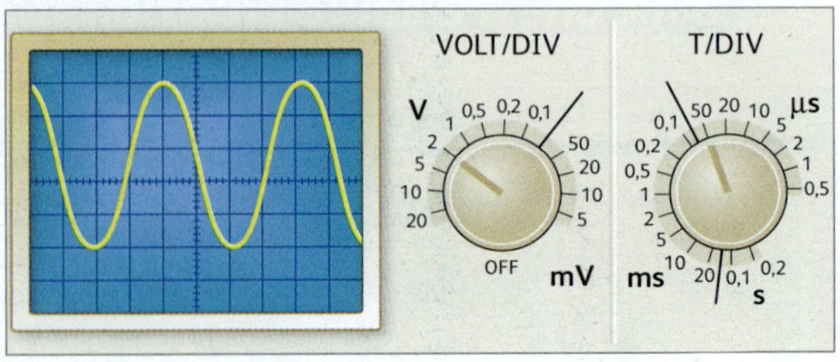

Proportionnalité

1 Définitions

- Deux séries de nombres ou deux grandeurs sont **proportionnelles** si on peut passer de l'une à l'autre en **multipliant** ou en **divisant** la première par une **même constante non nulle**. Dans le cas où l'on multiplie, ce facteur constant est appelé **coefficient de proportionnalité**.
- Si la grandeur y est proportionnelle à la grandeur x, alors la fonction qui associe x à y est une **fonction linéaire** : $y = ax$, a étant le coefficient de proportionnalité. La représentation graphique de cette fonction est **une droite qui passe par l'origine** du repère et de coefficient directeur a.

Exemple

La distance d parcourue par un corps se déplaçant à une vitesse de valeur constante v pendant une durée Δt est : $d = v \times \Delta t$.
On dit alors que d et Δt sont proportionnelles, de coefficient de proportionnalité v.

2 Égalité des quotients

L'égalité des quotients entre différentes valeurs de deux grandeurs proportionnelles est au cœur de la proportionnalité, le coefficient de proportionnalité étant défini comme le quotient des deux grandeurs.

Exemple

Évolution de la distance d parcourue par une voiture, modélisée par un point matériel, en fonction de la durée Δt du parcours.

- **Représentation sous forme de tableau**

Distance d parcourue (en km)	0	80	160	240
Durée Δt du parcours (en h)	0	1,0	2,0	3,0

$\times v = 80\ \text{km}\cdot\text{h}^{-1}$ coefficient de proportionnalité

- **Représentation graphique**

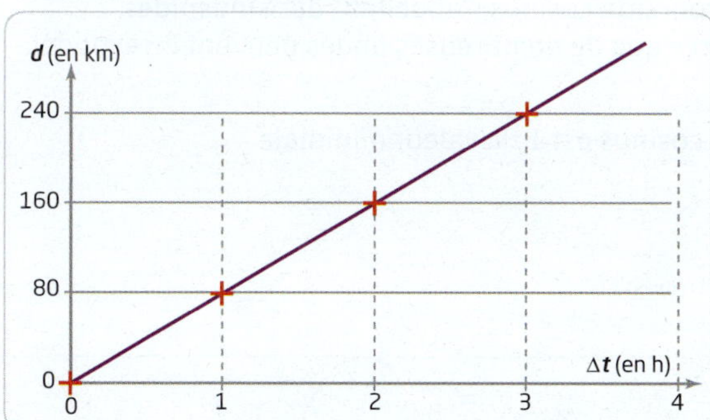

- **Représentation algébrique**

$$v = \frac{d}{\Delta t} = \frac{80\ \text{km}}{1{,}0\ \text{h}}$$
$$v = \frac{160\ \text{km}}{2{,}0\ \text{h}}$$
$$v = \frac{240\ \text{km}}{3{,}0\ \text{h}}$$
$$v = 80\ \text{km}\cdot\text{h}^{-1}.$$

ASTUCE

Écrire les unités dans les calculs intermédiaires peut être utile, mais ce n'est pas du tout obligatoire. L'unité est en revanche indispensable dans l'écriture finale du résultat.

Trigonométrie

1 Sinus et cosinus d'un angle

- Dans le repère orthonormé de centre O, le **cercle trigonométrique** est le cercle de centre O et de rayon 1, et parcouru dans le sens inverse des aiguilles d'une montre, appelé **sens trigonométrique**.
- On considère un point M appartenant au cercle trigonométrique.
On note l'angle $i = \widehat{(OI,OM)}$. Alors :
– le cosinus de l'angle i, noté $\cos(i)$, est l'abscisse du point M ;
– le sinus de l'angle i, noté $\sin(i)$, est l'ordonnée du point M.

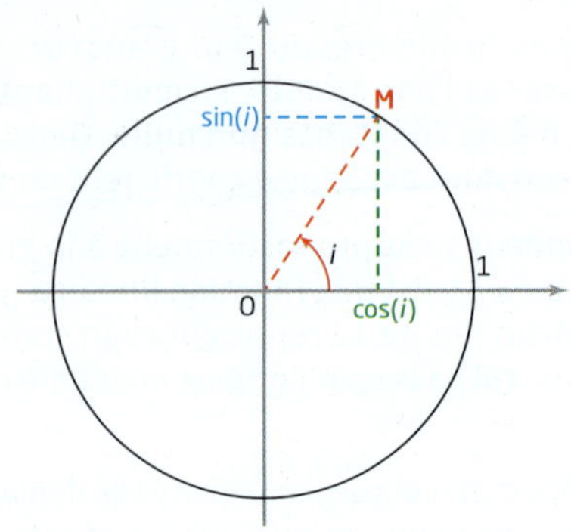

- Certaines valeurs du cosinus et du sinus d'un angle sont remarquables :
$\cos(0°) = 1$; $\sin(0°) = 0$; $\cos(90°) = 0$; $\sin(90°) = 1$, ainsi que celles sur la figure ci-contre.

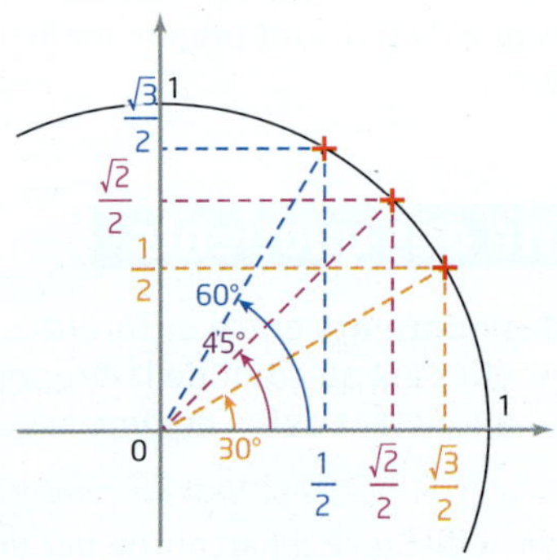

- Avec une calculatrice, on peut déterminer la valeur d'un angle i si on connaît la valeur de son sinus. Il faut pour cela utiliser la **fonction réciproque de la fonction sinus**, appelée arcsinus, et souvent notée **$\sin^{-1}$** sur les calculatrices.
Par exemple, si $\sin i = 0{,}420$, alors on tape 0 , 4 2 0 $\sin^{-1}$. La calculatrice affiche 25 si elle a été paramétrée pour afficher les angles en degré. L'angle i vaut donc 25°.

2 Les fonctions sinus et cosinus

- Les courbes représentatives de la fonction sinus et de la fonction cosinus s'appellent des **sinusoïdes**.
Elles intéressent beaucoup les physiciens notamment parce que de nombreuses ondes peuvent être modélisées par une évolution sinusoïdale.
- La valeur maximale de la fonction sinus ou de la fonction cosinus est 1 ; la valeur minimale de la fonction sinus ou de la fonction cosinus est –1.
- Les fonctions sinus et cosinus sont **périodiques**.

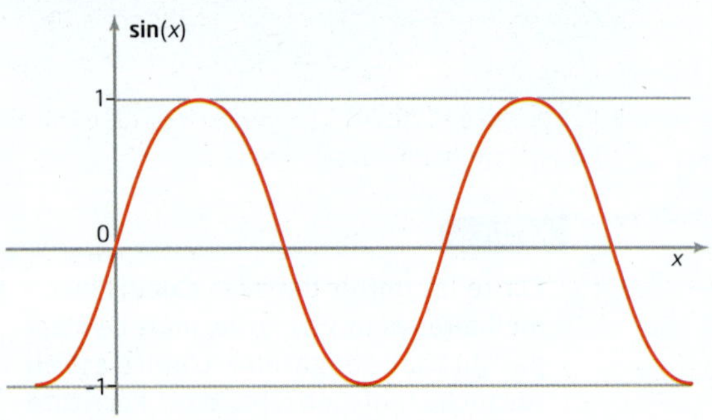

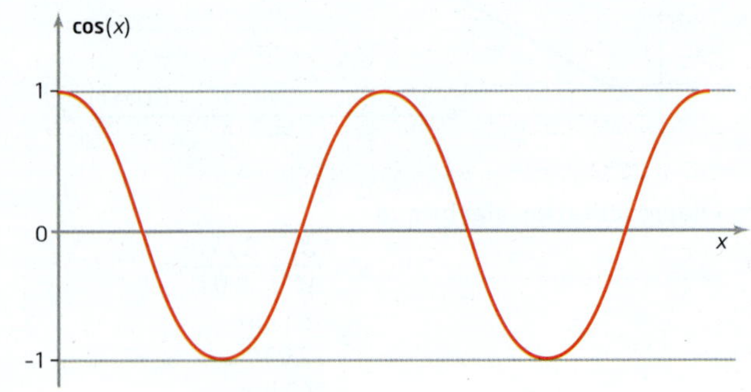

Les fonctions logarithme

1 Logarithme népérien

- La fonction **logarithme népérien**, notée **ln(*x*)**, est définie sur l'intervalle $]0\,;+\infty[$.
  C'est la primitive de la fonction $x \mapsto \frac{1}{x}$, telle que $\ln(1) = 0$.
  Cette fonction est disponible sur les calculatrices scientifiques en appuyant sur la touche **ln**.
  Sa courbe représentative est présentée ci-dessous.

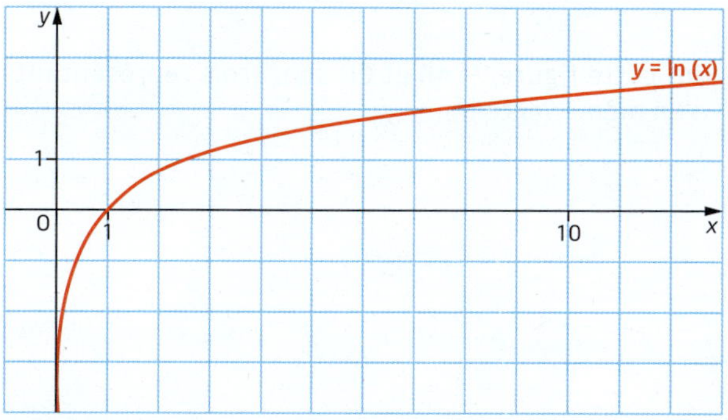

Les principales propriétés de cette fonction sont les suivantes.
Pour tout *a* et *b* de $]0\,;+\infty[$, pour tout nombre *c* :

- $\ln(1) = 0$ et $\ln(e) = 1$
- $\ln(a \times b) = \ln(a) + \ln(b)$
- $\ln(a^c) = c \times \ln(a)$
- $\ln\left(\frac{a}{b}\right) = \ln(a) - \ln(b)$
- $\ln(a) = c \Leftrightarrow a = e^c$.

2 Logarithme décimal

- La fonction **logarithme décimal**, notée **log (*x*)**, est définie sur l'intervalle $]0\,;+\infty[$ par :

$$\log(x) = \frac{\ln(x)}{\ln(10)}$$

Cette fonction est disponible sur les calculatrices scientifiques en appuyant sur la touche **log**.
Sa courbe représentative est présentée ci-dessous.

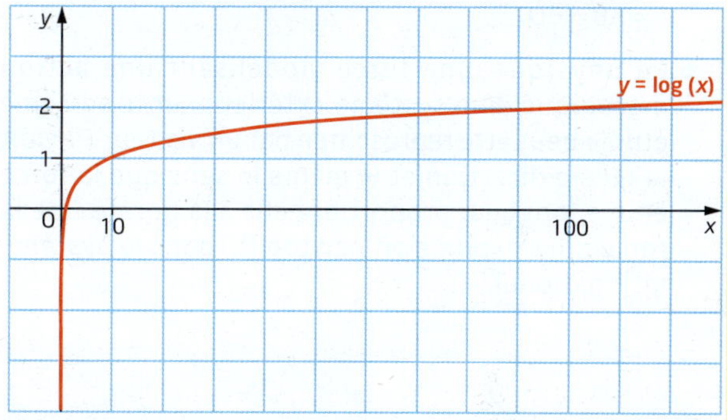

Les principales propriétés de cette fonction sont les suivantes.
Pour tout *a* et *b* de $]0\,;+\infty[$, pour tout nombre *c* :

- $\log(1) = 0$ et $\log(10) = 1$
- $\log(a \times b) = \log(a) + \log(b)$
- $\log(a^c) = c \times \log(a)$
- $\ln\left(\frac{a}{b}\right) = \log(a) - \log(b)$
- $\log(a) = c \Leftrightarrow a = 10^c$.

3 Échelle logarithmique

Le logarithme décimal est un outil mathématique particulièrement utile pour faire des représentations de grandeurs physiques qui prennent des valeurs s'étalant sur plusieurs ordres de grandeurs.

Exemple 1 L'intensité perceptible par l'oreille humaine peut varier de 10^{-12} W·m^{-2} à 1 W·m^{-2}. Son rapport à l'intensité sonore de référence $I_0 = 10^{-12}$ W·m^{-2} s'étend donc de 1 à 10^{12}, ce qui ne peut pas être représenté sur une échelle linéaire. En revanche, l'expression du niveau d'intensité sonore $L = 10\log\left(\frac{I}{I_0}\right)$ s'étend de 0 à 120 dB, ce qui peut être représenté sur une échelle linéaire.

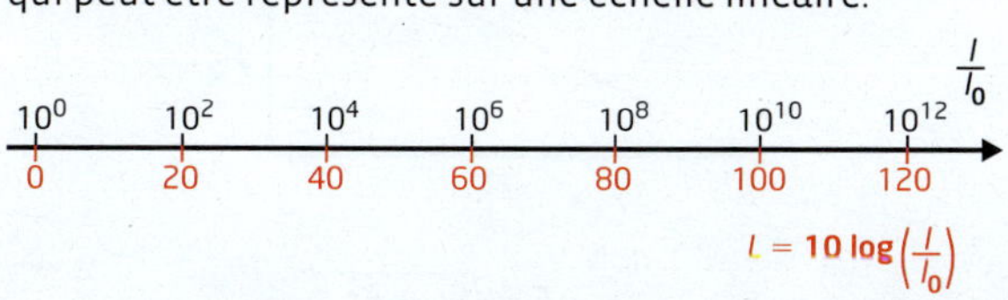

Exemple 2 En solution aqueuse, la concentration en quantité d'ion oxonium H_3O^+ peut varier, en mol·L^{-1}, de $10^0 = 1$ à 10^{-14}, ce qui ne peut pas être représenté sur une échelle linéaire. En revanche, l'expression $\text{pH} = -\log\frac{[H_3O^+]}{c°}$, avec $c° = 1$ mol·L^{-1}, s'étend de 0 à 14, ce qui peut être représenté sur une échelle linéaire.

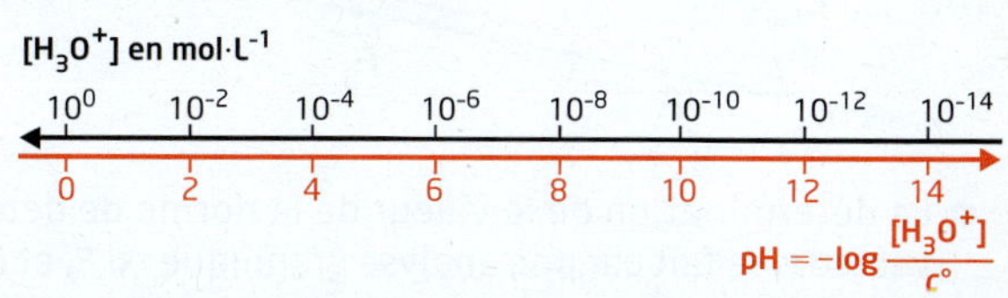

Opérations sur les vecteurs

1 Vecteur et point d'application

- **En mathématiques**, le vecteur $\overrightarrow{AB}$ est représenté par une flèche allant du point A au point B. Il est caractérisé par sa direction, son sens et sa longueur.
- Un vecteur $\overrightarrow{CD}$ est égal à un vecteur $\overrightarrow{AB}$ si ABDC est un parallélogramme (éventuellement aplati). $\overrightarrow{AB}$ et $\overrightarrow{CD}$ sont deux **représentants** d'un même vecteur. On peut alors les noter avec une seule lettre, par exemple $\vec{F} = \overrightarrow{AB} = \overrightarrow{CD}$.
- **En physique**, une force modélisant une action mécanique d'un système extérieur sur le système étudié peut être représentée par un vecteur $\vec{F}$ ayant la même direction et le même le sens que la force et une longueur proportionnelle à la norme F de la force qui s'exprime en newton (N) dans le Système international.

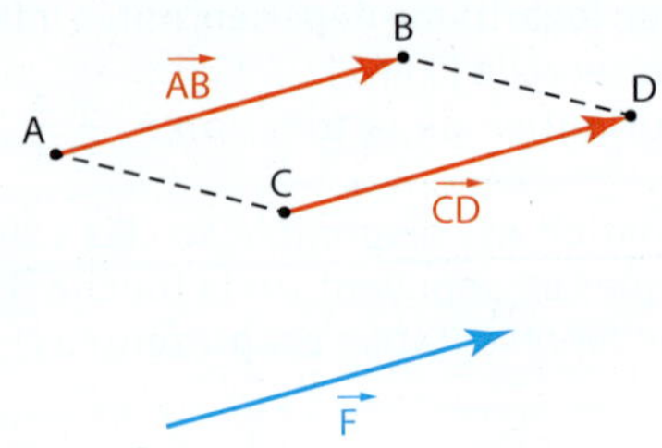

Sur cette figure, $\vec{F}$, $\overrightarrow{AB}$ et $\overrightarrow{CD}$ sont trois représentants d'un même vecteur.

2 Somme de deux vecteurs

- La somme $\vec{F_1} + \vec{F_2}$ de deux vecteurs est un vecteur :
$$\vec{F_1} + \vec{F_2} = \vec{F}.$$
Une construction graphique permet de déterminer la direction et le sens de la somme de deux vecteurs. Pour cela :
– dessiner un représentant $\overrightarrow{AB}$ du vecteur $\vec{F_1}$;
– dessiner le représentant $\overrightarrow{BC}$ du vecteur $\vec{F_2}$;
– un représentant du vecteur $\vec{F_1} + \vec{F_2}$ est le vecteur $\overrightarrow{AC}$.

Cas général :

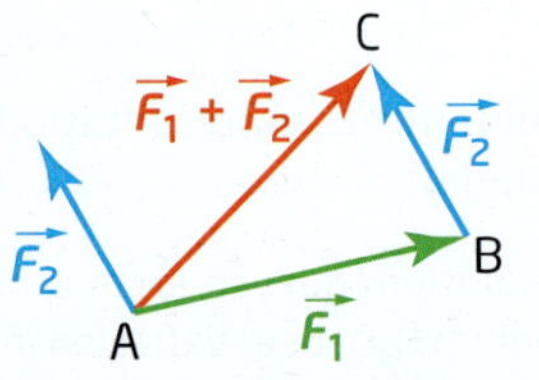

Cas de deux vecteurs ayant même direction :

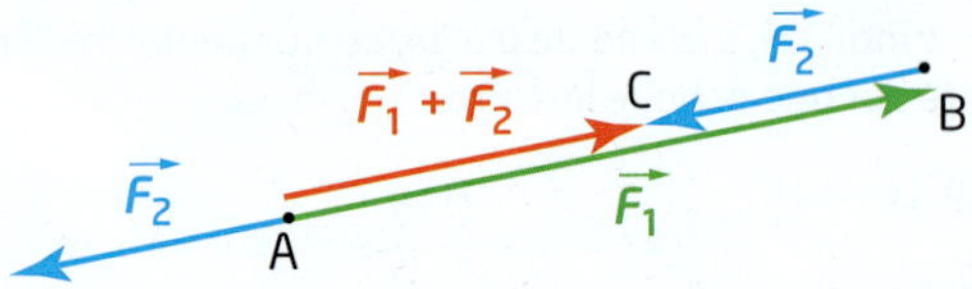

- La détermination de la valeur de la norme de deux vecteurs se fait par une analyse graphique : si $\vec{F_1}$ et $\vec{F_2}$ sont deux vecteurs de normes respectives F_1 et F_2 et le vecteur $\vec{F} = \vec{F_1} + \vec{F_2}$ est de norme F, alors :

– si $\vec{F_1}$ et $\vec{F_2}$ sont de même direction et de même sens :

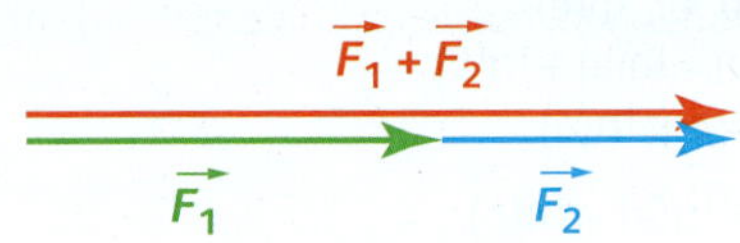

$$F = F_1 + F_2$$

– si $\vec{F_1}$ et $\vec{F_2}$ sont de même direction et de sens contraires :

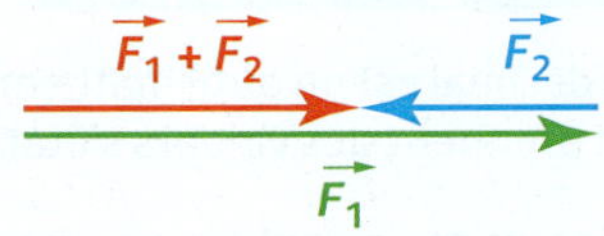

$$F = |F_1 - F_2|$$

– si $\vec{F_1}$ et $\vec{F_2}$ sont de directions perpendiculaires :

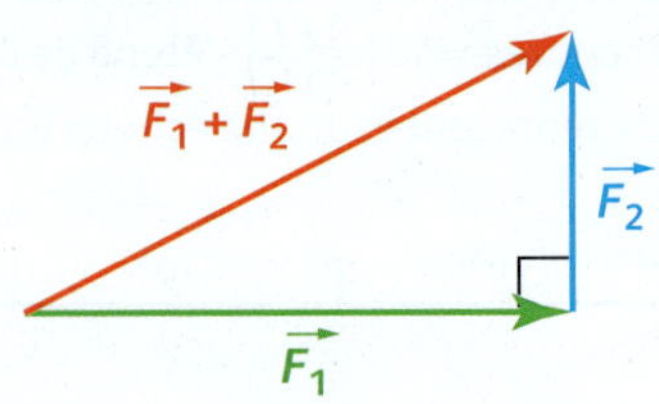

$$F = \sqrt{F_1^2 + F_2^2}$$
(théorème de Pythagore)

Équation différentielle

1 Dérivée d'une fonction

En mathématiques, une **fonction** est souvent notée *f*, une **variable** est souvent notée ***x*** et ***f*(*x*)** est la **valeur de la fonction *f*** au point d'application *x*.

Si *f* est dérivable, la **fonction dérivée** est notée ***f′*** et le **nombre dérivé** au point d'application *x* est notée $f'(x)$.

En physique-chimie, de nombreuses grandeurs (la tension *u*, la température *T*, la concentration en quantité de matière [*A*] de l'espèce *A*, etc.) ont les propriétés d'une fonction, dont la variable est très souvent la date *t*.

Le nombre dérivé de la fonction *f* à la date *t* s'écrit aussi : $\frac{df}{dt} = f'(t)$.

REMARQUE

Les grandeurs utilisées en physique-chimie sont toujours considérées comme dérivables.

ÉVITER DES ERREURS

La notation $\frac{df}{dt}$ désigne le **nombre dérivé** à la date *t* et non pas la fonction dérivée *f′*.

2 Équation différentielle

Une **équation différentielle** est une équation dont l'inconnue est une fonction et dans laquelle interviennent des dérivées de cette fonction. Lorsque la seule dérivée présente dans l'équation différentielle est la dérivée première, l'équation différentielle est dite du **premier ordre**.

2.1. Équation différentielle linéaire du premier ordre à coefficient constant $y' + ay = 0$

La fonction *f* solution de l'équation différentielle du premier ordre à coefficient *a* constant $y' + ay = 0$, où *a* est un réel non nul, et vérifiant la condition $f(0) = f_0$ à la date $t = 0$, est la fonction définie sur ℝ par $f(t) = f_0 \times e^{-at}$.

Une représentation graphique de la fonction *f*, dans le cas où *a* est positif, est donnée ci-contre.

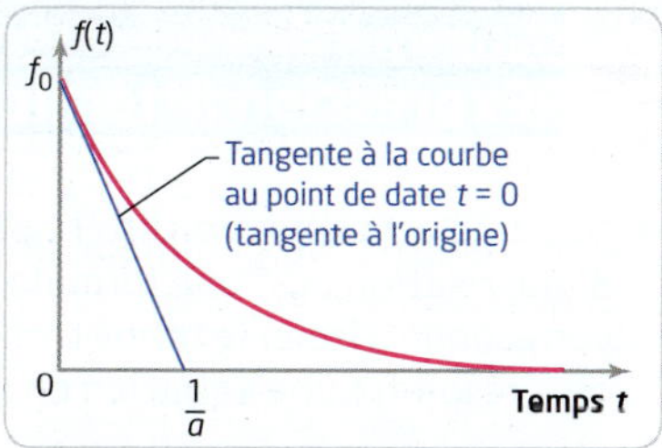

Exemples

- La tension u_c aux bornes d'un condensateur vérifie la relation :
$$\frac{du_c}{dt} + \frac{1}{RC}u_c(t) = 0.$$
La tension u_c est alors solution de l'équation différentielle linéaire du premier ordre à coefficient constant $y' + ay = 0$ avec $a = \frac{1}{RC}$.
En notant u_0 la valeur de u_c à la date $t = 0$, la valeur de u_c à la date *t* est $u_c(t) = u_0 \times e^{-\frac{t}{RC}}$.
- La concentration en quantité [*A*] de l'espèce *A* dans une solution vérifie la relation : $\frac{d[A]}{dt} + k[A](t) = 0$.
Alors la concentration [*A*] est solution de l'équation différentielle linéaire du premier ordre à coefficient constant $y' + ay = 0$ avec $a = k$.
En notant c_0 la valeur de [*A*] à la date $t = 0$, la valeur de [*A*] à la date *t* est $[A](t) = c_0 \times e^{-kt}$.

HOMOGÉNÉITÉ DES RELATIONS

Lorsque la dérivée se fait par rapport au temps, la dimension de la constante *a* est l'inverse d'un temps. Dans les deux exemples proposés, $\frac{1}{RC}$ et *k* ont donc la dimension de l'inverse d'un temps.

2.2. Équation différentielle linéaire du premier ordre à coefficient constant avec second membre constant $y' + ay = b$

La fonction *f* solution de l'équation différentielle du premier ordre à coefficient *a* constant avec second membre *b* constant $y' + ay = b$, où *a* et *b* sont des réels non nuls, et vérifiant la condition $f(0) = f_0$ à la date $t = 0$, est la fonction définie sur ℝ par $f(t) = \left(f_0 - \frac{b}{a}\right) \times e^{-at} + \frac{b}{a}$.

Exemple

- La température *T* d'un système vérifie la relation : $\frac{dT}{dt} + \frac{1}{\tau}T(t) = \frac{T_{ext}}{\tau}$.
La température est alors solution de l'équation différentielle linéaire du premier ordre à coefficient constant avec second membre constant $y' + ay = b$ avec $a = \frac{1}{\tau}$ et $b = \frac{T_{ext}}{\tau}$. Comme $\frac{b}{a} = T_{ext}$, en notant T_0 la valeur de *T* à la date $t = 0$, la valeur de *T* à la date *t* est $T(t) = (T_0 - T_{ext}) \times e^{-\frac{t}{\tau}} + T_{ext}$.
Une représentation graphique de la fonction *T* est donnée ci-dessous (cas $T_0 < T_{ext}$ et $\tau > 0$).

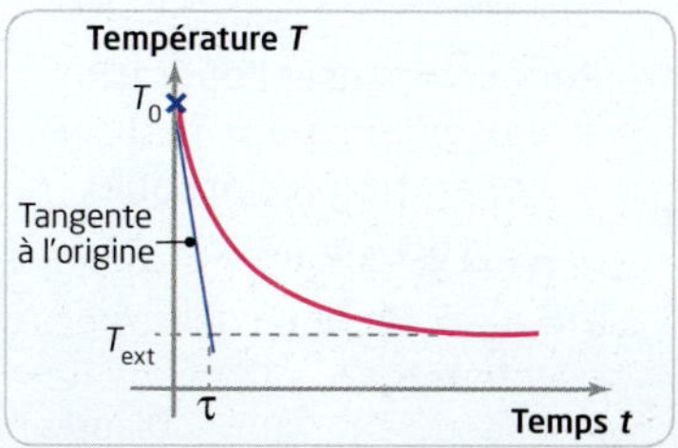

Expression littérale

1 Définition

L'**expression littérale** est une expression comportant des **lettres** et éventuellement des **nombres**. Elle est utilisée pour présenter une **propriété**, une **relation** ou un **résultat**.

Exemples

• **Propriété exprimée à l'aide d'une expression littérale**
Quelles que soient les valeurs de a, $b \neq 0$, c et $d \neq 0$:
$$\frac{a}{b} \times \frac{c}{d} = \frac{a \times c}{b \times d}.$$

• **Relations écrites à l'aide d'une expression littérale**
– Le périmètre P d'un rectangle de longueur L et de largeur ℓ est : $P = 2 \times (L + \ell)$.
– La distance d parcourue par un corps se déplaçant à la vitesse de valeur v pendant une durée Δt est : $d = v \times \Delta t$. On dit alors que d et Δt sont proportionnelles, de coefficient de proportionnalité v (➜ **Point maths 1**).
– La masse volumique ρ d'un échantillon de masse m et de volume V est $\rho = \frac{m}{V}$.

Remarque

En physique-chimie, chaque **lettre** correspond à une **grandeur**, c'est-à-dire à une caractéristique ou une propriété d'un objet ou d'un phénomène qui peut être mesurée ou calculée, et dont les différentes valeurs possibles s'expriment à l'aide d'un nombre, le plus souvent accompagné d'une **unité**.

2 Expression littérale d'un résultat

- Déterminer l'expression littérale d'un résultat à partir d'une relation ou d'une formule en physique-chimie correspond à **isoler le terme** recherché d'une relation ou à **résoudre une équation** en mathématiques.
- Pour déterminer l'expression littérale d'un résultat à partir d'une formule, il est nécessaire d'**utiliser les opérations réciproques** et de bien **comprendre la signification du signe égal**.

Exemple

Résultat, calculé à partir d'une formule, donné sous forme d'expression littérale :
D'après la formule donnée dans l'exemple précédent, la durée Δt du parcours d'un corps se déplaçant d'une distance d à la vitesse de valeur v est : $\Delta t = \frac{d}{v}$.

Méthode : les étapes de la détermination d'une expression littérale

L'expression littérale de la durée Δt du parcours d'un corps se déplaçant d'une distance d à la vitesse de valeur v (non nulle) peut être déterminée à partir de la relation $d = v \times \Delta t$:

$$d = v \times \Delta t \quad \Leftrightarrow \quad \frac{d}{v} = \frac{v \times \Delta t}{v} \quad \Leftrightarrow \quad \frac{d}{v} = \Delta t \quad \Leftrightarrow \quad \Delta t = \frac{d}{v}$$

Pour compenser l'opération « ***multiplier par v*** », réaliser l'opération réciproque « ***diviser par v*** ».

Le signe égal signifie « la même chose que » : l'opération « ***diviser par v*** » est donc aussi appliquée de l'autre côté du signe égal. Puis ***simplifier par v*** dans le membre de droite.

Le signe égal signifie « la même chose que » : les deux membres de l'égalité peuvent être intervertis.

D'après *Regards croisés Maths-Physique et Chimie : le guide pratique*, IREM de Paris, Groupe G2M

Application numérique

1 Simplification des puissances de 10

- Il arrive souvent de faire des erreurs en tapant une application numérique trop complexe sur une calculatrice. Il est donc parfois préférable de simplifier l'application numérique avant de la taper sur la calculatrice.
- Pour toutes valeurs de a et b, positives, négatives ou nulles, on a :
$$10^a \times 10^b = 10^{a+b} \quad \text{et} \quad \frac{10^a}{10^b} = 10^{a-b}$$
- Comme $10^0 = 1$, on peut également écrire : $\frac{1}{10^b} = 10^{-b}$.

RAPPEL

Lorsque plus de deux grandeurs sont multipliées entre elles, on peut les commuter : $a \times b \times c = a \times c \times b = b \times c \times a$, etc.

2 Analyse des unités

Pour une unité U donnée et pour toutes valeurs de a et b, positives, négatives ou nulles :
$$U^a \cdot U^b = U^{a+b} \quad \text{et} \quad \frac{U^a}{U^b} = U^{a-b}$$
U^0 correspond à une absence d'unité.

Exemple 1

La concentration en masse c_m de fructose dans un échantillon de jus de fruit de volume $V = 1 \times 10^{-2}$ L contenant une quantité $m = 2 \times 10^{-2}$ g de fructose est :
$$c_m = \frac{m}{V}$$
Application numérique (A.N.) : $c_m = \frac{2 \times \cancel{10^{-2}}\,\text{g}}{1 \times \cancel{10^{-2}}\,\text{L}} = \frac{2\ \text{g}}{1\ \text{L}} = 2\ \text{g} \cdot \text{L}^{-1}$.

Exemple 2

La distance d parcourue par un satellite ayant une valeur de vitesse $v = 2{,}0 \times 10^3\ \text{m} \cdot \text{s}^{-1}$ pendant la durée $\Delta t = 4{,}0 \times 10^2$ s est $d = v \times \Delta t$.

A.N. : $d = 2{,}0 \times 10^3\ \text{m} \cdot \text{s}^{-1} \times 4{,}0 \times 10^2\ \text{s}$

$d = 2{,}0 \times 4{,}0 \times 10^{3+2}\ \text{m} \cdot \cancel{\text{s}^{-1}} \cdot \cancel{\text{s}}$

$d = 8{,}0 \times 10^5$ m.

Exemple 3

La présence des unités dans les calculs facilite les conversions.

Par exemple, pour une voiture se déplaçant à une vitesse $v = 72\ \text{km} \cdot \text{h}^{-1}$:

$v = 72\ \text{km} \cdot \text{h}^{-1}$

$v = \frac{72\ \text{km}}{1\ \text{h}}$

$v = \frac{72 \times 10^3\ \text{m}}{3\,600\ \text{s}}$

$v = \frac{72 \times \cancel{10^3}\ \text{m}}{3{,}6 \times \cancel{10^3}\ \text{s}}$

$v = \frac{20\ \text{m}}{1\ \text{s}} = 20\ \text{m} \cdot \text{s}^{-1}$.

ASTUCE

Écrire les unités dans les étapes intermédiaires d'une application numérique n'est pas obligatoire. C'est toutefois un outil très utile.

L'unité est en revanche indispensable dans l'écriture du résultat final.

Méthode : les étapes clés d'une application numérique

1. Écrire entièrement le calcul numérique à réaliser sur la copie, en précisant éventuellement les unités si cela peut aider.
2. Sur la copie, simplifier le plus possible les puissances de 10 et les unités.
3. Si le calcul restant est très simple, le réaliser par un calcul mental ; sinon, le taper sur une calculatrice.
4. Écrire le résultat final, sans oublier l'unité, et le mettre en évidence en l'encadrant ou en le soulignant.

D'après le guide pratique *Proportionnalité. Calculs avec unités de grandeurs. Isolement de terme*, mars 2018, IREM de Paris, réalisé en collaboration avec l'Inspection de physique-chimie.

POINT MATHS 8

Calculatrice TI en physique-chimie

1 Réglage des paramètres de la calculatrice

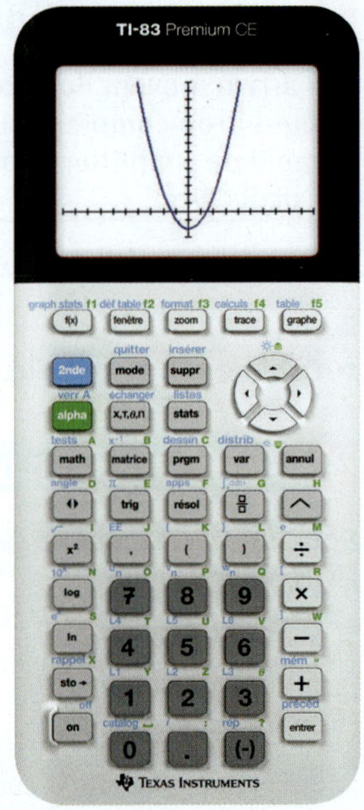

- Activer le réglage des paramètres en appuyant sur la touche **mode**.
- Pour obtenir des résultats en notation scientifique (ou en écriture scientifique) :
  - sélectionner **SCI** (pour scientifique) ;
  - choisir le nombre de décimales affichées, deux par exemple : `NORMAL SCI ING` / `FLOTTANT 0 1 2 3 4 5 6 7 8 9`
- Pour effectuer des calculs à partir d'angles mesurés en degré, sélectionner : `RADIAN DEGRÉ`
- Valider chaque étape par la touche **entrer** et quitter le réglage des paramètres avec les touches **2nde** **mode** (quitter).

Exemple

`sin(10)` `1.74E-1`

Le résultat de sinus(10°) est égal à : $1{,}74 \times 10^{-1}$.

2 Calculs à partir de données en notation scientifique

- Pour saisir un nombre en notation scientifique ($3{,}65 \times 10^{-2}$ par exemple), taper :
  3 **.** **6** **5** **2nde** **,** (EE) **(-)** **2** sans confondre la touche **(-)** avec la touche de soustraction **–**.
- Dans un calcul, ne pas oublier d'insérer des parenthèses, notamment autour du dénominateur.

3 Calculs statistiques

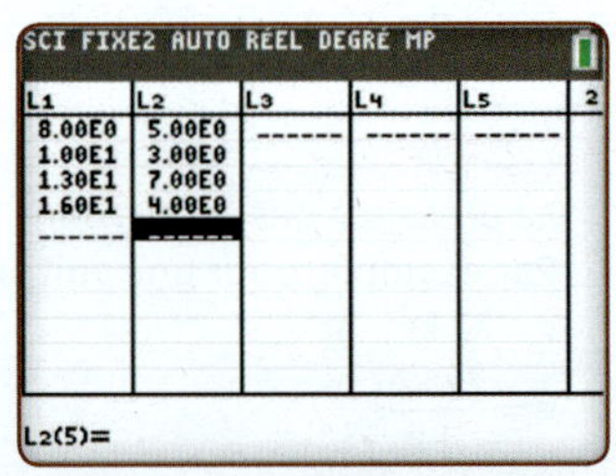

- **Pour exploiter une série de mesures** indépendantes d'une grandeur physique :
  - renseigner le tableau des résultats expérimentaux : **stats** (EDIT) **1** (Modifier...) **suppr** sur chaque valeur à effacer pour vider les colonnes si besoin), saisie des résultats dans la colonne L_1 et de leur fréquence dans la colonne L_2 ;
  - afficher l'histogramme : **2nde** **f(x)** **1**, type : [histogramme], Xliste : L_1 et Fréq : L_2, **fenêtre**, Ymin = 0, saisie de Xmin, Xmax, Ymax selon les valeurs extrêmales de L_1 et L_2, **graphe** ;
  - afficher les indicateurs statistiques : **stats** **▸** (CALC) **1** (stats 1-Var), Xliste : L_1 et ListeFréq : L_2, **entrer** **entrer**.

  $\bar{x}$ est la valeur moyenne des résultats expérimentaux et *Sx* est l'écart-type.

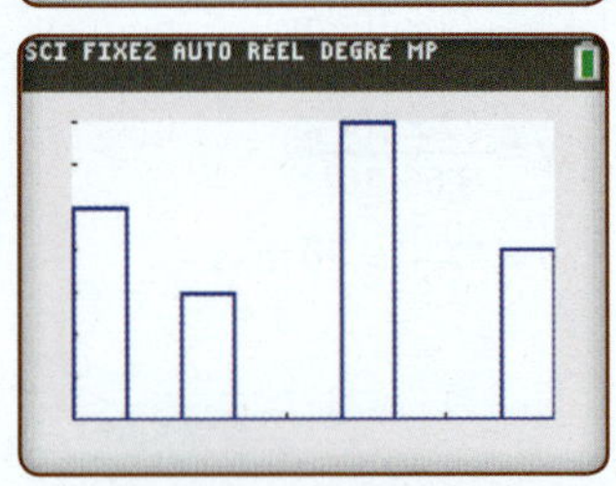

- **Pour effectuer une régression linéaire :**
  - renseigner le tableau des résultats expérimentaux : **stats** (EDIT) **1** (Modifier...), saisie des résultats (abscisses dans la colonne L_1, ordonnées dans la colonne L_2) ;
  - afficher les coefficients statistiques : **stats** **▸** (CALC) **4** (RégLin(ax+b)), Xliste : L_1 et Yliste : L_2, **entrer** **entrer** **entrer**.

  Il est possible vérifier l'alignement des points en appuyant sur **graphe** *et en superposant les points expérimentaux à la droite modèle, en saisissant au préalable l'équation de celle-ci via* **f(x)**.

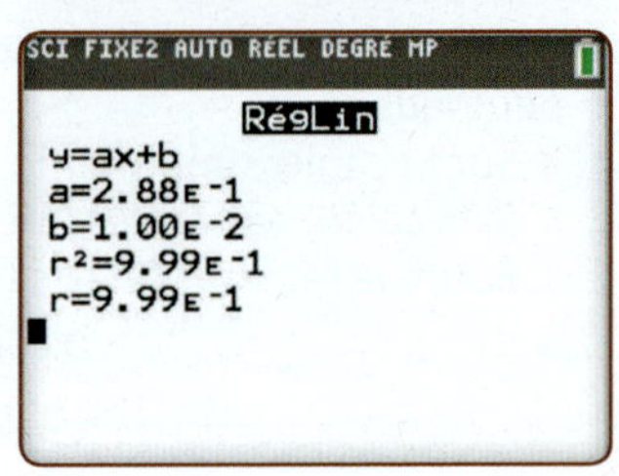

Calculatrice Casio en physique-chimie

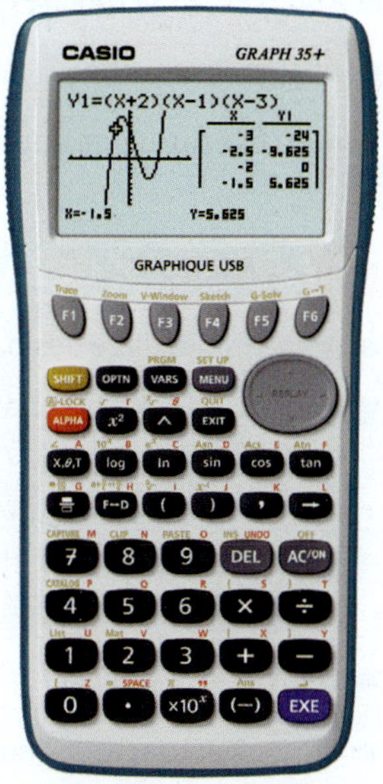

1 Réglage des paramètres de la calculatrice

- Activer le réglage des paramètres en appuyant sur les touches SHIFT MENU (SET UP).
- Pour obtenir des résultats en notation scientifique (ou en écriture scientifique) :
  - sélectionner **Display** puis **Sci** [touche F2] (pour scientifique) ;
  - choisir le nombre de chiffres significatifs affichés, trois par exemple : 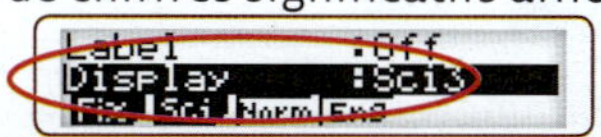

- Pour effectuer des calculs à partir d'angles mesurés en degré, sélectionner : 

- Valider par la touche EXE et quitter le réglage des paramètres : SHIFT EXIT (QUIT) ou EXE.

Exemple

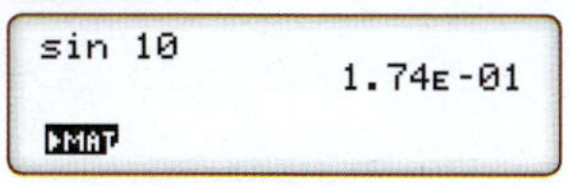

Le résultat de sinus(10°) est égal à : $1{,}74 \times 10^{-1}$.

2 Calculs à partir de données en notation scientifique

- Pour saisir un nombre en notation scientifique ($3{,}65 \times 10^{-2}$ par exemple), taper : 3 . 6 5 $\times10^x$ (-) 2 sans confondre la touche (-) avec la touche de soustraction –.
- Dans un calcul, ne pas oublier d'insérer des parenthèses, notamment autour du dénominateur.

3 Calculs statistiques

- **Pour exploiter une série de mesures** indépendantes d'une grandeur physique :
  - renseigner le tableau des résultats expérimentaux en appuyant sur les touches : MENU 2 (STAT), (DEL sur chaque valeur à effacer pour vider les colonnes si besoin), et en saisissant les résultats dans la colonne LiSt 1 et leur fréquence dans la colonne LiSt 2 ;
  - affecter les listes et le type de graphe : F1 (GRPH) F6 (SET), F1 (GPH1), Grap h Type : F6 (▷) F1 (HiSt), XList : List 1, Frequency : List 2, EXIT ;
  - afficher l'histogramme et indicateurs statistiques : F1 (GPH1), réglages des paramètres si besoin (Width : 1, par exemple), EXE, F1 (1VAR) ;
  - afficher uniquement les indicateurs statistiques : EXIT, F2 (CALC) F1 (1VAR) ; $\bar{x}$ est la valeur moyenne des résultats expérimentaux et *sx* est l'écart-type.

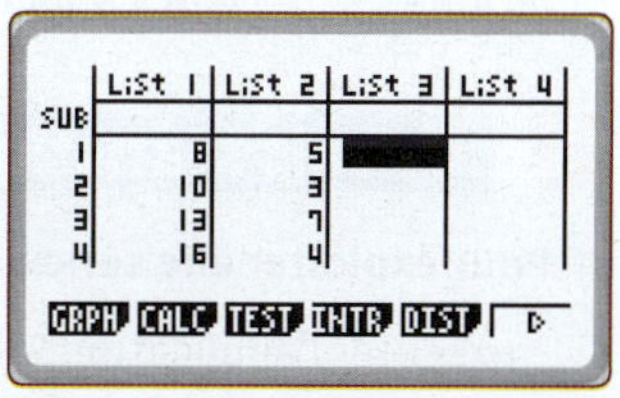

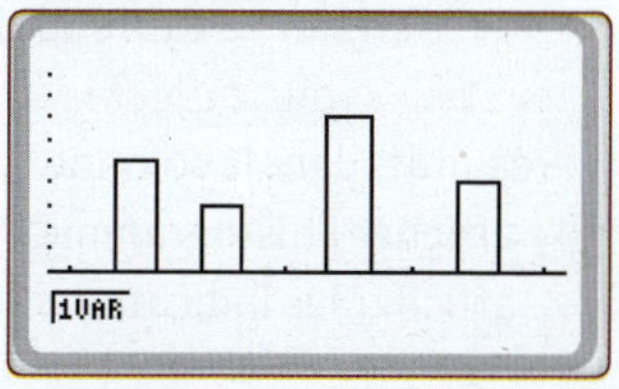

- **Pour effectuer une régression linéaire :**
  - renseigner le tableau des résultats expérimentaux : MENU 2 (STAT), saisie des résultats (abscisses dans la colonne LiSt 1, ordonnées dans la colonne LiSt 2) ;
  - affecter les listes et le type de graphe : F1 (GRPH) F6 (SET), F1 (GPH1), Graph Type : F2 (xy soit xyLine), XList : List 1, YList : List 2, Mark Type : × EXIT EXIT ;
  - afficher les coefficients statistiques : F2 (CALC), F3 (REG), F1 (×), F1 (ax+b).

  Il est possible de vérifier l'alignement des points en appuyant sur : MENU 2 (STAT), F1 (GRPH), F1 (GPH1).

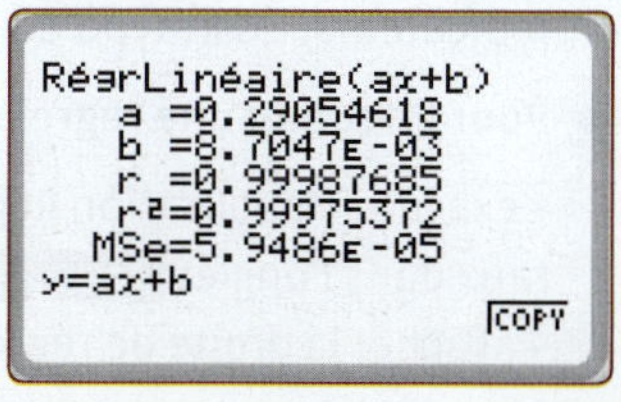

Calculatrice NumWorks en physique-chimie

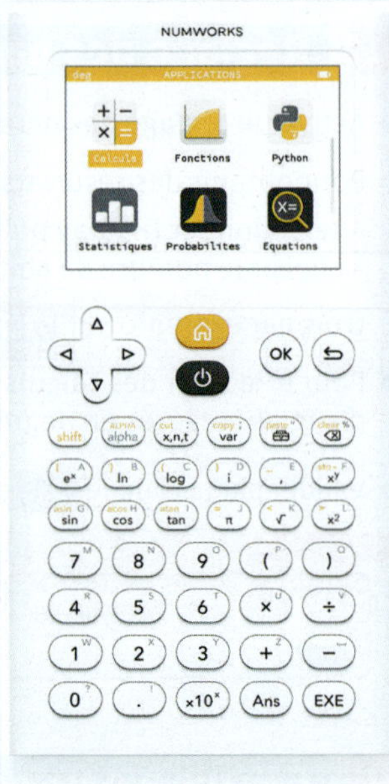

- Appuyer sur la touche [⌂] pour afficher les applications.
- Utiliser les touches [◁ △ ▷ ▽] pour déplacer le curseur et appuyer sur les touches [EXE] pour exécuter une application ou [OK] pour valider une sélection.

1 Réglage des paramètres de la calculatrice

- Activer le réglage des paramètres en exécutant l'application Paramètres.
- Pour obtenir des résultats en notation (ou écriture) scientifique et choisir le nombre de chiffres significatifs affichés, trois par exemple, sélectionner : `Format résultat`, puis `Scientifique` et `Chiffres significatifs 3`.
- Pour effectuer des calculs à partir d'angles mesurés en degré, sélectionner : `Unité d'angle` et `Degrés`.
- Quitter le réglage des paramètres en appuyant sur la touche [⌂].
- Pour effectuer un calcul, exécuter l'application Calculs.

Exemple

```
sin(10)
                sin(10) ≈ 1.74E-1
```

Le résultat de sinus(10°) est égal à : $1{,}74 \times 10^{-1}$.

2 Calculs à partir de données en notation scientifique

- Pour saisir un nombre en notation scientifique ($3{,}65 \times 10^{-2}$ par exemple), appuyer sur :
  [3] [.] [6] [5] [×10ˣ] [−] [2].
- Utiliser les touches [◁ △ ▷ ▽] et les parenthèses pour positionner correctement les chiffres ou les signes opératoires, et respecter les priorités de calculs.

Exemple

Appuyer sur les touche [(] [3] [×10ˣ] [−] [1] [▷] [+] [2] [)] [÷] [5] [EXE] pour réaliser l'opération $\dfrac{3 \times 10^{-1} + 2}{5} = 4{,}6 \times 10^{-1}$.

3 Calculs statistiques

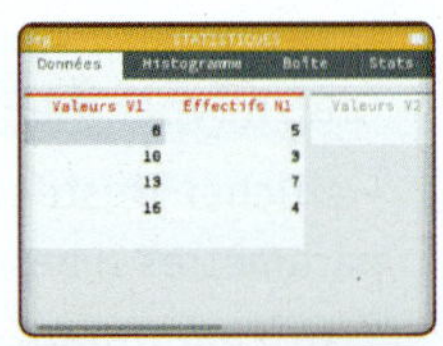

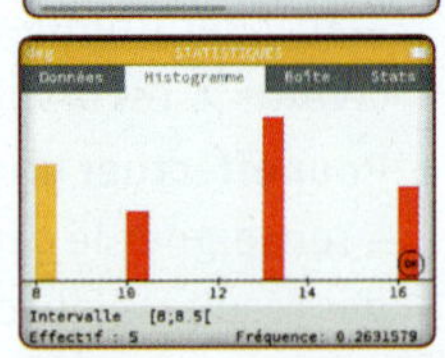

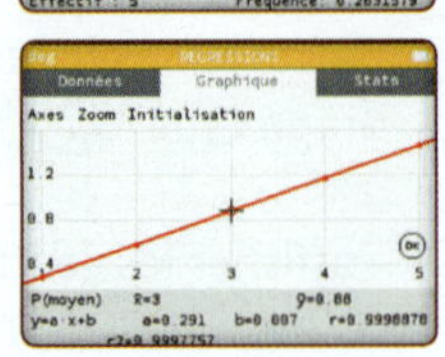

- **Pour exploiter une série de mesures** indépendantes d'une grandeur physique :
  - exécuter l'application Statistiques ;
  - renseigner le tableau des résultats expérimentaux : choisir l'onglet `Données`, puis `Valeurs` ou `Effectifs` [OK] `Effacer la colonne` [OK] (pour vider les colonnes si besoin), saisir les résultats dans la colonne `Valeurs` et leur fréquence dans la colonne `Effectifs` associée ;
  - afficher l'histogramme dans l'onglet `Histogramme` ;
  - afficher les indicateurs statistiques dans l'onglet `Stats`.
  Moyenne est la valeur moyenne des résultats expérimentaux et, en toute fin de la liste des indicateurs, Ecart-type échantillon est l'écart-type.
- **Pour effectuer une régression linéaire :**
  - exécuter l'application Régressions et renseigner le tableau des résultats expérimentaux dans l'onglet `Données` en saisissant les valeurs des abscisses dans X et les valeurs des ordonnées dans Y ;
  - afficher la droite de régression et les coefficients statistiques dans l'onglet `Graphique`.

Langage de programmation Python

1 Prise en main

1.1. Installation

Python est un langage de programmation choisi pour développer les capacités numériques en Physique-Chimie au lycée.

La version Python utilisée pour l'ensemble des fichiers numériques accessibles sur le site compagnon du manuel, à l'adresse (**sirius.nathan.fr**) est Python 3.7.

Pour écrire un programme Python, un simple éditeur de texte suffit. Cependant, il est préférable d'utiliser un environnement de développement intégré (EDI) où le programme et le résultat de son exécution s'affichent dans la même fenêtre.

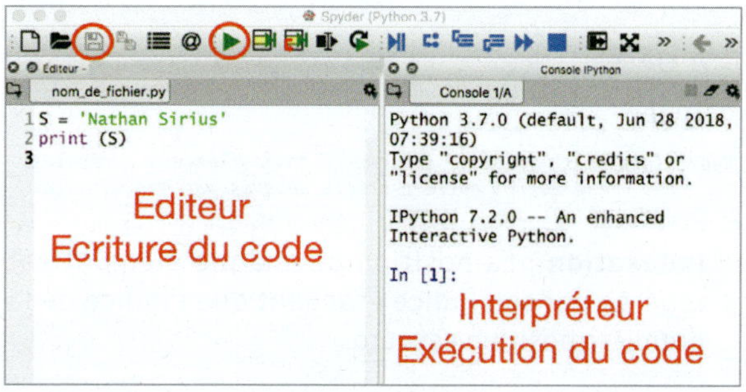

▲ Environnement Spyder : fichier.py

Le choix a été fait d'utiliser l'environnement Spyder de la suite Anaconda (ci-dessus) téléchargeable grâce au lien suivant : anaconda.com/download.

1.2. Importation des bibliothèques

Des morceaux de code prédéfinis, appelés **fonctions**, permettent d'exécuter un ensemble d'instructions. Ces fonctions sont regroupées dans des **bibliothèques**.

Pour accéder à une bibliothèque dans un programme, il faut l'« importer » à l'aide de la commande :
`import bibliothèque as préfixe`.
Le préfixe sert à appeler une `fonction` de la bibliothèque grâce à la syntaxe `préfixe.fonction()` afin de l'utiliser dans le programme.

Les principales bibliothèques utilisées dans les fichiers numériques du manuel sont :
– **matplotlib.pyplot** pour les représentations graphiques : `from matplotlib import pyplot as plt` ;
– **NumPy** pour la modélisation et le traitement des données : `import numpy as np`.

2 Présentation des objets de base

Le langage de programmation Python utilise des objets, regroupés par type, qui ont chacun un comportement et un mode d'interaction propres.

2.1. Affectation

```
# Affectation : signe =
x = ... # signifie « x prend la valeur ... »

# Affectation combinée à une opération
x += 1 # Affecte x+1 à la variable x
x -= 1 # Affecte x-1 à la variable x
```

2.2. Types de variables

```
Type integer <int> # nombre entier relatif
int()   # convertit si possible un réel ou un texte en entier

Type float <float> # nombre réel
float() # convertit si possible un entier ou un texte en réel

Type string <str>  # chaîne de caractères (texte)
                   # suite de caractères d'imprimerie
                   # délimitée par des guillemets
str()   # convertit un nombre en une chaîne de caractères

Type booléen <bool> # logique : ne prend que deux valeurs
                    # True (1) et False (0) : Vrai et Faux
```

2.3. Opérations numériques

```
+, -, *, / # opérations mathématiques usuelles
**         # puissance
aeN        # a×10^N
//         # quotient de la division euclidienne
%          # reste de la division euclidienne
round(x,n) # arrondi le nombre x à n décimales
           # sans garder tous les 0 décimaux
```

2.4. Entrées et sorties

● **Entrées :**

```
input('texte')  # affiche texte et prend pour valeur la
                # chaîne de caractères saisie au clavier
int(input('texte'))   # convertit la saisie en entier
float(input('texte')) # convertit la saisie en réel
eval(input('texte'))  # évalue la saisie comme une expression
```

● **Sortie :**

```
print('texte',objet,...) # affiche 'texte' puis 'objet' ...
```

2.5. Affichage des nombres

```
'{:format}'.format(nombre) # chaîne de caractères contenant
              # le nombre affiché selon le format spécifié
              # d entier, f réel, e ou E écriture scientifique
              # .n pour n décimales, + affiche le signe
```

```
'%format'% # utilise les mêmes signes que format
           # ne fonctionne pas pour les pourcentages
```

2.6. Listes

- **Type :**

```
Type liste <list> # suite d'éléments rangés les uns après les
                  # autres entre crochets séparés par des virgules
```

- **Indexation** : La position de chaque élément est repérée par son indice i sachant que l'indice de la première position est zéro.

- **Principales fonctions :**

```
# Si L est une liste
L[i]       # accès à l'élément en position d'indice i
len(L)     # nombre d'éléments (ou longueur) de la liste
L[début inclus:fin exclue:pas] # accès à une partie de la liste
                               # le pas vaut 1 s'il n'est pas précisé
L.append(x) # insère x en dernière position
del L[i] # retire l'élément en position d'indice i
```

- **Listes d'entiers : fonction range()**

```
range(n)     # n premiers entiers de 0 à n-1 inclus
range(n,m)   # entiers de n inclus à m exclu par pas de 1
range(n,m,p) # entiers de n inclus à m exclu par pas de p
```

2.7. Tableaux à une dimension (1D)

- **Type :**

```
Type tableau à 1D <ndarray> # objet de la bibliotèque Numpy
       # suite d'éléments rangés les uns après les autres dans
       # un tableau à une ligne et indexés en commençant par 0
```

- **Création d'un tableau :**

```
import numpy as np
np.array(liste)     # convertit la liste en tableau
np.linspace(a,b,n)  # n valeurs régulièrement espacées
                    # de a à b inclus
np.arange(a,b,p)    # de a inclus à b exclu par pas de p
```

- **Principales fonctions :**

```
#Si T est un tableau à une ligne
T[i]        # accès à l'élément en position d'indice i
len(T)      # nombre d'éléments du tableau
T[début inclus:fin exclue:pas] # accès à une partie du tableau
```

- **Opérations mathématiques sur un tableau :**

```
# T est un tableau et c est un nombre
T+c,T-c,c*T,T/c,T**c # opération sur chaque terme du tableau
# U et T sont deux tableaux à 1 ligne de même nombre de termes
T+U,T-U,U*T,T/U,T**U # opération terme à terme
```

- **Fonction NumPy :**

```
np.fonction(X) # s'applique à chaque élément de l'objet X
       # où X est de type 'tableau' ou 'liste de nombres'

L = [0,1,4]            # Liste [0,1,4]
T = np.arange(-1,2,1) # Tableau [-1 0 1]
X = np.sqrt(L) # renvoie tableau [0. 1. 2.]
Y = np.abs(T)  # renvoie tableau [1. 0. 1.]
```

3 Présentation des blocs d'instructions

Dans la syntaxe Python, un bloc d'instructions est défini par deux points « : » suivis, à la ligne, d'une indentation fixe (1 tabulation ou 4 espaces). La fin de l'indentation indique la fin du bloc d'instructions.

3.1. Fonction : def : ... return

```
def fonction(arg1,arg2,...): # arg='argument'
    <Instructions>           # exécute les instructions
    return résultat          # renvoie le résultat

fonction(valeur1,valeur2,...)# appel de la fonction
```

3.2. Boucle « tant que » : while :

Un test renvoie une valeur booléenne : True ou False.

```
while test:          # Tant que test vérifié
    <Instructions> # exécute les instructions
```

```
# Comparateurs
# pour les tests
== # égal
!= # différent
>= # sup ou égal
>  # supérieur
<= # inf ou égal
<  # inférieur
```

3.3. Test : if : ... elif : ... else :

```
if (test 1):         # si test 1 vérifié
    <Instructions 1> # alors exécute les instructions 1
elif (test 2):       # sinon, si test 2 vérifié
    <Instructions 2> # alors exécute les instructions 2
else:                # sinon
    < Instructions>  # exécute les dernières instructions
```

3.4. Boucle « pour » : for ... in... :

```
for Elément in Ensemble: # Pour chaque Elément dans Ensemble
    <Instructions>       # repète les instructions
```

Les ensembles parcourus par in de la boucle for sont des objets dont on peut parcourir les éléments un à un : chaînes de caractères, listes, tableaux à 1D et listes d'entiers de la fonction range().

- **Création de liste à l'aide de la boucle for :**

```
# Création de liste en compréhension
L = [i*10 for i in range(1,4)]
print(L)
```

```
[10, 20, 30]
```

```
# Création de liste avec L.append()
L = []       # Initialise une liste vide
for i in range (1,4): # pour i entier de 1 à 3
    L.append(i*10)    # insère i*10 en dernière position
    print ('L =',L)
```

```
L = [10]
L = [10, 20]
L = [10, 20, 30]
```

4 Représentation et modélisation d'un nuage de points

Le suivi cinétique de la transformation d'un réactif a permis d'obtenir à différentes dates t la concentration en quantité de matière c du réactif. Le code suivant propose de tester une loi d'ordre un entre la vitesse volumique de consommation du réactif et sa concentration en quantité de matière.

4.1. Saisie des valeurs et calcul des grandeurs à tracer

```
 4 from matplotlib import pyplot as plt
 5 import numpy as np
 6
 7 t=[0,200,400,600,800,1000] # (en s)
 8 c=[0.3,0.147,0.073,0.036,0.018,0.008] # (en mol/L)
 9
10 N=len(t) # Nombre de dates numérotées de 0 à N-1
11
12 # Liste des vitesses de disparition du réactif
13 v=[-(c[i+1]-c[i])/(t[i+1]-t[i]) for i in range(N-1)]
```

La série de mesures comportant peu de valeurs, elles sont entrées manuellement dans deux objets t et c de type <*list*>. Attention à bien respecter les unités.

Cette instruction permet de calculer la liste des vitesses de consommation : à chaque date t_i de la liste, sauf la dernière, la valeur de la vitesse de consommation est approchée par :

$$v_i = -\frac{\Delta c}{\Delta t} = -\frac{c_{i+1} - c_i}{t_{i+1} - t_i}.$$

4.2. Représentation graphique

```
15 del c[-1] # Supprime la dernière valeur de la liste c
16
17 plt.plot(c,v,'+',ms=10,label='Données')
```

L'instruction plt.pyplot(x,y) trace le nuage de points d'abscisses dans x et d'ordonnées dans y ; les listes x et y doivent avoir le même nombre de valeurs.

4.3. Modélisation

```
19 C=np.array(c) # Convertit la liste c en tableau Numpy
20
21 # Modélisation de la forme y=a*x+b
22 a,b=np.polyfit(C,v,1)
23 v_1=a*C+b
24
25 plt.plot(C,v_1,'r',label='Modélisation 1') # v_1=f(C)
26
27 # Régression linéaire
28 from scipy.stats import linregress
29 m,p,r,pval,u_m=linregress(c,v)
30 v_2=m*C+p
31
32 plt.plot(C,v_2,'g:',label='Modélisation 2') # v_2=f(C)
```

Les opérations mathématiques s'appliquent à chaque terme du tableau dans a*C+b et m*C+p (lignes 23 et 30).

La fonction np.polyfit(x,y,1) modélise le nuage de points de coordonnées (x,y) par une droite d'équation $y = ax + b$ et renvoie le tableau [a b].

La fonction linregress(x,y) fait la régression linéaire de (x,y) et renvoie cinq valeurs, dont les deux premières sont la **pente** m et **l'ordonnée à l'origine** p et la dernière **l'incertitude-type sur la pente** $u(m)$.

4.4. Affichage

```
34 # Label des axes et mise en forme de la fenêtre graphique
35 plt.title('v=f(c)')     # Titre
36 plt.xlabel('c (en mol$\cdot$L$^{-1}$)')
37 plt.ylabel('v (en mol$\cdot$L$^{-1}\cdot$s$^{-1}$)')
38 plt.ticklabel_format(axis='y',style='sci',scilimits=(-4,-4))
39 plt.xlim(0,max(c)*1.1) # Limite de l'axe des abscisses
40 plt.ylim(0,max(v)*1.1) # Limite de l'axe des ordonnées
41 plt.grid(ls=':')        # Grille en petits points
42 plt.legend(loc=4)       # Affiche la légende en bas à droite
43 plt.show()              # Affiche la courbe
44
45 # Affichage des valeurs numériques
46 print('a =','%.3e'%a,'\tb=','%.3e'%b)
47 print('m =','%.3e'%m,'\tp=','%.3e'%p,'\tu(m)=','%.0e'%u_m)
```

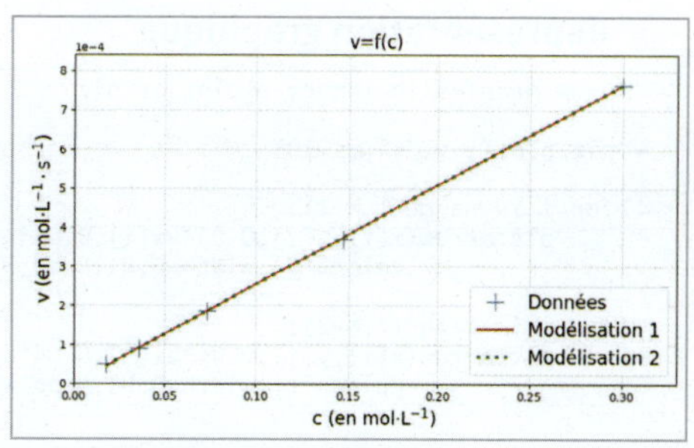

L'exécution du code et l'affichage des valeurs numériques brutes obtenues pour le coefficient directeur et l'ordonnée à l'origine montrent que les deux modélisations sont équivalentes.

```
a = 2.543e-03   b= 5.161e-08
m = 2.543e-03   p= 5.161e-08    u(m)= 2e-05
```

Remarque

La fonction np.polyfit(x,y,2) modélise le nuage de points d'abscisses dans x et d'ordonnées dans y par la courbe d'équation $y = ax^2 + bx + c$ et renvoie le tableau [a b c].

5 Représentation des vecteurs vitesse et accélération

5.1. Importation de données depuis un fichier .txt

Dans les programmes proposés dans le manuel, l'importation de données présentées en colonnes dans un fichier *.txt* utilise la fonction readline() et les données sont rangées dans des objets de type <*list*>.

```
4  # Définitions d'autant de listes vides qu'il y a de colonnes de données
5  t,x,y = [],[],[]
6
7  with open('data.txt') as fichier :
8      # Lecture des 3 lignes d'EN-TETE placées dans l'objet 'header'
9      header = [fichier.readline() for i in range(3)]
10     # Lecture de la première ligne de DONNEES
11     # en remplaçant la virgule décimale par le point
12     line = fichier.readline().replace(',','.')
13     while line: # Bloc d'instructions à réaliser sur chaque ligne de données
14         # Séparation des valeurs d'une ligne selon le séparateur indiqué dans
15         # split() en autant de chaines de caractères 'datai' qu'il y a de
16         # colonnes de données
17         data0,data1,data2=line.split('\t') # '\t' pour tabulation
18         t.append(float(data0)) # Remplissage des listes définies pour contenir
19         x.append(float(data1)) # les données en convertissant les  chaînes de
20         y.append(float(data2)) # caractères 'datai' en nombres réels
21         line=fichier.readline().replace(',','.') # Lecture de la ligne suivante
```

Fichier data.txt

```
Mouvement parabolique
t      x      y
(s)    (m)    (m)
0,10   0,005  0,011
0,20   0,205  0,572
0,30   0,455  1,111
```

En-tête : 3 lignes
Séparateurs :
- décimal : virgule ;
- de colonnes : tabulation.

5.2. Calcul des coordonnées des vecteurs vitesse et accélération

```
23 N=len(t) # Nombre de positions numérotées de 0 à N-1
24
25 # Coordonnées des vecteurs vitesse
26 vx,vy=[''],[''] # Espace '' en position 0
27                 # pour les coordonnées non calculées
28
29 for i in range(1,N-1):
30     vxi=(x[i+1]-x[i-1])/(t[i+1]-t[i-1])
31     vx.append(vxi)
32     vyi=(y[i+1]-y[i-1])/(t[i+1]-t[i-1])
33     vy.append(vyi)
34
35 # Coordonnées des vecteurs accélération
36 ax,ay=['',''],['',''] # Espace '' en positions 0 et 1
37                       # pour les coordonnées non calculées
38
39 for i in range(2,N-2):
40     axi=(vx[i+1]-vx[i-1])/(t[i+1]-t[i-1])
41     ax.append(axi)
42     ayi=(vy[i+1]-vy[i-1])/(t[i+1]-t[i-1])
43     ay.append(ayi)
```

Attribuer un espace en position d'indice 0 des listes vx et vy des coordonnées des vecteurs vitesse permet de faire coïncider leur indexation à celle des positions du point.
Le processus est réitéré ligne 36 pour les listes ax et ay.

La boucle for permet de calculer, de la position 1 jusqu'à l'avant-dernière, les coordonnées du vecteur vitesse de la position i, approché par :

$$\vec{v}_i = \frac{\overrightarrow{M_{i-1}M_{i+1}}}{t_{i+1} - t_{i-1}}.$$

La boucle for permet de calculer, de la position 2 à l'antépénultième, les coordonnées du vecteur accélération de la position i, approché par :

$$\vec{a}_i = \frac{\vec{v}_{i+1} - \vec{v}_{i-1}}{t_{i+1} - t_{i-1}}.$$

5.3. Représentation graphique

```
45 from matplotlib import pyplot as plt
46
47 plt.plot(x,y,'+',ms=10) # Points de coordonnées (x,y)
48
49 for i in range(1,N-1):
50     plt.arrow(x[i],y[i],0.05*vx[i],0.05*vy[i],
51               color='g',width=0.01,head_width=0.05)
52
53 for i in range(2,N-2):
54     plt.arrow(x[i],y[i],0.04*ax[i],0.04*ay[i],
55               color='r',width=0.01,head_width=0.05)
```

Cette instruction permet de tracer depuis le point de coordonnées (x[i],y[i]) un vecteur de coordonnées (0.05*vx[i],0.05*vy[i]) où 0,05 est un facteur d'échelle.

Cette instruction permet de tracer depuis le point de coordonnées (x[i],y[i]) un vecteur de coordonnées (0.04*ax[i],0.04*ay[i]) où 0,04 est un facteur d'échelle.

```
57 # Label des axes et mise en forme de la fenêtre graphique
58 plt.title('Mouvement parabolique') # Titre
59 plt.xlabel('x (en m)') # Label axe des abscisses
60 plt.ylabel('y (en m)') # Label axe des ordonnées
61 plt.axis('equal')      # Même échelle sur les axes
62 plt.grid(ls='--')      # Grille en pointillés
63 plt.show()
```

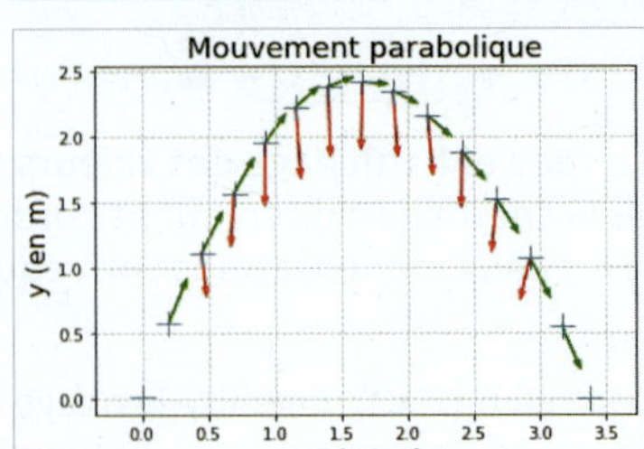

6 Mesure et incertitudes

6.1. Traitement statistique d'une série de mesures

Importation de données depuis un fichier .txt

L'exemple traité porte sur une série de 100 mesures de distances enregistrées dans un fichier *distance.txt* avec le **point comme séparateur décimal**. Dans ce cas, la fonction np.loadtxt() permet d'importer directement les données dans un objet de type tableau à 1D ou ‹*ndarray*› de la bibliothèque NumPy.

Fichier distance.txt

```
distance
   d
(en cm)
34.80
31.39
36.19
29.22
```

En-tête : 3 lignes

```python
import numpy as np

d=np.loadtxt('distance.txt',skiprows=3) # distance (en cm)
```

Représentation de l'histogramme

La représentation de l'histogramme de la série de mesures d est réalisée grâce à l'instruction plt.hist(d,paramètres).

```python
import matplotlib.pyplot as plt

# Histogramme entre 25 cm et 45 cm séparé en 8 classes
plt.hist(d,range=(25,45),bins=8,color='blue',edgecolor='black')
plt.title('Histogramme')
plt.xlabel('Distance (en cm)')
plt.ylabel('Effectif')
plt.show()
```

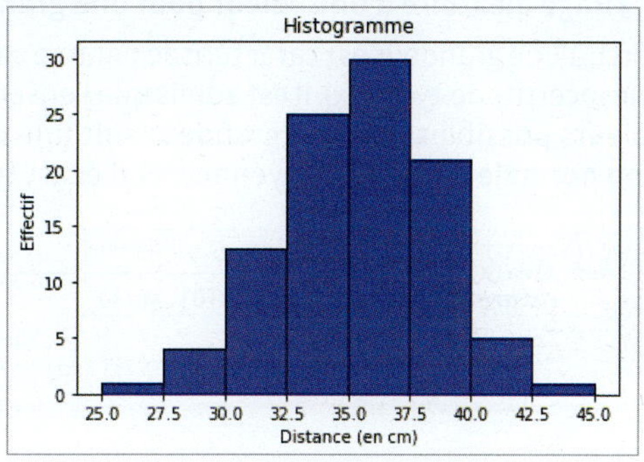

Calcul de la valeur moyenne et de l'incertitude-type (type A)

Les équivalences des syntaxes permettant de faire l'étude statistique d'une série de mesures sont résumées dans le tableau suivant.

Grandeur	Valeur moyenne $\bar{x}$	Écart-type s	Incertitude-type $u(\bar{x})$
Expression mathématique	$\bar{x}=\frac{1}{N}\sum_{i=1}^{N}x_i$	$s=\sqrt{\frac{1}{N-1}\sum_{i=1}^{N}\left(x_i-\bar{x}\right)^2}$	$u(\bar{x})=\frac{s}{\sqrt{N}}$
Tableur	MOYENNE()	ECARTYPE()	ECARTYPE()/RACINE(N)
Python	Moy_x=sum(x)/N	s=(sum((x-Moy_x)**2/(N-1))**0.5	s/N**0.5
NumPy	np.mean(x)	np.std(x,ddof=1)	np.std(x,ddof=1)/N**0.5

```python
# Traitement statistique de d
N=len(d)              # Nombre total de valeurs
Moy_d=np.mean(d)             # Valeur moyenne de d
u_d=np.std(d,ddof=1)/N**0.5 # Incertitude-type

# Affichage
print('\nPour cette série de',N,'mesures :')
print('Valeur moyenne : d_moy =','%.3f'%Moy_d,'cm')
print('Incertitude-type : u(d_moy) =','%.0e'%u_d,'cm')
```

Dans l'ensemble des programmes proposés dans le manuel, le choix a été fait d'utiliser les fonctions NumPy.

Imposer le format d'affichage des nombres facilite la lecture du résultat.

```
Pour cette série de 100 mesures :
Valeur moyenne : d_moy = 35.420 cm
Incertitude-type : u(d_moy) = 3e-01 cm
```

Le résultat de la mesure s'écrit : $\bar{d}=35{,}4$ cm, avec une incertitude-type $u(\bar{d})=0{,}3$ cm.

Python

6.2. Détermination de la valeur d'une grandeur avec incertitudes-types composées

Le diamètre d'un cheveu est mesuré par diffraction d'un faisceau laser.
Le code suivant permet de déterminer, par simulation, la valeur du diamètre a du cheveu en tenant compte de la composition des incertitudes-types.

Le diamètre a du cheveu est relié à la largeur L de la tâche centrale, à la distance D entre le cheveu et l'écran et à la longueur d'onde λ du laser par la relation : $a = \frac{2\lambda D}{L}$.

Données et mesures :

Valeur	Incertitude-type
$\lambda = 650$ nm	$u(\lambda) = 10$ nm
$D = 2{,}000$ m	$u(D) = 1$ mm
$L = 39$ mm	$u(L) = 2$ mm

● Entrées

```
import numpy as np
from matplotlib import pyplot as plt

# Définition des listes X=[valeur,incertitude-type]
Lambda=[650e-9,10e-9] # Longueur d'onde (en m)
D=[2.000,1e-3]        # Distance cheveu/écran (en m)
L=[39e-3,2e-3]        # Largeur de la tâche centrale (en m)
```

● Tirage aléatoire d'une valeur pour une grandeur

Lorsqu'une grandeur est caractérisée par une valeur x et une incertitude-type $u(x)$, il est admis que l'ensemble des valeurs possibles de cette grandeur suit une **distribution normale** de valeur moyenne x et d'écart-type $u(x)$.

```
# Tirage aléatoire selon la loi normale
def Alea(X):
    return np.random.normal(X[0],X[1])
```

La fonction Alea(X) permet de choisir une valeur aléatoire de la grandeur caractérisée par x et $u(x)$ parmi ses valeurs possibles.

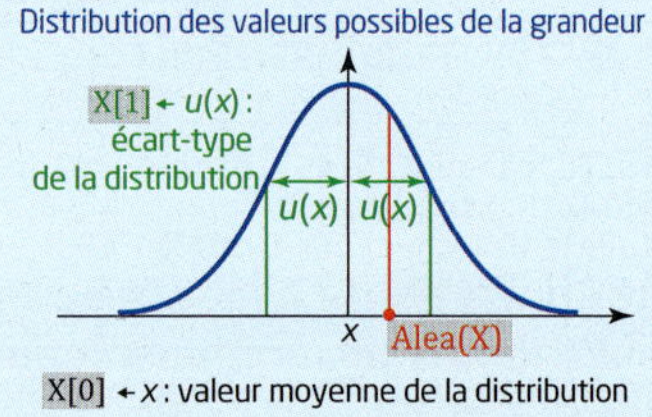

● Simulation d'une distribution de valeurs pour le diamètre *a* d'un cheveu

```
# Simulation d'une distribution de valeurs pour a
distribution=[]
Iteration=100000
for i in range(Iteration) :
    Alea_a=2*Alea(Lambda)*Alea(D)/(Alea(L))
    distribution.append(Alea_a)
```

Une valeur Alea_a de a est calculée à partir d'un jeu de valeurs aléatoires de λ, D et L sachant que $a = \frac{2\lambda D}{L}$.

En réitérant le processus un très grand nombre de fois à l'aide de la boucle for, on obtient une **distribution simulée** des valeurs de a.

● Histogramme de la distribution simulée

```
# Affichage de l'histogramme de la distribution simulée
plt.hist(distribution,bins=50,color='blue',edgecolor='black')
plt.ticklabel_format(axis='x',style='scientific',scilimits=(-6,-6))
plt.xlabel('Diamètre du cheveu (en 10$^{-6}$ m)')
plt.ylabel('Effectif')
plt.title('Pour %d'%Iteration+ ' itérations')
plt.show()
```

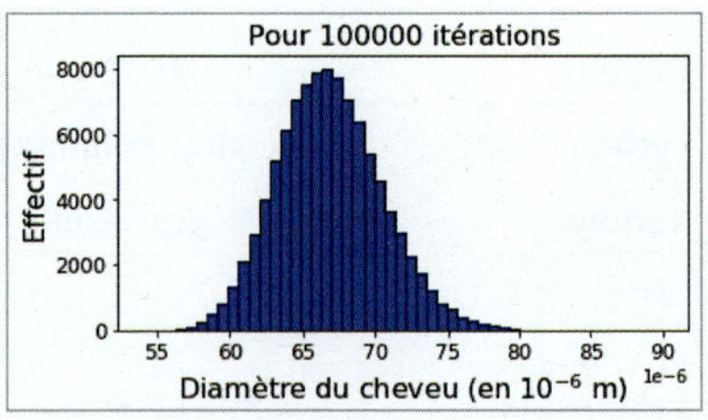

● Détermination de la valeur de *a* et de son incertitude-type *u*(*a*)

```
a=np.mean(distribution)          # a <- Valeur moyenne de la distribution
u_a=np.std(distribution,ddof=1)  # u(a) <- Ecart-type de la distribution

#Affichage
print('Diamètre du cheveu a =','%.4e'%a,'m')
print('Incertitude-type : u(a) =','%.0e'%u_a,'m')
```

La distribution des valeurs du diamètre a étant connue, la valeur de a est la valeur moyenne de la distribution et l'incertitude-type $u(a)$ est l'écart-type de la distribution.

```
Diamètre du cheveu a = 6.6843e-05 m
Incertitude-type : u(a) = 4e-06 m
```

Le résultat de la mesure s'écrit : $a = 67$ µm avec une incertitude-type $u(a) = 4$ µm.

Applications de récupération de signaux de capteurs d'appareils mobiles

1 Applications pour appareils mobiles

- Il existe des applications pour appareils mobiles (smartphone, tablette) qui donnent accès aux mesures effectuées par les capteurs qu'ils contiennent : accéléromètre, GPS, gyroscope, boussole, micro, capteur lumineux, etc.
- Des mesures instantanées ou des séries de mesures peuvent être prélevées à la demande, avec un intervalle de temps réglable entre deux mesures.
- Les résultats sont affichés directement sur l'écran de l'appareil mobile, éventuellement sous forme de graphiques en fonction du temps ; il est également possible de les transférer sur un autre appareil, soit par une liaison sans fil, soit par l'envoi d'un fichier (.xls ou .csv) en fin d'acquisition.
- Les activités expérimentales possibles sont diverses : **étude des oscillations d'un pendule, des rebonds d'une balle, d'un mouvement rectiligne, mesure de la fréquence d'un signal sonore**, etc.

Remarque
Ces applications permettent de faire de l'instrumentation, c'est-à-dire de la récupération de mesures, mais elles n'ont pas pour objectif de traiter les données.

2 Phyphox

L'application gratuite *Phyphox* permet de récupérer facilement toutes les données utiles des capteurs présents dans une tablette ou un smartphone.

Téléchargement et présentation de l'application *Phyphox* : phyphox.org

Accéléromètre

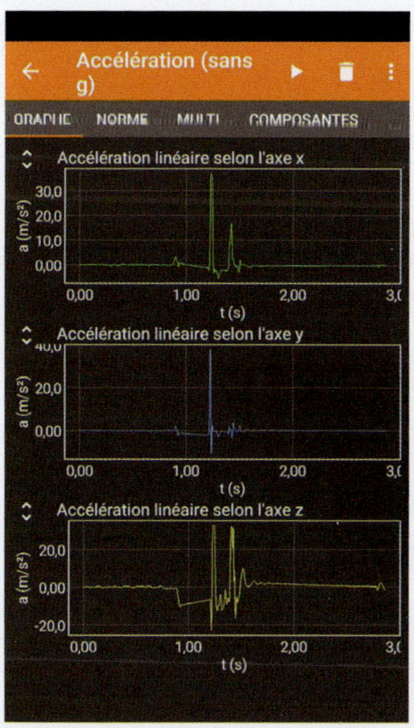

Étude des rebonds d'une balle

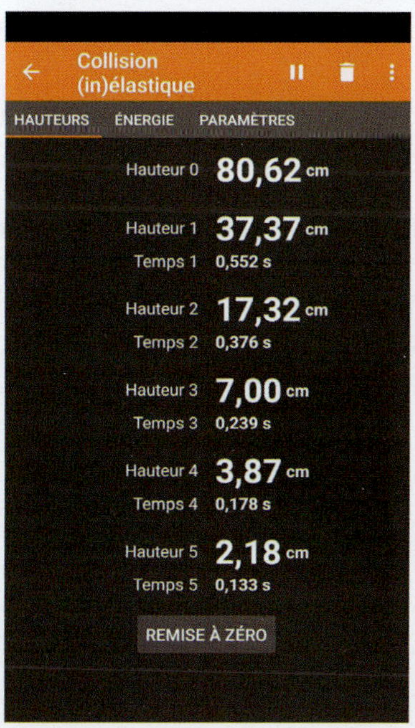

Mesure de la fréquence d'un signal sonore

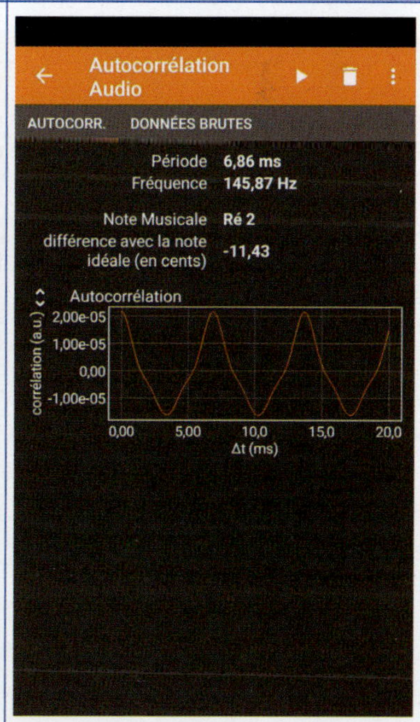

POINT NUMÉRIQUE 3

Tableurs-grapheurs

1 Présentation

- Un tableur-grapheur est un logiciel qui permet de créer et de manipuler des tableaux de données.
- À l'ouverture du logiciel (LibreOffice, Excel, etc.), apparaît sur l'écran une feuille de calculs composée de lignes et de colonnes formant des cellules.
- Chaque cellule est repérée par sa position par rapport aux lignes et aux colonnes.

Exemple Le nombre 18 est dans la cellule B4.

B4 | fx Σ = | 18

	A	B	C
1	0	0	
2	10	1	
3	20	9	
4	30	18	
5			

2 Calculs dans un tableur

Un tableur est un logiciel de calcul qui possède de nombreuses fonctions mathématiques préprogrammées.

Exemple **Calcul simple**

1. Dans la cellule sélectionnée, on écrit une formule qui commence toujours par le signe « = ».
2. Un appui sur la touche Entrée valide le calcul et le résultat de l'opération s'affiche : « =A3+B4 » est remplacé par 38.
3. Le résultat est modifié automatiquement si le contenu des cellules A3 ou B4 est modifié.

	A	B
1	0	0
2	10	1
3	20	9
4	30	18
5		=A3+B4

	A	B
1	0	0
2	10	1
3	20	9
4	30	18
5		38

Exemple **Calcul utilisant la fonction sinus**

Afficher dans la colonne B les sinus des angles de la colonne A.
1. À l'aide du menu Insertion/Fonction, écrire la formule « =SIN(RADIANS(A2)) » dans la cellule B2.
2. Recopier le contenu de la cellule B2 dans les autres cellules de la colonne B grâce à la poignée de recopie présentée page suivante.

	A	B	C
1	angle	sinus	
2		=SIN(RADIANS(A2))	
3	10		
4	20		
5	30		

	A	B
1	angle	sinus
2	0	0
3	10	0,17
4	20	0,34
5	30	0,50

3 Représentation des graphiques

Associé au tableur, le grapheur permet de représenter sous forme graphique des données numériques.
Utiliser le menu **Insertion/Diagramme** ou **Graphique**.

Exemple

Représenter graphiquement *d* en fonction de *t* (exemple de la **Fiche méthode 3**).

1. Sélectionner la zone à représenter.

	A	B
1	t	d
2	0,04	0,40
3	0,08	0,80
4	0,12	1,35
5	0,16	1,75
6	0,20	2,10
7	0,24	2,55
8	0,28	3,05
9	0,32	3,40

2. Choisir un mode de représentation.

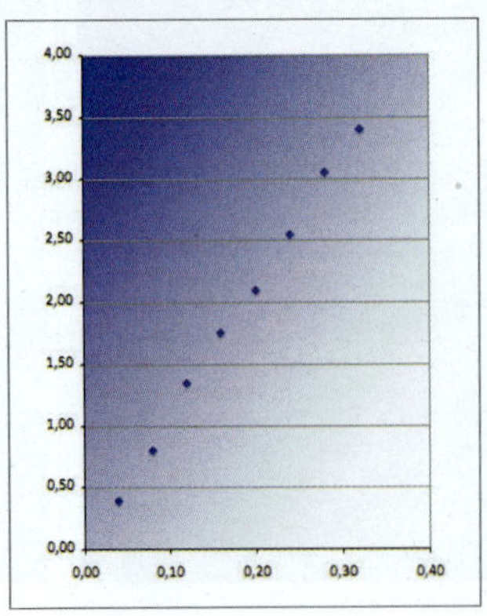

3. Pour obtenir la droite moyenne, utiliser le menu **Graphique/Ajouter une courbe de tendance**.

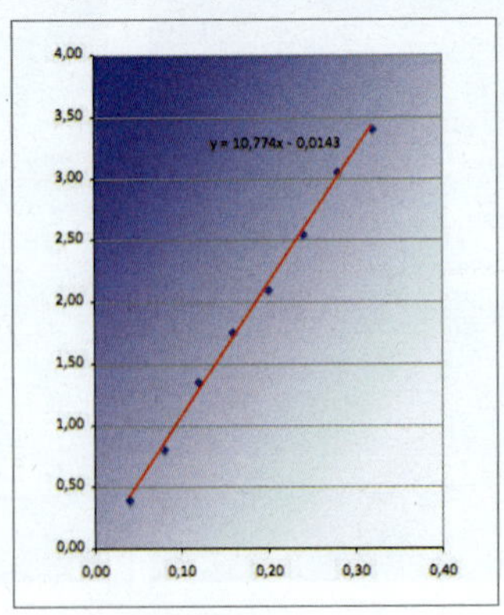

4 Calculs et représentations statistiques **Tableur**

Pour traiter une série de résultats expérimentaux, par exemple 32 mesures de distance focale d'une lentille mince convergente, un histogramme, ainsi que des calculs de moyenne, d'écart-type et d'incertitude-type peuvent être réalisés (➜ **Fiche p. 504** pour plus d'informations).

Remarque

– Les formules présentées ci-dessous correspondent aux formules du tableur-grapheur *LibreOffice* ; les intitulés des formules sont parfois différents avec d'autres tableurs-grapheurs.
– Il est possible de tracer un histogramme en regroupant toutes les valeurs mesurées entre 9,6 cm et 9,8 cm, entre 9,8 cm et 10 cm, etc., en utilisant la fonction FREQUENCE (données ; classes). Un exemple est proposé sur le site **sirius.nathan.fr**.

	A	B	C	D	E
1	Mesures de distance focale réalisées (en cm)			Distance focale mesurée (en cm)	Nombre de mesures réalisées
2		9,6		9,6	2
3		9,6		9,7	1
4		9,7		9,8	5
5		9,8		9,9	6
6		9,8		10	5
7		9,8		10,1	6
8		9,8		10,2	4
9		9,8		10,3	2
10		9,9		10,4	1
11		9,9			
12		9,9		Nombre total de mesures	32
13		9,9			
14		9,9			
15		9,9			
16		10			
17		10			
18		10			
19		10			
20		10			
21		10,1			
22		10,1			
23		10,1			
24		10,1			
25		10,1			
26		10,1			
27		10,2			
28		10,2			
29		10,2			
30		10,2			
31		10,3			
32		10,3			
33		10,4			
34	Nombre de mesures	32			
35	Moyenne	10,0			
36	Écart-type	0,2			
37	Incertitude-type	0,04			

=NB.SI(B$2:B$33;D2)

2
1
5
6
5
6
4
2
1

La poignée de recopie permet d'appliquer la formule de la première cellule (ici E2) à toutes les cellules suivantes.

=SOMME(E2:E10)

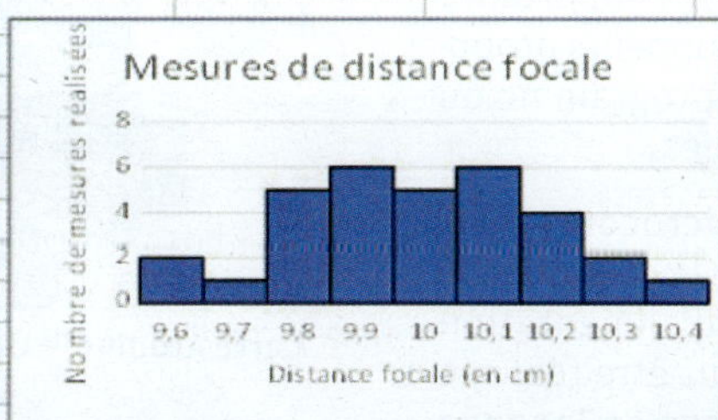

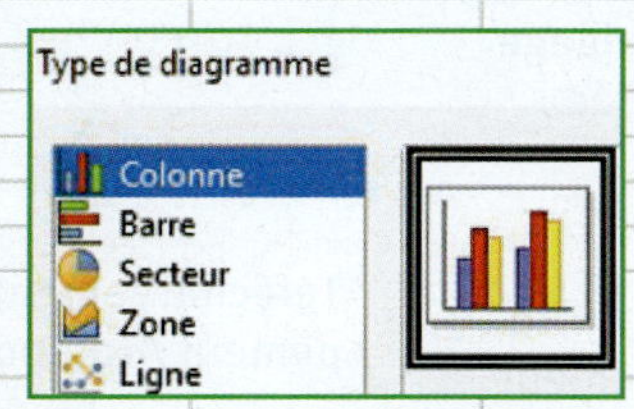

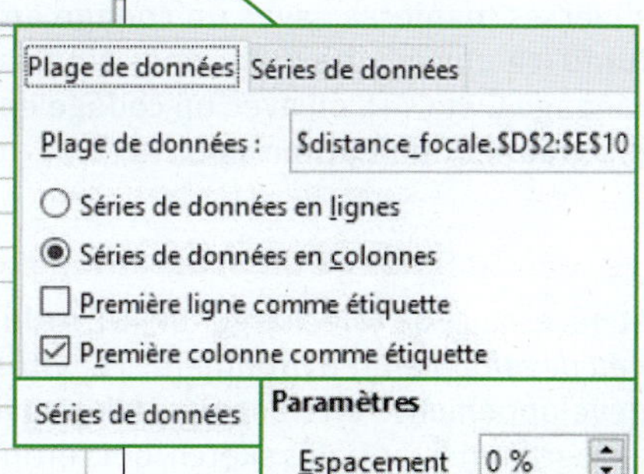

=NB(B2:B33)

=MOYENNE(B2:B33)

=ECARTYPE(B2:B33)

=B36/(RACINE(B34))

RESSOURCE

- Fichier tableur-grapheur affichant un diagramme en bâtons (niveau standard) ou un histogramme (niveau confirmé)

Microcontrôleurs

1 Présentation

- Une carte à microcontrôleur rassemble les éléments essentiels d'un ordinateur : processeur, mémoire, interfaces d'entrée-sortie.
- Une carte à microcontrôleur permet de :
  – traiter des signaux électriques (tensions électriques directement mesurables ou issues de capteurs) ;
  – commander des composants électroniques, comme une diode électroluminescente (DEL), un buzzer, un émetteur et un récepteur d'ultrasons, etc.
- Une carte à microcontrôleur est très bien adaptée à la mesure, au traitement de signaux' et, *via* une programmation relativement simple, elle offre une remarquable possibilité d'étudier le fonctionnement interne de divers appareils de mesure par exemple.
- La carte à microcontrôleur de type Arduino™ est la plus utilisée. En effet, c'est l'environnement qui fédère la plus grande communauté, du niveau débutant au niveau confirmé, mais toutes les activités du manuel peuvent être réalisées avec d'autres cartes à microcontrôleur comme par exemple les cartes Raspberry Pi™ ou Micro:bit™, qui peuvent être programmées directement avec le langage de programmation Python.

2 Carte à microcontrôleur de type Arduino™

- Une carte à microcontrôleur de type Arduino™ est très bien **protégée** et elle supporte sans problème les erreurs de manipulation (courts-circuits, etc.). Son **coût** est **faible**, de l'ordre de quelques dizaines d'euros, et les **logiciels de programmation** sont **libres de droit** et facilement téléchargeables.
- L'avantage premier de l'environnement Arduino est sa grande facilité de prise en main, l'importante communauté d'amateurs et de développeurs proposant des tutoriels, des exemples de programme ou des assistances dans des forums dédiés.
- La programmation d'une carte à microcontrôleur de type Arduino™ se fait par le port USB d'un ordinateur, la liaison USB servant aussi d'alimentation pour la carte. La programmation peut être réalisée de diverses manières : avec un **codage en langage Arduino** (ce langage de programmation est proche du langage C et C++), ou avec un **codage en langage de programmation Python** selon la carte utilisée.

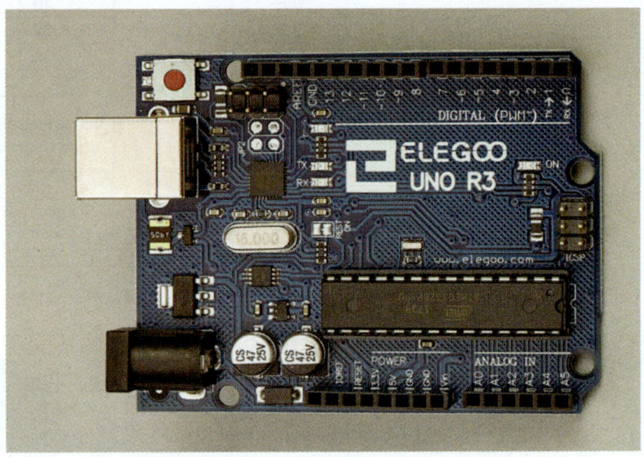

▲ Carte Arduino™ Uno.

Codage avec le langage de programmation Arduino

Il est nécessaire de télécharger un IDE Arduino (*integrated development environment*, « environnement de développement » en français) pour pouvoir écrire des programmes, appelés sketch, qui seront ensuite téléversés, c'est-à-dire envoyés, vers la carte.

- **Une fois l'IDE téléchargé**, relier la carte Arduino™ Uno à l'ordinateur par le port USB, puis ouvrir l'IDE. Vérifier alors dans le menu « Outils » que la carte est bien reconnue (cette étape peut poser problème avec certaines cartes et nécessite de télécharger des pilotes plus spécifiques).

Téléchargement de l'environnement de développement Arduino : arduino.cc

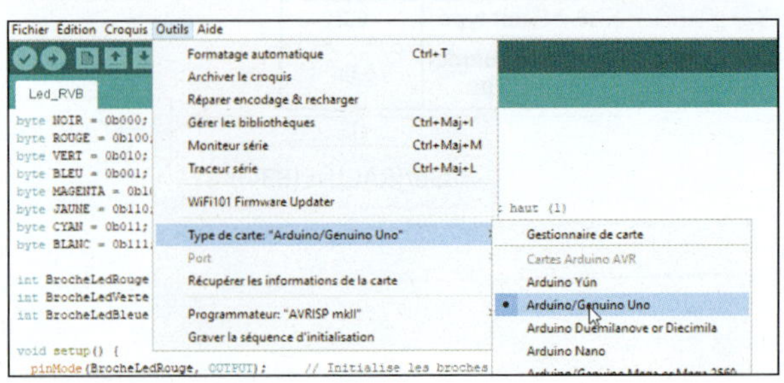

- Vérifier ensuite que le port comprend bien la mention « Arduino/Genuino Uno ».
- Écrire, recopier ou compléter un code source permettant de proposer un programme.

REMARQUE

La plupart des codes sources sont disponibles sur Internet en tapant les mots-clés adéquats.

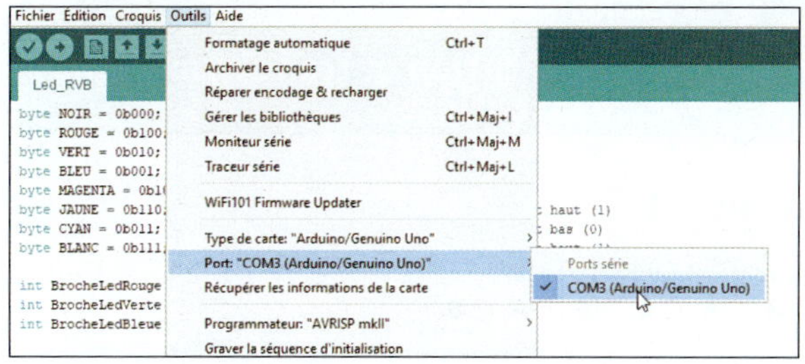

- **Avant de téléverser un programme** vers la carte Arduino™ Uno, il est possible de le **compiler**, c'est-à-dire de le **vérifier**.
  Les résultats de la compilation s'affichent dans la partie inférieure de la fenêtre, notamment les messages d'erreur liés au codage.
- Une fois le programme téléversé, la carte Arduino™ Uno peut être utilisée avec une **plaque de prototypage**, ou *breadboard arduino*, permettant de réaliser un **montage électrique** avec des **composants électroniques**. Il faut alors relier cette plaque par des fils spécifiques (câbles pour *breadboard*) au microcontrôleur.

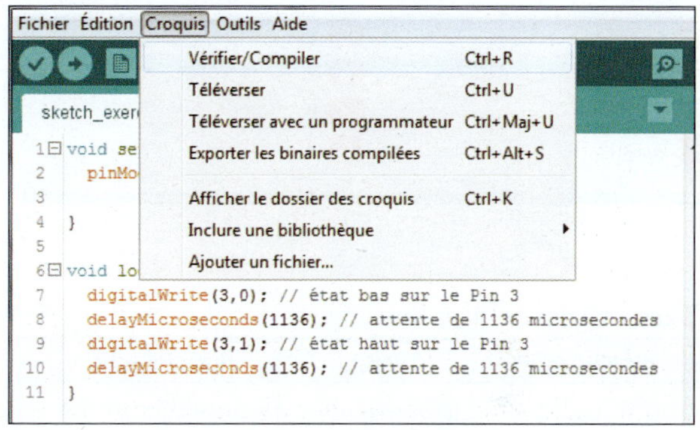

▲ Carte Arduino™ Uno reliée à une DEL RVB.

▲ Carte Arduino™ Uno reliée à une résistance de protection et à un buzzer.

Corrigés

THÈME 1

Constitution et transformations de la matière

Chapitre 1

Se tester pour commencer

1 A ; 2 A ; 3 C ; 4 B ; 5 A ; 6 B.

5 min chrono !

1 c.
2 c.
3 a.
4 b.
5 c.
6 a.
7 b.
8 b.

APPLIQUER

17 Les schémas de Lewis sont :

$CH_3(CH_2)_2CO_2H$	$(CH_3)_3N$	$H_3\overset{+}{N}\text{-}CH(CH_3)\text{-}CO_2^-$
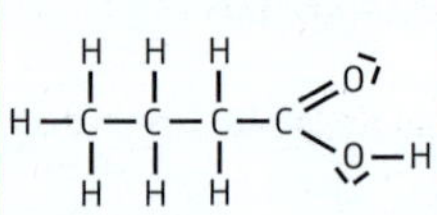	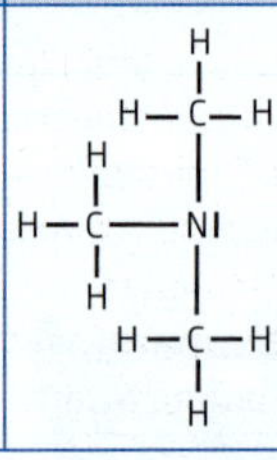	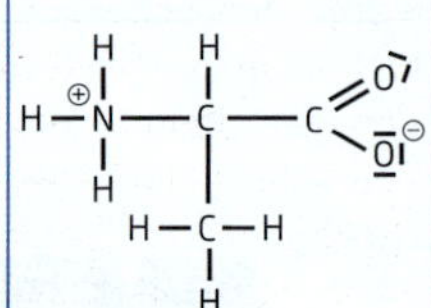

22 **a.** Il s'agit de l'étape 3.
Justification : une réaction acide-base fait intervenir deux couples acide-base : le couple H_3O^+ / H_2O et le couple acide gallique / ion gallate.
b. $H_3O^+(aq) + C_6H_5O_3\text{–}CO_2^-(aq) \rightarrow H_2O(\ell) + C_6H_5O_3\text{–}CO_2H(s)$
Justification : l'ion gallate a pour formule $C_6H_5O_3\text{–}CO_2^-$. L'acide gallique est obtenu par transfert d'un ion hydrogène de l'ion oxonium vers l'ion gallate ; sa formule est donc : $C_6H_5O_3\text{–}CO_2H$. En outre, il est indiqué que l'acide gallique précipite ; cette espèce se trouve donc dans l'état solide.

S'ENTRAÎNER

43 **a.** Le schéma de Lewis de l'espèce acide de la tyrosine est :

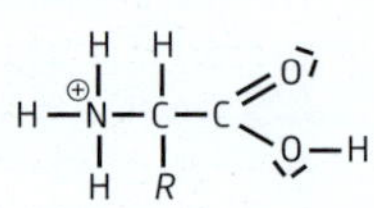

b. La formule donnée dans la littérature ne tient pas compte des propriétés acide-base de la forme intermédiaire de la tyrosine. La formule aurait dû être écrite sous la forme : $H_3\overset{+}{N}\text{-}CHR\text{-}CO_2^-$, avec R représentant le groupe $HO\text{–}C_6H_4\text{–}CH_2$.
c. L'espèce intermédiaire de la tyrosine appartient à deux couples acide-base ; il s'agit d'une espèce amphotère.

48 **a.**

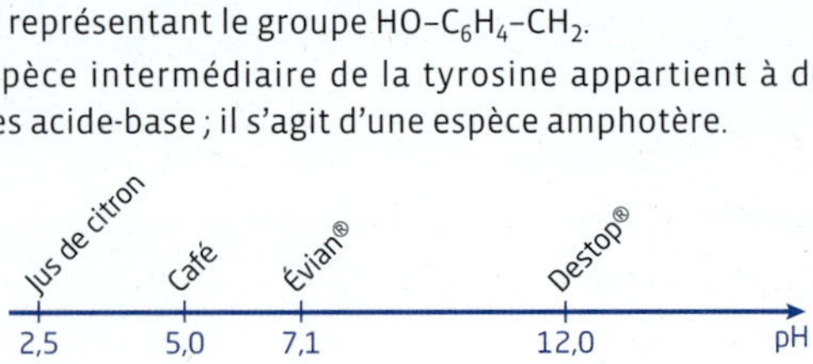

b. La relation habituelle est appliquée à chaque exemple, à savoir $[H_3O^+] = 10^{-pH} \times c°$.

Solution	Jus de citron	Évian®	Café	Destop®
pH	2,5	7,1	5,0	12,0
$[H_3O^+]$ (en $mol \cdot L^{-1}$)	$3{,}2 \times 10^{-3}$	$7{,}9 \times 10^{-8}$	$1{,}0 \times 10^{-5}$	$1{,}0 \times 10^{-12}$

c. Comparer les ordres de grandeur des deux valeurs extrêmes de la concentration en quantité de matière revient à en calculer un rapport, par exemple :

$$\frac{1{,}0 \times 10^{-3}}{1{,}0 \times 10^{-12}} = 1{,}0 \times 10^9.$$

Il n'est donc pas possible de tracer un axe gradué régulièrement car la valeur maximale de la concentration est un milliard de fois plus grande que celle de la concentration minimale.
d. Les propriétés acide-base d'une solution sont intrinsèquement liées à la concentration en quantité d'ion oxonium. Ranger des solutions selon leur concentration n'est pas faisable graphiquement (comme démontré à la réponse **c.**). C'est pourquoi, il est nécessaire d'introduire une fonction mathématique pour s'affranchir de ce fort écart entre concentrations extrêmes. C'est le cas de la fonction logarithme décimal.

Chapitre 2

Se tester pour commencer

1 C ; 2 B ; 3 B ; 4 A ; 5 C.

5 min chrono !

1 c.
2 a.
3 c.
4 b.
5 a.
6 a.
7 b.

APPLIQUER

17 **a.**

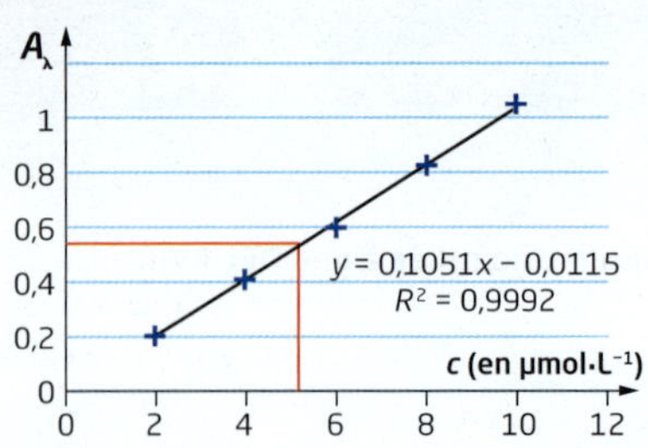

b. • Possibilité 1 : par lecture graphique, on trouve : $c = 5{,}2\ \mu mol \cdot L^{-1}$.
• Possibilité 2 : d'après l'équation de la droite d'étalonnage :

$$c = \frac{A_\lambda + 0{,}0115}{0{,}1051}$$

A.N. : $c = \dfrac{0{,}530 + 0{,}0115}{0{,}1051} = 5{,}2\ \mu mol \cdot L^{-1}.$

18

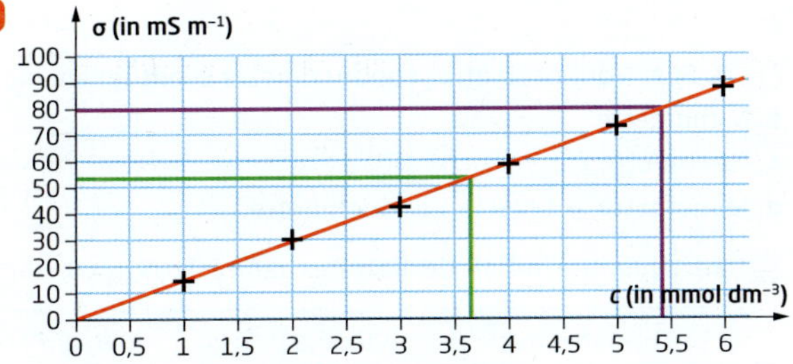

a. Par lecture graphique : $c = 3{,}7\ \text{mmol}\cdot\text{L}^{-1}$.

b. Par lecture graphique : $\sigma' = 79\ \text{mS}\cdot\text{m}^{-1}$.

23 **a.** Le volume à l'équivalence correspond à l'abscisse du saut de pH. Elle peut se déterminer par lecture directe ou par exemple par la méthode des tangentes : $V_{\text{éqv}} = 8{,}0\ \text{mL}$.

b. D'après la stœchiométrie de l'équation de la réaction support de titrage, $\frac{n_{S,\text{début}}}{1} = \frac{n_{H_3O^+,\text{éqv}}}{1}$ soit encore $c_s \times V_s = c \times V_{\text{éqv}}$.

Ainsi $c_s = c \times \frac{V_{\text{éqv}}}{V_s}$.

A.N. : $c_s = 1{,}0 \times 10^{-1}\ \text{mol}\cdot\text{L}^{-1} \times \frac{8{,}0\ \text{mL}}{20{,}0\ \text{mL}} = 0{,}040\ \text{mol}\cdot\text{L}^{-1}$

$c_s = 40\ \text{mmol}\cdot\text{L}^{-1}$.

S'ENTRAÎNER

31 **a.** Les liaisons identifiées dans la caféine grâce au spectre IR sont : la liaison C=O à 1680 cm⁻¹ et la liaison C=C à 1645 cm⁻¹.

b. La longueur d'onde choisie correspond au maximum d'absorbance de la caféine, cela permet d'avoir les mesures les plus précises. Cette longueur d'onde se situe dans l'ultra-violet.

c.

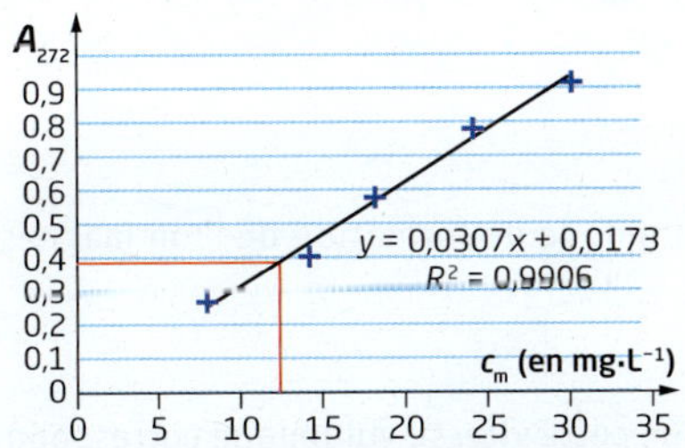

• Possibilité 1 : par lecture graphique, on trouve une concentration en masse de caféine $c_{m,\text{caféine,diluée}} = 12{,}2\ \text{mg}\cdot\text{L}^{-1}$.

• Possibilité 2 : d'après l'équation de la droite d'étalonnage :

$c_{m,\text{caféine,diluée}} = \frac{A_{272} - 0{,}0173}{0{,}0307}$.

A.N. : $c_{m,\text{caféine,diluée}} = \frac{0{,}390 - 0{,}0173}{0{,}0307} = 12{,}2\ \text{mg}\cdot\text{L}^{-1}$.

Comme la solution a été diluée 25 fois (10 mL dans 250 mL), la concentration en masse dans la boisson énergisante est :

$c_{m,\text{caféine}} = 25 \times c_{m,\text{caféine,diluée}}$

A.N. : $c_{\text{caféine}} = 25 \times 12{,}2\ \text{mg}\cdot\text{L}^{-1} = 305\ \text{mg}\cdot\text{L}^{-1}$.

32 **a.** L'équation de la réaction support de titrage est :

$$CH_3COOH(aq) + HO^-(aq) \rightarrow CH_3COO^-(aq) + H_2O(\ell).$$

À l'équivalence : $\frac{n_{A,\text{début}}}{1} = \frac{n_{B,\text{éqv}}}{1}$.

b. Alors : $c_{\text{titré}} \times V_A = c_B \times V_{B,\text{éqv}}$ d'où : $c_{\text{titré}} = \frac{c_B \times V_{B,\text{éqv}}}{V_A}$.

Or, le vinaigre a été dilué au vingtième, donc la concentration en acide éthanoïque du vinaigre est :

$$c_A = 20 \times c_{\text{titré}} = 20 \times \frac{c_B \times V_{B,\text{éqv}}}{V_A}.$$

A.N. : $c_A = 20 \times \frac{0{,}100\ \text{mol}\cdot\text{L}^{-1} \times 10{,}7\ \text{mL}}{20\ \text{mL}} = 1{,}07\ \text{mol}\cdot\text{L}^{-1}$.

38 **a.**

Espèces génériques	A	B	C	S_A	S_B
Espèces réelles	Mg^{2+}	HO^-	$Mg(OH)_2$	Cl^-	Na^+

b. • Le tableau peut être complété en transposant les notations du programme :
– concentration de la solution d'hydroxyde de sodium : c_B dans le code et c_2 dans le sujet ;
– volume V de solution titrante ajouté est noté x dans la boucle du code ;
– quantité de matière de nigari mis en solution : n_0.

Les facteurs 2 présents dans le code proviennent des stœchiométries.

• L'équation de dissolution du chlorure de magnésium est : $MgCl_2(s) \rightarrow Mg^{2+}(aq) + 2\ Cl^-(aq)$ soit une quantité $2 \times n_0$ d'ion Cl^- pour une quantité n_0 d'ion Mg^{2+}.

• Pour chaque phase du titrage (avant l'équivalence, à l'équivalence, après l'équivalence), le tableau donne la composition du système dans son état final. Celui-ci est déterminé :
– en identifiant le réactif limitant ;
– en déterminant l'avancement maximal de la réaction, lié à la stœchiométrie du réactif limitant ;
– en établissant la composition du système à l'issue de la transformation considérée comme totale.

Espèces chimiques		$Mg^{2+}(aq)$	$HO^-(aq)$	$Mg(OH)_2(s)$	$Cl^-(aq)$	$Na^+(aq)$
Rôle dans le titrage		Titré	Titrant	Produit	Ions spectateurs	
Quantités des espèces mises en présence pour toutes les valeurs de V		n_0	$c_2 \times V$	0	$2 \times n_0$	$c_2 \times V$
pour $V < V_{\text{éqv}}$	Réactif limitant : $HO^-(aq)$	$n_0 - \frac{c_2 \times V}{2}$	0	$\frac{c_2 \times V}{2}$	$2 \times n_0$	$c_2 \times V$
pour $V = V_{\text{éqv}}$	Réactifs limitants : $HO^-(aq)$ et $Mg^{2+}(aq)$	0	0	$\frac{c_2 \times V_{\text{éqv}}}{2}$	$2 \times n_0$	$c_2 \times V_{\text{éqv}}$
pour $V > V_{\text{éqv}}$	Réactif limitant : $Mg^{2+}(aq)$	0	$c_2 \times V - c_2 \times V_{\text{éqv}}$	$\frac{c_2 \times V_{\text{éqv}}}{2}$	$2 \times n_0$	$c_2 \times V$

c. La quantité de matière de nigari mis en solution est donnée par : $n_0 = \frac{m}{M}$.

A.N. : pour obtenir n_0 en mmol : $n_0 = \frac{0{,}25\ \text{g}}{95{,}2\ \text{g}\cdot\text{mol}^{-1}} \times 10^3$.

```
n0=1000*0.25/95.2 # Quantité de matière de nigari introduite (en mmol)
```

À l'équivalence : $\frac{n_{Mg^{2+},\text{début}}}{1} = \frac{n_{HO^-,\text{éqv}}}{2}$ soit $\frac{n_0}{1} = \frac{c_B \times V_{B,\text{éqv}}}{2}$ et $V_{B,\text{éqv}} = \frac{2 \times n_0}{c_B}$.

n_0 étant en mmol, $V_{B,\text{éqv}}$ est bien obtenu en mL.

```
vEqv=2*n0/cB       # Calcul du volume équivalent (en mL)
```

d. Grâce aux courbes fournies par le code, on peut dresser un tableau de l'évolution qualitative des quantités de matière des ions mis en jeu et l'exploiter pour prévoir l'allure de la courbe de titrage conductimétrique.

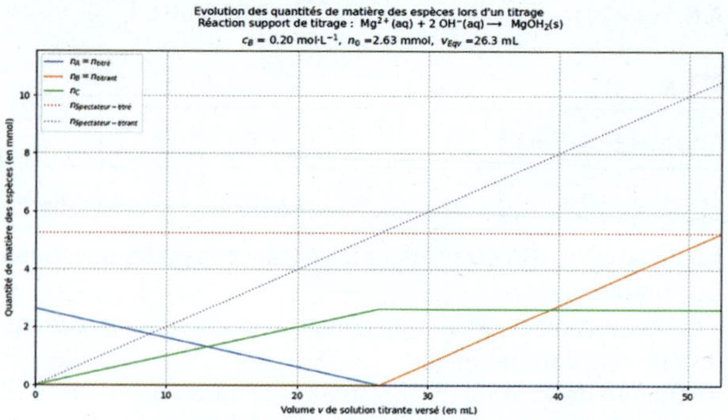

	Évolution des quantités de matière des ions				Estimation de la pente
	Mg^{2+}	HO^-	Cl^-	Na^+	
$V < V_{éqv}$	↘	0	→	↗	$\lambda_{Mg^{2+}} > \lambda_{Na^+}$ Pente négative
$V > V_{éqv}$	0	↗	→	↗	Pente positive

La courbe de titrage conductimétrique sera donc décroissante avant l'équivalence puis croissante après l'équivalence.

e. Les codes complets niveaux standard et confirmé sont téléchargeables à l'adresse **sirius.nathan.fr**.

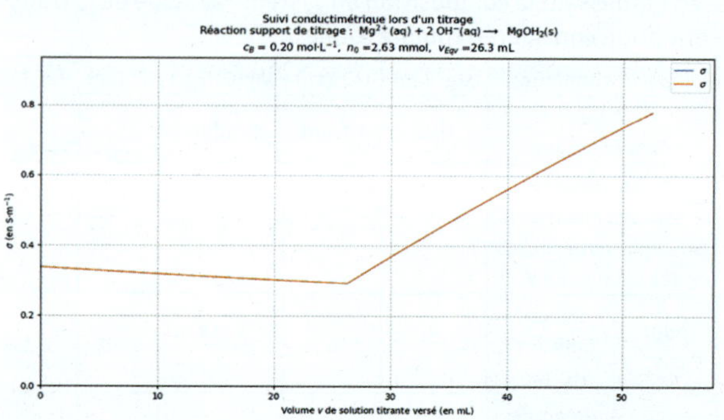

La rupture de pente est nette, ce titrage est donc exploitable pour contrôler la pureté du nigari.

Chapitre 3

Se tester pour commencer

1 B ; **2** A ; **3** C ; **4** A.

5 min chrono !

1 b.
2 b.
3 a.
4 c.
5 c.
6 c.
7 b.

APPLIQUER

12 **a.** Spectrophotomètre ; conductimètre éventuellement.
b. Manomètre.
c. Manomètre.
d. Manomètre, pH-mètre, conductimètre.

20 **a.** La quantité initiale de diazométhane est $n_{0,DAM} = 9{,}0$ mmol.

	$CH_3\text{-}N{=}N\text{-}CH_3(g)$ →	$CH_3CH_3(g)$ +	$N_2(g)$
EI	$n_{0,DAM}$	0	0
EF	$n_{0,DAM} - x_f = 0$	$x_f = n_{0,DAM}$	$x_f = n_{0,DAM}$

$x_f = n_{0,DAM} = 9{,}0$ mmol.

b. À $t_{1/2}$, $x(t_{1/2}) = \dfrac{x_f}{2} = 4{,}5$ mmol.

Alors $n_{DAM}(t_{1/2}) = n_{0,DAM} - x(t_{1/2}) = 9{,}0 - 4{,}5 = 4{,}5$ mmol.
On recherche sur le graphique l'antécédent du point d'ordonnée $n_{DAM} = 4{,}5$ mmol.
Il vient donc $t_{1/2} = 7 \times 10^1$ min.

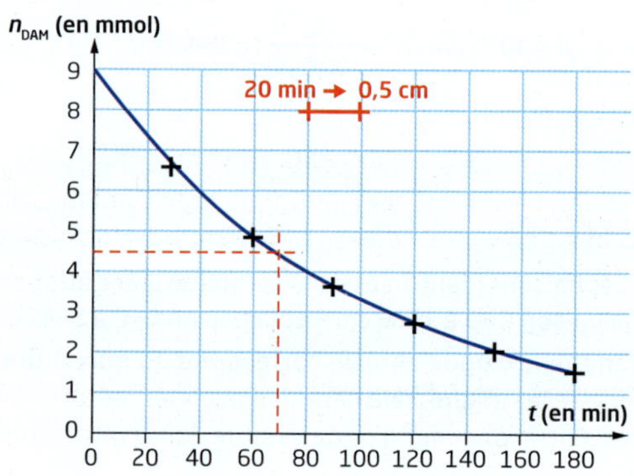

S'ENTRAÎNER

27 La vitesse volumique de formation de l'ion magnésium s'écrit :

$v_{f,Mg^{2+}} = \dfrac{d[Mg^{2+}]}{dt}$.

À la date $t = 10$ min, cette vitesse volumique correspond à la pente de la tangente à la courbe à cette date. La tangente passe aux points A et B de coordonnées (0 ; –2,0) et (14,4 ; 50,0). Sa pente est $p = \dfrac{y_B - y_A}{x_B - x_A} = \dfrac{50{,}0 + 2{,}0}{14{,}4 - 0} = 3{,}61$ mmol · L⁻¹ · min⁻¹.

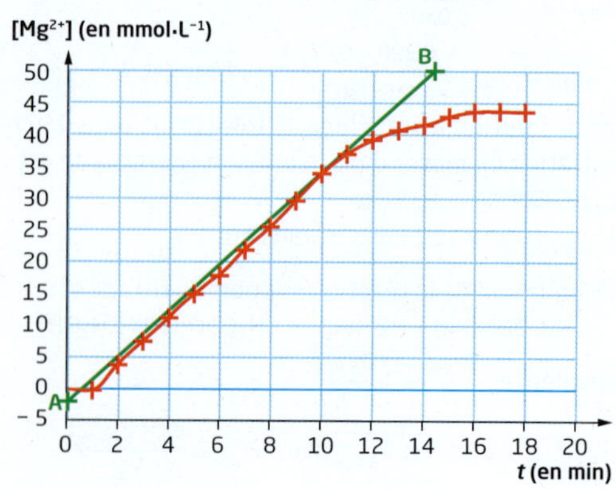

29 Le code est téléchargeable à l'adresse **sirius.nathan.fr**.

```
"""
Les données expérimentales sont stockées dans les variables :
  - t : liste des dates ti (en s)
  - V_gaz : liste du volume total de gaz formé aux dates ti (en m^3)
"""
n_0=0.01  # Quantité initiale de chlorure de sulfuryle (en mol)
V_0=0.1   # Volume du mélange réactionnel (en L)
p=float(input("Pression ambiante (en Pa) : p = "))
T=float(input("Température ambiante (en K) : T = "))
V_m=8.314*T/p  # Volume molaire (en m^3)

N=len(t)
# Liste de la concentration en réactif aux dates ti
c_r=[(n_0/V_0)-V_gaz[i]/(2*V_m*V_0) for i in range(N)]

# Liste de la vitesse de consommation du réactif aux dates ti
v_r=[-(c_r[i+1]-c_r[i])/(t[i+1]-t[i]) for i in range(N-1)]

del t[-1]
plt.plot(t,v_r,'+') #  Représentation graphique v_r=f(t)
plt.xlabel("$t$ (en s)")
plt.ylabel("$v$ (en mol$\cdot$L$^{-1} \cdot$s$^{-1}$)")
plt.show()
```

33 **a.** • Expériences 1 et 2 : le facteur cinétique est la concentration. L'augmentation de la concentration en quantité de réactif accélère la transformation.
• Expériences 3 et 4 : même réponse.

b. • Expériences 1 et 3 : le facteur cinétique est la température. L'augmentation de la température accélère la transformation.
• Expériences 2 et 4 : même réponse.

c. Dans l'expérience 4, les effets des deux facteurs cinétiques se cumulent. C'est dans ces conditions expérimentales-là que la concentration en diiode au bout de 20 min est la plus grande.

Chapitre 4

Se tester pour commencer
1 C ; 2 A ; 3 A ; 4 B ; 5 A.

5 min chrono !

1 c.
2 b.
3 c.
4 a.
5 c.
6 a.

APPLIQUER

13 **a.** L'atome d'oxygène est usuellement entouré de $\ell = 2$ doublets liants. Sur le schéma de Lewis de l'entité PH^+ il est entouré de $p = 3$ doublets liants. Sa charge formelle est $p - \ell = 1$.

b.

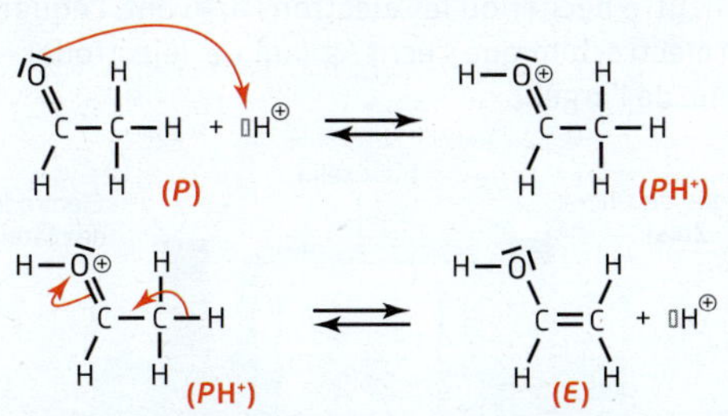

14 **a.** $2\,NO + 2\,H_2 \rightarrow N_2 + 2\,H_2O$.

b. N_2O_2 et H_2O_2 sont formés au cours d'un acte élémentaire et consommés au cours du suivant. Ce sont des intermédiaires réactionnels.

15 **a.**

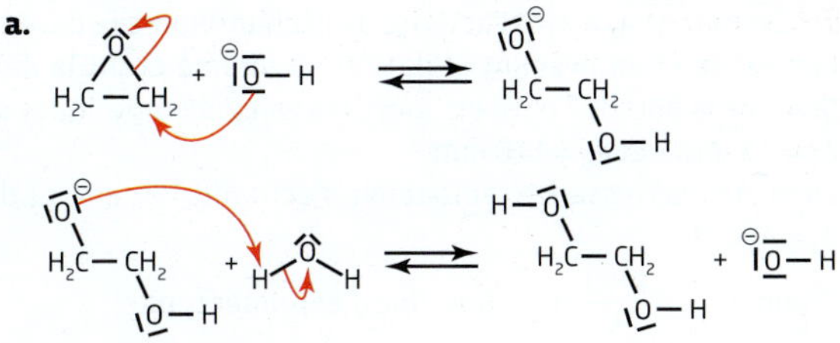

b. $C_2H_4O + H_2O \rightarrow C_2H_6O_2$.

c. HO^- est consommé dans le premier acte élémentaire et formé dans le second. Il s'agit d'un catalyseur.

19 Pour suivre une transformation étape par étape, il faut que les entités soient presque immobiles. En se plaçant à très basse température (5 K), les chercheurs ont diminué la vitesse moyenne des entités, ce qui a permis d'observer leurs transformations.

Chapitre 5

Se tester pour commencer
1 C ; 2 B ; 3 B ; 4 C ; 5 B.

5 min chrono !

1 b.
2 b.
3 a.
4 b.
5 c.
6 b.
7 c.
8 c.
9 a.

APPLIQUER

15 **a.** L'équation de réaction donnée dans l'énoncé vérifie la conservation des éléments chimiques, ce n'est pas une équation modélisant une transformation nucléaire.

b. ${}^{21}_{11}Na \rightarrow {}^{21}_{10}Ne + {}^{0}_{1}e + {}^{0}_{0}\nu_e$.

21 Le nombre de noyaux se désintégrant pendant une durée Δt est : $N(t) - N(t + \Delta t)$.

La probabilité $p(t)$ à la date t pour qu'un nombre donné de noyaux se désintègrent pendant une durée Δt est égale au rapport du nombre de noyaux se désintégrant par le nombre total de noyaux :

$$p(t) = \frac{N(t) - N(t + \Delta t)}{N(t)} = -\frac{\Delta N}{N(t)}.$$

La probabilité de désintégration d'un noyau par unité de temps est constante au cours du temps. Cette constante λ est nommée constante radioactive du noyau considéré :

$\lambda = \frac{p(t)}{\Delta t}$; en conséquence : $p(t) = \lambda \times \Delta t$.

En égalisant les deux expressions de cette probabilité :

$p(t) = -\frac{\Delta N}{N(t)} = \lambda \times \Delta t$ soit $\frac{\Delta N}{\Delta t} = -\lambda \times N(t)$.

En prenant $\Delta t \rightarrow 0$, l'équation devient : $\frac{dN}{dt} = \lambda N(t)$.

Soit $\frac{dN}{dt} + \lambda N(t) = 0$.

La fonction N est donc solution de l'équation différentielle linéaire du premier ordre à coefficient constant $y' + ay = 0$ avec $a = \lambda$, dont la solution est la fonction N telle que $N(t) = N(0)\,e^{-\lambda t}$.

Corrigés

23 En notant $A_1 = A(t_1)$ l'activité de l'échantillon à la date t_1 de la mesure et en prenant la date $t = 0$ comme étant la date à laquelle le bois de l'outil est mort, les valeurs numériques sont $A_1 = 5{,}5\ \text{min}^{-1}$ et $A_0 = 13{,}6\ \text{min}^{-1}$.
La loi de décroissance radioactive s'écrit $A(t) = A_0\,e^{-\lambda t}$, et donc $A_1 = A_0\,e^{-\lambda t_1}$.

Comme $t_{1/2} = \dfrac{\ln(2)}{\lambda}$, il est possible d'exprimer t_1 par :

$$t_1 = -\frac{t_{1/2}}{\ln(2)} \times \ln\left(\frac{A_1}{A_0}\right).$$

$$\text{A.N. : } t_1 = -\frac{5730\ \text{an}}{\ln(2)} \times \ln\left(\frac{5{,}5\ \text{min}^{-1}}{13{,}6\ \text{min}^{-1}}\right) = 7\,484\ \text{an, soit } 7\,500\ \text{ans.}$$

24 **a.** Le traceur radioactif peut être suivi dans un environnement donné grâce aux désintégrations des noyaux qui le constituent.

b. Les temps de demi-vie des traceurs radioactifs doivent être suffisament longs pour que ces traceurs permettent le suivi du fonctionnement des cellules ou de l'organe cible, mais suffisament courts pour qu'ils ne perdurent pas plus longtemps que nécessaire dans l'organisme de la personne concernée.

c. TEP : tomographie par émission de positons.

26 **a.** L'illustration propose de visualiser assez qualitativement les différents matériaux et les épaisseurs de ces matériaux permettant de « stopper » des rayonnements ionisants de type : α, β, γ et X, neutrons.
Les rayonnements α sont arrêtés par une main ; les rayonnements β traversent cette main et sont arrêtés par une plaque d'aluminium assez fine, tandis que les rayonnements γ et X traversent la main et l'aluminium et sont arrêtés par une plaque de plomb d'épaisseur plus grande que la feuille d'aluminium. Les neutrons enfin ne sont stoppés que par un épais mur de béton.

b. Il est possible de déduire de la question **a.** que la nature du matériau constituant un écran et son épaisseur constituent deux facteurs d'influence relatifs à l'utilisation de l'écran pour se protéger des rayonnements ionisants.

S'ENTRAÎNER

30 **a.** L'équation de désintégration du potassium-40 en calcium-40 est :

$$^{40}_{16}\text{K} \rightarrow {}^{40}_{20}\text{Ca} + {}^{0}_{-1}\text{e} + {}^{0}_{0}\overline{\nu}_e.$$

L'émission de l'électron $^{0}_{-1}\text{e}$ et de l'antineutrino $^{0}_{0}\overline{\nu}_e$ permettent de caractériser une radioactivité de type β^-.

b. D'après le **DOC. 1** : $\lambda_1 = 4{,}962 \times 10^{-10}\ \text{an}^{-1}$ et $\lambda_2 = 0{,}581 \times 10^{-10}\ \text{an}^{-1}$.
D'après la donnée :

$$t_{1/2,1} = \frac{\ln(2)}{\lambda_1} = \frac{\ln(2)}{4{,}962 \times 10^{-10}} = 1{,}396 \times 10^9\ \text{ans} = 1{,}396\ \text{Gans}.$$

$$t_{1/2,1} = \frac{\ln(2)}{\lambda_2} = \frac{\ln(2)}{0{,}581 \times 10^{-10}} = 11{,}9 \times 10^9\ \text{ans} = 11{,}9\ \text{Gans}.$$

c. $t_{1/2,1} \approx T_1$ et $t_{1/2,2} \approx T_2$: la période radioactive semble donc être identique au temps de demi-vie.

d. D'après le **DOC. 2** :

$^{39}_{19}\text{K}$ | $^{40}_{19}\text{K}$ | $^{41}_{19}\text{K}$

e. Les autres isotopes du potassium ne sont pas mentionnés sur le **DOC. 1** car ce document traite des isotopes naturels du potassium ; ces autres isotopes sont des isotopes artificiels.

Chapitre 6

Se tester pour commencer
1 B ; **2** C ; **3** A ; **4** A ; **5** A.

5 min chrono !

1 b.
2 a.
3 b.
4 a.
5 c.
6 c.
7 a.

APPLIQUER

14 **a.** La quantité d'ion H_3O^+ à l'état final est :
$n_{H_3O^+,f} = V \times 10^{-pH} \times c°$.
D'autre part : $x_f = n_{H_3O^+,f}$. Donc : $x_f = V \times 10^{-pH} \times c°$.
A.N. : $x_f = 1{,}00\ \text{L} \times 10^{-2{,}65} \times 1\ \text{mol}\cdot\text{L}^{-1} = 2{,}24 \times 10^{-3}\ \text{mol} = 2{,}24\ \text{mmol}$.
À l'état final, le système contient tous les réactifs et tous les produits donc la transformation est non totale.

b. $x_{max} = n$.

$$\text{Donc : } \tau = \frac{x_f}{x_{max}} = \frac{x_f}{n}.$$

$$\text{A.N. : } \tau = \frac{2{,}24\ \text{mmol}}{10{,}0\ \text{mmol}} = 0{,}224\text{, soit } 22{,}4\ \%.$$

19 **a.** L'équation de réaction s'écrit :

$$Cu^{2+}(aq) + 2\ HO^-(aq) \rightleftharpoons Cu(OH)_2(s).$$

b. Le quotient de réaction à l'état initial est :

$$Q_{r,i} = \frac{1}{\left(\frac{[Cu^{2+}]_i}{c°}\right) \times \left(\frac{[HO^-]_i}{c°}\right)^2} = \frac{(c°)^3}{[Cu^{2+}]_i \times [HO^-]_i^2}.$$

$$\text{A.N. : } Q_{r,i} = \frac{1\ \text{mol}\cdot\text{L}^{-1}}{20 \times 10^{-3}\ \text{mol}\cdot\text{L}^{-1} \times (20 \times 10^{-3}\ \text{mol}\cdot\text{L}^{-1})^2} = 3{,}1 \times 10^4.$$

$Q_{r,i} < K(T)$: le système évolue dans le sens de formation du solide.

23 • Oxydants : dioxygène, dichlore.
• Réducteurs : acide ascorbique, dihydrogène.

25 **a.** Pb(s) étant réactif et le couple du plomb mis en jeu dans un des béchers étant $Pb^{2+}(aq) / Pb(s)$, l'équation de réaction électrochimique pour l'élément Pb est $Pb(s) \rightarrow Pb^{2+}(aq) + 2\ e^-(\text{électrode})$. Les électrons quittent donc le bécher du plomb et se dirigent vers celui de l'argent.

b. Dans l'autre bécher où les électrons arrivent, l'équation de réaction électrochimique s'écrit $Ag^+(aq) + e^-(\text{électrode}) \rightarrow Ag(s)$. Il s'y forme de l'argent.

26

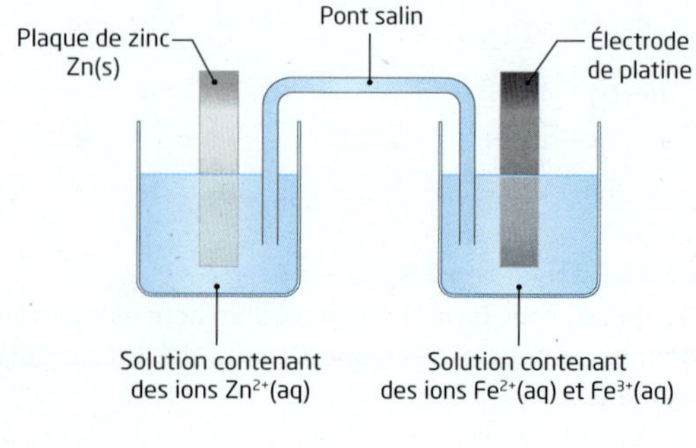

29 **a.** Du fer se dépose donc c'est un produit. Les équations de réaction électrochimiques sont donc :
$Fe^{2+}(aq) + 2\,e^-(\text{électrode}) \rightarrow Fe(s)$ et $Al(s) \rightarrow Al^{3+}(aq) + 3\,e^-(\text{électrode})$.
L'équation d'oxydoréduction s'écrit ainsi :

$$3\,Fe^{2+}(aq) + 2\,Al(s) \rightarrow 3\,Fe(s) + 2\,Al^{3+}(aq).$$

b. Al(s) est un très bon réducteur.

30 **a.** Étant donnés leurs nombres stœchiométriques égaux et leurs quantités initiales égales, les deux réactifs sont limitants.
Donc $x_{max} = \dfrac{n_i}{1} = n_i$.
L'équation est obtenue à partir des équations de réaction électrochimiques suivantes en les combinant sans les multiplier :
$Sn(s) \rightarrow Sn^{2+}(aq) + 2\,e^-(\text{électrode})$
et $Cu^{2+}(aq) + 2\,e^-\,(\text{électrode}) \rightarrow Cu(s)$.
Pour un avancement de x_{max} correspond donc une quantité d'électrons échangés $n_{e^-,\,éch,\,max} = 2\,x_{max}$.
Ainsi, la capacité q_{pile} s'exprime par :
$q_{pile} = n_{e^-,\,éch,\,max} \times e \times N_A = 2\,n_i \times e \times N_A$.
A.N. : $q_{pile} = 2 \times 20 \times 10^{-3}\ \text{mol} \times 1{,}6 \times 10^{-19}\ \text{C} \times 6{,}02 \times 10^{23}\ \text{mol}^{-1}$
$q_{pile} = 3{,}9 \times 10^3\ \text{C}$.

b. La transformation étant considérée comme totale, la durée de vie de la pile Δt_{max} est telle que $I = \dfrac{q_{pile}}{\Delta t_{max}}$ soit $\Delta t_{max} = \dfrac{q_{pile}}{I}$.
A.N. : $\Delta t_{max} = \dfrac{3{,}9 \times 10^3\ \text{C}}{9{,}7 \times 10^{-3}\ \text{A}} = 4{,}0 \times 10^5\ \text{s}$ (= 110 h environ).

S'ENTRAÎNER

40 **a.** En appelant q la charge échangée entre les deux électrodes pendant Δt, $I = \dfrac{q}{\Delta t}$ donc $q = I \times \Delta t$. Or, $q = n_{e^-,\,éch} \times e \times N_A$
donc $n_{e^-,\,éch} = \dfrac{I \times \Delta t}{e \times N_A}$.
A.N. : $n_{e^-,\,éch} = \dfrac{10 \times 10^{-3}\ \text{A} \times 12 \times 3\,600\ \text{s}}{1{,}6 \times 10^{-19}\ \text{C} \times 6{,}02 \times 10^{23}\ \text{mol}^{-1}} = 4{,}5 \times 10^{-3}\ \text{mol}$.

b. L'équation est obtenue à partir des équations de réaction électrochimiques suivantes en les combinant et en multipliant la première par 2 et la deuxième par 3 :
$Al(s) \rightarrow Al^{3+}(aq) + 3\,e^-(\text{électrode})$ (×2)
et $Zn^{2+}(aq) + 2\,e^-(\text{électrode}) \rightarrow Zn(s)$ (×3)
À un avancement x correspond donc une quantité d'électrons échangés $n_{e^-,\,éch} = 6x$ et une quantité de matière de zinc formé $n_{Zn,\,formé} = 3x$. Ainsi $x = \dfrac{n_{e^-,\,éch}}{6} = \dfrac{n_{Zn\,formé}}{3}$.
D'où $n_{Zn,\,formé} = \dfrac{n_{e^-,\,éch}}{2}$.
A.N. : $n_{Zn,\,formé} = \dfrac{4{,}5 \times 10^{-3}\ \text{mol}}{2} = 2{,}2 \times 10^{-3}\ \text{mol}$.

42 **a.** L'équation de réaction s'écrit :

$$2\,Fe^{3+}(aq) + 2\,I^-(aq) \rightleftharpoons 2\,Fe^{2+}(aq) + I_2\,(aq).$$

b. Le quotient de réaction à l'état initial est :

$$Q_{r,i} = \frac{\left(\dfrac{[Fe^{2+}]_i}{c°}\right)^2 \times \left(\dfrac{[I_2]_i}{c°}\right)}{\left(\dfrac{[Fe^{3+}]_i}{c°}\right)^2 \times \left(\dfrac{[I^-]_i}{c°}\right)^2} = \frac{[Fe^{2+}]_i^2 \times [I_2]_i \times c°}{[Fe^{3+}]_i^2 \times [I^-]_i^2}.$$

A.N. : $Q_{r,i} = \dfrac{\left(\dfrac{1\ \text{mol}\cdot\text{L}^{-1} \times 0{,}100\ \text{L}}{0{,}400\ \text{L}}\right)^2 \times \left(\dfrac{0{,}10\ \text{mol}\cdot\text{L}^{-1} \times 0{,}100\ \text{L}}{0{,}400\ \text{L}}\right) \times 1\ \text{mol}\cdot\text{L}^{-1}}{\left(\dfrac{0{,}050\ \text{mol}\cdot\text{L}^{-1} \times 0{,}100\ \text{L}}{0{,}400\ \text{L}}\right)^2 \times \left(\dfrac{0{,}050\ \text{mol}\cdot\text{L}^{-1} \times 0{,}100\ \text{L}}{0{,}400\ \text{L}}\right)^2}$

$Q_{r,i} = 6{,}4 \times 10^4$.

c. $Q_{r,i} < K(T)$: le système évolue dans le sens direct, c'est-à-dire dans le sens de formation du diiode.

Chapitre 7

Se tester pour commencer
1 B ; **2** A ; **3** A ; **4** B ; **5** C ; **6** B.

5 min chrono !

1 a.
2 c.
3 c.
4 b.
5 c.
6 b.

APPLIQUER

11 Si *Ts*OH est un acide fort, il réagit totalement avec l'eau pour former $H_3O^+(aq)$ et $TsO^-(aq)$, tel que $n_{f,H_3O^+} = n_0$. Le pH de cette solution vaudrait donc $pH_f = -\log\left(\dfrac{[H_3O^+]_f}{c°}\right) = -\log\left(\dfrac{n_0}{c°\,V_0}\right)$
$= -\log\left(\dfrac{10 \times 10^{-3}\ \text{mol}}{1\ \text{mol}\cdot\text{L}^{-1} \times 1{,}0\ \text{L}}\right) = -\log(10 \times 10^{-3}) = 2{,}0 =$ pH mesuré expérimentalement. *Ts*OH est donc un acide fort.

25 Le code est téléchargeable à l'adresse **sirius.nathan.fr**.

```
#!/usr/bin/env python3
# -*- coding: utf-8 -*-
# ==========================================================================
# EXERCICE 25 p173                                                CORRECTION
# Programme permettant de tracer le diagramme de distribution des espèces du
# couple acide-base CH3COOH/CH3COO- de pKa = 4,8.
# ==========================================================================

import numpy as np
from matplotlib import pyplot as plt

# Echantillonnage de l'axe en pH :
X=np.linspace(0,14,141)
# Calcul des proportions à l'équilibre en quantité d'acide (valeurs en %) :
rA=[100/(1+10**(pH-4.8)) for pH in X]
# Calcul des proportions à l'équilibre en quantité de base (valeurs en %) :
rB=[100/(1+10**(4.8-pH)) for pH in X]

# Construction de la figure représentant le diagramme de distribution :
plt.title('Diagramme de distribution des espèces du couple \
CH3COOH/CH3COO-') # Titre du graphe
plt.xlabel('pH', fontsize = 'x-large')              # Légende axe des abscisses
plt.ylabel('proportion de chaque espèce (en %)', \
fontsize = 'x-large')                              # Légende axe des ordonnées
plt.axis([0,14,0,100])                             # Minimum et maximum des axes
# Tracé du nuage de points pour l'acide :
plt.plot(X,rA,'r+',ms=8,label='CH3COOH')
# Trace le nuage de points pour la base :
plt.plot(X,rB,'b*',ms=8,label='CH3COO-')
plt.grid(which='both', alpha=0.2, linestyle='--')   # Affiche une grille
plt.legend(fontsize = 'large')                      # Affiche la légende
plt.show()                                          # Affiche la figure
```

S'ENTRAÎNER

33 Le bleu de bromothymol est adapté pour repérer l'équivalence de ce titrage puisque sa zone de virage est incluse dans l'intervalle de pH du saut de pH.

37 **a.** Par définition du pH : $[H_3O^+]_f = c° \times 10^{-pH}$. Par définition du produit ionique de l'eau : $K_e = \dfrac{[H_3O^+]_f \times [HO^-]_f}{(c°)^2}$.
Ainsi : $[HO^-]_f = \dfrac{K_e\,c°}{10^{-pH}} = c° \times 10^{pH-pK_e} = 1\ \text{mol}\cdot\text{L}^{-1} \times 10^{12{,}5-14{,}0}$
$= 32\ \text{mmol}\cdot\text{L}^{-1}$.

b. L'équation de la réaction de dissolution totale de l'hydroxyde de sodium dans l'eau s'écrit : $NaOH(s) \rightarrow Na^+(aq) + HO^-(aq)$.
Ainsi, la quantité de NaOH(s) à dissoudre pour obtenir un échantillon de solution *S* de volume $V = 100$ mL vaut $n = n_{HO^-,f} = [HO^-]_f\,V$.
La masse associée est donc : $m = n\,M(NaOH) = [HO^-]_f\,V\,M(NaOH)$
$= 32 \times 10^{-3}\ \text{mol}\cdot\text{L}^{-1} \times 0{,}100\ \text{L} \times 40{,}0\ \text{g}\cdot\text{mol}^{-1} = 0{,}13\ \text{g}$.

c. Dans la solution S' : $[HO^-]'_f = \frac{[HO^-]_f}{10} = 3{,}2\ mmol \cdot L^{-1}$. Le pH de la solution S' vaut donc : $pH' = -\log\left(\frac{[H_3O^+]'_f}{c°}\right) = -\log\left(\frac{K_e\, c°}{[HO^-]'_f}\right)$ $= pK_e + \log\left(\frac{[HO^-]'_f}{c°}\right) = 14{,}0 + \log\left(\frac{3{,}2 \times 10^{-3}\ mol \cdot L^{-1}}{1\ mol \cdot L^{-1}}\right) = 11{,}5.$

d. Prélever 5,0 mL de la solution S à l'aide d'une pipette jaugée. Introduire le prélèvement dans une fiole jaugée de 50 mL. Remplir environ aux 2/3 avec de l'eau distillée et agiter latéralement. Compléter avec de l'eau distillée jusqu'au trait de jauge. Boucher et agiter de nouveau.

40 **a.** Par définition : $pH = -\log\left(\frac{[H_3O^+]_f}{c°}\right) \Leftrightarrow [H_3O^+]_f = 10^{-pH}\, c°$.
A.N. : $[H_3O^+]_f = 10^{-5{,}5} \times 1\ mol \cdot L^{-1} = 3{,}2 \times 10^{-6}\ mol \cdot L^{-1}$.

b. Les solutions titrantes du **DOC. 2** ont une valeur de concentration en quantité de base beaucoup plus élevée que la valeur de la concentration en quantité d'ion oxonium présent dans la solution titrée (ou dans le lac acidifié). La conséquence principale sera la très faible modification du volume de la solution titrée par ajout de la solution titrante. Il y a donc une analogie possible avec le chaulage d'un lac acidifié, qui induit une très faible variation de volume du lac par ajout de carbonate de calcium solide.

c. D'après le **DOC. 2**, il faut une quantité en ion carbonate ajoutée égale à $cV_1 = 1{,}0 \times 10^{-3}\ mol \cdot L^{-1} \times 2{,}05 \times 10^{-3}\ L = 2{,}05 \times 10^{-6}\ mol$ pour faire augmenter le pH d'un litre de solution modélisant l'eau acidifiée du lac à la valeur de 6,5. À l'échelle du lac entier, il faut donc multiplier cette quantité par le nombre de litres contenu dans $V = 5{,}0\ Mm^3 = 5{,}0 \times 10^6\ m^3 = 5{,}0 \times 10^9\ L$. Puisque la réaction de dissolution du carbonate de calcium dans l'eau a pour équation $CaCO_3(s) \rightarrow Ca^{2+}(aq) + CO_3^{2-}(aq)$, la quantité en carbonate de calcium à utiliser vaut donc : $n_{CaCO_3} = 5{,}0 \times 10^9 \times 2{,}05 \times 10^{-6}\ mol = 10 \times 10^3\ mol$, et la masse correspondante vaut :
$m_{CaCO_3} = n_{CaCO_3} \times M(CaCO_3) = 10 \times 10^3\ mol \times 100\ g \cdot mol^{-1}$
$m_{CaCO_3} = 1{,}0 \times 10^6\ g = 1{,}0$ tonne.

d. D'après le **DOC. 2**, il faut une quantité en ion hydroxyde ajoutée égale à $cV_2 = 1{,}0 \times 10^{-3}\ mol \cdot L^{-1} \times 2{,}90 \times 10^{-3}\ L = 2{,}90 \times 10^{-6}\ mol$ pour faire augmenter le pH d'un litre de solution modélisant l'eau acidifiée du lac à la valeur de 6,5. À l'échelle du lac entier, il faut donc multiplier cette quantité par le nombre de litres contenu dans $V = 5{,}0\ Mm^3 = 5{,}0 \times 10^6\ m^3 = 5{,}0 \times 10^9\ L$. Puisque la réaction de dissolution de l'hydroxyde de sodium dans l'eau a pour équation $NaOH(s) \rightarrow Na^+(aq) + HO^-(aq)$, la quantité en hydroxyde de sodium à utiliser vaut donc : $n_{NaOH} = 5{,}0 \times 10^9 \times 2{,}90 \times 10^{-6}\ mol = 15 \times 10^3\ mol$, et la masse correspondante vaut :
$m_{NaOH} = n_{NaOH} \times M(NaOH) = 15 \times 10^3\ mol \times 40\ g \cdot mol^{-1} = 0{,}58 \times 10^6\ g$
$m_{NaOH} = 0{,}58$ tonne.

e. Bien que la masse d'hydroxyde de sodium à introduire soit plus faible que celle en carbonate de calcium, la quantité d'hydroxyde de sodium à introduire est quant à elle 50 % plus élevée que celle en carbonate de calcium.
Par ailleurs, l'étude comparative des pentes des deux courbes de titrage montre que la marge d'erreur possible lorsqu'on utilise du carbonate de calcium est bien plus étendue que celle correspondant à l'utilisation d'hydroxyde de sodium : si l'on met trop de carbonate de calcium dans le lac acidifié, l'augmentation du pH sera beaucoup moins élevée que si l'on met trop d'hydroxyde de sodium. Il ne faudrait pas non plus passer d'un lac trop acide à un lac trop basique en raison d'une « bête » erreur de calcul !
Ensuite, la manipulation du carbonate de calcium est beaucoup moins dangereuse et nécessite donc moins de précautions que celle de l'hydroxyde de sodium.
Enfin, la production d'hydroxyde de sodium engendre des coûts économiques et écologiques bien plus importants que l'extraction de carbonate de calcium (naturellement présent dans les craies et les marnes).
Il est donc, pour toutes ces raisons, beaucoup plus judicieux d'utiliser une base faible (comme celle contenue dans la chaux) plutôt qu'une base forte (comme celle contenue dans la soude) pour faire augmenter le pH d'un lac acidifié.

43 **a.** • Équation de réaction de l'acide nitrique avec l'eau :
$(\mathbf{R_1})\ HNO_3(aq) + H_2O(\ell) \rightarrow NO_3^-(aq) + H_3O^+(aq)$
• Équation de réaction dont la constante d'équilibre est la constante d'acidité de l'acide éthanoïque :
$(\mathbf{R_2})\ CH_3COOH(aq) + H_2O(\ell) \rightleftharpoons CH_3COO^-(aq) + H_3O^+(aq)\ K_a$

b. La quantité de matière n d'acide nitrique ou d'acide éthanoïque nécessaire à la réalisation des solutions S_1 et S_2 vaut : $n = cV = 10\ mmol \cdot L^{-1} \times 0{,}500\ L = 5{,}0\ mmol$.

c. Tableau d'avancement de la transformation conduisant à la réalisation de la solution S_1 :

$(\mathbf{R_1})\ HNO_3(aq) + H_2O(\ell) \rightarrow NO_3^-(aq) + H_3O^+(aq)$

État	Avancement	Quantités de matière			
initial :	0	n	–	0	0
final :	x_1	$n - x_1$	–	x_1	x_1

Tableau d'avancement de la transformation conduisant à la réalisation de la solution S_2 :

$(\mathbf{R_2})\ CH_3COOH(aq) + H_2O(\ell) \rightleftharpoons CH_3COO^-(aq) + H_3O^+(aq)$

État	Avancement	Quantités de matière			
initial :	0	n	–	0	0
final :	x_2	$n - x_2$	–	x_2	x_2

d. La transformation de l'acide nitrique étant considérée comme totale : $x_1 = n = 5{,}0\ mmol$.
La conductivité de la solution S_2 vaut, d'après la loi de Kohlrausch : $\sigma = \lambda(H_3O^+)\ [H_3O^+]_f + \lambda(CH_3COO^-)[\ CH_3COO^-]_f$
$= \frac{x_2}{V(\lambda(H_3O^+) + \lambda(CH_3COO^-))}$ soit $x_2 = \frac{\sigma V}{\lambda(H_3O^+) + \lambda(CH_3COO^-)}$
$= \frac{16\ mS \cdot m^{-1} \times 0{,}500 \times 10^{-3}\ m^3}{(35{,}9 + 4{,}1)\ mS \cdot m^2 \cdot mol^{-1}} = 0{,}20\ mmol.$

e. $pH(S_1) = -\log\left(\frac{[H_3O^+]_{f,\,S_1}}{c°}\right) = -\log\left(\frac{x_1}{c°\,V}\right)$

$pH(S_1) = -\log\left(\frac{5{,}0 \times 10^{-3}\ mol}{1\ mol \cdot L^{-1} \times 0{,}500\ L}\right) = 2{,}0.$

$pH(S_2) = -\log\left(\frac{[H_3O^+]_{f,\,S_2}}{c°}\right) = -\log\left(\frac{x_2}{c°\,V}\right)$

$pH(S_2) = -\log\left(\frac{0{,}20 \times 10^{-3}\ mol}{1\ mol \cdot L^{-1} \times 0{,}500\ L}\right) = 3{,}4.$

f. Puisque $pH(S_2) < pK_a$, l'espèce acide CH_3COOH prédomine en solution, ce qui est cohérent avec la composition du système à l'état final : $n_f(CH_3COOH) = n - x_2 = 5{,}0 - 0{,}20 = 4{,}8\ mmol > n_f(CH_3COO^-) = x_2 = 0{,}20\ mmol$.
À concentration en quantité d'acide identique, le taux d'avancement final de la réaction de l'acide nitrique avec l'eau ($\tau_1 = 100\ \%$) est plus important que celui de la réaction de l'acide

éthanoïque avec l'eau ($\tau_2 = \frac{0,20}{5,0} = 4,0\ \%$), ce qui se traduit par une concentration en quantité d'ion oxonium produit plus importante dans le cas de la solution S_1, et donc un pH plus faible.

g. L'étiquette relative à l'acide nitrique n'est pas correcte puisque cette solution ne contient pas le soluté moléculaire $HNO_3(aq)$ à l'état final, mais uniquement les solutés ioniques $H_3O^+(aq)$ et $NO_3^-(aq)$. Il faudrait donc écrire : « solution aqueuse d'acide nitrique : $H_3O^+(aq)$, $NO_3^-(aq)$ ».

Chapitre 8

Se tester pour commencer
1 B ; **2** C ; **3** B ; **4** B ; **5** A.

5 min chrono !

1 c.
2 c.
3 a.
4 c.
5 a.
6 c.
7 c.
8 b.

APPLIQUER

13 Il faut trois électrons par ion $Cr^{3+}(aq)$, donc $n_{e^-,\text{éch}} = 3n = 3 \times 5,0\ \text{mol} = 15\ \text{mol}$.

26 Pile AAA du commerce, batterie de smartphone.

31 **a.** À l'anode, oxydation de l'ion bromure d'équation électrochimique : $2\ Br^-(aq) \rightarrow Br_2(aq) + 2\ e^-(\text{électrode})$.
À la cathode, réduction de l'ion zinc, d'équation électrochimique : $Zn^{2+}(aq) + 2\ e^-(\text{électrode}) \rightarrow Zn(s)$.

b. La quantité d'électrons échangés est :

$$n_{e^-,\text{éch}} = \frac{I \times \Delta t}{\mathcal{F}} = \frac{0,12\ \text{A} \times 20 \times 60\ \text{s}}{9,65 \times 10^4\ \text{C} \cdot \text{mol}^{-1}} = 1,5 \times 10^{-3}\ \text{mol} = 1,5\ \text{mmol}.$$

c. La quantité d'électrons échangés est le double de la quantité n de zinc qui se forme : $n_{e^-,\text{éch}} = 2n$.

La masse du dépôt de zinc est :

$$m = n \times M(\text{Zn}) = \frac{n_{e^-,\text{éch}} \times M(\text{Zn})}{2} = \frac{1,5 \times 10^{-3}\ \text{mol} \times 65,4\ \text{g} \cdot \text{mol}^{-1}}{2}$$
$$= 0,049\ \text{g} = 49\ \text{mg}.$$

Chapitre 9

Se tester pour commencer
1 A ; **2** A ; **3** C ; **4** A ; **5** C.

5 min chrono !

1 a.
2 a.
3 c.
4 a.
5 c.

APPLIQUER

13

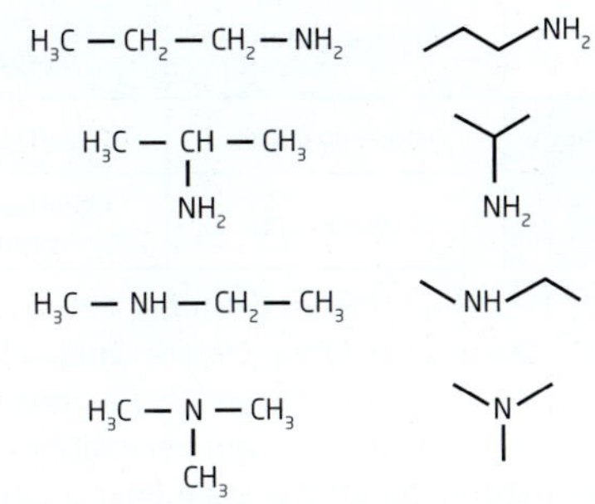

S'ENTRAÎNER

30 **a.**

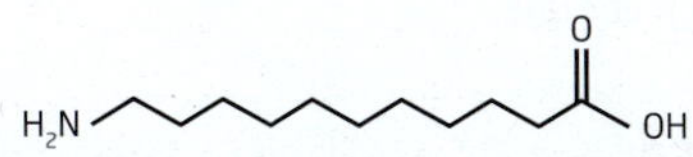

b. Famille des amines et acides carboxyliques.

c.

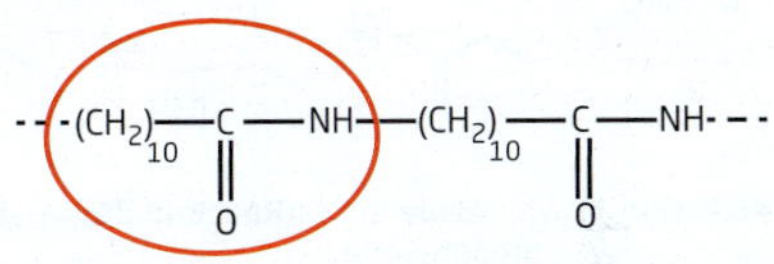

d. Famille des polyamides ; on reconnaît le groupe caractéristique de formule :

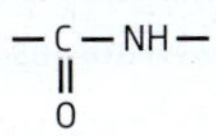

32 La synthèse est plus rapide à 50 °C et avec ajout d'acide sulfurique qui joue le rôle du catalyseur (d'après la courbe **c** du **DOC. 2**, la quantité maximale d'ester est atteinte plus rapidement que sans catalyseur ou sans chauffage).
La synthèse conduit à un meilleur rendement si l'alcool est le réactif limitant (d'après la courbe **e** du **DOC. 2**, la quantité maximale d'ester est supérieure à celle qu'on obtiendrait dans des proportions stœchiométriques de réactifs).

Chapitre 10

Se tester pour commencer
1 B ; **2** C ; **3** A ; **4** B ; **5** A.

5 min chrono !

1 b.
2 a.
3 b.
4 c.
5 a.
6 b.

APPLIQUER

13 **a.** Addition.
b. Substitution.
c. Élimination.
d. Acide-base.

24

	Matière première	Conditions de synthèse
Méthode classique	Dérivés du pétrole	Chauffage à 800 °C
Méthode « verte »	Canne à sucre	Chauffage à 300 °C Catalyseur (zéolithe)

La synthèse de l'éthène utilisant l'éthanol obtenu à partir de canne à sucre utilise une matière première renouvelable et une température moins élevée que la synthèse à partir de dérivés du pétrole (non renouvelables), ce qui nécessite un chauffage moins important et donc moins d'énergie. Pour ces deux raisons, elle peut être qualifiée d'écoresponsable.
Toutefois, nous ne connaissons pas les conditions du procédé de transformation de la canne à sucre en éthanol, qui pourrait être coûteux en énergie.

S'ENTRAÎNER

30

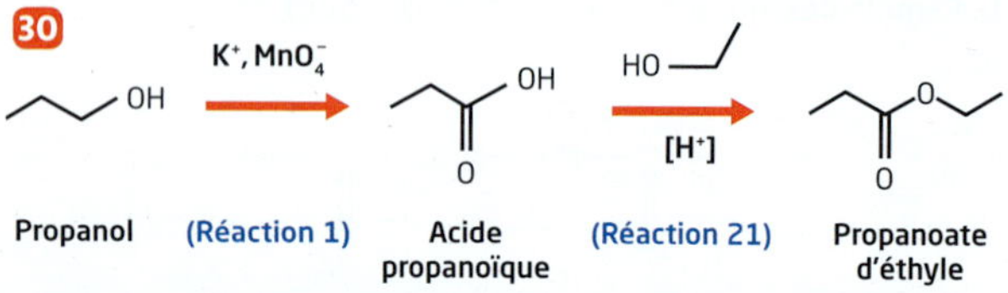

38 **a.** Il est possible d'utiliser **1)** $LiAlH_4$ puis **2)** H_2O (réaction 28).
b. Ces réactifs agissent aussi sur les groupes carbonyle (réaction 11). Le produit serait :

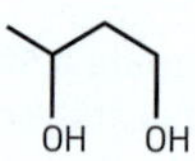

c. Il faut envisager une stratégie de protection du groupe carbonyle-transformation-déprotection :

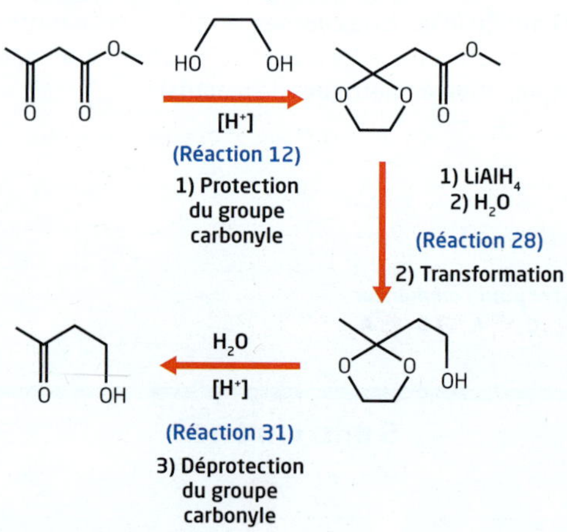

40 **a.** Le procédé décrit dans l'exercice 44 s'effectue en quatre étapes contre deux dans le procédé BHC. De plus, lorsqu'on examine les transformations du procédé BHC, on constate qu'il n'y a pas de sous-produits :
$R{-}CO{-}CH_3 + H_2 \rightarrow R{-}CH(OH){-}CH_3$ puis $R{-}CH(OH){-}CH_3 + CO \rightarrow R{-}CH(COOH){-}CH_3$
Pour ces deux raisons, ce procédé semble plus écoresponsable.
b. Pour pouvoir choisir entre ces procédés il faudrait connaître également les conditions de synthèses (solvants, températures).

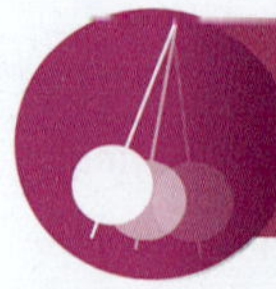

THÈME 2
Mouvement et interactions

Chapitre 11

Se tester pour commencer
1 **B** ; **2** **A** ; **3** **B** ; **4** **B**.

5 min chrono !

1 c.
2 a.
3 c.
4 c.
5 a.
6 c.

APPLIQUER

23 **a. 1** et **2** : les plaques sont des solides homogènes : leurs centres de masse sont donc confondus avec leurs centres de symétrie.
3 : le centre de masse est situé sur l'axe de symétrie, à la position moyenne de la répartition de la masse du système.
b. La plaque est un disque homogène : son centre de masse est confondu avec son centre de symétrie, donc il est en réalité placé au centre du disque.

24 **a.** La balle étant immobile dans le référentiel du siège du passager, son centre de masse est au repos. Par ailleurs, les deux forces qui s'appliquent sur la balle sont son poids et la réaction de la table, opposée au poids et de même norme. Ces forces se compensent : le système est donc pseudo-isolé et immobile dans le référentiel : le référentiel est donc galiléen.
b. Aucune force n'est venue s'ajouter sur la balle, et le bilan des forces n'a pas changé : le système est toujours pseudo-isolé. Toutefois, on observe un changement dans le mouvement de la balle qui se met à rouler dans ce référentiel : le référentiel du siège du passager n'est donc plus galiléen.

25 Le programme en langage Python simule le mouvement d'un mobile de masse m soumis à une unique force constante, sur une table horizontale : son mouvement est donc unidimensionnel, c'est pourquoi on ne prend en compte que les coordonnées sur l'axe x.
La réalisation de plusieurs simulations avec une même masse, mais en faisant varier la norme $\|\vec{F}\|$ de la force, permet d'observer qu'à masse constante, plus la norme $\|\vec{F}\|$ de la force appliquée sur le mobile est grande, plus la valeur du vecteur accélération est grande :

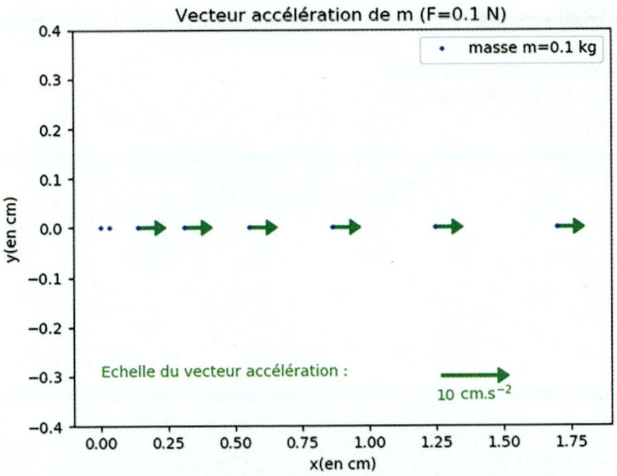

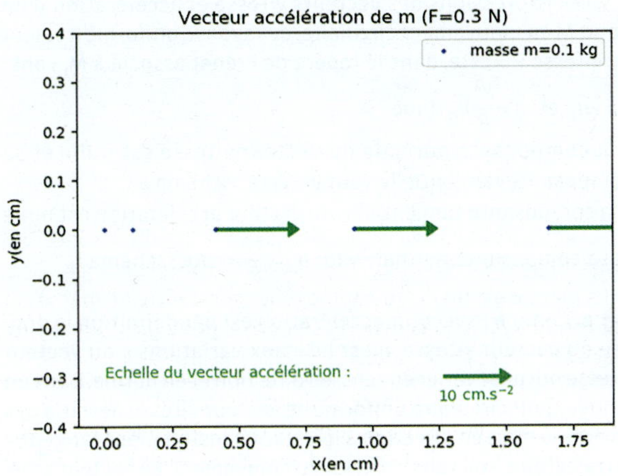

S'ENTRAÎNER

32 Le tracé du vecteur $\Delta\vec{v}(t_4) = \vec{v}(t_5) - \vec{v}(t_3)$ permet de mesurer sa norme, en utilisant l'échelle donnée : $\Delta v_4 = \|\Delta\vec{v}(t_4)\| = 1{,}7 \times 10^{-1}\ \text{m}\cdot\text{s}^{-1}$.

On peut alors calculer $\|\vec{a}(t)\| = \dfrac{\Delta v_4}{2\tau}$.

A.N. : $\|\vec{a}(t)\| = \dfrac{1{,}7 \times 10^{-1}\ \text{m}\cdot\text{s}^{-1}}{2 \times 100 \times 10^{-3}\ \text{s}} = 0{,}85\ \text{m}\cdot\text{s}^{-2}$.

On peut alors tracer le vecteur $\vec{a}(t_4)$ de même direction et de même sens que le vecteur $\Delta\vec{v}(t_4)$ et de norme $\|\vec{a}(t)\| = 0{,}85\ \text{m}\cdot\text{s}^{-2}$ avec une échelle adaptée (exemple donné ci-dessous).

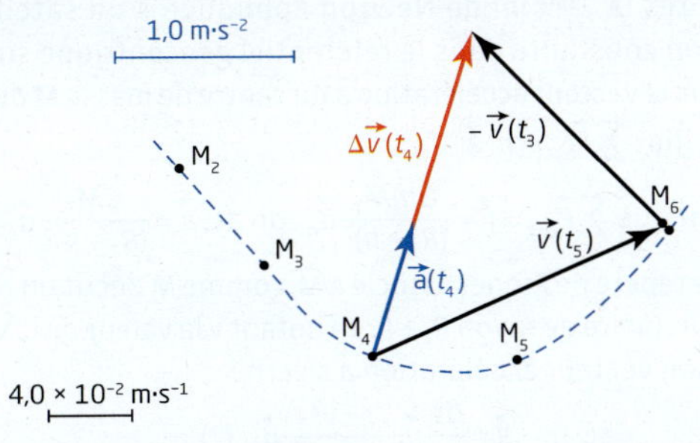

34 • Le mouvement est rectiligne uniformément accéléré : l'accélération est donc constante, sa norme également : cela correspond à la troisième courbe.

• Le mouvement étant uniformément accéléré, la valeur de la vitesse varie de manière uniforme, ce qui correspond à la première courbe. La position correspond à la deuxième courbe.

• La deuxième loi de Newton indique que $\sum\vec{F}_{ext} = m\vec{a}$, or l'accélération est constante donc la somme vectorielle des forces l'est également.

Chapitre 12

Se tester pour commencer

1 B ; 2 A ; 3 A ; 4 C ; 5 C.

5 min chrono !

1 b.
2 c.
3 b.
4 c.
5 c.
6 c.

APPLIQUER

12 Système : {balle de golf}.

Référentiel terrestre supposé galiléen.

Dans le cas d'une chute libre, la seule force exercée est le poids $\vec{P} = m\vec{g}$.

On note B le sommet de la trajectoire tel que $v_B = 0$.

D'après le théorème de l'énergie cinétique :

$$\Delta\mathscr{E}_c = \mathscr{E}_c(B) - \mathscr{E}_c(A) = \mathscr{W}(\vec{P}) = \vec{P}\cdot\overrightarrow{AB}$$

$$\frac{1}{2}mv_B^2 - \frac{1}{2}mv_0^2 = -mg(z_{max} - z_A)$$

$$z_{max} = z_A + \frac{v_0^2}{2g} \quad \text{car } v_B = 0$$

$$z_{max} = 1{,}20\ \text{m} + \frac{10^2\ \text{m}^2\cdot\text{s}^{-2}}{2 \times 9{,}81\ \text{m}\cdot\text{s}^{-2}} = 6{,}3\ \text{m}.$$

13 **a.** Quelle que soit la date t, $y(t) = 0$. Donc la trajectoire est contenue dans le plan $(O\,;\vec{i},\vec{k})$.

$t = \dfrac{x}{39{,}6}$ donc l'équation de la trajectoire est :

$z(x) = -3{,}1 \times 10^{-3}x^2 + 5{,}1 \times 10^{-1}x + 3{,}6$.

b. Les coordonnées du vecteur vitesse sont les dérivées par rapport au temps des coordonnées du vecteur position. Donc :

$$\begin{cases} v_x(t) = \dfrac{dx}{dt} = 39{,}6 \\ v_y(t) = \dfrac{dy}{dt} = 0 \\ v_z(t) = \dfrac{dz}{dt} = -9{,}8\,t + 20{,}2 \end{cases}$$

c. $v(0) = \sqrt{v_x(0)^2 + v_z(0)^2} = \sqrt{39{,}6^2 + 20{,}2^2} = 4{,}4 \times 10^1\ \text{m}\cdot\text{s}^{-1}$

$v(0) = 1{,}6 \times 10^2\ \text{km}\cdot\text{h}^{-1}$.

d. Le passage au sommet de la trajectoire correspond à un vecteur vitesse horizontal.

Soit t_1 la date telle que $v_z(t_1) = 0$.

$$t_1 = \frac{20{,}2\ \text{m}\cdot\text{s}^{-1}}{9{,}8\ \text{m}\cdot\text{s}^{-2}} = 2{,}1\ \text{s}.$$

$$z_{max} = z(t_1) = -4{,}9\ \text{m}\cdot\text{s}^{-2} \times \left(\frac{20{,}2\ \text{m}\cdot\text{s}^{-1}}{9{,}8\ \text{m}\cdot\text{s}^{-2}}\right)^2 + 20{,}2\ \text{m}\cdot\text{s}^{-1} \times \frac{20{,}2\ \text{m}\cdot\text{s}^{-1}}{9{,}8\ \text{m}\cdot\text{s}^{-2}} + 3{,}6\ \text{m}$$

$z_{max} = 2{,}4 \times 10^1\ \text{m}$.

Corrigés

15 **a.** ligne 28 : vi = - vzi
ligne 36 : Eppi = m*g*z[i]
ligne 37 : Eci = (1/2)*m*v[i]**2
ligne 38 : Emi = Eppi + Eci

b. Expérimentalement, on peut considérer que l'énergie mécanique est constante. Or, dans le cas d'une chute libre, la seule force exercée est le poids, qui est une force conservative. Donc les données sont compatibles avec une situation de chute libre.

18 **a.** La norme E du champ électrique :
– augmente si la tension électrique U appliquée entre les plaques augmente ;
– diminue si la distance d entre les plaques augmente.

b. $\vec{F}_{el} = q\vec{E} = -e\vec{E}$. Or, $\vec{E} = -\frac{U}{d}\vec{k}$ donc $\vec{F}_{el} = \frac{eU}{d}\vec{k}$

$F_{el} = \frac{eU}{d}$

A.N. : $F_{el} = \frac{1{,}60 \times 10^{-19}\ \text{C} \times 400\ \text{V}}{10 \times 10^{-2}\ \text{m}} = 6{,}4 \times 10^{-16}$ N.

Le champ électrique est uniforme donc la force est identique aux points M et N.

c. D'après la deuxième loi de Newton, en notant m la masse d'un électron : $m\vec{a} = \vec{F}_{el}$.

Donc : $\vec{a} = \frac{eU}{md}\vec{k}$ et $a = \frac{eU}{md}$.

A.N. : $a = \frac{1{,}60 \times 10^{-19}\ \text{C} \times 400\ \text{V}}{9{,}1 \times 10^{-31}\ \text{kg} \times 10 \times 10^{-2}\ \text{m}} = 7{,}0 \times 10^{14}\ \text{m}\cdot\text{s}^{-2}$.

Le vecteur accélération est identique aux points M et N.

S'ENTRAÎNER

25 **a.** En utilisant une équation aux dimensions :

$\dim(k) = \frac{\dim(v_z)}{\dim(t)} = \frac{\text{L}\cdot\text{T}^{-1}}{\text{T}} = \text{L}\cdot\text{T}^{-2}$.

k possède la dimension d'une accélération et s'exprime en $\text{m}\cdot\text{s}^{-2}$.

Système : {balle de golf} de masse m constante. Référentiel terrestre supposé galiléen. On considère une situation de chute libre, donc d'après la deuxième loi de Newton : $m\vec{a} = \vec{P} = m\vec{g}$ et $a_z = g$.

Or, $a_z = \frac{dv_z}{dt}$ donc $v_z(t) = gt + \text{cste}_1 = gt$ car $v_z(0) = 0$ et donc $\text{cste}_1 = 0$.

Dans le cadre du modèle de la chute libre :

$g_{mes} = k = 10{,}1\ \text{m}\cdot\text{s}^{-2}$.

b. $\frac{|g_{mes} - g_{réf}|}{u(g)} = \frac{|10{,}1 - 9{,}81|}{0{,}2} = 1{,}5$.

Le rapport est inférieur à 2 donc le résultat obtenu est cohérent avec la valeur de référence.

27 **a.** On calcule le quotient de la norme de la force électrique et de la norme du poids.

$\frac{F_{el}}{P} = \frac{eE}{mg} = \frac{1{,}60 \times 10^{-19}\ \text{C} \times 3{,}2 \times 10^{6}\ \text{V}\cdot\text{m}^{-1}}{1{,}672\,62 \times 10^{-27}\ \text{kg} \times 9{,}81\ \text{m}\cdot\text{s}^{-2}} = 3{,}1 \times 10^{13}$.

La norme du poids est bien négligeable.

b. Système {ion H^-}. Référentiel terrestre supposé galiléen.
Théorème de l'énergie cinétique appliqué entre deux positions A et B correspondant à la traversée d'une zone accélératrice :
$\Delta\mathscr{E}_c = \mathscr{W}_{AB}\,\vec{F}_{el} = \vec{F}_{el} \cdot \vec{AB} = -e\vec{E} \cdot \vec{AB} = eEd$ car $\vec{E}$ et $\vec{AB}$ sont de même direction mais de sens opposés.

A.N. : $\Delta\mathscr{E}_c = 1{,}60 \times 10^{-19}\ \text{C} \times 3{,}2 \times 10^{6}\ \text{V}\cdot\text{m}^{-1} \times 13 \times 10^{-2}\ \text{m}$

$\Delta\mathscr{E}_c = 6{,}7 \times 10^{-14}$ J.

$\Delta\mathscr{E}_c = \frac{6{,}7 \times 10^{-14}}{1{,}60 \times 10^{-13}}$ MeV $= 4{,}2 \times 10^{-1}$ MeV.

Chapitre 13

Se tester pour commencer
1 A ; **2** A ; **3** B ; **4** B ; **5** B.

5 min chrono !

1 b.
2 c.
3 b.
4 a.
5 c.
6 a.
7 a.
8 c.

APPLIQUER

14 Les expressions des vecteurs vitesse et accélération d'un point M en mouvement circulaire, de rayon R, uniforme à valeur de vitesse v = cste, dans le repère de Frenet associé à M, sont :

$\vec{v} = v\vec{u}_t$ et $\vec{a} = \frac{v^2}{R}\vec{u}_n$ donc :

– la composante normale du vecteur vitesse est nulle et sa composante tangentielle vaut v = cste : schéma **a** ;
– la composante tangentielle du vecteur accélération est nulle et sa composante normale vaut $a_n = \frac{v^2}{R}$ = cste : schéma **b**.

15 **a.** Comme le vecteur accélération est par définition la dérivée du vecteur vitesse, il est lié « aux variations » du vecteur vitesse qui peut varier en sens, en direction et en norme. Dans un mouvement circulaire uniforme, le vecteur vitesse ne varie pas en norme mais en direction, en restant constamment tangent à la trajectoire, son sens est celui du mouvement. Le vecteur accélération est ainsi non nul, ce qui traduit le fait que la direction du vecteur vitesse varie au cours du mouvement.

b. Dans le repère de Frenet associé au centre de masse M du véhicule en mouvement circulaire, de rayon R, uniforme à valeur de vitesse v = cste, le vecteur accélération $\vec{a}$ de M s'écrit : $\vec{a} = \frac{v^2}{R}\vec{u}_n$

donc $\vec{a}$ est centripète (c'est-à-dire selon la direction OM, où O est le centre du cercle, et orienté de M vers O) et de norme :

$a = \frac{v^2}{R} = \frac{(20\ \text{km}\cdot\text{h}^{-1})^2}{25\ \text{m}} = \frac{1}{25\ \text{m}} \times \left(\frac{20 \times 10^{3}\ \text{m}}{3\,600\ \text{s}}\right)^2 = 1{,}2\ \text{m}\cdot\text{s}^{-2}$.

20 **a.** $\vec{F}_{\text{Terre/Satellite}} = \frac{GmM_T}{(R_T + h)^2}\vec{u}_n$.

b. D'après la 2ème loi de Newton appliquée à un satellite de masse m constante dans le référentiel géocentrique supposé galiléen, le vecteur accélération $\vec{a}$ du centre de masse M du satellite vérifie : $\sum\vec{F}_{ext} = m\vec{a}$.

Sachant que $\sum\vec{F}_{ext} = \vec{F} = \frac{GmM_T}{(R_T + h)^2}\vec{u}_n$; on a : $\vec{a} = \frac{GM_T}{(R_T + h)^2}\vec{u}_n$ (1)

Dans le repère de Frenet associé à M, comme M décrit un mouvement circulaire de rayon $R_T + h$, en notant v la valeur de la vitesse de M, son vecteur accélération $\vec{a}$ s'écrit :

$$\vec{a} = \frac{dv}{dt}\vec{u}_t + \frac{v^2}{R_T + h}\vec{u}_n \quad (2).$$

Par identification des relations (1) et (2) :

• $\frac{dv}{dt} = 0$ soit v = cste : le mouvement est uniforme ;

• $\dfrac{v^2}{R_T+h}=\dfrac{GM_T}{(R_T+h)^2}$ soit $v=\sqrt{\dfrac{GM_T}{R_T+h}}$.

Comme la valeur de la vitesse v ne dépend que des caractéristiques de la Terre et de l'altitude du satellite, tous les satellites placés sur une même orbite autour de la Terre ont la même valeur de vitesse ; de plus, cette valeur est constante au cours du temps.

c. D'après la réponse **b.**, tout satellite à l'altitude h conserve au cours du temps la même valeur de vitesse que ses voisins placés sur la même orbite. Donc, dans le cadre de ce modèle, où la seule interaction considérée est celle entre la Terre et chaque satellite, tous les satellites du train évoluent à la même valeur de vitesse sur la même orbite et ne rentrent donc pas en collision.

21 **a.** La période de révolution T du centre de masse d'un système en orbite dans un champ de gravitation newtonien est la durée mise par le système pour parcourir une fois son orbite. Pour la Terre en orbite autour du Soleil : $T = 365{,}25$ jours.

b. La distance parcourue par la Terre pendant la durée T est la circonférence du cercle modélisant son orbite soit $2\pi d_{T-S}$. La valeur v de la vitesse de la Terre étant supposée constante sur son orbite : $v=\dfrac{2\pi d_{T-S}}{T}$.

A.N. : $v=\dfrac{2\pi\times 1{,}496\times 10^8\ \text{km}}{365{,}25\ \text{j}\times 24\ \text{h}\cdot\text{j}^{-1}}=1{,}072\times 10^5\ \text{km}\cdot\text{h}^{-1}$.

En une heure, la Terre parcourt sur son orbite plus de 100 000 km.

25 **a.** D'après la 1re loi de Kepler, la Terre parcourt une ellipse autour du Soleil qui occupe l'un de ses foyers.

D'après l'énoncé, la distance Terre-Soleil étant minimale au solstice d'hiver, le Soleil occupe le foyer F_2.

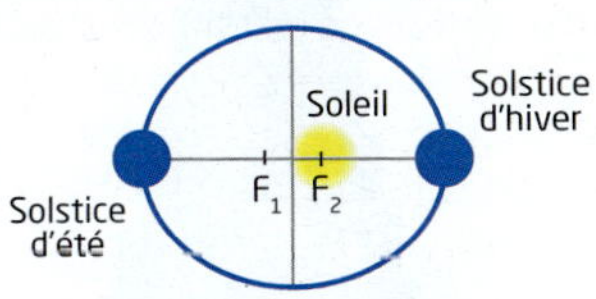

b.

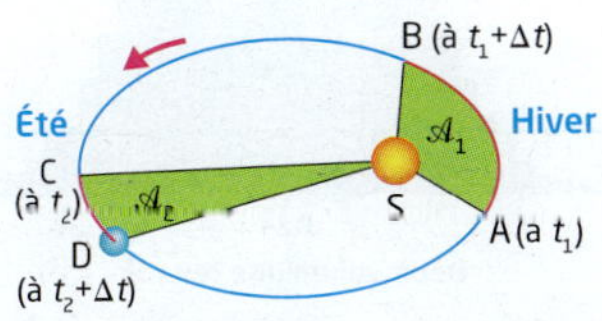

Les points A, B, C, D sont choisis sur l'orbite de la Terre P tels que P met la même durée Δt pour parcourir l'arc $\widehat{AB}$ et l'arc $\widehat{CD}$.

D'après la 2e loi de Kepler, les aires $\mathcal{A}_1$ et $\mathcal{A}_2$ balayées par le rayon [SP] pendant des durées égales sont égales donc $\mathcal{A}_1=\mathcal{A}_2$.

Comme l'arc $\widehat{AB}$ est plus long que l'arc $\widehat{CD}$, et comme ces deux arcs sont parcourus pendant la même durée Δt, la vitesse moyenne sur l'arc $\widehat{AB}$ est plus élevée que sur l'arc $\widehat{CD}$. Ainsi, la vitesse de la Terre sur son orbite est plus élevée en hiver qu'en été.

27 **a.** La ligne 12 permet de calculer, par compréhension, la liste des quotients `T²/R³` pour les quatre satellites de Jupiter de la liste `'nom'` définie ligne 7. Les résultats affichés sont en unité SI ; or, les valeurs `a[i]` des demi-grands axes sont entrées en 10^8 m à la ligne 8 et les périodes `T[i]` sont entrées en jours à la ligne 9 : il est donc nécessaire d'effectuer les conversions en mètre et en seconde.

```
12 k=[(T[i]*24*3600)**2/(a[i]*1e8)**(3) for i in range(n)]
```

b. Les résultats montrent que la valeur du quotient $\dfrac{T^2}{R^3}$ est identique pour tous les satellites naturels de Jupiter, ce qui est en accord avec la troisième loi de Kepler.

S'ENTRAÎNER

36 **a.** $\vec{F}_{T/S}=\dfrac{GmM_T}{(R_T+h)^2}\vec{u}_n$.

b.

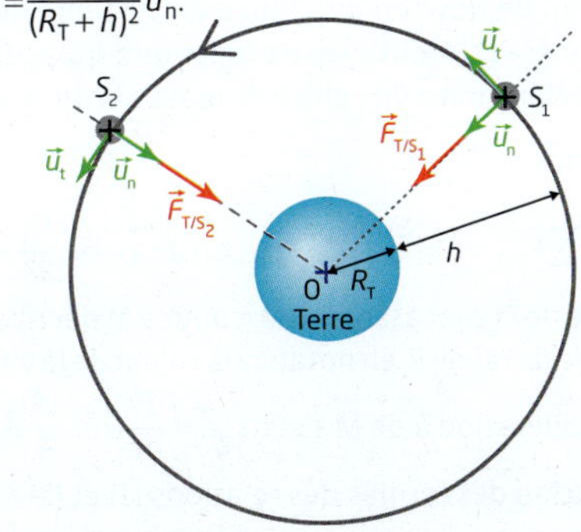

c. Système : satellite de masse m constante en orbite circulaire de rayon R_T+h autour de la Terre de masse M_T.

Référentiel : géocentrique supposé galiléen.

Repère : repère de Frenet associé à tout instant au centre de masse S du satellite : $(S\,;\vec{u}_t,\vec{u}_n)$.

Bilan des forces appliquées au satellite : $\vec{F}_{T/S}=\dfrac{GmM_T}{(R_T+h)^2}\vec{u}_n$.

D'après la 2ème loi de Newton appliquée au satellite de masse m constante, dans le référentiel géocentrique supposé galiléen, le vecteur accélération $\vec{a}$ du centre de masse S du satellite vérifie :

$\sum\vec{F}_{ext}=m\vec{a}$.

Sachant que $\sum\vec{F}_{ext}=\vec{F}_{T/S}=\dfrac{GmM_T}{(R_T+h)^2}\vec{u}_n$; on a : $\vec{a}=\dfrac{GM_T}{(R_T+h)^2}\vec{u}_n$ (1)

d. Dans le repère de Frenet associé à S, comme S décrit un mouvement circulaire de rayon R_T+h, en notant v la valeur de la vitesse de S, le vecteur accélération $\vec{a}$ de S s'écrit :

$$\vec{a}=\frac{dv}{dt}\vec{u}_t+\frac{v^2}{R_T+h}\vec{u}_n \quad (2).$$

Par identification des termes des relations (1) et (2), on a :

• $\dfrac{dv}{dt}=0$ soit $v=\text{cste}$: le mouvement est uniforme ;

• $\dfrac{v^2}{R_T+h}=\dfrac{GM_T}{(R_T+h)^2}$ soit $v=\sqrt{\dfrac{GM_T}{R_T+h}}$.

A.N. : $v=\sqrt{\dfrac{6{,}67\times10^{-11}\ \text{N}\cdot\text{m}^2\cdot\text{kg}^{-2}\times 5{,}97\times10^{24}\ \text{kg}}{6{,}38\times10^6\ \text{m}+23\,522\times10^3\ \text{m}}}$

$v=3{,}65\times10^3\ \text{m}\cdot\text{s}^{-1}$

soit $v=3{,}65\ \text{km}\cdot\text{s}^{-1}\times3600\ \text{s}\cdot\text{h}^{-1}=1{,}31\times10^4\ \text{km}\cdot\text{h}^{-1}$.

e.

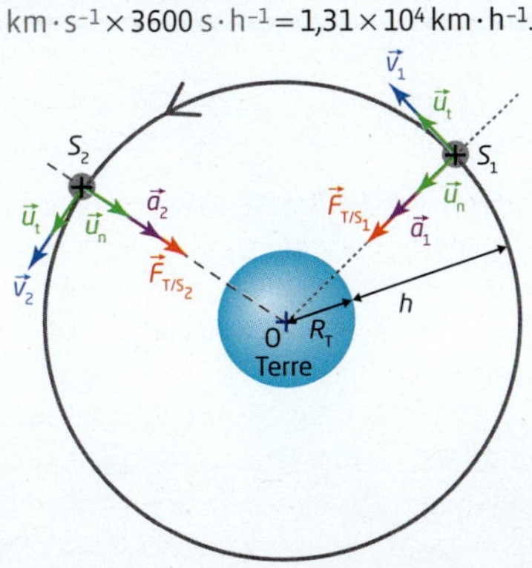

37 Système : système de masse m constante en orbite circulaire de rayon R autour de l'astre de masse M_{astre}.
Référentiel : astrocentrique lié au centre de l'astre et à trois étoiles fixes, supposé galiléen.
Repère : repère de Frenet associé à tout instant au centre de masse M du système : $(M ; \vec{u}_t, \vec{u}_n)$.

Bilan des forces appliquées au système : $\vec{F} = \frac{GmM_{astre}}{R^2}\vec{u}_n$.

D'après la 2ᵉ loi de Newton appliquée au système de masse m constante, dans le référentiel astrocentrique supposé galiléen, le vecteur accélération $\vec{a}$ du centre de masse M du système vérifie : $\sum \vec{F}_{ext} = m\vec{a}$.

Sachant que $\sum \vec{F}_{ext} = \vec{F} = \frac{GmM_{astre}}{R^2}\vec{u}_n$; on a : $\vec{a} = \frac{GM_{astre}}{R^2}\vec{u}_n$ (1).

Dans le repère de Frenet associé à M, comme M décrit un mouvement circulaire de rayon R, en notant v la valeur de la vitesse de M, le vecteur accélération $\vec{a}$ de M s'écrit : $\vec{a} = \frac{dv}{dt}\vec{u}_t + \frac{v^2}{R}\vec{u}_n$ (2).

Par identification des termes des relations (1) et (2) :
- $\frac{dv}{dt} = 0$ soit $v = cste$: le mouvement est uniforme ;
- $\frac{v^2}{R} = \frac{GM_{astre}}{R^2}$ soit $v = \sqrt{\frac{GM_{astre}}{R}}$.

Sachant que l'orbite du système est circulaire, la distance d parcourue par le système pendant une révolution de durée T est la circonférence de son orbite soit $d = 2\pi R$.

Le mouvement étant uniforme : $v = \frac{2\pi R}{T}$

soit $T = \frac{2\pi R}{v} = 2\pi R \times \sqrt{\frac{R}{GM_{astre}}}$ ainsi $\frac{T^2}{R^3} = \frac{4\pi^2}{GM_{astre}}$.

Chapitre 14

Se tester pour commencer

1 B ; **2** A ; **3** A ; **4** A ; **5** C ; **6** B.

5 min chrono !

1 c.
2 b.
3 a.
4 c.
5 a.
6 b.
7 b.
8 c.
9 c.
10 a.

APPLIQUER

15 **a.** $\pi_A = \rho V g = 2{,}0 \times 10^4$ N.
b. La pression augmente avec la profondeur. La résultante des forces de pression est la poussée d'Archimède.

16 Norme du poids : $P = mg = 4{,}41$ N. Norme de la poussée d'Archimède : $\pi_A = \rho V g = 6{,}5 \times 10^{-2}$ N. La poussée d'Archimède est très faible par rapport au poids, donc négligeable.

23 **a.** Le débit est conservé pour un fluide incompressible : $v_2 = \frac{v_1 S_1}{S_2} = 10$ m·s⁻¹.
b. Effet Venturi : $P_1 - P_2 = \frac{1}{2}\rho(v_2{}^2 - v_1{}^2) = 45$ Pa.

24 **a.** La ligne 10 indique une durée d'écoulement $\Delta t = (40{,}3 \pm 0{,}3)$ s.
b. Le débit volumique $D_v = \frac{V}{\Delta t}$ intervient dans la ligne 19.
Cette ligne effectue des tirages aléatoires des grandeurs V et Δt autour des valeurs mesurées.
c. Les lignes 13 à 23 permettent d'estimer l'incertitude sur le débit D_v en simulant des résultats expérimentaux un grand nombre de fois.
d. Le résultat de la mesure est : $D_v = (1{,}241 \pm 0{,}009) \times 10^{-6}$ m³·s⁻¹.

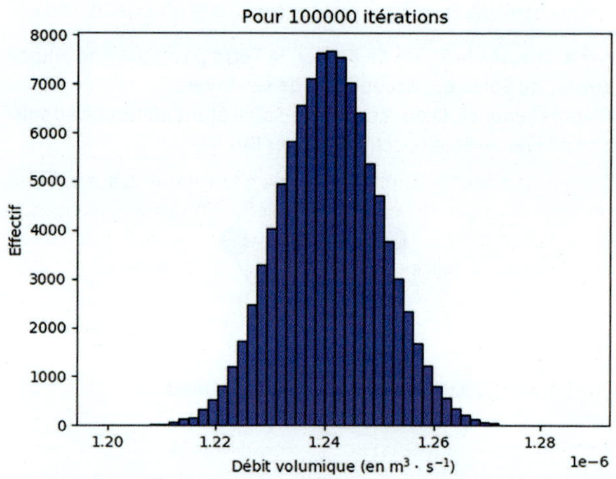

THÈME 3

Énergie : conversions et transferts

Chapitre 15

Se tester pour commencer

1 B ; **2** C ; **3** B ; **4** A ; **5** B ; **6** A.

5 min chrono !

1 c.
2 c.
3 b.
4 b.
5 c.
6 a.
7 b.
8 b.
9 c.

APPLIQUER

16 **a.** On déduit du tableau l'énergie cinétique microscopique moyenne des entités constituant chaque gaz :

Gaz	$\mathscr{E}_c = \frac{1}{2} \times m_{entité} v^2$ (en J)
He	$3{,}33 \times 10^{-21}$
N_2	$6{,}26 \times 10^{-21}$
O_2	$6{,}12 \times 10^{-21}$

D'après la théorie cinétique des gaz, la température est une fonction croissante de l'énergie cinétique microscopique moyenne des entités constituant le gaz, ce qui conduit au classement suivant de températures par ordre croissant :

$$T(He) < T(O_2) < T(N_2).$$

b. Compte tenu du tableau, le dioxygène est à une température plus élevée que l'hélium car son énergie cinétique est plus élevée. Pourtant, la vitesse v des entités d'hélium (où v^2 est la moyenne des carrés des vitesses des entités) est supérieure à celle des entités du dioxygène. L'agitation des entités d'hélium est donc supérieure à celle des entités du dioxygène. La phrase ainsi lue sur un forum est mal formulée car elle laisse à penser que la température dépend, comme « l'agitation thermique », de la seule vitesse. Mais la température, qui est une fonction croissante de $\frac{1}{2} m_{entité} v^2$, dépend donc aussi de $m_{entité}$.

24 **a.** D'après la loi du gaz parfait $PV = nRT$, il vient :

$V(H_2) = \frac{n(H_2) \times R \times T}{P}$ donc $V_m = \frac{V(H_2)}{n(H_2)} = \frac{R \times T}{P}$.

A.N. : $V_m = \frac{8{,}314 \text{ Pa} \cdot \text{m}^3 \cdot \text{mol}^{-1} \cdot \text{K}^{-1} \times (273 + 31) \text{ K}}{73{,}8 \times 10^5 \text{ Pa}}$

$V_m = 3{,}42 \times 10^{-4} \text{ m}^3 \cdot \text{mol}^{-1} = 3{,}42 \times 10^{-1} \text{ L} \cdot \text{mol}^{-1}$.

b. La valeur obtenue précédemment en appliquant la loi du gaz parfait est supérieure de près de 33 % au résultat mesuré lors de l'expérience, $V_m = 2{,}3 \times 10^{-1} \text{ L} \cdot \text{mol}^{-1}$. Le modèle du gaz parfait est inadapté aux pressions supérieures à 1 MPa pour lesquelles les interactions entre entités en dehors des chocs ne peuvent plus être négligées pour un grand nombre de gaz (interaction d'origine électromagnétique).

S'ENTRAÎNER

31 **a.** L'information la plus importante est la convergence du rapport $\frac{PV}{nRT}$ vers 1 lorsque la pression P diminue et tend vers 0, quel que soit le gaz.

b. Il s'agit de la droite parallèle à l'axe des abscisses et d'ordonnée à l'origine : $y = \frac{PV}{nRT} = 1$.

c. Pour des pressions supérieures à 1 MPa, les interactions entre entités en dehors des chocs ne peuvent plus être négligées pour un grand nombre de gaz. Les interactions d'origine électromagnétique, qui dépendent des espèces chimiques constituant le gaz, ne permettent plus d'assimiler les entités correspondantes à des points matériels.

Chapitre 16

Se tester pour commencer

1 B ; **2** B ; **3** C ; **4** B ; **5** C ; **6** A.

5 min chrono !

1 c.
2 a.
3 a.
4 a.
5 c.
6 a.
7 a.

APPLIQUER

12 **a.** $\mathscr{E}_{Cinitiale} < \mathscr{E}_{Cfinale}$.

b. L'énergie interne du système {eau} augmente au cours du chauffage.

c. $\mathscr{E} = \Delta U = m \times c_{eau} \times \Delta T = \rho_{eau} \times V \times c_{eau} \times \Delta T$.

A.N. : $\mathscr{E} = 1{,}00 \times 200 \times 4\,180 \times (37 - 15) = 18{,}4 \times 10^6$ J.

d. $\Delta t = \frac{\mathscr{E}}{\mathscr{P}}$.

A.N. : $\Delta t = \frac{18{,}4 \times 10^6}{10} = 1{,}84 \times 10^6 \text{ s} = 511 \text{ h}$.

13 **a.** $c_1 = \frac{\mathscr{E}}{m \times \Delta T}$.

A.N. : $c_1 = \frac{12 \times 10^3 \text{ J}}{(0{,}475 \text{ kg} \times (90 - 20) \text{ K})} = 3{,}6 \times 10^2 \text{ J} \cdot \text{kg}^{-1} \cdot \text{K}^{-1}$.

b. On calcule le quotient $\frac{|c_{exp} - c_{ref}|}{u(c_{exp})}$.

A.N. : $\frac{|c_{exp} - c_{ref}|}{u(c_{exp})} = \frac{|3{,}9 \times 10^2 - 3{,}8 \times 10^2|}{1 \times 10^1} = 1$.

La valeur obtenue est donc cohérente.

17 **a.** Conduction sur les parois du radiateur, convection de l'air dans la pièce, rayonnement.

b. Convection de l'eau, conduction sur les parois de la tasse, rayonnement.

c. Rayonnement des braises, convection de l'air, conduction sur la grille.

d. Convection de l'air.

Corrigés

21 **a.** α augmente avec la concentration de gaz à effet de serre dans l'atmosphère.

b. Si l'albédo augmente, A augmente donc T_T augmente. Si la concentration en gaz à effet de serre augmente, α augmente donc $(2 - \alpha)$ diminue et T_T augmente.

22 **a.**

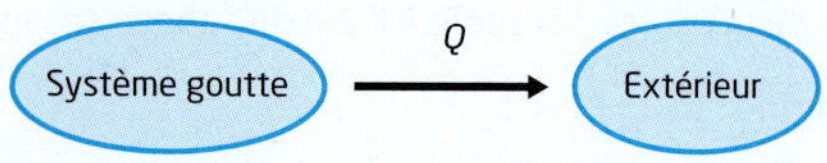

b. 1er principe de la thermodynamique : $dU = \delta Q$.
Or, $\delta Q = \varphi\, dt$ (l'énoncé précise que le flux est reçu par le système goutte) donc $dU = \varphi\, dt$.

c. $dU = m \times c_{eau} \times dT$ donc :
$m \times c_{eau}\, dT = h \times S \times (T_a - T(t))\, dt$

d'où $\dfrac{dT}{dt} + T \times \dfrac{h \times S}{m \times c_{eau}} = T_a \times \dfrac{h \times S}{m \times c_{eau}}$.

d. On reconnaît dans la réponse précédente une équation différentielle du premier ordre à coefficient constant qui a pour solution :

$T(t) = (T_i - T_a)e^{-\frac{t}{\tau}} + T_a$ avec $\tau = \dfrac{m \times c_{eau}}{h \times S}$.

e. On cherche t tel que $T(t) = 273$ K.
On isole t de l'expression précédente :
$t = -\tau \times \ln\left(\dfrac{T - T_a}{T_i - T_a}\right)$.

A.N. : $t = -\left(\dfrac{33 \times 10^{-6}\ \text{g} \times 4{,}18\ \text{J} \cdot \text{K}^{-1} \cdot \text{g}^{-1}}{65\ \text{W} \cdot \text{m}^{-2} \cdot \text{K}^{-1} \times 5{,}0 \times 10^{-7}\ \text{m}^2}\right) \times \ln\left(\dfrac{(273 - (273 - 15))}{(273 + 10) - (273 - 15)}\right)$

$t = 2{,}2$ s.

S'ENTRAÎNER

33 **a.**

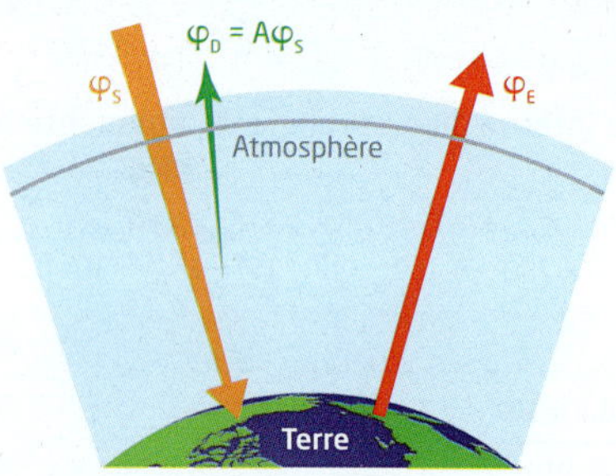

b. En considérant le système {planète} en équilibre radiatif : $\varphi_S = A\varphi_S + \varphi_E$ avec φ_E le flux thermique émis par la surface de la planète.
Donc $\varphi_E = (1 - A)\,\varphi_S$.

D'après la loi de Stefan Boltzman, $\sigma T^4 = (1 - A)\varphi_S$ et $T = \left(\dfrac{(1 - A)\,\varphi_S}{\sigma}\right)^{1/4}$

A.N. : $T_{Mercure} = 438$ K.

c. En faisant les mêmes calculs pour Vénus, on obtient $T_{Vénus} = 232$ K. La non prise en compte de l'atmosphère semble être une hypothèse valable pour Mercure, mais pas pour Vénus. Sa température de surface est plus grande que celle de Mercure en raison de l'effet de serre engendré par son atmosphère.

THÈME 4

Ondes et signaux

Chapitre 17

Se tester pour commencer
1 C ; **2** A ; **3** A ; **4** A ; **5** A ; **6** B.

5 min chrono !

1 a.
2 a.
3 c.
4 c.
5 c.
6 c.
7 b.
8 a.
9 b.
10 c.

APPLIQUER

17 Pour résoudre cet exercice sans calculatrice, il faut utiliser les propriétés de la fonction logarithme décimal rappelées dans les données.

$L = 10 \log\left(\dfrac{I}{I_0}\right) = 10 \times \log\left(\dfrac{5{,}0 \times 10^{-5}\ \text{W} \cdot \text{m}^{-2}}{1{,}0 \times 10^{-12}\ \text{W} \cdot \text{m}^{-2}}\right)$

$L = 10 \log(5{,}0 \times 10^7)$.

Utilisons les propriétés :
$L = 10 \times (\log(5{,}0) + \log(10^7))$
$L = 10 \log(5{,}0) + 10 \log(10^7)$.
$\log(10^7) = 7 \times \log 10$. En outre, $\log 5{,}0 = 0{,}70$ et $\log 10 = 1$.
$L = 10 \times 0{,}70 + 10 \times 7 \times \log 10 = 7{,}0 + 10 \times 7 \times 1 = 7{,}0 + 70 = 77$ dB.

18 $L = 10 \times \left(\dfrac{I}{I_0}\right) \Leftrightarrow \dfrac{I}{I_0} = 10^{\frac{L}{10}}$.

$I = I_0 \times 10^{\frac{L}{10}} = 1{,}0 \times 10^{-12}\ \text{W} \cdot \text{m}^{-2} \times 10^{\frac{120}{10}} = 1{,}0 \times 10^{-12}\ \text{W} \cdot \text{m}^{-2} \times 10^{12}$

$I = 1{,}0\ \text{W} \cdot \text{m}^{-2}$.

21 **a.** Utilisons les valeurs indiquées dans le tableau :
$A_{1,0/2,0} = L_{1,0} - L_{2,0}$ et de même : $A_{1,0/10,0} = L_{1,0} - L_{10,0}$.

	$A_{1,0/2,0}$	$A_{1,0/10,0}$
Enceinte 1	108 – 102 = 6 dB	108 – 88 = 20 dB
Enceinte 2	94 – 88 = 6 dB	94 – 74 = 20 dB
Enceinte 3	82 – 76 = 6 dB	82 – 62 = 20 dB

b. Les résultats du tableau montrent que l'atténuation géométrique ne dépend pas du niveau d'intensité sonore de l'enceinte.

c. Soit I_{d_1} l'intensité sonore à la distance d_1 de l'enceinte et I_{d_2} l'intensité sonore à la distance d_2.
Ces intensités sonores sont liées à la puissance sonore de la source par les relations : $I_{d_1} = \dfrac{\mathcal{P}}{4\pi {d^2}_1}$ et $I_{d_2} = \dfrac{\mathcal{P}}{4\pi {d^2}_2}$.

$A_{d_1d_2} = L_{d_1} - L_{d_2} = 10 \log\left(\dfrac{I_{d_1}}{I_0}\right) - 10 \log\left(\dfrac{I_{d_2}}{I_0}\right) = 10 \log\left(\dfrac{\frac{I_{d_1}}{I_0}}{\frac{I_{d_2}}{I_0}}\right)$

$A_{d_1d_2} = 10 \log\left(\dfrac{I_{d_1}}{I_{d_2}}\right)$.

$$L_{d_1} - L_{d_2} = 10\log\left(\frac{\frac{\mathcal{P}}{4\pi d_1^2}}{\frac{\mathcal{P}}{4\pi d_2^2}}\right) = 10\log\left(\frac{d_2^2}{d_1^2}\right) = 10\log\left(\frac{d_2}{d_1}\right)^2.$$

D'après les propriétés de la fonction logarithme décimal :
$\log\left(\frac{d_2}{d_1}\right)^2 = 20\log\left(\frac{d_2}{d_1}\right).$

Finalement : $A_{d_1d_2} = L_{d_1} - L_{d_2} = 20\log\left(\frac{d_2}{d_1}\right).$

26 **a.** Deux caractéristiques du son entendu par l'enfant évoluent au cours du mouvement de l'ambulance :
– l'intensité du son qui augmente quand l'ambulance s'approche de l'enfant puis diminue quand elle s'éloigne ;
– la hauteur du son caractérisée par la fréquence de l'onde sonore qui augmente quand l'ambulance s'approche (son plus aigu) puis diminue quand elle s'éloigne (son plus grave). Cette deuxième évolution constitue l'effet Doppler.
Le timbre n'est *a priori* pas modifié : si le son est pur par exemple, la hauteur change mais le son reste pur.

b. f_R est la fréquence de l'onde sonore reçue par l'enfant lorsque f est la fréquence de l'onde sonore émise par la sirène de l'ambulance.
v est la célérité des ondes sonores et v_S la vitesse de l'ambulance. Toutes ces grandeurs sont mesurées dans le référentiel terrestre.

c. Dans le membre de droite de l'expression proposée dans l'énoncé, le numérateur est constant. Le dénominateur est plus grand lorsqu'il y a un signe +. On en déduit que $\frac{v}{(v + v_S)} < \frac{v}{(v - v_S)}$.
La fréquence de l'onde reçue par l'enfant est donc plus petite lorsque l'expression contient le signe +. Il s'agit du cas où l'ambulance s'éloigne.
Le signe –, au contraire, correspond à l'approche de l'ambulance.

28 **a.** La durée T qui sépare l'émission de deux bips consécutifs est la période d'émission de la source. C'est l'inverse de sa fréquence : $T = \frac{1}{f} = \frac{1}{10\text{ Hz}} = 0{,}10$ s.

b. La source se déplace à vitesse constante donc $d = v_S \times \Delta t$ avec $\Delta t = T$.
$d = 34\text{ m}\cdot\text{s}^{-1} \times 0{,}10\text{ s} = 3{,}4$ m.

c. Le premier bip émis à la date $t = 0$ arrive au point B à l'instant $t_{1_B} = \frac{OB}{v} = \frac{17\text{ m}}{340\text{ m}\cdot\text{s}^{-1}} = 0{,}050$ s.
Le deuxième bip a moins de chemin à parcourir mais il part plus tard : une période après le premier bip.
On peut donc écrire : $t_{2_B} = T + \frac{OB - d}{v}$.
$T_{2_B} = 0{,}10\text{ s} + \frac{17\text{ m} - 3{,}4\text{ m}}{340\text{ m}\cdot\text{s}^{-1}} = 0{,}14$ s.

d. Un observateur placé au point B reçoit les bips avec une période $T_B = t_{2_B} - t_{1_B}$ soit une fréquence $f_B = \frac{1}{t_{2_B} - t_{1_B}}$.
$f_B = \frac{1}{0{,}14\text{ s} - 0{,}050\text{ s}} = 11$ Hz.

e. La fréquence de l'onde reçue est différente de la fréquence de l'onde émise par la source ($f_B > f$). Ce phénomène s'appelle l'effet Doppler.
Ce phénomène est observable aisément quand une voiture passe devant nous, klaxon ou sirène en fonctionnement (pompier, ambulance). Il est utilisé en médecine pour mesurer la vitesse du sang (Doppler sanguin) avec des ondes ultrasonores. Il est également utilisé en astronomie pour mesurer la vitesse radiale des étoiles et par la gendarmerie pour mesurer la vitesse des véhicules. Dans ces deux dernières applications, ce sont des ondes électromagnétiques.

S'ENTRAÎNER

33 **a.** Il s'agit d'une atténuation par absorption puisque le graphe donne l'atténuation en fonction de la fréquence et pas en fonction de la distance de la source. L'atténuation géométrique ne dépend pas de la fréquence mais uniquement de la distance entre la source et le point considéré.

b. Par lecture graphique de l'abscisse du point d'intersection de trois des quatre courbes, c'est pour une fréquence de 250 Hz que trois des quatre protections produisent la même atténuation.

c. Pour que le son du concert soit atténué sans être déformé, il faut que l'atténuation soit identique quelle que soit la fréquence. La courbe rouge présente la plus grande variation d'atténuation en fonction de la fréquence (de 7dB à 33 dB) : c'est donc la pire des protections.

d. La meilleure des protections est celle dont la courbe varie le moins en fonction de la fréquence. Le graphe montre qu'il s'agit de la courbe verte, c'est-à-dire la courbe des bouchons moulés avec filtre incorporé.

39 **a.** On considère une source sonore S qui émet des « bips » avec une période T.
Cette source se déplace à vitesse constante v_S en s'éloignant d'un observateur O immobile. On note v la célérité des ondes sonores : $v > v_S$.

Émission	Réception
$t = 0$: la source émet un bip. Elle est à la distance D de O.	$t = t_1$: l'onde arrive en O. $t_1 = \frac{D}{v}$
$t = T$: la source émet un deuxième bip. Elle est à la distance $D + v_S T$ de O.	$t = t_2$: le deuxième bip arrive en A. $t_2 = T + \frac{D + v_S T}{v}$

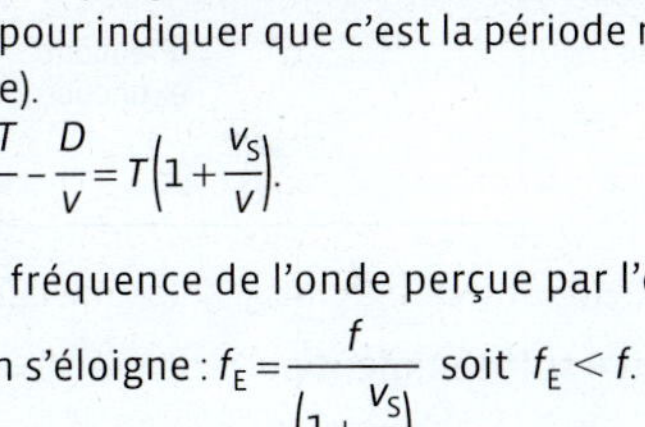

L'observateur O perçoit les bips sonores avec une période $T_E = t_2 - t_1$ (T_E pour indiquer que c'est la période reçue quand le train s'éloigne).
$T_E = T + \frac{D + v_S T}{v} - \frac{D}{v} = T\left(1 + \frac{v_S}{v}\right).$

Soit $f_E = \frac{1}{T_E}$ la fréquence de l'onde perçue par l'observateur O quand le train s'éloigne : $f_E = \frac{f}{\left(1 + \frac{v_S}{v}\right)}$ soit $f_E < f$. **(1)**

Décalage Doppler : $|\Delta f| = f - f_E = f - \frac{f}{\left(1 + \frac{v_S}{v}\right)} = \frac{\left(f + f \times \frac{v_S}{v} - f\right)}{\left(1 + \frac{v_S}{v}\right)}$

$|\Delta f| = f \times \frac{v_S}{(v + v_S)}.$

b. Le texte indique que la fréquence reçue est deux fois plus grande quand le train s'approche que lorsqu'il s'éloigne.
Appelons f_A la fréquence de l'onde sonore reçue par l'observateur quand le train s'approche.

Nous venons d'établir **(1)** que $f_E = \dfrac{f}{\left(1+\dfrac{v_S}{v}\right)}$. On peut de même établir que $f_A = \dfrac{f}{\left(1-\dfrac{v_S}{v}\right)}$ à partir de l'expression de $|\Delta f|$ donnée dans l'énoncé.

D'après l'énoncé, $\dfrac{f_A}{f_E} = 2$

Exprimons ce rapport : $\dfrac{f_A}{f_E} = \dfrac{\dfrac{f}{\left(1-\dfrac{v_S}{v}\right)}}{\dfrac{f}{\left(1+\dfrac{v_S}{v}\right)}} = \dfrac{\left(1+\dfrac{v_S}{v}\right)}{\left(1-\dfrac{v_S}{v}\right)} = 2.$

On en déduit : $\left(1+\dfrac{v_S}{v}\right) = 2\left(1-\dfrac{v_S}{v}\right).$

$3\dfrac{v_S}{v} = 1 \Rightarrow v_S = \dfrac{v}{3}.$

$v_S = \dfrac{340 \text{ m}\cdot\text{s}^{-1}}{3} = 113 \text{ m}\cdot\text{s}^{-1}$ soit $408 \text{ km}\cdot\text{h}^{-1}$.

Le train n'a pas encore atteint sa vitesse maximale lorsqu'il passe devant l'observateur O.

Chapitre 18

Se tester pour commencer
1 B ; 2 A ; 3 A ; 4 C ; 5 A.

5 min chrono !

1 b.
2 b.
3 a.
4 b.
5 c.
6 c.

APPLIQUER

14 a. Schéma de la situation vue de dessus :

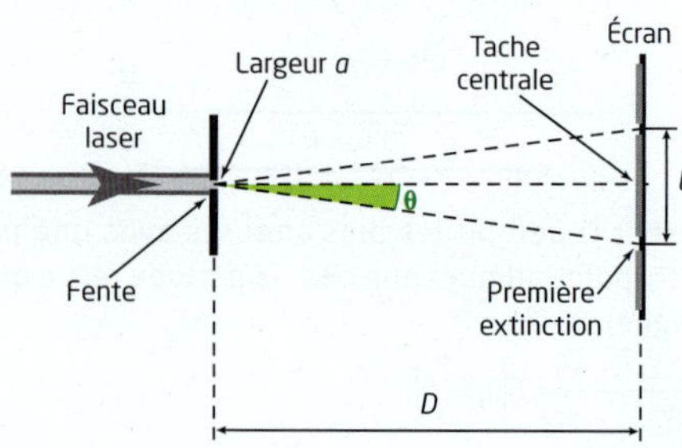

b. En supposant θ suffisamment petit : $\theta \approx \tan\theta = \dfrac{\frac{L}{2}}{D} = \dfrac{L}{2D}.$

c. Or, $\theta = \dfrac{\lambda}{a}$, donc $\dfrac{\lambda}{a} = \dfrac{L}{2D}$ soit $L = \dfrac{2\lambda D}{a}.$

15 a. Lors de la traversée de la baie, on observe :
– une conservation de la longueur d'onde (la distance entre deux sommets de vague consécutifs n'est pas modifiée) ;
– un étalement des directions de propagation de la houle.

Cette photographie illustre le phénomène de diffraction d'une onde de la houle à la traversée d'une ouverture.

b. L'observation du phénomène de diffraction d'une onde mécanique implique que la largeur de l'ouverture traversée par l'onde est de l'ordre de grandeur de la longueur d'onde ou inférieure.
En supposant l'onde sinusoïdale :

$\lambda = vT = 48 \times \dfrac{10^3 \text{ m}}{3\,600 \text{ s}} \times 15 \text{ s} = 2{,}0 \times 10^2 \text{ m}.$

On peut donc estimer que la largeur a de l'entrée de la baie est de l'ordre de 10^2 m ou inférieure.

18 Au point M, les interférences sont constructives : l'amplitude du signal est maximale.
• Première représentation (voir ci-dessous) : le signal reçu en M dû à la première source.
• Deuxième représentation : le signal reçu en M par la deuxième source.
• Troisième représentation : superposition des deux signaux précédents.

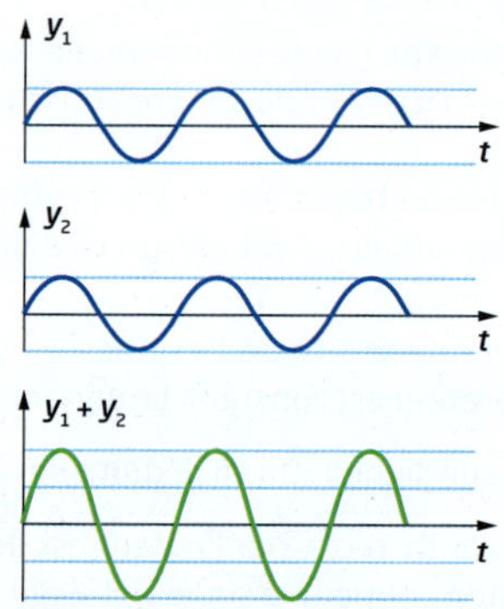

Au point M', les interférences sont destructives, l'amplitude est minimale voire nulle.
• Première représentation (voir ci-dessous) : le signal reçu en M' dû à la première source
• Deuxième représentation : le signal reçu en M' par la deuxième source.
• Troisième représentation : superposition des deux signaux précédents.

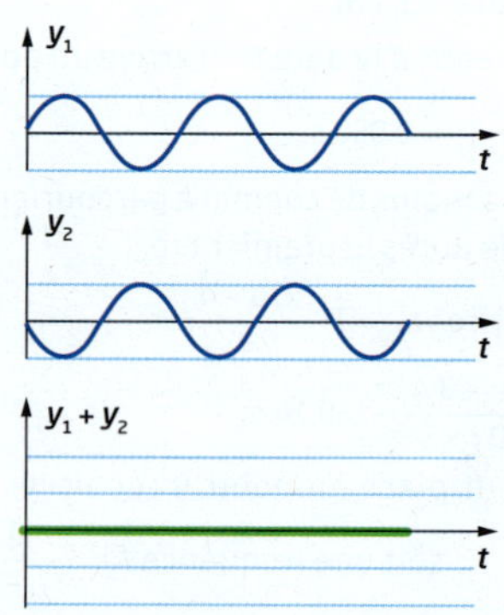

21 a. La fonction définie aux lignes 16 et 17 retourne les valeurs prises par le signal sinusoïdal $s(t) = A\cos\left(\dfrac{2\pi t}{T} + \varphi\right)$, avec :
A amplitude (en mV), T période temporelle (en ms), φ (noté phi dans le code) phase à l'origine (en rad), pour les valeurs de t définies ligne 11 par np.linspace(0,4,400) soit 400 valeurs régulièrement espacées de 0 à 4 inclus en milliseconde.

b. • Ligne 19 : trace le signal sinusoïdal $s_1(t)$ d'amplitude A_1 choisie par l'utilisateur, de période temporelle $T = 1$ ms imposée ligne 10 et de phase à l'origine fixée à 0 rad.
• Ligne 20 : trace le signal sinusoïdal $s_2(t)$ d'amplitude A_2 choisie par l'utilisateur, de période temporelle $T = 1$ ms imposée ligne 10 et de phase à l'origine ϕ (notée phi dans le code) choisie par l'utilisateur.
• Ligne 21 : trace la somme des deux signaux : $s_1(t) + s_2(t)$.

c. Par lecture graphique, l'utilisateur a rentré 1 pour A_1, 1 pour A_2 et 0 pour phi = 0 soit une amplitude de $A_1 = 1$ mV pour $s_1(t)$, $A_2 = 2$ mV pour $s_2(t)$ et $\varphi = 0$ rad pour la phase à l'origine.

Ainsi : $s_1(t) = \cos\left(2\pi\frac{t}{T}\right)$ et $s_2(t) = 2\cos\left(2\pi\frac{t}{T}\right)$ avec t en ms.

d. Les signaux sont en phase : les interférences sont donc constructives.

e.

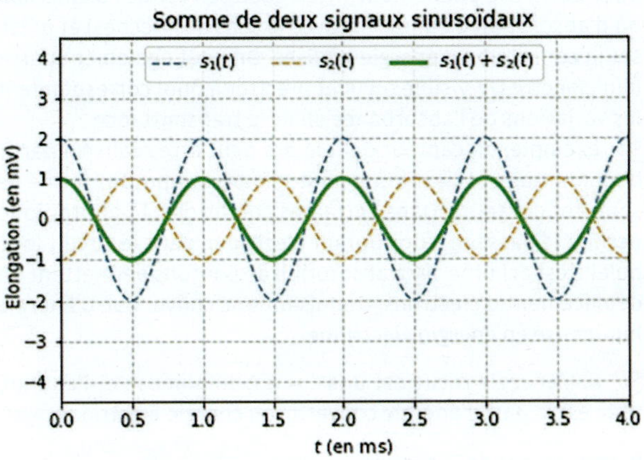

Signaux en opposition de phase : interférences destructives.

S'ENTRAÎNER

28 **a.** Le phénomène qui permet à l'ouvreuse d'entendre le son est la diffraction : après le passage de la porte, il y a étalement des directions de propagation des ondes sonores.

b. $a = 80$ cm $= 0{,}80$ m.

$\lambda = \frac{v_{son}}{f}$ avec $v_{son} = 340$ m·s^{-1}. Ainsi $\lambda_g = 3{,}4$ m et $\lambda_a = 0{,}68$ m

Le phénomène est plus important pour un son grave car $a < \lambda_g$ alors que pour le son plus aigu considéré, $a > \lambda_a$.

32 **a.** Calcul de la longueur d'onde dans l'air des ondes ultrasonores supposées sinusoïdales :

$$\lambda = \frac{v}{f} = \frac{340}{4{,}25 \times 10^4} = 8{,}00 \times 10^{-3} \text{ m} = 8{,}00 \text{ mm}.$$

L'ordre de grandeur de la longueur d'onde est donc de 10 mm.

b. Amplitudes maximales : lieux d'interférences constructives pour $\delta = k\lambda$ avec $k \in \mathbb{Z}$.

Amplitudes minimales : lieux d'interférences destructives pour $\delta = (2k+1)\frac{\lambda}{2}$ avec $k \in \mathbb{Z}$.

c. Voir le raisonnement à retenir du paragraphe **2.3.** de la synthèse des activités p. 424.

33 L'interfrange i est la distance entre les centres de deux franges brillantes consécutives (ou deux franges sombres consécutives).

Pour des interférences constructives : $\delta_0 = k\lambda_0$ avec $k \in \mathbb{Z}$.

L'expression de l'abscisse x_k d'une frange brillante est donc : $x_k = \frac{k\lambda_0 D}{na_{1-2}}$.

Et l'expression de l'abscisse x_{k+1} de la frange brillante suivante est : $x_{k+1} = \frac{(k+1)\lambda_0 D}{na_{1-2}}$.

L'interfrange est donc $i = x_{k+1} - x_k = \frac{(k+1)\lambda_0 D}{na_{1-2}} - \frac{k\lambda_0 D}{na_{1-2}} = \frac{\lambda_0 D}{na_{1-2}} = \frac{\lambda D}{a_{1-2}}$.

Chapitre 19

Se tester pour commencer
1 C ; **2** A ; **3** C ; **4** B ; **5** C.

5 min chrono !

1 b.
2 b.
3 b.
4 c.
5 c.
6 a.
7 c.
8 a.
9 c.

APPLIQUER

15 **a.** Schéma d'une lunette astronomique afocale :

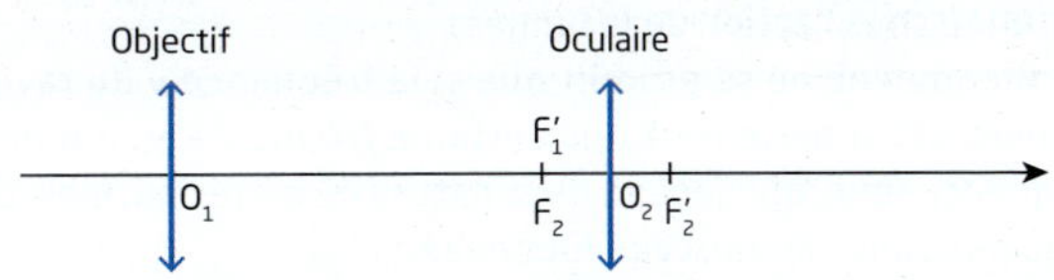

b. Le foyer image de l'objectif et le foyer objet de l'oculaire sont confondus.

La longueur de la lunette astronomique de l'observatoire de Nice est : $L \approx f'_1 + f'_2 = 17{,}89$ m $+ 8$ mm $\approx 17{,}89$ m ≈ 18 m.

21 **a.** Faisceau traversant la lunette :

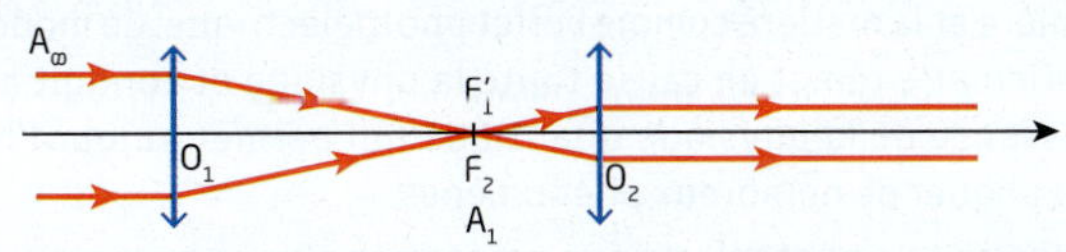

b. La lumière provenant du Soleil est concentrée par la lunette astronomique afocale. L'intensité lumineuse (puissance lumineuse par unité de surface) est plus élevée, ce qui présente un risque pour l'œil (brûlures).

28 **a.**

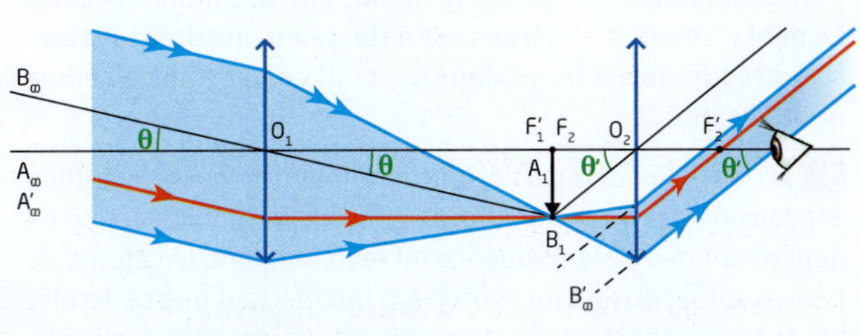

b. $G = \frac{\theta'}{\theta} = \frac{0{,}20 \text{ rad}}{2 \times 10^{-3} \text{ rad}} = 1 \times 10^2$.

Corrigés

S'ENTRAÎNER

45 **a.** diamètre : 80 mm ; distance focale de l'objectif : 400 mm.
b. Distance focale de l'oculaire pour un grossissement maximal :
$G = 150$ et $G = \frac{f'_1}{f'_2}$ soit $f'_2 = \frac{f'_1}{G} = \frac{400 \text{ mm}}{150} = 2{,}67$ mm.
c. $32' = \frac{32°}{60} = \frac{32°}{60} \times \frac{\pi \text{ rad}}{180°} = 9{,}3 \times 10^{-3}$ rad.
$G = \frac{\theta'}{\theta}$ soit $\theta' = G \times \theta = 150 \times 9{,}3 \times 10^{-3}$ rad $= 1{,}4$ rad.

Chapitre 20

Se tester pour commencer
1 A ; **2** C ; **3** B ; **4** B ; **5** A.

5 min chrono !

1 b.
2 c.
3 a.
4 c.
5 c.
6 b.
7 a.
8 c.

APPLIQUER

19 **a.** L'effet photoélectrique est l'émission d'électrons par un matériau sous l'action de la lumière.
Ce phénomène ne se produit que si la fréquence ν du rayonnement est supérieure à une certaine fréquence ν_0 nommée fréquence seuil, qui dépend de la nature du matériau, mais pas de la puissance du faisceau lumineux.
b. L'effet photoélectrique a été déterminant dans l'évolution de la conception de la lumière. Il a remis en cause le modèle ondulatoire de la lumière, largement admis au début du XXe siècle car il explique en particulier le phénomène d'interférences. Le modèle particulaire de la lumière a ainsi montré sa pertinence car la notion de photon permet d'expliquer l'interaction entre la lumière et la matière comme l'effet photoélectrique. Ce modèle particulaire remet en cause toute la physique et conduit à la naissance de la physique quantique qui permet aujourd'hui d'expliquer de nombreux phénomènes.
c. Une cellule photoélectrique est formée d'une photocathode susceptible de subir l'effet photoélectrique, séparée, dans une ampoule où règne le vide, d'une anode dont le rôle est de collecter les photoélectrons émis sous l'action de la lumière.
L'énergie cinétique des photoélectrons peut être modifiée en imposant une tension, grâce à un générateur, entre la photocathode et l'anode, afin qu'ils soient plus efficacement recueillis. Le déplacement d'électrons est détecté en mesurant l'intensité du courant électrique dans le circuit comportant la cellule photoélectrique.

21 **a.** Dans le modèle particulaire, la lumière monochromatique est considérée comme un flux de photons de même énergie ne dépendant que de la fréquence du rayonnement. Un atome ne peut absorber qu'un seul photon à la fois et il faut que ce dernier possède une énergie suffisante pour pouvoir provoquer l'émission d'un électron par effet photoélectrique. Le modèle particulaire de la lumière explique donc l'existence d'une fréquence seuil en dessous de laquelle l'effet photoélectrique ne peut pas se produire.
b. Lorsque de la lumière atteint la photocathode, elle peut provoquer l'émission d'électrons par effet photoélectrique. Les photoélectrons sont recueillis à l'anode. La tension imposée, grâce à un générateur, entre la photocathode et l'anode, permet d'accélérer les électrons émis qui sont alors plus efficacement recueillis. Dans ce cas, la cellule photoélectrique est utilisée comme capteur de lumière : l'intensité du courant électrique débité par le capteur est proportionnelle à la puissance de la lumière reçue par la photocathode.

25 Le support visuel sur lequel s'appuyer peut être le symbole électrique d'une photorésistance, d'une photodiode, d'une cellule photovoltaïque ou d'une DEL, comme illustré en bas de la page 468 « Retenir l'essentiel ». On peut utiliser ces symboles pour décrire le phénomène intervenant en termes d'émission ou d'absorption de photons (avec le sens des flèches) et préciser la conversion d'énergie réalisée. On peut également partir d'un spectre UV-visible ou IR et préciser à quoi correspondent les variations de l'absorbance ou de la transmittance.
Par exemple, un capteur de lumière peut être réalisé à partir d'un montage utilisant une photodiode, composant formé de semi-conducteurs. Dans certaines conditions, la photodiode permet le passage d'un courant électrique dans le circuit lorsqu'elle est éclairée. Il y a absorption de photons permettant un déplacement d'électrons, traduisant une conversion d'énergie lumineuse en énergie électrique.

26 **a.** L'énergie reçue est une énergie lumineuse et l'énergie utile est la part d'énergie convertie en énergie électrique.
b. Rendement de la conversion : $\eta = \frac{\mathcal{P}_{\text{utile}}}{\mathcal{P}_{\text{reçue}}} = \frac{\mathcal{P}_{\text{élec}}}{\mathcal{P}_{\text{lum}}} = \frac{\mathcal{P}_{\text{élec}}}{\mathcal{P}_S \times S}$.
A.N. : $\eta = \frac{160 \text{ W}}{1{,}0 \times 10^3 \text{ W} \cdot \text{m}^{-2} \times 2{,}0 \text{ m}^2} = 0{,}080 = 8{,}0\ \%$.

29 **a.** Dans le modèle particulaire, la lumière monochromatique est considérée comme un flux de photons de même énergie ne dépendant que de la fréquence du rayonnement. Un atome ne peut absorber qu'un seul photon à la fois et il faut que ce dernier possède une énergie suffisante pour pouvoir provoquer l'émission d'un électron par effet photoélectrique, d'où l'existence d'une fréquence seuil en dessous de laquelle l'effet photoélectrique ne peut pas se produire.
b. Le travail d'extraction correspond à l'énergie minimale que doit posséder un photon incident pour pouvoir extraire un électron du zinc. Cette énergie minimale est celle associée à la fréquence seuil ν_0 : $\mathcal{W}_e = h \times \nu_0$; donc : $\nu_0 = \frac{\mathcal{W}_e}{h}$.
A.N. : $\nu_0 = \frac{3{,}4 \text{ eV} \times 1{,}60 \times 10^{-19} \text{ J} \cdot \text{eV}^{-1}}{6{,}63 \times 10^{-34} \text{ J} \cdot \text{s}} = 8{,}2 \times 10^{14}$ Hz.
Longueur d'onde seuil correspondante : $\lambda_0 = \frac{c}{\nu_0}$.
A.N. : $\lambda_0 = \frac{3{,}00 \times 10^8 \text{ m} \cdot \text{s}^{-1}}{8{,}2 \times 10^{14} \text{ Hz}} = 3{,}7 \times 10^{-7} \text{ m} \approx 370$ nm.
c. Une partie de l'énergie $|\Delta E| = h \times \nu = \frac{h \times c}{\lambda}$ apportée par un photon sert à extraire un électron, elle correspond au minimum à l'énergie d'extraction $\mathcal{W}_e$ du zinc. L'excès d'énergie est transféré sous forme d'énergie cinétique à l'électron émis. Cela conduit au bilan d'énergie : $\frac{h \times c}{\lambda} = \mathcal{W}_e + \mathcal{E}_{c,\max}$. On a donc : $\mathcal{E}_{c,\max} = \frac{h \times c}{\lambda} - \mathcal{W}_e$.

A.N. : $\mathscr{E}_{c,max} = \dfrac{6{,}63 \times 10^{-34}\ \text{J} \cdot \text{s} \times 3{,}00 \times 10^{8}\ \text{m} \cdot \text{s}^{-1}}{254 \times 10^{-9}\ \text{m}}$

$- 3{,}4\ \text{eV} \times 1{,}60 \times 10^{-19}\ \text{J} \cdot \text{eV}^{-1} = 2{,}4 \times 10^{-19}\ \text{J}$.

d. Le verre laisse passer la lumière visible issue de la lampe mais absorbe la partie du rayonnement UV de longueur d'onde inférieure à la longueur d'onde seuil, seule utile à l'établissement de l'effet photoélectrique.

Chapitre 21

Se tester pour commencer

1 A ; **2 B** ; **3 B** ; **4 B**.

5 min chrono !

1 b.
2 b.
3 b.
4 c.
5 c.
6 a.
7 c.
8 a.
9 c.
10 c.

APPLIQUER

16 L'intensité d'un courant électrique correspond au débit de charges électriques : $I = \dfrac{\Delta q}{\Delta t} = \dfrac{200 \times 10^{3}\ \text{C}}{10\ \text{s}} = 20 \times 10^{3}\ \text{A}$ soit environ 20 000 A !

19 Les capacités de condensateurs usuels sont comprises entre la dizaine de pF (pF = picofarad = 10^{-12} F) et la dizaine de mF (mF = millifarad = 10^{-3} F), soit entre 10^{-11} F et 10^{-2} F.

21 **a.** Le condensateur est chargé sous un courant d'intensité constante I donc : $q(t) = I \times t$.

b. $q = C \times u_c$ donc $u_c = \dfrac{q}{C} = I \times \dfrac{t}{C}$.

c. D'après la réponse **b.**, on peut écrire : $u_c(t) = \dfrac{I}{C} \times t = k \times t$.

$k = \dfrac{I}{C}$ désigne le coefficient directeur de la droite représentant $u_c = f(t)$ soit $k = \dfrac{\Delta u_c}{\Delta t}$.

On en déduit : $C = \dfrac{I}{k}$.

A.N. : $k = \dfrac{4{,}5\ \text{V}}{100\ \text{s}} = 0{,}045\ \text{V} \cdot \text{s}^{-1}$

d'où : $C = \dfrac{0{,}010\ \text{mA}}{0{,}045\ \text{V} \cdot \text{s}^{-1}} = \dfrac{1{,}0 \times 10^{-5}\ \text{A}}{4{,}5 \times 10^{-2}\ \text{V} \cdot \text{s}^{-1}} = 2{,}2 \times 10^{-4}\ \text{F} = 2{,}2 \times 10^{2}\ \mu\text{F}$,

soit environ 220 µF.

28 **a.** $u_c(t) = A\,e^{-\frac{t}{\tau}} + E$ conduit à $\dfrac{du_c(t)}{dt} = -\dfrac{A}{\tau} e^{-\frac{t}{\tau}}$.

Ainsi : $\dfrac{du_c(t)}{dt} + \dfrac{1}{\tau} u_c = -\dfrac{A}{\tau} e^{-\frac{t}{\tau}} + \dfrac{1}{\tau}\left(Ae^{-\frac{t}{\tau}} + E\right) = -\dfrac{A}{\tau} e^{-\frac{t}{\tau}} + \dfrac{A}{\tau} e^{-\frac{t}{\tau}} + \dfrac{E}{\tau} = \dfrac{E}{\tau}$

pour toute date t.

$u_c(t) = Ae^{-\frac{t}{\tau}} + E$ désigne bien l'ensemble des solutions de l'équation différentielle $\dfrac{du_c(t)}{dt} + \dfrac{1}{\tau} u_c = \dfrac{E}{\tau}$.

b. La constante A se détermine à l'aide des conditions initiales :

À la date $t_0 = 0$ s le condensateur est totalement déchargé donc $u_C(0) = 0$ V.

Or, $u_c(t) = Ae^{-\frac{t}{\tau}} + E$ conduit à $u_C(0) = Ae^{0} + E = A + E$.

Ainsi, $A + E = 0$ V d'où $A = -E$.

Remarque : finalement, la solution particulière du problème est : $u_c(t) = E\left(1 - e^{-\frac{t}{\tau}}\right)$.

Aides
pour les exercices

THÈME 1

Constitution et transformations de la matière

Chapitre 1

51 • Rappeler les propriétés d'une solution tampon.
• En déduire en quoi le pouvoir tampon est une indication de l'efficacité d'une solution tampon.
• Calculer puis comparer les pouvoirs tampons des deux solutions tampon S_1 et S_2. Conclure.
On pourra faire des calculs à l'aide d'un tableur.

55 • Estimer les concentrations en ion nitrate et en ion sulfate par lecture graphique à la date du 23 décembre.
• Écrire l'équation de réaction acide-base entre l'acide nitrique et l'eau. De même entre l'acide sulfurique et l'eau en tenant compte du fait que l'acide sulfurique est un diacide.
• En déduire une estimation de la concentration en ion oxonium de l'échantillon collecté le 23 décembre.
• Calculer le pH de cet échantillon en appliquant la relation mathématique qui définit le pH.
• Commenter le résultat.

58 **1. a.** Estimer la longueur moyenne du lac à partir de cinq mesures par exemple, et en utilisant l'échelle. De même pour la largeur moyenne. Identifier quel solide peut modéliser le lac, en toute première approximation.
1. b. Appliquer la relation mathématique utilisée pour préparer une solution fille ainsi que celle entre la concentration $[H_3O^+]$ et le pH.
1. c. Calculer la quantité de matière puis la masse et enfin le coût de carbonate de calcium à utiliser.

Chapitre 2

29 **a.** Écrire l'équation de la réaction support de titrage et exploiter la relation entre les quantités de matière des réactifs titrant et titré à l'équivalence pour déterminer l'expression de $V_{B,\text{éqv}}$, noté VEqv dans le code.
b. Identifier :
• la contrainte à laquelle doit répondre ce titrage pour être considéré optimal ;
• ce que représente le tracé à l'aide du code et éventuellement de l'allure des courbes obtenues ; déterminer quel point de chaque courbe correspond à l'équivalence du titrage ;
• le paramètre modifié entre les différentes courbes tracées et indiquer l'utilité d'avoir tracé ce réseau de courbes.
c. Les valeurs extrêmes peuvent être retrouvées par le calcul en exploitant la relation entre les quantités de matière des réactifs titrant et titré à l'équivalence du titrage pour les deux valeurs extrêmes de $V_{B,\text{éqv}}$.

37 • Écrire l'équation de la réaction support de titrage.
• Déterminer le volume équivalent par la méthode des tangentes.
• En combinant :
– la relation entre les quantités de matière des réactifs titrant et titré à l'équivalence;
– la relation entre la masse de l'échantillon de l'espèce titrée, sa quantité de matière et la masse molaire;
– la relation donnant la masse molaire de l'amine à partir des masses molaires atomiques.
Montrer que :

$$n = \left(\frac{m}{c_A \times V_{A,\text{éqv}}} - 3 \times M_H - M_N\right) \times \frac{1}{M_C + 2 \times M_H}.$$

Effectuer l'application numérique.

42 **1. a.** Exploiter le second point des **DONNÉES** et le **DOC. 2**.
1. b. Considérer les solutions mises en présence et les espèces formées par la réaction. La solution S_1 de chlorure de calcium contient les ions $Ca^{2+}(aq)$ et $Cl^-(aq)$, la solution d'hydroxyde de calcium les ions $Na^+(aq)$ et $HO^-(aq)$. Déterminer la nature des particules solides alors formées dans la solution S_2.
Identifier le rôle de la filtration réalisée pour obtenir la solution S_3.
2. Relier la concentration en masse optimale d'ion calcium et celle mesurée expérimentalement afin de déterminer la masse d'ion calcium manquant dans l'aquarium.
Le titrage du **DOC. 2** permet de montrer que dans la solution saturée en hydroxyde de calcium, la concentration en quantité d'ion hydroxyde est : $c_{HO^-} = \frac{c_A \times V_{A,\text{éqv}}}{V_3}$.
Déterminer alors la concentration en quantité d'ion calcium dans une solution saturée en hydroxyde de calcium.
Relier ces deux informations pour conclure.

Chapitre 4

29 • Reconnaître sur la vidéo 1 les entités parmi celles-ci : $CH_3\text{–}Br$, $CH_3\text{–}O^-$ et Br^-. Identifier la liaison formée et la liaison rompue.
• Reconnaître sur la vidéo 2 les entités parmi celles-ci : $(CH_3)_3C\text{–}Br$, $(CH_3)_3C^+$, $CH_3\text{–}OH$, $[(CH_3)_3COHCH_3]^+$ et Br^-. Identifier la liaison formée et les liaisons rompues.
• Dans la vidéo 2, des molécules de méthanol permettent que soient facilitées les ruptures de liaisons C–Br et O–H. Il n'est pas utile de représenter ce rôle dans le mécanisme.

Chapitre 6

41 **a.** Avant d'exprimer le quotient de réaction, il faut écrire l'équation de la réaction modélisant la formation de $CaSO_4(s)$, avec les nombres entiers les plus petits possibles.
b. L'apparition du solide indique que le système est dans un état final d'équilibre, caractérisé par la loi d'équilibre : $Q_{r,\text{éqb}} = K(T)$.

47 **a.** Écrire dans un premier temps les deux demi-équations électroniques relatives aux deux couples mis en jeu.
b. Exprimer, en fonction de x_f, le quotient de réaction à l'état final d'équilibre et exploiter la loi d'équilibre : $Q_{r,\text{éqb}} = K(T)$.
c. Rappeler les caractéristiques d'une transformation support de titrage.

51 • Analyser l'unité de j pour en déduire son expression avec l'intensité électrique I et l'aire S de la surface du bateau à protéger.
• Assimiler la surface immergée à deux portions de plan. Dessiner un triangle rectangle dont un des angles vaut 20 ° pour déterminer les dimensions de ces deux plans.
• Déterminer la relation liant l'intensité à k et la quantité d'électrons échangés lorsque l'électrode sacrificielle est consommée à 50 %.

Chapitre 7

39 • Rappeler les propriétés acides ou basiques des solutions d'acide chlorhydrique ou de soude.

• Relier la couleur perçue à la présence d'une espèce chimique engagée dans un couple acide-base.

45 • Mettre en parallèle les diagrammes de prédominance de l'alanine et de la lysine.

• Identifier un intervalle de pH sur lequel les deux acides α-aminés n'ont pas la même charge globale.

Chapitre 8

37 **a.** Un oxydant (I_2) se forme à une électrode. Le réactif est donc I^-. Sur l'autre électrode, il doit se former un réducteur. Les conditions expérimentales ne sont pas remplies pour que du potassium solide K(s) soit produite.

d. Exploiter le fait que tout le diiode du tube en U est titré et utiliser les relations entre quantités d'électrons échangés, quantité de diiode formé, intensité électrique et durée d'électrolyse.

Chapitre 10

42 **b.** • Identifier les transformations du substrat : modification de chaîne carbonée, de groupe caractéristique.

• S'inspirer de la question **a.** pour montrer qu'une succession de transformations similaires permettrait d'obtenir le produit souhaité.

• Montrer, à l'aide de la banque de réactions, qu'une stratégie de protection-transformation-déprotection est nécessaire.

46 • Identifier les transformations de groupe caractéristique et examiner attentivement la banque de réactions en recherchant dans les produits les groupes caractéristiques que l'on souhaite obtenir.

• Montrer que les réactions n° 7 et 29 conviendraient et identifier les réactifs nécessaires.

• Montrer en examinant la réaction n° 9 que les transformations doivent être faites dans un ordre particulier pour obtenir le produit souhaité.

48 • En oxydant le dérivé du cholestérol en cétone, l'espèce formée a deux fois le groupe carbonyle, qu'il est impossible de différencier ensuite.

• En réduisant le dérivé du cholestérol en alcool, l'espèce formée a deux fois le groupe hydroxy, qu'il est impossible de différencier ensuite.

• Une stratégie de protection-transformation-déprotection est donc nécessaire.

THÈME 2
Mouvement et interactions

Chapitre 11

40 **a.** La détermination des coordonnées du vecteur vitesse peut être programmée comme dans le **DOC. 3** page 253.
Les coordonnées du vecteur accélération peuvent alors être déduites de la variation du vecteur vitesse.

b. La valeur v_0 de la vitesse initiale peut être déterminée par mesure sur la représentation graphique ou par le code, en faisant calculer les coordonnées du vecteur vitesse moyenne entre les deux premiers points.

c. Il suffit de mesurer la longueur des vecteurs accélération sur la représentation graphique, ou de faire calculer ce dernier par le code.

d. L'application de la deuxième loi de Newton permet de confirmer l'hypothèse.

44 • Le **DOC. 3** permet de modéliser la valeur de la vitesse verticale par une fonction linéaire.

• La norme de l'accélération verticale peut être déduite de la fonction linéaire décrivant la valeur de la vitesse verticale.

• L'application de la deuxième loi de Newton permet de déduire la norme de la somme vectorielle des forces qui s'appliquent sur la fusée à partir de la norme de l'accélération de la fusée, puis d'en tirer la norme de la force de poussée au décollage.

Chapitre 12

28 • Exprimer le vecteur accélération du boulet en utilisant la deuxième loi de Newton et en négligeant l'action de l'air.

• Établir les équations horaires du mouvement, puis l'équation de la trajectoire du centre de masse du boulet en choisissant un repère d'espace dont l'origine est située à la surface de l'eau.

• Déterminer l'abscisse du point P d'altitude nulle.

Chapitre 13

41 • Exprimer la période T de révolution de la capsule Apollo autour de la Lune en fonction de G, M_L, R_L et h.

• Exprimer la valeur v de la vitesse de la capsule sur son orbite en fonction de R_L, h, β (en radian) et de la durée Δt du parcours de la partie de l'orbite représentée en gras.

• En déduire l'expression de Δt en fonction de G, M_L, R_L et h puis faire l'application numérique.

45 • Montrer que la période de révolution T_D de Dysnomia a pour expression $T_D = 2\pi\sqrt{\dfrac{R_D^3}{GM_E}}$.

• En déduire la masse M_E d'Eris.

Chapitre 14

37 • L'eau est un fluide incompressible, donc le débit volumique est conservé : D_v = constante.

• Sur la hauteur, la section droite passe de l'aire $S = \pi r_0^2$ à $S_h = \pi\dfrac{r_0^2}{4} = \dfrac{(S)}{4}$.

• La vitesse d'écoulement est multipliée par 4 sur la hauteur h.
• La relation de Bernoulli doit être appliquée entre la sortie du robinet et après la chute de hauteur h.

38 • L'altitude nulle $z = 0$ est fixée au sol, où l'eau est éjectée avec sa vitesse maximale.
• À la hauteur h, la vitesse de l'eau est nulle.
• La relation de Bernoulli doit être appliquée entre le sol et la hauteur h.

THÈME 3
Énergie : conversions et transferts

Chapitre 15

38 **a.** Après avoir réalisé un inventaire des forces appliquées au bouchon pendant l'éjection, utiliser la dernière des données fournies pour exprimer la pression P du gaz de volume V_g dans la bouteille, sachant que :
• la norme F de la force pressante est reliée à la pression P du gaz dans la bouteille et à l'aire de la surface du goulot par $F = P \times \pi \times \left(\frac{d}{2}\right)^2$;
• la force pressante $\overrightarrow{F_{\text{atmosphérique}}}$ due à l'air ambiant est constante pendant les 2 ms d'éjection du bouchon.

b. Exploiter la chronophotographie pour déterminer la valeur de la vitesse v_1 du bouchon à la date $t_1 = \tau$ et la norme du vecteur variation de vitesse pendant la durée τ.

c. Exploiter les réponses précédentes ainsi que les lois de Henry et du gaz parfait pour exprimer et calculer la masse recherchée sachant que $m(CO_2) = (n_0 + n_g) \times M(CO_2)$ avec :
• n_0 la quantité de CO_2 dissout dans le volume V_0 à la pression P dans le volume V_g ;
• n_g la quantité de CO_2 à l'état gazeux dans le volume V_g.

Chapitre 16

44 • Le campeur ne doit pas échanger plus de 100 W avec l'extérieur. Il en échange une certaine partie avec le sol et une autre partie avec l'air.
• Pour savoir si son matériel est adapté, déterminer le flux thermique entre le sol et le campeur à partir des résistances thermiques et des températures données.

THÈME 4
Ondes et signaux

Chapitre 17

37 **a.** Dans l'expression du niveau d'intensité sonore, exprimer I en fonction de $10d$: $L = 10 \log\left(\frac{\mathcal{P}}{I_0 \times 4\pi(10d)^2}\right)$.
Utiliser les propriétés de la fonction logarithme pour en déduire l'expression de L en fonction de d, c'est-à-dire L à 1 m.

b. Attention, la puissance électrique n'est pas la puissance qui figure dans l'expression de I (c'est la puissance sonore) mais pour une enceinte donnée, les deux puissances sont proportionnelles.

47 À partir du **DOC. 1** et des caractéristiques du cor, déterminer la fréquence de la note la plus basse émise par l'instrument.

Chapitre 18

35 • Calculer la différence de chemin optique δ_0 puis le rapport $\frac{\delta_0}{\lambda_0}$.
• Redonner les conditions d'interférences et conclure.

Chapitre 19

43 **a.** Poser $\theta' = \varepsilon$ et exprimer la taille des détails sur la Lune en fonction de θ et de la distance Terre-Lune.

b. Estimer l'ordre de grandeur des dimensions d'un drapeau.

49 • Déterminer le diamètre apparent de la nébuleuse M57 lorsqu'elle est observée à l'œil nu.
• Calculer le grossissement de la lunette astronomique afocale.
• Comparer l'angle sous lequel est vue l'image de la nébuleuse à travers la lunette afocale au pouvoir séparateur de l'œil.

Chapitre 20

33 **a.** Calculer, en kWh, l'énergie solaire reçue par l'ensemble des panneaux pendant la journée de la traversée considérée dans les données et en déduire le rendement des panneaux solaires utilisés par *Solar Impulse 2*.

b. Indiquer si ce rendement semble correct pour un convertisseur d'énergie (en comparant par exemple au rendement des moteurs électriques utilisés par *Solar Impulse 2*, indiqué dans le **DOC. 1**) puis, pour proposer une explication au rendement limité des cellules photovoltaïques, commencer par déterminer la longueur d'onde dans le vide de l'onde électromagnétique dont le photon associé a une énergie égale à l'énergie de gap du silicium et préciser le domaine des ondes électromagnétiques dont il s'agit.

Index

Index

Crédits photographiques

Couverture : Getty Images/Nik Merkulov

8h : Shutterstock/CCat82 ; **8b :** Shutterstock/Maridav

Thème 1. 20hg : AdobeStock/Mauro Rodrigues ; **20hd :** Shutterstock/Arina P Habich ; **20b :** Shutterstock/Elnur ; **21 (reprise p. 2) :** Converse Japan via Bestimage ; **23hg :** iStock/Hispanolistic ; **23hd :** Kook at Sciences/Patrick Landmann ; **23b :** Phanie/Burger.

Chapitre 1. 25 : Photo12/Alamy/pqpictures ; **26 :** Starwax/D.R. ; **28 :** Audrey DUSSUTOUR/CRCA/CNRS Photothèque ; **29 :** Bridgeman Images/Coll. Charmet ; **30 :** Shutterstock/Meschuge ; **31 :** SCHOOT Instruments ; **35 :** Biosphoto/Muriel Duhau ; **36b :** Diane MacDonald/Getty Images ; **37h :** Micro Discovery/Corbis Documentary/Getty Images ; **37b :** Photo12/Alamy/Blickwinkel ; **38hg :** Réa/Gilles Rolle ; **38bd :** Nathalie Pujol/CIML/INSERM/CNRS Photothèque ; **39 :** Photo12/Alamy ; **40g :** AGE Fotostok/SPL ; **41 :** Didier Cot/CNRS Photothèque ; **42g :** Granger Collection/Rue des Archives ; **42m :** Hulton Archives/Getty Images ; **42d :** University of California/mp/Leemage ; **43 :** André Maslennikov/Biosphoto ; **44 :** iStock/Serbia ; **45 :** iStock/Brzozowska.

Chapitre 2. 46 : CNRS/Vidéothèque (Meudon)/La Science en Flacon de Pierre de Parscau, 2017 (ICN-CNRA/Université de Nice Sophia-Antipolis ; **47 :** Photo12/Alamy/Peter Treanor ; **48h :** Jeffrey C. Splitstoser, Tom D. Dillehay...*Science Advances*, 14 septembre 2016 ; **48bg :** Shutterstock/Abel Tumik ; **48bd :** D.R. ; **62 :** Mint Images/Andia ; **63h :** Shutterstock/margouillat photo ; **63b :** Photo12/Alamy/DWD-photo ; **64 :** AdobeStock/Emmanuelle Guillou ; **66 :** Celnat/D.R. ; **69 :** D.R. ; **70 :** Shutterstock/IS MODE.

Chapitre 3. 73 : Photo12/Alamy/SpaceX ; **74g :** hquality/stock.adobe.com ; **75h :** Axel Kock/stock.adobe.com ; **76 :** Sea Mer Asso ; **78hg et d :** Photo12/Alamy/Maximilian Weinzierl ; **78b :** B. Piccoli/stock.adobe.com ; **84 :** Silver/John/stock.adobe.com, **86 :** McBride ; **87h :** Clément Philippe/agefotostock ; **87b :** Bruno Ismael Alves/stock.adobe.com ; **89 :** BNF ; **91b :** Fotosenmeer.nl/stock.adobe.com ; **94 :** Marcio Cabral/Biosphoto ; **95 :** Shutterstock/Jirik V.

Chapitre 4. 96 : Pierre Richard et Fabienne Sicot ; **97 :** Shutterstock/Yicai ; **98 :** kozlik_mozlik/stock.adobe.com ; **99 :** sdecoret/stock.adobe.com ; **100 :** Khaled Desouki/AFP ; **104 :** nataba/stock.adobe.com ; **106h :** akg/images/picture-alliance/dpa ; **106b :** Science Photo Library/Wiersma, Dirk ; **108 :** © 2016, Springer Nature Figure 2/Structures and AFM imaging of the starting material, reaction intermediates and product, Nature Chemistry : *Reversible Bergman cyclization by atomic manipulation*, Bruno Schuler, Shadi Fatayer, Fabian Mohn, Nikolaj Moll, Niko Pavliček *et al.* ; **110b :** Science Photo Library/IBM Research.

Chapitre 5. 112 et 125 : AP-HP Hôpitaux universitaires Paris Seine-Saint-Denis ; **113 :** Getty Images/UniversalimagesGroup ; **116hd :** Photo © The British Museum, Londres, Dist. RMN-Grand Palais/The Trustees of the British Museum ; **116mg :** CEA ; **117 :** Cosmos/SPL/Dr John Mazziotta *et al.*/Neurology ; **118 :** Cosmos/SPL/Dirk Wiersma ; **121h :** Nasa/Arizona State University, Tom Story ; **121m :** Aurimages/Gianni Dagli Orti/Museo Tridentino Scienze Naturali Trente ; **121b :** Shutterstock/Juice Flair ; **124g :** Science Photo Library/Alexandre Dotta ; **124d :** Réa/Baptiste Fenouil ; **125g :** Photo © RMN-Grand Palais (musée d'Archéologie nationale)/Tony Querrec ; **126h :** D.R. ; **126b :** Coll. ChristopheL/The Print Collector/Heritage Images ; **127 :** Shutterstock/Peter Gudella ; **128 :** Andia/Gile ; **130h :** iStock/xavierarnau ; **130b :** Sipa/AP/Air Photo Service.

Chapitre 6. 132 : Matthieu Balu/Le HuffPost ; **133 :** thaiprayboy/stock.adobe.com ; **136 :** Micro Discovery/istock ; **140 :** *Handbook of chemistry and* physics, 2019-2020 CRC Handbook of Chemistry, sous la dir. de David R. Lide & Thomas J. Bruno ; **142 :** Science Photo Library ; **143 :** Photo12/Alamy/Andrey Moisseyev ; **146b :** Science Photo Library/Giphotostock ; **149h :** Oxford Science Archive/Heritage Images/Coll. Christophel ; **149b :** design56/stock.adobe.com ; **151 :** Science Photo Library/Giphotostock ; **152 :** Istock ; **153 :** Floradix® salus-nature.fr ; **155 :** Science Photo Library/Science Source ; **156 :** Photo12/Alamy/Roman Milert ; **157 :** Françoise Brénon.

Chapitre 7. 159 : Photo12/Alamy/Bo Jansson ; **160 :** Photo12/Alamy/capt.digby ; **161 :** Shutterstock/Jinga ; **162 :** Shutterstock/Torjrtrx ; **164 :** K. Yoshida *et al.*/Proc. Jpn. Acad., Ser. B 85 (2009) ; **166 :** Nasa ; **172 :** Shutterstock/Tsyb Oleh ; **174h :** Shutterstock/titans ; **174b :** Shutterstock/Melica ; **175h :** Atlantide Phototravel/Corbis Documentary/Getty Images ; **175b :** Shutterstock/Pixel Homunculus STOCK ; **176 :** iStock/ugurhan ; **177 :** Shutterstock/Young Swee Ming ; **178 :** German Vizulis ; **181 :** Photo12/Alamy ; **183 :** Naturimages/Christophe Sirère.

Chapitre 8. 184 : AFP/AFP TV/Mostafa Abulezz et Farid Addala ; **185 :** iStock/Jorgefontestad ; **186 :** RMN-Grand Palais (musée du Louvre)/Jean-Gilles Berizzi ; **187h :** ENGIE Solutions ; **187m :** Sébastien Aude ; **189** : Shutterstock/Zigmunds Dizgalvis ; **193** : Shutterstock/Olga Korica ; **194h** : Shutterstock/nikkytok ; **194b** : Shutterstock/S_E ; **195** : akg-images ; **196** : Shutterstock/Focus and Blur ; **198h** : Réa/Gilles Rolle ; **198b** : Shutterstock/Joe Belanger.

Chapitre 9. 200 : BASF, d'après youtube.com/watch?v=uMkzxV_y7tY ; **201 :** Scott Dickerson/agefotostock ; **203 :** Elnur/stock.adobe.com ; **204 :** Digitalpress/stock.adobe.com ; **205h :** New Africa/stock.adobe.com ; **205bg :** Getty Images/EyeEm ; **205bm :** Getty Images/iStockphoto ; **205bd :** Getty Images/iStockphoto ; **207h :** Kharbine Tapabor ; **212h :** Forlax® Ipsen Consumer Healthcare ; **212b :** BillionPhotos.com/stock.adobe.com ; **213h :** ortodoxfoto/stock.adobe.com ; **213b :** matousekfoto/stock.adobe.com ; **214 :** Science Photo Library/Dennis Kunkel microscopy ; **216 :** Gilles Le Scanff & Joëlle-Caroline Mayer/Biosphoto ; **217 :** Swapan/stock.adobe.com ; **220 :** Michel Poinsignon/NaturePL ; **221 :** akg-images.

Chapitre 10. 222 et 233 : CNRS ; **223 :** Mariana Woodville ; **225 :** BestForYou/stock.adobe.com ; **226 :** Alan Crawford/Getty Images ; **228 :** Science Photo Library/Molekuul ; **229 :** norikko/stock.adobe.com ; **232 :** amy_lv/stock.adobe.com ; **233 :** Angelo/stock.adobe.com ; **234h :** full image/stock.adobe.com ; **234b :** christophe cousin/stock.adobe.com ; **235h :** jurra8/stock.adobe.com ; **235b :** Cite images created with the PDB ID and associated publication, NGL Viewer (AS Rose *et al.*, 2018) NGL viewer : web-based molecular graphics for large complexes. Bioinformatics doi:10.1093/bioinformatics/bty419, and RCSB PDB ; **236 :** im UR/stock.adobe.com ; **237 :** Denis Bringard/Biosphoto ; **238h :** Eva Blanda/stock.adobe.com ; **238b :** Shutterstock/NeydtStock ; **241 :** nd3000/stock.adobe.com ; **242 :** Michael Sapryhin/stock.adobe.com.

Thème 2. 244hd : NASA Orbital Debris Program Office **244hg :** Festo ; **244b :** Sipa/AP/Chris Bernacchi ; **245 (reprise p. 2) :** Nasa ; **247h :** Hans Luca/Julien Muguet ; **247m :** Divergence/Eric Franceschi ; **247b :** Airbus.

Chapitre 11. 248 : ESA/NASA ; **249 :** Courtesy of Formula E ; **251 :** Wavebreak Media/agefotostock ; **252h :** NASA/JHUPAPL/SwrRI ; **254 :** National Maritime Museum Greenwich/Leemage ; **257h :** Bis/Ph. Coll. Archives Larbor ; **257b :** Archivist/stock.adobe.com ; **262 :** U Schlotterbeck/agefotostock ; **263 :** levi/stock.adobe.com ; **264 :** Sean Gladwell/stock.adobe.com ; **265 :** ESA–C. Carreau/ATG ; **266h :** pichitstocker/stock.adobe.com ; **266b :** CNES ; **267 :** Robin van Lonkhuijsen/epa/maxppp ; **269 :** Edgar Su/Reuters ; **270 :** CNES.

Chapitre 12. 272 : NASA X, NASA's Dawn Mission, NASA/JPL/Caltech, NASA Glenn Research Center/Eric S. Mindek (Wyle Information System, LLC) ; **273 :** Tom Zikas ; **274h :** National Geographic Image Collection/Bridgeman Images ; **274b :** mahod84/stock adobe ; **275h :** AELTC ; **276 :** Rea Electronik GmbH ; **277 :** P.Stroppa/CEA ; **278 :** Sky Antonio/stock.adobe.com ; **284h :** Agustin Munoz/Red Bull Content Pool ; **284bg :** Fedor Slivanov/Shutterstock ; **284bd :** ansosyns/stock.adobe.com ; **288 :** Granger/Bridgeman Images ; **289 :** NASA X, NASA's Dawn Mission, NASA/JPL/Caltech, NASA Glenn Research Center/Eric S. Mindek (Wyle Information System, LLC) ; **290 :** Robert Hanashiro/usa today sports/Presse Sports ; **292h :** Bibliothèques Sans Frontières ; **293 :** Photo12/Alamy/Archive Pics ; **294 :** AREA 47/Jens Klatt - www.jensklatt.com ; **295 :** Visual China Group via Getty Images.

Chapitre 13. 296 : Marco Langbroek, Leiden (Pays-Bas) ; **297 :** Nasa ; **298 :** Kynamuia/stock.adobe.com ; **299h :** NASA ; **299m :** PhET Interactive Simulations, University of Colorado Boulder phet.colorado.edu ; **300** Cheuva/Kharbine-Tapabor ; **301h :** IMCCE ; **308g :** Thomas Winz/Getty Images ; **308d :** ESA/Rosetta/NAVCAM ; **309 :** Marco Langbroek, Leiden (Pays-Bas) ; **310h :** NASA, ESA, A. Simon Goddard Space ; **310b :** NASA ; **311 :** NASA ; 312 NASA/NOAA ; **312h :** NASA/NOAA ; **313hg :** CNES ; **313md :** NASA/JPL-Caltech/UCLA/MPS/DLR/IDA ; **314 :** ESA/Rosetta/NAVCAM ; **318h :** NASA/John Hopkins University Applied Physics Laboratory/Southwest Research Institute ; **319 :** akg-images/Erich Lessing.

Chapitre 14. 320 : Veritasium, from youtube.com/watch?v=2OSrvzNW9FE ; **321 et 333 :** Shutterstock/CC7 ; **322 :** Ifremer/O. Dugornay. 2016 ; **323 :** Shutterstock/olrat ; **324 :** PhET Interactive Simulation, University of Colorado Boulder phet.colorado.edu ; **325h :** iStock/cdwheatley ; **325m :** Leybold ; **327 :** adoc-photos ; **330h :** Shutterstock/Krzysztof Odziomek ; **330b** Shutterstock/Graeme Dawes ; **332h :** Reuters/Pascal Rossignol ; **332b :** Shutterstock/Roengrit Kongmuang ; **334 :** Shutterstock/Bernsten ; **336h :** Getty Images/Crady von Pawlak ; **336b :** Christophe Lefevre/Photopqr/Le Parisien/Maxppp.

Thème 3. **338h :** Shutterstock/Nunomen ; **338m :** Shutterstock/Kotenko Oleksandr ; **338b :** Shutterstock/Jack. Q ; **339 (reprise p. 2) :** Nasa/Goddard Space Flight Center Scientific Visualization Studio ; **341g :** Réa/Gilles Rolle ; **341d :** Réa/Gilles Rolle.
Chapitre 15. **342 :** Aquarium de La Rochelle « Visitez le cœur des Océans » ; **343** et **351b :** Photo12/Alamy ; **344 :** PhET Interactive Simulations, University of Colorado Boulder, phet.colorado.edu, **345.** Réa-Redux-The New York Times/J. Pinkston and L. Stern, **347 :** akg-images/Mondadori Portfolio ; Photo12/Alamy ; **351d :** Rihet Pérez ; **352h :** Bridgeman Images/Tallandier ; **352b :** Photo12/Alamy/fotograferen.net ; **353 :** Shutterstock/Aleksey Boyko ; **354hg :** Shutterstock/goodluz ; **354d :** Christophe Finot ; **356 :** Shutterstock/Sodel Vladyslav ; **357h :** Jag_cz ; **357b :** Gérard Liger-Belair Équipe Effervescence, Champagne et Applications.
Chapitre 16. **358 :** Studio Lernert & Sander ; **359 :** smuki/stock.adobe.com ; **361 :** Oberholzer David/agefotostock (reprise page **369**) ; **362 :** Photo12/Alamy/Panther Media GmbH ; **364 :** okinawakasawa/stock.adobe.com ; **367 :** gamjai/stock.adobe.com ; **368 :** Science Photo Library/American Institute of Physics/Segre Collection ; **372 :** New Africa/stock.adobe.com ; **373 :** Jarek Fethke/stock.adobe.com ; **375h :** Gerhard Seybert/stock.adobe.com ; **375b :** Shutterstock/haveseen ; **376hd :** Studio Lernert & Sander ; **376md :** Alex Staroseltov/Fotolia ; **377g :** White Fox/agefotostock ; **379 :** Rostislav Ageev/stock.adobe.com ; **380h :** Nicolas Auvray ; **380b :** e.CalPSul, Investissement d'avenir Labex L-IPSL/Bilan radiatif de la terre/Hélène Brogniez ; **384h :** coolroof-france.com ; **384b :** Shutterstock/rmikka.

Thème 4. **386h :** Reuters/Christian Hartmann ; **386m :** iStock/Andrei Stanescu ; **386b :** Age Fotostock/Ken Gillespie ; **387 (reprise p. 3) :** Michael Goh/astrophotobear.com ; **389h :** Getty Images France/Marek Walisiewiecz ; **389b :** Wostock/hughes Leglise Bataille.
Chapitre 17. **390 :** *Le Maine Libre*, Les voitures en piste à l'occasion de la journée test, 2015 ; **391** et **405b :** Biosphoto/David Tipling ; **393 :** Photo12/Alamy ; **394 :** Shutterstock/Steve Allen ; **397h :** Leemage/Selva ; **397b :** Andia/Gabangy ; **400h :** Photo12/Alamy ; **400b :** Shutterstock/February_Love ; **401 :** Photo12/Alamy ; **402h :** Leemage/Novapix/DSS/ESO ; **402b :** ESO/M. Kommesser/Nick Risinger ; **403b :** Biosphoto/Imagebroker/SeaTops ; **404 :** Photo12/Alamy/Simon Dack ; **405h :** Shutterstock/HomeArt ; **405m :** Shutterstock/olrat ; **406g :** Shutterstock/AstroStar ; **406d :** Lison Bernet ; **407g :** BSIP/Imane ; **410 :** Photo12/Alamy ; **411 :** Biosphoto/Jeffrey Rotman ; **412h :** Nasa ; **412bg :** Nasa ; **412bd :** Observatoire de Haute-Provence.
Chapitre 18. **414 :** Bose GlobalPressroom, d'après youtube.com/watch?time_continue=100&v=SIzkgLdzd9g&feature=emb_logo ; **415 :** Photo12/Alamy/Vasilis Ververidis (reprise page **428**) ; **416h :** *La Couleur des sentiments* (2011) Dir. Tate Taylor/avec Viola David © Dreamworks Pictures, The Kobal Collection/Aurimages ; **417 :** Dr. Wolf Fahrenbach/BSIP ; **418 :** Eric Herchaft/Reporters-REA ; **419h :** Veritasium, from youtube.com/watch?v=Iuv6hY6zsd0&t=331s&ab_channel=Veritasium#t=4m46s ; **423 :** Shutterstock/Nyvlt-art ; **430 :** Sandro/stock.adobe.com ; **431h :** jdmfoto/stock.adobe.com ; **432h :** Agathe Poupeney ; **432b :** Photo12/SPL/Ian Hooton ; **434 :** Delphotostock/stock.adobe.com ; **437 :** ESO/Y. Beletsky ; **438 :** akg-images.
Chapitre 19. **440 :** Pierre-Olivier Lampron ; **441 :** AFP/Getty Images/Tim Boyle ; **442 :** Leemage/SSPL ; **444g :** Getty Images/Mikko Pekkala/EyeEm ; **444d :** Shutterstock/taffpixture ; **445 :** Shutterstock/mike mols ; **447 :** Leemage/Sebastian Voltmer/Novapix ; **450 :** hemis.fr/Camille Moirenc ; **451 :** D.R. ; **452 :** Bridgeman Images/Granger Collection ; **453h :** Valéry Sysoev ; **453b :** Nasa ; **454h :** Nasa ; **454m :** iStock/ClaudioVentrella ; **454b :** *La Panorama*, Paris, 1900 ; **455 :** Image Science and Analysis Laboratory, Nasa-Johnson Space Center ; **456h :** Coll. part. ; **456m :** Sky-Watcher/D.R. ; **456b :** D.R. ; **457 :** D.R. ; **458 :** Sandrine Le Pontois, Florence Courtade/IUT de Roanne, DSI Université Jean Monnet ; **459h :** astronomia.canalblog.com/archives/2016/08/22/34215281.html ; **459b :** Pingswept-CC by 2.0 ; **460 :** Shutterstock/ravl ; **461h :** Shutterstock/MarcelClemens ; **461m :** astropleiades.fr/pages/astronomie-pratique/l-observation-du-soleil.html ; **461b :** Leemage/Novapix/B. A. Tafreshi.
Chapitre 20. **463 :** Bertrand Picard ; **465g :** akg-images ; **465d :** D.R. ; **466(a) :** Grinevitski CC BY 3.0 ; **466(b) :** Shutterstock/Dr. Me ; **466(c) :** SPL/Cosmos ; **466(d) :** SPL/Cosmos ; **466bg :** Witold Krasowski/stock.adobe.com ; **466bm :** spectrophotometer uv 1280 © Shimadzu Corporation ; **466b :** IRTracer-100 FTIR Spectroscopy © Shimadzu Corporation ; **467 :** Fly_and_Dive/stock.adobe.com ; **469 et 474 :** Grinevitski CC BY 3.0 ; **472g :** dmitrimaruta/stock.adobe.com ; **472d :** Schematic of Philip Lenard's 1902 experimental apparatus, collection particulière ; **475 :** PhET Interactive Simulations, University of Colorado Boulder, phet.colorado.edu ; **477 :** PhET Interactive Simulations, University of Colorado Boulder, phet.colorado.edu ; **478b :** PHYDEO « La Physique en vidéo », Département de Physique, Faculté des Sciences, Université de Liège ; **478h :** Sentavio/Istock ; **478m :** Photo12/Alamy/NG Images.
Chapitre 21. **480 :** Eyck Carolina Management ; **481** et **497 :** Robert Bosch GmbH-CC by 4.0 ; **482h :** Shutterstock/Cammie Czuchnicki ; **482b :** Leemage/FineArtImages ; **483 :** Photo12/Alamy/David J. Green-electrical ; **484 :** Getty Images/Ullstein Bild/Becker & Bredel ; **485 :** D.R. ; 486 Sick AG ; **486h :** Sick AG ; **487h :** iStock/Jurkos ; **487b :** D.R. ; **492 :** Aéroport Nice Côte d'Azur-Transdev-PVI-ADEME ; **494h :** D.R. ; **494b :** GTCAP/D.R. ; **495h :** zpag.net ; **495b :** lafamillecreative.blogspot.com ; **496hg :** Science Photo Library/James Stevenson ; **496hd :** AdobeStock/highwaystarz ; **496mg :** BSIP/Amélie Benoist ; **496md :** Neumann/D.R. ; **496b :** D.R. ; **498 :** D.R. ; **499 :** D.R. ; **501 :** Photo12/Alamy ; **503 :** Shutterstock/Magnito.

529 : B&M Noskowski/Getty Images/iStockphoto ; **538 :** NumWorks 2020.

Photos d'expériences : Frédéric Hanoteau

Pages 15-17 : contenus éditoriaux fournis par l'ONISEP ; coordination : Emmanuel Percq ; édition : Isabelle Dussouet.
Pages 18-19 : Olivier Jaoui/Directeur de Mission-Admission/Spécialiste de la préparation des étudiants à l'oral et aux entretiens.

Édition : Marie-Pierre Lowys et Susana Pizarro
Conception graphique : Massimo Miola, Géraldine Chazel, Clémentine Largant
Couverture : Massimo Miola
Iconographie : Any-Claude Médioni, Sophie Suberbère
Recherches vidéos : Maryse Hubert
Schémas « Retenir l'essentiel » : Mathilde Boucher
Schémas : Mama Orou, Corédoc
Composition et photogravure : Soft Office
Photogravure de la couverture : Irilys

Remerciements
Les Éditions Nathan et les auteurs remercient le lycée Hoche de Versailles pour son accueil, Clémence Criaud, Françoise Fayet et Abel Kharbach pour leur aide lors des photos d'expériences, ainsi que les sociétés Sordalab et Leybold.
Nous remercions également pour leurs relectures Frédéric Amauger, Véronique Fournier, Anne Guillerand, Jean-Marc Gutter, Olivier Kempf, Alexis Komninidis, Philippe Lando, Franck Lohner, Jean-Xavier Marie, Pierre Nass, Jean-Sébastien Roche, Cyril Trouilhas et Thomas Zabulon, ainsi que Christophe Boisseleau pour ses précisions concernant les incertitudes de mesure.
Merci enfin à Loriane et Anastasia pour leur participation au tournage des vidéos pour s'exercer au Grand oral.

MIXTE
Papier issu de sources responsables
FSC® C022030
www.fsc.org

Nathan est un éditeur qui s'engage pour la préservation de son environnement et qui utilise du papier composé de fibres naturelles, renouvelables, fabriquées à partir de bois provenant de forêts gérées de manière responsable et contrôlée.

Achevé d'imprimer en Italie en Juillet 2021 par Grafica Veneta S.p.A. - Trebaseleghe
N° de project : 10277178 - Dépôt légal : Mai 2019